Vocabulário
Português-Nheengatu
Nheengatu-Português

E. Stradelli

Vocabulário
Português-Nheengatu
Nheengatu-Português

Revisão
Geraldo Gerson de Souza

Direitos reservados e protegidos pela Lei 9.610 de 19.2.1998.
É proibida a reprodução total ou parcial sem a autorização, por escrito, da editora.

Dados Internacionais de Catalogação na Publicação (CIP)
(Câmara Brasileira do Livro, SP, Brasil)

Stradelli, E.
  Vocabulário Português-Nheengatu,
Nheengatu-Português / E. Stradelli; revisão
Geraldo Gerson de Souza. – Cotia, SP: Ateliê
Editorial, 2014.

  ISBN 978-85-7480-638-9

  1. Tupi - Dicionários - Português 2. Tupi -
Gramática - Estudo e ensino 3. Tupi -
Vocabulários, glossários etc. I. Título.

14-02153   CDD-498.38293

Índices para catálogo sistemático:
1. Nheengatu : Vocabulários : Linguística   498.38293
2. Tupi : Vocabulários : Linguística   498.38293

Direitos reservados à
ATELIÊ EDITORIAL
Estrada da Aldeia de Carapicuíba, 897
06709-300 | Granja Viana | Cotia – SP
Telefax (11) 4612-9666
www.atelie.com.br | contato@atelie.com.br

Impresso no Brasil 2014
Foi feito o depósito legal

Sumário

Peixes, Constelações e Jurupari: A Pequena Enciclopédia Amazônica
de Stradelli 11
Gordon Brotherston & Lúcia Sá

    Lenda do Jurupari 19
    "Kukuhy", "Eren" e "Poronaminare" 27
    Bibliografia 31

VOCABULÁRIO DA LÍNGUA GERAL PORTUGUÊS-NHEENGATU
E NHEENGATU-PORTUGUÊS 35

    Nota Preliminar 37

    Esboço de Gramática Nheengatu 49
        ALFABETO 49
            Vogais – Valor Fonético 49
            Consoantes – Valor Fonético 52
            Acento 56
        PARTES DO DISCURSO 57
            Substantivo 57
            Substantivos de Formação Secundária 58

GÊNERO 62
NÚMERO 63
CASO 64
COMPARATIVO 67
DIMINUTIVO 68
AUMENTATIVO SUPERLATIVO 68
ADJETIVO 69
   Formação do Adjetivo 70
   Adjetivo Qualificativo 71
   Adjetivo Demonstrativo 73
   Caso 77
PRONOME 77
VERBO 78
   Tempo e Modo 79
   Subprefixos e Reiteração do Tema 83
   Negação. Interrogação 85
   Formação dos Verbos 86
ADVÉRBIO 87
POSPOSIÇÃO 89
CONJUNÇÃO 93
INTERJEIÇÃO 94
CONSTRUÇÃO DA ORAÇÃO 96

COLEÇÃO DE TRECHOS NHEENGATU 101

Do Selvagem 103
  do Dr. Couto de Magalhães
   IAUTI TAPYIRA CAAIUARA / O JABUTI E A ANTA DO MATO 103
   IAUTI IAUARETÉ / O JABUTI E A ONÇA 106

Da "La Langue Tapihiya Dite Tupi ou Nheẽngatu" 107
  do R. Padre Tastevin
   IAUTI TAPYIRA CAAIUARA IRUMO / O JABUTI COM A ANTA
     DO MATO 107
   IAUTI IAUARATÉ IRUMO / O JABUTI COM A ONÇA 110

Da Doutrina Cristã – Chrístu Muesaua 111
de D. Lourenço Costa Aguiar
    UPAIN MAÃ MUNHANGAUA / A CRIAÇÃO DE TODAS AS COISAS 111

Da Carta Pastoral 115
de D. Frederico Costa
    DARIDARÍ TAXYUA IRUMO (*Marandua*) / A CIGARRA COM
    A FORMIGA (*Conto*) 115

Da Poranduba Amazonense 119
de Barbosa Rodrigues
    YURARÁ UIRAUASU IRUMO / DA TARTARUGA E O GAVIÃO 119

Das Lendas Indígenas Recolhidas por Max J. Roberto, Transcritas por
Antonio Amorim – Inéditas 121
    KUKUHY (*Lenda Baré*) 121
    PORONOMINARE (*Lenda Baré – inédita*) 133
    EREN (*Lenda Cubeo*) 141

VOCABULÁRIO PORTUGUÊS-NHEENGATU 147

NHEẼNGATU-NHEẼNGA SANHANASAUA
NHEENGATU-PORTUGUÊS 311

Peixes, Constelações e Jurupari:
A Pequena Enciclopédia Amazônica de Stradelli

GORDON BROTHERSTON & LÚCIA SÁ

AO MORRER DE LEPRA EM 1923[*], Ermanno Stradelli deixou inédita a obra à qual havia dedicado grande parte de sua vida: o *Vocabulário Português–Nheengatu/Nheengatu–Português*, que sairia postumamente na *Revista do Instituto Histórico e Geográfico Brasileiro*, em 1929. Descendente de nobres de Piacenza, o conde Stradelli veio para o Brasil pela primeira vez aos vinte e sete anos, como membro da Reale Società Geografica Italiana, e, depois de terminar os estudos na terra natal, acabou por se instalar definitivamente no Estado do Amazonas em 1888, onde trabalhava como promotor público de Tefé e, no dizer do padre Tastevin, vivia "vida serena, solitária, plena de trabalho"[1]. Essas circunstâncias biográficas poderiam levar-nos a ler o volumoso trabalho simplesmente como a obra-prima de um italiano excêntrico e solitário, apaixonado pelas coisas da Amazônia. Mas se o *Vocabulário* é fruto de noites a fio de trabalho árduo e apaixonado, nem por isso ele deixa de fazer parte de um movimento mais geral, por assim dizer, uma escola de estudos amazônicos, que inclui obras como a *Poranduba Amazonense* (1890) de João Barbosa Rodrigues, e as *Lendas em Nheengatu e Português* (1926) de Antonio Brandão de Amorim. Mirados em conjunto, esses trabalhos constituem, sem sombra de dúvida, a mais importante coleção publicada de documentos sobre o nheengatu falado e escrito no Brasil a partir da Independência. E não se trata de mera coincidência bibliográfica: os

---

[*] Hoje, entretanto, admite-se que tenha morrido em 21 ou 24 de março de 1926. Cf. E. Stradelli, "Introdução", *Lendas e Notas de Viagem – A Amazônia de Ermanno Stradelli*, São Paulo, Martins Fontes, p. 42.

1. Câmara Cascudo, p. 30.

três autores se conheceram, trocaram informações, e compunham o que se poderia chamar um grupo de estudos sobre nheengatu e Amazônia. Foi por sugestão de Stradelli, por exemplo, que Barbosa Rodrigues fundou o Museu Botânico do Amazonas, e em 1890 ambos publicaram (não sem um certo ciúme da parte de Barbosa Rodrigues) versões muito parecidas da "Lenda do Jurupari". No *Vocabulário* de Stradelli, abundam menções às histórias, então ainda inéditas, de Amorim, as quais seriam publicadas na mesma *Revista do Instituto Histórico e Geográfico*, dois anos antes do *Vocabulário*. Acima de tudo, Stradelli, Barbosa Rodrigues e Brandão do Amorim contaram com a autoridade intelectual de uma mesma figura: o indígena Maximiano José Roberto. Descrito como um mestiço manao e tariana[2], sobrinho de tuxaua, Maximiano passou uma grande parte de sua vida recolhendo histórias em nheengatu na região do Uaupés – histórias que eventualmente seriam publicadas sob o nome de um ou outro dos três estudiosos. Stradelli reconhece a importância de Maximiano para a composição de seus dois mais importantes textos: a "Lenda do Jurupari" (recolhida em nheengatu por Maximiano e publicada pelo conde em italiano, como *La Leggenda del Jurupary*) e o *Vocabulário*, do qual uma "larga messe" de palavras saiu das histórias recolhidas, mais uma vez, por Maximiano, as mesmas que seriam publicadas mais tarde com o nome de Amorim.

Para o leitor de hoje, esses trabalhos ajudam a desmascarar um dos mais persistentes mitos da história brasileira: o do monolinguismo. Quem quer que tenha estudado em escola brasileira sabe que o atual caráter hegemônico e oficial da língua portuguesa é comumente projetado para trás, como se, a partir da catequização de Anchieta, todos os habitantes das mais variadas regiões do país não falassem senão uma língua, o português. Tais versões da história se esquecem não apenas das várias línguas nativas usadas, ainda hoje, por grupos indígenas em várias partes do País, mas sobretudo que, durante três séculos de colonização, o português teve de disputar o lugar de língua mais falada com o nheengatu, que era utilizado não só por jesuítas e indígenas, mas também por mulheres, crianças, escravos, e muitos daqueles que não pertenciam às classes dominantes[3]. Foi precisamente a importância do nheengatu que levou o Marquês de Pombal a proclamar um édito proibindo o seu uso, em 1757. Revogada em 1798, tal proibição não pôde impedir que, na prática, o nheengatu continuasse a

---

2. Luíz da Câmara Cascudo, *Em Memória de Stradelli*, p. 62.
3. Ver Bethania Mariani, "L'Institutionalisation de la Langue…", e Eni Puccinelli Orlandi, "La Langue Brésilienne…".

ser amplamente utilizado em certas áreas da Amazônia até princípios do século XX, como testemunham os trabalhos de Barbosa Rodrigues, Stradelli e Brandão do Amorim. Na verdade, em algumas dessas regiões o nheengatu ainda hoje é falado como língua franca, embora em menor escala do que há um século.

Dessas três obras, o *Vocabulário* de Stradelli se destaca como a mais ambiciosa. O título, por um lado, é enganoso, pois, mais do que um simples vocabulário, o volume pode ser descrito, sem exagero, como uma enciclopédia amazônica. Por outro lado, a modéstia do título tem a vantagem de colocar o nheengatu como centro gerador do saber enciclopédico abrangido pelos verbetes. Em outras palavras, estudiosos de nheengatu podem utilizar as duas partes do *Vocabulário* (Português-Nheengatu e Nheengatu-Português) como se utilizariam de um dicionário qualquer: procurando termos específicos, concordando ou discordando das definições do autor, estudando a morfologia e a fonética da língua. Isso não impede, todavia, que leitores interessados na Amazônia e sua história percorram as páginas desse impressionante trabalho na tentativa de ampliar seus conhecimentos sobre fauna, flora, medicina, pesca, caça, agricultura, astronomia, história política, rituais e costumes, além de literatura e folclore indígena e caboclo – tudo isso a partir do nheengatu.

Assim, por exemplo, o verbete dedicado à MANDIOCA[4] na primeira parte (Português-Nheengatu) inclui nada menos que dezesseis termos relacionados com o processamento e a cocção dessa raiz, que são ainda complementados por informações dadas em vários outros verbetes, em ambas as partes. É precisamente a relação entre os vários vocábulos que permite a Stradelli recuperar o significado da grande conquista tecnológica que foi o processamento da mandioca-brava pelos índios brasileiros, e celebrar o legado dessa conquista para a cultura brasileira.

O mesmo ocorre com outras categorias do conhecimento. A quantidade de verbetes dedicados à pesca, por exemplo, é em si só reveladora da importância dessa atividade para a economia e o modo de vida amazônicos. A leitura dos verbetes vai demonstrando, além disso, que a pesca nos rios e igarapés da região é uma atividade altamente complexa, fruto de milênios de cuidadosa observação da natureza por partes dos habitantes locais. Inclui engenhocas precisas, como o CACURI – uma "barragem construída nos lugares de maior correnteza, geralmente apoiada à margem, com a qual forma ângulo, e destinada

---

4. O versalete indica verbetes do *Vocabulário*.

a obrigar o peixe que vem subindo, arrostando a correnteza, a entrar num curral, de que a barragem é um lado, onde fica preso" – a qual é feita com o PARY, "gradeado feito de fasquias de madeira, de preferência de espiques de palmeira paxiúba, amarradas com cipó, com que barram a boca dos lagos ou dos igarapés para impedir a saída do peixe"[5]. Inclui além disso venenos, como o CUNAMI ou CUNAMBI, do qual se fazem pequenas bolinhas que, engolidas pelos peixes, os fazem subir à tona, atordoados; ou o mais conhecido TIMBÓ, que entorpece peixes grandes e mata os pequenos, facilitando a pescaria em grandes quantidades. Certas modalidades de pesca ocorrem à noite, como o MUTURYSAUA, ou fachamento, que consiste em atarantar os peixes com a luz de archotes [fachos], na vazante; outras dependem de ruído, como a MUPUNGA (batimento), "na qual, por meio de barulho feito com varas apropriadas, e mesmo com os remos, se obriga o peixe a tomar uma determinada direção, de modo a ir aglomerando-se num lugar, onde possa ser facilmente flechado ou arpoado pelos pescadores, em pé, à espreita na beira da canoa". Para pescar tambaquis se usa a sua comida favorita, a frutinha CAMU-CAMU, mas sem colocá-la num anzol: os pescadores simplesmente amarram os camu-camus na ponta de uma corda, e imitam o ruído feito pelas frutas quando caem na água: os tambaquis acodem depressa e engolem a fruta. Na ausência de camu-camus, são utilizadas bolas de madeira (UAPONGA ou GAPONGA). Técnica mais ou menos semelhante é o PINDÁ-CIRYRYCA, empregada sobretudo para apanhar tucunarés: um anzol com penas coloridas de tucano é passado rapidamente, "mal frisando a superfície da água, para que o peixe, enganado pelo vistoso da cor, arremeta contra o anzol e fique fisgado". E assim por diante.

 Em relação à caça, o conhecimento se estende por uma imensa lista de animais – mamíferos, aves e répteis – cuja carne é apreciada, ou não, na Amazônia; por várias armas, como a CARAUATANA (zarabatana) e muitos tipos de arpões e flechas; os diversos venenos usados nessas armas; além dos tabus que todo caçador tem de respeitar se não quiser se converter num azarado. A "farmacopeia indígena" – assunto que gera hoje cada vez mais interesse – também conta com um número elevado de verbetes. Estão aí, para citar só alguns, a CARANHA, resina para curar feridas, cujo efeito, diz Stradelli, ele mesmo já comprovara várias vezes; a MYCURA CAÁ, que serve "para expelir os vermes e a própria solitária"; além de ervas abortivas, cujo conhecimento fazia parte do

---

[5]. José Veríssimo também descreve todas essas técnicas de pesca, num livro que certamente serviu como fonte para o *Vocabulário* de Stradelli (ver bibliografia).

dia a dia das mulheres na maioria das tribos brasileiras, que não tendiam a ver famílias numerosas com bons olhos. Na farmacopeia pode-se ainda incluir as drogas alucinógenas, os venenos – área na qual a Amazônia indígena alcançou um desenvolvimento talvez único no mundo – e os vernizes, corantes, colas e impermeabilizantes, importantíssimos naqueles anos anteriores à fabricação de tintas e resinas artificiais.

No todo, é notável o respeito de Stradelli pelo saber indígena amazônico, um saber que ele aprendeu de fontes escritas (Gonçalves Dias, Couto de Magalhães, Spix e Martius, Barbosa Rodrigues, Brandão do Amorim e José Veríssimo, entre outros), de suas conversas com Maximiano José Roberto, e também dos longos anos em que viveu na região e conviveu com índios e caboclos, muitos deles amigos do próprio Maximiano. É verdade que esse respeito não se estende a todos os aspectos da sabedoria local: certas técnicas de pajelança, como o sopro e a sucção, são vistas como charlatanismo pelo conde, que não esteve imune ao positivismo que dominava o pensamento daqueles tempos. São várias as referências ao "primitivismo" das sociedades indígenas, por exemplo, e, na "Nota Preliminar", Stradelli chega a citar, sem traço de crítica, a observação paradoxal (para não dizer absurda) de que os indígenas "pudessem [...] conceber sinais representativos de ideias com capacidade de abranger objetos, de que eles não tiveram conhecimento [...]. Que não tendo eles ideia alguma de religião, exceto a da Natureza, na sua própria linguagem tiveram sinais para representar toda a sublimidade da Religião da Graça" [cf. p. 46][6].

É o conhecimento indígena sobre o meio ambiente que merece a admiração incondicional do conde. Mesmo quando esse conhecimento lhe parece estranho, como no verbete dedicado à IAKYRANA-MBOIA, "um pobre inseto caluniado como muito perigoso por ser a sua ferroada venenosíssima, quando não é senão uma inócua cigarra", Stradelli acaba por concluir que "apesar disso, e porque tenho sempre encontrado no indígena um exímio observador da natureza, se foi ele que lhe deu o nome e lhe fez a fama de que goza, alguma razão deve haver". Essa admiração, lembremos, não era comum, pois as já mencionadas ideias positivistas que defendiam a existência de raças atrasadas e adiantadas haviam impregnado também o pensamento científico sobre a Amazônia. Na verdade, até a década de 1980 acreditava-se que o precário "desenvolvimento" da região se devia à falta de conhecimentos e de disposição por parte da população local. Vários megaprojetos tentaram implantar

---

6. Stradelli diz não se lembrar da fonte dessa citação.

na Amazônia produtos e técnicas de fora, e todos eles, um por um, falharam porque seus autores tinham em comum o mesmo arrogante desmerecimento do saber local. Tentou-se, por exemplo, plantar seringueiras em fileiras organizadas, com o objetivo de racionalizar o que se acreditava serem técnicas primitivas de extração da borracha (técnicas que, aliás, são usadas até hoje). Essas tentativas não deram certo, porque a concentração de seringueiras num só lugar favoreceu a multiplicação de pragas que acabaram por destruir as árvores[7]. Estabeleceram-se plantações em larga escala, de arroz e vários outros produtos que deveriam corrigir a suposta má utilização de recursos na Amazônia, mas esses empreendimentos malograram devido à hoje proverbial pouca profundidade da camada superior do solo da floresta[8]. Foi só a partir de meados da década de 1980 que começou a tornar-se comum a ideia de que os habitantes locais tinham muito o que ensinar sobre o seu meio ambiente, e os cientistas então começaram a aprender. Estudos como os de Darrel Posey sobre as técnicas caiapós de manejamento florestal ou o de Emilio Moran sobre ecologia indígena vêm tornando evidente o fato de que a Amazônia, longe de ser uma "floresta virgem", é um meio ambiente manejado pela população local há milênios.

Nesse sentido, o *Vocabulário* de Stradelli parece hoje em dia extraordinariamente moderno. O verbete sobre a formiga carnívora TARACUÁ, por exemplo, poderia ser incluído em qualquer manual atual de ecologia:

[...] onde se aninha, não consente que suba outra qualquer espécie de formiga, nem deixa vingar qualquer larva de inseto, constituindo, por via disso mesmo, uma esplêndida defesa, até contra as próprias saúvas, embora muito mais fortes e maiores do que ela. [...] Quando na localidade não há taracuás é preciso trazê-las.

Ademais, ao longo do *Vocabulário*, o conde com frequência se lamenta da caça e pesca indiscriminadas que, na sua visão, destruíam os recursos amazônicos. Não se trata de tentar transformar o conde num ecologista *avant la lettre*, mas simplesmente de observar como o *Vocabulário* vai além dos limites que lhe eram impostos pela ideologia da época. Pois, se é verdade que Stradelli chama os índios de "primitivos", também é verdade que, em alguns momentos, ele próprio questiona essa qualificação, como quando afirma que "isso de raças superiores ou inferiores não impede que os homens sejam julgados pelo que fazem e sejam tratados em consequência" [Cf. p. 39]. O pesquisador Stradelli,

---

7. Susanna Hecht e Alexander Cockburn, *The Fate of the Forest*, p. 68.
8. Ver Hecht e Cockburn, *op. cit.* capítulo 6.

autor de vários artigos publicados em boletins da Reale Società Geografica Italiana, adere, como seria de esperar, às verdades científicas de sua época. Ao mesmo tempo, o Stradelli morador da Amazônia, amigo de índios e caboclos, converte-se num apaixonado admirador do saber indígena.

E não só do saber sobre o meio ambiente, pois obviamente Stradelli também tinha em alta conta a língua que é a razão de ser e o eixo do *Vocabulário*: o nheengatu. Refutando como absurda a ideia de que pudesse ter sido invenção dos jesuítas, ele afirma que o nheengatu (para ele um dialeto do tupi) não é distinto de todas as outras línguas, que "são manifestações vivas e naturais, que surgem necessária e espontaneamente onde há homens reunidos em sociedade. Criação inconsciente da multidão anônima, não se inventa e muito menos se impõe" [Cf. p. 39]. Elogia a sua maleabilidade e elegância, e orgulha-se de ser um falante fluente e de, por isso, ser aceito pela gente mais simples, já que o nheengatu era, ainda àquele tempo, a língua "dos avós, da porta da sala para dentro, e do uso corrente entre os filhos do lugar. O Português é ainda para muitos a *caryua nheēnga* – a língua do branco. E, se já não é a língua do inimigo conquistador, é a língua do estrangeiro, ou, quando menos, a língua do patrão, a língua alheia" [Cf. p. 38]. Lamenta, além disso, que a "boa língua" estivesse perdendo falantes, e vê como inevitável a sua extinção. Apesar disso, ou talvez por isso mesmo, não há rigidez nem fanatismo pró-nheengatu no *Vocabulário*. Pelo contrário, várias vezes Stradelli admite haver incluído palavras que não são nheengatus, isto é, de outras línguas indígenas do Uaupés, simplesmente porque eram muito utilizadas na região. Especialistas em nheengatu com certeza hão de encontrar erros: alguns são evidentes até para não especialistas, como o AUACÁTI, que ele dá (é verdade que sem muita convicção) como origem do termo abacate, uma palavra náuatl. É justamente essa relativa falta de precisão que torna o *Vocabulário* mais atraente para o leitor de hoje, e faz com que seja uma obra para ser lida, e não apenas consultada. Nisso ela se compara a outra obra extraordinária, publicada mais de trinta anos depois: a *Enciclopédia Bororo*, dos padres Albisetti e Venturelli. Ambas devem a sua existência ao esforço e à dedicação de indígenas cujo papel no processo de coleta e organização de informações e histórias foi muito além do de meros "informantes": Maximiano José Roberto e Tiago Marques Apoburéu.

Acrescente-se, no caso do *Vocabulário*, a presença pouco acanhada da primeira pessoa do conde em certos verbetes, como é o caso da sua definição para o conhecidíssimo CUPIM (ou COPÍ): "Nome genérico, comum às numerosas espécies de térmites que tudo infestam, atacam e estragam. Já me têm comido mais da metade da minha escassa livraria". Está aí o humor, que não caberia em muitos "Vocabulários", mas que aparece respingado aqui e ali no de Stradelli, como em outro exemplo, do verbete IUCUACU:

> Jejuado. O indígena, pode-se dizer, passa uma grande parte da vida a jejuar. Começa a jejuar quando chega a puberdade, jejua na véspera de festas instituídas por Jurupari, o Legislador indígena; jejua antes de casar; o casado jejua todas as vezes que a própria mulher é menstruada, quando esta pare e durante o resguardo a que ele fica submetido, quando os filhos estão doentes e não sei mais em que outras circunstâncias. Se aos jejuns rituais [...] juntarmos os forçados, que também não são poucos, precisa convir que eu não exagero dizendo que passa a vida a jejuar. Disso, pois, talvez, a razão por que, quando tem, come a tripa forra. É para refazer o tempo perdido [p. 387].

Nesse verbete, como em muitos outros, vemos também o interesse do conde pelos costumes indígenas. Certos rituais, como a nomeação de crianças, a festa da puberdade das meninas, e o Jurupari, contam com longas exposições no *Vocabulário*, às quais junta as descrições de danças, instrumentos musicais, técnicas de fazer colares e cerâmica, malocas, comidas, e costumes os mais diversos, pintando uma imagem da vida do indígena no Uaupés em princípios do século XX que é, sob qualquer aspecto, valiosa. Ainda mais porque não se trata de uma imagem exclusivamente sincrônica: objetos arqueológicos muito valorizados pelos indígenas, como os ARU APUCUITÁ (remos antigos), o MURUARI (tanga) de cerâmica marajoara, e as ITACOATIARA (petroglifos), estabelecem uma clara continuidade entre os indígenas contemporâneos a Stradelli e seus ancestrais, os quais deixaram exemplos de cultura material que não excluíam, num sentido amplo, a escrita – como já afirmava Stradelli:

> Tais desenhos, embora toscos e de uma ingenuidade quase infantil, especialmente quando comparados com o que se quis representar, são verdadeiros e próprios hieroglifos, sinais convencionais com significação ainda hoje conhecida pelos nossos indígenas, que os veneram como monumentos deixados pelos seus maiores.

Essa noção de tempo profundo, histórico, é fundamental para a compreensão do fenômeno mais característico e importante da cultura do Alto Rio Negro: o Jurupari (ou Iurupari, Jurupary). O termo é usado para descrever, ao mesmo tempo, o ritual de iniciação masculina dos vários grupos indígenas do Alto Rio Negro, os instrumentos musicais usados nesse ritual (que não podem ser vistos nem ouvidos por mulheres ou crianças), uma série de regras de comportamento ligadas a esse ritual ou dele derivadas, e o próprio herói responsável pela invenção e divulgação do fenômeno em si[9]. A história desse herói é o tema da outra grande obra de Stradelli, a "Lenda do Jurupari", publicada em italiano como *La Leggenda dell'Jurupary* sete anos depois da chegada do conde ao Brasil, ou seja, três décadas antes do término do *Vocabulário*. Jurupari está presente também no *Vocabulário*: os comentários a mais de uma dúzia de palavras, alguns deles longos e interligados, fazem menção explícita ao Jurupari da "Lenda", e o verbete dedicado ao seu nome ocupa mais de uma página. Além disso, Jurupari aparece em alguma das histórias que Stradelli transcreve, antes do *Vocabulário*, para servirem como exemplo de nheengatu usado, acompanhadas de tradução ao português. A maioria dessas histórias já haviam sido publicadas antes, por Couto de Magalhães, Tastevin e Barbosa Rodrigues. A exceção, na época em que foi escrito o *Vocabulário*, seriam as três narrativas finais, coletadas por Maximiano José Roberto e traduzidas, de acordo com Stradelli, por Brandão do Amorim. Duas delas, "Kukuhy" e "Poronaminare" sairiam, de fato, na coleção deste último, *Lendas em Nheengatu e Português*, que acabou por ser publicada, como já indicamos, antes do próprio *Vocabulário*, e – embora não haja dúvidas de que a versão em português seja, para todos os efeitos, a mesma nos dois volumes – é importante notar que Stradelli faz algumas modificações na linguagem de Amorim. Já a terceira história, "Eren", ao contrário do que afirma Stradelli, não faz parte de *Lendas em Nheengatu e Português*, mas aparece, com algumas variações, na *Muyraquitã e os Ídolos Symbólicos*, de Barbosa Rodrigues.

LENDA DO JURUPARI

O *Vocabulário* enciclopédico de Stradelli se relaciona de modo bastante sugestivo com a "Lenda do Jurupari". Traduzida ao português só recentemente (Stradelli, 2002) esta "Lenda" deve a própria existência ao nheengatu de Maximiano Roberto. Por quase um século, o texto mais complexo que se conhecia do rio Negro, a "Lenda do Jurupari" (daqui em diante "Lenda") é um dos clássicos da literatura indígena americana e abrange toda uma cosmogonia. O *Vocabulário* ilumina e enriquece a sua leitura de várias maneiras. Explica com muitos detalhes o contexto imediato ao qual pertencem as histó-

---

9. Para uma visão abrangente do fenômeno do Jurupari no Alto Rio Negro ver os trabalhos de Reichel-Dolmatoff, Hugh-Jones, e Neves.

rias do herói cujo nome é Jurupari em nheengatu. Supre as notas lacônicas que Stradelli adicionou ao seu texto italiano, sobretudo as que traduzem ao nheengatu palavras das grandes famílias linguísticas da região, tucano e aruaque, incluindo os nomes de Jurupari nestas outras línguas. Sublinha a coerência e a interconexão de certas palavras-chave para a leitura das histórias antes do *Vocabulário* e da "Lenda", na interpretação do espaço-tempo (ARA), da concepção imaginativa (ANGA, SAÃN), das origens (RAPU, RUPITA), da taxonomia das formas vitais (PIRÁ-UIRÁ) e de suas metamorfoses e nomes próprios. E nos ajuda a entender a estrutura e as estratégias do texto da "Lenda", traduzida dos originais em nheengatu dados a Stradelli por Maximiano.

No meio de sua história, Jurupari confirma a sua autoridade quando enumera as regras do seu culto (ou "lei") e batiza os sagrados instrumentos musicais. Este episódio serve para unir o que até aquele momento central eram os dois fios da história. O primeiro é o da própria descendência: neste preciso momento de ratificação, Jurupari explica que os seus ancestrais – os mais antigos têm nomes da família linguística tucano – identificavam-se tanto com outras espécies como com certas constelações; e que ele próprio herdara diretamente toda a vasta experiência acumulada por eles. No detalhe e na concepção, o argumento se parece muito com o da descendência do herói epônimo contada na narrativa "Poronaminare", antes do *Vocabulário*. O outro fio pertence mais à geo-história do rio Negro refletida nas outras duas narrativas, "Kukuhy" e "Eren". Narra a briga que Jurupari teve com Ualri, nome baníua para TAMANDOÁ, o seu companheiro que revelou os segredos do culto. Depois de derrotar Ualri, Jurupari transformou o seu corpo nos quinze instrumentos sagrados, dando o nome de tamanduá ao primeiro.

O verbete IURUPARY do *Vocabulário* considera primeiro o significado do nome, questão debatida entre várias autoridades prévias a Stradelli, e citadas por ele. Stradelli evita uma etimologia única, pois contrapõe origens distintas relacionadas, ambas, com a cultura material básica do Amazonas, a coleta de frutas e a pesca.

Como o "gerado da fruta", Jurupari nasce de uma concepção imaculada ou partenogênese causada pelo fato de sua mãe CEUCY ter permitido escorrer pelo seu corpo o suco de uma fruta: CUCURA no rio Negro, PURUMÃ no rio Amazonas (Solimões), e PIICAN na "Lenda". Esse modo de conceber é motivo muito estendido pelo Amazonas, e pela América tropical. No caso da "Lenda", "por despertar apetites latentes", a fruta era proibida às jovens que não tinham tido a primeira menstruação, e é a lua que inicia o *tuxui yacy* (sangue de lua) ou menstruação. A lua pode ser igualmente a origem (mãe) da fruta, YA-CY. Também está envolvido no assunto um macaco masturbador, e tudo acontece durante a coleta da fruta de uma árvore do sul, na direção do rio Amazonas.

A outra origem, da pesca, é mais concentrada nos rios da Amazônia, nos artefatos e costumes inspirados por aquele denso sistema fluvial durante milênios. Esta etimologia é preferida por um "tapuio" amigo de Stradelli, que a propôs (em nheengatu) nestes termos: "Nada disso, o nome de Jurupari quer dizer que fez o fecho da nossa boca". Numa primeira instância, a boca (IURU) é a abertura da grade que atrapa peixes (PARY): levado pela correnteza do rio na narrativa "Poronaminare" da coleção de Amorim (mas não no nosso *Vocabulário*)[10].

Jurupari sabe evitar armadilhas deste tipo, que o herói homônimo lhe põe, como o "quarto" do CACURI e o próprio PARY. Este vira, por sua vez, a imagem apropriada para a discrição que devem manter os fiéis acerca dos mistérios centrais do culto do Jurupari.

Para esse efeito, as duas etimologias, fruta ou pesca, funcionam como grandes segredos, vedados a todos os que não são iniciados, sobretudo às mulheres. Correspondem a atividades primárias da economia amazônica e impactam, cada uma delas, na organização temporal. Cada lua (ou mês) do ano recebe o seu nome da fruta que nela amadurece ou do peixe que nela aparece ou desova. O próprio conceito do ano solar ou das estações, ACAIÚ (caju), vem da coleta anual da fruta desta árvore.

Como origem do calor e da luz que afetam a vida da árvore e do peixe, Jurupari é o sol, COARACY, origem do tempo e do mundo presente (ARA é dia, terra, tempo, mundo). No leste, ele aparece vermelho no começo do dia ou IUACA RUPITÁ, a raiz ou tronco do céu. Viaja pelo caminho equatorial do Amazonas e Uaupés, na geografia da "Lenda", do baixo Amazonas até os Andes. Como diz o seu avô Pinon, é neste caminho que "Nós nos encontramos no meio da Terra, conforme o Sol nos explica, pois quando ele está no meio do céu [nos equinócios], esconde-nos nossa sombra no corpo" ("Lenda", p. 306). Na região do rio Negro, este caminho tem o lago Muipa pelo lado norte, onde foi concebida a mãe de Jurupari (Ceucy), e pelo lado sul a árvore onde ele foi concebido. O modelo espacial é especificado na estátua da mãe que indica esses lugares com os braços estendidos. Mais, partindo dessa localização de sua

---

10. Na coleção de Amorim há duas narrativas distintas que têm o título "Poronaminare". Apenas a primeira delas foi reproduzida por Stradelli.

terra, o avô de Jurupari elabora no chão o complexo desenho numérico "do cepo do céu": o momento do sol no equador vira o centro tropical de onde se vai povoar a terra, quando ele obriga todos a irem ensinar por "todas as terras do Sol" a sua visão do mundo.

Por isso, faz sentido, a princípio, pensar (com Stradelli) em Jurupari como uma figura solar, quando inventa a sua "lei", o sistema federativo imposto à força a várias tribos e línguas da região do rio Negro. A ambição da lei (ou melhor, do modo de viver, CICU) é dominar rito e dogma, liturgia e crença, e impor regras, decidir quando e como se deveriam celebrar festas (PURACY) relevantes a todos os momentos da sociedade, jejuar (IUCUACU), proteger-se contra os MAYUA noturnos, eleger o TUIXAUA (tuxaua), casar etc. O veneno destinado a matar as pessoas que descobrem os segredos do culto é o COARACY-TAIÁ, a planta do sol, ou o ardor que dela sai. Para esse efeito, as luas que dão nome aos meses se adaptam ao ano do sol, aos seus solstícios e equinócios. Em termos calendáricos, o sol sujeita a lua ao seu ciclo de estações. Falando da lua, YACY, Stradelli confirma essa ideia: "A Lua completa a obra do Sol. Este fecunda as plantas e lhes faz produzir as frutas, a Lua as amadurece".

Porém, a relação entre o sol e a lua não exige necessariamente subordinação ou a ordem de diferença sexual que é inevitável na gramática das línguas latinas. Primeiro, a lua é o lua, e não menos homem que o sol. Ao causar o *tuxui yacy*, deflora, penetra, pode engendrar. As suas fases, nova (PYSASU), crescente (IUMUNHÁ), cheia (ICAUA), minguante (IERASUCA) etc., ainda que se conformem como "meses" com o ano do sol, exigem respeito por si mesmas, na coordenação das grandes festas e danças (PURACY), como o CARIAMÃ (cujo nome vem de uma casta de CAXIRY), que celebra as jovens defloradas por YACY, isto é, o primeiro catamênio. Purificados pela bebida feita da planta CEUCY--CIPÓ, os tocadores do instrumentos sagrados nas festas olhavam para o céu noturno, não o sol.

No céu noturno, Iaci se move em mais de um ritmo. O ciclo sinódico de suas fases (de 29,54 noites) se conjuga com o sideral da sua viagem pelas constelações zodiacais (de 27,32 noites). A primeira coincidência entre os dois ciclos equipara as nove luas (sinódicas) da gestação humana em geral com as dez (siderais) da gestação de Jurupari e de sua mãe Ceuci (um dos pais, de cada um deles, era estrela). Mais, o ritmo de Iaci coincide com o de YACY TATÁ, o seu "fogo", o planeta Vênus, a identidade celestial que assumiu a mãe Ceuci. Com o sol (Coaraci), Iaci e YACY TATÁ viajam como um trio pelo caminho zodiacal, pois são os três corpos mais brilhantes do céu[11]. Nesta perspectiva, o sol no céu é um só entre três CY – uma de tantas palavras para "mãe", no sentido de princípio e origem: como observa Stradelli neste verbete, para o indígena nada existe sem mãe.

A "Lenda" descreve a Ceuci-Vênus, mãe de Jurupari, como o retrato de outra de nome idêntico, a sua tia Ceuci-Meenspuin, irmã de seu pai Pinon. É esta Ceuci genealogicamente prévia que o *Vocabulário* ratifica como "o grupo de estrelas das Plêiades". Ela e o seu irmão Pinon (a cobra que corresponde a *Scorpius*), definem, então, o caminho das constelações zodiacais entre leste e oeste, perto das suas margens (trópicos) ao norte e sul. No *Vocabulário*, são estas que servem para regular e "conhecer as horas da noite", num tempo-espaço noturno próprio que se diferencia categoricamente do dia, do ano e do ACAIÚ, e necessariamente do Jurupari-Coaraci, e não admite ser subordinado a ele. Ao planejar as suas expedições, Jurupari insiste na noite e na hora divisória entre PITUNA e PITUNA PUCU (noite, noite longa/lenta), a meia-noite PYSAIÉ (palavra não composta em nheengatú) que, para Cauará, na narrativa "Kukuhy", mede tanto os ritmos do céu como os pulsos do seu coração.

Ao definir o zodíaco, Ceuci e Pinon ocupam nele as posições mais privilegiadas, dos dois cruzamentos com a Via Láctea, "uma senda ['via' no italiano] quase branca, semeada de pequenas estrelas" ("Lenda", p. 274), que ela puxa atrás de si saindo do lago Muipa e que corre norte-sul no céu. Para o povoamento desta outra via ou senda que une os dois lados do céu contribui o próprio Jurupari. Segundo o *Vocabulário*, acima e no centro mora IUARA-CACA, a lontra do Órion, que vai para o lado sul roubar os peixes no CACURI ou ARAPARI (o Cruzeiro do Sul, que comemora o seu nome). Também ficou no centro o ARARA-PARY, o ornamento de dança perdido pelo TAPYIRA (anta), quando este, jogado ao céu por Jurupari, foi parar no lado oposto, como Ursa Maior, o Sete Estrelo setentrião. Ao percorrer o caminho para o norte, é a anta que dá à Via Láctea seu nome em tupi (TAPYIRAPE).

Desenhado assim, o mapa do céu de Jurupari concorda com outros daquela região tropical. O dos barasanas, por exemplo, faz um jogo semelhante entre as luas sinódicas e siderais. O *Vocabulário* nos informa também sobre o pequeno lagarto TAMACOARÉ (Cassiopeia) lembrado nas inscrições ITACOATIARA; so-

---

11. A relação numérica entre os anos de Vênus e do sol, 5:8, existe no desenho do cepo do mundo; o pai e a tia da Ceuci, filhos de aves, amadurecem em dezoito meses (duas gestações) e não dezoito anos.

bre o IAUTI (jabuti) que ocupa posições múltiplas, entrando e saindo dos rios do céu; o peixe-boi IUARAUÁ que é a mancha magalânica; e o par *alpha* e *beta Centauri* que se alternam entre jovem e velho e pescam nas ricas águas do sul perto do Cacuri ou Arapari do Cruzeiro. Na "Lenda", a mãe de Pinon, Dinari, é transformada na constelação PIRARARA, peixe-arara.

Na nota de rodapé à "Lenda", inspirada provavelmente por Maximiano, Stradelli descreve o desenho do "cepo do mundo" que Pinon fez inicialmente para organizar a procura de sua mãe, e que serviu para povoar a terra. É assim: "um círculo, no qual são traçados quatro diâmetros inclinados sucessivamente entre si, com ângulo de 45 graus". Quer dizer, o desenho corresponde não apenas ao espaço dos que iam povoar o mundo, ou ao tempo numérico do sol e Vênus, pois cria um tempo-espaço, ou ARA, com movimento sucessivo interno. Correlacionando este e outros dados legados por Maximiano, é possível pensar nos ciclos enormes que, no ano solar, descrevem as constelações do céu noturno (a precessão dos equinócios): o ARA, de proporções imensas mas mensuráveis e seguramente medidas e entendidas pela astronomia dos trópicos americanos.

Na história dos ancestrais e das grandes metamorfoses da criação contada por Jurupari, a transformação de Dinari em peixe-arara integra ao discurso astronômico o da biologia. Ela termina entrando na categoria dos PIRÁ-UIRÁ, os ovíparos peixes-aves, distinta da dos quadrúpedes (SOÓ) e mamíferos. Antes, casada com a ave IACAMĪ (jacamim), não fora capaz de parir os ovos que ele tinha fertilizado nela e teve de mudar de forma. Os filhos têm características ofídicas, mas (como vimos) também estelares. Querendo entender a sua natureza, o pai é informado, pelo conselho de anciões, sobre "a melhor semente" que pode determinar a fecundação e sobre as estrelas "que deixaram sua imagem nas duas crianças" ("Lenda", p. 298). A criança ofídio Pinon engendra a filha que, com a ajuda do macaco, pare Jurupari. A ligação entre o macaco e Jurupari se torna evidente ainda em outros contextos, como no batismo dos instrumentos (ver abaixo) e no verbete do *Vocabulário* IURUPARY-MACACA, um grande macaco peludo e preto.

Por meio das figuras de Dinari e Pinon, Jurupari conta a sua história sobre as origens do mundo, em duas partes. A primeira trata da família primordial, e em termos gerais "humana", de Dinari, até ela sair definitivamente de casa. A segunda, como ele diz, "está mais próxima de nós e nos pertence" ("Lenda", p. 305), estabelece o "cepo do mundo" no rio Negro, conecta-se com o nascimento dele contado ao começo do texto, e fala da aprendizagem de seu avô Pinon com o primeiro pajé da terra, na maloca do rio Cudiacuri. Jurupari decide fazer esta declaração de antecedentes precisamente no momento de sua vitória sobre Ualri, o TAMANDOÁ baníua. Companheiro de Jurupari, Ualri foi encarregado da missão de fundar uma casa de culto no ocidente, mas se deixa seduzir e revela os segredos a não iniciados, sobretudo às mulheres locais. O destino dos que traem a lei assim é tema, no *Vocabulário*, do verbete TAMANDOÁ e de outros inter-relacionados.

Velhinho e desdentado, o tamanduá Ualri se caracteriza pela língua "vermiforme e viscosa", o que lhe permite (se supõe) desfrutar da companhia das mulheres a quem comunicou o segredo. Das cinzas do seu corpo queimado, saem os MAYUAS, os espíritos de mau agouro, venenosos, que podem estragar o adolescente (daí os ritos preventivos). Da sua unha, a única e forte arma de defesa e ataque que esse animal possui, Jurupari faz o amuleto potentíssimo que presenteia ao amigo Carida e que o transporta a qualquer lugar. Também vem dele o contraveneno, isto é, a água usada na lavagem das pudendas de uma pessoa de sexo contrário ao da vítima, comparável em potência ao antídoto derivado do veneno da cobra SURUCUCU.

A história cósmica de Dinari, que Jurupari conta no momento da vitória, ratifica então a sua supremacia política, permitindo-lhe impor a sua lei, as regras de comportamento, o calendário das festas, e celebrar este poder num concerto/conserto onde estreia os instrumentos de sopro (MEMĨ, MEMBY) fabricados dos restos do traidor derrotado Ualri. É o grande momento de câmbio, culminante na narração da "Lenda", o momento em que tudo se concentra, onde passamos do ARA da cosmogonia ao de uma geo-história local. No corpo das cosmogonias americanas a que pertence, a "Lenda" é justamente este tipo de mudança entre níveis de tempo-espaço que o sincronismo estruturalista (e da linguística) tende a ofuscar ou eliminar.

Como *Nachtmusik* ou noturno, o concerto começa com o pôr do sol e os instrumentos soam noite adentro, a princípio sem serem tocados. A música exerce uma poderosa atração e vêm ouvi-la não só os vizinhos humanos, como também representantes dos seres ancestrais, onças, serpentes, e até mesmo os peixes. O momento encantado da meia-noite é marcado pelos gritos dos animais, e Jurupari sai, comentando: "Até os animais ouvem a nossa música" ("Lenda", p. 312). Manda então guardar os poderosos instrumentos num quarto fechado, invisíveis aos não iniciados.

No plano social, das festas que Jurupari autoriza no momento da mudança, as cinco primeiras pertencem ao sistema de luas que regula as atividades tradicionais de pesca e coleta de frutas, ambas consagradas nas etimologias do nome do herói. As outras festas, descritas em mais detalhe, têm a ver com a hospitalidade, o comportamento sexual e o serviço comunitário (AIURY), através, sobretudo, da roça CUPIXAUA, a queima e o machado (NDYI) que preparam o solo para ser plantado ("Lenda", p. 279). Em um nível, então, a lei de Jurupari representaria a transição à agricultura, a passagem da coleta à colheita, e, na versão de Barbosa Rodrigues, este é efetivamente o papel mais importante do herói. Na "Lenda", o relato de como fez os instrumentos e deu nomes a eles vem como para confirmar esta leitura.

O primeiro instrumento ou MEMĨ recebe o nome do próprio Ualri. É feito de um osso seu (segundo o costume também romano, como anota Stradelli no *Vocabulário*), mas é obtido como se fosse de uma árvore queimada e cortada na roça. Outros instrumentos recebem os nomes de personagens que exemplarmente também não se adaptaram ao novo sistema. São os que, não querendo plantar por razões inaceitáveis (preocupação excessiva com possíveis catástrofes futuras etc.), tiveram de viver do trabalho dos outros e foram transformados em aves e insetos: Arandi, a filha de pajé, que quis continuar comendo só fruta de árvore silvestre, e os velhinhos Bue e Canaroarra, que se recusaram a plantar a própria comida e tentaram viver da roça alheia. Bem espalhadas na região, tais narrativas podem invocar como agente transformador o espírito, ou mãe, da mandioca; aqui Bue é transformada pelo "macaco da noite", possível referência, como vimos, ao IURUPARY-MACACA.

Este ato de batizar os instrumentos, quinze no total[12], pertence também ao plano político. Ao apresentá-los, Jurupari os mede com as dimensões do comprimento e da circunferência do seu próprio corpo, do umbigo à cabeça, do pé ao braço etc. E os nomes que lhes dá são tirados de histórias exemplares, algumas delas contadas por inteiro na "Lenda", como as de Dinari/Dianari e seu marido Ilapai (a ave jacamim) e a de Arandi/Arianda. A primeira de todas essas histórias, como vimos, é a do Ualri. Jurupari constrói do próprio corpo um federalismo imaginativo e linguístico capaz de incorporar num todo as memórias e ambições dos seus ouvintes, cujo objetivo é compreender coerentemente a diversidade dos grupos da região. Partindo dos casos principais de Dinari e Ualri, no-

---

12. Quinze na versão em italiano (dezesseis segundo Barbosa Rodrigues, mas não enumerados um por um). O número quinze é o produto cumulativo do fator básico da aritmética descrita no *Vocabulário*, a mão (*pô*) ou cinco (1+2+3+4+5=15). O decimal é duas mãos, e o vigesimal é duas mãos e dois pés (*py*), como nos sistemas do Caribe e da Mesoamérica. Ainda assim, cem é uma conta (*papasaua*), como no sistema decimal dos Andes, e quinze é o meio mês de trabalho imposto por Jurupari (no episódio de Ualri) que existe no calendário inca.

mes que pertencem respectivamente às duas grandes famílias linguísticas do rio Negro, tucano e aruaque, ele batiza os quinze instrumentos com sons e sílabas que se transformam noutro concerto/conserto de outras tantas falas e dialetos.

Pode-se imaginar que, com sua herança tariana, Maximiano se encontrava no meio das duas grandes famílias e por isso teria escolhido, para contar a sua história, o nheengatu que compartilhava com Amorim e Stradelli. De fato, só faz sentido contar este momento climático da história na língua "geral", neutra, ubíqua, federal. Assim, o próprio Jurupari poderia ser reconhecido, como é o caso até hoje, por nomes próprios dessas outras línguas (como o Buscan, "coração duro", tucano, preferido por Barbosa Rodrigues e mencionado na "Lenda", p. 283).

Em correspondentes notas de rodapé na "Lenda" (e comentários no *Vocabulário*), Stradelli, graças a Max, se mostra bastante consciente das implicações políticas e culturais do culto do Jurupari no rio Negro. Essa consciência se estende até o *Vocabulário*, na clareza com que vê a importância decisiva que esse culto tinha para a sucessão do TUIXAUA, para a autoridade herdada e confirmada pelo conselho MOACARETÁ, para a coerência política dos povos que (com Ajuricaba) resistiram à invasão dos portugueses e dos bandeirantes, e que ainda resistiam ao Estado-nação Brasil. Foi por isso que lhe foi dado ver a lei de uma perspectiva que a propunha como comensurável com o cristianismo, o culto invasor que importava outro TUPANA e que reduzia Jurupari a um simples "diabo" (como quiseram alguns reduzir o nheengatu a uma invenção dos jesuítas). Nos seus melhores momentos, Stradelli defendeu, como filosofia e como cosmogonia, os testemunhos em nheengatu que o cristianismo (e a ciência da época) desprezava como "superstição primitiva".

Isso lhe terá instigado a enfatizar a escrita como validação e garantia intelectual, na forma da ITACOATIARA, conceito que elabora num artigo à parte. No comentário ao verbete, a comparabilidade da itaquatiara com a escrita alfabética é defendida por Quenomomo, um amigo cubeo da região Cuduiari.

"KUKUHY", "EREN" E "PORONAMINARE"

As três narrativas finais complementam os comentários do *Vocabulário* sobre o conceito Jurupari. "Kukuhy" e "Eren" pertencem à história da região quando se impunha a lei de Jurupari e falam mais sobre o onde e o como do culto. Introduzida numa paisagem de ambições guerreiras e "costumes feios", esta lei impacta sobretudo nas relações de família, entre pai e filha. O "Poronaminare" da terceira narrativa é um herói conhecido de Jurupari, e comparável com ele.

Em "Kukuhy", Cauará é um tuxaua baré e pai de Nudá. Num território ribeirinho cada vez mais povoado e apetecido, ele defende o culto do Jurupari, protegendo os seus segredos e os seus instrumentos musicais dos olhos das mulheres. Kukuhy é filho do tuxaua dos invasores que sobem o rio como peixes (PIRÁ) numa cobra (a "Cobra grande", Y-YIARA, da mitologia tucano), e genro de Cauará. É antropófago e gosta da "comida da lua" (YACY TEMBIÚ); mata mulheres sem perdoar a própria (Nudá), com uma ferocidade sádica, lamentada por Cauará. Kukuhy persegue o sogro, que se refugia num NDUIAMENE ou fortaleza que tem o nome de um ancestral, o lagarto teiú. Com a ajuda dos tarianas, Kukuhy é finalmente derrotado e ridicularizado no seu próprio NDUIAMENE, termo baré equivalente ao CAÍSARA tupi, que o *Vocabulário* identifica com o sistema europeu de escravidão.

Pai de Eren, na história homônima, Uaiú é da região cubeo do Cuduiari, de onde vem o pajé Quenomomo, amigo de Maximiano. Uaiú também defende o culto do Jurupari, só que este agora serve para lhe garantir poder e imunidade como pai incestuoso. Ele quer se "enfaceirar" com a própria filha Eren, cuja mãe é o hermafrodita Acutipuru (na forma masculina, Acutipuru poderia igualmente engendrar filhos varões; o *Vocabulário* nos informa da beleza da cutia ACUTIPURU que tem uma cauda de pelos longos e sedosos, e um "aspecto elegantíssimo aumentado pela elegância dos movimentos"). Ao fugir, Eren é atraída pela flauta (MEMI) do "estrangeiro" Cancelri e casa-se com ele, antes de as tropas do pai matarem a ambos, com uma ferocidade traiçoeira digna de Kukuhy. Os dois são vingados pelos guerreiros de Cancelri, que decidem estabelecer-se na região, sob a égide da constelação Ceuci. É na forma da mãe hermafrodita de Eren, ACUTIPURU, que os mortos podem subir ao céu.

Das três narrativas, a mais imersa no tempo antigo, nas primeiras idades da terra, é sem dúvida "Poronaminare", que conta os sucessos que prefiguram o nascimento do herói epônimo. Dono da terra e do céu, este herói baré é muito parecido com Jurupari pelo comportamento e por seu sentido épico de missão. Além disso, suas vidas se cruzam textualmente: a sequência desta história, publicada por Amorim, contém um episódio equivalente ao do velho tamanduá Ualri, que ameaça e queima os três filhos de Poronaminare. Só que aqui o papel de Jurupari vira o de Poronaminare, enquanto o de Ualri vira o do próprio Jurupari[13].

No tempo anterior ao nascimento, as genealogias dos dois heróis coincidem: a de Poronaminare é contada na história epônima que o propõe como

---

13. Ver a esse respeito Sá ("A Lenda do Jurupari" e *Rain Forest Literatures*).

neto de um Cauará prévio e arquetípico; a de Jurupari se deduz da explicação que ele mesmo dá depois de vencer Ualri ("Lenda"). Ambos têm por avô um velho pajé (Cauará, Pinon), marido de uma mulher anônima, pescador ou engendrador ao estilo (sem coito) do peixe, aparentado com aves da tribo ou da serra dos jacamins que fazem barulho à noite; este avô pode ter corpo de sangue frio de sáurio-ofídio, forte como rocha, e tem uma filha de natureza terrestre e celeste. Nos dois casos, a filha concebe milagrosamente num lugar ao sul, rio abaixo, onde está a árvore dos macacos, sofre de secura nos peitos, que é remediada, outra vez milagrosamente, dá à luz um bebê radiante, e termina subindo ao céu, olhando para o Leste.

Tudo isso acontece num mundo de sonhos e de sono, de sondar sombras (SAÃN, ANGA), de prever, provar e adivinhar, de conversas e intuições delicadíssimas. É uma atmosfera intensamente permeada pelo esforço de fazer existir imaginando, atmosfera que caracteriza outras gêneses do rio Negro (como *Antes o Mundo não Existia*, dos desano), além do *Ayvu rapyta* tupi-guarani, e a antiga tradição xamânica tropical da América, o PAJÉSAURA.

A belíssima narrativa da concepção de Poronaminare consiste num diálogo etéreo entre pai e filha. Cauará está pescando quando, na noite, a filha se expõe à fria luz da lua; ao voltar à casa de onde ela saíra, ele intui, precisamente à meia-noite (PYSAIÉ), o que teria acontecido entre ela e o homem-lua que, em sonho, vê subindo de novo ao céu. Rio abaixo, ela sonha com o futuro bebê, ameaçada por uma enchente que a obriga a nadar até uma ilha flutuante (CANA-RANA). Na água, durante a travessia, seu feto (fruto da lua fria) é abocanhado por um peixe e, ao chegar à ilha, ela própria se metamorfoseia em macaca, graças ao feitiço da ave caripira. Foi neste momento que Cauará viu que o seu neto já estava "na terra", embora na forma de um homem-ave: vai a seu encontro, transforma-se por pouco tempo no lagarto teiú (da história "Kukuhy"), e os dois vão à procura da filha/mãe na ilha. Em cima da árvore, como macaca, ela desce envolvendo a forma-ideia do filho/feto e, grávida, transcende a forma simiesca.

Perto de novo do pai, a filha conta-lhe o sonho sobre o nascimento futuro, e sobre as borboletas e os beija-flores que sustentam o filho melhor que as suas mamas secas. As borboletas também suspendem o filho no alto. À meia-noite, os animais acordam e cantam (como no concerto de Jurupari) contando o nascimento na serra dos jacamins. Cauará quer subir mas não pode e metamorfoseia-se em IACURUARU, grande sáurio "comedor de ovos" (como o confessa ser o próprio Stradelli no verbete), cuja "figura" permanece na rocha. Cantando no Oeste, a filha é levada pelas borboletas à origem do céu.

O papel das borboletas e dos beija-flores (PANAPANÁ, IAMBY), voadores de cores brilhantes, recorda-nos do improvável poder físico que lhes é dado pelos seus metabolismos; e aquelas tipificam o próprio conceito de metamorfose. Os beija-flores têm o mesmo papel de suplementar o peito humano na narrativa guarani *Ayvu rapyta*. Reciprocamente, o *Vocabulário* nos fala do rouxinol TEN TEN, que as mulheres do Uaupés criam com o leite do próprio seio, e que empresta o seu nome a um dos instrumentos do Jurupari. Como lagarto antigo, a figura de Cauará-iacuruaru na rocha comunica-se com o tempo ainda mais profundo da geologia, e lembra "a velha lenda" do jacaré TYRYTYRY MANHA (causa do terremoto), que sustenta a terra, mas a faz tremer quando se mexe, ao estilo do estrondo que faz Pinon nas rochas.

A origem do céu aonde a filha vai é IUACA RUPITÁ. Como no gênesis do *Ayvu rapyta*, este RUPITÁ, "origem, bloco, tronco, parede" tal qual aparece no *Vocabulário*, é evidentemente o "cepo" do mundo da "Lenda", e pode pensar-se tanto no Leste como no Oeste. Lembra RAPU, raiz, eco vertical de RAPÉ, caminho. A filha segue, então, o mesmo destino que Dinari, a mãe de Pinon, que, também do Oeste, subiu às estrelas, foi ao céu e, "nas raízes do céu", virou a constelação PIRÁ-UIRÁ Pirarara. O que importa é ver o modo de correlação entre formas vitais terrestres e o céu, e o tempo-espaço em que acontece a metamorfose. Da maneira como as estrelas no corpo de Pinon e da irmã vieram do céu num gozo supremo, KEREPIYUA, a mãe das estrelas vibrantes de luz (UERAU), pode mandar à terra os sonhos de que nascemos.

Quanto ao tempo-espaço de tudo isso, o ARA, a narrativa especifica que a filha sobe PUCUSAUA KITI. São as duas últimas palavras do texto, difíceis de traduzir a qualquer língua europeia e, de fato, Amorim e Stradelli simplesmente as esquecem na versão em português, embora o *Vocabulário* diga que PUCUSAUA é comprimento, lentidão, isto é, muito longo no tempo e espaço (KITI e "por"), o que lembra outra vez mais a transformação de Dinari na "Lenda". À procura de sua mãe, Pinon pergunta por ela ao pajé primordial do rio Cudiacuri, num diálogo que sucessivamente se adia, como se fosse para fazê-lo começar a imaginar o tempo-espaço em que se poderia ouvir uma resposta. É o tempo-espaço do "cepo do mundo", que ele mesmo desenhara, onde os diâmetros se movem sucessivamente numa operação de muitíssimos anos. Como se sugeriu em outra parte (Brotherston, 2002), tratar-se-ia na astronomia tropical do ARA, que corresponde à precessão do sol no caminho das estrelas. Também é esta correspondência que na noite dá seu significado ao momento divisório entre PITUNA e PITUNA PUCU (o mesmo longo/lento de PUCUSAUA), PYSAIÉ, que conta os pulsos do coração como os anos de precessão e cuja maravilhosa potência sentem tanto Jurupari, na música, como Cauará, na barriga da filha.

Informados pelo original nheengatu da narrativa "Poronaminare" e pelos comentários do *Vocabulário*, começamos ademais a suspeitar que exista na "Lenda" um assombroso discurso genético e evolutivo, de ancestrais e parentescos (proto-)humanos, que conjugam peixe, ave, ofídio-sáurio, e macaco, e que nascem e morrem no imenso ARA do céu tropical[14]. Uma avaliação parecida poderia ser feita em relação ao discurso mais histórico das outras duas narrativas, e da figura complexa plurivalente de Jurupari em geral. Por esta e muitas outras razões que não podemos listar aqui, o *Vocabulário* se revela como um verdadeiro tesouro enciclopédico, capaz de enriquecer os esforços para compreender a inteligência da cultura do rio Negro, e da Amazônia em geral. Além disso, essa grande obra de Stradelli abre caminho para uma visão mais ampla dos trópicos americanos, estabelecendo referências comuns como o ARU APUCUITA, dos olmecas "guardiães de peixes" do *Popol Vuh*, e o jacaré TYRYTYRY MANHA, dos Andes e da Mesoamérica.

Nesta edição, atualizamos a ortografia do português, mas preferimos não fazer correções na linguagem de Stradelli, que tem um sabor todo pessoal temperado aqui e ali de italianismos – como a "livraria" (biblioteca) da citação acima, ou o termo "antenado" (ancestral) do verbete Jurupari. O nheengatu foi mantido tal e qual o da primeira edição, incluindo-se certas inconsistências. Acreditamos que, dessa forma, os leitores poderão apreciar mais a lógica do texto, e a imensa dificuldade – explicitada na "Nota Preliminar" – enfrentada pelo conde ao tentar compor o vocabulário de uma língua cuja versão escrita ainda não havia sido (como de fato não o foi até hoje) normatizada. Para essa decisão, nos valemos também do parecer do professor Aryon Rodrigues, a quem agradecemos.

BIBLIOGRAFIA

AMORIM, Antonio Brandão de. "Lendas em Nheêngatú e em Portuguez". *Revista do Instituto Histórico e Geographico Brasileiro*. Tomo 100, vol. 154, 1926.

14. Ver Brotherston, *La América Indígena en su Literatura*.

BROTHERSTON, Gordon. *La América Indígena en su Literatura: Los Libros del Quarto Mundo*. México, D. F., Fondo de Cultura Económica, 1997.

_____. "Jurupari Articula o Espaço dos Tária e a Ciência da América Tropical". In: MEDEIROS, Sérgio (org.). *Makunaíma e Jurupari. Cosmogonias Ameríndias*. São Paulo, Perspectiva, 2002.

CADOGAN, León. "Ayvu Rapyta: Textos Míticos de los Mbyá-guarani del Guairá". *Boletim da Faculdade de Filosofia, Ciências e Letras*, 227. São Paulo, Universidade de São Paulo, 1959.

CASCUDO, Luis da Câmara. *Em Memória de Stradelli*. 2ª ed. e.f.at. Manaus, Edições do Governo do Estado do Amazonas, 1967.

HECHT, Susanna & COCKBURN, Alexander. *The Fate of the Forest. Developers, Destroyers and Defenders of the Amazon*. London, Verso, 1989.

HUGH-JONES, Stephen. *The Palm and the Pleiades. Initiation and Cosmology in Northwest Amazonia*. Cambridge, Cambridge UP, 1979.

MARIANI, Bethania. "L'Institutionalisation de la Langue, de la Mémoire et de la Citoyenneté au Brésil Durant le XVIIe siècle: Le Rôle des Académies Littéraires et de la Politique du Marquis de Pombal". *Langages* 130 (1998): 84-96.

MORÁN, Emilio. *A Ecologia Humana das Populações da Amazônia*. Petrópolis, Vozes, 1990.

NEVES, Eduardo Góes. *Paths in Dark Waters: Archaeology as Indigenous History in the Upper Rio Negro Basin, Northwest Amazon*. Indiana University, 1997 (Ph.D. diss.).

ORLANDI, Eni Puccinelli. "La Langue Brésilienne (des Effects de la Colonisation sur la Langue)". In: NORMAND, Claudine & SITRI, Frédérique (orgs.). *Du Dire et du Discours*. Nanterre, Université de Paris X, 1996.

PÃRÕKUMU, Umus and K'HÍRI, Tõrãmé. *Antes o Mundo não Existia. Mitologia dos Antigos Desana-K'híripõrã*. São João Batista do Rio Tiquié, UNIRT/FOIRN, 1995.

POSEY, Darrel. "Manejo da Floresta Secundária, Capoeiras, Campos e Cerrados". In: RIBEIRO, Berta (org.). *Suma Etnológica Brasileira*, 1. Petrópolis, Vozes, 1986.

REICHEL-DOLMATOFF, Gerardo. *Yurupari. Studies of an Amazon Foundation Myth*. Cambridge, Mass., Harvard University Center for Study of World Religions, 1996.

RODRIGUES, João Barbosa. *Muyrakytã e os Ídolos Symbólicos: Estudo da Origem Asiática da Civilização do Amazonas nos Tempos Prehistóricos*. 2ª ed. m. aum. Rio de Janeiro, Imprensa Nacional, 1899.

_____. *Poranduba Amazonense ou Kochyma Uara Porandub: 1872-1887*. Rio de Janeiro, Leuzinger, 1890.

SÁ, Lúcia. "A Lenda do Jurupari: Texto Sagrado ou Fruto da Imaginação de *Littérateurs*?". In: MEDEIROS, Sérgio (org.). *Makunaíma e Jurupari. Cosmogonias Ameríndias*. São Paulo, Perspectiva, 2002.

_____. *Rain Forest Literatures: Amazonian Texts and Latin American Cultures.* Minneapolis, University of Minnesota Press, 2004.

STRADELLI, Ermanno. "A Lenda de Jurupari". *In*: MEDEIROS, Sérgio (org.). *Makunaíma e Jurupari. Cosmogonias Ameríndias.* São Paulo, Perspectiva, 2002.

VERÍSSIMO, José. *A Pesca na Amazônia.* Rio de Janeiro, Livraria Clássica de Alves e Cia., 1895.

E. STRADELLI

Vocabulário da Língua Geral
Português-Nheengatu e Nheengatu-Português

PRECEDIDOS DE UM ESBOÇO DE
GRAMÁTICA NHEẼNGA-UMBUESAUA MIRĨ
E DE CONTOS EM LÍNGUA GERAL NHEENGATU
PORANDUUA

Nota Preliminar

O NHEENGATU, OU LÍNGUA GERAL, é dialeto da língua que, ao tempo da Descoberta, se encontrou falada do Amazonas ao Prata pela maioria das tribos litorâneas, com que os invasores se acharam em contato. Os outros dialetos da mesma língua, deixando de lado os intermediários, que, com nuanças infinitas, como que reúnem os dois dialetos extremos, são o tupi e o guarani.

O guarani, já quase policiado, é ainda hoje falado no Paraguai. O tupi, ou língua brasílica, como o designaram Anchieta e Figueira, já falado ao longo da costa atlântica, não cremos se fale em parte alguma por povo civilizado, e isso embora os numerosos dialetos tupis vivos ainda e falados por numerosas tribos mais ou menos refratárias à civilização. O nheengatu, ao contrário, embora muito menos policiado do que o guarani, é ainda hoje a língua do povo em muitos lugares dos dois Estados do extremo norte do país, e é a língua com que os civilizados se comunicaram e se comunicam com muitas das tribos indígenas em via de civilizar-se.

Nheengatu e guarani, como elos extremos de uma mesma língua, têm de comum não só uma infinidade de palavras e raízes, mas a construção e feição da frase. A asserção não é minha. Simpson, no prefácio à sua *Gramática de Língua Geral* (1867), acentua o fato de que, ao tempo da Guerra do Paraguai, os caboclos do Pará e os tapuios do Amazonas se entendiam com relativa facilidade com os paraguaios. A mesma coisa me relata o meu finado amigo, general Dionysio de Castro Cerqueira, então membro da Comissão de

Limites entre Brasil e Venezuela, que gostava de entreter as longas horas de acampamento relatando fatos e episódios da guerra em que tinha tido a sua primeira promoção.

Nheengatu, boa língua, é o nome que lhe dão tanto no Pará como no Amazonas os que a falam tradicionalmente como língua dos seus maiores, aprendida dos lábios maternos. Língua geral é o nome que lhe é dado por povos civilizados, que não a falam ou a aprenderam por necessidade, como o meio mais cômodo de entender e ser entendido pelos filhos do lugar ou com os semicivilizados, a cujo contato se veem obrigados na labuta diária da vida.

Abstração feita de algumas tribos indígenas, que se conservam meio arredias da nossa civilização e que falam a língua geral, como a língua que aprenderam para entrar em relação com os filhos do lugar, donde saem para comunicar com o branco, hoje em dia, tanto no Pará como no Amazonas, como não há ninguém que, embora de uma instrução rudimentar, ignore o português e não o fale mais ou menos corretamente. Em muitos lugares, todavia, deste imenso interior amazônico, além de que pelas tribos que se vêm aproximando com maior ou menor relutância à civilização o nheengatu é ainda hoje falado, como língua preferida, por ser a dos avós, da porta da sala para dentro, e do uso corrente entre os filhos do lugar. O português é ainda para muitos a *caryua nheenga,* a língua do branco. E, se já não é a língua do inimigo conquistador, é a língua do estrangeiro, ou, quando menos, a língua do patrão, a língua alheia. Falar o nheengatu, pois, em muitos casos, é uma vantagem para granjear a confiança, e em muitos outros se torna uma necessidade para todos quantos, comerciantes ou não, pelo seu gênero de ocupação, se encontram em contato direto com o elemento indígena, que é ainda preponderante em muitos lugares do nosso interior. Eu pessoalmente, se fosse necessário, posso atestar isso mesmo.

Falar a alguém a língua que aprendeu dos lábios maternos, aqui como em todas as partes, é o meio mais certeiro e fácil de lhe granjear a confiança, e isso tanto mais facilmente, quanto uma requintada civilização ainda não embotou a emotividade instintiva peculiar às raças primitivas, substituindo-a por uma muito civilizada desconfiança – que (preciso confessar) nem sempre é despida da sua razão de ser. Bem pode acontecer, como já a mim aconteceu, que um ou outro figurão, cheio de empáfia, por ter guardado na mala uma patente de Guarda Nacional, finja não entender e até se mostre agastado, por entender que, se lhe falando a língua dos seus maiores, se põe em dúvida ou se faz pouco da sua importância. O comum do povo, todavia, que não tem destas caraminholas na cabeça, não só não se agasta, mas agradece que se lhe fale a sua língua, e nos trata logo como velhos amigos e conhecidos. No seu grosso bom senso pensa, e pensa bem, que isso de raças superiores ou inferiores não impede que os homens sejam julgados pelo que fazem e sejam tratados em consequência.

✻
✻✻

O nheengatu parece que foi chamado língua geral pelo fato de ter sido a língua que originariamente serviu no Maranhão, Pará e Amazonas – então tudo Maranhão, como intermediária para estreitar relações com as tribos, que se vinham a achar em contato com a civilização. Na sua origem, todavia, o nome não parece que fosse, como o é hoje, limitado ao nheengatu, mas no nome de língua geral se compreendia o conjunto dos dialetos tupis então falados, com nuanças que os ligavam como elos da mesma corrente, das Guianas ao Prata. O nome que então lhe deram de língua geral revela o grande pasmo dos descobridores por encontrar em toda a parte, apesar das alterações locais, a mesma língua.

A opinião de que a língua geral é criação dos jesuítas, embora quando cheguei no Amazonas, uns quarenta anos atrás, fosse opinião corrente, basta enunciá-la, para confutá-la. Não se carece ser gramático nem filólogo para saber que as línguas são manifestações vivas e naturais, que surgem necessária e espontaneamente onde há homens reunidos em sociedade. Criação inconsciente da multidão anônima, não se inventa e menos se impõe. Produto espontâneo de afinidades étnicas, de aptidões psíquicas e morais dos grupos que as falam, influenciadas pelo meio, os usos, os costumes, as condições de lugar como pelo grau de civilização alcançado, as línguas são organismos vivos que, como outro vivente qualquer, nascem, crescem e se desenvolvem para culminar numa florescência rigolhosa[1] ou estiolar e morrer, seguindo as fases por que passam os povos a que pertencem.

O que parece ter podido dar corpo a tão estranha crença foi talvez o fato de terem sido os jesuítas os primeiros e por muito tempo os únicos a recolher e disciplinar a língua em gramáticas e vocabulários, assim como de tê-la introduzido aqui no Norte como a língua, com que os missionários se entendiam com os neófitos, chegando a ensiná-la em suas missões de preferência ao português, levados a isso, não tanto pelo intuito de subtrair

---

1. Robusta, forte, rigorosa. (N. do E.)

suas missões à influência dos colonos, como pela maior facilidade que encontravam para fazê-la aprender aos indígenas, que conseguiam aldear. As afinidades étnicas facilitaram a tarefa, como foram elas que determinaram a escolha, que a impuseram, e que, retiradas as missões, permitiram que a língua não se extinguisse, pelo que continuou a viver em todos aqueles lugares, que, por serem afastados dos centros populosos, e pelo excesso do elemento indígena, se conservaram como que refratários, senão hostis, ao elemento português, pouco numeroso, aliás, em todo o interior da Amazônia para reagir e impor-se neste terreno. A área em que a língua geral é ainda hoje falada, tanto no Pará, como no Amazonas, parece confirmar a hipótese. Com efeito, ela desapareceu em todos aqueles lugares em que o elemento português, ou, melhor, o elemento brasileiro policiado se tornou verdadeiramente preponderante, assim como não é falada naqueles rios em que as missões jesuíticas nunca chegaram. As missões sucessivas, menos metódicas, nada organizaram de duradouro.

Esta área, por via disso mesmo, se restringe todos os dias, e sem ser profeta nem filho de profeta se pode afirmar que o dia da sua extinção não vai longe. Em muitos lugares, onde há poucos anos passados se falava correntemente nas relações familiares a boa língua, hoje já não se fala, ou a fala um número cada dia mais limitado de pessoas. Quando cheguei ao Amazonas, em Belém do Pará havia uma cadeira de Língua Geral, de que era catedrático o coronel Faria. Em Manaus ainda se falava em muitas casas de tratamento, da porta da sala de visitas para dentro, especialmente com o pessoal de serviço, na sua mor parte, senão na totalidade, indígena. Hoje em Manaus quase ninguém a fala, ou apenas a fala algum velho, que mal encontra com quem a falar e alguns curiosos; mas podem-se contar, não fazem número.

No Estado do Amazonas, todavia, ainda é falada por muita gente, especialmente nos sítios e em todos aqueles lugares que se acham em contato com o elemento autóctone não ainda policiado ou em via de policiar-se, e os primeiros contatos são devidos às antigas missões. Fala-se em Parintins, Maués, Urucará, Silves, Borba, Codajás, Coari, Tefé, Caiçara, Fonteboa, Tocantins, São Paulo do Olivença, no Aiapuá, no Japurá brasileiro e em todo o rio Negro e na mor parte dos seus afluentes, da foz do rio Branco para cima. No vizinho Estado do Pará, além de alguns lugares da Baía de Guajará e alguns dos seus afluentes, já antigamente missionados, se não estou mal informado, fala-se nas proximidades de Óbidos, Faro, Santarém, Vila-Boim, Prainha, Montalegre, Alter-do-chão, Cametá, assim como em alguns lugares da costa, onde, todavia parece, que o nheengatu já se acha muito eivado de tupi, como acontece com o nheengatu do Maranhão, se, como me parece poder afirmar, é no Maranhão que Martius recolheu ou obteve o maior contingente com que compilou o próprio vocabulário.

※

O nheengatu, todavia, como é hoje falado e escrito, pode-se afirmar sem susto de ser desmentido, nunca foi falado por tribo selvagem nenhuma. Embora não seja língua escrita, ao menos no significado que se atribui a esta expressão, e talvez por causa disso mesmo, é uma língua que já traz os sinais dos contatos, a que foi obrigada, e se estes não são maiores o deve, muito provavelmente, ao fato de não ter passado a ser língua culta.

O não ser língua escrita, mas língua falada, não impede que já haja em nheengatu lendas, fábulas, vocabulários, gramáticas e até mesmo versos recolhidos e publicados por estudiosos da envergadura de um Gonçalves Dias, Couto de Magalhães, Martius, Barbosa Rodrigues, para somente citar nomes laureados de escritores conhecidos. A estes pode-se aditar, além dos trabalhos dos primeiros dois bispos do Amazonas e do Reverendo Padre Tastevin do Espírito Santo – que estão impressos – a coleção de Lendas Indígenas recolhidas amoravelmente pelo meu antigo companheiro de jornada na minha última viagem ao rio Uaupés, Max. J. Roberto, coordenadas, revistas e em grande parte traduzidas por um profundo conhecedor do nheengatu, o sr. Antônio Amorim, a quem aquele saudoso amigo em boa hora as deixou, e ainda inéditas.

Língua falada e não escrita, sem ortografia assente, recolhida, além do mais, em tempos e lugares diversos, cada qual, embora qual mais e qual menos, se achou com direito de inovar, alterar, modificar a grafia do seu antecessor, com a boa intenção, está claro, de torná-la mais consentânea, fácil e representativa e o fito de facilitar a pronúncia. Se muitas vezes conseguem efeito diametralmente oposto, a culpa não é da falta de vontade de acertar. Pelo contrário, é excesso de zelo. Acresce a isto o fato de não ter sido a língua geral recolhida e escrita por pessoas que falavam a mesma língua, mas sim por brasileiros, portugueses, espanhóis, italianos, alemães, franceses etc., e se compreenderá facilmente o caos que é a ortografia nheengatu.

Apesar de toda a minha boa vontade de aceitar para adotar uma das formas de grafia já aceita e usada por algum dos meus antecessores, ainda assim não me foi possível aceitar integralmente a de ninguém. Isso não quer dizer que os tenha desprezado. Se antes de que em trabalhos impressos e pertencentes aos meus antecessores eu fui recolher a língua na boca dos que a falam, como língua dos seus maiores, aprendida dos lábios maternos, e se bem a minha colheita tenha sido efetuada um pouco por todas as partes nestes quarenta anos de vida amazonense, nem por isso deixei de utilizar, e utilizar largamente, tudo o que foi publicado até hoje e me foi possível consultar e obter. Quando todavia vim a utilizar os trabalhos alheios, foi quando já me achava com um amplo material colhido diretamente, e então me encontrei na circunstância de ter involuntária e inconscientemente criado um modo de escrevê-la, em muitos casos, inteiramente diverso dos que me precederam, e isso embora a base da minha fonética seja o português, tal como é escrito e pronunciado no Brasil.

Para conservar e não alterar o meu modo de escrever concorreram quatro ponderações. Primeiramente, cada um dos meus antecessores tem um modo especial e seu próprio para escrever; a minha escolha, pois, pouco adiantava para a unificação da grafia do nheengatu. – Segundo, um pouco de amor-próprio, que me faz pensar que a forma por mim escolhida não é a pior. Terceiro, porque esta mesma forma é a que me parece afastar-se menos da forma corrente de se escrever foneticamente o nheengatu aqui no Amazonas. – Em quarto lugar, finalmente, por preguiça, por me parecer custoso refundir todo o trabalho feito.

A maior diferença consiste em haver eu abolido o uso do *ç*, sempre substituído por *s*, e suprimido o uso do *q*, substituído por *k*, quando representa o som duro, nisso escudado no exemplo de Cândido de Figueiredo, que o emprega para figurar esta mesma pronúncia, e por *c, u,* quando representa o som liquescente.

Mas tudo isso é dito com maior individuação e minúcia no "Esboço de Gramática". Aqui apenas acrescentaremos que a grafia da palavra nheengatu procura afastar-se o menos possível da grafia do português-brasileiro, e que é de conformidade com a fonética deste alfabeto que se deve ler e pronunciar o nheengatu tanto nos "Vocabulários", como nos trechos que seguem o "Esboço".

Há uma exceção – é para o *y*, que é reservado a representar a pronúncia do *i* tapuio. Escolhi este sinal em lugar de outro mais exótico, porque, apesar dos inconvenientes que apresenta e ser letra com som já mais ou menos definido na linguagem corrente, especialmente nas transcrições de palavras tupi-guaranis, qualquer outro sinal escolhido teria a mesma arbitrariedade, e porque praticamente no momento da impressão não representa pequena vantagem ter usado de uma letra de uso comum em lugar de outra qualquer letra mais exótica e não existente nos alfabetos correntes.

O "Vocabulário Nheenga-Sanhanasaua" é dividido em duas partes: "Vocabulário Português-Nheengatu" e "Vocabulário Nheengatu-Português".

As duas partes tendem a fim diverso e foram concebidas e confeccionadas em relação com métodos diferentes.

Na parte "Português-Nheengatu" se dá a palavra portuguesa, fazendo-a seguir da correspondente nheengatu, dando, quando conveniente, exemplos discriminados do seu emprego, e escreve-se a palavra de conformidade com a fonética adotada, sem embargo de dar algumas raras vezes as pronúncias diferentes; quando estas diferem de região a região, não se lhes aditam explicações de caráter diverso do gramatical ou de alguma exceção no uso corrente da linguagem, que a possam interessar.

Na parte "Nheengatu-Português", quando a palavra se refere a usos e costumes locais ou à fauna ou à flora, além de dar a tradução da palavra em nheengatu e se for necessário assinalar as diversas acepções que pode ter ou tem a mesma palavra e até individualizar separando cada acepção, se dá, sempre que se apresenta a possibilidade, ou melhor a oportunidade, e embora todo o risco de invadir seara alheia, uma sucinta descrição do objeto, uso, costume, planta ou animal; e quando me é possível, com referência à fauna e à flora, dou o nome sistemático, aditando-lhe com referência à flora o uso que dela se faz na farmacopeia indígena ou na marcenaria.

Em geral, estes mesmos nomes somente se encontram registrados na parte "Nheengatu-Português", achando-se registrados na parte "Português-Nheengatu" no único caso de terem um nome no vernáculo ou de terem passado nele com alguma alteração.

Uma especialidade da língua geral são os prefixos. Quando o prefixo corresponde à desinência verbal, embora modifique a inicial da palavra, registra-se esta, atendendo à inicial da palavra que serve de tema ou raiz verbal e é invariável. Ex.: *xapure, resó, ocica* etc. se encontram registados: *pure* (pulado), *só* (ido), *cica* (chega) etc.

Quando o prefixo indica a relação em que se acha a palavra, geralmente um nome, com a pessoa que fala, com que se fala ou de que se fala, embora a alteração seja simplesmente da inicial, a palavra se encontra registrada em todas as diversas suas formas. Sem embargo de correr o perigo de ser acusado de superfluidade, a isso me levaram duas reflexões. A primeira é que a preferência, qualquer que dia fosse, não deixaria de ser sempre sujeita a ser acoimada de arbitrária, apresentando o mesmo inconveniente para os que fossem pouco familiarizados com a língua geral. A segunda é que em muitos casos falta uma das formas. A palavra, embora começando por uma das letras variáveis – c=s, t, r – todavia não sofre variação alguma, ou a sofre incompleta. É o caso de *raua* (cauda, cabelo, pelo), que faz *saua* e não tem *taua*. É o caso de *taua* (povoado, aldeia, taba), que fica inalterada em qualquer relação que se encontre.

Quando se trata do prefixo invariável *iu*, que torna reflexo o verbo, ou *mu*, que lhe dá uma significação toda peculiar ao nheengatu, a palavra é registrada atendendo ao prefixo, e isso porque muitas vezes estes prefixos dão à palavra uma acepção diversa da primitiva. Pela mesma razão, registro, atendendo ao prefixo *i*, algumas raras palavras que, assumindo-o, modificam a sua primitiva significação. Como, porém, não tenho a pretensão de tê-las registrado todas, precisará, pelas palavras começadas em *i* e que não se encontrem registradas sob esta letra, procurá-las na letra que se lhe segue.

※※

As modificações que os sufixos trazem à boa língua, e que tanta elegância e maleabilidade lhe conferem, nem sempre são registradas todas, especialmente no "Português-Nheengatu", e isso porque em muitos e muitos casos não têm correspondente no vernáculo, precisando de circunlocuções que mal se prestam a ser registradas. Na parte "Nheengatu-Português", pelo contrário, se não são sempre registradas todas, são registradas as mais usadas. A este respeito, até, e antes que outrem o observe, preciso pedir vênia para a ousadia de ter muitíssimas vezes, por amor à brevidade, criado neologismos, que hão de parecer verdadeiros barbarismos, e o são. Não há por onde fugir.

Os meus antecessores foram sempre muito parcos, mal registando uma ou outra forma. Dão, assim, a impressão de que o uso destes sufixos seja, antes de que corrente, um verdadeiro produto de gramáticos de gabinete. Nada menos exato. Eu não só tenho sempre feito uso franco destas formas, mas tenho percebido mais de uma vez surpresa e admiração pelo uso apropriado que dela fazia.

Se são pouco usadas na conversação familiar, já não acontece o mesmo quando se trata de relatar fatos, contar histórias, referir lendas, especialmente se quem fala tem alguma instrução e o hábito de falar a língua, ou melhor, se a fala como língua dos seus maiores.

O pouco uso que delas fazem na conversa familiar, embora poupem circunlocuções, é de atribuir-se, talvez, a duas causas diversas e geralmente concomitantes. A primeira, e certo a principal, dado o gênio do nosso autóctone, é a preguiça ingênita, que o faz fugir do trabalho de procurar a forma mais apropriada de exprimir-se, fazendo-o contentar-se com aproximações, que não obstam a que se entendam. A segunda é a pouca cultura intelectual, que geralmente domina entre os que falam a boa língua.

Quantas vezes me tem acontecido perguntar: Como se diz isso? Sem que logo se me dissesse: Se diz assim. – E, pelo contrário, quando ao depois lhe dizia eu a palavra, me ouvia responder com um *eẽ* de aprovação e mais raramente *Aetá supi,* ou *Cuá iaué supi?* (Assim mesmo ou desta forma, sim). E isto sempre como resultado necessário da lei do mínimo esforço.

Omito, finalmente, salvo quando alguma rara vez a mesma palavra se apresenta com significados diversos e como parte diversa do discurso, conforme a diversa pronúncia e acentuação, omito indicar a parte do discurso a que a voz pertence, porque me pareceu supérfluo, especialmente nas palavras portuguesas; e, quanto às palavras em nheengatu, eu me veria muitas vezes seriamente embatucado para determiná-lo, podendo ser facilmente contestada e contestável qualquer indicação escolhida.

Tal afirmação feita por quem se atreveu a ditar um "Esboço de Gramática" e apresenta um *Vocabulário* do tamanho do meu, pode parecer paradoxal. Embora de golpe assim possa parecer, de fato não é. Eu confesso que não sei como classificar, sem perigo de ser contraditado, a palavra registrada como correspondente ao infinito verbal no "Vocabulário Nheengatu-Português". A palavra que registro como infinito do verbo correspondente ao infinito do verbo em português e que recebe os prefixos e os sufixos, conservando-se mais ou menos inalterada, como se fosse uma raiz, se na mor parte das vezes pode-se dizer que é um adjetivo, pode também dizer-se um particípio passado, um supino, um nome genérico, e para as modificações trazidas pelos sufixos até um advérbio e uma posposição – mas nunca um infinito no sentido dos gramáticos das línguas neolatinas. Dali o traduzi-lo do nheengatu como um particípio passado ou um adjetivo e dá-lo, pelo contrário, no "Vocabulário Português-Nheengatu", como correspondente ao infinito, de conformidade com a rotina e escudado nela, não havendo interesse algum em alterá-la.

Esta facilidade de modificar a ideia, expressa por qualquer palavra – ou quase – por meio de prefixos e sufixos, com a de poder formar novas palavras com a aglutinação de duas ou mais palavras dá à língua geral uma vitalidade e adaptabilidade de que mal a suspeitam os profanos. Dela pode-se dizer o que já se disse do tupi, do qual aliás o repito, não é senão um dialeto.

"É admirável que tendo os povos, que a falaram, limitadas as suas ideias a um pequeno número de coisas, as que julgaram necessárias ao seu gênero de vida, pudessem contudo conceber sinais representativos de ideias com capacidade de abranger objetos, de que eles não tiveram conhecimento; e isso não de qualquer modo, mas com propriedade, energia e elegância"; e o autor que assim se expressa e do qual não encontro de momento o nome, conclui: "Por toda prova bastará dizer: Que não tendo eles ideia alguma de religião, exceto a da Natureza, na sua própria linguagem tiveram sinais para representar toda a sublimidade da Religião da Graça, sem lhes ser preciso mendigá-los de outras línguas".

Disso não se infira, porém, que, pelo amor de demonstrar praticamente toda a adaptabilidade do nheengatu, me tenha deixado levar a formar palavras novas e novos modos de dizer; nada disso. Muito pelo contrário. Posso afirmar que me tenho limitado a registar sempre palavras ouvidas de viva voz ou encontradas escritas em algum dos que me precederam, sendo que uma larga messe colhi nas lendas, ainda inéditas, amoravelmente recolhidas por Max. J. Roberto, às quais já me referi e que espero ver brevemente publicadas pelo seu atual possuidor, o sr. Antônio de Amorim, um dos poucos apaixonados cultores das coisas amazônicas, e cuja competência é apenas igualada pela sua extrema modéstia.

※

As últimas três lendas que vêm com outras, logo em seguida ao *Esboço* gramatical são desta proveniência.

Dizendo "Esboço" vê-se que não pretendi escrever uma gramática, trabalho certamente superior às minhas forças e para o qual não tenho, seja dito sem falsa modéstia, o necessário preparo.

Antes de que um trabalho sistemático, são notas tomadas durante a revisão final dos "Vocabulários" e a transcrição das "Lendas", e coordenadas mais ou menos de acordo com os índices de todas as gramáticas com o único intuito de justificar em muitos casos o meu modo de escrever e de facilitar o emprego dos "Vocabulários" a quem queira exercitar-se no estudo do nheengatu.

Estou, todavia, convicto de que a melhor gramática é a prática. A gramática sem a prática nada é. Nesta convicção, faço seguir ao "Esboço de Gramática" uma espécie de antologia formada com excertos tirados de diversos autores, acompanhados da tradução literal, sem outra preocupação senão de mostrar praticamente a construção da frase nheengatu, e como as frases se ligam e se completam.

A pequena antologia, apesar disso, vem demonstrar, e mais praticamente, que, embora as diversidades locais e a grafia diversa usada por cada um, as diferenças são muito menores do que se podia prever, atendendo à extensão da área em que elas foram recolhidas. Para melhor demonstrá-lo, reduzi todos os excertos a uma mesma grafia, e isso como meio prático de demonstrar melhor a homogeneidade da língua, desde que alguns são colhidos no rio Negro, outros no Solimões, outros no Pará, mas nenhum intuito de corrigir ou mesmo de criticar a grafia alheia – que autoridade me falta para tanto.

Não me decidi a isso sem certa hesitação. A primeira ideia foi reproduzir cada excerto com a grafia adotada pelo seu autor. Havia a vantagem do proporcionar ao estudioso o meio de julgar melhor da grafia adotada por mim.

Desisti disso porém por duas razões. Primeira: a dificuldade de encontrar uns tantos sinais mais ou menos exóticos excogitados e usados por alguns deles. Segunda: porque é exatamente por causa destes sinais que parece haver diferenças, que na realidade não existem.

É quanto queria dizer com referência ao meu trabalho.

Esboço de Gramática Nheengatu

ALFABETO

§ 1. O nheengatu ou língua geral se escreve foneticamente com dezenove letras, a saber:

A B C D E G H I K M N O P R S T U X Y

§ 2. Comparado ao alfabeto português, faltam-lhe sete letras, isto é, Ç F L J Q V Z.

O *ç*, profusamente empregado pelos nossos antecessores, é afinal um *s*, e a pronúncia de quem fala o nheengatu, como língua aprendida dos lábios maternos, não autoriza a distinção de pronúncia que pressupõe o uso de sinais diferentes.

Os sons de *f, l, j, v, z* não existem na nossa boa língua.

O *q* somente serve para criar dúvidas sobre a liquescência ou não do *u*, e quando não há liquescência é sempre substituído com vantagem pelo *c* perante *a, o, u* e pelo *k* perante *e, i, y*.

Vogais – Valor Fonético

§ 3. As vogais, com som próprio, sem necessidade do auxílio de outras letras são seis: *a, e, i, o, u, y.*

§ 4. O som do *a* é equivalente ao do *a* português e pode ser mudo, aberto ou nasal. É aberto quando sobre ele cai o acento, nasal em muitas finais e quando precede o *n*. Ex.: *Paiangaua*, em que o primeiro e o último *a* são mudos, o segundo é nasal, e o terceiro aberto.

Quando o *a* é duplo, é o segundo que deve ser pronunciado aberto, e o primeiro e o terceiro quando triplo. Ex.: *caá* (mato), *cáaá* (defecado); mas, neste caso, entre a pronúncia do primeiro e a do terceiro, há uma diferença sensível, sendo mais aberto o último.

No fim das palavras, o *a* pode ser: acentuado: *pirá* (peixe); mudo: *pyra* (sarna); nasal: *munhā* (feito).

§ 5. O som do *e*, que também corresponde ao do *e* português, pode igualmente ser aberto, nasal ou mudo.

É aberto quando o acento recai sobre ele. Ex.: *cikié* (medo), *opena* (quebra). É nasal perante o *n*, tanto no fim como no meio da palavra. Ex.: *nheēnga* (palavra), *nheēn* (dito). É mudo, tanto no corpo das palavras, especialmente quando precede ou segue uma sílaba acentuada: ex.: *aetá* (eles), *poranguetá* (falado); como no fim: ex.: *putare* (querido); sendo que neste último caso se ouve muito facilmente substituído pelo *i* e dizem *aitá, poranguitá, putári*, mas é, talvez, influência do português.

§ 6. O *i* também é sujeito às três formas de pronúncia nas condições indicadas pelo *e*, e quando mudo em muitos casos se torna substituível e é substituído por este. Ex.: *peri* (capim dos campos), *periāntá* (capim duro), *piripirioca* (casta de bulbo cheiroso muito usado pelas mulheres do Pará e Amazonas), *tī* (nariz, focinho), *pitinga* (rude, tosco).

O *i*, todavia, em muitas localidades se ouve trocado pelo *u*, e pronunciado como se fosse seguido de um *g*; em ambos os casos, a nosso ver, já não se trata de um *i* e, sim, de um *y*, isto é, daquela vogal que se concordou em chamar *i* tapuio; deste diremos adiante (§ 9).

O *i* não raramente, entre duas vogais ou inicial, assume a feição de consoante. Ex.: *iuruti* (juruti), *mbeiú* (beiju). Se na adaptação destas palavras para o português-brasileiro este *i* se mudou em *j*, na pronúncia nheengatu conserva bem claro o seu som de *i*, embora se torne mudo, fazendo sílaba com a vogal sucessiva.

§ 7. O *o* tem o som aberto, mudo e nasal, e tem mais um som grave, que poderíamos chamar fechado e que não nos foi dado perceber nas outras vogais.

O som aberto corresponde em geral com a tônica e com ela se confunde. Ex.: *caipora* (desditado), *tauató* (casta de gavião), *posó* (andais).

O som grave ou fechado *ô* tem como inicial da terceira pessoa do plural ou singular dos verbos e no final de algumas palavras, sem embargo de nele cair o acento. Ex.: *ô-icô* (está), *ô-recô* (tem); daí, talvez, pronunciar-se em muitos lugares este *o* como *u* e se dizer *u-icu*, *u-recu*.

Tem o som nasal tanto no corpo como no fim das palavras diante de *n*. Ex.: *nherõn* (enfurecido), *nherõngaua* (ferocidade).

É mudo quando faz parte de sílaba que precede uma sílaba acentuada, ou se precede uma vogal acentuada ou se encontra entre duas vogais, tornando-se como que consoante. Ex.: *coá* (este), *coaracy* (sol = mãe deste dia), *sooasu* (bicho grande). Nestes casos, pois, é também muito facilmente substituído pelo *u*; por isto se ouve dizer e se encontra escrito *cuá, cuaracy, souasu*. Igualmente é mudo no fim das palavras, sempre que sobre ele não cair o acento ou não seja nasal.

§ 8. O *u* soa como o *u* comum português e tem também os três sons abertos, mudo e nasal, tendo demais, em algum raro caso, um som muito próximo do *u* francês.

O som aberto coincide com a acentuação. Ex.: *catu* (bom), *pacu* (casta de peixe). É nasal perante *ng* no meio da palavra e de *n* no fim. Ex.: *iupirũn* (começado), *iupirũngara* (iniciador). Mudo tanto no meio da palavra como no fim, especialmente se for precedido de sílaba ou vogal acentuada ou nasal, e se for dela seguido. Ex.: *ipuruãn* (prenhe), *supi* (verdadeiramente), *rupi* (por), *iauau* (fugido).

O *u* inicial seguido de vogal, assim como quando se encontra entre duas vogais, toma o som como de consoante, e é pronunciado aspirado. Ex.: *uaiarã* (casta de abiu), *caua* (vespa), *yua* (planta). O *u*, que passou para o vernáculo transformado em *b* ou *v*, quando entre vogais, ou em *g*, quando inicial, deu *guajará, caba, iva* ou *iba*.

O som próximo ao do *u* francês, o tem muitas vezes no prefixo *iu* e, geralmente, quando se encontram em seguida uma da outra duas sílabas em *u*, acontecendo que então é a primeira que assume esta pronúncia. Ex.: *iumi* (fendido), *iupuī* (adelgaçado), *puru* (emprestar).

O *u* não é raro seja substituído pelo *o*, e algumas vezes também por um *i* fortemente gutural. No primeiro caso, a substituição se dá sempre entre um *o* e um *u* natural e geralmente mudo. Assim se ouve tanto *popunha* como *pupunha* (casta de palmeira), *cotuca* e *cutuca* (ferir de ponta). No segundo caso, trata-se do *i* tapuio.

§ 9. Com o *y* representamos o *i* tapuio; o seu som varia de localidade a localidade entre o som do *i* e o som do *u*, pronunciado com uma forte aspiração gutural dificílima para quem não aprendeu a língua dos lábios maternos. É esta aspiração que, em muitos casos, é traduzida por *ig* nas palavras passadas para o vernáculo, especialmente se se trata do *y* inicial. Ex.: *yapó* (igapó), *yasaua* (igaçaba).

A pronúncia do *y*, embora sempre muito mais esculpida quando sobre ele cai o acento e é final de palavra acentuada, pouco difere e é muito raramente muda, sendo que nunca é nasal.

No rio Negro predomina o som do *i*, tanto que D. Frederico Costa se abalançou a escrever que o *i* tapuio só apresenta uma leve aspiração na palavra *y* (água) que ele escreve '*i*

§ 10. As vogais, como aliás foi visto em muitos exemplos dados acima, podem formar grupos de duas, três e mais vogais, sem ser intermeadas de consoantes, ou concorrer do mesmo modo com estas para formar sílaba, agrupando-se, isto é, em ditongos e tritongos. Em qualquer hipótese, qualquer que seja a forma da agrupação das vogais que concorrem na formação dos ditongos, o acento pode indiferentemente recair tanto sobre a primeira como sobre a segunda vogal; não há regra nenhuma para isso. Ex.: *mbau* (acabado), *mbaú* (comido).

§ 11. O mesmo acontece com os tritongos; nenhuma regra há para determinar *a priori* qual é das vogais a que predomina e deve ser pronunciada como acentuada. Ex.: *iáuiáu* (fugido), *sapucáia* (galo, galinha), *yuá* (fruta), *yua* (planta), *cauéra* (beberrão)…

§ 12. Quando há um número maior de vogais não intermeadas de consoantes, é sempre fácil dividi-las em ditongos e tritongos. Ex.: *iauareté – ia-uareté* (onça), *iauaété – ia-uaé-té* (espantoso).

Consoantes – Valor Fonético

§ 13. As consoantes, que somente têm som quando acompanhadas de vogais, são treze, a saber: *b, c, d, g, h, k, m, n, p, r, s, t, x*.

§ 14. Destas, algumas são puras, isto é, podem ser empregadas sozinhas; outras são impuras e nunca são empregadas em palavras nheengatus sem serem acompanhadas de outra consoante.

Neste sentido são impuras: *b, d, g, h*. São puras, embora possam usar-se em grupos e modificar-se reciprocamente, as nove restantes: *c, k, m, n, p, r, s, t, x*.

§ 15. O *b* soa sempre como se fora precedido de *m*. Embora o *b* seja mais ou menos sensível na pronúncia das diversas localidades e muitas vezes chegue a desaparecer, todavia deixa a mor parte das vezes traços da sua existência duplicando o *m*, que, único, persiste. Ex.: *mbeiú* (beiju), *cambará* (casta de Lantana), na pronúncia do rio Negro, fazem *meiú, camará* e *cammará* na pronúncia do Solimões. Se sobrevive o *b*, já não se trata de pronúncia nheengatu e, sim, de pronúncia decididamente portuguesa.

§ 16. O *d* soa sempre acompanhado do *n*, formando o grupo *nd*.

Este *d* é também pronunciado muito sensivelmente no rio Negro, desaparecendo, ou quase, na pronúncia do Solimões e do baixo Amazonas, e tornando-se, ao contrário, outra vez sensível no Pará. Exemplo: no rio Negro e no Pará se diz francamente *caamundu* (caçado), *mundé* (recolhido); no Solimões, se fala *caamunu, muné*, e no baixo Amazonas *caamunnu, munné*.

O *d* puro não é nheengatu, embora se encontre em muitas palavras, que no rio Negro correm como se o fossem, e são importações ou do baré, ou do baniua, ou do manao, línguas ainda hoje vivas na região, especialmente as duas primeiras.

§ 17. O *g* é sempre precedido do *n* e forma o grupo *ng*. É este, na maioria dos casos, o produto do encontro de uma sílaba nasal com um *s*, o que normalmente, senão exclusivamente, acontece quando os sufixos *-saua, -sara* se encontram com *ān, ēn, īn, ōn, ūn*. Assim temos *munhāngara* (fazedor), *nheēngaua* (falação), *cinīnga* (tinido), *nhoirōngaua* (perdão), *iupirūngara* (iniciador).

Todas as vezes que se encontra pronunciado ou escrito o *g* puro, ou se está diante de uma palavra portuguesa, ou da pronúncia do *y*, o *i* tapuio, na forma como ele passou para o vernáculo; é o caso de *apigaua, igara, igarité*, que equivalem respectivamente a *apyaua, yara, yarité*.

§ 18. O *h*, como no vernáculo, também no nheengatu não tem som próprio e apenas serve para indicar que o *n*, ao qual se pospõe, deixa de ter o seu som natural e adquire um som doce, bem conhecido como característico do português e que corresponde muito aproximadamente ao do ñ espanhol, do *gn* italiano ou francês.

§ 19. O *c* tem o valor do português-brasileiro, isto é, vale *s* doce perante *e, i, y*. Ex.: *Ceucy* (as Plêiades), *ciry* (liso), que se pronunciam como se fossem escritos *Seucy, sery*.

Tem o som duro perante *a, o, u*. Ex.: *caá* (folha), *coema* (manhã), *cuaiaué* (deste modo).

§ 20. O *k* tem sempre o som de *c* duro, ainda diante do *e, i, y*, equivalente ao som do *ch* italiano; usamo-lo escudado no exemplo de Cândido de Figueiredo, que o usa no seu *Novo Dicionário da Língua Portuguesa* para indicar a pronúncia tanto de palavras vernáculas como exóticas. Em via de regra, representamos com *k* a pronúncia dura de *qu*, que apresentava o inconveniente de deixar em dúvida se devia pronunciar-se duro ou liquescente, fazendo-se, isto é, ouvir ou não o som do *u*. O som liquescente de *qu* escrevemo-lo com *c, u*.

§ 21. O *m* puro tem a pronúncia português-brasileira e é muito raramente duplicado. Nos poucos casos em que isso se dá, pode-se afirmar, sem susto de errar, que estamos em frente do grupo *mb*, em que desapareceu o *b* e ficou substituído por um segundo *m*, como, aliás, já foi dito (§ 15).

O *m* forma um segundo grupo com *mp*. Ex.: *mpuca* (quebrado), *ompau* (acaba). Na hipótese e nas modificações regionais o que cai de preferência – embora nem sempre – é o *m*, persistindo o *p*, pelo que temos *puca* (quebrado), *opau* (acaba).

§ 22. O som do *n* equivale ao som que tem em vernáculo. Ex.: *ocenoi* (chama), *naná* (ananás). Ouve-se raramente duplicado, e quando tal acontecer pode-se afirmar que estamos diante de um antigo *dn*, de conformidade com o que já foi dito (§ 16).

O *n* final torna sempre nasal a ultima vogal – *matin* (casta de pássaro) – como a torna quando forma o grupo *ng*, o que também já foi dito (§ 17). Na escrita, todavia, muitas vezes se encontra esta nasalização apenas indicada pelo til, e nós também usamos dele sempre que a nasalização não é muito pronunciada.

§ 23. O *p* corresponde na pronúncia ao *p* português-brasileiro. Ex.: *pupure* (fervido), *pororoca* (arrebentado), *ape* (lá).

Nunca se ouve duplicado, e quando forma o grupo *mp* por via de regra persiste depois da queda do *m*.

Alguma vez se ouve pronunciar, e se acha escrito *rp*. Mas é erro devido à má pronúncia ou má audição. Entre o *r* e o *p* há uma vogal muda, que quando menos é sempre substituída por uma aspiração. Ex.: *arpe* (sobre) é *árupe*; *yuyrpe* (embaixo) é *yuyrupe*; e que talvez pudessem ser escritos *yuyr'pe, ar'pe*.

§ 24. O *r* tem sempre a pronúncia do *r* português brando, e nunca é duplicado. Ex.: *rerecô* (tens), *cururuī* (casta de pequeno sapo). O *r* da mesma forma, como acabamos de ver, que não forma o grupo *rp*, não forma nem *pr* nem *tr*. Ex.: Em lugar de *preá* deve dizer-se *apereá*; em lugar de *tracaiá* deve dizer-se *taracaiá*; de *trocano, torocano* etc. etc.

O *r* é a letra que substitui *ld* ou *d* em algumas palavras que do português passaram para o nheengatu, e que são usadas ou por falta de correspondente ou mais propriamente por preguiça, de acordo com a lei do menor esforço, procurando-se-lhes dar uma fisionomia indígena. Ex.: *surara* (soldado).

§ 25. O som do *s* é sempre doce, embora no início da palavra seja pronunciado em algumas localidades levemente sibilado, e no meio da palavra algumas vezes se ouça levemente arrastado. Nunca é duplicado ou duro, e isso embora os nossos predecessores o tenham duplicado profusamente e escrito *uassay, taiassu, uassu* onde nós escrevemos *uasaí, taiasu, uasu*, e tenham usado do *ç* para indicar o som duro e escrito *iaçuca* e *ceçá*, por *iasuca* e *cesá*.

Diante de outra consoante tem o som que se lhe dá no vernáculo, mas ainda assim o indígena tende a abrandar-lhe o som.

§ 26. O som do *t* é também sempre brando, sem nunca se encontrar duplicado.

§ 27. A pronúncia do *x* é a mesma que tem nas palavras portuguesas *xarque, xoldra, xeque*, sempre branda e levemente arrastada.

§ 28. Fala-se muitas vezes da facilidade que tem a nossa boa língua de permutar entre si as consoantes, sem por via disso alterar o sentido geral da palavra. Se não se trata porém da possibilidade de se permutarem entre si quando iniciais, *c=s, r, t* que não são substituições fonéticas, mas gramaticais e se trata de verdadeiros prefixos pessoais, esta facilidade – abstração feita da permutabilidade de *m* por *p* (permutabilidade devida ao grupo *mp* de que já dissemos (§ 21) – na realidade não existe.

Cita-se *caititu* e *taititu, pituna* e *pixuna*, e não sabemos quais outros; mas o primeiro é um caso isolado que não pode fazer lei, e no segundo se trata de duas palavras de significação diferente: *noite* e *preto,* o que explica a diferença de flexão.

Em geral, pois, as pretendidas substituições são diferenças locais de pronúncia, senão individuais, as quais, não sendo suficientes para mudar de significação a palavra, permitem à boa vontade de quem ouve entender o que o outro quis dizer.

Acento

§ 29. As palavras nheengatus podem ter o acento tônico tanto na última como na penúltima ou antepenúltima sílaba, embora estas últimas sejam raríssimas. Ex.: *catú* (bom), *ára* (dia), *Tupána* (Deus), *kérupi* (sonhado).

§ 30. As palavras compostas, porque por via de regra se formam como por simples justaposição, podem por isso mesmo ter mais de um acento tônico. Ex.: *itámaracá* (sino), *manípuéra* (caldo de mandioca), razão pela qual podem ser também escritas *itá-maracá, mani-puera.*

§ 31. Nas palavras que acabam por ditongo o acento é sempre sobre este. Ex.: *iuráu* (solto), *miasúa* (servo), *cuá* (este), *iuceí* (ralo).

Nas que acabam em tritongo o acento é também sempre sobre este. Ex.: *cuairasáua* (miuçalha), *uiryuá* (biribá), *canhemotéua* (fujão).

§ 32. Nas palavras que acabam por *y* o acento tônico é sempre sobre a última sílaba, devido à espécie de aspiração gutural que lhe é peculiar, e que já vimos ter sido até figurada por *g* de modo a fazer *ig.* Ex.: *mbuy* (furado), *mendy* (sogra da mulher), *sumby* (nádegas).

§ 33. Igualmente o acento tônico recai sobre a última sílaba quando a palavra acaba por nasal – sendo que quando a nasalização é forte escrevemos a vogal surmontada do til e seguida de *n*, e quando a nasalização é tênue escrevemos a vogal simplesmente com o til. Ex.: *munhān* (feito), *iupirūn* (começado), *cunhã* (mulher).

§ 34. Deixamos de assinalar tanto a pronúncia aberta como a fechada não só para não sobrecarregar de sinais a escrita, mas também pela grande variabilidade da pronúncia que geralmente existe, não só de região a região, mas de localidade a localidade, e mesmo de pessoa a pessoa, o que nos deixa incerto sobre qual seja a verdadeira pronúncia.

Acresce que, embora a diferença da pronúncia possa, na hipótese, ser relevada como inexata pelos que têm hábito de falar o nheengatu, nem por via disso deixaram de compreender.

§ 35. Para facilitar a pronúncia, conjuntamente com o acento e o til usamos do traço de união para indicar os diversos elementos que concorreram para a formação da palavra, especialmente quando por qualquer causa, ou simplesmente para facilitar a pronúncia, seja de utilidade ter debaixo dos olhos os seus componentes. Ex.: *amu-mira-etá-uara* (proveniente de outra gente), *mira-etá-uara* (comedor de gente), *mira-cān-uera* (ossada de gente). Neste último exemplo, o *n* do *cān* não se deve ler fazendo sílaba com *uera*, mas destacadamente como pertencente à sílaba anterior.

PARTES DO DISCURSO

§ 36. As palavras nheengatus, estudadas morfologicamente, sem preocupar-se com o lugar que ocupam na construção da frase, se podem dividir em oito grupos: substantivo, adjetivo, pronome, verbo, advérbio, preposição (melhor, posposição), conjunção e interjeição.

O artigo não existe.

Omitimos o particípio graças à lição de Júlio Ribeiro, que ensina ser parte integrante do verbo.

Não seguimos, todavia, este autor quanto às interjeições, porque na nossa boa língua, especialmente com as explosivas, tornam-se uma verdadeira parte do discurso, cujo uso não pode deixar de ser estudado numa Gramática.

Substantivo

§ 37. O substantivo é o nome próprio ou apelativo das pessoas ou das coisas concretas e existentes ou ideais e fantásticas, e pode figurar no discurso sem pressupor a existência de outra parte qualquer deste, isto é, pode subsistir por si mesmo.

§ 38. Atendendo a seu modo de formação, este pode ser primitivo ou secundário, isto é, a sua formação pode ser originária ou secundária.

§ 39. Os substantivos de formação primitiva ou originária em nheengatu, como em outra qualquer língua conhecida, não seguem nenhuma lei no seu modo de formação. Nascidos, como são, ao sabor das circunstâncias, como que ao acaso, se muitas vezes revelam uma feição especial na mentalidade dos povos que os criam, recebendo um ar de família que lhes dá uma fisionomia toda sua, ainda assim escapam por via de regra a qualquer tentativa de agrupamento, a qualquer sistematização morfológica.
Neles se compreendem, salvo raras exceções, os nomes próprios e particulares, assim como uma grande parte dos apelativos e comuns, que indicam as coisas mais comezinhas da vida de todos os dias.

§ 40. Os substantivos de formação secundária, os que se formam ou se formaram como que depois que a língua tinha já adquirido uma certa fixidez, servem para indicar nomes de objetos ou ideias novas e se formam com elementos preexistentes, com significação própria e determinada, que reciprocamente se modificam. Apresentam um modo de agrupamento dos elementos que os compõem que se pode considerar constante, o que permite estudá-los e classificá-los, tendendo exatamente aos elementos utilizados na sua composição.

§ 41. Este estudo, na nossa língua, torna-se de uma importância capital.
É a possibilidade de formar novos nomes e novas formas de dizer, aproveitando os materiais preexistentes para novos agrupamentos, que dão à língua a plasticidade necessária para se dobrar, até certo ponto, a todas as exigências de uma civilização muito mais adiantada do que aquela em que viveram os que a falaram, e em que vive a mor parte daqueles que ainda hoje a falam como língua materna.

Substantivos de Formação Secundária

§ 42. Em atenção à sua formação os substantivos de formação secundária se podem dividir em dois grupos:
   1º. Os de formação adventícia, formados ao sabor das circunstâncias, soldando elementos preexistentes com significação própria, para dar um novo substantivo com significação própria.

2º. Os de formação regular, que se formam naturalmente da adição de um sufixo, cujo ofício é tornar substantivo a palavra a que for aditado.

§ 43. Os primeiros se formam como que soldando-se dois ou mais substantivos, ou substantivos com adjetivos.

A regra dominante da sua formação é de pospor ao nome ou adjetivo modificado o modificador, pura ou simplesmente, ou com as elisões exigidas pela economia da nossa boa língua.

O novo nome, então, escreve-se todo em seguida ou dividindo os elementos que o compõem por meio de traços de união, especialmente quando há algum interesse em frisar os seus componentes. Ex.: *itapéua, itá-péua* (laje), composto de *itá* (pedra), e *péua* (chata); *murutuixaua, muru-tuixaua* (comandante-chefe, imperador), de *muru* (mandar, mandado), e *tuixaua* (chefe).

§ 44. Quando todavia o substantivo a formar-se traz consigo a ideia de matéria com que uma coisa é feita, a quem pertence, para que é destinada ou outras relações análogas, a arte modificadora da ideia contida no substantivo a modificar-se, geralmente outro substantivo, é preposta, e isso de acordo com a regra da nossa boa língua, que para exprimir estas e análogas relações manda pura e simplesmente prepor ao possessor a coisa possuída, à coisa a matéria de que é feita etc. etc. Ex.: *itamaracá* (sino), de *itá* (pedra) e *maracá* (chocalho), isto é, chocalho de pedra; *itaoca*, composto de *itá* (pedra) e *oca* (casa), isto é, casa de pedra.

§ 45. Em geral as palavras que concorrem para formar o novo substantivo se pronunciam e escrevem pura e simplesmente uma em seguida da outra, especialmente se a final da primeira sendo vogal encontra a segunda começando por consoante.

Quando, pelo contrário, das duas palavras uma acaba e outra começa por uma mesma vogal, uma delas desaparece por elisão. Ex.: *mirapara* (arco), composto de *mirá* (pau) e *apara* (curvo, torto).

Quando das duas vogais que se encontram, embora diferentes, uma é acentuada e a outra é muda, esta é que se elimina e desaparece. Ex.: *yara* (canoa), de *y* (água) e *iara* (dono); *pirarucu* (casta de peixe de escamas vermelhas), de *pirá* (peixe) e *urucu* (casta de fruta que dá tinta vermelha).

§ 46. Algumas vezes parece que haja exceção às regras acima enunciadas e que, na junção de duas palavras preexistentes para formar uma nova, a eliminação não se limite a uma vogal, mas haja eliminação de uma sílaba e alguma vez de duas.

A exceção não é senão aparente, e provém de que na formação da nova palavra as componentes são utilizadas na sua forma absoluta e alguma vez obsoleta, em que a sílaba ou sílabas que parecem desaparecer por eliminação, na realidade não existem. Ex.: *tupaca* e *tupaoca*, duas formas que querem ambas dizer casa de Deus, não provêm de *tupana* e *roca*, e sim de *tupã* e *oca*, dando-se pois em um caso o desaparecimento da vogal menos esculpida; *yarapé* – igarapé não provém de *yara* (canoa) e *rapé* (caminho), mas decorre de *yara* e *pé*, com o mesmo significado, pelo que se dá apenas uma simples justaposição; *piranha* (casta de peixe de dente temível) da mesma forma não provém de *pirá* (peixe) e *sanha* (dente), mas da forma obsoleta *anha*, que deu *tianha* (forquilha, isto é, dente da ponta), de *tĩ* (focinho, nariz, bico, ponta); *miranha* (dente de gente, gente voraz) de *mira* (gente).

§ 47. Pelo contrário, algumas vezes entre a vogal com que acaba a primeira e começa a segunda das palavras componentes do novo substantivo se insinua uma consoante, que parece eufônica. Ex.: *tuixaua* – *tuxaua*, de *tuí* (sangue) e *áua*, isto é, aquele do sangue; *yuycuy* (areia), de *yuy* (terra) e *uy* (farinha).

§ 48. Os substantivos de formação regular são aqueles que se formam aditando-se, à palavra que serve como raiz e que na nossa boa língua tem a especialidade de poder ser qualquer parte do discurso, um sufixo modificador, que, salvo raras exceções, também se adita pura e simplesmente, com o efeito de formar um substantivo com determinada significação.

Os sufixos que têm este efeito são: *-saua, -ngaua, -sara, -ngara, -pora, -téua, -taua, -tyua, -tama, -yua, -áua*.

§ 49. Com *-saua*, que dá *-ngaua*, quando sufixo de uma terminação nasal, se formam os substantivos que exprimem ação, modo de ser, qualidade, condição e outros de análoga significação. Ex.: de *nupana* (batido) se faz *nupanasaua* (batedura), de *ceki* (espichado) se faz *cekisaua* (espichamento), de *catu* (bom) se faz *catusaua* (bondade), de *munhãn* (feito) se faz *munhangaua* (feitura), de *iupirũn* (começado) se faz *iupirungaua* (começo).

§ 50. *-sara*, que se torna *-ngara*, se for sufixo de uma nasal, dá um substantivo com o significado de agente, o que exerce profissão, ofício e outros análogos. Ex.: *iupanasara* (marceneiro), de *iupana* (lavrar a madeira); *nheengara* (falador), de *nheēn* (dito); *manhanasara* (vigia), de *manhana* (vigiado).

§ 51. *-pora,* cuja significação tanto importa *ser enchido* como *encher* e por via de extensão *habitar, morar,* dá na primeira acepção: *caipora* (cheio de apertos), de *caí* (apertado); e, na segunda, *caapora* (matuto, que habita o mato), de *caá* (mato); *paranapora* (marinheiro, que habita o rio), de *paranã* (rio).

§ 52. *-taua, -tyua, -tama* dão todos eles lugar a nomes de localidades, embora com leves diferenças na extensão da significação.

-taua é a forma mais genérica, equivale a *rendaua* e dá a significação do lugar em que a coisa se encontra, ou que lhe é próprio ou lhe é destinado: *mocaentaua* (lugar do moquém), de *mocaēn* (moqueado).

-tyua exprime mais propriamente a ideia de lugar, onde há abundância de uma certa coisa e especialmente onde crescem plantas. Ex.: *auatityua* (milharal), de *auati* (milho); *uasaītyua* (açaizal), de *uasaī* (açaí, casta de palmeira). Pode, porém, indicar simplesmente o lugar onde a coisa se encontra ou o lugar onde o fato se dá, e então é uma questão de preferência escolher uma forma ou outra; diz-se igualmente *eiketyua* como *eiketaua* (lugar de entrada, fenda), de *eiké* (entrado).

-tama, forma absoluta de *tetama, retama, cetama,* que significa mais especialmente o lugar de origem com o sentido de pátria, indica também localidade, mas com a acepção que lhe é peculiar. Ex.: *Urumutama* (terra de urubus), que pode também fazer *Urumuretama,* com a mesma significação.

§ 53. O sufixo *-yua* tem uma significação muito variável e serve para formar nomes de árvores, aditado ao da madeira ou ao da fruta que elas produzem, e isso de acordo com a sua acepção mais comum. Ex.: *uaraiayua* (guajarazeiro), de *uaiará* (casta de abiu); *tocariyua* (castanheira), de *tocari* (a castanha conhecida com o nome de castanha-do-pará), objeto de larga exportação do Amazonas.

-yua, todavia, pode também trazer a ideia de origem, uso, destinação da coisa. Ex.: *iapotiyua* (suspensório, atilho para suspender), de *iapoti* (suspenso); *iacumāyua* (timoneiro, piloto, e também a cana do leme), de *iacumā* (leme).

§ 54. O sufixo *-aua,* que se adita sem alteração quando a palavra, geralmente uma daquelas que se dão como adjetivo ou particípio passado do verbo, termina por consoante ou vogal acentuada, faz *-ua,* quando esta acaba em vogal muda, e *-nga*, quando sufixo de uma palavra que acaba em nasal, e forma um substantivo, dando como que ar de substantivo à palavra assim modificada. Ex.: *catuaua* (catuaba), de *catu* (bom, o bom); *Purangaua* (Porangaba), de *puranga* (bonito, o bonito); *nheēnga*, de *nheēn* (dizer, o dito, a palavra); *iamiuá*, de *iami* (espremido, o espremido).

Tornado como que um substantivo, quando continua a qualificar um substantivo, em lugar de posposto deve ser preposto a este, de acordo com a regra geral mais uma vez enunciada. Ex.: *turusu-uá iacaré yarapaua-uara omano-ana cuecé* (aquele grande jacaré que morava no porto morreu ontem); *turusu-pire-uá tapyira amu caapora-etá suí* (a anta maior entre os outros moradores do mato, *id est*, a anta é a maior dos outros moradores do mato).

GÊNERO

§ 55. O nheengatu não tem formas especiais para indicar o gênero. Todas as palavras, exceção feita de um limitado número de substantivos, que em virtude da sua significação são somente aplicáveis a um gênero, com exclusão do outro, são indiferentemente masculinas e femininas, são comuns a ambos os sexos.

§ 56. Sempre que é absolutamente necessário indicar o gênero, e este não resulta do substantivo empregado ou de outro qualquer modo do contexto, se adita conforme as hipóteses: *apyaua* (macho), ou *cunhã* (fêmea). Ex.: *tapyira cunhã* (boi fêmea, vaca), *iauara apyaua* (cachorra macho, cadela), *suasumé cunhātaīn* (veado fêmea nova, veadinha).

Note-se, todavia, que em geral é desnecessário indicar o sexo, quando se fala do macho; entende-se que se fala sempre deste, se outra coisa não é especificada ou o contrário não se deve deduzir do contexto. Pelo contrário é sempre necessário indicar que se fala da fêmea, porque com referência a esta não há a mesma pressuposição.

§ 57. São exclusivamente masculinos e não aplicáveis ao outro sexo em virtude da sua significação: *apyaua* (homem, macho, varão), *curumī* (menino), *curumīasu* (moço), *tuiué* (velho), *mena* (marido), *paia* (pai), *ariô* (avô paterno), *tamuia, tamunha* (avô materno), *paiangaua* (padrinho), *paianungara* (pai de criação), *tutira* (tio), *mu* (irmão), *mena putaua* (noivo).

Entre os animais: capitari (macho da tartaruga); ana-iuri, anauri, anory (macho do tracajá); *carumbé, carumé* (macho do jabuti).

§ 58. Pela mesma razão são femininos: *cunhã* (fêmea, mulher), *cunhãmucu* (moça), *cunhãntaĩn* (menina), *uaimy* (velha), *remiricô* (esposa, mulher casada), *remiricô putaua* (noiva), *maia* e *manha* (mãe), *maiangaua* (madrinha), *manhanungara* (mãe de criação), *ariá* (avó), *axié* (tia), *ceíra* (tia), *rendyra* (irmã), *cy* (forma antiga de mãe).

Cy, embora não se use no nheengatu moderno e seja palavra obsoleta como *rubá* e *tubá* (pai), é todavia viva em numerosos compostos. Ex.: *Coaracy* (mãe deste dia, sol), *Yacy* (mãe da fruta, Lua), *aracy* (mãe do dia, cigarra), *iracy* (mãe do mel, abelha), *amanacy* (mãe da chuva, nome de um pássaro), *ceucy* (outra espécie de pássaro que poderia ser mal pronunciado e escrito, e ser *xiucy* [mãe do choro, nome muito aplicável à pequena coruja, que é conhecida com aquele nome]).

§ 59. A estes é necessário aditar uns tantos substantivos que são exclusivamente aplicáveis a um sexo, com exclusão do outro, mas não se atendendo ao sexo da pessoa de quem se fala, e sim ao sexo da pessoa que fala, ou em cuja referência se fala. Ex.: *rayra* (filho ou filha com referência ao pai) e *embyra*, *membyra* (com referência à mãe); daí pois os derivados: *rayrangaua* (afilhado e afilhada com referência ao padrinho) e *membyrangaua* (com referência à madrinha); *rayranungara* (enteado, enteada com referência ao padrasto) e *membyranungara* (com referência à madrasta); *temianinô* (neto, neta com referência ao avô) e *temiariru* (com referência à avó); *tatyua* (sogro do homem) e *taixu* (sogra do homem); *mendyua* (sogro da mulher) e *mendy* (sogra da mulher).

NÚMERO

§ 60. O plural do substantivo se obtém com os sufixos *-eté*, *-itá*, pronunciados ou escritos logo em seguida da última sílaba, com ou sem traço de união.

Usados indiferentemente, há, todavia, preferências marcadas locais; assim, por exemplo, *-itá* é hoje, geralmente, preferido nos rios Negro e Solimões, ao passo que *-etá*, muito menos usado nestas duas localidades, é mais corrente no baixo Amazonas, e cremos, também, no Pará.

§ 61. Tanto *-etá* como *-itá* é aditado, sem alteração, quando o substantivo acaba em vogal acentuada. Ex.: *yuáetá* (frutas), *yacyetá* (meses).

Quando acaba por vogal muda, pode haver queda desta, mas ainda isso é uma questão de preferência de localidade a localidade, e até parece do sufixo escolhido. Ex.: *apyauaitá* e *apyauetá* (homens), *iauaraitá* e *iauaretá* (cachorros).

Quando acaba por nasal, esta se atenua e quase desaparece. Ex.: *cunhãetá* (mulheres), *curumĩitá* (meninos).

§ 62. O sufixo que indica o plural, ainda assim, somente é usado, se de outra qualquer forma não resulta a condição do substantivo, e não se repete na mesma frase e até mesmo no correr de um mesmo conto, senão no caso de se tornar isso absolutamente necessário para a boa inteligência do que se está relatando.

Quando fica claro que se trata do plural, usa-se sempre do singular. Ex.: *mocoĩn apyaua* (dois homens), *apyaua ceía* (muitos homens).

§ 63. Note-se que, ainda no caso de ter sido posto no plural o substantivo, isso não importa na necessidade de pôr também no plural o adjetivo; este por via de regra, enquanto se conserva adjetivo, nunca recebe o sinal do plural, embora esteja no plural o substantivo a que se refere. Ex.: *apyauaitá catu* (homens bons), *cunhãetá puranga* (mulheres bonitas).

§ 64. O substantivo leva o sinal do plural quando rege o verbo e isso com tanto maior necessidade, se se trata de terceira pessoa do plural e pela presença do substantivo ficou suprimido o pronome, desde que, como veremos adiante, é o pronome que distingue a terceira pessoa do singular da terceira pessoa da plural. Ex.: *tuixauaetá ocenoicári* (os tuxauas convocam), *suainhanaitá osasauana paranã* (os inimigos passaram o rio).

CASO

§ 65. As relações do substantivo com as outras partes do discurso, os casos, em nheengatu, são indicadas pelas posposições, que fazem o ofício das preposições nas línguas neolatinas.

A posposição vem logo em seguida do substantivo regido ou do adjetivo e mais partes do discurso, que eventualmente o modificam. Ex.: *pé rupi* (pelo caminho), *pé iauetê rupi* (pelo caminho difícil).

§ 66. As posposições, por via disso mesmo, são sempre partes distintas do discurso e mal se ligam com o nome que regem.

Há, todavia, um caso que faz exceção; é a da posposição *pe* ou *me* (contração de *opé*), que, quando não há entre ela e o substantivo nenhum outro elemento estranho, se torna um verdadeiro e próprio sufixo e passa a fazer parte integrante do substantivo, cuja relação indica. Ex.: *yuype* (no chão), de *yuy* (terra, chão); *pausape* (no fim), de *pausaua* (acabamento, fim), sendo de notar na hipótese a queda da parte muda do tritongo *áua*; *paraname* (no rio), de *paranã*, rio.

§ 67. O substantivo na nossa boa língua, por meio das posposições, pois, se presta às mesmas relações a que se presta em português. Ex.: *oca itá suí* (casa de pedra), *ocica oca suí* (vem de casa), *oiké oca kiti* (entra em casa), *osó oca recô* (vá para casa), *oicô oca opé* (está em casa).

Disso, todavia, diremos mais detidamente, falando das posposições e do seu emprego; aqui notaremos apenas duas exceções à regra enunciada.

§ 68. A primeira é quanto ao nominativo.

Este, em nheengatu, não somente se distingue pela posição que o substantivo ocupa na frase, mas também pelo fato de tomar em muitos casos o prefixo *i-* e por independer de qualquer posposição, ao menos individualmente, embora possa desta depender a frase em que vem incluído.

§ 69. A segunda é quanto ao genitivo, ou melhor, quanto às relações que em português são regidas por *de* e correspondem às relações de propriedade, possessão, matéria que constitui, compõe a coisa, relações de continente a conteúdo e outras análogas, que, se podem ser indicadas pela posposição *suí* ou *suíuára*, se obtém igualmente, como aliás é mais corrente, com a simples anteposição ao substantivo, que indica a coisa possuída, que é composta, que é constituída ou que contém, do substantivo que indica o dono, o possuidor, a coisa que compõe, constitui, enche ou é contida. Ex.: *paié roca* (casa do pajé), *auaty cupixaua* (roça de milho), *uí iriru* (paneiro de farinha), *itá iapuna* (forno de pedra e mesmo de ferro).

§ 70. Uma singularidade, que já temos notado (§ 28), da nossa boa língua é a possibilidade de substituir entre si as consoantes *c=s, t, r*, quando iniciais, e de podê-las aditar a algum substantivo que começa por vogal.

A substituição não obedece a qualquer lei de eufonia, mas é um caso de concordância, que corresponde à modificação pronominal, e depende da relação em que se encontra o substantivo que a sofre com o sujeito ou o atributo da oração, razão por que dele dizemos aqui.

O substantivo que fica inalterado quando enunciado em absoluto, especialmente se começa por vogal, ou quando não tem relação direta com a pessoa que fala, a quem se fala ou de quem se fala, toma *c* perante *e, i, y*, e *s* perante *a, o, u*, quando em relação à pessoa que fala, ou de quem se fala, quando faltar a forma peculiar a esta relação; toma *r*, se em relação à pessoa com quem se fala, e *t* e, na falta, *c* ou *s*, se se refere à pessoa de quem se fala.

§ 71. São sujeitos à tríplice substituição: *samunha* (avô), que faz *tamunha, ramunha,* e, como ele, *sanha* (dente), *sainha* (caroço), *sacua* (febre), *sacuá* (pentelho), *samatiá* (pudendas da mulher), *sacunha* (pudendas do homem), *sapixaua* (vassoura), *satyua* (sogro do homem), *saisu* (sogra da homem), *saca* (extremidade), *sacapira* (ponta), *cemiareru* (neto da avó), *cemianinô* (neto do avô), *cendaua* (lugar), *cetama* (pátria), *cendyra* (irmã), *cepoti* (excremento), *cepoci* (sono), *cecu* (costume, lei), *saymena* (genro), *sapiá* (testículo), *cembyua* (margem), *cemimi* (flauta), *ceté* (corpo), *cyuera* (suor), *saitĩ* (ninho), *cenyua* (barba).

§ 72. São sujeitos a substituir *c=s* por *r* com exclusão do *t*: *sapu* (raiz), *suá* (cara), *cera* (nome), *suaia* (rabo), *supiá* (ovo), *soocuera* (carne), *cesá* (olho), *supitá* (base), *cecuiara* (troco), *sacanga* (galho), *sapé* (caminho), *cemiricô* (esposa), *cetimã* (perna), *cenepiá* (joelho), *sayca* (nervo), *satipi* (bochecha), *suainhana* (inimigo), *suaiara* (companheiro), *suãn* (grelo), *cembaua* (xerimbabo).

§ 73. Substituem *c=s* por *t*, com exclusão do *r*: *cembé* (lábio) e seus compostos *cembetá* e *cembetara* (ornamento dos lábios), *sacana* (freixeira), *sacoca* (caruncho).

§ 74. Substituem *r* por *t*, excluindo *c* e *s*: *rayra*, que faz *tayra* quando se refere a terceira pessoa, e como este, *tuí* (sangue), *rayera* (rebento morto), *romasaua* (foz), *rapixara* (próximo).

§ 75. Começam por vogal e tomam *r* ou *s*: *aua* (cabelo, pelo, pluma), que faz *saua* e *raua,* e, como este: *angaua* (figura), *uyua* e *uéyua* (flecha), *okena* (porta).

A estes se pode aditar *oca* (casa), a qual todavia, além de *roca* e *soca*, faz também *toca,* embora já com a significação especial de casa de bicho, covil, esconderijo.

§ 76. Os demais substantivos, embora comecem por qualquer das letras acima apontadas, nenhuma variação sofrem por este lado, embora, talvez, de localidade a localidade possam notar-se algumas alterações nos paradigmas que acabamos de dar, e que nos são desconhecidas.

Nada mais fácil em língua que é falada antes do que escrita, o que não convém perder de vista, e da qual estamos muito longe de pretender inculcar-nos mestre.

COMPARATIVO

§ 77. A comparação simples se obtém com a locução *iaué* (como) e *maié iaué* (assim como). Ex.: *onheẽn mira iaué* (fala como gente), *onheẽn maié mira iaué* (fala assim como gente).

§ 78. A comparação de superioridade se obtém com as locuções *uasu pire* (mais grande), *turusu pire* (mais grosso), *pucu pire* (mais longo). Os termos da comparação devem preceder a locução comparativa, dispostos de forma que seja o primeiro enunciado o que deve resultar maior. Ex.: *cuá tupaoca ne tupaoca uasu pire* (esta igreja é maior do que a tua igreja), *rapé pysasu amu rapéitá pucu pire* (o novo caminho é mais comprido do que os outros).

Quando há um único membro, este precede a locução aumentativa comparativa, que é posta sempre no fim. Ex.: *cé iauara turusu pire* (o meu cachorro é maior).

§ 79. A mesma comparação pode-se obter pondo os dois termos da comparação um adiante e outro depois da locução comparativa, e fazendo seguir o segundo da posposição *suí*. Ex.: Em lugar de dizer, como é mais corrente, *cé tuixaua amu tuixauaetá turusu pire* (o meu tuxaua é maior do que os outros tuxauas), pode-se dizer *cé tuixaua uasu pire amu tuixauaetá suí*, com idêntica significação.

§ 80. A comparação de inferioridade forma-se, *mutatis mutandis*, da mesma forma, empregando-se as locuções *mirĩ pire* (mais pequeno), *puĩ pire* (mais fino), *cuaíra pire* (mais pequenino), *iatuca pire* (mais curto). Ex.: *cé cetama né retama mirĩ pire* (minha pátria é mais pequena do que a tua), *xaputare tupaxama puĩ pire* (quero uma carda mais fina).

§ 81. Um termo intermédio de comparação se obtém com *xinga* interposto entre o adjetivo aumentativo ou diminutivo e o advérbio *pire*. Ex.: *cé roca cuaíra xinga pire* (minha casa é um pouco mais pequena), *né ramunha i irumuaretá pau uasu xinga pire* (teu avô é um pouco maior do que todos os seus companheiros).

DIMINUTIVO

§ 82. A ideia contida no substantivo pode ser diminuída, além de que pelos mesmos adjetivos que vimos aditar-se a *pire,* ou outros com significação análoga, por meio do sufixo ĩ.

§ 83. O ĩ se adita pura e simplesmente às palavras que acabam em vogal acentuada, sendo que a terminação nasal a equivale, fazendo-se o aditamento com a queda do *n* final, quando este existe, por tratar-se de uma nasal forte. Ex.: *itaĩ* (pedrinha), de *itá* (pedra); *tucumãĩ* (tucumãzinho), de *tucumãn* (tucumã, casta de fruta de palmeira).

§ 84. Quando a final é muda, esta cai e é pura e simplesmente substituída pelo ĩ. Ex.: *tacuarĩ* (canazinha), de *tacuara* (casta de grossa cana), *cuarĩ* (buraquinho), de *cuara* (buraco).

§ 85. *-mirĩ* em muitos casos faz o mesmo ofício, tornando-se sufixo, e é usado todas as vezes que o ser pequeno é como que um caso excepcional, embora no uso corrente nem sempre se atenda a isso para empregá-lo. Ex.: *tacuara-mirĩ* quer dizer cana pequena tanto quanto *tacuarĩ,* mas *tacuara-mirĩ* pode ser um galho pequeno de uma *tacuara* grande, enquanto o *tacuarĩ* não. *Paranaĩ* é um rio pequeno, mas não ainda um igarapé, *paranã-mirĩ* é um braço do rio, o braço menor que forma ilha, ou qualquer canal que se destaque do curso principal da mãe do rio (*paranã manha suí*).

AUMENTATIVO SUPERLATIVO

§ 86. O aumentativo, além de que com os adjetivos que vimos servir para a comparação de superioridade (§ 78), se forma com o sufixo *-asu* ou *-uasu,* que deixa de ser adjetivo para se tornar sufixo e parte integrante do nome a que vai aditado.

§ 87. As duas formas são usadas indiferentemente quando o substantivo acaba por vogal acentuada ou nasal, com exclusão do *ã,* e são aditadas logo em seguida pura e simplesmente. Ex.: de *yarapé* se faz tanto *yarapéasu,* como *yarapéuasu* (igarapé grande); de *memi* se faz *memiasu* e *memiuasu* (flauta grande); de *y* se faz *yuasu* e *yasu* (água grande).

A preferência é uma questão de uso local.

§ 88. -*asu* é de preferência aditado quando o substantivo acaba por *ã* nasal ou acentuado, ou por outra qualquer vogal muda, havendo então queda de um dos *aa* ou da vogal muda. Ex.: *paraoasu* (papagaio grande), *papiasu* (fígado grande), *cunhãsu* (mulher grande), *tacuarasu* (taquara grande).

§ 89. -*uasu,* pelo contrário, é sempre usado quando o substantivo acaba em *u* ou *ua,* havendo naturalmente a elisão de um dos *uu* ou dos *ua.* Ex.: *apyáuasu* (homenzarrão), de *apyaua; sauasu* (cabelo grande), de *saua; cauasu* (caba grande), de *caua; cunhãmucuasu* (mocetona, moça grande), de *cunhãmucu*.

§ 90. O superlativo se forma com -*eté,* que alguma rara vez se torna -*reté* em seguida a uma vogal acentuada, sendo que, quando encontra uma muda, esta de ordinário se elide e somente por exceção persiste sem exigir a interposição do *r* fonético. Ex.: *cunhãeté, apyaueté, iauareté, itareté* (mulher, homem, cachorro [onça], pedra a valer, de verdade).

§ 90A. -*eté,* pelo fato mesmo de ser um superlativo, pode ser aditado também a um substantivo aumentado com -*asu,* ou diminuído com -*mirĩ*. Ex.: *miramirĩeté* (gente pequeníssima), *mirauasueté* (gente grandíssima).

ADJETIVO

§ 91. O adjetivo, que, como indica a palavra, é aquela parte do discurso, que, aditada ao substantivo, lhe precisa o modo de ser, e descreve, lhe especifica as qualidades e determina melhor, pode também em nheengatu dividir-se em adjetivo qualificativo ou descritivo e adjetivo demonstrativo.

Em qualquer hipótese, é invariável, isso é, serve sem nenhuma alteração tanto para o masculino como para o feminino, e embora no plural o substantivo a que se refere, nunca recebe o sinal relativo (§ 63).

§ 92. As exceções que parecem existir a esta regra são devidas a palavras compostas de um substantivo e um adjetivo que ficou desnaturado, tornando-se sufixo, e que apesar disso os seus componentes são escritos ou pronunciados como se fossem separados e independentes, sem atender a que não se trata de um substantivo seguido de um adjetivo, mas de um novo substantivo. Ex.: *pirauasuetá, paranamirĩetá,* que erradamente são escritos e pronunciados *pirá uasuetá, paranã mirĩetá,* pelo que parece que é o adjetivo que recebe o sinal do plural.

Formação do Adjetivo

§ 93. O adjetivo, morfologicamente considerado, pode ser de formação primitiva ou originária e de formação secundária.

Como acontece com o nome, no primeiro caso a sua formação não obedece a nenhuma lei; no segundo, forma-se ou pela junção de dois ou mais adjetivos, que, modificando reciprocamente a própria acepção, dão origem a um novo adjetivo, ou pela adição de um sufixo, que torna adjetivo a palavra a que é aditado.

§ 94. Na formação de um novo adjetivo pela junção de duas ou mais palavras de determinado significado são aplicáveis, *mutatis mutandis,* as regras dadas em outra parte (§ 43 e s.) com referência à formação dos substantivos. Ex.: *kyrimbaua-pire* (mais valente), *purunguetá-catu* (bem falante), *coaracysaua* (cabelo de sol, louro).

§ 95. Os sufixos que servem para formar adjetivos são: *-pora, -uara, -uera, -téua, -yma.*

§ 96. *-pora,* quando como sufixo forma adjetivo, traz consigo a ideia de encher, estar, habitar, embora momentânea e passageiramente. Ex.: *ocapora* (o habitante da casa), mas não é nem o *ocaiara* (o dono) nem o *ocauara* (o habitante fixo da casa).

Outras vezes pode trazer consigo a significação passiva de ser enchido, de ser cheio. Ex.: *sacypora* (cheio de dores), *maitépora* (cheio de ideias).

§ 97. *-uara,* como sufixo, corresponde em geral às terminações *-ante, -ente, -inte, -unte, -cente* do particípio presente dos verbos portugueses; mas todas as vezes que não é sufixo de raiz verbal dá origem a adjetivos de significação a mais variada.

Com ela se formam os adjetivos pátrios ou gentílicos: ex.: *parauara* (paraense), *surimãuara* (solimoense). Os adjetivos ordinais: ex.: *iepéuara* (primeiro), *tenondéuara* (dianteiro), *casakireuara* (derradeiro). Os de localização e habitação: ex.: *ocauara* (caseiro), *mairĩuara* (cidadão). Os de qualidades físicas ou morais: ex.: *curutēuara* (ligeiro), *meuéuara* (lento), *irumuara* (companheiro).

§ 98. *-uera* corresponde em muitos casos à terminação portuguesa *-ável, -evel, -ível* etc. e forma outras vezes adjetivos com significação frequentativa e pejorativa, embora se ouça em alguns casos usado em lugar de *-uara,* mas menos propriamente, embora a autorização deste uso pareça decorrer do fato de não haver a voz correspondente nos sufixos verbais das palavras acabadas por uma nasal (§). Ex.: *mbuéuera* (aprendível, que se aprende facilmente ou que aprende facilmente), *pacauera* (acordadiço, despertável), *uatáuera* (passeador, passeadeira, que passeia mais do que deve), *iauáuera* (fujão, fujível).

§ 99. *-téua,* que se podia tomar facilmente por uma forma de *-tyua,* tem o mesmo significado de *-uera,* quanto à ideia pejorativa, frequentativa, mas não parece corresponder igualmente aos adjetivos que indicam probabilidade, e em muitos lugares na primeira acepção se prefere *-téua* a *-uera.* É o que parece acontecer no Pará e no baixo Amazonas, onde chamavam os escravos fujões de *canhemotéua;* no rio Negro chamam *caútéua* ao bêbedo habitual, e que pode não estar bêbedo no momento, e de *caúuera* o bêbedo habitual e no momento bêbedo.

§ 100. *-yma,* sufixo negativo, corresponde ao prefixo português *in, im.* É muito usado para negar a ideia, ação, qualidade etc. indicadas pela palavra a que é aditado. Ex.: *purangayma* (feio, não bonito), *iacuayma* (incapaz, tolo), *cikiéyma* (impávido, sem medo), *mirayma* (sem gente), *iporayma* (vazio).

Adjetivo Qualificativo

§ 101. O adjetivo qualificativo é geralmente enunciado em seguida ao substantivo que qualifica; a disposição inversa importaria em qualificar o atributo pelo substantivo; daí a consequência: que, quando não pode haver dúvida, e entre o adjetivo qualificativo e o substantivo se interpõe um adjetivo demonstrativo, o qualificativo pode sempre, sem grande inconveniente, preceder o substantivo. A pequena diferença de sentido, que a transposição dá à significação, é nuança que pouca ou nenhuma influência pode trazer para o sentido geral da oração. Ex.: *cunhã puranga* (mulher bonita) não pode ser invertido e dizer-se *puranga cunhã,* porque se viria a determinar o sexo de *puranga,* como se fora um substantivo. Se, todavia, se lhe aditar o demonstrativo *cuá,* tanto se pode dizer *cuá cunhã puranga* como *puranga cuá cunhã,* embora se diga no primeiro caso "esta mulher é bonita", e, no segundo, "bonita esta mulher"; a diferença, como se vê, é nenhuma.

§ 102. O adjetivo qualificativo admite, tal como o substantivo, três graus de qualificação: diminutivo, aumentativo e superlativo.

Aumentativo, superlativo, diminutivo de adjetivo que modifica outro adjetivo é sempre posposto a este. É ainda a aplicação de uma regra geral do nheengatu, que manda pospor à palavra modificada a modificadora.

§ 103. Os adjetivos diminutivos mais comuns são: *mirī, puī, puíra, cuaíra, iatuca, xinga,* sendo que este último pode ser aditado a qualquer dos adjetivos anteriores com a propriedade de diminuir-lhe ainda mais a significação. Ex.: *mirī* (pequeno), *mirī xinga* (pequenino); *iatuca* (curto), *iatuca xinga* (curtinho).

§ 104. Os aumentativos *uasu, turusu, pucu* igualmente podem modificar outro qualquer adjetivo e podem da mesma forma ser modificados pelo diminutivo *xinga.* Ex.: *catuasu* (muito bom), *pucu xinga* (compridinho), *turusu xinga* (grossinho).

§ 105. Tanto os diminutivos como os aumentativos admitem o sufixo superlativo -eté, -reté, que pode também ser aditado à mor parte dos adjetivos determinativos e qualificativos, correspondendo ao português -íssimo, -íssima. Ex.: *mirīeté* (pequeníssimo), *iatucaeté* (curtíssimo), *uasueté* (grandíssimo), *pucueté* (longuíssimo), *purangaeté* (belíssimo), *caárucaeté* (tardíssimo).

§ 106. Os adjetivos, tanto quanto os substantivos, são sujeitos à comparação, e esta se efetua da mesma forma como vimos efetuar-se com aqueles (§ 77 e s.). Ex.: *puranga pire* (mais bonito), *maié puranga catu iaué* (como bonito assim bom) e *puranga catu iaué.*

§ 107. O adjetivo não admite o diminutivo *ī* reservado ao substantivo, nem *-mirī* nem *-asu* como sufixos, o que não exclui nem *uasu* nem *mirī* usados separadamente como adjetivos modificadores de outros adjetivos.

§ 108. O adjetivo determinativo articular não existe em nheengatu, embora dentro de certos limites o sufixo *-aua* e *-ua* (§ 54), que dá ao adjetivo feição de substantivo e que se pode traduzir sempre pelo artigo *o, a,* pareça nos desmentir.

Todavia, se a tradução é exata quanto à correspondência da acepção, isso não tolhe que a verdadeira significação seja a de um adjetivo demonstrativo

(§ 109 e ss.). Ex.: *iauaua*, que se pode traduzir por "o fugido" melhor se traduz por "quem foge", "aquele que foge".

Adjetivo Demonstrativo

§ 109. O adjetivo demonstrativo modifica o substantivo determinando as suas relações de lugar, posição, identidade, possessões e outras análogas.

Ao passo que o adjetivo qualificativo ou descritivo se refere mais especialmente às circunstâncias extrínsecas, o demonstrativo refere-se às circunstâncias intrínsecas, e assim temos o demonstrativo em sentido estrito, o distributivo, o quantitativo, o numeral, o cardinal e o possessivo.

§ 110. Muitos adjetivos, se não todos da primeira e segunda subdivisão, eram ainda, quando estudamos Gramática, considerados como pronomes e na realidade em muitíssimos casos lhes preenchem o ofício. Hoje porém, e parece com mais crítica, são geralmente considerados adjetivos, e como tais os registramos aqui.

Os que os agregam aos pronomes chamam-nos pronomes adjetivos, e outros, agregando-os aos adjetivos, os denominam adjetivos pronominais. Para todos há muito boas razões que justificam a classificação que adotam. Na realidade, desde que o que determina a sua classificação é o ofício que preenchem no discurso, e sendo certo que tanto servem como adjetivos quanto como pronomes, classificá-los num ou noutro grupo apenas depende do ponto de vista em que alguém se coloca, e da prevalência que neste caso apresenta um caráter sobre o outro.

§ 111. Seja como for, os principais adjetivos demonstrativos são: *cuá, coá, nhã, nhaã, tenhē, teēn, auá*.

§ 112. *Cuá, coá* (este, esta, esse, essa), formas equivalentes, variantes de pronúncia, demonstra que a pessoa ou coisa de que se fala está presente e próxima de quem fala, ou que dela se está falando ou que se acaba de falar, pelo que, se não está presente materialmente, está como que em espírito. A sua posição na frase é de preceder sempre o nome da coisa ou pessoa que determinado demonstra. Ex.: *cuá cunhãmucu osó putare ne irumo* (esta moça quer ir contigo); *cuá ara ce mira pau ocyca* (este dia toda a minha gente chega).

§ 113. *Nhã, nhaã* (aquele, aquela). A segunda forma, mais que uma duplicata do *a* representa a pronúncia indígena, que arrasta o *a*, alongando o beiço, quando a coisa que aponta se acha muito afastada. *Nhã* demonstra e determina sempre uma pessoa ou coisa que, embora à vista, pode estar muito longe ou de que se tenha falado mais ou menos remotamente, exclui a proximidade. Ex.: *nhã mira ocyca tomasaua suí* (aquela gente vem da foz); *nhã cunhã, osó uá aé irumo* (aquela mulher que vai com ele).

§ 114. *Teēn, tenhēn* (mesmo, mesma) determina e demonstra a coisa ou pessoa pela conformidade ou identidade, e por isso o mencionamos aqui, embora outros o ponham na classe dos demonstrativos indefinidos.
Teēn, ao contrário de *nhã* e *cuá*, é posposto tanto ao substantivo como ao adjetivo que qualifica. Ex.: *xauacemo mira teēn xaxiare uá cuecé* (acho a mesma gente que deixei ontem); *oiuíri tendaua teēn kiti* (voltou no mesmo lugar). Com o pronome torna-se uma afirmação enfática. Ex.: *ixé teēn* (eu mesmo); *indé tenhēn* (tu mesmo).

§ 115. *Auá* (quem, qual) é sem dúvida o mesmo demonstrativo interrogativo de que dizemos adiante (§ 121); como, porém, quando não é tal, tem uma construção diferente, por isso dizemos dele aqui. *Auá* como que é o menos determinador dos adjetivos demonstrativos e aquele que mais finge de pronome, pelo que tanto pode ser sujeito como atributo do verbo, e nesta condição tanto precede como segue a este. Ex.: *tuixaua ocicare auá osó putare aé irumo* (o tuxaua procura quem quer ir com ele); *auá ocicare teēn ouacemo* (quem procura com afinco [mesmo] encontra).

§ 116. A estes devem-se aditar os compostos *cuá amu* (este outro), *nhã amu* (aquele outro), *auá amu* (qual outro); *cuá teēn* (este mesmo), *nhã teēn* (aquele mesmo), *auá tenhēn* (quem mesmo); e *cuá iepé* (este um), *nhã iepé* (aquele um), *auá iepé* (qual um).

§ 117. *Cuá, nhã, teēn* nunca podem sozinhos tomar o lugar do pronome, como podem os seus correspondentes portugueses. Podem-no os seus compostos e *auá*. Ex.: *cuá cunhã puranga, nhã amu puranga xinga pire, cé cunhã teēn puranga pire opanhe suí* (esta mulher é linda, aquela outra é um pouco mais linda, minha mulher é mais linda que todas); *cuá iepé onheēn intimaa, nhã amu onheēn supi* (este nega, aquele outro afirma); *nhã teēn osó cury* (aquele mesmo irá).

Os compostos de *teēn* com um substantivo desdobram-se. Ex.: *cuá iauara tenhē osuu putare ixé* (este mesmo cachorro me quis morder).

§ 118. Os partitivos distributivos mais usados são: *amu* (outro), *iepé* (um, qual), *iepé iepé* (cada um), *opaua, opanhe* (todos), *inti iepé, inti auá* (ninguém), *inti amu* (nenhum outro), *pisáuera* (parte) etc. Ex.: *iepé opuraki amu opicica recuiara* (um trabalha, outro recebe a recompensa), *oiké-ana iepé iepé oca kiti* (entraram um a um em casa), *mira pisáuera osó putare aé irumo* (parte da gente quer ir com ele), *iepé opinaityca, iepé osó ocaamundu, amu opitá omunhã mitasaua arama* (uns pescam, uns vão caçar, outros ficam para preparar o lugar de descanso).

§ 119. O adjetivo conjuntivo nheengatu é *uá, uaá, maá* (aquele que, o qual, cujo, que); a primeira forma, quando a conjuntiva se refere a uma pessoa; a segunda, no caso contrário.

Tanto *uá* como *uaá*, contrariamente ao que acontece em português, não se colocam logo em seguida do primeiro membro e antes do segundo membro da oração que ligam, e sim depois do verbo do segundo membro ou dos complementos deste. Ex.: *iané tuixaua omanoana, mira amusuaxarauara ocikié tenhēn uá* (morreu o nosso tuxaua, que era temido deveras pela gente da outra banda), *ce paia mira oputare uá ixé i auaca* (a gente de meu pai que me queria por amásia dele), *iepé curamīasu oicô ué amu suaixara cembyua kiti* (um moço que estava na margem do outro lado).

§ 120. *Maá* (que) constrói-se como em português. Ex.: *xaputare maá reputare catu pire* (quero o que queres melhor).

§ 121. *Auá* é o demonstrativo interrogativo pessoal por excelência e *maá*, podemos dizer, é o interrogativo neutro.

Nesta função, *auá* é sempre posto no começo da frase, assim como *maá*, que nos compostos se atenua em *má*. Ex.: *auá osó putare cé irumo?* (quem quer ir comigo?); *maá reputare?* (que queres?).

§ 122. Os adjetivos quantitativos indeterminados são: *ceia, ceiía* (muito, muita), *cuaíra* (pouco), *xinga* (pouco menos, mais pouco), *muíre* (tanto, quanto), *maié* (tanto, como), *piri* (mais), e seus compostos. Ex.: *mira ceía* (muita gente), *muíre apyaua opitá aé irumo?* (quantos homens ficam com ele?), *maié acangaetá, muíre maitésaua* (quantas cabeças tantos juízos), *muíre piri catu pire* (quanto mais melhor), *maié xacuau catu* (quanto sei).

§ 123. Os adjetivos numerais cardinais usados, e geralmente admitidos por todos, são somente três: *iepé* (um), *mucuĩn* (dois), *musapire* (três), e quando muito chegam a quatro, *irundi*.

Em muitos lugares e especialmente no rio Negro continuam: *pô,* ou *iepé pô* (uma mão, cinco), *pô iepé* (seis), *pô mucuĩn* (sete), *pô musapire* (oito), *pô irundi* (nove), *mucuĩn pô* (dez), *mucuĩn pô iepé* (onze) etc.; *papasaua* (cem, e conta), *papasaua pitera* (meio da conta, cinquenta), *pô papasaua* (quinhentos), *mucuĩn pô papasaua* (mil).

Quando contam por parcelas, cada conta é uma *papasaua,* e a conta final das parcelas é então a *papasaua-eté* (a conta verdadeira).

§ 124. O adjetivo numeral precede sempre o nome da pessoa ou coisa que é contada; para se obter o adjetivo ordinal é suficiente pospô-lo, sem embargo de obter-se o mesmo efeito com o sufixo *-uara,* que alguns, mas a nosso ver erradamente, substituem por *saua*. Ex.: *mira iepé* e *mira iepéuara* (primeira gente). A segunda forma é sempre preferível, porque evita ambiguidades.

Além de *iepéuara* (primeiro), *mucuĩn-uara* (segundo), *musapireuara* (terceiro), *irundiuara* (quarto), *iepé pôuara* (quinto) etc., temos *iupirungara* (primeiro, começador), *tenondéuara* (dianteiro), *piterauara* (o do meio), *casakireuara* (derradeiro, o de trás), *pausapeuara* (derradeiro, do fim).

§ 125. *Ixé iara* (meu), *indé iara* (teu), *aé* ou *i iara* (seu), *iané iara* (nosso), *penhe) iara* (vosso), *aetá iara* (deles), são os adjetivos possessivos por excelência, que podem ser tornados ainda mais afirmativos com a forma enfática *ixé iara tenhẽn* (meu mesmo, ou o dono mesmo).

Nem por isso deixam de ser adjetivos possessivos: *cé* (meu), *né* (teu), *aé, i* (seu), *iané* (nosso), *penhẽ* (vosso), *aetá* (deles).

A primeira forma é reservada para a afirmação ou constatação da propriedade enunciada terminantemente, e a segunda para quando tal afirmação é como que menos absoluta. Ex.: À pergunta: *auá iara?* (quem o dono?) responde-se: *ixé iara* (eu sou o dono), ou Fulano *iara* (o dono é Fulano). Direi pelo contrário: *cé piá* (o meu coração), *né roca* (a tua casa), *i putyra* (a sua flor), se apenas enuncio de quem é a coisa.

Caso

§ 126. O adjetivo nheengatu, já o dissemos (§ 91), não é sujeito às modificações de gênero e número a que é sujeito o substantivo que ele descreve, qualifica ou determina.

Quanto ao caso, pelo contrário, ele também, em algumas raras hipóteses, é sujeito à modificação da inicial, de conformidade com o que foi dito do substantivo (§ 70). Ex.: *cenondéuara, renondéuara, tenondéuara* (primeiro, da frente), *suaxara, ruaxara* (fronteiro), *suakeuara, ruakeuara* (vizinho), *sori, rori* (alegre), *ceté, reté* (muito), *ceía, reía* (muito).

PRONOME

§ 127. O pronome, que toma o lugar do substantivo, desempenhando o papel deste em relação às outras partes do discurso e mais especialmente indica o sujeito do verbo, em nheengatu é o mesmo, tanto para o masculino como para o feminino, mas varia com o número e com o caso, e como nas línguas neolatinas somente admite três pessoas no singular e três no plural.

ixé (eu), primeira pessoa, a que fala; *iané, iandé* (nós).
indé, iné (tu), segunda pessoa, de que se fala; *penhẽ* (vós).
aé (ele, ela), terceira pessoa, de que se fala; *aetá, aitá* (eles, elas).

§ 128. Quando o pronome não é sujeito do verbo e serve de complemento, regido ou não por posposições que lhe indicam e caso, faz:

cé (me, mim), no singular; *iané* (nos), no plural.
né (te, ti), no singular; *penhẽ* (vos), no plural.
aé, i (ele, ela), no singular; *aetá, aitá, i* (eles, elas), no plural.
iu – prefixo invariável dos verbos reflexos equivale aos pronomes *me, te, se, nos, vos, se*; mas, parte integrante que se torna do verbo, não nos temos de ocupar dele aqui.

§ 129. Os diversos casos a que é sujeito o pronome são regidos por posposições, da mesma forma que o seria o substantivo de quem toma o lugar. Ex.: *ocica cé ruake* (chega ao pé de mim), *oiuíri i suí* (volta dele), *osó aé recé* (vai a ele), *opitá iané irumo* (fica conosco), *penhẽ supé* (para vós), *aitá arama* (para eles).

Algumas raras vezes se ouve dizer *onheẽn ixé supé* (disse para mim), em lugar de *onheẽn cé supé*. Embora a autoridade das pessoas a quem o temos ouvido empregar, parece-nos uma expressão menos correta, e em qualquer hipótese é sempre substituível pela segunda. *Ixé* é sempre nominativo.

§ 130. Perante os adjetivos, e os substantivos que se tornam como que adjetivos, o pronome não sofre alteração e é usado como perante o verbo. Ex.: *ixé catu* (eu bom), *indé puranga* (tu bonito), *aé kyrimbau* (ele valente), *iané sori* (nós alegres), *penhẽ iumacy* (vós famintos), *aetá sacy* (eles doentes), *ixé apyaua* (eu homem), *aé cunhã* (ela mulher).

São estas formas, que podem ser todas traduzidas em português pelo verbo *ser* ou *ter*, que têm feito pensar que no pronome se acha incluído o verbo auxiliar e o fez dar como tal.

VERBO

§ 131. O verbo, que serve de nexo entre o atributo e o sujeito da oração, afirmando ou negando a sua existência, as qualidades, o modo de ser, a ação que desenvolve ou sofre, é talvez a parte mais original da nossa boa língua, e isso tanto com referência à morfologia como à sua relativa simplicidade.

§ 132. Antes de tudo, apesar da espécie de definição que acabamos de dar, o nheengatu não tem o verbo *ser* – o verbo por excelência – cujo ofício é servir de nexo pura e simplesmente entre o atributo e o sujeito, do qual ao mesmo tempo afirma a existência. As frases "eu sou valente, tu és bom, minha filha é bonita", na nossa boa língua se traduzem pura e simplesmente por meio do sujeito e atributo, sem necessidade de verbo, e assim se diz: *ixé kyrimbau, indé catu, cé rayra puranga*, se quem fala é um homem ou *cé membyra puranga*, se quem fala é uma mulher.

§ 133. Além de faltar-lhe o verbo *ser*, lhe falta um verdadeiro e próprio verbo auxiliar.

Alguma vez dá-se como tal o verbo *icô* (estar); mas não só não o é, como em idênticas circunstâncias se poderia considerar auxiliar qualquer outro verbo.

§ 134. Outra originalidade do verbo nheengatu é não ter o infinito presente indeclinável; tem o particípio presente, o particípio passado ou supino, mas não os outros tempos.

O que damos como tal no vocabulário tanto nheengatu-português, como português-nheengatu, seguindo o costume dos nossos predecessores, que tem a consagração e a utilidade da rotina, é quando muito um particípio passado, senão, na mor parte dos casos, pura e simplesmente um adjetivo, que serve de tema para o verbo, como serve de tema para a formação de outros adjetivos, de substantivos e até de advérbios.

§ 135. Como acontece com as línguas neolatinas, sem exceção para o português, o verbo nheengatu tem três pessoas no singular e três pessoas no plural, com formas diferentes para se acomodar à pessoa e ao número do sujeito.
A semelhança acaba aí.

§ 136. Ao passo que o português, para se acomodar às exigências do número e da pessoa do sujeito, tem flexões terminais diversas, que variam ainda para exprimir o tempo e o modo da ação, em nheengatu a flexão, se assim nos é permitido chamá-la, se verifica no sentido inverso e é limitada a um único tempo. A flexão não se efetua por meio de sufixos, mas por meio de prefixos que, se variam conforme a pessoa e o número do sujeito, não variam com referência ao modo nem com referência ao tempo.
Estes se obtêm exclusivamente por meio de advérbios e posposições.

Tempo e Modo

§ 137. Os prefixos pessoais, que aditados ao tema determinam a pessoa e o número são:

xa – para a primeira pessoa do singular;
re – para a segunda pessoa do singular;
o – para a terceira pessoa do singular;
ia – para a primeira pessoa do plural;
pe – para a segunda pessoa do plural;
o – para a terceira pessoa do plural.

Todos eles, se podem algumas raríssimas vezes ser omitidos, ficam invariáveis para todos os tempos e todos os modos.

§ 138. Posto isto, o paradigma da conjugação nheengatu se resume no paradigma do tempo presente, que faz:

ixé xarecô (eu tenho); *iané iarecô* (nós temos).
indé rerecô (tu tens); *penhē perecô* (vós tendes).
aé orecô (ele tem); *aetá orecô* (eles têm).

Em alguns lugares, ou talvez melhor algumas pessoas, substituem por *u* o prefixo das terceiras pessoas.

§ 139. O imperfeito se obtém com os advérbios *iepé* ou *ramé*. Ex.: *ixé xarecô iepé* (eu tinha); em um sentido mais geral ou indefinido, *ixé xarecô ramé* (eu tinha), num sentido como que mais concreto, que se verificava no próprio momento de que se fala. Mas são nuanças que nem sempre são atendidas, e o usar-se *iepé* ou *ramé*, se não é questão de preferência pessoal, é certo costume local.

§ 140. O aoristo forma-se com *ana* ou *cuera*. Ex.: *ixé xarecôana* (eu tive ou tinha). Todavia, *ana* é termo de significação ambígua. Ao mesmo tempo que pode indicar uma ação passada e mais ou menos remota, indica também uma continuação da ação, uma persistência nos seus efeitos, e mesmo uma ação que se está fazendo ou está por fazer.

Por isso mesmo, quem quer evitar qualquer dúvida, especialmente falando, o tom da voz e as circunstâncias concomitantes tolhem geralmente qualquer ambiguidade, forma o aoristo com *cuera*. Ex.: *indé rerecô cuera* (tu tinhas). Na hipótese, porém, pode-se usar outro qualquer advérbio de tempo como: *cuecé* (ontem), *amucuecé* (antes de ontem) etc. etc.

§ 141. O futuro se forma com *cury*. Ex.: *ixé xarecô cury* (eu terei).

Ainda aqui podemos fazer a observação feita anteriormente. Pode ser usado, isto é, em lugar de *cury*, qualquer outro advérbio de significação futura. Ex.: *uirandé, amu uirandé* (amanhã) etc. etc.

Desde que o advérbio não é parte integrante do verbo que modifica a sua substituição, é uma questão de conveniência e nada mais.

§ 142. O imperativo se obtém com o presente indicativo usado sem o pronome pessoal e com falta da primeira pessoa. Ex.: *recô* (tenhas), *orecô* (tenha).

Pouco usado, a não ser com os verbos de movimento, nestes é de preferência usado na primeira pessoa do plural, aditando-se-lhe o sufixo *-ana*, que na hipótese tem a significação de uma ação que se está na iminência de fazer. Quem fala o nheengatu como língua própria muito dificilmente dirá *resó!*

ou *recoin!* como se diz em alguma parte: vá! A ordem, embora ele não vá, a dará sempre dizendo *iasoana* (vamos), *iamunhana* (façamos), *iasó iamunhana curuté* (vamos, façamos ligeiro).

A ambiguidade que alguma vez pode existir na escrita, na língua falada é sempre evitada pelo tom da ordem.

§ 143. Para formar o condicional se pospõe ao verbo o advérbio relativo *maá* ou *amu*.

No rio Negro é mais corrente *maá*, e então temos: *ixé xarecô cury maá* (eu teria), *iané iarecô cuera maá* e *iané iarecoana maá* (nós teríamos tido).

No Solimões pelo contrário, assim como em muitas partes do Pará, se prefere *amu*, e então temos: *ixé xarecô cury amu* e *iané iarecô cuera amu* ou *iané iarecoana amu*, com a significação "eu teria" e "nós teríamos tido" respectivamente.

§ 144. O subjuntivo se forma aditando aos tempos do indicativo *ipu*, *sé* (talvez). Ex.: *ixé xarecô ipu* (que eu tenha), *indé recoana ipu* (que tu tivesses), *ixé xarecô cury ipu* (que venha a ter).

§ 145. O infinito, já o dissemos (§ 134), não tem a forma indeclinável; tem, pelo contrário, o particípio presente em duas formas *(uara* e *uera)*, o particípio passado e, se se quiser, o supino. Ex.: *recôuara* (havido), *recôuera* (tenível, facilmente havido ou havente facilmente), *irecô* (tido), *recouá* (que é tido, o tido).

§ 146. Muitos dos nossos antecessores se esforçam por completar a conjugação indígena, dando equivalentes a todos os tempos e modos da conjugação portuguesa. É um esforço e perda de tempo inútil; este mesmo paradigma que acabamos de dar, na prática será encontrado excessivo, embora nós nos tenhamos limitado aos tempos e modos geralmente admitidos. O correntemente usado é o presente, imperfeito, aoristo e futuro do indicativo, o imperativo, e as formas do infinito; o resto, em geral, está acima do nível de instrução dos que falam a nossa boa língua, é excogitação de gramáticos de gabinete.

§ 147. Todos os verbos são conjugáveis na forma do paradigma que acabamos de dar. Não há senão uma conjugação de verbos, e não há verbo irregular.

Uma ou outra variante que existe são idiotismos locais, raramente generalizados. Ex.: em muitos lugares do rio Negro e Solimões o imperativo de *só* (ir) faz: *resoana, osoana, iasoana;* em outros, assim como em Parintins e Maués, faz: *recoĩn, ocoĩn, iacoĩn* etc. No Solimões é em muitos lugares corrente substituir na segunda pessoa do singular do imperativo *re* por *i;* assim dizem: *irure* (traz), *isupire* (subas); *imunhã* (faz), em lugar de: *rerure, resupire, remunhã.*

Em alguns lugares, finalmente, se dá sempre a supressão do prefixo pessoal da terceira pessoa singular e plural perante os verbos que começam por *u*. Em qualquer caso, se de um lado a substituição ou modificação não é geral, do outro não parece obedecer a regra nenhuma, é uma questão de predileção.

§ 148. O nheengatu não tem tempos compostos formados por auxiliares. Os que se dão como formados por *icô* (estar) não são tais, ao menos no sentido gramatical das línguas neolatinas. O que se dá é apenas a concorrência de dois verbos que reciprocamente se modificam no sentido etimológico e não com referência ao modo ou tempo.

Na hipótese, embora não se repita o pronome, repete-se sempre em ambos os verbos o prefixo pessoal, o que prova, se fosse necessário, que se trata de uma verdadeira flexão. Ex.: *tuixaua oiupiru omunhã iepé oca uasu* (o chefe começa a fazer uma grande casa), *mira oure orasé i supé cuecatu ceiía* (a gente vem trazendo para ele muitos presentes), *indé renheẽn reicô mira uapisayma supé* (tu estás falando a gente sem ouvido).

§ 149. À necessidade de repetir o prefixo pessoal fazem exceção *putare* (querer), *cuao* (poder, saber), *cári* (mandar, comandar com autoridade), que podem sempre vir a ser o segundo verbo da oração sem necessidade de assumir o prefixo. Ex.: *auá osó putare, será, caá kiti ocicare uasaĩ caryua arama?* (quem quer ir no mato procurar açaí para o branco?), *mira orecô cuao cury maá oputare puracysaua arama* (a gente pode ter logo o que precisa para dança).

§ 150. O pronome pode ser omitido e é geralmente dispensado sem inconveniente, salvo na terceira pessoa do plural, quando ele é necessário para evitar a ambiguidade que pode haver, sempre que o sujeito plural não decorra do contexto. Geralmente, porém, especialmente o da primeira pessoa singular, o pronome é raramente omitido na oração com que se inicia qualquer relação de fatos acontecidos mais ou menos remotamente, embora não seja repetido senão muito raramente no resto do discurso.

Pelo contrário, o prefixo pessoal nunca pode ser omitido, como parte integral que é do verbo. O dizer-se que não se precisa de prefixo em alguns verbos que começam por *u* é a consagração irrefletida de um erro de pronúncia, proveniente de pronunciarem *u* o prefixo *o* e de fundirem depois os dois *uu* em um único *u*.

§ 151. Os advérbios que servem para caracterizar o tempo e o modo são somente usados, sobretudo na conversa familiar, quando há absoluta necessidade de indicar uma coisa ou outra.

Em qualquer hipótese, porém, são sempre usados muito parcimoniosamente, de modo que o seu uso pode escapar facilmente a quem não está ainda familiarizado com a língua e com o modo de falar do indígena. Na prática dispensa-se toda indicação sempre que o tempo e o modo resultam do contexto, e, uma vez indicado o tempo, geralmente na oração inicial, continua-se no presente. Já nos tem acontecido ouvir a relação de um fato, feita toda no presente, como se fora da atualidade, e no fim ouvirmos dizer: *cuá pau cociymauara* (tudo isso é antigo).

Subprefixos e Reiteração do Tema

§ 152. Todo e qualquer verbo nheengatu adquire uma significação reflexa tomando entre o tema e o prefixo pessoal a partícula *iu* que, embora invariável, preenche o ofício dos pronomes *me, te, se, nos, vos*. Ex.: de *xapena* (quebro) se faz:

ixé xaiupena (eu me quebro).
indé reiupena (tu te quebras).
aé oiupena (ele se quebra).
iané iaiupena (nós nos quebramos).
penhẽ peiupena (vós vos quebrais).
aetá oiupena (eles se quebram).

§ 153. Os demais tempos e respectivos modos se conjugam de conformidade com o paradigma dado do verbo *recô*.

§ 154. Se em lugar do subprefixo *iu*, se insere em idênticas circunstâncias o subprefixo *mu*, que tem a significação de "fazer", "tornar", o verbo ou melhor o tema, que o recebe, adquire uma significação ativa muito peculiar à nossa boa língua, e muitas vezes diversa da que tinha o verbo original. Ex.:

xapena (quebro) faz *xamupena* (faço, torno quebrado).
xauapica (sento) faz *xamuapica* (faço, torno sentado, fundo).
ompau (acaba) faz *omumpau* (faz, torna acabado, completo).

§ 155. *Mu,* prefixo de um adjetivo ou mesmo de um substantivo, dá origem a um verbo ativo com a mesma ideia de *fazer, tornar*, aditada à da palavra que fica como raiz do novo verbo. Ex.:

xamusacu (faço, torno quente, aqueço), de *sacu* (quente).
remuiepé (fazes, tornas um, unificas), de *iepé* (um).
omuapara (faz, torna torto, entorta, curva), de *apara* (torto).
iamapuĩ (fazemos, tornamos fino, adelgaçamos), de *puĩ* (fino).

§ 156. Os verbos que admitiram o subprefixo *mu*, e as palavras que se tornaram tais recebendo-o, podem ainda receber o subprefixo *iu*, com o mesmo efeito de se tornarem reflexos. Ex.:

xaiumupena (me faço, me torno quebrado).
reiumumpau (te fazes, te tornas completo, te aprontas).
oiumuasacu (se faz, se torna quente, aquece-se).
iaiumuapara (nos fazemos, nos tornamos curvos, encurvamo-nos).

§ 157. Torna-se frequentativo o verbo repetindo o tema verbal sem a última sílaba no primeiro membro, se esta é muda, e duplicando pura e simplesmente o tema, se a última sílaba é acentuada ou nasal. O novo verbo assim obtido conjuga-se como de costume, com a significação de repetir ou insistir na ação expressa pelo tema originário, ao mesmo tempo que envolve uma ideia de continuação, de um como prolongamento da ação. Ex.:

xasosoca (apoio apoiando, piso), de *soca* (apoiar).
reuatá-uatá (vou andando, passeio), de *uatá* (andar).
onheẽn-nheẽn (diz dizendo, discute), de *nheẽn* (dizer).

§ 158. O nheengatu não tem a forma passiva, nem forma especial para verter a ideia passiva, como é expressa nas línguas neolatinas. Nada perde com a falta; além de ter um ou outro verbo de significação passiva, é sempre fácil verter para o ativo uma frase passiva.

Ex.: "A terra foi criada por Deus" só pode ser traduzida pela equivalente ativa: *Tupana omunhãna yuy* (Deus criou a terra).

Negação. Interrogação

§ 159. Na oração negativa o verbo não sofre alteração.
Para se obter a negação é suficiente colocar um advérbio negativo perante o verbo, fazendo seguir este dos demais complementos da oração.
Ex.: *inti xanheēn iacuayma-saua-etá penhē supé* (não estou dizendo tolices para vocês), *intimaá osó putare aé irumo* (não quer ir consigo).

§ 160. Enunciando-se o sujeito pelo substantivo, ou se se substitui este pelo pronome, a negativa se põe entre estes e o verbo. Ex.: *iauacaca inti oxiare mira ocica i ruake* (Lontra não deixa a gente chegar a ela), *aetá pau inti osó putare aé irumo* (todos eles não querem ir com ele).
Todavia, se o pronome é negativo, dispensa a negação: Ex.: *inti-iepé otucá aé* (ninguém o feriu), *inti-auá oiauau cuau* (não há quem possa fugir).

§ 161. Nas orações em que o sujeito, nome ou pronome, é seguido pura e simplesmente pelo adjetivo, para torná-las negativas é suficiente interpor a negação entre os dois. Ex.: *paié inti catu* (o pajé não é bom), *aé inti kyrimbau* (ele não é valente).

§ 162. Uma forma especial de negar a ideia contida no tema é a de aditar-se-lhe o sufixo *yma* (§ 100); quando este é aditado a um verbo, ou, melhor, a um tema verbal, pode dar lugar a um verdadeiro verbo, que, embora sendo a negação da ideia contida no verbo que recebeu o sufixo, é contudo um verbo positivo e não negativo, suscetível, por isso mesmo, de receber a negação. Ex.: de *iaky* (seco) se faz *iakyyma, iakyma* (umedecer, umedecido).
O novo verbo, com a nova significação, não só admite a negação, mas dela precisa como outro qualquer verbo positivo. Ex.: *amana mirī inti oiakyma cuau yuycuī* (a chuva não chegou para molhar a areia).

§ 163. Na interrogação o verbo não sofre modificação.
A forma interrogativa decorre da construção da oração, do uso de certas formas expletivas peculiares à nossa boa língua, e do emprego e colocação dos pronomes ou adjetivos demonstrativos interrogativos (§ 120), *auá, maá* e compostos.

As expletivas são *paá? taá? será?* e não ficam excluídas pelo emprego dos pronomes e adjetivos interrogativos, embora possam ser omitidas. Ex.: *auá oicopé putare aé?* ou *auá, será, oicopé putare aé?* (quem a quer enganar?), *maá reputare iané supé?* ou *maá reputare, será, iané supé?* (que queres de nós?), *inti-auá, paá, osó putare cé irumo?* (ninguém quer ir comigo?), *oiuíre, será, rain?* (voltará ainda?).

§ 164. As expletivas, quando existe o sujeito expresso, nome ou pronome, devem ser colocadas entre estes e o verbo; quando a oração começa por *maá*, as expletivas são postas depois do verbo.

§ 165. O verbo, como se vê, não sofre alteração; todavia, quando se torne necessário usar de qualquer advérbio para indicar o tempo da ação, estes devem ser postos sempre antes do verbo e não em seguida, como acontece regularmente nas orações positivas (§ 138 e ss.). Ex.: *makiti cuera reiumime será aé?* (onde tu o escondestes?), *auá cury oiucá aé?* (quem o matará?)

Formação dos Verbos

§ 166. Os verbos nheengatu se formam, na sua maioria, de adjetivos. O vocábulo que damos, seguindo a rotina que não há interesse em quebrar-se, já o dissemos (§ 133), deve ser geralmente equiparado a um adjetivo, desde que, se não fosse tal, seria sempre pelo comum um particípio passado.

Isso não impede que o tema possa ser outra qualquer parte da oração, e que se façam novos verbos com os subprefixos *iu* e *mu* ou com a reiteração do tema.

Destes modos, já dissemos em lugar próprio, é inútil repetir.

§ 167. Cumpre aqui falar de outro modo, que, embora não seja suscetível da generalização daqueles, todavia, ao mesmo tempo que serve para melhor fazer compreender a morfologia da nossa boa língua, vai mostrar com que simplicidade se consegue formar novas palavras.

Para isso, em muitíssimos casos, é suficiente aditar ao tema verbal já existente um substantivo, e mais raramente outra qualquer parte do discurso, de significação determinada e que exprima uma relação que precise, modifique, determine a ação expressa pela ideia contida no tema original; notando-se que o novo verbo assim obtido é ainda suscetível de novo significado com a adição de *iu* e *mu*, e muitas vezes até com a duplicação do tema. Ex.:

caánupá (brocar o mato), de *caá* (mato) e *nupá* (bater).
caápepena (assinalar o mato), de *caá* (mato) e *pepena* (dobrar, ir quebrando).
cambyiuuca (ordenhar), de *camby* (leite) e *iuuca* (tirar).
cambyiuci (mamar), de *camby* (leite) e *iuci* (limpar).
embyrári (parir), de *embyra* (filho) e *ári* (cair).
itacuatiare (gravar, esculpir), de *itá* (pedra) e *cuatiare* (riscar).
maramunhã (pelejar), de *mara* (guerra, rapina) e *munhã* (fazer).
mbeúpau (pormenorizar), de *mbeú* (contar) e *mpau* (tudo).
mbeúpuxi (maldizer), de *mbeú (*contar), e *puxi* (mal, mau).
pôiauyca (submeter), de *pô* (mão) e *iauyca* (abaixar).
pôiucá (matar à mão), de *pô* (mão) e *iucá* (matar).
sóecé (arremeter), de *só* (ir) e *recé* (contra).
suápoké (disfarçar-se), de *suá* (cara) e *poké* (embrulhada).
suápupeca (dissimular), de *suá* (cara) e *pupeca* (fechar).

ADVÉRBIO

§ 168. O advérbio nheengatu é também a parte da oração que serve para modificar o verbo, precisando-lhe o tempo e o modo, assim como para modificar e precisar o sentido de qualquer outra parte da oração, não excluídos outros advérbios, acrescendo, tolhendo, precisando o seu sentido natural.

Os advérbios, de conformidade com a natureza da modificação que determinam, podem ser agrupados em advérbios de tempo, de lugar, de modo, de quantidade, de ordem, de afirmação, de negação, de dúvida, de interrogação etc. Sem pretender esgotá-los, vamos ver os principais.

§ 169. Os principais advérbios de tempo são: *cuíre* (agora), *raĩn, raẽn* (ainda), *oiy* (hoje), *coemana* (cedo), *tenondé* (antes), *cuecé* (ontem), *amu cuecé* (antes de ontem), *cueceyma, cociyma* (antigamente), *cuera* (muito antes), *uirandé* (amanhã), *cury* (logo), *curymirĩ* (logo mais), *cury-eté* (logo já), *ramé, aramé* (quando, então), *araiaué* (sempre), *arayma* (nunca), *coaruca* (tarde), *cuíre ramé* (no entretempo) etc. etc.

§ 170. Os de lugar: *arupé, ar'pe* (em cima), *yuyrupé, yuyr'pe* (embaixo), *asuí* (aquém), *akiti* (além), *dape, ape* (lá), *suindape* (acolá, em face), *ocar'pe, ocárupé* (fora), *iuaté* (arriba), *iké* (aqui), *ikente* (aqui mesmo), *mími* (aí), *tenondé* (avante, em frente), *cusucui* (eis aqui), *misucui* (eis aí), *mími-catu* (aí mesmo), *apecatu* (longe), *ruake* (perto), *easakire, sacakire* (atrás), *pité-rupé, piter'pe* (no meio), *mími-rupi* (por aí) etc. etc.

§ 171. Os de modo: *maié* (assim), *iaué* (como), *cuaiaué* (deste modo), *curetẽ* (ligeiro), *curumũ* (diversamente), *teẽnte* (inutilmente) etc.

A estes devem ser aditadas as formas adverbiais compostas de *rupi* e um adjetivo, e mais raramente um substantivo, e que correspondem aos advérbios portugueses em -mente. Ex.: *meué-rupi* (vagarosamente, com vagar), *xaisu--rupi* (amorosamente), *cikié-rupi* (medrosamente), *cipi-rupi* (vingativamente), *emoeté-rupi* (respeitosamente), *piá-catu-rupi* (bondosamente), *piá-puxi-rupi* (malignamente).

§ 172. São de quantidade, aliás em grande parte já vistos: *muíre* (quanto), *mirĩ* (pouco), *cuaíra* (poucochinho), *mirente* (pouco só), *pire* (mais), *reté* (muito), *nhun, nhunto* (somente), *amuiuíre* (outrotanto), *amuraĩn* (ainda mais), e seus numerosos compostos.

De ordem lógica: *cuá-suí* (disso, conseguintemente), *cuá-iaué-suí* (nessa conformidade); e de ordem simples: *ariré* (depois), e outros que foram incluídos nos advérbios de lugar, como *tenondé, casakire* etc. etc.

§ 173. Advérbios de afirmação são: *eẽ* (sim), *eẽ té, eẽ teẽn* (isso mesmo), *eré* (está bom), *catu* (bom, bem), *supi* (verdadeiramente), *eré-catu* (perfeitamente) etc. etc.

De negação: *ti, inti, timaã, intimaã, embá, nembá, nemaã* (não), negações que diferem entre si por mudanças intraduzíveis em português, e a que já nos referimos dizendo do verbo (§ 159 e ss.).

De dúvida: *ipu* (talvez), *aranéyma* (sem dia certo), *cerane* (quase) etc.

§ 174. Todos estes advérbios são advérbios positivos, e, em geral, nenhum deles pode servir para as frases interrogativas.

A nossa boa língua, sem que isso seja uma especialidade sua, para as frases interrogativas tem advérbios especiais, que se distinguem facilmente dos outros, por começarem por *maã*, que, em alguns lugares, pronunciam *mã*. São tais: *maãí?* (como?), *maãiramé?* (quando?), *maãkiti?* (onde?), *maãmé?* (onde?), *maãsuí?* (de onde?), *maãrupi?* (por onde?), *maãrame?* (para quê?), *maãiaué?* (como assim, de que modo?), *maãrecé?* (por quê?) etc.

§ 175. Quanto à colocação dos advérbios na oração nheengatu, eles também, como qualquer outra parte do discurso, devem ser colocados logo em seguida no membro cujo sentido modificam. Ex.: *opurunguetá cuaiaué i mira supé* (falou assim para a sua gente); *Cauará, omaan arama isupi ramé Cucui ombaú mira, omundu omixira nhaã acanga* (Cauará, para ver se era verdade Cucui comer gente, mandou assar aquela cabeça); *mucuĩn yacy riré* (dois meses depois).

§ 176. A esta regra há várias exceções.

Os advérbios interrogativos são sempre postos no início da oração interrogativa. Ex.: *maãkiti resó putare?* (aonde queres ir?), *maãsuí recica?* (de onde chegas?).

Ele inicia a oração ainda que seja expresso o sujeito do verbo. Ex.: *maãrama ne tuixaua oputare ygara?* (para que o teu chefe quer a canoa?), *maãrecé ixé xa-saru mira inti onheẽn catu uá ocica cury?* (porque espero gente que não prometeu vir?).

§ 177. O advérbio negativo precede sempre o verbo, embora tenha de ser posposto ao sujeito deste, quando existir: Ex.: *inti oiuíri putare oca kiti* (não quer voltar a casa), *cunhãmucu inti oiuíri putare oca kiti* (a moça não quer voltar para casa), *ixé inti xoxaisu aé* (eu não a quero).

A esta regra parecem fazer exceção: *inti-iepé ueyua otucá aé* (nenhuma flecha o fere), *inti-iepé osó putare aé irumo?* (ninguém quer ir comigo?), mas não há tal exceção. Nestes exemplos, a negativa forma palavra com *iepé* e se torna um adjetivo distributivo, deixando de ser uma simples negativa, e como tal vai preposto ao nome que qualifica e ao verbo de que se torna sujeito.

§ 177A. Os advérbios de tempo, que não são empregados para determinar especialmente o tempo do verbo, precedem sempre a este e ao próprio sujeito, quando expresso. Ex.: *mairamé ocyca apecatu-xinga opitá* (quando chega um pouco longe para), *aramé-ana, paá, iepé caripira ure ouapyca suake iepé yua recé* (já então, contam, um caripira veio sentar-se perto, sobre uma árvore próxima), *uirandé, iané paia coaracy opuamo renundé* (amanhã, antes de nosso pai o sol se levantar).

POSPOSIÇÃO

§ 178. A posposição é talvez a parte mais original da nossa boa língua. Como a preposição das línguas neolatinas, a que é equivalente, liga o substantivo ou o pronome às outras partes da oração, mostra as suas relações e dependências, indica o caso, assim como eventualmente as relações das outras partes do discurso entre si.

Chamamo-las posposições, estribados em Figueira e Anchieta e pela mesma razão pela qual os gramáticos das línguas neolatinas as chamaram preposições, desde que, ao contrário destas, em lugar de virem prepostas à parte do discurso cuja relação determinam, são sempre e regularmente pospostas a ela.

É ainda a aplicação da regra mais geral do nheengatu que manda ao modificado pospor o modificador.

§ 179. As posposições são: *opé* (em), *suí* (de), *cecé* e *recé* (para, a, contra), *rupi* (por, pelo), *arama* (para), *supé* (para), *irumo* (com), *kiti* (para, a, verso de), *píri* (para, perto de), *pupé* (em, dentro de), *arupe* (sobre, em cima de), *yuyrupe* (debaixo), *tenondé* (ante), *pitérupe* (entre), *iuanti* (contra, verso de), *kasakire* (atrás de), *ramé* (durante), *ruake* (perto de).

Algumas destas vozes já foram notadas como advérbios e tais se tornam pelo emprego que delas se faz, e algumas outras parecem supérfluas, desde que têm o mesmo sentido. Apesar da significação quase igual, não são sinônimas no estrito sentido da palavra; entre elas há nuanças de significação, que raramente permitem que sejam usadas indiferentemente uma pela outra. Vejamos, embora rapidamente, o emprego delas.

§ 180. *Opé, upé* é a forma simples e natural da posposição com a significação de "em", "no", "na". Ex.: *xapitá oca opé* (fico em casa); *resaru Tupana opé* (espera em Deus).

Não raramente a posposição *opé* faz corpo com a palavra que rege; então, se a palavra acaba por uma vogal acentuada ou nasal, que para o caso se equivalem, verifica-se a queda do *o* ou do *u*. *Opé* contrai-se em *pé* e é aditado pura e simplesmente à palavra que rege. Ex.: *patuape* (na caixa), de *patuá* (caixa). Se a palavra acaba em tritongo acentuado na primeira vogal, cai a final muda do tritongo ao mesmo tempo que se elimina o *o* mudo de *opé*. Ex.: *yarapape* (no porto), de *yarapaua* (porto). Quando acaba por uma vogal muda, as mudas fundem-se, e o som que surge é de um *u* mudo e pronunciado tão sutilmente, que, em muitos casos, parece antes uma aspiração do que o som de uma vogal. Ex.: *pitérupe* (entre, no meio de), de *pitera* (meio), que se ouve pronunciar e se encontra escrito *piterpe*. Alguma vez *pé* muda-se em *mé*. Ex.: *paranãmé* (no rio), de *paranã* (rio), mas não saberíamos ditar nenhuma regra para isso.

§ 181. *Pupé,* que também significa *em, no, na, dentro de,* seríamos tentados a tomá-la como uma forma de *opé.* No uso, todavia, difere deste por uma significação mais restrita e limitada.

Com efeito, *pupé* somente é usado quando o objeto ou a pessoa se encontra dentro de uma outra coisa, preso ou fechado. Ex.: *Pirá ceiía oicô cacuri pupé* (muito peixe está no cacuri), *Iauti oiupire iuaca kiti urumu mariti pupé* (o Jabuti subiu ao céu no saco do urubu). Nestes casos seria pelo menos impróprio usar-se *opé.* Pelo contrário, somente ficando aí como preso dir-se-ia *oicô mairi pupé,* porque em qualquer outra hipótese se deverá dizer *oicô mairi opé* (está na cidade).

§ 182. *Suí* (de, do, da, dentre) indica mais especialmente o lugar de onde se chega, se sai, se tira, assim como serve para as relações que, por via de regra, correspondem ao genitivo dos latinos, e que se costuma de preferência indicar prepondo o nome da matéria de que a coisa é feita ao nome da coisa, e o nome do possuidor ao da coisa possuída etc. etc. (§ 69). Ex.: *Iasica cuecé mairi suí* (chegamos ontem da cidade); *auá penhẽ suí mena putaua?* (qual é dentre vós a noiva?); *patuá itá suí* (caixa de ferro); *cé memĩ iauareté cãuera suí* (a minha flauta é de osso de onça).

§ 183. *Recé, arama, supé, kiti,* todas podem ser traduzidas por *para, a,* mas muito raramente poderão ser usadas indiferentemente uma pela outra.

Cecé, recé (em, a, a respeito de, com referência a, para) com a acepção de dirigir-se contra alguém que está presente. Ex.: *Opurandu ce recé* (Pergunta a mim); *Tepocy uasu oiupicica aé cecé* (Um sono grande pegou-se nele); *Opurunguetá mendaresaua recé* (Falou acerca do casamento); *Pexiare uri tainhaetá ce recé* (Deixai vir a mim ou para mim as crianças). *Iasó i recé* (Vamos a ele, para ele, aonde está ele); daí, pois, *sorecé* e *soecé,* com a significação de *atacar, arremeter, investir.*

§ 184. *Arama* (para, a), *supé* (para, a, por) são as que mais analogia têm entre si, embora nem sempre elas possam substituir-se indiferentemente. Ex.: *Iauacaca oyapíri yarapé oiuuca pirá cacuri suí arama* (Lontra sobe o igarapé para tirar o peixe do cacuri); *Omunhã nhã mpau ocica mamé oputare arama* (Faz tudo aquilo para chegar onde quer). Em qualquer destas frases não se pode usar *supé.* Ao contrário, na frase: *Omungaturu uyua i paia arama* (Prepara as flechas para seu pai), *arama* pode ser substituído por *supé* sem inconveniente.

Tupana arama e *Tupana supé* não querem dizer a mesma coisa; o primeiro diz: *para Deus*, e o segundo: *por Deus*.

Supé pode alguma vez substituir *recé*. Ex.: *Pexiare uri tainhaetá ce supé* equivale a outra *Pexiare uri tainhaetá ce recé* (Deixai vir a mim as crianças).

§ 185. *Kiti* (a, para), que se ouve pronunciado *keti* e *keté*, indica movimento de um lugar para outro, aonde se vai ou se chega. Ex.: *Xasó oca kiti* (Vou à casa ou para a casa). Nesta acepção não pode ser substituída com propriedade por nenhuma outra posposição.

Pode alguma vez substituir *opé*. Ex.: *Xasaru indé ce oca kiti* (Espero-te em minha casa), frase em que *kiti* pode ser substituído por *opé*.

§ 186. *Arupé, aárupe* (sobre, em cima de) é o oposto de *iuyrupe, uyrupe* (sob, embaixo de). Tanto num como noutro o *u* é mudo e como que desaparece na pronúncia, de modo que se encontra muito frequentemente escrito *arpe, yuyrpe*, e é assim pronunciado pelos que não têm muita prática da língua; mas o som puro de *rp* repugna à doçura da nossa boa língua (§ 23). Ex.: *Inti recicare ne uru panicaraca árupe, xaxiare aé panicaraca yuprupe* (Não procurar o paneiro em cima da tolda, deixei-o embaixo da tolda).

§ 187. *Irumo* (com, junto, em companhia de). Ex.: *Cé irumo* (comigo); *Opitana i suainhana irumo* (Ficou com o seu inimigo). Este sentido o tem também *píri*. Ex.: *Opitana i suainhana píri* (Ficou com o seu inimigo). *Resaru xinga xasó cury ne irumo* já não quer dizer o mesmo que *Resaru xinga xasó cury ne piri;* no primeiro caso se diz: "Espera um pouco, eu irei contigo" (em tua companhia), quando no segundo se diz: "ao pé de ti", não só sem necessidade de irem juntos, mas excluindo de irem em companhia.

Irumo tem também o sentido de indicar o meio com que alguma coisa se faz. Ex.: *Oiucá aé itá uasu irumo* (Matou-o com uma grande pedra); *Oiupupeca urupema irumo* (Cobre-se com o balaio).

§ 188. *Píri* tem também o sentido de "em" e "a". Ex.: *Opitá oca píri* quer dizer tanto quanto *Opitá oca opé* (Fica em casa), com a diferença, todavia, de que *píri* é muito menos preciso de que *opé*.

Igualmente, *Osó oca píri* e *Osó oca kiti* querem ambos dizer "Vá à casa", com a única diferença de *kiti* indicar, com mais precisão, que a casa é o lugar da chegada, no entanto que *píri* não tem esta exatidão; indica, apenas, uma aproximação, "ao pé da casa".

§ 189. Neste sentido, *píri* como que equivale a *ruake* (perto, ao pé de, próximo). Ex.: *Osasauana ce píri* e *Ososauana ce ruake* querem ambas dizer "Passou ao pé de mim".

Ruake e *píri* indicam antes proximidade, e como tais são ambos imprecisos e nesta significação podem ambos alguma vez ser usados em lugar de *recé*. Ex.: *Ure ce ruake, Ure ce píri, Ure ce recé* significam todas "Vem a mim".

§ 200[190]. *Piterupe, casakire, tenondé, ramé, iuati*, na realidade, antes de verdadeiras e próprias posposições, são advérbios, que ocasionalmente servem de posposições; em qualquer caso, o seu sentido é sempre suficientemente claro e distinto para dispensar explanações.

CONJUNÇÃO

§ 201[191]. A conjunção, que serve para ligar entre si as diversas partes da oração, assim como para ligar diversas orações, em nheengatu é muito parcimoniosamente usada.

Língua falada por gente, na sua maioria, de pouca cultura, prefere proceder por frases breves, soltas, como que independentes entre si, apenas ligadas pelo sentido geral do discurso; mas nem por isso a nossa boa língua tem falta de conjunções, e delas se podem distinguir duas espécies: a ordenativa e a subordinativa.

§ 202[192]. São conjunções ordenativas, que ligam entre si orações e palavras, que doutra forma ficariam independentes:

Euíre, iuíre (e). Ex.: *Coema caaruca iuíre suí omunhã ara irundi* (Da manhã e da tarde fez o quarto dia); *Omaã indé ramé opitana pau piá ayua, oiucá cury indé, oiucá ixé iuíre* (Se te veem, ficam todas furiosas [de mau coração], matam-te e me matam).

Marecé (porque). Ex.: *Inti recé cuau aé irumo, marecé aé inti mira catu* (Não deves ir com ele, porque ele não é boa gente).

Cuaiaué (deste modo). Ex.: *Omamana yara iepé miraracangasu opé cuaiaué repuracare cuau catu pire arama* (Amarra a canoa ao galho para deste modo poder carregar melhor).

Iuiri (ou). Ex.: *Rerecô, será, ce taxira, rerecô taxira ne iara iuiri?* (Tens a minha cavadeira ou tens a tua cavadeira?) O uso deste *iuiri*, usado no rio Negro, quase que é desusado no Solimões pelos brancos que falam a língua, que no caso já usam o português.

§ 203[193]. São conjuntivas subordinativas:

Aramé (então). Ex.: *Ompuana opurunguetá nhã iaué, aramé osó i remiricô irumo* (Acabou de falar naquela forma, então se foi com a mulher).

Cuarecé (por via disso, por esta causa, pelo que). Ex.: *Mira pitua! Inti oiucá cuau suainhana omaramunhã ramé, oiucá cuau nunto kyresara, cuarecé penhẽ cecusaua ompuana cuá ara tenhẽ* (Gente mofina! Não sabe matar inimigo quando combate, sabe só matar os que dormem, por via disso a vossa vida acaba hoje mesmo).

Ramé (quando, se). Ex.: *Resasau cuau amu cembyua putare ramé* (Podes passar para outra margem, se queres).

Iaué (como). Ex.: *Inti ouacemo iané iapycasaua ramé, iamané putare pau iané mena, iané paia, iané membyra iaué* (Se não encontramos a nossa vingança, queremos morrer todas com os nossos maridos, os nossos pais, os nossos filhos).

INTERJEIÇÃO

§ 204[194]. A interjeição, a que se contesta o direito de figurar como parte do discurso, é muito comum e variadíssima na nossa boa língua, e até já se fizeram delas longas enumerações.

Nós nos limitaremos apenas, todavia, às principais e mais comuns, enumerando entre elas algumas palavras usadas, especialmente nas orações interrogativas e nas narrativas, que, sem ter uma significação restrita, ou concorrer para clareza do discurso, são inseridas na oração sem sentido preciso, como para dar força à pergunta ou diminuir o alcance da afirmação e que têm de comum com as interjeições o serem também formas exclamativas, mas são como uma subdivisão destas, que nos permitimos chamar expletivas.

§ 205[195]. Como interjeições, podem-se enumerar: *Eré!* (Está bom! Concordo, sim!), exclamação afirmativa, de aprovação. *Eré catu!* (Vamos!, Sus!, Ligeiro!), exclamação animativa, de animação. *Será!* (Possível!), exclamação dubitativa de quem tem ouvido contar algum solene carapetão. *Soco!* (Ora, ora! Ora história!), também dubitativa, mas já incluindo uma negação formal. *Axy!* – exclamação de nojo. *Toco!* (Que sei eu! Ignoro!), exclamação negativa, contração de *Taucô*, por sua vez contração de *Inti xacuau* (Não sei).

§ 206[196]. São expletivas das orações interrogativas *paá, taá, será*. Embora nenhuma tenha uma significação qualquer que possa ser traduzida, nem sempre podem ser usadas uma pela outra. Se entre *paá* e *taá,* a equivalência é absoluta, apenas sendo uma questão de preferência local ou individual o emprego desta ou daquela, com referência a *será* parece que o seu emprego é mais especialmente reservado para as interrogações que visam ao interesse direto da pessoa a quem se fala, no entanto que as primeiras se empregam quando o interesse é indireto e a interrogação versa sobre negócio alheio.

Quanto à colocação, se não existe o verbo, a expletiva é posta logo depois do sujeito e antes do seu complemento. Ex.: *Cuaetá, cerá, ne maramunhangara*? (São estes os teus guerreiros?); *Nhaetá, paá, i anama?* (São aqueles os seus parentes?). Embora a oração nheengatu seja traduzida com o verbo *ser*, que, aliás, não contém (§ 132), nem por isso nem *cerá* nem *paá* têm esta significação.

Quando a interrogação contém o verbo com o sujeito expresso, ou o verbo é precedido de algum advérbio interrogativo, haja ou não o sujeito, a expletiva é posta entre estes e o verbo. Ex.: *Tupana teẽ n, cerá, omundu indé reiuapica iané piterupe?* (O próprio Deus, será, te mandou estabelecer no meio de nós?); *Maiaué, paá, ocica?* (Como chega?); *Marecé aé, taá, inti osó suainhana recé?* (Porque ele não foi contra o inimigo?).

Quando não há sujeito expresso, a expletiva vem logo depois do verbo. Ex.: *Resó putare, cerá, cé irumo?* (Queres ir comigo?); *Osó cuau, taá, i mira irumo?* (Pode ir com a sua gente?).

§ 207[197]. *Paá* é também expletiva usada nas orações narrativas e nas afirmativas de fatos contados por terceiros, e traz consigo como que uma pequena dúvida. Encontra-se sempre usada como que a diminuir a responsabilidade de quem relata ou afirma alguma coisa, que não afirma ou relata de ciência própria. Ex.: *Uayú, paá, oyapire Cunuiary paranã ramé, omuatire mira uacemo uá pé rupi* (Uayú, dizem, quando subiu o rio Cunuiary, ajuntou a gente que encontrou no caminho).

A expletiva, na hipótese, é sempre preposta ao verbo, mas não se pode começar a oração por ela, devendo, quando não existe expresso o sujeito ou não há outra parte do discurso que preceda o verbo, ser ela, pelo menos, precedida pelo pronome pessoal do verbo. Ex.: *Iepé ara, paá, ocenduana, masuí coaracy ocemo kiti, teapu uasu* (Um dia, contam, ouviram do lado de onde o sol sai um grande barulho). E é inserida sempre quebrando a oração. Ex.: *Iepé ara nhunto uatare, paá, yacy omanô arama* (Só faltava um dia, contam, para a lua morrer [para o eclipse]).

CONSTRUÇÃO DA ORAÇÃO

§ 208[198]. Estudamos particularmente as diversas partes da oração, vimos a forma e ofício de cada uma delas, a sua colocação com referência às suas recíprocas relações; estudamos a morfologia e a sintaxe, partidamente, com referências a cada uma delas. Como complemento, vamos agora ver rapidamente a construção da oração nheengatu. Costuma-se dizer que a construção da oração na nossa boa língua é o inverso da construção da oração portuguesa e em geral das línguas neolatinas.
Tal afirmação parece-nos menos exata.

§ 209[199]. Fundamentalmente, isto é, quanto à colocação do sujeito, do verbo e do atributo, a oração nheengatu não difere da construção esquemática da frase portuguesa na sua ordem mais simples e natural. A falta de flexões, até, na mor parte dos casos, impede transposições permitidas nas línguas neolatinas.
O que dá uma feição toda própria à oração nheengatu, que a torna como original, é a colocação das posposições, advérbios e conjunções, o modo de indicar certas e determinadas relações, mas principalmente e, sobretudo, o modo diferente de conceber a ideia e a originalidade de exprimi-la que forçosamente disso resulta.
Isso, que só se aprende com a prática e muita convivência, é-nos impossível, nem pretendemos ensiná-lo.

§ 210[200]. Posto isto, vejamos a construção da oração nheengatu. Ex.: *Mairamé tuixaua omungaturu i soca, omuatire i mira oiuíri arama* (Quando o tuxaua acabou a sua casa, reuniu sua gente para voltar). Como se vê, as duas orações quase que se correspondem *verbo ad verbum;* só diferem pelos artigos que vêm no português e não no nheengatu, e pela colocação da preposição ou posposição *arama*.
Em ambas as orações, sem alterar-lhe o sentido, pode ser transposto o sujeito do primeiro membro para o segundo. Ex.: *Mairamé omungaturu i soca, tuixaua omuatire i mira oiuíri arama* (Quando acabou a sua casa, o tuxaua reuniu sua gente para voltar).
O que não seria possível, sem dizer disparates, é inverter a ordem das palavras nos diversos membros, mas isso não seria possível nem em português.

§ 211[201]. A forma esquemática e natural de construir a oração, como é sabido por todos, é prepor o sujeito ao verbo e fazer seguir este do atributo.

O que é exato em português o é em nheengatu, como o demonstra a oração acima transcrita.

Se de ordinário a ordem da oração não pode ser invertida, pode-o, todavia, sempre que a inversão não mude o sentido ou não traga ambiguidade. Não saberíamos dar outra regra: o usar ou não de orações invertidas depende do senso de conveniência ou inconveniência, que se adquire falando e ouvindo falar a língua. Ex.: *Mira ceiía ocica yarapape* (Muita gente chega ao porto) pode perfeitamente inverter-se para: *Yarapape ocica mira ceiía;* e mesmo: *Ocica yarapape mira ceiía,* que sempre vem a dizer a mesma coisa, embora no segundo caso se diga "Ao porto chega muita gente", e no terceiro "Chega ao porto muita gente".

§ 212[202]. A oração mais simples, abstração feita do verbo, que é a oração elíptica por excelência, é a oração elíptica composta do sujeito e do atributo. Embora por via de regra a sua significação dependa essencialmente da ordem dos seus componentes, ainda assim muitas das orações elípticas se prestam à inversão. Ex.: *Ixé mira catu* (Eu [sou] gente boa) pode ser invertida para *Mira catu ixé,* embora a segunda forma seja uma afirmação mais decidida, como que enfática. *Cuá mira kyrimbaua* (Esta gente valente), pelo contrário, não se presta à inversão, ou, pelo menos, cremos que quem fala a língua nunca perpetraria tal coisa.

§ 213[203]. Elípticas em geral são todas as respostas a determinada pergunta, e nas quais ficam como que subentendidos os termos desta, dispensando a sua repetição. As perguntas e respostas, sistema Ollendorff, são absolutamente contrárias, senão à própria índole da língua, certamente aos hábitos de quem a fala. Ex.: *Auá, cerá, penhẽ suí mena putáua? Ixé* (Quem de vós é a noiva? – Eu); *Makiti resó putare cuíre? Ce roca kiti* (Onde queres ir agora? Para minha casa).

§ 214[204]. Oração completa é o verbo; desde que contém o verbo substantivo e um atributo e seu sujeito é o pronome, que por via disso mesmo se torna parte integrante dele.

O que é verdade nas línguas neolatinas, o é em nheengatu e, embora não exista o verbo substantivo "ser" (§ 133), também na nossa boa língua o verbo contém a afirmação da aplicabilidade ou não do atributo ao sujeito, representado pelo pronome. Apesar disso, este pode ser omitido. O prefixo pessoal dispensa-o, só o exigindo quando se trata da terceira pessoa do plural, sendo dispensável também na terceira pessoa do singular, porque na falta de outra qualquer indicação se entende sempre que o verbo está no singular.

§ 215[205]. Se se trata da primeira pessoa do plural ou singular, e quem fala carece declinar o próprio nome ou qualidade, o pronome é sempre indispensável, e o nome ou qualidade vai inserido entre o pronome e o verbo. Ex.: *Ixé, tuixaua, xacenoicári* (Eu, tuxaua, mando convocar). A segunda pessoa ordinariamente dispensa o pronome, ainda no caso de vir expresso o sujeito. Ex.: *Curumī reiúre* (Vem, menino); *Iuān recoatiare putare, será, cuá papera* (João, queres escrever esta carta?), que se pode também dizer: *Indé curumī reiúre e Indé, Iuān, recoatiare* etc. O verbo na terceira pessoa, pelo contrário, não só permite suprimir o pronome, mas o pronome se torna mais que supérfluo, incabível. Ex.: *Paié-etá oiumuatire* (Os pajés se juntam). Ninguém, porém, diria *Aitá paié-etá oiumuatire*. Embora a terceira pessoa do plural, esta já não carece de pronome, que lhe determine o número, desde que lho determina o sujeito.

§ 216[206]. Muda a coisa completamente de aspecto quando, saindo das orações simples, compostas do sujeito, verbo e atributo, se passa a estudar orações mais complicadas, em que figuram outras partes do discurso. Estas, de ordinário, alteram, com a sua colocação especial, toda e qualquer correspondência entre as duas orações. Ex.: *Iauacaca oxipiá taua* (Lontra enxerga a aldeia). A correspondência é perfeita, salvo o artigo a mais da oração portuguesa.

Querendo acrescentar-lhe detalhes de quando e como vê, e precisar as condições da aldeia, já esta correspondência se torna menor, senão desaparece. Ex.: *Iandara oyapire paranã rupi ramé, Iauacaca oxipiá i tenondé maracaimbara-manha-etá taua uasu, oicô uá cembyua ruake arapecuma iuaté opé*. Literalmente temos: "Meio dia subia rio por quando, lontra enxergou feiticeiros aldeia grande, estava que margem perto língua de terra alta em", o que equivale a: "Ao meio dia, quando subia o rio, a lontra enxergou a grande aldeia dos feiticeiros, que estava perto da margem numa ponta de terra alta". O primeiro membro da oração, regido por *ramé* (quando), determina o tempo de toda a oração.

§ 217[207]. Normalmente o tempo e o modo do verbo são indicados por advérbios de tempo pospostos ao verbo (§ 138 e ss.), devendo, quando existe, inserir-se entre este e aquele o complemento direto do verbo. Ex.: *Iauacaca*

Tatu irumo ocica taua kiti ramé, cunhãetá omunhã teapu turusu, iaperecé oiucá putare mocoĩn iuaentiuara (Quando Lontra com o Tatu chegavam à aldeia, as mulheres fizeram um grande barulho, logo quiseram matar os dois que vinham vindo).

Nada impede, todavia, que se use outro advérbio de tempo, e que com este então comece a oração. Ex.: *Mairamé Iauacaca Tatu irumo* etc., seguindo-se o restante como na oração anterior, menos *ramé*.

O advérbio, como já foi dito, e salvo as exceções aí apontadas, é geralmente posposto à parte da oração a que se refere e modifica, e é geralmente preposto quando rege ou modifica uma oração.

§ 218[208]. Por costume dos que falam a nossa boa língua, senão por índole dela, o discurso se desenvolve por pequenas orações, como que soltas e destacadas, que podem ser separadas, quando reduzidas a escrito, por ponto-e-vírgula e muitas vezes por ponto final. Isso explica o pouco uso, que correntemente se faz das conjunções.

Ex.: *Aramé Iauacaca oiupiro oiumu; curauí ouéuéana maracaimbara-manha-etá recé; inti iepé ocanhemo; opanhe oiucá; inti-iepé oiauau cuau. Curauĩ otucá ruakeuara, apecatuara, osaentiuara, iauauara, oiumimeuara iuíre, opanhe omanô-ána* (Então Lontra começou a flechar; os curabis voavam para os feiticeiros; nenhum se perdia; todos matavam; ninguém pode escapar. Os curabis alcançam os de perto, os de longe, os que vêm, os que vão e os que se escondem, todos morrem).

§ 219[209]. A conjunção *que* não tem correspondente senão na hipótese de ser equivalente a *quem, aquele que, o que, a que* etc., sendo que como já vimos (§§ 119, 120) então lhe corresponde: *uá, uaá*, se o adjetivo conjuntivo se refere à pessoa, e *maá*, se se trata de coisa, não se traduz senão neste último caso. Ex.: *Pituna ocica ramé Iauacaca okire, okérupi Nucān onheē n i rendyraetá supé i nheē nga ceē n* (Quando chegou a noite, Lontra adormeceu, sonhou que Nucam dissera para suas irmãs a sua promessa [fala doce]). *Que* é simples conjunção e não se traduz. Ex.: *Iauacaca mairamé oiké taua opé ouacemo nhunto tainha iakira ceiía, i manha ociare uá oiauau cikieuara ramé* (Lontra quando entrou na aldeia encontrou somente muitos meninos verdes, que suas mães tinham deixado, quando fugiam com medo); *Remupytera no rayra-etá, iepé inti ocuau ma oiusasau amuitá irumo* (Separa tuas filhas, uma não saiba o que se passa com as outras).

Em ambos estes casos se traduz *que;* todavia a construção não só é diferente, mas seria impossível usar um pelo outro. *Uá* vem sempre posposto ao verbo ou à oração de que serve de copulativa. *Maá* é preposto, o que parece indicar uma profunda diferença na natureza dos dois.

§ 220[210]. Deveríamos, talvez, agora passar em revista a construção das diversas orações, isto é, das negativas, interrogativas, alternativas etc. etc. Delas, todavia, já dissemos em mais de um lugar, ao tratarmos do verbo (§ 159 e s.), da colocação dos advérbios negativos (§ 177), da conjunção (§ 201[191]), das expletivas e em outros diversos lugares, trazendo exemplos e elucidações; parece, pois, dispensável fazê-lo aqui. Seria repetir.

Acresce que fazemos seguir este Esboço de uns trechos em nheengatu, exatamente para que cada qual não só possa verificar as regras nele ditadas, como possa de per si estudar o mecanismo da língua, pelo menos lendo, senão falando, suprindo as falhas do nosso pobre trabalho, convencidos, como estamos, de que as línguas se aprendem antes com a prática do que com a gramática.

Tefé, 1 de 1920.

Coleção de Trechos Nheengatu

Do Selvagem

DO DR. COUTO DE MAGALHÃES

IAUTI TAPYIRA CAAIUARA

Iauti mira catu, intimaã mira puxi. Oicó itapereyuá uyrpe, osanhana i temiú.

Tapyira caaiuara ocyca ape, onheēn ixupé: "Retyryca iauti ki xii".
Iauti osuaxara ixupé: "Ixé ki xii inti xatyryca māá recé xaicó co yuá yua uyrpe".

"Retyryca, iuati, curumu xá piru indé."
"Repiru remāen arama, inhé nhu cerá apyaua!"
Tapyira, yurupari, opiru iauti teté.
Tapyira osoana; iauti cuaí onheēn: "Tenupá, yurupari, amana ara ramé cury xacemo, xasó ne racacuera mamé catu xauacemo ndé; xameēn cury indé arama reiutyma recuiara ixé".
Amana ara ocycana iauti ocemo arama.

Iauti ocemo osoana yurupari uasu racacuera.

O JABUTI E A ANTA DO MATO

O jabuti é gente boa e não gente má. Estava debaixo do taperibá juntando a sua comida.
Chega aí a anta do mato, diz para ele: "Retira-te de aí, jabuti".
O jabuti respondeu para ela: "Eu daqui não me retiro, porque estou debaixo da minha árvore de fruta".
"Retira-te, jabuti, senão te piso."
"Pisa, para tu veres se tu só és homem!"
A anta, diabo, pisou o coitado do jabuti.
A anta foi-se embora; o jabuti disse assim: "Deixa estar, diabo, sairei no tempo da chuva e vou ao teu encalço até encontrar-te; te darei o troco de me teres enterrado".
Chegou o tempo da chuva para o jabuti sair.
O jabuti saiu, foi logo atrás do diabo grande.

Oiuiuanti tapyira pypora irumo. Iauti opuranu ixupé: "*Muiri ara ana ne iara oxiare indé?*"

Pypora osuaxara: "*Cuciima ana ce oxiare*".

Iauti ocema axii, iepé iacy riri oiuiuanti amu pypora irumo.

Iauti opurandu: "*Apecatu raĩn será ne iara oikó?*"

Pypora osuaxara: "*Reuatá ramé mocoĩ ara resuanti curi aé irumo*".

Iauti onheẽ ixupé: "*Ce cuerana xacicári; aé ipó osó reteana*".

Pypora opurandu: "*Mãá recé, taá, cuité recicári reté aé?*"

Iauti osuaxara: "*Intimaã maã arama; xapurunguetá putare aé irumo*".

Pypora onheẽn: "*Aramé resoana paranã mirĩ keté, aape cury reuacemo ce rubá turusu*".

Iauti cuai onheẽn: "*Aramé xasó raĩ*".

Ocyca paranã mirĩ pupé, cuai opurandu: "*Paranã maá paá no iara?*"

Paranã osuaxara: "*Taucuau!*"

Iauti onheẽn paraná supé: "*Maárecé taá iaué catu renheẽ ixé?*"

Paranã osuaxara: "*Xa nheẽ iné arama nhaã iaué catu, maárecé xacuau maá ce rubá omunhã ne arama*".

Iauti onheẽ: "*Tenupá oicó, ixé cury xa uacemo aé. Aramé cuíre, paranã, xasó ne suí; remaẽn ramé cury ixé ne paia reyuera irumoana*".

Paranã onheẽ: "*Ten reiauky ce rubá irumo! Tenupá okyri*".

Iauti onheẽ: "*Cuíre supi ce ruri catu; paranã xasó raĩ*".

Paranã osuaxara: "*A! iauti iné ipó reiuiutyma putare mocoĩ ué!*"

Encontrou-se com o rastro da anta. O jabuti perguntou a ele: "Quanto tempo é que teu dono te deixou?"

O rastro respondeu: "Há muito já que me deixou".

O jabuti saiu daí, um mês depois encontrou-se com outro rastro.

O jabuti perguntou: "Está ainda longe o teu dono?"

O rastro respondeu: "Se andares dois dias te encontrarás com ele".

O jabuti disse para ele: "Estou aborrecido de procurar, ela talvez já se foi".

O rastro perguntou: "Por que razão agora procuras tanto ela?"

O jabuti respondeu: "Para nada, quero conversar com ela".

Disse o rastro: "Então vá ao paraná mirim, lá tu acharás meu pai grande".

O jabuti disse: "Então ainda vou".

Chega ao paraná mirim, pergunta deste modo: "Paraná, cadê teu dono?"

O paraná responde: "Não sei!"

O jabuti disse para o paraná: "Por que razão me falas assim?"

O paraná respondeu: "Eu falo para ti assim, porque sei o que meu pai te fez".

O jabuti disse: "Deixa estar o que é, eu o acharei logo. Então, paraná, agora saio de ti; quando me vires já eu estarei com o cadáver do teu pai".

O paraná disse: "Não bulas com meu pai! Deixa dormir".

O jabuti disse: "Agora certo me alegro bem; paraná, já vou."

O paraná respondeu: "Ah! jabuti, tu queres fazer-te enterrar outra vez!"

Iauti onheẽ: "Intimaã xa-icó ara uyrpe itá arama; cuíre xasó xamaõ kirimbaua pire uaá ce suí; eré paranã, xasó raî".

Iauti osóana; paranã mirĩ remeyua rupi ouacemo tapyira.

Iauti onheẽ cuáa iaué: "Xauacemo indé o intimaã? Cuíre remaẽ ce irumo. Ixé, paá, apyaua".

Opuri tonondé tapyira rapiá opé.

Cuaí onheẽ: "Tatá, paá, osapy opaĩ rupi".

Iauti opúri kirimbasaua irumo tapyira rapiá recé.

Tapyira iacanhemo opaca.

Tapyira cuaí onheẽ: "Tupana recé catu, iauti, rexári ne rapiá".

Iauti osuaxara: "Ixé intimaã xaxári, maãrecé xamaẽ putári no kirima-uasaua".

Tapyira onheẽ: "Aramé aicó xasó".

Tapyira opuama, unhana paranã mirĩ rupi; mocoĩ ara pauasape tapyira omanoana.

Iauti cuaí onheẽ: "Xaiucá indé ô intimaã? Cuíre xasó xacicári ce anama-itá ou arama ndé".

O jabuti disse: "Não estou no mundo para pedra; agora vou ver se é valente mais do que eu".

O jabuti foi pela vara do paraná mirim, encontrou a anta.

O jabuti disse deste modo: "Encontrei-te ou não? Agora te hás de avir comigo. Eu, dizem, sou macho!"

Pulou adiante nos escrotos da anta.

Disse assim: "O fogo, dizem, queima por toda a parte".

O jabuti pulou com valentia sobre os escrotos da anta.

A anta assustada acordou.

A anta assim disse: "Pelo bom Deus, jabuti, larga os meus escrotos".

O jabuti respondeu: "Eu não deixo, porque quero ver a tua valentia".

A tapiira disse: "Então estou indo".

A anta levantou-se, correu para o paraná mirim; no fim de dois dias a anta morreu.

O jabuti assim disse: "Te matei ou não? Agora vou procurar os meus parentes para te comer".

IAUTI IAUARETÉ

Iauti osacemo: "Ce anama-itá! Ce anama-itá iúre!"

Iauareté cenō, osó aketé, opuranu: "Maáta resacemo reikó iauti?"

Iauti osuaxara: "Xacenoin xa icó ce anama-itá ou arama ceremiara uasu tapyira".

Iauareté onheē: "Reputári xamuĩ tapyira indé arama?"

Iauti onheē: "Xaputári; remunuca iepé suaxara iné arama; amu ixé arama".

Iauareté onheē: "Aramé resó reiuca iepeá".

Iauti osó, pucusaua iauareté osupíri iximiara, oiauau.

Iauti ocica ramé uacemo nhunto-ana tiputi, oiacau iauareté irumo onheē: "Tenupá! Amu ara xaiuiuanti cury ne irumo".

O JABUTI E A ONÇA

O jabuti gritou: "Meus parentes! Meus parentes venham!"

A onça ouviu, foi para lá, perguntou: "Que estás gritando, jabuti?"

O jabuti respondeu: "Estou chamando os meus parentes para comer a minha caça grande, a anta".

A onça disse: "Queres que eu parta a anta para ti?"

O jabuti disse: "Quero; corta uma banda para ti, outra para mim".

A onça disse: "Então vá a tirar lenha".

O jabuti foi; no entanto a onça carregou com a caça dele, fugiu.

Quando o jabuti chegou, só encontrou as fezes, ralhou com a onça e disse: "Deixa estar; algum dia hei de encontrar-me contigo".

Da "La Langue Tapihiya Dite Tupi ou Nheẽngatu"

DO R. PADRE TASTEVIN

IAUTI TAPYIRA CAAIUARA IRUMO

Iauti mira catu, timaã puxi. Uicu tapereuá euirpe usaan arama citimiú.

Tapi usyca aape unheẽ isupé: "Retirica, iauti, retirica iké suí".

Iauti osuaxara isupé: "Ixé iké sui nti xaretirica, marecé xa icu ce yua euirpe".

"Retirica, iauti, curumu xapiru iné."
"Repiru, remaã arama iné nhũ será apyaua."
Tapiira iurupari upiru iauti teté.
Tapiira usuana.
Yauti cuaí unheẽ: "Tenupá, iurupari, amana ara ramé cury xacamo, xasu ne racacuera upé, mamé catu xauacema iné; xameẽ cury ne arama, reiutyma ixé recé ne recuiara".

Amana ara ucycana ramé iauti ucemana.

O JABUTI COM A ANTA DO MATO

O jabuti é boa gente, não gente má. Estava debaixo do taperibá saboreando a sua comida.

A anta chega aí o diz para ele: "Retira-te, jabuti, retira-te de aí".

O jabuti respondeu-lhe: "Eu de cá não me retiro, porque estou debaixo da minha árvore".

"Retira-te, jabuti, do contrário te piso."
"Pisa, para ver se tu só és macho."

O diabo da anta pisou o pobre do jabuti. A anta foi-se.

O jabuti assim disse: "Deixa estar, diabo, com o tempo da chuva sairei, irei no teu encalço até onde te encontre; darei então para ti o troco de me teres enterrado".

Quando chegou o tempo da chuva, o jabuti saiu.

Iauti usuana iurpari uasu racacuera upé. Uiuiuanti tapiira pepora irumo.

Iauti upuranu isupé: "Muíri ara ana ne iara uxiári indé?"

Pepora osuaxara: "Cuciy-mana ce uxiári".

Iauti ucema asuí. Iepé yacy riré oiuiuanti amu pepora irumo, iauti upuranu isupé: "Muíri ara ana ne iara uxiári indé?"

Pepora usuaxara: "Cuciy-mana ce uxiári".

Iauti ucema asuí.

Iepé yacy riri oiuiuanti amu pepora irumo, iauti upuranu: "Apecatu rain será mamé no iara uicu?"

Pepora usuaxara: "Apecatu".

"Muíri?"

"Reuatá ramé mucoin ara resuanti cury aé irumo."

Iauti unheē isupé: "Ce coir-ana xacicári; aé ipu usu reté-ana".

Pepora opuranu: "Marecé taá coité recicári reté aé?"

Iauti usuaxara: "Timaã maã arama. Xapurunguetá putári aé irumo".

Pepora unheē: "Aramé resu-ana paranã mirī kiti aape reuacema ce paia turusu".

Iauti cuaí onheē: "Aramé xasu rain".

Ucyca paranã mirī pupe, cuaí upuranu: "Paranã maã, paá, ne iara?"

Paranã usuaxara: "Tacuau!"

Iauti unheē paranã supé: "Marecé, taá iaué catu renheē ce arama?"

Paranã usuaxara: "Xanheē iné arama nhaá iaué catu, xa-cuauana recé ma ce paia umunhana iné arama".

O jabuti foi no encalço do grande diabo. Encontra-se com o rastro da anta.

O jabuti pergunta: "Quanto tempo é que teu dono te deixou?"

O rastro respondeu: "Me deixou desde muitíssimo tempo".

O jabuti saiu daí. Um mês depois encontrou-se com outro rastro, o jabuti perguntou para ele: "Desde que tempo teu dono te deixou?"

O rastro respondeu: "Me deixou desde muitíssimo tempo."

O jabuti saiu daí.

Um mês depois encontrou-se com outro rastro, o jabuti perguntou: "Está ainda longe o lugar onde se acha o teu dono?"

O rastro respondeu: "Longe".

"Quanto?"

"Se andares dois dias te encontrarás com ele."

O jabuti disse para ele: "Estou enfadado de procurar tanto, quem sabe ele foi de vez".

O rastro perguntou: "Por que agora mesmo o procuras tanto?"

O jabuti respondeu: "Para nada. Quero conversar com ele".

O rastro disse: "Então vai já no paraná miri, lá tu encontrarás o meu grande pai."

O jabuti disse assim: "Então vou já".

Chegando ao paraná miri, assim perguntou: "Paraná, onde está teu dono?"

O paraná respondeu: "Quem sabe!"

O jabuti disse para o paraná: "Porque dizes assim para mim?"

O paraná respondeu: "Falo-te deste modo, porque sei o que meu pai fez para ti".

Iauti onheẽ: "Tenupá uicu: ixé cury xauacema aé. Aramé cuiri, paranã, xasu iné suí; remãa ramé cury ixé ne paia reãuera irumoana".

Paraná onheẽ: "Timaã reiuaky ce paia irumo! Tenupá ukiri".

Iauty unheẽ: "Cuiri supy ce ruri catu (xa-rury catu), paranã, xasu rain".

Paranã osuaxara: "A! iauti, iné ipu reiuiutyma putári mucuen ĩ".

Iauti unheẽ: "Timaã xaicu ara uírpe itá arama; cuiri xasu xamaã kyrimau píri uaá ixé suí. Eré paranã xasu rain".

Iauti osuana paranã mirĩ remeyua rupi, uuacema tapiira.

Iauti unheẽ cuá iaué: "Xauacema iné timaã? Cuiri remãã cury se arama ixé apyaua ramé".

Upúri renoné tapiira rapiá upé, cuaí unheẽ: "Tatá, paá, usapi upain rupi".

Aéuana upuri kyrimasaua irumo tapiira rapiá recé.

Tapiira iacuayma upaca.

Tapiira cuaí unheẽ: "Tupana recé, iauti rexiári ce rapiá".

Iauti usuaxara: "Ixé timaã xaxiári, marecé xamaã putári ne kyrimasaua".

Tapiira unheẽ: "Aramé xasu xaicu".

Tapiira opuama unhama paranã mirĩ rupi; mucuin ara pausape tapiira umanuana.

Iautí cuaí onheẽ: "Xaiucaana iné timaã? Cuiri xasu xacicári ce anamaitá uu arama iné".

O jabuti disse: "Deixa estar: eu o encontro já. Então agora, paraná, vou de ti (deixo-te); quando me vires, estarei com o cadáver de teu pai".

O paraná disse: "Não bulas com meu pai! Deixa-o dormir".

O jabuti disse: "Agora na verdade sou bem contente, paraná, já vou".

O paraná respondeu: "Ah! jabuti, tu estás talvez com vontade de ser enterrado segunda vez".

O jabuti disse: "Eu não estou sobre a terra para ser pedra; agora eu vou ver se é mais forte de que eu. Está bom, paraná, já vou".

O jabuti foi pela margem do paraná miri, encontrou a anta.

O jabuti disse: "Te encontrei ou não? Agora é para me ver logo, se eu também sou macho".

Pulou diante dos escrotos da anta dizendo assim: "O fogo, dizem, queima tudo".

Em seguida pulou com força nos escrotos da anta.

A anta espantada acordou.

A anta disse assim: "Por Deus, jabuti, deixa meus escrotos."

O jabuti respondeu: "Eu não largo, porque quero ver a tua valentia".

A anta disse: "Então estou andando".

A anta levantou-se, correu para o paraná miri; no fim de dois dias, a anta morreu.

O jabuti disse assim: "Matei-te ou não? Agora vou procurar os meus parentes para comer-te".

IAUTI IAUARATÉ IRUMO

Iauti usacema uicu: "*Ce anamaitá, ce anamaitá, peiúri!*"

Iauaraté ucenu usu akiti, upuranu: "*Maá taá resacema reicu, iauti?*"

Iauti usuaxara: "*Xacenoi xaicu ce anamaitá uu arama ce remiara uasu tapiira*".

Iauaraté unheẽ: "*Reputári será xamuí tapiira iné arama?*"

Iauti unheẽ: "*Xaputári. Remunuca iepé suaxara iné arama, amu ixé arama*".

Iauaraté onheẽ: "*Aramé resu reiuuca iapeyua*".

Iauti usu, pucusaua iauaraté usupíri cimiara uiauau.

Iauti ucyca ramé uacema nhunto tiputi, uiacau iauaraté irumo unheẽ: "*Tenupá, amu ara xa iuiuanti cury iné irumo*".

O JABUTI COM A ONÇA

O jabuti estava gritando: "Meus parentes, meus parentes, vindes!"

A onça ouviu, andou a ele, perguntou: "O que estás a gritar, jabuti?"

O jabuti respondeu: "Estou chamando os meus parentes para comerem a anta, a minha caça grande".

A onça disse: "Queres que parta a anta para ti?"

O jabuti disse: "Quero. Corta uma banda para ti e a outra para mim".

A onça disse: "Então vá tirar lenha".

O jabuti foi, no entanto a onça carregou com a caça e fugiu.

Quando o jabuti chegou somente encontrou os excrementos, zangou-se com a onça e disse: "Deixa! um qualquer dia me encontrarei contigo".

Da Doutrina Cristã – Chrístu Muesaua

DE D. LOURENÇO COSTA AGUIAR

UPAIN MAÃ MUNHANGAUA

Ara Iepé

Iupirungaua ramé Tupana omunhān iuaca yuy iuiri.

Yuy tipau, tiraīn uricu maã-maān, pituna-pau upain rupi, Tupana peiusaua iurerasó y-itá arpe.

Unhinhin Tupana: "Iumunhān candea: candea iumunhān".

Tupana uxipiá candea catu uaá; umuīn candea pituna suí.

Tupana umucera candea ara, amu supé pituna.

Caruca coema iuíri suí iumunhān ara iepé.

Ara Mucuin

Tupana unhinhin iuíri: "Iumunhān santasaua y aitá pyterupe; umuīn y aitá ikiti amuitá suí".

A CRIAÇÃO DE TODAS AS COISAS

Primeiro Dia

No começo Deus fez o céu e a terra.

A terra vazia, não tinha ainda nada; em toda a parte estava a noite escura; o sopro de Deus andava sobre as águas.

Deus disse: "Seja feita a luz, a luz foi feita".

Deus viu que a luz estava boa, dividiu o dia da noite.

Deus chamou a luz dia e a outra, noite.

Da tarde e da manhã se fez o primeiro dia.

Segundo Dia

Deus disse ainda: "Faça-se o firmamento no meio das águas; divida as águas daqui das outras".

Cuá iaué iumunhãn.

Tupana umucera santasaua supé iuaca, puranga sukyra iaxipiá uá.

Caruca coema iuíri suí iumunhãn ara mucuin.

Ara Musapire

Tupana unhinhin: "Iumuatíri iepenhun tenaua upé y aitá uicu iuaca uirpe; ucema ucara kiti yuy ticanga".

Cuá iaué iumunhãn.

Tupana uxipiá maá catu uaá.

Tupana unhinhin yuy supé: "Remucinhin rymitema iakyra umeēn uaá sainha, muira-itá umeēn uaá yuá".

Cuá iaué iumunhãn.

Tupana uxipiá maá catu uaá.

Caruca coema iuíri suí iumunhã ara musapíri.

Ara Irundi

Tupana unhinhin: "Iumunhãn iuaca santasaua upé ueraitá, umuin arama ara pituna suí; araitá, acaiuitá supé rangaua arama; ucenepyca arama iuaca santasaua upé; umucandea yuy arama".

Cuá iaué iumunhãn.

Tupana omunhã mucuin uerauasu; turusu píri, coaracy, ara pucusaua arama, coaíra píri, yacy, pytuna ramé arama.

Umunhãn yacy-mirítá iuíri, ucenepyca yuy arape.

Tupana uxipiá maá catu uaá.

Caruca coema iuíri iumunhã ara irundi.

Assim se fez.

Deus chamou ao firmamento céu, o belo azul que vemos.

Da tarde e da manhã se fez o segundo dia.

Terceiro Dia

Deus disse: "Reúnam-se em um só lugar as águas que estão debaixo do céu; saia fora a terra enxuta".

Assim se fez.

Deus viu que era coisa boa.

Deus disse à terra: "Germina plantas verdes, hortaliças que deem sementes e árvores (madeiras) que deem fruta".

Assim se fez.

Deus viu que era coisa boa.

Da tarde e da manhã se fez o terceiro dia.

Quarto Dia

Deus disse: "Façam-se no firmamento do céu luzeiros, para dividirem o dia da noite, para sinal dos dias e dos anos, para brilharem no firmamento do céu e para alumiarem a terra".

Assim se fez.

Deus fez dois grandes luzeiros; o maior, o sol, para o correr do dia; o menor, a lua, para quando for noite.

Fez também estrelas para luzirem sobre a terra.

Deus viu que a coisa era boa.

Da tarde e da manhã se fez o quarto dia.

Ara Pu

Tupana unhinhin iuíri: "Aicué y suíuára piraitá y-pé, uiraitá ueué uaayuy arpe, iuaca santasaua iurpe".
Cuá iaué iumunhān.
Tupana uxipiá maá catu uaá.
Umeēn aitá supé bençam, umunu aitá supé iumuturusu arama, iumunhān cetá arama.
Caruca coema iuíri suí iumunhān ara pu.

Ara Pu-iepé

Tupana unhinhin iuíri yuy supé: "Remucema ne suí maá cecueaitá, suuaitá uatá uaá, iuceky uaá yuy rupi, suú'upain catu".
Cua iaué iumunhān.
Tupana uxipiá maá catá uaá.
Tupana u-inhin: "Ia-munhã mira iané rangaua iaué uaá; iara curi arama paranã piraitá, iuaca uiraitá, suu upain catu u-icu yuype".
Tupana omunhã mira i-rangaua iaué uaá, i-rangaua iaué uaá Tupana u-munhã aé; apgaua i cunhan u-munhān aitá.
Tupana u-meēn aitá supé bençam, u-inhin ariri: "Penhēn pé-muturusu, penhēn pe-iu-munhān cetá, penhēn pe-puracári yuy, penhēn pe-ricu aé, pe-remutara iaué uaá, penhēn pe-iumunhān piraitá iara, uiraitá, upain suu cataca uaá yuy arpe yuíri".
Tupana u-inhin aitá supé: "Aicué xa meēn uaá supé upain maã, u-icu uaá yuy arpe, penhēn timiú arama".
Tupana u-xipiá upain maã umunhān uaá catu reté.

Quinto Dia

Deus disse ainda: "Haja das águas peixes n'água e pássaros que voem sobre a terra debaixo do firmamento do céu".
Assim se fez.
Deus viu que a coisa era boa.
Deu-lhes a bênção, ordenou-lhes que crescessem e se multiplicassem.

Da tarde e da manhã se fez o quinto dia.

Sexto Dia

Deus também disse para a terra: "Produze seres viventes, animais que andem, que se arrastem sobre a terra, animais de todas as espécies".
Assim se fez.
Deus viu que as coisas eram boas.
Deus disse: "Façamos o homem à imagem e semelhança nossa; para ser o dono dos peixes do rio, dos pássaros do céu, e de todos os animais que estão sobre a terra".
Tupana fez a gente à sua imagem, à sua semelhança Tupana a fez; os fez homem e mulher.
Deus deu para eles a bênção, depois disse: "Vos crescei, vos multiplicai, vos povoai a terra, vos possuí-a conforme a vossa vontade, fazei-vos donos dos peixes, dos pássaros, de todos os animais também que andam por cima da terra".
Tupana disse para eles: "Eis que tenho dado para vocês todas as coisas, que estão sobre a terra para vos servirem de comida".
Tupana viu que tudo estava muito bom.

Caaruca coema yuíri suí iumunhān ara pu-iepé.

Da tarde e da manhã se fez o sexto dia.

Ara Pu-mucuin

Cuá iaué iu-pauana iuaca yuy yuíri munhangaua, i purangaitá irumo.
Tupana u-pauana i munhangaua u-munhān uaá ara pu-mucuin upé.
U-pytyú nhā ara rapaté upé upain maā suí u-munhān uaá.
U-muité aé, maarecé uxiare upain í munhangaua suí.
Cuá iaué iuaca, yuy u-iupirungaua.

Sétimo Dia

Assim acabou-se a criação do céu e da terra com todas as suas belezas.
Deus acabou a criação de tudo que fez no sétimo dia.
Naquele dia descansou de todas as coisas feitas.
Santificou-o (?), porque deixou de todo a sua obra.
Assim foi o começo do céu e da terra.

Da Carta Pastoral

DE D. FREDERICO COSTA

DARIDARÍ TAXYUA IRUMO
Marandua

 Daridarí u-nhengári reté curaci ara pucusaua.
 U-munhana murace ara iaué iaué.
 U-mbaú-ana, u-u pau-ana irumaraitá irumo.
 U-puracé ara pucusaua, pituna pucusaua.
 U-mbaú-ana upainhen uricú uaá.
 Nemanungara u-mungaturu ariré uara.
 U-cica amana ara supi rupiara irusanga reté.
 Amana uaári muíri ara, nharecé ti auá umunhān cuau muraiki.
 Aramé Daridarí u-iumaci, ti uricu manungara u-mbaú arama.
 Utim receuara u-iurureu, kiririnto u-purará uicupucu rupi.
 Umanu putári ramé ana, ucamiricá imarica unheēn: "Tiana apitasuca cuau iumaci".

A CIGARRA COM A FORMIGA
Conto

 A cigarra cantou muito durante o verão.
 Dançou todo o tempo.
 Comeu tudo, bebeu tudo com as companheiras.
 Dançou todo o dia e toda a noite.

 Comeu tudo o que tinha.
 Não guardou nada para depois.
 Chega o tempo da chuva verdadeiro, por isso muito frio.
 A chuva cai muitos dias, pelo que ninguém pode trabalhar.
 Então Daridari tem fome, não tem nada para comer.
 Com vergonha de pedir, suportou calada por muito tempo.
 Quando já estava para querer morrer, apertando a barriga, disse: "Já não posso suportar a fome".

Ti apuraiki putári curaci ara ramé, ti-maan pusanga cuiri aiurureu ti arama amanu.

Auá suí, taá, maá?

Ce anamaitá upainhen umunhãn ce iaué.

"Upainhen u-nhengári curaci pucusaua, cuiri u-purará u-icu irusanga, u-riri pau aitá u-icu."

Ukiriri umanduári, upucu xinga riré onheẽn:

"Timaan pusanga! Cuiri a-su atucatu-cá ce comadre taxyua okena. A-cuau catu curi puxi usuainti ixé".

"Mã maita maá u-munhãn? Ce pirasua-saua iaué u-mundu."

Cuaié u-nheẽn pau riré u-iu-munha-mundeu; u-suana satambica taxyua ruca kiti apecatu xinga uicu uaá asuí.

U-tucatucá okeiua ucikié-saua rupi. Taxyua uri u-pirári okena onheẽn:

"Maié taá, comadre Daridari? Maá ma-randua urúri indé ce roca kiti?"

Daridari utinsaua rupi u suaxara:

"Ah comadre! A-muaci reté anheẽn indé arama, ixé amanu aicu iumaci rupi".

"A-iúri a-puru ne suí maã mirĩ ixé ara-ma família irumo. Tupana recé catu! agosto iaci tenendé xa-pagári curi upainhen."

Taxyua catu reté, ma supi tiupuruera. U-cendu riré Daridari nheẽnga u-muxiri-ca suá, u-purandu:

"Marama rericu iumaci? Maataá remu-nhãn curaci ara pucusaua?"

Daridari u-suaxara: "Maataá ma u-su-axari indé, comadre? A-nhengári, a-pu-racé iuyri nhaan ara pucusaua".

Não quis trabalhar no tempo do sol, agora não há remédio senão pedir para não morrer.

A quem mais recorrer?

Os meus parentes todos fizeram como eu.

"Todos cantaram durante o verão, agora estão suportando o frio, todos estão tremendo."

Calou-se, pensou, depois de pouco disse:

"Não há remédio! Agora eu vou bater à porta da minha comadre formiga. Não sei se me receberá bem ou mal".

"Mas que fazer? A minha desgraça assim o manda."

Acabou de dizer assim, depois ataviou-se; foi direito para casa da formiga, que morava um pouco longe daí.

Bateu na porta com medo. A formiga vindo abrir a porta disse:

"Que é isso, comadre Daridari? Que novidade traz você à minha casa?"

Daridari com vergonha respondeu:

"Ah comadre! Eu sofro muito, o digo para ti, eu estou a morrer de fome".

"Venho emprestar de ti qualquer pequena coisa para mim e minha família. Se Deus quiser! Com a lua de agosto eu poderei pagar tudo."

A formiga é muito boa, na verdade não é emprestadeira. Depois de ter ouvido a conversa de Daridari fechou a cara e perguntou:

"Por que tu estás faminta? Que fizeste durante o tempo do sol?"

Daridari respondeu: "O que hei de responder-te, comadre? Cantei e dancei durante todo este tempo".

"Aramé", *usuaxara taxyua*, "*cuiri, comadre, anhunten u-munhan cuau, re-iupiru re-puracé iuyri, marecé auá ti u-puraiki ti u-mbaú.*"

"Então", respondeu a formiga, "agora, comadre, o que somente podes fazer é recomeçar a dançar, porque quem não trabalha não come."

Da Poranduba Amazonense

DE BARBOSA RODRIGUES

YURARÁ UIRAUASU IRUMO

Cuchi yma, paá, yepé yurará u iucá uirauasu.

U chiare chemericó yepé taíra meri.

Taíra u su u caamunu cenemue iauaué u acema uirá pepó. U ceca oca opé u purandu i manha supé: "Auá pepó cha u acema caá pé cha su iauaué cha caamunu?"

"Cembira, ne paia u manu uaá."

U kiriri, iunto u mucaturu peá pé. I u munhan u su, icó u petá curumi uasu.

Yepé ara u su caamunu i uanti yuraray-etá irumo. Ariri yuraray-etá u nheẽng ichupé: "Ya su u iasoca iandé irumo".

Aé uana ué in: "Ya su".

Aé uana, paá, aitá u iasoca, u iasoca opé, u pececa putare aitá i poampé irumo.

Aetá ué in ichupé: "Arecé ce ariá oiucá ne paia".

DA TARTARUGA E O GAVIÃO

Antigamente, contam, uma tartaruga matou o gavião.

Deixou mulher e um filho pequeno.

O filho ia caçar cameleões, sempre encontrava penas de pássaro. Chegando em casa perguntou à sua mãe: "De quem são as penas que acho no mato cada vez que vou caçar?"

"Meu filho, são de teu pai que morreu."

Calou-se, somente guardou no coração. Ele foi ficando grande, estava a ficar moço.

Um dia em que foi caçar encontrou-se com as tartaruguinhas. Depois as tartaruguinhas disseram para ele: "Vamos banhar-nos juntos".

Ele logo disse: "Vamos".

Ele, logo, contam, e elas banharam-se, ele quis pegar a elas com sua unha.

Elas disseram para ele: "Por isso minha avó matou teu pai".

"Cuere supi cha cuau ana auá u iucá ce paia."

I u munhan, turusu ana aé uana u nhenhē: "Cha su cha saan ce kerembaua saua".

Aé uana, paá, u su u saan kerembaua saua mirity ruan recé. U cêca, mundeua i poampé u musaca arama, u saan, u cekei, ne u musaca, u nhenhē: "Ne rain ce kerimbaua".

Ariri amé ei u su iuēre u saan kerembaua saua, aé uana u musaca, u nhenhē: "Cuere kerembaua uana. Cuere supi cha su cha i u peca ce paia ambyre; cuere cha saru mairamé i ariá yurará u cema".

Yepé ara, paá, yurará ariá u musain tupé arpe parica; ariri o ricu amana uitu irumo, aé uana ué in che mariareru etá supé: "Pe coin pumatere, pe mungui arama amana chii".

Yurará etá inti u su pire cuau i pucé, arecé aé uana aitá cenoe: "Ce ariá iure upetumu yandé".

Aetá ariá u cema ure arama u petumu che meriareru, uirá uasu u maiana u maan u cema, aé uana u pure i arpe, supire uirá uasu pekia racanga keté.

Aé uana yurará uaimi ué in uirá uasu: "Cuere cha su cha manu, re cenōe care ne anama etá ure arama u maan cha manu".

Aé uana uirá uasu etá anama ure opian, muere uirá etá u ceca, aé uana aetá u petumu u iucá yurará uiami.

Muere uirá etá u iucá uaá u petá nheēn imparauá, amo u petá piranga; nhaan u cutuca uaá i pirera recé u petá i tin irumo pichuna; amo u cutuca uaa i peá piara u petá sukire, iaué paua yurará iucasara etá yaué paua ana aitá upetá cochi yma ara etá.

"Agora deveras eu sei já quem matou pai."

Já tinha-se feito grande, ele disse: "Eu vou experimentar as minhas forças".

Logo, contam, foi experimentar a força no grelo do miriti. Chegou, meteu suas unhas para arrancar, experimentou, puxou, não arrancou; falou: "Não sou ainda forte".

Depois, outra vez, voltou a provar sua força, ele já arrancou, disse: "Agora já estou forte. Agora sim que vou vingar meu defunto pai, agora espero que a avó das tartarugas saia".

Um dia, contam, a avó das tartarugas espalhou o paricá em cima do tupé, depois houve chuva com vento, ela já disse para as suas netas: "Ides recolher para resguardar da chuva".

As tartarugas não puderam carregá-lo de pesado, por isso já elas chamaram: "Minha avó, vem nos ajudar".

A sua avó saiu para vir ajudar suas netas, o gavião que estava à espreita a viu sair, e logo pulou em cima dela, o gavião a carregou para um galho de piquiá.

Então a velha tartaruga disse para o gavião: "Agora vou morrer, manda chamar teus parentes para virem ver-me morrer".

Então os parentes do gavião vieram todos, quantos pássaros chegaram então eles ajudaram a matar a tartaruga velha.

Quantos pássaros que mataram a tartaruga ficaram pintados de várias cores; aqueles que bateram na pele ficaram com o bico preto; os outros, que bicaram o fígado, ficaram azuis, assim todos os matadores de tartarugas, assim todos eles logo ficaram antigamente para sempre.

Das Lendas Indígenas Recolhidas por Max J. Roberto, Transcritas por Antonio Amorim – Inéditas

KUKUHY
Lenda Baré

Iepé ara, paá, upãe mira osendu uasuhi Kuarasy osemo kyty tyapu uasu omunhan uaá yuy oryry.

Iepé paié tuiué, oiku uaá ape, opuká sé, ariré onheẽn: "Auá ocuau uirandé aná tenhé osyka iké mira-usareté, oiupinima uaá se anga pype".

Sumuaraetá oiku suakẽ, osendu aé, opurandu ieperesé uaá marandua aé omaan.

Aé osuaixara: "Mokuẽ iasy ana ahicué ixé xamaan se anga rupi mira oreku uaá sekusaua puxy oiupire oiku kuá paraná".

"Aetá ombau mira iauareté iaué."

Ieperesé, paa, sumuaraetá opurandu aé suhi maa ikatu aetá omunhan nhaa mira renondé.

Um dia, contam, toda a gente ouviu, da banda onde sai o Sol, um estrondo grande, que fez tremer a terra.

Um pajé velho, que estava aí, riu gostoso, depois disse: "Quem sabe, amanhã mesmo já chegam os comedores de gente que se pintam na minha imaginação".

Os companheiros estavam perto, ouviram isso, perguntaram logo que novidades ele via.

Ele respondeu: "Há duas luas já que eu vejo na minha mente gente que tem costumes feios subir este rio".

"Eles comem gente como onça."

Logo, dizem, os companheiros perguntaram o que era bom fazer adiante desta gente.

Paié osuaixara: "*Pekytyka catu uirári kuranietá resé nty arama aetá oseare sekué ana resé oiatyca. Apigaua kunhãetá, upãe omaramunha kuri*".

"*Nty kuri auá onhana suainhana renundé, iaiuká kuri aeté opãe. Iandé paia Kuarasy, iandé maia Iasy okuau ana iandé kyrymbasaua.*"

"*Uirandé iané paia Kuaracy opuamo renundé, iandé tuhixaua rayra osu kuri Teiu Yuytyra ara kyty, asuhi omanhana arama maeramé nhaa mira osyka.*"

Paié onheẽn kuá nhunto.

Nhaa tyapu uasu omunhan uaa yuy oryry, paá, nhaa paié tuiué tenhé ana omunhan aé omukameẽn arama i kyrymbasaua opãe mira supé.

Musapire ara riré tuhixaua rayra omaan mira seyia oiupire paraná, ieperesé ure ombeú.

Paié onheẽn aramé tuhixaua xupé: "*Tuhixaua, remuatire ana iandé mira, iasu iasaru nhaa mira puxy caxiuerupé.*

Aetá oiuaky ramé iandé, iandé iamaramunha kuri aetá resé, aetá osyka ramé mira katu iaué, mira katu iaué iandé kuri iasuaiti aetá.

Iandé kurabi sakapyra manusaua, peiuma katu."

Tuhixaua, paá, opurunguetá coiaué: "*Enen, iaué iasu iamunhan.*

Iandé Tasyua-Tata Mira nty raen iasuaiti anã opuamo iandé renundé omaramunha arama."

Kaaruca ramé ana, paá, upãe osendu mimby muapusaua sury nhaa mira puxy kyty.

Tuhixaua rayra ieperesé osaan i piá sury maeramé osendu nhaa mimby mu-

O pajé respondeu: "Vocês esfreguem bem o curare nos kurabis para eles não deixarem vivo quem eles espetarem. Homens e mulheres, todos hão de brigar".

"Ninguém há de correr em face do inimigo, havemos de matar todos eles. Nosso pai o Sol, nossa mãe a Lua, conhecem já a nossa valentia."

"Amanhã, antes de nosso pai o Sol levantar-se, o filho do nosso tuxaua deve ir em cima da Serra do Teju, para de lá vigiar quando esta gente chega."

O pajé só disse assim.

Aquele estrondo grande que fez a Terra tremer, dizem, foi este mesmo pajé velho que o fez para mostrar a toda a gente o seu poder.

Três dias depois o filho do tuxaua viu uma porção de gente subindo o rio, veio logo contar.

O pajé então disse para o tuxaua: "Tuxaua, junta já a nossa gente, vamos esperar esta gente ruim na cachoeira.

Se eles bulirem conosco havemos de brigar com eles; se chegarem como gente boa, como gente boa havemos de encontrá-los.

A ponta das nossas flechas é a morte, flechem direito."

O tuxaua, dizem, falou desta forma: "Sim, vamos fazer assim.

Nós, Gente Formiga de Fogo, ainda não encontramos quem se levante antes de nós para brigar."

Já de tarde, contam, todos ouviram toque alegre de flauta para as bandas daquela gente ruim.

A filha do tuxaua sentiu logo alegre o coração quando ouviu o toque dessa flau-

apusaua puranga, opurandu i paia supé: "Paika, isupi será koa mira oreku sekusaua puxy?

Ixé xamaeté ntymaan, remaan maiaué ipuranga aetá muapusaua omunhan sury mira piá."

I paia osuaixara: "Nudá, maeramé kurumiuasu raen ixé seyia kunhãmuku xamuakangayua se mimby muapusaua resé.

Iaué kuyre nde, resendu nhaa mira mimby muapusaua, sih! Ieperesé ne pyá omunhan remaeté ana poité paié nheẽnga. Remaan kuri maaiaué upãe osemo satambyka maa paié oniteẽn nhaa mira resé."

Amu ara, koema puranga nemundé, paá, iepé kurumiuasu puranga osica tape, oiurureu tuhixaua.

Kauará, Nudá paia, osuaixara: "Tuhixaua ixé, renheẽn maa reputare uaá, xasendu xaiku ndé".

Kurumiuasu aramé opurunguetá koiaué: "Ixé Kuseetá, tuixaua rayra, ae oiurereu ndé suhi researe iandé iasasau koa paraná apyra kyty.

Iandé iauatá iasekare oiku sendaua puranga iamuapyka arama iandé taua".

Kauará onheẽn: "Renheẽn raen ne paia rera xamundu arama aé supé se nheẽnga puranga".

"Aé Kukuhi."

"Reiuyre, renheẽn Kukuhi xupé ixé, Kauará xa nheẽn kare i xupé aé osasau kuau maeramé oputare. Maiaué oiehi pytuna ramé Iasy omunhan suá uasu, renheẽn i xupé ure ombau ixé irumo iapurunguetá arama.

Ieperesé kurumiuasu oiuyre orasu Nudá pyá.

ta, perguntou a seu pai: "Paizinho, é certo que esta gente tem costumes ruins?

Eu penso que não, repara como o seu toque é bonito, faz alegrar o coração da gente."

Seu pai respondeu: "Nudá, quando era ainda moço, muitas moças endoideci com o toque da minha flauta.

Assim agora és tu, ouviste o toque da flauta daquela gente, zih! fez logo teu coração, já pensas que é mentira a fala do pajé. Verás logo como tudo sai certo de quanto o pajé disse desta gente."

No dia seguinte antes da madrugada, contam, um moço bonito chegou na cidade, perguntou pelo tuxaua.

Kauuará, pai de Nudá, respondeu: "O tuxaua sou eu, dize o que queres, estou a ouvir-te".

O moço então falou assim: "Eu sou Kusseetá, filho do tuxaua, ele pede de ti que nos deixes passar para montante deste rio.

Nós andamos procurando um lugar bonito para sentarmos a nossa cidade".

Kauará disse: "Diz ainda o nome do teu pai para eu mandar-lhe minha boa palavra."

"Ele é Kukuhy."

"Volta, diz a Kukuhy que eu, Kauará, mando dizer a ele que pode passar quando quiser. Como hoje a Lua faz o rosto grande, diz a ele que venha comer comigo para conversarmos."

Logo o moço voltou levando consigo o coração de Nudá.

Nha ara tenhé osyca Kauará marãmunhangara-etá omaramunha suhi, aetá orure suainhana-etá tuhixaua acanga.

Kauará omaan arama isupi ramé Kukuhi ombau mira omundu mixyra nhaa acanga.

Pytuna irumo osyca Kukuhi, onheẽn Kauará xupé: "Kauará ixé xamaeté nty raen aicué mira ixé renundé kyty koa paraname tymasaua suhi xamuapyka xaiúre xaiku taua ceyia.

Maaiaué ndé reiku iké iandé rumuara kuri ndé".

Kauará opurunguetá koiaué: "Kukuhi, aikue ana mira setá koá paraná apyra kyty, iuasu kuri reuasemo tendaua puranga ne taua arama.

Iasu ana iambaú, Iasy oiku ana suá uasu, oiypyru ana ombaú oiku iuyre. Nty arama iandé kiriri iaiku, rembeú ne iypyrũgaua xambeú arama iuyre se mira xupé".

Kukuhi aramé ombeú koiaué: "Iandé, paá, iaiúre pirá raen paraná uasu amu suaixara suhi iepé mboia iusenue Makará cupé pé.

Maeramé Makará osyka koa paraná type oseare iandé iepé itapeua áripe, ape iatykanga. Iandé Kuseetá tuhixaua-etá arama iaiúre Makará cupepe, Hineeretá iandé uhiuaetá arama ure i marika rupi.

Iaué, paá, iandé iaiypiru."

Aramé ana, paa, Kukuhi omaan mira akanga darapi pipé, opytá sury, onheẽn:

"Kauará, xamaan ndé iuyre rembaú tembiú xambaú tyua uaá".

Ape teẽn ao osuky akanga suhi sesaetá, ombaú sé.

Nesse mesmo dia chegaram de guerrear os guerreiros de Kauará, trazendo a cabeça do tuxaua dos inimigos.

Kauará para ver se era certo que Kukuhy comia gente, mandou assar aquela cabeça.

Com a noite chegou Kukuhy, disse a Kauará: "Kauará, eu pensava que ainda não tinha gente neste rio adiante de mim, desde baixo eu venho assentando porção de aldeias.

Como tu já estás aqui, serás nosso parcial".

Kauará falou assim: "Kukuhy, já tem muita gente a montante deste rio, será custoso achares um lugar bom para a tua aldeia.

Vamos comer, a Lua já está de rosto grande, já está começando também a comer. Para não estar calados, conta teus princípios, para eu também contá-los à minha gente".

Kukuhy então contou assim: "Nós, contam, viemos, ainda peixes, do outro lado do rio grande, nas costas de uma cobra que se chama Makará.

Quando Makará chegou neste rio, nos deixou em cima de uma laje, aí enxugamos. Nós, Kusses, destinados a sermos tuxauas viemos na costa da Makará, os Hineres, destinados a serem nossos vassalos, vieram na sua barriga.

Assim, contam, nós começamos".

Foi então, dizem, que Kukuhy viu no prato a cabeça de gente, ficou alegre e disse:

"Kauará, vejo que tu também comes comida que costumo comer".

Aí mesmo arrancou os olhos da cabeça e comeu gostoso.

Kauará omuanga ombaú mira akanga suhi, i pyá ieperesé omunhan sih! i pira oiypyru oryry iuarusaua resé.

Kukuhi purunguetasaua pyterupe opurandu: "Kauará, maaiaué, taá rupi reiuká koá suu nungara?"

"Kurabi sasy rupi."

"Mame, taá, reuasemo nha sasy?"

"Kaá rupi, mboia iutima paié oiuuka uaa iaiuká arama iandé ruainhana-etá."

Pytuma pyterupe ana, paá, Kukuhi osu i mira pytera kyty ape ombeú maaiaué osasau Kauará irumo.

Amu ara rupi arupé aé osasau Kauará taua, suaindape oseare tuhixaua Kurukuhi omuapyka arama ape iepé taua.

Ntyauá okuau Kukuhi-miri osasau Nudá pire nhaa pytuna i paia ombaú uaá Kauará irumo pukusaua.

Aetá oiumunguetá aramé mendaro arama.

Kukuhi oiupire paraná, maeramé osyka Nubedá yuyterupé ape omuapyca i taua.

Ape ana tenhé, paá, aé oiypyru omukameēn sekusaua puxy.

Muuyre iasy nhunto ana ouatare Iasy omanu arama maerame aé osu omaramunhan Ukaiari mira-etá resé.

Maeramé aé oyure asuhi orure kunhamucu pysasu ceyia, orasu aetá soka kyty, oiké aetá resé.

Musapire iasy riré, paá, nhaa nty uaá opytá ipuruan aé oiupué muxiua omukyrá aetá arama.

Nhaa amuetá, opytá uaá ipuruan, aé omeēn i marãmunhangara-etá xupé remiriku arama.

Iepé pu papasaua ara nhunto ana ouatare Iasy omanu arama opāe Kuseetá

Kauará fingia comer da cabeça, de repente o seu coração fez zih! seu corpo começou a tremer de nojo.

Kukuhy, no meio da conversa, perguntou: "Kauará, de que modo matas esta espécie de caça?"

"De curabi envenenado."

"Onde achas este veneno?"

"No mato, é planta de cobra que o pajé tira para matar os nossos inimigos."

Já no meio da noite, contam, Kukuhy foi para o meio de sua gente, aí contou o que se passou com Kauará.

No outro dia, ele passou a cidade de Kauará, deixou de frente o tuxaua Kurukuhi para aí sentar uma cidade.

Ninguém soube que Kukuhy-miry passou junto de Nudá aquela noite que o pai dele passou toda com Kauará.

Eles então se apalavraram para casarem.

Kukuhy subiu o rio, quando chegou a serra de Nubedá, sentou aí a sua cidade.

Aí mesmo já, dizem, começou a mostrar costumes feios.

Já faltavam alguns tantos meses somente para a Lua morrer quando ele foi guerrear contra as gentes do Caiary (Uaupés).

Quando ele voltou, trouxe moças virgens, porção, as levou para casa, entrou nelas.

Três luas depois, contam, as que não ficaram prenhes ele deu a comer muxiba para engordarem.

Aquelas outras, que ficaram prenhes, ele deu aos seus guerreiros para mulher.

A conta de uma mão de dia somente faltava para morrer a Lua, todos os

oiumuatyre ape ombaú arama Iasy tembiú.

Iepé ara nhunto ouatare, paá, Iasy omanu arama, Kukuhi omupuamo kare ndauaru oiuká Iasy putaua arama.

Maeramé osyka nhaa Karuka Iasy omanu arama nhaa kunhamuku-etá nty opytá uaá ipuruan oiasuka, ariré ure ndauaru ruakê kyty ape Kukuhi oiuká opāe aetá.

Oiumupytuna ramé Kukuhi Nubedá yuytyra ara kyty opāe i tuhixauaetá irumo omaramunhan arama Iasy suainhana-etá.

Upāe Kukuhi uhiuaetá opytá yuytyra rupytá-pe.

Maeramé Iasy ruainhana-etá anga oiypyru osekendau suá Kukuhi i anama-etá irumo oiumu satambyka aé kyty.

Aetá ruyua ouiy, oare Hinere-etá aripe oiuká seyia aetá suhiuara.

Maeramé Iasy ruainhana-etá anga nty ana omupyxuna suá, Kukuhi ouiy yuytyra suhi ure ombaú Iasy tembiú.

Upāe Kusé-etá ombaú aé irumo nhaa kunhamuku-etá kuera suukuera.

Kukuhi, sekusaua rupi, nty oseare Hinere-etá ombaú mira suukuera, teité auá omunhan iaué, ieperesé Kukuhi iouká aé upāe i anama-etá.

Nhaa-etá omanu-ana uaá Iasy manusaua pytuna pukusaua, Kukuhi omundu omuiatyku myra-etá rupi opāe omaan pitua rangaua.

Iaué, paá, Kukuhi ombaú arama kunhamucu pysasu suukuera upāe akaiú.

Iepé ara, musapyre akaiu riré, Kukuhi-miri onheēn i paia supé:

"Pahi, xamendare putare Nudá irumo".

Kusés juntaram-se aí para comer a comida da Lua.

Já faltava somente um dia, dizem, para a Lua morrer, Kukuhy mandou levantar o dabaru para matar o quinhão da Lua.

Quando chegou aquela tarde em que a Lua morre, aquelas moças que não tinham ficado prenhes foram banhar-se, depois vieram para junto do dabaru, aí Kukuhy matou todas elas.

Quando se fez noite, Kukuhy foi para cima da serra do Nubedá com todos os tuxauas para combater os inimigos da Lua.

Todos os vassalos de Kukuhy ficaram no tronco na serra.

Quando a sombra dos inimigos da Lua começava tapando o seu rosto, Kukuhy com os seus parentes começou a flechar para ela.

As flechas deles desciam, caíam em cima dos Hineres, matavam porção dentre eles.

Quando a sombra dos inimigos da Lua não pretejava mais seu rosto, Kukuhy desceu da serra, veio comer a comida da Lua.

Todos os Kusés comeram com ele a carne daquelas moças mortas.

Kukuhy, conforme o costume, não deixava os Hineres comer carne de gente triste; quem tal fizesse, Kukuhy o matava logo com todos os seus parentes.

Aqueles que morriam na noite da morte da Lua, Kukuhy mandava pendurar pelos paus, para todos verem neles a imagem de mofinos.

Assim, dizem, era para Kukuhy comer todos os anos de carne de virgem.

Um dia, três anos depois, Kukuhi pequeno disse a seu pai:

"Pai, eu quero casar com Nudá".

Kukuhi opurandu: "*Rekuau será Nudá omendare putare ndé irumo?*"

Kukuhi-miri osuaixara: "*Xakuau, nhaa pytuna maeramé ndé rembaú Nudá paia irumo, ixé xarecu Nudá se iyuaetá pypé, apeaé onheēn eré ixé arama.*

Xasaan raen se iuru i iuru seēnsaua".

Kukuhi onheēn aramé: "*Iaué ramé uirandé tenhé ndé resu renheēn Kauará supé remendare arama koa Iasy ure uaá osyca ramé.*

Iandé pau kuri iasu iapurasē ne memdaresape".

Maeramé Kukuhi-miri ocyka Kauará tape, Kauará omunha putare uaku ndau-ukuri Kurukuhi xupé.

Maiaué Kukuhi-miri osyca Kauará tape, Kauará omunhan iepé ocapy oka uasu pypé, ape oiumime Iurupary mimby-etá.

Kukuhi-miri omendare riré murasē oiypyru ieperesé opau arama nhunto koa iasy pausape.

Seyia ana ara-etá opurasē opurasē maeramé yuytu ayua uasu ure omuare nhaa okapy mamé oiko Iurupary mimby-etá.

Upāe kunhā-etá, oiku uaá, omaan nhaa mimby-etá, aresé Kukuhi oiuká kare ieperesé aetá opāe.

Kauará nty oiuká putare kunhā-etá, oiauiau aetá irumo kaá kyty, Kukuhi opitá suainhana, omaramunhā resé.

Kauará oiauau kunhā-etá irumo Teiú yuytyra rupytá rupi, ape omunhā iepé nduiamene oiupysyru Kukuhi resé.

Kukuhi osu yuytyra anga rupi, opysyka Kauará upāe kunhā-etá irumo, oiuká cunhā-etá, orasu i taua kyty Kauará.

Kukuhi perguntou: "Sabes se Nudá quer casar contigo?"

Kukuhy pequeno respondeu: "Sei, naquela noite em que tu comeste com o pai de Nudá, eu tinha Nudá nos meus braços, aí ela disse que sim para mim.

Sinto ainda nos meus lábios a doçura dos seus lábios".

Kukuhy disse então: "Se assim é, amanhã mesmo tu vais falar com Kauará para te casares quando chegar esta lua que vem.

Nós todos iremos dançar no teu casamento".

Quando Kukuhy pequeno chegou na cidade de Kauará, Kauará estava para fazer dabucuri para Kurukuhi.

Quando Kukuhy pequeno chegou na cidade de Kauará, Kauará fez um quarto dentro da casa grande, aí escondeu os instrumentos do Jurupary.

Kukuhy pequeno, depois de casar, começou logo a festa para acabar no fim daquela lua.

Já porção de dias eles dançavam quando uma trovoada grande veio derrubar o quarto em que estavam os instrumentos do Jurupary.

Todas as mulheres que estavam, viram aqueles instrumentos, pelo que Kukuhy mandou logo matar todas elas.

Kauará não quis matar as mulheres, fugiu com elas para o mato, Kukuhy ficou seu inimigo, brigou com ele.

Kauará fugiu com as mulheres para o tronco da serra do Teiú, aí fez uma fortaleza para se defender de Kukuhy.

Kukuhy foi pela sombra da serra, agarrou Kauará com todas as mulheres, matou as mulheres, levou consigo Kauará.

Kauará kuyre Kukuhi tape omaen upāe maá aé omunhā uaá.

Aé oreku supisape sekusaua puxy.

Maeramé aé nty oreku kunhan membyra-yma amu mira-etá-uara ombaú arama Iasy putaua aé oiuká semi-reku-etá suhi-uara, maresé iané secusaua.

Iepé hy Kukuhi nty oreku Iasy putaua, omundu i mira omaramunhā Uerikena, Kueuana etá resé asuhi orure arama aé.

Musapyre iasy riré, paá, i mira osyca, orure kunhāmuku cetá, ae omunhan ieperesé aetá irumo maa omunhan tyna uaá amuetá xupé.

Iepé hy ntyauá okuau maiaué ndauaru oiauy iepé kunhāmuku, ieperesé Kukuhi i anama-etá irumo orasu nha kunhāmuku oka kyty, maeresé ae oreku Iasy tuhy.

Nhaa ara senundé kyty upāe maá aé oputare uaá Kukuhi omunhān ieperesé, maeresé aé oreku i pirupé Iasy tuhy, koá maracambara irumo aé omuayua kuau aé xupé.

Pupunha Iasy puasape Taria-etá, paá, onheēn kare Kukuhi xupé aetá ombaú putare iumixyra i acanga.

Amu Iasy iypyrungapé aetá osyca arama i tapé.

Kukuhi osaan puxy i piá, opurandu Kauará xupé: "Kauará, ndé ramé kuyre ixé, maá taá maá remunhan Taria-etá xupé?"

Kauará osuaixara: "Ixé xaiupirū ieperesé xambaú muxiua xaiumukyra arama aetá renundé".

Reruiare ndé upāe ne miraetá irumo nty repytasuka Taria-etá sasysaua renundé.

Agora Kauará, na terra de Kukuhy, via tudo que ele fazia.

Ele tinha de verdade costumes feios.

Quando ele não tinha moças sem filhos de outras nações para comer comida da Lua, ele a tirava dentre as suas mulheres, porque assim era a Lei.

Uma vez Kukuhy não tinha quinhão da Lua, mandou sua gente guerrear contra os Uarikenas e os Kueuanas, para de aí trazê-lo.

Três luas depois, contam, a sua gente chegou, trouxe moça porção, ele fez imediatamente a elas o que costumava fazer às outras.

Uma vez, ninguém sabe como, o dabaru errou uma moça, logo Kukuhy com os seus parentes levaram a moça para a casa, porque ela tinha sangue da Lua.

Daquele dia em diante, tudo que essa moça queria Kukuhy fazia logo, porque ela tinha no corpo o sangue da Lua, feitiço com o qual ela podia fazer mal a ele.

No fim da lua das pupunhas, os Tarianas, dizem, mandaram dizer a Kukuhy que eles queriam comer a sua testa assada.

No começo da outra lua, era para chegarem na terra dele.

Kukuhy sentiu logo feio o seu coração, perguntou a Kauará: "Kauará, se tu agora fosses eu, o que tu farias para os Tarianas?"

Kauará respondeu: "Eu começava logo a comer muxiba para engordar adiante deles".

Acredita que tu com toda tua gente não podes suportar o ímpeto dos Tarianas.

Aetá uyua oreku uirari, aetá oiapy kuau itá, aetá nhunto nty oiuká auá aetá nty oiuká putare.

Ndé reiuaky aetá suaiara-etá, kuyre resaaru remaan arama maaiaué ipuranga iepé iupykasaua.

Amu ara ramé Kukuhi oiypyru opycue i taua sembyua rupi.

Kauará opuká ara pocusaua Kukuhi suhi, maeresé kuyre Kukuhi nty omaenduare ombaú resé mira suukuera, omunhan nduaimene oiumime arama i akanga.

Iasy pyasasu irumo Taria-etá osyka Kukuhi taua ygarapape, ieperesé mira osendu pito omumbeú maramunhangaua.

Kukuhi osuaiti aetá suyua-etá irumo, Taria-etá oiuká osu oiku iepé iepé i marã-munhangara-etá.

Pytuna pytéripe Kukuhi oiauau semireku-etá irumo tymasaua kyty osu opytá amu i tape, mamé tuhixaua Kurukuhi.

Ape Kukuhi omundu i taiyra uaimisaua oiusenue uá Adana, iepé kapuamo kyty, ape osaaru Taria-etá omunhan arama pusanga ayua kaxiri aetá renundé-uara pypé.

Musapyre ara riré Taria-etá osyka Kauará taua-kuerupé, asuhi, paá, omaan mira, mira Kurukuhy tape.

Adana ieperesé oiypyru i kaapuamo suhi onheēngare koiaué:
Peiure iké, mira puranga,
peú se kaxiri,
aé seēn irá iaué,
kapi iaué omuaku.
Peiure-ana xaiku nhuera.
Ixé Adana Nubedauara,
Kukuhi rayra,
se paia omanu kuesé.

As flechas deles têm uirary, sabem atirar de pedra, só não matam quando não querem matar.

Tu buliste com seus cunhados, agora espera para ver como é bonita uma vingança.

No outro dia Kukuhy começou cavando pela beira da cidade.

Kauará ria o dia todo de Kukuhy, porque agora Kukuhy não se lembrava de comer carne de gente, fazia valas para esconder a sua cabeça.

Com a lua, nova os Tarianas chegaram no porto da cidade de Kukuhy, logo a gente ouviu o tambor dar aviso da batalha.

Kukuhy os encontrou com suas flechas, os Tarianas foram matando um por um os guerreiros dele.

No meio da noite Kukuhy fugiu com suas mulheres águas abaixo, foi ficar em outra cidade dele onde Kurukuhi era tuxaua.

Aí Kukuhy mandou sua filha mais velha, que se chamava Adana, para uma ilha esperar os Tarianas, para aí fazer puçanga feia no caxiri adiante (da chegada) deles.

Três dias depois, os Tarianas chegavam às ruinas da cidade de Kauará, de aí, dizem, viram gente na cidade de Kurukuhy.

Adana logo começou da sua ilha a cantar desta forma:
Vinde cá, gente bonita,
bebeis meu caxiri,
ele é doce como mel,
como capy embebeda.
Venham já, estou sozinha.
Eu sou Adana de Nubedá,
filha de Kukuhy,
meu pai morreu ontem.

Peiure peú ixé irumo,
ixé cunhamucu mena-yma
Kurukuhi ruainhana,
aé, ipu, uirandé
oiuká kare ixé.
Peiure ana,
peiure ana peú se caxiri,
aé seẽn irá iaué,
kapi iaué omukaú.

Kari, Taria marãmunhangara-etá akanga oiku uaá Adana kapuamo suaindape opuká-puká, paá, i nheẽngaresaua resé.

Iepé itayra, oiku uaá suake, opurandu: "Se paia, iandé sekusaua omundu iandé iamaan teité kunhã-etá xupé, maarecé taá nty iasu iaiuuka nhaa puriasuera?"

I paia osuaixara: "Ndé tayna reté raen, remaan upãe puranga, nty remaeté puxy maanungara resé, aresé reiuiare kuyre isupi maá nhaa cunhã onheẽn uaá oiku.

I nheẽngaresaua uaraúna, i kaapuamupe oiku manusaua auá osu akyty arama".

Koema piranga irumo Taria-etá oiku Kurukuhi taua pypé, oiuká mira.

Maeramé Kuarasy osyka iuaka pyterupe nty uana auá osekué nhaa taua pypé.

Kukuhi oiauau iepé ygarapé Kurukuhi taua kupeuara rupi, osu omunhãn iepé nduaimene osuaiti arama Taria-etá.

Kuyre isupi! Adana i kaapuamupé nty uana onheẽngare puranga, aé kuyre oiaxiú kyrymbau mira osendu suhi catu iuakupé.

Amu ara Taria-etá oiuyre aetá retama kyty, orasu Adana aetá irumo.

Mukuẽ iasy riré, paá, Kukuhi osyca i tape semirikuyma, rayrayma.

Vinde beber comigo,
eu sou moça solteira,
inimiga de Kurukuhy,
ele, talvez, amanhã
mande matar a mim.
Venham já,
venham já beber meu caxiri
ele é doce como mel,
como capy embebeda.

Kari, chefe dos guerreiros Tarianas que estava defronte da ilha de Adana, ria-se, dizem, da cantiga dela.

Um seu filho, que estava a seu lado, perguntou: "Meu pai, os nossos costumes mandam nós olharmos com dó para as mulheres, por que não vamos tirar aquela pobrezinha?"

O pai respondeu: "Tu és ainda muito novo, vês tudo bonito, não pensas feio de nada, por isso acreditas agora que é certo o que aquela mulher está dizendo.

A sua cantiga é agouro, na sua ilha está a morte para quem lá vai".

Com a madrugada, os Tarianas estavam dentro da cidade de Kurukuhy matando gente.

Quando o sol chegava no meio do céu, já ninguém mais vivia naquela cidade.

Kukuhy fugiu por um igarapé nos fundos da cidade de Kurukuhy, onde foi fazer uma vala para enfrentar os Tarianas.

Agora sim! Adana na sua ilha já não cantava mais bonito, agora chorava forte, da gente ouvi-la bem no céu.

No outro dia, os Tarianas voltavam à sua terra, levavam consigo Adana.

Dois meses depois, contam, Kukuhy chegou à sua cidade sem mulher e sem filha.

Kauará opurandu aramé aé xupé: "Kukuhi, mamé, taá, researe ne remireku-etá, mamé, taá, opitã ne rayra Adana, rereku uaá Kuarasy remireku arama?"

Kukuhi, paá, osuaixara: "Se remireku-etá omanu ana maramunhangaua pukusapé, Adana Taria-etá orasu".

Kauará, paá, onheẽn: "Kukuhi ixé xamaan ipuxy ndé reiaxiu kuyre.

"Nty ana remaanduare será maiaué resé repuká sé nhaa kunhã-etá renundé, maeramé aetá oiurureu nty arama reiuká aetá?"

"Mami, taá, oiku aramé koá sesá iykyseyetá osemo uaá kuyre ne resá suhi?"

"Nty remaandoara, será, maeramé resé reiuká se rayra Nudá?

"Se sesá suhi nty osemo, taá, sesa iykysy?"

Kauará opuamo oyumu Kukuhi iyua pé.

Kukuhi onhana taua kyty, Kauará ouiy paranã.

Iepé iasy riré Kukuhi, paá, omanu Kauará uyua resé pereua seyia irumo.

Kauará perguntou então para ele: "Kukuhy, onde, diz, deixaste tuas mulheres, onde, diz, ficou tua filha Adana, que destinavas para mulher do Sol?"

Kukuhy, dizem, respondeu: "Minhas mulheres morreram durante a batalha, os Tarianas carregaram Adana".

Kauará, contam, disse: "Kukuhy, eu acho feio tu chorares agora.

"Já não te lembras, talvez, como rias gostoso perante aquelas mulheres quando elas pediam para não as matares?

"Aonde, diz, estavam estas lágrimas que agora saem de teus olhos?"

"Não lembras, talvez, quando mataste minha filha Nudá?

"Dos meus olhos não saíram, diz, lágrimas?"

Kauará levantou-se, flechou Kukuhy no braço.

Kukuhy fugiu para a cidade, Kauará desceu o rio.

Um mês depois, Kukuhy, dizem, morreu da flecha de Kauará, cheio de chagas.

PORONOMINARE
Lenda Baré – inédita

Iepé ara, paá, Cauará tuiué osó opinaitica Mbumuri caxiuera inti ombeú ocopé makiti osó.

Ara opau putare ana, aé inti rain ocyca, i tayra arecé iuacanhemo onheẽn:

"Mamé oicô, será, paíca? Inti-auá ocuau makiti aé osô, xasô xacicare aé paranã rembyua rupi".

Ieperecé, paá, aé osô, inti iuíre ombeú auá xupé makiti osô.

Mairamé aé oicô ana paranã rembyua opé, Iacy ocemo uarici iuaca opé.

Irusanga cendi, cesacanga ara iaué.

Aramé ana, paá, aé oiuapica yuy pé, omaãn satambica i supé, aé pitera suí omaãn ocemo iepé anga.

Cuá anga oueíy ure oicô yuy kiti.

Ape ana tenhẽ, paá, tepocy uasu omukyre aé.

Mairamé aé opaca coema eté, Iacy oiucanhemo ana amu iuaca suaixara opé, ipiranga cuíre cendi.

Oxiú putare maarecé sacysara i piá oicô.

I paia, paá, ocyca oca opé pysaié, ocicare aé, intí osuaiti, ieperecé i piá omunhan – tiké!

Maiaué aé paié, osaãn ieperecé omaãn arama mamé oicô taíra.

Oiucuau nhunto i supé arama anga cefia oiumuapatuca opãnhe uá.

Um dia, contam, o velho Cauará foi pescar na cachoeira do Buburi e não disse em casa para onde ia.

O dia já queria acabar, ele ainda não tinha chegado, sua filha, então, espantada, disse:

"Aonde estará paizinho? Ninguém sabe aonde ele foi, vou procurá-lo pela beira do rio".

Logo, contam, ela foi, também não disse a ninguém para onde foi.

Quando ela já estava na margem do rio, a Lua saiu faceira no céu.

Fria luzia, clara como o dia.

Quando, dizem, já ela se sentava, olhou direito para ela, viu sair do meio dela um vulto.

Aquele vulto foi vindo descendo para a terra.

Aí já mesmo, dizem, um sono grande a fez dormir.

Quando ela acordou de manhã cedo, a Lua já se perdia do outro lado do céu, vermelha, agora resplendia.

Quis chorar porque o seu coração ficou triste.

Seu pai, dizem, quando chegou em casa, à meia-noite, a procurou, não a encontrou e seu coração fez – tiké!

Porque ele era pajé, logo sondou para ver onde estava sua filha.

Aparecia-lhe só porção de sombras que se atropelavam todas.

Aé ocetuna catu paricá, omundica amu pytyma, osaān iuíre.

Cuíre oiucuau i supé arama iepé apyaua anga oiupire uaá yuy suí iuaca kiti.

Aé picica putare i anga, ápe ana tenhē, paá, ocikindau cesá-etá okyre.

Mairamé opaca, paá, omaān iacuayma opanhe rupi, ariré onheēn:

"Makiti osô será ce raíra?

"Ixé xasaān, xamaān arama mamé aé oicô, anga cetá oiumupatuca ce anga renundé.

"Tenupá, xasuaiti curi aé iké, inti curi ramé iké iuaca opé curi."

Nhaá ara suíuára, paá, opanhe ara Cauará ocicare i taíra i paiesaua rupi.

I taíra, paá, oueiy osô oicô paranã coema eté.

Nhaá ara aé opitá iepé yuytera arupé Iacy ocemo puranga pire i supé arama, cuíre i cendy opuracy cesá opé.

Maaiaué aé maraare oicô, paá, okyre ieperecé.

Pysaié ramé okyrupe omembyrári iepé taína apyaua opanhe maá iara.

I pira cesacanga, ara anga oiucuau cecé iepé suaixara suí amu kiti.

Mairamé opaca, paá, ara piranga ana ure oicô, y omutiapu.

Aé omaān, paá, opanhe kiti ocuau y oiumunhan oicô, aé tenhē osô putare ana y pype.

Tomasaua kiti omaan iepé capoama, akiti oytá.

Mairamé ocyca putare cecé iepé pirá osuu i marica, oiuuca aé suí maá nungara.

Ele cheirou bem o paricá, acendeu outro cigarro, voltou a sondar.

Agora apareceu-lhe uma sombra de homem subindo da terra para o céu.

Ele quis pegar a sombra, já aí mesmo, dizem, fechou os olhos e adormeceu.

Quando acordou, dizem, olhou, tolo, por todos os lados, depois disse:

"Onde terá ido minha filha?"

"Eu sondo, para ver aonde ela está, sombras porção se atropelam na minha imaginação."

"Deixa, hei de encontrá-la aqui, se não for aqui, será no céu."

Desde aquele dia, dizem, todos os dias Cauará procurava sua filha com a sua pajeçagem.

Sua filha, contam, foi descendo o rio de madrugada.

Naquele dia ela ficou em cima de uma serra, a Lua saiu mais bonita para ela, agora a sua luz dançava nos olhos.

Porque ela estava cansada, dizem, dormiu logo.

Quando foi meia-noite, sonhou que paria um menino macho, dono de todas as coisas.

O seu corpo era transparente, a sombra do dia nele aparecia de um para outro lado.

Quando acordou, dizem, já vinha vermelho o dia, a água fazia barulho.

Ela olhou, dizem, por todos os lados, conheceu que a água estava crescendo, ela mesma já estava para ir para o fundo.

Vendo rio abaixo uma ilha, para lá nadou.

Quando estava para chegar, um peixe mordeu a sua barriga, tirou dela alguma cousa.

Yuy-pe ana, paá, aé osaãn i marica iusuruca, omundéu i pô ipype, inti osuaiti maá nungara.

Maaiaué y oiumunhan osô oicô capuama oiapúmi osô oicô iuíre, aé oiupire putare iepé yua recé, inti ocuau.

Aramé ana, paá, iepé caripira ure oaupyca suake iepé yua recé, aé onheẽn i supé:

"Caripira, remaãn ce puriasuerasaua, rerasô ixé indé irumo cuá yua-etá ara kiti".

Caripíra, paá, osuaixara: "Eré, xasô xameẽn indé arama iepé pusanga, aé irumo rekytyca ne pira, semirera remucuna".

Iaué, paá, aé omunhan, mairamé omucuna Caripira pusanga oiuiereo uaríua, ieperecé oiupire yua-etá ara kiti.

I paia omaãn ana i taíra membyra oicô yuy-pe.

Aé oiucuacu, osaãn iepé osuaĩti arama cemiareru.

Iepé ara, paá, omaãn, i anga rupi, iepé mira uirá acanga irumo, mutinga aé amaniu iaué.

I piá omunguetá ieperecé aé osô nhaá ara caá kiti ocicare cemiareru.

Coaiaué, paá, aé omunhan, ara piranga ana ure oicô mairamé aé opicica sueyua-etá osô caá kiti.

Opanhe soó aé osuaĩti uaá osô oicô pé rupi omaité cemiareru.

Iepé yarapé rembyua opé ana, paá, osuaĩti nhaá mira orecô uirá acanga.

Aé onheẽngare uacaco iaué, omaãn satambyca coaracy kiti.

Tuiué, samunha, ocyca suake oxiare sueyua-etá, onheẽn: "Cemiareri, ixé iu-

Já em terra, dizem, ela sentiu a sua barriga rasgada, meteu dentro a sua mão, não encontrou nada.

Porque a água estava continuando a crescer e a ilha estava para ir no fundo, ela quis trepar em cima de uma árvore, não pôde.

Já então, dizem, um caripira veio sentar-se perto sobre uma árvore próxima, ela disse para ele:

"Caripira, olha a minha miséria, leva-me contigo por cima destas árvores".

O Caripira, dizem, respondeu: "Está bom, vou dar-te feitiço, com ele esfrega o teu corpo, engole o que sobrar".

Assim, dizem, ela fez, quando engoliu o feitiço do Caripira virou-se em guariba, logo começou a trepar em cima das árvores.

Seu pai já tinha visto que o filho de sua filha estava na terra.

Ele jejuava, sondava para encontrar seu neto.

Um dia, contam, viu pela sua sombra uma gente com cabeça de pássaro, branco como algodão.

O seu coração lhe disse logo de ir naquele dia para o mato procurar seu neto.

Assim, contam, ele fez, o dia já vinha vermelhando quando ele pegou em suas flechas e foi para o mato.

Todo o animal que vinha encontrando pelo caminho pensava fosse seu neto.

Já na margem de um igarapé, contam, encontrou aquela gente que tinha cabeça de pássaro.

Ela cantava como bacaco, olhava direito para o sol.

O velho avô chegou perto, deixou as flechas, disse: "Meu neto, eu estou famin-

macy xaicô, cusucúi ce myrapara, ce rueyua, resó recaamendi iandé iambaú arama".

Aé, paá, onheēn cuá iaué nhunto, ariré oiuyre pé ure uaá rupi.

Mairamé ocyca apecatu xinga opitá, onheēn: "Taucó ce temiareru tenhē nhaá, xasó xamaān aé supi'teēn será".

Ape ana teēn, paá, oiuiereo teiú, oiuyre pé rupi.

Mairamé mira orecô uaá uirá acanga oxipiá teiú osasau suake oiuiereo mira eté, omuantá myrapara, oiumi teiú recé i acanga opé catu.

Teiú onhana oxiare ueyua ape tenhē, mairamé ocyca apecatu oieréu iuíre mira arama, onheēn:

"Aé cemiareru teēn, mirī nhunto oiucá ixé".

Tuiué remiareru, paá, oiucá osó oicô maá osuaiti senundé.

Pituna irumo ana aé ocyca tuiué pire, orure soó ceíia onheēn:

"Ce ramunha cusucúi ce remiara, ne ueyua-etá catu oiauau nhunto ixé suí iepé teié, marecé ueyua ocemo i pira suí".

Ieperecé tuiué, paá, omimoī sembiara ariré onheēn: "Ce remiareru, iasô iambaú, ixé maraare xaicô, xakyre putare ana".

Aetá oiupiru ombaú oicô, armé ana curumī-uasu omaān peréua turusu samunha acanga opé, opurandu:

"Maa, taá, coité omunhān cuá peréua ne acanga opé?"

Aé osuaixara: "Iepé ndarinári otucá uaá ixé recé. Coaracy osapy i cesá, cuire ouatá teinhunto".

to, eis aqui meu arco, minhas flechas, vá caçar para nós comermos".

Ele, contam, disse tão somente assim, depois voltou pelo caminho por onde veio.

Quando chegou um pouco longe, parou dizendo: "Quem sabe se este é mesmo meu neto, vou ver se é verdadeiramente ele".

Aí mesmo, contam, virou teiú, voltou pelo caminho.

Quando a gente que tinha cabeça de pássaro enxergou o teiú passar perto, virou-se em verdadeira gente, entesou o arco e flechou o teiú bem na cabeça.

O teiú fugiu, deixando aí mesmo a flecha; quando chegou longe, virou-se outra vez gente, disse:

"É mesmo meu neto, por pouco que não me mata".

O neto do velho, contam, foi matando o que encontrou diante de si.

Já com a noite, chegou ao pé do velho, trazia porção de caça, disse:

"Meu avô, eis aqui a minha caça, as tuas flechas são boas, fugiu de mim somente um teiú, porque a flecha lhe saiu de corpo."

Logo o velho, contam, ferveu a caça, depois disse: "Meu neto, vamos comer, eu estou cansado, quero dormir".

Eles estavam começando a comer quando já o moço, vendo a ferida grande da cabeça do avô, perguntou:

"O que, diz, fez então esta ferida na tua cabeça?"

Ele respondeu: 'Uma cigarra que bateu contra mim. O sol lhe queimou os olhos, agora vá atoa".

Mairamé ombaú pau curumi-uasu ocemo ocara kiti oiumbué oiumu catu, tuiué oiké ocapy kiti osaān arama.

Nhaá pituna opanhe oiucuau puranga i anga opé.

Aé omaān i taíra uariua ana capuama kiti, omané putare ana iumasype.

Coema-oté ana, paá, aé onheēn cemiareru supé: "Ce remiareru, iasô ana iapicyrun y-etá suí soó cetá osé putare uaá y pype".

Ieperecé, paá, aetá oiurare yara pype, oueiy paranā.

Mairamé ocyca capuama y oicô ana yua pytera kiti.

Uariua, tuiué raíra, angaí-uara oicô, i can-uera-etá oiucuau.

Aitá opicyca putare aé, aé opure amu yua kiti.

Iaué aitá ouatá sacakyra, tuiué maraare ana oicô, onheēn:

"Cuá uariua inti oxiare iandé iacyca cecé, xasó xaiapi aé iepé itá-pe, indé resuaītí aé ne iyuaetá pype inti arama aé otucá yara recé".

Iaué, paá, aitá omunhān.

Curumi-uaso osó opitá uaríua uirepe, tuiué oiapi aé recé iepé itá.

Mairamé aé oari ure oicô oiupirare panacarica iaué, oiumime curumi-uasu, ape ana teēn oiuioréu mira.

Tuiué oueyí curutē, mairamé ocyca yara pype osuaītí ana mira i raíra, i marica turusu ana, ipype oicô ana i membyra.

Ieperecé tuiué oiapucui oca kiti, mairamé ocyca yarapape onheēn i xupé: "Ce raíra iasó ana soca kiti, aicué ape tembiú rembaú arama".

Quando acabaram de comer, o moço saiu no terreiro para aprender a flechar, o velho ficou em casa para sondar.

Nesta noite, tudo aparecia bonito na sua imaginação.

Ele viu sua filha, já guariba, na ilha, querendo morrer de fome.

Já de madrugada, dizem, ele disse para o neto: "Meu neto, vamos já livrar das águas uma porção de bichos que estão para ir ao fundo".

Logo, contam, eles embarcaram na canoa e desceram o rio.

Quando chegaram à ilha, a água estava já à meia árvore.

A guariba, filha do velho, estava magra, seus ossos apareciam.

Eles querem pegá-la, ela pula em outra árvore.

Assim, depois de eles terem ido atrás, o velho, já estando cansado, disse:

"Esta guariba não nos deixa chegar nela, vou jogar nela uma pedra, tu recebe-a nos teus braços, para ela não se bater contra a canoa.

Assim, contam, eles fizeram.

O moço foi ficar embaixo da guariba, o velho atirou nela uma pedra.

Quando ela vinha caindo, se foi abrindo como tolda, escondeu o moço, aí já mesmo virou-se em gente.

O velho desceu logo; quando chegou na canoa, encontrou, já gente, sua filha, a barriga dela já era grande, estava já dentro dela seu filho.

Logo o Velho remou para casa, quando chegou no porto disse para ela: "Minha filha, vamos já para casa, tem lá comida para tu comeres".

Mairamé cunhãmucu ombaú pau, tepocy uasu oiupicyca cecé, opaca nhunto amu ara coaracy-pé, onheẽn:

"*Paíca, xakérepi ceíia maá puranga, ipuranga aetá tenhe, xasó xambeú aetá indé arama*".

"*Xakérepi cuá ce membyra, oicô uaá ixé pype, xamembyrare aé iepé yuytera uasu aripe.*"

"*I pira cesacanga, i aua pixuna, aé opurunguetá uri oicô.*

"*Mairamé xamembyrári aé soó-etá úri suake kiti omury aé.*

"*Oiumupituna, ce membyra iumacy oicô, ce cambyetá oicô ticanga aé oxiú.*

"*Aramé ana iepé uainamby ceíia, amu panapaná ceíia irumo orure iurú-pé putyra ira, omeẽn i xupé.*

"*Ieperecé aé okiriri, suá omusury, soó-etá ocereo aé surysaua recé.*

"*Nairecé ixé maraare xaicô iepé xaienô ce membyra ruake, xakíri ana.*

"*Mairamé xapaca amu arupé, ce membyra oicô apecatu ixé suí iepé ueyua pucusaua.*

"*Xasó putári suake kiti, soó-etá inty oxiári ixé xasasau, xasacemo ce membyra recé.*

"*Ape ana tenhẽ xamaãn panapaná ceíia osupire aé yuaté opé, oure ixé kiti.*

"*Mairamé aitá ocyca ixé ruake xapicyca cecé, ixé árepe panapaná-etá oiapyca.*

"*Ape ana soó-etá omamana ixé, opuamo iuiare ixé recé ocereú arama aé.*

"*Ixé suirõn xasaãn ce membyra recé, xasupire aé ce acanga iuaté-sape, soó-etá pucesaua omuári ixé, ce membyra iaticu opitá panapaná-etá pepu pé.*

Quando a moça acabou de comer, um grande sono a pegou, somente acordou o outro dia com o sol, disse:

"Paizinho, sonhei muitas coisas bonitas, bonitas são elas mesmo, vou contar elas para ti.

"Sonhei este meu filho, que está em mim, eu o pari em cima de uma grande serra.

"O seu corpo era transparente, seu cabelo preto, ele vinha falando.

"Quando eu o paria, os animais vinham perto alegrá-lo.

"Se fez a noite, meu filho estava com fome, minhas mamas estavam secas, ele chorava.

"Então bandos de beija-flores e bandos de borboletas trouxeram nos lábios mel de flores e o deram a ele.

"Logo ele calou-se, seu rosto se fez alegre, os animais o lambiam de alegria.

"Como eu estava cansada, logo deitei meu filho perto, adormeci.

"Quando acordei no outro dia, meu filho estava longe de mim o comprimento de uma flecha.

"Quero ir perto, os animais não deixam eu passar, eu grito para meu filho.

"Já aí mesmo vi um bando de borboletas suspendê-lo em alto, virem para mim.

"Quando ele chega perto de mim, eu o pego, sobre mim pousam as borboletas.

"Aí, já os animais me circundaram, puseram-se em pé encostados em mim.

"Eu senti ciúme de meu filho, o levantei acima da minha cabeça, dos animais, o peso me fez cair, meu filho ficou suspenso nas asas das borboletas.

"Iké xapaca, xamaité raĩn ce kérepi, xamaãn opanhe rupi xacicári arama ce membyra."

"Ariré ana oiucataca ixé pypé, aramé xamendoári pau."

Tuiué ocendu kiriri uasu pyterepe i taíra kérepe, onheẽn pausape: "Ipuranga tenhẽ ne kérepe, ce taíra.

"Inti remenduári, será, yuytera mamé reicô ua recé?"

Aé osuaixara: "Intimaã, paíca, maá nhunto xacuau yuytera py oiumunhãn iepé paranã rembyua".

Tuiué ocendu riré i taíra kérepe osó osaãn i paiesáua rupi.

Aé omaãn nhaã cemiareru, oicô uá raĩn i taíra pypé yuy iara. Nhaã pituna omembyrári arama aé.

Osaãn riré, tuiué oiuíre oca kiti; pituna oiumimi yuy; tepocy uasu oiupicyca cecé; aé okíri.

Pituna pytera rupi, paá, opanhe soó yuyuara opaca sury, aitá surysape onheẽngári puranga.

Tiapu iuytu iaué, mira ocendu iuaca rupi.

Aé, paá, uirá-etá ocycare ouatá oicô nhaã ocemo uá.

Coema eté ana, paá, tuiué opaca iuacuayma ocendu recé teapu uasu, opurandu soó-etá supé.

"Maá, taá, coité oiusasau iandé pytera opé?"

Upanhe osuaixara: "Aicué oari Poronaminári yuy iara, iuaca iara".

"Mamé, taá?"

"Iacami yuytera áripe."

"Aqui acordei, pensava ainda meu sonho (sonhar), olhei para todos os lados para procurar meu filho.

"Já depois buliu dentro de mim, então me lembrei de tudo."

O velho ouviu no meio de um grande silêncio o sonho da filha, disse no fim: "É mesmo bonito teu sonho, minha filha.

"Não te lembras, será, aonde está a serra onde estiveste?"

Ela respondeu: "Não, paizinho, só o que sei é que o pé da serra começa na margem de um rio".

O velho, depois de ter ouvido o sonho da filha, foi sondar pela sua pajeçagem.

Ele viu que aquele seu neto, que estava ainda dentro de sua filha, era o dono de terra. Esta noite era para pari-lo.

Depois do sondar, o velho voltou à casa; a noite escondeu a terra; um sono grande agarrou-se nele; dormiu.

No meio da noite, contam, todos os animais da terra acordaram alegres, na sua alegria cantavam bonito.

Barulho, como de vento, a gente ouvia do céu.

Ele era, contam, os pássaros que estavam andando à procura de quem tinha nascido.

Já de madrugada, contam, o velho acordou espantado por ouvir barulho grande, perguntou aos animais:

"O que então se passou no meio de vocês?"

Todos responderam: "Eis nascido Poronaminári, dono da terra, dono do céu."

"Onde pois?"

"Na serra do Jacamim."

Ieperecé tuiué osó iacami yuytera kiti, mairamé aé ocyca rupitá opé inti oiupire cuau, marecé soó ceíia oicô iuíre arupi.

Aé, paá, oiuieréu iacuruaru oiupire.
Poronaminári oiuapica oicô yuytera sacapira opé, iepé carauatana i pó'pé.
Aé omusanga oicô yuy, omucameën soó iaué supé sendaua.
Iaué, paá, oiumupituna, mairamé amu ara oiucuau upanhe kiriri oicô Iacami yuytera opé, aé nhũ iepé iacuruaru uasu sangaua iuiári oicô itá recé.
Apecatu, makiti coaracy oienôe mira ocendu Poronaminári manha nheënga-risaua.
Aé, paá, nheëngári uaá, panapaná-etá osupire oicô aé iuaca rupitá kiti pucusaua.

Logo o velho foi para a serra do Jacamim; quando lhe chegou ao pé, não pôde subir porque tinha porção de animais também lá.

Ele, dizem, virou jacuruaru, subiu.

Poronaminári estava sentado no cume da serra, com uma zarabatana na sua mão.

Ele estava dividindo a terra, mostrava a cada animal o seu lugar.

Assim, contam, veio a noite, quando o outro dia apareceu, tudo estava calado na serra do Jacami, somente a figura de um jacuruaru grande estava na pedra.

Longe, para o lado onde e sol se deita a gente ouvia a cantiga da mãe de Poronaminári.

Era ela, dizem, que cantava enquanto as borboletas a estavam levando pelo tronco do céu.

EREN
Lenda Cubeo

Cociyma, paá, Uayu, Iurupary irumuara cuera uaá, oyapire Cunuiary omuatire mira uacemo ana uaá pé rupi.

Cuá mira irumo omunhān iepé taua Omunkeráncu árepe, a suí osó ombeú Iurupary cicu amu taua-etá mira supé.

Uayú maramunhangara-etá ocicári-ana opanhe rendaua rupi mira inti opuusu putare Iurupary cicu omaramunha aé irumo arama.

Opanhe mira opicicana Iurupary cicu, maramunhangara-etá omuncaturu cuau nhunto i uéyua-etá.

Omunkeráncu mira pitérupe aicué, paá, iepé cunhān apyaua ieuíre ocenoi uaá Bocintinhori.

Bocintinhori ombyrare taína cunhā etá, puaranga iacy tatá iuacapora iaué, omupuruā iuere cunhā-etá ombyrare nhunto taína apyaua, ipuranga Coaracy iaué.

Iepé ara, paá, Uayú oiumuaricy putare Eren irumo, Bocintinhori membyra, Uayú raíre tenhen.

Eren inti omunhān putare i paia piá, oiauau, inti-auá ocuau makiti catu.

Uayú opitá piá ayua, ocenoicári maramunhangara-etá omundu ocicáre Eren arama, onheēn: "Iepé iacy xa meēn pe supé perure Eren cicué".

Eren oiauau paranā yapira kiti. Mairamé ocica Cunuiary racapira kiti ocendu

Antigamente, contam, Uaiú, que foi companheiro de Jurupari, subiu o Cuduiari juntando a gente que encontrava ao longo do caminho.

Com esta gente, fundou uma povoação na serra do Japó, de lá foi ensinando a lei de Jurupari à gente das outras povoações.

Os guerreiros de Uaiú procuravam em todos os lugares gente que não quisesse observar a lei de Jurupari para brigar com ela.

Toda a gente aceitava logo as leis de Jurupari, os guerreiros só tinham que guardar suas flechas.

Entre a gente da serra de Japó havia, dizem, uma mulher-homem, cujo nome era Acutipuru.

Acutipuru paria crianças fêmeas, bonitas como as estrelas do céu, quando emprenhava as mulheres, as mulheres pariam crianças machos, bonitas como o Sol.

Um dia, contam, Uaiú se quis enfaceirar com Eren, filha de Acutipuru, filha do próprio Uaiú.

Eren não quis fazer o desejo de seu pai, fugiu, ninguém soube para onde.

Uaiú ficou zangado, chamou os guerreiros, mandou procurassem Eren dizendo: "Vos dou uma lua para trazer Eren viva".

Eren tinha fugido rio acima. Quando chegou nas cabeceiras do Cuduiari, ou-

apecatu suí iepé membi, ieperecé osaān i piá sury.

Ara pucu ramé osó satambica membi peusaua rupi, ocicana teēn suake ocendu mira teapu, omaramunha iaué.

Eren omaité ieperecé aicué i suainhana-etá, oiumundeu y pype i putiá catu-pé. Ape opitá opaīn pituna omanhana.

Mairamé ara uarixysaua uri iuaca sapu rupi, aé ocemo yuy árepe ocicare arama iepé icuara itá-etá pitérupe oiumimi cecé.

Iepé curumi-uasu, oicó uaá amusuaixara sembiua kiti, omaān-ana Eren oiumimi ramé.

Curumi uasu ouitá, oiusasau paranā, ocica ramé mamé Eren oicoana, opurandu cuá iaué:

"Cunhamucu puranga indé, será, cuá paranā manha masuí recemo, indé será iuere mira ixé iaué?"

Eren, paá, osuaixara: "Ixé supi mira indé iaué, xaiauau ce suainhana-etá suí, ouri curi ce casakire uaá".

"Auá, taá, ne suainhana-etá?"

"Ce paia mira, oputári uaá ixé i auaca arama."

"Mamé oicô-ana ne suainhana-etá?"

"Ouri curi Omunkeráncu pé rupi."

Aramé curumi uasu, paá, opurandu: "Indé remendári putare, será, ce irumo?"

Eren osuaixara: "Curi nhunto ixé xameēn indé eré. Tenondé renheēn ce supé masuí recica, ma arama reuatá uatá cuá rupi."

Curumi uasu aramé onheēn: "Ce cera, Cancelri ixé mira kyrimbaua-etá

viu ao longe uma flauta e logo ficou de coração alegre.

Durante todo o dia foi direito pelo som da flauta, quando chega já perto ouviu barulho de gente, como brigando.

Eren pensou logo que aí estivessem seus inimigos, escondeu-se dentro d'água até bem no peito. Aí ficou toda a noite espiando.

Quando o dia vinha enfaceirando-se pelas raízes do céu, ela saiu sobre a terra para procurar um buraco entre as pedras e nele ocultar-se.

Um moço, que estava do outro lado na margem do rio, viu quando Eren se ocultava.

O moço nadou, atravessou o rio, quando chegou onde estava Eren, perguntou deste modo:

"Moça bonita, és tu a mãe deste rio de onde sais, ou tu és gente como eu sou?"

Eren, dizem, respondeu: "Eu sou verdadeira gente como tu, fugi dos meus inimigos, que estão vindo atrás de mim".

"Quais são, diz, os teus inimigos?"

"A gente do meu pai, o qual me quer por sua amásia."

"Aonde estão os teus inimigos?"

"Estão vindo pelo caminho da serra do Japó."

Então o moço, contam, perguntou: "Tu queres casar comigo?"

Eren respondeu: "Somente daqui a pouco eu te darei sim. Antes me dizes de onde chegas, para que estás passeando por estas bandas."

O moço então falou: "O meu nome é Cancelri, eu sou chefe de gente valente.

acanga. Ce mira irumo xasasau paranã uasu, iuaca turusu pire. Ixé teēn xasó xacicare suainhana maramunha arama. Ixé iuere kyrimbaua.

"Cuire indé recuau catu ma mira ixé, remendare putare será ce irumo?"

"Eré, ixé xaputare."

"Maiaué reputare catu?"

"Iaicó iepé uasu arama ara pucu rupi, Coaracy oputare catu iaué."

"Nhunto? Inti reiurureu ce supé, ixé inheru-yma curi ne paia i mira irumo recé?"

"Intimaãn. Ixé xaiurureu ne recé iaiauau cuá suí ieperecé, inti iamané putare opaua curi ce paia maramunhangara-etá ueyua racapira."

Curumi uasu, paá, opucá, ariré onheēn: "Remaité, será, ce mira, paranã uasu amusuaixara-uara, inti oiauau uaá iuaca tatá suí, oiauau cuíre cuá tatamauara tenondé? Inti resaru ixé xamucameēn putare curi ce cupé ce suainhana supé, nhunto indé rembeú aitá kyrimbaua".

"Ixé inti xaputare indé recikié. Cuire ixé xamendare putare ne irumo nhunto xasaan ne paia mira kyrimbasaua riré. Ixé xaputare ne piá oiumusury, xaputare renheēn cuau curi: 'Ixé supi mira kyrimbaua remiricó, ce mena inti cikié manha'."

"Iasó cuire ce mira piterupé. Uirandé, Coaracy omutury yuy renundé, xasó xacicare putare ne paia mira, xasaãn arama i kyrimbasaua."

Cancelri opurunguetá cuá iaué, ariré Eren irumo osasau iuere paranã oiuíre i mira pitérupe.

Com a minha gente tenho transposto um rio, maior do que o céu. Eu mesmo vou a procurar inimigos para brigar. Eu também sou um valente.

"Agora que sabes bem que gente eu sou, queres casar comigo?"

"Está bom, eu quero."

"Como queres seja?"

"Para ficarmos juntos por todo o tempo, como o Sol bem quer."

"Somente? Não me pedes de eu não ficar zangado contra teu pai e a gente dele?"

"Não. Eu te peço para nos fugir logo de cá, se não queremos morrer todos na ponta das flechas dos guerreiros de meu pai."

O moço, contam, riu-se, depois disse: "Pensas, talvez, que a minha gente, do outro lado do rio grande, que não fugiu perante os raios do céu, fuja agora diante dos moradores desta terra? Não espera que eu queira mostrar as costas ao inimigo somente porque tu dizes que é valente".

"Eu não quero que tu tenhas medo. Agora eu não quero casar contigo senão depois de ter provado a valentia da gente de teu pai. Eu quero o teu coração ser alegre, eu quero que tu possas dizer logo: 'Eu na verdade sou mulher de gente valente. Meu marido não é a mãe do medo'.

"Vamos agora entre a minha gente. Amanhã, antes do sol alumiar a terra, quero ir procurar a gente de teu pai para provar a sua valentia."

Cancelri falou deste modo, depois com Eren passou outra vez o rio, voltou no meio da sua gente.

Uayú maramunhangara-etá ocica Cunuyary cembyua kiti, oiurereu paié supé osaānsaān arama mamé oicô Eren.

Paié ocetuna iacy caraiuru opytera tauari, opeú omuiauau Mayua etá arama, ariré osacemo:

"Aicué ape Eren! Xamaān Eren cuá paranã racapire kiti, amu mira pitérupe. Ce cesá tenondé opuracy nhaá mira kyrimbasaua. Iamané putare curi i uéyua recé, iasó ape. Ixé xa-ari tenondé xa iucá curi Eren".

Opanhe onheēn: "Omunkeráncu maramunhangara inti rain oiauau suainhana tenondé. Iané suainhana saua omuticu iané mocaentaua kiti, omucameēn arama opanhe recé muire suainhana iané uéyua oiucana. Iamané opanhe curi, iaiuuca Eren iuíre cuá mira suí, inti osó curi amu-tetamauara remirecó arama. Cuá iaué iané cicu, cuá iaué iané piá".

Paié aramé onheēn: "Isoana".

Coaracy oiumimi putareana mairamé mocoīn suainhana cema oiusuaīntí.

Cancelri iuiereu Eren recé onheēn: "Aicué ne paia maramunhangara-etá, xasó cuau catu cury auá kyrimbaua pire".

Ieperecé osó suainhana etá recé i maramunhangara-etá irumo. Oiupiru maramunhangaua.

Paié oiatimana maramunhangara-etá cupé rupi, inti osaru putare omaan auá curi kyrimbaua pire, osó satambica Eren kiti; ruake ramé oiumu; i uéyua oiatyca Eren acanga árupé. Eren omanó ieperecé.

Cancelri oicô aé tenondé, oiurereu iaué iaué omaān Eren arama, oxipiá ieperecé aé manosaua, osacemo i maramunhan-

Os guerreiros de Uaiú, chegando à margem do Cunduiari, pediram ao paié para sondar aonde estava Eren.

O paié cheirou o carajuru, fumou o tavari, assoprou para fazer fugir os Maiuas, depois exclamou:

"Aí está Eren! Vejo Eren na cabeceira deste rio, no meio de outra gente. Diante dos meus olhos, dança desta gente a valentia. Se queremos morrer pelas suas flechas, vamos lá. Eu antes de cair matarei Eren".

Todos disseram: "O guerreiro da serra do Japó ainda não fugiu diante do inimigo. Os cabelos dos nossos inimigos estão pendurados nos nossos moquéns, para mostrar a todos quantos inimigos as nossas flechas mataram. Morra-se todos, e tire-se Eren desta gente, para que não venha a ser mulher de estrangeiro. Esta é a nossa lei, esta é a nossa vontade".

O pajé então disse: "Vamos já".

O sol já estava para esconder-se, quando as duas bandas inimigas se encontraram.

Cancelri virou-se para Eren dizendo: "Eis os guerreiros do teu pai, vou saber bem agora quem é mais valente".

Logo arremeteu contra os inimigos com os seus guerreiros. Começou a peleja.

O pajé arrodeou pelas costas dos combatentes, não quis esperar para ver quem era o mais valente, foi direito a Eren, quando foi perto flechou; a sua flecha apanhou Eren na cabeça. Eren morreu logo.

Cancelri estava diante dela, virava-se a cada instante para ver Eren, viu logo a sua morte e gritou para os seus guerreiros:

gara-etá supé: "Iasó iampauana cuá mira pucy etá. Inti omaramunha cuaua apyaua iaué. Oiumukiá i uéyua cunhãn tuí recé".

Cancelri, onheẽn riré, opicica Eren pira-ambyra, ocemo aé irumo maramunhangaua suí arama. Inti rain apecatuara paié, omenhana uaá, oiumu aé recé.

Uéyua oiapy Cancelri acanga opé. Cancelri omanó ieperecé.

Aramé paié osupire Eren, orasó arama aé maramunhangaua-tyua apecatu.

Apecatu ramé oxiári oári Eren pira yuy-pé, ape teẽn, paá, i pira oiurereu ieperecé ypaua miri.

Coaracy oiuíri amu ara iuaca rapu rupi ramé Uayu maramunhangara-etá omanó ana opaua.

Paedana, Cancelri maramunhangara-etá acanga, opurandu: "Mamé, taá, iané tuixaua Cancelri?"

Maramunhangara-etá osuaixara: "Omanoana".

Paedana opurandu: "Mamé, taá, Eren?"

Maramunhangara-etá osuaixara: "Ticuau! Oiuíri, ipu, i tetama kiti".

Aramé Paedana onheẽn: "Iané tuixaua omanó-ana. Aé oicó cikiesaua mira cuá-suindape-uara, mira amu suindape-uara suí. I cera ocetuna puranga yuy iuaca opé. Inti auá, cuire, opituu cuau, inti omanó iané tenondé opanhe nhá mira puxi".

"Oii teẽn iané iaiupire Omunkeráncu oiamupau Uayu mira remirera irumo arama."

Maramunhasara-etá onheẽn: "Eré".

Mairamé Ceucy oiumucameẽn putare iuaca kiti, Paedana ocica Omunkeráncu aripe.

"Vamos acabar já com esta gente má. Não sabem combater como homens. Sujam as suas flechas no sangue de mulher".

Cancelri, depois de dizer, pegou no corpo morto de Eren, para sair com ele da peleja. Não tinha ainda ido longe que o pajé, que vigiava, flechou para ele.

A flecha pegou Cancelri na cabeça. Cancelri morreu logo.

Então o pajé carregou Eren, para levá-la longe do campo de batalha.

Quando longe, deixou cair o corpo de Eren no chão, aí mesmo, contam, o seu corpo virou logo um pequeno lago.

Quando o Sol voltava o outro dia pelas raízes do céu, os guerreiros de Uaiú tinham morrido todos.

Paedana, chefe dos guerreiros de Cancelri, perguntou: "Aonde está o nosso tuxaua Cancelri?"

Os guerreiros responderam: "Morreu".

Paedana perguntou: "Aonde estará Eren?"

Os guerreiros responderam: "Quem sabe! Voltou, talvez, para a sua terra".

Então Paedana disse: "O nosso tuxaua morreu. Ele era temido pela gente deste e do outro lado. O seu nome era famoso na terra e no céu. Ninguém agora pode descansar se antes não for toda morta esta gente ruim".

"Hoje mesmo nós subiremos à serra do Japó para acabar com o resto da gente."

Os guerreiros disseram: "Está bem".

Quando as Plêiades estavam para mostrar-se no céu, Paedana chegava na serra do Japó.

Iepé tuiué mendauara nhũ oiauau yuytera piá pé rupi, ocemoana Cumbiu paranã cembyua kiti.

Mira Omunkeráncu-uara omanó pau riré, Paedana omundu i maramunhangara-etá ocicare cunhãn-etá omendare arama amu taua opé.

Paedana, paá, marecé uacemo catu Omunkeráncu, ape opitá, inti oiuíre putare i mira irumo i tetama kiti.

Somente um casal de velhos escapou pelo caminho do coração da serra, saiu na margem do rio Cubiu.

Depois de ter morrido toda a gente da serra do Japó, Paedana mandou os seus guerreiros procurar mulheres para casar nas outras povoações.

Paedana, dizem, porque achou boa a serra do Japó, aí ficou, não quis voltar com a sua gente na sua terra.

Nota:
Uaiú, palavra cubeo, quer dizer *Uirá Pajé* [alma-de-gato].
Cancelri, palavra baníva (?), [quer dizer] o triste, o pesaroso.

Vocabulário Português-Nheengatu

NOTA DA REVISÃO

Na revisão deste texto póstumo de Ermanno Stradelli ("Vocabulário de Língua Geral: Português-Nheengatu e Nheengatu-Português", *Revista do Instituto Histórico Geográfico Brasileiro*, 158, 1929), a intenção básica foi atualizar a pontuação e a grafia, mantendo algumas grafias ainda aceitáveis, que caracterizam a época do texto. Para não desvirtuar a escrita do autor, foram respeitadas as dúvidas – assinaladas com (?) no texto, já na época de sua publicação –, e suas imprecisões e mesmo alguns equívocos foram mantidos. As gralhas da impressão original foram corrigidas quando claramente identificáveis. As inserções da revisão, para explicitar trechos não muito claros, estão assinaladas entre colchetes no próprio texto, para evitar notas que interromperiam seu fluxo. Para uma padronização mais consistente, foi eliminado o excesso de travessões, substituídos por pontuação conveniente. Devido a atualização ortográfica – ausência de consoantes duplas etc. –, a ordem alfabética dos verbetes difere da existente no original. Esperando ter feito o melhor possível, agradecemos desde já contribuições para o aprimoramento de futuras edições.

Quanto a acentuação, usaram-se as regras básicas do português, ressaltando-se agora apenas o caráter tônico das vogais *u* e *i* e do *y* em qualquer situação; é claro que, quando essas vogais não são tônicas, usa-se o acento em outra sílaba para determinar essa não-tonicidade. Optou-se por colocar nas palavras compostas dois acentos: o da palavra simples e o da palavra composta. Exemplificando: *popicica* (abarcar), palavra simples, paroxítona, com a tônica portanto em *ci*; já os compostos *popicícasára* (abarcador), *popicícasáua* (abarcamento), *popicícauára* (abarcante) etc. são acentuados nas tônicas do vocábulo simples e nas tônicas do vocábulo composto, para dar ao leitor, primeiro, a pronúncia do primeiro termo e a do vocábulo composto final. Verifique-se que os compostos formados ao mesmo tempo por prefixos e sufixos, em vez dos três acentos, terão apenas dois.

A (*art.*) Irumo. *O mata a flecha:* Oiucá aé ueyua irumo. *Quando tem vento sobe a vela:* Iuiutu aicué ramé oyapire sutinga irumo.
A (*prep.*) Kiti, Keté. *Vá à casa:* Resô oca kiti. *Ficamos à porta:* Iapitá okena rupitá kiti.
A (*prep.*) Opé. *Ao sol:* Coaracy opé.
A (*prep.*) Ramé. *À meia-noite:* Pysaié ramé. *À tarde:* Caruca ramé. *A tempo:* Ara catu ramé.
A (*prep.*) Recé. *Pede a ele:* Oiurureu i recé. *Vá a ele:* Osô aé recé.
A (*prep.*) Supé, Xupé. *A Lua deu a Jurupari a coroa de chefe:* Yacy omeẽn Yurupary supé tuixaua acangatara. *Foi falar a ele:* Osoana opurunguetá i xupé.
A (*prep.*) Suí. *A três dias de viagem:* Uatasaua musapire ara suí.
A (*prep.*) Rupi. *À força:* Santá rupi.
A (*pron.*) Aé, I. *A chamou:* Ocenoi aé. *A fez acompanhar:* Omeẽn irumuara i supé.
À TOA Tenunto.
A TODA PRESSA Curutẽ-rupi, Curutẽn.
ABACATE Auacáti.
ABACATEIRO Auacatiyua.
ABACAXI Auacaxy.
ABACAXIZEIRO Auacaxyyua.
ABAFADAMENTE Cuacusaua rupi.

ABAFADIÇO Cuacuteua.
ABAFADO Cuacua, Cuacuana.
ABAFADOIRO Cuacutyua.
ABAFADOR Cuacusara.
ABAFAMENTO Cuacusaua.
ABAFANTE Cuacuuara.
ABAFAR Cuacu, Poké; (*para cobrir*) Pupeca.
ABAFÁVEL Cuacuuera.
ABAIXADO Iauycana.
ABAIXADOIRO Iauycataua.
ABAIXADOR Iauycasara.
ABAIXAMENTO Iauycasaua.
ABAIXANTE Iauycauara.
ABAIXAR Iauyca, Eauyca. *Abaixar-se:* Iuiauyca. *Fazer ou ser feito abaixar:* muiauyca; (*encurtando*) Muiatuca.
ABAIXÁVEL Iauycatéua.
ABAIXO Iuíra, Uirpe, Iuirpe. *Foi-se pela encosta abaixo:* Osoana uytera uirpe rupi.
ABALADA Iauausaua.
ABALADIÇO Iauauuera, Iapusacatéua.
ABALADOR Iapusacasara, Mutimucasara.
ABALAMENTO Iapusacasaua, Mutimucasaua, Earucasaua.
ABALANTE Iapusacauara, Mutimucauara, Earucauara.
ABALAR Iapusaca, Mutimuca; (*por fugir*): Iauau; (*diminuindo*) Earuca. *Abala a sua rede:*

149

Remutimuca i makyra. *Já a abalei, não quer acordar:* Xaiapusaca aé inti, opaca putári. *A autoridade do chefe ficou abalada:* Tuixaua munucarisaua oearucana.
ABALÁVEL Mutimucauera.
ABALO Iapusacaua.
ABALROAÇÃO Iupetecasaua.
ABALROADOR Iupetecasara.
ABALROANTE Iupetecauara.
ABALROAR Iupeteca.
ABANADO Tapecua.
ABANAR Tapecu.
ABANDONADO Xiare.
ABANDONADOR Xiaresara.
ABANDONANTE Xiareuara.
ABANDONAR Xiári, Xiare, Mbúri i suí. *Não quer abandonar a sua casa:* Inti oxiare putare i oca. *Abandona tudo para fugir mais ligeiro:* Ombúri i suí opanhe-itá oiauau curutẽpire arama.
ABARCADOR Popicicasara.
ABARCAMENTO Popicicasaua.
ABARCANTE Popicicauara.
ABARCAR Popicica.
ABARRACAMENTO Teiupátáua.
ABARRACAR Munhã-teiupá.
ABARROTADOR Muterecemosara.
ABARROTAMENTO Muterecemosaua.
ABARROTAR Muterecemo.
ABARROTÁVEL Muterecemotéua.
ABASTADO Ceía-iara, Maá-ceía-iara.
ABASTANÇA Ceía-iarasaua.
ABASTECER Muterecemo. *V. Abarrotar.*
ABATEDOR Muapysara.
ABATENTE Muapyuara.
ABATER Muapy. *Abater-se:* iumuapy.
ABATIDO Muapyuá.
ABATIMENTO Muapysaua.
ABATÍVEL Muapyuera.
ABDOME Marica.
ABDOMINAL Maricauara.
ABEIRAR Só-cembyua-rupi; (*subindo*) yapyre--cembyua-rupi; (*descendo*) eyei-cembyua--rupi.
ABELHA Iracy (*mãe do mel*), Caua (*as espécies armadas de ferrão*): Iramanha; Eiremin, Eirenã, Eisu.
ABELHUDO Iucuacuao-opaua; (*o que mexe com tudo*) Isaãsaã-opaua.
ABENÇOAR Mutupana.

ABERRAR (*do que se faz*) Inti munhã amuitá iaué; (*do caminho*) Inti só catu pé rupi.
ABERTA Piraresaua, Mpucasaua, Mupucasaua. *Aberta na mata* (*se é natural*): Caá--mpucasaua; (*se é artificial*) Caá-mupucasaua.
ABERTO Pirare, Mpuca, Oianga.
ABERTOR [*abridor*] Piraresara, Mpucasara.
ABERTURA *V. Aberta.*
ABIEIRAL Uaiaratyua.
ABIEIRO Uaiarayua.
ABIO Aiará, Uaiará; (*uma espécie mais pequena*) Cutiriti.
ABISMO Tupy-piá.
ABJEÇÃO Iaxīsaua.
ABJETO Iaxī.
ABNEGAR Putareyma.
ABÓBORA (*cheia de protuberâncias*) Curúua.
ABOCADOR (*do peixe que pega no anzol*) Pindá-usara.
ABOCANHAR Suú-suú.
ABOCAR (*do peixe*) Pindau.
ABOLORECER Saué. *Fazer abolorecer:* Musaué.
ABOLORECIDO Isaué, Isaueana.
ABORRECER Coeré. *Aborrecer-se:* Iucoeré.
ABORRECIMENTO Coerésaua.
ABORTADO Iakyrareana.
ABORTADOR (*quem aborta*) Iakyrareuara; (*quem faz abortar*) Iakyraresara. *Abutua abortadora:* Abotua iakyraresara.
ABORTAMENTO Iakyraresaua.
ABORTANTE Iakyrareuera.
ABORTAR Iakyrare. *Fazer abortar:* Muiakyrare. *Fazer-se abortar:* Iumuiakyrare.
ABORTÁVEL Iakyraretéua.
ABRAÇADOR Iumanasara.
ABRAÇANTE Iumanauara.
ABRAÇAR Iumana. *Abraçar-se:* Iuiumana.
ABRAÇO Iumanasaua.
ABRASADOR Sakisara.
ABRASADOURO Sakityua.
ABRASAMENTO Sakisaua.
ABRASANTE Sakiuara.
ABRASAR Saki. *Abrasar-se:* Iusaki.
ABRASÁVEL Sakiuera.
ABREVIAÇÃO Muiatucasaua.
ABREVIADO Muiatucauá.
ABREVIADOR Muiatucasara.
ABREVIADOURO Muiatucatyua.

ABREVIANTE Muiatucauara.
ABREVIAR Muiatuca.
ABREVIÁVEL Muiatucauera.
ABRIDOR Piraresara, Mpucasara.
ABRIGAR-SE Mytá.
ABRIGO (*o feito à pressa de folhas de palmeira, fincadas no chão*) Mytá ruaia; (*o que serve para passar a noite*) Mytasaua; (*o passageiro, de pequenas barracas*) Teiupá.
ABRIR Pirare. *Abrir-se:* Iupirare. *Fazer ou ser feito abrir:* Mupirare. *Abrir a porta:* Opirare okena; (*se emprega a força*) Ompuca okena. *Abrir caminho:* Murapé, Mupé. *Abrir-se caminho:* Iumurapé. *A anta abriu-se caminho na mata cerrada:* Tapyira oiumurapé caá eté piterupe. *O abrir das flores:* Ian. *Quando a Vitória Régia abre, saem os bichinhos que nela passaram a noite:* Uapé iapuna oian ramé, tapuru miritá ceiía ocemo i suí okyriana ape pituna rupi uá.
ABROLHOS Itá-pacuruĩ.
ABSCESSO Pungá.
ABUNDÂNCIA Retéuasáua, Cetéuasáua, Ceiíasáua, Reiíasáua.
ABUNDANTE Retéua, Cetéua, Ceiía, Reiía.
ABUTRE Urumu, Urumbu.
ACABADAMENTE Mungaturu-catu-rupi.
ACABADO Mpauá, Mungaturuá.
ACABADOR Mpausara, Mungaturusara.
ACABAMENTO Mpausaua, Mungaturusaua.
ACABANTE Mpauuara, Mungaturuuara.
ACABAR Mpau, Mungaturu. *Acabar-se:* Iumpau, Iumungaturu. *Acabar de todo:* Mungaturu catu. *Quando acabou de falar desapareceu pelo caminho do porto:* Ompauana ramé oiucanhemo ygarapape pé rupi. *Não espera que acabem a canoa:* Inti osaru ompauana yara.
ACABOCLADO Tapyia-cerane, Tapyiarana.
AÇAFATE Urupema, Uaraia (*rio Negro*).
AÇAFRÃO Mangará-tauá.
AÇAÍ (*a fruta e a bebida*) Uasaí.
AÇAIZAL Uasaityua.
AÇAIZEIRO Uasaiyua.
ACALENTADOR Omuimuiaresara.
ACALENTADOURO Omuimuiaretyua.
ACALENTAMENTO Omuimuiaresaua.
ACALENTANTE Omuimuiareuara.
ACALENTAR Omuimuiare; Munináni.
ACALENTÁVEL Omuimuiareuera.

ACALMAR Muceẽn, Mupytuu. *Acalmar-se:* Pytuu, Iumuceẽn. *V. Adoçar, Descansar* e comp. *A moça o acalmou com boas palavras:* Cunhãmucu omuceẽn aé catu nhẽenga suí.
ACAMADO (*deitado na cama*) Ienũ; (*em camadas:*) Omuianamã. *V. Deitar e Engrossar* e comp.; Miexiári.
ACAMADOR Miexiaresara.
ACAMADOURO Miexiaretyua.
ACAMAMENTO Miexiaresaua.
ACAMANTE Miexiareuara.
ACAMAR Miexiare, Muianama; (*deitar na cama*) Ienũ.
ACAMÁVEL Miexiaretéua.
ACAMPAMENTO Mytásáua.
ACAMPAR Mytá.
ACANHADAMENTE Pitua-rupi.
ACANHADO Pitua.
ACANHADOR Pituasara.
ACANHADOURO Pituatyua.
ACANHAMENTO Pituasaua.
ACANHAR-SE Iupitua. *Acanhar-se ou fazer acanhar-se:* Mupitua.
ACANHÁVEL Pituauera.
ACAREADO Suaxara-embure.
ACAREADOR Suaxara-emburesara.
ACAREAMENTO Suaxara-emburesaua.
ACAREANTE Suaxara-embureuara.
ACAREAR Mbure-suaxara.
ACAREÁVEL Suaxara-embureuera.
ACARI Acari.
ACARICIADO Imuiarua, Munina. *Muito acanhado:* Muninapora.
ACARICIADOR Imuiarusara, Muninasara.
ACARICIAMENTO Imuiarusaua, Muninasaua.
ACARICIANTE Imuiaruuara.
ACARICIAR Muiaru, Munina. *Fazer-se acariciar:* Muiu-munina.
ACARIZAL (*acarituba*) Acarityua.
ACATASTAR [*it.;* encoivarar] Mucuiuara.
ACAUTELADO Iacu.
ACAUTELADOR Iacusara.
ACAUTELAMENTO Iacusaua.
ACAUTELANTE Iacuuara.
ACAUTELÁVEL Iacuuera.
ACÉFALO Acangayma.
ACEITAÇÃO Muiauésáua, Iarepaua.
ACEITADO Muiauéua.
ACEITADOR Muiauésára, Iaresara.

ACEITANTE Muiauéuára, Iarepora.
ACEITAR Muiaué, Iare.
ACEITÁVEL Muiauéuéra.
ACEITO Iareana.
ACELERADAMENTE Curutẽn, Curutẽ-rupi.
ACELERADO Icurutẽ.
ACELERADOR Curutẽsara.
ACELERAMENTO Curutẽsaua.
ACELERANTE Curutẽuara.
ACELERAR Mucurutẽ. *Acelerar-se:* Iumucurutẽ.
ACELERÁVEL Curutẽuera.
ACENADOR Ipoitycasara, Sapumisara.
ACENANTE Ipoitycauara, Sapumiuara. *Aceno da cabeça:* Acanga-itycasara.
ACENAR Ipoityca. *Acenar dos olhos:* Sapumi. *Acenar da cabeça:* Acanga-ityca.
ACENDALHA Sacai, Sapitéua.
ACENDEDOR Mundicasara, Sapisara, Cenesara
ACENDER Mundica, Sapi, Cendé. *Acendes o fogo:* Remundica tatá. *Acenderam a vela:* Ocendeana candea.
ACENDIDAMENTE Piá-rupi, Piá-uasu-rupi.
ACENDÍVEL Mundicauera, Sapiuera, Cendeuera.
ACENO Ipoitycasaua, Sapumisaua. *Aceno da cabeça:* Acanga-itycasaua.
ACERBO Iraua, Saíuá, Saí; (*por não ser maduro*): Inharũ-iakyra.
ACERCAR-SE Ciyca-ruake. *O homem se acerca dele e logo fala:* Apyaua ocyca aé ruake onheẽn curutẽn iuíre.
ACERTAR Saãn-puranga, Iatyca-catu. *A flecha acertou no coração do homem:* Ueyua oiatyca catu apyaua piá kiti. *Acerta em pensar que vem:* Osaãn puranga omaité ramé aé ocica cury.
ACETINADO Icy-yma.
ACETINAR Muicy-yma.
ACHA (*lenha para fogo*) Iepeá.
ACHACADO Imacy, Imacyuá.
ACHACADIÇO Imacytéua.
ACHACOSO Imacyuara, Imacyuera.
ACHADA Uacemosaua.
ACHADIÇO Uacemotéua.
ACHADO Iuacemo. *Falso achado:* Iuacemorana.
ACHADOR Iuacemosara.
ACHADOURO Iuacemotyua.

ACHANTE Iuacemouara.
ACHAR Uacemo. *Fazer ou ser feito achar:* Muuacemo. *Fazer-se achar:* Iumuuacemo.
ACHATA-CABEÇA (*arma de guerra*) Acanga-pema.
ACHATADO Pema, Pemana.
ACHATADOR Pemasara.
ACHATAMENTO Pemasaua.
ACHATANTE Pemauara.
ACHATAR Pema, Mupema. *Achatar-se:* Iumupema.
ACHATÁVEL Pemauera.
ACHÁVEL Uacemouera; (*que serve para achar*) Iuacemoyua.
ACICATE Nupanasara.
ACÍDIA Iaté-ymasaua.
ACIDIOSO Iaté-yma.
ÁCIDO Saí.
ACÍDULO Saíxínga.
ACIMA Iuaté, Arpé, Arupé. *O que está acima:* Arpé-uara. *Bem acima:* Iuaté-catu. *Águas acima:* Yapire. *Ir águas acima:* Yapira-kiti.
ACINTOSAMENTE Piá-puxi-rupi.
ACOBARDADAMENTE Pitua-rupi.
ACOBARDADO Pitua, Mupituaua.
ACOBARDADOR Mupituasara.
ACOBARDAMENTO Pituasaua.
ACOBARDANTE Mupituauara. *O que origina o acobardamento:* Mupituayua.
ACOBARDAR Mupitua. *Acobardar-se:* Iumupitua.
ACOBARDÁVEL Mupituauera.
ACOBERTAR Pupeca, Iumími. *Acobertar-se:* Iuiumími. V. *Cobrir, ocultar* e comp.
ACOITAR Muiumími. *Acoitar-se:* Iumuiumími. V. *Ocultar* e comp.
AÇOITADO Nupane.
AÇOITADOURO Nupanatyua.
AÇOITADOR Nupanasara.
AÇOITANTE Nupanauara.
AÇOITAR Nupana, Nupane. *Açoitar-se:* Iunupana. *Fazer-se ou ser feito açoitar:* Munupana. *Mandar açoitar:* Nupanacári. *Açoitar-se reciprocamente:* Iuiunupana. *Nas festas do Jurupari os dançarinos se açoitam reciprocamente:* Yurupary puracy puracysara oiuiunupana.
AÇOITE Nupanayua, Nupanasã.
ACOLÁ Aepe, Mími, Mikiti. *De acolá:* Asuindape. *Acolá mesmo:* Mimi catu. *Vá acolá:*

ADEREÇO

Resu mikiti. *Venha de acolá:* Reiúre a kiti, Reiúre asuí.
ACOLHEDOR Muikésára.
ACOLHENTE Muikéuára.
ACOLHER (*fazer entrar*) Muiké. *Acolher-se:* Iumuiké.
ACOLHIDO Muiké, Muikeana.
ACOLHIMENTO Muikesaua.
ACOMETEDOR Soecé-sara.
ACOMETENTE Soecé-uara.
ACOMETER Soecé, Sorecé.
ACOMETIDA Soecé-saua.
ACOMETÍVEL Soecé-uera.
ACOMODADIÇO Eẽuera (*que diz sempre sim*).
ACOMODAR Mungaturu.
ACOMPANHADO Iepé-uasu.
ACOMPANHADOR Irumuarasara.
ACOMPANHAMENTO Irumuarasaua.
ACOMPANHANTE Irumuarauara.
ACOMPANHAR Muirumuara, Sô-iepé-uasu. *Acompanhar-se-se:* Iuirumuara.
ACOMPANHÁVEL Irumuarauera.
ACONDICIONAR Mungaturu. *V. Aprestar* e comp.
ACONSELHAR Munguetá.
ACONTECEDOR Cicasara.
ACONTECER Cica, Cyca. *V. Chegar* e comp.
ACONTECIMENTO Ocicasaua.
ACORDADAMENTE Iepé-asu-rupi. *Em acordo, com esperteza:* Opaca-rupi.
ACORDADO (*despertado*) Mpaca, Ieuaky.
ACORDAR[1] *[despertar]* Mpaca. *Acordar-se:* Iupaca. *Fazer acordar:* Mupaca. *Acorda-se estremunhado, se espanta e foge:* Oiupaca imupatuca, oiucikié, oiauau. *V. Despertar* e comp.
ACORDAR[2] *[concordar]* Euaky. *Acordar-se:* Iueuaky. *Fazer acordar:* Mueuaky. *Depois de muito falar, acordam esperar para ver o que acontecerá:* Nheẽnga reiía riré aitá oeuaky osaru omaãn auá ocica cury arama.
ACORDO Euakysaua.
ACORRENTADOR Itá-tupaxama, Irumo-pucuarisara.
ACORRENTAR Pucuare-itá, Tupaxama-irumo.
ACORRER Sô-recé. *V. Acudir.*
ACOSTAR Iári. *Acostar-se:* Iuiári. *V. Encostar* e comp.
ACOTOVELADOR Iutymesara.
ACOTOVELAMENTO Iutymesaua.

ACOTOVELANTE Iutymeuara.
ACOTOVELAR Iutyme.
ACOTOVELÁVEL Iutymeuera.
AÇOUGUE Soó-iucatyua.
AÇOUGUEIRO Soó-iucasara.
ACQUISTO [*it.; aquisição*] Pirepanaua.
ACRE Saí, Iaca.
ACREDINE [*it.; acrimônia*] Saísáua.
ACREDITAR Ruuiare. *V. Crer* e comp.
ACRESCENTADOR Imuapiresara.
ACRESCENTAMENTO Imuapiresaua. *O que se acrescenta:* Muapireyua.
ACRESCENTANTE Imuapireuara.
ACRESCENTAR Muapire.
ACRESCENTÁVEL Muapiretéua.
ACRESCER (*em comprimento*) Mupucu; (*em tamanho*) Muturusu; (*em grandeza*) Muasu.
ACRESCIMENTO Mupucusaua, Muturususaua, Muasusaua. *O que serve para acrescer:* Mupucuyua, Muturusuyua, Muasuyua.
ACRÍDIO Ieky, Okiĩn.
AÇÚCAR Ceẽn.
AÇUCARAR Muceẽn.
AÇUCAREIRO Ceẽn-ireru.
ACUDIR Picyrũ, Sô-recé.
ACUMULAÇÃO Muatiresaua.
ACUMULADOR Muatiresara.
ACUMULAR Muatire.
ACUTIBOIA Acuty-mboia.
ACUTILADA Iapyxaua.
ACUTILADOR Iapyxasara.
ACUTILAMENTO Iapyxasaua.
ACUTILANTE Iapyxauara.
ACUTILAR Iapyxá. *Acutilar-se:* Iuiapyxá.
ACUTILÁVEL Iapyxauera.
ADEJADOR Ué-ueuesara.
ADEJAMENTO Ué-ueuesaua.
ADEJAR Ué-ueué.
ADELGAÇADO Puĩ.
ADELGAÇADOURO Mupuĩtyua.
ADELGAÇADOR Mupuĩsara.
ADELGAÇAMENTO Puĩsaua.
ADELGAÇANTE Mupuĩuara.
ADELGAÇAR Mupuĩ. *Adelgaçar-se:* Iumupuĩ.
ADELGAÇÁVEL Mupuĩtéua.
ADEQUADO Iaué, Iaueuá.
ADEREÇO Tara, Pora. *Adereço das orelhas:* Namipora. *Adereço do pescoço:* Aiurapora. *Adereço dos lábios:* Tembépóra, Tembétára, Tembetá. *Adereço da cabeça:* Acangatara.

ADERÊNCIA Iarisaua.
ADERENTE Iarisara, Iariuara.
ADERIR Iári. *Fazer aderir:* Muiári.
ADESIVO Iariuera, Iariyua.
ADESTRADO Umbuéua.
ADESTRADOR Mbuésára.
ADESTRADOURO Mbuétýua, Mbuérendáua, Umbuéóca.
ADESTRAMENTO Umbuésáua.
ADESTRANTE Umbuéuára.
ADESTRAR Mbué. *Adestrar-se:* Iumbué, Mungaturu. *Adestra os seus para repelir o inimigo:* Omungaturu i mira omuri i suí suinhana arama. *Adestram-se nos livros para serem logo mais gente:* Oiumbueana papera opé oicô cury apyaua arama.
ADESTRÁVEL Mbuétáua.
ADIANTADO Tenondéua.
ADIANTADOR Tenondesara.
ADIANTAMENTO Tenondesaua.
ADIANTANTE Tenondeuara.
ADIANTAR Sasau-tenondé. *Adiantar-se:* Iusasau-tenondé, Iusô-tenondé.
ADIANTE Tenondé, Cenondé, Renondé.
ADIÇÃO Papasaua.
ADICIONADO Papaua.
ADICIONADOR Papasara.
ADICIONAR Papau. *Adicionar-se:* Iupapau.
ADICIONÁVEL Papautéua. *O que se adiciona:* Papauyua.
ADIVINHAÇÃO Saãngaua.
ADIVINHADEIRO Saãngauera.
ADIVINHADO Saãnga.
ADIVINHO Sacaca, Saãngara.
ADIVINHADOR Saãngara.
ADIVINHAR Saãn.
ADIVINHO Sacaca, Saãngara.
ADMIRAÇÃO Iacaemosaua.
ADMIRADAMENTE Iacaemo-rupi.
ADMIRADOR Iacaemosara.
ADMIRANTE Iacaemouara.
ADMIRAR Iacaemo. *Admirar-se:* Iuiacaemo. *Fazer admirar:* Muiacaemo. Encontra-se e ouve-se usar algumas vezes *Iacanhemo*, mas é engano, embora na admiração haja sempre algum espanto.
ADMIRÁVEL Iacaemouera.
ADMISSÃO Muiké-saua.
ADMISSÍVEL Muikeuera.
ADMITENTE Muikeuara.

ADMITIDO Muikéua.
ADMITIDOR Muikesara.
ADMITIR Muiké. *Admitir-se:* Iumuiké.
ADMOESTAÇÃO Iacausaua.
ADMOESTADO Iacaua.
ADMOESTADOR Iacausara.
ADMOESTANTE Iacauara.
ADMOESTAR Iacau. *Fazer ou ser feito admoestar:* Muiacau. *Admoestar-se:* Iuiacau.
ADMOESTÁVEL Iacautéua, Iacauera.
ADOÇADO Muceẽn.
ADOÇADOR Muceẽngara.
ADOÇADOURO Muceẽntyua.
ADOÇAMENTO Muceẽngaua.
ADOÇAR Muceẽn. *Adoçar-se:* Iumuceẽn.
ADOCICAR Muceẽn-xinga.
ADOECEDOR Macisara.
ADOECER Iumaci, Maci. *Iumaci* todavia é usado antes com o significado de *esfomeado, faminto*, e na realidade a doença maior nas civilizações primitivas era a fome.
ADOECIDO Imaci, Imaciua.
ADOECIMENTO Macisaua.
ADOENTADO Maciuara, Imaciara.
ADOLESCENTE Curumĩ-asu (*m.*); Cunhã-mucu (*f.*).
ADOLESCER (*o moço*) Iumunhã-apyaua; (*a moça*) Iumunhã-cunhã.
ADORAÇÃO Moeté-saua.
ADORADO Moetéua.
ADORADOR Moetesara.
ADORANTE Moeteuara.
ADORAR Moeté. *Fazer ou ser feito adorar:* Mumoeté. *Adorar-se:* Iumoeté. *Fazer-se adorar:* Iumumoeté.
ADORATÓRIO Moetetyua, Moeté-rendaua.
ADORÁVEL Moeteuera.
ADORMECER Kyri. *Fazer adormecer:* Mukyri. V. *Dormir* e comp.
ADORNAR Mupuranga, Muamundéu. V. *Enfeitar* e comp.
ADQUIRENTE Pirepanauara.
ADQUIRIDO Pirepana.
ADQUIRIDOR Pirepanasara.
ADQUIRIR Pirepana.
ADQUIRÍVEL Pirepanauera.
ADRIÇA Sutinga-tupaxama, Sutinga-supireuara.
ADRIÇADOR Sutinga-supiresara.
ADRIÇADOURO Sutinga-supiretyua.
ADRIÇAMENTO Sutinga-supiresaua.

ADRIÇAR Supire-sutinga.
ADUBAR Ceẽn. *V. Adoçar* e comp.
ADULTERAÇÃO Muiauerana-saua.
ADULTERADOR Muiauerana-sara, Amu-irumo-mupuxisara.
ADULTERANTE Muiauerana-uera, Amu-irumo-mupuxiuera.
ADULTERAR (*se é adultério*) Mupuxi-amuirumo; (*se se trata de falsificar*) Muiauerana. Embora e geralmente a falsificação se indique pura e simplesmente pelo sufixo -*rana*.
ADULTÉRIO Amu-irumo-mupuxisaua.
ADÚLTERO Amu-irumo-mupuxisara.
ADUNAR Muatire. *V. Acumular* e comp.
ADUNCO Poampé-nungara, Poampé-iaué.
ADUZIR Rure. *V. Trazer* e comp.
ÁDVENA Suaiauara.
ADVENTÍCIO Suaiauera.
ADVERSADOR Suainhana-sara.
ADVERSANTE Suainhana-uara.
ADVERSAR Musuainhana.
ADVERSÁRIO Suainhana.
ADVERSÁVEL Suainhana-uera.
ADVERSIDADE Suainhana-saua.
AFÃ Saciana.
AFADIGADAMENTE Maraári-rupi.
AFADIGADO Maraare.
AFADIGADOR Maraaresara.
AFADIGAMENTO Maraaresaua.
AFADIGANTE Maraareuara.
AFADIGAR Mumaraare, Mumaráari. *Afadigar-se:* Maraári, Maraare.
AFADIGATÓRIO Maraaretyua.
AFADIGÁVEL Maraareuera.
AFAGAR Muiaru. *V. Acariciar* e comp.
AFAMADAMENTE Sakena-rupi.
AFAMADO Sakena. *Nome afamado:* Cera-sakena.
AFAMAR Musakena.
AFAMADOR (*quem dá fama*): Musakenasara.
AFANOSO Saciara.
AFASTADAMENTE Apecatu-rupi.
AFASTADÍSSIMO Apecatu-eté.
AFASTADO Apecatua, Tiricana, Ruakeyma.
AFASTADOR Tiricasara.
AFASTAMENTO Tiricasaua.
AFASTANTE Tiricauara.
AFASTAR Tirica. *Afastar-se:* Iutirica. *Fazer ou ser feito afastar:* Mutirica. *Afasta!:* Tiririca!
AFÁVEL Iuru-ceẽn, Nheẽnga-ceẽn, Soryuara.

AFEADAMENTE Mupuxi-rupi.
AFEADO Mupuxiua.
AFEADOR Mupuxisara.
AFEADOURO Mupuxityua.
AFEAMENTO Mupuxisaua.
AFEANTE Mupuxiuara.
AFEAR Mupuxi. *Afear-se:* Iumupuxi.
AFEÁVEL Mupuxiuera.
AFEIÇOADO Iapucuaua.
AFEIÇOADOR Iapucuausara.
AFEIÇOANTE Iapucuauara.
AFEIÇOAR Iapucuau. *Afeiçoar-se:* Iuiapucuau.
AFEIÇOÁVEL Iapucuauera.
AFEMINADO Cunhã-rapixara.
AFETAR Muama. *V. Fingir* e comp.
AFETO Xaisusaua, Iapucuausaua.
AFIAÇÃO Saimbesaua.
AFIADO Saimbé, Saimé.
AFIADOR (*quem afia*) Saimbesara.
AFIADOURO Saimbetyua.
AFIANTE (*que afia*) Saimbeuara.
AFIAR Saimbé, Musaimbé. *Afiar-se:* Iusaimbé.
AFIÁVEL Saimbeuera, Saimbeyua.
AFILHADO, A (*do homem*) Rayrangaua; (*da mulher*) Membyrangaua.
AFINAL Opuacape, Opauacape.
AFIRMAÇÃO Umbuetesaua, Eẽngaua.
AFIRMADO Mu-eẽn [*dito sim*], Iumbuetéua.
AFIRMADOR Eengara, Iumbuetasara.
AFIRMANTE Iumbueteuara.
AFIRMAR Mu-eẽn [*responder sim*], Iumbueté, Musupi (*especialmente se é com fatos*), Mupitasoca (*se antes de afirmação é sustentação*). *Afirmo o que sei:* Xambueté maá-icé xacuao. *Afirmo a verdade:* Icé xamu-supi. *Afirma o que viu:* Omupitasoca maá-omaana.
AFIRMÁVEL Musupiuera, Ombueteuera.
AFLIÇÃO Saciara.
AFLITO Saci, Tecó-tembé.
AFLUENTE Paranã-racanga.
AFLUIR Unhana-paranã-kiti.
AFOGADO Oyca. *Morto afogado:* Oycambyra.
AFOGADOR Oycasara.
AFOGADOURO Oycatyua.
AFOGAMENTO Oycasaua.
AFOGANTE Oycauara.
AFOGAR Oyca, Euyca. *Afogar-se:* Iuoyca. *Fazer ou ser feito afogar:* Muoyca.
AFOGÁVEL Oycauera, Oycatéua.

AFOITAMENTO Kyrimbaua-rupi.
AFOITAR Mukyrimbau. *Afoitar-se:* Iukyrimbau.
AFOITO Kyrimbaua, Iaueté, Cikiéýma. *De primeiro ímpeto:* Iepé-recé-uara.
AFORMOSEAR Mupuranga. *V. Embelezar* e comp.
AFORTUNADO (*especialmente na caça*) Marupiara.
AFRONTADO Muuiuáki.
AFROUXADO Muapocaua, Pitasocayma.
AFROUXADOURO Muapocatyua.
AFROUXADOR Muapocasara.
AFROUXAMENTO Muapocasaua.
AFROUXANTE Muapocauara.
AFROUXAR Muapoca, Muapoc. *Afrouxar-se:* Iumuapoca.
AFROUXÁVEL Muapocauera.
AFUGENTAR Muiauau. *V. Fugir* e comp.
AFUNDAR (*da canoa*) Mupypyca. *Afundar-se:* Iupypyca. *V. Alagar* e comp.
AFUSAR Musaintī.
AGACHADO Iuiatucaua.
AGACHADOURO Iuiatucatyua.
AGACHADOR Iuiatucasara.
AGACHAMENTO Iuiatucasaua, Iuiatucayua.
AGACHANTE Iuiatucauara.
AGACHAR Iuiatuca. *Fazer ou ser feito agachar:* Muiuiatuca.
AGAMI Iacamī.
AGARRAR Picica. *Agarrar-se:* Iupicica. *V. Pegar* e comp.
AGASALHAR Muiucuca.
AGASTAR Mupiá-ayua. *Agastar-se:* Iumupiá-ayua.
ÁGATA Itakytã.
AGATOIDE Itakytã-nungara.
AGAVE Pytá.
AGIGANTADOR Muasusara.
AGIGANTAMENTO Muasusaua.
AGIGANTANTE Muasuuara.
AGIGANTAR Muasu. *Agigantar-se:* Iumuasu; (*em altura*) Muiaueté, Iumuiaueté; (*em grossura*) Iumuturusu, Muturusu.
ÁGIL Curutẽua.
AGILIDADE Curutẽsaua.
AGILMENTE Curutẽ-rupi.
AGITAÇÃO Ipuirisaua.
AGITADO Ipuíri. *Muito agitado:* Puiripora.
AGITADOR Puirisara. *O instrumento:* Puiriyua.

AGITADOURO Ipuirityua.
AGITANTE Puiriuara.
AGITAR Puíre, Puíri. *Agitar no fundo:* Puiripype. *Agitar-se:* Iupuíre.
AGITÁVEL Puireuera, Puiritéua.
AGLOMERAR Muatire. *Aglomerar-se:* Iumuatire. *V. Acumular* e comp.
AGLUTINAR Muatire-icyca-suí.
AGONIZAR Manó-putare.
AGORA Cuire. *Agora mesmo:* Cuiretē. *Desde agora:* Cuire-suí. *Agorinha:* Cuire-nhunto.
AGOURADOR Maraunasara, Saimosara.
AGOURANTE Maraunauara, Saimouara.
AGOURAR Maraúna, Saimbó, Saimó. *Agourar-se:* Iusaimbó.
AGOURENTO Maraunauera, Saimotéua.
AGOURO Maraúna, Maraunasaua, Maraunayua, Saimbosaua.
AGRADAR Mory, Sory. *Agradar-se:* Iumory.
AGRADECEDOR Mucuecatusara.
AGRADECER Mucuecatu.
AGRADECIDO Cuecatu. *Muito agradecido:* Cuecatu-reté.
AGRADECIMENTO Cuecatusaua.
AGRADO Soryua.
AGRE Saí.
AGREDENTE [*part. pres. de agredir*] Sorecéuara, Soreceuera.
AGREDIR Só-recé. *O agrediu à faca:* Osó kicé irumo i recé. *Logo* [*que*] *aparece o agride:* Ieperecé oiumucameẽn osó i recé.
AGREGAÇÃO Iapucuaua.
AGREGADO Iapucuau.
AGREGADOR Iapucuausara.
AGREGANTE Iapucuauara.
AGREGÁVEL Iapucuauera.
AGRESSÃO Sorecé-saua.
AGRESSOR Sorecesara.
AGRESTE Caapora, Caauara.
AGRILHOADO Ipucuareté.
AGRILHOADOR Pucuareté-sara.
AGRILHOAMENTO Pucuaretesaua.
AGRILHOANTE Pucuareteuara.
AGRILHOAR Pucuareté.
AGRILHOÁVEL Pucuareteuera.
AGRUPADO Muatire-iepé-uasu.
AGRUPADOR Muatire-iepé-uasusara.
AGRUPAMENTO Muatire-iepé-uasusaua.
AGRUPANTE Muatire-iepé-uasuara.
AGRUPAR Muatire-iepé-uasu.

AGRUPÁVEL Muatire-iepé-uasuera.
ÁGUA Y. *Água benta:* Tupanay. *Água corrente:* Y-ceryca. *Água da chuva:* Amanay. *Água estagnada:* Ypoiuca. *Água imprestável:* Ypanema. *Água morta:* Yapó-paua. *Água quebrada:* Ytu. *Água viva:* Yapó-asu.
ÁGUA ARREBENTADA Ypuca, Yumpuca; (*com estrondo*) Ypopoca; (*estrondando e crescendo*) Ypororoca.
AGUAÇAL Ytyua, Ypaua.
AGUACEIRO Amana-ayua.
AGUARDADO Saru.
AGUARDADOR Sarusara.
AGUARDAMENTO Sarusaua.
AGUARDANTE Saruuara.
AGUARDAR Saru.
AGUARDÁVEL Saruuera.
AGUARDENTE Cauy.
AGUÇADO Santĩ.
AGUÇADOR Santĩsara.
AGUÇAMENTO Santĩsaua.
AGUÇAR Musantĩ. *Aguçar-se:* Iusantĩ.
AGUÇÁVEL Santĩuera.
AGUDEZA Santĩsaua; (*do entendimento*) Iacusaua; (*da vista*) Cesáetésáua; (*do ouvido*) Iapisáetésáua.
AGUDO Santĩ.
AGUENTADO Ipitasoca.
AGUENTADOR Pitasocasara.
AGUENTAR Pitasoca. *Aguentar-se:* Iupitasoca.
ÁGUIA Uirá-uasu.
AGUILHOAR Iéki. *Aguilhoar e irritar:* Iekitaia.
AGULHA Auy.
AGULHADA Auypora.
AGULHEIRO (*o pequeno estojo*) Auy-reru; (*a almofada*) Auy-mucaturusara.
AGUTI Acuty.
AÍ Ape. *Aí mesmo:* Apecatu, Ape-eté.
AI! Ai.
AINDA Eenen, Eeraen, Raẽn, Ranhẽ.
AIPIM Macaxera.
AIRI (*coqueiro bravo*) Airi; (*a árvore*) Airiyua.
AJEITADO Euaky.
AJOELHAÇÃO Iunepiasaua.
AJOELHADO Iunepiá.
AJOELHADOR Iunepiasara.
AJOELHADOURO Iunepiarendaua.
AJOELHANTE Iunepiauara.
AJOELHAR Iunepiá.
AJOELHÁVEL Iunepiauera.

AJUDA Putyrun, Aiury, Pitimun.
AJUDADOR Putyirungara, Pitimungara, Pitimũ-sara, Aiurysara.
AJUDANTE Aiuryuara, Putirungara, Pitimungara.
AJUDAR Putyrun, Aiury, Pitimun.
AJUDÁVEL Aiuryuera.
AJUDÓRIO [*ajutório, adjutório*] Putyrungaua, Aiury-saua, Pitimungaua.
AJUNTADO Muatire.
AJUNTADOR Muatiresara.
AJUNTAMENTO Muatiresaua; (*de gente para ajudar nas derrubadas, para preparar a roça ou para outros trabalhos campestres*) Aiury, Puxirun (*rio Negro*), Putyrun (*Solimões*).
AJUNTANTE Muatireuara.
AJUNTAR Muatire. *Ajuntar-se:* Iumuatire.
AJUNTÁVEL Muatireuera.
AJUSTADO Mungaturu.
AJUSTADOR Mungaturusara.
AJUSTAMENTO Mungaturusaua.
AJUSTANTE Mungaturuuara.
AJUSTAR Mungaturu; (*tratando com alguém*) Euaky.
AJUSTÁVEL Mungaturuuera.
AJUSTE Euakysaua.
ALACRIDADE Kirimbasaua.
ALADO Pepuuara, Pepupora.
ALAGAÇÃO Pypycasaua.
ALAGADO Ipypyca.
ALAGADOR Pypycasara.
ALAGANTE Pypycauara.
ALAGAR Pypyca. *Alagar-se:* Iupypyca. *Fazer alagar:* Mupypyca.
ALAGÁVEL Pypycauera-yapô.
ALAMBIQUE Mutykyreuara, Tykyretyua.
ALARDE Mucameẽn-meẽngaua.
ALARDEADO Mucameẽn-meẽn.
ALARDEADOR Mucameẽn-meẽngara.
ALARDEAR Mucameẽn-meẽn.
ALARGADO Mupecu, Imutepire.
ALARGADOR Mupecusara.
ALARGAMENTO Mupecusaua.
ALARGANTE Mupecuuara.
ALARGAR Mupecu, Mpuca. *Alarga a cova da mandioca:* Omupecu manicuia. *O rio até aí vem estreito, depois alarga muito:* Paranã ocica ape catu icaua, ariré ompuca eté.
ALARGÁVEL Mupecuuera.

ALARVE [*comilão*] Tyarausu.
ALAVANCA Itapecu.
ALBACORA (*casta de peixe*) Caraoatá.
ALBURNO (*das plantas*) Yapity.
ALÇADO Muticu, Eatire.
ALÇADOR Muticusara, Eatiresara.
ALÇAMENTO Muticusaua, Eatiresaua.
ALCANÇADO Pocusó.
ALCANÇADOR Pocusosara.
ALCANÇAMENTO Pocusosaua.
ALCANÇANTE Pocusouara.
ALCANÇAR Pocusó.
ALCANÇÁVEL Pocusouera.
ALÇANTE Muticuara, Eatireuara.
ALCANTILADO Iauaté-eté.
ALÇAPÃO (*para apanhar pássaros*) Uirapuca; (*para animais em geral*) Arapuca.
ALÇAR (*pendurando*) Muticu; (*elevando*) Eatire.
ALÇÁVEL Muticuuera, Eatireuera.
ÁLCOOL Cauy-reté.
ALCOÓLICO Cauy-reté-uara.
ALCOOLISMO Cauy-reté-saua.
ALCOVA Ocapy.
ALCOVITEIRA Amanaié.
ALDEADO Tauauara.
ALDEADOR Mutauasara.
ALDEAMENTO Taua.
ALDEANTE Mutauauara.
ALDEÃO Tauapora.
ALDEAR Mutaua; *Aldear-se:* Iumutaua.
ALDEÁVEL Mutauauera.
ALDEIA Taua.
ALDEOLA Tauamirĩ.
ALEGRADO Musory.
ALEGRADOR Musorysara.
ALEGRÃO Sorysaua-uasu.
ALEGRAR Musory; *Alegrar-se:* Iumusory.
ALEGRE Sory.
ALEGRIA Sorysaua.
ALEIJADO Apara; (*do braço*) Iyua-apara; (*da mão*) Pô-apara; (*do pé*) Py-apara; (*da perna*) Retimã-apara.
ALEIJADOR Muaparasara.
ALEIJAMENTO Aparasaua.
ALEIJANTE Muaparauara.
ALEIJAR Muapara. *Aleijar-se:* Iumuapara.
ALEIJÁVEL Muaparauera.
ALEIVE Marandyua. Puité-saua.
ALEIVOSO Marandyuauara, Puité-uara.

ALÉM Suai. *O que está além:* Suaia. *Que é de além:* Suaiauara. *Além disso:* Iarpe.
ALENTADAMENTE Kyrimbaua-rupi.
ALENTADO Kyrimbau, Kyrimbá.
ALENTADOR Mukyrimbausara.
ALENTAMENTO Mukyrimbaua, Mukyrimbá-saua.
ALENTANTE Mukyrimbauara.
ALENTAR Mukyrimbau.
ALENTÁVEL Mukyrimbauera.
ALENTO (*hálito*) Mpeú; (*entusiasmo*) Kyrimbaua.
ALERTA! Manhana!
ALESTAR [*tornar lento*] Mungaturu.
ALFEIRE Taiasu, Caisara.
ALFINETE Auy.
ALGAZARRA Sacé-sacemosaua.
ALGENTE (*álgido*) Irusanga-eté.
ALGODÃO Amaniú.
ALGODOAL Amaniutyua.
ALGODOARIA Amaniú-munhangaua.
ALGODOEIRO Amaniuyua. *Quem trabalha o algodão:* Amaniú-munhangara.
ALGUÉM Iepé, Auá, Mira, Iepemira, Auaé.
ALGUIDAR Nhaẽn, Nhaembé.
ALGUM Amu-amu.
ALGUMA COISA Iepé maá, Maanhungara.
ALGURES Iepé-rendaua-kiti.
ALHAL Yuá-cematyua.
ALHANADO Mupema.
ALHANAR Mupema.
ALHO Yuá-cema.
ALI Mime. *Ali mesmo:* Mimecatu.
ALIADO Camarara (*corrup. de* camarada).
ALIANÇA Camararasaua.
ALIAR Mucamarara.
ALICERCE Epy.
ALICORNE Camitaú, Inhumã.
ALIENADO Acangayma.
ALIMENTAÇÃO Umbaúsáua, Uiupuysaua.
ALIMENTADOR Uiupuysara.
ALIMENTANTE Uiupuyuara.
ALIMENTAR Uiupuy.
ALIMENTÁVEL Uiupuyuera.
ALIMENTO Tembiú, Temiú.
ALIMPAR Iuci. *V. Limpar* e comp.
ALINDADO Mupuranga.
ALINDADOR Mupurangasara.
ALINDAMENTO Mupurangasaua.
ALINDANTE Mupurangauara.

ALINDAR Mupuranga.
ALINDÁVEL Mupurangauera.
ALINHADO Musatambyca.
ALINHADOR Musatambycasara.
ALINHAMENTO Musatambycasaua.
ALINHANTE Musatambycauara.
ALINHAR Musatambyca. *Alinhar-se:* Iumusatambyca.
ALINHAVADO Iauyca-ayua.
ALINHAVAR Auyca-ayua, Auyca-iaué-nhunto.
ALINHÁVEL Musatambycauera.
ALINHAVO Iauyca-ayuasaua.
ALISADO Muciryma.
ALISADOR Mucirymasara.
ALISAMENTO Mucirymasaua.
ALISANTE Mucirymauara.
ALISAR Muciryma.
ALISÁVEL Mucirymauera.
ALIVIADO Mucyma.
ALIVIADOR Mucymasara.
ALIVIAMENTO Mucymasaua.
ALIVIANTE Mucymauara.
ALIVIAR Mucyma.
ALIVIÁVEL Mucymauera.
ALÍVIO Mucymasaua.
ALJAVA Ueyua-reru.
ALMA Anga.
ALMA-DE-GATO Uirá-paié.
ALMEJADO Saru-eté.
ALMEJADOR Saru-etesara.
ALMEJAMENTO Saru-etesaua.
ALMEJANTE Saru-eteuara.
ALMEJAR Saru-eté.
ALMEJÁVEL Saru-eté-uera.
ALMOFADA Acangapaua.
ALONGADAMENTE Mupucu-rupi.
ALONGADO Mupucu.
ALONGADOR Mupucusara.
ALONGAMENTO Mupucusaua.
ALONGANTE Mupucuuara.
ALONGAR Mupucu. *Alongar-se:* Iumupucu.
ALONGÁVEL Mupucuuera.
ALPENDRE Copiara; Teiupá.
ALTAR Aratira.
ALTEADO Muiaueté, Mupucupire.
ALTEADOR Muiauetesara.
ALTEAMENTO Muiauetesaua.
ALTEANTE Muiaueteuara.
ALTEAR Muiaueté, Mupucupire. *Altear-se:* Iumuiaueté.

ALTEÁVEL Muiaueteuera.
ALTERCAR Maramunhã. *V. Brigar* e comp.
ALTERNADAMENTE Iucouiare-rupi.
ALTERNADO Iucouiare.
ALTERNADOR Iucouiaresara.
ALTERNAMENTO Iucouiaresaua.
ALTERNANTE Iucouiareuara.
ALTERNAR Iucouiári.
ALTERNÁVEL Iucouiareuera.
ALTEZA Iaueté-saua.
ALTÍSSIMO Ãeté. *Terra altíssima:* Yuy-ãeté.
ALTO Iaueté, Pucu, Iaté; (*como sufixo nos compostos*) Ã, Ãn.
ALTURA Iaueté-saua.
ALUADO Iacanga-ayua.
ALUMIAÇÃO Mucandeasaua, Mucendysaua.
ALUMIADO Mucandea, Imucendy, Ueréu. *Alumiado-se:* Iuueréu.
ALUMIADOR Mucandeasara, Mucendysara.
ALUMIANTE Mucandeauara, Mucendyuara.
ALUMIAR Mucandêa (*corrup. de* candeia), Mucendy.
ALUMIÁVEL Mucandeauera, Mucendyuera.
ALVA Coema-eté, Coemeté.
ALVAIADE Tauatinga-iaué.
ALVAR (*cor*) Tuixinga; (*qualidade*) Iacuayma.
ALVOR Coematinga, Mumurutingasaua.
ALVORADA Ara-iupirungaua.
ALVORECER Coema-uri, Ara-iupirun.
ALVORECIDO Coemana.
ALVOROÇADAMENTE Mupuxi-rupi.
ALVOROÇADO Imupuxi.
ALVOROÇADOR Mupuxisara.
ALVOROÇANTE Mupuxiuara.
ALVOROÇAR Mupuxi. *Alvoroçar-se:* Iumupuxi.
ALVOROÇÁVEL Mupuxiuera.
ALVOROTO [*alvoroço*] Mupuxisaua.
ALVURA Murutingasaua.
AMA (*dona da casa*) Maitinga (*mãe branca*).
AMACACADO Macaca-iaué.
AMACIAR Muicyma. *V. Alisar* e comp.
AMA-DE-LEITE Icambysara.
AMADO Ixaisu; (*desejado*) Iucyua.
AMADOR Xaisusara.
AMADURECEDOR Mutinharūsara.
AMADURECER Mutinharū, Iutinharū.
AMADURECIMENTO Intinharūsaua.
AMADURECENTE Iutinharūuara, Mutinharū-uara.
AMADURECIDO Mutinharū.

AMADURECÍVEL Iutinharūuera.
ÂMAGO Sainha, Rainha, Pyterasaua.
AMAMENTAÇÃO Mucambysaua.
AMAMENTADO Imucamby.
AMAMENTADORA Mucambysara, Icambysara.
AMAMENTANTE Mucambyuara.
AMAMENTAR Mucamby. *Amamentar-se:* Iucamby.
AMAMENTÁVEL Mucambyuera.
AMANCEBAR-SE *V. Amasiar-se.*
AMANHÃ Uirandé.
AMANHECEDOR Coemasara.
AMANHECENTE Iucoemauara.
AMANHECER Iucoema.
AMANSADO Iapucuau.
AMANSADOR Iapucuausara.
AMANSAMENTO Iapucuausaua, Iapucuaua.
AMANSANTE Iapucuauara.
AMANSAR Iapucuau. *Amansar-se:* Iuiapucuau.
AMANSÁVEL Iapucuauera.
AMANTE Xaisuuara.
AMAR Xaisu. *Amar-se:* Iuxaisu.
AMARELADO Tauá-iaué, Tauaxinga.
AMARELECEDOR Mutauasara.
AMARELECER Iumutauá; (*tornar amarelo*) Mutauá.
AMARELECENTE Mutauauara.
AMARELECIDO Mutauá.
AMARELECIMENTO Mutauasaua.
AMARELECÍVEL Mutauauera.
AMARGADO Muiraua.
AMARGADOR Muirauasara.
AMARGANTE Muirauauara.
AMARGAR Muiraua. *Fazer-se amargo:* Iumuiraua.
AMARGÁVEL Muirauauera.
AMARGO Iraua.
AMARGOR Irauasaua.
AMARRA Tupaxama.
AMARRAÇÃO Pucuarisaua.
AMARRADO Ipucuári.
AMARRADOR Pucuarisara.
AMARRANTE Pucuariuara.
AMARRAR Pucuari. *Amarrar-se:* Iupucuári. *Fazer, tornar amarrado:* Mupucuári.
AMARRÁVEL Pucuariuera.
AMARRILHO Ixama, Piasaua, Typoia.
AMA-SECA Tainha purasara.
AMÁSIA Iauasa.
AMASIAR-SE Iuiauasa.

AMASSADO Cancira, Sosoēn.
AMASSADOR Cancirasara. *O instrumento com que se amassa:* Cancirayua, Sosoēnyua.
AMASSADOURO Canciratyua, Sosoēntyua.
AMASSADURA Cancirasaua, Sosoēngaua.
AMASSANTE Cancirauara, Sosoēngara.
AMASSAR Cancira, Sosoēn, Camiryca.
AMASSÁVEL Cancirauera.
AMÁVEL Xaisuara, Xaisuera.
AMAZONA AMAZONICA (*casta de papagaio*) Curica.
AMAZONA FARINOSA (*casta de papagaio*) Aiuru.
AMAZONA FESTIVA (*casta de papagaio*) Ué.
AMAZONAS (*o rio*) Surima.
AMBAÚBA [*embaúba*] Embayua.
AMBÉ [*áspero, rugoso*] Uamé, Uambé.
AMBIÇÃO Putare-eté-saua.
AMBICIOSO Putare-eté-pora.
AMBICIONAR Putare-eté.
AMBIGUIDADE Satambyca-yma-saua.
AMBÍGUO Satambyca-yma.
AMBOS Iaué-mocoĩn.
ÂMBULA DOS SANTOS ÓLEOS Iandycaryua-ireru, Indy-ireru.
AMEAÇA Mucikié-saua.
AMEAÇADO Imucikié.
AMEAÇADOR Mucikiésára.
AMEAÇANTE Mucikiéuára.
AMEAÇAR Mucikié.
AMEAÇÁVEL Mucikiéuéra.
AMEDRONTADO Imuiauí.
AMEDRONTADOR Muiauí-sara.
AMEDRONTAMENTO Muiauí-saua.
AMEDRONTANTE Muiauí-uara.
AMEDRONTAR Muiauí, Mupia-cikié.
AMEDRONTÁVEL Muiauí-uera.
AMEJU Ameiú.
AMENIDADE Musory-xinga-saua.
AMENIZADO Musory-xinga.
AMENIZADOR Musory-xinga-sara.
AMENIZANTE Musory-xinga-uara.
AMENIZAR Musory-xinga.
AMENIZÁVEL Musory-xinga-uera.
AMENO Sory-xinga.
AMIDO Typyaca, Suaiauara.
AMIGAÇÃO Iauasasaua.
AMIGADO Iauasa, Imuiauasa.
AMIGANTE Iauasauara, Muiauasa-uara.
AMIGAR Iauasa, Muiauasa.

AMIGÁVEL Muiauasa-uera.
AMIGO Anama, Camarara.
AMIZADE Anamasaua.
AMOFINADO Iucacy.
AMOFINADOR Iucacysara.
AMOFINAMENTO Iucacysaua.
AMOFINANTE Iucacyuara.
AMOFINAR Iucacy, Mupanema, Mupiá-mirĩ.
AMOFINÁVEL Iucacyuera.
AMOLAÇÃO Musaimbé-saua, Coeré-saua.
AMOLADO (*afiado*) Musaimbé, (*aborrecido*) Coeré.
AMOLADOR Musaimbé-sara, Coeré-sara.
AMOLANTE Musaimbé-uara, Coeré-uara.
AMOLAR Musaimbé (*figurado*), Coeré.
AMOLÁVEL Musaimbé-uera, Coeré-uera.
AMOLECEDOR Membecasara.
AMOLECENTE Mumembecauara, Imembecauara.
AMOLECER Iumembeca. *Tornar mole:* Mumembeca.
AMOLECIDO Membeca, Memeca.
AMOLECIMENTO Membecasaua.
AMOLECÍVEL Membecauera.
AMONTOADO Muatire.
AMONTOADOR Muatiresara.
AMONTOAMENTO Muatiresaua.
AMONTOANTE Muatireuara.
AMONTOAR Muatire. *Amontoar-se:* Iumuatire.
AMONTOÁVEL Muatireuera.
AMOR Xaisusaua.
AMORÁVEL Xaisuera.
AMOROSO Xaisuara, Cunhãuara.
AMORTALHADO Imanoana-pupesaua.
AMORTALHADOR Imanoana-pupesara.
AMORTALHAMENTO Imanoana-pupesaua.
AMORTALHANTE Imanoana-pupeuara.
AMORTALHAR Imanoana-pupesaua.
AMORTALHÁVEL Imanoana-pupeuera.
AMPARADO Ipoirõn.
AMPARADOR Poirõngara.
AMPARANTE Poirõngara.
AMPARAR Poirõn. *Amparar-se:* Iupoirõn.
AMPARO Poirõngaua.
AMPLIAÇÃO Muasupiresaua.
AMPLIADO Muasupire.
AMPLIADOR Muasupiresara.
AMPLIANTE Muasupireuara.
AMPLIAR Muasupire. *Ampliar-se:* Iumuasupire.

AMPLIÁVEL Muasupireuera.
AMPLIDÃO Uasusaua. *Pela amplidão do céu:* Iuaca iuasusaua rupi.
AMPLO Uasu.
AMPUTAR Munuca. *V. Cortar* e comp.
ANACARDEIRO [*cajueiro*] Caiuyua.
ANACARDO [*caju*] Caiú.
ANAJÁ Anaia.
ANAJAZAL Anaiatyua.
ANAJAZEIRO Anaiayua.
ANAJÉ Anaié.
ANÁLOGO Cuaiaué, Maiaué.
ANALOGIA Maiaué-saua.
ANALÓGICO Maiaué-uara.
ANAMBÉ Uanambé.
ANANÁS Nana. *Ponta do ananás:* Nana-arapecuma.
ANANAZAL Nanatyua.
ANANAZEIRO Nanayua.
ANCA Sumby; [*curva do rio*] Paranã-pepenasaua.
ANCIÃ Uaimy.
ANCIANIDADE Tuiueua, Uaimysaua.
ANCIÃO Tuiué.
ANDADA [*caminhada*] Uataua, Sosaua.
ANDADO Só, Isó.
ANDADOR Sosara, Uatauara.
ANDAIME Uirau.
ANDAR Só, Uatá. *Andar de cego:* Uatá cesáyma nungara.
ANDARILHO Yuy-uara-eté.
ANDIROBA Iandyraua.
ANDIROBAL Iandyraua-tyua.
ANDIROBEIRA Iandyraua-yua.
ANDORINHA Miuí, Miauí, Uirá-tapera, Uirá-piti.
ANDORINHÃO Purutĩ.
ANEGADO [*afogado*] Oycambira.
ANEGAR [*afogar, inundar*] Oyca, Manõ-paraname.
ÂNFORA Yngasaua, Yasaua.
ANGÁ Ingá.
ANGU Mingau.
ÂNGULO Openasaua. *Ângulo da casa:* Oca openasaua.
ANGULOSO Openasaua-pora.
ANHINGA Carara.
ANIL Caasuky, Caasukyra.
ANIMAÇÃO Muangaua.
ANIMADAMENTE Muanga-rupi.

ANIMADO Muanga.
ANIMADOR Muangara.
ANIMAL Soó.
ANIMALAÇO Sooasu.
ANIMALÃO Sooturusu.
ANIMALEJO Sooī.
ANIMALIDADE Soosaua.
ANIMALZINHO Soó-mirī.
ANIMA-MEMBECA [*tipo de erva*] Caá-membeca.
ANIMAR Muanga, Muturusu-i-piá, Mukyrimbau.
ÂNIMO Kyrimbaua, Cikieyma, Anga, Inticikié! *O ânimo das coisas:* Maaitá-anga. *Adianta-se com ânimo:* Osorecé kyrimbaua. *Ânimo! não quero ninguém detrás:* Inti cikié! Inti xaputári mira cé casakire.
ANINHADO Musuaetyana.
ANINHADOR Musuaetysara.
ANINHAMENTO Musuaetysaua.
ANINHANTE Musuaetyuara.
ANINHAR Musuaety, Munhã-suaety.
ANINHÁVEL Musuaetyuera.
ANIQUILADO Itycapau, Itycapauana.
ANIQUILADOR Itycapausara.
ANIQUILAMENTO Itycapausaua, Itycapaua.
ANIQUILANTE Itycapauara.
ANIQUILAR Itycapau. *Aniquilar-se:* Iuitycapau.
ANIQUILÁVEL Itycapauera.
ANJO Carayauaué.
ANO [*intervalo de tempo*] Acaiú.
ANO [*ânus*] Tiputicuara, Xicuara, Ricuara.
ANOITECER Pituna-ocica, Pituna-uri.
ANOITECIDO Pituna-ocicana, Pituna-uriana.
ANÔNIMO Cera-yma.
ANOSO Tuiueana, Uuimyana.
ANSA Nambi. *Ansa do pote:* Camuti-nambi, Yngasaua-nambi.
ÂNSIA Tecô-tembéua.
ANSIADO Tecô-tembé.
ANSIANTE Tecô-tembeuara.
ANSIOSAMENTE Tecô-tembé-rupi.
ANSIOSO Tecô-tembeuera.
ANTA Tapyira; (*quando pode haver dúvida que se fale de boi*) Tapyra-caapora.
ANTAGÔNICO Suaiana.
ANTAGONISMO Suaiasaua.
ANTAGONISTA Suaiauara.
ANTANHO Cueceuana.
ANTEBRAÇO Iyua-rupitá.

ANTECÂMARA Ocapy-tenondé-uara.
ANTECEDÊNCIA Tenondé-saua.
ANTECEDENTE Tenondé-uara.
ANTECEDENTEMENTE Tenondé-rupi.
ANTECEDER (*se vai*) Sô tenondé; (*se vem*) Uri tenondé.
ANTECESSOR Tenondé-sara. *Que morreu antes:* Tenondé-ambyra.
ANTECIPAÇÃO Tenondé-cicasaua.
ANTECIPADO Icicana-tenondé.
ANTECIPADOR Tenondé-cicasara.
ANTECIPANTE Tenondé-cicauara.
ANTECIPAR Cica-tenondé; (*quando a antecipação é muita*) Cica coemana eté.
ANTEGOSTAR Iucy-tenondé.
ANTEGOSTO Tenondé-iucysaua.
ANTEMANHÃ Coema-tenondé.
ANTEMÃO Tenondé-rupi.
ANTENOME Cera-tenondé-uara.
ANTEPARO Taipara.
ANTEPASSADO Epy, Iyua. *Morto antes:* Tenondé-ambyra. *Os nossos antepassados eram donos destas terras:* Iané iyua oicoana cua tetama iara.
ANTEPOEDOR Tenondé-enūsara.
ANTEPOENTE Tenondé-enūuara.
ANTEPOR Enū-tenondé. *Antepor-se:* Iuenū-tenondé, Enu-rain-tenondé.
ANTEPOSIÇÃO Tenondé-enūsaua.
ANTEPOSTO Tenondé-enū.
ANTERIOR Tenondé-uara.
ANTERIORIDADE Tenondé-saua.
ANTE-SALA Ocapy-tenondé-uara.
ANTESIGNANO [*porta-estandarte*] Tenondé mucameeñgara.
ANTES Tenondé, Renondé, Cenondé, Tenoné, Renoné, Cenoné.
ANTÍDOTO Pusanga.
ANTIGAMENTE Cociyma-rupi.
ANTIGO Cociymauara, Cociymana, Cocyuara.
ANTIGUIDADE Cociyma-saua, Cocysaua.
ANTIQUALHA Cociyma-uera.
ANTIQUÍSSIMO Cociyma-uara-eté.
ANTRAZ Iatyī-ayua.
ANTRO Yuy-cuara.
ANTROPOFAGIA Mira-usaua.
ANTROPÓFAGO Mira-usara.
ANU (*casta de ave*): Anū, Anuí, Anucoroca.
ANUAL Acaiuara.

ANUALMENTE Opaĩn-acaiú-rupi.
ANUÊNCIA Eré-munhangaua.
ANUENTE Eré-munhangara.
ANUIR Eré-munhã.
ANULADO Mueú, Mueuana.
ANULADOR Mueú-sara.
ANULAMENTO Mueú-saua.
ANULANTE Mueú-uara.
ANULAR Mueú.
ANULÁVEL Mueuera.
ANUNCIAÇÃO Tenondé-nheẽngarasaua.
ANUNCIADO Tenondé-nheẽngara.
ANUNCIADOR Tenondé-nheẽngarasara.
ANUNCIAR Nheẽngara-tenondé.
ANUNCIANTE Tenondé-nheẽngarauara.
ANUNCIÁVEL Tenondé-nheẽngarauera.
ANÚNCIO Nheẽngarauara, Papera-nheẽngara-uara.
ANURO Sauayma, Rauayma, Sura.
[ÂNUS V. Ano.]
ANUVIADO Muikiá, Muikiana.
ANUVIADOR Muikiá-sara.
ANUVIAMENTO Muikiá-saua.
ANUVIANTE Muikiá-uara.
ANUVIAR Muikiá. *O céu se anuvia:* Iuaca omuikiá.
ANUVIÁVEL Mukiá-uera.
ANZOL Pindá, Piná.
ANZOLADO Pindá-iaué, Pindá-iaué-xinga, Pindá-rangaua.
ANZOLARIA Pindá-munhangaua.
ANZOL-DO-DIABO [casta de planta espinhosa] Yurupary-pindá.
ANZOLEIRO Pindá-munhangara.
AO Kiti, Recé, Píri, Supé. *Foi ao seu encontro:* Osó i recé. *Foi ao mato buscar lenha:* Osó caá kiti ocicári iepeá arama. *Dirigiu-se ao chefe:* Osó satambyca tuixaua píri.
AONDE Mapé?, Makiti?, Macatu?
AO PASSO QUE Nhaã pucusaua.
APADRINHADO Mupaiangauauana.
APADRINHADOR Mupaiangauasara.
APADRINHAMENTO Mupaiangauasaua.
APADRINHANTE Mupaiangauauara.
APADRINHAR Mupaiangaua. *Apadrinhar-se:* Iumupaiangaua.
APADRINHÁVEL Mupaiangauauera.
APAGADAMENTE Mbueú-rupi.
APAGADO Mbueuana.
APAGADOR Mbueú-sara.

APAGADOURO Mbueú-tyua.
APAGAMENTO Mbueú-saua.
APAGANTE Mbueú-uara.
APAGAR (*soprando*) Mbueú, Mueú.
APAGÁVEL Mbueú-uera, Mbueú-téua.
APAIXONADAMENTE Xaisu-eté-rupi.
APAIXONADO Ixaisu-eté, Angacuayua, Xaisupora.
APAIXONADOR Xaisu-eté-sara.
APAIXONANTE Xaisu-eté-uara.
APAIXONAR Xaisu-eté. *Apaixonar-se:* Iuxaisu-eté. *Fazer apaixonar:* Muxaisu-eté.
APAIXONÁVEL Xaisu-eté-uera.
APALAVRADO Munheẽngana, Nheẽngameẽn.
APALAVRADOR Munheẽngasara.
APALAVRAMENTO Munheẽngasaua.
APALAVRANTE Munheẽngauara.
APALAVRAR Munheẽnga, Munguetá. *Apalavrar-se:* Iumunheẽnga, Iumunguetá.
APALAVRÁVEL Munheẽngauera.
APALPADO Ipoẽn, Ipoẽngana, Ipopoca, Ipopocana.
APALPADOR Poẽngara, Popocasara.
APALPAMENTO Poẽngaua, Popocasaua.
APALPANTE Poẽngara, Popocauara.
APALPAR Poẽn, Popuca, Popoca, Picica. *Apalpar-se:* Iupoẽn, Iupopuca. *Fazer apalpar:* Mupoẽn, Mupopuca; (*frequentativo*) Poẽn-poẽn.
APALPÁVEL Poẽngara, Popocauera.
APANCADO Iuapyca.
APANHADO Ipicica, Ipicicana.
APANHADOR Picicasara.
APANHAMENTO Picicasaua.
APANHANTE Picicauara.
APANHAR Picica. *Fazer apanhar:* Mupicica. *Fazer-se apanhar:* Iumupicica.
APANHÁVEL Picicauera.
APAPÁ [*casta de peixe*] Apapá.
APARADO Ipoú, Pouana, Munucana.
APARADOR Poú-sara, Munucasara.
APARAMENTO Poú-saua, Munucasaua.
APARANTE Poú-ara, Munucauara.
APARAR Poú, Munuca.
APARÁVEL Pouéra, Munucauera.
APARECEDOR Iumucameẽngara, Iumucuau-sara.
APARECER Iumucameẽn, Iumucuauana.
APARECIMENTO Iumucameẽngaua, Iumucu-au-saua.

APARELHADO Mucatu.
APARELHADOR Mucatusara. *O que serve para aparelhar:* Mucatuyua.
APARELHADOURO Mucatutyua, Mucaturendaua.
APARELHAMENTO Mucatusaua.
APARELHANTE Mucatuara.
APARELHAR Mucatu. *Aparelhar-se:* Iumucatu.
APARELHÁVEL Mucatuera.
APARENTADO Anama.
APARENTAR Muanama. *Aparentar-se:* Iuanama.
APARTADO Imutirica, Mutiricana.
APARTADOR Mutiricasara.
APARTAMENTO Mutiricasaua.
APARTANTE Mutiricauara, Mutiricauera.
APARTAR Mutirica, Musaca. *Apartar-se:* Iumutirica.
APARVALHADO Iacuayma.
APARVALHADOR Muiacuayma-sara.
APARVALHAMENTO Muiacuayma-saua.
APARVALHANTE Muiacuayma-uara.
APARVALHAR Muiacuayma. *Aparvalhar-se:* Iumucuayma.
APARVALHÁVEL Muiacuayma-uera.
APAVORADO Cikié-eté, Iauy-eté, Cikié-pora.
APAVORADOR Muiauy-eté-sara.
APAVORAMENTO Muiauy-eté-saua.
APAVORANTE Muiauy-eté-uara.
APAVORAR Muiauy-eté.
APAVORÁVEL Muiauy-eté-uera.
APAZIGUADO Mupytuu.
APAZIGUADOR Mupytuusara.
APAZIGUAMENTO Mupytuusaua.
APAZIGUANTE Mupytuu-uara.
APAZIGUAR Mupytuu. *Apaziguar-se:* Iumupytuu.
APAZIGUÁVEL Mupytuu-uera.
APEDREJADO Itá-iapypora.
APEDREJADOR Itá-iapysara.
APEDREJADOURO Itá-iapytyua.
APEDREJAMENTO Itá-iapysaua.
APEDREJANTE Itá-iapyuara.
APEDREJAR Iapy-itá, Iapy-itá-mira-pupé.
APEDREJÁVEL Itá-iapyuera.
APEGADO Muapicica.
APEGADOR Muapicicasara.
APEGADOURO Muapicicatyua.
APEGAMENTO Muapicicasaua.
APEGANTE Muapicicauara.
APEGAR Muapicica. *Apegar-se:* Iumuapicica.

APEGÁVEL Muapicicauera.
APELIDADO Cenoe, Cenoi. *V. Chamar* e comp.
APÊNDICE Pacuaua.
APENSO Pucuau.
APERCEBER Maan-apecatu-suí.
APERFEIÇOAR Mungaturu-puranga.
APERTADO Camiryca, Imuantá, Tipiy, Pomana.
APERTADOR Camirycasara, Muantasara, Tipiysara, Tipiycasara, Pomanasara.
APERTADOURO Camirycatyua, Muantatyua, Tipiytyua.
APERTANTE Camirycauara, Muantauara, Tipiyuara, Pomanauara.
APERTAR Camiryca; (*entesando*) Muantá; (*prensando*) Tipiy. *Apertar a mão:* Pomana.
APERTÁVEL Camirycauera, Muantauera, Tipiyuera, Pomanauera.
APERTO Camirycasaua, Muantasaua, Tipiysaua, Pomanasaua.
APETECER Iucei.
APETECIDO Iucei.
APETÊNCIA Iuceisaua.
APETECÍVEL Iuceiuera.
APETENTE Iuceiuara.
APETITIVO Iuceisaua.
ÁPICE Puasapesaua.
APIEDADO Morauasu.
APIEDAR-SE Iumorauasu.
APLACADO Muceẽn.
APLACADOR Muceẽngara.
APLACAMENTO Muceẽngaua.
APLACAR Muceẽn.
APLAINADO Imupema.
APLAINADOR Mupemasara.
APLAINAMENTO Mupemasaua.
APLAINANTE Mupemauara, Mupemayua.
APLAINAR Mupema.
APLAINÁVEL Mupemauera.
APLAUDIR Uacemo-catu, Onheẽn-eré-catu.
APLAUSO Erecatu-nheẽngaua, Eré-uacemosaua.
APODRECENTE Iumusaué-uara.
APODRECER Iuca, Iumusaué.
APODRECIDO Iucana, Saué.
APODRECIMENTO Iucaua, Sauéua.
APOIADO Pitasoca, Iusocana.
APOIAR Pitasoca. *Apoiar-se contra alguma coisa:* Iusoca. *Apoiar moralmente:* Pytymu.
APOIO Pitasocaua, Pytymusaua.

APONTADO Santĩ.
APONTADOR Musantĩsara.
APONTAMENTO Musantĩsaua.
APONTANTE Musantĩuara.
APONTAR (*fazer a ponta*) Musantĩ; (*começar a aparecer*) Iumu-cameẽn. *Apontar-se:* Iumusantĩ.
APONTÁVEL Musantĩuera.
APOPLEXIA Manopuxi.
APORTADO Iariana.
APORTADOR Iarisara.
APORTADOURO (*lugar onde se pode aportar*) Iarityua.
APORTAMENTO Iarisaua.
APORTANTE Iariuara.
APORTAR (*chegar ao porto*) Iári, Muiare.
APORTÁVEL Iariuera.
APÓS Ariré, Casakire.
APOSENTO Ocapy.
APOSSAR Muiara. *Apossar-se:* Iumuiara.
APOSTEMA Iatĩ.
APOSTEMAR Muiatĩ.
APOSTEMÁTICO Muiatĩuera.
APOUCADO Munembae, Mucuaíra.
APOUCADOR Munembaesara, Mucuairasara.
APOUCAMENTO Munembaesaua, Mucuairasaua.
APOUCANTE Mucuairauara, Munembauara.
APOUCAR Mucuaíra, Munembae. *Apoucar-se:* Iumucuaíra, Iumumiri.
APRAZER Iuiucuau; Puranga.
APRECIAR Uacemo-catu, Uacemo-puranga.
APREENDEDOR Picicasara.
APREENDER Picica.
APREENSÃO Picicasaua.
APREENSÍVEL Picicauera.
APREENSÓRIO Picicauara.
APREGOADO Sacemoana.
APREGOADOR Sacemosara.
APREGOADOURO Sacemotaua.
APREGOAMENTO Sacemosaua.
APREGOANTE Sacemouara.
APREGOAR Sacemo. *Fazer apregoar:* Musacemo.
APREGOÁVEL Sacemouera.
APRENDER Iumbué.
APRENDIDO Iumbueana.
APRENDÍVEL Iumbué-uera.
APRENDIZ Iumbuéua, Iumbué-uara.
APRENDIZAGEM Iumbué-saua.

APRESADOR Aua-opicica-kyrimbaua-rupi, Mundeusara.
APRESAR Picica-kyrimbaua-rupi, Mundéu.
APRESENTAÇÃO Munameẽngaua.
APRESENTADO Mucameẽn, Mucameẽngaua.
APRESENTADOR Mucameẽngara.
APRESENTAR Mucameẽn.
APRESSADAMENTE Curutẽuana, Curutẽ-rupi.
APRESSADO Mucurutẽ, Sanhẽn-oicó.
APRESSADOR Mucurutẽsara. Sanhẽn-oicosara.
APRESSAMENTO Mucurutẽsaua, Sanhẽn-oicosaua.
APRESSANTE Mucurutẽuara, Sanhẽn-oicouara.
APRESSAR Mucurutẽ. *Fazer apressar:* Musanhẽn. *Estar com pressa:* Icosanhẽn.
APRESTADO Mungaturuana.
APRESTADOR Mungaturusara.
APRESTADOURO Mungaturu-tendaua.
APRESTAMENTO Mungaturusaua.
APRESTANTE Mungaturuuara.
APRESTAR Mungaturu. *Aprestar-se:* Iumungaturu.
APRESTÁVEL Mungaturuera.
APRESTO Mungaturusaua.
APRIMORAR Munhã-puranga-pire. *Aprimorar-se:* Iumunhã-puranga-pire.
APROFUNDAR Iumutipy-pire.
APRONTADO Mpaua.
APRONTAR Mpau.
APROPINQUAR Cica-ruake.
APROPRIAR-SE Picica-iara-iaaué, Iumunhã-iara.
APROVAÇÃO Eẽ-munhãngaua.
APROVADO Eẽ-munhãna.
APROVADOR Eẽ-munhãngara.
APROVAR Eẽ-munhã, Nheẽn-eré.
APROXIMAÇÃO Ruakesaua.
APROXIMADO Muruake.
APROXIMADOR Muruakesara.
APROXIMANTE Muruakeuara.
APROXIMAR Muruake. *Aproximar-se:* Iumuruake.
APROXIMÁVEL Muruakeuera.
APRUMAÇÃO Musatambyca-saua.
APRUMADO Musatambycaua.
APRUMADOR (*quem apruma*) Musatambycasara; (*o instrumento que serve para aprumar*) Musatambyca-yua.
APRUMANTE Musatambyca-uara.

APRUMAR Musatambyca.
APUÍ Apuí.
APUIZEIRO Apuiyua.
APUPADA Mutimũnheẽngaua-puxi.
APUPADO Mutimũnheẽn-puxi.
APUPADOR Mutimũnheẽngasara-puxi.
APUPANTE Mutimũnheẽngauara-puxi.
APUPAR Mutimũnheẽn-puxi.
APUPÁVEL Mutimũnheẽngauera.
APUPO Mutimũnheẽnga-puxi.
APURAÇÃO Mutykysaua.
APURADO Mutyky, Tykyra.
APURADOR Mutykysara.
APURADOURO Mutykytyua.
APURANTE Mutykyuara.
APURAR Mutyky. *Apurar-se:* Iumutyky.
APURÁVEL Mutykyuera.
AQUAQUÁ (*casta de sapo*) Acuacuá.
AQUÁRIO Ytyua.
AQUÁTICO Yuara.
AQUECEDOR Musacusara.
AQUECEDOURO Musacutyua.
AQUECENTE Musacuuara.
AQUECER Musacu.
AQUECIDO Musacuua, Musacuana.
AQUECÍVEL Musacuuera.
AQUELE Nhaã (*pl.:* nhaaitá). *Aquele que:* Auá. *Aquele outro:* Nhaã-amu. *Aqueles outros:* Nhaã-amuitá.
AQUÉM Cuá suindape.
AQUENTAR V. Aquecer e comp.
AQUI Iké. *De aqui:* Iké-suí. *Até aqui:* Iké--nhunto. *Aqui mesmo:* Iké-catu; *Por aqui:* Iké-rupi. *Perto daqui:* Iké-ruake. *Para aqui:* Iké-kiti.
AQUI ESTÁ (*só mostrando*) Cusucui; (*oferecendo*) Misucui.
AQUIETAÇÃO Pytuu-saua.
AQUIETADO Pytuu, Pytuua.
AQUIETADOR Pytuu-sara.
AQUIETANTE Pytuuara.
AQUIETAR Pytuu, Pituu. *Aquietar-se:* Iupituu.
AQUIETÁVEL Pytuuera.
AQUÍFERO Ypora.
AQUILATADOR Cecuiara-munhãngara.
AQUILATAR Munhã-cecuiara.
AQUILHADO Ygara-sainha-iaué.
AQUILO Uá-uaé.
AQUINHOADO Oicó-putaua. *Ser ou ficar aquinhoado:* Muicó-putaua.

AQUINHOADOR Putaua-meẽngara.
AQUINHOAMENTO Putaua-meẽngaua.
AQUINHOAR Meẽn-putaua. *Aquinhoar-se:* Piamo-i-putaua.
AQUISIÇÃO Pirepanasaua.
AQUOSIDADE Ysaua.
AQUOSO Yuara.
AR Angaí, Peiua.
ARAÇÁ (*casta de fruta*) Arasá.
ARAÇARI (*casta de pequeno tucano*) Arasari.
ARAÇAZAL Arasatyua.
ARAÇAZEIRO Arasayua.
ARAGEM Iuytuí.
ARAGUARI (*casta de arara*) Arauari.
ARAGUARITÓ (*casta de macaco*) Arauató.
ARAME Itá-inimbu.
ARANEIFORME Iandu-iaué.
ARANHA Iandu, Ianduocy, Caiarara.
ARANHEIRA Iandu-kisaua.
ARANHIÇO Iandu-mirĩ.
ARAPABACA (*erva-lombrigueira*) Arapauaca.
ARAPAPÁ (*casta de pássaro*) Arapapá.
ARAPONGA (*casta de ave*) Uirapunga.
ARAPUÁ (*abelha preta*) Arapuã.
ARAPUCA (*casta de armadilha*) Uirapuca.
ARAQUAM (*casta de pássaro*) Arancuan.
ARARA (*a grande, vermelha*) Arara; (*outra vermelha menor*) Arauari; (*a celeste escura*) Araruna; (*a azul e amarela*) Canindé, Arari.
ARARUTA Araruta, Araruca.
ARATICUM (*casta de fruta*) Araticũ.
ARATICUNZEIRO Araticũ-yua.
ARBITRADO Putári-iaué.
ARBITRADOR Iaué-putarisara.
ARBITRAMENTO Iaué-putarisaua.
ARBITRANTE Iaué-putariuara.
ARBITRAR Putári-iaué.
ARBITRÁRIO Iaué-putári-pire.
ARBITRÁVEL Iaué-putariuera.
ARBÓREO Caauara, Yuapara, Yuauara.
ARBORESCENTE Yua-iaué, Iyua-cerane.
ARBORIZAÇÃO Caá-iutimasaua.
ARBORIZADO Caá-iutima.
ARBORIZADOR Caá-iutimasara.
ARBORIZANTE Caá-iutimauara.
ARBORIZAR Iutima-caá.
ARBORIZÁVEL Caá-iutimauera.
ARBUSTO Yuai, Caá-mirĩ.
ARCA Patuá.
ARCABUZ Mucaua.

ARCABUZEIRO Mucaua-iapysara.
ARCADO Apara.
ARCADURA Aparasaua.
ARCANO Iumimisaua.
ARCEBISPO Paí-uasu.
ARCHOTE Turi, Turiuá.
ARCO Myrapara.
ARDÊNCIA Caysaua, Taiasaua, Cendé-saua.
ARDENTE Cayuara, Taiauara, Cendé-uara.
ARDENTEMENTE Putári-eté-rupi.
ARDER (*das comidas apimentadas*) Taia; (*das comidas e bebidas e de tudo que irrita*) Cay; (*do fogo que queima*) Cené, Cendé; (*se se trata do ardor por este produzido*) Sacu.
ARDIDO (*de arder*) Cayua, Taiaua, Sacua; (*valente*) Kyrimbaua.
ARDIL Iacua.
ARDILEZA Iacusaua.
ARDILOSAMENTE Iacua-rupi.
ARDILOSO Iacu.
ARDOR Sacu, Sacusaua.
AREADO Kytinucaua, Kytinucana.
AREADOR Kytinucasara.
AREADOURO Kytinucatyua.
AREAL Yuycuityua.
AREAMENTO Kytinucasaua.
AREANTE Kytinucauara.
AREAR Kytinuca, Kytinuoca.
AREÁVEL Kytinucauera.
AREENTO Yuycui-uera.
AREIA Yuycui.
ARENÁCEO Yuycuiua.
ARENÍFERO Yuycui-pora.
ARENIFORME Yuycui-iaué.
ARENOSO Yuycui-uara.
ARGILA Tauatinga; (*própria para panelas*) Nhaun, Nhaúma.
ARGILÍFERO Tauatinga-pora.
ARGILIFORME Tauatinga-iaué.
ARGILOSO Tauatingauara.
ARGOLA (*ou gancho que se põe nos quartos para armar a rede*) Oca-auyca.
ARGÚCIA Iacusaua.
ARGUCIOSO Iacua.
ARGUMENTAR Munguetá.
ARGUMENTAÇÃO Munguetasaua.
ARGUMENTADO Munguetaua.
ARGUMENTADOR Munguetasara.
ARGUMENTANTE Munguetauara. *Argumentante pouco hábil:* Munguetauera.

ARIDEZ Xirycasaua.
ÁRIDO Xirycaua, Ticanga.
ARMAÇÃO Potysaua; (*da teia em trama no tear*) Muamamesaua; (*para rede*) Muamesaua.
ARMADILHA (*de laço*) Iusana; (*para apanhar mamíferos*) Mundé, Muné, Caamundé; (*para apanhar macacos*) Commuca, Combura; (*para pássaros*) Uirapuca; (*para peixes*) Matapi, Mucera, Cacuri, Pary, Ieky, Pary-membeca.
ARMADOR (*onde se ata a rede*) Potysara; (*da teia*) Muamamesara, Muamesara.
ARMAR (*a rede para dormir*) Poty, Puamo; (*a trama no tear*) Muamame.
AROIDEA (*casta de plantas*) Taia, Uarumã, Manara, Mancara.
AROMA Sakenasaua.
AROMÁTICO Sakenaua.
AROMATIZADOR Sakenasara.
AROMATIZANTE Sakenauara.
AROMATIZAR Sakena.
AROMATIZÁVEL Sakenauera.
ARPÃO (*a haste*) Iatyca; (*a ponta*) Itapoan, Iatycayua.
ARPÉU Xapu.
ARPOAÇÃO Cutucasaua.
ARPOADO Cutucaua, Cotucana.
ARPOADOR Cutucasara.
ARPOADOURO Cutucatyua.
ARPOANTE Cutucauara.
ARPOAR Cutuca.
ARPOÁVEL Cutucauera.
ARPOEIRA Tupaxama.
ARQUEADO Muaparaua.
ARQUEADOR Muaparasara.
ARQUEADOURO Muaparatyua.
ARQUEAMENTO Muaparasaua.
ARQUEANTE Muaparauara.
ARQUEAR Muapara. *Arquear-se:* Iumuapara.
ARQUEÁVEL Muaparauera.
ARQUIFORME Myrapara-iaué.
ARRAIA Iauyra.
ARRAIAL (*aldeia*) Taua; (*lugar de arraias*) Iauyra-tyua, Iauyra-ypaua. *Arraial abandonado:* Taua-cuera, Tapera.
ARRAIGAR Iuiutima.
ARRANCADO Musacaua, Musacana.
ARRANCADOR Musacasara.
ARRANCAMENTO Musacasaua.
ARRANCANTE Musacauara.

ARRANCAR Musaca.
ARRANCÁVEL Musacauera.
ARRANCHAR-SE (*em viagem, para passar a noite*) Mumitasaua.
ARRANHADO Caraēn, Caraēngana.
ARRANHADOR Caraēngara.
ARRANHAMENTO Caraēngaua.
ARRANHÃO Caraēnga.
ARRANHAR Caraēn, Caraī. *Arranhar-se:* Iucaraēn.
ARRANHÁVEL Caraīuera.
ARRASADO Muyuycuyua.
ARRASADOR Muyuycuysara.
ARRASAMENTO Muyuycuysaua.
ARRASANTE Muyuycuyuara.
ARRASAR Muyuycuy.
ARRASÁVEL Muyuycuyuera.
ARRASTADO Xikiua, Xikiana, Xiki, Maranan.
ARRASTADOR Xikisara.
ARRASTADOURO Xikityua.
ARRASTAMENTO Xikisaua, Maranangaua.
ARRASTANTE Xikiuara.
ARRASTÃO Xiki-eté-saua.
ARRASTAR Xiki. *Arrastar-se:* Iuxiki.
ARRASTÁVEL Xikiuera.
ARRAZOADO Satambyca-nheēn.
ARRAZOADOR Satambyca-nheēngara.
ARRAZOAMENTO Satambyca-nheēngaua.
ARRAZOAR Nheēn-satambyca.
ARRE! (*no rio Negro*) Socó!; (*no Solimões*) Será!
ARREBATADO Piurua.
ARREBATADOR Piurusara.
ARREBATADOURO Piurutyua.
ARREBATAMENTO Piurusaua.
ARREBATANTE Piuruara.
ARREBATAR Piuru. *Fazer ou ser feito arrebatar:* Mupiuru. *Mandar arrebatar:* Piurucári.
ARREBATÁVEL Piuruera, Piurutéua.
ARREBENTAÇÃO (*d'água*) Y-umpucapaua, Y-mpucapaua.
ARREBENTADA (*a água*) Y-umpuca, Ypuca.
ARREBENTADO Mpucana, Mpucaua, Pororoca.
ARREBENTADOR Mpucasara, Pororocasara.
ARREBENTAMENTO Mpucasaua, Pororocasaua.
ARREBENTANTE Mpucauara, Pororocauara; (*a água*) Y-umpucapora, Ypucasara.
ARREBENTAR Mpuca (*de tudo que arrebenta mais ou menos violentamente*); Paranã--ompuca (*o rio que arrebenta a margem*); Pororoca (*mais especialmente o arrebentar das águas, que em ondas alterosas contrariam a corrente perto da foz dos rios*).
ARREBENTÁVEL Mpucauera, Pororocauera.
ARREBOL (*de manhã*) Coema-piranga; (*de tarde*) Caruca-piranga.
ARRECADA Namipora, Nambipora.
ARRECADAÇÃO Muatiresaua.
ARRECADADO Imuatire, Muatireana.
ARRECADADOR Muatiresara.
ARRECADADOURO Mautiretyua.
ARRECADANTE Muatireuara.
ARRECADAR Muatire.
ARRECADÁVEL Muatireuera.
ARREDA! Retirica!
ARREDAR V. *Afastar* e comp.
ARREDONDADO Muapuāua.
ARREDONDADOR Muapuāsara.
ARREDONDAMENTO Muapuāsaua.
ARREDONDANTE Muapuāuara.
ARREDONDAR Muapuā, Muiapuā. *Arredondar-se:* Iumuapuā.
ARREDONDÁVEL Muapuāuera.
ARREFECER Muroīn.
ARREFECEDOR Muroīngara.
ARREFECIMENTO Muroīngaua.
ARREGANHAR Puca-puca-puxi.
ARREGIMENTAR Muacare.
ARRELIA Mupirusaua.
ARRELIADOR Mupirusara.
ARRELIAR Mupiru.
ARREMATAR (*o comprador*) Pirepana ocameēn osacemo uá; (*o vendedor*) Cameēn osacemo uá.
ARREMEDADO Muiaueuá.
ARREMEDADOR Muiauesara.
ARREMEDAR Muiaué, Munhāsangaua.
ARREMEDO Muiaué-saua.
ARREMESSADO Iapyuá.
ARREMESSADOR Iapysara.
ARREMESSANTE Iapyuara.
ARREMESSAR Iapy (*em geral qualquer que seja o objeto que se arremessa, embora tome o nome da arma o objeto arremessado; Assim:*) *Arremessar o arpão, arpoar:* Iatyca; *Arremessar a flecha, flechar:* Iumu.
ARREMESSÁVEL Iapyuera.
ARREMETEDOR Soecé-sara.

ARREMETEDURA Soecé-saua.
ARREMETENTE Soecé-uara.
ARREMETER Soecé, So-recé.
ARREMETIDO Soeceuá, Soecé.
ARREMETÍVEL Soecé-uera.
ARREMETIDAMENTE Soecé-saua-rupi, Soecé-sara-iaué.
ARRENEGAÇÃO Roirõngaua.
ARRENEGADOR Roirõngara.
ARRENEGAR Roirõn. *Logo depois arrenegou a fé de Deus:* Curutẽ suí oroirõn Tupana tecô.
ARREPENDER I piá omunguetá oiuiuíre.
ARREPIADO Pirĩua.
ARREPIADOR Pirĩngara.
ARREPIAR (*do corpo*) Pirĩn; (*de uma superfície lisa*) Apixaĩn, Perereca; (*de susto*) Iumúni; (*de febre*) Porora, Tueí.
ARREPIO Pirĩngaua.
ARRIBAÇÃO Cemasaua.
ARRIBADO Cema.
ARRIBADOR Cemasara.
ARRIBANTE Cemauara.
ARRIBAR Cema; (*do peixe*) Piracema.
ARRIBÁVEL Cemauera.
ARRIMADIÇO Poiãn-uera, Muiusocauera.
ARRIMADO Poiãn, Muiusocaua.
ARRIMADOR Poiãngara, Muiusocasara.
ARRIMAR Poiãn, Muiusoca. *Arrimar-se para erguer-se:* Iupoian. *Arrimar-se para não cair:* Iumu-iusoca; (*no sentido de ajudar*) Pytumũ.
ARRIMO Poiãngaua, Muiusocasaua, Pytumũ-saua.
ARRIPADO Taipauá, Taipana.
ARRIPADOR Taipasara.
ARRIPADOURO Taipatyua.
ARRIPAMENTO Taipasaua.
ARRIPANTE Taipauara.
ARRIPAR Taipa.
ARRIPÁVEL Taipauera.
ARROGÂNCIA Iuaeté-saua.
ARROGANTE Iauaeté.
ARROJADO Kyrimbaua-eté; (*quando o arrojo é a serviço de maus instintos*) Puxiua-eté.
ARROMBAÇÃO Mucuarasaua.
ARROMBADO Mucuara.
ARROMBADOR Mucuarasara.
ARROMBANTE Mucuaruara.
ARROMBAR (*fazendo buraco*) Mucuara; (*fazendo saltar*) Mpuca; (*fazendo dobrar*) Mupena.
ARROMBÁVEL Mucuarauera.
ARROZ Auatĩy.
ARROZAL Auatĩytyua.
ARRUFADO Moirõn, Piá-ayua.
ARRUFADOR Moirõngara.
ARRUFAR Moirõn.
ARRUFO Moirõngaua.
ARRUÍDO Sacemosaua.
ARRUINADO Canhemopaua.
ARRUINAR Canhemopau.
ARRUMAÇÃO Mucaturusaua.
ARRUMADO Mucaturuá.
ARRUMADOR Mucaturusara.
ARRUMADOURO Mucaturutyua.
ARRUMANTE Mucaturuara.
ARRUMAR Mucaturu.
ARRUMÁVEL Mucaturuera.
ARTE Iupanasaua.
ARTEFATO Iupanaua.
ARTELHO Pinhoá, Pinoá.
ARTÉRIA Tuí-saíca.
ARTICULAÇÃO Penasaua; (*do braço*) Iyua-penasaua; (*da perna*) Retimã-penasaua.
ARTICULADO Penaua-penana, Mupena.
ARTICULADOR Mupenasara.
ARTICULANTE Mupenauara.
ARTICULAR Mupena.
ARTÍFICE Munhãngara; (*quando é artista e trabalha com suas mãos*) Iupanasara.
ARTRITE Penasaua-maci.
ARUBÉ (*casta de molho*) Arumbé, Arumé.
ÁRVORE Yua; (*frutífera*): Yá-yua, Yuá-yua.
ARVOREDO (*crescido naturalmente*) Caá; (*de plantas frutíferas*) Yá-yua-tyua.
ASA Pepu, Uirá-yua.
ASCENDÊNCIA (*da raça*) Mira-yuasaua.
ASCENDENTE Mira-yua; (*de subir*) Eatire-uara.
ASCENDER Eatíri, Iatíri; (*subindo o rio*) Yapire.
ASCENSÃO Eatiresaua.
ASCENSO Eatire, Eatireana.
ASCENSOR Eatiresara.
ASCO Iaca, Iacaru.
ASMA Angaueraua.
ASMÁTICO Angaueraua-pora, Angauerauana.
ASPECTO Sangaua.
ASPEREZA Icysaua, Saimbé-saua, Uambé-saua, Yá-namãsaua.

ASPERGENTE Mupypycauara, Mupypycasara.
ASPERGIR Mupypyca.
ASPERMO Sainha-yma.
ÁSPERO Icy; (*por ser rombo*) Saimbé; (*rugoso*) Uambé; (*dos líquidos espessos*) Yanamã.
ASPERSÃO Mupypycasaua.
ASPERSOR Mupypycasara.
ASPERSÓRIO Mupypycauara; Mupypycayua.
ASPIRAÇÃO Pytysaua.
ASPIRADO Pytyuá.
ASPIRADOR Pytysara.
ASPIRANTE Pytyuara.
ASPIRAR Pyty.
ASPIRÁVEL Pytyuera.
ASQUEROSO Muieuaru.
ASSABOREAR Pytĩn. *V. Saborear* e comp.
ASSADO Mocaẽn, Saperecauá.
ASSADOR Saperecasara, Mocaẽnsara.
ASSADOURO Mocaẽntaua, Saperecataua.
ASSADURA Mocaẽnsaua, Saperecasaua.
ASSALTAR Soecé. *V. Arremeter* e comp.
ASSANHADO Iuiakiuá.
ASSANHADOR Iuiakisara.
ASSANHAMENTO Iuiakisaua.
ASSANHANTE Iuiakiuara.
ASSANHAR Iuiaki.
ASSANHÁVEL Iuiákiuera.
ASSARAPANTADO Iupatucauá.
ASSARAPANTAR Iupatuca.
ASSAR (*sobre o jirau a fogo lento*) Mocaẽn; (*expondo a peça à chama viva perto do fogo*) Sapereca.
ASSASSINADO Iucana. *V. Matar* e comp.
ASSEADO Iuciuá.
ASSEADOIRO Iucityua.
ASSEADOR [*quem asseia*] Iucisara; (*o que serve para assear*) Iuciyua.
ASSEAMENTO Iucisaua.
ASSEANTE Iuciuara.
ASSEAR Iuci. *Assear-se:* Iuiuci.
ASSEMELHAR *V. Semelhar* e comp.
ASSENTADO Uapicauá, Uapicana.
ASSENTADOR Muapicasara.
ASSENTANTE Uapicauara.
ASSENTAR Uapica. *Fazer assentar:* Muapica.
ASSENTO Uapicasaua.
ASSETEADO Iumuá.
ASSETEADOR Iumusara.
ASSETEAMENTO Iumusaua.
ASSETEANTE Iumuuara.

ASSETEAR Iumu.
ASSIM Iaué, Cuaiaué, Cuaié, Aeté. *Assim assim:* Iaué-iaué. *Assim realmente:* Cuaiaué-catu. *Assim somente:* Cuaié-nhunto. *Assim mesmo:* Iaué-tenhẽ, Cuaiaué-tenhẽ. *Será assim?:* Cuaiaué ipô? *Assim é:* Aeté-supi.
ASSINALADO Caá-pepena, Sangaua-enũ.
ASSINALADOR Caá-pepenasara, Sangaua-enũsara.
ASSINALAMENTO Caá-pepenasaua, Sangaua-enũsaua.
ASSINALANTE Caá-pepenauara, Sangaua-enũuara.
ASSINALAR (*quebrando o mato, a vereda por onde se passa*) Pepena-caá; (*pôr qualquer sinal nas coisas*) Enũ-sangaua.
ASSISADO Icuaua, Iacua.
ASSINAR-SE Iumuapisa.
ASSINATURA Iumuapisaua.
ASSISTÊNCIA Oicosaua.
ASSISTIDO Icô, Icoana.
ASSISTIR Icô.
ASSOADA Ambiúca-saua.
ASSOADO Ambiúca-ua.
ASSOADOR Ambiúca-sara.
ASSOANTE Ambiucauara.
ASSOAR Ambiúca, amiúca. *Fazer assoar:* Muambiúca.
ASSOBIADA Tomunheẽngaua.
ASSOBIADOR Tomunheẽngara.
ASSOBIAR Tomunheẽn.
ASSOBIO [*o ato de assobiar*] Tomunheẽngaua; (*o instrumento*) Mutumunu.
ASSOCIAÇÃO Muatiresaua.
ASSOCIADO Muatireuara.
ASSOCIADOR Muatiresara.
ASSOCIAR Muatire. *Associar-se:* Iumuatire.
ASSOLAÇÃO Mucanhemosaua.
ASSOLADO Mucanhemo.
ASSOLADOR Mucanhemosara.
ASSOLANTE Mucanhemouara.
ASSOLAR Mucanhemo.
ASSOPRADO Peiúa.
ASSOPRADOR Peiú-sara.
ASSOPRAMENTO Peiú-saua.
ASSOPRANTE Peiú-uara.
ASSOPRAR Peiú, Mpeiú. *Fazer assoprar:* Mupeiú.
ASSOPRÁVEL Peiú-uera.
ASSUSTADO Mucikiéua.

ASSUSTADOR Mucikiéuára.
ASSUSTAR Mucikié.
ASTUTO Iacua.
ATABAFADO Pokéua.
ATABAFADOR Poké-sara.
ATABAFADOURO Poké-taua.
ATABAFAR Poké.
ATADO Pucuare.
ATADOR Pucuaresara.
ATADURA Pucuaresaua; (*dos pés, para trepar nas árvores*) Peconha; (*que serve para conservar aberta a porta da casa indígena*) Peasaua.
ATALAIA [*lugar*] Xipiacasaua; (*quem está de atalaia*) Xipiacasara.
ATALAIADO Xipiacaua.
ATALAIAR Xipiaca, Opitá-omaan-arama.
ATALHADO Soaenti, Soaentiana, Soaentiua.
ATALHADOR Soaentisara.
ATALHAMENTO Soaentisaua.
ATALHANTE Soaentiuara.
ATALHAR Soaenti, Soanti.
ATALHÁVEL Soaentiuera.
ATALHO Soaentiua, Soaentityua.
ATEADO Mundycaua.
ATEADOR Mundycasara.
ATEADOURO Mundycataua.
ATEAMENTO Mundycasaua.
ATEANTE Mundycauara.
ATEAR Mundyca.
ATEÁVEL Mundycauera.
ATELA (*casta de macaco*) Coatá.
ATENÇÃO [*concentração*] Iuapicicasaua; [*entendimento*] Cendusaua.
ATENCIOSO Cenduua.
ATENDER Cendu.
ATENDÍVEL Cendu-uera.
ATENTO Iuapicicaua, Iuapicicana.
ATENUAR Mucuaíra, Mupuí.
ATERRAR (*encher com terra*) Muepy.
ATESTAÇÃO Supi-umbué-saua.
ATESTADO Supi-umbuéua.
ATESTADOR Supi-mbué-sara.
ATESTANTE Supi-mbué-uara.
ATESTAR Umbué-supi.
ATESTÁVEL Supi-mbué-uera.
ATIÇAR *V. Atear* e comp.
ATILHO Pucusaua, Pucuaresaua, Potysaua.
ATIRADO Iapyuá.
ATIRADOR Iapysara.
ATIRAR Iapy.

ATIVAMENTE Iaté-rupi.
ATIVIDADE Iaté-saua.
ATIVO Iaté.
ATOLADO Tooman.
ATOLADOR Toomangara.
ATOLADOURO Tyiucatyua, Tyiucataua.
ATOLAMENTO Toomangaua.
ATOLANTE Toomãn-uara.
ATOLAR Toomã, So-ypype-tyiúca-pupé.
ATOLEIMADO Iacuayma.
ATOLEIRO Tyiucapaua.
ATORDOADO Mupatuca, Pitua-pitá.
ATORDOADOR Mupatucasara.
ATORDOAMENTO Mupatucasaua.
ATORDOANTE Mupatucauara.
ATORDOAR Mupatuca, Pitá-pitua, Pitá-iacuayma.
ATORDOÁVEL Mupatucauera.
ATORMENTADO Muporaraua.
ATORMENTADOR Muporarasara.
ATORMENTADOURO Muporarataua.
ATORMENTAR Muporará.
ATRACAÇÃO Iuiarisaua, Iaiumanasaua.
ATRACADO Iuiariana, Iaiumana.
ATRACADOR Iuiarisara, Iaiumanasara.
ATRACADOURO Iuiarityua, Iaiumanataua.
ATRACANTE Iuiariuara, Iaiumanauara.
ATRACAR (*da embarcação ao porto*) Iuiare, Iuiári; (*atracar-se para lutar*) Iaiumana; (*uma embarcação a outra*) Picyca (*rio Negro*).
ATRACÁVEL Iuiariuera.
ATRAENTE Cekyuara.
ATRAÍDO Cekyuá, Cekyana.
ATRAIDOR Cekysara.
ATRAIMENTO Cekysaua.
ATRAIR Ceky. *Fazer atrair*: Muceky.
ATRAÍVEL Cekyuera.
ATRAPALHADO Patucana.
ATRAPALHADOR Patucasara.
ATRAPALHAMENTO Patucasaua.
ATRAPALHANTE Patucauara.
ATRAPALHAR Patuca. *Atrapalhar-se ou ser atrapalhado*: Iupatuca.
ATRAPALHÁVEL Patucauera.
ATRAPALHADIÇO Patucauera.
ATRÁS Casakire, Sacacuera.
ATRASADO Casakire, Casakireana.
ATRASADOR Casakiresara.
ATRASAMENTO Casakiresaua.
ATRASANTE Casakireuara.

ATRASAR (*ficar atrás*) Opitá-casakire; (*chegar atrás*) Ocica-casakire; (*estar atrás*) Oicó-casakire; (*deixar atrás*) Oxiare-casakire.
ATRASÁVEL Casakireuera.
ATRAVESSADO Iasasaua, Iasasana.
ATRAVESSADOR Iasasausara.
ATRAVESSADOURO Iasasautaua.
ATRAVESSAMENTO Iasasausaua.
ATRAVESSANTE Iasasauara.
ATRAVESSAR Iasasau, Iasau. *Atravessar-se:* Iusasau. *Fazer atravessar:* Muiasau.
ATREVIDO Iauaeté.
ATREVIMENTO Iauaeté-saua.
ATRIBUIÇÃO Muaú-saua.
ATRIBUÍDO Muaú.
ATRIBUIDOR Muaú-sara.
ATRIBUINTE Muauara.
ATRIBUIR Muaú.
ATRIBUÍVEL Muauera.
ATRIBULAÇÃO Caneú-saua, Cameõngaua
ATRIBULADO Caneuá, Cameõngá.
ATRIBULADOR Caneú-sara, Cameõgara.
ATRIBULANTE Caneú-uara.
ATRIBULAR Caneú, Cameõn. *Atribular-se:* Iucaneú.
ATROCIDADE Puxiuasaua.
ATROPELAÇÃO Mupirusaua.
ATROPELADO Mupirua, Apatuca.
ATROPELADOR Mupirusara.
ATROPELANTE Mupiruara.
ATROPELAR Mupiru. *Atropelar-se:* Iumupiru, Iupatuca.
ATROPELÁVEL Mupiruera.
ATROZ Puxiua.
ATTALEA SPECTABILIS Curauá, Curauayua.
ATUAL Cuireuara, Cuiresara.
ATUALIDADE Cuiresaua.
ATUALMENTE Cuireramé, Cuire.
ATUÁVEL Omunhan-uera.
ATULHAR Muiké. *Atulhar-se:* Iumuiké.
ATURÁ Uaturá.
ATURAR Porara. *V. Suportar* e comp.
ATURDIR Mupatuca.
AUDÁCIA Piauasusaua.
AUDAZ Piauasua.
AUGURAR Iucy. *Augurar-se:* Iumutare. *V. Desejar* e *Querer* e comp.
AUMENTAÇÃO Muceía-saua.
AUMENTADO Muceíuá.
AUMENTADOR Muceía-sara.

AUMENTANTE Muceía-uara.
AUMENTAR Muceía. *Aumentar-se:* Iumuceía.
AUMENTÁVEL Muceía-uera.
AURA Iuitu-mirĩ, Iuitu-puranga.
ÁUREO Itá-iuá-uara.
AURÍFERO Itá-iuá-pora.
AURORA Coema-piranga.
AURORESCER Coema-iupirangaua.
AUSÊNCIA Iauaua.
AUSENTAR-SE Iauau.
AUSENTE Iauá.
AUTOR Munhangara.
AUTORIDADE Munducári-saua; (*quem tem o poder*) Munducári-uara.
AUTORIZAR Munhã-mundu.
AUXILIADO Putyrõn.
AUXILIADOR Putyrõngara.
AUXILIAR Potyrõn. *V. Ajudar* e comp.
AUXÍLIO Potyrõngaua.
AVALIAÇÃO Mucepisaua.
AVALIADO Mucepiuá.
AVALIADOR Mucepisara.
AVALIANTE Mucepiuara.
AVALIAR Mucepi.
AVALIÁVEL Mucepiuera.
AVANÇADO Sotenondéua.
AVANÇADOR Sotenondé-sara.
AVANÇAMENTO Sotenondé-saua
AVANÇANTE Sotenondé-uara.
AVANÇAR Sotenondé.
AVANÇÁVEL Sotenondé-uera.
AVANTAJAR Mupire. *Avantajar-se:* Iumupire.
AVANTE Tenondé, Cenondé, Renondé.
AVANTESMA Anhanga, Anhanga-ayua.
AVARENTO Sacaté-yma.
AVAREZA Sacaté-ymasaua.
AVE Uirá.
AVELHENTAR Mutuiué, Mu-uaimy.
AVENIDA Mairi-rapé-uasu.
AVERIGUAÇÃO Maungaua.
AVERIGUADO Maungá.
AVERIGUADOR Maungara.
AVERIGUAR Maun.
AVERMELHADO Piranga.
AVERMELHAR Mupiranga.
AVERSÃO Mutarayma.
AVISADO Mbeúa; (*esperto*) Iacua.
AVISADOR Mbeú-sara.
AVISANTE Mbeú-uara.
AVISAR Mbeú.

AVISÁVEL Mbeú-uera.
AVISO Mbeú-saua.
AVISTADO Xipiauá.
AVISTADOR Xipiasara.
AVISTAR Xipiá.
AVIÚ Aiiú.
AVIVENTAR Mupisasu.
AVÔ Aryó-samuia, Ramuia, Tamuia; Samunha, Ramunha, Tamunha.
AVÓ Aryá.
AVOENGO Tamunhauara.
AVULTADO Uasu.
AVULTAR Muasu. *Avultar-se:* Iumuasu.
AXILA Inauyra.
AXILAR Inauyra-uara.
AZADO Catu. *Espero o momento azado:* Xásaru ara catu.

AZAR Caipora-yua, Caipora-manha.
AZARENTO Caipora.
AZEDAR Musaí.
AZEDO Saí.
AZEDUME Saí-saua.
AZEITADO Iandyuá.
AZEITADOR Muiandysara.
AZEITAMENTO Muiandysaua.
AZEITANTE Muiandyuara.
AZEITAR Muiandy.
AZEITE (*vegetal*) Iandy, Nhandy, Randy; (*animal*) Icaua.
AZEITE-AMARGO Nhandyraua.
AZIA Piá-saí.
AZORRAGUE Muxinga.
AZUL Suikira.
AZULADO Suikira-nungara, Suikira-iaué.

BABA Yukicé, Puy, Ty. *Baba de gente:* Iuru--yukicé, Mira-yukicé. *Baba de cururu:* Cururuty. *Baba da árvore:* Yuapuy. *Baba de tamanduá:* Tamandoá-yukicé.
BABAÇU [*o coco*] Uauasu; (*a planta*) Uauasu-yua.
BABADO Tyua, Iutuuma, Sururu.
BABADOR Iutuumasara, Cembé-sururusara.
BABÃO Iuiutuumauara.
BABAR Iutuuma, Sururu-cembé. *Babar-se:* Iuiutuuma.
BABOSEIRA [*de babar*] Iutuumasaua; (*coisa de nenhum valor*) Nheẽmanungara, Mbanungara.
BABOSO Iutuumauera, Iacuayma.
BACABA Yuacaua.
BACABAL Yuacauatyua.
BACABEIRA Yuacauayua.
BACABINHA Yuacaua-ĩ.
BACACO Uacácu.
BACALHAU Piraẽn-suaiuara.
BACIA Arguidara (*corrup. de* alguidar).
BAÇO Meré.
BACUPARI Uacupari.
BACURAU Uacuraua.
BACURI Uacuri.
BADALO Itamaracá-mena, Itamaracá-sacunha.
BAFIO Pitiua.

BAFO Pytucemo.
BAGA Uná.
BAGRE Uiri.
BAGUARI Maguary, Mauari.
BAÍA Paranã-ypaua, Cembyua-pepenasaua.
BAIACU Uaiacu.
BAILADO Puracy, Puracyua.
BAILADOR Puracysara.
BAILANTE Puracyuara.
BAILÃO [*bailadeiro*] Puracyuera.
BAILAR Puracy.
BAILE Puracy, Puracysaua.
BAINHA Auyra.
BAIXA (*do rio*) Typyyma.
BAIXADA Oiey-taua, Eieitaua.
BAIXADO Oiey-uá, Eieiuá, Yuype.
BAIXADOR Oieysara, Eieisara.
BAIXA-MAR Paranã-eauyca.
BAIXANTE Oieyuara, Eieiuara.
BAIXAR Oiey, Eiéi. *Baixar do rio:* Paranã--typau.
BAIXEZA Oieysaua, Eieisaua. *Baixeza do rio:* Typyymasaua.
BAIXO Yuype, Iatuca, Iauaeté-yma. *Baixo da serra:* Yuytera-tomasaua, Yuytera-py.
BALA Itá-apuan.
BALAIO Urupema, Uaraia.
BALANÇA Saãngaua.

balançado Iatimũngá.
balançador Iatimũngara.
balançar Iatimũn. *Balançar-se na rede:* Iuiatimũn. *Fazer balançar:* Muiatimũn. *Fazer-se balançar:* Iumuiatimũn.
balanço Iatimũngaua; *(de contas)* Papasaua-opaua.
baliza Cokera.
balizador Cokerauara.
balizagem Cokerasaua.
balizamento Cokerapaua.
bálsamo-do-pará Tamacoaré.
bambo [*fraco, mole*] Pitua, Membeca.
banana Pacoua.
bananal Pacouatyua.
bananeira Pacouayua.
banco Uapycasaua.
banda Cema; *(parte de um todo)* Suaxara. *Dividiu as mulheres em duas bandas:* Omupitera cunhãitá mucoĩn cema opé. *Corta uma banda para ti:* Remunuca iepé suaxara iné arama.
bando *(de pássaros)* Uiracema.
banha Icauasaua, Icaua.
banhado Yrurua, Iasuca; *(lugar que se costuma estar banhado)* Yrurutyua.
banhador Iasucasara.
banhante Yruruuara, Iasucauara; *(que se banha)* Iuiasucauara.
banhar Yruru. *Banhar-se:* Iururu. *Banhar-se no rio:* Iasuca. *Fazer banhar:* Muiasuca.
banheira Iasucasaua.
banhista Iuiasucauara.
banho Iasucasaua. *Banho frio:* Iasucasaua-iru-sanga. *Banho quente:* Iasucasaua-sacu. *Banho morno:* Iasucasaua-sacuerana.
banquete Temiuasu; *(feito ao ar livre em que todos trazem alguma coisa)* Maauasu, Mbaú-asu.
banqueteado Temiuasuara.
banqueteador Temiuasu-meẽngara.
banquetear Meẽn-temiuasu, Munhã-mbaúuasu.
banzeiro Capenu-asu.
baralhado Iapatucaua.
baralhador Iapatucasara.
baralhamento Iapatucasaua.
baralhante Iapatucauara.
baralhar Iapatuca. *Fazer baralhar:* Muiapatuca.

barata Arauέ, Uarauέ.
barateado Cepiasu-yma.
baratear Munhã-cepiasu-yma.
barateiro Cepiasu-ymasara.
barateza Cepiasu-ymasaua.
baratinha Arauerĩ.
barato Cepiasu-yma.
barba Timoaua, Cembé-saua, Icuaua, Icuausaua.
barbadão Timoauasu, Ceneuaua-asu.
barbadinho [*capuchinho*] Pai-tucura *(causa: o capucho [que se parece com um gafanhoto = tucura]).*
barbado Cembé-saua-uara, Timoaua-uara.
barbante Inimbu-puiana.
barbar Opiru-ocenei-icuausaua.
bárbaro Puxiua.
barbatana Pirá-pepu, Pirá-iyuá.
barca Yngara.
barcaça Yngarapema.
barco Yngara. *Barco de guerra:* Maracatĩ.
barlavento Iuitu-cembyua. *A barlavento:* Iuitu-cembyua-kiti.
barquinha Yngara-mirĩ.
barqueiro Yngarapora; *(o dono)* Yngara-iara.
barra *(de ferro para levantar pesos)* Itapecô; *(do rio)* Iuruã.
barraca Oca.
barracão Iara-oca.
barragem Pary.
barranco Yuyuocaua.
barrar Mupary.
barreira Iukyratyua.
barreiro Itá-ceẽn, Itá-iukyra.
barrento Tyiucauera.
barriga Marica. *Barriga da perna:* Retimãn-ruá.
barrigudo Maricauasu, Marica-iara; *(macaco)* Marica-mico, Aimoré.
barrinha Iuruã-í, Iuruã-mirĩ.
barro Tyiuca, Tauá-oury.
barulhento Teapu-munhangara.
barulho Teapu, Tiapu.
base Epy.
baseado Epyua.
baseador Epysara.
baseamento Epysaua.
basear Muepy, Munhã-epy.
básico Epyuara.

BASTA! Aiona, Aiana, Aioanba (*G. Dias*).
BASTANTE Oxicana, Uetepé.
BASTÃO Posocasaua, Pocicaua.
BASTAR Xica.
BASTARDO Paiayma.
BATALHA Marãmunhã, Marãmunhãsaua.
BATALHADOR Marãmunhãsara.
BATALHANTE Marãmunhãuara, Marãmunhãuera.
BATATA Iutyca.
BATATA-DOCE Cará, Inhame, Piracará etc.
BATATAL Iutycatyua, Iutyca-rendaua.
BATEDOURO Nupá-tyua, Petecatyua.
BATEDOR Nupá-sara, Petecasara.
BATENTE Nupá-uara, Petecauara; (*umbreira [umbral]*) Okena-rupitá.
BATER Nupá, Peteca. *Não me batas:* Inti renupá ixé. *Bater o rio (para pescar):* Petecaparanã. *Bater (tecer) a rede:* Titeá. *Bater com a ponta de alguma coisa contra outra:* Cutuca. *Bater um objeto contra outro:* Catacá.
BATIÇÃO (*classe de pescaria*): Ceripaua; Paranãpetecasaua (*Solimões*); Muponga, Mupunga (*Pará*).
BATIDA Nupá-saua, Petecasaua.
BATIPUTÁ Uatiputá.
BATISMAL Mucerucauera.
BATISMO Mucerucasaua.
BATISTÉRIO Mucerucatyua.
BATIZADO Mucerucaua.
BATIZADOR Mucerucasara.
BATIZANTE Mucerucauera.
BATIZAR Muceruca. *Ser [batizado] ou fazer-se batizar:* Iumuceruca.
BAUNILHA Ingá-sakena.
BÊBEDO Caúa.
BEBEDOURO Y-tyua.
BEBEDOR Usara, Yusara.
BEBENTE Uuara, Y-uara.
BEBER U, U-y. Em geral não se faz distinção entre beber e comer, e *U* pode dizer tanto uma coisa como outra; todavia, no Rio Negro, reservam *U* exclusivamente para dizer beber, e então dizem *Embaú:* comer. No Solimões, ao contrário, usando *U* com o significado de comer, dizem *U-y* (beber), quando se precisa especificar e evitar confusões.
BEBERICADOR Tyiucureuara.
BEBERICAR Tyiucure.

BEBIDA Usaua, Y-usaua. *Bebida de beiju fermentado:* Caxiry (*rio Negro*), Carimã (*Solimões*). *Bebida destilada:* Tykyra, Tycuara. *Bebida de beiju queimado:* Paiauru. *Bebida de qualquer outra qualidade, espécie de sumo de frutas:* Caisuma. *Bebida não fermentada, de farinha d'água e água:* Cimbé, Cimé, Cibé. *Bebida com adição de mel de abelhas:* Carimbã, Carimã. *Bebida em alguns lugares com adição de ovos de tracajá ou tartaruga:* Carimbé, Carimé, Caribé.
BEDELHO [*pequena tranca*] Sacunha, Okena-cekindaua.
BEIÇO Cembé, Tembé, Rembé.
BEIJADO Pitéua.
BEIJADOR Piteresara, Pitesara.
BEIJA-FLOR Inambi, Inami (*rio Negro*); Uainambi, Uainumã (*Solimões*).
BEIJANTE Pitereuara.
BEIJAR Pité, Pitera. *Beijar na boca:* Pitera-iuru; (*figuradamente*) Muceẽn-iuru.
BEIJO Piteresaua.
BEIJOCA Pitepiteresaua.
BEIJOCADOR Pitepiteresara.
BEIJOCAR Pitepitere.
BEIJÚ Mbeiú, Meiú. *Beiju seco:* Meiú-ticanga. *Beiju com tapioca:* Meiucyca, Meiuicyca. *Beiju queimado para fazer o caxiri:* Mbeiú-turua. *Beiju de tapioca:* Typiaca, Curadá (*rio Negro*, mas a palavra não é nheengatu, parece baré).
BEIRA Cembyua, Cemyua, Rembyua, Remyua, Tembyua, Temyua.
BEIRA-MAR Paranã-cembyua; (*se pode haver dúvida*) Paranã-uasu-cembyua.
BELDROEGA Caareru.
BELEZA Purangasaua.
BEL-FALADOR Iuru-puranga.
BELIDA Cesá-tungu.
BELISCADO Pixameua.
BELISCADOR Pixamesara.
BELISCADURA Pixamesaua.
BELISCANTE Pixameuara.
BELISCAR Pixame.
BELISCÁVEL Pixameuera.
BELO Puranga. *O belo:* Purangaua.
BEL-PRAZER Putare-pire. *Começou a fazer e desfazer a seu bel-prazer:* Oiupiru omunhã iepé nungara, ariré anu nungara maiaué oputare pire.
BEM Catu, Icatu. *O bem:* Catuaua, Icatuaua.

BEM-AVENTURADO Tupana tecô munhangara *(que é do costume de Deus)*.
BEM-ESTAR Eré, Eré-catu.
BEM-FALANTE Iuru-ceẽn.
BEM-FAZER Mucatu, Munhã-catu.
BEM-TE-VI Pitaua *[Pitangus sulphuratus]*.
BEM-QUERER Xaisu. *V. Amar* e comp.
BÊNÇÃO Catu-iumbué-saua.
BENDITO Catu-iumuceẽn.
BENDIZENTE Catu-iumuceẽngara.
BENDIZER Iumuceẽn-catu.
BENEFICÊNCIA Mucatusaua.
BENEFICENTE Mucatuara.
BENEFICIADO Mucató, Mucatu.
BENEFICIADOR Mucatusara.
BENEFÍCIO Mucatuaua.
BENÉVOLO Piá-puranga.
BENFAZEJO Mucatuara, Catu-munhãngara.
BENFEITOR Mucatusara, Catu-munhãngara.
BENS Maá-etá, Maá-itá. *Bens possuídos:* Recô-saua.
BENZEDOR Curusá-munhãngara.
BENZEDURA Curusá-munhãngaua.
BENZER Munhã-curusá. Ouve-se usar também *Museruca*, que quer dizer *batizar*.
BERRADOR Sacé-sacemosara.
BERRANTE Sacé-sacemouera.
BERRAR Sacé-sacemo.
BERRARIA Sacé-sacemosaua.
BERRO Sacé-sacemo.
BESTA *[animal]* Soó; *[tolo]* Iacuayma.
BESTIAL Soó-uara.
BESTIALIDADE Soó-saua.
BESTIALMENTE Soó-saua-rupi.
BESTIDADE Iacuaymasaua.
BESTIFICANTE Muiacuayma-uara.
BESTIFICAR Muiacuayma. *Bestificar-se:* Iumuiacuayma.
BEXIGA *[órgão do corpo]* Ireru; *[doença da pele]* Catapora. *Bexiga da urina:* Carucaua-ireru. *Bexiga do fel:* Piapeara-ireru.
BEXIGA-DE-GALINHA *(casta de doença da pele)* Catapora.
BEZERRO Tapyira-membyra.
BICADA Uantĩsaua, Uiratĩ-cotucasaua.
BICADO Uantĩua, Uiratĩ-cotuca.
BICADOR Tĩ-cotucasara.
BICANTE Tĩ-cotucauara.
BICAR Cotuca-tĩ-irumo.
BICÉFALO Mocoĩn-acanga-ireru.

BÍCEPS *(do braço)* Yiuá-uauriru.
BICO Uantĩ, Tĩ, Tĩn. *Bico de arara:* Araratĩ. *O pica-pau bate nos paus com o bico:* Arapasó ocutuca tĩ irumo myrá.
BICUÍBA Iuicuí.
BICUIBEIRA Iuicuí-yua.
BIGODE Tembé-saua, Cembé-saua, Temé-saua, Cemé-saua.
BILHA Myringa, Muringa.
BIRIBÁ Uiriyá, Uiriuá.
BIRIBAZEIRO Uiriuá-yua.
BISPO Paiauasu.
BLASFEMADOR Nheẽngaayuasaua-tupana-recé.
BLASFEMAR Nheẽngaayua-tupana-recé.
BLASFÊMIA Nheẽngaayuasaua-tupana-recé.
BLOCO Rupitá. *Bloco de pedra:* Itá rupitá.
BOA *[cobra]* Mboia, Sucuryiu.
BOA-NOITE Iané pituna.
BOA-TARDE Iané caruca.
BOBO Iacuayma.
BOCA Yuru, Iuru. *Boca cheia:* Iuru terecemo, Iuruéua. *Boca cheia que vomita:* Iuruena. *Boca fedorenta:* Iuru inema. *Boca grande:* Iuruã, Iruasu. *Boca pequena:* Iuruĩ. *Boca torta:* Iuru apara. *Boca da mata (começo de caminho ou de picada)* Caá-iuru. *Boca da serra:* Yuytera-iuru. *Boca d'água:* Iuruy.
BOCADINHO Cuaíra.
BOCADO Pysé-uera. *Bocado de tempo:* Ara pysá-uera. *Bocado de comida:* Temiu pysá-uera.
BOCA-PRETA *[casta de macaco]* Iurupixuna, Iuruna.
BOCEJADOR Iuru-pirá-piraresara.
BOCEJAR Pirá-pirare-iuru.
BOCEJO Iuru-pirá-piraresaua.
BOCHECHA Rapity, Sapity.
BODA Mendare-puracysaua.
BODUM Catinga, Pixé.
BOFE Piá-mbui-mbui.
BOFETADA Suá-petecasaua.
BOI Tapyira; *(se pode haver confusão com a anta)* Tapyira-suaiauara.
BOIA Mbui-mbuisaua, Uyrysaua; Punga. *Boia do espinhel:* Mututy *(do nome do cipó de que é feita)*.
BOIADOR Uyrysara; Uyuyra *(Solimões)*.
BOIADOURO Mbui-mbuitaua, Uyrysauatyua.
BOIAR Uyry.
BOITATÁ Mbae-tatá.

BOLA Apuã.
BOLHA Xiryry.
BOLO (*de farinha de mandioca*) Miapé; (*de milho*) Pamonha.
BOLOR Saueú.
BOLORECER Musaué.
BOLORENTO Saué-uara.
BOLSA (*geralmente de pele trazida a tiracolo*) Matiry; (*de casca de árvore ou de outra matéria e especialmente destinada a levar ipadu*) Takyra.
BOM Catu, Poranga. *O bom:* Catuaua. *Boa gente:* Mira catu, Mira poranga. *Bom costume:* Tecô catu, Tecô poranga. *Tratando-se de qualidade moral se usa sempre catu. O bom é sempre bonito, mas o bonito não é sempre bom:* Catuaua oicó opain ara poranga. Nhunto porangaua inti opain ara catu.
BOM-DIA (*de manhã*) Iané coema; (*depois, até à tarde*) Iané ara.
BONDADE Catusaua.
BONDOSO Piá-poranga.
BONIFICAR Munhã-catu-pire.
BONITEZA Porangasaua.
BONITO Poranga, Puranga, Purangaua.
BOQUILHA (*do cachimbo*) Pytyuauó.
BORBOLETA Panapanã, Panamá.
BORBOLETAZINHA Panambi.
BORBULHA (*de ar*) Xiriri.
BORDA Cembyua, Rembyua, Tembyua.
BORDÃO Pososaua.
BORNAL Matiry.
BORRA Ity, Ikiá-saua. *Borra do mel (cera):* Iraity.
BORRACHEIRA [*bebedeira*] Caú-saua.
BORRACHO Caú-uera.
BORRACHUDO Carapanã.
BORRADO Mukiaua.
BORRADOR Mukiá-sara.
BORRADOURO Mukiá-taua, Mukiá-tyua.
BORRADURA Mukiá-saua.
BORRANTE Mukiá-uara.
BORRALHO Tanimbuca.
BORRÃO Ikiá-saua.
BORRAR Muikiá, Mukiá. *Borrar-se:* Iumukiá.
BORRÁVEL Muikiauera.
BORRIFADO Mupycaua.
BORRIFADOR (*quem borrifa*) Mupycasara; (*o que serve para borrifar*) Mupycayua.

BORRIFADOURO Mupycataua, Mupycatyua.
BORRIFANTE Mupycauara.
BORRIFAR Mupypyca.
BORRIFÁVEL Mupycauera.
BORRIFO Mupycasaua.
BOSQUE Caá-uasu.
BOSTA Tiputy, Teputy, Reputy, Ceputy.
BOSTEIRO Tiputy-turama.
BOTA Cinero (*corrup. de* chinelo).
BOTÃO (*da flor*) Putyra-rendaua, Putyra-rendaua-mirĩ.
BOTAR Mbure. *V.* Lançar, Jogar *e comp.*
BOTE [*salto*] Nupá-saua; (*embarcação*) Ygara-mirĩ.
BOTO (*o vermelho grande*) Pirá-iauara; (*o róseo menor*) Yiara, Oiara; (*o cinzento intermédio e também o mais comum*) Tocuxi, Tucuxi.
BRAÇO Iyuá. *Braço direito:* Iyuá catu. *Braço esquerdo:* Iyuá apara. *Braço do rio (que forma ilha):* Paranã-mirĩ; (*que se vem meter nele como afluente*): Paranã recanga. *Braço da canoa (que forma a tolda):* Ygara myrapara; (*que forma o corpo*) Ygara arucanga.
BRADAR Sacé-sacemo. *V.* Berrar *e comp.*
BRAMAR *V.* Desejar *e comp.*
BRAMIDO Sacemosaua.
BRAMIDOR Sacemosara.
BRAMIR Sacemo.
BRANCO Murutinga; Tinga (*nos compostos, como sufixo*). *O branco:* Tapyiatinga. Tenho ouvido dar essa designação ao branco que não tem nenhuma importância, em lugar de *caryua*, dado em geral ao branco. *Fogo branco (fumaça):* Tatatinga. *Terra branca:* Tauatinga. *Casa branca:* Oca murutinga.
BRANCURA Murutingasaua.
BRANDO Membeca, Memeca.
BRANDIDO Popicicana.
BRANDIDOR Popicicasara.
BRANDIMENTO Popicicasaua.
BRANDIR Popicica.
BRANDURA Memecasaua.
BRANQUEADO Mumurutingasaua.
BRANQUEADOR Mumurutingasara.
BRANQUEAMENTO Mumurutingasaua.
BRANQUEANTE Mumurutingauaua.
BRANQUEAR Mumurutinga. *Branquear-se:* Iumumurutinga.
BRANQUEÁVEL Mumurutinguera.

BRASA Tatapuinha-cendi, Tatapuinha-cendiuá.
BRASEIRO Tatapuinha-cendi-rendaua, Tatapuinha-cendi-ireru.
BRAÚNA (*casta de madeira preta e a árvore que a fornece*) Mbyraúna, Myraúna.
BRAVEZA Inharusaua, Iaueté-saua.
BRAVIO Inharu.
BRAVO Kyrimbaua, Iaueteua.
BRAVURA Kyrimbausaua.
BREADO Muicycaua, Muicycana.
BREADOR Muicycasara.
BREADOURO Muicycataua.
BREAGEM Muicycasaua.
BREANTE Muicycauara.
BREAR Muicyca.
BREÁVEL Muicycauera.
BREDO Caruru.
BREJO Tyiucapaua, Tyiucatyua.
BRENHA Caá-uasu.
BRENHOSO Caá-uasutyua.
BREU Iraity, Iraiti.
BREVE Iatuca.
BREVIDADE Iatucasaua; (*de tempo*): Curutê-saua.
BREVEMENTE Cury-miri.
BRIGA Iaukisaua; (*e quando é maior e passa a vias de fato*) Marãmunhã.
BRIGADOR Iaukiara.
BRIGAR Iauki.
BRIGÃO Marãmunhãuera.
BRILHADOR Cenipucasara.
BRILHANTE Cenipucauara.
BRILHANTISMO Cenipucasaua.
BRILHAR Cenipuca, Cenimpuca.
BRILHO Cenipu, Cenimpu, Cenimbu.
BRINCADEIRA Musaraĩngaua.
BRINCADOR Musaraĩngara.
BRINCAR (*quando é feito sem segundo fim*) Musaraĩn; (*para levar a ridículo*) Uarixy; (*para irritar*) Iuaky; (*entretendo-se em qualquer jogo*) Murory.
BRINCO (*das orelhas*) Namipora, Namipuíra.
BRINDAR Muputaua.
BRINDE Putaua.
BRINQUEDO Musaraĩntaua.
BRISA Iuiutu-irusanga.
BROCAR Cupire. *V. Roçar* e comp.
BROMÉLIA Nana, Carauatá, Auacaxy, Ximbuimanha (*e outras plantas do mesmo gênero*).
BROTADO Ceneiuá.

BROTADOR Ceneisara.
BROTAMENTO Ceneí-saua.
BROTANTE Ceneí-uara.
BROTAR Ceneí.
BROTÁVEL Ceneí-uera.
BROTO Ceneíua, Ceneí-rendaua.
BROTOEJA Catapora.
BRUMA Tatatinga.
BRUMOSO Tatatingauara, Tatatingauera.
BRUNIDO Kityuocauá.
BRUNIDOR Kityuocasara.
BRUNIDOURO Kityuocataua.
BRUNIDURA Kityuocasaua.
BRUNIR Kityuoca.
BRUNÍVEL Kityuocauera.
BRUTO Soó, Soó-nungara.
BUBA Pinhoã.
BUBÃO Pungá-puxi, Pinhoã-uasu.
BUBÁTICO Pungá-pora.
BUBUIADO Mbui-mbui.
BUBUIADOR Mbui-mbuisara.
BUBUIAMENTO Mbui-mbuisaua.
BUBUIANTE Mbui-mbuiuara, Mbui-mbuia.
BUBUIAR [*boiar*] Mbui-mbui, Muimui, Uiuuyre.
BUBUIÁVEL Mbui-mbuiuera.
BUCHO Teputy-ireru, Repoty-ireru.
BUÇO Ceneiua, Cembé-saua.
BULCÃO Tatatinga-uasu, Tatatinga-puxi.
BULHA Teapu, Marãmunhã.
BULHENTO Marãmunhãuera.
BULIR Iauki. *V. Brigar* e comp.; Euakeri (G. Dias).
BUNDA Sumby, Sumy.
BURACO Cuara, Icuara.
BUSCA Cicaresaua.
BUSCADO Cicareana.
BUSCADOR Cicaresara.
BUSCANTE Cicareuara.
BUSCAR Cicare.
BUSCÁVEL Cicareuera.
BUZINA Toré, Iumiá. *Buzina de concha:* Uatapu (*do nome da concha com que costuma ser feita*).
BUZINADOR Toré-peú-sara, Iumiá-peú-sara.
BUZINAR Mpeiú toré, Peú iumiá (*conforme o caso e o instrumento tocado, pelo que se diz simplesmente* mpeiú *ou* mpeú *quando não se pode discriminar o instrumento tocado*).
BÚZIO Uatapu, Uatapy.

C

CÁ Iké. *Para cá, por cá:* Coakiti. *Cá t'espero:* Xasaru indé iké. *Cá passou o gato:* Uapixana osasau coakiti.

CAAPI Caapi. Designa o cipó e a bebida dele extraída, de que os índios no Uaupés se servem para embebedar-se, a modo de ópio.

CAATINGA (*mato ralo*) Caatinga.

CABA (*vespa*) Caua, Cauasu, Ceucy, Uaturá, Arapuã, Tamatiá, Mamanga etc. (*as que são conhecidas por nomes específicos*).

CABAZ Samburá, Samurá.

CABEÇA Acanga, Acaīn. *Cabeça branca:* Cuiumi acanga (*do pássaro deste nome que tem a cabeça branca*). *Cabeça calva:* Acanga péua. *Cabeça pelada:* Piroca. *Cabeça rapada:* Cauoca. *Cabeça chata:* Acanga pema. *Cabeça para fazer maracá:* Cuiupi.

CABEÇADA Iapy-acanga-pupé.

CABECEIRA (*do rio*) Paranã-racapira, Paranã-manha-cuara, Paranã-y-apire-kiti.

CABEÇUDA (*casta de tartaruga*) Musuã; (*casta de onça*) Acangusu.

CABEDELO Arapecô-mirī.

CABELO Saua, Raua. *Cabelo loiro:* Coaracysaua (= *raio de sol*).

CABELUDO Saua-munhã.

CABO[1] [*extremidade por onde se pega*] Yua. *Cabo da faca:* Kicé yua.

CABO[2] (*ponta de terra*) Arapecô.

CABOCLO [*índio manso*] Cauoca.

CABORÉ (*casta de pequeno gavião*) Cauré; (*casta de pequena coruja*) Cauoré.

CABRA Suasumé.

CABRITO Sausumé-tainha.

CAÇA [*o que se caçou*] Embiara.

CAÇADA Caamunusaua.

CAÇADOR Caamunusara.

CAÇANTE Caamunuara.

CAÇAR Caamunu, Caamundu, Camundu.

CACAU Cacao.

CACAUAL Cacaotyua.

CACAUEIRO Cacaoyua.

CAÇÁVEL Caamunuera.

CACETE Mará, Myracanga.

CACETEAÇÃO Caneõngaua

CACETEADO Nupásáua.

CACETEADOR Caneõngara.

CACETEAR Caneõn.

CACHAÇA Cauī.

CACHACEIRO Cauīuera, Cauīpora, Cauīuara-eté.

CACHAÇO Iaiurá.

CACHÃO (*d'água*) Y-iuiuyra.

CACHIMBADA Pytiuaúsáua.

CACHIMBEIRO Pytiuaú-sara.

CACHIMBO Pytiuaú, Aoarepô (*G. Dias*).

CACHO Sarcua, Saryua, Sarecua.
CACHOEIRA Caxiuera (*corruptela do português?*), Paranã-iaueté, Paranã-inharu, Paranã-kyrimbau, Paranã-puresaua, Paranã-iuiuyra, Paranã-itapaua (*conforme a qualidade do obstáculo e as condições em que se apresenta. Ainda aqui, as cachoeiras na localidade têm nome, que dispensa a designação ou indicação do obstáculo*); Ytu, Y-tu (*pouco usado, assim como os compostos*). *Cachoeira alta:* Ytuã-eté. *Cachoeira à toa:* Ytu-panema. *Cachoeira brava:* Ytu-iauaeté. *Cachoeira feia:* Ytupuxi. *Cachoeira grande:* Ytuasu. *Cachoeira lisa:* Ytu-péua. *Cachoeira muita:* Ytu-cy (= *mãe das cachoeiras*), Ituxy.
CACHOEIRINHA Yauĩ, Ytu-mirĩ.
CACHOPO [*abrolho*] Itáiumíme (= *pedra que se esconde*).
CACHORRO Iauara-tainha, *e* Tainha *do animal de quem se fala*.
CÁCICO (*casta de pássaros*) Iapĩ, Iapô, Iapô-asú.
CACIQUE Tuixaua, Tuisaua.
CACO Pisáuéra, Pesáuéra.
CAÇOADA Munhã-munhangaua.
CAÇOADOR Munhã-munhangara.
CAÇOAR Munhã-munhã.
CACTO Manacaru.
CACURI Cacury.
CADA Iaué. *Cada vez pior:* Iaué i puxi pire.
CADA UM Iepé iaué. *Cada um por si e Deus por todos:* Iepé iaué ixé recé, Tupana opaĩn recé.
CADA QUAL Iaué iaué. *Cada qual foi-se esgueirando como pôde:* Iaué iaué osasauana ma ocuau catu.
CADÁVER Rian-uera, Iean-uera, Ambyra. *Cadáver de gente:* Mira tian-uera, (*mais correntemente*) Mira ambyra. *Cadáver de quem foi morto:* Iuca ambyra. *Cadáver de quem se afogou:* Oyca ambyra.
CADEIA [*lugar*] Oca-iapicicauara; (*corrente*) Pucuareté-saua.
CADEIRA Caryua-uapicaua.
CADEIRINHA Iara-reru-uapicaua.
CADELA Iauara-cunhã; (*depreciativo de mulher*) Patacuera.
CAGADA Caaá-saua, Casaua.
CAGADO Caaá, Cauá.
CÁGADO Iautĩ, Iauty.
CAGANEIRA Caaá-uasu, Caaá-puxi; (*se traz sangue*) Caaapiranga.
CAGAR Ca, Caaá.
CAGAROLA Cikiéuéra.
CAIAR Mumurutinga. *V. Branquear e comp.*
CAIBRO Tianha.
CAÍDA Aarisaua.
CAÍDO Aariuá, Ariana.
CAIDOR Aarisara.
CÂIMBRA Caruara.
CAIMBRENTO Caruarauera.
CAINTE Aariuara.
CAIR Aari, Ari, Uaari. *Cair-se:* Iuaari. *Fazer cair:* Muaari.
CAITITU Caititu, Taititu.
CAÍVEL Aariuera.
CAIXA Patuá; (*facilmente portátil*) Ireru. *A caixa da nossa roupa:* Iané maaitá patuá. *A caixa do rapé:* Pytima ireru.
CAJÁ Caiá, Taperyuá (= *fruta de tapera*).
CAJAZAL Caiatyua, Taperyuátýua.
CAJAZEIRO Caiayua, Taperyuá-yua.
CAJU Caiú, Acaiú.
CAJUAL Caiútýua (*cajutuba*).
CAJUEIRO Caiúýua.
CALADA Kyririsaua. *Pela calada da noite:* Pituna kyririsaua ramé.
CALADAMENTE Kyririnte, Kyriri-rupi.
CALADO Kyriri, Kyririuá, Cuatucana, Iumime.
CALAFATE Muicycasara.
CALAFETANTE Muicycauara.
CALAFETAR Muicyca.
CALAFETO [*breu*] Muicycasaua, Iraity.
CALAFRIO Piryry.
CALAR Cuatuca. *Calar um segredo:* Iumime.
CALÇADA (*de pedras*) Itá-pé-asu.
CALCADO Pyca, Popyca, Pycauá.
CALÇADO Pypupecauá; (*o que serve para calçar*) Pypupecasaua.
CALCADOR Pycasara, Popycasara.
CALÇADOR Pypupecasara.
CALCANHAR Pyrupitá.
CALCANTE Pycauara, Popycauara.
CALÇANTE Pypupecauara.
CALÇÃO Torina, Cerura.
CALCAR Pyca. *Calcar com a mão:* Popyca. *Calcar com o pé:* Pypyca.
CALÇAR (*o pé*) Pypupeca.
CALÇAS Cerura-auyra, Cerura, Xirura.
CALDEIRADA Mimoĩnsaua, Mingaua.

CALDEIRÃO

CALDEIRÃO (*remoinho entre cachopos*) Paranã-uure, Paranã-uauoca.
CALDEIRINHA (*da água benta*) Tupana-y-ireru.
CALDO Yukicé, Ty, Y-puy.
CALMAR Pytuu.
CALMARIA Anagaipuua, Angopauá.
CALMO Pytuua.
CALOR Sacusaua, Sacu.
CALOTE Periperi.
CALVO Acangapéua, Auayma (*Solimões*).
CAMA Ienotyua.
CAMADA Miexisaua, Miexiaua.
CAMALEÃO Cenimu, Cenemby.
CAMARADA Irumuara, Camarara.
CAMARÃO Muã, Poty.
CAMARÃO-BRANCO Potytinga.
CAMARÃO-CHATO Potykicé.
CAMARÃO-FACA Potypema.
CAMARÃO-GRANDE Potyuasu.
CAMARÃO-LISO Potypéua.
CAMBADA Apixama, Apitama. *Cambada de peixes:* Pirápixáma.
CAMBAIO Retimã-apara.
CAMBARÁ Cambará, Camará.
CAMBIADO Cenimua, Cenimuana.
CAMBIADOR Cenimusara.
CAMBIAMENTO Cenimusaua.
CAMBIANTE Cenimu-uara.
CAMBIAR Cenimu, Cenimbu. *Tornar cambiante:* Mucenimu. *V. Trocar* e comp.
CÂMBIO Murecuiarasaua.
CAMINHADA Uatásáua.
CAMINHADO Uataua.
CAMINHADOR Uatására.
CAMINHANTE Uatáuára.
CAMINHAR Uatá.
CAMINHÁVEL (*que gosta de caminhar sem destino*) Uatáuéra.
CAMINHO Pé, Sapé, Rapé. *Caminho difícil:* Pé-iaueté. *Caminho fácil, bom:* Pé-icatu. *Caminho da canoa:* Ygarapé. *Caminho da serra:* Yuytera-rapé. *Caminho de pedra:* Itá-rapé, Itapé.
CAMINHOZINHO DE PEDRA Itapé-mirĩ.
CAMISA Tipoia, Camixá.
CAMISÃO Camixá-asu.
CAMPAINHA Itamaracaĩ, Itamaracá-mirĩ.
CAMPAL Periuara.
CAMPINA Caatinga-uasu.
CAMPO Peri, Perityua, Nhu (*pouco usado*).

Campo aberto: Nhu-paua. *Campo belo:* Nhu-puranga. *Campo bom:* Nhu-catu. *Campo duro, de terra firme:* Nhu-antã. *Campo raso:* Nhu-péua. *Campo seco:* Nhu-tininga. *Campo semeado:* Nhu-eaué.
CAMUNDONGO Uauiru.
CANA[1] Perĩ, Tacuara, Tacuarĩ, Tauoca, Tacana, Murĩ.
CANA[2] (*de pescar*) Pindayua.
CANA[3] (*do leme*) Iacumã-yua (*hástea*).
CANA-DE-AÇÚCAR Muriceẽn, Tauocaceẽn, Periceẽn.
CANAL Paranã-mirĩ.
CANARANA Perĩ-ãntã.
CANCRO (*moléstia*) Cunuru.
CANDEEIRO Icaua-cendi-ireru.
CANDEIA Icaua-cendi, Candea (*corruptela do português*).
CÂNDIDO Murutinga-eté.
CANDIRU (*peixe*) Candiru, Caniru.
CANDOR Murutingasaua.
CANELA (*da perna*) Retimã-pucua.
CANGAPORA Acangapora.
CANGUÇU Acangusu.
CANHOTO Taicuae, Pôuasúara.
CANIBAL Mira-usara.
CANIÇO [*para pescar*] Pindayua; (*para pesca do tucunaré*) Pinauaca; Tacuara-puracysaua [= taquara da festa].
CANIL Iauara-rendaua.
CANINANA Caninana.
CANINDÉ Canindé, Caniné.
CANJAR Cenimu. *V. Cambiar* e comp.
CANO Tacuara, Tacuarĩ, *ou* Tauoca e Tauocaĩ (*conforme o cano é feito de uma qualidade de cana ou da outra*). *Cano do cachimbo:* Pytyuaú tacuarĩ. *Cano de pedra, de ferro ou outro qualquer metal*; Itá-tacuara, Itá-tauoca, Itararé.
CANOA Yara, Igara, Yngara. *Canoa possante:* Yngareté. *Canoa de casco e falcas sobrepostas:* Tatupirera. *Canoa cavada num só pau, sem falcas:* Yuá (ubá).
CANOEIRO Yngarapora; (*o dono*): Yngara-iara.
CANORO Nheẽngareuara.
CANOZINHO Itá-tacuarĩ.
CANSAÇO Maraaresaua.
CANSADÍSSIMO Maraaretéua.
CANSADO Maraareana.

CANSADOR Maraaresara.
CANSANTE Maraareuara; (*se é a causa, a origem do cansaço*) Maraareyua.
CANSAR Maraare. *Cansar-se:* Iumaraare.
CANSATIVO Maraareuera.
CANTADO Nheẽngare, Nheẽngareana.
CANTADOR Nheẽngaresara.
CANTANTE Nheẽngareuara.
CANTAR Nheẽngare.
CANTAREIRA Camutĩ-rendaua.
CÂNTARO Camutĩ.
CANTÁVEL Nheẽngareuera.
CANTO¹ [*ato de cantar*] Nheẽngaresaua.
CANTO² (*ângulo*) Openasaua. *Canto da casa:* Oca openasaua. *Canto da sala:* Ocapy openasaua.
CANUDO Itá-tacuarĩ.
CÃO Iauara. *Cão miúdo:* Iauarapéua.
CÃO-DO-MATO (*Canis azarae*) Iauaperi, Iauara-asu.
CAPACETE Acangatara, Acaitar, Acaintara.
CAPADEIRA Tapiá-iuúcauára, Tapiá-iuucayua.
CAPADO Tapiáýma, Tapiá-iuucauá.
CAPADOR Tapiá-iuucasara.
CAPADOURO Tapiá-iuucataua.
CAPANTE Tapiá-iuucauara.
CAPÃO¹ [*castrado*] Tapiá-iuucauá.
CAPÃO² (*a ilha de mato no campo*) Caá poama; Caá pô.
CAPAR Iuuca-tapiá. *Capar-se:* Iuiuuca-tapiá.
CAPELA Tupaoca-mirĩ.
CAPELÃO Pay.
CAPIM Capĩ (*contr. de* Caá-puy = *erva em geral*).
CAPINAÇÃO Cupĩxaua.
CAPINADO Cupiaua.
CAPINADOR Cupisara.
CAPINANTE [*a pessoa*] Cupiuara; (*o instrumento*) Cupi-yua.
CAPINAR Cupi.
CAPINZAL Capĩtyua.
CAPITÃO Tuixaua, Muruxaua.
CAPIVARA Capĩuara.
CAPOEIRA¹ Caapuíra (= *mata nova, miúda*). *Capoeira de plantas que perdem as folhas:* Caá-tininga. *Capoeira de mato que cresce em lugares abandonados:* Capoera.
CAPOEIRA² [*de galináceos*] (*fixa*) Sapucaia-roca; (*portátil*) Sapucaia-reru.

CARA Suá, Ruá. *Cara de gente:* Mira-suá.
CARACOL Iapuruci, Uruá, Uruáĩ.
CARAÍBA Carayua.
CARAJURU Raraiuru, Caraiuru.
CARAMUJO Uruá.
CARANDÁ Caraná.
CARANDAÍ Caranaí.
CARANGUEJA [*verga da vela*] Sutinga-uasu-yua.
CARANGUEJEIRA (*aranha*) Curunuá, Curunã.
CARANGUEJO Osá, Xiry, Uaca, Uacapara, Aroaí.
CARAPANÃ Carapanã.
CARAPANATUBA Carapanã-tyua.
CARAPANAÚBA Carapanã-yua.
CARAVARI Carauary.
CARAXUÉ Caraxué.
CARCÁS (*aljava*) Uéyua-ireru.
CARDÍACO Piá-maci.
CARDUME (*de peixes*) Piracema, Pirá oetepé.
CARECA Acangapéua, Acanga-icyma.
CARECEDOR Puraĩngara.
CARECER Puraĩn, Uatare.
CARECIDO Puraĩnga.
CARECIMENTO Puraĩngaua.
CAREIRO Cepiásuuára, Cepiásuuéra.
CARETA Mucunũ, Suá-sacy.
CARGA Puracauara. *Carga da canoa:* Ygara puracauara. *Carga da espingarda:* Mucauapora. *Carga do paneiro:* Uaturápóra. *Carga de um homem:* Mira-puracauara.
CARÍCIA Morisaua, Muiarisaua, Muninasaua. V. *Acariciar* e comp.
CARIJÓ Carió, Cariió.
CARIMÃ Carimã, Carimbã.
CARNAÚBA Caranayua, Carnayua.
CARNE Soocuera.
CARNEADA Tapiyra-iucá-saua.
CARNEADO Tapiyra-iucaua.
CARNEADOR Tapiyra-iucá-sara.
CARNEANTE Tapiyra-iucá-uaua.
CARNEAR Iucá-tapiyra.
CARNIÇA Embiara, Uruu-putaua.
CARNICÃO [*carnegão*] Epéua-santá.
CARNICEIRO Soó-uuara, Soocuera-usara, Soó-iucasara.
CARO Cepíuasú, Cepíasú.
CAROÇO Sainha, Rainha, Tainha, Yá-sainha.
CARPIDO Sapirongá.
CARPIDOR Sapirongaua.
CARPIDOURO Sapirongatyua.

CARPIMENTO Sapirongaua.
CARPINTARIA Iupanasaua.
CARPINTEIRO Iupanasara.
CARPIR Sapirõn, Sapirūn. *Carpir defuntos:* Sapirõn ambyra.
CARRANCUDO Saacy, Saacyuera.
CARRAPATO Iatiuca, Iatimoca, Iatimboca, Iatiuoca.
CARREGADO Puracaua, Puracare, Ipora, Ipuracariana.
CARREGADOR Puracasara, Puracaresara.
CARREGADOURO Puracatyua, Puracaretyua.
CARREGAMENTO (*ato de carregar*) Puracasaua, Puracaresaua; (*o que é carregado*) V. *Carga*.
CARREGANTE Puracauara, Puracareuara.
CARREGAR Puracá. *Carregar por ordem alheia:* Puracare. *Fazer carregar:* Mupuracare. *Carregar às costas:* Supire. *Carregar puxando:* Ciky.
CARREGÁVEL Puracauera, Puracareuera.
CARREIRA Unhanasaua.
CARRO Panacu (= *paneiro*).
CARTA Papera.
CARVÃO Tatapuína, Tatapuinha.
CASA (*quando se fala em absoluto, sem indicação de relação de propriedade ou quando entra em palavras compostas*) Oca. *Vamos para casa:* Iasó oca kiti. *Casa de pedra:* Itaoca. *Casa grande:* Oca uasu; (*quando se fala da minha ou da sua casa, e mesmo da casa de terceiro*) Oca (*embora neste caso se use mais facilmente Soca e Toca*). *A minha casa:* Cé roca. *Vamos a tua casa:* Iasoana né roca kiti. *Casa de Deus:* Tupana roca, (*por contração*) Tupaoca, Tupaca. *Ele foi para sua casa:* Aé osó i soca kiti. *A levou para sua casa:* Orasó aé i toca opé. *Interior da casa:* Oca cuara. *O interior da sua casa:* I soca cuara.
CASADO Menare, Mendare, Menareana.
CASADOURO Menauera, Apyaua-cunhã-putaua (*o homem*), Cunhã-apyaua-putaua (*a mulher*).
CASAMENTEIRO Menaresara.
CASAMENTO Mendaresaua, Menaresaua.
CASAR Menare, Mendare. *Casar-se:* Iumenare. *Fazer ou ser feito casar:* Mumenare.
CASCA Pirera. *Casca de ovo:* Supiá-pirera. *Casca de pau:* Myrá-pirera, Embyra, Em-yra.
CASCA-PRECIOSA (*casta de canela*) Peraiorá; (*a árvore*) Peraiorá-yua.

CASCAVEL Mboia-cininga, Auaī.
CASCUDO (*casta de peixe*) Acary.
CASEBRE Oca-ayua, Oca-cucui, Teiupá.
CASEIRA (*amásia*) Iauasa.
CASEIRO Ocauara.
CASERNA Surara-oca.
CASO [*fato*] Maá-nungara. Maranduúa, Cicasaua.
CASPA Kéua-rana, Kiyua-supiá, Kyrana.
CÁSSIA Marimari.
CASTANHA [*casta de castanheiro*] Nhá.
CASTANHA-DO-PARÁ Trocary.
CASTANHA-SAPUCAIA Sapucaia. A sapucaia espoca na árvore, deixando cair as castanhas no chão. A *trocary* cai fechada.
CASTIÇAL Candêa-ireru, Candeayua.
CASTIGAR (*batendo*) Nupá. V. *Bater* e comp.
CASTIGO Puxi-putaua.
CASTOR E PÓLUX (*as duas estrelas de igual grandeza da constelação dos Gêmeos*) Muã, Mocoĩn muã (= *dois camarões*).
CASTRAR Iuuca-tapiá. V. *Capar* e comp.
CATA Cicaresaua.
CATADO Cicareua.
CATADOR Cicaresara.
CATADOURO Cicaretaua.
CATADUPA Paranã-aari.
CATADURA Suá-puxi, Suá-asu.
CATAFRACTO (*classe de peixes*) Tamoatá, Tamatá.
CATAMÊNIO Torica.
CATANTE Cicareuara.
CATAR Cicare, Cicári. *Fazer cata.:* Mucicare. *Catar com muito afã ou muita atenção:* Cicacicare.
CATAUARI Catauari.
CATÁVEL Cicareuera.
CATECISMO Tupana-tecô-mbuésáua.
CATEQUISTA Tupana-tecô-mbuésára.
CATEQUIZADO Tupana-tecô-mbuéua.
CATEQUIZAR Mbué-tupana-tecô.
CATINGA (*cheiro*) Catinga. V. *Cheiro*.
CATINGOSO (*que cheira mal*) Catingaua, Catingapora.
CATINGUEIRO (*que habita as caatingas*) Caatingauara, Caatinga-pora.
CATIVAR Mumiasua.
CATIVEIRO Miasuasaua.
CATIVO Miasua.
CATUCAR Cotuca.

CAUCHO Cauxiú [= *mato que chora*].
CAUDA Ruaia, Suaia, Raua, Saua; (*nos compostos*) Uaia, Áua, Saua, Raua. *Cauda dos pássaros:* Uirá suaia.
CAUDA-DE-ARARA [*rabo-de-arara*] Arara-saua.
CAUDA-DE-MACACO [*rabo-de-macaco*] Macaca-raua.
CAUDADO Ruaiauara.
CAUDALOSO Paranã-typyyeté.
CAUIXI Cauicy, Cauixy, Caycy.
CAUSA Rupi, Rupiua.
CAUSADOR Rupiuara.
CAUSALIDADE Rupisaua.
CAVADOR Taxiua.
CAVALO Cauaru.
CAVAR Taxi, Picui, Picuĩn.
CAVEIRA Acã-uera, Acaĩn-uera, Acanga-cuera.
CAVERNA Yuy-cuara, Yuy-oca. *Caverna da canoa:* Ygara-yiuá, Ygara-arucanga.
CAVIÁ Cauiá.
CAVILHA Mena. *Cavilha do leme:* Iacumã-mena.
CEBOLA Yua-ceẽn-asu, Yuacemasu.
CEBUS (*casta de macacos*) *Cebus gracilis:* Caiarara; *Cebus satana:* Yurupary-macaca; *Cebus fluvus:* Saytauá; *Cebus fatuellus gracilis:* Say; *Cebus fatuellus:* Itapoan.
CECRÓPIA [*embaúba*] Embayua.
CEDENTE Xiarisara, Xiareuara.
CEDER Xiári, Xiare, Meẽn. *Cede o seu lugar a quem o quer:* Oxiári i rendaua oputári aé auá supé. *Não quis ceder o que levava:* Inti omeẽn ana putári maá osupire.
CEDIDO Xiare.
CEDINHO Coema-xinga, Curutẽ-xinga.
CEDÍVEL Xiariuera.
CEDO Coemana, Curutẽ. *Volta cedo:* Reiuíre curutẽ. *Amanhã cedo traz o peixe do cacuri:* Uirandé coemana rerúri cacury pirá.
CEDRELA V. *Cedro*.
CEDRO Acaiacá, Putumuiu.
CEGADO Cesá-canhemo, Mucesá-yma.
CEGADOR Mucesá-ymasara, Cesá-canhemo-sara.
CEGANTE Mucesá-ymauara, Cesá-canhemo-uara.
CEGAR Canhemo-cesá. *Tornar cego:* Mucesá-yma.
CEGO Cesá-yma.
CEGUEIRA Cesá-ymasaua.

CELA Ocapy-mirĩ.
CELEBRAR Munhã. *Celebrar a missa:* Nheẽn-missa.
CELEIRO Ierau (*como o lugar onde são guardadas a comida e as provisões da casa*).
CELESTIAL Iuacauara, Iuacapora.
CELESTE Iuacasara (= *quem é do céu*); (*a cor*) Sukira cerane.
CELESTIALMENTE Iuacasaua rupi.
CELHAS Cesásáua.
CELIBATÁRIO Apyaua-cunhãyma.
CEM Iepé-papasaua (= *isso é uma conta*).
CEMITÉRIO Mira can-uera-tyua.
CENTELHA Cenipucaua; Ueraua. *Centelha do fogo:* Tatá-peririca.
CENTELHANTE Cenipucauara.
CENTELHAR Cenipuca. *Fazer ou ser feito centelhar:* Mucenipuca.
CENTOPEIA Yurupary-kiaua.
CENTRAL Piterauara, Miterasara.
CENTRALIDADE Piterasaua.
CENTRO Mitera, Pitera. *No centro da terra:* Yuy-pyterupé. *No centro está a força:* Kyrim-básáua oicô pyterupé.
CEPILHADOR Mupéuasára.
CEPILHAMENTO Mupéuasáua.
CEPILHANTE Mupéuauára.
CEPILHAR Mupéua.
CEPILHO Mupéuauára, Mupéuára.
CERA Ira-reputy, Iraity, Ira-icyca.
CERCA (*cercado*) Caisara, Curara, Kindara.
CERCAR Mucurara (*R. Negro, de* Mu-cural); Mucaisara (*Solimões*), Cai, Kindá, Kená.
CERCEAR Munuca-supu-recé.
CERCOLEBE [*porco-espinho*] Cuandu, Cuanu.
CERIMBABO V. *Xerimbabo*.
CERNAMBI V. *Sernambi*.
CERNAMBIZAL V. *Sernambizal*.
CERNE Sumytera, Myrá-sainha, Myrá-piá.
CEROL Iraity.
CEROULAS Cerura.
CERRADO (*do mato*) Iai. *Lugar do mato cerrrado:* Iaityua.
CERTAMENTE Supi-eté, Supi-rupi.
CERTEZA Supisaua.
CERTIFICAÇÃO Musupisaua.
CERTIFICADO Musupiuá, Papera-musupí-uára.
CERTIFICADOR Musupísára.
CERTIFICANTE Musupíuára.

CERTIFICAR Musupi.
CERTIFICÁVEL Musupíuéra.
CERTO Supi.
CÉRULO [cerúleo] Sukira.
CERVO Suasu (Soó-uasu).
CESSÃO Xiárisáua, Meẽngaua.
CESSIONÁRIO Xiáriuára.
CESTA Uaraia, Urupema.
CESTARIA Panacu-munhanga-tyua.
CESTEIRO Panacu-munhangara.
CESTO (*alto, aberto para cargas pesadas*) Uaturá; (*de forma retangular e com tampa*) Panacu; (*menor e de forma variável*) Samburá; (*de forma mais ou menos redonda e também com tampa*) Uru.
[CÉU] Iuaca.
CEVA Mukiranga, Iepoĩnsaua.
CEVADO Muicaua, Iepoĩn.
CEVADOURO Iepoĩntyua, Mukirantyua.
CEVADOR Muicáusára.
CEVANTE Muicáuauára.
CEVAR Iepoĩn, Muicaua.
CEVÁVEL Iepoĩn-uera, Muicáuauéra.
CHÁ (*infusão de*) Musuru, Mosoró.
CHÁCARA Yuatyua, Iatyua, Kindara.
CHACAREIRO Iatyua-uara, Iatyua-pora.
CHACINAR Munu-munuca. *V. Cortar* e comp.
CHACOTA Uarixysaua.
CHACOTEADOR Uarixysara.
CHACOTEAR Uarixy.
CHAFURDA Mutipytingatyua.
CHAFURDAR Mutipytinga.
CHAFURDEIRO Mutipytingasara.
CHAFÚRDIO Mutipytingasaua.
CHAGA Peréua.
CHAGADO Imperéua, Ipereuana.
CHAGADOR Mupereuasara.
CHAGAMENTO Mupereuasaua.
CHAGANTE Mupereuauara.
CHAGAR Mupeéua.
CHAGÁVEL, CHAGUENTO Mupereuauera, Peréuamanha.
CHAMA Tatá-uetéua, Tatá-cendyua.
CHAMADA Cenoisaua, Cenoingaua.
CHAMADOR Cenoisara, Cenoingara.
CHAMANTE Cenoiuara.
CHAMAR Cenoi, Cenoĩn. *Chamar com autoridade:* Cenoicári. *Fazer ou ser chamado:* Mucenoĩn. *Mandar ou ser chamado com autoridade:* Mucenoicári. *A mulher chamou as crianças para dar-lhes ingás:* Cunhã ocenoi curumĩ etá omeẽn ingá aetá supé arama. *O tuxaua chamou a sua gente para deliberar sobre o que devia fazer:* Tuixaua ocenoicári i mira omunguetá maá omunhã cuau arama. *Chamar nomes:* Curá-curau.
CHAMARIZ Cenoityua.
CHAMEJADOR Ueréuasára.
CHAMEJAMENTO Ueréuasáua.
CHAMEJANTE Ueréuauára.
CHAMEJAR Ueréua.
CHAMUSCADOR Sauerecasara, Saperecasara.
CHAMUSCAMENTO Sauerecasaua.
CHAMUSCANTE Sauerecauara.
CHAMUSCAR Sauereca, Sapereca.
CHAMUSCÁVEL Sauerecauera.
CHÃO Yuype, Yuypy. *No chão:* Yuypype. *Do chão:* Yuype-suí. *Pelo chão:* Yuype-rupi.
CHAPADA Arasary.
CHAPÉU Xapéua.
CHARCO Tyiucapaua.
CHARNECA Nhutinga (= *campo branco*).
CHARQUE Tapyira piraẽn.
CHATEZA Péuasáua.
CHATO Péua.
CHATOS [*insetos*] Supiá-kyua.
CHAVE Cekindáuára, Xáui (*corrup. do port.*).
CHAVEIRO Cekindaua-iara.
CHEFE Tuixaua, Tuisaua. *Chefe que manda:* Murutuixaua, Muruxaua (*de Muru por* Turu = *grande, grosso*), Mira-acanga.
CHEFIA Tuixaua-rendaua, Acangasaua, Mira-acangasaua.
CHEGA! (*é suficiente*) Cica, Aiana, Aioana.
CHEGADA Cicasaua.
CHEGADO Cica, Cicana, Cicaua.
CHEGADOR Cicasara.
CHEGADOURO Cicatyua.
CHEGANTE Cicauara.
CHEGAR Cica. *Fazer chegar:* Mucica. *Chegar-se:* Iucica. *O menino chegou-se à mulher e disse para ela:* Curumĩ oiucica cunhã ruake, omeẽn i supé. *Quando chegar o dia da festa tudo deve estar pronto:* Ara puracysaua ocica rame omungaturuana cuaĩn opaĩn maaetá.
CHEIA Y-eikiésáua, Paranã-eikiésáua.
CHEIO Ipora, Eikié, Eikiéua, Cemo. *Cheio a maior parte:* Turusupora. *Cheio a transbordar:* Terecemo. *Cheio à cunha, a pulso:* Apô,

Apu. *Cheio à cunha de água:* Y-apô. *O que é cheio à cunha:* Y-apô.

CHEIRADOR Cetunasara, Sakenauara.

CHEIRAR (*aplicar o olfato*) Cetuna; (*exalar cheiro*) Sakena. *Cheirar mal:* Catinga, Pixé, Inema. *Gosta-se de cheirar flores que cheiram bem:* Mira ocetuna putare putyra osakena puranga uá.

CHEIRO Cetum, Sakena; Catinga; Pixé; Inema. *A mulata catinga, o peixe é pixé e quando podre fede:* Oiuratu cunhã ocatinga, pirá opixé, oiucana ramé inema. *Cetum* e *Sakena* trazem sempre a ideia de um cheiro agradável ou, pelo menos, suportável. *Catinga,* o cheiro especial que se desprende dos seres animados e pode ser indiferentemente agradável ou desagradável. *Pixé,* nas mesmas condições, traz porém sempre a ideia de ser enjoativo e menos bom. *Inema,* o cheiro ruim, fedor.

CHIADA Xixycasaua.

CHIADOR Xixycasara.

CHIANTE Xixyca, Xixycauara.

CHIAR Xixyca.

CHIBÉ [*bebida*] Cimé, Cimbé.

CHICOTADA Muxingasaua, Nupá-yua-saua.

CHICOTE (*de couro*) Muxinga; (*de galho de pau*) Nupá-racanga, Nupá-yua; (*de corda*): Nupá-xama.

CHICOTEADOR Muxinga-uara, Nupá-yua-sara.

CHIFRADA Uacatucasaua.

CHIFRADOR Uacatucasara.

CHIFRE Uaca.

CHIFRUDO Uacauara, Uacasara.

CHINELA Py-pupecasaua.

CHINELEIRO Py-pupecasara.

CHISPA Uciuá.

CHISPADOR Ucisara.

CHISPAMENTO Ucipaua, Ucisaua.

CHISPANTE Uciuara, Ucipora.

CHISPAR Uci, Ucii.

CHITA Sutiro, Sutira. *Chita branca:* Sutiratinga.

CHOCA [*da galinha*] Sapucaia-uapicasara.

CHOÇA Teiupã.

CHOCALHO Maracaí. *Chocalho das pernas:* Aiapá. *Qualquer outra coisa que sirva para chocalho:* Cininga, Catacá.

CHOCAR Uapica-supiá-arupé. *A galinha está para chocar:* Sapucaia ouapica putári supiá arupé.

CHOCO (*do ovo*) Supiá-ayua, Supiá-ipora; (*o ato de chocar*) Sapucaia-uapicasaua.

CHOQUE Cutucaua.

CHOQUEIRO Sapucaia-uapica-rendaua.

CHORADEIRA Xiú-uerayua.

CHORADOR Xiusara.

CHORADOURO Xiú-rendaua.

CHORANTE Xiú-uara.

CHORÃO Xiú-uera.

CHORAR Xiú. *Fazer ou ser feito chorar;* Muxiú.

CHORO Xiúsáua.

CHOVER Amana oári. *Quer chover:* Amana-oári-putári. *Deixou de chover:* Amana osasau.

CHUMBO Itámembéca, Iáameméca.

CHUPADO Petera, Petere, Pitera, Peterauá, Ucy.

CHUPADOR Peterasara.

CHUPADOURO Peterataua.

CHUPAMENTO Peterasaua.

CHUPANTE Peterauara.

CHUPAR Petera, Pitera.

CHUPÁVEL Peterauera.

CHUVA Amana.

CHUVADA Amana-uasu.

CHUVEIRO Amana-eté.

CHUVISCO [*pancada de chuva*] Amana-opypyca, Amana-opypycasaua.

CHUVOSO Amanauara, Amanauera.

CICATRIZ Caẽn, Caenga, Peréua-rendaua-cuera.

CICICA (*casta de mucura*) Xixica.

[CICONIÍDEO] *Ciconia maguari:* Iaburu. No litoral chamam de *Mauari,* nome que no Amazonas se dá a *Ardea cinerea.*

CIDADÃO Mairyuara, Mairypora.

CIDADE Mairy.

CIGANA [*ave*] Aturiá.

CIGARRA Aracy, Aramanha, Coaracy-cy, Coaracy-manha, Iakyrana; (*no rio Negro*) Daridari (*palavra baré*).

CILADA Mundéua. Marumbi.

CÍLIO Cesá-saua.

CINCO Iepé-pô, Cé-pô. *Depois de cinco dias:* Iepé-pô ara riré. *Trouxe para ti cinco galinhas:* Xarúri ne arama cé-pô sapucaia.

CINÉREO Tuíra.

CINGIDOR Cekycemosara.

CINGIMENTO Cekycemosaua.

CINGIR Cekycemo. *Fazer ou ser feito cingir:* Mucekycemo.
CÍNICO Intiua-otīn (= *sem vergonha*).
CINQUENTA Papasaua-mytera.
CINTILAÇÃO Uerauasaua.
CINTILANTE Uerauauara.
CINTILAR Uerau.
CINTURA Cekycemouara, Cuá (= *parte média do corpo*).
CINZA Tanimbuca, Tanimuca.
CINZEIRO Tanimuca-rendaua.
CINZENTO Tuíra, Tué.
CIOSO Soirõn, Suirõn, Soirūn, Suirūn.
CIPÓ Cipó.
CIPOAL Cipótýua.
CIRCULAR Iapoãn, Aiapuã.
CISÃO Mumyterasaua.
CIÚME Mundárisáua, Suirõngaua, Soirõn.
CIUMENTO Mundárisára, Mundáriuára. *Ciumento sem razão, por hábito:* Mundáriuéra, Soirõngara, Soirõnguera, Soirõn-uera.
CIVILIZAÇÃO Mairy-tecôsáua.
CIVILIZADO Mairyuara, Mairy-tecôuára.
CIVILIZADOR Mairy-tecôsára.
CLAMADOR Muiurusara.
CLAMANTE Muiuruara.
CLAMOR Muiuru.
CLANDESTINAMENTE Iumime-rupi.
CLANDESTINO Iumime.
CLANGOR Memy-teapu.
CLARA (*de ovo*) Supiá-tacacá.
CLARO (*ralo*) Ipuy.
CLAVA (*roliça*) Tacape; (*quadrangular como o cuindaru*) Tamarana; (*larga e chata do lado contrário à empunhadura e podendo servir de remo*) Tangapema.
CLAVÍCULA Yiuá-racanga-penasaua.
CLÉRIGO Tupã-ocauara.
COAÇÃO [*de coar*] Imuãngaua.
COADOR Imuãngara, Iumuãngara.
COADOURO Imuãngatyua.
COADURA Imuãnga.
COALHADO Antã, Munantãsaua.
COALHADOR Muantãsara.
COALHADOURO Muantãtyua, Muantãrendaua.
COALHANTE Muantãuara.
COALHAR Muantã. *Coalhar-se:* Iumuantã. *Feito coalhar:* Muantã.
COALHÁVEL Muantãuera.
COALHO Muantãuá.
COANTE Imuãngara.
COAR Imuãn. *Fazer ou ser feito coar:* Muimuãn.
COBERTA Pupecauara.
COBERTURA [*o que cobre*] Pupecauara; (*ato de cobrir*) Pupecasaua.
COBIÓ [*cúbio*] Cumíu.
COBRA (*nome genérico*) Mboia; [*nomes específicos*] Iamacan, Caninana, Iararaca, Iararacusu.
COBRA-CASCAVEL Teapu-mboia, Maracámboia, Cininga-mboia.
COBRA-CORAL Ini-mboia.
COBRA-D'AGUA Paranã-mboia.
COBRA-DE-CHOCALHO V. *Cobra-cascavel*.
COBRA-DE-CUJUBI Cuiumi-mboia.
COBRA-DE-CUTIA Acuty-mboia.
COBRA-DE-DUAS-CABEÇAS Iuyara, Indoá-mboia.
COBRA-DE-MARACANÃ Maracanã-mboia.
COBRA-DE-SAPO Cururu-mboia.
COBRA-DE-TUCANOS Tucana-mboia.
COBRADO Iurureua.
COBRADOR Iururesara.
COBRA-ENFEITADA Parauaca-mboia.
COBRA-GALHO-SECO Sacay-mboia.
COBRA-GRANDE Mboiusu.
COBRA-MACHADO Ndiy-mboia.
COBRANÇA Iururesaua.
COBRANTE Iurureuara.
COBRA-PAPAGAIO Paraoá-mboia.
COBRA-PILÃO Indoá-mboia.
COBRAR Iururé.
COBRA-VERDE Mboiumi.
COBRIDOR Pupecasara.
COBRIMENTO Pupecasaua.
COBRIR Pupeca. Iacuí (*G. Dias*). *Cobrir-se:* Iupupeca.
COCA Ipanu, Ipandu; Suaia.
COÇADO Caraīn.
COÇADOR Caraīngara.
COÇAR Caraīn. *Coçar-se:* Iucaraīn.
CÓCEGAS Pokiricasaua. *Fazer cócegas:* Pokirica.
COCEGUEIRO (*quem faz cócegas*) Pokiricasara.
COCEGUENTO (*quem tem cócegas*) Pokiricauara.
COCEIRA Iusaresaua.
COCHILADOR Sapumisara.

COCHILADOURO Sapumityua.
COCHILANTE Sapumiuara; (*que cochila facilmente*) Sapumiuera, Sapumipora.
COCHILAR Sapumi, Sapomi.
COCHILO Sapumisaua.
COCHO (*tronco oco para fermentar bebidas ou outros misteres*) Yuá, Uuá.
COCO Airi, Ieryuá, Yua-uasu.
CÓCORAS, DE Ouapyca-py-rupitá-arupé.
COELHO Epene.
COFO [*cesto*] Iacá; (*para pescar, casta de nassa*) Ieky.
COGITAR Maité. V. *Pensar* e comp.
COGUMELO Urupé.
COICE [*parte traseira de qualquer coisa*] Casakire; (*pancada*) Pypetecasaua.
COIRÃO Patacuera.
COISA Maá, Mbá, Mbae. *Coisa insignificante:* Maá-nungara. *Coisa boa:* Maá-puranga. *Coisa minha:* Maá ixé iara. *Esta coisa é tua:* Cuá maá indé iara. *Coisas:* Maáeté. *Coisas muitas:* Mbae-ceiía. *Coisas péssimas:* Mbá-ayueté.
COISA-RUIM Maá-ayua, Mbá-ayua.
COITADINHO Taiteíra.
COITADO Taité.
COITO Menua, Menosaua.
COIVARA Cuiuara.
COLA Icyca. *Cola forte:* Cycantá.
COLANA [it.; *colar do peito do homem*] Putiá-puíra.
COLAR Iurapora. *Colar de contas:* Puíra-iurapora.
COLEÇÃO Sanhanasaua.
COLECIONADOR Sanhanasara.
COLECIONAR Sanhana (*Couto Magalhães*).
CÓLERA Inharũsaua.
COLÉRICO Inharũsara.
COLERINA Caaá-puxi.
COLHEDOR Poocasara.
COLHEITA Poocaua, Poocasaua.
COLHENTE Poocauara.
COLHER [ê] Pooca. *Fazer ou ser feito colher:* Mupooca.
COLHER [é] Cuiera (*corrup. do port.*)
COLHEREIRO Aiaiá.
COLHIMENTO Poocasaua.
COLHIDO Poocaua, Poocana.
COLIBRI Inamby, Mimby, Uaynumby.
CÓLICA Marica-saci.

COLINA (*íngreme*) Camacuã; (*de forma arredondada*) Camapuãn.
COLMAR (*encher*) Terecemo; (*calcar*) Muatire.
COLMEIA Irusu, Ira-oca.
COLO Aiurá, Iurá.
COLOCAÇÃO Muapicasaua.
COLOCADOR Muapicasara.
COLOCAR Muapica. *Colocar-se:* Iumuapica. Iumu-mbure, Iumumure.
COLOCÁSIA COMESTÍVEL [*inhame*] Taiá-uasu.
COLOQUINTO [*cabaça*] (*a fruta*) Cuié; (*a planta*) Cuiéýua.
COLÓQUIO Nheẽngaua.
COLORIR Pinima. V. *Pintar* e comp.
COLOSSAL Turusu-eté, Turusu-asu.
COM Irumo, Pire, Rupi. *Vou contigo:* Xasó ne irumo. *Vá ligeiro ter com ele:* Resô curutẽn ae pire *ou* i pire. *Para chegar cedo vamos com vagar:* Iasô meué-rupi iacyca curutẽn arama. *Com tudo isso é bom não descuidar-se:* Ipupé inti catu iamendoara-yma.
COMADRE Atuasara, Satuasá.
COMANDAMENTO Muacarisaua.
COMANDANTE Moacara, Muacara.
COMANDAR Moacári, Muacári; Cári (*como sufixo nas palavras em que há ideia de comando, de envolta com o poder de comandar*). *Deus comanda que amemos o nosso próximo como a nós mesmos:* Tupana omuacári iaxaisu iané rapixara iané iaué arama.
COMANDO Muacariuara.
COMBATER Marãmunhã, Inti-euaky. V. *Guerra* e comp.
COMBINAR Euaky. V. *Acordar* [*concordar*].
COMEÇADO Iupyrua, Epyua.
COMEÇADOR Iupirungara, Epysara.
COMEÇAR Iupirũn. *Começar uma série, da base:* Epy.
COMEÇO Iupirũngaua, Epy, Epysaua, Acanga. *O começo dos tempos:* Ara iupirũngaua. *O começo da nossa gente:* Iané mira epy *e* Iané mira epysaua. *O começo do rio:* Paranã-acanga.
COMEDOR Uuara, Usara; Mbaúsára, Mbaúára. *Uuara* e *Usara* são usados indiferentemente um ou outro, especialmente como sufixo e desaparecendo um *u* na primeira forma. *Comedor de gente:* Mira-usara. *Comedor de camarões:* Potyuara *e melhor* Potyuuara, Potyguara.

COMER

COMER U, Mbaú. Esta segunda forma é mais usada no rio Negro, onde *u* tem mais especialmente o significado de beber. *Bebo cachaça depois de ter comido bem:* Xaú cauī xá-mbaú puranga ramé.
COMESTÍVEL Embiara.
COMICHÃO Iusara, Iusarasara.
COMICHAR Muiusara.
COMIDA (*já pronta para ser comida*) Temiú, Tembiú; (*que deve ser preparada*) Embiara.
COMIGO Cé-irumo.
COMILÃO Tyara.
COMO Maié, Mai. *Como tu:* Maié ne iaué. *Como então?* Maié taá?, Maitá?
COMPADRE Atuasara; Satuasá.
COMPANHEIRO Irumuara.
COMPARECEDOR Iucuausara.
COMPARECENTE Iucuauara.
COMPARECER Iucuau.
COMPARECIMENTO Iucuausaua.
COMPASSAR (*a carga na canoa*) Meēn recuiara yngara kiti.
COMPASSO Itá-cambira, Itá-cambira-murangaua.
COMPATRÍCIO Iané tetamauara.
COMPATRIOTA Tetamauara. *Nossos compatriotas:* Iané tetamauara etá.
COMPENSADO Recuiara-meēn.
COMPENSADOR Recuiara-meēngara.
COMPENSAR Meēn-recuiara.
COMPENSO [*it.; compensação*] Recuiara-meēngaua.
COMPLACÊNCIA Icatusaua.
COMPLACENTE Icatu.
COMPLACENTEMENTE Icatu-rupi.
COMPLEMENTO Terecemosaua.
COMPLETADOR Terecemouara, Muterecemosara.
COMPLETAR Terecemo. *Fazer ou ser feito completar:* Muterecemo.
COMPLETO Terecemo.
COMPOR [*conciliar*] Euaky. V. *Acordar*².
COMPRA Pirepanasaua.
COMPRADOR Pirepanasara.
COMPRANTE Pirepanauara.
COMPRAR Pirepana. *Fazer ou ser comprado:* Mupirepana.
COMPRÁVEL Pirepanauera.
COMPREENDEDOR Puranga-cendusara.
COMPREENDENTE Puranga-cenduara.

COMPREENDER Cendu-puranga.
COMPREENDIDO Puranga-cendu, Iucuau-catu.
COMPREENSÃO Puranga-cendusaua.
COMPREENSÍVEL Puranga-cenduera.
COMPREENSIVELMENTE Cendu-puranga-rupi.
COMPRESSÃO Potypiisaua.
COMPRESSOR Potypiiuara.
COMPRIDO Pucu, Iatucayma.
COMPRIMENTO Pucusaua.
COMPRIMIDOR Potypiisara.
COMPRIMIR Potypii.
COMUM Iané-iara, Iandé-iara. *Entre os Tapuios tudo é comum:* Tapyia pyterupé opaīn maitá oicô iané iara.
COMUNGANTE Tupanareuara.
COMUNGAR U-tupana, Tupanara.
COMUNHÃO Tupanaresaua, Tupanaua, Tupanaresaua.
CONA Tamatiá, Xiry (*Solimões*).
CONCEBER¹ [*engravidar*] Iupuruān. *Fazer conceber:* Mupuruān.
CONCEBER² (*na mente*) Maité.
CONCEBIDO Mupuruana, Iupuruanga.
CONCEBIMENTO Iupuruāngaua.
CONCEDER Munhā-putaua.
CONCEITUAR Maité-catu.
CONCENTRAÇÃO Mumuatiresaua.
CONCENTRADOR Mumuatiresara.
CONCENTRADOURO Mumuatiretaua.
CONCENTRANTE Mumuatireuara.
CONCENTRAR Mumuatire.
CONCERTAR Mungaturu, Munguetā. V. *Ajustar, Acordar*².
CONCESSÃO Putaua-munhāngaua.
CONCESSOR Putaua-munhāngara.
CONCHA Itan, Itanga, Itany, Iapuru, Uatapu.
CONCHAVADO Munguitaua.
CONCHAVADOR Munguitására; Puxi-munguitására; (*costumeiro*) Munguitáuéra.
CONCHAVANTE Munguitáuára.
CONCHAVAR Munguitá; (*convite ou ajuste para fim duvidoso ou pouco confessável*) Munguitá-puxi.
CONCHAVO Munguitaua-puxi.
CONCILIAÇÃO Mupituusaua. V. *Apaziguar* e comp.
CONCISAMENTE Iatuca-rupi.
CONCISÃO Iatucasaua.

CONCISO Iatuca, Pucuyma.
CONCITAÇÃO Mukyrimbásáua.
CONCITADO Mukyrimbaua.
CONCITADOR Mukyrimbására.
CONCITANTE Mukyrimbáuára.
CONCITAR Mukyrimbá, Mukyrimbau.
CONCITATIVO Mukyrimbáuéra.
CONCLAMAR Cacemo-iepé-uasu.
CONCLUDENTE Mupáuára.
CONCLUÍDO Mupaua.
CONCLUIDOR Mupáusára.
CONCLUINTE Mupáuára.
CONCLUIR Mupau, Mupao. *Concluir tudo:* Mupau catu. *Concluir bem*: Mupau-puranga.
CONCLUSÃO Mupausaua.
CONCORDADO Mueré, Muereana.
CONCORDADOR Muerésára.
CONCORDÂNCIA Muerépáua.
CONCORDANTE Muerépóra.
CONCORDAR Mueré; [*ajustar*] Euaky. *V. Acordar*² e comp.
CONCÓRDIA Catusaua.
CONCORRENTE Iepéasú-sôuára.
CONCORRER Sô-iepéasú.
CONCUBINA Uasá, Uasara.
CONCUBINADO Uasaua, Iuuasá.
CONCÚBITO Uasá, Meno.
CONCULCAR Pypiru.
CONCUNHADO Euaiara, Icunhara (*corrup. do port.*).
CONCURSO Iepé-asú-sosaua.
CONDIÇÃO Tecoua, Tecôsáua.
CONDICIONALMENTE Tecôsáua-rupi.
CONDIMENTAR Muceẽn.
CONDIMENTO Muceẽngaua.
CONDUÇÃO Rasôsáua.
CONDURU Conuru.
CONDUTO Tyra.
CONDUTOR Rasósára.
CONDUZIDO Rasoua, Rasoana.
CONDUZIR Rasó. *Conduzir-se:* Iurasó. *Fazer ou ser feito conduzir:* Murasó. *Conduzir dentro do paneiro ou outra vasilha:* Uruatá.
CONDUZÍVEL Rasóuéra.
CONFEITO Ceẽn-kytã-kytãn.
CONFERÊNCIA Munguetásáua.
CONFERENCIADOR Munguetására.
CONFERENCIAR Munguetá.
CONFESSADO Iumu-mbeú, Iumu-mbeúa.

CONFESSANTE Iumu-mbeú-uara.
CONFESSAR Iumu-mbeú.
CONFESSIONÁRIO Iumu-mbeú-rendaua.
CONFESSOR Pay, Iumu-mbeúsára.
CONFIADO Puranga-muaú, Muaú-catu.
CONFIANÇA Puranga-muaúsáua.
CONFIANTE Puranga-muaúára.
CONFIAR Muaú-puranga.
CONFIGURAR Munhã. *V. Fazer.*
CONFIM Ipuásáua.
CONFINANTE Ipuására, Ipuáuára.
CONFINAR Ipuá.
CONFIRMAÇÃO Musantásáua, Mueretésáua.
CONFIRMADOR Musantására, Mueretésára.
CONFIRMAR Musantá, Mueretéa.
CONFIRMATÓRIO Musantáuéra.
CONFISSÃO Iumu-mbeúsáua.
CONFLUÊNCIA Paranã-racanga-tomasaua.
CONFLUENTE Paranã-racanga.
CONFORMAR-SE Muiaué, Euaky.
CONFORME Muiaué, Cuaiaué, Iaué.
CONFORMIDADE Muiauésáua.
CONFORTADO Muangasua.
CONFORTADOR Muangasúsára.
CONFORTANTE Muangasu-uara.
CONFORTAR Muangasu. *Confortar-se:* Iumu-angasu.
CONFORTO Muangasúsáua.
CONFRONTADOR Mumocoĩnsara.
CONFRONTAMENTO Mumocoĩnsaua.
CONFRONTANTE Mumocoĩn-uara.
CONFRONTAR Mumocoĩn. *Confrontar-se:* Iumumocoĩn.
CONFUNDIDO Mupatuca.
CONFUNDIR Mupatuca.
CONFUSÃO Mupatucasaua.
CONFUTAR Mucameẽn-poité.
CONHECEDOR Cuausara.
CONHECENTE Cuauara.
CONHECER Cuau. *Conhecer-se:* Iucuau. *Fazer ou ser feito conhecer:* Mucuau. *Fazer-se conhecer:* Iumucuau.
CONHECIMENTO Cuausaua.
CONHECÍVEL Cuauera.
CONLUIAR Euaky-puxi. *V. Conchavar* e comp.
CONOSCO Iané-irumo.
CONSCIÊNCIA Piá, Anga.
CONSCIENTE Icuauana.
CONSCIENTEMENTE Cuau-rupi.

CONSELHEIRO (*bom*) Munguetására-puranga; (*mau*) Munguetására-puxi. *O do conselho da tribo:* Moacara.
CONSELHO [*aconselhamento*] Munguetásáua. *Conselho dos velhos da tribo:* Moacaretá; (*o lugar onde se reúne*) Moacaretaua.
CONSENTIR Putare. *V. Querer* e comp.
CONSEQUÊNCIA Asuísáua.
CONSEQUENTE Asuíuára.
CONSEQUENTEMENTE Asuí-rupi.
CONSERVA (*de carnes ou peixes no fumeiro*) Mocaẽn; (*de peixe salgado e seco ao sol*) Piraẽn.
CONSIGO I-irumo.
CONSOLAÇÃO Morásáua.
CONSOLADO Moreuá.
CONSOLADOR Morésára.
CONSOLANTE Moréuára.
CONSOLAR Moré. *Consolar-se:* Iumoré, Munhã-piá.
CONSOLIDAÇÃO Musantásáua.
CONSOLIDADOR Musantására.
CONSOLIDADOURO Musantátáua.
CONSOLIDANTE Musantáuára.
CONSOLIDAR Musantá. *Consolidar-se:* Iumusantá.
CONSOLIDÁVEL Musantáuéra.
CONSORCIAR Mendare. *V. Casar.*
CONSÓRCIO [*casamento*] Mendaresaua; (*para qualquer outro fim*) Muatiresaua.
CONSORTE (*o marido*) Mena; (*a mulher*) Remiricô; (*se o consórcio não é casamento*) Iurumuara.
CONSPURCADOR Tumu-tumunasara.
CONSPURCAMENTO Tumu-tumunasaua.
CONSPURCANTE Tumu-tumunauara.
CONSPURCAR Tumu-tumuna.
CONSTÂNCIA Piá-santásáua.
CONSTANTE Piá-santá.
CONSTAR Cuau, Cuao. *V. Saber* e comp.
CONSTELAÇÃO Yacy-tatá-rangaua.
CONSTERNADO Saciara.
CONSTERNAR Musaciara.
CONSTIPAÇÃO Maci-ayua.
CONSTIPADO Maciuara.
CONSTIPAR Maci.
CONSTITUIÇÃO Tecô-munhãngaua.
CONSTITUINTE Tecô-munhãngara.
CONSTITUIR Tecô-munhãn.
CONSTRANGER *V. Obrigar* e comp.

CONSTRUÇÃO Munhãngaua. *V. Fazer* e comp.
CONSULTAR Porandu. *V. Perguntar* e comp.
CONSULTÓRIO Porandutaua.
CONSUMIÇÃO Muauépáua.
CONSUMIDO Muaué, Muaueana.
CONSUMIDOR Muauésára.
CONSUMIDOURO Muauétýua.
CONSUMINTE Muauépóra.
CONSUMIR Muaué. *Consumir-se:* Iumuaué.
CONSUMÍVEL Muauéuéra.
CONTA Papasaua.
CONTADO Papaua, Papare.
CONTADOR[1] [*quem faz contas*] Paparesara.
CONTADOR[2] [*quem relata*] Mbeúsára.
CONTADORIA Paparetaua, Papare-rendaua.
CONTAGIADO Picicaua.
CONTAGIAR Picica.
CONTÁGIO Imaciuasu.
CONTAGIOSO Picicauara.
CONTAMINAR Mukiá.
CONTAR[1] Papare
CONTAR[2] (*relatar*) Mbeú. *Contar notícias:* Porandyua. *Contar intrigas:* Marandyua. *Contar no futuro:* Saru.
CONTAS DE VIDRO Misanga; (*quando pequenas*) Puíra.
CONTEMPLAÇÃO Xipiaketésáua.
CONTEMPLADOR Xipiaketésára.
CONTEMPLANTE Xipiaketé-uara.
CONTEMPLAR Xipiaketé.
CONTEMPORIZAÇÃO Saruarasaua.
CONTEMPORIZADOR Saruarasara.
CONTENDA Iucacaua.
CONTENDER Iucacau.
CONTENDOR Iucacausara.
CONTENTADOR Musorysara.
CONTENTAMENTO Musorysaua.
CONTENTANTE Musoryuara.
CONTENTAR Musory, Musury.
CONTENTE Sory, Sury; Catu.
CONTIGO Né-irumo.
CONTINUAÇÃO Iaué-munhãngaua.
CONTINUADOR Iaué-munhãngara.
CONTINUAR Munhãn-iaué, Inhana.
CONTO Mbeú-saua.
CONTRA Amu-suaxara.
CONTRADIÇÃO Amu-nheẽngaua.
CONTRADITOR Amu-nheẽngara.
CONTRADIZER Nheẽn-amu.
CONTRARIADOR Amu-munhãngara.

CONTRARIAR Munhãn-amu.
CONTRARIEDADE Amu-munhãngaua.
CONTRÁRIO Amu-munhãn, Amu. *A margem contrária:* Amu cembyua.
CONTRATAÇÃO Satambyca-munguetásáua.
CONTRATANTE Satambyca-munguetáuára.
CONTRATAR Munguetá-satambyca.
CONTRAVENÇÃO Iauísáua.
CONTRAVENENO Mbae-ayua-rupiara, Maá--ayua-rupiara.
CONTRAVENTOR Iauísára.
CONTRAVIR Iauí.
CONTRIBUIÇÃO Iepéasú-meẽngaua, Iepéasú--munhãngaua.
CONTRIBUINTE Iepéasú-meẽngara, Iepéasú--munhãngara.
CONTRIBUIR *(dando alguma coisa)* Meẽn--iepéasú; *(fazendo)* Munhãn-iepéasú.
CONTRIÇÃO Anga-sacisaua (= *dor da alma*).
CONTRISTAR Musaciara.
CONTURBAÇÃO Mucanhemosaua.
CONTURBADOR Mucanhemosara.
CONTURBANTE Mucanhemouera.
CONTURBAR Mucanhemo. *Conturbar-se:* Iumucanhemo.
CONVENCEDOR Muruuiaresara.
CONVENCER Muruuiare. *Convencer-se:* Iumuruuiare.
CONVENCIDO Ruuiare-catu.
CONVENCIMENTO Muruuiaresaua.
CONVERSA Porunguetaua.
CONVERSAÇÃO Porunguetásáua.
CONVERSADIÇO Porunguetáuéra.
CONVERSADO Porunguetaua.
CONVERSADOR Porunguetására.
CONVERSADOURO Porunguetá-rendaua.
CONVERSANTE Porunguetáuára.
CONVERSAR Porunguetá, Porunguitá.
CONVÉS Yara-ierau.
CONVIDAR Cenoi, Cenue. *V. Chamar* e comp.
CONVINCENTE Muruuiareuara.
CONVITE Cenuesaua; *(se o convite é para trabalho)* Aiury *(R. Negro),* Putyrum *(Solimões).*
CONVIVÊNCIA Auasaua.
CONVIVER Auasa.
CONVOSCO Penhẽ-irumo.
COOPERAR Munhãn-iepéasú.
COORDENAR Moacare. *V. Enfileirar* e comp.
COPAÍBA Copayua. *Óleo de copaíba:* Copayua-iandy.

CÓPIA[1] Sangaua, Rangaua.
CÓPIA[2] *(quantidade)* Ceiía.
COPIAR[1] *(figuras)* Coatiare. *V. Desenhar* e comp.
COPIAR[2] *(alpendre)* Copiá, Copiara.
COPIOSO Ceiíua.
CÓPULA Uikecé, Menosaua.
COPULAR Ménu.
COQUEIRO Airiyua.
CORAÇÃO Piá. *O que está no coração:* Piáuára. *O que enche o coração:* Piápóra. *O que vem do coração:* Piásáua (= *cabelos do coração*). *De todo o coração:* Ce piáuasú irumo.
CORAGEM Kyrimbásáua, Piáuasúsáua.
CORAJOSAMENTE Piáuasú-rupi.
CORAJOSO Kyrimbaua, Piáuasúára.
CORCUNDA Cupé-apara.
CORDA Tupaxama. *Corda da rede:* Makyra--tupaxama. *Corda do arco:* Myrapara-tupaxama.
CORDATO Iauaté-yma.
CORDEL Xama.
CORISCAR Tupã-uerá.
CORISCO Tupã-ueraua.
CORNADA Aca-cutucasaua.
CORNETA Toré.
CORNETEIRO Toré-peúsára.
COROA *(conta de rosário)* Puíra.
CORPO Pira, Ceté, Reté, Teté. *Corpo grande:* Pira-turusu. *Corpo pequeno, corpinho:* Pira--mirĩ.
CORREÇÃO *(de corrigir)* Musatambycasaua, Mucuturusaua.
CORREDEIRA Pirantã. *Corredeira do rio:* Paranã-pirantã. *Pequena corredeira do igarapé:* Yngarapé pirantã-xinga.
CORREDIO Sururuera.
CORREDOR Unhanasara, Unhangara.
CÓRREGO Yarapé-mirĩ, Yngarapé-mirĩ.
CORREIÇÃO *(casta de formiga)* Taoca.
CORRENTE[1] Nhanauara.
CORRENTE[2] *(cadeia)* Itaxama.
CORRENTEZA *(do rio)* Pirantãẽn, Y-kyrimbásáua, Paranã-nhanasaua; *(da vazante)* Typacuena.
CORRENTOSO Pirantã, Unhanauara.
CORRER Nhana, Unhana.
CORRETOR[1] *[de corrigir]* Musatambycasara, Mucuturusara
CORRETOR[2] *(intermediário)* Muacasara (= *quem junta*).

CORRIDA Unhanasaua.
CORRIDO Taitéua.
CORRIGIR Musatambyca, Mucaturu.
CORROMPER Muayua. *Corromper-se:* Iumuayua, Musaué (= *fazendo apodrecer*).
CORRUPÇÃO Muayuasaua, Sauésáua.
CORRUPTO Ayua, Sauéána, Iucana.
CORRUPTOR Muayuasara, Sauésára.
CORTADO Munucana.
CORTADOR Munucasara.
CORTADOURO Munucatyua.
CORTADURA Munucasaua.
CORTANTE Munucauara.
CORTAR Munuca.
CORTÁVEL Munucauera.
CORTE Munucaua.
CORTÊS Iuruī.
CORTESIA Iuruī-yua.
CORTIÇA Mututy, Uitaua.
CORTIÇO Iarasu, Iraoca.
CORUJA Murutucu, Murucututu, Ceucy, Caoré, Orucuriá, Matintaperera.
COSTA Cembyua.
COSTAS Cupê, Iarucanga.
COSTEAR (*subindo*) Yapire-cembyua-rupi; (*descendo*): Uyyé-cembyua-rupi.
COSTEIRO Cembyuauara.
COSTELA Arucanga.
COSTUMANÇA Tecôsáua.
COSTUMAR Iumutecô.
COSTUME Tecô.
COSTUMEIRO Tecôuára, Tecôuéra.
COSTURA Iauycasaua. *Costura enviesada, torta:* Sauiu.
COSTURANTE Iauycauara.
COSTURAR Iauyca. *Fazer costurar:* Muiauyca.
COSTUREIRO Iauycasara. *Mau costureiro:* Iauycauera.
COTAR Mucepi. *V. Avaliar* e comp.
COTINGA Cutinga.
COTOVELO Iyuá-penasaua, Iyuá-mupenasaua.
COURO Pirera; (*se há perigo de confusão e não se diz o nome do animal a que pertenceu*) Soó-pirera. *Couro de veado:* Suasu-pirera. *Couro de anta:* Tapyira-pirera *etc.*
COVA Iutycacuara, Iutycataua. *Cova para receber a mandioca:* Manicuia.
COVARDE Icikiéuéra.
COVEIRO Iutímauéra.
COVIL Oca, Toca.

COXA Cyuíra, Anasumby.
COXEADOR Parĩparĩnsara.
COXEAMENTO Parĩparĩnsaua.
COXEANTE Parĩparĩnsara.
COXEAR Parĩparĩn.
COXIM Acangapaua (= *travesseiro*).
COXO Retimã-apara.
COZIDO Moĩn, Moĩngaua. *Cozido de peixe ou carne esmiuçada com tapioca:* Muyica, Moĩngyca.
COZINHANTE Mumoĩngara.
COZINHAR Mumoĩn, Mimoĩn, Memoĩn.
COZINHEIRO Temiú-munhangara.
CRENÇA Ruuiaresaua.
CRENTE Ruiuuaresara, Ruuiareuara.
CREPITAR Pipoca. *V. Espocar* e comp.
CREPÚSCULO Caarucana.
CRER Ruuiare. *Fazer ou ser feito crer:* Muruuiare.
CRESCENÇA Iumunhangaua, Iatiresaua.
CRESCER Iatire, Iumunhãn, Iumunhãnuasu.
CRESCIDO Iatira.
CRESPO (*de cabelo*) Sarará, Iapixaĩn.
CRESTAÇÃO Sapecasaua.
CRESTADOR Sapecasara.
CRESTANTE Sapecauara.
CRESTAR Sapeca, Saueca.
CRIAÇÃO [*o ato de criar, estabelecer*] Munhangaua, Munhãnsaua; [*nutrição*] Mimbásáua, Mimbausaua.
CRIADO (*de criar*) Mimbaua; (*que serve*) Miasuá; (*o que eu crio*) Cerimbaua (*xerimbabo*).
CRIADOR [*o que cria, estabelece*] Munhangara, Munhãnsara; [*o que nutre*] Mimbausara.
CRIANÇA Tainha; Pitanga, Mitanga (*Solimões*).
CRIAR [*fazer*] Munhãn. *Criar-se:* Iumunhã; [*nutrir*] Mimbau (*de* Mué-mbau, *dar de comer*). *Criar coragem:* Mupiá. *Criar matéria* [*pus*]*:* Iumuperaua. *Criar fama:* Munhãn cerá-sakena.
CRIATURA Munhãn-uá.
CRIME Tecô-iauísáua-ayua.
CRIMINOSO Tecô-iauísára-ayua.
CRIPTURO [*cripturiforme*] Inambu, Inamu. *Criptur[ell]us serratus:* Toré; *Criptur[ell]us strigulosus:* Inamu-peuai; *Criptur[ell]us variegatus:* Inamu-anhanga; *Criptur[ell]us ci-*

nereus: Inambu-pixuna; *Criptur[ell]us minimus:* Inambui.
CRISMA   Santá-santásáua.
CRISMADOR   Santá-santásáua-meēngara.
CRISMAR   Meēn-santá-santásáua.
CRISTA   Pongá, Pungá. *Crista de galo, galinha:* Sapucaia-pongá. *Pássaro de crista:* Uiraponga.
CRISTAL   Itá-ueraua.
CRISTÃMENTE   Tupana-tecô-rupi, Tupana-tecô-iaué.
CRISTÃO   Tupana-tecô.
CRISTO   Christu, Tupana-rayra.
CROSTA   Pirera. *Fazer crosta:* Mupirera.
CROTÓFAGA   Anu, Anu-coroca, Anuasu, Anuĩ.
CRU   Moĩn-yma, Oeyma.
CRUCIFIXO   Tupana-rayra-rangaua.
CRUEL   Piá-puxi.
CRUZ   Curusá.
CRUZEIRO DO SUL   Arapari (*Solimões*); Cacuri (*rio Negro*); Uaupés.
CUANDU   Cuandu.
CUATÁ   Coatá.
CÚBIO   Cumbiu, Cumiu.
CUCÚRBITA   Taiuiá, Iurumu.
CUIA   (*a fruta*) Cuieté; (*recortada, limpa e com* cumaty *para servir de copo*) Cuia; (*pintada mais ou menos elegantemente*) Cuia-pinima; (*recortada e limpa, mas sem ter o* cumaty) Cuia-pixé.
CUIAMBUCA   *V. Cumbuca.*
CUÍCA   [*casta de rato*] Cuíca.
CUIEIRA   Cuietéyua.
CUIÚ-CUIÚ   Cuiú-cuiú.
CUJUBI   Cuiumi, Cuiumbi.
CULPA   Munhã-ayuasaua.
CULPADO   Munhã-ayuasara.
CULTIVAÇÃO   Iutimasaua.
CULTIVADO   Iutimaua.
CULTIVADOR   Iutimasara.
CULTIVADOURO   Iutimatyua.
CULTIVANTE   Iutimauara.
CULTIVAR   Iutima.
CULTIVÁVEL   Iutimauera.
CULTURA   Iutimasaua.
CUMBUCA   Cuia-mbuca.
CUME   Pecô. *Cume da serra:* Yuytera-pecô, Yuytera-acanga.
CUMEEIRA   Oca-ariuá-uara.

CUMPRIDOR   Musupysara. *Cumpridor da palavra:* I-nheēnga-musupysara.
CUMPRIMENTADO   Muiupiua.
CUMPRIMENTADOR   Muiupisara.
CUMPRIMENTANTE   Muiupiuara.
CUMPRIMENTAR   Muiupi.
CUMPRIMENTO   Musupysaua. *Cumprimento da lei de Deus:* Tupana tecô musupysaua.
CUMPRIR   Musupy (= *fazer verdadeiro*).
CUNHADA   (*irmã do marido*) Ukií; (*irmã da mulher*) Kiuyra.
CUNHADO   (*irmão do marido*) Ukié; (*irmão da mulher*) Kiuyra; (*marido da irmã*) Euiara.
CUPIM   Cupĩ, Copĩ.
CUPINEIRA   Cupĩ-uara.
CUPINZEIRO   Cupĩ-oca, Cupĩ-yua.
CUPIÚBA   Cupĩyua.
CURA   Pusanũnsaua.
CURABI   Curamby, Curamy.
CURADO   Pusanua.
CURANDEIRO   Pusanũn-uera.
CURANTE   Pusanũn-uara.
CURAR   Pusanũn.
CURARE   Uirári.
CURARIZAR   Acy. *V. Ervar.*
CURAUÁ   Curauá. *Curauá fiado:* Curauá-puĩana.
CURAUABI   (*palmeira*) Curauaui.
CURAUAZEIRO   Curauá-yua.
CURIBOCA   Caryuoca.
CURICACA   Curicaca.
CURIOSIDADE   Maãn-maãngaua; Saãn-saangaua.
CURIOSO   Maãn-maangara (= *que tudo quer tocar*); Saãnsaangara (= *que tudo quer provar*).
CURRAL   Caisara, Curara. Hoje em geral é mais usada a segunda forma, corrupção do português.
CURTEZA   Iatucasaua.
CURTO   Iatuca, Nti-pucu, Pucu-yma.
CURUBA   (*doença da pele*) Curuayua, Cueú-yua.
CURUMIM   Curumĩ.
CURVATURA   Iaparasaua, Iupenasara.
CURVO   Apara.
CUSPARADA   Tumũn-yua.
CUSPIDEIRA   Tumũn-tendaua.
CUSPIDELA   Tumũngaua.

cuspido Iantĩ.
cuspidor Tumũngara.
cuspinhar Tumũ-tumũ.
cuspir Tumũ, Tumũn. *Cuspir-se:* Iutumũn. *Fazer cuspir:* Mutumũn.
cuspo Tumuna, Tumuma, Iuru-yukicé.
custar[1] *[demorar]* Iuasu.
custar[2] *[ter preço]* Cepy.

custoso Cepyuasu; (*quando não se trata de preço, mas de esforço*) Iuasu.
cutelo Kicé.
cutia Acuty.
cutia-de-rabo Acutyuaia.
cutilada Iapysaua.
cutitiribá [*o fruto*] Cutitiryuá; (*a árvore*) Cutitiryuayua.

D

DA Suí, Kiti. *Falava da porta aos que estavam da parte de fora:* Oporunguetana okena suí mira oicoana ocara kiti recé. *Vem da cidade:* Ocica mairy suí. *V. De.*
DABARU (*instrumento de suplício*) Ndauaru.
DÁDIVA Meẽnga.
DADO Meẽnga.
DADOR Meẽngara.
DANADO Yurupary-tatá-pora.
DANÇAR Puracy. *V. Bailar* e comp.
DANIFICAÇÃO Mupuxisaua.
DANIFICADOR Mupuxisara.
DANIFICANTE Mupuxiuara.
DANIFICAR Mupuxi. *Danificar-se:* Iumupuxi.
DANINHO Mupuxiuera.
DANO Mupuxiua.
DANOSAMENTE Mupuxiua-rupi.
DAR Meẽn. *Dar-se:* Iumeẽn. *Fazer ou ser feito dar:* Mumeẽn. *Dar o nó:* Mukytan. *Dar palmadas:* Pô-peteca. *Dar-se a conhecer:* Mucameẽn, Iumucameẽn.
DARDEJADOR Iumusara.
DARDEJAMENTO Iumusaua.
DARDEJANTE Iumuuara.
DARDEJAR Iumu.
DARDO Ueyua, Curamy. *V. Flecha.*
DARTRO Pyrauasu, Curu.
DARTROSO Pyrauasuara.

DÁSIPO Tatu. *Dasypus gigas:* Torá, Tatuasu; *Dasypus tricinctus (tatu-bola):* Tatu-apara.
DATA Ara catu. *Dá-me a data da tua chegada:* Renheẽn ara catu recica ramé.
DE Quando indica relação de condição não se traduz, e somente se pospõe a palavra modificadora à palavra modificada: *Ponta de terra:* Ara pecó, Ara pecuma; *Galho de pau:* Myrá racanga. O mesmo se indica a matéria de que uma coisa é feita, caso, porém, em que se pode também usar *suíuára.* Barco de ferro pode dizer-se tanto: *Itá maracati,* como *Maracati itá suíuára.* Se exprime relação de proveniência: *Suí.* Exs.: *Dacolá:* Ape suí. *Daí:* Misuí. *Daqui:* Cuá suí. *De lá:* Asuí. Se se refere à relação de modo: *Rupi.* Exs.: *De palavra:* Nheẽnga rupi. Se indica procedência, naturalidade e relações análogas: *Uara* como sufixo. Ex.: *de Manaus,* Manaouara. *De Pará:* Parauara, preposição que, se indicasse simples proveniência, deveria ser traduzida por *Suí.* Ex.: *Vem agora de Manaus:* Ocica cuiró Manao suí. Se indica possessão: *Iara.*
DE ANTEMÃO Tenondé-rupi.
DEBAIXO Uirpe, Uirupe. *Que está debaixo:* Uirpeuara.
DEBALDE Panemo, Teẽn.

DEBANDAR Iauau. *V. Fugir* e comp.
DEBATER Nheẽn-nheẽn. *Depois de muito debater pagou o preço:* Onheẽn-nheẽn ara pucu ariré omeẽn recuiara.
DEBATER-SE Iucataca. *O peixe se debate na rede:* Pirá oiucataca pusá kiti.
DEBATIDO Nheẽn-nheẽnga.
DEBATIMENTO Nheẽn-nheẽngaua.
DEBICADO Musorayua.
DEBICADOR Musoraysara.
DEBICANTE Musorayuara.
DEBICAR¹ [*ironizar*] Musoray.
DEBICAR [*beliscar*] Pixama.
DÉBIL [*fraco*] Kyrimbayma, Pitua; Santá-yma; (*fino*) Puĩ. *Gente débil para combater:* Mira kyrimbayma omaramunha arama. *O cipó é débil para amarrá-lo:* Cipó santá-yma oiapucuare aé arama. Quanto a *puĩ* = fino, nem sempre o que é fino é débil.
DEBILIDADE Kyrimbayma-saua, Pituasaua; Santá-ymasaua.
DEBILITAÇÃO Mupitusaua; Mupuĩsaua.
DEBILITADOR Mupitusara; Mupuĩsara.
DEBILITANTE Mupituara; Mupuĩuara.
DEBILITAR Mupitu; Mupuĩ.
DEBIQUE Musoraysaua.
DEBULHA Mupycasaua.
DEBULHADOR Mupycasara.
DEBULHANTE Mupycauara.
DEBULHAR Mupyca.
DECÁLOGO Tupana mundusaua, Tupana munusaua.
DECAPITAÇÃO Acanga-munucasaua.
DECAPITADOR Acanga-munucasara.
DECAPITANTE Acanga-munucauara.
DECAPITAR Munuca acanga.
DECÊNDIO Mucoĩn-pô-ara-papasaua.
DECÊNIO Mucoĩn-pô-acaiú-papasaua.
DECEPADO Imusaca.
DECEPADOR Musacasara.
DECEPAMENTO Musacasaua.
DECEPAR Musaca.
DECIDIDO Kyrimbaua, Cikié-yma, Piá-purauacaua.
DECIDIR Piá-purauaca. *V. Escolher.*
DECLARAÇÃO Muiucuáusáua.
DECLARADAMENTE Muiucuau-rupi.
DECLARADO Muiucuauá, Muiucuauana.
DECLARADOR Muiucuáusára.

DECLARANTE Muiucuáouára; (*o que faz declarações a cada instante*) Muiucuáouéra.
DECLARAR Muiucuao, Muiucuau.
DECLIVE Oiéyuá.
DECOCÇÃO Mimoĩngauasaua.
DECOCTO Mimoĩngaua.
DECOMPOR-SE (*as carnes*) Iucana.
DECOMPOSIÇÃO Iucasaua.
DECORAR Mungaturu. *V. Aprestar* e comp.; Muamundeu. *V. Enfeitar.*
DECORO Iumoetésáua.
DECORRENTE Suíuára. *Decorrente disto:* Cuá suíuára. *Decorrente daquilo:* A suíuára. *Decorrente de todas estas coisas:* Cuá-maaetá-suíuára.
DECORTICAR Mupiroca, Musaca-pirera.
DECRÉPITO Tuiué-eté.
DECRESCENÇA Iarucasaua.
DECRESCENTE Iarucasara, Iarucauara.
DECRESCER Iaruca.
DECRESCIDO Iaruca, Iarucaua.
DECRETAR Muacári. *V. Comandar* e comp.
DEDAL Pô-racanga-pupecasara.
DEDO Racanga, Sacanga. *Dedo da mão:* Pô-racanga. *Dedo grande da mão:* Pô-racangasu. *Dedo do pé:* Py-racanga. *Dedo mínimo do pé:* Py-racanga-mirĩ.
DEDUZIR Iuuca. *V. Tirar* e comp.
DEFECAÇÃO Caáá-saua.
DEFECADOR Caáá-sara.
DEFECADOURO Caáá-rendaua.
DEFECANTE Caáá-uara. *Defecante a miúdo:* Caáá-uera.
DEFECAR Caáá.
DEFEITO Moanga.
DEFEITUOSO Moangara, Apara.
DEFENDER Pycerũn. *Defender-se:* Iupycerũn.
DEFENDIDO Pycerunga; Pyayru.
DEFENSOR Pycerungara.
DEFESA Pycerungaua; Pyayrusaua.
DEFINHAR Ierasuca. *V. Minguar.*
DEFLORADOR Mpucasara, Mpuisara.
DEFLORAMENTO Mpucasaua, Mpuisaua.
DEFLORAR Mpuca, Mbuca (= *abrir, rasgar*), Mpuí (= *furar*). Esses termos não trazem nenhuma ideia de violência. Ex.: *Quando o dia chega, a Lua deflora a moça: Yacy ompuca cunhãmucu ara catu ocica ramé.* Os missionários usaram *munhãayua* e *muayua*; mas é forçoso confessar que ao fato o indí-

gena não liga a importância que deste modo se lhe atribui.
deformação Mbóisáua.
deformado Mbói, Mbói-uá.
deformador Mbóisára.
deformante Mbóiuára.
deformar Mbói. *Deformar-se:* Iu-mbói.
deformável Mbóiuéra.
deformidade Mbóisáua.
defraudar Muãn. V. *Fingir* e comp.
defrontar Iuanti. V. *Encontrar* e comp.
defumado Muti-mbureua.
defumador Muti-mburesara.
defumadouro Muti-mbure-rendaua.
defumadura Muti-mburesaua.
defumante Muti-mbureuara.
defumar Muti-mbure; Mutatatinga (= *fazer fumaça*).
defumável Muti-mbureuera.
defunção Manôsáua.
defunto Ambyra, Amyra. *Meu defunto pai:* Cé paia ambyra. *O defunto que foi morto:* Iucambyra; Iaiura-munuca-yua.
deglutição Mucunãngaua.
deglutir Mucunãn. V. *Engolir* e comp.
degolação Iaiúra-munucasaua.
degolador Iaiúra-munucasara.
degoladouro Iaiúra-munucataua.
degolante Iaiúra-munucauara, Iaiúra-munuca-yua.
degolar Munuca-iaiúra.
degradação Tetama-suí-mpusaua.
degradado Tetama-suí-mpua.
degradador Tetama-suí-mpusara.
degradar [*banir*] Mpu-tetama-suí.
degrau Py-rendaua.
degustação Pytingaua.
degustado Pytin, Pytĩ.
degustador Pytingara.
degustar Pytin.
deípara Tupana-manha.
deísmo Tupanasaua.
deísta Tupanauara.
deitado Ienuuá.
deitadura Ienôsáua.
deitante Ienôuára, Ienusara.
deitar Ienô, Ienu. *Deitar ou fazer deitar:* Muienô, Mbure (= *jogar*). *A moça deita-se na rede:* Cunhãmucu oienô makyra kiti. *O Lontra fez deitar a moça no chão com o peito para o ar:* Iauacaca omuienô cunhãmucu yuype i putiá iuaca rupi. *Deitou o cachorro fora de casa:* Ombure iauara ocarpe.
deixado Xiare.
deixador Xiaresara.
deixamento Xiaresaua.
deixante Xiareuara. *Que deixa ou é deixado facilmente:* Xiareuera.
deixar Xiare, Xiári.
dejetar Caáá. V. *Defecar* e comp.
delfim-amazônico [*boto*] Pirá-iauara; (*o róseo, mais pequeno e mais claro*) Oyara; (*o cinzento*) Tucuxy.
delgado (*se se trata de fio ou coisa semelhante*) Puy, Puĩ; (*se de couro, casca, tela etc.*) Pireraĩ.
delibar Tykyre. V. *Degustar* e comp.
deliberação Piá-munguetásaua.
deliberadamente Piá-munguetaua-rupi.
deliberado Piá-munguetaua.
deliberante Piá-munguetáuára, Piá-munguetására.
deliberar Piá-munguetá, Piá-munguitá.
delicado (*ao gosto*) Pytinga.
delido Y-curuiuá.
delimitação Murangauasaua.
delimitado Murangaua.
delimitador Murangauasara.
delimitante Murangauauara.
delimitar Murangaua.
delinquir Mupuxi. V. *Danificar* e comp.
delir Y-curuĩ. *Fazer delir:* Mu-y-curuĩ.
delirar Pitá-acanga-yma.
de longe Apecatu-suí. *Gente de longe:* Mira-apecatu-uara. *Gente que vem de longe:* Mira ocica apecatu-suí.
demandar Cicári, Cicare. V. *Procurar* e comp.
demente Acanga-ayua. V. *Doido* e *Endoidecer*.
demolição Mucocuisaua.
demolido Mucocuiuá.
demolidor Mucocuisara.
demolir Mucocui.
demolitório Mucocuiuara, Mucocuiuera.
demoníaco Yuruparyuara.
demônio Yurupary. É o nome que lhe deram os Missionários, aplicando-lhe o nome do Legislador indígena. V. *Yurupary* na 2ª parte.

DEMONSTRAÇÃO Mucameēn-saua.
DEMONSTRADO Mucameēnga.
DEMONSTRADOR Mucameēngara.
DEMONSTRAR Mucameēn.
DEMORA Cupucusaua, Cupucutaua.
DEMORADO Cupucuá.
DEMORADOR Cupucusara; (*a causa da demora*) Cupucuyua.
DEMORANTE Cupucuuara.
DEMORAR Cupucu, Icô-pucu. *Demorar-se:* Iucupucu.
DEMORÁVEL Cupucuera.
DENEGRIR Mupixuna.
DENGOSO Uarixy.
DENTADA Suusaua.
DENTADO Suuá.
DENTADOR Suusara.
DENTANTE Suuara.
DENTAR Suu, Soú, Soó.
DENTE Sanha, Ranha, Tanha. *Dente grande:* Tanhasu, Sanhasu, Ranhasu.
DENTIÇÃO Sanha-mpucasaua.
DENTISTA Sanha-pusanun-uera.
DENTRE Suí. *Dentre nós escolhe um:* Repurauaca iepé iané suí. *Dentre os dois:* Mucoĩn suí. *Dentre aqueles todos:* Nhaetá opanhe suí, Nhaetá pau suí.
DENTRO Pá, Pope, Pipe, Pora. *Dentro d'água:* Y-pipe. *Dentro de casa:* Oca-pipe. *O que é de dentro de casa:* Ocapora. *Leva dentro da canoa o paneiro de farinha:* Rerasô yngara opa ui ireru. *Caiu dentro do rio:* Oari paranãpe. *Pensei dentro de mim:* Xamaité ce pope.
DENUDAR Mupiroca. V. *Despir.*
DE ONDE? Masuí? *De onde é ou de onde vem?:* Masuíuára? *De onde sai?:* Masuípe?
DEPENADO Sauaca, Sauoca; Piroca (*diz-se do passarinho que ainda não criou as penas e o é naturalmente*).
DEPENADOR Sauacasara.
DEPENADOURO Sauacataua.
DEPENANTE Sauacauara.
DEPENAR Sauaca, Sauoca.
DEPENDURAÇÃO Iaticũsaua.
DEPENDURADO Iaticũá.
DEPENDURADOR Iaticũsara.
DEPENDURADOURO Iaticũ-rendaua.
DEPENDURANTE Iaticũuara.
DEPENDURAR Iaticũ.
DEPENDURÁVEL Iaticũuera.

DEPILADO Sauoca, Cauoca. V. *Depenar* e comp. É de *cauoca*, parece, que por corrupção vem *caboclo*, pelo costume que tinham as Companhias de Resgate de rapar a cabeça dos índios resgatados, que por via disso mesmo os chamavam, com pronúncia portuguesa, *cabocas* e daí *caboclos*.
DEPOIS Ariré, Asuí, Casakire. *Depois de todos fala o tuxaua:* Opanhe asuí onheēn tuixaua. *Depois chegou o veado e depois dele perna curta:* Ariré ocica suasu, i casakire ocica retimã-iatuca. *Depois de tudo:* Pausape, Opausape, Opausuí.
DEPRESSA Curutēn, Sapuá-rupi.
DEPURAÇÃO Muiucisaua.
DEPURADO Muiuciuá.
DEPURADOR Muiucisara.
DEPURADOURO Muiucirendaua.
DEPURANTE Muiuciuara.
DEPURAR Muiuci.
DEPURÁVEL Muiciuera.
DE QUE LADO? Masuindape?
DE QUE MODO? Ma-iaué?
DERIVAÇÃO Asuásaua.
DERIVADO Asuíuá.
DERIVADOR Asuására.
DERIVANTE Asuíuára.
DERIVÁVEL Asuíuéra.
DERRADEIRO Casakireuara.
DERRAMADO Iucenauá, Ciryca, Tykyre, Saenga.
DERRAMAMENTO Iucenasaua, Cirycasaua, Tykyresaua, Saengaua.
DERRAMAR (*vertendo*) Iucena; (*de vasilha rachada*) Ciryca; (*a gotas*) Tykyre; (*transbordando*) Saēn.
DERRETEDOR Mutycusara.
DERRETENTE Mutycuera.
DERRETER Mutycu. *Derreter-se:* Iumutycu.
DERRETIDO Mutycuá.
DERRETIMENTO Mutycusaua.
DERRIBADA Muarísáua; Tutucasaua.
DERRIBADOR Muarísára; Tutucasara.
DERRIBANTE Muaríuára; Tutucauára.
DERRIBAR (*fazer cair*) Muari; (*batendo*) Tutuca. *Marié derribou logo o inimigo:* Ieperecé Marié omuari isuainhana. *O Jabuti encontrou a menina que estava colhendo uixi e lhe disse: Derriba também uixi para eu comer:* Iauty oiuaenti cunhãntaĩn oppoca ui-

xy, onheẽn ae supé: Retutuca teẽn uixy xá-mbaú arama. *Derribar as frutas com um pau ou outra qualquer coisa análoga:* Mucocui.
DERRISÃO Musoraýsáua. *V. Debicar e comp.*
DERROGAR Musaca, Iuuca. *V. Tirar e comp.*
DERRUBADA Itycasaua. *Lugar de derrubada:* Ityca-rendaua.
DERRUBADOR Itycasara.
DERRUBANTE Itycauara.
DERRUBAR Ityca. *Quando é tempo o Tapuio derruba a mata para fazer a roça:* Ara catu ramé tapyía oityca caáuasú, omunhã cupixaua arama.
DERRUBÁVEL Itycauera.
DESABADO Cucui, Cucuiuá.
DESABADOR Cucuisara.
DESABAMENTO Cucuisaua.
DESABANTE Cucuiara.
DESABAR Cucui, Iucucui. *A casa desabou de velha:* Oca ocucui tuiué suí. *Desaba do alto e vem abaixo:* Oiucucui iaueté rupi oari yuyrpe.
DESABÁVEL Cucuiuera.
DESABROCHADO Porocauá.
DESABROCHADOR Porocasara.
DESABROCHAMENTO Porocasaua.
DESABROCHANTE Porocauara.
DESABROCHAR Poroca.
DESABROCHÁVEL Porocauera.
DESABUSADO Tĩn-yma.
DESACATAMENTO Mbueté-ymasaua.
DESACATAR Mbueté-yma, Moeté-yma.
DESACORDAR Euaky-yma.
DESACORRENTADO Itapucuári-yma.
DESACORRENTAR Iuoca-itapucuarisaua, Iuoca-itaxama.
DESACUMULAR Musaẽn.
DESAFERROLHAR Cekindáuóca.
DESAFIADO Iusaãnga.
DESAFIADOR Iusaãngara.
DESAFIAR Iusaãn.
DESAFINAR Peú-puxi.
DESAFIO Iusaãngaua; Mupyca.
DESAFRONTADOR Iupycasara.
DESAFRONTAR Iupyca. *Desafrontar-se:* Iuiupyca.
DESAFRONTO Iupycasaua.
DESAGUADOURO (*especialmente dos lagos*) Typacuenatyua.

DESAGUAMENTO Typacuenasaua.
DESAGUAR Typacuena.
DESAJEITADO Mucuao-yma.
DESAJUIZADO Acanga-yma.
DESALENTADOR Mupituasara.
DESALENTAR Mupitua.
DESALENTO Mupituasaua.
DESALGEMADO Itaxama-yma.
DESALGEMAR Iuuca-itaxama.
DESAMAR Mutare-yma.
DESAMOLADO Saimbé-yma.
DESAMPARADO Ipoirõn-yma.
DESAMPARADOR Ipoirõngara-yma.
DESAMPARO Ipoirõngaua-yma.
DESANCAR Nupá-uasu.
DESANDAR Iui-iuíre-casakire.
DESANIMAR Iucanhemo. *Fazer desanimar:* Muiucanhemo. *V. Perder e comp.*
DESAPARECER Canhemo. *V. Perder e comp.*
DESAPARTADO Musaracauá.
DESAPARTADOR Musaracasara.
DESAPARTAMENTO Musaracasaua.
DESAPARTANTE Musaracauara.
DESAPARTAR Musaraca.
DESAPARTÁVEL Musaracauera.
DESAPEGADO Mupoíri.
DESAPEGADOR Mupoíresára.
DESAPEGANTE Mupoíreuára.
DESAPEGAR Mupoíre, Mupoíri. *Desapegar-se:* Iumopoíre.
DESAPEGÁVEL Mupoíreuéra, Mupoíretéua.
DESAPEGO Mupoíresáua.
DESAPIEDADAMENTE Morasu-yma-rupi.
DESAPIEDADO Morasu-yma.
DESATAR Iurare. *V. Desligar e comp.*
DESBASTAR Mupuy. *Desbastar um pouco mais:* Mupuyxinga. *Desbastar madeira com a enxó ou outro instrumento análogo:* Iupana.
DESBOTADO Ieramé.
DESBOTADOR Ieramésára; (*quem faz*) Muieramésára.
DESBOTAMENTO Ieramésáua.
DESBOTANTE Ieraméuára; (*que faz*) Muieraméuára.
DESBOTAR Iuieramé. *Fazer ou ser feito desbotar:* Muieramé.
DESCABEÇADOR Acanga-uocauara.
DESCABEÇADOURO Acanga-uocatyua.
DESCABEÇAMENTO Acanga-uocasaua.
DESCABEÇANTE Acanga-uocauara.

DESCABEÇAR Acanga-uoca. *Descabeçar-se:* Iuacanga-uoca.
DESCABEÇÁVEL Acanga-uocauera, Acanga-uocateua.
DESCAMAR Mupiroca.
DESCAMPADO Ara-peri, Peri-tyua (= *terra, lugar de erva*), Arasá, Arasuá (= *cara da terra, que a mostra ao sol sem ser coberta de mata*).
DESCANSADAMENTE Sapuá-yma-rupi, Pytuuarupi.
DESCANSADO Pytuuá, Mytuuá, Sapuá-yma.
DESCANSADOR Pytuusara.
DESCANSADOURO Pytuutaua, Mytuutaua, Mytuusaua.
DESCANSANTE Pytuuara.
DESCANSAR Pytuu, Mytuu.
DESCANSÁVEL Pytuuera.
DESCANSO Pytuusaua, Mytuusaua.
DESCARADO Tin-yma.
DESCARAR-SE Canhemo-tīn.
DESCARGA Purucasaua.
DESCARREGADO Ipora-yma, Purucauá.
DESCARREGADOR Purucasara.
DESCARREGADOURO Puruca-rendaua.
DESCARREGANTE Purucauara.
DESCARREGAR Puruca. *Fazer descarregar:* Mupuruca.
DESCARREGÁVEL Purucauera.
DESCASCADO Piroca.
DESCASCADOR Mupirocasara, Iupirocasara.
DESCASCANTE Mupirocauara, Iupirocauara.
DESCASCAR (*por si*) Iupiroca. *Fazer ou ser feito descascar:* Mupiroca.
DESCASCÁVEL Pirocauera.
DESCAUDADO Suaia-yma, Ruaia-yma.
DESCENDENTE [*que descende*] Epy-suíuára, Yua-suíuára; (*quem desce*) Uieysara; (*que desce*) Uieyuara.
DESCER Uié, Uiey, Uiyiy, Ueiy. *Fazer ou ser feito descer:* Muié.
DESCERCADO Caisara-yma.
DESCERRAR Pirári, Pirare. *V. Abrir* e comp.
DESCIDA Uiésáua; (*lugar de descida*) Uiétýua.
DESCIDO Uiéua.
DESCOBERTA Uacemosaua.
DESCOBERTO [*achado*] Uacemo; [*não coberto*] Cekinau-yma, Cekindau-yma.
DESCOBRIDOR Uacemosara.
DESCOBRIR Uacemo. *V. Achar.*

DESCOMPONENTE Iacauuara.
DESCOMPOR Iacau.
DESCOMPOSTO Iacauá.
DESCOMPOSTOR Iacausaua.
DESCONJUNTADO Muaca-yma, Iurauá.
DESCOSIDO Iauyca-yma.
DESCRENÇA Ruuiare-ymasaua.
DESCRENTE Ruuiare-ymasara.
DESCRER Ruuiare-yma.
DESCUIDADO Manhana-yma.
DESCUIDO Manhana-ymasaua.
DESDE Suí, Ramé. *Eu te espero desde antes de ontem:* Xasaru indé amucuecé suí. *Desde que tua mãe consinta podes vir:* Reiuíre cuao ne maia oputári ramé. *Desde pouco:* Cuecente.
DESDENTADO Ranha-yma, Sanha-yma, Tanha-yma.
DESDITOSO Taité, Panema.
DESDIZER Iamunheēn. *Desdizer-se:* Iuiamunheēn.
DESEJADO Iucyuá.
DESEJADOR Iucysara.
DESEJANTE Iucyuara.
DESEJAR Iucy. *Desejar-se:* Iuiucy. *Fazer ou ser feito desejar:* Muiucy. É forma todavia muito raramente empregada e substituível sempre por *Putare*, querer.
DESEJÁVEL Iucyuera.
DESEJO Iucysaua.
DESEMBARAÇADAMENTE Iuapatuca-yma-rupi.
DESEMBARAÇADO Iuapatuca-yma.
DESEMBARAÇO Iuapatuca-ymasaua.
DESEMBARCADOURO Cemo-yngara-suí-rendaua.
DESEMBARCAR Cemo-yngara-suí.
DESEMBOTAR Musai-mbé.
DESEMBUÇAR Mucameēn. *V. Mostrar* e comp.
DESEMPENAR Musatambyca.
DESEMPENO Musatambyca-saua.
DESEMPOLAR Muponga-yma.
DESEMPOLGADO Muapicica-yma.
DESEMPORRADO [*desembriagado*] Iucau-yma.
DESENCABEÇADO Muacanga-ayua.
DESENCADEAR-SE (*falando da tempestade*) Iuiutu-oiuporucári.
DESENCOVAÇÃO Euocasaua.
DESENCOVADOR Euocasara.
DESENCOVAR Euoca, Iuoca.
DESENFERRUJADO Kitinucauá.

DESENFERRUJADOR Kitinucasara.
DESENFERRUJAMENTO Kitinucasaua.
DESENFERRUJANTE Kitinucauara.
DESENFERRUJAR Kitinuca, Kitingoca.
DESENFIADO Apitama-yma. Diz-se do peixe ainda não enfiado em cambadas, a granel.
DESENFORCADO Iembuca-yma.
DESENGASGADO Iuyca-yma.
DESENGELHAR Xiryca-yma, Piririca-yma.
DESENGOLIDO Mucunã-yma.
DESENHADO Coatiári, Coatiara.
DESENHADOR Coatiaresara.
DESENHANTE Coatiaresaua.
DESENHAR Coatiare, Coatiara.
DESENHÁVEL Coatiareuera.
DESENHO Coatiaresaua.
DESENJOADO Iaca-yma.
DESENROLAR Sará. *Desenrolar rapidamente:* Sarará.
DESENRUGAR Mocooca, Muicyma. Usa-se o segundo quando se trata de tecidos e objetos semelhantes.
DESENTERRAR Iuoca, Iuuca-yuy-suí.
DESENTUPIR Iuuca.
DESENVASILHADO Ireru-yma
DESENVASILHAR Iuuca-ireru-suí.
DESENVOLVEDOR Cinhingara.
DESENVOLVER Cinhin. Com especialidade se diz das plantas.
DESENVOLVIDO Cinhinga.
DESENVOLVIMENTO Cinhingaua.
DESERTOR Canicaru; Canhemotéua, Iauauera; Mocanauá. *Canicaru* era o nome que davam aos índios mansos e que tinham aceitado o jugo português, quando volviam à independência; *canhemotéua* e *iauauera* se aplicavam aos escravos fugidos; e *mocanauá*, aos mocambeiros.
DESFALECEDOR Maraaresara.
DESFALECENTE Maraareuara.
DESFALECER (*se é devido ao cansaço ou causa semelhante*) Maraare; (*se a causa é moral*) Canhemo. V. *Perder-se* e comp.
DESFALECIMENTO Maraaresaua.
DESFAZER Mbói-mboipau. V. *Destruir* e comp.
DESFECHO Mpausaua.
DESFIADO Iapuĩ, Iapuĩ-ana.
DESFIADOR Iapuĩsara.
DESFIADOURO Iapuĩtaua.
DESFIAMENTO Iapuĩpaua.

DESFIANTE Iapuĩpora.
DESFORRA Iupycasaua.
DESFORRADO Iupycauá.
DESFORRADOR Iupycasara.
DESFORRAR Iupyca.
DESFRECHAR Iumu. V. *Flechar* e comp.
DESGOSTADO (*de simples tristeza*) Piá-saci-ara; (*de simples zanga*) Piá-ayua; Iuuaruá.
DESGOSTANTE Iuuaruara, Iuuarusara.
DESGOSTAR Iuuaru, Iuueru.
DESGOSTO Iuuarusaua.
DESGRAÇA Puxisaua, Sacisaua.
DESGRAÇA Pyrasusaua, Puriasusaua.
DESGRAÇADO Puxiuá, Saciara.
DESGRAÇADO Pyrasuera, Puriasuera, Caipora.
DESGRENHADO Apatucaua.
DESÍDIA Aiy, Pituasaua.
DESIDIOSO Pitua.
DESIGNAÇÃO Mucameẽngaua.
DESIGNADO Mucameẽnga.
DESIGNADOR Mucameẽngara.
DESIGNAR Mucameẽn.
DESIGUAL Apara, Iaué-yma.
DESIGUALAR Munhã-apara.
DESIMPEDIDO Apatuca-yma.
DESINCHAÇÃO Iarucasaua.
DESINCHADO Iarucauá.
DESINCHADOR Iarucasara.
DESINCHANTE Iarucauara.
DESINCHAR Iaruca.
DESINCHÁVEL Iarucauera.
DESJUNGIR Musaca. V. *Separar* e comp.
DESLIGAÇÃO Iuraresaua.
DESLIGADO Iurau, Iurareuá.
DESLIGADOR Iuraresara.
DESLIGANTE Iurareuara.
DESLIGAR Iurare, Iurári. *Desligar-se:* Iuiurare.
DESLIGÁVEL Iurareuera.
DESLIZADO Cerycauá.
DESLIZADOR Cerycasara.
DESLIZAMENTO Cerycasaua.
DESLIZANTE Cerycauara.
DESLIZAR Ceryca, Ciryca.
DESLIZÁVEL Cerycauera.
DESLOCADO Uporucauá.
DESLOCADOR Uporucasara.
DESLOCAMENTO Uporucasaua.
DESLOCANTE Uporucauara.
DESLOCAR Uporuca, Upuruca. *Deslocar-se:* Iuporuca.

deslocável Uporucauera.
desmaiado Manoarana; Ieramé (*diz-se dos objetos que perderam a cor*). *Roxo desmaiado:* Tuiraieramé.
desmaiar Manô-rana (= *falsa morte*).
desmaio Manôsáua-rana.
desmamador Anamangara.
desmamamento Anamangaua.
desmamar Namã, Anamã.
desmanchar (*dissolver em líquidos*) Mutycu. *Desmanchar-se:* Iutycu. (*soltar*) Iurare. *V. Dissolver, Desligar.*
desmantelado Ocucaua.
desmantelador Ocucausara.
desmantelante Ocucauara.
desmantelar Ocucau.
desmantelável Ocucauera.
desmantelo, desmantelamento Ocucausaua.
desmentir[1] Munhã-puitéuéra; Mupuité (*também usado no mesmo sentido*).
desmentir[2] *[luxar] algum membro:* Uporuca. *V. Deslocar.*
desmoronado Apaua, Cucui.
desmoronador Apasara, Cucuisara.
desmoronadouro Apatéua, Cucuitéua.
desmoronamento Apasaua, Cucuisaua.
desmoronante Apauara, Cucuiuara.
desmoronar Apa, Cucui. Este segundo se usa de preferência quando o desmoronamento é de construções ou pelo menos de terrenos sólidos, e o primeiro quando o desmoronamento é de terreno menos sólido. *A margem do rio desmorona e junto desmorona a velha fortaleza:* Paranã cembyua oapa, mucaua oca cuera ocucui irumo.
desmoronável Apauera, Cucuiuera.
desnudado Mupirocaua, Camixá-iuuca.
desnudar Mupiroca, Iuuca-camixá.
desobedecer Inti-omunhã, Mbuésáua.
desobediente Puusu-yma (= *não honra*).
despedaçado Muícáua, Muícána.
despedaçador Muícasára.
despedaçamento Muícasáua.
despedaçante Muícauára.
despedaçar Muíca.
despedaçável Muícauéra.
despenhadeiro Itá-uasu-eté; Ari-rendaua.
despertar Paca. *V. Acordar* e comp.

despido Piroca, Pupeca-yma, Munhãmundeu-yma.
despir Mupiroca. *Despir-se:* Iumupiroca. *Despir, meter a nu:* Iuuca-camixá.
despontado Santi-yma.
desposar Mendare. *V. Casar* e comp.
despregar Saca. *V. Tirar* e comp.
desprezado Mutara-yma.
desprezo Mutaua-yma.
desquitar-se Mbure-remiricô-i-suí. *V. Divorciar.*
desrespeitador Puusu-ymasara.
desrespeitar Puusu-yma.
desrespeito Puusu-ymasaua.
dessangrar Iuuca-tuí-upaua.
dessecar Muticanga. *V. Secar* e comp.
dessemelhante Amunungara.
dessemelhantemente Amu-rupi.
destacar Musaca. *V. Tirar* e comp.
destemido Inti-cikié, Ticikié, Cikié-yma.
deste modo Cuá-iaué.
destemor Cikié-ymasaua.
desterrar Mbure-tetama-suí.
desterro Tetama-suí-mburesaua.
destilação Tykyrisaua.
destilada Tykyra.
destilador Tykyresara.
destiladouro Tykyre-rendaua.
destilante Tykyreuara.
destilar Tykyre, Tykýri.
destilável Tykyreuera, Tykyretéua.
destocado Cupiuá.
destocador Cupisara.
destocamento Cupisaua.
destocante Cupiuara.
destocar Cupi.
destrancar Pirare. *V. Abrir* e comp.
destreza Pocatusaua.
destripado Tiputy-ireru-yma.
destripar Iuuca-tiputy-ireru.
destro Pocatua, Pocatu.
destruição Mbói-mbói-pausaua.
destruído Mbói-mbói-paua.
destruidor Mbói-mbói-pausara.
destruinte Mbói-mbói-pauara.
destruir Mbói-mbói-pau, Mumuipau.
desviar Mupoíre. *V. Desapegar* e comp.
desvirginar Mumpuca, Mumbuca. *V. Deflorar* e comp.
deter Mupitá. *V. Ficar* e comp.

DETERMINAÇÃO Mutarasaua.
DETERMINADO Mutara.
DETERMINADOR Mutarasara.
DETERMINANTE Mutarauara, Mutarayua.
DETERMINAR Mutara, Mutare, Putare.
DETRÁS Casakire, Casakire-kiti, Casakire--rupi.
DETRITOS Cemirera, Cemira, Remira, Remirera.
DETURPAR Mbói. *V. Deformar* e comp.
DEUS Tupã, Tupana. A primeira forma é usada mais comumente nos compostos: *casa de Deus:* Tupãoca. A segunda forma usada sempre que não se trata de palavras compostas, reservando-se *Tupã* para indicar o trovão.
DEVAGAR Meué, Meué-rupi. *Mais devagar:* Meué-pire.
DEVAGARINHO Meué-meué, Meuéxínga.
DEVEDOR Cecuiara-meẽn-cuaosara.
DEVENTE Cecuiara-meẽn-cuaouara.
DEVER Meẽn-cuao-cecuiara.
DEVIDO Cecuiara-meẽn-cuao.
DEZ Mocoĩn-pô, Opaĩn-pô.
DIA Ara. *Um dia depois do outro:* Ara amu ara riré. *Dia claro:* Ara-uasu. *Dia de finados:* Tuiuéxiú.
DIANTE Tenondé.
DIANTEIRA Tenondésáua.
DIANTEIRO Tenondésára.
DIÁRIA [*remuneração*] Ara-cepi.
DIARREIA Caáápuxí; (*com sangue*) Caáá-piránga.
DICIONÁRIO Nheẽnga-icyrangaua.
DICIONARISTA Nheẽnga-icyrangara.
DICOTYLES *V. Porco-do-mato.*
DIDÉLFIO [*marsupial*] Mucura, Mycura.
DIFAMAÇÃO Mucerakena-ymasaua.
DIFAMADOR Mucerakena-ymasara.
DIFAMAR Mucerakena-yma.
DIFERENÇA Amu-rupisaua, Amuiaué-saua.
DIFERENTE Amu-rupi, Amuiaué.
DIFERIR Muirandé.
DIFÍCIL Iuasu.
DIFICULDADE Muiuasu-saua, Iuasusaua (*se não for levantada por ninguém*).
DIFICULTADOR Muiuasusara.
DIFICULTANTE Muiuasu-uara.
DIFICULTAR Muiuasu, Muiuãeté, Muiuãté.
DIFIDAR [*desconfiar*] Iacu.

DIFIDÊNCIA Iacusaua.
DIFIDENTE Iacua.
DILACERAÇÃO Caracaraĩngaua.
DILACERADO Caracarainga.
DILACERADOR Caracaraingara.
DILACERAR Caracaraĩn, Caracaĩn. *Dilacerar--se:* Iucaracaraĩn.
DILIGÊNCIA Curutẽsaua.
DILIGENTE Curutẽuara.
DILIGENTEMENTE Curutẽrupi.
DILUENTE Muycuruiuara.
DILUIÇÃO Muycuruisaua.
DILUÍDO Muycuruiua.
DILUIR Muycurui.
DIMINUENTE Mucoaírauára, Mupuírauára.
DIMINUIÇÃO Mucoaírasáua, Mupuírasáua.
DIMINUÍDO Mucoaíra, Mupuíra.
DIMINUIDOR Mucoaírasára, Mupuírasára.
DIMINUIR Mucoaíra, Mupuíra; (*quando de muito se reduz a pouco*) Muceía-yma; (*diminuir tirando*) Iaruca.
DINHEIRO Caryua-recuiara.
DIREITA (*a mão*) Pocatu.
DIREITO[1] Satambyca, Catu. *Está direito:* Eré catu. *Foi direito onde estava a moça:* Osó satambyca cunhãmucu oicoana kiti.
DIREITO[2] Tecô-iaué. *O homem se conforma ao direito:* Apyaua omunhã tecô-iaué.
DIRIGIR Mupica. *Dirigir-se:* Iumupica.
DIRIGÍVEL Mupicauera.
DIRIMENTE Mpauanauara.
DIRIMIR Mpauana.
DISCERNIR Xipiá. *V. Enxergar* e comp.
DISCÍPULO Iu-mbuésára, Me-mbuéua, Mbuépóra. *Discípulos de N. S. Jesus Cristo:* Iané iara Jesus Christo yuyaicuera-etá (= *os que estavam na terra, que estavam perto de Nosso Senhor Jesus Cristo*).
DISCURSADO Purunguetaua.
DISCURSADOR Purunguetására.
DISCURSANTE Purunguetáuára.
DISCURSAR Purunguetá, Purunguitá.
DISCURSÁVEL Purunguetáuéra.
DISCURSO Purunguetásáua.
DISENTERIA Puruca-saua, Caáá-puxi.
DISFARÇADAMENTE Moanga-rupi.
DISFARÇADO Moãn, Moanga.
DISFARÇANTE Moangara.
DISFARÇAR Moãn.
DISFARCE Moangaua.

DISPARAR Iapy. *V. Atirar* e comp. *Disparar das molas:* Poca.
DISPARO Iapysaua. *Disparo de espingarda:* Mucaua iapysaua.
DISPENSAR (*se dá*) Meẽn; (*se deixa*) Xiare, Xiári. *V. Dar, Deixar,* e comp.
DISPERSAR Muiucanhemo. *V. Perder* e comp.; Muiauau. *V. Fugir* e comp.
DISPOR (*organizar, pôr em ordem*) Mungaturu.
DISPUTA Iuraúsáua.
DISPUTADOR Iuraúsára.
DISPUTANTE Iuraúuára.
DISPUTAR Iuraú. *Disputar-se:* Iuiuraú. *Disputar com via de fato:* Iacao. *V. Pelejar.*
DISPUTÁVEL Iuraúéra, Iuraútéua.
DISSENSÃO Amu-maitésáua.
DISSENTIENTE Amu-maitéuára, Amu-maitésára.
DISSENTIR Amu-maité.
DISSIMULAÇÃO Suá-pupecasaua, Piá-cekindására.
DISSIMULADO Suá-pupeca, Piá-cekindaua.
DISSIMULADOR Suá-pupecasara, Piá-cekindására.
DISSIMULAR Pupeca-suá, Cekindau-piá.
DISSIPAR Muayua.
DISSOLUÇÃO Tycuarasaua.
DISSOLÚVEL Tycuarauera.
DISSOLVEDOR Tycuarasara.
DISSOLVEDOURO Tycuaratendaua.
DISSOLVENTE Tycuarauara.
DISSOLVER Tycuara.
DISSUADIR Iuuca-acanga-suí, Iuuca-piá-suí.
DISTÂNCIA Apecatu-saua.
DISTANTE Apecatu. *Quem está distante:* Apecatusara. *Que está distante:* Apecatu-uara.
DISTANTEMENTE Apecatu-rupi.
DISTENDER Mucócoa.
DISTENSÃO Mucócoasáua.
DISTENSOR Mucócoauára, Mucócoasára.
DISTINGUIR[1] Purauaca. *V. Escolher,*
DISTINGUIR[2] Xipiá. *V. Enxergar* e comp.
DISTORÇÃO Iuiuíresáua.
DISTORCER Iuiuíre.
DISTORCIDO Iuiuíra.
DISTRAIR Musory. *V. Alegrar* e comp.
DISTRIBUIÇÃO Muiauócasáua.
DISTRIBUÍDO Muiauócauá.
DISTRIBUIDOR Muiauócasára.

DISTRIBUINTE Muiauócauára.
DISTRIBUIR Muiauoca.
DISTRIBUÍVEL Muiauócauéra
DISTURBAR Mupatuca. *V. Atrapalhar* e comp.
DITA Purangaua.
DITADO Nheẽnsaua.
DITO Nheẽn-aua.
DITOSAMENTE Puranga-rupi.
DITOSO Puranga; (*na caça*) Marupiara.
DIVAGAR Uatá-uatá; (*se é andando*) Uatá-uatá-nhunto; (*se é de palavras*) Nheẽn-nheẽn-nhunto.
DIVERGIR Só-amu-rupi, Amunheẽn.
DIVERSÃO [*desvio*] Amu-rupisaua.
DIVERSO Amu-rupiuara.
DIVERTIR [*desviar*] Mupoíre. *V. Desapegar* e comp.; [*fazer esquecer*] Musaraĩn. *Divertir-se:* Iumusaraĩn. *V. Brincar* e comp.
DÍVIDA Cecuiara-cuera.
DIVIDENTE Muiuara.
DIVIDIDO Muiua; Pisáuéra.
DIVIDIR Muĩ, Muĩn. *Dividir em partes:* Pisá. *Dividir pelo meio:* Mytera, Mupytera. *Dividir tirando:* Umunhoca. *Dividir limitando:* Ipuá. *Dividir separando:* Mueú-pytera (= *apagar o meio soprando*).
DIVINAÇÃO Saãngaua.
DIVINADOR Saãngara, Sacaca (*Solimões*).
DIVINDADE Tupanasaua.
DIVINIZAR Saãn.
DIVINO Tupanara, Tupanauara.
DIVISA Ipuasaua, Ipuatyua.
DIVISÃO Muĩsaua, Pisaua. *Divisão da noite (meia-noite):* Pisaié.
DIVISOR Imuĩsara.
DIVISÓRIO Imuĩuara.
DIVORCIAR-SE Mbure-i-suí. *A mulher divorciou-se do marido:* Cunhã ombure mena isuí.
DIVULGAR[1] (*por conversas*) Musacemo. *V. Gritar*; (*por meio de atos*) Mucameẽn. *V. Mostrar*
DIVULGAR[2] (*perceber*) Xipiá. *V. Enxergar* e comp.
DIZEDOR Nheẽngara.
DIZER Nheẽn. *Dizem:* Páá. *Fazer dizer:* Munheẽn.
DÍZIMO Tupana-putaua.
DIZÍVEL Nheẽntéua.
DÓ Sacisaua, Taitésáua.

DO *V. Da e De.*
DOAÇÃO Meẽngaua.
DOADO Meẽnga, Cecuiara-yma.
DOADOR Meẽngara.
DOAR Meẽn. *Doar-se:* Iumeẽn.
DOBRA Penasaua, Pepenasaua; Mamana.
DOBRADIÇA Okena-penasaua.
DOBRAR[1] Pena, Pepena. *Dobrar panos ou coisas que se lhe parecem:* Mamana.
DOBRAR[2] *([duplicar] emendando)* Muapire, Muapucu.
DOBRAR[3] *(dos sinos)* Mupu.
DOCE Ceẽn.
DOCENTE Mbeúsára.
DOÇURA Ceẽnsaua.
DOENÇA Macisaua.
DOENTE Maci, Imaci.
DOENTIO Imaciuera.
DOER Mumaci.
DOIDICE Acanga-ymasaua.
DOIDO Acanga-yma, Acanga-ayua.
DOÍDO Maciua.
DOIS Mocoĩn, Mucoĩn.
DOLENTE Saciara.
DOLORIDO Saciua.
DOM Meẽngaua.
DOMINAÇÃO Mupucuárisáua, Mundusaua.
DOMINADO Mupucuári, Mundu.
DOMINADOR Mupucuárisára, Mundusara.
DOMINAR Mupucuare, Mundu, Munducári.
DOMINGO Mituu.
DOMINICAL Mituuara.

DONDE Masuí? *Donde vem?:* Masuí ocica?
DONO Iara. *Dono da casa:* Oca-iara. *Dono da lança:* Mbyrá-iara.
DONZEL Curumĩ, Curumĩuasu.
DONZELA Cunhãntaĩn, Cunhãmucu, Cunhãmirĩ.
DOR Saci, Sacisaua. *Dor infligida por outro:* Porarasaua. *Dor de dentes:* Sanhaci. *Dor de olhos:* Cesá-teýma. *Dor de cabeça:* Acangaci. *As dores de Cristo:* Tupana raýra-porarasaua.
DORMENTE Kyriuara; Icieí. *Pé dormente:* Py-icieí.
DORMIDA Kyrisaua.
DORMIDOR Kyrisara.
DORMIDOURO *(lugar de dormida)* Kyritendaua, Mytasaua.
DORMINHOCO Kyriuera.
DORMIR Kýri, Kyre. *Dormir mal:* Kyre-ayua.
DORSO Anecua, Cupé.
DOUTRO LADO Amu suindape; Asuindape. *Corre do outro lado:* Ounhana amu suindape. *Vem do outro lado:* Ocica asuindape.
DRIÇA *(adriça)* Sutinga-xama.
DUBIEDADE Ipôsaua.
DÚBIO Ticuau-catu.
DUENDE Anhanga, Anhanguera, Anhanga-ayua.
DURAÇÃO Ipucusaua.
DURAR Iumupucu.
DUREZA Santasáua.
DURO Santá.
DUVIDAR Inti-cuao-catu.

E

E Iuíri, Euíre. *Da tarde e da manhã fez o quarto dia:* Caruca coema iuíri suí oiumunhã ara irundi. Pode-se todavia dizer, e o dizem mais correntemente: *Caruca suí coema suí oiumunhã ara irundi.*
EBRIEDADE Caúsáua.
ÉBRIO Caú. *Ébrio costumeiro:* Caúuára.
EBULIÇÃO Mimoĩngaua.
ECLIPSE (*do sol*) Coaracy omanô putare; (*da lua*) Yacy omanô putare.
ECO Teapusaua; Itá-nheẽnga (= *fala da pedra*).
ECOANTE Itá-nheẽngara.
EDIFICAR Munhã. *V. Fazer* e comp.
EDUCAÇÃO Mbeúsáua, Meúsáua.
EDUCADOR Mbeúsára, Meúsára.
EDUCAR Mbeú, Meú. *Educar-se:* Iumeú.
EFEITO Suí, Suíuára. *O efeito de tudo isso foi o homem morrer:* Cuá opian suí apyaua omanoana.
EFEMINAÇÃO Cunhã-rapixaua.
EFEMINADO Cunhã-rapixara.
EGOÍSTA Oputári-i-recé-nhun-uá.
EIÃ (*macaco-da-noite*) Iã.
EI-LA, EI-LO Aicué.
EIS Sucui. *Eis aqui:* Misucue, Misucui.
ELABORAR Mungaturu. *V. Preparar* e comp.
ELÁSTICO Saíca (*sajica*), Sauíca.
ELE, ELA O, I, Aé. *Ele foi pescar:* Aé osó opinaityca. *Disse a ele para não voltar:* Onheẽn i supé inti oiuíre cury. *Ela mesma:* Aé teẽn. *Ela própria:* Aé eté. *O*, que no rio Negro é também pronunciado *U*, como em alguma parte do Solimões, é prefixo verbal da terceira pessoa dos verbos. *Aé* é a forma do pronome da terceira pessoa do singular; *i* é a forma pronominal, quando na frase indica relação independente da regência do verbo.
ELEGANTE Purangaua.
ELEGER Purauaca. *V. Escolher* e comp.
ELES, ELAS Aitá, Aetá. *Eles disseram:* Aitá onheẽn.
ELEVAÇÃO Iupiresaua, Iuatésáua. *Elevação de terra, de pedra etc.:* Pecê, Pecuma.
ELEVADO Iuaté, Iupiréua.
ELEVADOR Iuatésára, Iupiresara.
ELEVANTE Iuatéuára, Iupireuara.
ELEVAR Muiuaté, Iupire. *Elevar-se:* Iumuiuaté. *Elevar-se subindo:* Iuatire.
ELOGIADO Mbuécatúa, Muécatúa, Mucerakena.
ELOGIADOR Muécatúsára, Mucerakenasara.
ELOGIAR Mbuécatú, Muécatú, Mbuépuranga, Mucerakena.
ELOGIO Muécatúsáua, Mucerakenasaua.
EM Opé, Supé, Pupé, Kiti, Rupi. *Fica em casa:* Opitá oca kiti. *Em meu favor intercedeu*

inutilmente: Cé supé oiucuré panemo. *Em caminho se arranja a carga da canoa:* Pé rupi omeēn recuiara yngara kiti. *Em alto:* Iuatepe, Iarpe.
EM CIMA Aarpé, Iuatepe. *Quem está em cima:* Aarpésára. *Que está em cima:* Aarpéuára.
EM FACE Asuaxara, Asuindape.
EM FRENTE Cenondé, Tenondé, Renondé.
EM VÃO Teēn, Teente.
EM VOLTA Sumytera. *O que está em volta:* Sumytera-uara. *Em volta da casa:* Oca-sumytera.
EMAGRECEDOR Angaí-sara.
EMAGRECENTE Angaíuára.
EMAGRECER Angaí. *Fazer ou ser feito emagrecer:* Muangaí.
EMAGRECIMENTO Angaí-saua.
EMARANHADO Iaiké. *Lugar emaranhado:* Iaityua.
EMBACIADO Mutyun.
EMBACIAMENTO Mutyungaua.
EMBACIANTE Mutyungara.
EMBACIÁVEL Mutyuntéua.
EMBAÍDO [*desejado*] Iumutare (= *feito querer com engano*).
EMBAINHADOR Cembyua-mamanasara.
EMBAINHAMENTO Cembyua-mamanasaua.
EMBAINHANTE Cembyua-mamanauara.
EMBAINHAR Mamana-cembyua (= *dobrar a margem da teia*).
EMBALADOR Iatimungara, Iatimūsara.
EMBALAR Iatimūn.
EMBALO Iatimungaua, Iatimūsaua.
EMBARAÇADO Apatuca; Ipuruā, Iporuā.
EMBARAÇAR Apatuca; Mupuruā. *V. Atrapalhar, Emprenhar.*
EMBARCAÇÃO Yngara, Yara (Ygara).
EMBARCADIÇO Yngarapora, Iuruiaretéua.
EMBARCADOR Ruiaresara.
EMBARCADOURO Yngarapape, Iuruiarerendaua.
EMBARCANTE Ruiareuara.
EMBARCAR Ruiare. *Embarcar-se:* Iuruiare, Iuruiári.
EMBARCÁVEL Ruiareuera.
EMBARQUE Ruiaresaua.
EMBARREADO Iacuyuá.
EMBARREADOR Iacuysara.
EMBARREADOURO Iacuytaua.
EMBARREAMENTO Iacuysaua.
EMBARREANTE Iacuyuara.
EMBARREAR (*encher de terra o tapume*) Iacuy.
EMBASTADA (*no tear a teia*) Muamameasu.
EMBASTAR Muamame.
EMBATUCAR Mupatuca. *Embatucar-se:* Iumupatuca. *V. Atrapalhar.*
EMBAÚBA Mbáyúa, Embáyúa.
EMBAUBAL Mbáyúatýua.
EMBEBEÇÃO Kitycasaua, Irurusaua.
EMBEBEDAR Mucaú. *V. Embriagar.*
EMBEBEDOR Kitycasara, Irurusara.
EMBEBER Kityca. *Embeber molhando:* Iruru.
EMBELEZADO Mupuranga, Mupurangaua.
EMBELEZADOR Mupurangara, Mupurangasara.
EMBELEZAMENTO Mupurangasaua.
EMBELEZAR Mupuranga. *Embelezar-se:* Iupuranga.
EMBORCADOR Muiauycasara.
EMBORCADOURO Muiauyca-rendaua.
EMBORCANTE Muiauycauara.
EMBORCAR Muiauyca.
EMBORCÁVEL Muiauycauera, Muiauycatéua.
EMBORQUE Muiauycasaua.
EMBOSCADA Marumbi.
EMBOTADO (*sem gume*) Saimbéýma; (*sem ponta*) Iantīyma.
EMBRAVECEDOR Inharūsara.
EMBRAVECER Inharū. *Fazer embravecer:* Muinharū;
EMBRAVECIMENTO Inharūsaua.
EMBRIAGADO Caú.
EMBRIAGADOR Mucaúsára.
EMBRIAGANTE Mucaúuára.
EMBRIAGAR Mucaú.
EMBRIAGUEZ Caúsáua.
EMBRULHAR[1] (*envolvendo em alguma coisa*) Pupeca. *V. Envolver* e comp.
EMBRULHAR[2] (*embaraçando alguém*) Mupatuca. *Embrulhar-se:* Iupatuca. *V. Atrapalhar* e comp.
EMBRULHO Pupeca. *Embrulho de folhas para cozinhar massa de milho ou moquear peixinhos, camarões, manivaras etc.:* Mukeca.
EMBUSTEIRO Marandúuéra. *V. Enredo* e comp.
EMENDA Muapiresaua.
EMENDADOR Muapiresara.

EMENDANTE Muapireuara.
EMENDAR Muapire.
EMENDÁVEL Muapireuera, Muapiretéua.
EMINENTE Iuaeté-eté.
EMPACHADOR Apipongasara.
EMPACHANTE Apipongauara.
EMPACHAR Apiponga.
EMPACHO Apipongasaua.
EMPACOTAR Pupeca. *V. Envolver* e comp.
EMPALIDECIDO Ieramé.
EMPANEIRADOR Soparesara.
EMPANEIRAMENTO Soparesaua.
EMPANEIRAR Sopare.
EMPASTADOR Muiãngara.
EMPASTAMENTO Muiãngaua.
EMPASTAR Muiã.
EMPASTE Muiãngué, Muiã-ué.
EMPANZINAR Pyruã.
EMPENAR Muapara.
EMPERRADO Iumiru, Iumiruá.
EMPERRADOR Iumirúsára.
EMPERRAMENTO Iumirúsáua.
EMPERRANTE Iumirúára.
EMPERRAR Iumiru. *Fazer ou ser feito emperrar*: Muiumiru.
EMPERRÁVEL Iumirúera, Iumirutéua.
EMPESTAR Mumaci-asu.
EMPOBRECEDOR Mumuriására.
EMPOBRECENTE Mumuriáuára.
EMPOBRECER Mumuriá.
EMPOBRECIMENTO Mumuriásáua.
EMPOLA Pongá, Pungá.
EMPOLGAR Muapicica. *V. Pegar* e comp.
EMPRENHADA Puruã, Puruãn.
EMPRENHADOR Puruãngara.
EMPRENHAR Puruãn, Puruã. *Fazer-se emprenhar*: Mupuruãn.
EMPRESTADO Puruá.
EMPRESTADOR Purusara.
EMPRESTANTE Puruara.
EMPRESTAR Puru.
EMPRESTÁVEL Puruera, Purutéua.
EMPRÉSTIMO Purusaua.
EMPURRAÇÃO Maianasaua.
EMPURRADOR Maianasara.
EMPURRADOURO Maiana-rendaua.
EMPURRANTE Maianauara.
EMPURRÃO Maianauá.
EMPURRAR Maiana.
EMPURRÁVEL Maianauera.

EMUDECIDO Iuru-yma.
ENALTECEDOR Mbué-uasusara.
ENALTECER Mbué-uasu.
ENALTECIMENTO Mbué-uasusaua.
ENCACHOEIRADO Ytu-péua, Ytu-og.
ENCACHOEIRAMENTO Ytu-paua.
ENCACHOEIRANTE Ytu-uara.
ENCAIPORAR Mucaipora, Mupanema.
ENCALÇAR Socasakire.
ENCALÇO Socasakiresaua.
ENCAMINHAR Musó, Muosó. *V. Ir* e comp.
ENCANTADO Caúxaisú.
ENCANTADOR [*que atrai*] Puranga-eté; [*que faz encantamentos*] Peúsára.
ENCANTAMENTO Peúsáua.
ENCANTANTE Peúára.
ENCANTAR Peú.
ENCANTO Peúa, Peiúa.
ENCARAR Maãn-satambyca.
ENCARECEDOR Mucepiasusara.
ENCARECER Mucepiasu.
ENCARECIMENTO Mucepiasusaua.
ENCARQUILHAR Mucuru. *Encarquilhar-se*: Imucuru.
ENCARREGADO Muenguepope.
ENCARREGAR Muenguepope.
ENCERRAR[1] [*terminar*] Mpau. *V. Acabar* e comp.
ENCERRAR[2] [*pôr em lugar fechado*] Cekindau. *V. Fechar* e comp.
ENCETAR Iupyrũn. *V. Começar* e comp.
ENCHARCAR Muiruru, Mururu.
ENCHEDOR Eikiésára, Muporasara, Puracárisára.
ENCHENTE Eikiésáua, Eikiéuára. *A enchente do rio*: Paranã-eikiésáua. *Rio enchendo*: Paraná-eikiéuára.
ENCHER Eikié; (*com carga*) Puracare; (*com qualquer coisa*) Mupora; (*completamente*) Terecemo.
ENCHIDO Eikiéua, Ipora, Puracara.
ENCHIMENTO Muporasaua.
ENCHÍVEL Muporauera.
ENCIUMADO Iusuirõn, Iusuirõngara.
ENCIUMAR Musuirõn.
ENCOADURA Cacury.
ENCOBERTAR Pupeca. *V. Cobrir* e comp.
ENCOBRIR Iumime. *V. Esconder* e comp.
ENCOIVARADO Mucuiuara, Cuiuara-munhãna.

ENCOIVARADOR Cuiuara-munhãngara.
ENCOIVARAMENTO Cuiuara-munhãngaua.
ENCOIVARAR Munhã-cuiuara, Mucuiuara.
ENCOLHEDOR Muatucasara, Muikísára.
ENCOLHENTE Muatucauara.
ENCOLHER Muatuca, Muiki.
ENCOLHIDO Muatucaua.
ENCOLHIMENTO Muatucasaua, Muikísáua.
ENCONTRADIÇO Soaentītéua, Soaentīuera.
ENCONTRADO Soaentī, Soaentīuá.
ENCONTRADOR Soaentīsara.
ENCONTRANTE Soaentīuara.
ENCONTRAR Soaentī, Suantī, Iuantī. *Encontrar-se:* Iusoaentī, Iusuantī, Iuiuantī. *Encontrar o que se procura:* Uacemo. *V. Achar* e comp.
ENCONTRO Soaentīsaua.
ENCORAJAR Mupiá.
ENCORPADO Anamã.
ENCOSTA (*da serra*) Yuytera-cembyua.
ENCOSTAR Iusoca. *Encostar com a embarcação à terra ou a qualquer coisa:* Iári. *Fazer ou ser feito encostar:* Iuiári. *V. Aportar* e comp.
ENCRESPADOR Apixaīngara.
ENCRESPAMENTO Apixaīngaua.
ENCRESPAR (*das águas ao sopro leve do vento*) Apixaīn, Pixaīn.
ENCURRALAR Caí. *V. Cercar* e comp.
ENCURTAR Muatuca. *V. Encolher* e comp.
ENCURVADOR Muaparasara.
ENCURVAMENTO Muaparasaua.
ENCURVANTE Muaparauara.
ENCURVAR Muapara. *Encurvar-se:* Iuapara; (*por submeter-se*) Iuiauíca; (*do rio ou outra coisa que se encurva*) Iupena.
ENDIREITADOR Musatambycasara.
ENDIREITAMENTO Musatambycasaua.
ENDIREITANTE Musatambycauara.
ENDIREITAR Musatambyca.
ENDOIDECER Muacanga-ayua, Iumuacanga-ayua; Muacanga-yma (*especialmente se a doidice é tranquila*).
ENDURECER Musantá, Muantá. *Endurecer-se:* Iumusantá.
ENEGRECER Mupixuna.
ENEVOADO Iuaca-ikiauá.
ENFACEIRADO Iaricy.
ENFACEIRAR Muiaricy. *Enfaceirar-se:* Iumuiaricy.
ENFADADO Potupau, Coeré, Coirana.

ENFADANTE [*que enfada*] Potupauara; (*quem enfada*) Potupausara.
ENFADAR Putupau, Coeré. *Enfadar-se:* Iuputupau; (*se irrita*) Mupiá-ayua, Iumupiá-ayua.
ENFADO Potupasaua, Potupausaua, Coerésáua.
ENFADONHO Potupauera, Potupautéua; (*se se trata de falador*), Iuruceēn-yma (= *boca sem doce*), Iuru-iraua (= *boca amarga*).
ENFEITADO Muamundeuá.
ENFEITADOR Muamundésára.
ENFEITAMENTO Muamundésáua.
ENFEITAR Muamundé. *Enfeitar-se:* Iumuamundé; (*embelezando-se*) Mupuranga; (*ataviando-*se) Muncaturu.
ENFEITE Muamundéua, Mupurangaua, Tara. *Enfeite da cabeça:* Acanga-tara.
ENFEITIÇAR Mumaracaimbara, Teteca; (*enfeitiçar soprando*) Peú, Peô.
ENFEIXAR Mamana.
ENFERMAR Muimaci.
ENFERMARIA Pusanūn-rendaua.
ENFERMIDADE Imacisaua.
ENFERMO Imaci, Macíuára, Imacíuára; (*se de muito*) Imacíuéra.
ENFEZADO Pepuī, Pepuī-puī; (*falando das plantas*) Tambuera.
ENFIADA Ixama, Apitama, Apixama. *Enfiada de peixes:* Pirá-xama, Pirá-pitama. *Enfiada de dentes:* Sanha-xama. *Enfiada de siris:* Xirypitama.
ENFIADO Muiecyrōngá.
ENFIADOR Muiecyrōngara.
ENFIAMENTO Muiecyrōngaua.
ENFIAR Muiecyrōn.
ENFILEIRADOR Muacaresara, Icyrōngara.
ENFILEIRAMENTO Muacaresaua, Icyrōngaua.
ENFILEIRAR Icyrōn; (*de gente obedecendo a um chefe*): Muacare, Muacári.
ENFIM Puasape.
ENFINCADO Iatycá.
ENFINCADOR Iatycására.
ENFINCAMENTO Iatycásáua.
ENFINCANTE Iatycáuára.
ENFINCAR Iatycá.
ENFINCÁVEL Iatycáuéra, Iatycátéua.
ENFORCADO Iuycaua, Iembucaua.
ENFORCADOR Iuycasara, Iembucasara.

ENFORCAMENTO Iuycasaua, Iembucasaua.
ENFORCANTE Iuycauara, Iembucauara.
ENFORCAR Iuyca, Iembuca. *Enforcar-se:* Iuiuyca, Iuiembuca.
ENFRENTAR Mupirantã.
ENFROUXECER Muapoca. *V. Afrouxar* e comp.
ENFURECER Inharu-eté.
ENGAIOLADO Mundé-pora.
ENGAIOLAR Mumundé-pora.
ENGALANAR Mupuranga. *Engalanar-se:* Iumupuranga, Iumuamundéu.
ENGANADIÇO Uananíuéra (gananíuéra), Iacuyma.
ENGANADOR Uananísára (gananísára), Meõngara, Poité-munhãngara, Supi-iauísára.
ENGANAR Uanani (ganani), *usado quase geralmente em lugar de* Meoãn *e* Muãn (= *fingir*); Poité-munhã (= *fazer mentira*); Iauí-supi (= *quebrar a verdade*).
ENGANO Uananísáua (gananísáua), Meõngaua, Muamba, Puité-munhãngaua, Supi-iauísáua.
ENGANOSO Uananíuára (gananíuara), Meõngauara.
ENGASGAR Muiuyca. *V. Enforcar* e comp.
ENGATAR Mutianha.
ENGELHADO Xiryca, Xirycana.
ENGELHADOR Xirycasara.
ENGELHAMENTO Xirycasaua.
ENGELHANTE Xirycauara.
ENGELHAR Xiryca. *Engelhar-se:* Iuxiryca. *Fazer engelhar:* Muxiryca.
ENGELHÁVEL Xirycatéua.
ENGENHEIRO Musangasara. *V. Medir* e comp.
ENGODO Mundéua, Putaua.
ENGOLIR Mucunã.
ENGORDAR Iukirãn. *Fazer engordar:* Mukirãn.
ENGORDURADO Icauauara.
ENGRAÇADO Uarici.
ENGRANDECEDOR Muasusara, Muturususara, Muapire-sara.
ENGRANDECER (*em sentido moral*) Muasu; (*no sentido mais especialmente material*) Muturusu; (*em sentido geral*) Muapire.
ENGRANDECIDO Muapira.
ENGRANDECIMENTO Muapiresaua.
ENGROSSAR Mupuasu, Muiuanamã.
ENGUIA Musu, Musuã.
ENJEITAR Mbure-i-suí.

ENJOADO Iuaruá.
ENJOADOR Iuarusara.
ENJOAR Iuaru. *Fazer enjoar:* Muiuaru.
ENJOATIVO Iaca, Iuaruuera.
ENJOO Iuarusaua.
ENLAÇAR Iumana. *V. Abraçar;* Iusá. *V. Laçar* e comp.
ENLAMEAR Ikiá-tyiúca-irumo.
ENORME Turususu.
ENORMIDADE Turususu-saua.
ENOVELAR Mupumana.
ENQUANTO Pucusaua, Nhaãnpucusaua.
ENRAIVECER Piá-ayua [= *mau fígado*]. *Fazer enraivecer:* Mupiá-ayua.
ENRAIZADO Musapuá.
ENRAIZADOR Musapusara.
ENRAIZAMENTO Musapusaua.
ENRAIZANTE Musapu-uara.
ENRAIZAR Musapu.
ENRAIZÁVEL Musaputéua.
ENREDAR [*fazer enredo*] Marandu, Marandu-ayua.
ENREDEIRO Maranduuera.
ENREDO Maranduua.
ENRIJAR Muantá, Musantá.
ENROLAR Mamana. *Enrolar-se:* Iumamana.
ENRUGAR Curucuruca.
ENSINADO U-mbuéuá.
ENSINADOR U-mbuésára.
ENSINANTE U-mbuéuára.
ENSINAR U-mbué, Mbué, Mué. *Ensinar-se* (*aprender*): Iu-mbué.
ENSINO U-mbuésáua.
ENSURDECEDOR Iapysá-canhemouara.
ENSURDECER Canhemo-iapysá. *Fazer ensurdecer:* Mucanhemo-iapysá.
ENSURDECIDO Iapysá-canhemo.
ENSURDECIMENTO Iapysá-canhemosaua.
ENTALHAR Caraĩ, Caraĩn.
ENTANIÇADO Taniuá.
ENTANIÇADOR Tanísára.
ENTANIÇAMENTO Tanísáua.
ENTANIÇANTE Taníuára.
ENTANIÇAR [*enrolar tabaco*] Tani.
ENTANTO Cuá-pucusaua-ramé, Nhã-recé.
ENTÃO Ramé, Caeté. *O de então:* Raméuára, Iuere.
ENTEADO (*com relação ao homem*) Rayrangaua; (*com referência à mulher*) Membyrangaua.

ENTENDEDOR Cendusara; Tecocuausara.
ENTENDENTE Tecocuauara.
ENTENDER Cendu, Cennu; Tecocuau. *Entender-se:* Iucendu.
ENTENDIDO Cendua, Cuaouara (= *sabido*); Tecocuauá.
ENTENDIMENTO Cendusaua; Tecocuausaua.
ENTERNECER Muteté-iumuacy, Pitá-piá--membeca; Munhã piá-membeca.
ENTERRADOR Yuytimasara.
ENTERRAR Yuytima, Yuytima. *Enterrar-se:* Iuyutima.
ENTERRO Yuytimasaua.
ENTESAR (*endurecendo*) Musantá, Iumusantá; (*endireitando e esticando*) Musatambyca, Iumusatambyca. *Entesar da corrente do rio e por extensão o entesar devido a uma resistência qualquer:* Mupirantã, Iumupirantã.
ENTORNAR (*transbordando*) Iucena; (*pelo virar da vasilha*) Emumeu, Emumeo. *V. Verter* e comp.
ENTORPECER Iyceí.
ENTORTAR Muapara. *Entortar-se:* Iumuapara. *V. Encurvar* e comp.
ENTRADA Ikésáua, Ikétýua.
ENTRADO Ikéuá.
ENTRANÇADO Tupé, Tupéuá.
ENTRANHAS Tiputy-ireru.
ENTRANTE (*quem entra*) Ikésára; (*que entra*) Ikéuára.
ENTRAR Iké. *Fazer entrar:* Muiké.
ENTRÁVEL Ikéuéra, Ikétéua.
ENTRE Suí, Pitera, Piterpe. *Ele saiu entre os dois:* Aé ocemo mucoĩn suí. *Ele sentou-se entre os dois:* Aé cuapica mucoĩn piterpe.
ENTREBATER Mucatacá. *Entrebater-se:* Iumucatacá.
ENTREGA Iucomeẽngaua.
ENTREGADO Iucomeẽnga.
ENTREGADOR Iucomeẽngara.
ENTREGAR Iucomeẽn.
ENTREGAR Meẽn. *V. Dar* e comp.
ENTRETANTO Coité.
ENTRUDANTE (*quem entruda*) Mutingasara; (*que entruda*) Mutingauara.
ENTRUDAR Mutinga. *Entrudar-se:* Iumutinga.
ENTRUDO Mutingasaua. *Tempo de entrudo:* Mutinga-ara.

ENTUPIR Eikié, Cekindau. *V. Encher, Fechar* e comp.
ENUMERAR Papare. *V. Contar* e comp.
ENUNCIAR Nheẽn-catu. *V. Dizer* e comp.
ENVELHECER (*o homem*) Mutuiué; (*a mulher*) Muuaimy.
ENVELHECIMENTO Mutuiuéuára, Muuaimyuara.
ENVENENADO Supiarauá, Supiarana.
ENVENENADOR Supiarasara.
ENVENENAMENTO Supiarasaua.
ENVENENANTE Supiarauara.
ENVENENAR Musay, Mumaracaimbara, Meẽnmaraca-imbara.
ENVENENAR Supiara. *Envenenar-se:* Iusupiara.
ENVERDECER Muiakyra. *Enverdecer-se:* Iumuiakyra.
ENVERGONHAR Iutĩn. *Envergonhar-se:* Mutĩn. *Fazer-se vergonha:* Iumumutĩn.
ENVERNIZADOR Musuuumasara.
ENVERNIZAMENTO Musuumasaua.
ENVERNIZANTE Musuumauara.
ENVERNIZAR Musuuma. *Não enverniza ou que não pega o verniz:* Musuuma-yma.
ENVIRA [*embira*] Imbyra, Embyra.
ENVIRA-BRANCA Imbyra-murutinga, Imbyratinga.
ENVIRA-GRANDE Imbyrasu.
ENVIREIRA Embyra-yua.
ENVOLTÓRIO (*que serve ao transporte*) Ireru, Pupecauara.
ENVOLVER Pupeca. *Envolver do fio em novelo:* Mamana. *Envolver com o laço ou outra coisa qualquer:* Iatimana. *Envolver apertando:* Iuyca.
ENVOLVIMENTO Pupecasaua.
ENXAME (*de abelhas*) Iracema; (*de peixes*) Piracema.
ENXERGADO Xipiáuá, Xipiana.
ENXERGADOR Xipiására.
ENXERGAMENTO Xipiásáua.
ENXERGANTE Xipiáuára.
ENXERGAR Xipiá. *E.-se:* Iuxipiá.
ENXERGAR Xipiá. *V. Perceber* e comp.
ENXERGÁVEL Xipiáuéra.
ENXÓ Pururé.
ENXOFRE Iurupary-tiputy (= *sujeira do diabo*).
ENXOTADOR U-mpusara.
ENXOTAMENTO U-mpusaua.

ENXOTAR Mpu.
ENXOVALHAR Mukiá.
ENXUGADO Muticangaua.
ENXUGADOR Muticangasara.
ENXUGADOURO Muticanga-rendaua.
ENXUGAMENTO Muticangasaua.
ENXUGANTE Muticangauara.
ENXUGAR Muticanga.
ENXUGÁVEL Muticangauera, Muticangatéua.
ENXURRADA Eikiétéua; Ynhãn, Ynhāna.
ENXUTO Ticanga.
EPICARPO Pirera, Yuá-pirera, Yá-pirera.
EPIDEMIA Maci-uasu, Maci-ayua, Maci-pauá.
EPIDENDRO Caruatá, Uirá-mirī-caá.
EPIDERME Pireraī.
EPILOGAR Mpauana.
EPÍLOGO Mpausaua.
EQUILIBRAR (*a carga na canoa*) Teceremo (= encher com método).
ERGUER Puama. *Fazer erguer:* Mupuama. *Erguer-se:* Iupuama.
ERIÇAR Ciryryca.
ERIODENDRO [*ceiba*] Samaúmaýua.
ERRANTE Eauýuára.
ERRAR Eauy, Iauy.
ERRO Eauýsáua.
ERVA Caá, Caapī, Capī, Caá-kira, Canarana, Caá-iusara, Capyi. *Erva cultivada nas hortas:* Rimitama. *Erva da margem:* Canarana, Periãntá, Muruxi, Uapé, Iapuna. *Erva de pastagem:* Parari, Pirī, Paramã, Mury, Aracy-xiú, Taipī, Apiī, Meru-caá, Meru-kiá, Patacuera, Masambará, Panamã, Comembéua.
ERVA-DE-CHEIRO (*e outras*) Piripiri-oca, Caorécaá, Iacamī-caá, Micura-caá, Caúcaa, Iacu-saíca, Andira-kicé, Paca-ratepu.
ERVAR (*a ponta das flechas e outras armas*) Acy.
ERVA-VENENOSA Perīuaca.
ESBAFORIDO Cikiétéua.
ESBARRAR Iucatuca, Iucutuca.
ESBOFETEADOR Suá-petecasara.
ESBOFETEAMENTO Suá-petecasaua.
ESBOFETEAR Suá-peteca.
ESBOFETEÁVEL Suá-petecauera.
ESBOROAR Yuy-ciryca, Cucui.
ESBUGALHAR (*dos olhos*) Cesá-pirariasú, Cesapirári-eté.
ESBURACAR Mucuara.

ESCADA Mytá-mytá. *Escada de pedra:* Itá-mytá-mytá.
ESCADA-DE-JABUTI (*casta de cipó*) Iautimytá-mytá.
ESCALDADO Iasuca, Sapiuá.
ESCALDADOR Iasucasara, Sapísára.
ESCALDAMENTO Iasucasaua, Sapísáua.
ESCALDANTE Iasucauara, Sapíuára.
ESCALDAR (*com água quente*) Iasuca; (*à chama*) Sapi.
ESCAMA Cataca.
ESCAMAR Mupiroca.
ESCAMBAR Murecuiara.
ESCAMBO Recuiarasaua.
ESCAMOSO Catacauara.
ESCAPAR Iauáu.
ESCARABEU [*escaravelho*] Taminoá, Eneme, Taminoái.
ESCARNECER Munhãn-munhãn-puxi.
ESCARRAR Mutumu.
ESCARRO Mutumune.
ESCASSEAR Suirūn.
ESCASSEZ Suirūngaua, Sacaté-ymasaua.
ESCASSO Suirūngara, Sacaté-yma.
ESCAVAÇÃO Pecoīnsaua.
ESCAVADOR Pecoīnsara.
ESCAVADOURO Pecoīntyua.
ESCAVANTE Pecoīn-uara.
ESCAVAR Pecoīn, Pecoī. *Escavar-se:* Iupecoīn.
ESCAVÁVEL Pecoīn-uera, Pecoīntéua.
ESCOADOURO (*o lugar por onde escoa*) Cirycatyua; (*o lugar para onde escoa*) Cirycarendaua.
ESCOAMENTO Cirycasaua.
ESCOANTE Cirycauara.
ESCOAR Ciryca, Mutypau, Iumuã. *V. Secar* e comp.
ESCOLHA Purauacasaua.
ESCOLHEDOR Purauacasara.
ESCOLHENTE Purauacauara.
ESCOLHER Purauaca. *Escolher-se:* Iupurauaca. *Fazer escolher:* Mupurauaca. *Mandar escolher:* Purauacári, Purauaca-cári.
ESCOLHÍVEL Purauacauera.
ESCOLOPENDRA [*lacraia*] Iurupary-kiaua (= pente do diabo).
ESCONDEDOR Mumimesara, Iumimesara.
ESCONDER Mumime. *Esconder-se:* Iumime. *Esconder uma coisa da vista:* Canhemo.
ESCONDERIJO Mimetyua.

ESCONDIMENTO Mumimesaua, Iumimesaua.
ESCOPETA Mucaua.
ESCORA Tianha, Pitasocasaua, Pitasoca. *Escora da casa:* Oca-pitasoca.
ESCORAR Mutianha, Pitasoca.
ESCORPIÃO Yauaiera, Suraiú.
ESCORREGADIO Cirycatéua.
ESCORREGADOR Cirycasara.
ESCORREGAMENTO Cirycasaua.
ESCORREGANTE Cirycauara.
ESCORREGAR Ciryca. *Fazer ou ser feito escorregar:* Muciryca.
ESCORRER Mutypau.
ESCORRIDO Mutypauá.
ESCORRIMENTO Mutypausaua. *Escorrimento de humores peçonhentos:* Yei. *Escorrimento de matéria:* Sauésáua.
ESCOVINHA (*o cabelo cortado a*) Iapina.
ESCRAVIDÃO Miasuasaua.
ESCRAVIZADO Miasuá.
ESCRAVIZADOR Miasuasara.
ESCRAVIZAR Miasua. *Escravizar-se:* Iumiasu.
ESCREVER Coatiare. *V. Desenhar* e comp. Mas o termo que é de uso quase geral é *Iscrvéri*.
ESCROTO Sapiá.
ESCUDELA Piririsaua, Cuia.
ESCURECER Mupituna.
ESCURIDÃO Pitunauasu.
ESCURO Pituna.
ESCUTA Iapysásáua.
ESCUTADIÇO Iapysáuéra.
ESCUTADO Iapysáuá.
ESCUTADOR Iapysására.
ESCUTADOURO Iapysá-tendaua.
ESCUTANTE Iapysáuára.
ESCUTAR Iapysá; (*por ordem*) Iapysácári, Iapysaia.
ESCUTÁVEL Iapysátéua.
ESFARELADO Puua, Muyca.
ESFARRAPAR Sururuca, Sororoca.
ESFIAPAR Apyi.
ESFOLAR Iuuca-pirera.
ESFREGA Kitycasaua.
ESFREGADOR Kitycasara.
ESFREGANTE Kitycauara.
ESFREGAR Kityca. *Esfregar-se:* Iukityca. *Esfregar limpando ou para limpar:* Kitynuca.
ESFREGÁVEL Kitycauera, Kitycatéua.
ESFRIADOR Muirusangasara.

ESFRIADOURO Muirusangatyua
ESFRIAMENTO Muirusangaua.
ESFRIAR Muirusanga, Murusanga.
ESGALHO Myrauaca.
ESGANAR Euyca, Iuyca. *V. Enforcar* e comp.
ESGOTAR (*secando*) Mutypau. *Esgotar-se:* Iutypau. *Esgotar-se das forças da vida:* Iukyy.
ESGRAVATAR Picuĩn-cuĩn.
ESGUIO Ipuy.
ESMAGAR Mucuruĩ. *Esmagar-se:* Iumucuruĩ.
ESMERALDA Itá-omi.
ESMIGALHAR Muyca.
ESMIUÇAR Mupuĩ-puĩ.
ESMOLA Tupana-putaua.
ESMOLAR Iururé-Tupana-putaua. *Dar esmola:* Meẽn Tupana-putaua.
ESMORECER Canhemo, Iucanhemo.
ESMORECIMENTO Canhemosaua.
ESMURRAR Potucá-tucá.
ESPADA Kicé-uĩ.
ESPADAÚDO Atiúua-uasu.
ESPÁDUA Iyuapecanga, Atiyua.
ESPADUADO Atiyua-uara.
ESPALHADOR Musaengara; Iusaĩgara.
ESPALHAMENTO Iusaengaua.
ESPALHAR Musaen. *Espalhar-se:* Iusaen.
ESPANADOR Tyuyrucasara.
ESPANAMENTO Tyuyrucasaua.
ESPANAR Tyuyruca, Mutumuna.
ESPANCAR Nupá. *V. Bater* e comp.
ESPANTADIÇO Cikiéuéra, Iacaemouera.
ESPANTADO Cikié, Cikiéuá.
ESPANTADOR Iacanhemosara, Mucikiésára, Iacaemosara.
ESPANTALHO Cikiétéua, Iacaemotéua, Iauaetérána.
ESPANTAR Mucikié, Mucanhemo, Mucaemo. *Espantar-se:* Cikié, Iacanhemo, Iacaemo.
ESPANTO Cikiésáua, Iacaemosaua, Iacanhemosaua.
ESPANTOSO Iaueté-eté, Cikiéasú, Oiasu.
ESPASMO Saciasu, Caruara (*dores reumáticas*).
ESPATIFAR Mucuruĩ. *Espatifar-se:* Iumucuruĩ.
ESPECTRO Anhanga, Anhanguera, Anhangatéua.
ESPELHADOR Uarauera, Iuaurauera.
ESPELHANTE Cenipucaua.
ESPELHAR-SE Iusaĩn, Iusaen.

ESPELHO Uaruá.
ESPEQUE Iú, Yuy-iu.
ESPERA (*da caça*) Tocaia (tocaua?).
ESPERADO Saruuá.
ESPERADOR Sarusara.
ESPERADOURO Saru-rendaua, Tocatyua.
ESPERANÇA Sarusaua.
ESPERANTE Saruuara.
ESPERAR Saru, Saaru.
ESPERÁVEL Saruuera.
ESPERTAR Mupaca. *V. Acordar* e comp.
ESPERTEZA Iacusaua, Kyrimbau-saua.
ESPERTO Iacu, Iacua, Iapatucayma, Kyrimbáuá.
ESPESSO (*dos caldos*) Anamã.
ESPETAR Cutuca. *Espetar-se:* Iucutuca.
ESPETO Cutucaua.
ESPIA (*que observa*) Manhanacári-sara; (*que ouve às escondidas*) Iapysácári-sara; (*a corda da embarcação*) Yara-tupaxama, Tupaxama.
ESPIAR Manhanacári, Iapysácári.
ESPICAÇAR Cutucutuca.
ESPICHAR (*se só estica*) Ciky, Ceky; (*se se torna comprido*) Mupucúeté.
ESPINGARDA Mucaua.
ESPINHA (*de peixe*) Kiroa; (*dorsal*) Cupé-cãn-uera, Cupé-canguera.
ESPINHAÇO Cupé. *Espinhaço da serra:* Yuytera-tupé.
ESPINHAL Iutyua.
ESPINHEIRO Iuyua.
ESPINHENTO Iutéua.
ESPINHO Iú. *Espinho curvo:* Ampé.
ESPINHOSO Iúsára.
ESPIONAGEM Manhanacári-saua, Iapysácárisáua.
ESPIRRADOR Asamosara.
ESPIRRAR Asamo.
ESPIRRO Asamosaua.
ESPOCADO Pipocauá, Pipocana.
ESPOCADOR Pipocasara.
ESPOCANTE Pipocauara.
ESPOCAR Pipoca.
ESPOCÁVEL Pipocatéua, Pipocauera.
ESPOCO Pipoca.
ESPOJADO Ieréua.
ESPOJADOR Ieréusára.
ESPOJADOURO Ieréurendáua.
ESPOJAMENTO Ieréusáua.
ESPOJANTE Ieréuára.

ESPOJAR-SE Ieréu. *Fazer ou ser feito espojar:* Muieréu.
ESPOJÁVEL Ieréuéra, Ieréutéua.
ESPORÃO Santī-pucu.
ESPOSA Remiricô-arama.
ESPOSAR Mendare. *V. Casar* e comp.
ESPOSO Mena-arama.
ESPRAIAR (*alargar*) Mpuca; (*descobrir a praia*) Muyuymicuy.
ESPREGUIÇADOR Iuiékysára.
ESPREGUIÇAMENTO Iuiékysáua.
ESPREGUIÇAR Iuiéky.
ESPREITA Manhanasaua.
ESPREITADOR Manhanasara.
ESPREITADOURO Manhanatyua.
ESPREITANTE Manhanauara.
ESPREITAR Manhana. *Espreitar-se:* Iumanhana.
ESPREITÁVEL Manhanauera, Manhanatéua.
ESPREMEDOR Iamisara.
ESPREMEDOURO Iamityua.
ESPREMEDURA Iamīsaua.
ESPREMER Iamī, Eamī, Eambi.
ESPREMÍVEL Iamītéua, Iamīuera.
ESPUMA Teiésáua. Tyyi. *A espuma velha das águas:* Ciryry.
ESPUMANTE Teiéuára.
ESPUMAR Teié.
ESPUMOSO Teiéu, Teiú.
ESPUNHA Eamoapyca.
ESPÚRIO Rana. É voz usada como sufixo e traz o sentido de que o que é indicado pela palavra assim modificada não é verdadeiro; é uma modificação ou uma imitação, e que pelo menos não tem as qualidades que tornam apreciada a coisa com que se parece: *Acapurana: Acapu espúrio; Timbó-rana:* Timbó espúrio.
ESQUADRINHAR Cícacicári. *V. Procurar* e comp.
ESQUECEDOR Cesaraīngara.
ESQUECER Cesaraīn, Saraīn. *Esquecer-se:* Iusaraīn. *Fazer esquecer:* Musaraīn.
ESQUECIDO Cesaraīn, Mendoári-yma.
ESQUECÍVEL Cesaraīn-uera.
ESQUELÉTICO Mira-can-uera-iaué.
ESQUELETO Mira-can-uera.
ESQUENTAÇÃO Muacusaua.
ESQUENTADOR Muacusara.
ESQUENTAMENTO (*doença*) Ticaruca.

ESQUENTAR Muacu. *Esquentar-se:* Iumuacu.
ESQUERDA Pôasú. *Mão esquerda:* Pô-apara.
ESQUERDO (*quem está à esquerda*) Pôasúsára; (*que é esquerdo*) Pôasúára; (*por desajeitado*) Iaparasara. *Lado esquerdo:* Pôasúsáua.
ESQUILO Acutypuru.
ESSE, ESSA, ESTE Cuá, Coá. *Esses, Essas, Estes:* Cuá-aetá, Cuá-itá. Nhaã, Nhaã-etá, Nhaã-itá.
ESTABELECEDOR Muapicasara.
ESTABELECER Muapica.
ESTABELECIDO Muapicaua.
ESTABELECIMENTO Muapicasaua.
ESTABILIDADE Peiecemoyua, Peiecemosaua.
ESTÁBULO Caĩsara, Curara.
ESTACA Mará.
ESTACADA Caĩsara, Kindara.
ESTAÇÃO [*lugar de parada*] Mytasaua; (*tempo*) Ara-catu.
ESTACAR (*cercar com estacas*) Caĩ. V. *Cercar* e comp.; (*fazer parar*) Mupituú; (*sustentar com estacas*) Pitasoca.
ESTAFAR Maraári, Maraare. V. *Cansar* e comp.
ESTALADO Piapua.
ESTALADOR Piapusara.
ESTALANTE Piapuuara.
ESTALAR Piapu, Peapu.
ESTALIDAR Piapoca.
ESTALIDO Piapocasaua.
ESTALO Piapusaua.
ESTAME [*fio de tecer*] Tupéxáma; (*das flores*) Putyra-ipora-miritá.
ESTAMPIDO Teapu, Teapu-uasu.
ESTANCAR Mupytuu. *Estancar o sangue:* Mupytuu-tuí. V. *Descansar* e comp.
ESTANHAR Iucy-itá, Icyca-irumo.
ESTANHO Itaẽn, Itá-icyca.
ESTAR Icó, Pitá, Mytá. *Está bom aí:* Oicó mime catu. *Eu estou onde me encontro:* Ixé xapitá xauacemo kiti. *Onde está a tua gente?:* Makiti oicó ne mira? (*ou simplesmente, em forma elíptica*): Makiti ne mira? [Esta construção se dá] porque o verbo "estar", sinônimo de "ser", pode como este ser deixado de traduzir-se. "Estou bom" se diz, de preferência, *Ixé catu,* em vez de *Xaicô catu.*
ESTÁTUA Itá-mira-rangaua.
ESTÁVEL Piapu-uera.
ESTEAR Pitasoca. V. *Sustentar* e comp.

ESTEIO Okitá. *O esteio mestre da casa:* Ocapitasoca, Oca-acanga (*Solimões*).
ESTEIRA Tupé, Miasaua.
ESTENDEDOR Musá-sara, Musaĩngara.
ESTENDEDOURO Ierau (*especialmente o que serve para estender ou guardar gêneros*), Musátýua.
ESTENDER Musá, Musaĩn. *Estender abrindo:* Pirare. *Estender-se deitando:* Iuienô.
ESTERCO Tiputy.
ESTÉRIL Ciniyma, Embyra-yma.
ESTERILIDADE Ciniymasaua.
ESTERILIZADOR Ciniymasara.
ESTERILIZANTE Ciniymauara.
ESTERILIZAR Ciniyma.
ESTERILIZÁVEL Ciniymauera, Ciniymatéua.
ESTERQUEIRA Tiputy-rendaua.
ESTIAGEM Coaracy-ara.
ESTICA (*da vela*) Myrá-pucu.
ESTICAR Ciky, Pirare. *Esticar a vela:* Pirare sutinga. *O vento estica a vela:* Iuiutu omuantá sutinga. *A força da correnteza estica a espia:* Paranã pirantasaua ociky ygara tupaxama. V. *Abrir, Entesar, Puxar* e comp.
ESTIMAÇÃO Xaisúsáua.
ESTIMAR Xaisu. V. *Amar* e comp.
ESTIOLADO Iakyuá, Iaky, Iakypora.
ESTIOLADOR Iakýsára.
ESTIOLADOURO Iakýtáua.
ESTIOLAMENTO Iakýpáua.
ESTIOLANTE Iakýuára.
ESTIOLAR Iaky. *Estiolar-se:* Iuiaky.
ESTIPULAR Nheẽn satambyca.
ESTIRÃO Typucu. *Estirão de rio:* Paranã-typucu. *Estirão de rua:* Pé-typucu.
ESTIRAR Ciky; (*tornando mais comprido*) Mupucu.
ESTOJO Iriru, Ireru. *Estojo das tesouras:* Piranha-ireru.
ESTÔMAGO Putiá (*peito, se se refere à parte do corpo independentemente das suas funções*); Marica (*no caso contrário*).
ESTORVAR Apatuca. V. *Atrapalhar* e comp.
ESTOURADOR Mpucá-sara.
ESTOURANTE Mpucá-uara.
ESTOURAR Mpucá.
ESTOURO Mpucá-saua.
ESTRÁBICO Cesá-apara.
ESTRABISMO Cesá-aparasaua.
ESTRADA Pé, Rapé, Sapé. *Estrada grande:* Péasú.

ESTRADO Iurau. *Estrado da canoa:* Yngara-
-iurau.
ESTRAGADOR Muayuasara.
ESTRAGAMENTO Muayuasaua.
ESTRAGANTE Muayuauara.
ESTRAGAR Muayua. *Estragar-se:* Iumuayua.
ESTRAGÁVEL Muayuauera.
ESTRANGEIRO Amu-tetamauara; Suaiauara; Nheẽngaayua (nhengaíba); Asuíuára.
ESTRANGULAR Iuyca. *Estrangular-se:* Iu-iuyca. *V. Enforcar* e comp.
ESTRATAGEMA Muama, Muamba.
ESTREAR Iupirũn.
ESTREBUCHADOR Ieré-ieréusára.
ESTREBUCHAMENTO Ieré-ieréusáua.
ESTREBUCHANTE Ieré-ieréuára.
ESTREBUCHAR Ieré-ieré.
ESTREIA Iupirũngaua.
ESTREITADOR Caīsara.
ESTREITANTE Caīuara.
ESTREITAR Caī.
ESTREITEZA Icaīsaua.
ESTREITO Icaī, Iréua. *O rio estreito:* Paranã-icaua.
ESTRELA Yacy-tatá; Uerá.
ESTREPITAR Munhã-teapuasu.
ESTRÉPITO Teapu-uasu.
ESTRIPAR Iuuca-tiputy-ireru.
ESTRO Ura.
ESTRONDO Teapu-uasu, Teapu-ayua.
ESTROPIADOR Meuãngara.
ESTROPIAMENTO Meuãngaua.
ESTROPIAR Meuãn. *Estropiar-se:* Iumeuãn.
ESTUDANTE Iu-mbuésára.
ESTUDAR Iu-mbué. *Fazer ou ser feito estudar:* Muiu-mbué.
ESTUDÁVEL Iu-mbuéuéra.
ESTUDO Iu-mbuésáua.
ESTUGAR Mucurutẽ.
ESTÚPIDO Iatéyma-asu.
ESTUPRO Mbucasaua-ayua; Iakyra muayua-saua.
ESVAECER Muierame, Mupuinha.
ESVOAÇADOR Euéuéuára.
ESVOAÇAMENTO Euéuésáua.
ESVOAÇAR Euéué.
ETERNIDADE Mpauýmasáua.
ETERNO Mpauyma.
EU Ixé. É o prefixo verbal que pode dispensar o pronome *xá*, que no rio Negro é muito facilmente reduzido a *a*, assim como o *ixé*, nominativo a *xé: Eu tenho:* Ixé xarecô, e mais correntemente *xarecô*, e até mesmo *arecô. Eu só:* Ixé nhunto; *eu mesmo:* Ixé tenhẽn; *como eu:* Ixé iaué, *que também se ouve dizer:* Xé nhunto, Xe tenhẽn *e* Xé iaué.
EUFONIA Teapu puranga, Membi teapu puranga.
EUNUCO Sapiáyma.
EUROPA Suaia.
EUROPEU Suaiauara.
EVADIR Iauau. *V. Fugir* e comp.
EVANGELHO Tupana nheẽnga, Tupana rayra nheẽnga; (*o livro que o contém*) Tupana nheẽnga coatiarasaua.
EVANGELICAMENTE Tupana nheẽnga rupi.
EVANGÉLICO Tupana nheẽnga iaué.
EVANGELISTA (*que escreveu*) Tupana nheẽnga coatiarasara; (*que ensina*) Tupana nheẽnga mbuésára.
EVANGELIZAR Mbué Tupana nheẽnga.
EVAPORAR Muticanga. *V. Secar* e comp.
EVIDENTE Cesá recéuára.
EVOCAR Cenoi cé supé. *V. Chamar* e comp.
EXATO Catuxica.
EXAURIR Mpauauna. *V. Acabar* e comp.
EXCEDER Sasau. *V. Passar* e comp.
EXCITAR Ieki. *V. Aguilhoar* e comp.
EXCREMENTOS Tiputy.
EXERCER Munhã. *V. Fazer* e comp.
EXIBIR Mucameẽn. *Exibir-se:* Iumucameẽn.
EXIGIR Putári, Putare. *V. Querer* e comp.
EXORBITANTE Pucéuára, Puceté-uara.
EXPANDIR Saīn. *Expandir-se:* Iusaīn.
EXPANSÃO Saīngaua.
EXPANSIVO Saīngara.
EXPEDIR Mundu. *V. Mandar* e comp.
EXPELIR Mué-mbure.
EXPERIÊNCIA Saãngaua.
EXPERIMENTADOR Saãngara.
EXPERIMENTAR Saãn.
EXPROPRIAR Iuuca-iara-suí.
EXPULSADOR Mpusara.
EXPULSÃO Mpusaua.
EXPULSAR Mpu, Iatucá.
EXPULSO Mpua.
EXSUDAÇÃO Icycasaua.
EXSUDADO Icyca.
EXSUDANTE Icycauara.
EXSUDAR (*das plantas que produzem resi-*

nas ou produtos análogos naturalmente) Ioy, Yoy, Icyca.
EXTENSÃO Musá-saua, Musaĩngaua.
EXTENUADO Maraári-eté.
EXTERMINAÇÃO Iucá-pausaua.
EXTERMINADOR Iucá-pausara.
EXTERMINANTE Iucá-pauara.
EXTERMINAR Iucá-pau.
EXTERMINÁVEL Iucá-pauera, Iucá-téua.
EXTERNO Ocara, Ocarauara, Ocarasara.

EXTRAIR Iuuca. *V. Tirar* e comp.
EXTRAVIADOR Mucanhemosara.
EXTRAVIAMENTO Iucanhemosaua; (*se procurado por outrem*) Mucanhemosaua.
EXTRAVIAR Mucanhemo. *Extraviar-se:* Iucanhemo.
EXTREMIDADE Puacapesaua, Racanga; U-mpauasaua.
ÊXUL Ocema i tetama suí.
EXULTAR Sory.

FÁBRICA Munhãngaua. *Fábrica de anzóis:* Pindá-munhãngaua (Munhãngaba).
FABRICADOR Munhãngara.
FABRICAR Munhã, Munhãn.
FÁBULA Marandua, Marandyua.
FABULAÇÃO Marandusaua.
FABULADOR Marandusara.
FABULANTE Maranduara.
FABULAR Marandu.
FABULÁVEL Maranduera, Marandutéua.
FABULOSO Maranduyua.
FACA Kicé. *Faca quebrada:* Kicé-acica (= *faca que chega*).
FACA-DE-MORCEGO *(casta de tiririca)* Andirá-kicé.
FAÇANHA Kyrimbásáua.
FACÃO Kicé-uasu, Tarasado (= *terçado*).
FACE *(quando se quer compreender toda a cara)* Suá; *(parte dela)*, Rapity, Sapity, Tapity.
FACEIRICE Uarixysaua.
FACEIRO Uarixy. *Faceira:* Cunhã-uarixy.
FACETO *[brincalhão, chistoso]* Uarixy.
FACHEADO *[com fachos]* Muturyuá.
FACHEADOR Muturysara, Tatá-itycasara.
FACHEADOURO Muturyrendáua, Tatá-itycatyua.
FACHEAMENTO Muturysaua, Tatá-itycasaua.
FACHEAR Mutury, Tatá-ityca.

FACHO Tury.
FÁCIL Inti-uasu, Tiasu.
FACILIDADE Tiasusaua.
FADIGA Maraaresaua. V. *Cansar* e comp.
FAÍSCA Tatá-tatá, Tatá-uera.
FAISCANTE Tatá-tatáuára, Tatá-uérauéra.
FAISCAR Tatá-uerau.
FALA Nheẽngasaua; *(nos compostos)* Nheẽnga.
FALADO Nheẽnga.
FALADOR Nheẽngasara.
FALANTE Nheẽngauara.
FALAR Nheẽn. *Falar teso:* Nheẽn santá. *Falar bem:* Nheẽn puranga. *Falar mal:* Nheẽn puxi. *Falar ruim:* Nheẽn ayua, Nheẽngayua (Nengaíba).
FALATÓRIO Nheẽngatéua.
FALCA Yngara-péua, Yara-péua. *Falca de canoa:* Yngara myrá-péua.
FALCÃO Uirá-uasu.
FALCATRUA Muamba.
FALCATRUEIRO Muámbauéra.
FALECER Manô. V. *Morrer* e comp.
FALECIDO Ambyra, Manôána.
FALECIMENTO Manôsáua.
FALENA Sarará.
FALHA Iauysaua.
FALHAR Iauy.
FALHO Iauyuá.

FALQUEAR Iupana. *V. Lavrar* e comp.
FALSA, FALSO Ipoitéua, Ierarauá, Rana (*esta última forma usada como sufixo*). *V. Espúrio.*
FALSIDADE Ipoité, Ierarauaia.
FALSIFICADOR Poité-munhãngara.
FALSIFICAR Munhã-poité.
FALSIFICÁVEL Poité-munhã-uera.
FALTA Uatárisáua.
FALTADOR Uatárisára.
FALTANTE Uatáriuára.
FALTAR Uatári, Uatare.
FALTÁVEL Uatáriuéra.
FAMA Cerakena (cera sakena = *cheiro do nome*). *Boa fama:* Cerakena-puranga. *Má fama:* Cerakena-puxi. *Péssima fama:* Cerakena-ayua.
FAMIGERADO Cerakenauera.
FAMÍLIA Anama, Anamasaua.
FAMILIAR Anamauara, Ocauara.
FANAL Caryua-tury.
FANFARRÃO Kyrimbárána.
FANTASMA Anhanga, Anhangá, Mira-anhanga.
FANTASMAGORIA Anhangasaua, Angauarana.
FANTASMAGÓRICO Anhangasara; (*o que é apenas espantalho*) Anhangarana.
FANTÁSTICO Nhaangauara.
FAQUISTA Kicéuára.
FAREJAR Cetuna. *V. Cheirar* e comp.
FARINHA (*de mandioca*) Uy; (*de peixe*) Pirácuy. *Casa de farinha* Uy-munhã-oca.
FARINHADA Uy-munhãngaua.
FARINHADOR Uy-munhãngara.
FARINHAR Uy-munhã.
FARMACÊUTICO Pusanga-munhãngara.
FARMÁCIA Pusanga-oca-munhãngaua.
FARO Cetunaua, Cetuna.
FARTADO Muapungá.
FARTADOR Muapungara.
FARTAR Muapun, Muapõn.
FARTUM Catinga.
FARTURA Muapungaua, Cetá, Ceietá.
FASTIO Putaua-yma, Iumaci-yma.
FATIA Pisáuéra, Pisápéma.
FATIGADOR Mumaraaresara.
FATIGANTE Mumaraareuera.
FATIGAR Mumaraare. *Fatigar-se:* Iu-mumaraare.
FATO Munhauá.
FATOR Munhãngara.

FATURA Papasaua.
FATURAR Papare.
FAUCE Curucaua.
FAÚLHA [*fagulha*] Tatá-ueréua.
FAVA Cumã, Cumandá-uasu, Cumandasu.
FAVA-DE-POMBO Tapiriry.
FAVA-DE-SANTO-INÁCIO Cumaru.
FAVA-DE-TONCA Cumari, Cumary.
FAVO DE MEL Tyapira.
FAVORECER Pitimũ. *V. Ajudar* e comp.
FAZEDOR Munhãngara; (*menos hábil*) Munhãuera.
FAZER Munhã, Munhãn. *Fazer-se:* Iumunhã. Em composição, como prefixo, com o significado de fazer ou ser feito fazer: *mu.* Mu somente tem o significado de fazer, tornar e semelhantes quando preposto a qualquer palavra que assim se torna verbo. Então, assume também o *iu*, para tornar o verbo reflexo, que nos outros casos só assume muito raramente, e quando cria um verbo com significado novo e diverso. *Passar:* Sasau. *Fazer passar:* Musasau. *Passar-se:* Iusasau. *Mostrar:* Mucameẽn. *Mostrar-se:* Iumucameẽn.
FÉ Ruiárisáua, Ruuiárisáua.
FEALDADE Puxísáua.
FEBRÃO Tacuuasu.
FEBRE Tacua, Tacuua; (*de mau caráter*) Tacuu-ayua.
FEBRICITANTE Tacuuara.
FEBRICITAR Tacuua-porará.
FECHADO Cekindaua, Pupeca, Caĩ.
FECHADOR Cekindáusára, Pupecasara, Caĩsara.
FECHAMENTO Cekindáusáua, Pupecasaua, Caĩsaua.
FECHAR (*dentro de qualquer coisa*) Cekindau, Kindá; (*cobrindo*) Pupeca; (*cercando*) Caĩ.
FECHÁVEL Cekindáuéra, Cekindáutéua, Pupecauera, Pupecatéua.
FECHO Cekindátýua.
FÉCULA Typyaca, Mani.
FECULENTO Typyacauara.
FECUNDAÇÃO Ipyrũngaua.
FECUNDADOR Ipyrũngara.
FECUNDAR Pyruãn (*encher*).
FECUNDÁVEL Ipyruãn-uera.
FECUNDO Ipyruãn.
FEDER Inema; (*de coisa que começa a estra-*

gar-se) Pixé; (*especial do peixe, do branco e de certa comida*) Pitiú; (*especial de gente, plantas ou animais e nem sempre desagradável*) Catinga. *O branco fede, o mulato fede, o tapuio cheira bem:* Caryua opitiú, murátu ocatinga, tapyia osakena puranga.
FEDOR Inemasaua.
FEDORENTO Inemasara, Inemauara, Inemauera.
FEIÇÃO Rangaua, Sangaua.
FEIJÃO Cumandaī.
FEIO Puxi. *O feio:* Ipuxi. *Muito feio:* Puxieté.
FEITIÇARIA Maracaimbara-yua.
FEITICEIRA Mati, Matinta. *Pássaro feiticeiro:* Matinta-perera.
FEITICEIRO Maracaimbara-iara, Maracaimbaramanha.
FEITIÇO Maracaimbara, Peúsáua, Tetecasaua.
FEITOR Munhãngara.
FEITORIA Munhãngaua. *Feitoria de anzóis:* Pindá-munhãngaua. *Feitoria de peixe:* Piraenmunhãngaua.
FEITURA Munhãngaua.
FEIXE Mamana, Mamanauara.
FEL Piapéára, Péapéára, Iraua.
FELICIDADE Sorysaua.
FELIZ Sory. *Feliz na caça ou na pesca:* Marupiara.
FÊMEA Cunhã. É usado indiferentemente para indicar a fêmea ou o feminino sempre que haja necessidade, e não resulte o sexo do contexto. Quando, porém, se usa *cunhã* sem outra indicação, como substantivo, se entende sempre a mulher, tomando a acepção de fêmea quando adjetivo.
FEMEEIRO Cunhãuera.
FÊMUR Retimã-acanga.
FENDA Iycaycasaua, Iumuīsaua.
FENDER Iycayca. *V. Rachar* e comp.
FERIDA (*que se forma como que naturalmente*) Peréua; (*ou considerada independentemente do modo como foi feita, se feita de ponta*) Iapysaua; (*se de talho*) Cutucasaua.
FERIDOR Cutucasara, Iapysara, Muperéuasára.
FERIR (*de ponta*) Iapy; (*de talho*) Cutuca; (*de outra qualquer forma*) Muperéua.
FERMENTAÇÃO Pupuresaua.
FERMENTADOR Pupuresara.
FERMENTANTE Pupureuara.

FERMENTAR Pupure.
FERMENTO Pupureyua.
FEROCIDADE Inharūsaua.
FEROZ Inharū, Iauaeté, Piá-yma.
FEROZMENTE Inharū-rupi.
FERRADA Piysaua, Piynsaua.
FERRÃO Itapoan; (*dos insetos*) Piyn, Piynuara.
FERRARIA Itapoãn-munhãngaua-oca, Itá-iupasaua.
FERREIRO Itapoãn-munhãngara, Itá-iupanasara.
FERRO Itá; (*mais raramente*) Itá-eté.
FERRO DE COVA [*cavadeira*] Taxira.
FERROADA Piynsaua.
FERROANTE Piynsara.
FERROAR Piyn.
FERRUGEM Itá-ikiá, Itá-ikiásáua.
FERRUGENTO Ikiására, Itá-ikiására.
FÉRTIL Ceía, Muceía.
FERTILIDADE Ceíasáua.
FERVEDOR Pupuresara.
FERVENTE Pupureuara, Pupure-pora.
FERVER Pupure.
FERVURA Pupuresaua, Pupure-paua.
FESTA Puracysaua. *Festa da puberdade:* Cariamã. *Dia de festa, domingo:* Mituu.
FESTEIRO Puracy-iara.
FESTEJAR Puracy (*em toda festa tapuia há dança*). *Festejar alguém, agradá-lo:* Musory.
FETENTE [*fedorento*] Inemana.
FETO (*planta*) Samumbaia, Caamumbaia.
FEZES Itykyra, Itykera.
FIAÇÃO Pomanesaua, Pombicasaua.
FIANDEIRO Pomanesara, Pombicauera.
FIANTE Pomaneuara, Pombicauara.
FIAPOS Mbaia.
FIAR Pomane. *Fiar o tucum sobre a perna a nu:* Pomyca, Pombyca. *Fiar cordas:* Munhãtupaxama.
FIAR-SE [*confiar*] Mupiá, Ruuiareiuru-ceēn.
FIBRA (*da madeira*) Yrapé (= *caminho da água*); (*têxtil*) Xama, Euíra, Uaicyma.
FICADA Pitásáua, Mitasaua.
FICAR Pitá. *Ficar no que era, isolada:* Muceíayma. *Ficar só:* Pitá-iepé-nhūn. *Ficar prenhe:* Pyruãn.
FIGADAL Papeáuára.
FIGADALMENTE Papeá-rupi.
FÍGADO Papiá, Piá.

FIGUEIRA-BRAVA Caxinguba, Caxinguyua.
FIGUEIRA-DO-DIABO Nhambu-asu.
FIGURA Sangaua, Rangaua.
FIGURAÇÃO Sangauasaua.
FIGURADOR Musãngara, Musãngauasara.
FIGURAR Musãngá, Musãngaua.
FILANTROPIA Mira-xaisusaua.
FILANTROPO Mira-xaisuuara.
FILÁUCIA Iacuaayuasaua.
FILAUCIOSO Iacuaayua.
FILEIRA Icyrãngaua.
FILHO, FILHA *(com referência ao homem)* Rayra; *(à mulher)* Membyra.
FILODENDRO Imbé, Imbé-yua.
FIM Mpausaua. *No fim:* Mpausape, Pausape.
FINADO Ambyra.
FINALMENTE Teipô, Tenẽ!
FINCAR Iatycá.
FINDAR Mpau. *V. Acabar* e comp.
FINDO Mpaua.
FINGIDO Moãnga, Muãnga.
FINGIDOR Moãngara.
FINGIMENTO Moãngaua.
FINGIR Moãn.
FINO Puĩ. *Mais fino:* Puĩ-pire. *Finozinho:* Puĩxinga. *Finíssimo:* Puĩ-eté.
FINÓRIO Iacua.
FINURA Iacusaua.
FIO Inimbu, Inimu. *Fio grosso:* Inimbu-poasu. *Fio fino:* Inimbuĩ, Inimbu-puĩ.
FIRMADO Ipitasoca, Ipitasocana.
FIRMADOR Pitasocasara.
FIRMANTE Pitasocauara.
FIRMAR Pitasoca. *Firmar-se:* Iupitasoca.
FIRMÁVEL Pitasocauera.
FIRME Santá.
FIRMEZA Pitasocasaua, Pitasocayua.
FISGA Xapu *(a ponta com várias farpas)*; *(bidentada)* Tianha.
FLACIDEZ Santá-ymasaua.
FLÁCIDO Santá-yma.
FLAGELAR Nupá-nupá. *V. Bater* e comp.
FLAGELO Nupá-nupáuára.
FLANCO Urucanga. *Flanco esquerdo:* Urucangapôapára, Urucanga-pôasú.
FLAUTA Temimi, Cemimi, Remimi. *Flauta de osso:* Memby, Memy. *Flauta de taboca ou outra madeira:* Iapurutu.
FLAUTISTA Memy-peúsára, Iupisara.
FLECHA Ueyua, Uyua *(= haste que voa)*; *(com a ponta de taquara)* Tacuara; *(com a ponta ervada)* Ueyua-acy; *(ervada, mas que se arremessa à mão)* Curamy (curabi); *(para fisgar tartaruga com a ponta móvel)* Sararaca; *(para arremessar com a palheta)* Ueyuapucu; *(para flechar peixe à ponta fixa)* Ueyuacu; *(para flechar pássaros sem matá-los)* Ueyuaconiá; *(que é preparada de forma que se quebra dentro da ferida)* Ueyua-pepena.
FLECHAR *(de arco)* Uiumu; *(com a palheta ou à mão)* Iatycá, Ueyuatycá.
FLEXÍVEL Membeca, Sayíca.
FLOR Potyra, Putyra.
FLORAÇÃO Potyrasaua.
FLOREADO Potyrapaua.
FLOREADOR Potyrapausara.
FLOREAR *(ornar de flores)* Potyrapau.
FLORESCER Mupotyra.
FLORESTA Caá, Caá-eté.
FLORESTAL Caapora, Caáuára.
FLORISTA *(que fabrica)* Potyra-munhãngara.
FLUTUAÇÃO Uytásáua.
FLUTUADOR Uytására.
FLUTUADOURO Uytárendáua.
FLUTUANTE Uytáuára, Uytáyua.
FLUTUAR Uytá, Oytá, Eytá.
FLUTUÁVEL Uytáuéra, Uytátéua.
FLUVIAL Paranãpora, Paranãuara.
FLUXO Paranã-ueuecasaua.
FOCINHO Tĩ, Tĩn.
FOCINHUDO Tĩ-uera.
FOFO Membeca.
FOGÃO Tatá-rendaua.
FOGAREIRO Tatá-ireru.
FOGO Tatá.
FOGO-SELVAGEM *(doença)* Pyra-uasu.
FOGUEAR Musapi.
FOGUEIRA Tatá-uasu.
FOGUISTA Tatá-munhãngara.
FOICE Kicé-apara.
FOLE Peúára.
FÔLEGO Ianga, Angaua.
FOLGA Mituu, Mituua.
FOLGADO Mituua, Isaraco.
FOLGAR *(descansar)* Mituu; *(alegrar-se)* Musory.
FOLGUEDO Musorysaua, Musaraĩnsaua.
FOLHA Caá. *Folha grande:* Caá-uasu. *Folha de palmeira:* Pindaua (pindoba).
FOLHAR Mucaá.

FOLHUDO Caá-uera, Mucaá-uera, Oricua--caá.
FOLÍFAGO Caá-uara, Caá-umbáuára.
FOLIFORME Caá-iaué.
FOLÍOLO Potyra-caá-mirĩ.
FOME Iumacisaua.
FONTE Y-cuara, Y-cemosaua, Yngarapé; Ypu, Ympu. *Fonte grande:* Ypu-asu. *Fonte extinta:* Ypu-cuera. *Fonte da pedra:* Itaty. *Fontes da pedra:* Itatyaia.
FORA Ocara, Ocarpe. *Fora de tempo:* Arariré, Ariré.
FORAGIDO Oiauauera, Canhemotéua.
FORASTEIRO Amu-tetamauara, Amu-suíuara.
FORCA Iuycauara, Iembucauara.
FORÇA Kyrimbásáua, Mpucasaua.
FORCADO Cambira. *Forcado de ferro:* Itá-cambira.
FORÇADO Mpucaua.
FORÇADOR Mpucasara.
FORÇANTE Mpucauara.
FORÇAR Mpuca.
FORÇÁVEL Mpucauera, Mpucatéua.
FORÇUDO Kyrimbáuá.
FORJA Itá-iupanayua.
FORJADO Itá-iupana.
FORJADOR Itá-iupanasara.
FORJADOURO Iupana-itá-rendaua.
FORJADURA Itá-iupanasaua.
FORJANTE Itá-iupanauara.
FORJAR Iupana-itá.
FORJÁVEL Itá-iupanauera. *Não forjável:* Itá--iupana-yma.
FORMA Sangaua, Rupisaua, Rupi, Iaué. *A forma das coisas aparece ao longe indecisa:* Maá sangaua oiumucameẽn ierame apecatu suí. *Desta forma:* Cuá-rupi, Cuá-iaué.
FORMAÇÃO Muiemunhãngaua.
FORMADOR Muiemunhãngara.
FORMAR Muiemunhãn.
FORMIGA (*não há nome genérico*) Taxiua, Sayua, Curupé, Mingayma, Iukitaia, Piri, Piripiri, Tanaiúra, Tocandyra, Tapiú, Taoca, Taxi, Taracuá, Maniuara, Içá, Uaimy, Racua etc.
FORMIGÃO Marapececa.
FORMIGUEIRO Taxiua-oca (= *casa de formigas*) *ou* Taxiua-rendaua *etc.*
FORMOSO Purangaua.
FORMOSURA Purangasaua.
FORNADA Iapuna-pora.
FORNEIRO (*que faz fornos*) Iapuna-munhãngara; (*que cozinha a farinha no forno*) Iapunasara; (*que faz pão no forno*) Miapesara; (*ou faz beijus*) Meiúsára.
FORNICAÇÃO Menôsáua.
FORNICADOR Menôsára.
FORNICANTE Menôuára.
FORNICAR Menu, Menô.
FORNO Iapuna.
FORNO-DE-UAPÉS (*vitória-régia*) Uapé-iapuna (*no rio Negro*); Iasaná-iapuna (*no Amazonas*); Piasoca-iapuna (*no Solimões*). Isso se deve ao nome diverso que, nas diversas localidades, é dado ao mesmo pássaro [uapé etc.], um pequeno *Rallida* [que abunda onde existe a flor].
FORQUETA Racami, Sacami; (*a que serve, mais ou menos ornamentada, para sustentar o cigarro cerimonial nas festas indígenas*) Emapô.
FORQUILHA Tianha.
FORTALECEDOR Mukyrimbására, Muantására.
FORTALECER Mukyrimbau, Musantá, Muantá.
FORTALECIDO Mukyrimbaua, Muantaua.
FORTALECIMENTO Mukyrimbásáua, Muantásaua.
FORTALEZA (*lugar forte*) Mucaua-oca (= *casa de espingarda*).
FORTE Kyrimbaua, Santaua, Antaua.
FORTUITO Ipôuára.
FOSSO Cuara-pucu. *Fosso-trincheira:* Nduaimene.
FOUVEIRO ([*doença da pele*] *dos índios que têm a pele manchada*) Puru-puru; Iacy--tatauara (*pela crença de serem sinais de estrelas*).
FOZ Tomasaua, Toumasaua. *Foz do rio:* Paranãtomasaua.
FRACO Kyrimbáuaýma, Santáyma, Ipurare--yma, Pitua.
FRADE Pay. *Frade capucho:* Pay-tucura.
FRÁGIL Puiua, Puyra, Iupepenauera.
FRAGMENTAR Mupuĩ.
FRAGMENTO Curera, Mupuinha.
FRANCÊS (*como os chamavam na costa do Maranhão*) Tapiya-tinga (= *tapuio branco*).
FRANCO Muangayma, Sacaté.

FRANGA Sapucaia-pisasu.
FRANJA (da rede) Makyra-embyua.
FRANZEDOR Mupyxaengara, Muxiricasara.
FRANZIMENTO Mupixaengaua, Muxiricasaua.
FRANZINO Icay, Sacay.
FRANZIR Mupixaen, Muxirica.
FRECHEIRO Iumusara. *V. Flechar* e comp.
FREIXEIRA (*a planta*) Tacana; (*o lugar onde nasce*) Tacanatyua.
FRENÉTICO Inharũsara.
FRENTE Suá, Ruá. *Que está na frente:* Suaxara. *Pela frente:* Suaxara-rupi.
FREQUÊNCIA Muapiresaua.
FREQUENTE Muapire.
FREQUENTEMENTE Muapire-rupi.
FRESCO Irusanga.
FRESCURA Irusangasaua.
FRICÇÃO Pokirycasaua.
FRICCIONADOR Pokirycasara.
FRICCIONANTE Pokirycauara.
FRICCIONAR Pokiryca. *Friccionar-se:* Iupokiryca.
FRICCIONÁVEL Pokirycauera, Pokirycatéua.
FRIEIRA Irusangasaua, Irusangauara.
FRIEZA Roĩngaua.
FRIGIDEIRA Mixiyua, Serenepiá, Perericauara, Piriri-capora.
FRIGIDO Mixira, Mupiririca.
FRIGIDOR Mupiriricasara.
FRIGIDURA Mupiriricasaua.
FRIGIR Mupiririca.
FRIO Roĩn, Iroĩn, Irusanga.
FRIORENTO Roingara, Irusangauera.
FRISAR Apixaĩn, Pixaen. *V. Encrespar* e comp.
FRITADA Piririca, Piriricasaua. *V. Frigir* e comp.
FRONDOSO Iturusu, Caá-iturusu.
FRONHA Acangapaua-ireru.
FRONTE Ruá, Suá.
FRONTEIRO Suaxarauara.
FROUXIDÃO Saracasaua.
FROUXO Isaraca, Saraca; (*do que é teso*) Muapoca.
FRUSTRADO Mupanema.
FRUSTRADOR Mupanemasara.
FRUSTRAR Mupanema.
FRUTA Yá, Yuá. *Fruta verde:* Yá-inharũ. *Fruta madura:* Yá-inharũ-yma; Yá tinharũ, Yá tearõn.

FRUTEDO Yuá-tyua.
FRUTEIRA Yuá-yua, Yá-yua.
FRUTÍFERO Yá-ireru; (*se está com fruta*) Yá-pora.
FRUTÍVORO Yá-usara, Yá-mbaúsára.
FUGA Iauaua, Iauausaua.
FUGAR [*pôr em fuga*] Muiauau.
FUGIDIÇO Iauauera.
FUGIENTE Iauauara.
FUGIR Iauau. *Fazer fugir:* Muiauau.
FUJÃO Iauatéua; (*os negros fugidos*) Canhembora; (*os índios que fugiam dos currais durante as expedições de resgate*) Caĩsara.
FÚLGIDO Cendíua.
FULGIR Cendi. *V. Luzir* e comp.
FULIGEM (*a que fica como formando festões nas palhas das casas*) Taticumã; (*a que cobre como um estrado de verniz os esteios e caibros das casas*) Picumã, Ticumã.
FULIGINOSO Ticumã-pora.
FULVO Sarará.
FUMAÇA Tatá-tinga.
FUMADA Pytymasaua, Pytyma-usaua.
FUMADOR Pytymasara, Pytyma-usara.
FUMAR U-pytyma.
FUMEGANTE Tatá-tinga-uara.
FUMO Pytyma; (*o que não é curtido e especialmente o preparado pelos índios do Uaupés e do Japurá, seco e conservado no moquém*) Mboti; (*limpa dentes*) Mupixi.
FUNDA Iapy-tupaxama.
FUNDAÇÃO Muapicasaua.
FUNDADOR Muapicasara.
FUNDAR Muapica.
FUNDEADO Iuiare, Iuiári.
FUNDEADOR Iuiárisára.
FUNDEADOURO Iuiári-tyua.
FUNDEANTE Iuiáriuára.
FUNDEAR Iuiári, Iuiare. *Fazer fundear:* Muiuiare.
FUNDEÁVEL Iuiareuera, Iuiaretéua.
FUNDIBULÁRIO [*que atira com a funda*] Iapy-tupaxama-uara.
FUNDÍSSIMO Typyeté.
FUNDO Ypy, Typy, Casakire. *Fundo do rio:* Paraná-ypy. *Rio fundo:* Paranã-typy. *Fundo da casa:* Oca-casakire. *Fundo da canoa:* Yngara-pema. *Quem está no fundo:* Typyuara. *Que mora no fundo:* Typy-pora.
FUNDURA Typysaua.

FÚNEBRE Saciara.
FUNÍFERO Xamapara.
FUNIL (*de folhas para beber água*) Caapara; (*nos redemoinhos do rio*) Ycoarana.
FURACÃO Iuiutu-ayua.
FURAÇÃO Mbisaua.
FURADO Mbiua.
FURADOR Mbisara.
FURADOURO Mbityua.
FURANTE Mbiuara.
FURÃO Mbitéua.
FURAR Mbi; Mucuara. *Furar-se:* Iu-mbi; Iu-mucuara.
FURÁVEL Mbiuera, Mbitéua.
FÚRIA Iauaetésáua.
FURIOSO Iauaeté.
FURNA Yuy-oca, Yuy-cuara.
FURO Cuara.
FURTADIÇO Mundáuéra.
FURTADO Mundaua.
FURTADOR Mundására.
FURTANTE Mundáuára.
FURTAR Mundá.
FURTÁVEL Mundátéua.
FURTO Mundásáua.
FURUNCULAR Iatyi-uara.
FURÚNCULO Iatyi.
FURUNCULOSO Iatyi-pora, Iuí-cema.
FUSIFORME Eimã-iaué.
FUSO Eimã, yimã.
FUSTIGAR Nupá. *V. Bater* e comp.
FUTILIDADE Mbá-nungara, Nembá-nungara.
FUTURO Cury, Uirané, Uirandé. *Sem futuro:* Uirandéyma.

G

GABADO Mbué-puranguaua.
GABADOR Mbué-purangauara.
GABAR Mbué-puranga.
GABO Mbué-purangasaua.
GABOLA Mbué-purangauera.
GAFANHOTO Cuiú, Tucura; (*o que vive na mandioca*) Tananá; (*o do tabaco*) Manduréua.
GAGO Iauí-iauísára.
GAGUEJANTE Iauí-iauíuára.
GAGUEJAR Iauí-iauí.
GAGUEZ Iauí-iauísáua.
GAIATICE Soryuásáua.
GAIATO Soryuá.
GAIO Sory.
GAIOLA Uirapuca.
GAIOLEIRO Uirapuca-munhãngara.
GAITA Memby, Memy.
GAITADA Memby-peúsáua.
GAITEAR Peú-memby, Peiú-memby.
GAITEIRO Memby-peúsára.
GAIVOTA (*a espécie maior*) Anti-anti; (*a menor*) Kéri-kéri.
GALANTE Ipuranga.
GALANTEADOR Uarixy.
GALARDÃO Cuecatusaua.
GÁLBULA [*bico-de-agulha*] Ariramba, Inambiuasu.
GALGAR Sasau. *V. Passar* e comp.

GALHARDO Kyrimbaua.
GALHO Sacanga, Racanga, Myrá-racanga, Myrácy; (*quando cortado*) Myrá-cycuera.
GALINHEIRO Tucaia, Sapucaia-roca, Sapucaia-mytasaua; (*se é portátil*) Sapucaia-ireru.
GALINHOLA (Ralídeo) Saracura.
GALO, GALINHA Sapucaia; (*quando é absolutamente necessário precisar o sexo, adiciona-se* apyaua *ou* cunhã, *galo e galinha respectivamente*). *Galinha poedeira:* Sapucaia-supiáuára. *Galinha anã:* Sapucaia-pepuĩ (*ou simplesmente* pepuĩ). *A espécie a que falta o uropígio:* Sapucaia-sura (*ou simplesmente* sura).
GAMBÁ Mycura.
GAMELEIRA Caxinguyua.
GANA Iumacisaua. *V. Fome* e comp.
GANCHO Ampé, Uampé; (*argola que se põe nos quartos para armar a rede*) Oca-auíca.
GANHADOR Porepísára.
GANHAR Porepi.
GANHO Porepísáua.
GANIDO Xixycasaua.
GANIDOR Xixycasara.
GANINTE Xixycauara.
GANIR Xixyca.
GAPUÍ [*cipó*] Yuapuí, Apuí, Apuhi.
GARANTIA Mupitasocasaua.
GARANTIDOR Mupitasocasara.

GARANTINTE Mupitasocauara.
GARANTIR Mupitasoca, Mupitasoca-ne-rupi.
GARÇA Acará; (*a espécie maior*) Acará-uasu.
GARÇAL Acaratyua (acaratuba).
GARGANTA Curucaua.
GARRA (*da mão*) Pôampé; (*do pé*) Pyampé.
GARRUCHA Mucaua.
GÁRRULO Nheëngáritéua, Nheëngáriuéra.
GASTADOR Musaengara.
GASTAR Musaen.
GASTO Musaengaua.
GATILHO (da espingarda) Mucaua-petecasara.
GATO Pixana, Pixano, Uapixana.
GATUNO Mundauasu.
GAVIÃO Uirá-uasu, Caracará, Caracaraí, Cariry, Cariió, Caripira, Corocotory, Curucutury, Tauató, Iauató, Tianha-uirá-uasu, Iapacany, Inaié, Uirá-panema, Macauãn, Acauãn, Arauató, Cauoré. Com o nome de *uirá-uasu* é indicada a grande harpia, mas, na falta de conhecer o nome especial, é usado como genérico.
GEMA (*das plantas*) Ceneiyua, Cenyyua; (*do ovo*) Supiá-tauá.
GEMEDOR Sacemosara.
GÊMEOS (a constelação) Munaxy (= *os camarões*).
GEMER Sacemo.
GEMIDO Sacemosaua.
GENERAL Muruxaua.
GENEROSIDADE Sacatésáua.
GENEROSO Sacaté, Piá-uasu.
GENGIBRE Mangarataí; (*a variedade amarela menos picante*) Mangará-tauá.
GENGIVA Sana-yuíra, Sauíra.
GENITAIS (*do macho*) Sacunha, Racunha; (*da fêmea*) Samatiá, Tamatiá.
GENRO (*com referência ao sogro*) Tayra-mena; (*com relação à sogra*) Membyra-mena, Peumã.
GENTE Mira, Tapyia.
GEONOMA (*casta de palmeira*) Umi, Umimiri.
GERAÇÃO [de gerar] Mira-saua, Mumunhãngaua.
GERADOR Mumunhãngara.
GERALMENTE Opanhe-catu-rupi.
GERAR Mumunhãn.
GERME [estado inicial de algo] Cininga.
GERMINAÇÃOCiningaua.
GERMINADOR Ciningara.

GERONTICE ALBICOLLIS Curicaca. *G. infuscata:* Coró-coró.
GIGANTE Mira-uasu; [*quando se quer designar o sexo*] Apyaua-turusu *ou* Cunhã-turusu [*masculino e feminino respectivamente*].
GIMNOTO ELÉTRICO [poraquê] Puraké.
GIRADOR Ieréusára.
GIRAMENTO Ieréusáua.
GIRANTE Ieréuára.
GIRAR Ieréu. *Girar-se:* Iuieréu.
GIRO, GIRADO Ieréua.
GLABRO Ici.
GLOBO Apuã.
GLOBULAR Apuã-iaué.
GLÓRIA Cerakena (= *boa fama*).
GLUTÃO[1] Iumaciuara.
GLUTÃO[2] (casta de carnívoro) Irara.
GOELA Curucaua.
GOELUDO Curucauasara.
GOIABA Yuaiáua.
GOIABAL Yuaiáua-tyua.
GOIABEIRA Yuaiáua-yua.
GOLPE Cutucaua, Munucaua.
GOLPEADOR Munu-munucasara, Cutu-cutucasara.
GOLPEAMENTO Munu-munucasaua, Cutu-cutucasaua.
GOLPEAR Munu-munuca, Cutu-cutuca.
GOLPEÁVEL Munu-munucauera.
GOMO Suãn, Suanga.
GONORREIA Caruca-puxi, Caruca-piranga.
GORAR Iucanhemo. *V. Perder* e comp.
GORDO Ikyra, Icaua, Kyra, Caua.
GORDURA Icauasaua. Ikyrasaua, Ikyraua.
GORDUROSO Ikyrauera, Icauauera, Ikyera.
GORGOLEJADOR Uuresara.
GORGOLEJADOURO Uuretyua.
GORGOLEJAMENTO Uuresaua.
GORGOLEJANTE Uureuara.
GORGOLEJAR Uur, Uure.
GORGULHENTO Sasocauara, Sasocapora.
GORGULHO Sasoca.
GOSMA Tacacá, Tuuma.
GOSMENTO Tuumauara.
GOSTADO Pitin, Iucyua.
GOSTADOR Pitingasara, Iucysara.
GOSTAR Pitin, Iucy, Xaisu. *Estou gostando do teu açaí:* Xaicó xapitinga né asaí. *Ele gosta de vê-lo brincar:* Aé oiucy omãn aé omusarain ramé. *Gosto de ti:* Xaxaisu-indé.

GOSTO Pitingaua, Ceẽngaua.
GOSTOSO Ceembyca, Ceẽn; Pitinga.
GOTA Tykyra, Pypyca.
GOTEJADOR Tykyrasara, Pypycasara.
GOTEJAMENTO Tykyrasaua, Pypycasaua.
GOTEJANTE Tykyrauara, Pypycauara.
GOTEJAR (*quando cai de um tubo, furo ou coisa semelhante*) Tykyra, Tykiri; (*nos outros casos*) Pypyca.
GOVERNADOR Imutara, Munducárisára.
GOVERNAR Mundu, Munducári. *Governar-se:* Iumundu.
GOVERNO Munducárisáua.
GRACEJADOR Munhã-munhãngara.
GRACEJAR Munhã-munhãn, Musarain.
GRACEJO Munhã-munhãngaua.
GRACIOSO Puranga.
GRADE (*para conservar objetos*) Iurau; (*para fechar a boca dos lagos, igarapés etc.*) Pary.
GRADEAR Munhã-iuau, Munhã-pary.
GRAL Indoá-mirĩ.
GRAMA Caapĩ.
GRANDE Uasu; (*nos compostos*) Asu, Osu. *Cobra grande:* Mboiosu. *O grande:* Iuasu.
GRANDEZA Iuasusaua. *A grandeza de Deus:* Tupana-iuasusaua.
GRÃO Yuá-rainha, Kitanga.
GRATIDÃO Catusaua.
GRATIFICAÇÃO Cuecatusaua.
GRATIFICADO Cuecatua.
GRATIFICADOR Cuecatusara.
GRÁTIS Cecuiara-yma [= *sem troca*].
GRATO Catu.
GRAÚNA Uiraúna.
GRAVADO Coatiara. *Pedra gravada:* Itacoatiara.
GRAVADOR Coatiaresara.
GRAVANTE Coatiareuara.
GRAVAR Coatiare.
GRAVE Pucé.
GRAVETO Myrá-curera.
GRAVEZA Pucésáua.
GRÁVIDA Ipyruã.
GRAVIDEZ Ipyruãngaua.
GRAVURA Coatiaresaua.
GRELADO Cyninga, Cynyua.
GRELAR Cyny, Cynin.
GRELHA Itá-iurau.
GRELO Suan, Ruan, Vakira; (*de abóbora*) Cambukira.

GRILO Okiin, Ieky, Xiruári.
GRILOTALPA (*paquinha*) Tatuí.
GRITADOR Sacemosara, Sapucaísára.
GRITAR (*em alvoroço*) Sapucaí; (*em brados*) Sacemo; (*repreendendo*) Icau. V. *Repreender* e comp.
GRITARIA Sapucaísáua, Sacemosaua.
GRITO Sacemo, Sapucaí.
GROSSO Turusu; (*dos líquidos*) Anamã.
GROSSURA Turususaua; (*dos líquidos*) Anamãngaua, Anamãn-saua.
GRUDAÇÃO Muecycasaua.
GRUDADOR Muecycasara.
GRUDANTE Muecycauara.
GRUDAR Muecyca.
GRUDE Icyca. *Grude de peixe:* Pirá-icyca.
GRUMO (de massa de mandioca) Curuera.
GRUNHIDO Curucurucaua.
GRUNHIDOR Curucurucasara.
GRUNHIR Curucuruca.
GRUTA Yuy-cuara.
GUABIRABA Uauiraua(= *rabo-de-rato*).
GUABIRU Uauiru.
GUACAPI Yuacapy.
GUACARI Acary.
GUAJAJARA Uaiauara.
GUAJARÁ Uaiará, Aiará.
GUAJARATUBA Uaiaratyua.
GUAJARAZEIRO Uaiarayua, Aiarayua.
GUAJERU Uaieru.
GUAJURU Yuaiuru.
GUANAMÃ Uanamã.
GUAPEBA Yuapéua, Yapéua.
GUARÁ Uará.
GUARANÁ Uaranã.
GUARANATUBA Uaranãtyua.
GUARANAZEIRO Uaranãyua.
GUARATIMBO Uaratimbô.
GUARATUBA Uaratyua.
GUARDA Enongatusaua. *Lugar de guarda:* Enongatu-tyua.
GUARDADOR Enongatúsára.
GUARDANTE Enongatúuára.
GUARDAR Enongatu, Enucatu.
GUARDÁVEL Enongatúuéra, Enongatútéua.
GUARIBA Uaríua.
GUARIÚBA Uariyua.
GUARUMÃ Uarumã.
GUATUMÃ Uatumã.
GUAXE Iapô, Uiasô.

guaxinguba Caxingu-yua.
guaxinim Uaxinĩ.
guazuma Mutamba, Mutama.
guelra Pirá-curucaua.
guerra Uarinísáua.
guerreante Uariníuára.
guerrear Uarini.
guerreiro Uarinísára.
guia (*quem guia*) Pé-iara, Rapé-iara, Pé--muca-meẽngara, Pé-mucameẽ-sara, Pé--rasôsára; (*que serve de guia*) Pé-mucameẽ--uara, Pé-rasôuára; (*o ato ou efeito de guiar*) Pé-mucameẽngaua, Pé-mucameẽ-saua, Pé--rasôsáua.
guiar Mucameẽn-pé, Rasô-pé-rupi; Muca-meẽ-rapé.
guisado Mimoĩn. *V. Cozinhar* e comp.
guizo Maracaiú (maracaju).

gula Tiarasaua.
gulielma Pupunha.
gulodice Nhemotaua.
guloso Nhemotara, Tiara.
gume Saimbé, Saimé.
guri Yuri.
gurupá Urupá.
gurupé Urupé.
gurupema Urupema.
gusano Tapuru; (*o que fura os cereais*) Sasoca.
gustação Ceembyca-saua; Iucy, Iucé (*ter vontade*).
gustador Ceembyca-sara.
gustante Ceembyca-uara.
gustar Ceembyca (*achar bom*).
gustável Ceembyca-uera.
Gynerium sagittatum [freixeira] Tacaná, Sacaná.

H

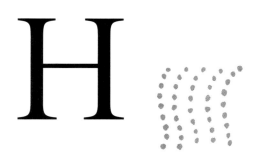

HÁBIL Cuaosara.
HABILIDOSO Icuaua-maá-ceíia.
HABILITAÇÃO Mucuao-saua.
HABILITADO Cuaosaua; Mucuaua, Icuaua.
HABILITADOR Mucuaosara.
HABILITANTE Mucuaouara.
HABILITAR Mucuao. *Habilitar-se:* Iumucuao.
HABILITÁVEL Mucuaouera.
HABILMENTE Icuao-rupi.
HABITAÇÃO Oca, Roca, Soca.
HABITADOR Icô-sara; Ocapora, *ou, melhor,* Pora (*como sufixo*). *Habitador da canoa:* Yngara-pora. *Habitador do rio:* Paranã-pora. *Habitador do céu:* Iuaca-pora.
HABITANTE Icô-uara; (*como sufixo*) Uara. *Habitante do rio:* Paranã-uara. *Habitante do céu:* Iuaca-uara. *Habitante da terra:* Yuy-uara.
HABITAR Icô. *Quem habita a tua casa?* Auá oicó ne oca kiti?; Morari (*que já se ouve no rio Negro*).
HABITÁVEL Icotéua.
HÁBITO Tecô, Recô. *Mau hábito:* Tecô-ayua. *Hábito antigo:* Tecô-cociyma-uara. *V. Costume* e comp.
HABITUAR Mutecô. *Habituar-se:* Iumutecô.
HABITUDE Tecôsáua.
HÁLITO Anga, Peúsáua.
HARMÔNICO Mpaua-iepéasú.

HARPIA Uirá-uasu.
HASTE Mara, Ierísáua. *Haste do arpão:* Iatycá.
HAURIR U. *V. Beber* e comp.
HAVEDOR Recôsára.
HAVENÇA Recôsáua.
HAVENTE Recôuára.
HAVER Recô.
HEBETO [obtuso] Iacuayma-eté.
HECATOMBE Mira-iucá-saua.
HEDIONDO Iaueté-ayua.
HEMICRANIA Acanga-sacy, Acaīn-sacy (Solimões).
HERBÁCEO Caapītéua, Caapīuara, Capīuara.
HERBÍVORO Caapīuuara, Capī-uuara.
HERBORISTA Caá-cicárisára.
HERBORIZAÇÃO Caá-cicárisáua.
HERBORIZAR Cicare-caá.
HEREGE Tupana-suaiana.
HERESIA Tupana-suaianasaua.
HERÓI Mira-kyrimbaua.
HESITAÇÃO Ticuau-catu-saua.
HESITANTE Ticuau-catu-uara.
HESITAR Ticuau-catu.
HIDROQUERÍDEO Capiuara.
HÍLARE Soryua, Sory.
HILARIANTE Musoryuara, Musoryuera.
HILARIAR Musory.
HILARIDADE Musorysaua.

HIMENEIA Iutay, Iutay-yua.
HIPÓCRITA Moãnga-manha, Moãnga-yua, Moãnga-pora.
HIRSUTO Iu-téua.
HISTÓRIA Porandyuasaua.
HISTORIADO Porandyua.
HISTORIADOR Porandyuasara.
HISTORIANTE Porandyuauara.
HISTORIAR Porandyua, Porandua, Poranduua e Morandua *ou* Moranduua (*pela substituição do p pelo m, e a pronúncia fechada do y*).
HOJE Uí-í, Uieí. *Hoje mesmo:* Uieí-tenhēn.
HOMEM Apyaua, Apyngaua. *Homem valente:* Apyaua-kyrimbaua. *Homem sisudo:* Apyaua-reté. *Homem grande:* Apyaua-uasu. *Homem alto:* Apyaua-pucu. *Homem bom:* Apyaua-catu. *Homem bonito:* Apyaua-puranga. *Pobre homem:* Taité, Apyaua-taité. *Homem pequeno:* Apyaua-mirī. *Homenzinho:* Mirayrī (= *resto de gente*).
HOMICIDA Mira-iucá-sara.
HOMICÍDIO Mira-iucá-saua.
HOMIZIADO Muiumime.
HOMIZIADOR Muiumimesara.
HOMIZIAMENTO Muiumimesaua.
HOMIZIANTE Muiumimeuara; (*lugar onde se homizia*) Muiumimetyua, Muiumime-rendaua.
HOMIZIAR Muiumime.
HOMÔNIMO Rapixara. *Meu homônimo:* Cé rapixara.
HONRA Puususaua.
HONRADOR Puususara.
HONRANTE Puusuuara.
HONRAR Puusu. *Honrar-se:* Iupuusu.
HORA Rangaua (*lit. figura*). *Chegou à hora do jantar:* Ocicana embaú rangaua; Ara (*lit. tempo*).
HORRIDEZ Puxiayua-saua.
HÓRRIDO Puxiuayua.
HORTA Remitema-tyua.
HORTALEIRO [hortaliceiro] Remitema-sara.
HORTALIÇA Remitema.
HÓSPEDE Oicô-socopé.
HOSPITALEIRO Muiucuca-uara.
HOSPITALIDADE Muiucuca-saua. *Dar hospitalidade:* Muiucuca.
HOSPITALIZADO Muiucuca, Muiucuca-uá.
HOSPITALIZADOR Muiucuca-sara.
HÓSTIA CONSAGRADA Tupana-puamo.
HUMILDADE Piá-catusaua, Piá-mirīsaua.
HUMILDE Piá-catua, Piá-mirī.
HUMILHAR Mumirī.
HURA Asacu.

I

ÍBIS Tara; *(a espécie vermelha)* Uará.
IÇÁ (casta de saúva; pequeno macaco) Isá.
IÇADOR Supiresara.
IÇADOURO *(o local)* Supire-tyua; *(a haste)* Supire-yua.
IÇAMENTO Supiresaua.
IÇANTE Supireuara.
IÇAR Supire. *Içar-se:* Iusupire.
IÇÁVEL Supireuera.
ICICA [resina] Icyca.
ICTERÍCIA Caruca-itauá.
ICTÉRICO Itauá-caruca.
IDA Sôsáua, isôsáua.
IDADE Mira-acaiú. *Que idade tens?:* Muíre acaiú rerecô?
IDÊNTICO Iaué.
IDENTIDADE Iauésáua.
IDENTIFICAÇÃO Muiaué-saua.
IDENTIFICADOR Muiaué-sara.
IDENTIFICANTE Muiaué-uara.
IDENTIFICAR Muiaué.
IDIOMA Nheēngasaua.
IDIOTA Iacuayma-eté.
IDOSO Tuiué; Uaimy *(a mulher)*; Acaiú-pora.
IGAÇABA Yasaua, Yngasaua.
IGAPÓ Yapó, Yngapó.
IGARA Yara, Yngara.
IGARAPÉ Yarapé, Yngarapé.

IGARITÉ Yarité, Yngarité.
ÍGNEO Tatauara, Tatá-iaué.
IGNESCÊNCIA Tatásáua, Cendíuéra.
IGNESCENTE Tatáuára, Tatá-pora.
IGNÍFERO Tatá-ireru, Tatá-riru.
IGNÍVORO Tatá-usara, Tatá-u-mbaúára.
IGNORÂNCIA Iacuayma-saua.
IGNORANTE Iacuayma.
IGNORAR Ticuao, Cuaoyma.
IGREJA Tupaoca, Tupaca, Tupana-roca, Tupacu.
IGUAL Nungara, Iaué. *Coisa igual:* Maié. *Igual a ele:* Aé iaué. *Todo igual:* Mpaua nungara.
IGUALADOR Muiauésára.
IGUALAMENTO Muiauésáua.
IGUALANTE Muiauéuára.
IGUALAR Muiaué. *Igualar-se:* Iumuiaué.
IGUALDADE Iauésáua.
IGUALMENTE Muiaué-rupi, Cuanungara-rupi.
IGUANA Iacuruara, Iacuruaru, Iacurutu.
IGUARIA Pytinga, Timbiú-ceēn.
ILAÇÃO Iuucasaua.
ILACERÁVEL Sororocayma.
ILACRIMÁVEL Xiú-yma.
ILEGAL Tecôyma.
ILEGALIDADE Tecôymasáua.
ILHA Capoama; *(de mata no descampado)* Caá-poama. *Ilhado:* Opitá anun capoama kiti.

ILHÓS Teicuara.
ILHOTA Capoama-mirĩ.
ILÍCITO Muatucaua. *V. Proibido* e comp.
ILIMITADO Ipuáýma.
ILUDIR Uanáni *V. Enganar* e comp.
ILUMINAÇÃO Mucendísáua.
ILUMINADOR Mucendísára.
ILUMINANTE Mucendíuára.
ILUMINAR Mucendi, Mucenni.
ILUSÃO Iuuanáni-saua.
IMAGEM Rangaua, Sangaua. *Imagem de gente:* Mirasangaua.
IMAGINAÇÃO Sangauasaua, Maitésáua.
IMAGINADO Maitéua.
IMAGINADOR Maitésára.
IMAGINADOURO Maitétýua.
IMAGINANTE Maitéuára.
IMAGINAR Maité.
IMAGINÁRIO Maitétéua.
IMAGINÁVEL Maitéuéra.
IMAGINOSO Maitépóra.
IMANE Iaueté.
IMANÊNCIA Iauaetésáua.
IMARCESCÍVEL Saué-yma, Iuca-yma.
IMATERIAL Cupé-yma.
IMATURIDADE Iakyrasaua; Nharũsaua.
IMATURO Iakyra, Nharũ. *É verde, disse a raposa, que não chegou a apanhar os ingás:* Nharũ nhũ Mycura onheẽn inti ocica opuu ingá ramé.
IMBÉ Mbé.
IMBECIL Iacuayma.
IMBECILIDADE Iacuaymasaua.
IMBELE Tikyrimbaua; Marãmunhãuara-yma.
IMBERBE Timoaua-yma; Inti orecô rain timoaua.
IMBU Tapereyuá.
IMBUZEIRO Tapereyuá-yua.
IMEDIATO Suake, Ruake; Casakyre. *Fala com meu imediato:* Repurunguetá cé ruake irumo. *Chega imediatamente:* Ocica casakyre nhũn.
IMEDICÁVEL Pusanun-yma, Pusanga-yma.
IMEMORIAL Mendoári-yma, Cociymauara.
IMENSIDADE Iturusueté-saua.
IMENSO Iturusu-eté.
IMERGENTE Mupypycauara.
IMERGIR Mupypyca.
IMERSÃO Mupypycasaua.
IMERSOR Mupypycasara.

IMITAÇÃO Iaué-munhãngaua.
IMITADOR Iaué-munhãngara.
IMITAR Munhã-iaué, Muiaué. *Eu te imito:* Xamunhã ne iaué. *Tu me imitas mal:* Indé inti catu remunhã ce iaué. *A gente deve imitar o melhor:* Mira omuiaué ouao icatu pire.
IMORAL Tecô-yma.
IMORREDOURO Manô-yma, Ambyra-yma.
IMÓVEL Santá, Tiririca-yma.
IMPACIÊNCIA Meuérupísáua-yma.
IMPACIENTE Meuérupísára-yma.
IMPAGÁVEL Cepi-yma, Secuiara-yma.
IMPALPÁVEL Popoca-yma.
ÍMPAR Apara, Iauí.
IMPASSÍVEL Satambyca.
IMPAVIDEZ Cikié-ymasaua.
IMPÁVIDO Cikié-yma.
IMPECÁVEL Iauí-yma.
IMPEDIDOR Apatucasara.
IMPEDIENTE Apatucauara.
IMPEDIMENTO Apatucasaua.
IMPEDIR Apatuca. *Fazer impedir:* Mupatuca.
IMPERADOR Murutuxaua-uasu; Caryua-murutuxaua.
IMPERAR Munducári.
IMPERATRIZ Cunhã-murutuxaua. *Mulher do imperador:* Murutuxaua-cunhã.
IMPERIOSAMENTE Munducárisáua-rupi.
IMPERIOSO Munducáriuára.
IMPERITO Ticuaoana, Icuaoyma, Icuayma.
IMPERMANENTE Santá-yma.
IMPERTÉRRITO Cikié-yma, Kyrimbaua.
IMPERTURBÁVEL Apatuca-yma.
ÍMPETO Kyrimbásáua, Pirantãsaua.
IMPETRAR Iururé. *V. Implorar* e comp.
IMPIEDOSO Moresu-yma.
IMPINGEM Pyra, Uarana.
IMPINGIR Mpuca. *V. Forçar* e comp. *Impingir notícias falsas:* Marandu. V. *Enredar* e comp.
ÍMPIO Tupana-soainhana.
IMPLORAÇÃO Iururésáua.
IMPLORADOR Iururésára.
IMPLORANTE Iururéuára.
IMPLORAR Iururé. *Fazer ou ser feito implorar:* Muiururé.
IMPLORÁVEL Iururéuéra, Iururétéua.
IMPLUME Saua-yma.
IMPOLIDO Ikiá, Icy, Uambé.
IMPOLUTO Ikiá-yma.
IMPONDERÁVEL Pucé-yma.

IMPONENTE Munducári-sara.
IMPOR Munducári. *V. Comandar* e comp.
IMPORTUNAR Coeré. *V. Aborrecer* e comp.
IMPOSIÇÃO Munducárisáua.
IMPOSTOR Moangara.
IMPOSTURA Moangaua.
IMPOTÊNCIA Kyrimbáýmasáua.
IMPOTENTE Kyrimbáýma, Pitua.
IMPRATICÁVEL Munhã-yma.
IMPREGNAÇÃO Ipyruãngaua.
IMPREGNADA Ipyruãn.
IMPREGNADOR Ipyruãngara.
IMPREGNAR Pyruãn.
IMPRESSÃO Papera-coatiarasaua.
IMPRESSO Papera-coatiara.
IMPRESSOR Papera-coatiarasara.
IMPREVIDENTE Mungaturu-yma.
IMPREVISÃO Mungaturu-ymasaua.
IMPRIMERIA Papera-coatiara-tendaua.
IMPRIMIDOR (o prelo) Papera-coatiara-yua.
IMPRIMIR Coatiara-papera.
IMPROLÍFICO Membyrare-yma.
IMPROPÉRIO Mumuxysaua. *V. Injuriar* e comp.
IMPRÓPRIO Rana (*como sufixo*).
IMPROVISAR Mucurutẽ, Munhã-curutẽ.
IMPROVISO Curutẽ.
IMPUBERDADE Menara-ymasaua.
IMPÚBERE Menara-yma, Menauara-yma; Curumĩ, Cunhãntain.
IMPUDICÍCIA Itingaua-yma.
IMPUDICO Itin-yma.
IMPULSIONAR Maiana. *V. Empurrar* e comp.
IMPUNIDO Iauí-putauayma.
IMPUREZA lkiásáua.
IMPURO Ikiá.
IMPUTAR Muaú. *V. Atribuir* e comp.
IMPUTRESCÍVEL Sauéyma.
IMUNDÍCIE Ikiasaua.
IMUNDO Ikiá, Ikié-eté.
INABALÁVEL Santá, Satambyca, Mutimoca-yma.
INABORDÁVEL Tĩ-ocica-cuao.
INAÇÃO Munhangaua-yma.
INACEITÁVEL Tĩ-opicica-cuao.
INACIANA [fava-de-santo-inácio] Cumaru.
INADQUIRÍVEL Pirepanayma.
INAJÁ Inaiá; (*a maior*) Inaiá-uasu, (*a menor*) Inaiaĩ.
INAJARANA Inaiarana.
INAJAZEIRO Inaiá-yua, Inaiá-uasu-yua.

INAJÉ (casta de gavião) Inaié.
INALIENÁVEL Tĩ-ovendêri-cuao.
INAMÁVEL Xaisu-yma.
INAMBU Inambu, Inamu, Inhamu.
INAMBU-ACHATADINHO Inhamu-peuaĩ.
INAMBU-BULHENTO Inhamu-coroca.
INAMBU-CHORÃO Inhambu-anhanga.
INAMBU-ESFIAPADO Inhamu-sororó.
INAMBU-FANTASMA Inhamuananga.
INAMBU-PRETO Inamu-pixuna. Todos os acima são inambus, além do *Toró* e da *Suarina*.
INAMOLGÁVEL Mungaturu-yma.
INATACÁVEL Soecé-yma.
INATINGÍVEL Ocica-yma, Tĩ-ocica-cuao.
INAUDÍVEL Ocendu-yma.
INAUGURAÇÃO Iupyrungaua.
INAUGURADOR Iupyrungara.
INAUGURAR Iupyrun.
INAUTÊNTICO Iaué-rana.
INAVEGÁVEL Yngara-inti-osasau-cuao.
INCANDESCENTE Cendé. *V. Chamejar* e comp.
INCANSÁVEL Maraare-yma.
INCAPAZ Iacuayma.
INCAUTO Merupiuara-yma; Meuérupíuára-yma.
INCENDIAR Mundica, Sapi.
INCENDIÁRIO Mundicasara, Sapíuéra.
INCENDIÁVEL Mundicauera, Sapítéua.
INCÊNDIO Mundicasaua, Caísáua.
INCENSAR Mutimbure, Puusu. *V. Defumar e Honrar* e comp.
INCERTEZA Ipôsáua, Inti-supisaua.
INCERTO Ipôsára, Intiua-supi.
INCHAÇÃO Ipungasaua, Sumbycasaua.
INCHAÇO Ipungauera.
INCHADOR Ipungauara, Sumbycauara.
INCHAR (*especialmente se a inchação é local*); Ipungá; (*quando é extensa*) Sumbyca.
INCINERADO Opitá-tanimbuca, Tanimbuca-omunhana.
INCINERAR Munhã-tanimbuca. *Incinerar-se:* Pita-tanimbuca.
INCITADOR Muiakysara.
INCITAMENTO Muiakysaua.
INCITANTE Muiakyuara.
INCITAR Muiaky. *Incitar-se:* Iumuiaky.
INCITÁVEL Muiakyuera, Muiakytéua.
INCIVIL Caipira.

INEBRIAR Mucaú. *Inebriar-se:* Iucaú.
INEGABILIDADE Intiyma-saua.
INEGÁVEL Intiyma.
INEGAVELMENTE Inti-yma-rupi.
INEGOCIÁVEL Pirepana-yma.
INÉPCIA Iacuaymasaua.
INEPTO Iacuayma.
INÉRCIA Iatiymaera.
INERTE Iatiyma.
INFALÍVEL Iauí-yma.
INFAMAÇÃO Mucerakena-ayuasaua.
INFAMADOR Mucerakena-ayuauera.
INFAMAR Mucerakena-ayua.
INFAME Cerakena-ayua.
INFECUNDO Membyra-yma.
INFELICIDADE Taetésáua.
INFELIZ Taeté, Taité.
INFERIOR Uirpeuara.
INFERIR Iuuca suí. *Disso infiro:* Xaiuuca cuá suí.
INFERNAL Iurupary-tatáuára; (*que mora no inferno*) Iurupary-tatápóra.
INFERNO Iurupary-tatátýua.
INFESTAR Muayua.
INFINIDADE Opauaymasaua.
INFINITO Opauayma.
INFIRMAR Pitasoca-yma.
INFLAMAÇÃO Iyé-paua; [*por doença*] Mundi-casaua, Sumbycasaua.
INFLAMADO [aceso] Iyé, Iyé-ana.
INFLAMADOR Iyé-sara; [*por doença*] Mundi-casara.
INFLAMANTE Iyé-uara, Iyé-pora.
INFLAMAR (*como efeito de doença*) Mundica, Sumbyca; Iyé. *Inflamar-se:* Iuiyé.
INFLAMATÓRIO Sumbycauera, Sumbycatéua.
INFLEXÃO Eauycasaua.
INFLEXÍVEL Eauyca-yma.
INFORMAÇÃO Mucuaosaua, Mbeúsáua.
INFORMADOR Mucuaosara, Mbeúsára.
INFORMANTE Mucuaouara, Mbeúára.
INFORMAR Mucuau. *Informar-se:* Iumucuao; Mbeú.
INFORMÁVEL Mucuaouera, Mbeúéra.
INFORME Rangaua-yma.
INFRAÇÃO Iauísáua.
INFRATOR Iauísára.
INFRINGENTE Iauíuára; (*por hábito*) Iauítéua.
INFRINGIR Iauí. *Infringir a lei:* Iauí tecô.
INFRINGÍVEL Iauíuéra.

INFRUTÍFERO Yá-yma, Yuá-yma; Intí-oicó--yá; Yuá-pora-yma.
INFUNDADO Epy-yma.
INFUNDIR Mbure; (*n'água, em molho*) Iasuca.
INFUSÃO Mburesaua, Iasucasaua; (*quente em forma de tisana*) Mosororó, Musururu.
INFUSOR Mburesara, Iasucasara.
INGÁ Ingá.
INGAÍ Ingaī.
INGATUBA, INGAZAL Ingatyua.
INGAZEIRO Ingayua.
INGENTE Turusuana.
INGENUIDADE Caiararasaua.
INGÊNUO Caiarara.
INGERIR (*coisa sólida*) Umbaú, Embaú, Mbaú; (*coisa liquida*) U.
INGESTÃO Mbaúsáua, Uusaua.
INGLÓRIO Cerakena-yma.
INGRATIDÃO Cuecatuyma-saua.
INGRATO Cuecatuyma.
ÍNGREME Eatire, Eatire-tyua.
INGURGITAR Pumbyca. *V. Inflamar* e comp.
INHAME Inhame.
INIBIR Muatuca. *V. Proibir* e comp.
INICIAR Mupirare. *V. Abrir* e comp.; Iupyrũn. *V. Começar* e comp.
INÍCIO Iupyryũngaua. *O início dos tempos:* Araiupyrũngaua.
INIMAGINÁVEL Maité-yma.
INIMICÍCIA, INIMIZADE Suanhana-saua, Suaiana-saua.
INIMIGO Suanhana, Suainhana, Suaiana.
INIMIZAR Musuainhana.
ININTERRUPTO Inhana-yma.
INIQUIDADE Ipuxisaua.
INÍQUO Puxiua.
INJETAR Muiké. *V. Entrar* e comp.
INJUNÇÃO Mundusaua.
INJUNGIR Mundu.
INJÚRIA Mumuxysaua, Iacausaua.
INJURIADOR Mumuxysara, Iacausara.
INJURIAR Mumuxy, Iacau.
INJURIOSO Mumuxyuara, Iacauera.
INJUSTAMENTE Teẽn-nhunto, Tecorana-rupi.
INJUSTIÇA Tecoranasaua.
INJUSTO Tecorana.
INOBSERVADO Xipiá-yma.
INÓCUO Inti-omunhã-cuao-puxi-ua.
INOCUPADO Iara-yma.
INODORO Sakena-yma.

INOMINADO Cera-yma.
INOPINADO Saru-yma.
INORGANIZADO Iupana-yma.
INOVAÇÃO Mupisasusaua.
INOVADOR Mupisasusara.
INOVANTE Mupisasuuara.
INOVAR Mupisasu. *Inovar-se:* Iumupisasu.
INQUEBRANTÁVEL Iauí-yma.
INQUÉRITO Purandu-randusaua. *V. Interrogar* e comp.
INQUIETAÇÃO Coeré-saua.
INQUIETADOR Coeré-sara.
INQUIETANTE Coeré-uara.
INQUIETAR Coeré. *Inquietar-se:* Iucoeré.
INQUILINO Ocauara, Ocasara.
INQUIRIR Purandu-randu. *V. Interrogar* e comp.
INSALUBRE Imacitua, Imacirendaua.
INSCRIÇÃO (*na pedra*) Itá-purandyua, Itá-coatiare-saua.
INSCULPIR Coatiare. *V. Gravar* e comp.
INSENSATO Acangayma.
INSEPARADO Musaca-yma.
INSEPULTO Iutima-yma.
INSERIR Enu. *V. Pôr* e comp.
INSETO Tapuru.
INSÍDIA Mundésáua, Tocaia.
INSIDIOSO Mundéuára.
INSIGNIFICANTE Mbanungara.
INSÍPIDO Ceẽn-yma.
INSISTÊNCIA Iacaosaua.
INSISTENTE (*quem é*) Iacaosara; (*que é*) Iacaouara.
INSISTIR Iacao, Iacau.
ÍNSITO Enuara.
INSOFRIDO Purare-yma.
INSOSSO Ceẽn-yma.
INSTADOR Iururé-ruresara.
INSTÂNCIA Iururé-ruresaua.
INSTANTE [que insta] Iururé-rureuara.
INSTAR Iururé-ruré.
INSTIGAR Ieki. *V. Aguilhoar* e comp.
INSTITUIÇÃO Muapicasaua.
INSTITUIDOR Muapicasara.
INSTITUINTE Muapicauara.
INSTITUIR Muapica. *Instituir-se:* Iumuapica.
INSTITUTO Muapica-tyua.
INSTRUÇÃO Mbuésáua.
INSTRUINTE Mbuéuára.
INSTRUIR Mbué. *Instruir-se:* Iumbué.

INSTRUMENTO Munhãyua.
INSTRUTOR Mbuésára.
INSUBORDINADO Poasu-yma.
INSUETO Tecô-yma.
INSULANO Capoama-pora.
INSULAR Capoamauara, Xiare-capoama-kiti.
INSULTO Iacaua. *V. Injuriar* e comp.
INSUPERÁVEL Iusasau-yma.
INSURGENTE (*quem é*) Puamasara; (*que é*) Puamauara.
INSURGIR Puama. *Insurgir-se:* Iupuama.
INSURREIÇÃO Puamasaua.
INTACTO Iepépáua.
INTEGRAR Mpaua, Terecemo. *V. Completar* e comp.
INTEIRO Iepéuasú, Teipausape.
INTELIGÊNCIA Tecocuau-catusaua.
INTELIGENTE Tecocuau-catu.
INTERCEDER Iururé. *Interceder com instância:* Iururé-reté. *V. Pedir* e comp.
INTERDITO Muatucasaua.
INTERDIZER Muatuca.
INTERMINÁVEL Mpauayma.
INTERPRETAR Mucameẽn. *V. Demonstrar* e comp.
INTÉRPRETE Nheẽnga-iara.
INTERROGAR Purandu; (*inquirindo*) Purandurandu.
INTERROMPER Muiauí. *V. Quebrar* e comp.
INTERVIR Eiké.
INTESTINO Tiputy ireru, Ciyé. *Intestino grosso:* Ciyé-uasu. *Intestino delgado:* Ciyemirĩ.
INTIMAÇÃO Nheẽnreté-saua.
INTIMADOR Nheẽnretésára.
INTIMAR Nheẽnreté. *Fazer intimar:* Munheẽnreté.
INTOLERÁVEL Porará-yma.
INTRÉPIDO Kyrimbaua, Cikié-yma.
INTRICADA (*a mata*) Caá-iaueté.
INTRIGA Marandyua, Marandusaua.
INTRIGADO Marandua.
INTRIGADOR Marandusara.
INTRIGANTE Maranduera.
INTRIGAR Marandu.
INTRODUÇÃO Muikésáua.
INTRODUTOR Muikésára.
INTRODUZINTE Muikéuára.
INTRODUZIR Muiké. *Introduzir-se:* Iumuiké.
INTRODUZÍVEL Muikéuéra.

intrometedor Mundéu-mundéuára; Eikésára.
intrometente Eikéuára.
intrometer Mundéu-mundéu; Eiké. *Intrometer-se:* Iumundéu-mundéu; Iueiké.
intrometido Eikeuá.
intrometimento Mundéu-mundéungáua.
intromissão Eikésáua.
intuição Maãn-saua.
intuitivo Maãn-uara.
intumescer Apipongá. *V. Inchar* e comp.
inulto Cepiyma.
inumerável Papare-yma.
inundação Yeikésáua, Y-apaua.
inundado Yeikéua, Y-apó, Yngapó.
inundante Yeikéuára.
inundar Yeiké, Y-eiké, Y-uiké.
inupto Mendári-yma.
inútil Panema; (*coisa*) Mbá-yma.
inutilmente Panemo.
invadir Eiké. *V. Inundar* e comp.
inveja Muacysaua-puxi.
invejado Muacyua-puxi.
invejante Muacyuera-puxi.
invejar Muacy-puxi.
inverdade Poité, Moité, Supisaua-yma.
inverter Muieréu. *V. Virar* e comp.
inviável Inti-ocicue-cuao-uá.
invicto Mucerane-yma.
invigilar Manhana-yma.
invisível Xipiá-yma, Inti-oxipiá-cuao-uá.
invocar Cenoi. *V. Chamar* e comp.
invulnerado Peréua-yma.
ipadu Ipanu, Ipandu.
ipê Ipé.
ipeíba Ipé-yua.
ipeúna (ipê-preto) Ipé-una.
ir Só. *Foi-se embora:* Osoana. *Vai-te embora:* Resoĩn. *Vá já:* Resó curutẽ. *Ir e vir:* Euaueca. *Vá sem cuidado:* Resoĩn-nhunto. Quando torna outro verbo frequentativo se traduz com a repetição do tema verbal modificado: *Ir correndo:* Nhana-nhana; *ir batendo:* Nupá-nupá; *ir mostrando-se* (*fazendo-se ver*): Iucuaucuao.
ira Inharusaua, Piá-ayuasaua.
irado Piá-ayua, Inharua.
iraíba (pão-de-mel) Irá-yua.

irapuru Uirá-puru.
irara Irara.
irascível Piá-ayuauera, Piá-ayuatéua.
iriártea [paxiúba] Paxiyua.
íris Uaymy-apara, Anauaneri.
irmã Rendyra, Cendyra, Tendyra; (*a afilhada do pai em relação à filha deste*) Rendy-rangaua. *Irmã da irmã:* Ikiuíra.
irmão Mu. *Irmão gêmeo:* Munacy. *Irmãos, por ser um afilhado do pai do outro:* Muangaua.
irrealizável Munhã-yma.
irredimível Pocyronga-yma, Pocyron-yma.
irrefletido Mayté-yma.
irregular Tecôyma.
irremediável Mungaturu-yma.
irremovível Rasô-yma.
irremunerado Recuiara-yma.
irremunerável Inti oicó-recuiara-i-supé.
irrenovável Mupisasu-yma.
irrepartível Muin-yma, Pisá-yma.
irrequieto Iakiua.
irresoluto Mupeambure-yma.
irreverência Tupana-tecô-iauísáua.
irreverente Tupana-tecô-iauísára.
irritação Inharũsaua, Piá-ayuasaua.
irritadiço Inharũuera.
irritador Inharũsara, Mupiá-ayuasara.
irritante Inharũuara, Mupiá-ayuauara.
irritar Inharũ, Mupiá-ayua; (*se a irritação é efeito de causas físicas externas*) Cai; (*quando a irritação vem de causas mínimas, como uma picada*) Ieki.
irrogar Meẽn. *V. Dar* e comp.
irromper Mpuca. *O rio irrompe enchendo o lago:* Paranã ompuca oiké ypaua.
irrupção Umpucasaua.
isca Putaua. *Isca para fogo:* Tatá-putaua. *Isca para anzol:* Pindá-putaua. *Isca para peixe:* Pirá-putaua. *Isca para alçapão:* Mundé-putaua.
isqueiro Tatá-putaua-ireru; Catá-iú (Gonç. Dias).
isso, isto Nhaãn, Cuá. *V. Esse.*
itapeva Itá-péua.
itaúba Itayua.
iterar Euíre. *V. Repetir* e comp.
itinerário Pé-rangaua.

J

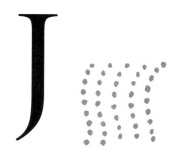

JÁ Cuire, Cúiri; (*como sufixo*) Ana, Uana. *Já, já:* Cúiri-eté, Cuiritē, Cúiri-mirinhunto. *Já, ligeiro!:* Cuiritē-uara! *Vamos já:* Iasoana. *Já chegou:* Ocycana. Já (*no sentido do que foi*): Ambyra. *Já morto, que foi já morto:* Iucambyra. *Meu marido que já foi:* Cé menambyra.
JABORANDI Iaborandy.
JABURU Jaburu, Iamuru, Cauanã (*Pará*).
JABURU-MOLEQUE Tuiuiú.
JABUTI (*nome de fêmea*) Iauty; (*o macho*) Carumé, Carumbé.
JABUTICABA Iuaty-icaua.
JABUTICABEIRA Iauty-icaua-yua.
JABUTIZEIRO [quarubarana] Iauty-yua; (*a fruta*) Iauty-yuá.
JACA Iaca.
JACÁ Iacá.
JACAMIM Iacamī.
JAÇANÃ Iasanã, Uapé, Piasoca.
JACAPANIM Iacapány.
JAÇAPI Iasapī.
JACARANDÁ Iacarandá, Copaia, Caroosu e outras árvores cujas madeiras se parecem.
JACARANDAZEIRO Iacarandá-yua.
JACARÉ (*a espécie mais comum*) Iacaré; (*a maior*) Nhandu.
JACARETINGA Iacaré-tinga.
JACARETUBA Iacaré-tyua.

JACAREÚBA Iacaré-yua.
JACI Iacy.
JACINA (libélula) Iacina.
JACITARA Iacytara.
JACTÂNCIA Iuruuiare-saua.
JACTANCIOSO Iuruuiareuera.
JACTAR-SE Iuruuiare.
JACU Iacu.
JACUNDÁ Iacundá.
JACUPEMBA Iacupema.
JACURU Iacuru.
JACURUARU (*lagarto*) Iacuruaru; (*planta*) Iacuruará.
JACUTINGA Iacutinga (*nome dado em alguns lugares ao* Cuiumī, *cujubim*).
JAGUAPEBA Iauapéua, Peri-iauara.
JAGUARETÉ Iauareté, Iauarité.
JAGUARUNA Iauaruna.
JALAPA Iarapa.
JAMACÁ Iamacá.
JAMACAÍ Iamacaī.
JAMACARU Iamacaru, Iamaracaru.
JAMARU Iamaru (*a fruta da cucurbitácea e a vasilha feita da mesma*).
JAMARUZEIRO Iamaruyua.
JAMBU (agrião-do-pará) Iamu, Iambu.
JAMBUAÇU Iamuasu.
JAMBURANA Iamurana.

JANARI Aianary.
JANDAIA Iannaia, Iandaia.
JANDAÍRA Iandaíra (*o mel e a abelha que o produz*).
JANDIÁ Iandiá.
JANELA Okenaĩ, Ianera, Okena-iaté.
JANTAR Embaú. *Ir jantar:* Só embaú. *Jantar a comida pronta:* Temiú.
JAPACANIM Iapacanĩ.
JAPANA Iapana.
JAPARANDUBA Iaparandyua.
JAPECANGA Iapecanga, Poaia, Ipeca-caá.
JAPIM Iapĩ.
JAPU Iapô.
JAPUAÇU Iapô-uasu.
JAPUANGA Iapôánga.
JAQUEIRA Iacayua.
JAQUEIRAL Iacatyua.
JAQUIRANABOIA Iakirana-mboia.
JARÁ Iará.
JARAÇU Iará-uasu.
JARAQUI Iaraki.
JARARACA Iararaca.
JARATICACA Iaraticaca.
JARAUÁ Iarauá.
JARAÚNA Iaraúna.
JARDIM Putyra-tendaua, Potyra-tyua.
JARDINEIRO Putyra-tyua-sara; (*o que é do jardim*) Putyra-tyua-uara; (*o que está no jardim*) Putyra-tyua-pora.
JARRETEIRA Tapacura.
JASMIM-DO-PARÁ Paratucu.
JATAÍ Iataĩ.
JATAIZEIRO Iataĩ-yua.
JATOBÁ Iataĩ.
JATUAÚBA Iatuaúua, Iatuayua.
JAVARI Iauary.
JEJU [peixe] Ieiú.
JEJUADOR Iucuacusara.
JEJUANTE Iucuacuuara.
JEJUAR Iucuacu.
JEJUÁVEL Iucuacuuera.
JEJUM Iucuacusaua. *O meu jejuar:* Sucuacu. *Sexta-feira:* Ceiucuacu.
JEJUNO Iucuacua.
JENDIROBA Iandy-raua.
JENIPAPEIRO Ienipaua-yua.
JENIPAPO Ienipaua.
JEQUI Ieky, Iekya.
JEQUIRIOBA Iukyriyua.

JEQUITIBÁ Iekityuá, Iutaíyua.
JERIMUM Iurumu.
JIA Iia.
JIBOIA Yi-mboia, Y-mboia.
JIQUE [umbuzeiro] Ieke, Imbuĩ.
JIRAU Iurau.
JOCOSAMENTE Musaraĩn-rupi.
JOCOSIDADE Musaraingaua.
JOCOSO Musaraĩn.
JOELHO Nepyá, Rinepian, Cinepian (*rio Negro*); Remitiá, Cemitiá, Temitiá (*Pará*); Tenepuá, Renepuá, Cenepuá (*Solimões*).
JOGADOR Musaraingara.
JOGAR Musaraĩn. *Jogar fora:* Mbure; *Jogar contra:* Iapy. V. *Lançar e Arremessar* e comp.
JORNAL (o ganho de um dia) Porepi, Ara-porepi.
JORNALEIRO (que trabalha por dia) Porepi-uara.
JORRAR Mpuca. V. *Arrebentar* e comp.
JOVEM Curumĩuasu, Curumĩ-asu; (*fem.*) Cunhãmucu.
JOVIAL Isoryua.
JOVIALIDADE Isorysaua.
JOVIALIZAR Musory.
JUÁ Iuá.
JUÁ-BRANCO Iuátínga.
JUÁ-FALSO Iuárána.
JUAPITANGA Iuá-pitanga.
JUBILAR Mpuca, Pucá. V. *Rir* e comp.
JUÇARA Iusara.
JUCURUTU (*lagarto e coruja*) Iacurutu.
JUDIADOR Musaraingara-puxi.
JUDIAR Musaraĩn-puxi.
JUDIARIA Musaraingaua-puxi.
JUIZ Mira-recuarasu.
JULGAR Maité. V. *Pensar* e comp. Piá-munguetá. V. *Decidir* e comp. *Julgar de acordo com a Lei:* Piá-munguetá tecô-iaué.
JUNCAL Pirityua.
JUNCO Piri, Piri-piri-oca, Ananga-piri.
JUNDIÁ Iunniá, Iundiá.
JUNTA Iapucuasaua, Inhanasaua, Muapiresaua, Muacasaua, Iarisaua, Iaputisaua.
JUNTADOR Iapucuasara, Inhanasara, Muapiresara, Muacasara, Iarisara, Iaputisara, Moatiresara.
JUNTAMENTE Iepéasú. *O velho foi juntamente com a moça para o rio:* Tuiué osô cunhãmucu iepéasú paranã recé.

juntar Iapucuá; (*pondo em seguida*) Inhana; (*mal unindo*) Muaca; (*aumentando*) Muapire; (*encostando*) Iari; (*amarrando*) Iaputi; (*amontoando*) Moatire.
junto Ruake, Irumo, Rupi, Iepéasú. *Junto a mim:* Cé ruake. *Junto com os outros:* Amuitá-irumo. *Junto da base:* Epy ruake. *Seguiu junto da margem:* Osó cembyua-rupi. *Vamos juntos:* Iasoana-iepéasú.
jupará, jubará Iuuará.
jupati Iupati.
jupatizeiro Iupatiyua.
juquiri Iukyri.
jurador Tupana-rera-cenóisára.
juramento Tupana-rera-cenóisáua.
jurar Cenoi Tupana rera. *Juramento falso:* Cenoirana Tupana rera.
jurará Iurará.
jurema Iurema.
jurisdição Mira-recoara-saua.
juru Iuru.
jurubeba Iurupéua.
jurupari Iurupary, Yurupary.
jusante Tomasaua, Paranã-tomasaua.
justapor Muapire.
justaposição Muapiresaua.
justapositor Muapiresara.
justiça Satambycasaua.
justiceiro Satambycasara.
justo Satambyca, Mira-catu, Mira-puranga, Icatuua, Ipurangaua, Angaturama.
jutaí Iutaí.
jutaizeiro Iutaíyua.
juvenco Tapyira-curu. Tapyira tainha (*quando o sexo é indiferente*). *Juvenca:* Tapyira-cunhantain.

L

LÁ A, Ape, Mime. *Para lá:* A-kiti. *De lá:* A-suí. *Lá mesmo:* Apecatu, Ape-puranga. *Por lá:* A rupi. *Está lá:* Aicué-mime.
LABIAL Tembétára, Tembétýua.
LÁBIO Cembé, Rembé, Tembé.
LABOR Murakísáua.
LABORAR Muraki. *V. Trabalhar* e comp.
LAÇADA Iusásáua; Iapotísáua (*para suspender*).
LAÇADO Iusana, Iusaua.
LAÇADOR Iusására.
LAÇADOURO Iusá-tendaua.
LAÇANTE Iusáuára.
LAÇAR Iusá. *Fazer, ser feito laçar:* Muiusá.
LAÇÁVEL Iusátéua, Iusáuéra.
LACERAÇÃO Caracaraīngaua.
LACERADOR Caracaraīngara.
LACERADOURO Caracaraīntaua.
LACERAR Caracaraīn, Caracaraēn.
LACERTO Yyua-uauiru.
LAÇO Iusana, Iusara. *Armar o laço:* Muiusara.
LACRAU Iauayra, Iauaieíra, Suraiu.
LACRIMATÓRIO Cesá-iukicétýua.
LACRIMEJAR Cesá-tyky-tykyre.
LACTANTE Camby-uusara.
LACUSTRE Ypauatyua. *Que pertence ao lago:* Ypaua-uara. *Que mora no lago:* Ypauapora.
LADEAR Só-suaxara-rupi.

LADEIRA (*de subida*) Uatiresaua, Eapiresaua; (*de descida*) Uiésáua, Uiétýua.
LADINO Iacua.
LADO Suaxara. *Deste lado:* Cuá-suaxara. *Do outro lado:* Amusuaxara, Amu-suindape. *Lado direito:* Pocatu. *Lado esquerdo:* Pôapára. *Tenho uma dor do lado esquerdo:* Xarecô saci poapara iarucanga.
LADRÃO Mundáuasú, Mundáuasúsára.
LADRAR Sacé-sacemo. *V. Berrar* e comp.
LADROEIRA Mundáuasúsáua, Mundásáua.
LAGARTA Tapuru.
LAGARTIXA Tapuruī.
LAGARTO (casta de sáurio) Teiú, Sinimbu, Iacuruaru, Iacurutu, Tamacuaré, Mandará.
LAGO Ypaua. *Lago profundo:* Ypauapy.
LAGOA A BEIRA-MAR Maceió; (*as que se formam pelas chuvas*) Yauatyua; (*quando se formam pelo transbordar dos rios*) Yauaruá; (*se se formam em lugar coberto de mata*) Yapó *ou* Yngapó.
LÁGRIMA Cesá-yukicé, Iaué-uá.
LAGRIMAÇÃO Cesá-tykyresaua, Iaué-paua.
LAGRIMADOR Cesá-tykyreuara, Iaué-sara.
LAGRIMAR Cesá-tykyre, Iaué.
LAGRIMOSO Cesá-tykyreuera.
LAJE Itá-kyre (= *pedra que dorme*); Itá-péua; (*nos compostos*) Itapé. *Laje grande:* Itapé-

-uasu. *Laje espedaçada:* Itapé-curu. *Laje lisa:* Itapema; *Laje escorregadia:* Itapé-icyma, Itapécýma. *Laje pequena:* Itapé-mirĩ. *Laje seca:* Itapetinĩ, Itapetininga.
LAJEDO Itapé-uasu (= *laje grande*).
LAMA Tyiúca.
LAMAÇAL Tyiúcatýua, Tyiúcapáua.
LAMBEDOR Cereusara, Pytingara.
LAMBEDOURO Cereutyua, Cereu-rendaua, Pytingaua.
LAMBEDURA Cereusaua.
LAMBER Cereu.
LAMBUZADA Mutuumesaua.
LAMBUZADOR Mutuumesara.
LAMBUZAR Mutuume.
LAMBUZEIRO Mutuumeuera.
LÂMPADA Icaua-cendi-reru. *Acende a lâmpada:* Remundyca caua-cendi-reru.
LAMPARINA Candêa-ireru.
LAMPEJANTE Uerá-ueráuára.
LAMPEJAR Uerá-uerau.
LAMPEJO Uerá-ueráusáua.
LAMPREIA Musu.
LAMURIENTO Xiúuéra.
LANÇA Mbyrá, Myrá, Murucu.
LANÇADA Cutucasaua, Iatycasaua.
LANÇADEIRA (de tear) Massaroca.
LANÇADOR Iapysara, Cutucasara, Iatycasara, Ueẽnasara.
LANÇAR[1] (*a hástea, o arpão, a lança, a zagaia*) Iapy, Cutuca, Kytyca, Iatyca. *Lançar no rosto:* Suá-pecityca. *Lançar de si:* Mbure-i-suí. *Lançar em terra:* Yuytyca.
LANÇAR[2] (vomitar) Ueena.
LANCEAR [pescar com arrasto] Pusáytýca, Pysáyitýca.
LANCEIRO Mbyrá-iara, Murucu-iara.
LAPIDAÇÃO Mucimaitá-saua.
LAPIDADOR Mucimaitá-sara.
LAPIDADOURO Mucimaitá-taua.
LAPIDANTE Mucimaitá-uara.
LAPIDAR Mucimaitá.
LAPIDÁVEL Mucimaitá-uera.
LAPÍDEO Itá-nungara, Itá-iaué.
LÁQUESIS [gênero de cobra] Surucucu.
LARANJA Naranyá (*corrup. do português*).
LARANJAL Naranyá-tyua.
LARANJEIRA Naranyá-yua.
LARÁPIO Mundáuauasú.
LAREIRA Tatá-tendaua.

LARGA Ixiárisáua.
LARGADOR Ixiárisára.
LARGANTE Ixiáriuára.
LARGAR Xiári, Xiare. *Fazer ou ser feito largar:* Muxiári.
LARGO (*falando de buraco*) Turusu, Uasu; (*falando do rio*) Tepopire, Paranã-ipaua, Paranã-pucá.
LARGUEZA Sacatésáua.
LARGURA Turususaua, Uasusaua; (*do rio*) Tepopire-saua.
LARVA Muxy, Muxiú, Muxyua, Tapuru, Tapuruĩ, Ura; (*de inseto*) Ximu, Ximbu.
LASCA Pysáuéra.
LASCADOR Mupysáuéra-sara.
LASCAMENTO Mupysáuéra-saua.
LASCAR Mupysáuéra.
LÁSTIMA Mucaneongaua.
LASTIMADOR Mucaneongara.
LASTIMAR Mucaneon. *Lastimar-se:* Iumucaneon; Iumuteité. *Ser lastimável, ou lastimado:* Muteité.
LATANIA [palmeira] Yacy.
LATEJANTE Icoĩngara.
LATEJAR Coĩn.
LATEJO Coĩngaua.
LATERAL Suaxarauara.
LATERALMENTE Suaxara-rupi.
LÁTEX Y-yuapaua, Yua-yukicé.
LATIR Sacé-sacemo, Sacemo. *V. Berrar* e comp.
LAVADEIRA Petecasara.
LAVADOR Munhãsucasara.
LAVADOURO Munhãsuca-tyua.
LAVAGEM Petecasaua, Munhãsucasaua.
LAVAR Iasuca, Munhãsuca. *Lavar roupa:* Peteca. *Lavar-se:* Iuiasuca.
LEGAL Tecô-nungara, Tecô-iaué.
LEGALIDADE Tecô-nungaua, Tecô-iauésáua.
LEGISLAÇÃO Tecô-munhãngaua.
LEGISLADOR Tecô-munhãngara.
LEGISLAR Munhã-tecô, Mutecô.
LEGISPERITO Tecô-cuao, Tecô-mbuésára.
LEI Tecô. *Nossa lei:* Iané-tecô. *Lei escrita:* Tecô-coatiare.
LEICENÇO [furúnculo] Iatyi.
LEITÃO Camby-uusara.
LEITE Camby-yukicé, Camby, Camy.
LEITEIRO Camby-munhãngara.
LEITOR Papera-cuausara.
LEITOSO Camby-nungara, Yanamã.

LEITURA Papera-cuausaua.
LEMBRADIÇO Mendoáriuéra.
LEMBRADOR Mendoárisára.
LEMBRANÇA Mendoárisáua, Cuecatu.
LEMBRANTE Mendoáriuára.
LEMBRAR Mendoári, Menoári. *Lembrar-se:* Iumendoári. *Não me lembro bem quando tu chegaste entre nós:* Inti xamendoári catu mairamé indé recyca iané piterupé. *Te lembras quando ele mandou lembrança?:* Remenoári, será, mairamé omundu cuecatu iané supé?
LEMBRETE Mendoári-yua.
LEME Iacumã.
LÊMURE Anhangauera.
LENÇO Ambiúcauára.
LENÇOL Iamĩsaua.
LENDA Porandyua, Tapyia mbeúsáua, Tapyia porandyua.
LENDÁRIO Porandyua-sara, Porandyua-uara.
LENHA (para o fogo) Iepeá, Iepeana, Iepeaua.
LENHADOR Iepeá munhãngara, Iepeá oiuucasara.
LENHAR Munuca-myrá, Munhã-iepeá, Iuuca-iepeá.
LENHO Myrá, Mbyrá.
LENHOSO Myrá-nungara.
LENIR Muceẽn. *V. Adoçar* e comp.
LENTAMENTE Meué-rupi.
LENTIDÃO Meuésáua, Pucusaua.
LENTIGEM Yacy-tatá.
LENTIGINOSO Yacy-tatáuára.
LENTO Meué, Pucu.
LEOPOLDÍNIA (nome genérico de casta de palmeiras) Piasaua, Iará, Iaruna, Iarauna, Iaráuasú, Iaráucú.
LEPIDÓPTERO Panapanã.
LEPIDOSIREN PARADOXA Caramuru.
LEPRA Iauara-macisaua.
LEPROSO Iauara-macisara.
LEPUS BRASILIENSIS Tapiti.
LEQUE Tapecua.
LER Mbué-papera-supé, Cuao-papera.
LERDO Meuéuéra.
LESADOR Meõngara.
LESÃO Meõngaua.
LESAR Meõn.
LESMA Iapurucy.
LESTE Coaracy-ocemotyua.
LETRADO Papera-cuaosara.

LEVANTADOR Puamasara, Muapiresara.
LEVANTAMENTO Puamasaua.
LEVANTANTE Puamauara.
LEVANTAR Puama, Puamo, Puámu. *Levantar-se:* Iupuamo, Cemo. *Levantar falso:* Mundara. *V. Nascer, Mentir* e comp. *Levantar o caminho:* Munhã. *O sol levanta-se, e tu ainda não te queres levantar:* Coaracy ocemo, indé inti rain relupuamo putári. *Quem foi levantar o caminho?:* Auá osô omunhã pé rangaua?
LEVANTE Puamosaua.
LEVAR Rasô; (*carregar às costas*) Supire. *V. Conduzir, Carregar* e comp.
LEVE Tipucé, Inti-pucé, Pucéyma.
LEVEZA Ipucéymasáua.
LEVIANO Iacuayma.
LHE Ae, I, I supé. *Lhes:* Aitá, Aetá. *Vá dizer-lhe que venha:* Resô renheẽn i supé: Reiurecury.
LIANA Cipô.
LIBAÇÃO Pytingaua.
LIBADO Pytinga.
LIBADOR Pytingara.
LIBAR Pyti, Pytĩn.
LIBÉLULA Iacina.
LIBERDADE Mumutarasaua.
LIBERTAÇÃO Picirungaua, Picirũsaua.
LIBERTADOR Picirungara, Picirũsara.
LIBERTAR Picirun, Picirũ. *Libertar-se:* Iupicirun, Iupicirũ.
LIBERTINO Cunhãuera.
LICÂNIA Urupé.
LIÇÃO (*com referência ao mestre*) Mbuésáua; (*ao discípulo*) Iu-mbuésáua.
LICENÇA Cemutara, Nemutara, Imutara.
LICENCIAR Muxiári. *Licenciar-se:* Iumuxiári. *V. Deixar* e comp.
LICOR Ty, Ty-ceẽn.
LICOREIRO Ty-ireru.
LICORERIA (*onde se faz*) Ty-munhãngaua; (*onde se bebe*) Uty-tyua, Uty-rendaua.
LICORISTA Ty-munhãngara.
LIDA Maramunhãsaua.
LIDADOR Maramunhãsara.
LIDAR Maramunhã.
LIGA Tapacura; (*ornada de chocalhos*) Aiapisá.
LIGAR Pucuare. *V. Amarrar* e comp.
LIGEIREZA (*o que é leve*) Pucéymasáua; (*o*

que é expedito) Iatésáua, Curetẽsaua; (*de mão*) Pô-iauaosara.

LIGEIRO Pucéýma, Iaté, Curutẽuara, Pô-iauaosara; Ipuianãn (*G. Dias*). *Vamos! Ligeiro!*: Iasô! Curutẽ!

LIMA Mupuĩua, Mupemauara, Muciymauara.

LIMADOR Mupuĩsara, Mupemasara, Muciymasara.

LIMAGEM Mupuĩsaua, Mupemasaua, Muciymasaua.

LIMALHA (*se de ferro*) Itapuinha; (*se de madeira*) Myrá-puinha.

LIMIAR Okena-cembyua.

LIMITAÇÃO Ipuásáua.

LIMITADO Ipuaua.

LIMITADOR Ipuására.

LIMITAR Ipuá.

LIMITES Ipuáuára, Cembyua, Rembyua, Tembyua; Opauasaua. *O igarapé é limite entre nós*: Yngarapé oicô ipuauara iané piterupe. *Aquele é o limite do campo*: Aé oicô cupixaua tembyua.

LIMO Tyiuca, Paranã-ikiásáua.

LIMOSO Tyiucapaua.

LIMPADO Iuciua, Kitinucaua.

LIMPADOR Iucisara, Kitinucasara.

LIMPANTE Iucíuára, Kitinucauara.

LIMPAR Iuci, Iucé. *Limpar-se*: Iuiuci. *Fazer ou ser feito limpar*: Muiuci; (*esfregando*) Kitinuca (*que é usado também no figurado*): *Foi limpar a alma dos pecados*: Osô okitinuca i anga mbá ayua suí (= *das coisas ruins*). *Limpar das ervas*: Capiri, Caapiri. *Limpar do mato baixo*: Cupire, Cupi. *Limpar varrendo*: Tapi-tapiri.

LIMPEZA Iucisaua, Kitinucasaua.

LINDO Puranga, Purangueté.

LÍNGUA Ipecô, Apecô, Pecô, Pecoin. *Fala*: Nheẽnga; *Língua boa*: Nheẽngatu. *Língua feia*: Nheẽnga-ayua (Nheẽngaíba).

LÍNGUA-DE-TUCANO Tucana-pecô.

LINGUAGEM Nheẽngasaua.

LINGUIFORME Ipecô-iaué, Ipecô-nungara.

LINGUISTA Nheẽnga-iara.

LINHA Inimbu, Inimu, Inimuĩ, Xama. *Linha de pescar*: Pindaxama; (*se é preciso explicar que é grossa*) Pináxámasú; (*se fina*) Pináxámapuĩ.

LINHAGEM Tapyiasaua, Icemosaua.

LINHO (*teia de linho*) Sútiro-suaiauara.

LIQUEFAÇÃO Mutycusaua.

LIQUEFACIENTE (*quem liquefaz*) Mutycusara; (*que liquefaz*) Mutycuuara.

LIQUEFAZER Mutycu. *Liquefazer-se*: Iutycu.

LIQUEFEITO Iutycua.

LIQUIDEZ Tycusaua.

LÍQUIDO Tycu.

LISO Icy-yma, Uaicy-yma, Ciryca, Péua.

LISONJA Muetésáua.

LISONJEADOR Muetésára.

LISONJEAR Mueté, Mory. *Lisonjear-se*: Iumueté.

LISONJEIRO Muetéuára.

LIVRADOR Mucemosara.

LIVRAMENTO Mucemosaua.

LIVRAR Mucemo. *Livrar-se*: Iumucemo, Iupicirũ. *V. Libertar* e comp.

LIVRE Mureasu-yma, Miasua-yma, Imutarauara.

LIVRO Papera.

LIXO[1] Ikiátéua.

LIXO[2] (*doença da pele*) Pyra-curuca.

LOBO Iauarasu.

LOBOTE Acará.

LOBRIGAR Xipiá-munhã.

LOÇÃO Munhasucasaua.

LOCUSTA [tipo de gafanhoto] Tananá.

LODAÇAL Tyiucatyua.

LODO Tyiuca.

LODOSO Tyiucauara, Tyiucapora, Tyiucauera.

LOGO Cury. *Logo mais*: Cury mirĩ, Cury-mirĩ-xinga. *Logo depois*: Cane cury, Nuarecé, Cuasuí-repé-recé. *Irei logo*: Xasoana cury. *Logo fugiu*: Iepé recé oiauau.

LOGRO Muanga. *V. Enganar* e comp.

LOJA Oca-maá-meẽngaua.

LOJISTA Maá-meẽngara.

LOMBO Cupé, Cupéua.

LOMBRIGUEIRA Arapauaca, Caxinguyua.

LONGE Apecatu. *Quem é de longe*: Apecatuuara.

LONGEVIDADE (*falando de homem*) Tuiuésáua-pucu; (*de mulher*) Uaymysaua-pucu.

LONGO Pucu. *Dias longos*: Ara-pucu.

LONGUEZA Pucusaua.

LONJURA Apecatusaua.

LORICÁRIA (*gênero de peixes*) Matapi.

LOUCEIRA [que faz louça] Camuty-munhãngara (*ou qualquer outro nome de vasilha, visto que não há um nome genérico para indicar louça e quem trabalha em fazê-la*).

LOUCO Acanga-ayua, Acanga-yma.
LOUCURA Acanga-yma-saua, Acangayua-saua.
LOURO¹ Coaracy-aua (= *cabelo de sol*).
LOURO² (*casta de planta*) Aiúa (ajuba), Aritu; (*a fruta de uma qualidade, comida de tambaqui*) Camu-camu.
LOUSA Itá-pema.
LOUVADO Puranga-mbeú, Puranga-nheẽn.
LOUVADOR Puranga-nheẽngara, Puranga-mbeúsára.
LOUVAR Nheẽn-puranga, Mbeú-puranga. *Louvar-se*: Iu-mbeú-puranga.
LOUVOR Puranga-umbeúsáua, Puranga-nheẽngaua. *Louvor de Deus*: Tupana-puranga--imbeúsáua.
LUA Yacy, Iacy. *Lua cheia*: Yacy-icaua, Yacy-ruá-turusu. *Lua crescente*: Yacy-omuturusu. *Lua minguante*: Yacy-oierasuca, Iuearuca. *Lua nova*: Yacy-omunhã, Yacy-oiumunhã, Yacypisasu.
LUAR Yacy-randy.
LUARENTO Yacy-randyuara.
LUCIDEZ Cinimusaua.
LÚCIDO Cinimu, Cinimbu.
LÚCIFER (*estrela*) Yacy-tatá-uasu; (*o anjo mau*) Iurupary.
LUCRAR Porepy. *V. Ganhar* e comp.
LUCUMA (*abio*) Aiará.
LUFA Iuiutúsáua.
LUFADA Iuiutú-peúsáua.
LUGAR Rendaua, Tendaua, Cendaua. Taua, Tyua (*empregados como sufixos ou não*). *Lugar de reunião*: Aiury rendaua. *Lugar de moquém*: Mocaẽntaua. *Lugar de caju* (*cajutuba*): Acaiútýua. *Lugar habitado*: Taua. *Lugar que foi habitado*: Taua cuera, Tapera. *Do lugar*: Rendauauara, Tauauara, Tauapora; Tendauapora (*se se encontrar no lugar*).
LUGAREJO Tauaĩ, Rendauaĩ.
LUME¹ Tatá. *Deixa que me enxugue ao lume*: Rexiare xamuticanga tatá opé.
LUME². Iandy cendy (= *azeite aceso; a luz que se conserva acesa à noite, feita de um pouco de gordura e uma torcida colocada num caco qualquer, muito raramente num recipiente apropriado feito para isso*).
LUME³. Ueréua (*qualquer coisa que luz*).
LUMINOSO Ueréua-uara, Ueréua-pora.
LUPANAR Patacuera-oca.
LUSTROSO Cinimu.
LUTA Maramunhãngaua; Marangaua.
LUTADO Marã.
LUTADOR Maramunhãngara; Marangara.
LUTAR Maramunhã.
LUVA Pô-pupecasaua.
LUXÚRIA Maramutarasaua.
LUXURIANTE Maramutarauara.
LUXURIAR Maramutara.
LUXURIOSO Maramutarauera, Maramutarasara.
LUZ Ara, Ueraua.
LUZENTE Cendyuara, Cinimu, Uerauara.
LUZIDIO Cendyuera.
LUZIMENTO Cendysaua, Uerausaua.
LUZIR Cendy, Cenny, Uerau.

M

MÁ, MAU Puxi, Ipuxi, Puxiua.
MACA Kysaua; (*feita no tear*) Makyra.
MAÇA Mutacasã, Tacape, Tangapema.
MAÇÃ (*do rosto*) Suá-pecanga, Ratipi, Satipi.
MACACAÚBA Macacayua.
MACACAUBEIRA Macacayua-yua.
MACACO Macaca (*usado como nome genérico*). Quando em origem, parece ter sido específico: Acary, Aimoré, Caiarará, Caieté, Coatá, Iapysá, Isá, Itapoãn, Parauacu, Iurupixuna, Iuruy, Saú, Sauī, Uaryua, Cuxiú, Cuxiuna, Arauatô.
MACACO-DA-NOITE Eiã.
MACAÍBA, MACAÚBA Macayua.
MACAQUEAR Munhã-iaué. *V. Imitar* e comp.
MAÇARANDUBA Masarandyua.
MACHADO Ndyi, Ngy, Ié. Encontra-se escrito em qualquer destes modos. Preferimos *Ndyi*, com o som especial que neste caso assume o *y*, e é assim que o registramos no *Vocabulário Nheengatu-português*.
MACHO[1] Apyaua, Apyngaua. Quando designa o sexo, segue o nome do animal cujo sexo designa; quer dizer *homem* sempre que é usado sozinho e sem dependência.
MACHO[2] (*o espigão de qualquer peça embutido noutra*) Sacunha, Racunha.
MACHUCAÇÃO Pypirusáua, Popirusáua, Cuysaua.

MACHUCADOR Pypirusara, Popirusara, Cuysara.
MACHUCADOURO Pypirutyua, Popirutyua, Cuytyua.
MACHUCANTE Pypiruuara, Popiruuara, Cuyuara.
MACHUCAR (*com os pés*) Pypiru; (*com a mão*) Popiru; (*de outro modo qualquer*) Cuy.
MACIADO Uapixainga, Uapixain.
MACIADOR Uapixaingara.
MACIAR Uapixain.
MACIÇO Oiususuca.
MACIEZA Uapixaingaua.
MACILENTO Angaiuara.
MACIO Uapixaua, Icyma.
MACIOTA *V. Macieza. Na maciota*: Meué-rupi, Kiririnte.
MAÇO (*se for embrulhado*) Pupeca; (*se for amarrado*) Mamana.
MÁCULA Ikiá.
MACULADOR Mukiására.
MACULAMENTO Mukiásáua.
MACULANTE Mukiáuéra.
MACULAR Mukiá.
MACUMÃ Macumã.
MADEIRA Myrá, Muirá, Moirá, Mbyrá. *Madeira fraca*: Caá-panema.
MADRASTA Maia-nungara, May-nungara.
MADRINHA Maiangaua, Manhangaua.

MADRUGADA Coema, Coema-eté.
MADRUGADOR Coemasara.
MADRUGANTE Coemauara.
MADRUGAR Mucoema.
MADUREZA Tinharūsaua, Intinharūsaua.
MADURO Tinharū, Intinharū, Tearu.
MÃE Cy, May, Manha, Maia. *Minha mãe:* Ce manha; *Mãe branca:* Maytinga (= *mãe branca; nome que davam os escravos à dona da casa*). *Mãe de criação:* Manha-nungara. A forma antiga é *Cy*, que hoje só é usado como sufixo. Exs.: *Mãe do dia:* Aracy; *Mãe deste dia (o sol):* Coaracy; *Mãe da fruta:* Yacy (*a lua*).
MÃE-D'ÁGUA Y-iara.
MÃE-DA-CHUVA (casta de sapo) Amanacy.
MÃE-DO-MAL Mayua.
MÃE-DO-MEL (casta de abelha) Iracy.
MÁGOA Sacy; (*a que se produz*) Muacycasaua.
MAGOADOR Muacycasara.
MAGOANTE Muacycauara.
MAGOAR Muacyca, Musacy.
MAGREZA Angaīsaua.
MAGRICELA Angaīuera.
MAGRO Angaī.
MAGUARI Mauary.
MAIOR Uasu-pire, Turusu-pire.
MAIORAL Tuxaua, Tuīsaua.
MAIS Pire, Rain; Tenhē, Tenhen. *Mais devagar:* Meué rupi pire. *Traz mais:* Rure rain. *Disse mais:* Onheēn tenhē.
MAITACA Maitaca.
MAL Ipuxiua, Iayua; (*o mal que se produz de longe*) Saruá.
MALA Patuá (*cofo fechado*).
MALCOZIDO Oexinga-nhunto, Sapereca.
MALDADE Ipuxisaua, Ayuasaua.
MALDIZENTE Iuru-ayua, Puxi-nheēngara.
MALDIZER Nheēn-puxi.
MALDITO Ayua-mumbeú.
MALDOSO Puxiuara, Puxiuera.
MALEFICÊNCIA Puxi-munhãngaua.
MALFAZEJO Puxi-munhãuara.
MALFAZER Munhã-puxi.
MALFEITO Puxi-munhã.
MALFEITOR Puxi-munhãngara.
MALÍCIA Mauésáua-ayua.
MALICIOSO Mauéuéra-ayua.
MÁ-LÍNGUA Taxiua (*do nome de uma casta de formiga*), Nheēngayua, Ipecô-puxi.

MALMADURO Inharū-xinga-rain.
MALOCA Maroca, Mará-oca (= *casa de estacas, casa fixa*).
MALQUERENÇA Piá-puxisaua.
MALQUERENTE Piá-puxisara, Piá-puxiuera.
MALQUERER Piá-puxi.
MALTRAPILHO Poriasua.
MALTRATADO Mureausua.
MALTRATADOR Mureaususara.
MALTRATAMENTO Mureaususaua.
MALTRATANTE Mureausuuara.
MALTRATAR Mureausu.
MALTRATÁVEL Mureausuuera.
MALVADEZ Piá-ayuasaua.
MALVADO Piá-ayua.
MALVARISCO Pirarucu-caá.
MAMA Camby, Camy.
MAMADEIRA Iacamby-ireru, Icamby-pora.
MAMADOR Camby-ucysara.
MAMANTE Camby-ucyuara.
MAMADURA Camby-ucysaua.
MAMAR Ucy, Camby, U-camby.
MAMILO Icamby-tī.
MAMOTE Camby-usara.
MANA Rendyra.
MANACÁ Manacá, Ieritacaca.
MANATIM (peixe-boi) Iauarauá.
MANCEBA Auasa.
MANCEBIA Muauasa-saua.
MANCHA Kiá; (*da pele*) Iacy tatá rangaua; (*branca*) Titinga; (*escura*) Puru-puru; (*quase preta*) Uauraua; (*de várias cores*) Parauá.
MANCHANTE Mukiáuára.
MANCHAR Mukiá. *Manchar-se:* Iumukiá.
MANDA-CHUVA Amana-iara.
MANDADO Mundua.
MANDADOR Mundusara.
MANDAMENTO Mundusaua. *Mandamento da lei:* Tecô munhangaua.
MANDANTE Munduara.
MANDÃO Munduera.
MANDAR Mundu, Munnu. *Mandar com autoridade:* Munnucári.
MANDI Mandyi.
MANDÍBULA Sayua, Isayua.
MANDIBULAR Sayuauara, Sayuapora.
MANDINGA Pusanga, Maracaimbara.
MANDIOCA (*a raiz*) Manioca; (*a planta*) Maniyua, Manyuy; (*a raiz amolecida n'água*) Manioca puua, Manioca puiua (*puba*); (*tor-*

nada inócua ao fogo) Manicuera, Manipuera; (*espessa para molho*) Tucupy; (*e quase preta*) Tucupy pixuna; (*curada ao sol*) Arumé, Arumbé; (*a raladura seca ao forno*) Uy, Ui; (*a raiz cortada em rodas e seca ao sol*) Typiraity; (*a farinha destas*) Ui typiraity; (*o bolo da raiz comida e ralada fresca*) Meiú, Mbeiú; (*bolo de farinha*) Miapé; (*a goma que se deposita do sumo da raiz*) Typyaca; (*depois de tornada inócua ao fogo*) Tapyoca, Tapyiuuca; (*o bolo feito com esta goma*) Tapyoca (Curadá, em muitos lugares do rio Negro, mas parece palavra Baré); (*a folha preparada como legume*) Manisaua (*maniçoba*); (*a folha na planta*) Manicaá. *Mandioca agrumada:* Curuera, Cruera (*crueira*).
MANDIOCA-DOCE Aipĩ macaxera; (*o caldo extraído desta*) Manipuera.
MANDIOCAL Maniyua-tyua.
MANDUBÉ Manduué.
MANDUBI Manduui.
MANEJAR Popicyca. *V. Pegar* e comp.
MANETA Ipuyma.
MANGA[1] (*roupa*) Yyuá pupeca
MANGA[2] (*árvore*) Canapá.
MANGABA Mangaua. *Resina de mangaba:* Manga-icyca.
MANGABEIRA Mangayua.
MANGUE Paranã-typaua; (*a planta*) Xiriyua (siriúba).
MANGUE-BRANCO Xiriyuatinga.
MANGUE-VERMELHO Xiriyua-piranga.
MANHÃ Coema, Coemaeté.
MANHA Mundésáua.
MANHOSO Mundéuára, Mundé.
MANICÁRIA Umbuasu, Umuasu.
MANIFESTANTE Muiucuaosara.
MANIFESTAR Muiucuao.
MANIFESTO Muiucuaosaua.
MANINHA Embyra-yma.
MANJERIOBA Maiereyua.
MANO Kiuyra.
MANSIDÃO Iupucuausaua.
MANSO Iupucuau.
MANTEDOR Pitasocasara.
MANTER Pitasoca. *Manter-se:* Iupitasoca. *Mantén̂s a tua palavra?:* Repitasoca será ne nheênga?
MANTIMENTO Temiú, Tembiú, Mira-temiú. *O tuxaua deve sempre ter a casa cheia de mantimento:* Tuxaua orecô cuao opanhe ara oca mira temiú terecemo. *Na canoa já não havia mantimento:* Yara opé inti oicoana temiú.
MÃO Pô, Pu; (*direita*) Pocatu; (*esquerda*) Poapara, Pouasu; (*de pilão*) Indoá mena; (*de gral*) Indoá mirĩ mena.
MÃO-CHEIA Porecemo.
MÃO-DE-PILÃO Indoá-mena, Indoaĩ-mena.
MÃO-FECHADA Popupeca.
MAQUEIRA Makyra.
MAR Paranã; (*quando precisa distinguir*) Paranã-uasu.
MARACÁ Maracá.
MARACAJÁ Maracaiá.
MARACAJAÍ Maracaiaĩ.
MARACANÃ Maracanã.
MARACANAÍ Maracanaĩ.
MARACANATUBA Maracanãtaua, Maracanãtyua.
MARACUJÁ Maracuyá.
MARACUJATUBA Maracuyatyua.
MARACUJAZEIRO Maracuyayua.
MARAJÁ Marayá.
MARAJAÍ Marayahi.
MARAJAÍBA Marayayua.
MARAJÓ Maraió, Mará-iú (= *espinho bravo*).
MARAJOENSE (*aí nascido*) Maraió-uara; (*que aí mora*): Maraió-pora.
MARCA Sangaua, Rangaua.
MARCAÇÃO Musangauasaua.
MARCADO Musangauapora.
MARCADOR Musangauasara.
MARCADOURO (*onde se marca*) Musangauatyua; (*onde se imprime a marca*) Musangauarendaua.
MARCANTE Musangauauara.
MARCAR Musangaua.
MARCÁVEL Musangauera.
MARCENARIA Iupanasaua.
MARCENEIRO Iupanasara.
MARÉ (*montante*) Paranã-eiké; (*vazante*) Paranã-ocarica; Paranã-typaua.
MAREJADA Yapenu, Ycapenu; Paranã-uéuéca-saua.
MAREJAR Paranã-uéuéca; (*se apenas encrespa*) Muciryryca.
MARESIA [*o movimento*] *V. Marejada.*
MARGEAR Só-cembyua-rupi.
MARGEM Cembyua, Rembyua; (*do rio*) Para-

nã-tembyua, Suindape; (*a outra margem*) Amu-suindape; Amu-cembyua.
MARIA-GOMES Cariru, Cariru-asu.
MARIBONDO Caua. *V. Caba.*
MARIDO Mena. *V. Casar* e comp.
MARIMARI Mari-mari.
MARINHA Paranã-cembyua.
MARINHEIRO Yngarapora, Paranãpora; (*da armada*) Maraotī-pora.
MARINHO Paranãuara.
MARIPOSA Panapanã.
MARISCAR Pinaityca, Iuporocary (Pará). *V. Pescar* e comp.
MARÍTIMO Paranãpora, Paranãuara.
MARMELO Uaiaua, Arasá.
MARMELEIRO Arasá-yua.
MARMITA Itanhaēn.
MARRECA Uananai, Peki, Ereré, Uapaī, Paturi, Potiri, Ipeki, Ipecaī.
MARRECÃO Uanana.
MARREQUINHA Uanani, Areré. *V. Marreca.*
MARTELADA Petecasaua.
MARTELADOR Petecasara.
MARTELAR Peteca.
MARTELO Petecauara. *Martelo para pregos:* Itapoã-petecauara.
MARTIM-PESCADOR Ariramba.
MARTÍRIO Mureasuaua. *Lugar de martírio:* Mureasu-tendaua.
MARTIRIZADO Mureasupora.
MARTIRIZADOR Mureasusara.
MARTIRIZANTE Mureusuuara.
MARTIRIZAR Mureasu, Pureasu.
MARUÍ Meruī.
MARUPÁ Marupá.
MARUPATUBA Marupayua.
MARUPAÚBA Marupayua.
MAS Ma.
MÁSCARA Suá-sangaua, Ruá-rangaua, Meuã.
MASCARADO Suá-rangaua-uara.
MASCARAR Meoanga. *V. Fingir* e comp.
MÁSCULO Apyaua-uara, Apyaua-yua.
MASSA Sosoenga.
MASSACRAR Iucá-uasu.
MASSACRE Iucá-uasusaua.
MASSEIRA Sosoengatyua.
MASTIGAR Suu-suu. *V. Morder* e comp.
MASTRO (*da festa*) Myranga; (*da vela*) Sutinga-yua.
MASTURBAÇÃO Piru-pirocasaua, Rendyra.

MASTURBADOR Piru-pirocasara.
MASTURBAR Piru-piroca.
MATA Caá, Ca. *Mata branca, rala:* Caá-tinga. *Mata brava:* Caá-antã, Caá-iauaeté. *Mata grande:* Caá-uasu. *Mata quebrada, para sinal:* Caá-pepena. *Mata seca:* Caá-tininga.
MATADOR Iucá-sara.
MATADOURO Iucá-rendaua.
MATAGAL Caá-tyua.
MATANÇA Iucá-saua; (*grande matança*) Iucá--iucásáua.
MATA-PASTO (*casta de acácias*) Tereky.
MATANTE Iucauara, Caakyra, Andirá-kicé-apara.
MATAR Iucá; (*com a mão*) Poiucá; (*fazendo estrago*) Iucá-iucá. *Matar-se:* Iuiucá, Iupo-iucá.
MATEIRO Caauara, Caá-iara.
MATERNAL Maiauara, Manhauara.
MATERNALMENTE Maiauara-rupi, Maia--iaué.
MATERNIDADE Maia-saua, Manha-saua.
MATINAL Coemasara, Coemauara.
MATINAR (*acordar de manhã cedo*) Paca coemana; (*sair de manhã cedo*) Cemo coemana.
MATINTAPERERA (*casta de pássaro noturno e ente fantástico*) Matin-pereré.
MATIZAR Pinima. *V. Pintar* e comp.
MATO Caá, Caauasu. *Mato cerrado:* Caá-ayua. *Mato ralo, branco:* Caá-tinga. *Mato novo:* Caapuera. *Mato quebrado:* Caapepena (= *vereda*).
MATREIRO Iacua, Mundéua.
MATRIMÔNIO Mendaresaua. *V. Casar* e comp.
MATRONA Cunhã-caryua.
MATURAÇÃO Tinharūsaua.
MATURANTE Tinharūuara.
MATURO Tinharū.
MATUTAR Manaité. *V. Pensar* e comp.
MATUTO Caapira, Caapora.
MAU Ayua, Puxi, Inticatu, Ticatu. *O mau:* Ipuxiua.
MAUNÇA (*mão cheia*) Po-terecemo.
MAVIOSO Ceēn. *Canto mavioso.:* Nheēnga-risaua ceēn.
MAXILA Suá-pecanga, Ruá-pecanga.
MAXILAR Suá-pecangauara.
MAXIXE Maxíxi.

ME Ce. *Disse-me:* Onheẽn ce supé. *Mandou-me perguntar:* Omundu oiururé ce supé.

ME, SE, TE etc. (pronome que torna o verbo reflexo) Iu (*em forma de prefixo entre o tema e o prefixo pronominal, que indica a pessoa*). *Eu mato:* Ixé xaiucá; *eu me mato:* Ixé xaiuiucá. *Voltas:* Remuiereu; *te voltas:* Reiumuiereu. *Vos ameis:* Penhẽ pexaisu; *vós vos ameis:* Penhẽ peiuxaisu.

MEAÇÃO Mumyterasaua; Myterasua.
MEADA Iumanasaua.
MEADO Pytera. *V. Meio.*
MEÃO Pyterauara.
MEAR Mumytera, Mupytera.
MECHA Caarucana.
MEDIAÇÃO Iururesaua, Iumuésáua.
MEDIADOR Iururesára, Iumuésára.
MEDIÇÃO Musangasaua.
MEDICAÇÃO Pusanungaua.
MEDICINA Pusanga.
MÉDICO Pusanga-iara, Pusanungara.
MEDIDA Rangaua, Sangaua.
MEDIDOR Musangasara.
MEDINTE Musangauara.
MEDIR Musanga.
MEDÍVEL Musangateua.
MEDITAÇÃO Iunhereusaua, Iururesaua.
MEDITADOR Iunhereusara, Iururesara.
MEDITANTE Iunhereuuara, Iururesuara.
MEDITAR Iunhereu, Iunheẽnreu, Iuiururé.
MEDITÁVEL Iunhereteua, Iurureteua.
MEDITATIVO Iunhereuara, Iurureuera.
MEDO Cikié.
MEDONHO Cikiéyua.
MEDRAR Muturusu.
MEIA Py-pupecasara.
MEIA-TINTA Ieramé.
MEIO, MEIA Pytera, Mytera. *Pelo meado do mês:* Yacy pytera kiti. *No meio do ano:* Acaiú pytera ramé. *O meio:* Pytera-tyua. *Ao meio:* Pyterupé. *Do meio:* Pytera suí. *Pelo meio:* Pytera rupi. *No meio:* Pytera kiti.
MEIA-NOITE Pysaié, Pituna pyterupé.
MEIO-DIA Iandara (*abreviação de* Iandé-ara--pyterupé).
MEIRINHO Myrá-recouara.
MEL Ira.
MELANCIA Yá-ceẽ.
MELÍVORO Ira-usara, Irauara, Irara.
MELHOR Catu-pire, Puranga-pire.

MELHORADOR Muapiresara.
MELHORANTE Muapireuara.
MELHORAR Muapire. *Melhorar-se:* Iumuapire.
MELHORÁVEL Muapireuera.
MELHORIA Muapiresaua.
MEMORAR Mendoári. *V. Lembrar* e comp.
MEMORIAL Mendoáriýua.
MENCIONAR Mendoári. *V. Lembrar* e comp.
MENDACIDADE Puité-munhangaua.
MENDAZ Puité-munhangara.
MENDICIDADE Pyrasupaua, Pyrasusaua, Pyrasuingaua.
MENDICANTE Pyrasuuara, Pyrasupora, Pyrasuingara.
MENDIGAR Pyrasu, Pyrasuī.
MENDIGO Pyrasuera.
MENDUÍ Menduī.
MENEADOR Mutumusara.
MENEAMENTO Mutumusaua.
MENEANTE Mutumuuara.
MENEAR Mutumu. *Menear-se:* Iumutumu.
MENEÁVEL Mutumuteua, Mutumuuera.
MENINA Cunhantain, Cunhantān (cunhã taina). *Menina dos olhos:* Cesá rainha, Cesá sainha (= *caroço do olho*).
MENINO Curumī, Cumica (*diminutivo familiar de* Curumī).
MENOR Cuaíra-pire; (*em comprimento*): Catuca-pire; (*em tamanho*): Mirī-pire; (*em grossura*): Puy-pire; (*menino ou menina quando muito novos*): Tainha, Taina e Curumī e Cunhantāin, *respectivamente, embora possa ainda ser menor o* Curumī-asu *e a* Cunhãmucu.
MENSTRUADA Oicô-yacy.
MÊNSTRUO Cunhã-yacy, Iamunerara, Yacy-tuī.
MENTIDO Ierarauá.
MENTIR Puité-munhã.
MENTIRA Puité, Ierarauaia.
MENTIROSO Puité-munhangara, Puité-manha, Puité-iara, Puité-yua.
MERDA Tiputy.
MERDOSO Tiputyuara.
MERENDIBA Myraendyua.
MERETRIZ Patacuera.
MERGULHADOR Yapumisara.
MERGULHADOURO Yapumityua, Yapumitendaua.
MERGULHAMENTO Yapumísáua.

MERGULHÃO Miuá.
MERGULHAR Yapumi, Sô-y-pype, Y-pypyca.
MERGULHO Yapumíuá.
MESCLA Puésáua.
MESCLADO Puéua.
MESCLADOR Puésára.
MESCLANTE Puéuára.
MESCLAR Pué. *Mesclar-se:* Iupué.
MESMO Teẽn, Tenhe, Iaué, Nungara. *Isso mesmo:* iaué-tenhe. *Desse mesmo modo:* Cuá-nungara.
MESQUINHEZ Sacatésáua.
MESQUINHO Sacaté, Angaī-pora; *(de deitar compaixão):* Taité.
MESTIÇO *(de branco e tapuio)* Caryuuca, Caryuoca, Carymboca *(tirado para o branco);* *(de tapuio e de preto):* Cauuoré (= *caboré);* *(de preto e branco):* Murátu (= *mulato).*
MESTRE Mbuésára. *Mestre de si mesmo:* Iumbuésára. *Mestre de oficina:* Puraky-iara.
MESTRE-DE-CERIMÔNIAS Tecô-iara.
MESTRE-SALA Puracy-iara.
MESURA Cuecatu-reté.
MESUREIRO Cuecatu-retéuára.
METADE Pysáuéra.
METAMORFOSE Muieréua.
METAMORFOSEADOR Muiereusara.
METAMORFOSEAMENTO Muiereusaua.
METAMORFOSEANTE Muiereuara.
METAMORFOSEAR Muiereu. *Metamorfosear-se:* Iumuiereu.
METRO Pana-rangaua *(é o nome do côvado, quando era usado para medida de panos).*
METER Enu, Endu, Mundéu, Mbúri. *Meter-se:* Iuenu, Iumundéu, Iumbúri.
METEDIÇO Cetunauera.
MEU Ce, Ixé-iara. *Meu igual:* Ce amu iaué. *De todo o meu coração:* Ce piá irumo. *A casa é minha:* Ixé oca-iara. *De quem é a canoa? É minha:* Auá yngara iara? Ixé iara. *O que é meu:* Ce embaetá.
MEXEDIÇO Iakyuera, Iucatacauera, Iakykyuera.
MEXEDOR Iakysara, Catacasara, Poingara.
MEXEDURA Iakysaua, Catacasaua, Poingaua.
MEXENTE Iakyuara, Catacauara, Poingara.
MEXER Iaky. *Mexer com a mão:* Poing, Poin. *Mexer com o corpo:* Cataca. *Mexer catando entre coisas miúdas:* Cica-cicare. *Mexer líquidos ou outros:* Puíre, Puíri. *Mexer jogando no ar:* Mupembure. *Mexer-se:* Iucataca.
MEXERICAR Marandu.
MEXERICO Marandyua, Marandua.
MEXERIQUEIRO Maranduera.
MEXILHÃO Sururu.
MÊS Yacy.
MIÇANGA Puíra.
MICÇÃO Carucasaua.
MICTÓRIO Carucatyua, Caruca-tendaua.
MIGALA [aranha] Ianducy, Nhanduasu, Nhandu.
MIGALHA Curera. *Migalha do jantar:* Temiú curera.
MIGRAÇÃO Cema, Cemasaua. *Migração de peixes:* Piracema. *Migração de gente:* Miracema.
MIGRAR Cema. *V. Sair* e comp.
MIJADA Carucasaua.
MIJÃO Carucauera.
MIJAR Careca. *Mijar-se:* Iucaruca.
MIJO Carucaua.
MILHARAL Auaty-tyua, Auaty-cupixaua. *Lugar onde se guarda o milharal:* Auaty-tendaua, Auaty-oca.
MILHO Auaty, Auaty-santá.
MILITAR Uarinyuara *(hoje, desusado e suprido com* Surára, *corrupção de soldado).*
MIM Ce. *Perto de mim:* Ce-ruake. *De mim:* Cesuí. *A mim:* Ce-kiti. *V. Me.*
MIMO Cuecatu.
MIMOSA *(casta de plantas que compreende):* Paricá, Iukiry, Tereky, Caakyra, Andirá-kicé, Andirá kicé apara, Caa cicué, Aracatiá.
MINGAU Mimoingaua, Mingaua.
MINGUAR Iumucoayra, Iumumirī; *(da lua)* Iuearuca, Yacy-oearuca, Ierasuca.
MINHOCA Ximbuī, Ximuī, Amboá, Ximu, Ximbu.
MÍNIMO Puixinga-pire, Mirīxinga-pire.
MINÚCIA Mirinte, Mirīuera, Miruera.
MIOLO Sumytera, Tuuma, Para; *(do chifre)* Acapora; *(da árvore)* Yua-sumytera; *(da cabeça)* Apytuuma, Acanga-tuuma, Acanga-sumytera, Iapytuuma.
MÍOPE Cesá-iatuca (= *vista curta).*
MIRAR Maān. *V. Ver* e comp.
MIRÍSTICA Cananga.
MIRITI Myrity.
MIRITIZAL Myritytyua.
MIRITIZEIRO Myrityyua.
MISERÁVEL Pyrasuera.

MISTIFICADOR Poité-iara.
MISTIFICAR Poité-munhã.
MISTURA Poeia, Poaia, Munana.
MISTURANÇA Poésáua, Munanasaua.
MISTURADOR Poésára, Munanasara.
MISTURANTE Poéuára, Munanauara.
MISTURAR Munáni, Poé. *Misturar-se:* Iumunáni.
MIUÇALHA Cuaíra-etá, Cuaíra-paua.
MIUDEZA Ipuyxingasaua.
MIÚDO Ipuyxinga, Puíraeté.
MÓ Itá-uauaca.
MOÇA Cunhãmucu; *(casadoura)* Mucama *(Solimões); (nova, virgem)* Cunhãmucu-pysasu.
MOCAJÁ Mucaiá.
MOÇO Curumĩasu.
MOÇOILA Cunhãpoca, Cunhãmboca.
MOCOJÉ Mocoié.
MODALIDADE Rupisangaua.
MODELO Sangaua.
MODERAÇÃO Meué-munhãngaua.
MODERADOR Meué-munhãngara.
MODERAR Meué-munhãn.
MODERNAMENTE Iané-ara-rupi, Iané-araramé.
MODERNO Pyasuuara, Cuá-arauara.
MODÉSTIA Puruasaua.
MODESTO Purua.
MÓDICO Inti-cepyuasu, Inti-uasu.
MODO Nungara; [*como se faz*] Rupi; [*do mesma forma*], Iaué. *Deste modo:* Cuá nungara. *De outro modo:* Curumu-rupi. *Modo das coisas:* Mãisaua, Maasaua.
MOEDOR Mucuĩ-sara.
MOENDA (*ato de moer*) Mucuĩ-saua; (*lugar onde se moi*) Mucuĩ-taua, Itá-uauoca-tyua.
MOENDEIRO Mucuĩ-taua-iara, Itá-uauoca-iara.
MOENTE Mucuĩ-uara.
MOER Mucuĩ.
MOFAR Musaue.
MOFINA Pituauara.
MOFINO Pitua, Porareyma, Kyrimbáuaýma.
MOFO Sauẽ.
MOFOSO Sauẽ-uera.
MOINHO Itá-uauoca-oca.
MOÍVEL Mucuĩ-uera, Mucuĩ-téua.
MOLDADOR Perutá.
MOLE Membeca, Memeca; ([*quando se fala de] a massa pouco consistente*) Imeuna.

MOLEIRO[1] Itá-uauoca-iara.
MOLEIRO[2] (*casta de papagaio*) Paraoá-uasu.
MOLESTADOR Mucuirisara.
MOLESTAMENTO Mucuirisaua.
MOLESTANTE Mucuiriuara, Mucuiriuera.
MOLESTAR Mucuiri, Mucueré. *Molestar-se:* Iumucuiri.
MOLEZA Membecasaua.
MOLHADELA Irurusaua.
MOLHADOR Muirurusara.
MOLHADO Iruru, Iakyma.
MOLHAR Mururu; (*imergindo*) Miasuca, Munhasuca. *Molhar-se:* Iumururu.
MOLHO Tyy; (*de pimenta com caldo de peixe*): Kinha-pirá; (*de tabaco*): Pytymantã.
MOMENTO Ara, Ramé, Xinga. *A todo o momento:* Opain ara rupi. *Eu o vi no momento em que chegava:* Ixé xaxipiana aé ocica ramé. *Espera um momento, já vou:* Resaru xinga, xasô cury.
MONO *V. Macaco.*
MONSTRO Maá-ayua.
MONTANHA Uitera, Iuitera.
MONTANHÊS Uiterauara, Uiterapora.
MONTANHOSO Uiterateua.
MONTANTE (*do rio*) Yapire kiti, Paranã recapire.
MONTÃO Muatiresaua.
MONTARIA Yara, Yngara.
MONTE Uitera.
MONTURO Mburetaua, Ikiatendaua.
MOQUEAÇÃO Mocaẽnsaua.
MOQUEADO Mocaẽn, Mocaẽnpora.
MOQUEADOURO Mocaẽntaua.
MOQUEADOR Mocaẽn-uara, Mocaẽn-iara.
MOQUEAR Mocaẽn.
MOQUÉM (*o lugar onde se moqueia*) Mocaẽntaua. *A grade sobre que se põem as peças:* Iurau. *Os paus que a sustentam:* Yuacapi. *O braseiro:* Mocaẽntatá.
MORADA Oca, Roca, Soca.
MORADOR Pora (*como sufixo*). *Morador da casa:* Ocapora. *Morador do mato:* Caapora. *Morador do rio:* Paranãpora. *Morador da terra:* Yuypora, Arapora. *Morador do céu:* Iuacapora. *Morador da cidade:* Tauapora, Mairypora.
MORAR Icô (= *estar*); Morári (*rio Negro*).
MORBIDEZ (*doença*) Macisaua; (*delicadeza*) Uapixanasaua.

MÓRBIDO Imaciua; Uapixana.
MORBO Imaciuasusaua, Imaci-uasu-saua.
MORCEGO Anirá, Andirá.
MORCEGUEIRA (andiroba) Andirá-yua.
MORDAZ Suusara.
MORDEDURA Suusaua.
MORDENTE Suuuara.
MORDICAR Suusuu.
MORDIDO Suua, Suusaua-pora.
MOREIRA Tatayua.
MORIBUNDO Omanô-putariana.
MORINGA Y ireru.
MORNO Sacunhunto, Sacurana, Sacuxinga. Inti-rain-sacu.
MORREDOURO Omanotaua.
MORREDOR Manosara.
MORRENTE Manouara.
MORRER Manô. *Morrer-se:* Iumanô. *Morrer de improviso [de repente]:* Manô-ayua. *Morrer afogado:* Oyca. *Morrer enforcado:* Iembuca.
MORRO Arapecô, Yuytera-miri, Ara camã; (*íngreme*) Camacuá; (*arredondado*) Camapuãn. *Os últimos dois, especialmente no Sul.*
MORTAL Manouera.
MORTALHA¹ Imanoana-pupesaua
MORTALHA² (do cigarro) Tauari (*se é de tauari*); Auaty-pirera (*se é de milho*); Papera (*se é de papelinho*).
MORTANDADE Manosaua-asu (*quando produzida por moléstia*); Iucá-iucasaua (*nos outros casos*).
MORTE Omanosaua.
MORTO Omanoana, Ambyra; (*enforcado*) Iembuca-ambyra; (*afogado*) Oyca-ambyra; (*engasgado*): Camyryca-ambyra; (*matado*): Iucá-ambyra; (*matado à mão*): Poiucá-ambyra.
MOSCA Meru; (*azul*) Meru sukyra; (*verde*) Meru-iakyra; (*fosforescente*) Meruá.
MOSCA-VAREJEIRA Meru-supiara.
MOSCADIM Meruĩn-meruĩ.
MOSCARDO Mutuca, Mytuca.
MOSQUEIRO Merutuba, Merutyua.
MOSQUITEIRO Urucari.
MOSQUITO Carapanã, Morisoca.
MOSTRA Mucameẽngaua, Mucameẽsaua.
MOSTRADOR Mucameẽngara, Mucameẽsara.
MOSTRADOURO Mucameẽntauauara.
MOSTRANTE Mucameẽuara.

MOSTRAR Mucameẽn. *Mostrar-se:* Iumucameẽn, Iucuau-cári. *Mostrar-se amigo:* Iumuanama.
MOUCO Apysá-ayua, Iapysá-ayua (*se não ouve nada*).
MOURÃO Mará.
MOVEDIÇO Catacateua.
MOVEDOR Catacasara.
MOVENTE Catacauara.
MOVER Cataca. *Mover-se:* Iucataca.
MUCUÍBA Mucuyua.
MUCUIM Mucuĩ.
MUCUJÁ Mucuyá.
MUCUNÃ Mucunã.
MUCURA [*o animal*] Mycura, Uanixi, Xixyca, Mycura-xixyca; (*a planta*) Mycura-caá.
MUDADOR Tericasara, Muiereusara, Cemosara, Cenipucasara.
MUDANÇA Tericasaua, Muiereusaua, Cemosaua, Cenipucasaua.
MUDANTE Tericauara, Muiereuara, Cemouara, Cenipucauara.
MUDAR (*removendo*) Terica; (*virando*) Muiereu; (*saindo*) Cemo, Mucemo; (*variando de cor ou de brilho*) Cenipuca. *Mudar-se:* Iuterica.
MUDÁVEL Tericauera, Muiereuera, Cemouera.
MUDEZ Nheẽngaymasaua.
MUDO Nheẽngayma.
MUGIR (*da vaca ou do bezerro que se chamam*) Cenoi; (*do touro ou da vaca que muge*) Tapyira-sacemo; (*fazendo choro em volta de alguma rês morta*) Xiú.
MUIRACATIARA Myracoatiara.
MUIRAPINIMA Myrapinima.
MUIRAPIRANGA Myrapiranga.
MUIRAPIRIRICA Myrapiririca.
MUIRAPUAMA Myrapuama.
MUIRAQUITÃ Myrakitãn.
MUITO Ceía, Reía.
MUITOS Ceía-aitá.
MUJANGUÊ Muiauê.
MULATO Tapaiuna-rana, Tapaiuna-cerané, *e mais correntemente:* Murátu.
MULHER Cunhã, Cunhãn. *Mulher casadoura:* Cunhã-mendasara. *Mulher solteira:* Cunhã-menayma, Cunhã-mendári-yma. *Mulher nova:* Cunhãmucu. *Mulher grande, mulherona:* Cunhã-uasu. *Mulher alta:* Cunhã-pucu. *Mulher alegre:* Cunhã-pucá. *Mulher doida:* Caninana. *Mulher pública:*

Patacuera. *Mulher virgem:* Cunhã mbuyma, Cunhãmucu menoyma. *Mulher feita, quarentona*: Cunhã-cacoa.
MULHERENGO Cunhã-rapixara, Cunhãuara.
MULHERIL Cunhã-uara.
MULHERIO Cunhã-ceía, Cunhã-ceíasáua.
MULTIDÃO Mira-ceía. *Multidão que sai:* Miracema.
MULTIPLICAÇÃO Mucetásáua.
MULTIPLICADOR Mucetására; (*que produz a multiplicação*) Mucetáýua.
MULTIPLICANTE Mucetáuára.
MULTIPLICAR Mucetá. *Multiplicar-se:* Iumucetá.
MULTIPLICÁVEL Mucetáuéra.
MULTIPLICADO Mucetauá.
MUNDO (*o conjunto de tudo*) Ara; (*a terra*) Yuy.
MUNDUBI (casta de *Arachis*) Munduī.
MUNGABA Mungaua.
MUNGUBA Munguua, Munguyua.
MUNJICA (esfarelado) Muíca.
MUNGUBEIRA Munguyua.

MUQUIRANA Mukyrana.
MURAJUBA Murayua.
MURAQUETECA Myrakityca.
MURAR Cekyndaua oca yuy irumo.
MURATINGA Myratinga.
MURCHAR Tenin-cerane.
MORUBIXABA Murutuxaua, Muruxaua.
MURICI Murici, Myryci.
MURMURAÇÃO Angaúsáua.
MURMURADOR Angaúuéra, Cururucauámanha.
MURMURAR Angaú, Cururuca.
MUSA PARADISIACA [bananeira] Pacoa, Pacua, Pacoausu.
MÚSICA Muapusaua [*toque*].
MÚSICO Muapusara (*tocador*).
MURUREZAL Mururetaua.
MUSGO Comitu, Myraryiu, Myrá-rauyiú.
MUTUCA Mytuca.
MUTUCUNA Mytucuna.
MUTUM Mytū, Mytū-uasu, Piuri, Urūmytū, Mytūpinima.
MUTILAR Munira. *V. Cortar* e comp.

NA, NO Kiti, Ape, Pe, Ame. *Está na casa:* Oicó ocakiti. *Foi na floresta caçar:* Osó ocamunuca caape. *No fundo d'água:* Ypype. *Na terra:* Yuype. *No alto:* Uiurupe, Uirpe. *Na presença:* Resauá. *No rio:* Paranãme.
NACO Pisáuéra.
NAÇÃO (como território) Tetama, Tapyiatyua, Tapyia.
NACIONAL Anama, Tapyia, Mu.
NACIONALIDADE Tapyiayua, Anamayua.
NADA Intiana, Tiana, Nembá-nungara, Manungara, Intimaã. *Absolutamente nada:* Intimaã-maã.
NADADOR Uitására.
NADANTE Uitáuára.
NADAR Uitá. Mas se encontra e se ouve: *Eitá* e *Oitá*.
NÁDEGA Yuera, Sumby.
NADEGUDO Sumbyuara.
NADINHA Cuaíra xinga nhunto.
NADO Uitáua.
NAJÁ Inaiá.
NAJAÍ Inaiaī.
NAJAZAL lnaiátýua.
NAJAZEIRO Inaiáyua.
NAMBU Inambu. V. *Inambu.*
NAMORADOR Uarixysara, Uarixyuera.
NAMORAR Uarixy.

NAMORO Uarixysaua.
NÃO Inti, Intiana, Intimaã, Timaã, Tiana, Nti, Intio, Nembá, Nemá. *Não ainda:* Intirain. *Não agora:* Intiana-cuíre. *Não assim:* Intimaã-cuá-iaué. *Não mais:* Inti-pire. *Não se parece:* Nemá-nungara (*mas podem ser substituídos indiferentemente uns pelos outros*). *Não sei:* Taucó, Toco, Soco (*contração de* Inti-xa-cuao). *Não mexas!,* ou melhor, *Deixa!:* Tenupá. *Não (como sufixo):* Yma. *Não forte:* Kyrimbáyma. *Não ligeiro:* Iatéyma. *Não pesado:* Pucéyma.
NHANDIROBA Iandyraua.
NANICA (galinha) Nhapéua.
NAQUELE, A Nhakiti, Nhape.
NARIGUDO Araratīn, Araratī.
NARINAS Tīn-cuara.
NARIZ Tī, Tīn.
NARRAÇÃO Nheẽngárisáua, Marandusaua.
NARRADO Nheẽngári, Marandua.
NARRADOR Marandusara, Nheẽngárisára.
NARRANTE Maranduara.
NARRAR Marandu. *Narrar coisas passadas:* Nheẽngári.
NASAL Tīn-uera.
NASCENÇA Cemosaua, Ceningaua.
NASCEDOURO Cemotyua, Ceningatyua.
NASCENTE Cemouara, Ceningara. *Nascente*

do sol: Coaracy-cemotyua. *Nascente da água:* Y-cuara. *Nascente do rio:* Paranã-manha, Paranã acanga. *Nascente d'água:* Yacaruá, Yacaroá.

NASCER Cemo; (*das plantas*) Cenin, Cenĩ; (*dos seres vivos*) Embyrári.

NASCIDA [furúnculo] Iatiĩ, Iatĩ, Mungá, Pungá, Epéua, Epéuasantá, Epéua-puxi.

NASCIMENTO Embyrárisáua.

NASCITURO Embyrara-cury.

NASSA Yuki, Yukiá, Matapy, Munduru, Yeki.

NASUA SOCIALIS Coati.

NASUA SOLITARIA Coati mundé (= *manhoso*).

NATA Camby-icaua.

NATAÇÃO Uitásáua.

NATANTE Uitására, Uitáuára.

NATIVO Uara (*sufixo aditado ao lugar de origem*). *Nativo do Pará:* Paráuára. *Nativo do lugar:* Ikéuára. *Nativo de além:* Suaia-uara.

NAU Yngara, Yiara, Yiareté, Yngareté; (*quando maior*) Maracatĩ (*do uso de levar o maracá na proa a nau de guerra*).

NAUFRAGADO Iupypycaua.

NAUFRAGADOR Iupypycasara.

NAUFRAGANTE Iupypycauara; (*se costuma naufragar*) Iupypycauera.

NAUFRAGAR Iupypyca. *Fazer ou ser feito naufragar:* Muiupypyca.

NAUFRÁGIO Iupypycasaua.

NÁUSEA Ueẽna-putárisáua.

NAUSEABUNDO Ueẽna-yua.

NAUTA Yngarapora, Paranãpora.

NAVEGAR Só-paranã-rupi; (*águas acima*) Yapire; (*águas abaixo*) Yuié, Só-tomasaua-kiti.

NAVIO Maracatĩ, Maracatĩ-uasu (*sendo indiferente que seja ou não de guerra, e desde que não seja nem igara e nem igarité*).

NEBLINA (*quando se parece com a fumaça*) Tatatingarana; (*se é chuva miúda*) Amanaĩ.

NEBLINAR Amanaĩ ouri.

NECEDADE Iacuaymasaua.

NECESSÁRIO Puraĩn, Puraĩua.

NECESSIDADE Puraĩngaua.

NECESSITADO Puraĩngara.

NECESSITAR Puraĩn.

NÉDIO Icaua, Cinimu, Cinimbu.

NEFANDO Marandu-yma.

NEFASTO Sarauá.

NEGAÇÃO Iumine-saua.

NEGADIÇO Iumine-téua.

NEGADO Iumine-ana.

NEGADOR Iumine-sara.

NEGANTE Iumine-uara.

NEGAR Iumine.

NEGÁVEL Iumine-uera.

NEGLIGÊNCIA Iatéymasáua.

NEGLIGENTE Iatéyma.

NEGOCIADO Porepyua.

NEGOCIAÇÃO Porepysaua.

NEGOCIADOR Porepyuara; (*somítico*) Porepyuera.

NEGOCIANTE Porepysara.

NEGOCIAR Porepy.

NEGREJAR Pitá pixuna, Iumupixuna.

NEGRO Tapaiúna; (*[falando] de gente*): Pixuna; (*como sufixo*) -una. *Pássaro-preto:* Uirauna (= *graúna*).

NEGROIDE Tapaiúnauéra, Tapaiúnarána.

NEGROR Pixunasaua.

NEM Ne, Timaã, Nembá.

NENHUM Inti-iepé, Intimaã-iepé, Nembá-nungara.

NENHURES Inti-iepé tendaua-kiti.

NERVO Sayca, Sauyca, Rayca, Rauyca.

NETO (*do homem*) Temianinô, Cemianinô, Remianinô; (*da mulher*): Temiareru, Remiareru, Cemiareru.

NÉVOA Ara-tatatinga, Iuiutu-tinga.

NEVOEIRO Tanimuba, Iuiuturana.

NEVRITE Sauyca sacisaua.

NEVRÓTICO Sauyca-saci.

NIDIFICAÇÃO Suaeti-munhãngaua.

NIDIFICADOR Suaeti-munhãngara.

NIDIFICAR Munhãn-suaeti.

NINGUÉM Intiauá, Intianauá, Inti-iepé, Intimira. *Não encontrou ninguém, só mulheres:* Inti ouacemo mira, Aicué cunhã nhunto. *Tem gente? Ninguém:* Aicué mira será? Inti iepé. *Quem vai lá? Ninguém:* Auá osõ ape? Intiauá.

NINHARIA Miraera, Miraíra.

NINHAL Suaetĩ-tyua. *Ninhal de garças:* Acará suaetĩ-tyua.

NINHO Suaetĩ.

NO *V. Na.*

NÓ Kytan, Kitanga; (*de pedra*) Itákitánga, Itákytán; (*de madeira*) Myrakytan.

NOBRE Moacara.

NOBREZA Moacarasaua.

nocividade Puxi-munhãngaua.
nocivo Puxi-munhãn.
nódoa Ikiáua.
nodoador Ikiására.
nodoamento Ikiásáua.
nodoante Ikiáuára.
nodoar Muikiá. *Nodoar-se:* Iumuikiá.
nodoável Muikiáuéra.
noitada Pituna pucu.
noite (*do pôr do sol à meia-noite*) Pituna; (*à meia-noite*) Pisaié, Pysaié; (*da meia-noite até ao amanhecer*) Pituna-pucu. *Noite de luar:* Yacy pituna.
noiva Remiricô-arama, Remiricô-putaua.
noivo Mena-arama, Mena putaua.
nojento Ienaruara.
nojo Ienarusaua.
nome Cera, Rera. *Bom nome:* Cera-catu, Cera sakena. *Sem nome:* Cera-yma.
nomeação Mucerasaua; (*para um emprego ou serviço*) Cenoicárisáua.
nomear Mucera, Cenoi-cera-rupi. *Dar o nome ao menino na cerimônia indígena:* Ceruca. [*Dar o nome*] *com o batismo:* Muceruca.
nora (*da mulher*) Taituy, Ce-remyra-remiricô; (*do homem*) Ce rayra-remiricô.
nós, nos Iané, Iandé; (*como prefixo verbal da primeira pessoa do plural*) Ia; (*nos reflexos*) Iu. *Nos deitamos:* Iané-iaienô. *Nós amamos os outros como nós nos amamos:* Iané-iaxaisu amuitá maiaué iaiuxaisu, *ou* Maiaué iané iaiuxaisu.
nosso Iané, Iandé. *Dá-nos o nosso pão de cada dia:* Remeën iané supé opain ara iané temiú. *Nós queremos somente o que é nosso:* Iané iaputári nhunto iané iara-uá.

noticiar Marandu. *V. Narrar* e comp.
notificação Cenoicárisáua.
notificador Cenoicárisára.
notificante Cenoicáriuára.
notificar Cenoicári. *Fazer ou ser feito notificar:* Mucenoicári.
notificável Cenoicáriuéra.
noturno Pitunauara.
novato Pysasuuera.
nove Pô irundi.
novela Nheëngárisáua; (*o assunto*) Nheëngári-yua.
novelista Nheëngárisára; (*se não é muito autorizado*) Nheëngáriuéra.
novelo Apuá, Iapuá.
novidade Pysasusaua.
novilúnio Yacy-pysasu.
novo Pysasu.
nu (*o homem*) Camixá-yma; (*a mulher*) Saia-yma; (*na natureza*) Tara-yma (= *sem ornamentos*).
nubente Omendári-putare.
nuca Atuá.
nunca Ne, Ané, Ara-yma, Inti-amu-ara-cury (= *não outro dia futuro*).
núpcias Menasaua.
nutrição Iumuruusaua.
nutridor Iumuruusara.
nutrimento Tembiú, Iumuruua, Embaúuára.
nutriente Iumuruuuara.
nutrir Iumuruu.
nutrível Iumuruuuera.
nuvem Iuaca-ikiásáua, Iuiututinga, Arakiá, Iuacatinga.

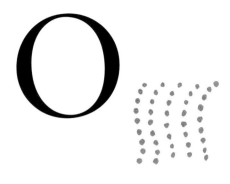

o [artigo] I, Uá, Nga (*com o efeito de substantivar a palavra modificada*). *Feio:* Puxi; *o feio:* Ipuxi. *Bonito:* Puranga; *o bonito:* Purangaua, *ou* Ipuranga. *Contar, contado:* Marandu; *o contado, o conto:* Marandua. *Dizer, dito:* Nheẽn; *o dito, a palavra:* Nheẽnga.

o [pronome oblíquo] Aé. *Quando passava o chamou para encostar:* Osasauana ramé ocenoi aé oiuiare arama.

obedecer Munhã-piá, Puusu, Pousu. *Obedeço-te:* Xamunhã ne piá. *Obedeço à nossa lei:* Xapousu iané tecô.

obediência Puususaua. *V. Honrar e comp.*

obesidade Marica-uasu.

obeso Marica-uasuara.

óbito Manôsaua.

obituário Omanôána-mbeúsáua.

objetar Munguetá-suaxara.

oblíquo Inti-satambyca.

obra Munhãngaua.

obrar Munhãn.

obreia Muecycaua, Parera-muecycaua.

obreiro Munhãngara.

obscurante Mupitunasara, Mupitunauera.

obscurecer Mupituna. *Obscurecer muito:* Mupitunasu.

obscurecimento Mupitunasaua.

obscuro Pitunasu.

observação Xipiacasaua.

observador Xipiacasara.

observante Xipiacauara.

observar Xipiaca. Pousú. *V. Honrar e comp.* Manhana. *V. Vigiar e comp. Observar-se:* Iuxipiaca. *Observo o que fazes:* Xixipiaca mata remunhãn. *Observes a lei:* Repousu tecô.

observatório Xipiacatendaua, Xipiacatyua, Manhanatendaua.

obstaculante Mupatucasara.

obstacular Mupatuca.

obstáculo Mupatucauara.

obstrução Cekendáusáua.

obstrutor Cekendáusára.

obstruído Cekendaua.

obstruinte Cekendáuára.

obstruir Cekendau.

obstruível Cekendáuéra.

obtenção Muiumeẽngaua.

obtentor Muiumeẽngara.

obter Muiumeẽn.

obtuso Saimbéyma.

ocasião Ara, Ara catu. *Chegou a ocasião de vingar-se:* Ocica ara catu oiupyca uá.

ocaso Coaracy uari.

ocidente Coaracy uari tendaua.

ocultação Mímesáua, Cuatúcasáua.

ocultador Mímesára, Cuatúcasára.

OCULTANTE Mímeuára, Cuatúcauára.
OCULTAR Mime, Cuatuca; Pupeca (*se oculta envolvendo, embrulhando etc.*). *Ocultar-se:* Iumime, Iacuatuca. *Quem não tem culpa não se oculta:* Auá inti omunhã puxi inti oiumime. *Quem tem culpas as oculta:* Auá omunhã puxi ocuatuca ma omunhã.
OCUPAÇÃO Iucoáisáua.
OCUPADOR Iucoáisára.
OCUPANTE Iucoáiuára.
OCUPAR Iucoai.
OCUPÁVEL Iucoáiuéra.
ÓCIO Iateýmasáua.
OCIOSO Iatéýma.
OCO Iporáýma.
ÓCULOS Cesá ruá.
ODIADOR Putareýmasára.
ODIANTE Putareýmauára.
ODIAR Putáreýma.
ÓDIO Putareýmasáua.
ODIOSO Putareýmatéua.
ODOR Cetúnasáua.
ODORANTE Cetúnasára, Sakénauára. *V. Cheirar* e comp.
OEIRANA Auerana, Yuauéraua.
OFENDER Munhã puxi ... supé, Munhã puxi ... recé. *Ofender-se:* Pitá piá saci, Pitá piá ayua, Pitá pia puxi. *O moço ofendeu o velho:* Curumĩ-asu omunhã puxi tuiuié recé.
OFENSA Puxi munhãngaua; Piá saci pitasaua.
OFENSOR Puxi munhãngara.
OFENDIDO Piá ayua pitá-uá.
OFERECEDOR Cameẽngara.
OFERECER Cameẽn. *Oferecer-se:* Iucameẽn.
OFERECIMENTO Cameẽngaua.
OFICIAL DE JUSTIÇA Mira-recuara.
OFICINA Iupanatyua, Murakytendaua.
OGRO Mira-usara.
OURO Itaiuá (itajubá), Itá-tauá.
OITÃO Arucanga. *Oitão da casa:* Oca arucanga.
OITO Pô musapire [*cinco + três*].
OLARIA Camutĩ-munhãn-tendaua.
OLEIRO Camutĩ-munhãngara.
OLENTE Sakénasára, Sakena.
ÓLEO (*vegetal*) Iandy, Randy, Sandy; (*animal*) Icaua. *Óleo de boto:* Tucuxy icaua. *Óleo amargo, andiroba:* Iandyraua.
OLEOSIDADE Iandysaua.
OLEOSO Iandyuara, Icauauara, Iandypora.
OLHADA Maãngaua.

OLHANTE Maãngara.
OLHAR Maãn, Maẽn. *Olhar-se:* Iumaãn. *Olhar com atenção:* Xipiaca. *Olhar vigiando:* Manhana, Maanhana. *Olhar em volta:* Maãn suake rupi. *Olhar por trás:* Maãn sacakyra kiti. *Olhar de esguelha:* Maãn apara recé.
OLHEIRA Cesá typysaua, Cesá typyua.
OLHO Cesá. *Olho torto, vesgo:* Cesá apara. *Olho esbugalhado:* Cesá pirarosu. *Olho fundo:* Cesá typy. *Olhos vivos:* Cesã-pucá. *Olhos inflamados:* Cesá piranga. *Olhos esfolados:* Cesá-piroca. *Olho sem pálpebras:* Cesá saua-yma. *Olhos remelentos:* Cesá-ponga. *Olhos pretos:* Cesá-una, Cesá-pixuna.
OLHO-D'ÁGUA Yacaroá, Y-cuara, Y-cemosaua.
OLVIDADO Canhemoana.
OLVIDADOR Canhemosara.
OLVIDANTE Canhemouara.
OLVIDAR Canhemo (= *perder*). Mendoári-yma.
OLVIDO Canhemosaua.
OMBRO Atiyua, Iapa.
OMOPLATA Iyua cãn-uera.
ONÇA (*Felis jaguar*) Iauareté. *Onça de pernas curtas:* Iauareté-apara. *Onça de cabeça grossa:* Acangosu.
ONÇA-PINTADA Iauareté pinima, Sororoca.
ONÇA-PRETA Iauareté pixuna.
ONÇA-VERMELHA Suasurana.
ONDA Capenu, Iapenu, Apenu.
ONDE Mamé. *Até onde:* Mamé catu. *Por onde melhor:* Mamé suí catu pire. *Para onde:* Mamé kiti, Mamé opé, Mamopé. [interrogativo] Makiti. *Onde vais?:* Makiti resó? *Onde pusestes a faca? Onde estava antes:* Makiti rembureana kicé? Mamé oicoana tenondé. *De onde?* Masuí. *De onde vens?:* Masuí recica?
ONTEM Cuecé. *Só ontem:* Cuecé-nhunto. *Ontem talvez pudesse, hoje não posso:* Cuecé, ipu, xamunhana-cuao, cuá ara inti xamunhã cuao.
OPINAÇÃO Iumaitésáua.
OPINADOR Iumaitésára.
OPINANTE Iumaitéuára.
OPINAR Iumaité (= *pensar-se*).
OPINIÃO Maitésáua. *Opinião pública:* Mira maitésáua.
OPORTUNIDADE Ara ocica catu. *Espero a oportunidade:* Xasaru ara ocica catu.

oposição Amusuaxárasáua.
opositor Amusuaxárasára.
oposto Amúsuaxára.
opressão Popycasaua, Popycayua.
opressor Popycasara.
oprimente Popycauara.
oprimir Popyca. *Oprimir cansando:* Mumaraare. *Oprimir sobrecarregando:* Puracareté.
optação Purauacasaua.
optador Purauacasara.
optante Purauacauara.
optar Purauaca. *Fazer ou ser feito optar:* Mupurauaca.
optativo Purauacateua.
o que Cuá, Uá, Má. *Pergunto a você o que devo fazer:* Xa purandu né supé ma xamunhãn cuao. *O que diz o velho é verdade:* Cuá tuiué onheẽn aicué su py. *Digam os sábios o que é melhor:* Onheẽn iacuá eté-itá ma catupire. *O que é mau é feio:* Puxiua puxi; Puxiua aicué puxi.
ora Cuíre, Cuá ara V. *Agora. Ora esta!:* Socó!
oração Nheẽngasaua, Mbeúsáua.
orador Nheẽngasara.
oral Nheẽngauara.
oralmente Nheẽnga rupi.
orar Nheẽn-nheẽnga; (*a Deus*) Puusu; (*para pedir*) Iururé; Mbeú recé. *Orar a Deus pedindo:* Mbeú tupana recé.
orco Mayua.
ordem Cemutara, Remutara, Munduua. *Cumpro ordem do dono:* Xamunhã i iara cemutara. *Chegou a ordem para seguir:* Ocica munduua osasau arama.
ordenar [*mandar*] Mundu; (*pôr em ordem*) Muacare. V. *Mandar, Enfileirar* e comp.
ordenhado Camby iuuca.
ordenhador Camby iuucasara.
ordenhamento Camby iuucasaua.
ordenhar Iuuca camby.
orelha Namy, Namby.
orelha-de-pau Urupé.
orelhudo Namyuasu, Namyuara; (*de ouvido muito bom*) Iapysá.
órfão (*de pai*) Páiaýma; (*de mãe*) Máiaýma; (*de ambos*) Páiaitá-yma.
organizar Munhan, Muacare, Mungaturu. V. *Fazer, enfileirar* e comp.
orgulho Iauetésáua.
orgulhoso Iaueté. *O orgulhoso:* Iauetéua.

origem Acanga, Epy, Ocemosaua, Iupirungaua. *A origem da nossa gente:* Iané mira epy; Iané mira iupirungaua. *Origem dos tempos:* Ara iupirungaua. *A origem do rio:* Paranã racanga.
originário Uara (*sufixo*) *Originário do mato:* Cáuára. V. *Natural.*
órion (*constelação*) Mokentaua.
orla Cembyua, Rembyua, Tembyua; (*do mato*) Caá-pau, Caápáua.
orlar Mucembyua. *Orlar as vasilhas:* Mucembyua nhaẽn.
ornamentação Purusaua.
ornamentador Purusara.
ornamento Tara, Pora; Muamundeua. *Ornamento da cabeça:* Acangatara. *Ornamento dos beiços:* Tembétára. *Ornamento das orelhas:* Namypora. Muamundéua.
ornamentar Puru; (*desfigurando ou ocultando alguma coisa*) Muamundé; Muamundéu.
orquídea Carauatá (gravatá).
orvalhante Iakýmeuára, Yapýuára.
orvalhar Iakyme.
orvalho Iakýmesáua, Yapy.
oscilação Tyrysaua.
oscilante Tyrysara, Tyryuera.
oscilar Tyry.
osga Tarapu-péua.
osso Cãn-uera. *Osso do braço:* Yyuá cãn-uera. *Osso de gente:* Mira cãn-uera. *Osso da perna:* Retimã cãn-uera.
ostra Itãn, Itanga; Keri, Yryrĩ, Reri; Uruá; (*comestível, marinha*) Reri-eté; (*de fundo*) Reri-pisaié; (*grande*) Reri-asu.
ostreira Sernamby, Sernamy.
otricaria [*utriculária*] Mururé.
ou Ieuíre, Neiué.
ouriço-cacheiro Cuandu.
outro, a Amu, Amo. *Outra vez:* Amu y. *Outra banda:* Suaia, Amu-suindape.
ouvido Iapysá, Auíca. *Ouvidos:* Iapysá cuara. *Ouvido da agulha:* Auí auíca, Auí-yapysaca.
ouvidor [*funcionário*] Mira-recuarasu; [*quem ouve*] Iapysácasára.
ouvinte Iapysácauára.
ouvir Iapysaca; Cendu. V. *Entender* e comp. *Fazer ou ser ouvido:* Muiapysaca.
ova Pirá supiá ireru.

OVADO Supiá-pora.
OVÁRIO Supiá ireru.
OVELHA Soomé, Somé.

OVIFORME Supiá iaué, Supiá nungara.
OVO Supiá, Rupiá. *Ovo de galinha:* Sapucaia supiá.

P

PÁ (*para revolver a farinha de mandioca no forno*) Turuyua.
PABULAGEM Uarixiyua, Poité.
PÁBULO [fanfarrão] Uarixiuá.
PACA Paca.
PACARÁ Pacará.
PACATEZ Meué-rupisaua.
PACHOLA Panema, Taité.
PACHORRENTO Meué-rupiuara.
PACIÊNCIA Porareuara.
PACIENTE Porareuara.
PACIFICAÇÃO Mucatusaua. *Lugar da paciência:* Mucatutaua. *Causa da paciência:* Mucatuyua.
PACIFICADOR Mucatusara.
PACIFICANTE Mucatuuara.
PACIFICAR Mucatu. *Pacificar-se:* Iumucatu.
PACIFICÁVEL Mucatuuera, Mucatutéua.
PACÍFICO Catuauá.
PAÇOCA Posoca (*comida amassada com a mão*).
PACOVA Pacoa, Pacoasu (*bananeiras*); Pacoa sororoca; Pacoa catinga.
PACÓVIO Iacúaýma.
PACTUAÇÃO Satambyca munguitásáua, Catu munguitásáua.
PACTUADO Satambyca munguitá, Catu munguitá.
PACTUADOR Satambyca munguitására, Catu munguitására.
PACTUANTE Satambyca munguitáuára, Catu munguitáuára. *Pactuante pouco certo:* Satambyca munguitáuéra; Catu munguitáuéra.
PACTUAR (*firmar o pacto*) Munguitá satambyca; (*acordar as condições*) Munguitá catu.
PACU Pacu; Pacu-aru. *Pacu grande:* Pacu-asu. *Pacu chato:* Pacu-pema. *Pacu liso:* Pacu-péua. *Pacu pintado:* Pacu-pinima. *Pacu vermelho:* Pacu-piranga. *Pacu preto:* Pacu-pixuna. *Pacu branco:* Pacu-tinga. *Pacu pequeno:* Pacu-mirĩ.
PADECEDOR Porarására.
PADECENTE Poraráuára.
PADECER Porará. *Fazer ou ser feito padecer:* Muporará. *A causa de padecer:* Porará-yua.
PADECIMENTO Porarásáua.
PADRASTO Paia-munhãngara.
PADRE Paí, Pay.
PADRINHO Paiangaua.
PADU Ipanu [*ipadu*?].
PAGA Cecuiara, Murepiua.
PAGADOR Cecuiara meẽngara, Murepísára.
PAGADORIA Murepi-rendaua, Cecuiara meẽntaua.
PAGANTE Cecuiara meẽngara, Murepíuára.
PAGÃO Museruca-yma; Reráyma.

PAGAR Meẽn cecuiara, Murepi, Meẽn cepi.
PAI Paia (corrupção de pai). A forma nheẽngatu parece ter sido *Tyua*, *Ryua*, *Cyua*, de onde se teria formado o *Tubá*, *Rubá* da pronúncia portuguesa do Tupi da costa. Há uns trinta e tantos anos, quando comecei estas notas, encontrei em fonte boa uma velha tradução do Padre Nosso, usada correntemente, em que vinha *Iané rubá*, e Couto de Magalhães dá *Rubá*. M. Costa Aguiar, que publicou o que lhe deram em São Paulo de Olivença (1898), traduz *Iané paia*. O mesmo fez M. Frederico Costa (1909), que escreveu no rio Negro. Tastevin (1910) escreve *Paya*.
PAIXÃO Sacísáua.
PAIZINHO Paíca (*R. Negro*).
PAJÉ Paié.
PAJESAGEM [pajelança] Paiésáua.
PAJAMARIOBA Paiémaryua.
PAJURÁ Paiurá.
PALÁCIO Ocasu.
PALAMEDEA CORNUTA [alicorne] Camitaú, Cauitaú.
PALAVRA Nheẽnga, Yisaua (*Martius*).
PALAVREADO Iurucoeré, Nheẽn-nheẽngarana.
PALHA Pinaua, Sapé, Pindaua.
PALHAÇADA Mupucá-saua.
PALHAÇO Mupucá-sara.
PALHAL Pindaua-tyua.
PALHETA (para lançar a flecha: estoleca) Uéyua peteca.
PALHOÇA Teiúpáua.
PALIDEZ Suayua.
PÁLIDO Suayu, Iyuá (*amarelo*).
PALMA (da mão) Pô pytera. *Bater palmas:* Pocema.
PALMADA Popetécasáua. *Dar palmadas:* Popeteca. *Quem dá palmadas:* Popetecasara. *Quem as recebe:* Popetecatéua. *Se são muitas:* Popetecapora. *Aquilo com que se dá:* Popetecauara.
PALMEIRA Pindaua, Pindauayua (*pindoba*). Ainda aqui se usa sempre o nome específico e então se tem: Asaí, Caranã, Caranaí, Curuá, Iará, Iará-ucu, Iará-una, Iatá, Iata, Iauary, Ieriuá, Inaiá, Inaiai, Iu, Iupatī, Iusara, Maraiá, Maraiá piranga, Mbusu, Mumbaia, Murumuru, Myritī, Patauá, Pisaua, Pupunha, Tapauá, Tucũ, Tucumã, Tucumaī, Uaiará, Uauású, Urucuri, Yacytara, Yuacaua, Yuacauaī.
PALMILHAR Só py rupi.
PALMO Pô pucu; (*medida*) Pô rangaua.
PALPADELA Popecicasaua. *V. Apalpar* e comp.
PÁLPEBRA Cesá pirera, Cesá pepu.
PALPITAÇÃO Titicasaua, Tucá-tucásáua.
PALPITANTE Titicauara, Tucá-tucáuára.
PALPITAR (*quando quase normal*) Titica; (*se forte*) Tucá-tucá.
PALPITE (*fig.*) Maitésáua.
PALUSTRE Tyiucauara.
PAMONHA Pamonha.
PANACU Panacũ. *V. Paneiro.*
PANARÍCIO Pôampé-pungá.
PANÇA Marica-uasu.
PANCADA Nupaua.
PANCADARIA Nupá-nupásáua.
PANDULINUS CHRYSOCEFALUS [casta de rouxinol] Tenten.
PANEIRO Panacũ, Uaturá, Urasucanga, Iamasi. (*para farinha*) Uī-ireru; (*com tampa em forma de baú*) Pacará; (*em forma de cone*) Coromondó; (*bojudo e geralmente não muito grande*) Uru; *pequeno paneiro destinado a trazer os petrechos do pescador*) Picuá; (*o do caçador*) Matirī (*nome este que também se dá a qualquer sacola que o substitua*).
PANELA (*larga, baixa e bojuda*) Iapepu; (*larga em forma de alguidar*) Nhaeẽn, Nhaẽn; (*a que traz tampa*) Nhaẽn pupu; (*de ferro*) Itanhaẽn (*mas já em muitos lugares, especialmente se se trata de panela de ferro comprada na loja, se ouve dizer* Panera).
PANIEL [retrato; painel?] (*em geral*) Mbaérangaua; (*se é de gente*) Mirarangaua.
PANEMA Panema.
PANO Sútiro, Pana; (*de linho*) Sútiro suaiauara; (*de algodão*) Sútiro amaniu suaiuara, Mericana; (*grosso*) Mericana uasu; (*fino*) Mericana puĩ; (*retalho*) Sútiro pysáuéra; (*peça*) Sútiro pecoara.
PÃO Miapé (*nome de um bolo de mandioca*).
PAPA (*rala, de farinha cozida ou qualquer outra coisa como bananas, batatas*) Mingaua, Mimoĩngaua; (*de tapioca*): Tacacá; (*de milho verde*) Caangica; (*espessa de farinha seca*) Pirau.
PAPA-ARROZ Pipira.

papagaio Paraoá, Curica, Ué, Paraoá-asu, Maitaca, Uanacã, Iuru, Iuru-apara, Iuru-asu, Iuruá.
papa-mel Irara.
papa-ovos¹ Supiáusára.
papa-ovos² (casta de sáurio) Iacuruaru.
papa-ovos³ (casta de cobra) Caninana.
papel Papera.
pápula Pungaī.
paquete Maracatī.
paquinha (grilo-talpa) Tatuī.
para Kiti, Supé, Recé, Arama, Pé. *Para longe:* Ape-catu kiti. *Para a gente:* Mira supé. *Prepara para mim:* Remungaturu cé supé, *ou* cé arama. *Deixa vir as crianças para mim:* Rexiare curumitã ouri cé kiti, *ou* cé recé. *Para cima:* Apirpe. *Para baixo:* Euirpe. *Para nada:* Ti arama.
paracaúba Paracayua.
paracuuba Paracuyua.
parada Mytásáua.
paradeiro Mytátáua.
parado Mytuu, Pytuu. *Rio parado:* Paranã pirantãyma.
parador Mytására, Mytáuéra.
paraense Parauara.
paranaense Paranauara.
paraíba Parayua.
paraibano Parayuauara.
parante Mytáuára.
parapeito Muantásáua. *O que serve de parapeito:* Muantáuára.
parar Mytá, Pytá, Pytu. *Fazer parar:* Mumytá. *Parar do rio:* Paranã inti oiké, Opytá nhun.
parceiro Imumuara, Amuara.
parcela Cemirera, Remirera.
pardo Tapaiuna-rana, Ceramé-una.
parecido (*meu parecido*) Cé nungara; (*teu parecido*) Né nungara; (*seu parecido*), I nungara *etc.*
parecer Maité. *V. Pensar* e comp.
parede Rupitá, Oca rupitá (= *da casa*).
parente Anama.
parentela Anamaitá. *Toda a parentela o acompanhou:* Anamaitá opaua osó iepé asu aé irumo.
parentesco Anamasaua.
paricatuba Paricatyua.
parido, parida Embyrarecuera. *V. Nascer.*

parideira Embyrareuera.
parir Embyrare. *Fazer parir:* Muembyrare, Membyrare.
parinari Parinari.
parnaíba Parnayua.
parra tasema (jaçanã) Uapé, Piasoca, Iasanã.
parte Pysáuéra, Suaxara; Cema; Putaua. *A mor parte:* Pysáuéra turusu pire. *A outra parte:* Amu pysáuéra. *Da outra parte se respondeu:* Amu suaxara suí onheẽn. *A gente dividiu-se em duas partes:* Mira oiu-musupytera mocoīn cema. *De uma parte ficaram os bons, da outra os maus:* Iepé suaxara opytá mira catu, amu suaxara mira puxi. *Minha parte:* Cé putaua.
parteira Membyraresara, Muembyraresara. Pira-pirareuara.
partejamento Pira-piraresaua.
partejante Pira-pirareuara.
partejar Pira-pirare.
partição Iumusaua, Musupyterasaua.
participação Mumaranduua-saua.
participador Mumaranduua-sara.
participante Mumaranduua-uara.
participar Mumaranduua.
partidor Musupyterasara, Iumuīsara; Putaua meẽngara.
partilha Putaua meẽngaua; (*a parte que toca*) Putaua.
partir (*dividir*) Iumuī, Musupytera; (*fazer partilhas*) Meẽn putaua.
parto (*com referência à parturiente*) Embyrasaua; (*com referência à parteira*) Muembyrasaua, Membyrasaua.
parvo Cuaua, Iacuayma.
pasmado Iuruīaī.
pasmar Oicô iuruīaī.
passado Sasaua; (*tempo que foi*) Cuera, Cuecé; (*remoto*) Cocy-yma, Cuecéyma.
passador Sasausara.
passagem Sasausaua. *Lugar de passagem:* Sasautyua.
passante Sasauara; (*que passa frequentemente*) Sasauera.
passar Sasau. *Fazer ou ser feito passar:* Musasau.
passarinho Uirá-mirī.
pássaro Uirá.
pássaro-preto Uirá-una.
passeado Uataua.

passeador Uatására.
passeadouro Uatátáua.
passeante Uatáuára, Uatáuéra (*passeadeiro*).
passear Uatá. *Passear sem destino:* Uatá-uatá.
passeata Uatásáua.
passiflora Maracuyá.
pasto Mbaúsáua.
pastor Manhanasara. *Pastor de gente:* Mira-manhanasara.
pastoreamento Manhanasaua.
pastorear Manhana. *Fazer ou ser feito pastorear:* Mumanhana.
pata (*as dianteiras*) Pô; (*as traseiras*) Py.
patada Pônupásáua, Pynupásáua. *Dar com as patas:* Ponupá, Pynupá.
patauá [palmeira] Patauá.
patauazeiro Patauayua.
patenteação Mucameẽngaua.
patenteador Mucameẽngara.
patentear Mucameẽn. *Patentear-se:* Iumucameẽn; Iucuaocári.
pátio Oca-rocara.
patinho Ipecaĩ.
pato Ipeca, Urumã.
pátria Tetama.
patrício Tetamauara.
patrimônio Maauetá, Maauitá, Umaitá.
pau Myrá, Muyrá, Yua; (*quando é uma vara*) Mará; (*quando se refere a alguma coisa como uma bengala*) Myraracanga; (*quando cortado para o fogo*) Iepeá.
pau-brasil Myrá-tuíra [= *pau roxo*].
pau-branco Myrá-tinga.
pau-canela Myrá-ceẽn [= *pau doce*].
pau-catinga Myrá-catinga.
pau-cravo Myrá-kinha.
pau-d'arco Myrá-parayua.
pau-de-breu Myrá-icyca.
pau-de-canoa Yara-myrá.
pau-de-embira Embyra-yua.
pau-[de-]formiga [taxizeiro] Taxiyua.
pau-de-lágrima Myrá-iju.
pau-de-jangada (*molongó*) Marongau, Marongo.
pau-de-macaco (*macacaúba*) Macaca-yua.
pau-ferro Itá-yua.
pau-furado Myrá-uoca.
paulinia sorbilis [guaraná] Yuaranã, Uaranã.
pau-marfim Myrá-parayua.
pau-merda Myra-inema [= *pau fedido*].

pau-mulato Muratu-yua; Myrá-piroca.
pau-pedra (itaúba) Itá-yua.
pavãozinho Uirá-membeca, Iukiry.
pavor Iauaetésáua.
pavoroso Iauaetéuára.
paxiúba Paxyua.
paz Catusaua.
pé Py. *Pé torto:* Py apara. *Pé dormente:* Py icieí.
peão [que vai por terra] Yuy-rupiuara, Py-rupiuara.
peba Tatu-péua.
peça Pecoara. *Peça de pano:* Pana *ou* Sútiro pecoara.
pecado Tecô iauísaua, Tupana tecô angaĩaua. *Mortal:* Tupana tecô angaĩpaua asu; Uatárisáua.
pecador Tecô iauísara. *Pecado costumeiro:* Tecô iauíuera; Tecô ayua pora; Uatárisára.
pecar Iauí tecô, *ou melhor*, Iauí tupana tecô; Uatári.
pecíolo (*da fruta*) Yá ierisaua, Yarisaua; (*da folha*) Cáá ierisaua; (*da folha de palmeira*) Cupé-cáá.
pedaço Pysáuéra, Curera, Pysancuera, Putaua.
pedido Iururéua.
pedidor Iururéusára.
pedimento Iururéusáua; Iumuésáua.
pedinchão Iururéuéra, Iumuéuéra.
pedinte Iururéuára, Iumuéuára.
pedir Iururéu, Iumué. *Fazer pedir:* Muiumué.
pedra Itá. *Pedra alta:* Itá-pueté. *Pedra áspera:* Itátambé, Itambé. *Pedra amarela (ouro):* Itátauá, Itáuá (itajubá). *Pedra boa:* Itá-catu. *Pedra bonita:* Itá-poran, Itá-poranga. *Pedra branca:* Itátínga. *Pedra chata:* Itápéma. *Pedra comprida:* Itá-pucu. *Pedra da funda:* Itá-ueué. *Pedra de amolar:* Itákĩ; (*a roda da pedra de amolar*) Itá-uauaca. *Pedra de cima, do monte [de amonte]:* Itá-apira. *Pedra delgada:* Itá-puĩ. *Pedra de valor:* Itá-cepíasú. *Pedra do fundo:* Itápýpe. *Pedra doce:* Itáceẽn. *Pedra do pescoço:* Itá-tuixaua. *Pedra dos lábios:* Itá-tembé, Tembétára, Tembetá. *Pedra dura:* Itá-santá. *Pedra esmiuçada:* Itapá-curuĩ. *Pedra lavrada:* Itá-iupana. *Pedra levantada:* Itá-puamo. *Pedra leve:* Itápucéýma. *Pedra lisa:* Itápéua. *Pedra miúda:* Itá-puíra. *Pedra mole:* Itápenéma. *Pedra*

pesada: Itá-pucé. *Pedra pintada:* Itá-pinima. *Pedra preciosa:* Itá-cepi. *Pedra rachada:* Itá-caryca. *Pedra riscada:* Itá-coatiara. *Pedra ruim:* Itá-ayua. *Pedra salgada:* Itá-iukyra.
PEDRA-POMES Itá-uyuyra.
PEDRARIA Itá-ceía.
PEDRA-UME Itaẽn.
PEDRA-UME-CAÁ Itaẽn-caá.
PEDREGOSO Itá-pora.
PEDREGULHO Itá-rupiara; Itaĩ.
PEDREIRA Itatyua, Itarendaua.
PEDREIRO Oca-munhãngara.
PEDRÊS Pinima, Sororoca.
PEGADA Pypora, Pycendaua, Py-rangaua.
PEGADIÇO Pici-picicauera.
PEGADO Picicauá, Picicana.
PEGADOR Picicasara.
PEGADOURO Picicarendaua.
PEGAJOSO Icyca.
PEGAMENTO Picicasaua.
PEGANTE Picicauara.
PEGAR Picica. *Pegar com a mão:* Popicica. *Pegrar de leve:* Pipicica. *Pegar repetidamente:* Pici-picica. *Pegar de surpresa:* Pucasu.
PEGÁVEL Picicatéua.
PEGO Paranã piterupe, Paranã rupiara.
PEIDADOR Pinusara.
PEIDANTE Pinuuara, Pinuuera.
PEIDAR Pinu.
PEIDO Pinu, Pinua.
PEITO Putiá, Potiá; (*da mulher*) Camby; (*do pé*) Py-cupé, Py-copi.
PEIXE Pirá. *Espinha de peixe:* Pirá-kiroa. *Peixe gostoso:* Pirá-pitinga. *Isca para peixe:* Pirá-mutaua. *Peixe seco:* Piraẽn.
PEIXE-ARANHA Pirá-iandu.
PEIXE-BOI Pirá-iauara.
PEIXE-BEIJU Pirá-meiú [beijupirá].
PEIXE-CACHORRO (o boto vermelho) Pirá-iauara.
PEIXE-CÃO Pirá-uauá.
PEIXE-CHATO Pirá-péua.
PEIXE-COMPRIDO Pirá-pucu.
PEIXE-LENHA Pirá-iepeá.
PEIXE-LIXA Pirá-curuca.
PEIXE-DENTE Piranha.
PEIXE-DOURADO Pirá-puton.
PEIXE-RONCADOR Cuiúcuiú.
PEIXE-TAPIOCA Pirá-typyaca.
PEIXE-VOADOR Pirá-ueué.

PEJADA Ipuruã.
PEJADOR Ipuruãngara.
PEJAMENTO Ipuruãngaua.
PEJAR (*tornar pejada*) Mupuruã; (*ficar pejada*) Puruã.
PEJO Utĩnsaua.
PEJORAR [piorar] (*tornar pior*) Munhã puxi pire; (*ficar pior*) Pitá puxi pire; Mupuxitenhẽn.
PELADO Piroca; Auayma, Sauayma, Rauayma. *Terra pelada:* Yuyapina, Ibiapina, Piroca. *Pedra pelada:* Itapiroca.
PELADOR [*que tira pelo*] Pirocasara; [*que tira pele*] Pirera iuucasara.
PELADOURO Pirera iuucasaua.
PELADURA Pirocasaua.
PELANCA (peitos flácidos) Camby pirera.
PELANTE Pirocauara.
PELAR [*tirar pelo*] Mupiroca, Sauoca; (*tirar a pele*) Iuuca pirera.
PELÁVEL Pirocauera.
PELE Pirera.
PELEJA Iacáosáua. *O campo da peleja:* Iacaotaua.
PELEJADOR Iacaosara.
PELEJANTE Iacaouara.
PELEJAR Iacao. *Pelejar-se:* Iuiacao.
PELEJÁVEL Iacaouera.
PELO[1] Saua, Raua; (*do corpo*) Pecanga; (*dos olhos, sobrancelhas*) Cesá pecanga.
PELO[2], **PELA** Rupi, Suí, Ramé. *Pelo caminho direito:* Pé satambyca rupi. *Pelo amor de Deus:* Tupana xaisusaua suí. *Pela noite adiante:* Pisaiéua ramé.
PELUDO Saua-manha.
PENA[1] (*a que é origem da dor*) Saciyua; (*a que é infligida*) Putaua. *A pena do pecado:* Tecô iauí putaua.
PENA[2] Saua, Raua, Uirá-saua (quando é necessário precisar pela dúvida, que pode trazer Saua *por indicar indistintamente, pelo, pena, cabelo, raio; e então* Pepu-saua, *se se trata de penas das asas, e* Raua-saua, *se das da cauda*).
PENDURAR Muticu. V. Dependurar.
PENEDO Itá-uasu; Itá-iaueté.
PENEIRA Urupema, Cumatá.
PENEIRAÇÃO Muuoau-paua.
PENEIRADO Muuoaua.
PENEIRADOURO Muooau-rendaua.

PENEIRADOR Muuoausara.
PENEIRANTE Muuoauara.
PENEIRAR Muooau, Muoau.
PENEIRÁVEL Muuoauera.
PENETRAÇÃO Uikésáua.
PENETRADOR Uikésára.
PENETRANTE Uikéuára.
PENETRAR Uiké. *Fazer ou ser feito penetrar:* Muiké.
PENHA Itá-turusu.
PENHASCOS DE FORMA ARREDONDADA Itáuaturá.
PENÍNSULA Arapecuma.
PENINSULAR Ara-pecumauara. *De forma peninsular:* Ara-pecuma iaué.
PENSADA [subs.] Maitéua.
PENSADAMENTE Maité-rupi.
PENSADOR Maitésára.
PENSAMENTO Maitésáua.
PENSANTE Maitéuára.
PENSAR Maité. *Pensar-se:* Ruuiare. *Fazer ou ser feito pensar:* Mumaité. *Pensar mal:* Maité-puxi. *Pensar bem:* Maité-puranga.
PENSOSO Maitéuéra.
PENTE Kiaua. *Pente sujo, piolhento:* Kiuaua.
PENTE-DE-MACACO (*casta de leguminosa*) Coxiú-kiuaua; (*casta de bignoniácea*) Anhanga kiuaua.
PENTEADO Iacapyca, Parauacá.
PENTEADOURO Iacapyca-tendaua, Iacapycasara-oca.
PENTEADOR Iacapycasara.
PENTEANTE Iacapycauara.
PENTEAR Iacapyca. *Pentear-se:* Iuiacapyca.
PENTEÁVEL Iacapycauera.
PENTELHO Racuá, Sacuá, Tacuá.
PENUGEM Sauiiu; Yuy-rupisaua.
PEQUENEZ Mirĩsaua, Cuairapaua.
PEQUENINO Mirĩxinga, Cuaíraxínga, Kerisu.
PEQUENÍSSIMO Mirĩeté, Cuaíreté, Iatucaeté.
PEQUENO (*no tamanho*) Mirĩ; (*em grossura*) Cuaíra; (*em altura*) Iatuca; (*mais pequeno*) Mirĩpire. ĩ e y (sufixos) indicam diminuição: Tamandoá, Tamandoay; Mamoriá, Mamoriaĩ; Tatu, Tatuĩ etc.
PEQUERRUCHO Tainha, Cunhantaĩn, Curumĩmirĩ.
PER [por] Suí, Rupi. *Perante mim:* Cé tenondé rupi. *Pelo que dizes:* Renheẽn suí.

PERAU Paranã-typysaua.
PERCEBER Cendu. *Fazer perceber:* Mucendu, Mucameẽn, Mucuao. *V. Entender, Mostrar* e comp.
PERCEVEJO Taminoá, Taminoi.
PERCORRER Uatá-yuy-rupi.
PERCUSSÃO Mutacasaua, Cotucasaua, Nupásáua.
PERCUSSOR Mutacasara, Cotucasara, Nupására.
PERCUTIR Mutaca, Cotuca, Nupá.
PERDA Canhemosaua.
PERDÃO Nhoirõngaua; Ierõngaua.
PERDEDOR Canhemosara.
PERDENTE Canhemouara.
PERDER Canhemo. *Perder-se:* Iucanhemo. *Fazer ou ser feito perder:* Mucanhemo.
PERDIÇÃO Canhemotaua.
PERDIDO Canhemoana.
PERDIDIÇO Canhemotéua.
PERDIZ Uru.
PERDOADOR Nhoirõngara.
PERDOAR Nhoirõn, Nherõn, Ierõn. *Perdoar-se:* Iunhoirõn. *Fazer perdoar:* Munhoirõn.
PEREBA Peréua.
PERECER Manó. *V. Morrer* e comp.
PEREGRINO Uatá-uatáuára.
PEREGRINAR Uatá-uatá.
PERENE Opaua-yma.
PERENEMENTE Opaua-yma-rupi.
PERERECA Perereca.
PERFAZER Mungaturu, Muterecemo. *V. Aprontar, Completar* e comp.
PERFEIÇÃO Puranga-mungaturusaua.
PERFEIÇOADOR Puranga-mungaturusara.
PERFEIÇOAR Mungaturu-puranga.
PERFÍDIA Ecopésáua.
PÉRFIDO Ecopé.
PERFIL Itá-anga.
PERFUMADO Cetuna, Sakena.
PERFUMADOR Musakenasara.
PERFUMADURA Musakenasaua.
PERFUMANTE Musakenauara.
PERFUMAR Musakena. *Perfumar-se:* Iumusakena.
PERFUME Sakenaua, Putyra-sakena, Sakenayua.
PERFUMISTA Sakena-munhãngara.
PERFURAÇÃO Ipecoĩngaua.
PERFURADOR Ipecoĩngara.

PERFURAR Ipecoĩn, Ipecoẽn.
PERGUNTA Porandusaua.
PERGUNTADO Poranduá.
PERGUNTADOR Porandusara.
PERGUNTANTE Poranduuara.
PERGUNTÃO Poranduera.
PERGUNTAR Porandu. *Perguntar-se:* Iuporandu. *Fazer perguntar:* Mupurandu. *Perguntar com autoridade:* Poranducári, Nheẽnreu, Iunheẽnreu.
PERGUNTÁVEL Porandutéua.
PERIGO Iauaétésáua.
PERIGOSO Iauaeté.
PERIQUITO Perikita, Paraoarĩ, Cataca, Curicuiári, Cuxuĩ, Tuĩ, Aiuruĩ, Kéri-kéri, Tauátauá, Auapurá, Keperu, Aiurĩ.
PERITO Iucuaouá.
PERMISSÃO Xiárisáua.
PERMISSOR Xiárisára.
PERMITENTE Xiáriuára.
PERMITIR Xiári, Xiare. *Não permitir que o diabo se introduza entre nós:* Inti oxiare iurupary oiumuiké iané piterupe uá.
PERMUTA Recuiara, Cecuiara.
PERMUTAR Munhã-recuiara.
PERNA Retimã, Cetimã. *Perna torta:* Retimã apara. *Perna curta:* Retimã iatuca. *Perna ligeira:* Retimã iaté.
PERNADA (da árvore que esgalha) Myrá-uaca.
PERNETA Retimã-iatuca.
PERNILONGO Carapanã-retimã-pucu.
PERNOITAR Pitá-pituna-rupi.
PEROBA Perouyá.
PERPENDICULAR Satambyca.
PERPETUAÇÃO Umpau-ymasaua.
PERPETUADOR Umpau-ymasara.
PERPETUANTE Umpau-ymauara.
PERPETUAR Mpau-yma. *Perpetuar-se:* Iumpau-yma.
PERSEGUIÇÃO Coerésáua.
PERSEGUIDOR Coerésára.
PERSEGUIR Coeré. *Perseguir a caça:* Só soó casakire.
PERSIGNAR Munhã-curusá-rangaua. *Persignar-se:* Iu-munhã-curusá-rangaua.
PERSPICAZ Iacua.
PERSUASÃO Catu-nheẽngaua.
PERSUADENTE Catu-nheẽngara.
PERSUADIDO Catu-nheẽn.
PERSUADIR Nheẽn-catu.

PERTENCENTE Receuara. *Pertencente a alguém:* Mira receuara. *Pertencente à realidade:* Aetéuára.
PERTENCER Iara, Uara (*este último como sufixo quando indica relação de pertença*). *Este cachorro me pertence:* Cuá iauara icé iara.
PERTO Ruake, Suake. *Bem perto:* Ruake catu. *De perto:* Ruake kiti, Ruake suí. *Que está perto:* Ruakeuara. *Aqui perto:* Cuá ruake, Iké nhunto. *Mais perto:* Ruake pire.
PERTURBAÇÃO Canhemosaua, Patucasaua.
PERTURBADOR Canhemosara, Patucasara.
PERTURBANTE Canhemouara, Patucauara.
PERTURBAR Canhemo, Patuca. *Perturbar-se:* Iucanhemo, Iupatuca.
PERTURBÁVEL Canhemouera, Patucauera.
PERVERSÃO Muayuaetesaua.
PERVERSIDADE Ayuaetesaua.
PERVERSO Ayuaeté.
PERVERTEDOR Muayuaetésára.
PERVERTEDOURO Muayuaetétýua.
PERVERTENTE Muayuaetéuára.
PERVERTER Muayuaeté. *Perverter-se:* Iumuayuaeté.
PERVERTEDIÇO Muayuaetétéua.
PERVERTIDO Muayuaeté.
PERVERTÍVEL Muayauetéuára.
PESADA [*ato de pesar*] Pucéua; (*o que se pesa*) Mupucéua.
PESADELO Kérepi-ayua, Ker'pi-ayua.
PESADO Pucé.
PESADOR Mupucésára.
PESADOURO Mupucétáua.
PESAMENTO Mupucésáua.
PESANTE Pucé. *Que pesa:* Mupucéuára.
PESAR Mupucé. *Pesar-se:* Iumupucé.
PESÁVEL Mupucéuéra.
PESCA Piracasaua, Piramunhãngaua. *Pesca de anzol:* Pináitycasáua. *Pesca de fachos:* Pirakyra. *Pesca de rede:* Pusáitycasáua. *Pesca de timbó:* Timbóitycasáua. *Pesca de pari:* Parytycasaua. *Pesca de batição:* Ceripaua, Paranã petecasaua, Moponga (*Pará*).
PESCADA Uatucupá.
PESCADOR Piracasara, Piramunhãngara, Pináitycasára, Timbóitycasara, Paritycasara, Paranã-petecasara, Mupongasara. *V. Pesca.*
PESCAR Piraca, Piramunhã (*que indicam qualquer gênero de pescaria sem especificar*). *Pescar de anzol:* Pináityca. *Pescar de rede:*

Pusáitýca. *Pescar de pari:* Paryityca. *Pescar de timbó:* Tymbóitýca. *Pescar de batição:* Peteca paranã. *Pescar de zagaia:* Iantiĩ-ityca. *Pescar de arpéu:* Xapuityca. *Pescar de arpão:* Iatycaityca.
PESCOÇO Iaiurá, Aiurá.
PESCOÇUDO Aiurará, Aiuráuára.
PESO Pucéua.
PESPEGAR (*lançar, jogar*) Mburé; (*bater*) Peteca.
PESQUEIRO Piracuara, Piratyua, Piraypaua.
PESQUISA Nheréusáua.
PESQUISADOR Nheréusára.
PESQUISANTE Nheréuára.
PESQUISAR Nheréu.
PESQUISÁVEL Nheréuéra.
PÉSSIMO Ayuaetéána.
PESSOA Mira, Tenhẽ. *Ele foi em pessoa:* Aé osó i tenhẽ. *Eu em pessoa pedi para passar:* Ixe tenhẽ xá iururéu xasasau arama. *Não encontrou pessoa alguma:* Inti uacemo mira. *As pessoas de casa contaram o que se passou:* Mira ocapora onheẽn má oicoana.
PESTANAS Cesá-raua, Cesá-rerupeaua.
PESTANEJANTE Cesá-pirapiraresara.
PESTANEJAR Pirapirare-cesá.
PESTANEJO Cesá-pirapiraresaua.
PESTE Macíuasú, Maciayua, Macipaua.
PESTILENTO Macíuasú-uara.
PETA Poité.
PÉTALA Potyra-raua.
PETALIA RESINIFERA Ananayua, Uananay.
PETAR Munhã-poité. *V. Mentir* e comp.
PETISCADOR Upytingasara.
PETISCAMENTO Upytingasaua.
PETISCAR Upytinga.
PETISCO Pytinga.
PETRECHOS (*de caçador*) Matiripora; (*de pescador*) Picuápóra.
PEVIDE Sainha, Sainha-mirĩ.
PIA [batismal] Tupana-y-ireru.
PIABA Piau, Piaua.
PIAÇABA Piasaua.
PIAÇABAL Piasautyua.
PIAÇABEIRA Piasauayua.
PIAÇOCA Piasoca, Uapé, Iasanã (*sinônimos*).
PIADO Tixiricaua.
PIADOR Tixiricauara.
PIAMENTO Tixiricasaua.
PIAR Tixirica.

PICADA Cutucasaua, Pingaua, Iekysaua.
PICANTE Cutucauara, Iékyuára, Pingara.
PICA-PAU Arapasó, Pecu, Ipecu, Ipecuĩ e Ipecu-tauá, Pecu-piranga, Ipecu-pinima, Ipecu-tapyia, Ipecu-inema.
PICAR Cutuca, Iatyca. *Picar de insetos* (*ferroando*): Pĩn; (*ferroando e ardendo*) Iéky; (*ferroando e agradando*) Sorysoca. *Picar-se:* Iucutuca.
PICO Yuytera-tĩ (= *nariz da serra*).
PIEDADE Morasuyua.
PIEDOSO Morasuara.
PÍFANO Memby.
PIGMEU Mirairĩ.
PILADO Sosocaua.
PILADOR Sosocasara.
PILANTE Sosocauara; (*o que serve para pilar, mão-de-pilão*): Indoá-mena, Indoaĩ-mena.
PILÃO Indoá; (*quando mais pequeno, gral*) Indoaĩ.
PILAR Sosoca.
PILHAGEM Mundásáua.
PILHANTE Mundáuára.
PILHAR Mundá.
PILÍFERO Sauapora. Rauapora.
PILOSO Saua-manha, Raua-manha,
PILOTO Iacumã-yua, Iacumã-iara.
PIMELODÍDEO (peixes de pele) Mandyi, Piranambu, Mandué, Piracatinga.
PIMENTA Kinha. *A maior:* Kinhausu. *Pimenta comprida:* Muruaru; *Pimenta e farinha (matalotagem de viagem):* Cuiceẽn. *Pimenta em molho de peixe:* Kinha-pirá. *Pimenta redonda:* Kinha-poãn. *Pimenta seca em sal:* Iukitaia. *Pimenta vermelha grande:* Muacara.
PIMENTA-DE-CHEIRO Cumari.
PIMENTA-DOCE Kinhausu-ceẽn.
PIMENTA-DO-REINO Kinha-suaiauara.
PIMENTA-MALAGUETA Kinha-auy. *Pimenta-malagueta seca:* Kinhaxi;
PIMENTEIRA Kinhayua, Cumariyua etc.
PINCEL Taipĩ (*do nome da erva com que é feito o que serve para caiar as casas de taipa*); Pinimayua.
PINDAÍBA (a cana de pescar) Pindayua. Daí a triste condição do pescador que fica só com ela, perdidos linha e anzol, o que deu lugar a frase vulgar: "Ficar na pindaíba": Opitá nhun pindayua irumo.
PINDOBA Pindaua.

PINGA Tykyua.
PINGADO Tykyra.
PINGADOURO Tykytyua.
PINGANTE Tykyrauara.
PINGAR Tyky.
PINGENTES (das orelhas) Namipora.
PINGUELA Sasausaua.
PINHA Aracaty.
PINHAL Aracatytyua.
PINHÃO Iatimboca.
PINTAR Pinima. *Pintar-se:* Iupinima. *Pintar de branco:* Mumurutinga. *Pintar de amarelo:* Mutauá. *Pintar de vermelho:* Mupiranga. *Pintar de verde:* Muiakyra. *Pintar de azul:* Musukyra. *Pintar de roxo:* Mutuíra.
PINTO Uirá-piroca, Uirá-tainha, Uirá-iakyra.
PINTOR Pinimasara.
PINTURA Pinimasaua.
PIOLHO Kiyua. *Piolho de cachorro:* Kiyuarana.
PIONIA [*Pionus*; maitaca] Paraoaī. *V. Periquito.*
PIOR Puxi pire, Ayua pire. *Cada vez pior:* Iaué ayua tenhẽ.
PIPA (sapo) Cururu.
PIPIRA Pipira.
PIQUENIQUE Maá-uasu (*Solimões*).
PIQUIÁ Pikyá.
PIRA (sarna) Pyra.
PIRAÍBA Pirayua.
PIRAMUTABA Piramutaua.
PIRANDUBA Pirandyua.
PIRANHAÚBA Piranhayua.
PIRAQUERA Pirakyra.
PIRARARA Pirarara.
PIRARARA-PRETA Pacamu.
PIRENTO Puru-puruara.
PIRIRICAR Piryryca.
PIRITA (de ferro) Maracacheta.
PIRÓFERO [vagalume] Tatá-ireruara.
PISADA Pypora, Pypura. *O jabuti, encontrando a pisada da anta, perguntou: Aonde está teu pai?* Iuauty ouacemo ramé tapyira pypora, oporandu aé supé: Makiti né paia?
PISADO Pyruua, Soca, Posoca.
PISADOR Pyrusara, Socasara, Posocasara.
PISADOURO Pyrutyua, Socataua, Posocarendaua.
PISADURA Pyrusaua, Socasaua, Posocasaua.
PISANTE Pyruuara, Socauara, Posocauara.
PISAR Pyru (*naturalmente com os pés*). *Pisar com qualquer outra coisa:* Soca. *Pisar com a mão:* Posoca. *Pisar-se:* Iupyru. *Fazer ou ser feito pisar:* Mupyru.
PISCADELA Sapumísáua.
PISCADOR Sapumísára.
PISCANTE Sapumíuára.
PISCAR Sapumi.
PISCÍCULO Piaua, Piauaī, Piauī.
PISCIFORME Pirá-nungara, Pirá-iaué.
PISCÍVEL Pirá-usara.
PISCOSO Pirapora.
PISO Mytá, Mutá, Py-mytá.
PISTILO Putyra-ipora-miritá.
PITADA Pytyma-usaua.
PITADOR Pytyma-usara.
PITANGATUBA Pitangatyua.
PITANGUEIRA Pitangayua.
PITAR Pytyma.
PITUBA Pitua.
PIUM Piū.
PIÚVA Ipyyua.
PLACAR [aplacar] Muceẽn. *V. Aplacar* e comp.
PLAINA Mupemauara.
PLAINAÇÃO Mupemasaua.
PLAINADEIRO Mupemasara.
PLAINAR Mupemasara.
PLANALTO Arasátýua.
PLANETA Yacy-tatá-uasu.
PLANÍCIE Yuy-pema-tyua, Arapema.
PLANO Satambyca, Ipema.
PLANTA (*quando árvore*) Yua; (*quando erva*) Cáá. *O que é plantado e é destinado a servir de comida:* Remitéua. *Planta dos pés:* Py-pytera.
PLANTAÇÃO Iutimasaua.
PLANTADO Iutimana, Iutimaua.
PLANTADOR Iutimasara.
PLANTADOURO Iutimatyua.
PLANTANTE Iutimauara.
PLANTAR Iutima. *Plantar-se:* Iuiutima.
PLANTÁVEL Iutimauera.
PLANTIO Iutimatéua.
PLÊIADES (constelação) Ceucy.
PLOTUS ANINGA Carará.
PLUMA Saua, Raua; Uirá-saua, Pepúsáua, Suaia-saua, Ruaia-saua.
PÓ Puyra, Curera, Yuypuī, Tyuy.
POAIA Ipeca-cáá.
POBRE Ipyrasua, Ipyrasuera, Ipyrasupora, Mureasupora, Mbaéymasára.

POBREZA Ipyrasusaua, Mbaéymasáua, Mureasúsáua.
POÇO Yacaruá; (*se é água nascente*) Y-pauapy. Os poços que ficam entre um baixio e outro no tempo da vazante, nos rios de pouco fundo: Typypytyua.
PODER Muru.
PODERIO Murusaua.
PODEROSO Muruasu.
PODIMENA [teiú] Teiú.
PODOSTEMÁCEA (da cachoeira) Cariru.
PODRE Saué, Iuca.
PODRIDÃO Sauésáua, Iucasaua.
PODREDOURO Sauétýua, Iucatyua.
POEDEIRA (a galinha) Supiáuéra, Supiápóra.
POEIRA Curera. V. *Pó*. O lugar de poeira: Yuypuī-rendaua.
POEIRENTO Yuypuītéua, Curerauera, Puyrauera.
POENTE Coaracy-oienataua.
POLEIRO Sapucaia-oca, Uirá-mitásáua.
POLIBORO [*Polyborus*] Caracará, Caracaraī.
POLIDO Kitycaua; Eiecé.
POLIDOR Kitycasara, Kitycauara, Eiecésára.
POLIDURA Kitycasaua.
POLÍGAMO Cunhã-reía-mena.
POLIMENTADOR Kitynucasara.
POLIMENTAÇÃO Kitynucasaua, Eiecésáua.
POLIMENTANTE Kitynucauara.
POLIMENTAR Kitynuca.
POLIMENTÁVEL Kitynucauera.
POLIR Kityca; (*alisando*) Muicyma. *Polir-se*: Iukityca.
POLEGAR (*da mão*) Pô-racangasu: (*do pé*) Py-racangasu.
POLTRÃO Pitua.
POLTRONARIA Pituasaua.
POLVILHO (de tapioca) Caá-rimá, Caiarema.
PÓLVORA Mucacuí.
POLVORINHO Mucacuí-ireru.
POMBA Pecasu, Pecu, Picuī.
POMBA-CABOCLA Picuī-sauoca. Picuī-cauoca.
POMBA-CHORONA Picuī-xirica.
POMBA-GRANDE Picasu, Picuī-asu.
POMBA-LISA Picuī-péua.
POMBA-PINTADA Picuī-pinima.
POMBA-ROLA (e afins, nome genérico) Picuī.
PONDERAR Mucameēn. V. *Mostrar* e comp.
PONTA Sacapira, Racapira, Sapecô, Rapecô, Tapecô, Pecô, Pecuma. *Ponta de chifre*: Uacaracapira, Uaca-sapecô. *Ponta de flecha*: Ueyuasacapira. *Ponta de pedra*: Itápecô, Itápecúma, Itáracá, Itátī; (*ereta*) Itáuíra; (*muitas*): Itátiáia; (*reluzente*) Itátī-ueraua. *Ponta de serra*: Yuytera-tī, Yuytera-sacapira. *Ponta de terra*: Arapecuma.
PONTADA (dor aguda) Maraama.
PONTE Iasápáua, Sasausauayua; Mytá.
PONTUDO Isacapira, Sacapirauara, Iiantī.
POPA Iacumã-tendaua, Iacumã-iara-rendaua.
POR Rupi, Recé. *Por dois caminhos chega-se à cidade*: Mucuīn rapé rupi ocica cuauo mairi kiti. *Por lá*: A rupi. *Por cá*: Cuá rupi. *Por amor de Deus*: Tupana xaisusaua recé. *Por via disso*: Cuá recé, Nhá recé.
PÔR Enu, Mbure, Mpucá; Mu. *Pôr-se*: Iuenu. *Pôr em cima*: Enu arpe. *Pôr-se à força*: Iumpucá. *Pôr de si*: Mbure i suí. *Pôr a corda na rede*: Muxama makyra. *Pôr de molho*: Muyasuca; *Pôr no fundo*: Mupypyca, Muypype.
PORAQUEÍBA Purakeyua.
PORÇÃO Ceía, Reía.
PORCO (de casa) Taiasúáia, Taiasu-suaia; Curé.
PORCO-DO-MATO Taiasu, Sanhasu.
PORÉM Má, Cuité, Iepé.
PORMENOR Mbeú-mpaua.
PORMENORIZAÇÃO Mbeú-mpausaua.
PORMENORIZADOR Mbeú-mpausara.
PORMENORIZAR Mbeú-mpau.
POMENORIZÁVEL Mbeú-umpauera.
PORQUANTO Nhá-recé, Nhá-iaué.
PORQUE (*afirmativo*) Marecé, Arecé. *Porque não encontrei ninguém*: Marecé inti xauacemo mira.
POR QUE? (*interrogativo*) Má? Mataá? Má-arama-taá? *Por que voltaste logo?*: Má arama taá reiuíre curutē.
PORTA[1] Okena (*isto é, a porta onde se entrava na casa indígena*); Okenaī (*a porta do fundo, destinada apenas para o uso dos donos*).
PORTA[2] (de portar, conter) Ireru, Reru. *Porta ovos (ovário)*: Supiá-ireru. *Porta merda (intestino)*: Typuti ireru. *Porta chuva*: Amana-ireru.
PORTADOR Ruresara, Puracaresara. *Portador da chuva*: Amana-ruresara, Amana-ireru.
PORTAMENTO Ruresaua, Puracaresaua.

PORTANTE Rureuara, Puracareuara.
PORTANTO Nhá-recé, Cuá-rupi, Cuá-suí.
PORTAR Rure; (*carregando*) Puracare. *Na minha mão trago ou porto a paz ou a guerra, escolhe:* Cé pô kiti xarure catusaua, Uarinysaua, Repuruaca! *Porta este saco à canoa:* Repuracare yngara kiti cuá matiri uasu.
PORTÁTIL Reruruera, Puracáreuéra, Puracaretéua.
PORTENTOSO Iauetéuá.
PORTO Yarapape, Yngarapape; Yarapaua.
PORVINDOURO Curyuara, Curysara.
PORVIR Curysaua.
POSPONÍVEL Casakire-enuuera.
POSPOR Enu-casakire.
POSPOSIÇÃO Casakire-enusaua.
POSPOSITOR Casakire-enusara, Casakire-enuuara.
POSSE Recôsáua. *A minha posse:* Cé-recôsáua. *O dono da posse:* Recôsáua-iara.
POSSEIRO Recôsára.
POSSESSIVO Recôtéua.
POSSESSOR Recôsáua-iara.
POSSÍVEL! Soco! Toco!
POSSUINTE Recôuára.
POSSUÍVEL Recôuéra.
POSSUIR Recô. *Possuir-se:* Iurecô.
POSTA [de carne etc.] Putaua, Pysáuéra.
POSTEJADO Pysaua.
POSTEJADOR Pysáuára.
POSTEJAMENTO Pysaua.
POSTEJAR Pysá, Pisá; Muputaua.
POSTEJÁVEL Pysátéua.
POSTEMA Pungá, Mungá; (*se é de mau caráter*) Mungá-puxi.
POSTERIOR Rireuara, Casakireuera.
POSTO Ienua, Imbure.
POSTURA (de ovos) Supiásáua.
POTE Camutĩ, Camucĩ.
POTÊNCIA Murusaua; (*como vencedora*) Iyuycasaua.
POTENTE Murua, Muruuara; (*como vencedor*) Iyuycauara.
POUCO Mirĩ, Cuaíra, Xinga. *Pouco cozido:* Oeixinga. *Ainda é pouco:* Aicué raen cuaíra. *Dê-me só um pouco de farinha:* Remeẽn se supé uy mirĩ nhunto.
POUCOCHINHO Cuaíra-xinga, Mirĩ-xinga.
POUSADA Mitusaua.
POUSAR Pitu, Mitu, Uapica.
POUSO Uapicataua.
POVO Mira; (*o nosso povo*) Iané-mira.
POVOAÇÃO Taua. *Povoação nova:* Táuapesasú. *Povoação abandonada:* Taua-cuera; Tapera.
POVOADOR Mucetására.
POVOAMENTO Mucetásáua.
POVOANTE Mucetáuára.
POVOAR Mucetá. *Povoar-se:* Iumucetá.
POVOÁVEL Mucetáuéra, Mucetátéua.
PRADO (*natural*) Peri-tyua; (*de planta*) Capĩ-tyua.
PRAGA[1] (de larvas ou insetos) Tapuru-reía, Tapuru-terecemo.
PRAGA[2] (imprecação) Tupana-puxi-nheẽngaua.
PRAGUEJADOR Tupana-puxi-nheẽngara.
PRAGUEJAR Nheẽn-tupana-puxi.
PRAIA Yuymicuĩ.
PRAIEIRO Yuymicuĩ-uara.
PRANCHA Myrá-pema.
PRANTEAR Xiú. V. *Chorar* e comp.
PRANTO Cesá-yukycé.
PRATA Itátínga.
PRÁTICO (*do rio*) Paranã-iara; (*do caminho*) Pé-iara; (*do mato*) Caá-iara.
PRATO Tembiú-ireru, Nhaẽn, Parátu. Esta última forma toma foros de cidade cada dia mais. No rio Negro usam muito *Darapi*, que não é palavra nheẽngatu mas baré, assim como *Daiba*, que parece baníua.
PREÁ Cuĩ.
PRECAUÇÃO Muiacúsáua.
PRECAUTELADOR Muiacúsára.
PRECAVER Muiacu. *Precaver-se:* Iumuiacu.
PRECAVIDO Iacua.
PRECEDENTE Tenondé-uara; (*quem precede*) Tenondésára.
PRECEDER Só-tenondé.
PRECEITO Tecô, Secô, Ticu, Sicu.
PRECEITUAÇÃO Mutecôsáua.
PRECEITUADOR Mutecôsára.
PRECEITUAR Mutecô.
PRECEPTOR Mbuésára. V. *Mestre*.
PRECESSÃO Tenondésáua.
PRECIOSIDADE Cepiasusaua.
PRECIOSO Cepiasu.
PRECIPÍCIO Ocucautyua.
PRECIPITAÇÃO Mucurutẽsaua.
PNECIPITADOR Mucurutẽsara.
PRECIPITANTE Mucurutẽuara, Ocucauara.

precipitar (*fazer com pressa*) Mucurutẽ; (*ruir*) Ocucau.
precipitável Mucurutẽuera, Ocucauera.
precisão Puraĩngaua.
precisador Puraĩngara.
precisar Puraĩn.
preço Cepi. *Preço alto, o que torna precioso:* Cepiuasu, Cepiasu. *Sem preço:* Cepiyma. *Preço baixo:* Cepi-mirĩ. *Preço de mais baixo:* Cepi-mirĩtéua.
precoce Tenondéuára.
prédica Tupana-nheẽnga-mbeúsáua.
predicador Tupana-nheẽnga-mbeúsára.
predicar Mbeú-tupana-nheẽnga.
predileto Xaisua-pire.
preenchedor Terecemosara, Opau-eikésára.
preencher Terecemo, Eiké-pau.
preenchimento Terecemosaua, Opau-eikésaua.
preferir Purauaca. V. *Escolher* e comp. Uacemo catu pire. Enu rain tenondé. *Entre os dois prefere o mais pequeno:* Mocuĩ piterupe opurauaca mirĩ pire. *Prefiro fugir a morrer:* Xauacemo catu pire xaiauau, Xamanô cury uá. *Prefere morrer a faltar com a própria palavra:* Oenu rain tenondé omanô cury, Inti omunhã i nheẽnga uá.
prega (*especialmente de coisas que se dobram*) Mamana; (*em superfícies que se engelham*) Curuca.
pregar V. *Predicar* e comp. *Pregar pregos:* Muitapuã; Peteca-itapuã. *Enfincar:* Iatyca. V. *Arpoar* e comp.
prego Itapoan, Itapuã.
pregoar Sapucaĩ, Sacemo. *Fazer pregoar:* Musapucaĩ, Musacemo. *Pregoar-se:* Iusapucaĩ, Iusacemo. V. *Apregoar* e comp.
preguiça[1] Iatéymasáua.
preguiça[2] (*casta de tardígrado*) Aí, Oii.
preguiçoso Iatéyma.
preguntar Purandu. V. *Perguntar* e comp.
prejudicar Mupuxi. *Prejudicar-se:* Iumupuxi. *Prejudicar os outros é prejudicar-se a si mesmo:* Omupuxi amuitá recé omupuxi i teẽn recé.
preliminar Tenondéuára.
preliminarmente Tenondéuára-rupi.
premeditar Maité-tenondé, Munhã-tenondé-rangaua.

premente Iamĩuara, Camirycauara, Popycauara, Pocamirycauara.
premer Iamĩ, Camiryca. *Premer com a mão:* Popyca, Pocamiryca.
premiar Meẽn-recuiara, Meẽn-putaua.
prêmio Putaua-catu.
pré-morrer Manô-tenondé.
pré-morte Tenondé-manô, Tenondé-ambyra.
premunido Muiacua. V. *Precaver* e comp.
prender Picica. V. *Pegar* e comp. *Prender uma coisa a outra:* Iaputy. *Prender com cordas:* Iapucuare. *Prender no alto:* Muiaticũ.
prenhe Ipuruã.
prenhez Ipuruangaua. V. *Emprenhar* e comp.
prensa Sauacauara.
prensador Sauacasara.
prensar Sauaca.
preparação Mungaturusaua.
preparado Mungaturuá.
preparador Mungaturusara.
preparadouro Mungaturutyua.
preparante Mungaturuuara.
preparar Mungaturu. *Preparar-se:* Iumungaturu. *Mandar preparar:* Mungaturucári.
preparável Mungaturuuera, Mungaturutéua.
preparatório Mungaturuyua.
prepor Mbure-tenondé. V. *Preferir*.
prepotência Mbure-putaresaua.
prepotente Mbure-putaresara (*de Mbure-putare, pré-poder*).
presbita Cesá-pucu (= *vista curta*).
presença Resauésáua.
presente Resaué.
presentear Meẽn. V. *Dar* e comp.
preso Picicana, Iapucuári, Muiaticua, Iaputyua.
pressa Sanhen, Ranhen, Sapuá. *Muita pressa:* Sapuá reté. *Alguma pressa:* Sapuá xinga. *Pouca pressa:* Sapuá mirĩ. *Ter pressa:* Icôsanhen. *Fazer pressa:* Musanhen. *Fazer depressa:* Mucurutẽ, Muiaté.
pressão Sauacasaua, Camirycasaua, Popycasaua.
préstimo Purangaua.
prestimoso Purangara.
presumidor Muasusara.
presumir Muasu. *Presumir-se:* Iumuasu.
presumível Muasutéua.

presunção Muasusaua.
presuntuoso Muasuuera.
pretensão Mutaresaua, Iucysaua, Icôcecésáua.
pretensor Mutaresara, Iucysara, Icôcecésára.
pretendente Mutareuara, Iucyuara, Icôcecéuára.
pretender Mutare, Putare, Iucy, Icôcecé.
pretendível Mutareuera, Iucyuera, Icôcecétéua.
preto, preta (*falando de gente*) Tapaiuna; Pixuna *e* Una *como sufixos. Arara preta:* Araruna. *Pássaro-preto:* Uirá-una.
prevaricação Tecô-iauysaua.
prevaricador Tecô-iauysara.
prevaricar Tecô-iauy.
prevenção Muapysacasaua.
prevenido Muapysacaua.
prevenir Muapysaca. *Prevenir-se:* Iumungaturu. *Foi prevenido a tempo e pôde prevenir-se:* Omuiapysaca ara catu ramé oiumungaturu cuao.
primazia Iepésáua, Tenondésáua.
primeiro Iepésára, Iepéuára, Iepé. *O primeiro de nós:* Iané iepésára; Iepé iané suí. *No primeiro dia fez o céu e a terra:* Ara iepéuára omunhã iuaca yuy iuíre.
primo, prima Tutira-rayra, Tutira-membyra (*conforme o sexo da pessoa, quando designada por terceiro ou pelo primo a terceiro*). *Primos entre si:* Keuyra; (*e muitas vezes também quando primos-irmãos*) Mu e Rendyra (*isto é, irmão, irmã*).
principiante Iupirungana, Ipysara, Epysara.
principiar Iupirun, Iupirõn. *Principiar uma linha, um séquito de coisas:* Muepy (*isto é, fazer a base*).
principal Tuixaua.
princípio Iupirungaua, Epy, Ipy.
prisão (*o ato*) Mundésáua; (*o lugar*) Mundétáua.
prisioneiro Mundépóra, Mundéuéra; (*de guerra*) Miasua (*escravo?*).
privação Muce-ymasaua.
privador Muce-ymasara.
privante Muce-ymauara.
privar Muce-yma. *Privar-se:* Iumuce-yma.
privativo Oicô-iara.
proa Yanti, Ynganti.

probabilidade Ipusaua.
proceder Cemo-suí. *Ninguém sabe de onde é procedente:* Inti iepé ocuao aé má ocemo suí.
procissão Tupana-uatasaua. *Fazer procissão:* Muuatá tupana. *Fazedor de procissão:* Tupana muuatasara.
procura Cicaresaua.
procurador Cicaresara.
procuradoria Cicaretaua.
procurante Cicareuara.
procurar Cicare. *Fazer procurar:* Mucicare.
produção Munhãngaua.
produtor Munhãngara.
produzir Munhãn. *Produzir-se:* Iumunhãn.
proeiro Yantiyua, Ygantiyua.
professor Mbuésára. *V. Ensinar* e comp.
profeta Sacaca.
profundidade Typytyua.
profundo Typyua. *Lugar profundo:* Typyrendaua. Typy.
progênie Rayraetá, Embyraetá (*segundo se trata de descendentes do homem ou da mulher*).
progenitor Paia. Epy, Yua (*se se tratar do chefe, da origem de uma descendência*).
progenitora Manha.
progne purpurea [casta de andorinha] Miuĩ.
prognosticar Mbeú-tenondé.
proibição Muatucasaua.
proibidor Muatucasara.
proibir Muatuca; Timuapu.
prolongamento Muapiresaua.
prolongar Muapire.
promessa Ceẽn-nheẽngaua.
prometedor Ceẽn-nheẽngara.
prometer Nheẽn-ceẽn, Nheẽn-santá.
prometido Ceẽn-nheẽn; (*em casamento*) Imenarama (*o homem*); Remiricôráma (*a moça*).
promulgação Iucuaucárisáua.
promulgador Iucuaucárisára.
promulgante Iucuaucáriuára.
promulgar Iucuaucári.
promontório Arapecuma.
propagação Muceía-saua, Muceía-yua.
propagador Muceía-sara.
propagar Muceía. *Propagar-se:* Iumuceía.
propalação Porunguetásáua.
propalador Porunguetására.
propalar Poruguetá.

propender Putare-pire.
propiciação Iumucatusaua.
propiciado Iumucatuá.
propiciadouro Iumucatutyua.
propiciador Iumucatusara.
propiciante Iumucatuuara.
propiciar Iumucatu.
propiciatório Iumucatutéua.
propiciável Iumucatuuera.
propina Putaua; Meẽnga.
proponedor Purandusara.
proponente Puranduuara.
propor Purandu, Nheẽn-recé. *Propõe ao tuxaua a gente que deve seguir com o branco*: Onheẽn tuixaua recé má mira ocó cuao cury caryua irumo uá.
proposta Purandusaua.
proposto Puranduá.
propriedade Iarataua.
proprietário Iara.
próprio Tenhen. *É meu próprio*: Ixé iara tenhen.
prorrogação Mupucusaua-pire.
prorrogador Mupucusara-pire.
prorrogar Mupucu-pire.
prostituta Patacu, Patacuera.
prostituir Mupatacuera.
prostração Itycasaua, Ienôsáua.
prostrador Itycasara, Muienôsára.
prostradouro Itycatyua, Muienôtýua.
prostrante Itycauara, Muienôuára.
prostrar Ityca, Muienô. *Prostrar-se*: Iuienô.
prostrável Itycauera.
proteção Pycirungaua.
protetor Pycirungara.
proteger Pycirun. Mungui. *V. Resguardar e comp.*
protegido Pycirungau.
prova Saangaua; (*o que se tira para prova*) Tykyra.
provador Saangara.
provar Saãn. *Fazer ou ser feito provar*: Musaãn.
provável Ipuara.
provavelmente (*que pode ser*) Ipu.
provedor Muapungara.
prover Muapun.
providência Muapungaua.
provido Muapungau.
provocação Uiuakysaua.

provocado Uiuakyuá.
provocador Uiuakysara, Uiuaky-iara.
provocante Uiuakyuara.
provocar Iuaky, Uiuaky. *Ser provocado*: Iuiuaky. *Fazer ou ser feito provocar*: Muiuaky.
provocável Uiuakytéua.
próximo Rapixara. *Meu, teu, seu próximo*: Cé, Né, I rapixara. *O próximo em geral*: Mira-rapixara.
prudência Ucuausaua.
prudente Ucuausara.
prudentemente Ucuausaua-rupi.
prumo Iupypycauara. *A prumo*: Satambyca-rupi.
prurido Iusasaua, Iusaua.
pruriente Iusauara, Iusara.
prurir Iusá.
psítaco Parauá, Paraoá.
psitáculo Parauaï.
psídio (casta de mirtácea) Uaiaua, Arasá, Arasai, Uaiauarana.
pteroglosso (*Pteroglossus*) Arasari.
puba (mandioca) Puyua.
púbere Menoara.
pubertado Menoara-sauá.
púbis Sucua.
publicamente Mira-resaué-rupi.
publicar Musapucai, Musacema, Nheẽn mira resaué.
pudendas Otin-uera.
pudico Otin-uara, Otin-sara.
pudor Otin-saua.
puerícia Taína-ara, Taínasáua.
pueril Taína-iaué, Taína-nungara.
puérpera Embyrareuara.
pulador Puresara.
puladouro Puretyua.
pulante Pureuara.
pular Pure.
pulex penetrans [casta de pulga] Tombura.
pulga Tendi, Coipé, Kéua.
pulga-dos-pés Teni (*Solimões*).
pulmão Piá-uéué.
pulo Puresaua.
pulsação Curupusaua.
pulsante Curupuuara.
pulsar Curupu. *Pulsar apressadamente*: Curu-curupu, Tucá-tucá; *Pulsar quase normal*: Titica.

PULSEIRA Pô-uirpeuara, Popacura, Pouirpetara.
PULSO Yyua-raíca (= *veia do braço*). *A parte logo em seguida da mão:* Pouirpe (*sobremão*). *Ele somente entrou a pulso:* Aé oiké nunto pouirpe rupi. *O médico lhe tomou o pulso:* Pusanungara osaan y yyua raíca.
PULVERIZAÇÃO Mupuĩsaua.
PULVERIZADOURO Mupuĩtyua.
PULVERIZANTE Mupuĩuara.
PULVERIZAR Mupuĩ.
PULVEROSO Mupuĩuera.
PUNÇÃO Mpucá-saua, Mbisaua. V. *Furar* e comp.
PUNHADO Popora, Poterecemo-saua.
PUNHAL (pajeú) Pô-iucá-yua.
PUNHO Popupeca. *Punho da rede:* Makyra apyi.
PUPUNHEIRA Pupunhayua.
PURGAÇÃO Purucasaua.
PURGADO Purucauá.
PURGADOURO Purucatyua.
PURGADOR Purucasara.

PURGANTE Purucauara.
PURGAR Puruca. *Purgar-se:* Iupuruca.
PURGATÓRIO Tupana tatá, Tupana-tatá-rendaua.
PURIFICAÇÃO Kitynucasaua.
PURIFICADOR Kitynucasara.
PURIFICANTE Kitynucauara.
PURIFICAR Kitynuca.
PURO Kitynucauá, Munana-yma (= *sem mistura*).
PUS Eneua, Meuã.
PUTRIDÃO Iucaua.
PÚTRIDO Iucana, Iucaua.
PUXADA (da casa) Copéára.
PUXÃO Cikysaua.
PUXADO Cikyuá.
PUXADOURO Cikytaua.
PUXADOR Cikysara.
PUXANTE Cikyuara.
PUXAR Ciky. *Fazer ou fazer-se puxar:* Muciky.
PUXÁVEL Cikytéua.
PUXIRÃO Putyru. V. *Auxiliar* e comp.
PUXURI Puxyry.

Q

qual Auá, Uá. *Qual de vocês quer vir comigo? Auá penhẽ sui osô putári cé irumo? Não falta gente a qual [que] queira ir comigo:* Inti ouatare mira osô putare cá irumo uá.

qualquer Auá-iepé, Auá-opaua. *Qualquer outro:* Iaueté iepé amu. *Em qualquer lugar:* Iaueté mamé. *Qualquer coisa [que] possa acontecer, te lembrarás da tua traição nos dias da desgraça:* Iaueté ocica cuao, reiumaité cury né iecopésáua pyrasua ara ramé.

quando (*no começo de frase*) Mairamé; (*nos outros casos*) Ramé. *Quando chega diz para ele:* Mairamé ocica onheẽn aé supé; (*também pode dizer-se*) Ocica ramé. Quando é interrogativo, usa-se sempre *Mairamé* em começo de frase, seguido de *tahá*, se carece precisar que se trata de interrogação. *Quando chega teu marido?:* Mairamé tahá ne mena ocica? *Até quando?:* Mairamé catu cury? *Sem quando, coisa improváve*l: Ramé-yma.

quanto Muíre. *Quanto custa?:* Muíre recuiara tahá? *Quanto maior:* Muíre pire; (*se carece precisar*): Muíre uasúu (*em quantidade*); Muíre turusu (*em tamanho*); Muíre puca (*em comprimento*). *Quanto menor:* Muíre cuaíra (*em quantidade*); Muíre mirĩ (*em tamanho*);

Muíre puĩ (*em finura*); Muíre iatuca (*em comprimento*).

quaresma Iucuacu-ara.

quartel Mucaua-oca, Surara-oca.

quarta-feira Muraki-musapire [= *o terceiro dia de trabalho*].

quarto (de casa) Ocapy.

quarto (numeral) Irundiuara. *Quarto crescente:* Yacy-iumunhã; Omuturusu. *Quarto minguante*: Yacy-ierasuca.

quase Cerané; (*também em geral se ouve dizer*) Casi (*com pronúncia mais ou menos boa*); Miri nhunto. *Quase preto:* Pixuma cerané.

quati Coati.

quatro Irundi (*rio Negro*), Mucoĩn-mucoĩn.

que (*interrogativo*) Má?, Mata?, Má-taá?; (*conjunção*) Uá; (*pronome*) Auá, Uá. *Que menino veio ter contigo? O menino que mora com o padre:* Má curumĩ ouri onheẽn né irumo? Curumĩ auá oicô pai irumo. *Dizem tantas coisas, que não se sabe em que acreditar:* Onheẽn maá, ceía, mira inti ocuao catu má ruuiare uá.

quebrador Mupenasara, Mpucasara, Iauísára, Ycasara.

quebradura Mupenasaua, Mpucasaua, Iauísaua, Ycasaua.

QUEBRAR (*dobrando*) Mupena; (*forçando*) Mpuca; (*infringir*) Iauí; (*frangindo*) Yca. *Quebrar a lei:* Iauí tecô.
QUEDA Iarisaua, Aarisaua.
QUEDA (d'água) Ytu. *V. Cachoeira. Queda boa:* Ytu-catu. *Queda bonita:* Ytu-poranga. *Queda delgada:* Ytu-puĩ. *Queda miúda:* Ytu-puíra. *Queda ruim:* Ytu-ayua.
QUEIJO Camby-antá.
QUEIMA Sapisaua.
QUEIMADO Sapiuá.
QUEIMADOR Sapisara.
QUEIMADOURO Sapityua.
QUEIMADURA Sapisaua.
QUEIMANTE Sapiuara.
QUEIMAR Sapi. *Queimar-se:* Caí. Com nuanças, exprimem também queimar os verbos *Saki* (torrar), *Cendé* (aceso), e em sentido figurado *Tai* (da pimenta).
QUEIMÁVEL Sapiuera, Sapitéua.
QUEIMOSO Taia, Saia, Pitaia.
QUEIXA Mbuécecésáua.
QUEIXADA Taiasu, Tanhasu.
QUEIXAR-SE Mbuécecé.
QUEIXO Isá.
QUEIXOSO Mbuécecéuára.
QUEIXUDO Isayua, Sayua.
QUEM Auá. *Quem é o dono?:* Auá, taá, ixé iara?
QUENTE Sacu.
QUENTINHO Sacuxinda.
QUENTURA Sacusaua.

QUEREDOR Putaresara.
QUERENÇA Putaresaua.
QUERENTE Putareuara, Xaisuuara.
QUERER (*ato de vontade*) Putaresaua; (*ato de afeto*) Xaisusaua.
QUERER Putare. *Querer bem:* Xaisu.
QUERIDO Xaisuá.
QUESTÃO Porandusaua, Iuakísáua.
QUESTIONADOR Porandusara, Iuakísára.
QUESTIONAR (*para saber*) Porandu; (*por irritação*) Iuaki. *V. Brigar, Perguntar* e comp.
QUIÇÁ Ipu, Taucô (= *não sei*).
QUIETAÇÃO Kyryrisaua.
QUIETAR Kyryri.
QUILHA Yngara-sainha, Yara-sainha, Yuecera.
QUILOMBEIRO Iauaua-cuara-pora.
QUILOMBO (lugar de refúgio) Iauacuara, Iauaua-cuara.
QUINHÃO Pysáuéra, Putaua. *Não me deu o meu quinhão:* Inti omeẽn cé supé cé putaua. *Dividiu o beiju em quinhão e a cada qual deu o seu:* Omuyca meiu, omeẽn iepé iepé i pysáuéra.
QUINTA-FEIRA Soópapau.
QUINTAL Remityua, Kintara.
QUIRANA (caspa) Kyrana.
QUIZILADOR Iucoerésára.
QUIZILAR Iucoeré.
QUIZÍLIA Iucoerésáua.
QUOTA Putaua.
QUOTIDIANO Opanhe-arauera, Opanhe-arauara.
QUOTIDIANAMENTE Opanhe-ara-rupi.

R

RÃ Perereca, Tataca, Keraré, Iuí, Cuanauaru.
RABO Suaia, Ruaia.
RABO-DE-ARARA (casta de planta) Arara--ruaia.
RABO-DE-BUGIO (casta de fetos) Samambaia.
RABO-DE-MACACO Macaca suaia (*planta d'e alto porte*).
RABO-DE-RAPOSA (casta de erva) Mycura ruaia.
RABUDO Suaiauara.
RAÇA Anama, Mira. *A nossa raça é a dona desta terra:* Iané mira oicô cuá tetama iara.
RACHA Uacasaua, Iycaycásáua, Iumpucasaua.
RACHADO (das vasilhas) Caryca.
RACHADOR Uacasara, Suaiasu.
RACHANTE Uacauara, Carycauara, Iycaycáuára, Iumpucauara.
RACHAR Uaca. *Rachar das vasilhas:* Caryca. *Rachar das madeiras que se fendem por si:* Iumpuca. *Rachar despedaçando:* Iycaycá.
RAQUÍTICO Pepuī.
RADIAÇÃO Uerauasaua.
RADIANTE Uerauauara.
RADIAR Uerau.
RADICAR Musapu. *V. Enraizar* e comp.
RADIOSO Ueraua-yua, Iuerauateua.
RAIA Ipuasaua, Cembyua, Rembyua, Tembyua.

RAIAR Uerau; *(aparecer)* Cemo; *(trazendo luz)* Cendé.
RAIO Áua, Saua, Raua. *Raio do sol:* Coaracyáua; *Raio da lua:* Yacysaua; *(a faísca)* Tupã-ueraua (*raiar do trovão*).
RAIVA Inharusaua, Piã-ayuasaua.
RAIVA Pitá-piá-ayua; *(escandescendo)* Inharū.
RAIVOSAMENTE Piá-ayua-rupi. *De aí em diante fez tudo raivosamente:* A suí omunhana opanhe piá ayua rupi.
RAIVOSO Piá-ayua, Inharua.
RAIZ Rapu, Sapu. *Raiz chata:* Sapupema. *Raiz lisa:* Sapupeua.
RALAÇÃO Kitycasaua.
RALADO Kityca; (*a farinha para entrar no forno*) Uykityca.
RALADOR Kitycasara.
RALADOURO Kityca-tendaua.
RALANTE Kitycauara.
RALAR Kityca. *Ralar a mandioca para fazer farinha:* Kityca maniva.
RALHAÇÃO Iacausaua.
RALHADOR Iacausara.
RALHANTE Iacauara.
RALHAR Iacau.
RALHÁVEL Iacau-uera.
RALO[1] (para farinha) Uykicé, Uyicé. *Ralo pouco espesso:* Imeuna, Anamã-yma.

RALO² [rala] (respiração rumorosa) Sacucanga, Sacusanga.
RAMA Caaraua, Caasaua.
RAMADA [abrigo] Myturuaia.
RAMO Racanga, Sacanga. *Ramo seco:* Sacay.
RAMOSO Racangauara.
RANCHO Teiupá, Teiupau.
RANGEDOR Catacasara.
RANGER Cataca.
RANGIDO Catacasaua.
RAPACE Marauara. *V. Rapinar* e comp.
RAPADO Iupinaua, Sauoca. *V. Tosquiar* e comp.
RAPAGÃO Curumĩasu.
RAPARIGA Cunhãmucu. *Rapariga casadoura:* Mena-putaua.
RAPARIGUINHA Cunhãntain, Cunhãn-tainha.
RAPAZ Curumĩ, Curumĩasu. *Rapaz casadouro:* Remiricô-putaua.
RAPAZINHO Curumirĩ, Curumĩ-mirĩ.
RAPAZOLA Curumĩ.
RAPÉ Pytymacuĩ.
RAPIDAMENTE Curutẽ-rupi.
RAPIDEZ Curutẽsaua.
RÁPIDO¹ Curutẽ, Curutẽ-uara.
RÁPIDO² (do rio) Pirantá.
RAPINA Marasaua.
RAPINADOR Marasara.
RAPINANTE Marauara.
RAPINAR Mara.
RAPINEIRO Marauera.
RAPOSA Mycura (*que é quem representa o papel desta, nos contos indígenas*).
RAPTADO Mundaua.
RAPTAR Mundau. *V. Furtar* e comp.
RASGADO Soroca, Sororoca.
RASGADOR Sorocasara.
RASGADURA Sorocasaua.
RASGANTE Sorocauara.
RASGAR Soroca. *Rasgar-se:* Iusoroca.
RASO Ipeua. *Pedra rasa, pouco funda:* Itápéua.
RASPADEIRA Kitycayua.
RASPADOR Kitycasara, Caraẽngara.
RASPADURA Kitycasaua, Caraẽngaua.
RASPAGEM Kitycasaua; (*o que é raspado*) Kitycauá.
RASPAR Kityca, Caraẽn, Caraĩn.
RASPÁVEL Kitycauera.
RASTEJAR Sô-pypora-rupi.
RASTO Pypora, Py-rendaua.
RATEADOR Muputaua-saua.

RATEAMENTO Muputaua-saua.
RATEAR Muputaua.
RATO Uauiru.
RATO-D'ÁGUA Cuyca, Sauiá, Coró.
RATO-D'ESPINHO Cororó, Coró.
RATOEIRA Mundé, Uirapuca. Embora esta [última] seja mais especialmente destinada a apanhar pássaros, pelo que quando é destinada a ratos ou outros pequenos mamíferos também a chamam *Ayapuca*.
RE- (*designativo de repetição, pode, em muitos casos, traduzir-se por:*) Iuíre, Iuíri. *Fazer:* Munhãn – *Refazer:* Munhãn iuíre. Outras vezes por *Amu y* (outra vez), embora em muitos casos possa ser traduzido também pelo prefixo *Mu*, ou pela posposição *Recé*, segundo *re-* tenha o significado de secundar a ação expressa na palavra modificada, ou de a obstar.
REABRIR Pirare-iuíre.
REAGIR Munhãn ... recé.
REAL Aeté.
REALIDADE Aetésáua.
REANIMAR Mupiá.
REBAIXADOR Muatucasara.
REBAIXAMENTO Muatucasaua.
REBAIXAR Muatuca. *Rebaixar-se:* Iumuatuca.
REBATIZAR Museruca-iuíre.
REBATE Cenoicárisáua.
REBENTAÇÃO Mpucasaua, Pororocasaua.
REBENTADOR Pororocasara, Mpucasara.
REBENTADOURO Pororocatyua, Mpucatyua.
REBENTANTE Pororocauara, Mpucauara.
REBENTAR Mpuca; (*quando é acompanhado de rumor e ímpeto grande*) Pororoca; (*quando é de plantas*) Ceneí, Ceni. *V. Brotar* e comp.
REBENTO Ceneíyua, Ceneí-rendaua. Tayra, Rayra. *Rebento abortado:* Tairera.
REBOCAR (levar a reboque) Rasô-iepé-uasu.
REBOLO [de pedra] Itá-uauoca-mirĩ.
REBOTALHO Cemirera, Remirera, Micuera.
REBOTAR Mbúri-i-suí.
RECAÍDA Maci-iuíresáua.
RECAIR (doente) Maci-iuíre. Mbacy-iuíre.
RECAMBIAR Muiuíre.
RECARGAR Puracári-iuíre.
RECASAR Mendare-iuíre.
RECEAR Cikié-xingá.
RECEBEDOR Piamosara, Caresara.

RECEBEDORIA Piamo-rendaua.
RECEBENTE Piamouara, Careuara, Carepora.
RECEBER Carepiamo. *Fazer ou ser feito receber:* Mu-piamo.
RECEBIMENTO Piamosaua, Carepaua.
RECEBÍVEL Piamoteua, Careuera.
RECEIO Cikié-xingasaua.
RECEITA [o recebido] Piamo-uá.
RECENDÊNCIA Sakenasaua.
RECENDENTE Sakenauara.
RECENDER Sakena. *Fazer ou ser feito recender:* Musakena.
RECENSEADOR Paparecárisára.
RECENSEAMENTO Paparecárisáua.
RECENSEANTE Paparecáriuára.
RECENSEAR Paparecári.
RECENTE Cuíre-nhunto.
RECENTEMENTE Cuíre-nhun-rupi.
RECEOSO Cikiéxíngasára.
RECIBO Piamouera. *A conta ou nota que serve para receber:* Piamo-yua.
RECLINADO Ienô-cerané.
RECOLHEDOR Muatiresara.
RECOLHEDOURO Muatiretyua.
RECOLHENTE Muatireuara.
RECOLHER Muatire. Muatuca. *V. Encolher. Recolher-se:* Iumucaturu.
RECOLHIMENTO Muatiresaua.
RECOLTA Muĩngaua.
RECOLTADOR Muĩngara.
RECOLTAR Muĩn.
RECOMPENSA Recuiara, Cepisaua.
RECOMPENSAÇÃO Recuiara-meẽngaua.
RECOMPENSADOR Cepisaua-meẽngara.
RECOMPENSAR Meẽn-recuiara, Meẽn-cepi.
RECONFORTAR Muanga, Mupiá.
RECONHECEDOR Cucuaosara.
RECONHECIMENTO Cucuaosaua.
RECONHECENTE Cucuaoara.
RECONHECER Cucuao, Cucuau. *Reconhecer-se:* Iucucuao.
RECORDAÇÃO Mendoaresaua.
RECORDAR Mendoári, Menoare. *Fazer ou ser feito recordar:* Mumendoare. *V. Lembrar* e comp.
RECORTADOR Musororoca-sara.
RECORTAMENTO Musororocasaua.
RECORTANTE Musororoca-uara.
RECORTAR Musororoca, Musururuca.
RECORTÁVEL Musururuca-teua.

RECOSTAR Muienô. *Recostar-se:* Iuienô. *V. Deitar* e comp.
RECREAÇÃO Musaraĩngaua.
RECREAR Musaraĩn. *Recrear-se:* Iumusaraĩn.
RECREATIVO Musaraĩngara.
RECREIO Musaraĩngaua; (*o lugar*) Musaraĩntyua.
RETIDÃO Satambycasaua.
RETIFICAR Musatambyca.
RECUADA Iuiuíresáua.
RECUAR Iuiuíre, Iuíre-cesakire.
RECUSAR Inti-pire, Iumine. *V. Negar* e comp.
REDAÇÃO Coatiaresaua.
REDATOR Coatiaresara.
REDE (de dormir) (*quando batida*) Makyra; (*se de fios presos entre si por travessas*) Kysaua. *Rede de pescar:* Pusá, Pysá.
REDEMOINHADOR Uauocasara, Iuuí-iuíresára.
REDEMOINHAR Uauoca, Iuuí-iuíre. *O vento redemoinha na praia e a água redemoinha no rio:* Iuiutu ouauoca yumicuĩ kiti, y oiuuí-iuíre paraname.
REDEMOINHO Uauocasaua, Iuuí-iuíresáua; (*quando afunilado*) Iuuí-uíresáua-yrypype.
REDENÇÃO Pocyrũngaua.
REDENTOR Pocyrũngara.
REDESTILAR Tyky-tykyra.
REDIGIR Coatiare.
REDIMIR Pocyrũn, Pucyrũn.
REDONDEZA Ruaketaua.
REDONDO Iapoá, Iapuá, Apuá. *Água redonda:* Y-apuá.
REDOR Ruake, Suake. *O que está em redor:* Ruakeuara. *Ao redor dele as flechas se amontoavam, nenhuma chegava a feri-lo:* Ueyua omuatireana aé ruake, inti iepé omupereua i supé.
REDUÇÃO Mucoaírasáua.
REDUTOR Mucoaírasára.
REDUZIR Mucoaíra. *Reduzir-se:* Iucica. *Começou a faltar comida, o tuxaua reduziu as porções:* Oiupiru uatare temiú ramé tuixaua omucoaíra putauaitá. *Esperando socorro reduziu-se a nada:* Osaruana putirũn oiucica inti oico iepé maa.
REERGUER Mupuama. *V. Levantar* e comp.
REFEIÇÃO Mbaúsáua, Usaua; (*[quando] feita em comum entre vários, [em] que todos põem alguma cousa*) Mbaúasú; (*em Solimões*) Mbaasu.

REFEITÓRIO Mbaú-rendaua.
REFORÇAR Mukyrimbaua-pire.
REFRESCADOR Muirusangasara.
REFRESCAR Muirusanga.
REFRESCO Muirusangasaua.
REFUGO Micuera.
REFUGIADOR Iuiumimesara.
REFUGIANTE Iuiumimeuara.
REFUGIAR Iuiumime.
REFUGIÁVEL Iuiumimetéua.
REFÚGIO Iuiumimesaua; *(o lugar onde se refugia)* Iuiumimetaua.
REFUTAR Nheẽn-amu-nungara.
REGA Muiakymesaua.
REGADEIRA Muiakymeuara.
REGADOR (quem rega) Muiakymesara.
REGAR Muiakyme.
REGÁVEL Muiakymeteua.
REGATO Yngarapé-mirĩ, Y-rapé-mirĩ.
REGO Y-rapé.
REGRA Tecô, Recô, Secô. Ticu, Recu, Secu.
REGRAS DA MULHER Toryca.
REGULAÇÃO Mutecôsáua.
REGULADOR Mutecôsára.
REGULADOURO Mutecôýua.
REGULANTE Mutecôuára.
REGULAR Mutecô. *Regular-se:* Iumutecô.
REGULÁVEL Mutecôuéra.
REJEIÇÃO Mbúrisáua.
REJEITADOR Mbúrisára.
REJEITANTE Mbúriuára.
REJEITAR Mbúri. *Rejeito todos os que não vêm em nome de meu pai:* Xa-mbúri cé suí opaé mira auá inti ocica cé paia cera opé.
RELÂMPAGO Ueraueraúa, Tupã-uerauá.
RELAMPEAR Ueraueraú.
RELAMPEJADOR Uerauerausara.
RELAMPEJANTE Uerauerauara.
RELATAR Nheẽn. *V. Dizer* e comp.
RELEMBRAR Mumendoare. *V. Lembrar* e comp.
RELIGIÃO Tupana-tecô.
RELIGIOSO Tupana-tecô-icouara.
RELÓGIO Ara-rangaua.
RELUZENTE Cenemby, Cenipucauara.
RELUZIMENTO Cenipucasaua.
RELUZIR Cenipuca.
REMADOR Iapucúisára, Iapucúitáua. Iuí-iuíresára.
REMADURA Iapucúisáua.

REMANSEANTE Puracyuara. *Rio remanseante:* Paranã-puracyuara.
REMANSEAR Puracy. *O rio remanseia:* Paranã-opuracy. Paranã-oiuí-iuíre.
REMANSO Paranã-puracysaua, Y-iuí-iuíresaua.
REMAR Iapucui. *Fazer ou ser feito remar:* Muiapucui.
REMÉDIO Pusanga.
REMEIRO Iapucúitáua.
REMELA Cesá-tuuma.
REMEXEDOR Iakysara.
REMEXER Iaky. *Remexer-se:* Iuiaky.
REMEXIMENTO Iakysaua.
REMIGOS [rêmiges] Saua-pepuara.
REMIR Picirun; *(fazer sair)* Mucemo.
REMO Iapucuitá. *O cano do remo:* Iapucuitáyua.
REMOINHAR Uauoca. *V. Redemoinhar* e comp.
REMORDER Suu-iuíre.
REMUNERAR Meẽna recuiara. *V. Recompensar* e comp.
RENDA [bordado] Curucé *(corrupção de crochê).*
RENDER Meẽn-iuíre. *Render-se:* Iumeẽn.
RENOVAÇÃO Mupysasusaua.
RENOVADO Mupysasua.
RENOVADOR Mupysasusara.
RENOVANTE Mupysasuuara.
RENOVAR Mupysasu. *Renovar-se:* Iumupysasu.
RENOVÁVEL Mupysasuteua.
RENOVO (das plantas) Cenei-yua.
REPARTIÇÃO Umunhocasaua.
REPARTIDOR Umunhocasara.
REPARTIR Umunhoca. *Repartir-se:* Iumunhoca.
REPETIR [dizer de novo] Munheẽn. *V. Dizer* e comp. *Repita!:* Neine! Onheẽn raĩn! *Repetir um ato qualquer:* Munhã-iuíre; *(simplesmente, quando o ato é indicado)* Iuíre.
REPICAR (dos sinos) Mosory-tamaracá.
REPIQUE Tamaracá-mosorysaua.
REPLANTAR Iutimeuíre, Iutyma-iuíre.
REPLETO Apu, Apô. *Repleto d'água:* Y-apô.
RÉPLICA Suaxara-nheẽngaua.
REPLICANTE Suaxara-nheẽngara.
REPLICAR Nheẽn-suaxara.
REPOR Enu-iuíre. *V. Pôr* e comp.
REPOUSANTE Mytuusara.
REPOUSAR Mytuu. *Repousar-se:* Iumytuu.
REPOUSO Mytuusaua. Mytuua.
REPOVOAR Mucetá-iuíre. *V. Povoar* e comp.
REPREENSÃO Iucausaua.

REPREENDEDOR Iucausara.
REPREENDENTE Iucauara.
REPREENDER Iucau.
RÉPROBO Tecô-ayua-pora.
REPTADOR Uiuakysara.
REPTAR Uiuaky.
REPTO Uiuakysaua.
REPUGNÂNCIA Muieuaru-saua
REPUGNANTE Muieuaru-uara.
REPUGNAR Muieuaru.
REQUEBRADOR Mupúmisára.
REQUEBRANTE Mupúmiuára.
REQUEBRAR Mupúmi. *Requebrar-se:* Iumupúmi.
REQUEBRO Púmi.
RESCALDADOR Musacuara, Musacutaua.
RESCALDAMENTO Musacusaua.
RESCALDANTE Musacusara.
RESCALDAR Musacu. *Rescaldar-se:* Iumusacu.
RESCALDÁVEL Musacuteua.
RESERVA Mungatusaua.
RESERVADOURO Mungatutyua.
RESERVADOR Mungatusara.
RESERVAR Mungatu, Mongatu.
RESFRIADOR Muirusangauara.
RESFRIADOURO Muirusangatyua.
RESFRIAMENTO Muirusangasaua.
RESFRIAR Muirusanga.
RESGATAR Mucemo.
RESGUARDADO Munguiuá.
RESGUARDADOR Munguisara. *O objeto que serve para resguardar outro:* Munguiyua. *O lugar onde se resguarda:* Mungui-rendaua.
RESGUARDANTE Munguiuara.
RESGUARDAR Mungui. *Resguarda o meu tabaco da chuva:* Remungui mé pytima amana suí.
RESGUARDO Munguisaua.
RESIDÊNCIA *[o ato]* Oicôsáua; *(o lugar)* Oicô-taua.
RESIDENTE Oicôsára, Oicôuára.
RESIDIR Oicô, Icô, Uicô.
RESIGNAÇÃO Iupuususaua.
RESIGNADO Iupuusua.
RESIGNANTE Iupuususara.
RESIGNAR-SE Iupuusu.
RESINA Icyca; *(de jutaí)* Iutay-icyca; *(de mururé)* Mururé-icyca; *(forte, [cerol])* Icycantá, Cycantá; *(de cunauaru)* Cunauaru-icyca; *(de pau)* Myrá-icyca.
RESINEIRO Icycauara.

RESINÍFERO Icycapora.
RESISTENTE Mupirantã-pora.
RESISTÊNCIA Mupirantã-paua.
RESISTIR Mupirantã.
RESMUNGAÇÃO Cururucasaua.
RESMUNGADOURO Cururucatyua.
RESMUNGADOR Cururucasara.
RESMUNGANTE Cururucauara.
RESMUNGAR Cururuca.
RESOLUÇÃO Piá-munguetásáua.
RESOLVENTE Piá-munguetására.
RESOLVER Piá-omunguetá. *Resolvi-me a isto:* Cae piá-omunguetá cua iaué.
RESPEITADOR Puususara.
RESPEITAR Puusu, Poosu.
RESPEITO Puususaua.
RESPINGAMENTO Pipycasaua.
RESPINGANTE Pipycasara.
RESPINGAR Pipyca.
RESPINGO Pipycauá.
RESPIRAÇÃO Pytucemosaua, Anga-cikisaua.
RESPIRANTE Pytucemosara, Anga-cikisara.
RESPIRAR Pytucemo, Ciki-anga.
RESPIRO Ciki-anga. Anga.
RESPLENDENTE Uerauara.
RESPLENDER Uerau.
RESPLENDOR Uerausaua.
RESPONDEDOR Suaxarauera.
RESPONDENTE Suaxarauara.
RESPONDER Suaxara, Suaixara, Nheēn-suaxara.
RESPOSTA Suaxarasaua.
RESSACA [de rio, de mar] Paranã-ueueca.
RESSECAÇÃO Mutiningasaua.
RESSECADOR Mutiningasara.
RESSECANTE Mutiningauara.
RESSECAR Mutininga.
RESSEQUIDO [falando de galho] Sacaí.
RESSURGIR Cicué-iuíre.
RESTAR Pitá. *V. Ficar* e comp.
RESTINGA *(de terra)* Arapecô; *(de areia)* Yuycui-pecô, *(de mata)* Caá-pecô, Caamytá.
RESTITUIÇÃO Muiuiresáua.
RESTITUIDOR Muiuiresara.
RESTITUINTE Muiuireuara.
RESTITUIR Muiuíre, Muiuíri.
RESTO Remirera, Cemirera, Puinha. *Resto de fogo (carvão):* Tata-puinha.
RESTRINGIR Mucoaíra. *V. Diminuir* e comp.
RESUMIDOR Iatucasara.

284

RESUMIR Iatuca.
RESUMO Iatucasaua.
RESVALADOURO Cucuityua.
RESVALADOR Cucuisara.
RESVALAMENTO Cucuisaua.
RESVALANTE Cucuiuara.
RESVALAR Cucui. *Fazer ou ser feito resvalar:* Mucucui.
RESVALÁVEL Cucuiteua.
RETAGUARDA Cupé. *Pela retaguarda dos combatentes:* Maramunhauaraitá cupé rupi. *Ficou na retaguarda:* Opitana cupé kiti.
RETALHAÇÃO Musororocasaua, Munu-munucasaua.
RETALHADO Sororoca, Munu-munucauá.
RETALHADOR Musororocasara, Munu-munucasara.
RETALHANTE Musororocauara, Munu-munucauara.
RETALHAR Musororoca, Munu-munuca.
RETALHO (de pano) Pana-pysáuéra, Sutiro-pysáuéra.
RETARDAR Icó-pucu, Ocica-casakyre.
RETIRADA Iuiuíresáua.
RETIRANTE Iuiuíreuára.
RETIRAR Iuiuíre. *Retirar alguma cousa:* Musaca, Iuuca. *Fazer retirar:* Mutirica. *Se retirou sem ter retirado nada:* Oiuiuíre ana inti omusaca iepé maá, *ou* Oiuiuíre ramé inti o iuuca iepé maá.
RETO Satambyca.
RETORCER Pué-mué-mueca *(G. Dias).*
RETORQUIR Purunguetá-suaxara.
RETRANCA *(para espichar a vela)* Sutinga pitasocauara; *(para fechar a porta)* Okena cekindaua.
RETRATAR Munhã-mira-sangaua.
RETRATO Mira-sangaua.
RETRIBUIR Mucecuiara.
REUMÁTICO Caruarauara. Caruarapora.
REUMATISMO Caruara.
REUNIÃO Muatiresaua.
REUNIDOR Muatiresara.
REUNIR Muatire. *Reunir-se:* Iumuatire. *V. Juntar.*
REVELAÇÃO Iucuaocarisaua.
REVELADOR Iucuaocarisara.
REVELAR-SE Iucuaocári.
REVIRADO Muieréua.
REVIRADOR Muieréusára.
REVIRAMENTO Muieréusáua.
REVIRAR Muieréu.
REVISTAR Maãn-maãn, Maãn-iuíre.
REVOLVEDOURO Turamatyua.
REVOLVEDOR Turamasara.
REVOLVENTE Turamauara.
REVOLVER Turama.
REVOLVIMENTO Turamasaua.
REVOLVÍVEL Turamauera.
REZA Tupana-mbuésáua.
REZADOR Mbuésára.
REZAR Mbué.
RIACHO Yarapé-mirĩ, Yngarapé-mirĩ.
RIBANCEIRA Yuy-apaua, *(quando íngreme)* Yuy-apara.
RIBEIRÃO Yarapé-uasu, Yngarapé-uasu, Paranãĩ.
RIBEIRO Ygarapé, Yngarapé.
RIÇADO Yryryuá.
RIÇADOR Yryryuara, Yryryuera.
RIÇAMENTO Yryrysaua.
RIÇAR Yryry.
RICO Mbaetá-iara, Maá-ceía-iara.
RICOCHETEADOR Pipycasara.
RICOCHETEAMENTO Pipycasaua.
RICOCHETEANTE Pipycauara.
RICOCHETEAR Pipyca. *Fazer ou ser feito ricochetear:* Mupipyca.
RIDENTE Pucá-sara.
RIDÍCULO Xué.
RIGIDAMENTE Santá-rupi.
RIGIDEZ Santásáua.
RÍGIDO Santá.
RIGOR Tecô-acy.
RIGOROSAMENTE Tecô-acy-rupi.
RIM Pirikiti.
RIO Paranã. *Rio baixo:* Paranã-typaua, Paranã-typyyma. *Rio bravo:* Paranã iaueté, Paranã-inharu. *Rio correntoso:* Paranã-unhanã, Paranã-pirantã. *Rio franco:* Paranã-typypyca. *Rio fundo:* Paranã-typyy. *Rio parado:* Paranã-pirantãyma. *Rio principal:* Paranã-manha. *Rio secundário, braço do rio:* Paranã-mirĩ.
RIPA Taipara.
RIPADOR Taipasara.
RIPAMENTO Taipasaua.
RIPANTE Taipauara; *([planta] que dá ripa)* Taipayua.
RIPAR Taipa.
RIPÁVEL Taipauera.

RIQUEZA Mbaétásáua, Maá-ceía-iarasaua.
RIR Pucá. *Fazer rir:* Mupucá. *Rir-se:* Iupucá.
RISADA Pucá-saua. *Risada grande, gargalhada:* Pucapucaua.
RISCADO Coatiara, Saié. *Riscado grosso:* Mucoatiara *e* Pana mucoatiara.
RISCADOR Saiésára.
RISCAMENTO Saiésáua.
RISCANTE Saiéuára.
RISCAR Saié, Coatiara.
RISCO Saiéua.
RISONHO Sorysara.
RITO Tecô, Recô, Secô.
RITUAL Tecô-manha.
RITUALISTA Tecô-iara.
RITUALÍSTICO Tecouara.
RIXA Maramoĩngaua.
RIXADOR Maramoĩngara.
RIXAR Maramoĩn. *Fazer ou ser feito brigar:* Mumaramoĩn. Parece uma forma de *Maramunha*, sendo que esta e seus derivados são muito usados no mesmo sentido.
RIZOMA Mangará, Mangará-iaué.
RIVAL Suanhana.
ROAZ Susouera.
ROBUSTO Sayca.
ROÇA Cupixaua.
ROÇADO Cupiretyua, Cupireuá.
ROÇADOR Cupiresara.
ROÇAMENTO Cupiresaua.
ROÇANTE Cupireuara.
ROÇAR Cupire, Cupíri. *Fazer roçar:* Mucupire.
ROCEIRO Cupixaua-iara.
ROCHA Itá-uasu, Itá-santá. [Usam-se esses termos] conforme se trata da resistência ou da grandeza, que a distinguem de uma simples *Itá*.
ROCHEDO Itápecô, Itápuã.
ROCIO Iakyméua.
RODA Uauocauara; *(a roda da fiadeira)* Mirirauara; *(a roda do moinho)* Itá-uauoca (= *pedra que gira).*
RODADOR Uauocasara.
RODADOURO Uauocatyua.
RODAGEM Uauocasaua.
RODAR Uauoca, Uouoca.
RODEADO Iatimãuá.
RODEADOURO Iatimãtyua.
RODEADOR Iatimãsara. *Quem faz ou manda rodear:* Iatimã-iara.
RODEAMENTO Iatimãsaua.
RODEANTE Iatimãuara.
RODEAR Iatimã. *Fazer ou ser feito rodear:* Muiatimã. *O pajé rodeou por trás dos que brigavam:* Paié oiatimana maramunhasara cupé rupi.
RODELA (da canoa) Aracapá.
RODOPIADOURO Iuieré-iereutyua
RODOPIADOR Iuieré-ieréusára.
RODOPIANTE Iuieré-ieréuára.
RODOPIAR Iuieré-ieréu.
RODOPIO Iuieré-ieréua, Iuieré-ieréusáua.
ROEDOR Susousara, Mbisara.
ROEDURA Susouaua. Mbisaua.
ROER Susou, Mbi.
ROGAÇÃO Catu-iururésáua.
ROGADOR Catu-iururésára.
ROGANTE Catu-iururéuára.
ROGAR Iururé-catu.
ROGATÓRIA Catu-iururéuára.
ROL Papera-papasaua, Papasaua. *Rol dos marinheiros:* Iapucuitaua-papasaua. *Rol da roupa:* Maã-papera-papasaua.
ROLA Iuruty.
ROLADOR Turamasara, Iurereusara.
ROLAMENTO Turamasaua, Iurereusaua.
ROLANTE Turamauara, Iurereuara.
ROLAR (v. trans.) Turama; (v. intr.) Iureréu.
ROLHA Iurupora, Iurupary, Cekindápáua.
ROLHADOR Cekindápausára.
ROLHAMENTO Cekindápausáua.
ROLHANTE Cekindápauára.
ROLHAR Cekindápáu.
ROLHÁVEL Cekindápauéra.
ROLIÇO Ponga.
ROMARIA Miracema.
ROMEIRO Miracemauara.
ROMBO Epoasu, Saimbeyma.
ROMPEDOR Mpuca-sara.
ROMPER Mpuca, Puca. *Romper-se:* Iumpuca. *Fazer ou ser feito romper:* Mumpuca.
ROMPIMENTO Mpucasaua.
RONCADOR Cikyangara, Teapu-munhãngara, Piapusara.
RONCAR Cikyanga, Munhã-teapu, Piapu.
RONCO Cikyangasaua, Teapu-munhãngaua, Piapusaua.
ROSADO (no rosto) Suá-piranga (= *cara vermelha).*
ROSNADOR Cururucasara.
ROSNADURA Cururucasaua.

rosnar Cururuca.
rosto Suá, Ruá.
rostro Tĩ, Tyn; *(quando necessário)* Uirá-tĩ.
rotação Uauocasaua. *V. Rodar* e comp.
roteiro Pé-sangaua.
roto Mpucaua, Sororoca.
rótula (do joelho) Rinepiãn, Ienepian.
rotura [ruptura] Mpucasaua; *(de preceito ou ordem)* Iauysaua.
roubador Mundasusara.
roubar Mundasu.
roubo Mundasusaua.
rouxinol-do-rio-negro Tenten.
roxo Tuí, Tuíra; *(se o roxo é de inflamação ou proveniente de golpe)* Sumbyca.
rua Rapé. *Estar na rua:* Oicô-ocara *(= fora de casa).*
rubor Suá-pirangasaua.
ruborizar Mupiranga. *Ruborizar-se:* Iumu-piranga.

ruga Curuca. Curuĩ.
rugazinha Curucaĩ.
rugido Muiuru-iurusaua.
rugidor Muiuru-iurusara.
rugir Muiuru-iuru.
ruído Teapu.
ruidor Cucuisara.
ruidozinho Teapuĩ, Teapupuy.
ruim Ayua, Puxyeté, Puxyreté, Anga-ayua.
ruindade Ayuasaua, Anga-ayuasaua.
ruína Cucuisaua; Cucuityua, Taua-cuera, Tapera.
ruinante Cucuiuara.
ruir Cucui.
ruivo Coaracy-saua, Piranga-ierame.
rumor Teapu.
rumorejante Teapu-munhangara.
rumorejamento Teapu-munhangaua.
rumorejar Munhãn-teapu.
rútilo Cenipuca. *V. Brilhar* e comp.

S

SABACU Sauacu.
SÁBADO Sauru.
SABÁTICO Sauruuara.
SABEDOR Iacuausara.
SABEDORIA Iacuausaua.
SABENTE Iacuauara, Iacuauera.
SABER Iacuau, Iacau, Cuao. *Fazer saber:* Mucuao. *Mandar saber:* Cuao-cári. *Não sei:* Inti xacuao, Taucô tocô.
SABERECA V. *Saperecar, Sapecar* e comp.
SABIÁ Sauiá, Caraxué.
SABICHÃO Iacuauera.
SABIDO Iacu, Iacua.
SÁBIO Iacuaua.
SABOREADOR Pytingasara.
SABOREAMENTO Pytingasaua.
SABOREANTE Pytingauara.
SABOREAR Pytinga; *(sorvendo)* Pytipytinga. *Fazer saborear:* Mupytinga.
SABOROSO Pytinga, Pytingauá. Ce, Ceēn.
SABUGO Acapora; *(para chá)* Acapora-caá.
SABUGUEIRO Acaporayua.
SABUJO Iauara-caám unuara.
SACA Iuucasaua, Musacasaua.
SACADO[1] Iucauá.
SACADO[2] (leito aberto pelo rio que deixa o velho percurso) Paranã-mpuca, Paranã-puca.
SACADOURO Iuucataua, Iuucatyua, Musacatyua.

SACADOR Iuucasara, Musacasara.
SACANTE Iuucauara, Musacauara.
SACAR Iuuca. *Sacar a pele:* Iuuca-pirera, Musaca. *Sacar-se:* Iumusaca.
SACÁVEL Iuucauera, Musacauera.
SACO Petiuãn; *(feito de folha de palmeira trançada)* Pera.
SACHO Pururé-mirī.
SACI Sacy.
SACIADO Iupuetéua.
SACIADOR Iupuetésára.
SACIAR Iupueté, Iupuieté.
SACIEDADE Iupuetésáua.
SACRÁRIO Tupana-rendaua.
SACRILÉGIO Tupana-angapaua-uasueté.
SACUDIDA Mutumusaua, Iapusacasaua, Mucatacasaua.
SACUDIDOURO Mutumutyua.
SACUDIDOR Mutumusara, Iapusacasara, Mucatacasara.
SACUDINTE Mutumuuara, Iapusacauara, Mucatacauara.
SACUDIR Mutumu; *(para limpar)* Iapusaca; *(sacudir as plantas para fazer cair as frutas)* Mucataca; *[abalar]* Mutimoca.
SADIO Catua.
SAFADO Inti-oicô-tīn; *[feito saído]* Musacana.
SAFAR [feito sair] Musaca. V. *Sacar* e comp.

SAGACIDADE Iacuetésaua.
SAGAZ Iacueté.
SAGAZMENTE Iacueté-rupi.
SAGITÁRIO Iumu-ueyua-uara; *(a constelação)* Iauarauá-iatýcasára. O peixe-boi é a mancha de Magalhães; e [as estrelas] A e B do Centauro, os pescadores.
SAGUIM Sauĩ.
SAÍ Saí.
SAÍDA Cema, Cemosaua; *(de peixes)* Piracema. *Depois da saída do tuxaua começaram a brigar:* Tuixaua cemosaua riré aitá oiupirun omaramunhã.
SAIDOR Cemosara; *(que sai muito)* Cemouera.
SAIDOURO Cemotyua.
SAIMENTO Cemosaua.
SAINTE Cemouara.
SAIR Cemo; *(com auxílio, à força)* Saca; *(sair do porto)* Pauoca. *Sair-se:* Iucemo, Iusaca. *Fazer ou ser feito sair:* Mucemo, Musaca.
SAIRÉ Sairé.
SAÍVEL Cemotéua.
SAL Iukyra. *Sal e pimenta seca moída:* Iukitaia. *Sal, pimenta em caldo de peixe:* Kinha-pirá.
SALA Ocapy. *Sala de jantar:* Mbaú-rendaua, Mbaú-ocapy. *Sala de dança:* Puracy-oca. A sala indígena é um galpão.
SALAMANDRA Caramuru.
SALARIADO Murepiuara.
SALÁRIO Murepi.
SALGADO Ceẽn, Ceẽn-mbyca, Iukyra-pora.
SALGADOR Ceẽn-mbycasara.
SALGADOURO Ceẽn-mbycatyua.
SALGAMENTO Ceẽn-mbycasaua.
SALGANTE Ceẽn-mbycauara.
SALGAR Ceẽn-mbyca.
SALIÊNCIA Apecô, Apecoĩn; *(de terra)* Arapecô; *(de pedra)* Itápecô.
SALINA Iukyra-munhãtyua.
SALIVA Tuuma.
SALIVAÇÃO Tuumasaua.
SALMOURA Iukyra yukicé, Iukyra-pora. *Salmoura de peixe:* Pirá-iukyra-pora. *Salmoura de carne de vaca:* Tapyira-iukyra-pora. *Põe a carne em salmoura:* Oenu sô-ocuera iukyra yukicé opé.
SALPICADOR Cepiyngara.
SALPICADURA Cepygaua.
SALPICAR Cepiy.

SALSAPARRILHA Iusapu, Iusapó.
SALTADOR Puresara.
SALTANTE Pureuara.
SALTAR Pure; *(soltando-se das coisas sujeitas)* Mpuca; *(dos involucros que se abrem mais ou menos rumorosamente)* Pipoc, Pipoca.
SALTO Puresaua.
SALVAR Picyrõn, Picyrũn, Iuuca. *A filha de Faraó salvou Moisés das águas:* Faraó rayra oiuuca Moisé paranã suí. *Cristo morreu para nos salvar:* Cristo omanoana opicyrõn iané arama. V. *Libertar* e comp.
SAMAMBAIA Caambaia, Caamumbaia.
SUMAÚMA Caamuma.
SAMAUMEIRA Caamumayua.
SAMBURÁ Samurá, Samburá.
SANAR Pusanũn. V. *Curar* e comp.
SANATIVO Pusanga.
SANDEU Iacuayma-eté.
SANGRADOURO Sacocatyua; *(dos lagos e lagoas que na vazante dão saída às águas)* Typacuena.
SANGRADOR Musacocasara.
SANGRAMENTO Musacocasaua.
SANGRANTE Musacocauara.
SANGRAR Musacoca.
SANGRIA Sacoca.
SANGUE Tuí, Tué.
SANGUESSUGA Ximuĩpéua. Ximbuĩpéua.
SANGUINÁRIO Tuíuára, Tuéuára.
SANHAÇO, SAINHAÇO Saí-uasu.
SÂNIE Eneuáté.
SANTO Santu. Tupana.
SANTOS ÓLEOS Inady-caryua.
SAPATARIA Py-pupecasaua-oca.
SAPATEIRO Py-pupecasara.
SAPATO Py-pupecasaua.
SAPECAR Sapereca, Sauereca. V. *Chamuscar* e comp.
SAPECAÇÃO Saperecasaua.
SAPECADO Saperecauá, Saperecapora.
SAPECADOURO Saperecataua.
SAPECADOR Saperecasara.
SAPECANTE Saperecauara. *Que é causa:* Saperecayua.
SAPECAR Sapereca. *Sapecar-se:* Iusapereca.
SAPECÁVEL Saperecateua, Saper
SAPERECAR V. *Sapecar.*
SAPINDÁCEAS Timbó, Timbó-sacaca, Timbó-membeca, Timbó-uasu, Timborana.

SAPO Aru, Caruiri, Cunuaruá, Cunuru, Cororó, Uá-uá, Urá, Urá-coá. Nomes todos que parecem onomatopaicos.
SAPOTI Sapotĩ.
SAPOTI[Z]EIRO *(a espécie maior)* Sapotayua; *(a menor)* Sapotīyua.
SARADOR Ucaengara.
SARAMENTO Ucaengaua.
SARAR Ucaen.
SARDINHA Arauirī, Pirá-arauirī, Arary.
SARNA Pyra.
SATISFAÇÃO Sorysaua, Mumutáuasáua.
SATISFAZENTE Musorysara, Musoryuara.
SATISFAZER Musory; *(fazer a vontade)* Mumutaua.
SATISFEITO Sory, Sorypora, Morepora.
SATISFEITOR Musorysara, Mumutáuasára.
SAUDAÇÃO Mumurangaua.
SAUDADO Mumuranga.
SAUDADOR Mumurangara.
SAUDAR Mumurān, Putare-iané-ara.
SAÚDE Imacimasaua.
SAÚVA *(as grandes operárias munidas de grande e forte queixo)* Sayua; *(as operárias mais pequenas)* Isá; *(as fêmeas aladas, que saem ovadas)* Tanaiúra; *(o macho)* Catipará.
SE, ME, TE, NOS, VOS etc. (complemento direto dos verbos reflexivos) Iu *(prefixo ao tema invariável do verbo e precedido do prefixo pronominal variável com a pessoa). Ama:* Oxaisu. *Ama-se:* Oiuxaisu; *Satisfaço:* Xamusory; *Me satisfaço:* Xaiumusory.
SEBO Tapeuá.
SECA Ticanga, Typaua.
SECA-CHUVA *(casta de abelha)* Amanasay.
SECADOR Muticangasara, Mutypauasara.
SECADOURO Muticangatyua.
SECAMENTO Muticangasaua, Mutypauasaua.
SECANTE Muticangauara, Mutypauauara.
SECAR Muticanga. *Secar o rio, lagos etc.:* Typau. *Fazer secar:* Mutypau.
SECO *(se de rio etc.)* Ticanga, Typaua; *(das folhas ou de outra coisa que, secando, se enrola e se torna quebradiça)* Xirica; *(o que secando se torna sonoro)* Tininga; *(se secando se prende)* Icyca; *(se endurece)* Santá; *(a mandioca seca ao sol)* Typiraity.
SECRETAMENTE Iumími-rupi.
SEDE Y-cy, Y-iucysaua.
SEDENTO Y-iucysara.

SEDUÇÃO Munguitásáua.
SEDUTOR Munguitására, Munguitáuéra.
SEDUZIR Munguitá.
SEGMENTO Cemirera, Remirera.
SEGREDAR Iumími; *(fazer segredo)* Muiumími; *(guardar segredo)* Cuatuca.
SEGREDO Iumímisáua.
SEGUINTE Casakyre-sôuára, Casakyreuara.
SEGUIR Sô ... casakyre. *Sigo-te:* Xasô ne casakyre.
SEGUIDO Irumuara-itá.
SEGUIDOR Casakyre-sôsára.
SEGUNDA-FEIRA Murakipi.
SEGUNDO Mocoēngara; *(a qualidade de ser segundo)* Mocoēngaua. *Segunda vez:* Amu-ī.
SEGURADOR Pitasocasara; *(se a segurança é material)* Pitasocayua.
SEGURANÇA Pitasocasaua.
SEGURANTE Pitasocauara.
SEGURAR Pitasoca.
SEGURO Pitasocauá.
SEIS Iepé pô iepé pô racanga irumo, *ou simplesmente:* Pô iepé. *Quantos são vocês? Seis:* Muíre penhē? Pô iepé.
SEIVA Iukycé, Yua-iukycé.
SEIXO Itaī, Itá-ponga, Itá-pitanga. Itá-iereuá. *Conglomerado de seixos:* Itá-pe-cururu.
SEIXAL Itaītyua *(itaituba)*.
SELVA Caá, Caású.
SELVAGEM Caápóra.
SEM Inti, Intimaá; *(quando é modificador do sentido da palavra se traduz pelo sufixo:)* Yma. *Sem dono:* Inti oicô iara; Iara-yma. *Voltou sem falar-lhe:* Oiuíre inti opurunguetá aé irumo. *Ficou sem ver:* Opitá xipiá-yma *ou* Opitá cesá-yma *(= sem olhos). Sem nome:* Cera-yma.
SEMBLANTE Suá, Ruá.
SEMEAÇÃO Eauésáua.
SEMEADO Eauéuá.
SEMEADOURO Eauétyua.
SEMEADOR Eauésára.
SEMEANTE Eauéuára.
SEMEAR Euaé.
SEMELHANÇA Iauésáua, Nungarasaua.
SEMELHANTE Iauéuára, Nungarauara, Rapixara.
SEMELHAR Nungara, Oicô-iaué.
SEMENTE *(quando miúda e se espalha facilmente)* Eaueca; *(se se trata de caroço)*

Sainha, Rainha. *A semente da fruta:* Yuásainha.
SEMPRE Teẽn, Tenhẽ, Meme, Opaĩn-ara--rupi.
SEMPRE-VIVA Perepitá, Peripitá.
SENHOR Iara. Pay, May; *(nos tempos que já lá vão)* Maitinga, Paitinga *(como tratamento da gente de casa aos donos).*
SENIL *(se se trata de homem)* Tuiuéuára; *(se de mulher)* Uaimyuara.
SENILIDADE Tuiuésáua, Uaimysaua.
SENTAR Uapyca. *V. Assentar* e comp.
SENTIDO Saciara.
SENTIDO! Rexipiá!
SENTIMENTO *(de sentir)* Saangaua; *(se é de desgosto)* Muacisaua.
SENTIR Cendu; *(materialmente)* Saãn; *(moralmente)* Muaci. *Senti andar no quarto:* Xacenduana mira oso ocapy kiti. *Senti a comida, era boa:* Xasaãn tembiú, Oicoana puranga, uá. *Senti muito o mal que me fizeste:* Xamuaci eté puxyua remunhãna ce supé uá. *Sinto que lhe quero bem:* Xacendu xaxaisu aé.
SEPARAÇÃO Muiauocasaua.
SEPARADOURO Muiauocatyua.
SEPARADOR Muiauocasara.
SEPARANTE Muiauocauara, Muiauocayua.
SEPARAR Muiauoca, Muiauuca. *Separar retirando:* Musaca. *Separar limitando:* Ipuá. *Separar-se:* Iumuiauoca, Iumusaca.
SEPARÁVEL Muiauocauera.
SEPULCRO Mira-iutymatyua-uasu.
SEPULTADOR Mira-iutymasara.
SEPULTAR Iutyma-mira.
SEPULTO Mira-iutyma.
SEPULTURA Mira-iutymatyua.
SER Icô, Icu. *V. Estar* e comp.
SERENO *(o céu)* Ikiayma, Iuaca-ikiayma.
SERPENTÁRIO *(casta de rapineiro)* Acauã.
SERPENTE Mboia. *V. Cobra.*
SERPENTIFORME Mboia-nungara, Mboia--iaué.
SERPENTINO Mboiayua.
SERRA Yuytera, Yuytyra, Kity-yua. *Serra altíssima:* Yuytera-aeté. *Serra alta:* Yuytera--eté. *Serra brava:* Yuytera-iauaeté. *Serra fendida:* Yuytera-soroca. *Serra grande:* Yuyterasu. *Serra longa:* Yuytera-pucu. *Serra nua:* Yuytera-ciryca. *Serra pequena:* Yuytera-ĩ, Yuytera-mirĩ.

SERRADO Kity, Kityuá, Kityana.
SERRADOR Kitysara.
SERRADURA Kity-yua-pora.
SERRAGEM Kitysaua.
SERRANTE Kityuara.
SERRAR Kity.
SERRARIA Kity-tyua, Kity-tendaua.
SERRANIA Yuytera-cuá.
SERRANO Yuyterauara, Yuyterapora.
SERTANEJO Tapiya-tetamauara.
SERTÃO Tapiya-tetama.
SERVIÇO Miasu, Muaraky.
SERVIDÃO Miasusaua.
SERVIDOR Miasua.
SERVIL Miasuara.
SEZÕES Tacuua.
SEZONÁTICO Tacua-pora.
SETE Pô mocoĩn. Tepé pô mocoĩn pocapy.
SETA Uéýua, Uyua. O *e* é geralmente omitido ou pronunciado como mudo; todavia, não há duvida de que *Ueyua* é apenas a contração de *Uéuéýua* = haste que voa.
SETADA Uéýuasáua, Tumusaua.
SETEAR Tumu. *V. Flechar* e comp.
SEU I. *Chamou seu pai:* Ocenoiana i paia. *Todos viram que era seu:* Opaĩn mira omaãn aé iara.
SEVERAMENTE Tecô-acy-rupi.
SEVERIDADE Tecô-acysaua.
SEVERO Tecô-acy.
SICUPIRA Sycupira.
SIDÉREO Iuacauara.
SILÊNCIO Kyriri.
SILENCIOSAMENTE Kyriri-rupi.
SILENCIOSO Kyririuera.
SILVESTRE Caáuára.
SIM Eé. Eré; *(quando é de total aprovação, sem restrição)* Eretê. *Sim, está bom:* Eré catu; *(quando a aprovação é para o futuro)* Eré-cury.
SÍMIA Macaca.
SIMIANO Macaca-iaué.
SEMELHANTE Taué. *V. Semelhante* e comp.
SIMARUPA [simaruba] Marupá; *(a árvore)* Marupáýua.
SIMULAÇÃO Muamasaua.
SIMULADO Muamba, Muama.
SIMULADOR Muamasara.
SIMULANTE Muamauara.
SIMULAR Muama.

SINAL¹ Sangaua, Rangaua; *(qualquer sinal do corpo, especialmente se saliente)* Kytan, Kitanga.
SINAL² *(para indicar o caminho na mata virgem)* Caápepéna.
SINALAÇÃO Musangauasaua.
SINALADOR Musangauasara.
SINALAR Musangaua.
SINCERIDADE Supisaua, Satambycasaua.
SINCERO Supiuara, Satambyca-catu.
SINEIRO Tamaracá-muapuera.
SINGELAMENTE Piá-catu-rupi.
SINGELEZA Piá-catusaua, Cuaiauésáua.
SINGELO Cuaiauéuára, Piá-catu, Puruyma.
SINIMBU Cinimu, Cenimpu.
SINO Tamaracá, Itamaracá.
SIRIÚBA Xiry-yua.
SÍTIO Rendaua, Tendaua, Cendaua.
SÓ Nhun, Nhunto, Anhun, Anhoten. *Só de palavra:* Nheẽnga rupi nhunto. *Fiquei só:* Xapitá ixé nhun. *Só indo tu mesmo:* Anhoten resõ ne teẽn.
SOALHADO Muierauá.
SOALHADOR Muierausara.
SOALHAMENTO Muierausaua.
SOALHANTE Muierauara.
SOALHAR Muierau.
SOALHEIRA Coaracy-sacusaua.
SOALHO Ierau.
SOANTE Muteapuara, Tacácauára, Tiningara.
SOAR Muteapu, Tacaca, Tinĩn.
SOASSAR Sapepeca.
SOB Yuyrpe, Uyrpe. *Sob a mão do inimigo:* Pô soainhana uyrpe. *Sob a pressão dos fatos:* Mbaetá camirycasaua uyrpe.
SOBEJADOR Iumupiresara.
SOBEJAMENTE Iumupire-rupi.
SOBEJANTE Iumupireuara.
SOBEJAR Iumupire.
SOBEJIDÃO Iumupiresaua.
SOBEJO Iumupire-uá, Cemirera, Remirera. Puinha.
SOBERBA Iauetéasusáua.
SOBERBO Iauetéasú.
SOBRANCELHAS Cesá-pecanga.
SOBRE Aarpe, Arupi, Iarupi. *Sobre tudo:* Opaĩn arupi. *Põe a rede sobre a tolda para secar:* Oenu makyra panicaryca arupi omuticanga arama.
SOBRENADAÇÃO Uyuycasaua.
SOBRENADADOR Uyuycasara.
SOBRENADANTE Uyuycauara.
SOBRENADAR Uyuyca, Uyry.
SOBREPOR Enu-aarpe.
SOBREPUJANÇA Uirisaua.
SOBREPUJANTE Uirisara.
SOPREPUJAR Uiri.
SOBRESSAIR Iumu-iuaté.
SOBRESSALIÊNCIA Iumu-iuatésáua.
SOBRESSALIENTE Iumu-iuatéuára.
SOBRESSALTAR Mucanhemo. *Sobressaltar-se:* Iumucanhemo.
SOBRESSALTO Mucanhemosaua.
SOBRINHO Penga, Cunhã-mira, Cunhambyra.
SOCA Tucá-tucasaua, Sosocasaua.
SOCADOR Sosocasara, Tucá-tucasara.
SOCADOURO Sosocatyua, Tucá-tucatyua.
SOCANTE Sosocauara, Tucá-tucauara.
SOCAR Tucá-tucá; *(se é coisa que se amasse ou se esfarele quando se soca)* Sosoca.
SOCIEDADE Muatiresaua, Mira-muacasaua.
SÓCIO Irumuara.
SOCÓ Socó; *(a espécie menor)* Socoĩ.
SOCÓ-COBRA Socó-mboia.
SOCÓ-TROPA Socó-toré.
SOÇOBRAMENTO Pypycasaua, Muapysaua.
SOÇOBRADOR Pypycasara, Muapysara.
SOÇOBRADOURO Ipypycatyua.
SOÇOBRANTE Pypycauara, Pypycauera.
SOÇOBRAR Pypyca; *(da canoa que não resiste à força da correnteza, quando passada a sirga ou a pulso, e solta-se e soçobra)* Muapy.
SOFREADO Poiãnga.
SOFREADOR Poiãngara.
SOFREAMENTO Poiãngaua.
SOFREAR Poiãn.
SOFREDOR Purarasara.
SOFRENTE Purarauara; *(de moléstia)* Saciuara.
SOFRER Purará. *Fazer ou ser feito sofrer:* Mupurará. *Sofrer por doença:* Iumusaci. *Ser feito sofrer:* Musaci. *Fazer sofrer autoritária ou voluntariamente:* Puraracári. *Quem faz sofrer:* Puraracárisára. *Quem sofre:* Puraracáriuára. *O sofrimento assim infligido:* Puraracárisáua.
SOFRIMENTO Purarasaua; *(de moléstia)* Sacisaua.
SOGRA *(do homem)* Taixô, Taixu, Raixô, Raixu; *(da mulher)* Meny, Mendy.
SOGRO *(do homem)* Ratyua, Satyua, Tatyua; *(da mulher)* Menyua, Mendyua.

SOL Coaracy *(a mãe deste dia ou a mãe deste mundo)*.
SOLA Tapyira-pirera.
SOLDA Muicycayua.
SOLDADA Recuiara, Muraky-cepysaua.
SOLDADO[1] [militar] Surara (port. corromp.).
SOLDADO[2] [de soldar] Muicycauá.
SOLDADOR Muicycasara.
SOLDAGEM Muicycasaua.
SOLDANTE Muicycauara.
SOLDAR Muicyca, Muecyca.
SOLDÁVEL Muicycatéua.
SOLEIRA Mytá; *(da porta)* Okena-mytá.
SOLÉRCIA Iacusaua.
SOLERTE Iacu.
SOLIDEZ Antangaua, Santásáua.
SÓLIDO Antān, Santá; *(firme)* Tyua.
SOLICITAÇÃO Iururésáua.
SOLICITADOR Iururésára.
SOLICITANTE Iururéuára.
SOLICITAR Iururé.
SOLTADOR Iuraresara.
SOLTAMENTO Iuraresaua.
SOLTANTE Iurareuara.
SOLTAR Iurare. *Soltar-se:* Iuiurare.
SOLTO Iuraua, Iurau, Apy.
SOLUÇADOR Iuiocasara.
SOLUÇAR Iuioca, Ioioca. *Fazer soluçar:* Muiuioca.
SOLUÇO Iuiocasaua.
SOMA Papasaua.
SOMADO Papaua.
SOMADOR Papasara. *Tábua de somar:* Papareuara.
SOMAR Papau, Papare.
SOMBRA Irusanga.
SOMBREADOR Irusangara.
SOMBREAMENTO Irusangaua.
SOMBREAR Muirusanga.
SOMENOS Cemirera, Mirinte, Mirinhotēn.
SOMENTE Nhun, Anhun, Anhotēn, Nhunto.
SOMÍTICO Sacatéyma.
SONÍFERO Repocy-munhangara.
SONO Cepocy, Repocy, Tepocy, Pocy, Epoxy.
SONOLENTO Epocyuara, Epocyuera.
SONHADO Kerepiuá.
SONHADOR Kerepisara.
SONHADOURO Kerepityua.
SONHANTE Kerepiuara. *Que sonha mal:* Kerepiuera.

SONHAR Kerepi, Ker'pi.
SONHÁVEL Kerepitéua.
SOPA Mingau.
SOPRADOR Peusara.
SOPRAMENTO Peusaua.
SOPRANTE Peuara, Peuera.
SOPRAR Peu, Peiu.
SOPRO Peua, Angaī.
SOQUETE Sosocayua.
SOROCOIM (Tamatiá?) Tamatiá-uirá.
SORVA Cumã, Cumã-uasu. Cumaī.
SORVEIRA Cumayua.
SORVEDOR Pyterasara.
SORVEDOURO Iupypycatyua.
SORVER Pytere. *Sorver saboreando:* Pytipytinga. *Sorver sofregamente:* Mucuna.
SOSSEGADO Pituua, Oicô-nhotēn.
SOSSEGADOR Pituusara.
SOSSEGADOURO Pituutaua.
SOSSEGAR Pituu. *Fazer sossegar:* Mupituu.
SOSSEGO Pituusaua.
SOTOPOR Popyca.
SOTOPOSTO Popycauara.
SOVA Nupasauasu.
SOVADOR Nupasarasu.
SOVAR Nupasu; *(a massa)* Cancyra. V. *Amassar*.
SOZINHO Nhuíra, Irumuarayma, I nhunto. *Todos se foram, ficou sozinho:* Mira opau osoana, opitá irumuarayma. *Sozinho enfrentou o inimigo:* Nhuíra osoecé suainhana.
SPIZAETO TYRANNUS Iapacany.
STENO-TUCUXI (boto-cinzento) Tucuxy.
SUA I. V. *Seu*.
SUADA Ciaisaua, Tyaengaua.
SUADOR Ciaisara, Tyaengara.
SUANTE Ciaiuara, Tyaengara.
SUAR Ciai, Tyaen.
SUAVE Ceēn.
SUAVEMENTE Ceēn-rupi.
SUBIDA *(em terra)* Eatiresaua; *(por água)* Yapiresaua; *(figurado)* Eupiresaua.
SUBIDOR Eatiresara, Yapiresara, Eupiresara.
SUBINTE Eatireuara, Yapireuara, Eupireuara.
SUBIR Eatire, Yapire, Eupire. *Fazer subir:* Mueatire, Muyapire, Mueupire. *Subiu o rio e depois subiu a serra:* Oiapireana paranã rupi ariré oeatire yuytera. *Todos os dias sobem os preços:* Opaīn ara maaitá cepy oeupire.
SUBJUGAÇÃO Iyuycasaua.
SUBJUGADOR Iyuycasara.

subjugante Iyuycauara.
subjugar Iyuyca. *Fazer ou mandar subjugar:* Iyuycacári.
submergir Iupypyca. *V. Soçobrar* e comp.
subornar Munguetá-puxy.
substituição Murecuiarasaua.
substituidor Murecuiarasara.
substituinte Murecuiarauara.
substituir Murecuiara.
subterrâneo Yuy-uirpeuara, Yuy-cuara. Rapé-yuy-uirpe.
subtração Iuucasaua, Mundasaua, Iarucasaua.
subtrair *(tirando)* Iuuca; *(furtando)* Mundau; *(diminuindo)* Iaruca.
subtraído Iuūcauá, Mundauá, Iarūcauá.
subtrator Iuūcasara, Mundására, Iarū casara.
suburbano Mairi-ocaruara.
subúrbio Mairi-ocara.
sucedâneo Iauéuára, Maiauéuára.
súdito Miasua.
sueco Ty, Tycu, Camy, Yukycé. *V. Sumo.*
sucuriju Sycuryiu-yua.
sucuruju Sycuryiu.
sucuuba Sucuyua.
suficiência Auieuanasaua.
suficiente Auieana, Auieuana.
suicida Iuiucá-sara, Iuiucambyra.
suicidar-se Iuiucá.
suicídio Iuiucá-saua.
sujador Ikiására.
sujar Mukiá, Iuciyma.
sujeição Enuirpesaua.
sujeitador Enuirpesara.
sujeitante Enuirpeuara.
sujeitar Enuirpe.
sujeito Enuirpeuá, Marasupora (= *cheio da vara*).
sujo Ikiá, Ikeá.
sujura Ikiásáua.
sumarento Yukicéuára.
sumição Mucanhemosaua.
sumidade Arpesaua, Iauetésáua.
sumidouro Mucanhemotyua.
sumidor Mucanhemouara.
sumir Mucanhemo. *Sumir-se:* Iucanhemo.
sumível Mucanhemoteua.
sumo *(o que se produz naturalmente ou se prepara com água)* Yukicé; *(quando tem a consistência e o aspecto do leite)* Camby, Camy; *(quando é sujeito a coagular-se)* Icyca; *(quando é obtido por meio de pressão e com especialidade o extraído da mandioca antes de lhe ser tirado o veneno)* Ty, Tycu; *(o sumo da mandioca logo que lhe é tirado o veneno)* Manicuera; *(quando já mais espesso e serve de molho)* Tycupy; *(quando tornado mais espesso e escuro ao fogo)* Tycupy-pixuna; *(o sumo da mandioca-doce)* Manipuera, manipuíra; *(sumo da fruta)* Yá-ty.
sumarento *(falando dos frutos)* Yá-ty-uara.
suor Tyaia, Ciaĩn, Ciaĩnsaua, Tyuera, Cyuera.
superior Iauetéuára.
suplicar Iurureu. *V. Pedir* e comp.
suportar *(materialmente)* Pitaseca; *(com especialidade, moralmente)* Porará, Socanga.
supuração Epéua.
supurante Muepéuauára.
supurar Muepéua.
surdez Iapysá-ymasáua.
surdo Iapysá-yma.
surra Nupanasaua.
surrador Nupanasara.
surrar Nupana.
surubi Surumy, Surumby.
surgir Cemo, Iucuau, Cenei. *V. Nascer, Mostrar-se, Grelar* e comp.
sururina Sururina.
suspeita Muaúsáua-ayua.
suspeitador Muaúsára-ayua.
suspeito Muaú-ayua.
suspensão Iapotĩsaua, Iaticusaua.
suspender Iaticu; *(amarrando a alguma coisa)* Iapotĩ.
suspensório Iapotĩyua, Iatycuyua.
suspensor Iapotĩsara, Iaticusara.
sustentação Putumusaua.
sustentador Putumusara; *(quem sustenta um peso ou coisa que o valha)* Pitasocasara; *(o pau sustentador da cumeeira)* Tianha.
sustentar Putumu; *(sustentar firme)* Putumu-santá; *(sustentar o que periga ou está para cair)* Pitasoca, *(se é com pau em forquilha)* Mutianha; *(sustentar no alto)* Copire. *Sustentar-se:* Iupitasoca. *Sustentar-se de comida:* Iupuĩ.
susto Cikiésáua.
suuba [Suumba?] Suyua.

T

TABA Taua.
TABACAL Pytymatyua.
TABACO Pytyma; *(aquele que serve para limpar os dentes)* Mupinxi *(Solimões); (em molho)* Pytymantá; *(em pó)* Pytymacuĩ; *(a planta)* Pytymayua.
TABAJARA Taua-iara.
TABAQUEIRA Pytymacuĩ-ireru, Pytyma-ireru.
TABARÉU Caauara, Caápóra.
TABATINGA Taua-tinga.
TABERNA Oca-cauĩn-meẽngaua.
TABERNEIRO Cauĩn-meẽngara.
TABOCA Tauoca.
TABOCAL Tauocatyua.
TABOCÃO Tacuarusu.
TABOQUINHA Tacuary.
TÁBUA Myrá-peua, Myrá-pema.
TACANHO Sacate-yma.
TACHO Itanheẽn, Panerasu.
TAJÁ Taiá.
TAJAOBA *(Colocasia)* [inhame] Taiá-yua.
TAJAÚVA *(Aroidea)* [tinhorão] Taiá-ayua.
TALANTE Putaua. *A meu talante:* Cé putaua rupi.
TALCO Maracacheta *(nome dado também às piritas).*
TALENTOSO Icoaouara.
TALHA Yasaua, Yngasaua.
TALHADOR Munucasara
TALHADEIRA Munucayua.
TALHAMENTO Munucasaua
TALHANTE Munucauara.
TALHAR Munuca. *Talhar-se:* Iumunuca.
TALHENTE [ital.; que corta] Cembé.
TALO Iarisaua, Caá-iarisau a, Putyra-iarisaua.
TALVEZ Ipu, Epu, Arane-yma.
TAMANDUÁ Tamanduá, Tamanduá-asu, Tamanduaĩ *ou* Uairy.
TAMANHO *(em grossura)* Turususaua; *(em comprimento)* Pucusaua; *(em ambos os sentidos)* Uasusaua.
TAMAQUARÉ Tamacoaré.
TAMBAQUI Tamaky, Tambaky.
TAMBÉM Iaué-teẽn, Iuere, Iuíri. *Nós também:* Iané iuere.
TAMBOR Tamaracá, Trocana.
TAMBORETE Uapuy; Muapyua.
TAMBORIPARÁ [bico-de-brasa] Tamury-pará.
TANAGRA Tangará, Saí.
TANAJURA Tanaiúra.
TANGA *(a dos homens)* Coeiũ, Tacunhayua; *(a das mulheres)* Muruari, Enduari, Tanga.
TANGEDOR Muapysara.
TANGER Muapy.
TANGIDO Muapyuá.
TANGIMENTO Muapysaua.

TANGÍVEL Muapytéua; *(que pode ser tocado)* Picicauera.
TANTOS Ceiía.
TAPADOR Cekindáusára.
TAPAGEM Cekindaua, Pary. *Tapagem de pedra:* Itá-pary.
TAPAGENZINHA Itá-paryca.
TAPAMENTO Cekindáusáua.
TAPANTE Cekindáuára.
TAPAR *(fechando)* Cekindau; *(cobrindo)* Pupeca; *(com grade a boca dos lagos, igarapés etc.)* Parytyca.
TAPÁVEL Cekindáuéra.
TAPERIBÁ Taperyuá.
TAPERIBAZEIRO Taperyuáýua.
TAPIOCA Typyaca; Typyiuuca.
TAPIR-AMERICANO Tapyira.
TAPUIO Tapyia.
TAPUME *(de grade)* Pary; *(de varas soltas)* Parymembeca; *(de tabique)* Taipara.
TAQUARA Tacuara, Tacuarusu, Tacuary.
TARDE Caruca. *Chegou tarde:* Ocica carucana.
TARDIAMENTE Caruca-ramé.
TARDO Meuéuára.
TARECOS Miritá. *Os tarecos da casa:* Oca miritá. *Esperou que a mulher juntasse os seus tarecos:* Osaruana cunhã omuatire i miritá.
TARTARUGA *(a grande, do Amazonas)* Capitary *(o macho)*, Iurará *(a fêmea)*, Cunhambocó, Cunhamucu *(a fêmea nova)*, Uarapeky, Uirapeky *(as tartaruguinhas novas saídas de fresco dos ovos). (Uma espécie menor: Tracajá)* Tracaiá *(a fêmea)*, Anory, Anaiury *(o macho). (Outras espécies, em geral menores, de tartarugas fluviais)* Matamatá, Arasá, Aperema, Opé, Pitiú. *(A do mar)* Iurucua, Surucua. *(As espécies terrestres)* Iauty, Musuã.
TATAJUBA Tataiuá.
TATEADOR Popsypsycasara.
TATEAMENTO Popsypsycasaua.
TATEANTE Popsypsycauara.
TATEAR Popsypsyca, Popsypysyca.
TATILMENTE Popsypsyca-rupi.
TATU Tatu.
TATU-ACORDADO Tatu-para.
TATU-BOLA Tatu-apara.
TATU-GRANDE Tatuasu.
TATU-MANHOSO Tatu-mundéu.
TATU-VERDADEIRO Toró, Tatu-eté.

TAUARI Tauary.
TAUARIZEIRO Tauaryiua.
TAVÃO Mucu. Mucuasu, Mytuca.
TAXI[1] *Ver Taxizeiro.*
TAXI[2] *Ver Formiga.*
TAXIZEIRO *(a árvore)* Taxyyua. *(O formigueiro)* Taxyoca.
TE Indé, Iu. *Eu te dou:* Icé xá-meẽn indé. *O tuxaua te chama para ir pescar:* Tuixaua cenoi indé osó pinaityca arama. *Quando tu te embarcas?:* Mairamé indé reiuiare? *Tu te deitas na minha rede:* Indé reiuienô ce makyra kiti.
TEAR Makyra-tucasaua.
TECELÃO Pana-munhangara, Makyra-tucasara-iupésára.
TECELAGEM Iupesaua, Tucasaua, Tupesaua.
TECER Iupé, Sutire, Tucá, Tupé, Munhã-pana.
TECIDO Sutiro, Sutireuá; Iupésáua. *(A rede solta, presa por travessas)* Kysáua; *(a rede feita ao tear, batida)* Makyra; *(a rede de pescar)* Pusá, Pysá. *(O tecido de talas)* Tupé.
TECUM *Ver Tucum.*
TEIA *(de aranha)* Iandu-kysaua.
TEIMAR Casakyre-ieuere.
TEIMOSO Oieuere-casakyre.
TELHADO Oca-pupecasara.
TELHEIRO Teiupá, Copeã.
TEMENTE Cikiésára, Moetésára. *Temente a Deus:* Tupana-moetésára.
TEMER Cikié, Moeté.
TEMIDO Cikiéýua, Cikié-manha.
TEMOR Cikiésáua. *Temor reverencial:* Moetésáua.
TEMPERADOR Muceẽngara.
TEMPERAMENTO Muceẽngaua.
TEMPERAR (pôr temperos) Muceẽn.
TEMPERO Ceẽn, Ceenga.
TEMPESTADE Iuiutu-ayua.
TEMPESTUOSO Iuiutu-ayuauara.
TEMPO Ara, Ramé. *No começo do tempo:* Ara-iupi-rungaua. *Sem tempo:* Ramé-yma. *Tempo de verão:* Coaracy-ara. *Tempo de inverno:* Amana-ara. *Não há tempo:* Erimbaué. *Não há mais tempo:* Erimbaué-ana.
TEMPORAL Iuiutu-asu.
TEMPORIZAR Saru. V. *Esperar* e comp.
TENAZ Itacambira.
TENEDOR [possuidor] Recôsára.
TENENTE [possuinte] Recôuára.

TENRO *(novo)* Iakyra; *(mole)* Membaca, Santá-yma.
TENSÃO Cikiésáua.
TENSO Cikié-yua, Muantã.
TENTAÇÃO Ceẽn-munguetásáua.
TENTADOR Ceẽn-munguetására.
TENTANTE Ceẽn-munguetáuára.
TENTAR Munguetá-ceẽn, Cicare. *O diabo tentou a mulher para que comesse do fruto:* Yurupary omunguetá ceẽn cunhã recé, oumbauana yá arama. *Tento ver:* Xacicare-xamaãn.
TÊNUE Puy, Puī.
TEOR Tecô.
TÉPIDO Sacuxinga, Tisacueté.
TERÇADO Kicé-uasu, Trasada.
TERÇA-FEIRA Muraki-mucoīn.
TERCEIRO Musapireuara, Musapiresara.
TERÇO Musapire.
TERÇOL Cesá-pungá.
TERMINAR Mpau. *V. Acabar* e comp.
TÉRMITES Copim, Copī.
TERRA Ara, Yuy, Taua, Tetama, Tyua. *Ponta de terra:* Ara-pecô. *A nossa terra:* Iané-retama. *Terra alta:* Yuy-ã, Yuyuaeté, Yuytera. *Terra altíssima:* Yuy-aeté. *Terra amarela:* Tauá. *Terra branca:* Tauatinga. *Terra chata:* Yuy-pema. *Terra de oconori:* Oconorytyua. *Terra de gente:* Tapyia-tyua. *Terra da gente:* Tapyia-tetama. *Terra dos parentes:* Anama-tetama. *Terra firme:* Yuyreté. *Terra lisa:* Yuy-peua. *Terra nova:* Taua-pesasu, Taua-pysasu. *Terra pelada:* Yuyapina, Ibiapina. *Terra rasgada, fendida:* Yuy-soroca. *Terra vermelha:* Tauapiranga. Oury.
TERREIRO Ocara.
TERREMOTO Yuyryry; Tyrytyri. O terremoto é atribuído ao mexer-se que faz o jacaré que sustenta a terra, e que por via disso chamam Mãe do terremoto, isto é: *Tyryry-manha*.
TERRESTRE Yuyuara, Yuypara (= *que mora na terra*).
TERRIBILIDADE Iauaetésáua.
TERRIFICANTE Iauaetéuára.
TERRIFICADOR Iauaetésára.
TERRIFICAR Iaueté.
TERRÍVEL Iauetéua.
TERROR Cikietésáua.
TERRORIZADOR Mucikietésára.
TERRORIZANTE Mucikietéuára.

TERRORIZAR Mucikieté.
TESÃO Cekisaua.
TESO Ceki, Muantã.
TESOURA¹ (ave) Piranha; *(casta de gavião)* Piranha-uirauasu *(ou melhor)* Tianha-uirauasu; *(casta de tirano [tiranídeo])* Tianha-uirá.
TESOURA² (de telhado) *(a que sustenta o telhado ou outra qualquer coisa, formando forquilha)* Tianha.
TESTA Cyua. *A testa da rede:* Pusá-pitasoca.
TESTEMUNHA Supi-umbuésára.
TESTEMUNHANTE Supi-umbuéuára.
TESTEMUNHAR Mbué-supi, Mbué-supisaua.
TESTEMUNHO Supi-umbuésáua.
TESTÍCULO Sapiá, Rapiá, Tapiá.
TETO Oca-cekindáuasára.
TEU, TUA Ne, Indé, Iné, Indé-iara.
TEÚBA Téua.
TI Ne. *A ti:* Ne-recé. Ne-opé; *por ti:* Ne-arama; *de ti:* Ne suí; *para ti:* Ne kiti; *perto de ti:* Ne ruake; *de perto de ti:* Ne ruake suí.
TIA Aixé, Ceíra, Reíra, Teíra.
-TIBA *(sufixo)* Lugar. A corrupção portuguesa de *Tyua*.
TIÇÃO Tatá-cicuera, Tatá-cica.
TIGELA Peririsaua.
TIGRISOMA Socó.
TIJUCA Tyiuca.
TIJUCAL Tyiucatyua.
TIJUCUPAUA Tyiucapaua.
TIJUPÁ Teiupã.
TIMBÓ Timô, Timbô.
TIMBOZEIRO Timboyua.
TÍMIDO Pitua.
TÍNAMO Macucaua.
TINGIR *(em amarelo)* Mutauá; *(em azul)* Musukira; *(em branco)* Mutinga, Mumurutinga; *(em cinzento)* Mutuíra; *(em preto)* Mupixuna; *(em roxo)* Mutuī; *(em verde)* Muiakyra; *(sem designação de cor)* Mupinima.
TINGUEJADA Tinguésáua, Timboitycasaua.
TINGUEJADOR Tinguésára, Timboitycasara.
TINGUEJAR Tingué, Timboityca.
TINHA Pyra, Kerana.
TINHORÃO Taiurá.
TINHOSO Pyrasuera, Keranauera.
TINIDO Ciningá; *(o ato de tinir)* Ciningaua.
TINIDOR Ciningara.
TINIR Cinin, Ciningá.

TINTA-PRETA (casta de cipó) Tariri.
TINTUREIRO Mupinimasara. *V. Tingir.*
TINTURA Mupinimasaua.
TIO Tutira.
TIQUIRA Tykyra.
TIRADA Iuucasaua.
TIRADOR Iuucasara.
TIRANIA Marasusaua.
TIRANIZADO Marasupora.
TIRANIZAR Marasu.
TIRANO Murasusara, Murasu-iara.
TIRANTE Iuucauara.
TIRAR Iuuca, Euoca. *Tirar com a mão:* Poiuuca. *Tirar fazendo sair:* Musaca. *Tirar puxando:* Ciki. *Tirar arrastando:* Iake. *Tirar arrebatando:* Piuru. *Tirar espremendo:* Typyiuuca.
TIRIBA Maracanã.
TIRITANTE Ririsara.
TIRITAR Riri.
TISANA Mosororó, Mosururu.
TITARA Yacytara.
TITILAÇÃO Kiricasaua.
TITILADOR Kiricasara.
TITILANTE Kiricauara.
TITILAR Kirica.
TITINGA Pitinga.
TOALHA Miasaua.
TOCA Toca, Soca, Roca.
TOCADA Peusaua, Tucasaua.
TOCADOR Peusara, Tucasara.
TOCAIA Tocaia, Tocaiuá.
TOCAIADOR Tocaiasara.
TOCAIAMENTO Tocaiasaua.
TOCAIANTE Tocaiauara.
TOCAIAR Tocai.
TOCAR (instrumento de sopro em geral) Peú, Peiú, Iupi. *Mandar tocar:* Muapeucári. *Fazer tocar para si:* Iumupeú; *(flauta)* Peúmemby; *(instrumentos de corda)* Iutuca; *(tatear)* Tucá, Cotuca; *(com a mão)* Potuca. Do último termo provém talvez *potoca,* a mentira que quase se toca com a mão.
TOCHA Tury.
TODAVIA Ranhe.
TODO Opanhe, Opaĩn, Opao, Opaua, Raĩn. *Todas as vezes:* Opanhe-ī. *Em todos os tempos:* Opanhe ara ramé. *Por todos os modos:* Opaĩn manungara rupi. *Todos aqueles:* Nhaitá opao, Nhaitá paua.

TOLDA (da canoa) *(fixa)* Panicaryca; *(movediça)* Iapá; *(no rio Negro)* Decorera *(corrupção do português,* de correr, isto é, tolda que se corre quando preciso).
TOLDADO Pitinga.
TOLDADOR Mupitingasara.
TOLDANTE Mupitingauara.
TOLDAR Mupitinga. *Toldar-se:* Iumupitinga.
TOLDÁVEL Mupitingauera.
TOLETE [de madeira] Mará; *(aquele de que o pescador se serve para acabar com o peixe)* Arasanga, Acangapéua.
TOLHER Musaca; *(impedindo)* Patuca; *(proibindo)* Muatuca.
TOLICE Iacuaymasaua.
TOLERADO Mpuyma, Puraraua.
TOLERADOR Purarasara.
TOLERÂNCIA Purarasaua.
TOLERAR Purara. *Fazer ou ser feito tolerar:* Mupurara. *Fazer-se tolerar:* Iumupurara.
TOLO Iacuayma.
TOMADA [de tomar] Picicasaua, Piamosaua.
TOMADOR Picicasara, Piamosara.
TOMAR Picica; *(sem pegar materialmente)* Piamo; *(para se apropriar)* Muiara.
TOMBADILHO (da canoa) Ingara-ierau.
TOPADA Iuantisaua.
TOPADOR Iuantisara.
TOPAR Iuaenti, Iuanti. *Topar-se:* Iuiuaenti.
TOPETE Iponga, Acanga-ponga.
TÓRAX Putiá.
TORCEDOR Pombycasara, Iumuangara, Mamanasara.
TORCEDURA Pombycasaua, Iumuangaua.
TORCER Pombyca, Iumuãn; *(com a mão, em geral para fiar)* Pomana.
TORCIDO Pomana.
TORMENTADO Poraraua, Porarapora.
TORMENTADOR Porarasara.
TORMENTANTE Porarauara.
TORMENTAR Porará. *Tormentar-se:* Iuporará. *Fazer tormentar:* Poraracári.
TORMENTO Porarasaua.
TORNA Recuiara, Cecuiara.
TORNAR Iuíre, Ieuíre. *Tornar-se:* Iuiuíre. *Tornar a fazer:* Munhã; Mu *(como prefixo). V. Fazer* e comp.
TORNOZELO Pyuoá, Retimã, Muapiresaua.
TORPE Puxi; Puxiuera.
TORPEZA Mbaé-puxi.

torrada Sakîsaua.
torrado Sakiuá. *A folha seca torrada:* Tininga.
torrador Sakisara.
torrante Sakiuara.
torrar Saki. *Torrar secando e tornando-se sonora:* Mutininga.
torrão (de terra) Yuysantá, Ara-santá.
torrente Yarapé, Yngarapé.
torrentoso Pirantá.
torta (de mandioca) Mbeiú, Meiú.
torto Apara, Iapara.
tortura [de torto] Iaparasaua.
tortulho Urupé.
tortuosamente Iatiman-timãn rupi.
tortuosidade Iatimãn-timangaua.
tortuoso Iatimãn-timana.
tosco Pitinga, Eposu, Iupanayma, Ici, Tipitinga.
tosquia Iupinasaua.
tosquiador Iupinasara.
tosquiadouro Iupinataua, Iupinaoca.
tosquiar Iupina.
tosquiável Iupinauera.
tostar Saké. *V. Torrar* e comp.
totalidade Opanhesaua.
toucinho Icauasaua, Taiasu-icauasaua, Taiasu-icaua.
touro Tapyira-apyaua.
trabalhador Purakysara.
trabalhante Purakyuara.
trabalhar Puraky, Muraky.
trabalhável Purakyuera.
trabalho Purakysaua. *Lugar de trabalho:* Purakytaua, Purakytyua.
tracajá *(a fêmea)* Tracaiá; *(o macho)* Anuri, Anory.
traçador Murangaua-sara.
traçamento Murangaua-saua.
traçar Murangaua.
tradição Mbeúsáua; *(quando não é oral, mas de costumes)* Tecôsáua.
tradicional Mbeúsáua-rupi, Tecô-rupi.
trafegador Murakyasuara.
trafegamento Murakyasusaua.
trafegar Murakyasu.
tráfego Murakyasua.
tragado Uua.
tragadouro Uutyua.
tragador Uusara.

tragamento Uusaua.
tragante Uuuara.
tragar Uu.
tragável Uuuera.
traição Ecopésáua.
traiçoeiramente Ecopé-rupi.
traído Ecopéua.
traidor Ecopésára.
trair Ecopé.
trajamento *Ver Traje.*
traje Iumuã-mundésáua.
trajar Iumuã-mundé.
trama Moama, Moamba.
trancado Pitasoca, Cikendaua. *Porta trancada:* Okena pitasoca. *V. Fechar, sustentar* e comp.
trançado Tupé. *Corda trançada:* Tupaxama.
trançador Tupésára.
trançadouro Tupétýua.
trançamento Tupésáua.
trançante Tupéuára.
trançar Tupé. *Fazer trançar:* Mutupé.
trançável Tupéuéra, Tupétéua.
transbordado Yapô.
transbordador Yapôuáua.
transbordamento Yapôsáua.
transbordar Yapô, Yngapu.
transbordável Yapôuéra.
transcoação Sasaporasaua.
transcoadouro Sasaporatyua.
transcoador Sasaporasara.
transcoante Sasaporauara.
transcoar Sasapora.
transcoável Sasaporauera.
transcorrer Iusasau.
transferência Musasausaua.
transferidouro Musasautyua.
transferidor Musasausara.
transferente Musasauara.
transferir Musasau. *Transferir-se:* Iusasau.
transferível Musasauera.
transformação Muiereusaua.
transformadouro Muiereutyua.
transformador Muiereusara.
transformante Muiereuara.
transformar Muiereu. *Transformar-se:* Iumuiereu.
transformável Muiereuera.
trânsfuga Iauauera, Canhematéua.

TRANSPARÊNCIA Sacacangaua, Cesacangasaua.
TRANSPARENTE Sacacanga, Cesacanga.
TRANSPIRAÇÃO Riaycôsáua, Riay *(suor)*.
TRANSPIRADOR Riaycôsára.
TRANSPIRAR Riaycô. *Fazer transpirar:* Muriaycô.
TRANSPORTADOR Rasôsára.
TRANSPORTANTE Rasôuára.
TRANSPORTAR Rasô. *Transportar-se:* Iurasô. *Fazer transportar:* Murasô. *Fazer-se transportar:* Iumurasô.
TRAQUINO Iacuéýma *(G. Dias)*.
TRÁS Cupé, Casakire.
TRASEIRO Cupé, Cupéuára, Casakireuara.
TRASLADAR Musasau. *Trasladar-se:* Iumusasau. *V. Transferir* e comp.
TRASPASSADOR Sasasausara.
TRASPASSAMENTO Sasasausaua.
TRASPASSANTE Sasausauara.
TRASPASSAR Sasasau.
TRASPASSÁVEL Sasasauera, Sasausautéua.
TRATAR Porunguetá, Porunguetá satambyca.
TRATEADO Poraracári.
TRATEADOR Poraracárisára.
TRATEAMENTO Poraracárisáua.
TRATEAR Poraracári.
TRATO Porunguetásáua.
TRAVE Oca-iyua. *Trave mestra:* Oca acanga, Oca acaing *(Solimões)*.
TRAVESSEIRO Acangapaua.
TRAZEDOURO Ruretyua.
TRAZEDOR Ruresara.
TRAZENTE Rureuara, Ireru.
TRAZER Rure, Rúri.
TRAZIDO Rure, Rurepora *(o que é trazido)*.
TREMEDAL Tyiucatyua, Tyiucapaua.
TREMEDOR Ryrysara.
TREMEDOURO Ryrytyua.
TREMELGA Puraké.
TREMENDO Iauaeté.
TREMENTE Ryryuara.
TREMER Ryry. *Fazer tremer:* Muryry.
TRÊMITO Ryrysaua.
TREMPE Itá-curua.
TREMULAR Tyrytyry.
TREPAÇÃO Iupiresaua.
TREPADOURO Iupiretyua.
TREPADOR Iupiresara.
TREPANTE Iupireuara.

TREPAR Iupire. *Fazer ou ser feito trepar:* Muiupire.
TREPÁVEL Iupiretéua, Iupiruera.
TRÊS Musapire.
TRESCALANTE Sakenauara.
TRESCALAR Sakena.
TRESLOUCADO Acanga-ayua, Acanga-yma.
TRÊS-POTES Saracura.
TREVA Pituneté. Pitunasu.
TRIGLA Pirá-uéué.
TRILHO Pyrapé, Pypora, Caapepena.
TRINCHEIRA (consistente de um fosso e uma estacada de pau-a-pique) Nduaimene.
TRIPA Ciyé, Tiputy ireru.
TRISTE Taeté, Saciara.
TRISTEZA Saciaresaua.
TRISTONHO Suacy.
TROADOR Tupanasara.
TROANTE Tupanauara.
TROAR Tupana, Tupã.
TROCA Cecuiara, Recuiara.
TROÇA Musaraingaua.
TROCADOR Recuiarauara.
TROÇADOR Musaraingara.
TROCANO Trocano, Pytu.
TROCAR Murecuiara. *Trocar-se:* Iumureucuiara.
TROÇAR Musarain.
TROCO Cecuiara, Recuiara.
TROGONIDE Sorocoin, Surucuã, Tamatiá uirá.
TROMBETA Toré, Memby, Memy.
TROMBETEIRO Memby iupisara, Memby peusara.
TRONCAR Munuca. *V. Cortar* e comp. Pepena. *V. Quebrar* e comp.
TRONCO Rupitá, Epy, Yua, Ruá. *O tronco da minha gente:* Ce mira epy. *O tronco de taperibá:* Taueryuá rupitá. *O tronco da flecha:* Ueyua yua. *Tronco da árvore:* Caá-ruá.
TROPEL Teapu; *(de gente)* Mira-teapu.
TROQUILÍDEO *(no rio Negro)* Inamby; *(no Solimões)* Uainamby, Uainumã.
TROVÃO Tupãua, Tupã. Iuaca cururuca, Iuaca inharusaua, Iuaca teapu.
TROVEJAR Cururuca, Curucuruca.
TROVEJANTE Curucurucasara, Cururucauara.
TROVOADA Iuiutu ayua.
TU Né, Indé.
TUCANO Tucana.

TUCUM Tucu *(a palmeira e a fibra que dela se extrai, assim como o fio).*
TUCUMÃ Tucumã.
TUCUPI *(suco da mandioca preparado em molho)* Tucupi, Tucupy; *(temperado com formigas, Isá, e pimenta)* Isátáia; *(curado ao sol)* Tycupy; *(apurado de forma a tornar-se quase preto)* Tucupy-pixuna.
TUDO Opaua, Paua, Paue.
TUFÃO Iuiutu ayueté.
TUMBA Mira iutimataua.
TUMEFAÇÃO Pungásáua.
TUMEFAZER Pungá.
TUMEFEITO Pungaua.
TUMOR Epéua, Ipungá, Imungá.
TURVAÇÃO Iakysaua. *De quem se turva*: Mucanhemosaua.
TURVAÇÃO Mukiásáua, Tipytingasaua.
TURVADOR Iakysara. *Que faz turvar*: Mucanhemosara.
TURVADOR Tipytingasara, Mukiására.
TURVADOURO Mukiátýua, Tipytingatyua.
TURVANTE Iakyuara, Mucanhemouara.
TURVANTE Mukiáuára, Tipytingauara.
TURVAR Mukiá, Mutipytinga. *Turvar-se*: Iumukiá, Tipytinga.
TURVAR Iaky. *Turvar-se*: Iuiaky, Mucanhemo.
TUTELAR Mungui. V. *Resguardar.*

U

UBÁ Yara, Yngara.
ÚBERE Camã.
UBIM Umy.
UBIM-AÇU Umy-uasu.
UBUCUUBA Yuycuí-yua, Yuycuyua.
UBUÇU Umusu.
UCUUBA Ucuyua.
UIQUÉ Uiké.
ÚLCERA Peréua puxy.
ULCERADO Peréua pora.
ULCERADOR Muperéuasára.
ULCERAMENTO Peréuasáua.
ULCERAR Muperéua.
ULCERÁVEL Muperéuatéua.
ULTERIOR Ariré-uára.
ULTERIORIDADE Arirésáua.
ULTERIORMENTE Ariré rupi, Ariré ramé.
ULTIMAÇÃO Pausaua.
ÚLTIMO Casakireuara. *Por último:* Pausape.
UM Iepé. *Como um:* Iepé nungara. *Um a um:* Iepé iepé. *Um com outro:* Iepé amu irumo. *Um só:* Iepé nhũn. Nhuĩra. *Um de nós:* Iepé iané suí. *Uma vez:* Iepé ĩ.
UMBROSO Yrusangauara.
UMEDECER Murusanga.
UMEDECEDOR Murusangara.
UMEDECIMENTO Murusangaua.
UMIDADE Yrusangasaua.

ÚMIDO Yrusanga.
UMIRI Umiri.
UMIRIZAL Umirityua.
UMIRIZEIRO Umiriyua.
UNÂNIME Iepé uasu.
UNANIMEMENTE Iepé uasu rupi.
UNANIMIDADE Iepéuasúsáua.
UNÇÃO Iandysaua, Pyxisaua. *V. Untar e comp.*
UNCINADO Ampé iaué.
UNGULADO Ampé-uára.
UNHA Ampé; *(da mão)* Pôampé; *(do pé)* Pyampé.
UNHADA Ampésáua. Pixásáua. Caraĩnsaua *(especialmente se é de gavião ou ave semelhante).*
UNHAR Pixá; *(dilacerando)* Caraĩn.
UNHEIRO *(se é na mão)* Pôampé-pungá; *(se é do pé)* Pyampé-pungá.
UNIÃO Muacasaua.
ÚNICO Nhuĩra, Anhotẽn iepé.
UNIDADE Iepésáua.
UNIDO Iepé uasu, Iepé iaué.
UNIDOR Muacasara.
UNIFICAÇÃO Muiepésáua.
UNIFICADOR Muiepésára.
UNIFICANTE Muiepé-uara.
UNIFICAR Muiepé. *Unificar-se:* Iumuiepé.

UNIFORMIDADE Opanhe iepé nungara munhangaua.
UNIFORMIZADOR Opanhe iepé nungara munhangara.
UNIFORMIZAR Munhã opanhe iepé nungara.
UNIR Muaca. *Unir-se:* Iumuaca; *(tratando-se de gente)* Iumuiepé.
UNTADO Pyxiuá.
UNTADOR Pyxisara.
UNTADOURO Pyxityua.
UNTANTE Pyxiuara.
UNTAR Pyxi. *Untar-se:* Iupyxi. *Fazer ou ser feito untar:* Mupyxi. *Fazer-se untar:* Iumupyxi.
UNTÁVEL Pyxiuera.
UNTO (o que serve para untar) Pyxiyua.
URA Asacu.
URDIDOR Muamasara.
URDIDOURO Muamatyua.
URDINTE Muamauara.
URDIR Muama.
URDÍVEL Muamatéua.
URDUME Muamasaua.
URINA Carucaua.
URINAÇÃO (o ato de urinar) Carucasaua.
URINADOR Carucasara.
URINANTE Carucauara.
URINAR Caruca.
URINOL Caruca riru, Caruca ireru.
URTIGA Pinu-pinu.
URGIR Inti osaru cuau.
URUBU Urumu.
URUBU-REI Urumutinga.
URUBURETAMA (terra de urubu) Urumuretama.
URUCU Urucu.
URUCUZEIRO Urucuyua.
URUMBEBA Irupéua, Iauíra caá.
USEIRO E VEZEIRO Tapé iara *(= senhor do caminho).*
USO Tecô, Recô, Secô.
ÚTIL Catu, Catua.
UTILIDADE Catusaua.

V

VÁ EMBORA Recoīn.
VACA Tapyira cunhã *(embora só se lhe adite* cunhã *quando a falta pode trazer confusão danosa)*. *Carne de vaca:* Tapyira soócuéra.
VADEAÇÃO Paranã sasausaua.
VADEADOURO Paranã sasautyua.
VADEADOR Paranã sasausara.
VADEANTE Paranã sasauara.
VADEAR Sasau paranã.
VADEÁVEL Paranã sasauera.
VADIAÇÃO Puraky-ymasaua.
VADIADOURO Puraky-ymatyua.
VADIADOR Puraky-yma.
VADIANTE Puraky-ymauara.
VADIAR Puraky-yma, Uatá-uatá nhunto.
VADIO Puraky-ymauera.
VAGA [onda] Capenu.
VAGALHÃO Capenu-asu. *Aquele que cresce com ímpeto e rumor grande:* Pororoca.
VAGA-LUME Oan, Oã, Cuicy, Uiuári.
VAGAR Meué, Meuésáua. *Com vagar:* Meué rupi. *Nos deixar vagar:* Oxiare ara iané supé.
VAGAROSO Meué-uára.
VALENTE Kyrimbá, Kyrimbauá.
VALENTIA Kyrimbásáua.
VALENTEMENTE Kyrimbaua rupi.
VALER Cepi.
VALIA Cepisaua.
VALIOSO Cepiuara.
VALE Yuytyuaia, Yuypema.
VALOR Cepisaua, Maá recuiara.
VAMPIRO Andirá tuí-uara.
VANGLORIAR-SE Iumuuareté ... recé.
VANELLUS CAIANENSIS Tatuy.
VÃO [inútil] Intimaãn-maãn.
VARA Mará.
VARAÇÃO Musasáusáua.
VARADOURO Musasáutýua, Musasáupéua.
VARADOR Musasáusára.
VARANTE Musasáuára.
VARAR Musasau.
VARÁVEL Musasáuéra.
VARANDA *(da casa)* Copiara; *(da rede)* Makyra cembyua.
VARÃO[1] Apyaua, Apyngaua.
VARÃO[2] *(peça de ferro ou madeira que servia de espigão)* Sacunha, Racunha; *(de sustento)* Yua, Mará-uasu.
VARETA Maraī; *(da espingarda)* Mucaua yua.
VAREJEIRA Meru-rupiara.
VARIAÇÃO Muturiésáua.
VARIADO Muturiéuá.
VARIADOR Muturiésára.
VARIANTE Muturié-uara.
VARIAR Muturié. *Fazer ou ser feito variar:* Mumuturié.

VARIÁVEL Muturié-uera.
VARICELA Catapora.
VARIEGADO *(de pintas)* Pinima, Parauá; *(em luzimento)* Cenimu, Sunipu.
VARÍOLA Catapora puxi. *Falsa varíola:* Catapora.
VARREDOURO Piiritendaua, Piiritaua.
VARREDOR Piirisara.
VARREDURA Piirisaua.
VARRER Piiri, Tapiiri, Tapi. *A que varre:* Tapixaua, Tapiirisaua.
VASCOLEJADOR Musosocasara.
VASCOLEJADOURO Musosocatyua.
VASCOLEJANTE Musosocauara.
VASCOLEJAR Musosoca.
VASCOLEJÁVEL Musosocauera.
VASILHA Ireru, Iciru, Iriru, Riru, Ciru; *(para água)* Y-ireru, Mucô, Yasaua, Yngasaua, Camutī; *(para comida)* Temiu ireru; *(para farinha, paneiro)* Uy ireru; *(de folha para água)* Caápará; *(de folha para fruta ou peixe)* Mokeca, Pera; *(para cozinhar)* Itanheēn, Itanhieēn, Yapepu, Nheēn; *(para misturas)* Munanityua nhieēn.
VASO Nhaēn, Nheēn, Uriuá; *(de cuia para água)* Cuiembuca, Combuca.
VASSALO Uiuá.
VASSOURA Tapixama, Tapiirisara.
VASSOURAR Tapiy.
VAU Paranã sasaua, Paranã sasautyua, Iasaua.
VAZANTE[1] *[do rio]* Paranã typaua; *(da maré)* Paranã cerycasaua.
VAZANTE[2] *[que vaza]* Typau-uara, Cerycau--uara. Carycau-uara. Sasauporauara.
VAZAR *(do rio)* Typau; *(da maré)* Ceryca; *(das vasilhas)* Caryca. *Vazar de um vaso noutro:* Sasaupora.
VAZIO Iporayma, Typy.
VEADO Suasu, Soóuasú.
VEDAÇÃO Mupatucasaua.
VEDADOR Mupatucasara.
VEDANTE Mupatucauara.
VEDAR Mupatuca, Timuapu.
VEIA Tuí-rapé, Tuiracape, Saíca; *(da madeira)* Myrá-raíca, Y-rapé.
VELA *(dos navios e canoas)* Sutinga; *(candeia)* Icaua cendé.
VELAÇÃO Pacasaua.
VELADOURO Pacatyua *(pacatuba)*.
VELADO Pacana, Paca.
VELADOR Pacasara.
VELANTE Pacauara.
VELAR Paca. *Fazer ou ser feito velar:* Mupaca. *Fazer-se velar:* Iumupaca.
VELHA Uaimy.
VELHACO Iacua.
VELHICE *(dos homens)* Tuiuésáua; *(das mulheres)* Uaimysaua.
VELHÍSSIMA Uaimyeté.
VELHÍSSIMO Tuiuéeté.
VELHO Tuiué, Cuiumi acanga *(= cabeça de cujubi, isto é: branca)*.
VELOZ Ipuy iauau.
VELOCIDADE Ipuy iauausaua.
VENCEDOR Muceranesara.
VENCER Mucerane.
VENCIDO Mucerane, Miasua.
VENDER Meēn. *V. Dar* e comp.
VENENO *(natural)* Acy; *(preparado)* Maracáimbára.
VENERAÇÃO Moetésáua.
VENERADOR Moetésára.
VENERADOURO Moetétýua.
VENERANTE Moetéúara.
VENERAR Moeté. *Fazer ou ser feito venerar:* Mumoeté. *Fazer-se venerar:* Iumumoeté.
VENERÁVEL Mumoetéuéra, Moetétéua.
VENTANIA Iuiutu-uasu, Iuetu.
VENTAR Iuiutu oicô.
VENTO Iuiutu, Iuyty.
VENTRE Marica, Ciyé ireru.
VENTRECHA Sacapema, Racapema, Tacapema.
VENTURA Catusaua.
VENTURO Curyara.
VENTUROSO Catuara.
VÊNUS (o planeta) Iacy tatá uasu.
VER Maān, Xipiá. *Ver com atenção:* Xipiaca. *Ver-se:* Iumaān, Iuxipiá. *Ver-se, encontrando--se:* Iucucuau. *Fazer ou ser feito ver:* Mumaān, Muxipiá.
VERÃO Coaracy ara.
VERBAL Nheēngara.
VERBALMENTE Nheēnga rupi, Nheēnga nhunto.
VERDADE Supysaua. *Disse a verdade e somente a verdade:* Onheēn supysaua, supysaua nhunto iuere.
VERDADEIRO Supy, Eté, Supyeté. *Tudo o que diz é verdadeiro:* Opaua aé onheēn aicué supy. *O que contas parece verdadeiro:* Má né remarandu supy iaué. *Verdadeiro*

parente: Anamaeté. *Mata verdadeira:* Caáeté. *Verdadeiro [quem diz a verdade]:* Supyuara.
VERDE Iakyra. *Criança verde (nova):* Tainha-akyra.
VERDILHÃO Say uasu.
VERDOR Iakyrasaua.
VERDURA Caápáua, Caásáua.
VEREDA Caá-pepena, Pypora, Pyrapé.
VERGASTA Nupanaca, Nupanayua.
VERGASTADO Nupanauá.
VERGASTADOR Nupanasara.
VERGASTADOURO Nupanatyua.
VERGASTAMENTO Nupanasaua.
VERGASTANTE Nupanauara.
VERGASTAR Nupana. *Vergastar-se:* Iunupana. *Vergastar-se reciprocamente:* Iuiunupana.
VERGASTÁVEL Nupanauera.
VERGONHA Utingaua, Uiumutinsaua.
VERGONHOSO Utĩ, Utĩ-uara, Utingara, Iumutinpora, Iumutinsara.
VERGÔNTEA Mara, Caá racanga, Nupá racanga.
VERIFICAÇÃO Catu maãngaua.
VERIFICADOR Catu maãngara
VERIFICAR Maãn catu.
VERME Ximuy, Tapuru, Muxyua.
VERMELHIDÃO Pirangasaua, Pirangayua.
VERMELHO Piranga, Ipiranga, Ipirangaua.
VERNIZ Xixé, Cumã, Icyca.
VERRUGA Kytã, Kytanga; *(da cara)* Suá kytã; *(do pescoço)* Iaiura kytanga.
VERRUMA Mbiuá.
VERRUMADOR Mbisara.
VERRUMAÇÃO Mbisaua.
VERRUMANTE Mbiuara.
VERRUMAR Mbi.
VERSÃO Iusausaua, Iucenasaua, Emumeusaua.
VERSÁTIL Sinimu, Sinimu iaué.
VÉRTEBRA Rusacanga, Cupé rusacanga.
VERTEDOR Iusausara, Iucenasara, Emumeusara.
VERTEDOURO Iucenatyua, Iusautyua, Emumeutyua.
VERTENTE Iusauara, Iucenauara, Emumeuara.
VERTER *(transbordando)* Iusau; *(de qualquer forma)* Iucena, Emeuméu.
VESGO Cesá apara.
VESPA Caua. *V. Caba.*
VESPEIRO Caua oca.

VÉSPERA Saurua, Ara tenondéuára. *Véspera de dia santo:* Ara santu tenondé-uara.
VÉSPER *(Júpiter ou Vênus, segundo a época)* Yacy tatá uasu.
VESTIDO Munhãmundeuá, Pupeuá.
VESTIDOR Munhãmundésára, Pupecasara.
VESTINTE Munhãmundé-uara.
VESTIR Munhãmundé, Muamundé. Pupé, Pupeca. *Vestir-se:* Iumunhãmundé, Iupupeca.
VEZ I, Ié. *Muitas vezes:* I ceiía. *Outra vez:* Amu-ĩ.
VEZEIRO Tecô puxi iara.
VEZO Tecopuxi, *(ou simplesmente)* Tecô.
VEXADOR Coerésára.
VEXAME Coerésáua.
VEXAR Coeré. *Vexar-se:* Iucoeré.
VEXATÓRIO Coeré-uera.
VIAGEM Uatásáua.
VIAJANTE Uatá-uara.
VIAJADOR Uatására.
VIAJAR Uatá.
VIAJÁVEL (que viaja sem escopo) Uatá-uera.
VIBRAÇÃO Uerausaua, Catacasaua.
VIBRADOR Uerausara, Catacasara.
VIBRAR *(da luz, do ar)* Uerau; *(de coisas rumorosas)* Cataca. *Fazer ou ser feito vibrar:* Muerau, Mucataca.
VICEJANTE Puranga cyningara.
VICEJAR Cynin puranga.
VÍCIO Tecô puxi, Puxisaua.
VICIOSO Tecô puxi iara, Tecô puxi pora.
VIÇO Puranga ciningaua.
VIDA Cicuésáua, Tecoé, Anga.
VIDRO Itá-ueraua.
VIGA Oca iyua.
VIGIA Manhãnasaua.
VIGIADOR Manhãnasara.
VIGIADOURO Manhãnatyua.
VIGIANTE Manhãnauara.
VIGIAR Manhãna. *Vigiar-se:* Iumanhãna. *Fazer ou ser feito vigiar:* Mumanhãna. *Mandar vigiar:* Manhãnacári.
VIGIÁVEL Manhãnauera.
VIGOR Kyrimbasaua.
VIGOROSO Kyrimbauá.
VIL Embae-uara.
VILEZA Embae-saua.
VINAGRE Say, Cauin-say.
VINGANÇA Cipisaua, Iupycasaua, Iopucasaua.
VINGADOR Cipisara, Iupycasara.
VINGANTE Cipiuara, Iupycauara.

VINGAR Cipi, Iupyca, Iopuca. *Vingar-se:* Iuiupyca.
VINGÁVEL Cipiuera, Iupycauera.
VINHO Caryua-cauin, Iukyri. *Vinho de açaí:* Asay iukyri.
VIOLAÇÃO Mbuysaua.
VIOLADOR Mbuysara.
VIOLANTE Mbuyuara.
VIOLAR Mbuy.
VIOLÃO Ararapéua.
VIOLÊNCIA Maramutásáua.
VIOLENTADO Maramutáuá.
VIOLENTADOR Maramutáuára.
VIOLENTADOURO Maramutátýua.
VIOLENTAR Maramutá.
VIOLENTÁVEL Maramutáuéra.
VIOLENTO Maramutáuera, Maramutáýua.
VIR Iúri.
VIRADO Iereuá.
VIRADOR Ieréusára.
VIRAMENTO Ieréusáua.
VIRAR Ieréu. *Virar-se:* Iureréu. *Revirar-se:* Iureré-reréu.
VIRGEM Cunhãmucu-menayma, *(ou melhor)* Cunhãmucu-mbuyyma. Cunhãmucu-pysásu, Cunhã-kyra.
VIRIL Apyaua.
VIRILHA Sacamby.
VIRILIDADE Apyauasaua, Apyauayua.
VIRTUDE Tecô-catu. Tecô-puranga. Catusaua. *Virtude cristã:* Tupana-tecô-purasaua.
VIRTUOSO Tecô-catupora, Tupana-tecôpóra. *Quem se torna virtuoso:* Tupana-tecô-iporasara.
VISÃO Maãngaua, Xipiásáua.
VISADA Satambyca-maãngaua, Xipiacasaua.
VISADOR Satambyca-maãngara, Xipiacasara.
VISAGEM Anhãnga; *(nos compostos)* Anhãn. *Visagem velha, costumeira:* Anhanguera, Anhanga-cuera.
VISAR Maãn-satambyca, Xipiaca.
VÍSCERA Tiputy-ireru, Ciyé.
VISGO Tyuma, Tuuma, Icyca, Icyca-puy; *(a planta)* Uiramirĩ-caá.
VISGUENTO Tyuma-iaué.
VISIBILIDADE Iucucuausaua.
VISITA Cepiresaua, Nepiresaua, Ipiresaua etc. *Fazer visita:* Sô-nepire, Ianepire, Ipire. *Receber visita:* Iure-cepire.
VISITADOR Cepiresara, Nepiresara, Ipiresara.

VISTA Cesá. *Vista comprida:* Cesá-pucu. *Vista curta:* Cesá-iatuca.
VISTO Maãna, Xipiá, Xipiauá.
VIVEIRO Curara, Cacury.
VIVENTE Cicuésára, Cicué-uara. Árauára, Arapora.
VIVER Cicué, Cecué.
VIVO Cicué, Icicué.
VIZINHANÇA Ruakesaua, Suakesaua.
VIZINHO Ruakesara, Suakesara.
VOADOR Ueuésára.
VOANTE Ueué-uara.
VOAR Ueué.
VIÚVA Remiricô-cuera. *Recasada:* Remiricô-iuere.
VIÚVO Mena-cuera. *Recasado:* Mena-iuere.
VOLTA Ieuíresaua. *Volta do rio:* Paranã-oiereu, Paranã-penasaua.
VOLTADOR Ieuíresára, Iuíresára.
VOLTANTE Ieuíre-uara, Iuíreuára.
VOLTAR Ieuíre, Iuíre. *Voltar-se:* Iuiuíre, Iuíiuíre. *Fazer ou ser feito voltar:* Muiuíre.
VOLUPTUOSIDADE Turysaua, Turyua.
VOLUPTUOSO Tury, Sury.
VOMITAÇÃO Ueenasaua.
VOMITADOR Ueenasara.
VOMITADOURO Ueenatyua.
VOMITANTE Ueenauara.
VOMITAR Ueena.
VÔMITO Ueenambyra.
VOMITÓRIO Ueenayua.
VONTADE Putaua, Mutara, Putaresaua. *Plena vontade:* Cepimutara, Cemimutara.
VOO Ueuésáua.
VORACIDADE Urumusaua.
VORAGEM *(no rio)* Paranã-piá, Y-piá; *(em terra)* Yuy-piá.
VORAZ Urumu.
VÓS, VOS Penhẽ, Pá; *(como pronome reflexivo, preposto ao tema verbal). Vós aumentais:* Penhẽ pemuapire. *Vós aumentai-vos:* Penhẽ peiumuapire.
-VOSCO Penhẽ-irumo.
VOSSO Penhẽ. *O vosso amor:* Penhẽ xaisusaua. *Tudo isso é vosso:* Cuá opaua penhẽ iara.
VOVÔ Ramunha, Tamunha, Samunha, Tamuia.
VOVÓ Ariá.
VOZ Teapu, Nheẽnga.

VOZERIA Mira-teapu-uasu, Nheẽnga-teapu.
VULCÃO Yuytepuca.
VULNERAR Muperéua. *V. Chagar* e comp.
VULTO Ituá, Suá, Anga. *A satisfação se mostra no teu vulto:* Sorysaua oiumucameẽn ne ruá kiti. *Contra lhe cresce um vulto:* Aé suaxara omuturusu iepô anga.
VULVA Tamatiá, Samatiá, Ramatiá.
VULVÁRIO Tamatiauara.
VULVITE Tamatiá-imacy-puxi.

X

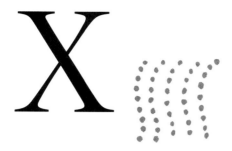

XARÁ Cé-cera, Cé-cerauara.
XAROPE Cereuera, Cereuara, Ty-ceẽn.
XAROPOSO Ty-ceẽn-iaué.

XERIMBABO Mimbaua. *O meu xerimbabo:* Cé mimbaua.
XIQUE-XIQUE Piasaua.

Z

ZAGAIA Iantiy. *(Sua haste)* Iantiy-yua.
ZAGAIADA Iantiycasaua.
ZAGAIADOR Iantiycasara.
ZAGAIADOURO Iantiycatyua.
ZAGAIAR Iantiyca.
ZANGA Piá-ayuasaua.
ZANGADO Piá-ayua.
ZANGAR Mupiá-ayua. *Zangar-se:* Iumupiá-ayua.
ZANGÁVEL Tumupiá-ayauera.
ZARABATANA Carauatã, Carauaãna.
ZELOS Soirõn, Soirũn.
ZELOSO Soirõngara, Soirõn-uera.
ZUNIR (das abelhas e outros insetos) Tyapira.

Nheẽngatu-Nheẽnga Sanhanasaua
Nheengatu-Português

a ele, ela; isso; aquele, aquela. Indiferentemente pronunciada tanto separadamente como unida à palavra seguinte, em especial se esta é uma proposição: *a riré* e *ariré*: depois dele; *a suí* e *asuí*: depois disso; *auá* e *a uá*: ele que.

a prefixo eufônico sem significação precisa. *Caiú* e *acaiú*: caju.

a prefixo verbal usado em alguns lugares do rio Negro e Solimões em lugar de *xá*.

a lá. Indiferentemente pronunciado unido ou não com a preposição que se lhe refere ou modifica: *a rupi* e *arupi*: por lá; *a kiti* e *akiti*: para lá.

ã alto, elevado. *Yuy-ã*: terra alta. *Ãeté*: Altíssimo. Vem do tupi e ficou nos compostos.

AAPE, A APE acolá, então. *Asoana a ape*: vamos acolá. *Ocenoi, inti auá osuaixara, aape oiuíre*: Chama, ninguém responde, então volta.

ACA saído, espremido *(e, por extensão,)* sumo, chifre, corno, ponta. *Maniaca*: saído, espremido da mandioca. *Typyaca*: saído do fundo. *Suasuaca*: ponta de veado. *Tapyira-uaca*: chifre de boi.

ACAÉ casta de japu.

ACAÉ RAISAUA casta de japu, o grande, que tem a ponta do bico vermelha, porque, segundo reza a lenda, foi furtar ao Sol o fogo.

ACAIACÁ cedro, várias espécies de *Cedrela brasiliensis* e afins.) É árvore de alto porte, muito comum em certos lugares, crescendo de preferência nas margens altas dos rios. A sua madeira é muito apreciada em marcenaria, especialmente para móveis, porque toma um bonito polimento, trabalha-se facilmente e tem a propriedade de não ser atacada pelos cupins.

ACAIACÁ-IÁ fruta de cedro. Pequena drupa de sabor adocicado, comestível.

ACAIACÁ-ITÁPÉUA laje de cedro.

ACAIACÁ-PÉUA tábua de cedro. *Lit.*: cedro chato.

ACAIACÁ-TYUA acajacatuba, terra de cedros.

ACAIACÁ-YUA árvore de cedro.

ACA-IARA dono dos chifres, cornudo.

ACAING cabeça *(Solimões)*.

ACAIÚ o ano e, mais raramente, a fruta do caju. O nome dado ao ano parece que lhe veio pelo fato de contarem os meses, que o formam, de um amadurecimento a outro do caju selvagem. O ano, ainda hoje em muitas tribos, é dividido em luas, designadas pelo nome da fruta que nela amadurece, da árvore que nela floresce, do peixe que nela aparece. Embora conheçam com agrupamentos e nomes diversos as constelações zodiacais, todavia nunca ouvi servirem-se delas para indicar o mês ou a estação; servem-se delas exclusivamente para regular-se e conhecer as horas da noite.

ACAIÚ-ICICA resina do caju. Transudação resinosa do cajueiro, que coagulando toma o aspecto da goma-arábica. Na farmacopeia indígena é usada em pó para cicatrizar as feridas.

ACANGA cabeça, começo, chefe, origem, juízo. *Onupá tapyira acanga opé*: Bate na cabeça da anta. *Marãmunhã-etá acanga*: Chefe dos guerreiros. *Paranã acanga*: Origem, nascedouro do rio. *Acanga-yma*: Sem cabeça, sem juízo.

ACANGA-CUERA, ACAN-UERA, ACAING-UERA caveira, cabeça que foi.

ACANGA-CY, ACANGA-SACI dor de cabeça.

ACANGA-ICYMA cabeça lisa, careca.

ACANGA-ITYCA[1] menear a cabeça, acenar com a cabeça.

ACANGA-ITYCA[2] nome dado a uma casta de pica-paus, geralmente pequenos e sem poupa, devido ao costume de continuamente menearem a cabeça, quando sobem ao longo das árvores à procura dos insetos de que se nutrem.

ACANGAPAUA travesseiro.

ACANGAPAUA-IRERU fronha.

ACANGAPEMA achata-cabeça. Arma de guerra, espécie de maça larga e chata na extremidade oposta à empunhadura e que ao mesmo tempo serve de remo.

ACANGAPENA abre-cabeça, racha-cabeça. Arma de forma quadrangular, de cantos vivos numa das extremidades, e na outra com empunhadura, de bom comprimento; chega geralmente ao peito.

ACANGATARA cocar, enfeite de cabeça. Espécie de coroa de penas de cores vistosas, mais raramente de outras matérias, usada nas festas e danças, e diversa de tribo para tribo e conforme a condição de quem a porta. É riqueza ambicionada pelos tuxauas, porque, pelo costume, sendo o dono da casa quem oferece os enfeites aos convidados, lhes precisa ter sempre muitas acangataras para satisfazer a todos, segundo a sua qualidade.

ACANGA-TUMA miolo.

ACANGA-TUMA-YMA desmiolado.

ACANGA-UOCA descabeçado.

ACANGA-UOCASARA descabeçador.

ACANGA-UOCASAUA descabeçamento.

ACANGA-UOCAUARA descabeçante.

ACANGA-UOCAUERA descabeçável.

ACANGA-UOCATYUA descabeçadouro.

ACANGA-YMA doido, louco, sem cabeça.

ACANGA-YMASARA endoidecedor.

ACANGA-YMASAUA doidice, loucura.

ACANGA-YMAUARA endoidecente.

ACANGA-YUA (de *acanga* e *ayua*) mau, doido perigoso, ruim, cabeça-ruim.

ACANGUSU, ACANGA-UASU canguçu (=*cabeça grande*). Casta de onça, muito rara no Amazonas.

ACANHEMO espantado.

ACANHEMOSARA espantador, espantalho.

ACANHEMOSAUA espanto.

ACANHEMOUARA espantante.

ACANHEMOYMA que não espanta, que não é espantado.

ACAIN-TYCA casta de pica-pau. V. *Acanga-ityca*.

ACAPORA sabugo, o que está dentro do chifre.

ACAPU casta de árvore da terra firme e vargem alta, *Andira Aubletii* e variedades. Madeira de fibra longa, escura e muito resistente tanto ao tempo como aos cupins, muito usada nas construções civis para viga, soalho, portais e nas construções de tampa para estojos.

ACAPU-PÉUA tábua de acapu.

ACAPURANA falso acapu. Árvore da terra firme que imita o acapu verdadeiro, sem todavia ser tão resistente, especialmente se enterrado. São designadas com este nome varias espécies de plantas das famílias das Leguminosas e das Rutáceas.

ACAPU-TYUA acaputuba (= *terra de acapus*).

ACARÁ[1] acará, garça, *Ardea candidissima*. É um dos mais graciosos pernaltas do vale do Amazonas, onde nidifica em grandes colônias, de envolta com outras espécies de pássaros ribeirinhos, escolhendo para este fim as margens dos lagos mais afastados e menos frequentados. Comuníssimo em todos os lugares há uns quarenta anos atrás, ao tempo da minha chegada ao Amazonas, hoje em muitos lugares já se torna raro e tende a afastar-se sempre mais dos lugares habitados. A caça, que lhe é feita para se apossarem daquelas poucas plumas que constituem o seu valor comercial, é bárbara e ininteligente. Espera-se o tempo da incubação, quando se encontram reunidos em grandíssimo número nos garçais e, se é possível, quando já há nidiáceos, para então caçá-los. Nesta ocasião, embora o forte tiroteio, os pássaros, por causa dos filhos, não abandonam o lugar e se deixam matar à vontade. Além do extermínio dos adultos e da perda de muitas penas inutilizadas pelos tiros, há o extermínio dos filhotes, que ficam desamparados nos ninhos e vêm fatalmente a morrer.

ACARÁ² acará, cará. Casta de peixe fluvial e marinho. Várias espécies de *Lobotes*, *Heros*, *Sciaenoideos*.

ACARÁ-CUAYMA acará-bobo, casta de peixe.

ACARÁ-PINIMA acará-pintado, casta de peixe.

ACARÁ-PARAOÁ acará-papagaio, casta de peixe.

ACARÁ-PÉUA acará-chato, casta de peixe.

ACARÁ-PITOMBA acará-roliço, casta de peixe.

ACARÁ-RANGAUA figura de acará, casta de peixe.

ACARASU acará-grande, casta de peixe.

ACARÁ-TIMBÓ acaratimbó, garça, *Nycticorax pileata*, casta de pássaro ribeirinho de cabeça preta e cara azulada, não muito comum. Tenho-o sempre encontrado isolado ou em casais, nunca em bando.

ACARÁ-TINGA acará-branco, casta de peixe.

ACARÁ-TYUA garçal, acaratuba (*terra de acarás*).

ACARAÚNA acará-escuro, cinzento, casta de peixe.

ACARÁ UASU garça grande, garça-real. *Ardea*, pássaro muito comum no Amazonas, onde nidifica e vive, da família dos Pernaltas. Tem o mesmo hábitat e costumes do acará ou garça pequena. Ele também, embora as suas plumas tenham valor comercial inferior às da garça pequena, é sujeito à mesma perseguição bárbara e ininteligente.

ACARÁ-YUA acaraúba. Casta de murta, de que os peixes acarás comem a fruta. Cresce nos igapós e margens baixas do rio.

ACARY¹ acari, macaco-inglês, *Brachiurus rubicundus*, Vall. Casta de macaco quase privado de cauda, de tamanho regular, pelame geral fulvo-bruno, e a cara nua e avermelhada, ornada de raros pelos que lembram as suíças, de onde o nome vulgar, pela parecença que assume com a caricatura lendária do inglês.

ACARY² cascudo, peixe-roncador, da família das *Loricariae*. Há várias espécies e algumas delas são revestidas de verdadeiras couraças, duras, cobertas de asperezas. São geralmente fitófagos e vivem de preferência dentro de buracos que encontram nas margens dos pequenos cursos d'água que habitam, ou no oco dos paus que nestes se acham caídos.

ACARY-CUARA acariquara (*buraco de acari*). Árvore muito comum nas margens dos pequenos cursos d'água. O seu cerne é duro e resistente à umidade da terra, pelo que é muito usado juntamente com o acapu para esteio nas construções de taipa. Para pouco mais serve, por causa das numerosas falhas ou buracos que apresenta a madeira, que não é toda da mesma dureza e resistência. O nome lhe é dado exatamente porque, por causa das falhas e buracos que apresenta, quando caído n'água, onde, pelo seu peso, senta no fundo, é morada preferida dos acaris.

ACARY-TYUA acarizal, acarituba (*lugar de acaris*).

ACAUÃN, CAU-CAU acauã. O segundo termo é onomatopeia do grito de *Herpetotheres cachinans*, casta de gavião, que vive em pequenos bandos e dá ativa caça às serpentes. É considerado pássaro agourento.

ACÃ-UERA, ACAN-UERA, ACANGA-CUURA, CAIN-CUURA caveira. *Mira acan-uera*: caveira de gente.

ACAUERA antigamente, no passado.

ACAUARA chifrante, que dá chifrada.

ACUTY aguti, cutia, *Dasiprocta*. Pequeno mamífero da família dos Roedores, muito comum. No Amazonas há pelo menos três variedades, que se distinguem tanto pelo tamanho como pela cor do pelo. Boa caça e muito apreciada, embora a carne um pouco seca precise de tempero. Para o indígena, a cutia é a imagem da imprevidência conjunta à boa vontade de não trabalhar e viver à custa alheia. É a consequência dos danos que produz às roças. Contam que originariamente era uma velha que não tinha roça e que nada plantava, mas que gostava de aproveitar-se do que os outros plantavam para viver sem trabalho, pelo que foi, pela Mãe da Mandioca, virada em cutia. Com o castigo, não perdeu o vício e é, especialmente por causa da sua quantidade, um dos piores inimigos das plantações.

ACUTY-MBOIA cobra-de-cutia, ou comedora de cutias. Casta de pequena *Constrictor*.

ACUTY-PURU acutipuru, cutia enfeitada, casta de *Sciurus*. Pequeno mamífero roedor, de cauda muito comprida e largamente enfeitada de pelos longos e sedosos, que costuma trazer levantada e como que para servir de umbrela ao corpo, o que lhe dá um aspecto elegantíssimo, aumentado se é possível pela elegância dos movimentos. No Amazonas conheço três espécies. Duas avermelhadas: a maior e mais comum toda de uma cor, com o peito branco; a segunda um pouco menor, também de peito branco, mas de pelo mais escuro e em certos pontos quase preto; e uma terceira, cinzenta, cor de rato, também de peito branco, mas muito mais pequena e com a cauda menos enfeitada. A primeira se encontra em todos os cacauais do baixo vale; a segunda tenho sempre encontrado nas matas centrais de terra firme. A cinzenta a encontrei no Querari, afluente do Uaupés, mas me afirmam que não é rara também no alto rio Negro. O acutipuru tem toda a admiração do indígena, porque, segundo afirmam, é um dos poucos animais que sabem descer das árvores mais altas de cabeça para baixo. Acresce que, para muitos, é sob forma de acutipuru que a alma da gente sobe ao céu, logo que o corpo acaba de apodrecer.

ACUTY-RANHA[1] dente de cutia; a mira da zarabatana, porque é geralmente feita de dente de cutia.

ACUTY-RANHA[2] casta de tecido para tipiti e paneiros.

ACY ervar, espalmar de curare ou uirári as pontas das flechas, lanças e zagaias usadas mais geral, senão exclusivamente, na caça. Na guerra, me foi afirmado mais de uma vez que não se utilizam de armas envenenadas. Quando eu retorquia, citando fatos de ataque com flechas envenenadas, me afirmavam que não podia ter sido senão em defesa e por não dispor de momento de outras armas. Apesar de todos os protestos, admitindo mesmo que seja verdadeira a asserção, que entre eles não usam de armas envenenadas, contra os brancos a coisa é diversa. Não são eles os primeiros que, em lugar de usar de arcos e flechas, usam de espingarda?

ACYSAUA o ato de espalmar de curare as armas.

ACYUÁ envenenado.

ACYUARA quem espalma de curare as armas.

AÉ, A ele, ela, pronome da terceira pessoa singular. *Aé osó putare:* ele quer rir. *Aé iaué:* como ele. *Aé suí:* de parte dele.

AÉ, A EÉ Assim é, é (forma afirmativa).

AETÁ, AITÁ eles, os, estes, as. A forma *aitá* é melhor.

AETÉ[1] altíssimo. *Yuy aeté:* Terra altíssima.

AETÉ[2] ele mesmo; contração de *Aé reté*. *Aeté osó omunhã*: Ele próprio vai fazer. *Auá osó cury? Aeté:* Quem irá? Ele mesmo.

AETÉ[3] verdadeiro, real. *Aeté cuá opau:* tudo isso é verdade, tudo isso é real.

AETÉ[4] assim (forma afirmativa, superlativa de *aé*). *Aeté supi:* Assim sim.

AETÉSÁUA realidade.

AETÉUÁRA o que é realmente.

AÍ preguiça-real, *Bardypus tridactylus*. Casta de mamífero da classe dos Desdentados, desajeitado e lento, mas extremamente seguro em todos os seus movimentos. O nome português lhe é dado em vista exatamente desta lentidão de movimentos, que parece devido à preguiça de fazê-los; o nome indígena é a onomatopeia do grito. Vive em cima das árvores, se nutre de folhas e especialmente dos renovos das plantas. Muito raramente desce à terra, onde se move com muita dificuldade e lentidão.

AIACÁ cedro. V. *Acaiacá*.

AIAIÁ colhereiro, *Platalea aiaiá*. Palmípede do tamanho de um pato, de linda cor rosa, facilmente reconhecível pela forma esquisita do bico, longo e achatado, que se alarga em ponta em forma de colher, de onde o nome português. Muito comum em todos os rios amazônicos, raramente se encontra em bandos numerosos. Nidifica nos mesmos lugares dos acarás e jaburus. Antes da incubação se encontra geralmente aos casais; logo depois, e por algum tempo, se encontra em pequenas famílias de três a cinco indivíduos, que se dissolvem quando volta a época dos amores, que coincide com o fim da enchente.

AIANA, AIOANA chega!, basta!

AIANARI[1] ajanari, casta de *auerana* da margem de rio.

AIANARI[2] ajanari, casta de caranguejo.

AIANU, AIANDU ajandu. Arbusto cujas folhas em infusão servem para lavar e perfumar o cabelo, no Japurá e Solimões.

AIAPÁ chocalhos feitos do caroço da fruta de um cipó e algumas vezes de casco de unha de veado, usado no artelho da perna direita pelos que puxam a dança e, outras vezes, amarrado na extremidade de longas varas, com que marcam o compasso.

AIAPUÃ, AIAPOÃ redondo.

AIAPUÁ casta de mandioca selvagem.

AIARÁ ajará, casta de abio, *Lucuma*.

AIARÁ-TYUA ajaratuba *(terra de abios)*.

AIARAÍ casta de ajará menor do que a anterior.

AIARU, AIANU, AIANDU erva usada no Solimões para as mulheres lavarem e perfumarem o cabelo. É planta cultivada.

AIASÁ fêmea de uma casta de tartaruga fluvial.

AIATUMÃ arbusto do igapó. A infusão da casca, extremamente amarga, é usada na farmacopeia indígena, interna e externamente, para cura das hemorroidas. É um potentíssimo adstringente.

AICUÉ eis, aqui. *Makiti ce yara? Aicué*: Onde está a minha canoa? Aqui. *Aicué ne paia*: Eis teu pai. *Aieué teēn*: aqui mesmo. E pode-se muitas vezes traduzir por *ter, estar, existir*. *Aicué rain, será, tuichaua tuiué? Aicué rain*. Existe ainda o velho tuxaua? Ainda existe.

AIIÚ casta de caba, aviú.

AÍ-MIRĪ preguiça pequena, *Bradipus didactylus*.

AIMORÉ macaco-barrigudo, *Lagothrix* e afins. Macaco que se encontra em todo o Amazonas. No alto Solimões ao dizer de Martius, o chamam *Marica mico*. O nome de *aimoré* lhe tenho ouvido dar pelos índios que viviam na margem esquerda do alto Tikió, afluente do Uaupés, que se chamavam "Aimoré" ou "Barriguda tapuia". Há várias espécies que se distinguem pelo tamanho e pela cor do pelo cinzento mais ou menos escuro. É macaco que se amansa facilmente e é muito apreciado em domesticidade. Já tive um, que me acompanhava como cachorro. Perdi-o no Pará, por lhe terem dado a comer banana curta [?].

AIONA, AIANA basta!, chega!

AÍ-PIXUNA preguiça-preta, *Bradipus torquatus*.

AIPIM casta de mandioca-doce.

AIPIRI planta leguminosa, que dá uma espécie de ervilha.

AIRI coqueiro, coco.

AIRI-TUCUM tucum de airi. Fibras têxteis que são extraídas da folha do coqueiro e servem para tecer tela para sacos grosseiros, fazer cordas etc.

AIRI-TYUA coqueiral, airituba *(terra de cocos)*.

AIÚ fruta do louro. Amadurece quando os igapós estão cheios, tornando-se então a comida preferida dos tambaquis, cuja carne fica impregnada do cheiro da fruta, de modo a tornar-se intragável.

AIUÉ então, quando.

AIUÉ-CATU exatamente quando, bem quando.

AIUETÉ então mesmo.

AIURÁ pescoço.

AIUREPI cachaço.

AIURU[1] papagaio, nome genérico.

AIURU[2] casta de ingá.

AIURU-APARA ajuru torto, que fala torto, *Psitacus ochrocephalus*.

AIURU-ASU papagaio-moleiro, *Androglossa farinosa*.

AIURU-CATINGA papagaio-fedorento, curica-fedorenta, *Psitacus macavuana*.

AIURU-CURICA curica, *Amazona amazonica*.

AIURU-CURUCA papagaio-resmungador, *Psitacus aestivus*.

AIURY ajuri, ajuntamento, reunião (rio Negro), [mutirão]. É a reunião que se efetua a pedido do dono do trabalho, que precisa de adjutório para levar a efeito algum trabalho, que precisa fazer-se no menor tempo possível, como seria derrubar o mato, barrear as paredes das casas de taipa etc. O dono do serviço, que se prepara sempre com certa antecedência, pelo tempo em que dura o trabalho, trata os convidados largamente tanto de comida como de bebida, e no fim há geralmente ladainhas e danças. É prática de boa vizinhança, e os que acodem ao convite adquirem, por sua vez, o direito de ver retribuído, quando for preciso, o auxílio que prestam. É o mesmo que no baixo Amazonas chamam *putyrum*.

AIURYCAUA ajuricaba, casta de abelha, que vive em grandes colmeias, muito irritável e brava, de onde o nome de *caba*. É o nome muito conhecido do chefe Manaus que opôs tenaz resistência ao estabelecimento dos portugueses no rio Negro e foi vencido por Belchior Mendes de Moraes e pelo capitão Paes de Amaral, conforme a tradição, na proximidade do lago Ajanari, ao tempo do XVII capitão-mor do Pará, José Velho de Azevedo.

AIUUÁ ajubá, louro. Várias castas de Lauráceas, que vivem nos meios mais diversos e fornecem madeiras, salvo raras exceções, muito apreciadas e usadas especialmente para obras internas, pelo fato de serem a mor parte isentas do ataque dos cupins e de se prestarem a ser trabalhadas e polidas.

AIUUÁ-INEMA louro-merda, casta de louro, de cheiro bem classificado pelo nome português.

AIUUÁ-TAUÁ louro-amarelo; várias espécies de louro, de madeira amarela, algumas delas de muita duração.

AIUUÁ-TYUA ajubatuba *(terra de louros)*.

AIXÉ tia.

AIXÓ sogra (em relação ao homem).

AĪ-YUA ajizeiro, árvore-da-preguiça.

AKITI para lá, lá, naquele lugar. *Kasó akiti*: vou para lá. *Rexiare aé akiti*: deixa-o lá.

AKITI-TEẼN lá mesmo. *Rexiare akiti teẽn*: deixa lá mesmo.

AKYRA, IAKYRA verde, não maduro.

AMÃ casta de erva.

AMANÃ casta de planta ribeirinha.

AMANA chuva.

AMANA ARA tempo de chuva.

AMANA AYUA pé-d'água, chuva má.

AMANA CURUCA chuva que ameaça, troveja a chuva.

AMANACY mãe-da-chuva, casta de pássaro, cujo canto é prenúncio certo de próxima chuva.

AMANAIÁ casta de tecido de algodão, amanajá.

AMANA IARA dono-da-chuva, manda-chuva.

AMANAIÉ alcoviteira.

AMANA MANHA mãe-da-chuva, casta de sapo, que somente se ouve quando está para chover.

AMANA OÁRI chove, cai chuva.

AMANA OÁRI PUTARE quer chover, ameaça chuva.

AMANA OPIPYCA chuvisca.

AMANA RUAIARA cunhado-da-chuva, casta de planta.

AMANASAY casta de abelha, que aparece numerosa nos últimos dias do tempo de chuva.

AMANA TYUA amanatuba (terra de chuva)

AMANA UARA que traz chuva.

AMANA USARA traga-chuva, bebe-chuva.

AMANA Y água da chuva.

AMANIÚ algodão, as diferentes espécies de *Gossypium*.

AMANIÚ APIY algodão esfiapado, em rama.

AMANIÚ PUMANA algodão fiado.

AMANIÚ TYUA algodoal.

AMANIÚ YUA algodoeiro.

AMAPÁ amapá. Árvore da família das Apocináceas, que dá uma fruta comestível, uma espécie de sorva. A sua madeira branca e leve é pouco usada. A casca amarga contém uma resina leitosa, que é extraída por meio de incisão e serve para usos medicinais, e mais especialmente para consolidar as ligaduras apostas sobre a parte ofendida, em caso de fratura de algum membro, utilizando-se a sua qualidade de endurecer facilmente, exposta ao ar. As folhas têm efeito irritante.

AMBÉ, UAMBÉ casta de cipó parasito.

AMBIÚCA, AMIÚCA assoado.

AMBOÁ, AMBUÁ, AMOÁ minhoca, verme, larva.

AMBYRA, AMYRA defunto, finado. *Cé paia ambyra*: meu finado pai.

AMEIÚ ameju, casta de fruta, do formato de uma pinha; a polpa branca é levemente adocicada, comestível.

AMISAUA casta de caba.

AMORÉ casta de peixe marinho.
AMPÉ croque, gancho, unha. *Pôampé*: unha da mão.
AMPÉSÁUA unhada.
AMPÉUÁRA unhante, unhador.
AMU[1] posposto ao verbo, sinal do condicional, no Solimões e no Pará. *Ixé xá-pena cury amu*: eu quebraria. *Ixé xá-só cuera amu*: eu teria ido.
AMU[2] outro, outra; o irmão do irmão e a irmã da irmã, com referência a quem fala. *Cé amu*: meu irmão ou minha irmã, conforme a pessoa que fala.
AMU AMU um e outro, algum.
AMU ARA outro dia, outra ocasião. *Amu ara ramé*: em outro dia. *Amu ara pupé*: para outra ocasião.
AMU AUÁ aquele outro. *Amu auá recé*: para aquele outro.
AMU CUECÉ antes de ontem.
AMU I outra vez.
AMU IAUÉ outro tanto.
AMU I CURY a próxima vez.
AMU IEPÉ o igual.
AMUITÁ SUÍ dentre outros.
AMUNHEẼN dito de outro modo, dito ao contrário.
AMUNHEẼNGARA contraditor.
AMUNHEẼNGAUA contradição.
AMU NUNGARA como o outro, do modo do outro.
AMU RAMÉ outra vez. *Remunhã amu ramé*: faz outra vez.
AMU RECÉ para outro. *Amu recé onheẽn*: fala para o outro. *Amu recé onheẽngara*: quem fala para outro, conselheiro.
AMU RUPI ao contrário, de outro modo.
AMU RUPIUARA quem faz, age ao contrário.
AMU RUPISAUA ato de contrariar, agindo ou fazendo.
AMU SUAIA outra banda, terra de além.
AMU SUAIAUARA quem é da outra banda, das terras de além.
AMU SUINDÁ KITI para o outro lado.
AMU SUINDAPE do outro lado do lugar onde se está.
AMU SUINDÁ RUPI pelo outro lado.
AMU SUINDÁ SUÍ do outro lado, de onde se vem.
AMU SUINDAUA o outro lado.
AMU SUINDAUA-UARA quem é do outro lado.
AMU TETAMA outra terra, outra pátria.
AMU TETAMAUARA estrangeiro, quem é de outra terra.
AMY aranha, da casta das que não tecem teia.
-ANA[1] já. Sufixo que se presta às mais diversas interpretações. Assim, traduz o imperativo, *Iasôána*: vamos já; *uriana*: vem já. Indica o passado: *omanoana*: morto já, morreu; *osôána*: já foi, saiu. A continuação de um estado: *catuana*: bom, já bom. A iminência de um fato: *xasôána*: já vou, ou a sua atualidade: *xambaúána xaicó*: já estou comendo. A boa interpretação do sentido em que é usado somente a pode dar o contexto da frase e o sentido geral dela.
-ANA[2] em algumas palavras, que nos vieram do tupi da costa, é equivalente a abundância. *Uaiana*: guaiana, que quer dizer abundância de caranguejos; e abundância ou gente quando aditado ao nome de tribo: Tariana, Desana, Cueuana.
ANACÃ casta de papagaio, *Deroptyus accipitrinus*. Um dos mais lindos papagaios da mata amazonense, muito conhecido e apreciado, mas em nenhuma parte comum. É muito manso e facilmente domesticável quando preso pequeno, embora, quando irritado, tome um ar furibundo, levantando em leque as plumas da cabeça e do pescoço; muito raramente se serve do bico para defesa. Vive, quanto pude verificar, em pequenos grupos, isolados e nunca em volta com outras espécies. Nidifica, segundo me disseram os indígenas do Uaupés, no oco dos paus, de preferência nas encostas das serras; e põe dois ovos.
ANAIÁ anajá, casta de palmeira.
ANAIATYUA anajatuba (terra de anajás).
ANAIÉ casta de gavião.
ANAIURY, ANORY o macho de uma tartaruga fluvial, muito comum no Amazonas, mais conhecida com o nome de *taracaiá* [tracajá] dado à fêmea.
ANAMÃ[1] espesso dos líquidos, grosso.
ANAMÃ[2] desmamado.
ANAMA parente, amigo, da própria parcialidade.
ANAMA ETÉ verdadeiro parente, amigo dedicado.
ANAMANGARA desmamador.

ANAMANGAUA desmamamento.
ANAMA RETAMA pátria dos parentes.
ANAMA-SAUA parentesco.
ANAMA-UARA que é, provém de, é atinente aos parentes.
ANAMBÉ, ANAMÉ casta de pássaro de tamanho de uma paloma [pomba], roxo-azulado, com o peito branco e a testa preta, que vive aos casais na mata cerrada.
ANANGA duende, visagem.
ANANGA PERI casta de junco dos lugares alagados.
ANANGA RECUIA cuia-de-duende, espécie de coloquinte [cabaça] sem préstimo.
ANANĪ o látex de uma casta de sorveira. Ao natural serve de grude para pregar as plumas nos enfeites e artefatos dos indígenas. Convenientemente preparado e derretido, dá um bom breu para calafetar canoas e para outros misteres.
ANANI sorva, fruta da sorveira.
ANANI-YUA sorveira, pau-de-breu. Árvore da família das Alisiáceas, que nasce nas vargens e lugares alagadiços. Fornece uma madeira leve, clara e de libras muito compactas, de pouco uso. Dá um látex que coagula como a goma-arábica, insolúvel no álcool e na água, utilizado como grude e breu. *V. Anani*.
ANAPURÁ casta de papagaio. Não conheço.
ANASUMBY coxa, ou melhor, talvez, a parte alta do fêmur.
ANAUÍ anabi, casta de árvore do alto Amazonas, *Petalia resinifera*.
ANAUIRÁ árvore que dá uma madeira de construção.
ANAXI MARACÁ casta de coloquinte.
ANDÁ planta, casta de Euforbiácea.
ANDAÍ casta de coloquinte.
ANDAÍ-ASU casta de palmeira [?].
ANDIRÁ morcego, nome genérico dos Quirópteros.
ANDIRÁ-KICÉ faca de morcego, casta de tiririca trepadeira.
ANDIRÁ-KICÉ-APARA foice de morcego, casta de *Cassia* sem préstimo, mata-pasto.
ANDIRÁ-PÔAMPÉ unha-de-mão-de-morcego, casta de planta ribeirinha espinhosa.
ANDIRAUA andiroba, a fruta da andirobeira, de onde se extrai um azeite amargo, que se emprega desde muito tempo na confecção de um sabão de inferior qualidade.
ANDIRAUA-YUA andirobeira, grande árvore da terra firme do gênero *Carapa*.
ANDIRÁ-YUA morcegueira (árvore do morcego), casta de Leguminosa, muito frondosa, que, por ficar facilmente oca, dá guarida aos morcegos; mas se ouve dar este nome, por isso mesmo, a muitas outras plantas de famílias muito diversas.
ANÉ nunca.
ANECUA dorso, costa. *Pô-anecua:* dorso da mão.
ANEIÚ casta de grande sáurio próximo do teiú.
ANGA alma, vida, sopro, respiração, fôlego. A *anga*, contam os Banivas, reside no coração e, quando a gente dorme, sai por este mundo afora para voltar quando acorda.
ANGA-ANGATURAMA alma justa, bem-aventurada.
ANGAÍ alma pequena, mesquinha, emagrecida.
ANGAÍPORA mesquinho.
ANGAÍPAUA mesquinhez.
ANGAÍSAUA magreza.
ANGAÍUARA que faz emagrecer.
ANGAÍUERA magricela.
ANGAPAUA pecado, fim da alma.
ANGAPORA cheio de fôlego, nome de um jabuti.
ANGA-RECUÉSÁUA graça, vida da alma.
ANGA-SACISAUA dor da alma, contrição.
ANGATU boa alma, boa gente.
ANGATURAMA justo, honrado.
ANGATURAMA-MUANGA hipócrita, fingido.
ANGATURASAUA pureza d'alma.
ANGAÚ murmurado.
ANGAUA, RANGAUA, SANGAUA imagem, figura, retrato, aspecto. *Mira-rangaua:* figura de gente.
ÁNGAUÉRA asmático, tísico, que respira com dificuldade.
ÁNGAUÉRASÁUA asma, tísica.
ANGAÚ-SARA murmurador.
ANGAÚ-SAUA murmuração.
ANGAÚ-UERA murmurador por hábito.
ANGA-YUA extremamente magro.
ANGU papas ralas feitas de farinha de mandioca com restos de outras comidas, recozidas juntas. É-me dada como palavra da lín-

gua geral, e a registro, embora a creia de origem africana.

ANHAMA abraçado, envolvido, cercado.

ANHAMASARA abraçador, envolvedor.

ANHAMASAUA abraço, envolvimento.

ANHANGA, ANANGA espectro, fantasma, duende, visagem. Há *mira-anhanga, tatu-anhanga, suasu-anhanga, tapyira-anhanga,* isto é, visagem de gente, de tatu, de veado, de boi. Em qualquer caso e qualquer que seja, visto, ouvido ou pressentido, o *anhanga* traz para aquele que o vê, ouve ou pressente certo prenúncio de desgraça, e os lugares que se conhecem como frequentados por ele são mal-assombrados. Há também *pirarucu-anhanga, iurará-anhanga* etc., isto é, duendes de pirarucu e de tartaruga, que são o desespero dos pescadores, como os de caça o são do caçador.

ANHANGA-KIAUA pente de macaco, casta de *Bignonia* da terra firme, que dá uma cápsula hirta de espinhos, um ouriço comprido.

ANHANGA-RECUYUA pau-lacre, lacre. Árvore que não atinge nunca grandes proporções e cresce de preferência nas capoeiras e catingas. É pau preferido para cercas, pela facilidade com que racha no sentido do comprimento, durando na terra de três a quatro anos. Dá uma resina amarela ou avermelhada, segundo a espécie, levemente cáustica, quando fresca e não ainda coagulada, que pode servir para verniz.

ANHANGUERA velha visagem, a visagem costumeira.

ANHOTEẼN, ANHUTẼN somente, unicamente.

ANHUMÃ alicorne. V. *Camitaú.*

ANHUMÃ-PUCÁ alicorne que ri, casta de alicorne.

ANHŪN, NHŪN só.

ANHŪN-IRA sozinho. *Anhūn-ira osó oiuiu-aīnti aé:* Sozinho vá a encontrá-la.

ANINGA[1] casta de arum, planta que cresce nos lugares alagados e terras baixas, aonde chega a água da preamar ao longo da costa; muito comum na baía de Marajó.

ANINGA[2] carará, *Plotus aninga.* Palmípede muito comum em todo o Amazonas, do tamanho de um peru, bem reconhecível pelo fino e comprido pescoço, pela cabeça pequena e elegante, acabada por um bico fino e comprido como ponta de flecha. Encontra-se de dia, geralmente isolado, ao longo dos rios e igarapés, empoleirado, imóvel sobre algum galho seco, espiando a presa, sobre a qual se lança caindo de qualquer altura como uma pedra e perseguindo-a debaixo d'água, como bom mergulhador que é. A sua comida preferida são camarões e pequenos peixes, que come inteiros. Não costuma dilaniar a presa. Pouco arisco, não envergonha o caçador. Ainda que não apanhe um único bago de chumbo, não foge voando, se deixa cair n'água como um corpo morto, e o caçador que não lhe sabe a manha espera inutilmente que o corpo venha à tona. Se olhar porém em roda, vê a uns trinta ou quarenta metros de distância aparecer um instante a cabecinha do exímio nadador, que desaparece logo mergulhando, para reaparecer um pouco mais longe e por tempo menor, repetindo-se a manobra, até que em pouco fica fora de tiro. O pelo do peito pode dar uma excelente peliça para manguito para senhora, capaz de rivalizar com as mais estimadas. A sua carne é boa e muito próxima à carne de pato.

ANORY ver *Anaiury.*

ANTÃ sólido, coalhado, endurecido.

ANTANGARA solidificador, endurecedor.

ANTANGAUA solidificação.

ANTĪ, SANTĪ apontado, afiado, agudo.

ANTIANTI gaivota, nome genérico, comum a varias espécies de *Larus,* que vivem ao longo das margens dos Amazonas e afluentes.

ANŪ, ANŪN anum. Casta de *Cuculida* do gênero *Crotophaga,* muito comum e reconhecível pela forma esquisita do bico, levantado em forma de crista. Vive em bando na orla da floresta, percorrendo-a e revistando-a em todos os sentidos à cata de insetos, mas não desprezando ovos e nidações, o que torna os bandos de anuns, como os de macacos, verdadeiras pragas para os lugares por onde passam.

ANŪ-COROCA casta de *Crotophaga* que vive nos igapós. Tem os costumes do anum, do qual é alguma coisa menor. Deve o nome ao apelo que costuma fazer ouvir, quando o bando vai caçando, e soa um corô-corô gargarejado à meia voz.

ANUIÁ anujá, casta de peixe de pele, que vive de preferência nos igapós, morando nos buracos da margem, onde o indígena que lhe conhece os hábitos o pega à mão.

AOAREPÕ cachimbo (G. Dias).

APA desmoronado, aluído, abatido.

APACAMÃ casta de peixe.

APACANĪ apacanim, casta de gavião. *V. Iapacanī*.

APACÉ curvo (?).

APAĪ casta de pato; o pato novo que ainda não botou as penas das asas e não pode voar.

APAPÁ casta de peixe extremamente voraz. É pegado à *pinauaca* como o tucunaré.

APARA torto, curvo, sinuoso. *Paraná-apara-eté*: rio muito sinuoso. *Myra-para*: pau torto, arco.

APARASAUA curva, curvatura, sinuosidade.

APARAUARA entortante, que entorta.

APATUCA, IAPATUCA atrapalhado.

APAUÁ desmoronado, aluído, abatido.

APAUASAUA desmoronamento.

APAUAUARA desmoronante.

APAUATYUA lugar de desmoronamentos.

APE aí, lá, lugar para onde se vá, ou onde outrem está. *Xasó ape cury*: logo vou aí, ou logo vou lá; *auá oicó ape?* quem está aí, ou quem está lá?

APÉ casta de *Nympheacea* que cresce nos lagos e lugares alagados.

APECATU longe. Lit.: bem lá. *Apecatu-kiti*: para longe; *apecatu-suí*: de longe; *apecatu-reté*: muito longe.

APECATUARA morador de longe.

APECATU-RETÉUÁRA que é morador de muito longe.

APECATU-SUÍUÁRA que vem de longe.

APECATU-XINGA pouco longe.

APECATU-XINGAUARA que é de pouco longe.

APECOĨN língua.

APECŪ língua e, por extensão, ponta, saliência, promontório. *V. Pecū*.

APECUMA língua, ponta, saliência.

APENU, CAPENU onda.

APEREÁ preá. *V. Pereá*.

APEREMA casta de tartaruga muito achatada e, no dizer de Martius, muito saborosa.

APEYUA apeíba, jangadeira [pau de jangada]. Planta que dá uma madeira muito leve, própria para jangada.

APIĪ casta de erva muito fina, esfiapada.

APIPONGA inchado, empachado.

APIPONGASAUA inchaço, empachamento.

APIPONGAUARA que incha, empacha.

APIRA, APIRE rio acima. *Xasó apira kiti*: vou subindo. *Recica apira suí*: Chegas de rio acima.

APIRPE para cima, contração de *apira opé*.

APITAMA enfiada, cambada.

APITUMA, APITOUMA miolo, medula dos ossos.

APIXAĪ enrugado, arrepiado.

APIXAĪNGAUA enrugamento, arrepio.

APÔ, APŪ cheio.

APUÃ novelo; o cheio.

APUCUITÁ remo. *V. Iapucuitá*.

APUÍ, APUY varias espécies de plantas parasitas que vivem à custa das raízes aéreas, que descem em longos filamentos até o chão. *V. Tamandoá*.

APY, EPY base, alicerce.

APYAUA, APIGAUA, APGAUA, APIGABA macho, varão, homem. *Tapyira-apyaua*: touro, macho da anta. Em geral, todavia, quando se diz o nome de um animal sem outra especificação, e salvo o caso em que o nome do macho seja diverso do da fêmea, se entende sempre que se fala do macho. Pelo contrário, quando se fala da fêmea, e salvo a hipótese de vir o sexo claramente determinado por todo o contexto, precisa sempre especificá-lo, fazendo seguir o nome do animal de *cunhã*, fêmea.

APYAUA-CATU homem bom.

APYAUA-KYRIMBAUA homem forte, valente.

APYAUA-PURANGA belo homem, homem às direitas.

APYAUA-RETÉ verdadeiro homem, homem sisudo.

APYAUA-TURUSU homem grande no tamanho ou na grossura.

APYAUA-UASU, APYAUASU grande homem, pelo ânimo e pela posição, sem atender ao tamanho.

APYAUA-YMA homem sem ânimo, fraco.

APYAUA-YUA homem teso, haste de homem.

APYĪ desfiado, solto. *Makira-apyī*: o punho da rede.

APYSÁ orelha, ouvido.

APYSÁ-AYUA tem mau ouvido, não atende.

APYSACA[1] ouvido da agulha (Solimões).

APYSACA[2] escutado, ouvido atentamente.

apysacasara escutador, ouvidor.
apysacasaua escuta, audição atenta.
apysacatyua escutadouro, lugar de onde se ouve com atenção.
apysacauara escutante, ouvinte com atenção.
apysacauera escutável, que pode ouvir-se com atenção, que tem hábito de escutar.
apysaca-yma que não escuta ou não é escutado.
apysá-yma sem ouvido, sem orelha, surdo.
ara dia, terra, tempo, mundo. *Ara iupirungaua ramé*: no começo do mundo. *Resaru ara uri cury*: espera que venha o dia. *Caiú ara ramé*: no tempo dos cajus.
aracapá a rodela da proa das canoas.
aracapauara que pertence à rodela da proa.
aracapuri variedade de peixe.
aracapuri torocari casta de aracapuri.
ara-catu dia bom; tempo oportuno. *Cuá ara catu*: este dia é bom. *Ocica ara catu pupé*: chega oportunamente. *Xasaru ara catu*: espero o dia bom, a oportunidade.
aracaty casta de fruta silvestre.
aracu[1] nome genérico de varias espécies de peixes da família dos *Corimbatae*, muito apreciado apesar das muitas espinhas.
aracu[2] o grupo de estrelas que forma a empunhadura da espada de Órion na constelação do mesmo nome, que pelos indígenas forma a constelação do *Mokentaua* ou do *Pari*. Ver estas vozes.
aracu-pinima aracu-pintado. O maior em tamanho, tem o dorso avermelhado e é o mais apreciado.
aracu-pixuna aracu-preto.
aracu-tinga aracu-branco, o menor de todos.
aracy mãe do dia, cigarra. No rio Negro, todavia, hoje se ouve correntemente com idêntico significado *ara-manha* ou *daridári*, palavra baré. *Ara-manha* é muito usado também no baixo Amazonas.
aracy-iú espinho de cigarra, casta de erva.
ara-eté dia feito.
ara-eté-uasu dia muito grande, dia de festa.
ara-iatuca dia curto. *Ara-iatucauíra*: momento, dia que se abrevia, encurta.
ara-iaué todo o dia.

ara-iaué-iaué cada dia.
ara-iaué-rupi por todo o dia.
ara-ikiá dia sujo, nevoento.
arakeá, arakiá sujo do dia, nuvem.
aramanha, aramaia mãe do dia, cigarra. V. *Aracy*.
arama para, por, por causa de, a fim de. *Mata arama? Iamunhã cupixaua arama*: Para quê? Para fazer a roça. *Auá arama? Ce paia arama*: Para quem? Para meu pai. *Aé-arama inti xacica cuao ne kiti*: Por causa dele não posso chegar a ti.
aramã casta de abelha.
aramasá casta de peixe.
aramatá casta de peixe.
aramatiã casta de inseto fitófago.
aramé então, neste caso (é posta sempre no início da frase). *Aramé remeẽn ce recuiara*: Então dá-me o meu troco, pagamento. *Aramé iasó oca kiti*: Então vamos para casa.
ara-murangaua-sara que faz a figura do tempo, que marca o tempo, relógio.
arancuã, arancuan, aracuan pássaro da família dos Penelópidas, gênero *Ortalis*, jacus, representado por numerosas variedades. É comum em todo o país, onde habita de preferência as matas baixas à margem dos campos naturais e nas capoeiras velhas. Vive em pequenos bandos, e o nome é a onomatopeia do apelo da variedade que é mais comum aqui no Amazonas, onde vivem pelo menos três variedades.
aráneýma, iurándeýma sem dia certo, talvez.
araoáoa espadarte, casta de peixe.
ara-oetepe todo o dia, pelo comprimento do dia.
ara-oiupirare o dia abre, começa.
ara oiumukiá o dia se faz sujo, nevoento.
ara omupituna o dia escurece.
arapapá arapapá, *Cocroma coclearia*. Ave da família dos pernaltas, facilmente reconhecível pelo enorme bico feito em forma de chinelo. É ave ribeirinha e vive geralmente de peixes e de animálculos que procura no tijuco. Na escravidão, todavia, não recusa pedaços de carne e torna-se impossível criá-lo nos quintais onde haja outra criação, pelo gosto pronunciado que tem pelos pintos. Quando lhe chegam a tiro e

pode agarrá-los, os faz desaparecer numa chinelada.

ARAPARI[1] arapari, *Macrolobium acaciae-folium*. Casta de árvore muito comum no Pará e baixo Amazonas.

ARAPARI[2] o Cruzeiro do Sul, [no] Solimões (Padre Tastevin).

ARAPARI-RANA falso arapari.

ARAPASÔ pica-pau, é nome genérico dos pica-paus que ostentam uma poupa que geralmente se destaca, pela cor, do resto do corpo.

ARAPAUACA lombrigueira. O fruto é usado como anti-helmíntico.

ARAPÉ contração de *ara opé*, em cima, sobre.

ARAPECÔ restinga, língua de terra, morro.

ARAPECUMA ponta de terra, promontório.

ARAPOPÓ casta de ave ribeirinha.

ARAPORA, **ARAPURA** vivente, que enche o tempo, que enche o mundo.

ARAPUÃ casta de grande abelha preta.

ARAPUCA[1] casta de árvore da família das Rutáceas.

ARAPUCA[2] ratoeira.

ARARA[1] arara, *Macrocereus macao*, a arara-vermelha, bem conhecida em todo o Amazonas. É das penas da cauda que são feitos muitos dos enfeites usados pelos indígenas em suas festas e danças. Por isso mesmo é rara a maloca de Uaupés onde não se encontrem araras domesticadas, criadas expressamente para utilizar-lhes as plumas, mostrando-se assim mais adiantados do que os civilizados com as garças.

ARARA[2] casta de formiga, que tem a especialidade de ter as asas brancas (Martius).

ARARA-CAÁ casta de planta de largas folhas, largamente manchadas de vermelho.

ARARACÃN, ARARACANGA casta de arara.

ARARA-CUARA buraco de arara, árvore de alto porte da ordem das Leguminosas.

ARARA-CUMÃ casta de sorva, sorva de arara.

ARARANĪ casta de árvore da terra firme. A cinza da casca é, segundo afirma Martius, usada em poção contra a hidropisia.

ARARA-PARY[1] ornamento de dança. É a enxó indígena, o *pururé*: machadinha de pedra polida, encabada no braço mais curto de um pau curvo em ângulo reto, ornado de plumas brancas de mutum em grupos de três no braço mais comprido, e dois no mais curto. É usado pelo tuxaua e seus companheiros, e acompanha a acangatara de chefe.

ARARA-PARY[2] Na astronomia indígena das tribos nheengatus é o cinto de Órion, ou as Três Marias, como são conhecidas popularmente as estrelas que o formam, e liga-se à lenda do Jurupari. Contam que uma noite de festa a anta saiu da casa da dança sem despir os ornamentos, com perigo de ser vista pelas mulheres. Jurupari, que a tinha visto sair, saiu atrás dela e, para dar um exemplo, a agarrou e jogou no céu, onde ficou até hoje. A anta, porque era pesada, foi cair de um lado: é o Sete-Estrelo, ou Ursa Maior. O *arara-pary*, porque mais ligeiro, subiu direito e foi cair em cima do jirau do *mocaentaua*. Esta é a lenda; hoje, porém, nem a *acangatara* grande nem o *arara-pary* são ornamentos cuja vista seja vedada às mulheres. Tenho assistido a mais de uma festa e tomado parte nelas, e o *arara-pary* era usado francamente na forma do costume na presença das mulheres: nem me consta que haja um *arara-pary* especial para os dias da dança do Jurupari de onde são excluídas as mulheres.

ARARA-PÉUA arara chata, tábua de arara; o violão ou alguma coisa que se lhe pareça. Um pedaço de madeira rudemente escavado, sobre o qual são esticadas três cordas: o embrião dos instrumentos de corda. Imitação ou original, não sei.

ARARA-PUTAUA isca de arara, árvore da terra firme.

ARARA-RUAIA cauda de arara. Planta anual, de folhas largas e escuras, cuja extremidade floral com as folhas que lhe são próximas forma um lindo penacho vermelho-vivo, que produz um lindo contraste sobre o verde da mata circunstante.

ARARA-TEMBIÚ comida de arara, árvore da terra firme, casta de Leguminosa, que fornece uma madeira muito apreciada para obras de marcenaria, tomando um lindo polimento.

ARARA-TĪ bicudo, narigudo, bico de arara.

ARARA TUCUPI tucupi de arara, árvore da terra firme, casta de Leguminosa, que dá uma madeira de alguma duração, mas de qualidade inferior à anterior. A fruta é um pequeno ingá insignificante.

ARARA-TYUA araratuba, terra de araras.

ARARA-YUA nome de várias espécies de plantas, das famílias mais diversas, que fornecem frutas, comida de araras. De uma delas, comum nas vargens do Solimões e igapós e no curso inferior da mor parte dos afluentes do Amazonas, se extrai, por decocção da casca, uma cor vermelha, usada para tingir o tucum das redes para livrá-las do caruncho, e que toma uma delicada cor de carmim, suficientemente persistente, quando adicionada de pedra-ume.

ARARETAMA pátria dos Araras, contração de *arara* e *retama*.

ARARI[1] arara-amarela, canindé, *Arara ararauna*. Ave do tamanho da arara-vermelha; tem o peito e todas as partes inferiores do corpo e das penas de um lindo amarelo, e a cabeça, o dorso e a cauda superiormente assim como as tetrizes das asas de um lindo azul-celeste. Como a arara-vermelha, vive aos casais, reunindo-se à noite para dormir em bandos numerosíssimos em alguma samaumeira central, de envolta com papagaios e japus.

ARARI[2] arari, árvore da terra firme. Da casca se extrai uma tinta vermelha, que também chamam arari.

ARARICA, ARARYCA maracanã-azul, *Psittacus militaris*.

ARARI-TINGA arari-branco.

ARAROCA a raiz da araruta, que dá uma fécula muito apreciada.

ARARUNA araruna [o mesmo que araraúna], a maior das araras, arara-preta ou escura, *Sitace hyacinthina [Anadorlynchus hyacinthinus]*. De um azul-ferrete escuro homogêneo; muito raramente aparece no vale do Amazonas.

ARA-RUPI durante o dia, pelo dia.

ARARY arari, casta de sardinha.

ARASÁ araçá, *Psidium*, casta de goiaba silvestre muito azeda. Em muitos lugares se dá este nome a uma espécie de fruto muito desenvolvido que chamam marmelo, e que serve especialmente para doce, mas que não deve ser confundido com o marmelo da Europa, embora ambos sejam frutos de uma Rosácea.

ARA-SACU dia quente.

ARASANGÁ tolete de madeira dura, do comprimento aproximado de dois palmos, usado pelos pescadores para matar o peixe.

ARASÁ-PÉUA casta de *Psidium*, araçá chato.

ARASARI casta de fruta do mato.

ARASARY araçari, *Pteroglossus*. Casta de pequeno tucano reconhecível pela poupa preta, feita de plumas que se parecem com tiras de couro polido, elegantemente enroscadas. No vale é, como o tucano, pássaro de arribação, e regularmente aparece em muitos lugares em setembro e outubro, e em março e abril, em pequenos bandos de cinco a sete indivíduos. Nunca vi nidiáceos.

ARASÁ-TINGA araçá-branco, goiaba-branca, casta de *Psidium*.

ARASUÁ descampado, cara da terra.

ARASUÁ-UARA quem mora no descampado.

ARASUPÉ meio-dia.

ARATAIÁ casta de árvore.

ARA TENONDÉUÁRA dia da véspera, dia anterior. *Ara sántu tenondéuára*: véspera do dia santo.

ARATICŪ casta de fruta, do formato de uma pinha, de polpa amarelada, muito ácida. Comida com açúcar, se não dá um manjar delicado, dá alguma cousa de sofrível.

ARATICŪ-ASU araticum grande.

ARATICŪ PÉUA araticum liso.

ARATICŪ-PITAIA araticum queimoso.

ARATICŪ-YAPÓPÓRA araticum do igapó.

ARATICŪ-YUA árvore de araticum, *Anona*.

ARATINGA casta de maracanã.

ARATIRA altar (corrupção do português).

ARATU casta de caranguejo.

ARATU-PÉUA aratu chato, liso, casta de caranguejo.

ARATU-PINIMA aratu-pintado, casta de caranguejo.

ARATY fruta do igapó.

ARAUANÃ, ARUANÃ casta de peixe muito voraz, do forma alongada e achatada. Atinge o comprimento de cerca de um metro e sete ou oito dedos de altura do corpo, feito em forma de uma lâmina de espada muito larga. É peixe de muita espinha, que tem seus apreciadores.

ARAUARA diário, pertencente ao dia, mundano, pertencente ao mundo.

arauarĩ araguari, casta de arraia.
ara-uasu dia alto, de manhã, antes do meio-dia; dia grande de festa; dia famoso.
arauatá casta de pássaro.
arauató casta de símio, *Mycetes ursinus*.
arauay araguaí, casta de maracanã, *Eunurus pavus guaianensis*.
araué barata, *Blatta*, o inseto fedorento que todos conhecem.
araué-mboia cobra de barata, que, segundo Martius, dizem ser venenosa.
arauera vivente, que é do mundo.
araueri baratinha.
arauirĩ casta de sardinha, *Chalseus*.
arecé por via disso, por esta causa. *Indé indé inti resó putare, arecé xapitá*: Tu não queres ir, por via disso eu fico. *Inti iarecó tuichaua, arecé opanhe omunhã oputare pire iaué*: Não temos tuxaua, por esta causa todos fazem como entendem melhor.
areré casta de marrequinha.
aréuo cada dia.
ari caído.
ariá avô.
ariã uma casta de araruta, que dá fécula muito boa e apreciada.
aricurĩ casta de palmeira.
ariramba ariramba, casta de *Galbula*. Nome genérico de uma ave ribeirinha que se encontra em todos os rios, lagos e igarapés do vale do Amazonas, pousada geralmente sobre um galho seco à espera da oportunidade de cair sobre a presa, que aboca à superfície d'água, sem mergulhar. A ariramba torna-se facilmente reconhecível pela desproporção do bico e cabeça com o resto do corpo, especialmente as pernas e os pés, que são pequenos, curtos e fracos e desproporcionados com todo o resto.
ariré depois, em seguida.
ariréuára quem espera o dia depois.
arisara caidor, saidor, derramador. *Y arisara yuytera arecanga suí*: água saidora do flanco da serra.
arisaua queda, ato de cair.
aritu, alitu casta de louro, que cresce nas várzeas altas e raramente inundadas. Madeira usada para falcas de canoa, banco e obras semelhantes. Na terra apodrece logo.

ariuá o caído, o que cai e se estende em cima de alguma coisa, acaba, remata.
ariuara cainte [que cai], sainte [que sai].
ariuá-saua acabamento, complemento.
ariuá-uara acabador, que completa. *Oca ariuá-uara*: cumeeira da casa.
aroaĩ casta de pequeno caranguejo.
aru[1] casta de pequeno sapo, que vive de preferência nas clareiras do mato e acode numeroso logo que se abre um roçado. Onde aru não aparece a roça não medra. Aru transforma-se oportunamente em moço bonito, empunha o remo e vai buscar a Mãe da Mandioca, que mora nas cabeceiras do rio, para que venha visitar as roças e as faça prosperar com o seu benéfico olhar. Somente as roças bem plantadas e que agradam à Mãe da Mandioca prosperam e têm a chuva oportunamente. Aru foge das que não são conservadas bem limpas, e que são invadidas das ervas daninhas, e, quando desce com a Mãe da Mandioca, lhes passa na frente sem parar.
aru[2] árvore que cresce nas terras firmes e vargens altas raramente inundadas; da casca se extrai uma tinta violácea designada com o mesmo nome.
aru apucuitá remo de aru. Assim chamam no rio Negro uns velhos remos, ou melhor, uns restos de remos que, de tempo em tempo, se encontram nas suas margens, e que têm o aspecto de objetos longamente enterrados, só ficando ainda as partes mais duras. Pelo feitio, tão diferente dos que hoje se usam, dir-se-ia pertencerem a alguma antiga tribo hoje extinta. A tradição os liga à lenda de Aru, e seriam os restos do remo de que ele se serve quando traz a Mãe da Mandioca. Afirmam que trazem prosperidade a quem os encontra e que basta queimar um pedacinho do remo de Aru, quando se queima o roçado, para que nunca mais abandone a roça e para ela traga sempre a Mãe da Mandioca. A forma do remo, que é de madeira duríssima, é de uma pá de forneiro, da altura de um metro e pouco, sendo o comprimento da pá de mais de um terço. Do lado da empunhadura, muito cuidadosamente trabalhados, acabam em ponta, parecendo indicar que eram ao mesmo tempo remos e armas de guerra. Que são objetos

muito antigos, o diz o estado em que se acham. As partes moles da madeira já não existem e em muitos casos são substituídas por depósito silicoso. Dos remos atualmente usados, os que se lhes aproximam, com a diferença de não serem apontados do lado da empunhadura, são os que usam os Apamaris.

ARUCANGA costela, oitão, canto. *Tupana omusaca cunhã apyaua arucanga suí*: Deus fez sair a mulher da costela do homem. *Ocapi arucanga*: canto da sala. *Yara urucanga*: costelas da canoa.

ARUMBÉ, ARUMÉ arubé, massa de mandioca puba curada ao sol com pimenta-malagueta, usada como tempero da comida.

ARUPÉ, ARPÉ de *ara opé*, em cima, sobre.

ARUPÉUÁRA, ARPÉUÁRA o que está em cima, que está sobre.

ARUPI por lá, por aquele lado.

ARUPIUARA que é de lá, daquele lado.

ASACU árvore de alto porte, que vive à margem do rio, da família das Euforbiáceas, *Hura brasiliensis*. O látex, a casca, as folhas têm propriedades benéficas.

ASAMÔ espirrado.

ASAMÔSÁRA espirrador, que faz espirrar.

ASAMÔSÁUA espirro.

ASAMÔUÁRA espirrante.

ASAMÔUÉRA que espirra facilmente, costuma espirrar.

ASAY açaí. A fruta de uma palmeira que cresce em todos os lugares e hoje também muito cultivada tanto no Pará como no Amazonas, graças à bebida que dela se extrai, conhecida sob o nome de vinho de açaí. Da fruta extrai-se também um óleo muito fino, já usado em perfumaria, e que é preconizado para cura da tísica e como sucedâneo do de fígado de bacalhau.

ASAYTYUA açaituba, açaizal, terra de açaís, onde cresce o açaizeiro.

ASAY-YUA açaizeiro, palmeira do gênero *Euterpe*, muito comum em todo o Amazonas; é a juçara do Sul do país. *V. Asay*.

ASAY YUKICÉ caldo de açaí e, como o chamam, vinho de açaí. Bebida feita amassando a fruta do açaizeiro, depois de ter amolecido n' água quente, e diluindo a massa assim obtida n' água fria. É servido depois de peneirado e se toma geralmente com farinha e um pouco de açúcar. É bebida muito apreciada e substancial.

ASUAXARA do lado contrário, do outro lado.

ASUAXARA-UARA quem está do outro lado.

-ASU (sufixo) grande. *V. Uasu*.

ASUÍ de lá, disso. *Uri-asuí*: vem de lá.

ASUÍUÁRA que vem de lá, que vem depois.

ASUPÁ arbusto muito comum na margem do Solimões.

ASUPÉ para ele.

ASYCU retalho, resto insignificante de qualquer coisa.

ASYCUERA que se retalha, despedaça.

ATA fruta em forma de pinha (fruta do conde).

ATA-TYUA atatuba, lugar de atas.

ATAUATÓ casta de gavião, alto, sobre pernas despidas de calças, e que caça não somente caindo a voo sobre a presa, mas perseguindo-a a correr no chão. Parece um Astor.

ATERYUÁ ateribá, casta de árvore da vargem, alta, das matas do Pará. Dá uma madeira usada em marcenaria, especialmente para forros.

ATE-YMA preguiçoso. *V. Iate-yma* e comp.

ATIANTI gaivota.

ATIAUASU casta de alma-de-gato, o maior que conheço, o duplo daquele que se conhece com o nome de uirá-pajé. Vive como este de insetos que caça entre a folhagem das árvores, correndo ao longo dos ramos com ademanes todos seus particulares, que lembram o andar dos ratos. Tenho-o encontrado vivendo em casais no alto Uaupés.

ATIMÃ, ATIMANA rodear, circundar. *V. Iatimana* e comp.

ATIYUA ombro, espádua.

ATIYUA-UASU espadaúdo.

ATUÁ nuca.

ATUASARA compadre, comadre, o que sustenta o menino, pegando-lhe na nuca quando o apresenta ao padre para batizar.

ATUASAUA compadresco ou comadresco.

ATUCÁ batido, martelado.

ATUCAUERA buliçoso, metediço.

ATURÁ, UATURÁ paneiro dos roceiros para carregar mandioca e frutas.

ATURIÁ' casta de árvore de alto porte, comum na vargem ao longo de rios e igarapés do baixo Amazonas, que fornece uma madeira clara e leve, de muito pouco uso.

ATURIÁ[2] cigana, *Opisthocomus cristatus*. Linda ave, muito comum em todo o Amazonas e afluentes. Vive em bandos numerosos, pouco molestada, graças ao fedor que suas carnes tresandam, de onde lhe vem o nome de catingueira, que em alguns lugares lhe é dado.

ATURIÁ-PÔAMPÉ unha de cigana, casta de cipó da margem dos rios e igarapés, munido de espinhos recurvos e resistentes na inserção das folhas. Forma silvados ao longo do rio, no limite da média enchente, e torna-se um estorvo por quem é obrigado a subir macaqueando, agarrando-se, isto é, à vegetação da margem, porque parece que prefere os lugares de correnteza nas curvas do rio.

-AUA sufixo que dá às palavras que forma um significado de substantivo. É aditado sem alteração às palavras que acabam por consoante ou vogal acentuada, perde um *a* perante o *a* final e mais raramente as outras vogais, quando não acentuadas. *Catu, catuaua*: o bom. *Puranga, purangaua*: o bonito. *Kirymbá, kirymbaua*: o valente. *Apy, apyaua*: a base, o homem, o macho.

AUA, SAUA, RAUA cabelo, pelo, pluma, pena, raio. *Pepu saua*: pena da asa. *Xaiucy ne raua pixuna*: gosto de teu cabelo preto. *Yacy saua*: raios da lua. *Coaracyaua*: Coaraciaba, raio de Sol, cabelo louro.

AUÁ quem, alguém, aquele. Nas frases interrogativas começa a frase; toma o lugar que lhe pertence geralmente em seguida ao verbo, nas outras. *Auá osô putare?*: Quem quer ir? *Auá oiucana tuichaua?*: Quem matou o chefe? *Auá ixé iara?*: Quem é o dono? *Iure coakiti auá ixé iara*: Venha cá quem é o dono.

AUACÁTI abacate. Noto-o como de língua geral sob a fé de Martius. Embora geralmente usado, tenho minhas dúvidas. Seja como for, é a fruta conhecidíssima da *Persea gratissima* e variedades. A parte comestível, uma polpa verde-amarelado-clara que envolve um caroço de forma alongada; quando chega à maturidade dá uma sobremesa bastante apreciada e mesmo uma salada. O caroço dá uma tinta escura muito resistente, utilizada pelo povo para marcar a roupa, e um princípio ativo, que pode ser extraído pela maceração no álcool, de efeito excitante do aparelho gênito-urinário, análogo ao *myrapuamo*.

AUACÁTI RETIMÃ perna de abacate, árvore da várzea, cuja madeira é especialmente utilizada para falcas de canoa.

AUACÁTI-RANA falso abacate, árvore de alto porte, cuja folha se parece com a de abacate. Dá madeira branca bastante apreciada.

AUACÁTI-YUA abacateiro, as diversas variedades cultivadas da *Persea gratissima*. A folha e a casca são usadas na farmacopeia indígena em chá ou decocção nas disenterias e câmaras de sangue, atribuindo-se ao chá das folhas uma ação tônica reconstituinte.

AUACAXY abacaxi, fruto de uma Bromélia cultivada, variedade de ananás.

AUACEMO encontrado. V. *Uacemo*.

AUACEMOSAUA achado.

AUAĪ cascavel, cobra venenosa de gênero *Crotalus*.

AUAÍ casta de árvore resinosa; a resina que dela se obtém.

AUAPÉ casta de Utriculária de flores arroxeadas, dispostas em pinha, muito comum nas águas estagnadas em todo o Amazonas.

AUARI arbusto que dá uma fruta, da qual se extrai cor roxa do mesmo nome, usada para tingir roupa.

AUASA concubinado, amasiado.

AUASÁ concubina, caseira, amásia.

AUASAUA, AUASASAUA mancebia, amasiamento.

AUASÁUÉRA amásio, mancebo.

AUATĪ milho.

AUATĪ-MEMBECA milho mole, em confrontação com o duro.

AUATĪ-SANTÁ milho duro, que serve para ser reduzido a farinha, enquanto o outro grosseiramente pilado serve para fazer mingau.

AUATĪ-TYUA milharal.

AUATĪY arroz (milho d'água).

AUATĪY-TYUA arrozal.

AUAYMA, SAUAYMA, RAUAYMA pelado, calvo, sem cabelo (Solimões).

AUÉ, IAUÉ o mesmo, assim. *Ind'aué*: O mesmo para ti. Resposta que o cumprimentado faz a quem o cumprimenta. V. *Iaué*.

AUERANA[1], **AUAUERANA** oeirana, casta de salgueiro bravo. Muito comum em todo o Amazonas, à margem das águas correntes, marca como que o limite das areias lavadas. Resiste às enchentes e passa sem morrer mesmo mais de mês de baixo d'água. Não se encontra nos lagos.

AUERANA² tísico.
AUÍCA ouvido.
AUIÉ ainda. *Auié catu*: ainda bem.
AUIO, AUIOYUA abio, abieiro, *Lucuma caimito* e variedades. Fruta comestível e muito apreciada quando em completa maturidade. Antes disso a polpa, branca e adocicada, de gosto especial, é uma massa resinosa intragável. É planta cultivada nas roças. Dá com três anos.
AUIURANA abiurana, falso abio, *Lucuma lasiocarpa*. Fruta quase insignificante, mas dá boa madeira para marcenaria, e obras internas.
AUKI bulido, incomodativo.
AUKISARA bulidor, incomodador.
AUKISAUA ato de bulir, mexer, incomodar.
AUKIUERA buliçoso, incômodo, insistente.
AUOTA, AUOTUA abutua, casta de cipó do gênero *Cocculus*. O látex de uma espécie de madeira amarela é usado externamente para curar a inflamação de olhos purulenta, e internamente para cura da diarreia. Outra espécie fornece um potentíssimo abortivo.

AUY lançadeira que serve para tecer a rede e, por extensão, agulha, alfinete.
AUY APYSACA ouvido da agulha.
AUYCA costurado.
AUYCASARA costureira.
AUYCASAUA costura.
AUYCAUARA costurante.
AUYCAUERA costureira não muito hábil.
AUYCA-YMA descosturado.
AUYCUARA buraco da agulha, ouvido.
AUYRA forro, bainha, invólucro.
AXUÁ arbusto da terra firme e das campinas. Várias espécies de *Saccoglottes*.
AXUPÉ casta de abelha, que faz o ninho dentro da terra.
AXY! fora! apago! exclamação de repulsa.
AY preguiça. V. *Aī*.
AY IRA mel de preguiça.
AY IRA MANHA a abelha que faz o mel de preguiça, cuja colmeia se parece com uma preguiça agarrada contra um galho de pau.
AYUA ruim, mau, estragado, roto, feio.
AYUANA já estragado, imprestável.
AYUA ETÉ péssimo, feiíssimo.
AYUA-RETÉ estragadíssimo.
AYUASARA estragador.
AYUASAUA estrago, estragamento.

C

C letra que tem um som duro de *k* perante *a, o, u* e um som doce de *s* perante *e, i, y.*

C prefixo pronominal. Indica a relação que a palavra que o recebe tem com a pessoa que fala, e mais raramente também com a pessoa de quem se fala, quando a palavra em questão não recebe o prefixo *t. Cetama* – que faz *retama* e *tetama* – se refere sempre à pessoa que fala. *Cembyua* – que somente tem *tembyua* – tanto pode referir-se à pessoa que fala como à pessoa de quem se fala.

CÁ, CAÁ *cá* é contração de *caá*, usada de preferência nos compostos, para indicar mata, erva, planta e mais raramente folha.

CAÁ (que se contrai em *cá*) folha e, por extensão, erva, planta, mata, embora nos compostos se use nestes últimos casos de preferência *cá* e se reserve *caá* para indicar folha, erva. *Caá uasu*: folha grande; *cá uasu*: mata grande. *Caá membeca*: folha mole; *cá membeca*: mato novo. *Mycura caá*: erva de mucura. Note-se que neste caso não seria possível a substituição de *caá* por *cá.*

CAÁÁ sujado, cagado.

CAÁÁ-PAUA urinol, bacio, bispote.

CAÁÁ-PIRANGA diarreia de sangue.

CAÁÁ-PUXI disenteria.

CAÁÁ-SAUA sujidade, cagada.

CAÁÁ-UARA cagante.

CAÁÁ-UERA cagão.

CAÁ-CICUÉ folha viva, sensitiva, casta de *Mimosa.*

CAÁ-ETÉ mata verdadeira, mata virgem da terra firme geral.

CAÁ-IARA dono do mato, mateiro. Tenho encontrado notado como usado no Pará *caáiuara*, que, se não é engano, é corrupção ou da palavra notada ou de *Caauara.*

CAÁ-IERÍSÁUA pecíolo, haste da erva ou da folha.

CAÁ IURU boca da mata, começo da picada.

CAÁ-ICYCA folha resinosa, pegajosa como de alguma casta de Euforbiácea.

CAÁ-IUSARA folha coceirenta.

CAÁ-KYRA folha gorda, folha carnosa.

CAÁ-KYRE folha que dorme, mato que dorme; anil-miúdo.

CAÁ-MANHA[1] mãe do mato, erva que invade as roças logo abandonadas, e que precede a invasão da mata.

CAÁ-MANHA[2] mãe do mato, ente fantástico que se supõe habitar a mata, e que parece ser o próprio *Curupira.*

CAÁ-MEMBECA mato mole, o mato novo das capoeiras e que invade as roças abandonadas.

CAÁ-MIRĨ mato baixo, rasteiro, folha pequena.

CAÁMÚMA paina. V. *Samaúma*.

CAÁMUNDÉ armadilha no mato, que se arma no chão para apanhar mamíferos.

CAÁMUNDÚ, CAÁMUNÚ caçado.

CAÁMUNUÁ o caçado.

CAÁMUNUSÁRA caçador.

CAÁMUNUSÁUA caçada.

CAÁMUNUÁRA caçante, que pertence à caça.

CAÁNTÁ (contração de *caá-santá*) folha forte, resistente; a folha de ubim ou de arumã, já cortada e pronta para peneirar a farinha de mandioca.

CAÁ-NUPÁ mato brocado, isto é, o mato limpo e preparado para se proceder depois à derrubada das árvores grandes para fazer a roça.

CAÁ-NUPÁSÁRA brocador de mato.

CAÁ-NUPÁSÁUA broca, ato de brocar.

CAÁ-NUPÁUÁRA brocante.

CAÁ-PANEMA mata de madeiras fracas, que pouca serventia têm.

CAÁPÁRA cartucho de folha verde, enrolado no momento, para beber água.

CAÁ-PAU, CAÁ-PAUA a orla do mato, onde o mato acaba.

CAAPE no mato, dentro do mato. É contração de *caá-opé*. *Cunhã ocanhemo putare caape*: a mulher esteve para perder-se no mato.

CAÁ-PEMA folha chata e larga. Nome dado a várias qualidades de plantas.

CAÁPÉMBA capeba, arbusto de raízes amargas usadas para a cura de doenças sifilíticas.

CAÁ-PEPENA mato quebrado para assinalar o lugar por onde o caçador passou em procura de caça, para poder voltar pelo mesmo caminho. Ainda assim a assinalação é efetuada de modo que quem não é prevenido e não seja bom materio dificilmente se pode dirigir por ela.

CAÁ-PEPÉNASÁRA assinalador.

CAÁ-PEPÉNASÁUA assinalação.

CAÁ-PEPÉNAUÁRA assinalante, que pertence à assinalação.

CAÁ-PÉUA folha chata, pau chato. Nome comum a muitas plantas, entre outras a um cipó de caule achatado e à língua-de-vaca, ou chicória-da-terra.

CAÁPÍ[1] caapi, *Banisteria caapi*, casta de cipó da terra firme, e planta das roças dos indígenas da região do rio Negro e seus afluentes.

CAÁPÍ[2] a bebida extraída do cipó deste nome, isto é, a infusão da casca previamente secada num pilão especial, mal diluída em um pouco de água. É a bebida que usam no rio Uaupés para completar a bebedeira do caxiri, e que é tomada pelos velhos e homens feitos, com exclusão dos moços e das mulheres. O seu gosto é um amargo, para mim repugnante e o único efeito que me produziu foi náusea e vômito. Não tinha bebido antes a quantidade de caxiri suficiente, me explicou o meu colega pajé, em cujo conceito eu devo ter diminuído imensamente. Pelo que contam os que a usam, os seus efeitos são muito parecidos com os do ópio. Completando a bebedeira, deixa-os prostrados em uma meia sonolência, durante a qual, dizem eles, gozam de visões e de sonhos encantadores. Martius afirma que caapi é extraído da raiz. Eu tenho assistido mais de uma vez ao seu preparo e vi sempre usar-se a casca.

CAÁPIÁ contraerva, casta de *Dorstenia*. Martius dá à palavra a significação de erva-testículos e contração de *caá* e *supiá*. Não vejo razão para isso. É palavra pura e simplesmente composta de *caá* e *piá*: erva-coração, sem contração alguma. A forma das folhas justifica o nome.

CAÁ-PIRANGA mato vermelho, folha vermelha, nome que é dado a muitas plantas das mais diversas famílias, desde que apresentem nos rebentos ou nas folhas alguma vermelhidão.

CAÁ-PIXUNA mato preto, nome dado mais especialmente a certas mirtáceas, em virtude das folhas escuras e sem brilho; uma casta de tajá, que tem folhas largamente manchadas de preto.

CAÁ-PÔ mãe do mato, capão, ilhas de mato no descampado.

CAÁ-PORA morador da mata, silvestre, silvícola. Não se confunda, como fazem alguns, com o *caipora*, que tem uma significação muito diversa, como se pode ver no lugar próprio.

CAÁ-POAMA ilha de mata.

CAÁ-POROROCA mato frágil, quebradiço; casta de *Myrisina*.

CAAPUÍRA mata miúda, folha fina, capoeira. V. *Capoera*.

CAÁ-PUTYRÁUÁ (mato de flor amarga?) amor dos homens ou, como dizem estes, amor das mulheres, casta de flor que tem a especialidade de mudar de cor durante o curso do dia. Amanhece branca e anoitece vermelha para murchar logo.

CAÁ-RAUA rebento, galho.

CAÁ-RETÉ mata espessa, difícil de atravessar.

CAARERU beldroega, joão-gomes; casta de Portulaca, comestível; diversos bredos.

CAÁ-RIMÁ polvilho, amido farináceo extraído da mandioca.

CAÁ-RUÁ tronco da árvore.

CAARUCA tarde. *Caaruca ramé:* de tarde; *caarucana:* já é tarde.

CAARUCAUARA que vem tarde, que pertence à tarde.

CAARYRU casta de Podostemácea. Cresce nas pedras dos lugares de forte correnteza, e com especialidade nas das cachoeiras, atingindo o seu máximo desenvolvimento quando submersa pela enchente. No tempo da seca forma tapete, que murcha e seca rapidamente, e então os indígenas a recolhem para dele extrair o sal, de que se servem, apesar da sua inferior qualidade, no Uaupés e em outros lugares por este interior, quando lhes falta o sal dos brancos.

CAATINGA mato branco, mata rala; a mata rala e raquítica que cresce nas terras arenosas e fica como uma mancha clara no meio da mata circunstante.

CAATINGA-PORA catingueiro. *Suasu caatinga-pora:* veado-catingueiro.

CAATINGA-UARA que é da caatinga.

CAÁ-TININGA folha seca, árvore da capoeira.

CAÁ-TYA erva, casta de *Euphorbia herbacea* que, quebrada, dá um sumo leitoso.

CAÁ-TYUA matagal.

CAÁ-UARA que é, pertence ao mato, florestal.

CAÁ-UERA matuto.

CAAUASU, CAAUSU mata grossa, fechada; uma espécie de pacova-sororoca; casta de *Urania*.

CAÁ-UICUÉ casta de *Mimosa*.

CAÁ-USARA comedor de folhas, herbívoro.

CACAO a fruta do cacaueiro, de cujas pevides se extrai o chocolate, e da polpa que as envolve, uma espécie de geleia muito apreciada.

CACAO-TYUA cacaual, terra plantada de cacau.

CACAO-YUA cacaueiro. Árvore de várias espécies de *Theobroma*; cresce nas vargens e igapés, que ficam inundados todos os anos durante alguns dias, e amadurece os frutos nos primeiros dias da vazante.

CACURY[1] armadilha para pegar peixes. Consiste numa barragem construída nos lugares de maior correnteza, geralmente apoiada à margem, com a qual forma ângulo e destinada a obrigar o peixe que vem subindo, arrostando a correnteza, a entrar num curral, de que a barragem é um lado, onde fica preso. O pari, ou a grade de que são feitas as paredes do curral, é armado sobre uma forte armação de paus fincados no leito do rio e, em terra, até onde chega a enchente. O curral é uma espécie de quarto mais ou menos quadrangular, com a abertura virada a jusante. Esta é formada por dois panos soltos de grade, que fecham o lugar, por onde o peixe deve entrar simplesmente pela força da correnteza, coincidindo, apoiados sobre as travessas da armação, exatamente no ponto onde a barragem faz ângulo. É fácil compreender como a armadilha funciona. As extremidades dos panos da grade, que não são amarradas, cedem facilmente à pressão do peixe, que vem subindo com força para vencer os obstáculos que se lhe opõem, e é levado à entrada pela forma da barragem, entra no curral e aí fica preso, vítima inconsciente do instinto. O peixe assim preso não pode mais sair, o ingresso fecha-se automaticamente pela própria força da correnteza; qualquer esforço para sair não só se torna improfícuo, mas tem o efeito de melhor vedar a saída. Do cacuri o peixe pode ser retirado quando ao dono convém, escolhendo o que prefere e não retirando senão a quantidade de que precisa.

CACURY[2] constelação indígena que corresponde mais ou menos ao Cruzeiro do Sul. As quatro estrelas do Cruzeiro formam o quarto do cacuri, e as estrelas do centro são os peixes, que já nele caíram. A Mancha Magalhães, ou como outros a chamam, o Saco de Carvão, é um peixe-boi e as duas estrelas do Centauro, *A* e *B*, são os pescadores que vêm para arpoá-lo. Antigamente, contam, o mais moço (B), que hoje está na proa da canoa pronto para arpoar, estava ao jacumã, isto é, ao leme. O velho, porque o arpão já lhe pesava, cedeu-lhe o lugar.

CAẼ sarado, cicatrizado; espécie de chagas e feridas.

CAÉ-CAÉ casta de periquito (onomatopeia).

CAẼN cicatriz.

CAẼNSARA cicatrizador.

CAETÉ então.

CAĨ apertado, fechado, cercado.

CAÍ queimado, abrasado, incendiado.

CAIÁ casta de *Spondias*, variedade de taperibá.

CAIAMÉ, CAIAMBÉ casta de palmeira anã da vargem.

CAIARARÁ ingênuo, sem todavia ser tolo.

CAIARARA casta de macaco, *Cebus gracilis*. Vive em bandos numerosos e se encontra em todo o vale. É o mais comum em domesticidade e, apesar da sua sagacidade, muito estimado. Há talvez mais de uma variedade; nos numerosos exemplares vistos, a cor varia, indo do amarelo-louro sujo ao bruno-fulvo.

CAIARARA IANDU casta de aranha caranguejeira, *Mygale*.

CAIAREMA polvilho de tapioca.

CAIAUÉ casta de palmeira, *Elaeis melanococcus*. De uma variedade de *caiaué* se extrai um azeite muito parecido com o azeite de dendê, e que serve também para usos culinários.

CAIETÉ[1] casta de palmeira de pequeno tamanho que vive nas catingas.

CAIETÉ[2] casta de macaco, *Cebus*.

CAIMBÉ, CAIMÉ arbusto que cresce nos igapós. A fruta é comida de tartaruga.

CAINANA casta de cobra da espécie *Constrictor*; chamam *cainana* à mulher adoidada atrás de homens.

CAÍPIRA enleado, enredado, matuto.

CAÍPORA infeliz, cheio de apertos, de constrangimentos. É erroneamente confundido com *caapora*. O caiporismo é contagioso. O caipora não o é somente para si; a sua desdita se comunica às pessoas que o aproximam e àquelas pelas quais se interessa.

CAIRIRI arbusto da vargem, alta, de cujas folhas extraem uma tinta arroxeada, que se torna preta e suficientemente resistente à lavagem, se é misturada com tujuco. Serve para tingir a roupa para luto.

CAĨSARA[1] apertador, cercador; era o nome do cercado de pau-a-pique, que guarnecia a margem interna da vala, com o qual algumas tribos, espécie da nação Baniua ou Baniba, circundavam a própria taba, e de que tenho visto restos no rio Uaupés, onde os Tarianas, tribo Baniua, o chamam *biaridó*.

CAĨSARA[2] o forte curral, onde as Companhias de Resgate conservavam provisoriamente os índios "resgatados" para serem distribuídos ou vendidos. De onde, pois, o nome de *caĩsara* que davam aos índios fugidios.

CAÍSÁRA queimador, abrasador.

CAĨSAUA aperto, fecho, constrangimento.

CAÍSÁUA queimadura, abrasamento, incêndio.

CAÍTITÚ, CAITITU a variedade menor de porco-do-mato, *Dicotyles*. Vive em varas numerosas na mata da terra firme. A sua carne é muito apreciada.

CAIÚ caju, a fruta do *Anacardium occidentale*.

CAIUĨ cajuzinho; cajuí; o caju do mato, não cultivado, que dá uma fruta muito pequena e quase insignificante, quando, pelo contrário, o cajueiro do mato é uma das mais altas e bonitas árvores das florestas amazônicas.

CAÍUÁRA queimante, incendiante, abrasante.

CAIUIURÉ pequeno macaco todo branco, muito raro no baixo vale.

CAIUTĨ cajutino, ponta do caju, nariz de caju; a castanha do caju.

CAIUTYUA cajutuba, terra de cajus, cajual.

CAIUYUA cajueiro, a árvore do caju.

CAMA peitos, mama, seio de mulher.

CAMACUÃ morro, coluna mais ou menos íngreme. *Mama ereta?*

CAMAPUÃN morro, colina de forma arredondada.

CAMAPU casta de Solanácea, *Psidalia edulis*. A fruta é uma baga avermelhada e comestível quando madura.

CAMAXIRI casta de ave.

CAMBARÁ, CAMARÁ cambará, varias espécies de Lantanas. A infusão das folhas e flores, da variedade de flores amarelo-vermelhas e folhas lanceoladas, dentadas e pilosas é usada em chá como sudorífico e aconselhada nas doenças dos brônquios.

CAMBARÁ-CAPARÁ cambará de folhas afuniladas.

CAMBARAMBAIA cambará samambaia. Casta de cambará de folhas esfiapadas, como samambaia.

CAMBARÁ-TINGA cambará-branco, de flores brancas.

CAMBÉUA, CAMÉUA casta de pequena tartaruga fluvial, alguma coisa parecida com o tracajá, mas é menor, mais clara e o casco menos resistente. Comum em todo o Amazonas, desova no começo da vazante, preferindo os tesos das praias, onde a areia é muito misturada com a terra. *Cambéua* é o nome que lhe dão no Pará e no baixo Amazonas. No rio Negro a chamam *pitiú*, nome que lhe é dado pelo cheiro especial que têm suas carnes e que se comunica até aos ovos.

CAMBUCA, COMBUCA abóbora, cabaça.

CAMBUCÁ fruta comestível.

CAMBUCÁ-YUA cambucazeiro, casta de Mirtácea, de que há muitas variedades.

CAMBUCĪ, CAMUCĪ casta de fruta.

CAMBUĪ[1] pequena fruta comestível, de uma espécie de murta.

CAMBUĪ[2] fruta insignificante, de uma casta de *Anacardium* silvestre, que, além de ser um dos gigantes da floresta, fornece excelente madeira para marcenaria.

CAMBUKIRA grelo de abóbora.

CAMBY, CAMY leite, água do seio.

CAMBY-ANTÁ leite duro, queijo.

CAMBY-ANAMÃ leite espesso, coalhada.

CAMBY-IARA ama-de-leite, dona do leite.

CAMBY-ICAUA manteiga, gordura do leite.

CAMBY-IUUCA ordenhado.

CAMBY-IUUCASARA ordenhador.

CAMBY-IUUCASAUA o ato de ordenhar.

CAMBY-IUUCAUARA ordenhante.

CAMBY-PIRERA pele do leite, mamas flácidas, caídas.

CAMBY-UCY mamado, mamar.

CAMBY-UCYSARA mamador, que mama saboreando, gostando. Diz-se dos meninos.

CAMBY-USARA mamote, quem mama. Diz-se de preferência dos animais.

CAMBY-USAUA mamadura, mamação.

CAMEĒN oferecido.

CAMEĒNGARA oferecedor, ofertante.

CAMEĒNGAUA oferecimento, oferta.

CAMEÕN atribulado.

CAMEÕNGARA atribulador, atribulante.

CAMEÕNGAUA atribuição, atribulatório.

CAMIRYCA comprimido, calcado.

CAMIRYCA-SARA compressor, calcador.

CAMIRYCA-SAUA compressão, calcamento.

CAMIRYCA-UARA comprimente, calcante.

CAMIRYCA-UERA comprimível, calcável.

CAMIRYCA-YMA não comprimido, não calcado.

CAMIXÁ camisa. Corrupção da palavra portuguesa, que designa indiferentemente a camisa como blusa ou outro qualquer indumento do mesmo gênero.

CAMIXÁ-YMA nu, sem camisa.

CAMITAÚ alicorne, *Palamedea cornuta*. Elegante habitante das margens dos rios e lagos amazônicos, de tamanho de um peru avantajado. É facilmente reconhecível pela espécie de pequeno chifre que lhe orna a testa, de onde o nome vulgar e científico. Vive aos casais. Não o tenho encontrado senão raramente em pequenos bandos. É ave que prefere, para as suas excursões, a manhã e a tarde, pelo que poder-se-ia dizer de costumes crepusculares, embora se encontre também a qualquer hora do dia, especialmente nos lugares pouco frequentados.

CAMU-CAMU fruta de uma qualidade de louro que abunda nos igapós, cuja maturidade coincide com a grande enchente. É comida preferida dos tambaquis, e o pescador, que lhes conhece a preferência, a utiliza para pescá-los mesmo sem anzol. Para isso põe na extremidade da corda da pindaíba uma fruta de camu-camu e imita o cair da fruta jogando-a em água como se caísse do alto. O tambaqui enganado acode sôfrego e engole a fruta. É o momento em que o pescador com um golpe seco e decidido puxa a corda e se assenhoreia da presa. Quando a fruta escasseia, põem em lugar da fruta uma bola de madeira que a imita e que em muitos lugares chamam *yá-ponga*, isto é, fruta redonda.

CAMURAPĪ casta de peixe, do salgado.

CAMURI[1] casta de cipó, que dá uma madeira muito leve, de que se fazem boias

CAMURI[2] a bola feita com o cipó deste nome e mesmo com outra qualquer madeira leve, que sirva para o caso, e que é especialmente empregada para sustentar o espinel e mesmo um anzol isolado, indicando onde está fundeado.

CAMURĪ, CAMORĪ casta de peixe, do salgado.

CAMUTĪ, CAMUSĪ pote, vasilha para água, de barro cozido, de boca larga e bojo grande, munida de asas, facilmente removível e transportável de um lugar para outro. Nas casas indígenas o pote para água é sempre obra da dona da casa, a cujo cargo está o fornecimento de todo o vasilhame necessário para o diário.

CAMUTĪ-IRERU porta-potes, cantareira, armação onde se guardam os potes.

CAMUTĪ-MUNHANGARA fazedor de potes, oleiro.

CAMUTĪ-MUNHANGAUA ato, arte de fazer potes.

CAMUTĪ-MUNHÃ-RENDAUA olaria, lugar onde se fazem potes.

CAMUTĪ-NAMBY orelha do pote, asa.

CAMUTĪ-PUPECA tampa do pote.

CAMUTĪ-RENDAUA lugar do pote.

CAMUTĪ-UARA Que é do pote. *Y camutīuara*: água do pote. *Tauá camutī-uara*: terra para pote.

CAMYTÁ, CAAMYTÁ restinga, ponte de mata; aquela parte do banhado que fica seca e dá passagem ou simplesmente serve de refúgio aos animais em tempo de enchente.

CANA cana-de-açúcar.

CANANÃ casta de tartaruga terrestre.

CANANGA, CAANGA casta de *Myristica* cheirosa.

CANAPÁ manga (a fruta da).

CANAPÁ-YUA mangueira, *Mangifera indica* e variedades. É árvore importada, mas largamente aclimada desde os primeiros tempos da ocupação portuguesa. É comum em todo o vale, mas não a tenho encontrado nem nas malocas do Uaupés nem nas de qualquer outro lugar.

CANA-RANA falsa-cana. Erva que cresce na margem dos rios e lagos, estendendo-se sobre a sua superfície e tem o aspecto de cana-de-açúcar, de onde o nome. As enxurradas a destacam da margem e então desce em toiças, não raramente, de algumas centenas de metros de extensão, seguindo pelo meio do rio. São verdadeiras ilhas flutuantes, que muitas vezes se encontram pejadas de cobras e outros bichos daninhos. Ainda assim são uma providência para as pequenas embarcações, que em tempo de enchente descem o grande rio. Metidas nelas, desafiam a raiva das trovoadas e, se é de noite, permitem aos seus tripulantes dormir descansados, certos de seguir rio abaixo seguindo o fio da correnteza.

CANASARĪ árvore que dá uma casta de goma de inferior qualidade.

CANCAN, ACAUAN, CAUCAU acauã, *Herpetotheres cachinnans*.

CANCIRA amassado.

CANCIRASARA amassador.

CANCIRASAUA amassadura.

CANCIRATYUA amassadouro.

CANCIRAUARA amassante.

CANCIRAYUA o instrumento que serve para amassar, árvore de amassar.

CANDIRU candiru, *Calopsis candiru*. Pequeno peixe muito voraz, bruno-vermelho, estriado de vermelho, que acode ao cheiro do sangue. Vão em cardumes, e desgraçado o ferido, homem ou animal, que cair no meio deles. Em poucos momentos é devorado vivo, só ficando o esqueleto perfeitamente limpo. Felizmente só atacam os feridos; se assim não fosse, em muitos lugares seria impossível banhar-se.

CANDEIA vela. Palavra portuguesa invertida de sentido.

CANDEIA-RIRU lamparina, candeeiro.

CANDEIA-YUA castiçal, árvore de candeia.

CANEÚ atribulado, cansado.

CANEUÁ o atribulado.

CANEÚPÓRA cheio de atribulações.

CANEÚSÁRA atribulador.

CANEÚSÁUA atribulação.

CANEÚUÁRA atribulante.

CANHEMBARA perdedor, perdido.

CANHEMBORA fujão, o que se perde.

CANHEMO perdido, transviado, desaparecido, espantado, perturbado, desfalecido. *Cunhã o canhemo caá opé*: a mulher se perde no mato. *Inti ocica cuao oca kiti, ocanhemo tenondé*: não pode chegar à casa, desfalece antes. *Coaracy ocanhemo caaruca ara ramé*: o sol desaparece à tarde.

CANHEMO-PORA espantadíssimo, cheio de espantos.

CANHEMOSARA espantador, que faz perder, desfalecer, extraviar etc.

CANHEMOSAUA perturbação, espanto, perda, descaminho etc.

CANHEMOUARA espantante, perdente, que se perde, desfalecente, perturbante etc.

CANHEMOUERA espantável, perdível, desfalecível, desencaminhável etc.

CANHEMOYMA imperdido, imperturbado, não desfalecido etc.

CANHEMOYUA espantalho, origem do espanto, da perturbação, da perda.

CANICÁNI espécie de grega desenhada como enfeite na borda das vasilhas de barro.

CANICARU traidor, passado ao inimigo. Nome que no rio Negro davam aos índios que se tinham submetido e aceito o jugo português. É talvez palavra manau ou baré; todavia a tenho notado por ser palavra por assim dizer histórica.

CANINANA[1] casta de cobra não venenosa. Espécie de *Constrictor*, superiormente fulvo-amarelo, com um fino reticulado bruno-escuro, quase preto e o ventre branco, passando do amarelo ao branco por nuanças. É muito parecida com a que chamam papa-ovos e, se não me tivesse sido afirmado que são duas espécies diversas, eu as teria dado como uma só.

CANINANA[2] casta de planta, a que se atribui a propriedade de afugentar as cobras; *Caniococca anguifuga*.

CANINAO cobra venenosa. Não a conheço. Martius afirma que a chamam também *caninana*. A que conheço com este nome, já foi dito, é uma *Constrictor*, e por isso mesmo não venenosa.

CANINDÉ V. *Arari*.

CAN-UERA osso, ossada. Pronuncie-se bem separada e distinta a primeira parte da segunda, de modo que o *n* embora bem sensível não faça sílaba com *ue*, *cã-uera*. *Mira can-uera*: ossada de gente. *Mira can-uera rendaua*: cemitério.

CAN-YCA canjica, papas de milho verde. Pronuncia-se fazendo sentir o *n* nasal bem distinto e sem fazer sílaba com o *y*.

CAN-YCAUARA que serve para fazer canjica. *Auatĩ can-ycauara*: milho para canjica.

CAN-YCAUSARA comedor de canjica.

CAORÉ, CAURÉ *Hypotriorchis algigularis* (?) [*Falco rufigularis*], o mais pequeno e o mais atrevido dos gaviões. Contam que não vacila em atacar os patos. Alcança-os facilmente e se lhes escancha nas costas, atacando-os a bicadas até perfurar-lhes o abdome. O pato somente tem salvação se estiver perto da água e tem tempo para mergulhar, porque então o incômodo passageiro é obrigado a deixar a presa. Comuníssimo: é raro não vê-lo à tarde nas praças das nossas vilas e cidades do interior; hoje no centro de Manaus já não aparece, mas vi-o não há muito em S. Sebastião. Gosta, na penumbra, ao crepúsculo de perseguir os morcegos, de que parece um fino apreciador, e então é o momento de admirar-lhe o voo.

CAPARACI casta de peixe fluvial de pele, *Platistoma coruscans*. Atinge a metro e mais de tamanho.

CAPARARI casta de peixe de pele, próximo afim do anterior, que também atinge boas proporções.

CAPEMA erva de folhas largas e chatas, nome dado a diversas espécies, que apresentam os mesmos atributos.

CAPENU, YAPENU onda, vaga, maresia.

CAPENUSARA quem faz, produz ondas.

CAPENUSAUA undosidade.

CAPENU-UARA undoso, ondejante.

CAPENU-YMA calmo, sem ondas.

CAPÉUA capeba, nome comum a várias ervas de folha larga e comprida.

CAPĨ erva. Nome genérico: capim.

CAPĨ-MEMBECA erva mole, casta de pastagem, variedade de Graminácea.

CAPĨ-PÉUA capim-chato, casta de Graminácea.

CAPITARI o macho da tartaruga. V. *Iurará*. É pouco apreciado como carne e, por via disso mesmo, menos perseguido do que a fêmea.

CAPĨ-TYUA capintuba, capinzal.

CAPĨUARA morador do capim; capivara, *Hydrochoerus*. Mamífero da ordem dos Roedores, do tamanho de um carneiro, muito comum em todo o Amazonas, onde vive na margem dos lagos e rios, preferindo os lugares onde cresce a canarana. Vai em bandos, e é por isso mesmo um dos maiores inimigos das roças. Pelos exemplares que me vieram às mãos, parece haver duas variedades, que vivem separadas e em distritos diversos. Uma maior e avermelhada vive ao sul do grande rio, outra menor e mais escura, ao norte. A sua carne, embora não muito delicada, parece ser uma boa alimentação. O povo, porém, tem certa prevenção contra ela e é pouco utilizada, especialmente fresca.

CAPOAMA, CAPOAMO ilha.

CAPOAMASU ilha grande.

CAPOERA, CAPUÍRA capoeira, o mato crescido nos lugares abandonados. Conserva este nome até que tenha perdido a fisionomia especial, que lhe dá a superabundância de madeiras fracas, ou, como outros dizem, brancas, e que tenha readquirido o aspecto da mata virgem, na que pode gastar uns trinta a quarenta anos.

CAPYI erva miúda, casta de Graminácea.

CARÁ nome comum a várias espécies de Dioscóreas, que fornecem uma batata comestível, de gosto geralmente adocicado. Come-se cozida e assada na cinza.

CARACARÁ gavião, casta de *Poliboro* que vive de preferência de peixes e rãs, mas não despreza os cadáveres que vêm a apodrecer nas margens dos lagos, onde geralmente vive isolado ou aos casais.

CARACARAẼN dilaniado [dilacerado].

CARACARAẼNGARA dilaniador, dilaniante.

CARACARAẼNGAUA dilaniamento.

CARACARAÍ gavião, casta de Milvago, que vive em pequenos bandos nas margens dos rios, preferindo os lugares encachoeirados. Se nutre de peixes, rãs e outros bichos ribeirinhos, mas não despreza os insetos, que caça a voo.

CARAẼN, CARAÍN arranhado, raspado com as unhas.

CARAẼNGA arranhão, raspagem.

CARAẼNGARA arranhador, raspador.

CARAẼNGAUA arranhamento, raspamento.

CARAIPÉ[1] casta de Leguminosa de alto porte que cresce nas capoeiras velhas; dá uma madeira leve e sem préstimo.

CARAIPÉ[2] a casca de uma Leguminosa do mesmo nome; reduzida a cinza e peneirada se incorpora ao barro, que serve para o fabrico da louça indígena. O caraipé impede que as vasilhas rachem quando vão ao fogo para cozinhar.

CARAIURU[1] carajuru, *Bignonia chica*. Cipó de raízes bulbosas e de cujas folhas se extrai uma matéria corante usada pelos indígenas do rio Japurá, Uaupés e alto rio Negro e seus afluentes, para se pintarem nos dias de suas festas. O nome lhe é dado da forma da raiz.

CARAIURU[2] a matéria corante extraída do cipó do mesmo nome, vermelho-sangue. É obtida pela maceração das folhas, em vasilhas apropriadas, e repetidas lavagens, ficando depositada no fundo como um pó impalpável. Seca ao sol, vem ao mercado em sacozinhos de *turi*. Os pajés usam do carajuru, especialmente soprado por eles, em muitas das suas cerimônias e pajelanças. Quem for pintado de carajuru assoprado, ou como também o chamam de carajuru da lua, não tem medo de nada. Se não houver alguma cousa mais forte que lhe destrua os efeitos, pode arrostar tudo: não há mal nem doença que lhe entre.

CARAMURĨ[1] casta de Sapotácea, que cresce à margem dos rios e nos igapós. Madeira muito leve.

CARAMURĨ[2] a bola que sustenta o espinel ou o anzol solto e iscado, com que pescam nos lugares onde não há correnteza (Pará); do nome da madeira com que são feitas as boias.

CARAMURU nome que, no rio Madeira, dão a uma espécie de salamandra, *Lepidosiren paradoxa*. No tupi da costa parece ser uma casta de grossa enguia. *Caramuru* é o nome que deram, conforme a tradição, os indígenas da Bahia a Diogo Álvares, quando espantados ouviram derribar um pássaro com um tiro de arma de fogo; é o nome que, segundo outros, foi dado em alguns lugares da costa, no Sul do país, aos brancos indistintamente. Traduzem geralmente *Caramuru* por "filho do trovão", "homem do fogo", "dono do raio". A meu ver *Caramuru* é correspondente a *caryua* e vem de *cariuá*, contraído em *cara*: o que manda, o que pode: e *muru* igual a *turu*: muito, grande: significando portanto: o muito poderoso, o que muito manda. De onde pois o fato de ser o mesmo nome, como afirma Cândido de Figueiredo, dado em alguns lugares do Sul ao brancos. V. *Caryua*.

CARANÁ casta de palmeira que cresce em touceiras nas terras firmes, e cujas folhas servem para cobertura de casas. Há uma variedade que cresce nas vargens e lugares inundáveis, e cuja resistência ao tempo é muito menor.

CARANAĨ casta de palmeira, variedade menor de *caraná* e que serve para os mesmos usos; cresce na terra firme.

CARANCARAẼN entalhado.

CARANCARAẼNGÁ entalhe.

CARANCARAẼNGARA entalhador.

CARANCARAẼNSAUA entalhamento.

CARANHA[1] casta de tambaqui, de cor mais clara.

CARANHA[2] casta de *Myrtacea* da terra firme, fartamente copada. Uma das bonitas árvores gigantescas da floresta, que rivaliza com a samaumeira. A fruta, que tem o mesmo nome, é uma drupa seca, contendo um caroço duro, mais ou menos parecido com o da oliveira, que, quando fica despido da pele que o cobre, se apresenta finamente reticulado. Serve aos indígenas para colares e para as tangas das mulheres.

CARANHA[3], XIPE a resina fornecida pela árvore do mesmo nome. Serve para grude, mas tem o defeito de se tornar quebradiça, e, por isso mesmo, só podendo ser utilizada em condições especiais e quando não se carece de grande duração. O seu préstimo principal é como remédio para cura de feridas de mau caráter. Para isso o seu efeito detergente e exsicante é admirável e por mim mais de uma vez verificado. No rio Negro se encontra em cabaças destinadas à venda e em alguns lugares próximos a Venezuela a tenho ouvido chamar *xipe*. Os pajés lhe conhecem o préstimo e a usam, misturada com carajuru da lua, para sarar feridas; mas, de mim para mim, penso que a adição do carajuru é pura pajelança.

CARAOÁ caroba.

CARAOASU carobaguaçu, casta de jacarandá do Pará. Madeira muito estimada para trabalhos de marcenaria.

CARAOATÁ albacora, casta de peixe, do salgado.

CARAPANÃ nome genérico dado a várias espécies de mosquitos do gênero *Culex*, *Stegomya* e afins. A praga maior de muitos lugares de nosso interior.

CARAPANÃ CETIMÃ PUCU pernilongo, carapanã de pernas compridas.

CARAPANÃ-Ĩ carapanãzinho.

CARAPANÃ-PINIMA carapanã pintado.

CARAPANÃ-PORA cheio de carapanãs.

CARAPANÃ UASU carapanã grande.

CARAPANÃ-UUA carapanaúba, especialmente as tábuas já lavradas e em obra.

CARAPANÃ-TYUA carapanatuba, terra de carapanãs.

CARAPANÃ-YUA carapanaúba, árvore dos carapanãs. Casta de árvore de alto porte das vargens e igapós, de cuja casca se obtém uma infusão amarga usada para cura das sezões. A madeira é usada para obras de interior.

CARAPU casta de peixe.

CARARÁ V. *Aninga*.

CARAUARY carauari. Árvore corpulenta da terra firme, que tem raízes salientes como a samaumeira. A madeira é pouco usada, mas muito compacta e relativamente leve, talvez possa ter boa aplicação para caixa de instrumentos de corda, especialmente de pianos.

CARAUASU cará grande, casta de *Dioscorea* comestível, de sabor adocicado, de polpa branca, que chega a atingir o tamanho da coxa de uma criança de seis a sete anos.

CARAUATÁ[1] gravatá. Nome comum a muitas variedades de Bromélias, espécies que vivem parasitas sobre as árvores.

CARAUATÁ[2] casta de pequeno peixe, que imita na forma uma folha de *carauatá*.

CARAUATAĨ[1] (pequeno caravatá) pequeno peixe, sem outro préstimo senão o de servir de isca.

CARAUATAĨ[2] casta de pequena bromélia parasita, que chega a cobrir literalmente as árvores, sobre as quais se desenvolve uma primeira semente levada pelo vento ou pelos passarinhos, conseguindo matá-las em pouco tempo, qualquer que seja o seu tamanho.

CARAUATANA zarabatana. Arma indígena especialmente consagrada à caça. É um comprido canudo de madeira, munido de um bocal em uma das extremidades, por onde é introduzida uma flechazinha ervada na ponta e uma bolazinha de sumaúma ou algodão na outra extremidade, que lhe permite adaptar-se exatamente ao orifício do bocal. Introduzida a flecha, a arma está carregada. Alveja-se então o alvo utilizando-se da mira, em geral um dente de cutia aplicado externamente no sentido do comprimento da arma, e faz-se partir a flecha com um sopro curto e seco, como de quem queira apagar uma vela. Uma zarabatana de três metros de comprimento (há maiores), em mão de quem saiba servir-se dela, equivale a uma espingarda de bom alcance, com a vantagem de não espantar a caça, especialmente se se trata de macacos ou pássaros, ocupados em comer entre os galhos de alguma árvore copada. Na horizontal, a zarabatana é inferior à espingarda. A flechazinha é por demais exposta a umas tantas forças contrárias, que lhe tiram muito da certeza que adquire na vertical. O feitio, o tamanho, assim como os materiais empregados variam de tribo a tribo. As mais estimadas são feitas de um pau rachado pelo meio e reunidas as duas metades, depois de escavadas e cuidadosamente calibradas em todo o percurso, com grude, geralmente caranha, e cuidadosamente entaniçadas por fora; mas há até feitas de espique de palmeira-anã, tal como a jupati. Neste último caso, a zarabatana, pelo comum, se compõe de dois espiques, um emechado no outro, sendo que o interior é que serve de alma; é então amarrado com fio, adicionado de grude, com o fim de evitar que rache e obter mais completa união entre as duas partes.

CARAXUÉ[1] casta de sabiá, um dos melhores cantores das nossas matas.

CARAXUÉ[2] o homem mantido por mulher.

CARAYA casta de grande cucurbitácea aquosa.

CARAYUAUÉ[1] anjo.

CARAYUAUÉ[2], **SARUNGARA**, **SARUSARA** anjo que espera, anjo da guarda.

CARAYUAUÉCUÉRA (anjo que foi) o Diabo.

CARE recebido.

CAREPAUA recebimento.

CAREPORA recebente.

CARESARA recebedor.

CARE-YMA irrecebido.

CÁRI comandado, ordenado, mandado. Usa-se geralmente hoje somente em composição com outros verbos, muito raramente por si só. Em qualquer caso traz sempre a ideia de que há uma ordem, que se deve cumprir ou fazer cumprir. *Mundu*: mandado fazer; *munducári*: ordenado, mandado com autoridade. *Cenoi*: chamado a fazer; *cenoicári*: intimado, chamado com autoridade. Um superior nunca *ocenoi* um inferior, e sim *ocenoicári*, isto é, nunca chama, mas chama com autoridade ou intima. Se se falar de chefes entre si, então não é mais o caso de *ocenoicári* e sim de *ocenoi*, ao menos sempre que se trate de igual para igual.

CARIAMÃ[1] a festa da puberdade das donzelas, geralmente precedida de mais ou menos completa segregação e rigoroso regime de jejum, que começa logo que se apresentam os primeiros sintomas. O primeiro sangue, embora já sem ser precedido de reclusão e jejum, mas precedido de um período de resguardo, é ainda hoje festejado em muitos lugares do rio Negro, Solimões e baixo Amazonas. Quando há uns quarenta anos passados cheguei ao Amazonas em Manaus, embora sob forma de baile para apresentação da moça, findo o resguardo dos primeiros mênstruos, o cariamã fazia parte dos costumes locais. Entre os indígenas, é a apresentação da moça à tribo, afirmação solene de que daí em diante está apta para ser mãe, e por isso mesmo a festa para ela, em muitas tribos, senão em todas, se torna um verdadeiro suplício. Ela também, como os moços, deve dar perante a tribo congregada prova inequívoca de saber sofrer. Toda a educação do indígena no estado livre é dirigida, embora com meios diversos e nem sempre próprios, para torná-lo resistente à dor e capaz de suportar facilmente os trabalhos da vida primitiva. Nas tribos que observam a lei do Jurupari, a moça somente pode conhecer homem depois de ter sido deflorada pela Lua (depois que tiver tido o primeiro catamênio). Antes, o defloramento de uma donzela é crime passível da mais severa punição, como a que convém para quem não teve dó de estragar a vasilha destinada a dar indivíduos fortes e sadios, e dos quais depende o futuro e a prosperidade da tribo.

CARIAMÃ² casta de beiju com que se prepara o caxiri para a festa da puberdade das moças, e que dá o nome à festa.

CARIIÓ carijó, casta de gavião (gavião-carijó) do gênero *Milvago*.

CARIMÃ, CARIMBÃ bebida refrescante feita com água, mel de abelhas e farinha de mandioca.

CARIMÉ, CARIMBÉ caribé. Bebida feita de água fria, em que foi espremido um fruto qualquer, ou foram desmanchados uns ovos crus de tracajá ou tartaruga, misturada com farinha de mandioca.

CARIMBOCA, CARIUOCA, CARIOCA (saído do branco) mestiço de branco e tapuio.

CARIPIRA gavião que vive de peixe. Casta de pirargo [?].

CARIRU, CAARIRU várias espécies de beldroegas.

CARIUÁ que manda, quem manda.

CARIUIRI casta de sapo.

CARUARA¹ reumatismo.

CARUARA² casta de formiga que produz fortes irritações quando em contato com a pele. Pisada, serve de sinapismo aplicado sobre a parte atacada pelo reumatismo. A irritação que produz neutraliza em parte a dor, mas não parece que tenha outro efeito terapêutico.

CARUARA-IARA (dono do reumatismo) reumático.

CARUCA mijado. Na pronúncia se ouve geralmente confundir com *caaruca* (tarde), e eu também por muito tempo pensei isto mesmo, mas é engano. O indígena que fala o nheengatu distingue perfeitamente na pronúncia as duas palavras, e só se pode explicar a confusão havida até agora pela imperfeita audição de quem não é corrente no manejo da língua. O curioso é que os letrados que a falam são os primeiros a produzir e manter o engano, porque, embora na pronúncia façam como que involuntariamente a distinção, quando devem escrever as duas palavras já não a fazem.

CARUCA PUXI mijar feio. Gonorreia.

CARUCASARA mijador.
CARUCASAUA micção, o ato de mijar.
CARUCAUÁ mijo.
CARUCAUARA mijante.
CARUCAUERA mijão.
CARUCATYUA mijadouro.
CARUMBÉ, CARUMÉ o macho da jabuti. V. *Iabuti*.
CARURU casta de bredo comestível, caruru-de-soldado. É praga nos terrenos limpos há pouco, mas definha e desaparece com o empobrecer da terra.
CARYCA vazado (das vasilhas que perdem o líquido por alguma falha ou rachadura).
CARYCAPORA cheio de rachas.
CARYCASAUA vazamento, racha.
CARYCAUÁ o que se derramou vazando; o vazado.
CARYCAUERA vazante.
CARYCA-YMA que não vaza.
CARYUA o branco, o dono, o senhor, aquele que pode mandar. O nome de *caryua* é dado indiferentemente a branco, mulato, preto ou tapuio, contanto que esteja pela sua posição social em condições de mandar, ao menos defronte da pessoa que fala. É aliás a significação que decorre da etimologia da palavra, formada de *cári* (mandado, mandar) e *yua* (nascente, origem), desaparecendo o *i* de *cári,* absorvido pelo *y* de *yua*, o que é da índole da língua. Não é esta todavia a etimologia corrente. Uns, seguindo a opinião de Couto de Magalhães, fazem vir a palavra de uma raiz *car* com a significação de lacerar, dilaniar, e de uma raiz *yua* com a de mau. Então o nome que foi dado ao branco conquistador seria o ferrete com que teria ficado marcado indelevelmente, significando o "dilacerador ruim". Sem relevar todo o arbitrário da construção de tais raízes, notaremos apenas que a formação das palavras nheengatus, língua de aglutinação secundária, não se faz por meio de raízes puras, mas por meio de palavras, sufixos e prefixos, com significação própria, sujeitos a poucas e raras modificações eufônicas. Isto posto, se dilaniar tanto em nheengatu como em tupi-guarani é: *caraĩ, carain, caray*, não parece haver nenhuma raiz *yua* com a significação de mau, ruim, e sim em nheengatu há

naquele lugar uma palavra *ayua,* que serve de sufixo com a significação de mau. Com estes materiais, a palavra possível com a significação de dilaniador ruim seria *carainayua* ou *caraī-ayua,* se nos afigurando inexplicável a queda de tantos *a*, sem deles ficar vestígio, como devia ter intervindo para obter-se *caryua.* Aqui todavia se nos afigura ouvir interrogar: Não há *carayba, carayua?* Exatamente, mas ainda assim a raiz da palavra, se atendermos a Montoya, é outra. No lugar onde regista a voz *caraī,* notado em abreviatura que nos compostos admite *b, c, d,* a faz derivar de *cará* com a significação de destreza, astúcia, e dá a significação de astuto, manhoso e acrescenta "Bocabulo con que honran a sus hechizeros (?) universalmente; e assi lo aplicaran a los españoles, y mui impropiamente al nombre christiano, y a cosas benditas e assin o usamos de el en este sentido". Mais adiante nota a palavra *cararai* (muito destro, muito astuto), que é exatamente o nosso *sarará*; a mudança do *c* em *s* é natural, assim como a queda do *i* não acentuado; título que no Solimões é hoje mesmo dado aos pajés e curandeiros indígenas. Tudo isso me faz acreditar que a etimologia e significação que apresento é a boa. Acresce que, no seu complexo, o português não foi tão bárbaro e cruel para merecer a exprobração que se lhe quer infligir, dando a *caryua* uma significação tão ruim.

CARYUA-UAPICAUA cadeira, assento do branco.

CASACUERA V. *Casakire* e comp.

CASAKIRA o que está atrás.

CASAKIRE atrás, depois, em seguida.

CASAKIRE KITI MAÃ olhado para trás.

CASAKIRE IEUÍRE voltado atrás, repisado, teimado.

CASAKIRESARA quem vem depois, vem atrás.

CASAKIRESAUA atraso, ato de vir depois, em seguida.

CASAKIREUARA derradeiro, último.

CASAKIREUERA quem é e sempre costuma ser o derradeiro, que vem depois.

CATACA[1] escama, aspereza.

CATACA[2] casta de periquito.

CATACÁ[1] instrumento que consiste em dois pedaços de tábua, ou mais comumente de taboca, um dentado e outro não, que o tocador toca, fazendo passar mais ou menos rapidamente e com mais ou menos força o pedaço liso sobre o dentado. Apesar da habilidade do tocador, o efeito, está claro, não pode ser grande coisa; todavia, no meio dos outros instrumentos primitivos, tocado por quem sabe marcar o tempo, nem sempre destoa.

CATACÁ[2] rangido.

CATACÁSÁRA rangedor.

CATACÁSÁUA rangimento.

CATACÁTÁCA tocada a *catacá*.

CATACÁUÁRA rangente.

CATACÁTACASÁRA tocador de *catacá*.

CATACÁTACATÁUA lugar onde se toca *catacá*.

CATAORÉ, CATAURÉ arbusto comum nos igapós, de largas folhas trilobadas, que são utilizadas conjuntamente com a raspagem da casca para sinapismo. Da infusão da casca se servem os pescadores para serem felizes na pescaria, lavando os braços com ela. A fruta do *cataoré* é comida da tartaruga e, embora comida por esta, conserva a sua vitalidade, pelo que não há lugar povoado neste Amazonas afora, onde se coma tartaruga, que não tenha alguma planta de *catauré*.

CATAPORA doença da pele, bexiga de galinha, falsa varíola.

CATAUARI casta de árvore das margens baixas dos rios e igapós. A sua fruta é comida de tambaquis.

CATERETÉ baile que se efetua ao som das castanholas e que, se é baile indígena, o que duvido, devia ser originariamente acompanhado com o maracá. O nome mesmo parece corrupção de *catureté* (muito bom).

CATÉ-YUA cateúba, árvore do mato, da terra firme; não a conheço.

CATINGA cheiro especial, mais ou menos desagradável, característico dos animais, neles incluído o homem. *Muratu catinga*: catinga de mulato. *Mira catinga*: cheiro de gente. Isto todavia não impede que quando *catinga* é usado isolado, ou sem indicar o animal a que pertence, seja sempre equivalente a mau--cheiro, fedor.

CATINGA-PORA catinguento, cheio de catinga, fedorento.

CATIPARÁ o macho da saúva. *V. Sayua.*
CATOLÉ casta de palmeira, *Attalea humilis.*
CATU bom, boa, bem. Ao mesmo tempo pode ser uma forma de aprovação ou afirmação e indicar oportunidade. *Ara catu:* dia bom. *Xasaru ara catu:* espero a oportunidade, o dia bom. *Erê catu:* está bom, está bem. *Cé piá catu:* meu coração bom, satisfeito.
CATUANA otimamente.
CATUARA Bondoso.
CATUAUÁ o bom, que é bom.
CATUAUA catuaba. Paz, bonança.
CATUAUAUARA Pacificador, quem traz a bonança.
CATU-ENTE, CATUNTE bom mesmo, bem mesmo.
CATU-NHŬN, CATU-NHUNTO apenas bem, apenas bom.
CATU-PIRE melhor, mais bom. *Cé mira né mira catu pire:* a minha gente é melhor do que a tua. *Cuá rupi catu pire:* por cá melhor.
CATURA palmeira. Da fruta se extrai um azeite comestível. Não conheço.
CATURETÉ muito bem, muito bom, obrigado.
CATUSAUA bondade.
CAÚ embebedado, bebido. *Mira caú:* gente bêbeda. *Opitá caú:* fica bêbedo.
CAUA¹ Gordo. *V. Icaua.*
CAUA² caba, vespa, abelha. Nome genérico de um inseto himenóptero munido de ferrão, usado indiferentemente para indicar vespas e abelhas, contanto que seja munida de ferrão, embora pelo comum se trate antes de uma vespa do que de uma abelha.
CAUAERI cabaeri. Casta de erva, de que se faz um vomitório.
CAUANTÁ caba forte, dura. Faz o ninho de um barro duro, suspenso aos galhos das árvores, e fabrica um mel claro, saboroso e muito apreciado. O nome não sei se lhe é dado pela qualidade do ninho ou pelas valentes ferroadas que distribui, se incomodada.
CAUAPÉUA caba chata. O nome parece lhe ser dado antes pela forma do ninho do que do inseto. O ninho tem a forma de uma larga cabeça de cogumelo, pendurado pelo pé à face interior das folhas.
CAUANÃ nome que no baixo Solimões e no Pará é dado ao jaburu. *V. Iamburu.*
CAÚ-ARA bebedor.

CAUARU cavalo, corrupção do português.
CAÚ-ASU grande bêbedo.
CAUASU caba grande.
CÁ-UASU mata fechada, mata grande. Martius o dá como sinônimo de *pacova sororoca* e como o nome de uma palmeira.
CAUAUA assaduras que aparecem nos pés e nas mãos, devidas ao calor e à umidade, consistindo em inchaços que racham e supuram. Desaparecem facilmente e não chegam a rachar, quando são tratadas com o unguento de hamamélis de Humphrey.
CAÚ-CAÁ erva de bêbedo. Casta de bredo.
CAUÉ bolor.
CAÚ-ERA bêbedo habitual, beberrão.
CAUÉ-UERA bolorento.
CAUÍ coceira, comichão, prurido.
CAUICY, CAUIXY mãe da coceira. Os detritos de toda a espécie, que com as primeiras águas da enchente, que lavam as margens inundadas, descem de bubuia, à flor da água, e se acumulam nos remansos e nas margens dos lagos e igapós. Em contato com a pele, produzem uma forte comichão, muito incomodativa. O *cauicy*, que fica cobrindo a baixa vegetação que durante a enchente ficou submersa, é muitas vezes utilizado em lugar de casca de caraipé; com a vantagem, que produz o mesmo efeito de impedir à louça de rachar quando vai para cozer ao fogo, usado ao natural, sem necessidade de ser antes reduzido a cinzas.
CAUIUIRI cabidiri. Pedra que aflora no meio do rio e que fica mais ou menos submersa em tempo de enchente, sobre que nasce algum raro arbusto. *Lit.:* Erva que sobrenada.
CAUNOCA depenado, raspado, pelado. Chamavam *cauoca*, pelo fato de lhe cortarem os cabelos rentes, aos índios trazidos mais ou menos à força e conservados em domesticidade. Foi de *cauoca*, talvez, que no Amazonas, mas especialmente no Pará, se passou a chamar os índios mansos de caboclo.
CAUOCASARA raspador, depenador.
CAUOCASAUA raspadura, depenação.
CAUOCAUARA raspante, depenante.
CAUOCAUERA depenável, raspável.
CAUOCATÉUA depenativo, raspativo.
CAUOCATYUA depenadouro, raspadouro.

cauocayma intonso, não depenado, não raspado.
cauoré caboré, casta de pequena coruja, *Strix*. No Solimões dão o nome de caboré ao menino de olhos grandes.
cauré caá erva de cauré. Casta de erva de cheiro, muito usada em certos lugares do Solimões pelas mulheres que a põem nos cabelos.
caú reté muito bêbedo.
caú-saua bebedeira.
caútéua, cau-tyua pau-d'água.
caú-uera borracho.
cauxiú mato que chora. Caucho, *Syphonia elastica* e afins. *Cá oxiú*: árvore chora.
cauy, cauyn. água do bêbedo. Cachaça e em geral toda a bebida fermentada espirituosa.
cauy-reté álcool.
caxingu fruta da caxinguba.
caxinguyua caxinguba, figueira-brava, *Pharmacosycea*. Árvore parasitária, que em pouco mata a árvore sobre que se enraizou. Com mil pequenas raízes, se estende sobre a planta que a recebeu, lhe envolve o tronco e os ramos, se insinua na casca, apropriando-se da seiva da vítima, que em pouco se atrofia e morre. Ao tempo, a caxinguba chega com as raízes ao chão e fica substituindo a árvore que desapareceu. A caxinguba, por via disso mesmo, não se desenvolve senão sobre plantas que se nutrem pela casca, e prefere as madeiras brancas e de pouca duração.
caxiry[1] bebida fermentada de qualquer espécie de fécula, mas, de preferência, de farinha de mandioca, cozida antes em beiju e desmanchada em água fria.
caxiry[2] festa indígena do nome da bebida, que nela largamente se bebe. É festa particular para a qual não há época prefixada, nem há convites, embora seja sempre bem-vindo qualquer estranho.
cay queimoso, ardoroso, picante (especialmente das bebidas fermentadas e das comidas apimentadas).
caysuma bebida fermentada de frutas, geralmente pupunhas, ou milho cozido e mascado para facilitar a fermentação. O milho, grosseiramente pilado, é empastado com água morna e posto a cozinhar em pupecas de folha de arumã ou pacova; e, quando cozido, uma parte é desmanchada pura e simplesmente na água, outra é desmanchada nela depois de conscienciosamente mascada. É um serviço em que se empregam todos os que estão presentes na casa, sem distinção. A bebida fica pronta no terceiro dia, é servida depois de cuidadosamente escumada. A primeira vez que me foi oferecida a *caysuma*, o dono da casa ma ofereceu dizendo: – Podes beber, foram as meninas que mascaram. É preciso confessar que, apesar de as moças serem quatro lindas raparigas e eu não ter então ainda trinta anos, não bebi a primeira cuia sem certa repugnância.
cayureré casta de macaco. Não conheço.
cé meu, minha, mim, me. *Cé sangaua*: o meu retrato. *Cé remiricô*: minha mulher. *Cé arama*: para mim. *Cé recé*: a mim. *Omeēn cé supé*: me deu, ou deu a mim.
cê, ceē, ceēn doce, saboroso, gostoso, e, por antonomásia, açúcar.
ceā, ceān, reān suor.
ceāngara suador.
ceāngaua suada.
ceare, xiári deixado. V. *Xiári* e comp.
cecé, recé em, nele, por, a, para, de, com referência, a respeito de. *Cé cecé*: em mim, para mim. *Opurandu né recé*: perguntou por ti. *Omandu omunha puraki amuitá recé*: mandou fazer o trabalho por outros. *Osó i recé*: foi a ele, para ele. *Opuranguetá mira tecô recé*: falou com referência aos costumes da gente.
cecô, cecu costume. V. *Tecô* e comp.
cecué, cicué vivido. V. *Cicué* e comp.
cecuéiuíre revivido, ressurgido.
cecuéiuíre-sara ressurgidor, quem faz ressurgir, reviver.
cecuéiuíre-saua ressurreição.
cecuéiuíre-uara ressurgente, quem revive.
cecuiara, recuiara troca, valor da troca, pagamento. *Lit.*: dono do costume, quase o que manda dar o costume.
cecuiara-cuera pagamento que foi. Dívida.
cecuiarauara que serve para troca.
cecuiara-mēen paga, dado em troca.
cecuiara-meēngara pagador. *Cecuiara-meēngara catu*: bom pagador.
ceēn, ceē, cē doce.

ceẽn-eté verdadeiramente doce. Raramente usado para indicar açúcar.
ceẽngara adoçador, adoçante.
ceẽngaua doçura.
ceẽnkitã bolo.
ceẽnkitã-kitã confeitos.
ceẽnmbyca, ceẽnmyca Saboroso, salgado, temperado, especialmente das comidas.
ceẽnmbycasara salgador, que sabe temperar petiscos.
ceẽnmbycasaua tempero.
ceẽn-yma sem doçura, sem gosto.
ceẽn-ymasara que tira o gosto, torna insípido.
ceẽn-ymasaua insipidez.
cé iara o meu. *Lit.*: Eu dono. É um verdadeiro pronome possessivo da nossa boa língua e faz: *Né iara*: o teu. *I iara*: o seu. *Iandé iara*: o nosso. *Penhẽ iara*: o vosso. *Aitá iara*: eles donos. Assim à pergunta: *Auá ixé iara?*: Quem é o dono? (*lit.*: Quem seu dono?), responde-se, conforme o caso, com qualquer destes pronomes.
ceía, reía muito, abundante, multidão, porção. *Mira reía*: muita gente. *Inti-aikué rain oca ceía*: não tem ainda muitas casas.
ceíra, reíra tia.
ceiucy V. *Ceucy*.
cekenore, cekenure atraído, abrasado de desejo.
cekindau fechado.
cekindasara fechador.
cekindasaua fechadura.
cekindatendaua lugar de fechar, do fecho.
cekindaua o fecho.
cekindauara fechante.
cekindá-yma não fechado, aberto.
cekindayua a tramela da fechadura, que serve para fechar, a escora da porta.
ceky puxado, tirado, espichado. *Receky sutinga*: espicha a vela. *Oceky-ana yara*: puxou a canoa.
cekyceky arrastado.
cekyceky-sara arrastador.
cekyceky-saua arrastamento.
cekyceky-tyua arrastadouro.
cekyceky-uara arrastante.
cekyceky-yma não arrastado.
cekycemo dado cerco, assediado.
cekycemo-sara cercador, assediador.

cekycemo-saua cerco, assédio.
cekysara puxador, tirador, espichador.
cekysaua puxão, espiche, tirada.
cekyuara espichante, puxante, tirante. *Sutinga cekyuara*: espicha da vela.
cema lado, parte, o que sai de um todo. *Iracema*: enxame de abelhas. *Pirácéma*: cardume de peixe.
cembé, tembé, rembé lábios. *Ira cembé*: lábios de mel.
cembé-petera lábios beijados.
cembé-saua barba, e talvez melhor bigode.
cembé-sauasu barbaça, barba grande.
cembé-sauauara, cembé-sauara barbado.
cembetá, tembetá botoque, a pedra dos lábios, substituída em muitos casos por um pedaço de pau. Ornamento pouco usado no Amazonas.
cembetára, tembetára ornamento dos lábios, que se põe em furos adrede preparados desde a mocidade e mais raramente desde a infância. Em muitas tribos, a perfuração necessária para trazer os ornamentos do beiço, assim como das orelhas, em lugar de ser feita na criança ainda nova, é praticada no tempo da festa da puberdade e faz parte das cerimônias a que os moços são sujeitos na ocasião. Os ornamentos são os mais variados, espinhas de peixe enfeitadas de penas, fios de contas, enfiadas de dentes etc.
cembéýua, cembyua, tembyua, rembyua margem, beira, várzea, orla. *Osoana cembyua rupi*: foi pela margem. *Paranã tembyua*: margem do rio. *Oca pupecasara rembyua kiti*: na orla do telhado.
cembyua-mamana embainhado da costureira na roupa.
cembyua-mamanasara embainhadora.
cembyua-mamanasaua bainha.
cembyua-mamanauara embainhante, que serve para bainha. *Inimbu cembyua-mamanauara*: fio para bainha.
cemericô, remericô mulher casada. V. *Remiricô* e comp.
cemimbau domesticado, criado em casa.
cemimbaua o que é criado em casa, o domesticado, xerimbabo.
cemimbau-sara domesticador.
cemimbau-saua domesticamento, domesticidade.

CEMIMUTARA espontâneo, que sai da vontade. *Cemimutara rupi*: voluntariamente, espontaneamente. *Cé cemutara rupi nhunto*: somente pela minha vontade.

CEMIRA, CEMIRERA restos, sobras, migalhas.

CEMO saído, nascido, partido. *Coaracy ocemo coema ramé piranga iuaca opé*: o sol nasceu de madrugada vermelho no céu. *Mira ocemo mairi suí*: a gente sai da cidade. *Iauareté ocemo i rupé*: a onça foi a ele. *Ocemoana yara suí*: saiu da canoa.

CEMOSARA quem faz sair, partir, nascer.

CEMOSAUA nascimento, saimento, partida.

CEMOTYUA nascedouro.

CENDAPE no lugar. *Cendape eté*: bem no lugar. *Cendape catu*: no lugar próprio.

CENDÉ, CENNÉ acendido.

CENDÉSÁRA acendedor.

CENDÉSÁUA acendimento.

CENDÉUÁRA acendente.

CENDÉUÉRA acendível.

CENDÉ-YMA não acendido, apagado.

CENDI, CENNI luzido, reluzido.

CENDISARA luzidor, que faz reluzir.

CENDISAUA luzimento, reluzimento.

CENDIUARA luzente, reluzente.

CENDIUERA luzente, mas como que sem brilho.

CENDI-YMA não luzido, não reluzido.

CENDU, CENNU entendido, compreendido. *Xacendu indé renneẽn ce supé uá*: entendo o que tu dizes para mim. *Recendu cury enheẽngári uirá ramé*: quando entenderes cantar o pássaro. *Recendu ma xaputare catu?*: entendes o que eu bem quero?

CENDUSARA entendedor, compreendedor.

CENDUSAUA entendimento, compreendimento.

CENEMBI casta de camaleão.

CENEPUA, RENEPUA, TENEPUA joelho

CENEY, CENI grelado, brotado, germinado,

CENEYSARA germinador, grelador.

CENEYSAUA germinação, grelamento,

CENEYUÁ grelo, germe.

CENEYUERA germinante.

CENEYTYUA germinadouro.

CENEY-YUA grelo.

CENEY-YMA não grelado, não germinado.

CENIMBU, CENIMPU sinimbu, casta de camaleão, que muda de cor, adaptando-se ao meio.

CENIMU mudado, variado.

CENIMUSARA variador, que faz variar, mudar.

CENIMUSAUA variação, mudança.

CENIMUUARA variante.

CENIMUUERA variável.

CENIMUYMA invariado, imutado.

CENIMUYMA-SAUA invariabilidade.

CENIPUCÁ cintilado, brilhado. O tremular da luz das estrelas, e da luz refletida na água. *Lit.*: luz e ri, de *cendi* e *pucá*.

CENIPUCASÁRA quem faz cintilar, brilhar.

CENIPUCASAUA cintilação, brilho.

CENIPUCAUARA cintilante, brilhante.

CENIPUCAYMA quem não cintila, não brilha.

CENIY baba. Água que luz.

CENIY-PORA baboso, cheio de baba.

CENIY-SARA que faz babar.

CENIY-SAUA babejamento.

CENIY-UARA babejante.

CENIY-UERA babujento, costumeiramente cheio de baba.

CENÓI chamado. *Xacenói cé mira i cera rupi*: eu chamo minha gente pelo nome. *Né mu ocenói indé*: teu mano te chama.

CENOICÁRI convocar, chamar com autoridade, mandado chamar por superior. *Muruxaua ocenoicári tuixauaetá*: o chefe convocou os tuxauas. *Tupana ocenoicári Adão: Makiti reiumimi indé?*: Deus chamou Adão: Aonde te escondes? Em nenhum destes casos podia ser usado com propriedade *cenói*.

CENOICARISARA, CENOICASARA convocador, quem chama, convoca com autoridade.

CENOICARISAUA, CENOICASAUA convocação.

CENOICARIUARA, CENOICAUARA convocante. *Paiuasi omundu iepé iepé papera cenoicauara*: o bispo mandou a cada um um convite, um papel convocante.

CENOICÁRI-YMA não convocado. *Amuitá piterupé Aiuricaua ocica cenoicári-yma*: no meio dos outros Ajuricaba chega não convocado.

CENOISARA chamador, convidador.

CENOISAUA chamamento, convite.

CENOIUARA chamante.

CENOI-YMA Não chamado, invito.

CENONDÉ, CENONNÉ, RENONDÉ, TENONDÉ ante, antes, adiante, antecipadamente em

frente. *Cé cenondé kiti*: adiante de mim. *Cé cenondé*: antes de mim. *Ianá cenondé*: antes de nós. *Osé iané cenondé*: vai na nossa frente. V. *Tenondé* e comp.
CENUE, CENÓI apelidado, chamado. V. *Cenói* e comp.
CEPI preço, valor. *Mó cepi?*: que preço? quanto custa? *Meẽn cepi*: dar o preço:
CEPIACA enxergado. V. *Xipiaca*.
CEPIASU caro, preço grande, elevado.
CEPIASUARA careiro.
CEPIASUSAUA carestia.
CEPIASU-YMA barato, não caro.
CEPIASU-YMASARA barateiro.
CEPIASU-YMASAUA barateza.
CEPI-CUERA preço que foi. Dívida.
CEPI-CUERA-PORA endividado.
CEPI-MEẽNGARA pagador.
CEPI-MEẽNGAUA pagamento.
CEPI-MUNHANGARA avaliador, fazedor de preço.
CEPI-MUNHANGAUA avaliação.
CEPI-NHEẽNGARISARA cantador do preço, pregoeiro.
CEPI-NHEẽNGARISAUA apregoamento do preço.
CEPIRECÉ o que é do preço, juros.
CEPIREUARA visitante, que vem a mim.
CEPI-UARA que tem preço, vale.
CEPIY salpicado, borrifado.
CEPI-YMA sem preço.
CEPIY-SARA borrifador.
CEPIY-SAUA borrifamento.
CEPIYUÁ borrifo, salpico.
CEPIYUARA borrifante, salpicante.
CEPIY-TYUA lugar de borrifo. Cepituba, sepetiba. Aquele ponto da cachoeira onde o embate das águas, entre os maciços que a formam, produz como que uma neblina permanente, que molha a quem dela se aproxima, e que temos também ouvido chamar *cepiysaua*.
CEPOCY, REPOCY, TEPOCY sono. V. *Pocy*.
CEPOTI, REPOTI, TIPOTI merda. V. *Tiputi*.
CERA nome. *Mata né cera?*: *Cé cera João*: como é teu nome? O meu nome é João. Parece que da corrupção de *cé cera* vem o "meu cheiro" do Norte do país e o xará, do Sul, para indicar a pessoa que traz nosso mesmo nome, homônimo.

CERA! partícula expletiva, exclamativa, dubitativa, sem significação determinada, senão de exprimir a incredulidade. Passou nos modos de dizer do Pará e Amazonas, onde quando se ouve um maranhão [mentira engenhosa] difícil de engolir se diz: *Ora cera!*
CERA CATU bom nome.
CERA EARUPÉ-UARA nome que está em cima. Sobrenome, apelido.
CERA-INEMA nome fedorento. Má fama.
CERA PURANGA nome bonito, no sentido próprio.
CERA PUXI nome feio, no sentido próprio.
CERA SAKENA nome cheiroso. Boa fama.
CERANÉ quase.
CERAYMA sem nome. *Cuá curumĩ cerayma rain*: este menino ainda está sem nome.
CERÉU lambido. *Iauara oceréu i peréua*: o cachorro lambe a sua ferida. *Réu xinga, recaréu cury ne rombé*: come um pouco, te lamberás os beiços.
CERÉUA lambedouro, e que é lambido.
CEREUSARA lambedor, que faz lamber.
CEREUSAUA lambedura, ato de lamber.
CEREUARA lambente.
CERIMBAUA xerimbabo. V. *Cemimbau* e comp.
CERINEPIÃ frigideira.
CERIPAUA casta de pescaria. Barram o rio ou o igarapé com canoas e obrigam o peixe que sobe em piracema a pular dentro delas, perseguindo-o em canoas mais ligeiras, batendo as águas com os remos e folhas de palmeira, subindo de jusante para montante. Uma forma de batimento.
CERUCA nomeado, chamado pelo nome.
CERUCASARA nomeador.
CERUCASAUA nomeação.
CERUCAUA o nomeado.
CERURA calças (corrupção de *ceroulas*).
CERURA-AUYRA cós das calças.
CERURA-YMA sem calças.
CERYCA escorregado. V. *Ciryca*.
CESÁ olho, vista.
CESÁ APARA olhos tortos, vesgos.
CESACANGA transparente.
CESÁ IATUCA vista curta, míope.
CESÁ MUTUTINGA branco dos olhos.
CESÁ PECANGA sobrancelhas.
CESÁ PEPU pálpebras, cílios.

CESÁ-PIRANGA olhos vermelhos, inflamados.
CESÁ-PIROCA olhos esfolados, sem pálpebras.
CESÁ PIRARUSU olhos esbugalhados, abertíssimos.
CESÁ PIRERA pálpebras, a parte superior.
CESÁ-PONGA olhos visgosos, remelentos.
CESÁ PONGÁ terçol do olho.
CESÁ PUCÁ olhos alegres, olhos vivos.
CESÁ PUCU olhos compridos, vista comprida, longa. *Cesá pucu eté*: vista muito longa.
CESÁ RAINHA menina dos olhos.
CESÁ RERUPEAUA pálpebras, o conjunto.
CESÁ RUÁ face dos olhos. Óculos.
CESÁ TEYMA inflamação, doença dos olhos.
CESÁ TUNGU belida dos olhos.
CESÁ TUUMA remela dos olhos.
CESÁ TYPY olhos fundos, encovados.
CESAUA vista, visão.
CESÁ UÉUÉ piscar.
CESÁ UNA olhos pretos, olhos negros.
CESÁ YMA sem olhos, cego.
CESÁ YMASARA cegador, quem cega, faz cegar.
CESÁ YMASAUA cegueira, falta de olhos.
CESÁ YUKICÉ caldo dos olhos. Lágrimas.
CETÁ muito, muita. *I cetá rupi*: por muitas vezes.
CETAMA, RETAMA, TETAMA lugar de onde somos, pátria. *Cé cetama*: minha pátria.
CETAMAUARA, RETAMAUARA, TETAMAUARA patrício. *Né retamauara*: teu patrício.
CETÉ, RETÉ muito. *Puranga reté*: muito bonito. *Kyrimbaua reté*: o muito forte.
CETÉ, RETÉ, TETÉ corpo. *Roxiare xaienu cé ceté tuiué ne makyra kiti*: deixa que deite meu velho corpo na tua maqueira. *Ariré ombure i teté paraname*: depois joga seu corpo no rio.
CETIMÃ, RETIMÃ perna, fêmur. *Coaracy retimã*: perna do sol. Raio.
CETIMÃ-APARA perna torta. *Iauti retimã-apara ocica casakire*: jabuti perna-torta chega por último.
CETIMÃ-IATÉ perna ligeira, esbelto.
CETIMÃ-IATUCA perna curta, lento.
CETIMÃ-IATU-IATUCA perna coxa, coxeante.
CETIMÃ PENASAUA tornozelo.
CETIMÃ RUÁ cara da perna. Barriga da perna.
CETIMÃ UASU canela, a parte mais comprida da perna.

CEUCY[1] casta de pequena coruja. O nome é mais ou menos a onomatopeia do grito que faz ouvir repetidamente, quando, à noite, sai em procura de alimento.
CEUCY[2] casta de pequena tartaruga de rabo comprido. Dizem-na hermafrodita, isto é, conforme afirmam, o mesmo indivíduo ora seria macho ora fêmea.
CEUCY[3] o grupo das Plêiades.
CEUCY[4], CEUICY o nome da mãe do Jurupari, da virgem que ficou prenhe pelo sumo da cucura do mato (rio Negro) ou do purumã (Solimões), que, enquanto comia, lhe escorria pelos seios abaixo. É este um dos segredos da religião do Jurupari, que não pode ser revelado nem conhecido pelas mulheres, e que os próprios moços não aprendem senão depois de chegados à puberdade nas festas da iniciação, pelos lábios do pajé. É a sina da maioria dos fundadores de religiões nascerem de virgem.
CEUCY CIPÓ cipó de Ceucy. Casta de liana, de cujas raízes e caule extraem, pisando-os no pilão, uma poção que os tocadores dos instrumentos sagrados tomam na véspera das festas, em que devem tocar, para se purificar. As *passiubas* do Jurupari não podem ser tocadas por gente impura, e os tocadores que as tocarem sem ter-se purificado correm risco de morte. O efeito da beberagem é de um forte vomitório, e a purificação é completada com banhos prolongados.
CEUCY IRÁ mel da *ceucy-irá-caua*.
CEUCY-IRÁ-CAUA casta de abelha, que dá respeitáveis ferroadas. É um mel que em certas épocas do ano produz fortes vômitos.
CIÃ suor. V. *Ceãn* e comp.
CICA chegado. *Coaracy ara ocica ramé*: quando o verão chega. *Ma mira ocica yarapape?*: que gente chega no porto?
CICÁRI procurado, buscado, catado. *Lit.*: mandado chegar.
CICARESARA procurador, buscador.
CICARESAUA procuração, busca.
CICARETYUA lugar onde se procura, se busca.
CICAREYMA não procurado, não buscado.
CICASARA chegador.
CICASAUA chegada.
CICATYUA chegadouro.
CICAUARA chegante.

CICAUERA chegável, chegadiço.
CICAYMA não chegado.
CICUÉ vivo. *Pomaã cury, xaputare cunhãmucu cicué:* olhai, quero a moça viva.
CICUÉ-ÁYUA mal vivido, vida estragada.
CICUÉ-CATU boa vida, vivido bem.
CICUÉ-PURANGA bem vivido.
CICUÉ-IATUCA vida curta, vivido pouco.
CICUÉ-PUCU vivido muito, vida longa.
CICUÉ-PUXI vivido mal, vida difícil.
CICUÉSÁRA vivedor.
CICUÉSÁUA vida.
CICUÉYMA não vivo.
CIKI aspirado.
CIKI-ANGA respiro.
CIKI-ANGASARA que faz respirar, respirador.
CIKI-ANGASAUA respiração.
CIKI-ANGAUARA respirante.
CIKI-ANGATYUA respiradouro.
CIKI-ANGATEAPU ronco.
CIKI-ANGATEAPUARA roncador.
CIKI-ANGAYMA que não respira.
CIKIÉ amedrontado, espantado, assustado.
CIKIÉ-IARA dono do medo. Medroso, espantadiço.
CIKIÉ-SARA amedrontador, espantador, assustador.
CIKIÉ-SAUA amedrontamento, espanto, susto.
CIKIÉ-TYUA amedrontadouro, espantadouro, lugar do espanto, do susto.
CIKIÉ-UARA espantante, que se espanta, amedronta, assusta.
CIKIÉ-UERA espantadiço.
CIKIÉ-XINGÁ receio.
CIKIÉ-XINGAUARA receoso.
CIKIÉ-XINGÁUÉRA, CIKIÉ-XINGAPORA receoso de tudo.
CIKIÉ-YMA destemido, sem medo, afoito.
CIKIÉ-YMASAUA afoiteza.
CIKIÉ-YUA o temido, a origem do medo.
CIKISARA aspirador.
CIKISAUA aspiração.
CIKITYUA aspiradouro.
CIKIUARA aspirante.
CIKIUERA aspirável.
CIKIYMA não aspirado.
CIKINÁ fechado. *V. Cekindá* e comp.
CIKINAPAUA fechadura.
CIKINAPORA cheio de fechos. *Patuá cikinapora:* baú cheio de fechaduras.

CIKINASARA fechador, cobertor, tampa.
CIKINAU o fecho.
CIMÉ, CIMBÉ chibé. Bebida feita com água, em que foi desmanchado e deixado tufar um pouco de farinha de mandioca. É bebida refrescante, e, se não se limita a beber somente a água, que toma um gosto levemente acidulado, mas remexendo-a com os dedos enquanto se bebe, ingere-se também a farinha molhada, igualmente substancial.
CIMIASU escravo.
CIMIASUSAUA escravidão.
CIMIASUUARA escravizante.
CINHI, CINI grelar, brotar. *V. Ceney.*
CINIMBU, CINIMPU sinimbu. Camaleão, *Hypsilophus tuberculata.* Grosso sáurio caracterizado pela alta serra, que, começando da cabeça, vai até a cauda, seguindo ao longo da espinha dorsal; tem o papo descido e inchável. Em repouso é de um verde-prado mais claro e quase branco no ventre, mas, quando se move e se irrita, muda de cor, imitando o mais possível a do meio em que se encontra, procurando assim ocultar-se, ao mesmo tempo que, inchando o papo e escancarando a boca, parece querer amedrontar.
CINIMPU luzido. *V. Cenimmu.*
CINIMPUCA luzidio. *V. Cenimmuca.*
CINIMPUCA-PORA versátil; cheio de variações. Sujeito muito esperto, que muda a cada passo.
CININ tinido.
CININGA o que tine, o tinido.
CININGAUARA tinidor.
CIPI, CIPICA vingado.
CIPISARA vingador.
CIPISAUA, CIPICAUA vingança.
CIPICAUARA vingador.
CIPICAYMA inulto [não vingado].
CIPÓ nome genérico das plantas sarmentosas, pertencentes às mais diversas famílias vegetais, que vivem apoiando-se e agarrando-se às outras plantas, com suportes para poder-se elevar, sem que contudo vivam dela, ao menos no geral. Sem o sustento estranho seriam sujeitas a rastejar.
CIPÓ-CATINGA cipó fedorento.
CIPÓ-CURURU cipó rugoso.
CIPÓ-KIRA cipó gordo.
CIPÓ-TINGA cipó branco.

CIPÓ-TUÍRA cipó cinzento. Excelente regulador das funções dos rins e do fígado.
CIRY[1] pequeno crustáceo; caranguejo fluvial [siri]. Com este nome designam no Solimões as partes genitais da mulher.
CIRY[2] liso, escorregadio.
CIRYCA escorregado, escoado, deslizado.
CIRYCASARA escorregador.
CIRYCASAUA escorregamento.
CIRYCAUARA escorregamento.
CIRYCATYUA escorregadouro.
CIRYCAYMA não escorregado.
CIRYRY espuma das águas.
CIRYRYCA eriçado, o enrugado da superfície das águas. *Pindá ciryryca*: anzol que eriça.
CIRYRYCAPAUA enrugamento.
CIRYRYCAPORA muito enrugado.
CIRYRYCAUARA enrugante.
CIRYRYCAYMA não enrugado.
CIRY YUA[1] árvore de siri. Siriúba, casta de *Avicennia*.
CIRY YUA[2] cipó-chumbo, casta de cipó empregado como contraveneno nas mordeduras das cobras.
CIUĨ pequeno galho, rebento.
CIUĨYMA sem rebento, morto.
CIUYRA coxa.
CIYÉ intestino, tripa.
CIYÉ-UASU intestino grosso.
CIYÉ-MIRĨ intestino delgado, fino, pequeno.
CIYMA liso.
CÔ campo lavrado, horta.
COÁ este, esta. *V. Cuá* e comp.
COAMEẼN mostrado.
COAMEẼNGA o que é mostrado.
COAMEẼNGARA mostrador.
COAMEẼNGAUA mostra, ato ou efeito de mostrar.
COAMEẼNGATYUA mostradouro.
COARACY sol. Lit.: a mãe deste dia, de *coá* (este) + *ara* (dia) + *cy* (mãe). Alguma vez se ouve pronunciar *coracy*, especialmente no Pará e no baixo Amazonas, mas parece engano, embora se possa escrever a contração, em nada estranhável, na índole da língua.
COARACY-ARA tempo de sol. Estio, verão.
COARACY-AUA[1] guaraciaba, cabelo do sol. Raio. Apelido que era dado aos louros.
COARACY-AUA[2] casta de beija-flor.
COARACY-CY mãe-do-sol, nome de um esplêndido coleóptero verde-dourado, de cujos élitros os indígenas do Uaupés, assim como dos afluentes do alto Amazonas, fazem colares e outros ornamentos análogos. Casta de cigarra.
COARACY-MAIA, COARACY-MANHA mãe-do-sol. *V. Coaracy-cy*.
COARACY-MBÓIA cobra do sol.
COARACY-TAIÁ tajá do sol. Casta de *Caladium*, cujas folhas são largamente manchadas de vermelho-vivo, que ressalta sobre o verde-escuro das margens e nervuras centrais. A sua raiz é venenosa, e no rio Uaupés me foi afirmado que se servem dela para envenenar as mulheres condenadas a morrer, por ter visto a máscara do Jurupari ou ter surpreendido alguns dos segredos do rito por ele estatuído, e cujo conhecimento, só consentido aos iniciados, é vedado às mulheres, sob pena de morte. A propinação é feita em qualquer comida ou bebida; para matar, parece que é suficiente pequena quantidade de sumo da raiz, que não é denunciado por nenhum cheiro ou gosto repugnante.
COARACY-TUCUPI tucupi do sol. O sumo da mandioca deixado exposto por muito tempo ao sol, a fim de perder pela evaporação o seu veneno e poder ser comido impunemente como molho, misturado com pimenta e também algumas vezes com saúvas. O sol, embora mais lentamente do que o fogo, determina a eliminação do ácido prússico, o veneno da mandioca.
COATÁ cuatá, *Ateles paniscus*. Um dos mais desenvolvidos macacos do Amazonas, que tem braços, pernas e cauda, e o corpo desproporcionado para o comprimento dos membros. Existem pelo menos duas variedades, que somente se distinguem pelo tamanho, sendo ambas pretas.
COATI quati, pequeno ursino muito comum, *Nasua socialis*. Vive em pequenos bandos.
COATIARA gravado, esculpido, escrito.
COATIARAPAUA escultura, escritura, gravura.
COATIARAPORA esculpido, gravado, escrito por inteiro.
COATIARATYUA lugar de inscrição. Os indígenas deixaram aqui e acolá, nos lugares de passagem e demora forçada, onde a existência de pedras mais ou menos duras lhes

permitiu, inscrições, de que darei notícia adiante. *V. Itacoatiara.*
COATIARAYMA não escrito.
COATIARASARA escultor, escritor, gravador.
COATI MUNDÉ, COATI MUNNÉ quati manhoso, *Nasua solitaria*. Ursino um pouco maior do que o quati, que vive geralmente em casais, só se encontrando em pequenos bandos no tempo da criação dos filhos. Estes vão em companhia dos velhos até que novos amores dispersem a pequena família, que pode atingir a meia dúzia e mais de indivíduos.
COCY antes, no tempo. Parece contração de *coacy* (a mãe disto).
COCYSAUA anterioridade.
COCYUARA anterior. *Tecô cocyuara:* costume anterior.
COCY-YMA sem antes, em antigo, nos tempos idos.
COCY-YMASAUA antiguidade.
COCY-YMAUARA antigo, que é de outro tempo.
COCY-YMAUERA antiqualhas.
COCÓI caído, ruído, desmoronado. *V. Cucui* e comp.
COCUERA, CÔ-CUERA roça ou campo que foi. Distingue-se da *capoera* porque nesta já o mato crescido invadiu o terreno abandonado; na *cocuera* a invasão é ainda somente de ervas.
COÉIU, COÍEU o pedaço de casca de tururi, de tecido especial ou de fazenda qualquer, quando há já algum contato com a civilização, com que em algumas tribos os homens envolvem as partes pudendas. O *coelho*, como o tenho ouvido chamar pelos civilizados, sem saber se a expressão é a tentativa de aportuguesar a palavra indígena, ou se, dado ser este o nome que lhe dão os civilizados, *coéiu* é apenas a corrupção da palavra portuguesa, é sempre e antes de tudo um ornamento. Não raramente é tecido de tucum, com desenhos à grega e ornados de plumas de efeito vistoso, e é o único tecido da espécie que a tribo fabrica.
COEMA manhã, amanhecido.
COEMANA já amanhece, já é amanhecido.
COEMA ETÉ cedíssimo.
COEMA PIRANGA aurora, madrugada vermelha.
COEMA-PORA que enche a manhã, madrugador.
COEMA PUCU manhã comprida, o tempo que passa entre o primeiro pasto, tomado logo depois do banho, e o meio-dia. São as horas do trabalho para as mulheres na roça, e para os homens na caça ou pesca.
COEMA RETÉ manhã muita, manhã feita.
COEMA UASU grande manhã, já muito adiante na manhã.
COEMA YMA sem manhã.
COERÉ aborrecido, apoquentado.
COERÉ-PORA cheio de aborrecimento.
COERÉ-PAUA aborrecimento, apoquentamento.
COERÉ-SARA aborrecedor, apoquentador.
COERÉ-UERA aborrecente, apoquentante.
COERÉ-YMA não aborrecido, não apoquentado.
COIAUÉ deste modo, assim. *V. Cuaiaué.*
COĨN[1] latejado, pulsado.
COĨN[2], **RECOĨ** vá, ande, imperativo irregular de *só*, andado.
COINGA pulso.
COINGARA latejador.
COINGAUA latejamento, pulsação.
COIPÉ pulga.
COIRANA enfadado, já enfadado. *Xacoirana xaxicare né iara:* já estou enfadado de procurar o teu dono.
COÍRE, COÍRI enfadado, desgostado.
COÍRESÁRA enfadador, desgostador.
COÍRESÁUA enfado, desgosto.
COÍREUÁRA enfadante, desgostante.
COÍREUÉRA enfadável, desgostável.
COITÉ agora mesmo; contração de *coire* (agora) e *eté* (muito).
COKERA baliza.
COKERAPAUA balizamento.
COKERAPORA balizado, cheio de balizas.
COKERAUARA balizante.
COKERATYUA balizadouro, lugar do balizamento.
COMBUCA *V. Cuiembuca.*
COMITU casta de musgo que nasce nas cachoeiras e nas margens do rio.
CONDURU árvore de alto porte, das terras firmes, da família das Urticáceas.
CONEREUÉ árvore dos campos do rio Branco, de madeira amarela e fraca (Martius).

COPAÚ azeite extraído da copaíba. Na farmacopeia indígena é usado como excitante e detergente para cura de feridas e chagas, ainda as mais rebeldes. Em medicina é bem conhecido o seu emprego como antissifilítico, especialmente para uso interno em cápsulas contra as gonorreias.

COPAYUA copaíba, árvore da família das Terebintáceas, gênero *Copaifera*, que fornece o óleo medicinal conhecido com o mesmo nome e uma boa madeira para obras internas.

COPIÁ copiar, alpendre.

COPĪ cupim. Nome genérico, comum às numerosas espécies de térmites que tudo infestam, atacam e estragam. Já me têm comido mais da metade da minha escassa livraria.

COPI limpado. *V. Cupi.*

COPINARI casta de cássia purgativa do rio Branco (Martius).

COPIRE, COPÍRI roçado. *V. Cupire.*

CORACY sol. *V. Coaracy.*

CORIMBÓ, CORIMÓ casta de cipó de flores vermelhas e cheirosas, comum nas matas do Pará.

CORÓ¹ variedade de sapo.

CORÓ² casta de rato d'água.

COROCA¹ sussurro, confusão.

COROCA² casta de pássaro.

COROCAUARA sussurrante.

COROCORÓ coró-coró, *Ibis melanocephala, Geronticus infuscata*. É ave muito conhecida em todo o Amazonas. O seu nome é a onomatopeia do grito que faz ouvir, especialmente quando se levanta espantada. No Solimões a tenho ouvido chamar *corumbá*. Vive em casais, raramente em pequenos bandos, frequentando os lugares úmidos e alagadiços, à cata de vermes e insetos, de que se nutre de preferência.

COROCOTORY casta de gavião, *Milvago aterrimus*.

COROMONDÓ, COROMUNDÓ casta de paneiro mais ou menos alto, tecido geralmente de fasquias de arumã, com tampa, destinado a servir de baú nas viagens (Solimões).

CORUMBÁ *V. Corocoró.*

COTUCA tocado, furado, ferido de ponta.

COTUCAPAUA tocamento, furamento, ferimento de ponta.

COTUCAPORA cheio de feridas de ponta, de furos.

COTUCAUARA tocante, furante.

COTUCOTUCA espicaçado.

COTUCOTUCAPAUA espicaçamento.

COTUCOTUCAPORA espicaçado, cheio de espicaçadas.

COTUCOTUCAUARA espicaçante.

COTUCOTUCAYMA não espicaçado.

COXIÚ casta de macaco. O nome, conforme a localidade, é dado a indivíduos de famílias diversas, a um *Pithecus* e a um *Brachiurus*. Da espécie mais comum, um *Pithecus* de anéis branco-sujos e pretos, de pelo comprido e forte, se fazem espanadores.

COXIÚ-KIAUA pente de *coxiú*, casta de ouriço sem préstimo.

COXIÚ-KIAUA-YUA árvore de pente de *coxiú*, *Pitheco ctenium*. Cresce na terra firme.

CUÁ, ICUÁ curva, cintura.

CUÁ, COÁ este, esta.

CUÁ ARA este dia, este tempo, esta terra.

CUÁ ARAMA para este.

CUÁ-ARASAUA atualidade.

CUÁ-ARAUARA moderno, dos nossos dias, atual.

CUÁ ARA RUPI nestes dias, modernamente, por este tempo.

CUACANGA cabeça da cintura, quadril.

CUACU coberto, tampado, abafado.

CUACUSARA cobertor, tampador.

CUACUSAUA cobertura, tampamento.

CUÁ Ī esta vez.

CUÁ IAUÉ deste modo, desta forma.

CUAIUIÉ assim. *Cuaiué eté*: Assim mesmo. *Cuaiué supi*: Assim por certo.

CUAIAUÉSÁUA singeleza.

CUAIAUÉUÁRA singelo.

CUAÍRA pouco, pequeno, miúdo, diminuto.

CUAÍRAPÁUA pequenez, miudeza.

CUAÍRASÁUA miuçalha.

CUAÍRAUÁRA mesquinho.

CUAÍRA-XINGA diminuto, poucochinho.

CUAÍRA-XINGA PIRE pouco menor.

CUÁ KITI neste lugar, aqui.

CUÁ KITI CATU aqui mesmo, bem aqui.

CUAMEĒN *V. Coameēn.*

CUANDU ouriço-cacheiro, guandu, *Histrix prensilis*.

CUANUNGARA deste modo.

CUAO sabido, podido, conhecido. *Inti acuao catu*: não sabe bem. Como auxiliar prescinde do prefixo. *Inti xamunhã cuao*: não posso fazer.

CUAOPAUA sabedoria, discrição.

CUAOPORA sabedor, discreto.

CUAOSAUA conhecimento, ciência, poder.

CUAOUARA potente, que sabe e pode.

CUAOYMA impotente, indiscreto, ignorante.

CUARA buraco, furo, abertura.

CUARAPORA esburacado.

CUARA-UARA que é do buraco, que pertence ao buraco, que mora no buraco.

CUÁ RECÉ a este, para este.

CUÁ RENDAPE deste lado.

CUÁ RIRÉ depois disso.

CUARY¹, COARY pequeno buraco.

CUARY² nome de uma povoação do Solimões.

CUARY-UARA de Coary, morador de Coary.

CUATUCA calado, segredo.

CUATUCAPORA cheio de segredos, calado.

CUATUCAPAUA segredo, mistério.

CUATUCAUERA misterioso, calado.

CUATUCAYMA não guarda segredo, tagarela.

CUCECUI, CUÇUCUI eis aqui.

CUCUAO reconhecido.

CUCUAO-SARA reconhecedor.

CUCUAO-SAUA reconhecimento.

CUCUAO-UARA reconhecente.

CUCUAO-UERA reconhecível.

CUCUAO-YMA irreconhecido.

CUCUI ruído, desprendido, desmoronado.

CUCUI-PAUA desmoronamento.

CUCUI-SARA desmoronador.

CUCUI-UERA desmoronante.

CUCUI-YMA não desmoronado.

CUCURA (no Rio Negro), PURUMÃ (no Rio Solimões) casta de fruta de uma árvore, que se parece alguma coisa com uma embaúba. Dá em cachos uma drupa suculenta de sabor adocicado, e um único caroço, coberta por uma pele geralmente dura e mais ou menos coberta de pelos. Há várias qualidades: umas cultivadas, outras do mato. A *cucura* ou *purumã* silvestre figura na lenda de Jurupari como aquela que, com seu sumo, impregnou a Coucy, que, descuidada, a comeu sem reparar que, correndo pelos seios abaixo, o sumo que lhe escorria dos lábios a molhava toda. É segredo que não deve ser conhecido senão pelos iniciados. A mulher que o vier a conhecer, morre.

CUECATU agradecido, agradecimento, lembrança.

CUECATU ETÉ grande agradecimento, boa lembrança.

CUECATU RETÉ muito agradecido, muita lembrança.

CUECATU-PORA cheio de agradecimentos, de lembranças, mesureiro.

CUECATU-SARA gratificador.

CUECATU-SAUA gratificação.

CUECATU-YMA não agradecido.

CUECÉ ontem.

CUECENTE desde pouco, somente ontem.

CUECÉUÁRA de ontem, que data de ontem.

CUECÉYMA, COCIYMA sem ontem, antigamente, no começo.

CUERA que foi e já não existe. *Taua cuera*: povoação destruída, que foi e já não existe. *Mira cuera*: gente que foi. Posposto ao verbo dá-lhe a significação de aoristo. *Xapena cuera*: quebrara. Torna-se conjuntivo com a adição de *maá* ou *amu*. *Xapena cuera amu*: teria quebrado.

CUERUPÉ, CUERA-OPÉ intraduzível como palavra isolada. *Iauaremo iepéasú cuerupé*: onde nos encontramos juntos. *Opitá cuerupé*: ficou lá.

CUERÉUA enojado, aborrecido.

CUĨ preá, *Cavia aperea*. Casta de porquinho-da-índia.

CUIA a casca da fruta da cuieira, a cuité recortada e limpa, espalmada, pelo menos na parte interior, de cumati, é própria para servir de tigela. O cumati, que lhe dá uma esplêndida cor preta, que rivaliza com a laca japonesa, fechando as porosidades da madeira, impede que se embeba dos líquidos que sucessivamente possa vir a conter.

CUIA-MBUCA cumbuca, vaso destinado a carregar água, feito de uma grossa fruta de uma espécie de coloquintes ou mesmo de cuité, com um pequeno orifício numa das extremidades e um cordel passado em dois furozinhos ao pé deste para o carregar. Parece que já se utilizou tal disposição para apanhar macacos vivos, pondo na cumbuca as frutas de que gostam, espalmando ou não o interior com uma matéria visguenta. O macaco, descoberta a pechincha, introduz a mão e abarca quanta fruta pode. É o momento em que o caçador, que ficou à espreita, intervém. O macaco, que não quer largar a presa, não pode retirar a mão e não pode, por via disso mesmo, salvar-se trepando, e dá azo a ser preso. De onde, pois, a frase vulgar: "Não meta a mão em cumbuca".

CUIA-PINIMA cuia pintada, cuia envernizada por dentro e por fora de cumati, e pintada a cores e desenhos diversos. O desenho é obtido raspando a camada de cumati e enchendo a incisão com tintas em grande parte vegetais, preparadas com leite de sorva. Foi já uma indústria florescente em todo o vale, especialmente no rio Negro, Solimões, baixo Amazonas e Pará, hoje quase abandonada, embora não haja talvez uma dona de casa nascida neste interior que não saiba preparar e não prepare as cuias necessárias para o serviço próprio. Em Santarém, onde ainda é viva esta indústria, hoje se falsificam as cores utilizando-se de anilinas, que, mais vistosas quando novas, todavia desbotam rapidamente.

CUIA-PIXÉ cuia fedorenta, fruta da cuieira ainda em bruto, apenas recortada, mas não ainda preparada com o cumati, pelo que fica sujeita a embeber-se dos líquidos que se lhe deitam dentro e a receber-lhes o cheiro.

CUIA-RANA falsa cuia, *Terminalia tanimbuca.*

CUÍCA casta de rato.

CUICI, CUISI vaga-lume.

CUIÉ casta de coloquíntida, que fornece uma cuia que rivaliza com a da cuieira, embora menos elástica e mais sujeita a se quebrar.

CUI-EẼN, CUI-CEẼN pimenta.

CUIETÉ, CUITÉ verdadeira cuia. A fruta da cuieira antes de ser de alguma forma preparada para servir de vasilha. Entre as muitas plantas que dão frutas capazes de servir de vasilha, a *cuieté* é preferida pela sua dureza e elasticidade da casca.

CUIETÉ-YUA cuieira, *Crescencia cuieté.* A árvore da *cuieté.* Os galhos da cuieira, pela sua resistência e flexibilidade, dão um excelente chicote.

CUINDARU, CUIDARU grosso cacete quadrangular, do comprimento de três a quatro palmos, mais fino de um lado e arredondado na empunhadura, que servia de maça de guerra. É palavra muito usada no rio Negro por quem fala nheengatu, mas parece palavra baré ou baniva ou de outra qualquer do mesmo grupo.

CUI-PÉUA cuia chata. O pedaço de cuia que ainda hoje, no Pará, serve de prato ou, mais especialmente, aquele destinado a conter a farinha ao lado de cada conviva. Por extensão: pires.

CUIRE agora, de presente.

CUIRE NHUNTO somente agora.

CUIRETÉ agora mesmo.

CUIREUARA o de agora, o do tempo presente.

CUIRĨN, CUIRŨN ciúme, ciumento.

CUISI V. *Cuici.*

CUITÉ[1] V. *Cuieté.*

CUITÉ[2] entretanto, porém.

CUITITIRYUÁ cutitiribá, casta de abio.

CUITITIRYUÁ-YUA cutitiribazeiro.

CUITITIRYUÁ-RANA falso cutitiribá.

CUIÚ casta de grilo.

CUIUARA coivara, amontoamento das árvores cortadas para fazer o roçado.

CUIUARA MUNHÃNGARA encoivarador.

CUIUARA MUNHÃNGAUA encoivaramento.

CUIÚ-CUIÚ[1] cuiú-cuiú, peixe que vive no limo. Deve o seu nome ao som que faz ouvir quando agarrado e retirado da água. É de carne pouco apreciada.

CUIÚ-CUIÚ[2] casta de periquito.

CUIUMĨ cujubim, casta de penélope, bem reconhecível entre os outros jacus pela cabeça branca. É uma das melhores caças das matas amazonenses; em geral é pouco arisco. Os indígenas do rio Castanho, contravertente do Padauiri, porque creem descender de cujubins, não o perseguem, o que me explicou a quantidade fenomenal de cujubins que havia na localidade, e a facilidade com que se deixavam aproximar.

CUIUMĨ-ACANGA velho, cabeça branca, isto é, cabeça de cujubim, que é branca.

CUMÃ[1] sorva. A fruta do *cumã* ou como outros a chamam da *cumã-asu,* do tamanho de uma bela nêspera, de gosto delicado quando madura.

CUMÃ[2] o leite resinoso de várias espécies de sorveiras, da família das Apocináceas, usado como verniz, de mistura com matérias corantes para especialmente pintarem as cuias. V. *Cuia-pinima*. Secando, o cumã não altera as cores com ele preparadas, torna-se insolúvel e de uma resistência a toda a prova, embora, como é o caso das cuias, dos remos, das canoas, seja sujeito a contínuos esfregamentos. Algumas espécies de cumã, derretidas, fornecem uma espécie de breu também de boa duração, quando suficientemente misturado com matérias gordurosas. Para a pintura, o cumã é usado a frio. Para conservá-lo líquido e impedir que se coagule rapidamente ao contato do ar, como tem a tendência, lhe adicionam um pouco de urina velha. Obtém-se o mesmo efeito com amoníaco.

CUMACÁ casta de planta que fornece uma fécula parecida com a da tapioca (Japurá).

CUMACAÍ cumacá miúdo.

CUMANDÁ, CUMANNÁ feijão. Nome que hoje é reservado aos feijões comestíveis, mas que parece ter sido comum ao fruto de muitas Leguminosas, atendendo-se mais à forma e aspecto exterior do que a outra coisa, o que pelo menos ainda hoje se dá com os derivados.

CUMANDAÍ feijãozinho, feijão pequeno. Nome dado a muitas variedades de Leguminosas, comestíveis ou não.

CUMANDÁ-PUCU feijão comprido, comestível.

CUMANDÁ-RANA falso cumandá, como em alguns lugares designam o feijão que não é comestível.

CUMANDÁ-TUPAXAMA feijão-trepador.

CUMANDÁ-YUA a planta que dá o feijão.

CUMANDAUASU, CUMANDASU feijão grande, fava. Nome dado a várias Leguminosas, somente atendendo-se à forma e tamanho do fruto e independentemente da sua comestibilidade. De uma delas, que cresce nas terras altas à margem de rios e igarapés, de preferência nos lugares pedregosos, servem-se para emplastro e loções para cura de impigens. A fava não é comestível, e tanto no emplastro como na loção o que é utilizado é a casca, no primeiro caso raspada e batida, no segundo em infusão.

CUMAÍ sorva pequena. Baga comestível, do tamanho de uma grossa ginja.

CUMAÍ-YUA sorveira pequena, *Coumã utilis*. É a espécie que fornece um leite de cumana dos mais estimados, especialmente para trabalhos finos. É com este que, no alto rio Negro, se grudam as plumas que enfeitam as varandas das maqueiras finas de *curauá* ou tucum. A sua extração é feita por meio de incisões no tronco, e é conservado líquido com a adição de um pouco de amoníaco, e, na falta deste, com urina choca.

CUMARU[1] fava-de-santo-inácio. É artigo de exportação. No Amazonas é usada como preservativo contra uma infinidade de moléstias, como aromático para perfumar o tabaco em pó e a roupa, atribuindo-se-lhe a virtude de afugentar as termas [térmitas].

CUMARU[2] cumaru, *Dipterix oddorata*. Árvore que cresce na terra firme e fornece excelente madeira para construções civis, além de dar uma qualidade de carvão superior, pelo que é muito procurada pelos ferreiros. É a razão pela qual, apesar do valor que tem a fruta e de ser objeto de cotação no mercado, perto das povoações onde existe ferreiro, não há planta de cumaru que vingue.

CUMARU-RANA falso cumaru, *Dipterix oppositifolia*.

CUMARU-YUA cumaruzeiro.

CUMARY cumari, *Capsicum frutescens*, pimenta-de-cheiro. Não é muito ardente e a dizem indigesta.

CUMATÁ casta de larga peneira para peneirar a tapioca. É tecida de fasquias de jacitara, mais raramente de arumã, e trançada, como os assentos de palhinha das cadeiras austríacas, de modo a deixar aberturas iguais e de determinado tamanho.

CUMATY resina extraída de uma espécie de asclepiadácea, com que se envernizam em preto as cuias para torná-las impermeáveis aos líquidos que são destinadas a conter. Para aplicá-la, depois de seca e bem limpa a cuia, se usa de um pincel feito de qualquer coisa. Logo que aplicado, o cumati é de cor avermelhada e sem nenhum brilho. Para ficar preto-luzente, de um belo polimento, a cuia pintada de cumati deve ficar exposta aos vapores de fermentação de uma forte camada de folhas de mandioca, molhadas com urina velha, repetindo a pintura e a exposição quantas vezes forem necessárias para obter uma superfície perfeitamente homogênea e polida.

CUMATY-YUA árvore do cumati, *Asclepiadea follicularia*. Cresce nas capoeiras; por meio de incisão dá um leite muito líquido, de cor castanho-escura, usado para pintar de preto as cuias. A madeira, leve, é de pouca serventia e duração.

CUMÃ-UASU sorva e sorveira grande, *Apocynea fructescens*; a planta e a fruta. Árvore de alto porte, que se abre em umbela elegante e muito regular e cresce nos igapós e lugares que alagam alguns dias do ano. A fruta, muito apreciada, de gosto especial e muito delicado, é uma drupa arredondada, verde-amarelada, que quando nova contém um leite branco facilmente coagulável, igual ao que se encontra em todas as outras partes da planta, e que desaparece com a maturação. A madeira não creio que tenha grande serventia. O leite da sorveira grande, como em geral o das outras sorveiras, fornece bom breu para calafetar canoas. Usado cru é menos resistente do que o leite do cumati.

CUMBECA trepadeira cultivada no Pará como ornamental em virtude de suas lindas flores.

CUMBÉUA, CUMBÉPÉUA cumbeba, casta de cacto.

CUMBIU, CUMIU cubio. Grosso fruto, do tamanho de uma maçã, de uma espécie de Solanácea espinhosa, contendo sementes envolvidas numa polpa levemente acidulada, comestível e usada como os tomates na comida.

CUMBÓI-PÉUA sanguessuga.

CUMICA diminutivo familiar de *curumí*, que é usado nalguns lugares de Japurá e Solimões, mas o creio importado do Pará, onde já se usou muito. Corresponde a *curumbá*, do Sul.

CUNAMI, CUNAPI, CUNAMBI cunambi, várias espécies de *Phyllanthus*. Pequeno arbusto de folhas lanceoladas e irregularmente retalhadas, cultivado nas roças por causa das suas qualidades benéficas, utilizadas para pescaria. Para isso envolvem as folhas machucadas em qualquer massa, mas de preferência de tapioca, fazendo bolinhas que jogam n'água, nos lugares em que esta não corre, nos lagos, remansos e especialmente nos poços que no verão se formam nos igarapés. O peixe, especialmente os pacus, as aboca sôfrego, mas, pouco depois de ter ingerido a bola traiçoeira, vem à tona atordoado, ficando fácil presa do pescador, que, depois de ter jogado n'água as bolinhas, ficou à espera do resultado. O peixe pode ser comido impunemente; o cunambi não o torna nocivo para o homem. O seu efeito parece ser apenas estupefaciente, atordoa momentaneamente, tanto que, se este não é agarrado logo, volta a si e vai-se embora.

CUNHÃ fêmea de qualquer animal, mulher. O aditamento de *cunhã* é essencial todas as vezes que, falando-se de animais, se quer designar a fêmea; somente dispensável na hipótese de que o sexo tenha sido já declarado, conste do contexto, ou a designação seja feita por nome somente aplicável à fêmea, naqueles raros casos em que esta tem nome próprio diverso do macho. Não se indicando o sexo, entende-se sempre que se fala do macho.

CUNHÃ-AMBYRA mulher morta.

CUNHÃ-CACOA mulher feita, madura, de mais de quarenta anos.

CUNHÃ-CAPIXARA-MEẽNGARA alcoviteira, mulher que dá namorado.

CUNHÃ-CUARA-YMA mulher sem buraco, mulher virgem.

CUNHÃ-CUERA mulher que foi, mulher velha que já para nada serve.

CUNHÃ-EMBYRA, CUNHÃ-MEMBYRA sobrinho, com referência ao homem.

CUNHÃ-KYRA virgem (mulher que ainda dorme?).

CUNHÃ-MBOCA[1] tartaruga nova.

CUNHÃ-MBOCA[2] moçoila.

CUNHÃ-MENAUARA parentes por afinidade, pelo lado do marido.

CUNHÃ-MENDASARA mulher casada.

CUNHÃ-MENASARA-YMA, CUNHÃ-MENA-YMA mulher solteira, não casada, sem marido.

CUNHÃ-MIRA parentes por afinidade, com referência ao homem.

CUNHÃ-MUCU moça púbere.

CUNHÃMUCU-CAÁ planta aromática que as moças usam no cabelo. Dizem que chama os noivos e faz casar ligeiro.

CUNHÃ-MUCU-PISASU moça nova, virgem.

CUNHÃ-MUPUXIUERA mulher adúltera.
CUNHÃ-PUCÁ mulher risonha.
CUNHÃ-PUCU mulher comprida, alta e, em alguns casos, lenta em fazer as coisas.
CUNHÃ-MPUCA, CUNHÃ-MBOCA moçoila, mulher que desabrocha.
CUNHÃ-PUTAUA moço casadouro, solteiro.
CUNHÃ-RAPIXARA namorador, afeminado, adamado.
CUNHÃ-RUPIARA mulherengo, amigo das mulheres.
CUNHÃTAĨN, CUNHANTAINHA menina impúbere, nova.
CUNHÃ-UARA mulheril, mulíebre.
CUNHÃ-YMA sem mulher.
CUNUÁ casta de cipó, cujo sumo, ao contato da pele, produz ampolas como de queimadura.
CUNUARU rã que vive no oco dos paus, e de preferência em uma espécie de árvore resinosa, e a que se atribui geralmente a produção da resina solidificada que nela se encontra.
CUNUARU-ICYCA resina que se encontra no oco de certos paus resinosos e que se pretende provir de uma exsudação da rã *cunuaru*, que neles habitualmente se encontra morando. É uma resina que coagula em camadas, as quais se fracionam em pedaços de forma irregular; o seu cheiro é aromático e se lhe atribui a virtude de tornar *marupiara* o pescador ou o caçador que a encontra e dela se serve para preparar suas flechas ou brear a linha para pescar. A virtude que adquirem os objetos com ela fabricados só pode ser neutralizada por alguma influência contrária mais forte, que no momento atue sobre o caçador ou o pescador, como se alguém dos seus lhe fizer *saruá*; o que explica as falhas e mantém a crença.
CUNURI casta de caranguejo menor do que o *cunuru*.
CUNURU[1] caranguejo do salgado.
CUNURU[2] casta de sapo.
CUPÉ espinhaço, costas, dorso.
CUPÉ-APARA corcunda, costa torta.
CUPÉÁRA V. *Cupé-uara*.
CUPEAUA traseiro.
CUPÉ-CAÁ a nervura central da folha.

CUPÉ-CÃN-UERA osso do espinhaço.
CUPÉ-RUPI pelas costas. *Poié osó mãramunhã-uara-etá cupé rupi*: o pajé vá pelas costas dos guerreiros.
CUPÉ-SUÍ das costas, de detrás.
CUPÉ-UARA, CUPÉÁRA, COPIARA alpendre, o que fica atrás das costas, a puxada que fica nas costas da casa ou do edifício.
CUPÉ-YMA sem costas, sem fundos.
CUPĨ cupim. V. *Copĩ*.
CUPI capinado, limpo.
CUPIRE roçado, a abatida do mato baixo para dar lugar ao serviço do machado, que segue a roça ou, como outros dizem, a broca.
CUPIRESARA roçador, brocador.
CUPIRESAUA roça, broca.
CUPIRETYUA lugar roçado, brocado.
CUPIREUARA roçante, brocante.
CUPISARA limpador, capinador.
CUPIXAUA limpa, capinada, a roça.
CUPIXAUA-IARA o dono da roça, roceiro.
CUPĨ-YUA cupiúba, árvore, de terra firme, que dá uma madeira escura, quase preta, de fibras claras, esplêndida especialmente para móveis, mas pouco usada por causa de sua dureza, que é realmente notável.
CUPU, CUPU-YUA casta de *Theobroma* próxima do cacau, do qual tem o hábitat, encontrando-se de preferência nos terrenos alagadiços e igapós. A fruta é uma grossa cápsula, mais ou menos dura e pilosa, contendo as sementes envoltas numa polpa acidulada. Segundo o tamanho da cápsula, há o *cupuasu* e o *cupuĩ*, isto é, cupu grande e cupu pequeno. O primeiro já é utilizado como o cacau e dá um chocolate, que, conforme afirmam, é mais delicado e perfumado do que os melhores chocolates obtidos com o cacau. A polpa, além de que serve para refresco, serve também para doce.
CUPUAĨ, CUPUĨ cupuzinho.
CUPUASU cupu grande, cupuaçu.
CUPUCU demorado, atrasado.
CUPUCUPAUA demora.
CUPUCUPORA demorador.
CUPUCUYMA sem demora.
CURACA casta de pequeno pássaro.
CURAMBY, CURAMY curabi. Flecha para ser jogada à mão, cuja ponta é envenenada com curare. Os curabis, por via disso

mesmo, são sempre trazidos com as pontas resguardadas, numa pequena aljava, em geral muito artisticamente trabalhada, tecida de fasquias de estipe de jacitara ou de outra palmeira, mais raramente de outras matérias. É arma essencialmente para caça, como me têm sempre e repetidamente afirmado os indígenas.

CURARA viveiro, curral. Corrupção da palavra portuguesa, usada em lugar de *caisará* ou outra análoga.

CURARE V. *Uirári*.

CURAUÁ, CURAUÁ-YUA casta de Bromeliácea que nasce espontaneamente no mato. Hoje já se acha cultivada em quase todas as roças em maior ou menor quantidade, e que dá uma fibra muito fina, muito resistente e muito clara, com que se fazem no rio Negro maqueiras finíssimas, e é usada geralmente em todo o Amazonas naqueles misteres em que se precisa de linha que ocupe pouco espaço e tenha grande resistência, como, por exemplo, para amanho das flechas, corda de arco etc. O *curauá* cresce facilmente, sem necessidade de grandes cuidados, em qualquer terra firme e vargem alta, e é uma indústria que merece ser explorada.

CURAUAUÍ curauabi. Casta de palmeira, que Martius diz servir para cobertura de casas. Não a conheço.

CURERA fragmento, migalha, resto, crueira.

CURÉUA casta de abelha.

CURI casta de terra vermelha; a cor que se obtém com ela.

CURICA casta de papagaio, *Androglossa amazonica*. É verde-claro, com a cabeça amarela e azul-celeste, e o espelho das asas e a mancha da cauda vermelho-alaranjada. Muito comum, vive em bandos numerosíssimos, que geralmente não se dissolvem completamente nem no tempo da incubação.

CURICACA curicaca, *Geronticus albicollis,* casta de íbis. O seu nome indígena é onomatopaico. É muito comum em todos os lugares de campos, e fora do tempo da incubação, se encontra em pequenos bandos à margem de todos os banhados.

CURICUIARI casta de periquito.

CURIMATÁ, CURIMBATÁ peixe do mato, *Anedus*. O nome de peixe do mato lhe é dado porque é encontrado muitas vezes em plena floresta, longe de lagos e rios. É seu costume passar de um lago para outro ou de um lago para um rio ou vice-versa, aproveitando-se para isso de qualquer banhado ou simples umidade, que apresente o caminho a percorrer, sendo que em certas circunstâncias e quando ficou empoçado, e presente uma seca maior, se arrisca até com uma simples chuva.

CURIMARI árvore da terra firme, casta de Bignoniácea da vargem.

CURIMBOCA casta de cipó da terra firme.

CURU ruga, dobra.

CURUÁ[1] casta de palmeira que cresce na terra firme, *Attalea spectabilis*. A sua palma é usada para cobertura de casas.

CURUÁ[2] cotinga-azul, pipira-azul, *Cotinga cerulea*. Nas primeiras semanas da enchente, aparece em pequenos bandos nos arredores de Manaus, onde a tenho observado mais de uma vez. No resto do ano se encontra isolada em casais ou pequenas famílias em todo o vale, embora em nenhuma parte comum.

CURUÁ[3] casta de sapo.

CURUCA engelhado, enrugado, dobrado.

CURUCAPAUA engelhamento.

CURUCAPORA cheio de rugas, dobras.

CURUCAUA dobra, goela, fauces, guelras.

CURUCÉ malha de renda, renda, variante de *crecé*, corrupção brasileira de *crochet*.

CURUCAUARA dobrante, goeludo.

CURUCURUA cheio de nós, botões, protuberâncias.

CURUCURUCA tosco, áspero.

CURUCURUTẼN continuamente, repetidamente, a cada passo.

CURUCUTURI gavião branco, *Buteo pterocles*. Pouco comum. Encontrei-o uma única vez na região do Acre.

CURUERA pedaço de massa que passa na peneira, sem ficar esmiuçada ou que se liga em grumos por ser mal remexida quando levada ao forno para cozinhar. Farinha em grumos, mal peneirada. Crueira.

CURUĨ esmigalhado, esfiapado, desfeito, pulverizado.

CURUĨ-PAUA esmigalhamento, pulverização.

CURUMĨ menino, rapazinho ainda não chegado à puberdade, mas que já deixou de ser *tainha*, isto é, criança.

curumĩ-asu moço, rapaz já chegado à puberdade e que ainda não é casado.

curumu o contrário, de outro modo. *Curumu-rupi*: contrariamente.

curumy o remo que amarram na borda da canoa que não tem quilha, para suprir a falta desta. O curumi é amarrado à popa quando o remeiro quer que sirva de leme e quer poupar esforços, especialmente descendo quase de bubuia. É, pelo contrário, amarrado pouco acima de meia nau, do lado externo, quando sobem o rio puxando a embarcação à sirga, e deve servir para conservá-la convenientemente afastada da margem.

curunã casta de aranha caranguejeira, casta de *Mygale*.

curupé casta de formiga de cabeça achatada. No Japurá dizem que enfiam a cabeça desta formiga na ponta da flecha para não errarem o alvo.

curupica casta de resina usada em pó para sarar feridas.

curupira corpo de menino, de *curu* (abreviação de *curumĩ*), e *pira* (corpo), curupira. O curupira é a mãe do mato, o gênio tutelar da floresta que se torna benéfico ou maléfico para os frequentadores desta, segundo circunstâncias e o comportamento dos próprios frequentadores. Figuram-no como um menino de cabelos vermelhos, muito peludo por todo o corpo e com a particularidade de ter os pés virados para trás e ser privado de órgãos sexuais. A mata, e quantos nela habitam, está debaixo da sua vigilância. É por via disso que antes das grandes trovoadas se ouve bater nos troncos das árvores e raízes das samaumeiras para certificar-se que podem resistir ao furacão e prevenir os moradores da mata do próximo perigo. Sob a sua guarda direta está a caça, e é sempre propício ao caçador que se limita a matar conforme as próprias necessidades. Ai de quem mata por gosto, fazendo estragos inúteis, de quem persegue e mata as fêmeas, especialmente quando prenhes, quem estraga os pequenos ainda novos! Para todos estes, o curupira é um inimigo terrível. Umas vezes vira-se em caça que nunca pode ser alcançada, mas que nunca desaparece dos olhos sequiosos do caçador, que, com a esperança de a alcançar, deixa-se levar fora de caminho, onde o deixa miseramente perdido, com o rastro, por onde veio, desmanchado. Outras, o que é muito pior, o pobre do caçador alcança a caça, até com relativa facilidade, e a flecha vai certeira embeber-se no flanco da vítima, que cai pouco adiante com grande satisfação do infeliz. Quando chega a ela porém, e vai para a colher, em lugar do animal que tinha julgado abater, encontra um amigo, o companheiro, um filho, a sua própria mulher. Os contos de caçadores vítimas do curupira são contos de todos os dias no meio indígena, dos moradores tanto do rio Negro como do Solimões, Amazonas e seus afluentes.

curupira-irá mel de curupira. É mel venenoso, apesar do seu bom aspecto e sabor convidativo.

curupira-ira-manha casta de abelha, que dá um mel venenoso, fazendo o ninho nos mesmos paus em que o fazem outras espécies, que dão mel inócuo e muito apreciado.

curupu pulsado, palpitado.

curupua pulso, palpite.

curupu-rendaua Lugar da palpitação.

curupusaua pulsação, palpitação.

curupuuara pulsante, palpitante.

curupu-yma não pulsado, não palpitado.

cururu[1] cururu, casta de sapo.

cururu[2] casta de árvore Apocinácea de casca muito rugosa.

cururu[3] áspero, rugoso.

cururuca murmurado, roncado, berrado, resmungado.

cururu-caá erva de cururu.

cururu-cipó cipó de cururu. Da casca se fazem cataplasmas para pôr sobre os membros desmentidos (?) [luxados].

cururucamanha murmurador, resmungador.

cururucapaua, **cururucasaua** murmuração, berro.

cururucauera murmurante, berrante, resmungante.

cururucayma não murmurado, berrado, resmungado.

cururuĩ casta de pequeno sapo.

cururu-mboia jiboia-cururu, casta de pequeno *Constrictor* que vive especialmente de sapos e pequenos mamíferos.

CURUSÁ cruz, corrupção da palavra portuguesa.
CURUTẼ, CURUTẼN ligeiro, depressa, logo. *Iure curutẽ*: vem ligeiro. *Oiuíre curutẽ*: volta ligeiro. *Inti opitá putare, osó curetẽ*: não quer ficar, vai logo. *Curutẽ ramé*: desde logo.
CURUTẼ-SAUA ligeireza, rapidez em fazer alguma coisa.
CURUTẼ-UARA apressado, ligeiro, que faz as coisas rapidamente.
CURUTẼ-UERA precipitado, que faz as coisas com precipitação.
CURUTẼ-YMA sem ligeireza, devagar, sem pressa.
CURUUÁ casta de jacaré.
CURUUA[1] curuba, doença da pele, espécie de fogo-selvagem.
CURUUA[2] casta de abóbora cheia de protuberâncias.
CURUUA-MANHA mãe da curuba, cheio de curuba.
CURUUA-CIPÓ casta de cipó que, em contato com a pele, produz irritação e ampolas como de curuba.
CURUUA PÉUA casta de curuba que não levanta ampolas.
CURUUA-PORA cheio de curuba.
CURUUA-SARA que dá, traz curuba.
CURUUA-YMA limpo de curuba.
CURUUÉ, CURUBÉ quitute de tapioca misturada com castanha pisada.
CURUBÉ-CURUBÉ fruta do mato.
CURY logo, mais. É sinal de futuro e se põe logo depois do verbo. *Xamunhã cury*: farei. *Xamunhana cury*: terei feito, e assim pelos tempos dos outros modos. Apesar, todavia, de *cury*, aditado ao verbo, lhe dar uma significação futura, não deixa de ser um advérbio de tempo aditado ao verbo, e, além de poder sempre ser substituído por outro advérbio de tempo, indica geralmente uma ação que, embora futura e indeterminada no tempo, deve ser feita logo ou o mais brevemente possível. *Xaiuíre cury* (antes do que voltarei) deve ser traduzido: volto já, volto logo.
CURY-CURY já já.
CURY-ETÉ muito brevemente.
CURY-MIRĨ dentre em pouco, daqui a um instante.
CURY-PORA cheio do futuro, que promete muito e nada faz; cheio de projetos.
CURYSAUA futuro, porvir.
CURYUARA futuroso, que há de vir.
CURY-YMA sem futuro, sem porvir.
CUSUCUI eis aqui.
CUTINGA cotinga, nome dado a várias aves de famílias diversas, mas geralmente de plumagem vistosa e variada.
CUTITIRYUÁ cutitiribá, casta de fruta silvestre.
CUTUCA furado, arpoado, *immissum membrum in vagina*.
CUTUCAPORA furadíssimo, estragado de furos.
CUTUCASARA furador, arpoador.
CUTUCASAUA furação, arpoação.
CUTUCATYUA furadouro, arpoadouro.
CUTUCAUA o furado, o arpoado.
CUTUCAUARA arpoante, furante.
CUTUCAUERA arpoável, furável.
CUTUCAYMA não arpoado, não furado.
CUTUCAYUA a haste do arpão.
CUTUCUTUCA espicaçado.
CUTUCUTUCASARA espicaçador.
CUTUCUTUCASAUA espicaçamento.
CUUMBIU, CUUMIU cubio, fruta de uma sapotácea arbustecente, comestível e de tamanho de uma maçã. Grossa baga cheia de sementes, de gosto acidulado, que lembra o gosto dos frutos da vide. É usada como legume com a carne ou peixe ensopado ou cozido, e para doce.
CUXIÚ pequeno macaco do gênero *Pithecia*.
CUXIUNA cuxi preto, pequeno macaco do gênero *Pithecia*.
CUAÍ casta de periquito.
CY mãe (forma antiga). Hoje em todo o Amazonas se usa mais correntemente de *mai* ou *manha*. *Cy*, todavia, além de ser conservado em muitas terminações, como *iacy*, *coaracy*, é ainda usado em muitos lugares, sempre que se refere a alguma das mães, que, conforme a crença indígena, foi a origem e hoje preside ao destino das coisas que dela se originaram. O indígena não concebe nada do que existe sem mãe. Simplista, estende a necessidade que ele teve para existir de uma mãe a tudo o que existe; o pai, desde que ele acredita em virgens parideiras, não é de necessidade absoluta. A mãe, pois, é sempre

necessária para que haja vida; por via disso, tudo tem mãe, e a *cy*, como verdadeira mãe que é, não abandona os seres que lhe devem a vida, lhes vigia o desenvolvimento, os guia e os protege para que consigam o próprio destino, acompanhando-os e protegendo-os da nascença até à morte. A criação é, pois, devida à fecundidade das mães das coisas animadas e inanimadas, ou melhor das coisas: porque, para o indígena que acredita na *cy*, não há coisas animadas e inanimadas, todas as coisas têm alma. A ela é devida a sua conservação. Sem a mãe não há vida, nem a vida se conserva. A *cy* é indispensável para a conservação e perpetuação, como o foi para a primeira produção. De onde, porém, lhes provêm, e quem mantém a fecundidade das mães? Do sol não, da lua menos; o primeiro é a mãe do dia, e a segunda a mãe das frutas, mas, por via disso mesmo, nem esta nem aquele podem ser o fecundador das mães das coisas, o princípio masculino. Será este Tupana, o deus tupi? Talvez, se para eles Tupana é, como me parece poder asseverar, o ser indefinido, que paira acima de tudo no além, imaterial, informe, misterioso, como a causa que faz nascer, desenvolver e morrer todas as coisas do universo, sendo ao mesmo tempo princípio gerador e destruidor. Se este é todavia o conceito tupi de Tupana, devo confessar que nunca nenhum indígena mo explicou, nem mostrou pensá-lo. O que me têm repetidamente afirmado é que todas as coisas, os astros, as serras, os lagos, os rios, as plantas, os animais e as próprias pedras têm alma, sentem; e que todas têm uma mãe que vive, da mesma vida, têm as mesmas necessidades, lutas, prazeres e instintos das coisas que lhes deram o ser; e são estas mães, começando pelo sol e pela lua, e não Tupana, que, quando precisam, se engenham de tornar propícias. Quem isto consegue vive na abundância de tudo, é feliz em tudo. Ai! daquele que as ofende! que as desrespeita! Para ele só há desgostos e misérias. Como quer que seja, Tupana parece alheio aos negócios desta baixa terra: as que tudo regulam são as mães.

CYCA, ICYCA resina. V. *Icyca*.
CYCANTÁ resina forte, breu.
CYCANTÁ-YMA resina fraca.
CYCANTÁ-YUA árvore do breu.
CYPAUA maternidade.
CYRICA V. *Xirica*.
CYRIRI V. *Xiriri*.
CYUA testa, frente, fronte.
CYUARA maternal.
CYUAUARA da frente, que é da testa.
CYUAYMA sem testa, sem frente.

E

E letra que se permuta muito facilmente com o *i*; muitas das palavras aqui inscritas se encontram com *i*, e geralmente esta parece ser a forma mais correta. Eu noto ambas as formas, especialmente quando se encontram usadas por alguém que escreveu na nossa boa língua, não tanto por amor de aumentar o número das palavras recolhidas, como para evitar o incômodo de quem procura.

EA- prefixo que algumas vezes se encontra usado como equivalente ao prefixo reflexivo *iu*.

EACANHEMO esmorecido. *V. Iucanhemo* e comp.

EAMĨ espremido. *V. Iamĩ* e comp.

EARUCA minguado, desinchado, emagrecido; se diz especialmente da lua. *Iacy earuca*: a lua minguante. *V. Iaruca*.

EARUPÉ, EARPE em cima, sobre. *Oxiare tainha tupé earupé*: deixa a criança sobre o *tupé*.

EATIRE, EATÍRI subido, elevado.

EATIREPORA cheio de subidas, ascensões, elevações.

EATIRESARA subidor, ascensor, elevador.

EATIRESAUA subida, ascensão, elevação.

EATIREUARA elevante, ascendente.

EATIRE-YMA não subido, não elevado.

EAUÉ semeado.

EAUECA semente.

EAUERA semeador, semeante.

EAUÉUA semeação.

EAUÉ-YMA não semeado.

EAUKI combinado, acordado, entendido acerca de alguma coisa com outrem.

EAUKIPORA combinante, acordante, entendente.

EAUKISAUA acordo, combinação.

EAUKIYMA sem acordo, combinação, entendimento.

EAUY errado, enganado. *V. Iauy*.

EAUYCA inclinado, abaixado. *Reauyca né racanga, resasau putare ramé*: abaixa a tua cabeça se queres passar.

EAUYCASARA inclinador, abaixador.

EAUYCASAUA Inclinação, abaixamento.

EAUYCAUA baixa.

EAUYCAUARA inclinante, abaixante.

EAUYCAUERA inclinadiço, abaixadiço.

EAUYCAYMA não inclinado, não abaixado.

ECOĨ vá, forma irregular do imperativo do verbo *ser*, comum no baixo Amazonas.

ECOPÉ traição.

ECOPÉ-RUPI traiçoeiramente, por traição.

ECOPÉUÉRA traidor.

EẼ sim; é sempre resposta à pergunta.

EẼ-ETÉ muito sim, afirmação absoluta. *Osu-*

aixara cé supé, eẽ-eté: me respondeu muito sim.

eẽngara afirmador, concordante.

eẽngaua afirmação, concordância.

eẽuera acomodadiço, que concorda facilmente.

eiecé alisado, polido.

eiecépóra muito polido, muito alisado.

eiecésára polidor, alisador.

eiecésáua alisamento, polimento.

eiecéuára alisante.

eiecéuéra polível, alisável.

eiecéyma não alisado, não polido.

eiecéyua o que serve para polir, alisar.

eiki entrado.

eikiaua entrada.

eikié enchido, cheio.

eikiésára enchedor.

eikiésáua enchente, cheia. *Paranã eikiésauasú*: enchente grande do rio.

eikiétáua enchedouro.

eikiéuára enchente.

eikiéyma não cheio.

eiki-tendaua lugar da entrada, entradouro.

eikiuara entrador.

eikiuera entradiço.

eikiyma não entrado.

eimã fuso. É uma pequena haste de um palmo de comprido, enfiada numa rodela, de cinco ou seis centímetros de diâmetro, recortada em casco de tartaruga ou jabuti, muitas vezes ornada de elegantes desenhos. O seu uso é idêntico ao do fuso europeu. Apesar da forma original, parece instrumento trazido com a civilização. A mulher tapuia não necessita de fuso para fiar tão fino e igual como a melhor fiandeira. Torce o fio sobre a coxa roliça, tirando as fibras convenientemente preparadas de um pequeno uru suspenso a qualquer coisa que lhe serve de roca. Para torcer cordas para rede ou para a pescaria, serviço que geralmente pertence aos homens, servem-se de fios já fiados e os trançam ou torcem. No primeiro caso, amarrada a ponta a uma estaca ou coisa que o valha, e tendo tantos bilros quantas pernas deve ter a trança e em cada bilro enovelado o fio, o cordoeiro, para trançar a corda, vai-se afastando e tecendo desenrolando o fio à medida que a trança progride, acabando por esticar fortemente a corda assim trançada entre duas estacas, com o fim do obter uma idêntica tensão em todas as suas partes. No segundo caso, fixa a cabeça da corda pela forma acima indicada; os fios que serão as pernas da corda são logo estendidos conforme o comprimento desejado, e preso na outra ponta a um pau que fica em mão do cordoeiro. Este pau serve de roda. O cordoeiro, conservando tesos os fios, o faz girar rapidamente, obtendo assim a torção e tensão desejadas. Obtidas estas, a corda é deixada esticada ao tempo, *omutecô arama,* para acostumar-se.

eirenĩ casta de abelha.

eisu casta de abelha.

eitá nadar. V. Uitá.

emapu porta-cigarro. Isto é, o porta-cigarro, comercial usado nas festas indígenas no Uaupés e mais afluentes do alto rio Negro. É uma forquilha de madeira escolhida, caprichosamente trabalhada e esculpida, de uns cinquenta a sessenta centímetros de alta, destinada a receber entre as suas duas pernas o cigarro cerimonial que gira, entre uma figuração e outra, entre os homens que estão descansando, ouvindo as lendas e tradições da tribo contadas pelos velhos. O *emapu*, do lado onde se empunha, é apontado de modo a poder ser facilmente fincado no chão quando ninguém fuma.

embá, nembá não. É forma muito usada no rio Negro. Já tive dúvida sobre a sua origem, mas ela desapareceu.

embae nada, ninharia. *Cunhã embae*: ninharia de mulher.

embaepora cheio de nadas, de ninharias.

embaesaua nulidade, inanidade.

embae-tatá fogo nada, fogo-fátuo. Disso por corrupção procede boitatá, do baixo Amazonas e Pará.

embaeuara inexistente, inane.

embayua, embae-yua embaúba, *lit.*: não árvore. Nome comum às diversas espécies de Cecropiáceas. Planta de folha larga e digitada, como a figueira, verde mais ou menos forte na face superior e mais claro na inferior, muito comum, especialmente a variedade que orla as praias dos rios, lagos e igarapés de toda a região amazônica. Como o nome indica, a madeira nada vale, e para o tapuia nem merece o nome de árvore. É, porém, uma clamorosa calúnia; se a madeira é fraca, nem por isso deixa de ter seu préstimo e dá um excelente carvão para pólvora pirrica [pirotécnica?], e também, segundo me foi afirmado, para as velas de carvão, para as lâmpadas de arco voltaico. A casca dá uma fibra forte e resistente que, além de servir para cordoalha de inferior qualidade, poderia talvez servir também para fazer papel, senão de primeira qualidade, pelo menos para embrulho. Todas as embaúbas, finalmente, qual mais qual menos, podem ser usadas em chá para uso interno como reguladoras das funções do coração, embora para isso seja especialmente indicada a embaúba-branca, *Cecropia argentea*, que cresce nas capoeiras de terra firme.

EMBAYUA PIRANGA embaúba-vermelha, casta de *Cecropia* da vargem.

EMBAYUA TINGA embaúba-branca, *Cecropia argentea*. Cresce na terra firme.

EMBIARA o que se pegou na caça ou na pesca e se trouxe para casa enfiado em embira. O que é destinado para ser comido. *Cé embiara*: minha comida, e, por extensão, o que me é destinado.

EMBYRA, REMBYRA, CEMBYRA filho, filha, em relação à mãe; o parido.

EMBYRA envira, embira. Casca de árvore de longas fibras, mais ou menos resistentes, que servem para atilho; o atilho feito com qualquer casca de árvore que sirva para isto.

EMBYRANGAUA afilhado, afilhada, figura de filho, em relação à madrinha.

EMBYRARE parido.

EMBYRARESARA parteira.

EMBYRARESAUA parto.

EMBYRAREUARA parturiente.

EMBYRAREUERA parideira.

EMBYRARE-YMA estéril, sem filhos.

EMBYRATĪ, EMBYRATINGA embira branca. Casca branca, a entrecasca de que fazem cordas e atilhos mais ou menos resistentes, segundo a qualidade.

EMBYRASU embira grossa, a entrecasca grossa e muito resistente e a própria casca de certas espécies, em que o líber não se presta para cordas ou outro mister semelhante. Esta então é utilizada a modo de tábua, e para paredes, em alguma maloca indígena.

EMBYRA-YUA a árvore que dá a embira.

EMOETÉ respeitado, reverenciado, adorado. V. *Moeté* e comp.

EMONGUETÁ, MONGUETÁ aconselhado, prevenido.

EMONGUETÁ CATU bem aconselhado.

EMONGUETÁ PUXI mal aconselhado.

EMONGUETARA aconselhador, conselheiro.

EMONGUETARA CATU, EMONGUETARA PURANGA bom conselheiro,

EMONGUETAU o aconselhado, o prevenido.

EMONGUETAUA conselho, prevenção.

EMONGUETAUA MANHA mãe dos conselhos. Quem dá conselhos, conselheiro público.

EMONGUETÁ-YMA não aconselhado, sem conselho.

EMUMÉU derramado.

EMUMEUARA o que derrama.

EMUMEUPAUA derramamento.

EMUMEUPORA cheio de derramamento, derramador.

EMUMEUTAUA derramadouro.

EMUMEUYMA não derramado.

EMUMĪ, EMYMĪ escondido, ocultado.

EMUMĪ-RENDAUA escondedouro, ocultadouro.

EMUMĪSARA escondedor, ocultador.

EMUMĪSAUA ocultação, escondimento.

EMUMĪUARA ocultante, escondente.

EMUMĪUERA escondediço, ocultadiço.

EMUMĪYMA não escondido, não oculto.

ENEMBIÚ élitros de várias castas de coleópteros de cores vistosas e brilhantes, verdes, verde-ouro, azuis, preparados para fazer colares. Os colares feitos com os mesmos.

ENEME, ENENE escarabeu, escaravelho.

ENONGATU, ENUNGATU guardado, conservado, posto a bom recato para as necessidades. É o que dá previdência e hábito, a causa mais difícil de encontrar no indígena, acostumado como está a viver o dia-a-dia, no meio da fartura constante da portentosa natureza amazônica; por isso mesmo não guarda ou conserva nada para os maus dias; até considera quase um vício o guardar provisões; salvo algum raro moquém, e isto

mesmo de peixe dos tempos das piracemas, pouco ou mesmo nada se encontra nas malocas dos indígenas.
ENONGATUSAUA conservação, agasalhamento.
ENONGATUTAUA conservatório, lugar onde se conserva, guarda, agasalha.
ENONGATUUARA conservador.
ENONGATUYMA não conservado.
ENTE mesmo. *Cuecente*: ontem mesmo.
ENŨ, ENŨN posto, metido, introduzido. A nasalização do *u* varia muita de localidade a localidade a ponto de, em algum caso, especialmente nos compostos, desaparecer.
ENŨ-ARUPÉ sobreposto, posto em cima.
ENŨNGARA poente, metente, introdutor.
ENŨNGAUA postura, metida, introdução.
ENŨ-SANGAUA marcado, assinalado.
ENŨ-SANGAUA-SARA marcador, assinalador.
ENŨ-SANGAUA-SAUA marcação, assinalação.
ENŨ-SARA poedor.
ENŨ-SAUA postura.
ENŨTENONDÉ antepor.
ENŨ-UARA metente.
ENŨ-UERA metediço.
ENŨ-UIRUPÉ submetido, posto em baixo.
ENŨ-XIRURA postas as calças, vestido.
EPECUCA apalpado.
EPECUCASARA apalpador.
EPECUCASAUA apalpamento, apalpação.
EPECUCAUARA apalpante.
EPECUCAUERA apalpadiço.
EPECUCAYMA não apalpado.
EPENE lebre, *Dasyprocta leptura*. Casta de pequeno mamífero intermédio entre o coelho e a lebre. Não é animal da mata; habita as macegas baixas no limite dos campos, preferindo os lugares secos e pedregosos.
EPOASU, EPOSU tosco, rombo.
EPURUÃ prenhe. *Opitá epuruã*: ficou prenhe.
EPURUÃNGARA emprenhador.
EPURUÃNGAUA, EPURUÃSAUA prenhez.
EPURUÃUARA emprenhador, emprenhante.
EPURUÃUA a prenhe.
EPURUÃUERA que fica facilmente prenhe.
EPURUÃ-YMA não prenhe.
EPY origem, princípio, base, alicerce. *Cé epy*: minha origem. *Cé soca epy*: os alicerces de minha casa. *Epy catu*: boa base, bons alicerces. *Iané epy catu*: nossa boa origem.

EPY SUÍ desde a base, desde a origem. *Iané uatasaua opiupiru puxi epy suí*: a nossa viagem começou mal desde o início.
EPY-SUÍUÁRA originário, básico, que vem do começo.
ERASÓ leva, conduz, imperativo irregular de *rasó*, em lugar de *rerasó*.
ERÉ sim, está bom, de acordo. Forma afirmativa aprobatória.
ERÉ CATU está bom, está bom. Sus! Coragem! Forma de encorajamento sem significação definida. *Eré catu! Iasoana curutẽ iasasau yara*: Coragem! vamos já passar a canoa.
ERÉ CURY até logo. *Eré cury-mirĩ*: até já.
ERÉ SUPI na verdade. *Eré supi teẽn*: em toda a verdade.
ERÉ TEẼN assim mesmo, de pleno acordo.
ERENTEYUA casta de resina; a árvore que a fornece.
ERERÉ casta de marrequinha.
ERIMBAE antigamente.
ERIMBÁETÉ antiquissimamente.
ERIMBAEANA antiquado.
ERIMBAUÉ antigo.
ERIMBAEYMA não antigo, modernamente.
ERURE traz, imperativo irregular de *rure*, em lugar de *rerure*.
-ETÁ, -ITÁ sufixo plural de *aetá, aitá*. *Miraetá*: as gentes. *Yuaetá*: as plantas. *Tauaetá*: as tabas.
ETÉ, RETÉ muito, porção, quantidade. *Miraeté*: muita gente. *Oca reté*: muitas casas.
ETÉ verdadeiro, próprio, mesmo. *Cuá inti embayua, myra eté*: esta não é embaúba, é mesmo pau. *Ixé tapyia eté*: eu sou caboclo verdadeiro; traduziriam, no Pará e em Manaus, por "Eu sou baré da gema".
EUAKERI brincalhão, buliçoso.
EUAKY conformado, ajeitado.
EUAKYSARA ajeitador.
EUAKYSAUA ajeitamento.
EUAKYUARA ajeitante.
EUAKY-YMA não ajeitado.
EUASU, IUASU alto, difícil, grande.
EUASUSAUA altura, dificuldade, grandeza.
EUAUECA marulhado, balançado, embalado.
EUAUECAPAUA marulho, marulhada.
EUAUECAPORA marulhante.
EUAUECASARA marulhador.
EUAUECAYMA que não marulha.

EUÉRUPE, EUERPE embaixo. *Euérupe rupi:* para baixo.
EUERUPEPAUA abaixamento.
EUERUPEUARA que é de baixo.
EUEUÉ voo, especialmente dos pássaros. É a onomatopeia do barulho que fazem as asas no voo.
EUEUESARA voador.
EUEUESAUA voo, ato de voar.
EUEUEUARA voante.
EUEUEYMA não voante.
EUÍRE[1] ou, também.
EUÍRE[2] repetido, voltado. *V. Iuíre* e comp.
EUÍRE-EUÍRE viravolta. *Paranã euíre-euíre:* viravoltas do rio.
EUOCA desencovado.
EUOCASARA desencovador.
EUOCASAUA desencovamento.
EUOCA-TENDAUA desencovadouro.
EUOCAUA desencovado, a coisa ou o animal que é desencovado.
EUOCAUARA desencovante.
EUOCAYMA não desencovado.
EUY, YUY terra. *V. Yuy* e comp.
EUYCA engasgado, sufocado, enforcado.
EUYCAPOCA o engasgado, o enforcado, o sufocado.
EUYCAPAUA engasgamento, enforcamento, sufocação.
EUYCASARA engasgador, enforcador, sufocador.
EUYCATAUA engasgadouro, enforcadouro, sufocadouro.
EUYCAUARA enforcante, engasgante, sufocante.
EUYCAYMA não engasgado, sufocado, enforcado.

I

I[1] ele, ela, seu, sua. *Maiaué nhá ara, amu ara pucu rupi inti osasau i inharusaua, intiana ocemo inharusaua i suá suí:* como naquele dia e todo o outro dia não passou a sua raiva, não saiu a raiva da sua cara. *Ocica i mira ramé:* quando chega a gente dele.

I[2] algumas vezes se encontra escrito *ei*, com o que talvez se procure reproduzir o som de *i*.

I- prefixo, fazendo um único todo com a palavra que modifica, geralmente um adjetivo, que torna como que substantivo, fazendo o ofício de artigo determinativo. *Icatu:* o bom. *Ipiranga:* o vermelho. *Mira icatu:* a gente boa; *Mira catu*: boa gente.

-ĩ sufixo diminutivo correspondendo ao sufixo diminutivo *-inho, -inha*, ou outro semelhante. Nas adaptações das palavras indígenas ao português se ouve pronunciar *i*, e se encontra escrito *y*. O sufixo -ĩ, salvo o caso em que a palavra a modificar acabe em vogal muda, porque então substitui pura e simplesmente esta, é aditado sem outra alteração. *Cupu:* casta de fruta; *cupuĩ:* cupu pequeno. *Ingá:* casta de fruta; *ingaĩ:* ingá pequeno. *Cuara:* buraco; *coarĩ:* buraquinho. *Tacuara:* casta de bambu; *tacuarĩ:* taquarazinha, taquari. O ĩ, embora nasalizado com um som de *im*, deve ser pronunciado como se além da nasalização tivesse um acento, sendo este que predomina nas adaptações.

IA- prefixo pronominal da primeira pessoa do plural. *Ia-sô:* vamos. *Ia-pitá:* ficamos. *Iané ia-munhã cury:* nós faremos.

IÃ pequeno macaco, casta de Lêmure, *Nyctipithecus felinus*.

IÁ fruta. V. *Yuá*.

IACA[1] enjoativo, asqueroso.

IACA[2] casta de fruta da forma de uma grande pinha; jaca.

IACÁ jacá, casta de cofo grosseiramente tecido com palha de palmeira.

IACACA casta de pássaro.

IACAEMAUA espantalho.

IACAEMO espantado.

IACAEMOPORA espantadiço.

IACAEMOSARA espantador.

IACAEMOSAUA espantamento.

IACAEMOTYUA espantadouro, lugar de espanto.

IACAEMOUARA espantante.

IACAEMOYMA não espantado.

IACAIACÁ casta de cedro, *Cedrela brasiliensis*.

IACAMARI casta de pássaro trepador.

IACAMAXIRI casta de beija-flor.

IACAMĨ jacamim, *Psophia crepitans*, e espécies afins. No Amazonas conheço três espécies.

IACAMĪ CAÁ erva do jacamim.

IACAMĪ CUPÉ TINGA jacamim de costas brancas. Encontra-se de preferência na margem esquerda de Solimões, estendendo-se pelo Japurá, rio Negro, Branco e seus afluentes até as Guianas.

IACAMĪ CUPÉ UNA jacamim de costas verde-escuras quase pretas. Encontra-se de preferência no baixo Amazonas, do Madeira para baixo e desce até o Pará.

IACAMĪ CUPÉ YUA jacamim das costas cinzentas. Prefere a margem direita do Solimões e seus afluentes.

IACAO, IACAU pelejado, disputado.

IACAO-RENDAUA lugar de peleja, lugar da disputa.

IACAOSARA disputador, pelejador.

IACAOSAUA peleja, disputa.

IACAOUÁ o pelejado, o disputado, o objeto da disputa, o objeto da peleja.

IACAOUARA pelejante, disputante.

IACAOUERA que peleja, disputa facilmente.

IACAOYMA não disputado, não pelejado.

IACAOYUA a causa, a razão da peleja, da disputa.

IACAPANĪ casta de gavião, um açor muito bravo e atrevido.

IACAPUCA penteado.

IACAPUCASARA penteador.

IACAPUCASAUA penteadura.

IACAPUCATYUA lugar de pentear.

IACAPUCAUÁ penteado, toucado.

IACAPUCAUARA penteante.

IACAPUCA-YMA não penteado.

IACARAĪ, IACARAĪN arranhado, coçado. V. Coraēn.

IACARANDÁ jacarandá, nome comum a certas espécies de Leguminosas que dão madeira forte e resistente usadas em obras de marcenaria, com especialidade para móveis, desde os tempos coloniais.

IACARANDÁ PIRANGA jacarandá vermelho.

IACARANDÁ-UNA jacarandá preto.

IACARATIÁ mamão, a fruta da *Carica papaya*.

IACARATINGA jacará branco, árvore da terra firme, que dá uma boa madeira para marcenaria.

IACARÉ jacaré, grosso sáurio do gênero *Crocodilus sclerops*. É muito comum em todo e Amazonas, mas felizmente não muito temível, atacando muito raramente o homem, do qual em geral foge. Torna-se perigoso desde que chegue a provar da carne humana, porque então ataca. Uma velha lenda conta que é um jacaré que sustenta o mundo, e que, quando cansado da posição em que está, procura outra e, se mexe, faz tremer o mundo. Por via disso o chamam *Iacaré tyrytyry manha:* Jacaré mãe de terremoto.

IACARÉARÚ casta de lagarto.

IACARÉ CACAO casta de cacau silvestre muito comum nos igapós do baixo Amazonas e que dá uma amêndoa pouco inferior às das qualidades cultivadas.

IACARÉ-CESÁ[1] olhos de jacaré. Uma casta de ostra fluviátil.

IACARÉ-CESÁ[2] casta de cipó.

IACARÉ-IATAUÁ jatobá do jacaré. Casta de jutaí da terra firme, família das Papilionáceas.

IACARÉ-IAPUNA forno-de-jacaré, nome da flor da vitória-régia no baixo Amazonas. No rio Negro a chamam *Uaupé iapuna,* e no Solimões *Piasoca iapuna,* isto é, forno da jaçanã, provindo a divergência do nome diferente que nas diversas localidades dão ao mesmo pássaro, que no baixo Amazonas e Pará chamam *iasanã*.

IACARÉ-KISAUA maqueira de jacaré. Casta de cipó que cresce nos igapós.

IACARÉ RAUA rabo de jacaré. Casta de cactus epífito, que é usado como emplastro para resolver tumores e inchações, especialmente de origem traumática.

IACARÉ-TINGA jacaré branco, jacaretinga, *Crocodilus albus*. Das várias espécies de jacarés que vivem no Amazonas, esta é a mais pequena. A sua carne não tem o fedor da do jacaré comum e para muitos é um petisco apreciado. Para mim é apenas suportável.

IACARÉTYUA, IACARÉTÁUA terra de jacarés. Jacaretuba, jacaretaba.

IACAREUNA jacaré preto. Jacareúna.

IACARÉ-UASU jacaré grande.

IACAREYUA jacareúba, *Colophyllum brasiliense*. Árvore de alto porte que cresce de preferência na vargem alta e atinge bonitas dimensões. É utilizada em obras de marcenaria e para casco e falcas de canoas.

IACAU admoestar, repreender.
IACAUPORA quem é admoestado e repreendido.
IACAUSARA quem repreende, admoesta.
IACAUSAUA repreensão, admoestação.
IACAUTYUA lugar de admoestação, repreensão.
IACAUUARA que é repreendido ou repreende, admoesta.
IACAUUERA repreensível, admoestável.
IACAUYMA que não se repreende, admoesta.
IACAUYUA a causa da admoestação, da repreensão.
IACEĒ fruta doce. Melancia.
IACINA libélula, jacina.
IACITARA jacitara, várias espécies de *Desmoncus*, casta de palmeiras de caule sarmentoso, mais ou menos espinhoso, segundo as variedades, que têm o porte de um cipó. A jacitara é empregada para tecer tipitis, *uaturás*, balaios, peneiras etc. Sempre que se precisa de maior resistência e duração, é preferida às fasquias de qualquer outra planta.
IACU[1] esperto, apercebido, cuidadoso.
IACU[2] jacu, casta de *Penelops* muito comum. No Amazonas há pelo menos duas variedades, ambas com as costas verde-escuras, salpicadas de branco mais ou menos puro; mas uma, a maior, com as partes nuas do pescoço avermelhadas, a outra, pouco menor, com as mesmas partes nuas do pescoço arroxeadas. A dúvida que pudessem ser diferenças sexuais me foi tirada do fato de ter encontrado indivíduos de ambos os sexos em ambas as variedades.
IACUA o esperto, o ladino.
IACUACÃN casta de cobra.
IACUAETÉ, IACUETÉ muito esperto, muito atilado.
IACUAETÉ-YMA ignorantíssimo, estúpido.
IACUAETÉ-YMASAUA estupidez, ignorância grande.
IACUAYMA tolo, louco, ignorante.
IACUAYMASARA endoidecedor, atoleimador.
IACUAYMASAUA tolice, loucura, ignorância.
IACUETÉPÓRA sagacíssimo.
IACUETÉSÁUA sagacidade.
IACUMÃ leme.
IACUMÃ-IYUA cana do leme.
IACUMÃ-TYUA lugar do leme.

IACUMÃ-UARA que pertence ao leme. *Tupaxama iacumã-uara*: a corda do leme.
IACUMÃYUA piloto.
IACUNDÁ jacundá, *Crenicichla*, casta de peixe que não atinge grandes dimensões.
IACURU casta de cobra.
IACURUARA casta de lagarto.
IACURUARU[1] jacuruaru, grosso sáurio, comedor de ovos e pintos. Por extensão, comedor de ovos. É o nome com que me tenho ouvido chamar mais de uma vez, quando insistia com as donas de casa para que me vendessem os ovos, e elas se defendiam porque queriam fazê-los chocar: *Iacuruaru será indé?*: És tu jacuruaru? *Indé iacuruaru puxi pire*: tu és pior do que jacuruaru.
IACURUARU[2] casta de arbusto.
IACURUTU[1] jacurutu, casta de iguano.
IACURUTU[2] casta de mocho, variedade de *Strix, Bubo crassirostris*.
IACUTINGA nome do cujubim, no Sul. V. *Cuiumī*.
IACUY embarreado, enchido o *taipuma* com terra.
IACUYCUERA que já serviu para embarrear.
IACUYMA, IACUAYMA tolo.
IACUYMAUERA toleirão.
IACUYPAUA embarreamento.
IACUYSARA embarreador.
IACUYUARA embarreante, que serve para embarrear.
IACUYUERA mau embarreador.
IACUY-YMA não embarreado.
IAIKÉ mato emaranhado, denso.
IAITYUA lugar de mato cerrado, emaranhado.
IAIUÉ lacrimoso.
IAIUÉPÁUA lagrimação.
IAIUÉPÓRA lagrimejador; chorão.
IAIUÉUÁ lágrima.
IAIUMANA lutado, atracado.
IAIUMANASARA lutador.
IAIUMANASAUA luta.
IAIUMANATYUA lugar de luta.
IAIUMANAUARA lutante.
IAIÚRA pescoço. *Munuca iaiúra*: cortar o pescoço, degolar.
IAIÚRA-MUNUCASARA Cortador de pescoço.
IAIÚRA-MUNUCASAUA degolação.
IAIÚRAPÓRA colar. É o mais comezinho dos ornamentos indígenas, de uso diário e co-

mum, tanto para os homens como para as mulheres, embora os daqueles superem sempre os destas em qualidade e quantidade. Os colares dos homens, que para os guerreiros eram feitos de dentes tirados aos vencidos, intermeados de dentes de onça, hoje são raríssimos; eles se contentam em geral com dentes de onça, queixada e mesmo de macaco e caititu, acompanhados e completados com enfiadas de frutas. Os colares das mulheres são pelo contrário de frutas. Hoje em dia, todavia, as mulheres preferem aos colares de frutas os de miçanga, e as cores preferidas são branca, preta ou azul-ferrete-escuro. As outras cores têm pouca aceitação. Tenho visto mais de uma vez, por mos terem mostrado como coisas preciosas, pequenos sacos de *tururi* com centenas de colares de dentes destinados a serem distribuídos para enfeites nos dias de festa, mas muito raramente os tenho podido obter. A razão é que tais ornamentos não são propriedade do chefe, são propriedade da maloca.

IAIÚRA-ITÁ pedra do pescoço. Pedra roliça que os chefes no Uaupés trazem ao pescoço. V. *Itá tuixaua*.

IAIURAUARA que é do pescoço, serve para o pescoço. *Pana iaiurauara*: lenço do pescoço.

IAIURAUERA pescoçudo.

IAKE espichado, estirado.

IAKESARA espichador, estirador.

IAKESAUA espichamento, esticamento.

IAKEUARA espichante, esticante.

IAKEYMA frouxo, não esticado.

IAKI irrequieto, buliçoso. V. *Iuaki* e comp.

IAKY[1] grilo.

IAKY[2] secado, estiolado.

IAKYME, IAKYYMA orvalhado, umedecido.

IAKYMEPORA cheio de orvalho.

IAKYMESARA orvalhador.

IAKYMESAUA orvalhamento.

IAKYMEUÁ orvalho.

IAKYPAUA secagem, estiolamento.

IAKYPORA estiolante, secante.

IAKYRA verde, tanto a cor como, no figurado, o animal ou a fruta ainda novos, verdes. *Yá iakira*: fruta verde. *Cunhantãin iakyra*: menina verde, nova. *Caá iakyra*: mata verde.

IAKYRANA falso grilo. Casta de cigarra e de falena.

IAKYRANA-MBOIA cobra-cigarra. Jaquiranaboia, *Fulgura lanternaria*. Um pobre inseto caluniado como muito perigoso por ser a sua ferroada venenosíssima, quando não é senão uma inócua cigarra. Apesar disso, e porque tenho sempre encontrado no indígena um exímio observador da natureza, se foi ele que lhe deu o nome e lhe fez a fama de que goza, alguma razão deve haver. A *iakyrana*, como cigarra que é, tem uma espécie de ferrão por meio do qual se nutre, fincando-o na casca das árvores, especialmente dos ramos novos, para sugar-lhes a seiva. Este ferrão, todavia, quando o animal está em repouso ou voa, e dele não se serve para a sucção, fica recolhido ao longo do ventre e não parece que com ele possa ferrar ninguém, mesmo no caso de vir o inseto a bater sobre alguma parte descoberta do corpo. Se o pudesse fazer, porém, então talvez poder-se-ia ter uma explicação do nome e da má fama. Seria fazer a hipótese de ter-se a jaquiranaboia nutrido do sumo de alguma planta venenosa (e há abundância destas na floresta), e de ter vindo nesta condição bater contra alguém, ferrando-o com o ferrão envenenado: hipótese que apesar de tudo não parece admissível.

IAKYRARA aborto.

IAKYRARE abortado.

IAKYRARESARA abortador, que faz abortar. *Amotyua iakyraresara*: abutua abortadora.

IAKYRARESAUA abortamento.

IAKYRARETÉUA abortável.

IAKYRARETYUA lugar do aborto, abortadouro.

IAKYRAREUARA abortante, que aborta, abortivo.

IAKYRAREUERA abortadeira.

IAKYRAUA imaturidade.

IAKYTYUA secadouro, lugar de estiolagem.

IAKYUA seco, estiolado.

IAKYUARA secante, estiolante.

IAKYUERA secadiço.

IAKYYMA, IAKYME não seco, não estiolado, úmido, orvalhado.

IAMACÁ casta de gálbula.

IAMACAĨ casta de gálbula menor do que a anterior.

IAMARACARU jamaracaru, grande cacto espinhoso, *Cactus cereus*, e afins. A espécie que cresce espontânea nos campos produz uma espécie de drupa ou figo comestível, que, embora tenha a fama de refrigerante, é deixado aos papagaios e periquitos. Tanto este como as espécies afins cultivadas com o mesmo nome são muito usadas na Medicina indígena para fazerem lambedores para cura das afecções dos órgãos respiratórios.

IAMARU jamaru, a fruta de uma casta de coloquíntide; a cabaça feita desta mesma fruta depois de limpa da polpa interna.

IAMARUYUA jamaruzeiro, a coloquíntide que dá o jamaru.

IAMASI jamaxi, casta de paneiro próprio para ser levada às costas por meio de atilhos, e em que o indígena carrega seus teres.

IAMBU jambu, planta da família das Compostas. A folha é usada na cozinha indígena para misturar com a carne cozida em tucupi, como substitutivo da folha de mandioca.

IAMBUASU casta de jambu de grandes folhas.

IAMBURANA falso jambu. Jamburana.

IAMBURANDI jaborandi, planta da mata virgem. O azeite que dela se extrai é utilizado para fricções na cura do reumatismo.

IAMĪ espremido.

IAMĪ-IAMĪ espremidíssimo.

IAMĪSARA espremedor.

IUMĪSAUA espremedura.

IAMĪTYUA espremedouro.

IAMĪUA o espremido.

IAMĪUARA espremente.

IAMĪUERA espremediço.

IAMĪYMA não espremido.

IAMUNERA mênstruo.

IAMUNERARA, IAMUNDERARA menstruada.

IAMUTINGA entrudado. V. Iumutinga e comp.

IANA corre, imperativo irregular de *nhana*.

IANAMÃ, ANAMÃ espesso, denso, grosso, falando de líquidos.

IANÃMBÁ leite vegetal que se extrai de uma árvore da margem dos rios e que se afirma comestível.

IANAUÍ casta de pequeno quadrúpede.

IANDAIA[1] jandaia, nome dado a um maracanã.

IANDAIA[2] nome dado a um anambé.

IANDAIA[3] nome dado a casta de abelha, também chamada jandaíra.

IANDAÍRA mel da abelha jandaia. Algumas vezes se designa com este nome a própria abelha e então para designar o mel dizem: *Iandaíra-ira*.

IANDARA meio-dia. Martius traduz jantar e dá a palavra como corrupção do português. A coincidência do jantar do meio-dia, corrente ao tempo em que Martius esteve aqui, parece tê-lo feito acreditar nisso. Para mim é apenas uma forma, com significação especial e própria da saudação *iané ara* ou *iandé ara*, que exatamente substitui o *iané coema* ao meio-dia.

IANDÉ, IANÉ nós, nosso, nossa. *Iané iacica cury-mirī*: nós chegamos já. *Iané ramunha-itá*: nossos avós.

IANDIÁ jandiá, várias espécies de peixes de pele, do gênero *Platystoma* e afins.

IANDIATYUA terra de jandiás. Jandiatuba.

IANDIÁ-YUA jandiaúba, árvore que cresce nas vargens altas dos rios e igarapés, e cuja fruta serve de isca aos jandiás. É árvore de alto porte, embora não muito copada. A sua madeira, embora pareça própria para obras de marcenaria, não sei que seja usada.

IANDU aranha.

IANDUACY casta de grossa *Mygale*.

IANDUĪ aranhazinha

IANDU-MIRĪ aranha pequena.

IANDU-PÉUA aranha chata. Casta de lacrau.

IANDU KYSAUA teia de aranha; *lit.*: rede de dormir da aranha.

IANDU-SUPIÁ-KYSAUA rede dos ovos de aranha. O saco em que se encontram envolvidos os ovos de certas espécies de aranhas, que o inseto leva consigo, e mais raramente abandona seguro nalgum suporte.

IANDY óleo, azeite vegetal; qualquer substância oleosa de proveniência vegetal.

IANDY ASUÍUÁRA azeite-doce; *lit.* azeite da outra banda.

IANDY CARYUA santos óleos, crisma.

IANDY CARYUA RERU âmbula dos santos óleos.

IANDYRAUA azeite amargo. Andiroba.

IANDYRAUA-YUA andirobeira.

IANÉ ARA nom dia; *lit.* nosso dia. Forma de saudação que se começa a dar do meio-dia em diante. De manhã se diz *iané coema*. De tarde, quando o sol já baixo está para deitar-

-se, se usa *iané caaruca*. Depois do sol posto e pela noite adiante, quando alguém se despede, *iané pituna*. O saudado, em qualquer caso, responde *iandaué*, forma contraída de *indé* (tu) e *iaué* (o mesmo); o que equivale a boa-manhã, boa-tarde, boa-noite, a que se responde "o mesmo para ti".

IANEMBAE o nosso, a nossa coisa.
IANERA janela (corrup. do português).
IANGAÏSAUA magreza.
IANGAĪUARA magra.
IANTĪ frente, proa da canoa ou de outra qualquer embarcação.
IANTĪGARA proeiro, o que é da frente.
IANTĪGAUA o lugar da proa.
IANTIĪ zagaia, bidente farpado, que serve na pesca ao pajé para fisgar o peixe surpreendido a dormir nos baixios de águas límpidas. V. *Paié ityca* e *Pirakyra*.
IANTIĪ-YUA haste da zagaia, haste de madeira rija e elástica, do comprimento máximo de dois metros, geralmente menos, da grossura de um dedo.
IANTIĪ-UARA zagaiador.
IANTIN-YUA proeiro, o remeiro que vem na proa e de cuja habilidade depende, tanto quanto do piloto, a manobra nas cachoeiras.
IAPA ombro.
IAPÁ toldo movediço feito de dois panos ligeiramente tecidos de folhas de palmeira, entre os quais é posto um estrado de folha de arumã, pacova sororoca ou mesmo pacova cultivada, para abrigar a carga na canoa.
IAPACANĪ japacani, águia, gavião-real, *Spizastur tyrannus*. O mais bravo dos rapaces amazonenses.
IAPACANY erva cheirosa usada para as mulheres se lavarem depois do parto e para o primeiro banho das donzelas chegadas à puberdade, e dado logo em seguida ao primeiro mênstruo. Se lhe atribui a virtude de regularizar os mênstruos e de tornar prolífica a moça.
IAPANA casta de erva de cheiro, muito usada no Solimões para as mulheres lavarem os cabelos e torná-los macios e lustrosos.
IAPARA entortado, esquerdo. *Pô iapara*: mão esquerda. *Paranã oiapara*: o rio se entorta.
IAPARANDI casta de arbusto, das Mirtáceas.
IAPARAPAUA entortamento.
IAPARAPORA entortante, que se entorta.
IAPARASARA entortador, que entorta.
IAPARATAUA lugar esquerdo, de entortamento.
IAPARAYMA não entortado, não esquerdo.
IAPATUCA embrulhado. V. *Patuca* e comp.
IAPATUCA-YMA desembaraçado.
IAPATUCAYMA-SAUA desembaraço.
IAPÉCÁNGA japecanga. V. *Ipecacuana*.
IAPECUA¹ abano. V. *Tapecua* e comp.
IAPECUA² casta de cacto.
IAPEPU panela.
IAPEYUA lenha cortada para queimar (Japurá).
IAPĪ japim, *Cacicus*. O mais comum no Amazonas é o preto, com os encontros, as costas e o uropígio amarelo, e é este que se chama correntemente japim sem outros adjetivos. A outra espécie, *iapĩ piranga*, japim vermelho, *Cacicus haemorrhous*, com os encontros, dorso e uropígio vermelho-sangue, é muito mais raro. Muito sociável, vive em colônias, pendurando os ninhos em forma de longas bolsas arredondadas aos galhos das maiores árvores da floresta, preferindo os que têm casa de caba, garantindo-se assim uma boa defesa. Má carne, é pouco molestado pelo homem. Por causa disso, o amarelo aqui no Norte não trepida em fazer seus ninhos em árvores perto das casas e mesmo dentro das habitações. É suficiente para isso que encontre uma árvore que apresente a necessária distribuição de galhos, porque, na hipótese, dispensa as cabas.
IAPICICANA o que foi preso, o prisioneiro de guerra.
IAPINA cortar os cabelos rente, à escovinha.
IAPIXAĪ crespo, encarapinhado.
IAPĪ OCA casa de japim. Casta de cipó, de que o japim se serve para tecer seu ninho.
IAPÔ japu, casta de pássaro da família dos Ictéridas. Maior do que o japim, com que muito se parece, tanto no seu todo como na distribuição das cores. Vive ele também em colônias, tecendo longas bolsas penduradas aos ramos dos maiores gigantes da floresta, mas nunca o tenho visto pôr seus ninhos em árvores próximas das habitações. O japu, logo acabada a incubação, sai de manhã, em bando, em procura de co-

mida e só volta à noite para o pouso – local onde nidificara, que abandona muito dificilmente, continuando anos e anos seguidos no mesmo lugar. Por onde o bando do japus passa, nada fica. Tudo consomem, nada deixam atrás. São os maiores inimigos não só das frutas e dos insetos, mas também de ovos e ninhos, e o dano que produzem só é comparável com o de um bando de macacos.

IAPOÃ, IAPUÃ, AIAPUÃ redondo, circular.
IAPOÃPAUA rotundidade, círculo.
IAPOÃSARA arredondador.
IAPOASU japu grande. Japuaçu, casta de *Ostinops* que vive aos casais e que somente em seguida à incubação se encontra em pequenas famílias que se dispersam logo. A cor geral do pássaro, do tamanho de um pombo, é verde-amarelo-escuro com manchas amarelo-ferruginosas, o bico bruno com a ponta vermelha cor de cinábrio. Segundo a lenda, o bico ficou vermelho pelo sinal que lhe ficou da sua ida ao sol, de onde trouxe o fogo para a terra. Antes, na terra, não havia fogo. É o Prometeu indígena, e já me foi explicado que não foi o japuaçu que foi furtar o fogo no sol, mas um pajé, que, por punição, foi mudado em japu, ficando-lhe o bico vermelho como sinal da causa da sua metamorfose.
IAPOÃYMA não redondo.
IAPOTĪ suspenso, atado, preso.
IAPOTĪSARA suspensor.
IAPOTĪSAUA suspensão.
IAPOTĪ-RENDAUA lugar de suspensão.
IAPOTĪUÁ o preso, o atado, o suspenso.
IAPOTĪUARA suspendente, atante.
IAPOTĪYUA atilho, presilha, suspensório.
IAPUCUÁ junto, unido.
IAPUCUÁRI amarrado.
IAPUCUARISARA amarrador.
IAPUCUARISAUA amarração.
IAPUCUARITYUA amarradouro.
IAPUCUARIUARA amarrante.
IAPUCUARIYUA amarrilho.
IAPUCUAUSARA juntador.
IAPUCUAUSAUA junção.
IAPUCUAUTÉUA juntável.
IAPUCUAUTYUA juntadouro.
IAPUCUAUUARA juntante.
IAPUCUAUUERA juntadiço.
IAPUCUAUYMA não junto, solto.
IAPUCUAUYUA o que junta, a razão da junção.
IAPUCUI remado. *Iasoana, iaiapucui kyrimbau!*: Vamos, rememos com força!
IAPUCUISARA remador, remeiro.
IAPUCUISAUA remada.
IAPUCUITÁ remo.
IAPUCUITARA remeiro.
IAPUCUITAUA remadouro, lugar de onde se rema, banco.
IAPUCUITAYUA cabo do remo. O *iapucuitá* é o remo de mão, feito de um cabo mais ou menos comprido, variando entre a grossura de um cabo de vassoura e um cabo de machado, com uma cômoda empunhadura de um lado e do outro uma larga pá chata, oval ou redonda, de largura e tamanho variável, e que, imersa, é destinada a provocar a resistência da água. A forma do remo é muito variável de tribo a tribo, mas na mesma tribo varia raramente, pelo que, em muitos casos, a forma do remo diz a tribo a que pertence o dono.
IAPUĪ desfiado.
IAPUĪPAUA desfiamento.
IAPUĪPORA desfiante, que se desfia.
IAPUĪSARA desfiador.
IAPUĪTAUA desfiadouro.
IAPUĪUERA desfiadiço.
IAPUĪYMA não desfiado.
IAPUNA forno para torrar a farinha de mandioca. É uma vasilha de barro de forma redonda, que varia de um a dois palmos até mais de metro de diâmetro, com um rebordo que, de acordo com a largura, também varia de três a sete ou oito dedos, sem testo. Os pequenos, que mais propriamente servem para preparar o beiju de uso diário, são aquentados montados pura e simplesmente na *itá curua*, a trempe indígena; os maiores, sobre uma armação também de barro, feita de modo a formar fornalha e permitir que embaixo se acenda o fogo necessário para aquentá-los. Para operar, depois de convenientemente aquecido o forno, a forneira lhe vai pondo a pouco e pouco a massa da mandioca ralada e espremida no tipiti, distendendo-a e remexendo-a rapidamente com a pá, para impedir que se agrume, e obter que cozinhe toda por igual. Nisso está a habili-

dade da forneira, que deve saber moderar o fogo para impedir que a fornada queime, e conservá-lo bastante ativo para, secando ligeiro, evitar os grumos e conseguir uma farinha fina, dura e convenientemente torrada para poder durar muito tempo empaneirada. Hoje o *iapuna* de barro é substituído em muitos lugares por fornos de ferro ou de cobre. As forneiras que já usaram dos fornos de barro, todavia, não gostam da substituição, porque além do maior incômodo que lhes dá durante a torração o maior calor, acontece que nos fornos de ferro ou cobre a menor desatenção pode fazer queimar a fornada, e porque nunca dão, afirmam elas, uma farinha tão bem torrada, solta e gostosa como a que se obtém nos fornos de barro.

IAPUNA MUNHANGARA fazedor de fornos. É trabalho de mulheres, como aliás o é a fabricação de todo o vasilhame de uso. Os fornos pequenos não apresentam nada de especial; são preparados e cozidos como todas as outras espécies de vasilhas. Os fornos grandes, para que não quebrem, são preparados e cozidos no mesmo lugar onde devem servir. Começam preparando a fornalha da altura que chegue ao ventre da forneira e de tamanho conveniente, em forma de cone, com uma abertura, por onde deve ser introduzida a lenha rente ao chão, e um ou dois furos no alto, por onde deve sair a fumaça. Pronta a fornalha, a cobrem com um estrado de varas, sobre que espalmam um pouco de terra para obter superfície igual. Feito isso, a forneira começa a construir o forno do centro, desenvolvendo em espiral e aplicando sobre o estrado umas tiras da terra adrede escolhida e preparada por longa manipulação e a mistura de *caraipé* conveniente, obtendo a adesão necessária pela pressão dos dedos e água; e vai assim continuando até chegar a toda a largura da fornalha, fazendo, aí chegada, a borda do forno. Isto feito, com um pedaço de cuia e água, toda a superfície de forno é alisada e tornada homogênea e, deixado alguns dias para secar, é queimado e pronto para servir.

IAPUOCA casa de japu. Casta de cipó.

IAPURU casta de concha fluvial.

IAPURUTU pífaro feito de um estipe de jupati, de dois ou três palmos de comprimento, acabado do lado contrário da embocadura por um alargamento em forma de trompa, feito de um tecido de arumã, coberto de cerol.

IAPURUCI casta de caracol.

IAPUSACA abalado, sacudido. *Inti xapaca ramé, reiapusaca ce makira*: se não acordar, sacode a minha rede.

IAPUSACASARA sacudidor, abalador.

IAPUSACASAUA sacudidela, abalamento.

IAPUSACAUÁ abalo.

IAPUSACAUARA abalante, sacudinte.

IAPUSACAYMA não abalado, não sacudido.

IAPY lançado, jogado.

IAPY-IAPY arremessado; jogada rapidamente uma coisa atrás da outra.

IAPY ITÁ apedrejado, lançado pedra.

IAPY-RECÉ lançado contra.

IAPY-SARA lançador.

IAPY-SAUA lançamento.

IAPY-TYUA lançadouro.

IAPY-UARA lançante.

IAPY-UERA lançável.

IAPY-YMA não lançado.

IAPYSÁ¹ orelhudo.

IAPYSÁ² escutado.

IAPYSÁ-CANHEMO ensurdecido.

IAPYSACÁRI espiado, escutado com atenção.

IAPYSACÁRI-SARA espião.

IAPYSACÁRI-SAUA espionagem.

IAPYSASARA escutador.

IAPYSASAUA escuta.

IAPYSAUARA escutante.

IAPYSAUERA escutadiço.

IAPYSÁ-YMA que não escuta; sem orelhas, sem ouvido; doidivanas. *Curumitá iapysayma raĩn*: meninos sem juízo, que ainda não escutam.

IAPYXÁ acutilado.

IAPYXARA acutilador.

IAPYXAUA cutilada.

IAPYXAUARA acutilante.

IAPYXÁ-YMA não acutilado.

IARA dono, senhor. *Iané iara*: nosso senhor. *Ixé iara*: eu sou o dono. *Auá iara?*: quem é o dono? *Opaĩn maá iara*: dono de todas as coisas.

IARÁ jará, casta de palmeira, *Leopoldina pulchra*.

IARACATIÁ casta de planta de flor rósea, que cresce nas praias.

IARAKI jaraqui, *Pacu nigricans,* casta de peixe de escama, muito espinhento, que aparece em grandes cardumes procurando as cabeceiras dos rios no tempo da desova, nos últimos dias da enchente, prenúncio de vazante; reaparece nos últimos dias da vazante, anunciando a enchente.

IARAPA jalapa, *Piptostegia Pisonis.* É planta de raiz purgativa assaz conhecida.

IARARACA jararaca, *Cophias atrox* e afins, casta de serpente venenosíssima.

IARARACUSU jararaca grande. Jararacuçu, casta de *Cophias.*

IARARACA-PÉUA jararaca chata, casta de *Cophias.*

IARARACA-TAIÁ tajá de jararaca, casta de *Caladium,* cujo pecíolo imita a pele da jararaca, com uma espécie de reticulado escamoso amarelo e preto, de um mimetismo surpreendente e que não deixa de ser perigoso, visto que se afirma que a jararaca gosta de habitar as touças deste tajá.

IARARACA-TINGA jararaca-branca, casta de *Cophias.*

IARAUÁ casta de planta que fornece uma fibra têxtil.

IARÁ-UCU, IARÁ-URUCU jará vermelho, casta de Leopoldínia (palmeira).

IARÁ-UNA jará-preto, casta de Leopoldínia (palmeira).

IARA-YMA sem dono, que não tem dono.

IARE recebido, aceito.

IAREPAUA recebimento.

IAREPORA recebente.

IARESARA recebedor.

IAREYMA não recebido.

IÁRI unido, juntado, encostado.

IARICY faceiro.

IARICYPORA que se enfaceira ou faz enfaceirar.

IARICYSAUA faceirice.

IARICY-YMA severo, que não se enfaceira.

IARISARA juntador, unidor, encostador; quem faz unir, juntar, encostar.

IARISAUA junção, união.

IARITYUA juntadouro, lugar de encosto, de união.

IARIUARA juntante, encostante, uniente.

IARIYMA não junto, não encostado, não unido.

IARU zangado, irritado. V. *Inharu* e comp.

IARUCA diminuído, minguado, desinchado, subtraído. *Iacy iaruca:* lua minguante. *Cé papasaua reiaruca cuá uy ireru-itá:* diminuis da minha conta estes paneiros de farinha. *Cé pó oiaruca xinga:* a minha mão desinchou um pouco.

IARUCASARA diminuidor, subtrator.

IARUCASAUA diminuição, subtração.

IARUCAUARA minguante, diminuinte.

IARUCA-YMA não diminuído, não subtraído.

IARUCANGA costela.

IASAẼN, IASAẼ que se espalhou. V. *Saẽn* e comp.

IASAĨ, IASAĨN que se estendeu. V. *Saĩn* e comp.

IASANÁ casta de *Rallidas.* Nome que no baixo Amazonas e no Pará dão à parra jaçanã, que no Solimões chamam *piasoca* e, no rio Negro, *uaupé* e *uapé.*

IASAPĨ casta de capim dos campos de Marajó.

IASAUA vau, passagem.

IASAUATAUA, IASAUPAUA ponte.

IASUCAUA banheira.

IATÁ jatá, casta de palmeira, coco.

IATAĨ jataí, casta de palmeira, variedade menor do que a anterior.

IATÉ ligeiro, ativo, ladino.

IATÉSÁRA que dá ligeireza, atividade.

IATÉSÁUA ligeireza, atividade.

IATÉ-YMA não ligeiro, não ativo, pigro, estúpido.

IATÉ-YMA-SAUA estupidez, lentidão.

IATICŨ pendurado, suspenso. *Rerure cé myrapara oiaticũ oicô auá oca itapoã kiti:* traz o meu arco que está pendurado no prego da casa.

IATICŨ-SARA pendurador, suspensor.

IATICŨ-SAUA suspensão.

IATICŨ-TYUA lugar de suspensão, onde se pendura.

IATICŨ-UARA suspendente.

IATICŨ-YMA não suspenso, pendurado.

IATIMÃ[1] volta, curva. *Paranã iatimã:* volta do rio.

IATIMÃ[2] rodeado.

IATIMÃ IARA dono do rodeio, chefe.

ITATIMANA envolvido.

IATIMANASARA envolvedor.

IATIMANASAUA envolvimento.

IATIMANAUÁ envoltório.
IATIMANAUARA envolvente.
LATIMANAYMA não envolvido.
IATIMÃSARA rodeador.
IATIMÃSAUA rodeio, rodeamento.
IATIMÃTAUA rodeadouro.
IATIMÃUARA rodeante.
IATIMÃYMA não envolvido.
IATIMBOCA carrapato.
IATIMU embalado.
IATIMUSARA embalador.
IATIMUSAUA embalo.
IATIMUUARA embalante.
IATIRE elevado. V. Eatire.
IATIÚCA carrapato.
IATUAÚUA jatuaúba. A fruta dá em cachos como a uva. Martius, citando Cerqueira, informa que a raiz é usada como purgante para cura da esterilidade das mulheres.
IATUCA curto, breve, baixo.
IATUCÁ jogado fora, lançado V. Iatycá.
IATUCANA muito curto, baixo.
IATYCÁ 1. arpão. 2. arpoado.
IATYCÁ-IARA arpoador muito hábil.
IATYCÁSÁRA arpoador.
IATYCÁSÁUA arpoada.
IATYCÁTÝUA arpoadouro.
IATYCAUA o que é arpoado.
IATYCÁUÁRA arpoante.
IATYCÁXÁMA corda do arpão.
IATYCÁÝMA não arpoado.
IATYCÁÝUA haste do arpão.
IATYĨ furúnculo.
IATYĨ-AYUA antraz.
IATYĨ-PORA furunculoso.
IATYĨ-UARA furuncular.
IATYMA, IATEYMA ociosidade, preguiça.
IATYMA MANHA preguiçoso, ocioso.
IATYNA ombro.
IATYÚCA bicho dos pés. V. Tombyra.
IAÚ jaú, casta de ave noturna.
IAUACACA[1] lontra, *Lutra brasiliensis*. Habita a margem do rio, onde vive em buracos escavados por ela mesma nas touças, ou debaixo das raízes das árvores ribeirinhas. O nome é a onomatopeia do grito. Pouco arisca, embora já não se encontre perto das habitações, não é raro vê-la acompanhar por breve trato as canoas que transitam nos lugares que habita, nadando e gritando com uma algazarra que nem sempre acaba com o primeiro tiro de espingarda. A pele, embora não dê uma peliça tão fina como a das espécies que vivem em climas mais frios, não é todavia para desprezar; as poucas que aparecem no mercado são logo vendidas e já não se veem, como ainda há pouco se viam, cadeiras e bancos com assentos de pele de lontra, honra que esta divide com o peito de jacaré.
IAUACACA[2] as quatro estrelas maiores de Órion, que com Sirius figuram, conforme a astronomia indígena, as lontras que estão em volta do *mocaentaua*. V. Mocaentaua.
IAUACATI ave, casta de alcião.
IAUACUARA, IAUAUCUARA lugar de refúgio, quilombo. O lugar onde se refugiavam os fugidos do cativeiro.
IAUAÉ bravo, arrogante.
IAUAETÉ feroz, terrível, espantoso.
IAUAETÉ MANHA aterrador, espantador.
IAUAETÉ PORA espantado, aterrorizado.
IAUAETÉ-SAUA espanto, terror.
IAUAETÉ-RANA espantalho.
IAUAETÉUÉRA espantadiço.
IAUAETÉ-YMA não feroz, não terrível.
IAUAPERI, IAUAPIRI cachorro-do-campo, *Canis azarae*, muito comum no Sul do país. No Amazonas, conforme me foi dito mais de uma vez, aparece em pequenos bandos nos descampados da margem direita do Solimões, fato que nunca verifiquei. Noto o nome, porque é na sua forma puro nheengatu, tanto que há um afluente do rio Negro com este nome, e é o nome com que é conhecida uma das tribos que o habitam, com a coincidência de ser ela proveniente dos campos do Orinoco, onde já esteve aldeada com o nome de Kerixana, o que, além de tudo, explica os terem chamado cachorros-do-campo.
IAUARA cachorro.
IAUARA CAUA caba de cachorro. Casta de caba, que tem um ferrão muito respeitável.
IAUARA KINHA pimenta de cachorro.
IAUARA KYUA piolho, pulga de cachorro.
IAUARA ICYCA resina de cachorro. A resina de que se servem para vidrar as panelas para torná-las impermeáveis. O verniz, que é dado a quente, não se derrete senão quando o fogo é muito forte e a panela fica seca.

IAUARA NAMI orelha de cachorro. Casta de fruta do igapó.

IAUARA-PERI erva de cachorro; a que ele procura e come quando adoentado.

IAUARAPÉUA cão miúdo, rasteiro. Nome que é também dado em algum lugar à lontra; neste sentido, é tupi.

IAUARA-PYPORA pegadas de cachorro.

IAUARASU lobo, *Canis jubatus*.

IAUARETÉ onça, *Felix jaguar*. Belo felino de pelo fulvo-amarelo-claro e ventre branco, de manchas fulvo-escuras em forma de anel ou rosetas irregulares, muito comum. O nome de onça lhe foi dado pelos descobridores do país, pela parecença que tem com um felino africano, o leopardo. Há numerosas variedades devidas aos contínuos cruzamentos. No tempo em que as onças vão em calor, se veem as fêmeas acompanhadas de uma corja de machos de todos os tamanhos e de todas as pintas, que se comportam absolutamente como o cão doméstico. Tão entretidos vão atrás da fêmea, que, se não são inquietados, passam ao pé da gente sem lhe fazer atenção. Ai! de quem os moleste! todos caem em cima do imprudente. Foi o que me afirmou um velho tapuio a primeira vez que encontrei a estranha procissão; depois de me ter impedido de fazer fogo, quase me tirou a espingarda das mãos.

IAUARETÉ APECU língua de onça. Casta de cipó.

IAUARETÉ CAÁ erva de onça. Casta de capim.

IAUARETÉ CUNUARU casta de rã, à qual atribuem a faculdade de mudar-se em onça e de produzir a resina, que se encontra no oco de certos paus. V. *Cunuaru*.

IAUARETÉ PINIMA onça-pintada. A pinta é miúda, sem formar anel, sobre fundo muito variável.

IAUARETÉ PIXUNA onça-preta. Fulvo-escura, com manchas da mesma cor, que em alguns indivíduos chegam a não se divulgarem senão contra a luz.

IAUARETÉ SOROROCA onça listrada. As manchas fulvo-escuras sobre fundo mais claro são em forma de estrias, como as do tigre.

IAUARETÉ TAIÁ tajá de *iauareté*. Casta de *Calladium* cultivado como planta ornamental e a que atribuem a propriedade de tornar feliz nos amores.

IAUARI javari, palmeira de espique espinhoso, que cresce à margem dos rios e lagos, preferindo os igapós e margens baixas, *Astrocaryum javary*. Das folhas se extrai uma fibra assaz resistente, de que os Ipurinas do rio Purus tecem suas redes de dormir. A fruta, que amadurece com as primeiras águas da enchente, é comida muito procurada pelos tambaquis. Do espique se fazem estacas, mas de não muita duração.

IAUARUNA jaguaruna; cão preto, onça preta.

IAUAU fugido.

IAUAUÁ fuga.

IAUAUARA fuginte.

IAUAUA-CUARA quilombo, buraco do fugido.

IAUAUA-CUARA-PORA quilombeiro, que enche o quilombo.

IAUAUA-CUARA-IARA o chefe do quilombo.

IAUAUATÉUA fugidiço.

IAUAUERA fujão.

IAUAYRA lacrau.

IAUÉ assim, assim mesmo, da mesma forma, outro tanto. À saudação se responde *Indé iaué*: outro tanto para ti. *Cuá iaué*: deste modo. *Mira iaué*: na forma de gente, como gente.

IAUÉ AUÁ semelhante a ele.

IAUÉ AYUA TENHẼ cada vez pior.

IAUÉ CATU assim está bom, realmente assim.

IAUÉ IAUÉ assim assim.

IAUÉ IPU talvez assim, pode ser.

IAUÉ NHUNTO só assim, simplesmente, só isso.

IAUÉ RETÉ muito assim, concordo inteiramente.

IAUÉ-SAUA conformidade.

IAUETÉ está bom, perfeitamente.

IAUÉ TENHẼ assim mesmo, nem mais nem menos.

IAUÉUÉRA que se conforma facilmente.

IAUÉUÝRA casta de arraia.

IAUÍ quebrado, falhado.

IAUÍCA inclinado. V. *Sauíca* e comp.

IAUÍ-IAUÍ gaguejado.

IAUÍ-IAUISAUA gaguejo.

IAUÍ-IAUIUERA gago, gaguejante.

IAUISARA quebrador.

IAUISAUA quebra, falha.

iauí tecô infringida a lei, prevaricado.
iauiuara falhante, quebrante.
iauiuera quebradiço, falhável.
iauiyma não falhado, não quebrado.
iauiru, iauuru jaburu, *Ciconia maguary*. O nome sistemático lhe é dado pelo nome vulgar com que esta ave é conhecida no Sul do país, onde a chamam maguari, nome que aqui no Amazonas é dado à *Ardea cinerea* ou *Ardea cocoi*. No Amazonas encontra-se em bandos numerosos e nidifica na orla das praias dos lagos pouco frequentados. Os ovos, menores do que se poderia esperar pelo tamanho da ave, quando cozidos têm a gema azul-celeste e a clara azulada e, posso afirmar, sem *pitiú* ou cheiro especial.
iauki disputado, brigado.
iaukisara disputador, brigador.
iaukisaua disputa, briga.
iaukitaua lugar de briga, de disputa.
iaukiuara brigante, disputante.
iaukiuera que briga, disputa facilmente.
iaukiyma indisputado.
iauorandi jaborandi, nome comum a diversas plantas herbáceas, usadas na farmacopeia indígena como sudoríficos e diuréticos, em chás e decocções.
iauti jabuti, *Testudo tubulata* e afins. É uma tartaruga terrestre largamente espalhada em todo o país, e no folclore indígena representa a astúcia aliada à perseverança. O jabuti vence, sem correr, o veado na carreira, escalando os parentes ao longo do percurso, para que lhe respondam, e fazendo-se encontrar lampeiro e descansado no ponto terminal. Escapa ao homem que o tinha guardado numa caixa para comê-lo, lisonjeando as crianças, que tinham ficado em casa. Chega ao céu escondido no balaio de um dos convidados, com quem tinha apostado que lá o encontraria. Só com o macaco não se sai bem, que o deixa em cima de um galho de pau, sem que possa descer; mas ainda assim sai airosamente do aperto, matando a onça que lhe ampara a queda. Manha e paciência, as duas virtudes fundamentais do indígena, são os atributos do jabuti; o tempo que pode gastar é indiferente e só perde a esperança de sair-se do aperto quando enterrado pelo taperebá. Debaixo de outra qualquer espécie de árvore, só tem de esperar que apodreça; com o taperebá esta esperança não existe. Onde cai, aí mesmo bota novas raízes, e o que pode acontecer é que em lugar de uma árvore nascem dezenas, e o pobre do jabuti fica enterrado para todo o sempre.
iauti caua gordura de jabuti. Jabuticaba, fruta de uma Mirtácea. Pequena drupa comestível.
iauti-mytá-mytá escada de jabuti. Cipó do gênero das *Bauhinias*, muito comum, que cresce de preferência na terra firme e lugares elevados, imitando fitas mais ou menos largas e de curvas mais ou menos acentuadas. A casca de um deles é usada em infusão e chá como sudorífico.
iauti putaua comida de jabuti. Várias espécies de árvores das mais diferentes famílias, em geral de frutas insignificantes, que são comidas pelo jabuti, e em baixo das quais encontra-se a comer.
iautiyua jabutiúba, casta de palmeira, *Raphia tardigera*.
iauyra arraia, nome genérico comum a várias espécies que vivem nos rios e lagos do Amazonas. Há de todos os tamanhos, e todas elas munidas de ferrão na cauda. Este em forma de estilete de dois gumes munido de uma miudíssima serra, que, penetrando, dilacera as carnes e produz uma ferida, por via disso mesmo de difícil cicatrização. O ferrão já serviu ao indígena de ponta de flecha, e ainda hoje o usam muitas tribos, para as quais o ferro é luxo raro. A arraia prefere os lugares não muito profundos e lamacentos, e os remansos lodosos das praias, onde há perigo de a encontrar de manhã e de tarde. Como comida, a sua carne é pouco apreciada.
iauyra caá folha-de-arraia, casta de Solanácea. Dizem-na um bom depurativo.
icamby, icamy leite, mama. V. *Camby* e comp.
icambysara ama-seca, ama de leite.
icambyuara que tem mamas.
icatu o bom, o bem.
icau gritado, falado áspero a alguém. V. *Iacau*.
icaua 1. gordo, gorduroso. 2. nome genérico de qualquer gordura, manteiga, azeite animal ou toucinho. *Paranã icaua*: rio gordo, isto é, o rio que, espraiado, se torna profun-

do e cheio, correndo entre margens altas, que deixam uma pequena passagem às águas, as quais logo abaixo voltam a espraiar-se.

ICAUA CENDI vela, lamparina; gordura acesa. A lamparina indígena é um caco, raramente uma vasilha feita expressamente, em que é posto um pouco de gordura, geralmente de peixe-boi, e uma torcida qualquer.

ICAUASAUA gordura.

ICAUAUARA gorduroso.

ICENAU queixo, barba, a parte inferior do rosto.

ICICUÉ vivido, vivo.

ICICUÉ-PORA vivente.

ICICUÉ-SARA vivedor, que faz viver.

ICICUÉ-SAUA vida.

ICICUÉ-YMA sem vida.

ICIEÍ dormente, dolorido. Diz-se dos membros que ficam como entorpecidos por ter ficado em má postura. *Xaicó cé py icieí*: estou com o pé dormente.

ICÔ sido, estado, residido, jazido, passado, ido. *Mata reicô?*: como passas? *Makiti reicô cuire?*: onde resides agora? *Xaicô catu*: estou bom.

ICÔ-AYUA sido, estado ruim, passado pessimamente.

ICÔ-CECÉ pretendido.

ICOI ides, irregular.

ICÔ-NHUNTO, ICÔ-NHOTEM sossegado, estado tão somente. *Ixé? Xaicô-nhunto*: eu? estou sossegado.

ICÔ-PECATU estado, residido longe. *Cuá mira oicô pecatu*: esta gente mora longe.

ICÔ-PUCU alongado, retardado, demorado. *Má arama reicô-pucu?*: por que demoras? *Cuá rupi ianê rapé eicô-pucu*: por cá o nosso caminho alonga.

ICÔ-PUXI afeado, feito feio, feito difícil.

ICOSOCOPÉ hóspede.

ICOUARA passante, estante, residente.

ICUÁ, CUÁ curva, cintura.

ICURÉ porco-doméstico.

ICY áspero, desigual, pegajoso.

ICYCA resina, visgo, cola mais ou menos consistente, sempre, todavia, sujeita a coagular-se, que exsudam naturalmente certas plantas.

ICYCA IRERU vaso da resina, vasilha em que é preparado o breu.

ICYCA MUNHANGARA quem prepara o breu para calafetar as embarcações.

ICYCANTÃ breu, cerol, expressamente preparado para brear o tucum e o *curauá*, com que preparam as flechas.

ICYCA-PORA cheio de resina, resinoso.

ICYCA-YUA pau-de-breu. Designação que tem somente quando por acaso não conhecem a árvore que o fornece, ou quando, encomendando o breu, é indiferente a planta de que se tire.

ICYMA¹, ICYYMA liso, sem aspereza.

ICYMA¹, ICYYMA casta de Malvácea que dá uma fibra muito fina e de aspecto seríceo.

ICYRÃ, ICYRÃN enfileirado.

ICYRANGARA enfileirador.

ICYRANGAUA fileira.

IÉ machado. V. *Ndyi*.

IEAUI baixado.

IEIÚ jeju, pequeno peixe de escama, que os pescadores do baixo Amazonas dizem ser a melhor isca para pegar pirarucu de anzol. Pelo que afirmam, tem épocas em que tem mênstruos e em que para nada serve.

IEIÚRE voltando-se. V. *Iure* e comp.

IEIUÍRE revirado.

IEIUIRESARA revirador.

IEIUIRESAUA reviramento.

IEIUIRETAUA reviradouro. *Paranã ieiuiretaua*: remanso do rio, onde as águas viram sobre si mesmas.

IEIUIREUARA revirante.

IEIUIREYMA sem reviramento, sem remanso.

IEKI aguilhoado, picado.

IEKI-MANHA aguilhoador.

IEKIPAUA aguilhoada, picadura.

IEKIPORA aguilhoado, picado.

IEKITAIA¹, IUKITAIA pimenta malagueta secada e moída muito fina, misturada com sal.

IEKITAIA², IUKITAIA casta de formiga miudíssima, avermelhada, e que, em contato com a pele, produz uma ardência muito incômoda, como da pimenta.

IEKIUARA aguilhoante, picante.

IEKIYMA que não aguilhoa, não pica.

IEKY¹ jequi, casta de cofo.

IEKY² uma armadilha para peixes, tecida com talas em forma de paneiro alongado, em que o peixe entra por uma ou duas aberturas, sendo obstado na saída pela ponta das talas, voltadas para dentro, que as formam. O jequi é iscado e conservado no fundo da água por meio de uma pedra.

IEKYTYUÁ jequitibá, árvore que produz uma fruta, com que iscam o jequi.

IEMBUCA enforcado.

IEMBUCAMBYRA morto, enforcado.

IEMBUCASARA enforcador.

IEMBUCASAUA enforcamento.

IEMBUCATYUA enforcadouro.

IEMBUCAUARA enforcante.

IEMBUCAYMA não enforcado.

IEMBUCAYUA o pau da forca, a forca.

IEMBUCA-XAMA a corda de forca.

IENEPIÁ parte interna do joelho.

IENIPAUA jenipapo. Grossa baga de sabor adocicado e oleaginosa, de que se fazem refrescos, doces e um licor muito apreciado.

IENIPAUATYUA lugar de jenipapos.

IENIPAUAYUA jenipapeiro, *Genipa brasiliensis*. Árvore que cresce de preferência nas terras firmes, adquirindo grande altura e desenvolvimento. A sua madeira, de fibras longas e elásticas, é própria para trabalhos de torno e usada para remos; pode vantajosamente substituir a faia. Da maceração dos renovos, extraem uma tinta arroxeada com que as mulheres, com especialidade, pintam a cara e o colo, com o fim, dizem, de amaciar e embranquecer a pele e livrá-la de doenças. Na maloca é usada juntamente com o carajuru para pintar-se nas danças, e as moças, mesmo diariamente, gostam de trazer pintado com jenipapo o dorso, o colo e os braços, e, em alguma tribo, é sinal de moça solteira.

IENÔ deitado. *Oienô iembyra makyra kiti*: deitou o filho na rede.

IENOSAUA deitada.

IENÔ-RENDAUA lugar de deitar-se.

IENOTYUA cama.

IENOUARA deitante.

IENOUERA deitadiço, que se deita facilmente.

IENOYMA não deitado.

IEPÉ[1] um.

IEPÉ[2] forma verbal que, posposta ao verbo, lhe dá a significação de imperfeito [do] indicativo. *Xamunhã iepé*: fazia. *Tuixaua omunhã iepé*: o tuxaua fazia.

IEPEÁ lenha, madeira cortada própria para o fogo.

IEPÉ-Ī uma vez. *Ī iepeuara*: a primeira vez. *Amu ī iaué*: como da outra vez.

IEPÉ-IANDÉ-SUÍ um de nós. *Iepé penhẽ suí*: um de vós.

IEPÉ IEPÉ um a um. *Osoana iepé iepé*: foram-se um a um.

IEPÉ-MAMANA amarrados juntos.

IEPÉ-NHUÍRA só um.

IEPÉ-NHUN só.

IEPÉ-NHUNTO somente.

IEPÉ-NUNGARA como um. Uma coisa, uma espécie, uma classe. *Tapiya oú pupunha tapuru iepé nungara*: o tapuio come uma classe de bicho da pupunha. *Tananã pixuna iepé nungara*: uma espécie de gafanhoto preto.

IEPÉ-PENHẼ-RUPI o primeiro entre vós.

IEPÉ-RECÉ logo, incontinente.

IEPÉ-RECÉUÁRA afoito, de primeiro ímpeto.

IEPÉUA cada um.

IEPÉUÁRA o primeiro.

IEPÉUASÚ unidos, juntos. *Oiuíire iepéuasú oca kiti*: voltam juntos à casa.

IEPIÚ jepiú. Pau-marfim. É árvore da terra firme, que fornece uma madeira de fibras muito fechadas e que toma bem o polimento; serve para obras de marcenaria.

IEPOIN cevado, engordado.

IEPOINGARA cevador, engordador.

IEPOINGAUA cevamento, engorda.

IEPOIN-RENDAUA cevadouro, lugar de ceva.

IEPOIN-YUA o que serve para cevar.

IERAMÉ desbotado.

IERAMÉSÁUA desbotamento.

IERAMÉUÁRA desbotante.

IERARAUÁ mentido, falso.

IERARAUAIA mentira, falsidade.

IERASUCA definhado, minguado. *Yacy ierasuca*: lua minguada, minguante.

IERASUCASARA emagrecedor.

IERASUCASAUA emagrecimento.

IERASUCAUERA emagrecente.

IERASUCAYMA não emagrecido.

IERÉ-IERÉU estrebuchado.

IEREU virado, girado, espojado.

IERÉUA corta-água, *Rhynchops nigra*. Casta de gaivota facilmente reconhecível pelo bico achatado no sentido da largura, em forma de faca, e com a especialidade de ser a parte superior mais curta do que a inferior. Espalhada em todo o país, tem-se afirmado que não se encontra a mais de um dia da costa. Aqui no Amazonas, a menos que não se trate de uma variedade, o que não parece, tenho-a encontrado espalhada tanto no rio Negro como no Solimões e seus afluentes. Desova nas praias em companhia de acurauas e gaivotas, deixando ao sol o cuidado de chocar os ovos, postos na areia sem outro preparo. No Sul do país, *ieréua*, jereba, é o nome de uma espécie de urubu.

IEREUÁ o virado, o girado, o espojado.
IEREUARA virante, girante.
IEREUSARA virador, girador.
IEREUSAUA viração, girada.
IEREUTYUA viradouro, giradouro.
IEREUYMA não virado, girado, espojado.
IERI sustentado, mantido em pé, mantido direito.
IERISARA sustentador.
IERISAUA sustentáculo, sustentação. A haste das flores e das folhas. *Potyra ierisaua*: a haste da flor.
IERIUÁ jeribá, casta de coco.
IERŌN perdoado.
IERONGARA perdoador.
IERONGAUA perdão.
IERŌN-YMA não perdoado.
IEUARU enojado, nojo.
IEUARUSAUA nojo.
IEUARUUARA nojento.
IEUÍRE outra vez.
IEUIRI voltado, repetido, arribado.
IEUIRISARA repetidor, arribador, que faz voltar.
IEUIRISAUA repetição, volta, arribação.
IEUIRITAUA lugar de arribação, da volta.
IEUIRIUARA arribante, voltante.
IEUIRIUERA que arriba, volta, repete por costume.
IEUIRIYMA não voltado, repetido, arribado.
IEUIUÍRI revirado,
IKÉ, IKI entrado. *V. Eiki*.
IKÉ aqui, cá, ao pé.
IKÉ-CATU aqui mesmo, bem aqui.
IKÉ-KITI para cá.
IKÉ-NHUNTO até cá, só aqui.
IKENTE
IKÉ-RUAKE aqui perto.
IKÉ-RUPI por cá.
IKÉ-SUÍ de cá, daqui.

IKÉUÁRA deste lugar, que é daqui.
IKIÁ sujado, sujo. *Iuaca ikiá*: céu sujo, nublado, nuvem.
IKIÁSÁRA sujador.
IKIÁSÁUA sujidade.
IKIAUÁ o sujo.
IKIÁ-RENDAUA lugar onde se suja.
IKISAUA entrada.
IKIAUARA sujante.
IKIÁ-YMA não sujo, que não suja.
IKIUYRA a irmã com referência à irmã.
IKYERA, IKYIERA gordura.
IKYRA engordado, gordo.
IKYRASARA engordador.
IKYRASAUA engorda, engordamento.
IKYRATÉUA chiqueiro, lugar de engorda.
IKYRAUÁ engordado.
IKYRAUARA engordante.
IKYRA-YMA não engordado.
IMACY doente. *V. Macy* e comp.
IMACYUÁ o doente.
IMBÉ casta de filodendro.
IMBYRA, EMBYRA envira, casta de Bombácea e espécies afins, cuja casca se destaca com facilidade, e cujo líber é mais ou menos resistente.
IMBYRASU embira grande.
IMBYRATINGA envira branca. O líber dá umas fibras bastante resistentes e claras, que poderiam servir para cordas.
IMBU fruta comestível, casta de *Spondias*.
IMBURANA falso imbu.
IMEÚNA ralo, pouco espesso.
IMUÃN coado, passado na peneira.
IMUANGARA coador.
IMUANGAUA coamento.
IMUANTAUA coadouro.
IMUĨ dividido, partido. *V. Muĩ* e comp.
IMUĨYMA indivisível.
IN disse. Forma irregular de *nheēn*, usada em alguns lugares do rio Negro e Solimões.
INAIÁ inajá, *Atalea compta*. Casta de palmeira dos lugares úmidos.
INAIAÍ inajaí, *Atalea humilis*. Casta de palmeira, espécie menor do que a anterior.
INAIATYUA inajatuba, lugar de inajás.
INAIÉ, INAIÁ inajé, banana-ouro. Casta de pequena banana muito saborosa.
INAIÉ inajé, *Nisus magnirostris*. Casta de gavião.

INAMBU V. *Inhambu*.
INAMBY casta de beija-flor. Nome comum a pequenas espécies dos troquilídeos.
INAMBYASU beija-flor grande. Nome dado às espécies menores de gálbulas, que vivem na mata.
IUASUĨ casta de caba.
INAUYRA sovaco, axila.
INAUÉ, INDAUÉ o mesmo para ti. Resposta que se dá a qualquer saudação.
INDÉ, INÉ tu, ti, te. *Indé resó putare ce irumo?*: Tu queres ir comigo? *Xapurandu indé supé*: Pergunto a ti. *Aé orasó indé i irumuara nungara*: Ele te trouxe como seu companheiro.
INDOÁ pilão.
INDOÁ-MENA (=marido do pilão) mão de pilão.
INDOÁĨ almofariz, gral.
INDOÁĨ MENA mão de gral.
INDOÁ-MBOIA cobra-pilão. Casta de grossa minhoca, que se encontra no ninho de uma espécie de formigas; chamada vulgarmente cobra-de-duas-cabeças, por ter quase de igual grossura as duas extremidades e tão parecidas que mal se distingue qual seja a cabeça.
INÉ v. *Indé*.
INEMA fétido.
INEMANA fedorento.
INEMASAUA fedor.
INEMAUA fedor.
INEMAUARA fedente.
INEMAYMA não fétido.
INGÁ fruta e forma de legume, que contém umas favas de número e tamanho variável, envolvidas em uma massa, que é a parte comestível, em algumas variedades deliciosamente açucarada e perfumada.
INGÁ-IUSARA ingá que cura.
INGAĨ ingazinho.
INGÁ-MEMBECA ingá mole.
INGÁ-PANEMA pequeno ingá, que não presta para comer.
INGÁ-PÉUA ingá chato.
INGÁ-PIRANGA ingá vermelho.
INGÁ-PUCU ingá comprido.
INGÁ-SAKENA ingá cheiroso, a fruta da baunilha.
INGÁ-UASU ingá grande.

INGAYUA ingazeiro.
INHAMBU, INAMBU inambu, *Crypturus*. Casta de ave, que no Novo Mundo representa as perdizes.
INHAMBU-ANHANGA (= *inambu fantasma*) Sururina grande; chorão: *Crypturus variegatus*.
INHAMBU COROCA inambu bulhento.
INHAMBU PEUAĨ inambu achatadinho, *Crypturus strigosus*.
INHAMBU PIXUNA inambu-preto, *Crypturus cinereus*.
INHAMBU SORORO inambu esfiapado.
INHANA juntado, recolhido.
INHANASARA recolhedor, juntador.
INHANASAUA recolhimento, juntada.
INHANATAUA recolhedouro.
INHANAUERA recolhente, juntante.
INHANAYMA não recolhido, não juntado.
INHARU embravecido, enfurecido, irritado.
INHARUSARA embravecedor, enfurecedor, irritador.
INHARUSAUA Embravecimento, enfurecimento, irritação.
INHARUUARA Embravecente, enfurecente, irritante.
INHARUYMA não enfurecido, não embravecido, não irritado.
INHARUYUA a causa da irritação, do embravecimento, do enfurecimento.
INHUMÃ v. *Camitaú*.
INIMBU, INIMU fio, linha.
INIMU APUÁ novelo de fio.
INIMUĨ linha fina, fio fino.
INIMU IUMANA fio em meada.
INIMU PUĨ fio delgado, linha delgada.
INIMU PUĨXINGA fio alguma coisa delgado, linha um pouco delgada.
INIMU UASU fio grosso, linha grossa.
INTI não. *Inti xasó*: não vou. *Inti ocica*: não chega.
INTIANA Nada, não existente, absolutamente não.
INTIASU não difícil, fácil, módico no preço.
INTI-AUÁ, INTI-AUANA ninguém.
INTI-IAUÉ não assim.
INTI IURU-CEẼN enfadonho, duro na fala.
INTIMAÃ não, coisa alguma, nada. Usado geralmente como resposta.
INTIMAÃ-MAÃ absolutamente nada, absolutamente não.

intimaãpaua, intimaãsaua o nada, nulidade.

intimaãuara impossível; não sendo.

intimaã nungara nada mais, como se não é. *Omucuau ramé ce rayma xanhoẽn intimaã nungara*: se meu filho aparecer, nada mais digo. Inti **nungara** não se parece, não é igual.

inti pire não mais.

inti ramé quando não.

intí uatá imóvel, estável.

inungara o igual, o parecido.

inungaresaua parecença.

iopyca vingado. V. *Iupyca* e comp.

ipaã v. *Paã*.

ipandu, ipanu ipadu, *Erythroxylon coca*. Pequeno arbusto de folhas amarelo-claras, utilizadas pelos indígenas para suportar prolongados jejuns sem sofrer. A folha, depois de seca ao forno, esfarelada e passada à peneira, é misturada com cinza de folha de embaúba da terra firme e, muito mais raramente, lhe é adicionado um pouco de farinha de mandioca seca. É a planta que fornece a cocaína. Em todo o Amazonas, onde é cultivada, dá em abundância. Entre os indígenas se encontra de preferência nas roças dos Muras e dos Macus. No Uaupés, são estes que em geral o fornecem às outras tribos. No rio Negro, no Solimões e no Japurá, o ipadu é de uso corrente também entre os civilizados.

ipé nome que é dado em geral a árvores que fornecem madeiras duras e resistentes utilizadas em marcenaria, mais em atenção à qualidade da madeira e porte geral da árvore do que à espécie desta; assim é que o tenho ouvido dar a uma espécie de Bignoniácea e a duas Leguminosas.

ipeca pato-bravo, *Carina muscata*. Muito comum em todo o Amazonas, tanto em estado selvagem como domesticado, com a curiosidade de apresentar neste último estado uma variedade imensa de plumagens, que, a não sabê-lo, poderia fazer acreditar na existência de raças diversas.

ipecaĩ patinho, *Heliornis fulica*.

ipecacoanha ipecacuanha, *Cephaelis ipecacuanha*. Erva medicinal usada como purgativo e vomitório.

ipecoin furado.

ipecoingara furador.

ipecoingaua furo, furação.

ipecu nome comum dos pica-paus sem poupa vistosa, dos falsos pica-paus, e mais formicáridas em idênticas condições.

ipecu, ipecô língua, ponta.

ipecuĩ nome comum das espécies menores de pica-paus sem poupa, e mais formicáridas em idênticas condições.

ipiranga o vermelho.

ipirangaua vermelhidão. *Coema ipirangaua*: vermelhidão da manhã.

ipó, ipu talvez. *Xasó ipu cury ne kiti*: talvez vá logo de ti.

ipoca espocado, aberto.

ipongaua inchaço.

iponga inchado.

ipongara inchante.

ipongayma desinchado, não inchado.

ipora cheio.

iporapaua enchimento.

iporapora enchente.

iporayma vazio.

ipu v. *Ipó*.

ipuá limitado.

ipuására limitador.

ipuásáua limitação.

ipuátáua limite.

ipuáuára limitante.

ipuayma ilimitado, sem limite.

ipuayma-saua ilimitação.

ipuaxinga apenas limitado, mal limitado.

ipuĩ fino, delgado em grossura; miúdo.

ipuĩana esbelto, ligeiro.

ipuĩsaua finura, miudeza.

ipuĩuara adelgaçante, afinante.

ipuĩxinga fininho, miudinho, delgadinho.

ipuĩyma não fino, delgado, miúdo.

ipupé contudo, ainda assim.

ipuxi o feio.

ipuxiuá feiúra.

ipy base, princípio, origem. *Mira ipy*: origem da gente. *Oca ipy*: a base do alicerce.

ipyrun começado, principiado.

ipyrungara começador.

ipyrungaua começo.

ira mel.

iracema enxame de abelhas.

iracy mãe do mel, abelha. Palavra já pouco usada, substituída correntemente por *iramanha* e *iramaia*.

iraicyca breu do mel, cera.
iraity cera, cerol, breu, o mel que se usa para conservar úmido o tabaco em corda.
iramanha, iramaia mãe do mel, abelha. Curioso amalgama de nheengatu e português estropiado.
irapé, yrapé fibra da madeira, veios. *Lit.*: caminho da água.
irapoã casta de abelha, que faz o ninho redondo.
irara papa-mel, *Callitrix barbara*. Lindo mustelídeo, cor de café queimado-escuro, quase preto em alguns indivíduos, e uma mancha branca embaixo da goela.
ira-reputi cera. *Lit.*: excremento do mel.
irausara amargor.
iraua amargo, amargoso.
ira-ayua mel ruim, amargoso e venenoso.
ireru, iriru vasilha, paneiro, o que serve para agasalhar e transportar qualquer coisa. *Uy ireru*: paneiro de farinha de mandioca.
iriti casta de abelha, cujo mel é insignificante.
irumo junto, em companhia, com. *Resó aé irumo*: vá com ele. *Oiké oca kiti amuitá irumo*: entra em casa com os outros.
irumuara companheiro.
irumuarasaua camaradagem.
irumuara-yma sozinho, sem companheiro.
irundi quatro (Rio Negro).
iruru molhado.
irurupaua, irurusaua molhadela.
irusanga sombra, frescor, umidade.
isá a fêmea de uma casta de saúva (Solimões).
isátáia molho de tucupi, pimenta-malagueta e abdômens de içá ovadas.
isayua saúva (o tronco, a mãe da içá?). V. *Isá* e *Sayua*.
isusanga sossego, calma, paz.
itá, etá sufixo do plural. V. *Etá*.
itá pedra, ferro.
itá-ayua pedra má, pedra ruim.
itá-cambira forcado, tenaz, compasso.
itá-ceēn pedra doce, barreiro.
itá-cepi pedra cara, pedra preciosa.
itacoatiara pedra pintada ou esculpida. Os indígenas deixaram aqui e acolá, nos lugares de passagem e demora forçadas, onde a existência de pedras mais ou menos duras lhes permitia fazê-lo, numerosos desenhos feitos, ao que parece, gastando a pedra com outra pedra. No lugar denominado Lages, na confluência do Solimões com o rio Negro, que passam a formar o verdadeiro Amazonas, por exemplo, as inscrições vêm misturadas com riscos mais ou menos profundos, que não parecem ser outra coisa senão traços deixados pelos afiadores de machados; mas outros lugares há em que tal mistura não se observa, e, embora toscas, as figuras demonstram que foram feitas com um fim determinado, o que é confirmado também pela repetição de certos sinais e figuras. Quando as encontrei da primeira vez – e foi em Mura, no rio Negro – duvidei logo que fossem, como se pretendia, simples trabalhos de desocupados sem escopo nenhum. Mais tarde, no alto Uaupés, toda e qualquer dúvida a respeito me foi tirada. Tais desenhos, embora toscos e de uma ingenuidade quase infantil, especialmente quando comparados com o que se quis representar, são verdadeiros e próprios hieróglifos, sinais convencionais com significação ainda hoje conhecida pelos nossos indígenas, que os veneram como monumentos deixados pelos seus maiores. De algumas delas me foi dado obter a significação e uma espécie de chave, que foi publicada com uma coleção de inscrições pertencentes à região do rio Uaupés no *Bulettino della Sociétá Geographica Italiana* (fasc. V de 1900). Como a sua ubiquação parecia dizê-lo, muitas delas são indicações de migrações, sinais deixados pelos troços que precedem, para guia dos que seguem, com a menção do modo de acolhimento, recursos da localidade, tempo de demora, via seguida etc. etc. Outras se referem a lendas e tradições dos diversos povos que nele se seguiram ou à lei e aos ritos do Jurupari. Em qualquer caso, tinha razão o velho Quenomo, um cubeua do Cuduiari, quando dizia a Max J. Roberto, o meu companheiro de jornada na minha última viagem ao Uaupés: *Penhe coatiara papera, iané iarecô itá itacoatiara arama*: vocês escrevem o papel, nós temos as pedras para escrever. As inscrições que fizeram dar a Serpa o no-

me de Itacoatiara não parecem de origem indígena. *V. Coatiara* e comp.

ITACUÃ a pedra que serve para alisar as panelas e outros trabalhos de barro, tirando-lhes a impressão dos dedos. É um seixo rolado e liso, verdadeira raridade em muitos lugares deste imenso vale, pelo que, conservando o nome, se encontra muitas vezes substituído por um caco qualquer.

ITACURUA sapo de pedra, trempe. Consta de três peças de barro cozido, mais ou menos cilíndricas, de palmo e pouco de comprimento, que podem ser dispostas mais perto ou mais longe conforme o tamanho da panela.

ITACURUMĨ, ITACULUMY menino de pedra.

ITAẼN pedra-ume.

ITAẼN-CAÁ pedra-ume caá (baixo Amazonas), erva pedra-ume. Casta de arbusto de pequenas folhas lanceoladas, verde-escuro-brilhante, que, secando, torna-se verde-escuro-acobreado. É aconselhado em chás para cura da diabete.

ITAETÉ ferro verdadeiro, aço.

ITAĨ pedrinha, seixo.

ITÁ-IEREU pedra virada, mó.

ITÁ-IEREUÁ seixo.

ITÁ-KYRE pedra deitada, pedra que dorme, laje.

ITAKĨ pedra de afiar.

ITÁ-KITAÃ nó de pedra, ágata.

ITÁ-IAPYSARA lançador de pedras, apedrejador.

ITÁ-IAPYSAUA apedrejamento.

ITÁ-IAPYPORA apedrejado.

ITAĨTYUA itaituba, seixal, lugar de pedrinhas.

ITÁ-ICYCA estanho, solda, breu de pedra.

ITAIUÁ Itajubá. Ouro, pedra amarela.

ITÁ-IUKYRA pedra salgada, barreiro.

ITAMARACÁ sino; maracá de ferro.

ITAMARACÁ-MIRĨ campainha.

ITAMARACÁ SACUNHA badalo do sino. *Lit.*: membro do sino.

ITAMARANDYUA, ITÁ MARANDUBA contos de pedra, inscrições nas pedras.

ITÁ-MYTÁ-MYTÁ escada de pedra ou de metal.

ITAMBÉ, ITASAIMBÉ pedra afiada, pedra saliente, pico.

ITÁMEMBÉCA pedra mole, chumbo, e uma arenaria silicosa que, logo [que] retirada da água, é mole e permite lavar-se, mas endurece rapidamente, exposta ao ar.

ITÃN, ITÃNGA concha, *Ostrea*.

ITANGA perfil. *Mira itanga:* perfil de gente.

ITANHAẼN panela de ferro, tacho.

ITANIMBU fio de arame.

ITÃN IRIRI casta de *Ostrea*.

ITÁ-NHEẼNGA eco, fala da pedra.

ITAOCA casa de pedra.

ITÁ-OCARA calçada, terreiro ou praça calçada de pedras.

ITÁ-OMI, ITA-OBY esmeraldo.

ITAPACURUĨ, ITÁ-PAUA CURUĨ, ITAPACOROĨ abrolhos; pedra toda esmiuçada.

ITAPANEMA pedra tola. Pedra perigosa para a navegação porque se esconde à vista. É *panema*, porque não tem coragem de mostrar-se.

ITAPARI, ITAPARICA tapagem, tapagenzinha de pedra.

ITAPAUA pedreira; lugar do rio empedrado, cachoeira.

ITÁ-PÉ caminho de pedra.

ITAPE na pedra, à pedra. Laje nos compostos.

ITÁ-PÉ-ASU a calçada, o caminho grande de pedra.

ITAPECU alavanca, alvião.

ITAPECUMA língua de pedra, ponta de pedra.

ITAPECURU pedra rugosa, conglomerado de seixos, laje espedaçada.

ITAPECYMA laje lisa, escorregadia.

ITAPEMA laje, pedra lisa.

ITAPEMIRĨ laje pequena.

ITÁ-PÉ-MIRĨ pequeno caminho de pedra.

ITAPETINĨ, ITAPETININGA laje seca.

ITÁ-PEUA laje, pedra chata. Nos compostos faz *itapé*.

ITAPEUASU, ITAPEUA UASU lajedo, laje grande.

ITAPICURU casta de árvore que fornece uma madeira usada em marcenaria.

ITAPIRA pedra de cima, pedra d'amonte.

ITÁ-PIRÁ peixe de pedra.

ITÁ-PITANGA seixo redondo, pitanga de pedra.

ITAPOÃN[1] prego.

ITAPOÃN[2] macaco-prego, *Cebus flatellus*.

ITAPOÃN-PETECASARA martelo.

ITAPOÃN PETECATYUA incude [bigorna].

ITÁ-PONGA seixo.
ITÁ-PORA cheio de pedras, pedregoso.
ITÁ-PORAN, ITÁ-PORANGA pedra bonita.
ITÁ-PÔ-MUNDÉ algemas.
ITAPUÃ arpão.
ITAPUCÁ pedra rachada, pedra que ri.
ITÁ-PUCU pedra comprida.
ITÁ-PUĪ pedra delgada.
ITÁ-PUÍRA pedra miúda, contas de metal (?).
ITÁ-PY-MUNDÉ machos.
ITAPYPE pedra do fundo, submersa.
ITARACA ponta de pedra, pedra saliente.
ITARARÉ cano de pedra, subterrâneo, sumidouro.
ITÁ RENDAUA pedreira, lugar de pedras. Nome indígena da vila de Moura.
ITÁ-RETÉ aço.
ITÁ RUPIARA pedreira.
ITÁ-TACUARA cano de pedra, ferro ou outro metal.
ITATAUÁ pedra amarela, ouro.
ITÁ-TAUUOCA cano. V. Itá-tacuara.
ITÁ-TĪ nariz da pedra, ponta, proeminência pedregosa.
ITATĪAIA pedra cheia de narizes, de muitas saliências.
ITATINGA pedra branca, prata.
ITATĪUERAUA ponta de pedra reluzente.
ITATU macarão [?].
ITATUĪ macarãozinho [?].
ITATY fonte que sai da pedra. Lit.: caldo de pedra.
ITATYAIA pedra úmida, cheia de fontes, de nascentes.
ITATYUA, ITATUBA pedreira, terra de pedras.
ITÁ-UATURÁ aturá de pedra, paneiro de pedra; penhascos isolados, de forma arredondada, geralmente de grés granítico.
ITÁ-UAUACA, ITÁ-UAUOCA mó, rebolo de pedra.
ITÁ-UERAUA cristal, vidro, pedra que resplandece, que reluz.
ITÁ-UERAUA-ETÉ Pedra reluzentíssima; diamante.
ITAUYUYRA pedra-pomes. Lit.: pedra que flutua.
ITAXAMA corrente, corda de ferro.
ITAYUA itaúba. Lit.: pau pedra. Várias espécies de madeiras, geralmente muito pesadas e resistentes, preferidas para a construção de embarcações, soalhos, portões etc., de cores e duração diferente.
ITAYUA PIRANGA itaúba vermelha, variedade de itaúba.
ITAYUA PIXUNA itaúba preta, variedade de itaúba.
ITAYUA RANA falsa itaúba.
ITAYUA TAUÁ itaúba amarela, a variedade mais estimada de itaúba, especialmente para embarcações.
ITU trovoada.
ITUA casta de cipó.
ITY borra.
ITYCA lançado, jogado fora, no chão.
ITYCAPAU aniquilado.
ITYCAPAUSARA aniquilador.
ITYCAPAUSAUA aniquilamento.
ITYCAPORA quem lança ou joga fora, ao chão.
ITYCASAUA ato ou efeito de jogar, lançar fora, no chão.
ITYCAUARA lançante, jogante fora, no chão.
ITYKERA lixo.
ITYKERA RENDAUA monturo.
IU- prefixo que torna o verbo reflexivo, equivalendo portanto aos pronomes reflexivos: me, te, se, nos, vos, lhes, e que toma lugar entre o prefixo pronominal e o tema ou parte invariável do verbo. Xá-xaisu: eu amo; Xá-iuxaisu: me amo. Xá-muacu: aquento; Xá-iumuacu: me aquento; Ré-iumuacu: te aquentas; o-iumuacu: se aquenta etc. etc.
IU espinho, casta de palmeira anã espinhosíssima, Astrocaryum humilis.
IUÁ juá; fruto de espinho. De iu (espinho) e yá (fruta). Nome dado a várias espécies de frutas de árvores ou arbustos espinhosos. No Amazonas é fruto de uma solanácea.
IUACA céu, a volta celeste.
IUACA-CURURUCA trovão.
IUACA-IKIÁ céu nevoento (sujo).
IUACA IKIASAUA nuvem (sujeira do céu).
IUACA INHARUSAUA (ira do céu) trovão (rio Negro).
IUACAPAUA celestial, divino, que pertence ao céu.
IUACAPORA quem mora no céu, morador do céu.
IUACA TATÁ relâmpago.
IUACA TEAPU trovão.

IUACA TINGA neblina.
IUÁCAUÁRA celeste, que é do céu.
IUACEMA furunculose. Saída de fruta de espinho.
IUAENTĨ, IUANTĨ encontrado, topado.
IUAENTĨSARA encontrador.
IUAENTĨSAUA encontro.
IUAENTĨ RENDAUA encontradouro.
IUAENTĨ-UARA encontrante.
IUAENTĨ-UERA encontradiço.
IUAENTĨ-YMA não encontrado.
IUAKI provocado, excitado, bulido.
IUAKISARA provocador.
IUAKISAUA provocação.
IUAKIUARA provocante.
IUAKIUERA provocadiço.
IUAKI-YMA não provocado.
IUAMBIUCA se assoado.
IUANTĨ encontrado. *V. Iuaentĩ e comp.*
IUAPICICA atento, preso a, sujeito. *Opitana oiuapicica i iuru sui:* ficou preso aos seus lábios. *V. Picica e comp.*
IUAPISAI salsa. *V. Iusapu.*
IUAPIXÁ se acutilado.
IUAPIXÁ-PIXÁ se entreacutilado.
IUARANA falso juá.
IUARAUÁ[1] peixe-boi, *Manatus americanus*, manantim. Sirênio eminentemente herbívoro, que vive em todos os rios e lagos do Amazonas e se encontra até aos pés dos Andes. A sua carne lembra alguma coisa a carne de porco e, embora considerada pouco sadia, é geralmente muito apreciada, pelo que em toda a parte lhe é feita ativa caça. No Solimões, o preparo da mixira de peixe-boi é um ramo de indústria local, e o seu produto é muito apreciado tanto em Manaus como no Pará.
IUARAUÁ[2] Peixe-boi. Na Astronomia indígena é o nome que é dado à Macula magellanica [mancha de Magalhães], que está ao pé do Cruzeiro, também conhecida como "saco de carvão". *V. Cacuri.*
IUARAUÁ-CAMY mamas-de-peixe-boi, fruta de um cipó do igapó.
IUARAUÁ-MIXIRA fritura de peixe-boi. A carne de peixe-boi recortada em pequenos pedaços, frita em largos tachos na sua própria gordura e conservada em vasos apropriados, antigamente de barro, hoje geralmente em latas, cheios com a mesma gordura que serviu para fritá-los.
IUARAUÁ-PYTYMA tabaco-de-peixe-boi, arbusto do igapó.
IUARU enjoado.
IUARUSARA enjoador.
IUARUSAUA enjoo.
IUARUUARA enjoante.
IUARUUERA enjoativo.
IUARU-YMA não enjoativo.
IUASU difícil, grande.
IUASUPAUA dificuldade, engrandecimento.
IUASUPORA dificultante, engrandecedor.
IUASU-YMA não difícil, não grande.
IUATÉ alto, elevado.
IUATÉSÁRA elevador.
IUATÉSÁUA elevação, altura.
IUATÉTÁUA lugar elevado, alto.
IUATÉUÁRA elevante.
IUATÉUÉRA elevante mais de aparência que de fato.
IUATÉ-YMA não alto, não elevado.
IUATINGA juá-branco.
IUCA apodrecido.
IUCÁ matado, morto por mão de alguém.
IUCAAÁ se cagado. *V. Caaá e comp.*
IUCACY amofinado.
IUCACYPAUA amofinamento.
IUCACYPORA amofinador.
IUCACYUARA amofinante.
IUCACYUERA amofinadiço.
IUCACY-YMA não amofinado.
IUCAẼ se sarado. *V. Caẽ e comp.*
IUCAĨ se apertado. *V. Caĩ e comp.*
IUCAÍ se queimado. *V.: Caí e comp.*
IUCAMBYRA morto, matado.
IUCAMEẼN se oferecido.
IUCAMIRYCA se comprimido, se aproximado, se apertado. *V. Camiryca e comp.*
IUCANA podre.
IUCANCIRA se amassado. *V. Cancira e comp.*
IUCANHEMO se perdido, se extraviado. *V. Canhemo.*
IUCANEU se atribulado. *V. Caneu e comp.*
IUCAPAUA podridão. *Pereua iucapaua:* podridão da chaga.
IUCAPIRA morto (corpo matado).
IUCAPORA apodrecedor, podre.
IUCARAĨN se coçado. *V. Caraĩn e comp.*
IUCÁRI se dominado, que manda em si. *V. Cári.*

iucaruca se mijado. *V. Caruca* e comp.
iucására matador.
iucásáua matança.
iucataca se estrebuchado, se batido contra alguma coisa. *V. Cataca* e comp.
iucaú se embebedado. *V. Caú* e comp.
iucáuá o matado.
iúcauá o podre.
iucáuára matante.
iucẽ, iuceẽ se adoçado, gostoso. *V. Ceẽ* e comp.
iucecuiara se trocado. *V. Cecuiara* e comp.
iuceī ralo.
iucemo se saído. *V. Cemo* e comp.
iucena derramado.
iucénasára derramador.
iucénasáua derramamento.
iucénatáua derramadouro.
iucenaua o derramado.
iucénauára derramante.
iucénauéra derramadiço.
iucena-yma não derramado, estanque.
iucendé, iucenné se acendido, se inflamado. *V. Cendi* e comp.
iucendu, iucennu se entendido, se compreendido. *V. Cendu* e comp.
iucenei, iuceni se germinado. *V. Cenei* e comp.
iucenimu se mudado, se variado. *V. Cenimu* e comp.
iucenoi se chamado. *V. Cenoi* e comp.
iuci limpo, asseado.
iucikenda, iucikendau se fechado. *V. Cekinda* e comp.
iucikié espantar-se. *V. Cikié* e comp.
iucisara limpador, asseador.
iucisaua asseio, limpeza.
iucityua lugar onde se asseia, limpa.
iuciua o asseado, o limpo.
iuciuara asseante.
iuciyma não asseado, não limpo.
iuciyma paua sujidade.
iuciyma-pora sujador, sujante.
iucoai ocupado
iucoaisara ocupador.
iucoaisaua ocupação.
iucoai rendaua lugar de ocupação.
iucoaiuara ocupante.
iucoaiyma não ocupado, desocupado.
iucoema amanhecido.

iucoemana já amanhecido.
incomeẽn se entregado.
iucomeẽngara entregador.
iucomeẽngaua entrega.
iucouiare alterado, regulado.
iucouiaresara alterador, regulador.
iucouiaresaua alteração, regulamento.
iucouiare-yma inalterado, irregulado.
iucuacu[1] sexta feira ou dia de jejum.
iucuacu[2] jejuado. O indígena, pode-se dizer, passa uma grande parte da vida a jejuar. Começa a jejuar quando chega a puberdade, jejua na véspera das festas instituídas por Jurupari, o Legislador indígena; jejua antes de casar; o casado jejua todas as vezes que a própria mulher é menstruada, quando esta pare [sic] e durante o resguardo a que ele fica submetido, quando os filhos estão doentes e não sei mais em que outras circunstâncias. Se aos jejuns rituais porém juntarmos os forçados, que também não são poucos, precisa convir que eu não exagero dizendo que passa a vida a jejuar. Disso pois, talvez, a razão por que, quando tem, come à tripa forra. É para refazer o tempo perdido.
iucuacua jejum.
iucuacuasu quaresma (jejum grande).
iucuao, iucuau se conhecido, se entendido, aparecido. *V. Cuáo* e comp.
iucuaocári se dado a conhecer, revelado.
iucuaocarisara revelador.
iucuaocarisaua revelação.
iucuaocariyma irrevelado.
iucucuao se enxergado, se visto. *V. Cucuao* e comp.
iucucui se desmoronado. *V. Cucui* e comp.
iucuruī despedaçado-se, delido-se. *V. Curuí* e comp.
iucutuca picado-se, ferido-se. *V. Cutuca* e comp.
iucy desejado, anelado.
iucyrō, iucyrã enfileirado-se. *V. Icyrã* e comp.
iucysara anelador, desejador.
iucysaua anelo, desejo.
iucyuara desejante, anelante.
iucyuera desejável, anelável.
iucyyma indesejado.
iueatire elevado-se. *V. Eatire* e comp.
iuéiaú casta de sapo.

IUERA, IUYRA nádega.
IUERE também.
IUERUPE embaixo.
IUETU, IUIUTU vento, ventania.
IUĪ volta.
IUÍ casta de rã, muito comum junto às bananeiras.
IUIACAPUCA penteado-se. *V. Iacapuca* e comp.
IUIAKI assanhar-se. *V. Iaki* e comp.
IUIAKY secar-se, tornar-se seco.
IUIAMĪ espremido-se, apertado-se. *V. Iamī* e comp.
IUIAPUCUARE amarrado-se, ligado-se, afeiçoado-se. *V. Iapucuare* e comp.
IUIAPY lançado-se, jogado-se, atirado-se. *V. Iapy* e comp.
IUIÁRI encontrado-se, unido-se, encostado-se *V. Iári* e comp.
IUIARICI enfaceirado-se. *V. Iarici* e comp.
IUIASAÃ, IUIASAÃN espalhado-se, dispersado-se. *V. Iasaã* e comp.
IUIASAI estendido-se, aberto-se. *V. Iasai* e comp.
IUIASOCA banhado-se. *V. Iasuca* e comp.
IUIATICU suspendido-se, pendurado-se. *V. Iaticu* e comp.
IUIATIMŨ embalado-se na rede. *V. Iatimũ* e comp.
IUIATYCÁ afincado-se, arremessado-se. *V. Iatycá* e comp.
IUIAUÉ emparelhado-se, conformado-se. *V. Iaué* e comp.
IUIAUÍ quebrado-se, infringido-se, desfeito-se. *V. Iauí* e comp.
IUIAUKI disputado-se, repreendido-se. *V. Iauki* e comp.
IUIEKI picado-se, espicaçado-se. *V. Ieki* e comp.
IUIEMBUCA enforcado-se. *V. Iembuca* e comp.
IUIEMBUCA-MBYRA enforcado-se, morto enforcado por si mesmo.
IUIEPOĪN cevado-se. *V. Iepoīn* e comp.
IUIEPYCA desafrontado-se, vingado-se. *V. Iepyca* e comp.
IUIERÉU virado-se, girado-se, voltado-se. *V. Ieréu* e comp.
IUIETYCA, IUITYCA prostrado-se, inclinado-se *V. Ityca* e comp.

IUIOPUCA vingado-se. *V. Iopúca* e comp.
IUÍRA abaixo, para baixo. *Yuytera iuíra*: serra abaixo; *yarapé iuíra*: igarapé abaixo.
IUÍRE voltado, volvido, tornado.
IUÍRE-KITI tornado ao ponto, alcançado, atingido.
IUÍRE-KITISARA alcançador.
IUÍRE-KITISAUA alcançamento.
IUIRESARA volvedor, tornador.
IUIRESAUA tornadura, volta.
IUIREUARA tornante, voltante.
IUIREYMA sem volta.
IUÍRI, IUERE também, ou.
IUIRUPE em baixo.
IUIRUPEUARA o que está embaixo, o de baixo.
IUIUANTĪ, IUIUAENTĪ encontrado-se, topado-se. *V. Iuantī, Iuaentī* e comp.
IUIUCÁ matado-se.
IUIUCAMBYRA suicida, matado-se por si mesmo.
IUIUCENA derramado-se. *V. Iucena* e comp.
IUIUCI limpado-se. *V. Iuci* e comp.
IUIUCY desejado-se. *V. Iucy* e comp.
IUÍ-IUÍRE revirado-se, regirado-se. *V. Iuíre* e comp.
IUÍ-IUÍRE CASAKIRE voltado para trás.
IUIUMANA abraçado-se, enlaçado-se. *V. Iumana* e comp.
IUIUMBEÚ entendido-se. *V. Iumbeú* e comp.
IUIUMEÕN enganado-se. *V. Iumeõn* e comp.
IUIUMÍMI escondido-se, ocultado-se, subtraído-se. *V. Iumími* e comp.
IUIUMUACI enternecido-se. *V. Iumuaci* e comp.
IUIURARE desligado-se, soltado-se, desvencilhado-se. *V. Iurare* e comp.
IUIUSÁ enlaçado-se, envolvido-se. *V. Iusá* e comp.
IUIUTIMA enterrado-se, plantado-se, afincado-se. *V. Iutima* e comp.
IUIUTU, IUETU vento, ventania.
IUIUTU-AYUA vento ruim, vento mau, trovoada.
IUIUTU-PAUA pé de vento, vento sem vir chuva.
IUIUTURANA falso vento, vento que não dura.
IUIUTU-ROĪ vento frio.
IUIUTU-TINGA nevoeiro, vento branco.
IUIUTU-UÁUÓCA redemoinho, vento que roda.

IUIUTU-UASU vento forte, vento bravo.
IUIUYRA rápido, corredeira. *Paranã iuiuyra:* corredeira do rio.
IUIUYRA-UASU cachoeira, corredeira grande.
IUKETUCA, IUCUTUCA esbarrado, batido contra. *V. Cutuca e comp.*
IUKI casta de gavião que tem fama de forte e atrevido. Não o conheço.
IUKIÁ nassa tecida de talas ou cipó, de forma alongada e aberta em ambas as extremidades em forma de funil, por onde o peixe entra com algum esforço. Entrado, fica preso, sendo-lhe impedida a saída pelas pontas das talas que, viradas para dentro, se permitem a entrada, impedem a saída. É armadilha mais especialmente usada para pescar nos igarapés.
IUKII cunhada.
IUKIRY pavãozinho, pavão-do-pará. *Eurypyga helias*. Elegante ave ribeirinha muito comum e apreciada em domesticidade pela sua mansidão, elegância e o hábito de apanhar moscas com uma graça e habilidade extraordinárias. A cada instante faz a roda, tufa todo, e abre em leque as asas e a cauda, e balançando-se encolhe o pescoço, pronto porém sempre a ferrar com o fino bico apontado.
IUKITAIA *V. Iekitaia.*
IUKITYCA ralado.
IUKITÝCASÁRA ralador.
IUKITÝCASÁUA ralação.
IUKITÝCATÁUA raladouro.
IUKITYCAUA raladura.
IUKITÝCAUÁRA ralante.
IUKITÝCAUÉRA ralante, pouco hábil, preguiçoso.
IUKITÝCAÝMA rão ralado.
IUKYRA sal.
IUKYRAUÁ salgado.
IUKYRA MANHA salina.
IUKÝRAPÁUA salgamento.
IUKÝRAPÓRA salgante, salgador.
IUKÝRATÝUA salgadouro.
IUKY-IUKYRE dorminhoco; casta de Mimosa.
IUKYRE-CAA folha que dorme, casta de sensitiva, mata-pasto.
IUKYRĪ casta de sensitiva espinhosa das praias, elegante Mimosácea de flores rosa-claras, muito comum ao longo dos rios amazônicos.
IUKYRAYMA sem sal, insosso.
IUKYRA-YUKICÉ caldo de sal, salmoura.
IUKYRA-YUKICÉ-IRERU vasilha de salmoura.
IUKYRE, IUKÝRI adormecido-se. *V. Kyre e comp.*
IUKYY esgotado-se, findado-se, exaurido-se.
IUKYÝPÁUA esgotamento.
IUKYÝPÓRA esgotante, esgotador.
IUKYYUÁ esgoto [= esgotamento].
IUMÃ torcido, dobrado.
IUMAÃ enxergado-se, visto-se. *V. Maã e comp.*; admirado.
IUMACI faminto.
IUMACÍPÓRA cheio de necessidade de comer.
IUMACIUA o que tem muita fome.
IUMACÍSÁUA fome.
IUMACÍYMA sem fome, satisfeito.
IUMACÍXÍNGA que tem apetite.
IUMAIÃNA feito-se ao largo, deixar a costa.
IUMAIÃNAPÁUA ato ou efeito de fazer-se ao largo, deixar a costa.
IUMAIÃNASÁRA quem se faz ao largo, deixa a costa.
IUMAIÃNAÝMA que não se afasta, não se faz ao largo.
IUMAMANA enrolado-se, enovelado-se. *V. Mamana e comp.*
IUMANA, IUMANE envolvido, abraçado.
IUMÁNAPÁUA envolvimento.
IUMÁNASÁRA envolvedor, abraçador.
IUMÁNASÁUA abraço.
IUMÁNAUÉRA abraçante.
IUMÁNAÝMA não envolvido, não abraçado.
IUMANGARA torcedor.
IUMANGAUA torcedura.
IUMANO finado-se, feito-se morto, morto.
IUMÃÝMA não torcido.
IUMÃXÍNGA apenas torcido.
IUMBAU, IUMPAU acabado-se, findado-se, completado-se. *V. Mbau e comp.*
IUMBAÚ comido-se. *V. Mbaú e comp.*
IUMBEÚ dirigido-se, voltado-se para falar ou ouvir. *V. Mbeú e comp.*
IUMBUÉ rezado, pedido. *V. Mbué e comp.*
IUMBUÉUA reza, pedido.
IUMBUÉSÁUA ato de rezar ou pedir.
IUMBURE jogado fora, lançado de si. *V. Mbure.*
IUMBURE REMIRICÔ I SUI divorciar.

IUMEẼ dado-se, entregado-se, oferecido. *V. Meẽ* e comp.
IUMÉMBÉCA amolecido-se, tornado-se mole. *V. Membeca* e comp.
IUMENDARE casado-se. *V. Mendare* e comp.
IUMENDOÁRI lembrado-se. *V. Mendoári* e comp.
IUMEÕ, IUMEON enganado-se. *V. Meõn* e comp.
IUMIMOĨN cozinhado-se. *V. Mimoĩn* e comp.
IUMÍMI escondido-se, ocultado-se, subtraído-se. *Cunhã oiumími caá kiti*: a mulher esconde-se no mato.
IUMÍMI-RUPI secretamente. *Ariré osó opurunguetá iumími rupi suainhana-itá irumo*: depois foi falar secretamente com os inimigos.
IUMINE negado, recusado.
IUMÍNESÁRA negador, recusador.
IUMÍNESÁUA negação, recusa.
IUMÍNEUÁRA negante, recusante.
IUMÍNEUÉRA negável, recusável.
IUMÍNEÝMA não negado, não recusado.
IUMIRU emperrado.
IUMIRÚSÁRA emperrador.
IUMIRÚSÁUA emperramento.
IUMIRÚTÁUA emperradouro.
IUMIRÚÚARA emperrante.
IUMIRÚUÉRA emperrável.
IUMIRÚÝMA não emperrado.
IUMITERA partido, dividido-se.
IUMOETÉ respeitado-se. *V. Moeté* e comp.
IUMOIARU satisfeito, contente. *V. Moiaru* e comp.
IUMOIRÕN arrufado-se. *V. Moirõn* e comp.
IUMOMBURE, IUMUMURE intrometido-se, posto-se de permeio. *V. Mombure* comp.
IUMOMORĪ envergonhado-se.
IUMOSARAĨN brincado, jogado, folgado.
IUMOSARAĨNGÁRA jogador, brincador.
IUMOSARAĨNGÁUA brincadeira, jogo, folguedo.
IUMOSARAĨN-TAUA brinquedo, joguete.
IUMOSORI alegrado-se. *V. Mosori* e comp.
IUMU flechado.
IUMUÁ o flechado.
IUMUÃ coado.
IUMUACA juntado-se, unido-se, amasiado-se. *V. Muaca* e comp.
IUMUACANGA-AYUA endoidecido.

IUMUACANHEMO assustado-se, esmorecido. *V. Canhemo* e comp.
IUMUACI enternecido-se. *V. Muaci* e comp.
IUMUAMUNDÉ vestido-se, trajado-se. *V. Muamundé* e comp.
IUMUANAMA feito-se amigo, feito-se parente.
IUMUAN, IUMUANGA fingido-se. *V. Muãn* e comp.
IUMUANTÁ endurecido-se, fortalecido-se, coalhado-se. *V. Muantá* e comp.
IUMUAPARA entortado-se, curvado-se. *V. Muapara* e comp.
IUMUAPATUCA atropelado-se, embaraçado-se. *V. Patuca* e comp.
IUMUAPAUA coamento, ato de coar.
IUMUAPICICA feito-se pegar. *V. Picica* e comp.
IUMUAPIRE emendado-se, aumentado-se, acrescido-se. *V. Muapire* e comp.
IUMUAPORA coador, coante.
IUMUAPUĨ adelgaçado-se, reduzido-se. *V. Muapuĩ* e comp.
IUMUARIXY enfaceirado-se. *V. Uarixy*.
IUMUATAUA coadouro.
IUMUATIRE amontoado-se, juntado-se. *V. Muatire* e comp.
IUMUAÚ apropriado-se, tirado para si.
IUMUAÚPÁUA apropriação.
IUMUAÚPÓRA apropriador, apropriante.
IUMUAÚTÁUA o que se é apropriado.
IUMUAUA coadura, o que foi coado.
IUMUAUARA coante.
IUMUAUERA coável.
IUMUAYMA não coado.
IUMUAYUA tornado-se feio. *V. Muayua* e comp.
IUMUCAMEẼ mostrado-se, feito-se ver. *V. Mucameẽ* e comp.
IUMUCAUÉ tornado-se mofento.
IUMUCEẼN-IURU beijado-se.
IUMUCERA feito-se um nome, dado-se um nome. *V. Mucera* e comp.
IUMUCERUCA batizado-se. *V. Muceruca* e comp.
IUMUCATU tornado-se bom, feito-se bom. *V. Mucatu* e comp.
IUMUCOAYRA feito-se pequeno, reduzido-se, diminuído-se. *V. Mucoayra* e comp.
IUMUÉ rezado. *V. Iumbué*.
IUMUETÉ lisonjeado, insistido.
IUMUETÉSÁRA lisonjeador.

iumuetésáua lisonja.
iumuĩ fendido-se, rachado-se. *V. Muĩ* e comp.
iumuiakyra enverdecido-se. *V. Iakyra* e comp.
iumuianga reanimado-se, feito-se de ânimo. *V. Muianga* e comp.
iumuiaué igualado-se, emparelhado-se, ombreado-se. *V. Iaué* e comp.
iumuiepoti tornado-se sujo, enferrujado-se, embaciado-se. *V. Muiepoti* e comp.
iumuieréu mudado-se, disfarçado-se. *V. Ieréu* e comp.
iumuieréu-ieréu transformado-se, transfigurado-se, mudado-se continuamente.
iumuiké enchido-se. *V. Eiké* e comp.
iumuikiá sujado-se, borrado-se, nublado-se. *V. Ikiá* e comp.
iumuinharũ Embravecido. *V. Inharũ* e comp.
iumuiũmúni arrepiado-se.
iumumaracaimbara envenenado-se.
iumumbeú, iumumeú confessado-se, feito-se dizer, feito-se ensinar. *V. Mbeú* e comp.
iumumbure posto-se ou feito-se pôr, colocar.
iumumendare feito-se casar. *V. Mendare* e comp.
iumumendoare feito-se lembrar, feito-se lembrado. *V. Mendoare* e comp.
iumumory feito-se alegrar, feito-se festejar. *V. Mumory* e comp.
iumunáni misturado-se. *V. Munáni* e comp.
iumundé, iumuné, iumunéu enfeitado-se, ornado-se, vestido-se. *V. Mundé* e comp.
iumundyca incendiado-se, acendido-se. *V. Mundyca* e comp.
iumunhã feito-se. *V. Munhã* e comp.
iumunhã mirĩ humilhado-se. *V. Munhã* e comp.
iumunhã uasu ensoberbecido-se. *V. Munhã* e comp.
iumunguetá apalavrado-se.
iumunĩ arrepiado, estremecido, comovido.
iumuniãra menstruada.
iumuniãrapáua menstruação.
iumuniãrapóra menstruante.
iumuniãraýma não menstruada.
iumunĩsára arrepiador, estremecedor.
iumunĩsáua arrepiamento, estremecimento.
iumuniũára arrepiante, comovente.

iumuopena feito-se abrir. *V. Opena* e comp.
iumupaca feito-se acordar. *V. Paca* e comp.
iumupanema empanemado, tornado-se panema, infeliz na caça ou na pesca. *V. Mu panema* e comp.
iumupema achatado-se. *V. Mupema* e comp.
iumupena dobrado-se, quebrado-se. *V. Mupena* e comp.
iumuperéua feito-se jus, feito-se chagas. *V. Muperéua* e comp.
iumupéua achatado-se. *V. Mupéua* e eomp.
iumupiá confiado-se, animado-se. *V. Mupiá* e comp.
iumupiá-ayua enfadado-se, desapiedado-se.
iumupiá-catu enternecido-se, apiedado-se.
iumupiá-puranga bem disposto-se, condescendente.
iumupiá-puxi indisposto-se, feito-se mau sangue.
iumupiá-uasu engrandecido-se, elevado-se.
iumupinima feito-se pintar. *V. Pinima* e comp.
iumupiranga tinto-se de vermelho, envermelhado-se, feito-se vermelho. *V. Mupiranga* e comp.
iumupirantã feito-se correntoso. *V. Pirantã.*
iumupire, iumupíri feito-se maior, acrescentado-se. *V. Mupiri* e comp.
iumupiroca despido-se. *V. Mupiroca* e comp.
iumupitua amofinado-se, acobardado-se. *V. Mupitua* e comp.
iumuporará atormentado-se. *V. Porará.*
iumupuamo feito-se levantar. *V. Puamo* e comp.
iumupucu alongado-se, tornado-se comprido, feito-se comprido. *V. Mucupu* e comp.
iumupuité mentido-se. *V. Mupuité* e comp.
iumupuranga enfeitado-se, feito-se bonito, embelezado-se. *V. Mupuranga* e comp.
iumupuĩ afinado-se, adelgaçado-se. *V. Mupuĩ* e comp.
iumuputupau agastado-se. *V. Muputupau* e comp.
iumuputyra enflorado-se, coberto-se de flores. *V. Muputyra* e comp.
iumupypyca feito-se meter a pique, posto-se a pique, afundado-se. *V. Mupypyca* e comp.

IUMUPYTUU, IUMUPUTUU apaziguado-se, calmado-se. V. *Mupytuu.*
IUMURESARAĨN tornado-se esquecido, perdido da memória. V. *Muresaraĩn* e comp.
IUMUROIRON feito-se aborrecer. V. *Muroiron* e comp.
IUMURUAIARA feito-se companheiro, camarada, aliado. V. *Muruaiara* e comp.
IUMURUSAN, IUMURUSANGA esfriado-se, umedecido-se, molhado-se. V. *Murusanga* e comp.
IUMURUTINGA embranquecido, feito-se branco. V. *Murutinga* e comp.
IUMUSAEN, IUMUSAĨN espalhado-se, dispersado-se. V. *Musaen* e comp.
IUMUSAPU arraigado-se. V. *Musapu* e comp.
IUMUSARA flechador.
IUMUSARAĨN divertido-se, brincado. V. *Musaraĩn* e comp.
IUMUSAUA flechada, flechamento.
IUMUTARE desejado-se, lisonjeado, embaído. V. *Putare* e comp.
IUMUTAREÝMA aborrecido, não desejado.
IUMUTAREÝMA-PAUA aborrecimento.
IUMUTAREÝMA-PORA aborrecedor.
IUMUTAREÝMA-UÁ o aborrecido.
IUMUTAUÁ amarelecido, feito amarelo. V. *Mutauá* e comp.
IUMUTECÔ tornado-se costume. V. *Mutecô* e comp.
IUMUTETÉ feito-se lastimar, lastimado-se. V. *Muteté* e comp.
IUMUTĨ envergonhado-se. V. *Mutĩ* e comp.
IUMUTIAPU, IUMUTEAPU feito-se bulhento.
IUMUTICANGA enxugado-se, secado-se. V. *Muticanga.*
IUMUTICU dependurado-se. V. *Muticu* e comp.
IUMUTIMBORE defumado-se. V. *Mutimbore* e comp.
IUMUTIPIRE alisado-se, feito-se liso. V. *Mutipire* e comp.
IUMUTUIUÉ envelhecido-se (do homem).
IUMUTURUSU feito-se grande e grosso, engrandecido-se, inchado-se. V. *Muturusu* e comp.
IUMUTYPY afundado-se. V. *Mutypy* e comp.
IUMUTYUA flechadouro.
IUMUUAIMĨ envelhecida (a mulher); feito-se velha.

IUMUUARA flechante.
IUMUUERA flechável.
IUMUYASUCA banhado-se. V. *Muyasuca* e comp.
IUMUXISARA desejador, augurador.
IUMUXISAUA desejo, agouro.
IUNDACACA desinquieto (das crianças).
IUNDIÁ jundiá, *Platystoma spatula,* pequeno peixe muito frequente nos igarapés.
IUNDUĨ junduí, casta de pequena aranha tecedeira.
IUNHERÉU meditado, perguntado-se, indagado-se. V. *Nheréu* e comp.
IUNEPIÁ ajoelhado-se.
IUNEPIÁSÁRA ajoelhador.
IUNEPIÁSÁUA ajoelhamento.
IUNEPIÁRENDÁUA genuflexório, ajoelhadouro.
IUNEPIÁUÁRA ajoelhante.
IUNEPIÁUÉRA ajoelhadiço.
IUNEPIÁÝMA não ajoelhado.
IUOYCA afogado-se. V. *Oyca* e comp.
IUOYCA-MBYRA quem morreu afogado.
IUPÁ braço.
IUPÃ, IUPANA lavrado a enxó, desbastado e, por extensão, qualquer trabalho de carpina.
IUPANASARA desbastador, carpina.
IUPANASAUA desbastamento.
IUPANATAUA desbastadouro.
IUPANAÝMA não desbastado, em bruto.
IUPANAXINGA apenas desbastado.
IUPAPÁRI cortado-se. V. *Papári* e comp.
IUPARÁ[1] jupará, *Cercoleptes caudivolv[ul]us* [*Potos flavos*], casta de pequena mucura (?) que vive de preferência nas árvores.
IUPARÁ[2] jubará, casta de cachorro-do-mato.
IUPATI jupati, *Rafia taedigera,* palmeira de pequeno porte que cresce de preferência na terra firme. Dos espiques se fazem flautas, pífaros e sarabatanas. Das suas fasquias, tecidas com cascas de monguba, se fazem velas de canoas de todo o porte, que por serem muito leves se tornam muito arfantes, como afirma Cerqueira, citado por Martius, na sua *Corographia Paraense.*
IUPATUCA embatucado-se, atropelado-se. V. *Patuca* e comp.
IUPAU, IUPAUA acabado-se. V. *Mpau* e comp.
IUPÉ tecido.
IUPEMA achatado-se. V. *Pema* e comp.

IUPENA dobrado-se, quebrado-se. V. *Pena* e comp.
IUPÉSÁRA tecelão, tecedor.
IUPÉSÁUA tecelagem; ato de tecer.
IUPETECA batido-se. V. *Peteca* e comp.
IUPÉ-TENDAUA casa onde se tece, tecedouro.
IUPÉTÝUA tear.
IUPÉUÁ o tecido.
IUPÉUÁRA tecendo, que serve para tecer.
IUPÉÝMA não tecido, solto.
IUPĪ soprado, tocado, em instrumentos de sopro. *Curumī-uasu oiupī puranga memby*: o moço toca flauta bonito.
IUPICICA pegado-se, agarrado-se. V. *Picica* e comp.
IUPINA tosquiado.
IUPINASARA tosquiador.
IUPINASAUA tosquiamento.
IUPINA-TENDAUA tosquiadouro.
IUPINAUA tosquia.
IUPINAUARA tosquiante.
IUPINAUERA tosquiável.
IUPINAYMA não tosquiado.
IUPINIMA pintado-se. V. *Pinima* e comp.
IUPIRE, IUPÍRI elevado-se, subido.
IUPIRESARA elevador.
IUPIRESAUA elevação, ato de elevar.
IUPIRETAUA elevação, lugar elevado.
IUPIREUARA elevante.
IUPIREYMA não elevado.
IUPĪSARA tocador, soprador.
IUPĪSAUA tocada, soprada.
IUPITASOCA firmado-se, resistido. V. *Pitasoca* e comp.
IUPĪUARA tocante, soprante.
IUPĪUERA tocável, soprável.
IUPOCYRŌN Auxiliado-se, ajudado-se. V. *Pocyrōn* e comp.
IUPOKE levantado-se. V. *Puama* e comp.
IUPORUCÁRI o sobrecarregar-se do céu que ameaça tempestade, sobrecarregado-se.
IUPOÚ colhido. V. *Poú* e comp.
IUPUAMA levantado-se. V. *Puama* e comp.
IUPUCÁ rido-se. V. *Pucá* e comp.
IUPUCA aberto-se. V. *Puca* e comp.
IUPUCERŌ defendido-se. V. *Pucerō* e comp.
IUPUCUĀN acostumado.
IUPUCUANGARA acostumador.
IUPUCUANGAUA acostumamento.

IUPUCUAN-YMA não acostumado.
IUPUCUARE, IUPUCUÁRI atado-se. V. *Pucuári* e comp.
IUPUCUAU amarrado-se, submetido, afeiçoado. V. *Pucuau* e comp.
IUPUĪ sustentado com comida, dado de comer.
IUPUĪSARA sustentador com comida.
IUPUĪSAUA sustento.
IUPUĪTYUA sustentadouro.
IUPUĪUARA sustentante.
IUPUĪUERA sustentável.
IUPUĪYMA não sustentado, que não sustenta.
IUPURACÁRI carregado-se. V. *Puracári* e comp.
IUPURANDU perguntado-se. V. *Purandu* e comp.
IUPUPÉ vestido-se.
IUPUPECA coberto-se. V. *Pupeca* e comp.
IUPURAUACA escolhido-se V. *Purauaca* e comp.
IUPURUACA encolhido-se. V. *Puruaca* e comp.
IUPUTARE despojado-se. V. *Putare* e comp.
IUPUTUU aliviado-se. V. *Putuu* e comp.
IUPYAYRU defendido-se. V. *Pyayru* e comp.
IUPYCA vingado-se. V. *Iopyca* e comp.
IUPYKY apertado, estreito.
IUPYPYCA alagado-se, ido-se ao fundo. V. *Pypyca* e comp.
IUPYRŪN começado, principiado.
IUPYRUNGARA começador, principiador.
IUPYRUNGAUA começo, princípio.
IUPYTERE beijado-se. V. *Pytere* e comp.
IURÁ, AIURÁ pescoço.
IURÁPÓRA colar, adereço do pescoço, colarinho.
IURARÁ tartaruga, a fêmea da *Emys amazonica*. A sua carne é a base da alimentação de parte do estado do Amazonas, onde é ainda relativamente fácil obter-se, embora já não haja a quantidade que houve, e o número das tartarugas trazidas ao mercado diminua cada ano, devido sobretudo à caça desapiedada e irracional que lhes é feita, O macho chama-se *capitári* e é menos perseguido que a fêmea, não tanto por ser mais pequeno como pelo fato de ser a sua carne menos apreciada, como de resto em geral é aquela de todos os machos, com poucas exceções, talvez.

IURARÁ ICAUA manteiga de tartaruga. É a gordura extraída dos ovos crus, que para este fim, depois de colhidos, desencovando-os, são esmagados dentro de largas vasilhas e, em falta de melhor, dentro da própria canoa, e misturados com água são deixados esquentar ao sol, O calor derrete a gordura que vem à tona d'água, e o resto vai ao fundo. A frialdade da noite coagula a gordura, que, recolhida, é guardada em potes de barro para servir oportunamente ou ser entregue ao patrão para a venda. Já, ao que se conta, foi uma grande indústria, que os primeiros colonos aprenderam dos indígenas. Hoje nos poucos lugares onde ainda se pratica, mal dá para o consumo local. A manteiga de tartaruga é uma raridade tanto no mercado do Pará como no do Amazonas, e todos os dias se torna mais rara.

IURARE, IURÁRI desligado, solto, desamarrado.

IURARESARA desligador, desamarrador.

IURARESAUA desligamento, desamarração.

IURARE-UARA desligante.

IURARE-UERA dDesligável.

IURAU jirau, o desligado. Qualquer estrado de paus soltos ou mesmo ligeiramente amarrados, mais ou menos elevado do chão, que serve para, dentro de casa, conservarem as provisões ou outra qualquer coisa e, na canoa, para resguardar a carga em cima do fogo para preparar o moquém. Por extensão, todo e qualquer estrado ou soalho.

IURAÚ disputado.

IURAU-PORA que está ou deve estar no jirau.

IURAÚ-SARA disputador.

IURAÚ-SAUA disputa.

IURAU-TAUA lugar do jirau.

IURAÚ-TENDAUA lugar da disputa.

IURAÚ-UARA disputante.

IURAÚ-UERA disputável.

IURAÚ-YMA não disputado.

IUREMA jurema, *Acacia jurema*, casta de Leguminosa.

IURERÉ, IURERÉU rolado-se.

IURERÉUSÁRA rolador.

IURERÉUSÁUA rolamento.

IURERÉUTÁUA roladouro.

IURERÉUUÁRA rolante.

IURERÉUUÉRA rolável.

IURERÉUYMA não rolado.

IÚRI, IURE vindo, forma irregular do imperativo em lugar de *Reiúri*. *Pexiare oiure curumĩ itá ce pire*: deixai vir a mim os meninos. *Xaiúri ne kiti xapurunguetá arama*: venho a ti para conversar.

IÚRISÁRA quem vem, ou quem faz vir.

IÚRISÁUA vinda.

IÚRITÁUA lugar onde é vindo ou se vem.

IÚRIUÁRA veniente.

IÚRIYMA quem não vem, não vindo.

IURU boca.

IURUÁRI embarcar-se. V. *Ruári* e comp.

IURUÁ juruá, boca alta, aberta; foz desentupida.

IURUASU boca grande, escancarada; barra franca.

IURU-AYUA maldizente.

IURU-CANHEMO emudecido, calado-se.

IURU-CATU elogiante.

IURU-CEẼN afável.

IURUCOĨN casta de ave. V. *Surucoĩn*.

IURUCUÁ casta de tartaruga do salgado.

IURUEMA casta de maracanã.

IURU-EUERE palavreado.

IURUĨ boca pequena, cortês.

IURUIAI pasmado. *Iuruiai oicô*: fica pasmado.

IURU-INEMA detrator sistemático, boca fedorenta.

IURU MUCEẼNGA beijo.

IURU MUCEẼNGARA beijador.

IURU MUCEENGAUA beijamento.

IURU MURUTĨ boca branca, casta de pequeno macaco, *Sciurea*.

IURUĨ-YUA cortesia.

IURU-MIRĨ boca pequena; barrinha.

IURUMU jurumu [jerimum], fruta comestível da *Cucurbita maxima* e afins.

IURUPARY Jurupari. O demônio, o espírito mau, segundo todos os dicionários e os missionários, exceção feita do P[e.] Tastevin. "A palavra jurupari parece corruptela de jurupoari, escreve Couto de Magalhães em nota (16) da segunda parte do *Selvagem*, que ao pé da letra traduziríamos: boca mão sobre; tirar da boca. Montoia (*Tesoro*) traz esta frase: *Che jurupoari*: Tirou-me a palavra da boca. O dr. Baptista Caetano traduz a palavra: Ser que vem à nossa rede, isto é, ao lugar onde dormimos. Seja ou não corrupta a palavra, qualquer das duas traduções está conforme a tradução indígena e, no fundo, exprime a mesma ideia supersticiosa dos selvagens, segundo a qual este ente sobrenatural visita os homens em sonho e causa aflições tanto maiores, quanto, trazendo-lhes imagens de perigos horríveis, os impede de gritar, isto é, tira-lhes a faculdade da voz." Esta concepção, que poderá ser a que criaram as amas de leite amalgamando as superstições indígenas com as de além-mar, tanto vindas da África como da Europa, não é a do nosso indígena. Para ele, Jurupari é o Legislador, o filho da virgem, concebido sem cópula pela virtude do sumo da cucura-do-mato e que veio mandado pelo Sol para reformar os costumes da Terra, a fim de poder encontrar nela uma mulher perfeita, com que o Sol possa casar. Jurupari, conforme contam, ainda não a encontrou, e embora ninguém saiba onde, continua a procurá-la e só voltará ao céu quando a tiver encontrado. Jurupari é, pois, o antenado lendário, o legislador divinizado, que se encontra como base em todas as religiões e mitos primitivos. Quando ele apareceu, eram as mulheres que mandavam e os homens obedeciam, o que era contrário às leis do Sol. Ele tirou o poder das mãos das mulheres e o restituiu aos homens, e, para que estes aprendessem a ser independentes daquelas, instituiu umas festas em que somente os homens podem tomar parte e uns segredos que somente podem ser conhecidos por estes. As mulheres que os surpreendem devem morrer e em obediência desta lei morreu Ceucy, a própria mãe de Jurupari. Ainda assim, nem todos os homens conhecem o segredo; só o conhecem os iniciados, os que chegados à puberdade derem prova de saber suportar a dor, serem segredos e destemidos. Os usos, leis e preceitos ensinados por Jurupari e conservados pela tradição ainda hoje são professados e escrupulosamente observados por numerosos indígenas da bacia do Amazonas, e, embora tudo leve a pensar que o de Jurupari é mito tupi-guarani, todavia tenho visto praticadas suas leis por tribos das mais diversas proveniências, e em todo o caso largamente influíram e, pode-se afirmar, influem ainda em muitos lugares do nosso interior sobre os usos e costumes atuais; e o não conhecê-las tem decerto produzido mais malentendidos, enganos e atritos do que geralmente se pensa. Ao mesmo tempo, porém, tem permitido, como tenho tido mais de uma vez ocasião de observar pessoalmente, que, ao lado das leis e costumes trazidos pelo Cristianismo e pela civilização europeia, subsistam ainda uns tantos usos e costumes, que, embora mais ou menos conscientemente praticados, indicam quanto era forte a tradição indígena.

Quanto à origem do nome, aceito a explicação que dela me foi dada por um velho tapuio, a quem objetava me ter sido afirmado que o nome de Jurupari queria dizer "o gerado da fruta". *Intimãã, Iurupary cera onheẽn putare omunhã iané iuru pari uá*: Nada disso, o nome de Jurupari quer dizer que fez o fecho da nossa boca. Vindo portanto de *iuru*, boca, e *pary*, aquela grade de talas com que se fecham os igarapés e bocas de lagos, para impedir que o peixe saia ou entre. Explicação que me satisfaz, porque de um lado caracteriza a parte mais saliente do ensinamento de Jurupari, a instituição do segredo, e do outro lado, sem esforço se presta a mesma explicação nos vários dialetos tupi-guaranis, como se pode ver em Montoia às vozes *yuru* e *pary* e às mesmas vozes em Baptista Caetano.

IURUPARY-KIAUA pente de Jurupari, centopeia, *Escolopendra*.

IURUPARY-MACACA casta de macaco todo preto e muito peludo, *Cebus Satanas*.

IURUPARY-PINDÁ anzol-do-diabo, casta de arbusto muito espinhoso da margem do rio, e que parece gostar dos lugares de corredeira, onde em tempo de enchente incomoda os que vêm subindo os rios a gancho, ou macaqueando, isto é, agarrando-se com as mãos à vegetação da margem.

IURUPARYI-PINDÁ-PUTAUA pequeno peixe geófago, espécie de cuiú-cuiú, que somente presta para isca do anzol, de onde o nome de isca do anzol de Jurupari.

IURUPARY-TATÁ fogo do diabo.

IURUPARY-TATÁ-PORA morador do fogo do diabo, demônio.

IURUPARY-TATÁ-TETAMA inferno.
IURUPARY-TIPUTY enxofre.
IURUPARY-YUA casta de cipó venenoso, espécie de *Strychnos*.
IURUPÉUA jurubeba. *V. Iuuna*.
IURUPIXUNA boca preta, macaco-de-cheiro, *Calithrix sciurea* [*Saimiri sciureus*]. Foi o nome de uma tribo indígena que habitou o baixo rio Negro e o Japurá, e que parece emigrou já em tempos históricos para o baixo Amazonas, e que trazia o nome de uma tatuagem preta em roda da boca.
IURÚPÓRA enchimento da boca, rolha.
IURURÉ pedido.
IURURÉ-CATU enternecido.
IURURÉ-RETÉ rogado.
IURURÉ-RURÉ Instado, insistido.
IURURÉSÁRA pedidor.
IURURÉSÁUA pedido, ato de pedir.
IURUREU, IURUREUA pedido, o que foi pedido.
IURUREUARA pedinte.
IURUREUERA pedinchão.
IURUREYMA não pedido.
IURURÉ-XINGA mal pedido, pouco pedido.
IURUTI juruti, casta de rola, *Columba juruti* e afins.
IURÚUIÁRE confiado-se, convencido-se, jactado-se. *V. Ruuiare* e comp.
IURUUIARE-YUA convencimento, jactância.
IURUY boca-d'água, *Callithrix brunnea*. Pequeno macaco, bruno-fulvo-escuro quase preto, com a boca branca, e a cauda, que não é preênsil, mais comprida do que o corpo, muito comum nos arredores de Tefé. Pouco arisco, porque pouco perseguido, vem regularmente em pequenos bandos de oito a dez indivíduos saquear os ingazeiros bem em face da janela, perto da qual estou escrevendo, e, não perturbados, levam horas cabriolando e fazendo nomices.
IUSÁ laçado.
IUSAÃ provado-se, experimentado-se, desafiado.
IUSAÃNGARA desafiador, experimentador.
IUSAÃNGAUA desafio, experimento.
IUSAÃNGATAUA Lugar do desafio, do experimento.
IUSACI entristecido, desanimado. *V. Saci* e comp.

IUSAẼ, IUSAÍN espalhado-se. *V. Saẽn* e comp.
IUSANA laço.
IUSANAPAUA laçada.
IUSANASARA laçador.
IUSAPU salsa, salsaparilha, *Smilax salsaparilla*. Lit., raiz de espinho, talvez por ter o caule espinhoso-sarmentoso despido de folhas. É cipó comum em todas as matas de terra firme, mas especialmente nos pequenos outeiros e cabeceiras de igarapés.
IUSARA[1] comichão, prurido.
IUSARA[2] casta de palmeira de caule espinhoso-sarmentoso, variedade de jacitara, casta de *Desmoncus*.
IUSARAẼN, IUSARAÍN esquecido-se. *V. Saraẽn* e comp.
IUSÁRASÁRA que faz comichão, prurido.
IUSASAUA transportado-se, transferido-se *V. Sasau* e comp.
IUSOANTI, IUSOAENTI ido-se de encontro, encontrando-se propositalmente. *V. Soantĩ* e comp.
IUSOCA arrimado-se, encostado-se, apoiado-se. *V. Soca* e comp.
IUSOROROCA retalhado-se, feito-se fiapos. *V. Sororoca* e comp.
IUSUÚ mordido-se, adentado-se *V. Suú* e comp.
IUTAY jutaí, fruta do jutaizeiro, Síliqua lenhosa que contém um número variável de sementes envolvidas numa polpa farinhosa; a parte comestível, de cor verde-amarela e gosto adocicado.
IUTAY-ICYCA resina de jutaí. Exsudação natural do jutaizeiro, usada pelas louceiras indígenas para envernizar, vidrar, a parte interna da louça, obtendo uma camada de verniz, que quando nova imita perfeitamente o vidro.
IUTAY-MUNDÉ jutaí que engana, casta de jutaí, cuja resina, apesar da aparência, é de inferior qualidade.
IUTAY-PÉUA jutaí chato, cuja síliqua lenhosa é fortemente achatada.
IUTAY-POROROCA jutaí que arrebenta, fende-se na casca deixando sair a resina em grande quantidade. Parece ser uma das qualidades mais estimadas; em todo caso, afirmam que a sua resina é muito boa para cura das moléstias das vias respiratórias, e que a

fruta é das melhores da sua classe[; jutaí-pororoca].

IUTAY-YUA jutaizeiro, nome de várias espécies do *Hymenoea*, todas árvores de alto porte e que crescem de preferência nas terras firmes. A sua madeira é utilizada em construções civis e obras de marcenaria. A árvore, especialmente se isolada nos descampados, afirmam, que tem a propriedade de atrair o raio, e se dá como imprudência estar-lhe ao pé quando ameaça trovoada.

IUTAXI casta de abelha, que costuma fazer seu ninho nos jutaizeiros.

IUTIMA plantada.

IUTIMASARA plantador.

IUTIMASAUA lugar de plantação, plantadouro.

IUTIMAUÁ planta, o plantado.

IUTIMAUARA plantante.

IUTIMAUERA plantável.

IUTIMAYMA não plantado.

IUTUCA ferido-se, golpeado-se, batido-se.

IUTURAMA revolvido-se. *V. Turama* e comp.

IUTUÚMA lambuzado-se. *V. Tuúma* e comp.

IUTYCA batata; enterrado, afincado.

IUTYCASARA enterrador, afincador.

IUTYCASAUA enterramento, afincamento.

IUTYCATAUA, IUTICATENDAUA afincadouro, enterradouro.

IUTYCAUARA enterrante, afincante.

IUTYCAYMA não enterrado, não afincado.

IUTYCU desfeito-se, desmanchado-se, diluído-se. *V. Tycu* e comp.

IUTYME acotovelado-se.

IUTYMEPAUA acotovelamento.

IUTYMEPORA acotovelador, acotovelante.

IUTYMEYMA não acotovelado.

IUTYUA jutuba, espinhal, lugar de espinhos.

IUUAY tamarindo, fruta do tamarindeiro, uma síliqua contendo pequenas sementes envolvidas em polpa acidulada, de que se fazem doces e o purgativo bem conhecido com o nome de "polpa de tamarindo".

IUUAY-YUA tamarindeiro.

IUÚCA tirado, sacado, desentupido, desembaraçado, extraído. *Reiuúca iú ce suí*: tira o espinho do meu pé. *Pé apitá oiuúca myrá suí*: o caminho ficou desembaraçado de paus.

IUÚCAUÁRA tirador, sacador, desentupidor.

IUÚCASÁUA extração, desentupimento, tirada.

IUÚCAUÁ o que se saca, tira, extrai, desembaraça.

IUÚCAUÁRA tirante, sacante, extrainte.

IUÚCAYMA não tirado, não sacado, não desembaraçado.

IUÚNA, JUÚNA nome que alguma vez se ouve dar à jurubeba. Casta de solanácea, de que apregoam as propriedades depurativas do sangue.

IUYCA envolvido, engasgado, enforcado.

IUYCÁ surgido, saído, esguichado, especialmente dos líquidos.

IUYCÁMBÝRA morto enforcado, engasgado, envolvido.

IUYCAUA-PAUA esguichamento, ato de sair, surgir.

IUYCÁ-PORA esguichante, surginte, sainte.

IUYCÁSÁRA enforcador, engasgador, envolvedor.

IUYCÁSÁUA enforcamento, engasgamento, envolvimento.

IUYCÁTYUA, IUYCÁTENDÁUA enforcadouro, engasgadouro.

IUYCAUÁ o engasgado, o enforcado.

IUYCÁUÁRA enforcante, engasgante.

IUYCÁUÉRA enforcável, engasgável.

IUYCÁYMA não enforcado, não engasgado.

IUYIUYRE precipitado na descida, revirado.

IUYRE descido, baixado, virado.

IUYRESARA descedor, baixador, virador.

IUYRESAUA descimento, baixamento, viração.

IUYRETAUA descida, baixada, virada, com referência ao lugar.

IUYREUÁ o descido, o baixado, o virado.

IUYREUARA baixante, descente, virante.

IUYREUERA baixável, descível, virável.

IUYREYMA não descido, não baixado, não virado.

IUXIARA deixado-se, abandonado-se. *V. Xiári* e comp.

IUXIKI arrastado-se. *V. Xiki* e comp.

IXAMA corda, enfiada, cambada; casta de pequeno peixe.

IXÉ eu, mim, me. *Ixé xacuao putare, maerecé inti recenoicári ixé*: eu quero saber, por que não me chamas.

IXÉ IARA eu o dono, meu. *Aua ixé iara?*: quem o dono? *Cuá maaitá paua ixé iara*: eu o dono de tudo isso.

IXÉ NHUNTO eu somente, somente eu.
IXÉ NHUÍRA eu sozinho. *Ixupé*: a ele, para ele.
IXÉ TENHẼN eu mesmo.
IYCÁ quebrado, lascado, espirrado.
IYCÁYCÁ espedaçado, fragmentado.
IYÉ aceso, inflamado.
IYÉSÁRA acendedor, inflamador.
IYÉSÁUA inflamação, ascensão.
IYÉTÁUA lugar de inflamação, de ascensão.
IYÉYMA não aceso, não inflamado.
IYÚA amarelo, pálido.
IYUÁ braço, manga.
IYUÁ-APARA braço torto, aleijado do braço.
IYUÁ-CÃN-UERA osso do braço.
IYUÁ-PECANGA ombro.
IYUÁ-PENA braço quebrado.
IYUÁ-PENASAUA cotovelo.
IYUÁ-RAIYCÁ pulso.
IYUÁ-RUPITÁ antebraço.
IYUÁ-UAUIRU bíceps, lagarto do braço. Lit.: rato do braço.
IYUYCA, IYUAYCA subjugado, submetido, vencido.
IYUYCASARA subjugador, vencedor, submetedor.
IYUYCASAUA vitória, subjugamento, submetimento, subjecção, submissão.
IYUYCATAUA lugar da vitória, da submissão.
IYUYCAUARA subjugante, submetente, vencente.
IYUYCAYMA não subjugado, não vencido, não submetido.

K

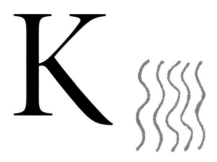

K letra, cuja som é sempre a de *qu* ou *ch* duros. Prefiro-a para indicar estes sons perante *e, i, y*, para evitar dúvidas, esteado nisso em Candido de Figueiredo, que a usa em parêntese para indicar estes mesmos sons.

kená, kenau V. *Kindá*.
keperu casta de periquito.
kerana caspa.
keránapóra cheio de caspa.
keránauéra caspento, que dá caspa.
keri ostra de salgado.
kéri-kéri uma espécie de pequena gaivota.
kery-kery casta de periquito, do tamanho de um pássaro, verde com as asas brancas.
kerepi, kerpi sonhado.
kerepi-ayua mau sonho, pesadelo.
kerepipora cheio de sonhos.
kerepisara sonhador, quem faz sonhar.
kerepisaua sonho.
kerepityua sonhadouro.
kerepiuá sonhado, o que se sonha.
kerepiuara o que sonha, pertence ao sonho.
kerepiuera sonhante, que sonha à toa, sem escopo. Notando-se que para o indígena o sonho é considerado como um meio de comunicação com a divindade, qualquer que ela seja; assim, quem sonha à toa é um infeliz, digno de lástima.
kerepiyua, kerpiyua, kerpi manha a mãe, a origem do sonho. Para os Tupis é uma velha que desce do céu, mandada por Tupana, e que entra no coração da gente, enquanto a alma foi por este mundo afora, para voltar quando a gente acorda. Então a alma, de volta, encontra no coração o recado de Tupana e que a velha deixou, esquecendo tudo quanto viu durante a vadiação. Como porém nem sempre Tupana manda recados, e a alma quando volta relembra muitas vezes, senão sempre, o que viu no tempo em que estava fora, temos duas espécies de sonho: uns que representam a vontade de Tupana e que o tapuia acata e cumpre, procurando conformar-se com a vontade neles expressa, como avisos divinos; e outros que nada são, e nada valem. A dificuldade está em distinguir uns dos dos outros, ofício que pertence aos pajés, embora eles também nem sempre acertem. As tribos banivas, manaus, tarianas, barés etc. dizem que a que desce do céu não é uma velha, mas é uma moça sem pernas, que os Banivas chamam Anabanéri e que desce de preferência nos raios das estrelas, pelo caminho do ar-

co-íris, pelo que os sonhos mandados por Tupana são os que se fazem de dia. Para os Tupis, pelo contrário, eram os da madrugada, quando a velha descia nos últimos raios das estrelas.

KETECA ralado. *V. Kityca.*
KETUÁ casta de periquito, de cauda graduada.
KÉUA pulga.
KÉUA-RANA caspa.
KEUÁUA ponte (Solimões).
KEUYRA primo-irmão.
KI, IKÉ aqui. *V. Iké.*
KIÁ sujo. *V. Ikiá* e comp.
KIAUA pente, o sujo (Rio Negro).
KICÉ faca ou outro qualquer objeto cortante. *Uĩ-kicé*: faca para farinha, ralo, ou que tenha a forma de faca. *Arara-kicé*: faca de arara, casta de Leguminosa.
KICÉ-ACICA faca que chega; pedaço de faca que apesar de quebrada ainda chega para o serviço.
KICÉ-APARA faca torta; foice.
KICÉ-PORA cheio de facas, faquista.
KICÉ-UASU faca grande, facão, terçado.
KICEUĨ espada.
KIMBURU, KIMMURU planta herbácea de folhas reniformes, verde-escuras, levemente pilosas e opostas, pequenas flores amarelas, dispostas em umbela na inserção das folhas, cujo leite é usado na cura das belidas e mais doenças dos olhos.
KINDÁ fechado.
KINDARA cerca de quintal, horta etc.
KINDAU cercado. *V. Cekindau* e comp.
KINHA pimenta.
KINHA APUÁ casta de pimenta, *Capsicum baccatum*, pimenta redonda.
KINHA CUMARI pimenta-cumari.
KINHASU pimenta grande, *Capsicum cordiforme*.
KINHAXI Pimenta-malagueta, *Capsicum fructescens*.
KINHAUSÁ pimentão, pimenta-doce (pimenta caranguejo), *Capsicum annuum*.
KINHA-AUY pimenta-malagueta.
KINHA SUAIAUARA pimenta-do-reino, pimenta de além.
KINHA-PIRA molho feito de caldo muito reduzido de carne ou peixe com pimenta em magna quantidade. É o molho que se encontra em todas as malocas e casas indígenas. É conservado ao lume numa panelinha de barro, e, nas malocas, as mulheres, tanto no alto Rio Negro como no Orenoco e nos afluentes de ambos, o vêm oferecer ao hóspede conjuntamente com beiju e carnes ou peixes moqueados. Queima que é um inferno, e nunca me pude acostumar a ele. Como, porém, do que oferecem é necessário comer, desde que é o modo de mostrar-se agradecido à recepção e confiante, e o não comer é tido como ato de desconfiança, senão de franca hostilidade, tanto mais quando, em geral, os donos da casa comem também junto com os hóspedes, eu fingia mergulhar também meu pedaço de comida no maldito molho, mas guardava-me bem de o fazer realmente, embora a comida seja insossa por falta de sal.
KIRA gordo, cheio de seiva, vigoroso.
KIRANA falsa gordura, inchação.
KIRARI casta de pequena rã arbórea.
KIRAUA gordura. *Taiasu kiraua*: lardo.
KIRICA cócega.
KIRICAUERA coceguento.
KIRÓA espinha de peixe.
KIRUÁ casta de pássaro, que não conheço.
KISUCUI eis aqui.
KITI a, em, na, para, onde. *Akiti*: para lá. *Coakiti*: para cá. *Makiti resó?*: para onde?
KITY serrado.
KITYCA ralado, esfregado.
KITYCASARA ralador.
KITYCASAUA ralação.
KITYCATYUA raladouro.
KITYCAUARA ralante.
KITYCAYMA não ralado, esfregado.
KITYRANA fúrfura [?], caspa, película que se amontoa ao pé dos cabelos, destacando-se do couro cabeludo, e os torna quebradiços.
KITYSARA serrador.
KITYSAUA o ato de serrar.
KITY-SAUA-PORA serradura.
KITY-TYUA, KITY-TENDAUA serraria.
KITYUARA serrante, que serra.
KITYUOCA polido, brunido.
KITYUOCA-SARA polidor, brunidor.
KITYUOCA-SAUA polimento, brunidura.
KITYUOCA-UARA polinte, bruninte.
KITYUOCA-YMA não polido, não brunido.

KITY-YUA serra.
KIYUA, KEYUA piolho, o do indígena.
KIYUA-RANA piolho, o do branco, que na realidade é diverso daquele do caboclo, como tenho tido ocasião de verificar depois de me ter sido chamada a atenção sobre o fato pelo próprio indígena. O piolho do indígena é mais corpulento, de cor mais escura e como que munido de uma série de palpos com que se segura.
KIYUA-SUPIÁ ovas do piolho, caspa, lêndea.
KIUYRA cunhada do homem, irmão da mulher.
KYRE, KÝRI dormido.
KÝRI-AYUA mal dormido.
KYRIMBÁ forte, valente, corajoso.
KYRIMBAU o forte, o valente, o corajoso.
KYRIMBAUA força, valentia, coragem.
KYRIMBAYMA sem força, sem valentia, sem coragem.
KYRIPORA dorminhoco, cheio de sono.
KYRIRI calado.
KYRIRINTE só, calado, silencioso.
KYRIRIPORA calante, que cala.
KYRIRISARA que manda calar, que faz calar.
KYRIRISAUA calada, silêncio.
KYRIRITYUA lugar do silêncio.
KYRIRIYMA não calado, não silencioso.
KYRIRIYUA o princípio, a mãe da silêncio.
KYRISARA adormecedor, que faz dormir.
KYRISAUA dormida, adormecimento.
KYRIUARA dormente, que adormece.
KYRI-TENDAUA lugar de dormir, dormitório.

KYRIYUA a causa, o princípio do sono.
KYSAUA rede de dormir, que no rio Negro chamam trinta fios ou de travessa. É formada de um número variável de fios dispostos ao comprido, para fazer punho, e unidos transversalmente por sete ou oito travessões, distantes um do outro mais ou menos um palmo, que formam como que malha. É a rede de viagem, geralmente feita de miriti e que todo e qualquer tapuia sabe fazer e pode fazer sempre que queira, sem precisar de tear, espola ou agulha. Basta um bom novelo de fio e dois paus para conservar esticados os fios, passados neles, como se se quisesse fazer uma meada. Posto o número de fios conveniente, se prendem com as travessas por meio de nós de trança. Feito isso, passa-se uma corda no lugar onde estão os paus, e, ao desarmá-la, se tem já a rede pronta para servir, e com as cordas nos punhos para suspendê-la onde se quiser.
KYTÃ, KYTAN nó. *Myrá-kytãn*: nó da madeira. *Mira-kytãn*: nó de gente.
KYTANGA sinal, verruga.
KYTANGAPORA muito cheio de nós, de verrugas.
KYTANGARA enverrugador, assinalador.
KYTANGAUA enverrugamento.
KYTANGA RENDAUA lugar da verruga.
KYTANGAYMA sem nós, sem verruga.
KYTAN-KITANGA muito nodoso, verrugoso. *Suá kytã-kytanga*: cara verrugosa. *Myrá kitá-kitanga*: madeira nodosa.

M letra que muitas vezes se encontra substituída por P e vice-versa. *Meréua, Peréua*: ferida, bouba. *Mutara, Putara*: vontade.

MA mas, porém, entretanto (pouco usado).

MA sílaba sem significação especial, pela qual começam muitas frases interrogativas e que alguma vez pode corresponder a "por que" ou a "para que".

MAÁ sinal do condicional, usado de preferência no rio Negro, ao passa que no Solimões, baixo Amazonas e Pará preferem *Amu. Xasó maá*: iria. *Xasó cuera maá*: teria ido.

MAÁ, MAÉ coisa.

MAÁ-AYUA coisa ruim.

MAÁETÁ, MAÁITÁ coisas, bens, patrimônio.

MAÃN, MAẼN visto, enxergado, apercebido.

MAÃN-ETÉ olhado, esquadrinhado, escrutado.

MAÃN-ETÉPÁUA olhada, esquadrinhamento, escrutamento.

MAÃN-ETÉ-SARA olhador, esquadrinhador, escrutador.

MAÃNGARA enxergador, apercebedor, quem vê.

MAÃNGAUA visão, vista, apercebimento.

MAÃN-MAÃN revistar, vigiar.

MAÃN-MAÃNGARA revistador, vigia.

MAÃN-MAÃNGAUA revista, vigilância, sentinela.

MAÃN SUAKE RUPI olhar em roda.

MAÃNTAUA lugar de onde se vê, se enxerga.

MAÃN-MAÃNTAUA guarita, lugar de vigia, de sentinela.

MAAUASU coisa grande; banquete em que todos os convidados trazem alguma coisa que metem em comum; a comida que os pescadores ou os caçadores fazem em comum: alguma coisa como um piquenique (Solimões).

MA ARA? que dia? *Ma ára catu?*: em que dia exato.

MA ARAMA? para quê?

MACACA nome genérico. Macaco, símio, mono.

MACACA CIPÓ casta de cipó, que prefere a margem dos rios, marcando a enchente.

MACACA INGÁ ingá-de-macaco, casta de ingá silvestre, de fruta insignificante.

MACACA KIAUA pente-de-macaco, árvore de terra firme que dá um ouriço alongado, muito espinhento. A madeira presta-se para obras de marcenaria e é usada no interior das habitações para esteios e caibros.

MACACA KINHA pimenta-de-macaco, casca de murta do igapó.

MACACA KYSAUA rede-de-macaco, casta de cipó.

MACACA MINGAUA mingau-de-macaco, casta de fruta do mato.

MACACA RUAIA rabo-de-macaco, casta de árvore, cuja inflorescência é em forma de penacho de cor castanho-clara.

MACACA RECUIA cuia-de-macaco, árvore muito comum, que cresce indiferentemente na vargem alta e no igapé, e cuja madeira se presta para obras de marcenaria.

MACACA TAXYUA formiga-de-macaco, casta de formiga que faz seu ninho nas árvores.

MACACA TOROCARI castanha-de-macaco, árvore de alto parte, da terra firme, que imita a castanheiro.

MACACAYUA macacaúba, macacaíba, várias espécies de Leguminosas que dão madeira muito apreciada para obras de marcenaria, especialmente móveis.

MACAUÃN V. *Cauãn*.

MACAUANÁ macavaná, *Psittacus macavana*, casta de periquito.

MACAXERA macaxeira, aipim, a raiz comestível da *Maniot aipī*, usada geralmente como excelente substitutivo da batata.

MACAXERA-YUA a *Maniot aipī* e suas variedades, que fornecem a *macaxera*.

MACERA armadilha para peixe. Consta de um tronco oco, fechado em uma das extremidades por uma tampa, e na outra com uma espécie de funil de talas, que permite ao peixe entrar, mas entrando lhe veda a saída. O pescador, quando retira a armadilha do fundo do igarapé, onde é conservada por uma pedra, para retirar o peixe, somente tem de tirar a tampa.

MACI doente.

MACIANA doente há muito, adoentado.

MACI-AYUA peste, doença má.

MACICY contágio, doença contagiosa, mãe da doença.

MACIETÉ muito doente, doente grave.

MACI-IUÍRE voltado a ser doente.

MACI-IUÍRESÁUA recaída.

MACI-IUÍREUÉRA que recai facilmente doente.

MACISAUA, MACIPAUA Enfermidade, doença.

MACISAUASU doença grande, geral, epidemia.

MACISAUETÉ grande epidemia.

MACIUARA doente, sujeita a doença.

MACIUERA adoentadiço, que adoece facilmente, que é menos doente do que se faz.

MACUCAUA casta de inambu, *Tinamus brasiliensis*.

MACÚCU ave próxima dos inambus, *Cripturus serratus*.

MACUCU árvore da capoeira, *Ilex macoucoua* (?). Da casca se extrai uma tinta que serve para tingir a linha de pescar para impedir que crie caruncho e apodreça, e com que, em falta de cumari, se pintam as cuias, que nunca, porém, adquirem o polido como com este. A madeira leve serve especialmente para caibros e obras, que não carecem estar expostas às intempéries. Da fruta, aliás não utilizada, se pode extrair um óleo que pode, creio, substituir em muitos casos o óleo de linhaça.

MUCUCURANA falso macucu.

MACURI bacuri, casta de fruta comestível do igapó.

MACURI-PARI bacuripari, casta de fruta comestível, também dos igapós e terras baixas, *Platonia insignis*.

MACURU instalação feita de duas tripeças, especialmente para armar a rede das crianças em qualquer lugar e permitir à mãe ocupar-se no que tiver de fazer (Solimões).

MAĒN visto. V. *Maã* e comp.

MAERAMÉ quando. V. *Mairamé*.

MAI como, em que modo.

MAIA, MANHA mãe. A primeira vista parece corrupção do português, e por tais eu tenho considerado sempre tais formas; todavia o grande uso que delas se faz em toda parte, ainda por quem de português não sabe patavina, me tem ultimamente feito nascer dúvidas de que a semelhança não seja senão efeito de uma estranha coincidência. A forma *cy*, embora viva ainda como membro final de muitas palavras, nunca a tenho ouvido usar para indicar a mãe de alguém. Mais ainda, no final é em muitos casos substituída por qualquer das duas primeiras formas, sendo que *manha* é preferida aqui no Amazonas e *maia*, ao que parece, em alguns lugares do Pará. Assim se diz *paranã manha, paranã maia*: mãe do rio. *Aracy, amamanha, aramaia*: mãe do dia. *Iracy, iramaia, iramanha*: mãe do mel.

MAIANA vigiado, empurrado. V. *Manhana* e comp.

MAIASAUA maternidade.

MAIAUARA maternalmente. *Maiauara rupi:* de modo maternal, maternalmente.

MAIAUÉ casta de pássaro.

MAIAUÉ afirmativo: deste modo, igualmente; interrogativo: como? de que modo? de que forma?

MAIÉ como. *Maié ne iaué:* igual a ti, como tu.

MAIERYUA, PAMAIERYUA manjerioba, casta de Leguminosa herbácea, cujas raízes são usadas em decocção como febrífugo e as sementes como sucedâneo de café.

MAIOÍ andorinha, *Hirundo tapera,* casta de andorinha que escava o ninho nos lugares areentos, nos barrancos e praias altas.

MAIPURES casta de pássaro, que não conheço.

MAIRA casta de cipó, cuja raiz é comestível.

MAIRAMÉ quando. Serve tanto para a interrogação como para a afirmação. *Mairamé catu?:* até quando? *Mairamé xaiuíre cupixaua suí:* quando voltar da roça. *Mairamé reputare pire?* quando queres melhor?

MAIRY cidade. Já se disse por antonomásia de Belém do Pará.

MAIRYPORA morador da cidade.

MAIRYSAUA condição de cidadão.

MAIRYUARA que é, que pertence à cidade, cidadão.

MAISARA quem determina o modo, o como.

MAISAUA o como, o modo. *Mira maisaua:* o modo da gente.

MAITÁ que há? *Maitá iané supé?:* que há para nós? Contração de *maié* e *taá*.

MAITACA casta de papagaio, gênero Pionia.

MAITACACA *Mephitis amazonica,* lindo Mustelida, que, perseguido, se defende com um jato de líquido fedentíssimo.

MAITÉ pensado, imaginado, crido. *Xamaité indé, reiuíre curutẽ:* creio que tu voltas já. *Mata remaité remaã-maã iuaca:* que imaginais, olhando o céu?

MAITÉPÁUA, MAITÉSÁUA pensamento, imaginação, crença.

MAITÉPÓRA imaginoso, cheio de pensamentos.

MAITÉSÁRA pensador.

MAITÉUÁRA pensante, crente, imaginante.

MAITÉUÉRA pensável, crível, imaginável.

MAITEYMA não pensado, não imaginado.

MAITINGA mãe branca (contração de *maia* e *tinga*); nome que as criadas indígenas, especialmente no Pará e Maranhão, davam à dona da casa.

MAIÚCA casta de erva.

MAKITI? aonde? (interrogativo). *Makiti resó putare?:* aonde queres ir?

MAKYRA rede de dormir batida ao tear. No rio Negro são feitas de miriti, de tucum e de curauá, sendo que estas últimas são as mais finas e duradouras.

MAKYRA EMBYUA varanda da rede, geralmente feita do mesmo fio da rede; mas há também enfeitadas com penas de pássaros.

MAKYRA EPY punho da rede, onde se passa a corda para amarrá-la.

MAKYRA PITASOCA os esteios onde se amarra a rede, mas que podem também ser os ganchos ou os anéis destinados ao mesmo ofício. *Lit.:* sustento da rede, ou, melhor, que sustém a rede.

MAKYRA TUPAXAMA corda da rede, que, passada nos punhos, serve para suspendê-la.

MAMAIACU casta de pequeno peixe de pele.

MAMANA dobra, embrulho, feixe, rolo.

MAMANAPAUA, MAMANASAUA dobramento, enrolamento, enfeixamento, embrulhamento, o ato de dobrar, de enrolar etc.

MAMANAPORA o que é embrulhado, enfeixado, dobrado, enrolado e está dentro do rolo etc.

MAMANASARA embrulhador, enrolador, enfeixador, dobrador.

MAMANAUARA embrulhante, enrolante, dobrante, enfeixante.

MAMANAUERA embrulhável, dobrável, enrolável, enfeixável.

MAMANAYMA não dobrado, não enfeixado, não embrulhado etc.

MAMANGA casta de caba, *Icumeonide solitaria,* de um belo azul-ferrete, que atinge o tamanho de uma boa polegada e faz seu ninho em terra, aprovisionando-o com insetos, que imobiliza, numa imobilidade letárgica, com uma ferroada.

MAMBUCA, MAMUCA casta de abelha.

MAMÉ? onde? (interrogativo). *Mamé catu?:* onde exatamente? *Mamé catu rupi?:* por onde é bom? *Mamé catu pire?:* onde é melhor?

MAMÉ SUÍ? MAMÉ SUIPE? de onde?

MAMÉ SUÍUÁRA? de onde é?

MAMÔ mamão (corrupção do português (?)). *V. Iacaratiá.*

mamorana falso mamão, *Carolinea princeps*. Árvore que cresce nos igapés e margens baixas do rio; da madeira se fazem tábuas, e a casca dá uma fibra que pode ser utilizada para cordas de inferior qualidade.
mamoré-pana cipó da margem do rio.
mamori casta de peixe.
manã, mandã casta de abelha.
manacá¹ manacá, *Brunfelsia hopeana*. Planta medicinal usada desde muito como depurativo na farmacopeia indígena. De uma variedade se tomam as raízes em infusão para tirar o caiporismo e poder ser feliz na pesca ou na caça.
manacá² variedade de palmeira, *Euterpe oleracea*.
manacaru casta de cacto espinhoso. É usado em decocção como emoliente.
manakirĩ casta de formiga.
manapuá ave, casta de pernalta.
manapusá árvore.
manasaia casta de formiga.
manataiá casta de abelha.
manatĩ peixe-boi. Não sei se o nome indica o mesmo *Iauarauá* ou se alguma variedade. É nome que lhe é dado em alguns lugares do Pará e baixo Amazonas.
mandará casta de lagarto.
mandué, mandubé casta de peixe de pele, de cabeça muito achatada.
manduí, manduby a fruta comestível da *Arachis hypogaea*. É muito oleosa e dá azeite de primeira qualidade.
manduí ú mandubi grande.
manduí mirĩ mandubi pequeno.
manduí piranga mandubi vermelho.
manduí puã mandubi redondo.
mandupiri casta de peixe.
manduri casta de abelha.
mangará nome genérico com que se designam alguns *Caladiums* e algumas *Aroideas*.
mangarataia gengibre; mangará que arde.
mangará tauá mangará amarelo, casta de gengibre pouco ativo.
manga-icyca resina de mangaba.
mangaua mangaba, fruta comestível de uma casta de sorva.
mangayua mangabeira.
manha V. *Maia*.

manhana vigiado, espiado.
manhana manha cuidadoso, vigilante.
manhanasara vigia, espia, espiador, pastor.
manhanasaua ato de espiar, de vigiar.
manhanauara vigilante, espiante.
manhanayma não vigiado, não espiado.
manhangaua madrinha.
manha-nungara mãe de adoção, que serve de mãe.
mani fécula, casta de resina; casta de formiga que dá nas roças, sem danificá-las. Na lenda, Mani é uma moça que morre de amores. Do seu corpo nasce uma raiz comestível, a que foi dado o nome de *Mani oca*, isto é, casa de Mani.
maniaca o caldo da mandioca, logo saído do tipiti antes de ser fervido. É, como é sabido, um veneno potentíssimo devido ao ácido ciânico que o sumo da mandioca contém, e que se evapora sob a ação do fogo e, embora mais lentamente, também sob a do sol. De *Mani* e *aca*: espremido de Mani.
manicuera caldo de mandioca-doce, apenas fervido, sem deixá-lo engrossar.
manicuia a cova em que é plantada a mandioca, de antemão preparada para este fim.
manioca mandioca; a raiz da maniva. Sobre o nome há uma lenda, que conta ter nascido a mandioca do corpo de Mani, uma moça morta de amores infelizes, significando, então, casa de Mani, de *oca* = casa.
manioca puua mandioca colhida, mandioca puba, a raiz da mandioca, separada da haste e deixada em água, de preferência nos igarapés, para amolecer, de que se faz a farinha-d'água.
manipuera, manipuíra o sumo de mandioca deixado ralo, embora já tendo fervido o suficiente para ter perdido o veneno (= Mani rala).
manisaua, manisoba folha de maniva; guisado de folhas de mandioca, muito apreciado no Pará e Maranhão.
maniuara casta de saúva. A fêmea de uma espécie que habita de preferência nas roças. As formigas ovadas, depois de lhes terem sido tiradas as partes duras, cabeça e corsalete, são comidas moqueadas, razão por que, quando é tempo e saem à tardinha, lhes é dada ativa caça. O abdome moqueado, com

molho de tucupi e uma pontinha de fome, precisa convir que não é de todo mau; há coisas piores.

MANIYUA, MANIVA, MANIBA *Manihot utilissima*, e variedades todas cultivadas; a planta que dá a raiz, de onde se extrai a farinha de mandioca, a tapioca, a manipueira, o tucupi etc. A *maniva*, ao tempo da Descoberta, foi encontrada cultivada em todo o país, formando como que a base da alimentação do indígena, como ainda hoje o é da alimentação de todo o interior do Pará e Amazonas. O valor nutriente da mandioca é devido em sua máxima parte ao princípio feculento que contém, à tapioca, e por via disso mesmo os diversos produtos e as farinhas que dela se obtêm, valem na razão direta da tapioca que contém.

MANIXI, MANIXY fruta do igapó, do tamanho de uma ginja, de cor alaranjado-viva, pericarpo mole, de sabor adocicado.

MANÓ morto.

MANOANA já morto.

MANÓ-AYUA má morte, morte súbita, apoplexia.

MANOPAUA mortandade.

MANORANA desmaiado, falso morto.

MANOSARA quem dá ou produz a morte.

MANOSARA-RANA quem dá ou produz o desmaio.

MANOSAUA morte.

MANOSAUA-RANA desmaio.

MANOUARA morrente, moribundo.

MANOUERA morredouro, mortal.

MANOUERA-YMA imortal.

MANOYMA não morto.

MANUNGARA nada, insignificância.

MAPARÁ casta de peixe de pele.

MAPANI casta de erva.

MAPATI casta de árvore.

MAPÉ? aonde? (interrogativo), contração de *ma* e *opé*.

MAPIRE? que mais? (interrogativo).

MARÁ vara, vergôntea.

MARÃ lutado, brigado, rapinado.

MARA nos compostos traz consigo sempre a ideia de algo de ruim, de mau, que não presta, sem dar lugar todavia na mor parte dos casos à tradução. Isto acontece, me dizia o velho Quenomo, pajé Cubéua, porque Mara foi gente ruim, e tudo que dela sair não pode ser senão ruim, mau, imprestável. Na lenda Mara é a filha de um pajé que, aprendida a ciência paterna, dela se serve para fazer mal, pelo que o pai a faz morrer para evitar que empeste o mundo com a descendência dela. O fazê-la morrer não é, porém, fácil tarefa. Conhecendo Mara as intenções do pai, ilude sempre todos os meios por este excogitados para conseguir o seu fim, e só depois de muito lidar é que consegue fazê-la morrer afogada, mas não pode impedir que, nas ânsias da morte, da baba dela se originem umas tantas ervas más, que servem para fazer *maracaimbara*, isto é, feitiços. Outra versão faz casar Mara, e então é o marido que a mata.

MARAAMA pontada.

MARAARE cansado, desfalecido.

MARAÁRESÁRA desfalecedor, cansador.

MARAÁRESÁUA desfalecimento, cansaço.

MARAÁRETÁUA cansadouro, desfalecedouro.

MARAÁREUÁRA cansante, desfalecente.

MARAÁREUÉRA cansável, desfalecível.

MARAÁREYMA não desfalecido.

MARACÁ maracá, chocalho feito de uma cabaça esvaziada, enfiada num pau e cheia de pedrinhas ou de frutas duras. Os maracás são feitos em geral de *cuieté*, mas há maracás feitos de um tecido de talas, e os dos pajés costumam ser feitos com uma espécie de pequena coloquíntide silvestre, que cresce nas serras. Os que servem para puxar a dança são pelo comum ornados de penas, que variam conforme a tribo, assim como de desenhos elegantíssimos, incisos, e tornados vistosos com tabatinga.

MARACACHETA malacacheta, nome dado comumente à mica e algumas vezes a uma espécie de pirita. Registro a palavra, embora tenha dúvidas sobre ser ela nheengatu.

MARACÁ-EMBIARA comida de maracá; enfeitiçado.

MARACAIÁ maracajá, *Felis pardalis*. Lindo gato-do-mato, fulvo-claro, de manchas mais ou menos regulares em forma de rosetas ou anel; chega quase ao triplo do tamanho do nosso gato doméstico.

MARACAIAÍ maracajaí, *Felis macrura*. O menor dos gatos das florestas amazônicas, que somente se distingue do maracajá pelo ta-

manho, que ainda assim chega quase ao duplo do do gato doméstico.
maracaiá-una maracajá-preto. Lindo bichano, que não pode ser confundido com a onça-preta, da qual é muitíssimo menor. De corpo alongado e baixo de pernas, o maracajá-preto é de um bruno-fulvo-escuro, borra de café, com malhas que variam de indivíduo a indivíduo, e que em geral só são visíveis contra a luz.
maracaimbara feitiço, veneno preparado pelos pajés.
maracaimbara-iara feiticeiro.
maracaimbara manha feiticeiro.
maracaiú, maracaju guizo.
maracambá casta de árvore das matas do Pará.
maracamboia cascavel, *Crotalus*. cobra de maracá, cobra de chocalho.
maracanã *Conurus*, casta de papagaio, de cauda comprida, como a das araras.
maracanã-tyua, maracanatuba terra de maracanãs.
maracatī nariz de maracá, navio de guerra. O nome lhe vem do uso que, parece, havia entre os indígenas de pôr na proa da canoa, que saía armada para peleja, um maracá, que, se não servia para sinais, soprado pelo pajé, devia levar o espanto às fileiras inimigas.
maracá-yua haste do maracá. O pedaço de pau, mais ou menos ornamentado, em que é enfiada a cuia que forma o maracá.
maracuiá maracujá, fruto de várias espécies de *Passiflora*, todas comestíveis e de gosto em geral muito agradável.
maraiá marajá, *Bactris marajá,* casta de palmeira.
maraiaī marajaí, variedade de marajá.
maraiá piranga marajá-vermelho, *Bactris piranga,* casta de marajá.
maraiá pixuna marajá-preto, casta de marajá.
maraió, maraiú espinho-bravo, pau, espinho; nome da ilha bem conhecida, na foz do Amazonas.
maraioara que provém da ilha, mora na ilha de Marajó.
maraiopora que mora, está na ilha de Marajó, embora talvez de passagem, temporariamente.

marakiri casta de formiga.
marama? ma arama? (interrog.) Para quê?
maramba casta de árvore.
marãmunhã brigado, rixado, guerreado, batalhado.
marãmunhangara guerreiro, batalhador, rixador.
marãmunhangaua guerra, rixa, briga, batalha.
marãmunhãpaua guerra, rixa, briga.
marãmunhãsara guerreiro, rixador, brigador.
marãmunhãuara rixante, brigante, guerreante.
marãmunhãuera brigão, rixador.
marãmunhayma pacífico, não briga, não rixa.
maranan arrastado, rapinado.
maranangara arrastador, rapinador.
maranangaua arrastamento, rapina.
marangara lutador, brigador.
marangaua luta, briga.
maranduua contado, dado notícia.
maranduuara contador.
maranduuera enredoso, contador de histórias.
marandyua conto, notícia, história.
marandyua-puxi má notícia.
maranduayua enredo.
maranduayua manha enredoso.
marantã casta de arbusto.
marapã casta de planta, que dá uma fibra têxtil.
marapatá[1] casta de peixe de pele.
marapatá[2] beiju feito em folha de bananeira e que, por falta de forno apropriado, foi preciso assar na cinza quente.
marapececa formigão.
marasu[1] comida mal preparada (Solimões).
marasu[2] tiranizado, escravizado.
marasuara tirano, escravizador.
marasupora sujeito, pobre, maltratado, escravo.
marasusaua sujeição, pobreza, mau trato.
marauara rapinante.
marauna agoirado.
maraunapaua, maraunasaua agoiro.
maraunapora agoirento.
maraunauera agoireiro.
marecé porque.

MARICA ventre. Corrupção do português barriga?

MARICA IARA pançudo (dono de barriga).

MARICA MICO nome que, segundo Martius, é dado no alto Solimões ao barrigudo. V. *Aimoré*.

MARICASU barriga grande, barrigudo.

MARIKI-TAIA mariquitaia, casta de árvore dos arredores do Pará.

MARIMARI marimari, fruta dos igapós e margens alagadiças, constante de uma longa síliqua achatada, multilocular, contendo sementes arredondadas e chatas, envoltas em uma substância esverdeada, de perfume agradável, adocicada e de efeitos purgativos.

MARIMARI-YUA marimarizeiro, *Cassia brasiliensis*, árvore leguminosa do igapó.

MARIRAPIÁ casta de cipó que cresce nos igapós. Dá uma fruta comestível que lembra o abricó-do-pará, contendo duas ou três sementes reniformes, envolvidas numa polpa vermelho-orange adocicada e de gosto muito especial.

MARITACA casta de pequena gaivota, *Larus*.

MAROCA, MARÁ-OCA maloca, casa de varas, casa de estacas. A casa de residência fixa, onde o indígena vive em comum, sob a égide do dono da casa, e que reúne sob o seu teto mais de uma família.

MARUMBI cilada, emboscada.

MARUPÁ casta de madeira branca e leve, muito usada para caixas e baús.

MARUPAYUA marupaizeiro, simaruba, árvore das capoeiras e terras altas.

MARUPAY arbusto do igapó, *Simaruba officinalis*. A raiz é usada em infusão como adstringente nas diarreias e disenterias.

MARUPI? por onde?

MARUPIARA feliz na caça ou na pesca, bem-sucedido, afortunado; que sabe onde?

MASANSARÁ casta de graminácea.

MASAPÉ argila.

MASARANDYUA maçaranduba, nome dado a diversas espécies de árvores de alto porte que vivem no igapó. A mais comum, que é uma *Mimusops*, além de fornecer um leite de elasticidade diversa, segundo a época da colheita, dá uma espécie de sorva comestível, e fornece uma madeira vermelha, muito dura e resistente, ainda que exposta às intempéries e mesmo debaixo da terra, mas que lasca facilmente no sentido das fibras. Por isso mesmo é pouco usada em obras de marcenaria; mas, porque é muito resistente e duradoura, se fazem dela esteios e enchimentos para casas de taipa, que rivalizam com os de acapu e de itaúba preta.

MASARICO várias espécies de totânidas [escolopacídeos?], que vivem geralmente em pequenos bandos ao longo das praias em tempo de vazante, e no da enchente na margem dos lagos e charcos, onde nidificam.

MASAROCA lançadeira, a que serve para tecer ao tear as redes de dormir.

MASAROCA-PORA o fio que enche a maçaroca, isto é, a lançadeira, com que se enche a trama, nas redes de dormir tecidas ao tear.

MASAUACARI casta de palmeira.

MASOCA, PASOCA mistura de farinha e carnes moqueadas, passada ao forno, e a que algumas vezes juntam malagueta também seca e em pó. Em qualquer caso não leva sal, que, umedecendo a mistura, a estragaria em pouco tempo. É comida para viagem.

MASUÍ? de onde? (interrogativa).

MASUIPÉ? de onde? (interrogativa), contração de *ma suí opé?*

MATA? forma interrogativa sem significação especial, correspondendo ao que interrogativo (contração de *ma taá*). *Mata rerecô*: que tens? *Mata remunhã putári cuá myraitá irumo?*: que queres fazer desta madeira?

MATAMATÁ casta de tartaruga fluvial, cujo casco é cheio de bossas, *Chelys fimbriata*. Embora se encontre em toda a parte, não é em nenhuma muito numerosa. A sua carne não é muito apreciada; casta de cipó dos igapós. Uma fita espessa de quatro a seis dedos de largo, cheia de bossas, como as do casco do *matamatá*.

MATAPI[1] pequeno peixe geófago, da família dos Silúridas

MATAPI[2] armadilha para peixes, de forma alongada e com uma única abertura afunilada, formada pelas fasquias viradas para dentro, de modo a dar entrada ao peixe e impedir-lhe a saída. É armadilha que costuma ser posta nos igarapés, com a boca virada para a correnteza. O peixe que vem subindo entra nela, independente de qualquer espécie de isca, exatamente porque, querendo vencer a correnteza, encontra facilidade à subida no funil.

MATARÁ casta de pássaro, variedade de formicarídeos.

MATĨ, MATĨ TAPERÉ matinta-pereira, nome de uma pequena coruja que se considera agourenta. Quando, a horas mortas da noite, ouvem cantar o *matĩ taperé*, quem o ouve e está dentro de casa diz logo: "Matinta amanhã podes vir buscar tabaco". Desgraçado, deixou escrito Max J. Roberto, profundo conhecedor das coisas indígenas, quem na manhã seguinte chega primeiro àquela casa, porque será ele considerado como o *matĩ*. A razão é que, segundo a crença indígena, os feiticeiros e pajés se transformam neste pássaro para se transportarem de um lugar para outro e exercer suas vinganças. Outros acreditam que o *matĩ* é uma *mayua*, e então o que vai à noite gritando agoureiramente é um velho ou uma velha de uma só perna, que anda aos pulos.

MATIRI matiri, pequeno saco de couro ou mesmo de tecido, em que o caçador leva os apetrechos de seu uso, e a sacola do pajé.

MATUNA quinhão.

MATUPÃ as touças de erva que cobrem os lagos na enchente e no começo da vazante se aglomeram na boca, dificultando a navegação.

MATUPIRI casta de peixe de escama.

MAUARI maguari, *Ardea cocoi*, garça-cinzenta. Muito comum em todo o Amazonas, vive isolada e nunca é encontrada em bando.

MAŨ, MAŨN examinado, averiguado.

MAŨNGARA examinador, averiguador.

MAŨNGAUA exame, averiguação, curiosidade.

MAŨN-UERA curioso, abelhudo, metediço.

MAY mãe (corrupção do português). V. *Maia*.

MAYNUNGARA em lugar de mãe, madrasta.

MAYUA o ser misterioso de onde provém todo o mal (contração de *Maa ayua*). É a *Mayua* que pode estragar a criança que está para chegar à puberdade, e basta a sua vista para a inutilizar para todo o sempre, de onde o resguardo, o jejum e as cerimônias diversas a que são sujeitos moços e moças na mor parte das tribos indígenas. Segundo a lenda do Jurupari, as *Mayuas* nasceram da cinza de *Uairi* (tamanduá), o velho que não soube guardar o segredo.

MAXI casta de pequeno pássaro.

MAXÍXI maxixe, *Anguria*. A fruta que consta de uma cápsula carnosa cheia de sementes; é comida tanto cozida como crua, como legume. A planta sarmentosa se estende muito e pode servir para dar uma boa qualidade de papel.

MAXUAÍ casta de festa, em que até certa hora tomam parte as crianças, a quem tapam a cara com máscaras, atirando-as no círculo da dança e marcando o tempo com gaitas de taboca. Quando as crianças vão dormir, as mulheres tomam seu lugar (Solimões).

MBÁ, MBAE coisa.

MBÁ-AYUA coisa ruim, coisa má, veneno.

MBÁ-AYUA RUPIARA contraveneno; que está contra as coisas más.

MBÁ-AYUETÉ coisa péssima.

MBACAIÁ casta de palmeira.

MBACI doente. V. *Maci* e comp.

MBAE nada. V. *Embae* e comp.

MBAE PUXI coisa feia, torpeza, adultério.

MBAERANA vil, baixo.

MBAETÁ, MBAITÁ riqueza, muitas coisas.

MBAETÁ IARA rico, dono de muitas coisas.

MBAIA retalho, fiapo.

MBAIACA casta de erva.

MBATARÁ batará, casta de pássaro comedor de formigas.

MBAÚ comido. É a forma usada no rio Negro.

MBAÚPÁUA, EMBAÚSÁUA refeição.

MBAÚ RENDAUA refeitório, lugar de comer, sala de jantar.

MBAÚSÁRA comedor.

MBAÚUÁRA comente.

MBAÚUÉRA comilão.

MBAÚÝMA não comido.

MBEIÚ, MEIÚ bolo de farinha de mandioca, em forma de torta, deixado cozinhar até ter perdido o veneno, mas de forma a que não fique torrado e duro. No rio Negro chamam *curadá* ao beiju de tapioca, que no Solimões chamam *typyaca meiú*. A palavra *curadá* não é de língua geral e parece ser baré.

MBEIÚ-ASU beiju grande, beiju muito alto que usam para preparar o caxiri (Solimões).

MBEIÚ-CYCA bolo de farinha de mandioca, pouco espesso e mais rico de tapioca, torrado de forma a se tornar quebradiço, quando fresco.
MBEIÚ CAUA casta de caba. Deve o nome à forma do ninho achatado e largo como um beiju.
MBEIÚ KIRA beiju gordo, bolo de mandioca, a que foi misturada alguma fruta.
MBEIÚ TICANGA beiju seco, bolo de farinha de mandioca, torrado segunda vez, para conservar-se mais tempo e poder servir para balaio em viagem, ou quase queimado para servir ao preparo do caxiri.
MBEÚ avisado, prevenido, participado.
MBEÚ-CATU elogiado, louvado.
MBEÚ-CATUSARA elogiador.
MBEÉ-CATUSAUA elogio, louvor.
MBEÚ-CATUUARA louvante, elogiante.
MBEÚ-CATUUERA elogiável, louvável.
MBEÚ-CATUYMA não elogiado, não louvado.
MBEÚ CE RECÉ queixar-se. *Mbeú ne recé, mbeú i recé*: contar para mim, para ti, para ele etc.
MBEÚPÁU pormenorizado. V. *Pau* e comp.
MBEÚ-PUXI maldito.
MBEÚ-PUXISARA maldizedor.
MBEÚ-PUXISAUA maledicência.
MBEÚ-PUXIUARA maldizente.
MBEÚ-PUXIUERA mexeriqueiro.
MBEÚSÁRA participador, avisador.
MBEÚSÁUA Aviso, prevenção, participação.
MBEÚUÁRA avisante, preveniente, participante.
MBEÚYMA sem aviso, sem prevenção, improviso.
MBI furado, roído.
MBIRYUÁ biribá, casta de fruta; pequeno vaso de terra, da forma da fruta de biribá. As escamas da pinha são dispostas de forma a poder receber as cores líquidas, com que se pintam as cuias e mesmo outros vasos.
MBIRYUAYUA biribazeiro.
MBISARA furador, roedor, da roedura.
MBISAUA furo, roedura.
MBITAUA lugar do furo.
MBIUARA roente, furante.
MBIUERA furável, roível.
MBIYMA não roído, não furado.
MBOI deformado, estragado.
MBOIA cobra, serpente.

MBOIA-CININGA cascavel, *Crotalus* (=cobra que tine).
MBOIA-ICICA cobra seca.
MBOIA-PÉUA cobra-chata.
MBOIA-PIRANGA cobra vermelha, cobra-coral.
MBOIA-PITUA cobra mofina.
MBOIASU a cobra grande. Nome dado alguma vez à sucuriú, mas geralmente em boca dos indígenas indica uma classe de mães – a mãe do rio, do lago, do igarapé – que se tornam visíveis sob forma de cobras; então corresponde a *Y-iara*, isto é, a dona das águas, a mãe da água.
MBOIA-SUKIRA cobra-azul, venenosa.
MBOIA-TEAPU casta de jararaca (Solimões); cascavel (baixo Amazonas) (=cobra bulhenta).
MBOIA-XIÚ casta de gaita (=choro de cobra).
MBOI-MBOI retalhado, recortado.
MBOI-MBOIPAU destruído, aniquilado. V. *Pau* e comp.
MBOI-MBOISARA retalhador.
MBOI-MBOISAUA retalho.
MBOI-MBOIYMA não retalhado, não recortado.
MBOIPITUA casta de planta que teria a propriedade de amofinar, tornar inócuas as cobras venenosas.
MBOISARA deformador, estragador.
MBOISAUA deformação, estrago.
MBOITAUA deformadouro, estragadouro.
MBOIUARA deformante, estragante.
MBOIUERA deformável, estragável.
MBOIUMI cobra ubi, cobra-verde.
MBOIYMA não deformado, não estragado.
MBOTY folhas de fumo picadas e reduzidas a uma massa compacta por um começo de fermentação, e seca no fumeiro para conservá-las. É a forma como no Uaupés se conserva o fumo. Apesar de conservar intatas todas as suas propriedades, e ser ainda capaz de embebedar como o fumo da melhor qualidade, não tem gosto, é palha seca.
MBU, MPU enxotado, expulsado. V. *Mpu* e comp.
MBUCA, MPUCA deflorado. V. *Mpuca* e comp.
MBUÉ aprendido, relatado, rezado, contado.
MBUÉPÁUA lição, o que se aprende.
MBUÉPÓRA aprendiz, discípulo.
MBUÉSÁRA mestre, relatador, rezador.
MBUÉSÁUA relação, reza, conto.

MBUÉTÁUA cartilha, livro em que se aprende, livro de reza.
MBUÉ-TENDAUA escola, lugar onde se aprende.
MBUETÉ, MOETÉ adorar. *V. Moeté* e comp.
MBUEÚ apagar soprando. *V. Peú* e comp.
MBUÉUÁRA aprendente, relatante, contante, rezante.
MBUÉUÉRA relatável, aprendível, contável, rezável.
MBUÉYMA não aprendido, não relatado, não rezado, não contado.
MBUI-MBUI bubuiado, flutuado, descido ao favor da corrente.
MBUI-MBUISARA flutuador.
MBUI-MBUISÁUA flutuação.
MBUI-MBUITAUA flutuador.
MBUI-MBUIUARA flutuante.
MBUI-MBUIUERA flutuável.
MBUI-MBUIYMA não flutuado.
MBUNÃ ovos de tartaruga preparados no moquém, com as tartaruguinhas já mais ou menos desenvolvidas.
MBURE lançado, jogado.
MBURE I SUÍ lançado de si, divorciado.
MBURE OCARA lançado na rua, enxotado de casa.
MBUREPAUA, MBURESAUA lançamento.
MBUREPORA o que se lança, e é lançado fora.
MBURESARA lançador.
MBURE RENDAUA lançadouro, lugar onde se lança.
MBUREUARA lançante.
MBUREUERA lançável.
MBUREYMA não lançado, não jogado fora.
MBURI casta de palmeira, buri.
MBUSU, UMBUSU casta de palmeira. *V. Umbusu.*
MBUY furado, deflorado.
MBUYPAUA, MBUYSAUA defloramento, furamento.
MBUYPORA esburacado, furado.
MBUYUERA deflorável, furável.
MBUYUARA deflorante, furante.
MBUY-YMA não deflorada, não esburacado.
MBYRÁ, MYRÁ madeira, pau, árvore. *V. Myrá* e comp.
MEAPÉ-MIAPÉ bolo de mandioca de uma certa espessura.
MEAPÉ ANTÃN bolo velho, pão velho.
MEAPÉ CEẼN bolo doce, pão doce.

MEIÚ beiju. *V. Mbeiú.*
MEẼN dado. *Xameẽn ne supé ma xameẽn cuao*: dou-te o que posso dar-te. *Remeẽn cepy*: dá o preço.
MEẼNGARA dador.
MEẼNGAUA dádiva.
MEẼNGAUERA dável.
MEẼNGAYMA não dado.
MEMBECA, MEMECA mole, tenro, brando.
MEMBECANA muito mole, muito tenro, muito brando ou que já está mole, tenro, brando; especialmente se se trata de coisas que amolecem, tornam-se tenras ou brandas.
MEMBECASARA amolecedor, que torna tenro, brando.
MEMBECASAUA amolecimento, abrandamento, enternecimento.
MEMBECAUERA amolecível, enternecível, abrandável.
MEMBECAYMA não amolecido, não brando, não tenro.
MEMBUÉ, MEMBUÉUA discípulo. Forma irregular de *Mbuéua*.
MEMBYRA filho, filha emm relação à mãe.
MEMBYRANGAUA afilhado, em relação à madrinha.
MEMBYRANUNGARA enteado, em relação à madrasta.
MEMBYRARE parido. *V. Embyrare* e comp.
MEMBYRAREUARA parteira.
MEMÉ sempre, seguidamente, igualmente.
MEMU poupa.
MEMU UIRÁ pássaro de poupa, que também chamam *memy uirá* (pássaro-flauta), *Cephalopterus ornatus*. Bonita ave de cor azul-escura; uma enorme poupa em forma de chapéu de sol lhe orna a cabeça, e do pescoço lhe pende um apêndice coberto de penas, que se incha quando emite a sua nota de flauta.
MEMY, MEMBY, MEMBÉ flauta, assobio, pífaro. É o nome da flauta feita do osso da tíbia, e é troféu de guerra ou de caça, sendo que no primeiro caso é feita numa tíbia humana. É uso que não é especial aos nossos silvícolas, mas que dividem com todos os povos primitivos. Os romanos, é sabido, chamavam a flauta: tíbia, em lembrança da sua origem. Memis de osso humano hoje são raros; o comum é serem de

osso de veado ou de onça, mais raramente de macaco.

MEMY IUPISARA flautista.
MEMY-PEUASARA flautista.
MEMY UIRÁ V. *Memu uirá*.
MENA marido, e por extensão todo e qualquer instrumento que para funcionar tenha que se introduzir noutro. *Indoá mena*: mão de pilão. *Itamaracá mena*: badalo.
MENAPUTAUA noivo.
MENARAMA noivo.
MENARE, MENDARE casado. *Urumu e mendare putare Mboiasu membyra irumo*: o urubu quer casar com a filha da Cobra-grande.
MENARESARA casamenteiro, que faz casar.
MENASARA quem é casado ou casada.
MENASARAYMA quem não é casado ou casada, solteiro(a).
MENASAUA casamento.
MENAUARA casante.
MENDY, MENY sogra da mulher.
MENDYUA, MENYUA sogro da mulher.
MENO, MÊNU fornicado.
MENOARE, MENDOARE lembrado, recordado.
MENOARESARA lembrador, recordador.
MENOARESAUA lembrança, recordação.
MENOARETAUA lembrete, recordativo.
MENOAREUARA lembrante, recordante.
MENOAREUERA lembrável, recordável.
MENOAREYMA não lembrado, não recordado.
MENOPORA fornicador.
MENOSARA fornicador.
MENOSAUA fornicação.
MENOTENDAUA fornicadouro.
MENOUARA fornicante.
MENOUERA fornicável.
MENOYMA não fornicada, virgem.
MEÕ, MEÕN enganado.
MEOÃ maculado, manchado.
MEOANGA mascarado, disfarçado, fingido. Neste último sentido, de preferência *Moan*.
MEOANGARA maculador, manchador.
MEOANGASARA mascarado, disfarçado.
MEOANGASAUA máscara, disfarce.
MEONGAUA mácula, mancha.
MEOANGAUARA mascarante, disfarçante.
MEOANGA-YMA sem disfarce, franco, lhano.
MEOÃ-YMA sem mancha, sem mácula, pura.
MEONGAUA engano.
MEONGAUARA enganador.
MEONGAYMA não enganado.
MERÉ baço.
MERENDYUA merendiba, casta de planta, espécie de *Terminalia*.
MERÉUA, PERÉUA ferida, bouba.
MEREUAPORA ferido, cheio de boubas.
MEREUASU ferida grande.
MERU mosca.
MERUÁ casta de vaga-lume.
MERUAIA casta de mosca.
MERU-CAÁ casta de capim.
MERUĨ, MERUIM mosca pequena; um tavão, quase microscópico, que na vazante infeta as praias dos rios.
MERU-IAKIRA mosca verde.
MERU-KIA casta de capim (= sujo de mosca).
MERU-RUPIARA varejeira, casta de mosca de forma alongada, do tamanho de uma vespa.
MERU-SUKIRA mosca azul.
MERUTYUA, MERUTIBA, MERUTUBA lugar de moscas.
MERUXINGA mariposa (=quase mosca). Efemérida, que em tempo da enchente aparece em quantidade realmente extraordinária, chegando a cobrir com seus cadáveres enormes superfícies nos lagos, e formando uma linha ininterrupta de milhas e milhas no fio da corrente dos rios. Fraca voadora, viajando em colunas compactas, a mais pequena aragem a derruba.
MEÚ V. *Mbeú* e comp.
MEUÃ, MEUÃN estropiado, estragado.
MEUANGARA estropiador, estragador.
MEUANGAUA estropiamento, estrago.
MEUÉ devagar, sem pressa.
MEUÉ-MEUÉ aos poucos, devagarzinho.
MEUÉ RUPI lentamente.
MEUESAUA lentidão.
MEUEUARA vagaroso, moroso, lento.
MEUÉ-YMA sem vagar.
MIASAUA toalha, pequena esteira feita de fasquias muito flexíveis, quando não de folhas de palmeira, e mesmo umas simples folhas de bananeira distendidas no chão, que serve de toalha.
MIASUA sujeito, embora geralmente se traduza por escravo, vencido. O *miasua* se po-

de ser o segundo não é o primeiro. No rio Uaupés, os Macus são *miasuas* dos Tarianos e Tocanos, mas, além de serem obrigados a prestar certos serviços, como ajudar as derrubadas para preparo das roças, fornecer remeiros para as viagens, concorrer com caça, frutas ou pescado para as festas e dabucuris, vivem por si, em aldeamentos próprios, conservando a sua língua, usos e costumes, certo mais tranquilos e sossegados que os seus senhores, que, além de tudo, têm de defendê-los das incursões dos vizinhos.

MIASUA IARA dono de sujeitos, de escravos.
MIASUAPORA escravizado.
MIASUASAUA escravidão, sujeição.
MIASUATYUA lugar de sujeição, de escravidão.
MIASUCA lavado.
MIASUCASARA lavador, lavadeira.
MIASUCASAUA lavagem.
MIASUCATAUA lavatório, lavadouro.
MIASUCAUARA lavante.
MIASUCAUERA lavável.
MIASUCAYMA não lavado.
MICUERA rebotalho.
MIEXIARE distribuído em camadas, acamado.
MIEXIAREPORA o que é distribuído em camadas.
MIEXIARESARA acamador, distribuidor em camadas.
MIEXIARESAUA distribuição em camadas.
MIEXIARE TENDAUA lugar de acamar, de distribuir em camadas.
MIEXIAREUARA acamante, distribuinte em camadas.
MIEXIAREUERA acamável, distribuível em camadas.
MIEXIAREYMA não acamado, não distribuído em camadas.
MIMBAUA, XERIMBABO o bicho do mato criado em casa ou pegado já grande e amansado. Toda e qualquer cria da casa. *Ce mimbaua:* a minha criação.
MIMBAUA MANHANASARA que vigia a cria da casa; pastor.
MIME, MÍMI aí, ali.
MIME CATU aí mesmo.
MIME RUPI por aí.
MIME SUÍ daí.
MIME XINGA PIRE um pouco mais ali.

MIMOĨN cozido, fervido.
MIMOINGARA cozinheiro, fervedor.
MIMOINGAU o que é fervido ou cozido, mingau.
MIMOINGAUA fervura, cozinhamento.
MIMOINTAUA fogão.
MIMOIN TENDAUA cozinha.
MIMOIN-YMA não cozido.
MINGAU papas ralas, espécie de sopa. Parece corrupção de *mimoingau:* fervido, cozido.
MINGAUAYMA casta de formiga.
MIRA gente, nação, povo.
MIRA-ANGA alma de gente, duende.
MIRA-CUERA mortos.
MIRA-PAUA toda a gente.
MIRA-PORA cheia de gente, gente que enche. *Puracysaua mirapora:* gente que estava na festa.
MIRA RANGAUA figura de gente, retrato.
MIRA CAN-UERA osso de gente.
MIRA CAN-UERA-TYUA cemitério, lugar de ossos de gente.
MIRA CEẼN gente policiada, doce.
MIRA CEẼN-YMA gente sem graça, não policiada.
MIRACEMA migração, saída de gente.
MIRA EPY antenado (=raiz da gente).
MIRAERA minúcia, ninharia, bagatela.
MIRAIRĨ homúnculo, resto de gente.
MIRANHA casta de banana.
MIRA OPUAMA levante, rebuliço de gente.
MIRA RECÔ costume.
MIRA-REÍA multidão, muita gente.
MIRA RESAUÉ publicamente, perante a gente.
MIRASAUA geração.
MIRAUARA popular.
MIRA TEAPU tropel, barulho de gente.
MIRA-TYUA, MIRATYBA terra de gente.
MIRA-USARA comedor de gente.
MIRA USARETÉ devorador de gente.
MIRA-YMA sem gente, deserto.
MIRA-YUA chefe, esteio da gente.
MIRENTE, MIRĨ NHUNTO ninharias, só coisas pequenas.
MIRĨ pequeno, pouco.
MIRĨETÉ muito pequeno, pequeníssimo.
MIRĨPORA cheio de pequenez, mesquinho.
MIRĨSARA quem torna pequeno, amesquinha.

mirĩsaua pequenez.
mirĩxinga pequenino. *Mirĩxinga pire:* mais pequeno, *Mirĩxinga nhunto:* só coisas pequenas.
mirupi, mími rupi por aí. *Mirupi tenheẽn:* por aí mesmo.
misucui eis aqui. *Repicica, misucui no maitá:* pega, eis as tuas coisas.
mitá descansado. V. *Mytá* e comp.
mitanga, pitanga criança nova (Solimões).
miuá mergulhão, *Podiceps dominicus,* palmípede muito comum em todos os rios e lagos do Amazonas, onde não é inquietado pelos caçadores, protegido, como se acha, pelo pitiú que tresandam suas carnes.
miuí andorinha, *Progne purpurea* e afins.
mixira fritura de peixe e de carnes muito torrada, conservada em vasilhas na gordura que serviu para prepará-la. Bem preparada se conserva por muito tempo e já foi indústria muito explorada, especialmente no Solimões. A mixira mais comum é a de peixe-boi e de tartaruga; mais rara a de tambaqui e outros peixes, assim como de caças.
mixire fritado.
mixiuara fritador.
mixiuera fritável.
mixiyuá frigideira.
moacara comandante, superior, conselheiro.
moacare, moacári comandado.
moacaretá o conselho, os velhos da tribo que assistem o tuxaua e conservam os costumes e as tradições dos antigos. Estes conselhos, como é natural, desaparecem diante da civilização. No rio Negro, assim como no Solimões e baixo Amazonas, já mal se encontra a lembrança dos conselhos dos anciãos entre os descendentes civilizados dos senhores da região. Embora há uns trinta e tantos anos passados ainda se encontrasse existente o conselho dos Barés no rio Negro, hoje para encontrá-los vivos, precisa sair dos centros mais ou menos civilizados, precisa procurá-los entre as tribos que ainda se conservam mais ou menos arredias da civilização. Em geral o conselho era e é composto do tuxaua, do pajé, e de mais três velhos. O principal ofício que têm é o de manter vivas as tradições e costumes, e por via disso em todas as reuniões festivas um deles é encarregado de contar e instruir os moços acerca das lendas e dos usos dos seus maiores, o que é feito sempre antes de tomarem o capi.
moacaresaua nobreza, comando, ordem.
moan fingido.
moanga, moama, moamba o que é fingido.
moanga manha, moanga-yua hipócrita.
moangapora cheio de fingimento, refalsado.
moangara fingidor.
moangaua fingimento, ficção.
moanga-yma sem disfarce, franco, lhano.
mocaen jirau de varas soltas, conservado a altura conveniente em cima do fogo para nele secarem com a exposição ao calor moderado carnes de peixes, pássaros ou quadrúpedes. É o meio indígena de conservar as carnes por muito tempo; moquém, moqueado. Carnes secas ao calor brando do fogo; o ato de secar ao calor brando do fogo as carnes para conservá-las.
mocaen iara o dono do moquém, o que prepara.
mocaenpora o que está no moquém.
mocaentaua[1] a armação feita de um jirau, sustentado por meio de paus fincados no chão, e as necessárias travessas à altura conveniente para as carnes nele colocadas receberem o calor do fogo e secarem sem queimar.
mocaentaua[2] constelação que compreende parte de Órion e de Sírius. O *mocaentaua* é feito do cinto de Órion e das estrelas que lhe formam o busto, sendo que a empunhadura da espada é o aracu que está a cozinhar. Sirius, Betelgeuse, Rigel, Belatrix e Mintaka são as lontras que estão para furtar o peixe do *mocaen.*
mocaen tendaua o lugar do moquém.
mocaen-uara o que faz parte ou serve para o moquém.
mocaiá, mocajá casta de palmeira, *Acrocomia aculeata.*
mocaiaĩ, mocajahy *Acrocomia totai,* casta de palmeira, pequeno mocajá.
mocaiatyua mocajatuba, lugar de mocajá.
mocaiayua mocajazeiro.
mocapipora desertor.
mocô mocó, grosso rato que vive nos ocos dos paus, casta de *Cavia.*

moco pequena mucura de cor vermelho-bruna, extremidades nuas cor de carne, e uma mancha redonda da mesma cor sobre cada olho, que dá uma estranha aparência.
mocoen, mocoin dois.
mocoin mocoin quatro.
mocoin-pó duas mãos. *Mocoin-pó papasaua*: a conta de duas mãos, dez. *Mocoin pó mocoin py papasau*: a conta de dois pés e de duas mãos, vinte.
mocoin rupi por dois, dois a dois.
mocoinsara segundo.
mocoinsaua condição de ser segundo.
mocointaua no segundo lugar.
mocoin-uara que é ou pertence ao segundo.
mocoin-yma sem segundo.
moeté, mbueté adorado, respeitado, venerado.
moetépáua, moetésáua adoração, veneração, respeito.
moetépóra respeitador, venerador, adorador.
motéuá o que se respeita, adora, venera.
moetéuára respeitante, venerante, adorante.
moetéuéra respeitável, venerável, adorável.
moetéyma não venerado, não adorado, não respeitado.
moirõn enquizilado, zangado, arrufado.
moirongara enquizilador, zangador, arrufador.
moirongaua enquizilamento, zanga, arrufo.
moiron-yma que não enquizila, não zanga, não arrufa.
momori pejado, envergonhado.
momorisara envergonhador.
momorisaua pejo, vergonha.
momoriuara envergonhante.
momoriyma sem pejo, sem vergonha.
momoriyua o que envergonha, que peja.
mpau acabado, completado, findo.
mpaua o acabado, o findo, o completado.
mpauara acabante, findante, completante.
mpauera acabável, findável, completável.
mpausara acabador, completador, findador.
mpausaua acabamento, complemento, finda.
mpautaua acabadouro, cempletadouro, findadouro.
mpau-yma sem fim, sem acabamento, sem complemento.
mpu, mbu expulsado, enxotado.

mpura forçado, violentado.
mpucasara forçador, violentador.
mpucasaua forçamento, violentação.
mpucauá força, violência.
mpucauara forçante, violentante.
mpucauera forçável, violentável.
mpuca-yma não forçado, não violado.
mpusara enxotador, expulsador.
mpusaua expulsão, enxotamento.
mputyua expulsadouro, enxotadouro.
mpuuara expulsante, enxotante.
mpuuera expulsável, enxotável.
mpuyma não expulso, não enxotado.
morasu tido piedade, tido dó, enternecido.
morasua, moresua o piedoso, o enternecido.
morasusara quem tem piedade, tem dó.
morasuuara quem faz piedade, quem faz dó.
morasuyma sem piedade, sem dó.
morasuyua piedade, dó, compaixão.
moré consolado, satisfeito, alegre.
morépáua, morésáua consolação, alegria, satisfação.
moréputare V. *Poréputáre*.
morépóra satisfeito, contente, alegre.
morésára consolador, quem satisfaz, alegra.
moréuára consolante, satisfatório.
moréuéra consolável, alegrável.
moréyma não consolado.
mori afagado, acariciado.
morisara afagador, acariciador.
morisaua afago, caricia.
morisoca casta de carapanã, muito diminuto, que ferra sem incomodar com o zunido.
moriuara afagante, acariciante.
moriuera afagável, acariciável.
moriyma não afagado, não acariciado.
mu irmão. *Ce mu*: meu irmão.
mu- prefixo verbal que torna o verbo transitivo e que pode sempre traduzir-se por feito, especialmente quando o prefixo torna verbo uma palavra que não é um adjetivo verbal. *Muasu*: engrandecido, feito grande. *Mutinga*: embranquecido, feito branco. Parece ser a raiz de *munhã*: feito.
muá vagalume.
muã camarão. *Mocoin muã*: os dois camarões, isto é, Castor e Pólux (rio Uaupés, Tarianas).

MUA passado a peneira, peneirado.
MUACA juntado, unido.
MUACANGA-AYUA desencabeçado.
MUACANGA-AYUASARA desencabeçador.
MUACANGA-AYUASÁUA Desencabeçamento.
MUACANGA-YMA feito doido.
MUACANGA-YMASARA endoidecedor, quem faz endoidecer.
MUACANGA-YMASAUA endoidecimento.
MUACANHEMO feito perder o ânimo, desanimado. V. Canhemo e comp.
MUACARA casta de pimenta.
MUACARE enfileirado.
MUACAREPAUA enfileiramento.
MUACAREPORA enfileirante, que está na fileira.
MUACARESARA enfileirador, chefe, comandante.
MUACASARA juntador, unidor.
MUACASAUA juntada, união.
MUACAUARA juntante, uninte.
MUACAUERA juntável, unível.
MUACAYMA não juntado, não unido.
MUACI magoado.
MUACIPAUA, MUACISAUA mágoa.
MUACIPORA cheio de mágoas.
MUACISARA magoador.
MUACIUARA magoante.
MUACIUERA magoável.
MUACIYMA não magoado.
MUACU feito quente, esquentado.
MUACUAO feito saber, participado. V. Cuao e comp.
MUACUAOETÉ feito ficar admirado, espantado.
MUACUAOETÉ-PAUA admiração, espanto.
MUACUAOETÉ-PORA ficado admirado, espantado.
MUACUAYMA disfarçado, não feito conhecer.
MUACUAYMASARA disfarçador.
MUACUAYMASAUA disfarce.
MUACUSARA aquentador.
MUACUSAUA aquentamento.
MUACUTAUA aquentadouro.
MUACUUARA aquentante.
MUACUUERA aquentável.
MUACUYMA não aquentado.
MUAMA urdume, que se monta no tear para tecer, especialmente as redes.
MUAMAME armado, montado o urdume no tear.

MUAMAMEASU embastado.
MUAMAMEASU-SARA embastidor.
MUAMAMEASU-SAUA embastimento.
MUAMAMEPAUA armação, montagem do urdume.
MUAMAMESARA armador, montador do urdume.
MUAMAMETAUA armadouro, montadouro do urdume de tear.
MUAMAMEUARA que arma, monta o urdume.
MUÁMU atado.
MUÁMUÁRA atante.
MUÁMUÉRA atável.
MUAMUNDÉ vestido, trajado.
MUAMUNDÉPÁUA traje, veste.
MUAMUNDÉPÓRA o que serve para trajar, vestir.
MUAMUNDÉSÁRA vestidor, trajador.
MUAMUNDÉU disfarçado.
MUAMUNDÉUSÁRA disfarçador.
MUAMUNDÉUSÁUA disfarce.
MUAMUNDÉUYMA não disfarçado.
MUAMUNDU remetido, feito remeter.
MUAMUNDUA o que foi remetido.
MUAMUNDUSARA remetedor, que faz remeter.
MUAMUNDUSAUA remessa, ato de remeter ou de fazer remeter.
MUAMUSARA desatador.
MUAMUSAUA desatamento.
MUAMUYMA não desatado.
MUANGA feito ânimo, criado ânimo, animado.
MUANGASARA animador.
MUANGASAUA animação.
MUANGAUARA animante.
MUANGAUERA animável.
MUANGA-YMA desanimado.
MUANTÁ endurecido, entesado, apertado.
MUANTÁUÁRA entesante, endurecente, apertante.
MUANTÁSÁUA entesamento, endurecimento, aperto.
MUANTAUA entesadouro, endurecedouro, apertadouro.
MUANTÁUÁRA entesante, endurecente, apertante.
MUANTÁUÉRA entesável, endurecível, apertável.
MUANTÁYMA não entesado, não endurecido, não apertado.

MUANTAYMASARA afrouxador.
MUANTAYMASAUA afrouxamento.
MUNANTĪ feita a ponta, apontado.
MUANTĪSARA apontador, quem faz a ponta.
MUANTĪSAUA apontamento, ato de fazer a ponta.
MUANTĪYMA não apontado.
MUAPARA entortado, feito torto, curvado.
MUAPARASARA entortador, encurvador.
MUAPARASAUA entortamento, encurvamento.
MUAPARATAUA entortadouro, encurvadouro.
MUAPARAUARA entortante, encurvante.
MUAPARAUERA entortável, encurvável.
MUAPARAYMA não entortado, não encurvado.
MUAPARAYUA a causa ou razão do entortamento.
MUAPATUCA feito atropelar, confundido. V. Patuca e comp.
MUAPÉ feito cozinhar no forno.
MUAPÉ IARA forneiro.
MUAPÉ-PAUA fornada.
MUAPÉ-PORA o que é feito cozinhar no forno.
MUAPÉUÁRA que é do forno, pertencente ao forno.
MUAPÉYMA que não é do forno, não cozido no forno.
MUAPI tangido.
MUAPISARA tangedor.
MUAPISAUA tangimento.
MUAPIUARA tangente.
MUAPICA feito sentar, instalado, estabelecido. V. Uapica e comp.
MUAPIRE feito subir, elevado.
MUAPIRESARA elevador, quem faz subir.
MUAPIRESAUA elevação, ato de fazer subir.
MUAPIRETAUA elevadouro, lugar onde se eleva.
MUAPIREUARA elevante.
MUAPIREUERA elevável.
MUAPIRE-YMA não elevado.
MUAPIXAIN feito enrugar, feito encrespar. V. Apixain e comp.
MUAPOCA feito afrouxar, afrouxado.
MUAPOCASARA afrouxador.
MUAPOCASAUA afrouxamento.
MUAPOCATAUA afrouxadouro.
MUAPOCAUARA afrouxante.
MUAPOCAUERA afrouxável.

MUAPOCAYMA não afrouxado.
MUAPOCAYUA causa do afrouxamento.
MUAPU tocado (instrumentos de sopro).
MUAPUAN feito rombo, arredondado.
MUAPUANGARA arredondador, arredondante.
MUAPUANGAUA arredondamento.
MUAPUANGAYMA não arredondado.
MUAPUN fartado.
MUAPUNGA fartura.
MUAPUNGARA fartador, fartante.
MUAPUNGAUA fartamento, ato de fartar.
MUAPUSARA tocador de instrumento de sopro.
MUAPUSAUA toque, música de instrumento de sopro.
MUAPUTAUA feita a vontade, satisfeito.
MUAPUTAUASARA satisfazente, satisfeitor.
MUAPUTAUASAUA satisfação.
MUAPY abatido, arrasado.
MUAPYSACA feito ouvir, prevenido, avisado. V. Apysaca e comp.
MUAPYSARA arrasador.
MUAPYSAUA arrasamento.
MUAPYTYUA arrasadouro.
MUAPYUARA arrasante.
MUAPYUERA arrasável.
MUAPYYMA não arrasado.
MUARI feito cair, posto abaixo. V. Ari e comp.
MUARICY feito faceiro. V. Iaricy e comp.
MUASACI feito entristecer, entristecido. V. Saci e comp.
MUASARA peneirador.
MUASAUA peneirada.
MUASU feito grande, engrandecido.
MUASUCA esquentado, escaldado.
MUASUCASARA esquentador, escaldador.
MUASUCASAUA esquentamento, escaldamento.
MUASUCATAUA esquentadouro, escaldadouro.
MUASUCAUARA esquentante, escaldante.
MUASUCAUERA esquentável, escaldável.
MUASUCAYMA não esquentado, não escaldado.
MUASUSARA engrandecedor.
MUASUSAUA engrandecimento.
MUATACA feito bater (de um objeto contra outro).
MUATIRE amontoado, feito subir.
MUATIRESARA amontoador.

MUATIRESAUA amontoamento.
MUATIRETAUA amontoadouro.
MUATIREUARA amontoante.
MUATIREUERA amontoável.
MUATIREYMA não amontoado.
MUATUCA encurtado, resumido, proibido, encoberto.
MUATUCAPAUA encurtamento, resumo, proibição, encobrimento.
MUATUCASARA encurtador, resumidor, proibidor, encobridor.
MUATUCATAUA lugar do resumo, encurtamento, proibição, encobrimento.
MUATUCAUARA encurtante, proibente, resumente.
MUATUCASARA encurtador, resumidor, proibidor, encobrível.
MUATUCAUARA encurtante, proibente, resumente.
MUÃTAUA lugar de camarões.
MUATYUA coadouro.
MUAÚ atribuído, presumido.
MUAUARA coante.
MUAÚ-AYUA suspeitado, desconfiado.
MUAÚ-CATU confiado.
MUAUÉ consumido.
MUAUERA coável.
MUAUÉPÁUA consumição.
MUAUÉPÓRA consumido, cheio de consumição.
MUAUÉSÁRA consumidor.
MUAUÉTÁUA consumidouro.
MUAUÉUÁRA consuminte.
MUAUÉUÉRA consumível.
MUAUÉYMA não consumido.
MUAÚSÁRA presumidor.
MUAÚSÁUA presunção.
MUAÚUA o presumido.
MUAÚUÁRA presuminte.
MUAÚUÉRA presumível.
MUAÚUĪ desfiado.
MUAÚUĪPÁUA desfiamento.
MUAÚUĪPÓRA desfiante.
MUAÚUĪSÁRA desfiador.
MUAÚUĪYMA não desfiado.
MUAÚYMA não presumido.
MUAUYCA costurado.
MUAUYCASARA costureira.
MUAUYCASAUA costura.
MUAUYCATAUA lugar de costura, costuradouro.

MUAUYCAUARA costurante.
MUAUYCAUERA costurável.
MUAUYCAYMA não costurado.
MUAYUA feito mal, violentado, violado.
MUAYUAPAUA, MUAYUASAUA violência, violação.
MUAYUAPORA violentado, violado.
MUAYUASARA violentador, violador.
MUAYUAUARA violentante, violante.
MUAYUAUARA violável, violentável.
MUCA estourado. V. Puca e comp.
MUCAIÁ, MUCAJÁ, MOCAJÁ a fruta da Acrocomia.
MUCAIÁ-YUA casta de palmeira, Acrocomia.
MUCAĪ feito cercar. V. Caī e comp.
MUCAÍ feito queimoso. V. Caí e comp.
MUCAMA as moças escravas que tomavam conta das crianças. Moça casadoura (Solimões).
MUCAMBY amamentado.
MUCAMBYPORA amamentante, mamadeira.
MUCAMBYSARA amamentadora.
MUCAMBYSAUA amamentação.
MUCAMBYUARA amamentante.
MUCAMBYUERA amamentável.
MUCAMBYYMA não amamentado.
MUCAMEĒN mostrado, indicado, feito ver. V. Cameēn e eomp.
MUCAMEĒNTYUA mostrador.
MUCAMIRYCA amassado. V. Camiryca e comp.
MUCANHEMO dispersado, desolado. V. Canhemo e comp.
MUCATU feito bem, feito bom, beneficiado.
MUCATUAUA benefício.
MUCATURU guardado, defendido, recolhido.
MUCATURUARA guardante, defendente, recolhente.
MUCATURUERA guardável, defensável, recolhível.
MUCATURUPAUA guarda, defesa, recolhimento.
MUCATURUPORA o que é guardado, defendido, recolhido.
MUCATURUSARA guardador, defensor, recolhedor.
MUCATURUTYUA lugar de guarda, defesa, recolhimento.
MUCATURUYMA não guardado, defendido, recolhido.
MUCATUSARA benfeitor.

MUCATUSAUA beneficência.
MUCATUUARA benefaciente, beneficente.
MUCATUUERA beneficiável.
MUCATUYMA não beneficiado.
MUCAÚ embebedado. V. *Caú* e comp.
MUCAUA espingarda.
MUCAUASU canhão.
MUCAUA IARA dono da espingarda, soldado.
MUCAUA OCA quartel.
MUCAUA OCASU quartel-general, fortaleza.
MUCAUA PETECASARA gatilho, batedor da espingarda.
MUCAUA PORA carga, espingarda carregada.
MUCAUA PORA YMA espingarda descarregada.
MUCAUA YUA vareta.
MUCAÚSÁRA embebedador.
MUCAÚTÁUA lugar de bebedeira.
MUCECUIARA dado o preço, feito o pagamento. V. *Cecuiara* e comp.
MUCECUIARAUARA avaliador.
MUCEẼN adoçado, feito doce. V. *Ceẽn* e comp.
MUCEẼN IURU beijado, adoçado os lábios.
MUCEẼN TEMIÚ temperada a comida.
MUCEÍA multiplicado, aumentado, propagado.
MUCEÍAPÁUA multiplicação, aumento, propagação.
MUCEÍAPÓRA multiplicante, aumentante, propagante.
MUCEÍASÁRA multiplicador, aumentador, propagador.
MUCEÍATÁUA multiplicadouro, aumentadouro, propagadouro.
MECEÍAUÉRA multiplicável, aumentável, propagável.
MUCEÍAÝMA não multiplicado, não aumentado, não propagado.
MUCEMA, MUCEMO remido, livrado, resgatado. V. *Cemo* e comp.
MUCEMBÉ, MUCEMÉ feito o beiço, a orla das vasilhas.
MUCEMBÉPÓRA a vasilha a que foi feito o beiço, que está com o beiço feito.
MUCEMBÉSÁUA o beiço da vasilha.
MUCEMBÉSÁRA feitor de beiço.
MUCEMBÉYMA sem beiço feito.
MUCEMBYUA limitado, feita a margem.
MUCEMBYUAPAUA limitação, delimitação.
MUCEMBYUAPORA que é do limite, limitante.
MUCEMBYUASARA delimitador.
MUCENDI aceso, alumiado. V. *Cendi* e comp.

MUCENIPUCA feito resplandecer, reluzir. V. *Cenipuca* e comp.
MUCENEI feito grelar. V. *Cenei* e comp.
MUCEPI feito o preço, avaliado.
MUCEPIASU encarecido.
MUCEPIASUPAUA encarecimento.
MUCEPIASUPORA encarecente.
MUCEPIASUSARA encarecedor.
MUCEPISARA avaliador.
MUCEPISAUA avaliação.
MUCEPIUARA avaliante.
MUCEPIUERA avaliável.
MUCEPIYMA sem avaliação, desvalorizado.
MUCERA feito o nome, dado o nome. A de dar o nome é uma das bonitas cerimônias indígenas, a que tenho assistido mais de uma vez. A imposição do nome se efetua quando o menino, que deve recebê-lo, já começa a falar e já anda por si, entre os dois e três anos de idade. No dia aprazado os vizinhos se reúnem todos desde a madrugada, logo depois do banho matinal, na casa dos pais. O pajé, o pai do menino e o mais velho dos parentes, que tomaram banho mais cedo, estão desde antes do levantar do sol fechados num repartimento especial, preparado *ad hoc*, na extremidade oposta à entrada. Cada um tem na mão uma cuia de carajuru, da lua, e no chão, no meio dos três, está fincado o cigarro cerimonial. Os que chegam se assentam em bancos dispostos de forma a deixar no centro, entre a porta da frente e a dos fundos uma passagem livre e desimpedida. As mulheres vão para a cozinha. Os três que estão fechados no quartozinho, depois de ter cada um enchidas as bochechas de fumaça, logo ao nascer do sol assopram por cima das cuias de carajuru em todas as direções, invocando pelos seus nomes as mães das coisas que vivem no céu, nas águas, nas matas e sobre a terra, para virem e prestar atenção ao nome, que o menino vai receber, para protegê-lo e acompanhá-lo na vida, como protegeram e acompanharam os pais e os avós dele, que nunca faltaram com o que é devido às mães das coisas. A litania não é curta, e levam horas na invocação feita em voz alta, mas sem acompanhamento por parte dos assistentes que, sentados nos bancos,

nas redes, em terra, como podem, enchem a casa e bebem caxiri, que é servido largamente pelas mulheres que estão na cozinha e somente vêm para este serviço. Quando o sol chega a pino, isto é, ao meio dia, os oficiantes, que ficaram fumando e bebendo calados desde que acabou a primeira invocação, recomeçam outra vez. A terceira invocação começa umas duas horas antes do deitar-se o sol; mas então já não se acham na casa somente os homens, mas também todas as mulheres e todas as crianças, e todos repetem em altas vozes o nome de cada mãe das coisas que os três velhos invocam. A criança, que deve receber o nome, é deixada a brincar à vontade no meio do quarto com os outros meninos, se os há, e quando está para desaparecer o último raio do sol o pajé, que com o pai do menino e o parente mais velho saiu do quartinho onde passou o dia, o pega nos braços e apresentando-o ao sol, de modo a fazer-lhe receber os últimos raios, diz o nome, e este é então repetido por todos em altas vozes. O nome que o menino recebe é muitas vezes o nome que já trouxe algum dos avós ou algum outro nome de que ao momento se agradem, e isto especialmente se se trata de filho de chefe. Muitas vezes todavia o nome do menino é escolhido e lhe é dado em atenção ao objeto que estava pegando no momento em que o pajé o pegou para apresentá-lo ao sol, ao gesto que fez, à palavra que disse, porque então é como se o próprio sol lhe desse o nome. Isso, pois, explica como em muitos casos, quando se procura a significação dos nomes indígenas, se tem a surpresa de encontrar significações as mais disparatadas e muitas vezes, merda disso, merda daquilo.

MUCERAKENA elogiado, bem-afamado.
MUCERAKENAPAUA boa fama, elogio.
MUCERAKENAPORA cheio de boa fama, de elogio.
MUCERAKENASARA elogiador, dador de boa fama.
MUCERAYMA eem nome.
MUCERUCA batizado, dado o nome.
MUCERUCA OCA batistério, casa de batismo.
MUCERUCASAUA batismo.
MUCERUCASARA batizador.
MUCERUCATYUA pia batismal.
MUCERUCAUARA batizante.
MUCERUCAUERA batizável.
MUCERUCAYMA não batizado.
MUCETÁ povoado.
MUCETÁSÁRA povoador.
MUCETÁSÁUA povoamento.
MUCETÁ TENDAUA lugar povoado, povoação.
MUCETAUA povoado.
MUCETÁUÁRA povoante.
MUCETÁUÉRA povoável.
MUCETÁYMA não povoado.
MUCEYMA privado.
MUCEYMASARA privador.
MUCEYMASAUA privação.
MUCEYMAUARA privante.
MUCEYMAUERA privável.
MUCEYMAYMA não privado.
MUCICA feito chegar, unido. V. Cica e comp.
MUCIKI feito tirar, puxado. V. Ciki e comp.
MUCIKIÉ fazer susto, espantar. V. Cikié e comp.
MUCIKIECÉ ameaçado.
MUCIKIÉPAUA ameaça.
MUCIKIÉPÓRA ameaçante.
MUCIKIÉSÁRA ameaçador.
MUCIKIÉYMA não ameaçado.
MUCIÍA V. Muceía e comp.
MUCINI feito brotar, os primeiros sinais de vegetação. V. Mucenei e comp.
MUCINIUA pequeno broto, vindo após muita cura.
MUCIRY feito liso, feito escorregadio, alisado.
MUCIRYCA feito escorar, feito deslizar. V. Ciryca e comp.
MUCIRYRYCA feito encrespar, feito enrugar. V. Ciryryca e comp.
MUCIRYSARA alisador.
MUCIRYSAUA alisamento.
MUCIRYTAUA alisadouro.
MUCIRYUA alisado.
MUCIRYUARA alisante.
MUCIRYUERA alisável.
MUCIRYYMA não alisado, áspero.
MUCÓ vasilha de barro para água, baixa e bojo largo.
MUCOAMEẼN demonstrado. V. Coameẽn e comp.
MUCOATIARA casta de madeira boa para marcenaria elegantemente veiada, forneci-

da por uma casta de Leguminosa muito comum no rio Branco, conhecida com o mesmo nome.

MUCOATIARE feito gravar. V. *Coatiare* e comp.
MUCOCAO desperdiçado.
MUCOCAPAUA desperdiçamento.
MUCOCAPORA desperdiçante.
MUCOCASARA desperdiçador.
MUCOCATAUA desperdiçadouro.
MUCOCAUERA desperdiçável.
MUCOCAOYMA não desperdiçado.
MUCOCUI feito cair, das frutas com um pau, ou outra coisa qualquer, derribar.
MUCOCUIPAUA derribada.
MUCOCUISARA derribador.
MUCOCUITAUA derribadouro.
MUCOCUIUÁ derribado.
MUCOCUIUARA derribante.
MUEOCUIUERA derribável.
MUCOCUIYMA não derribado, inderribado.
MUCOEMA amanhecido, madrugado.
MUCOEMASARA madrugador.
MUCOEMASAUA madrugada.
MUCOEMAUARA madrugante.
MUCOEMAUERA madrugável.
MUCOEMAYMA sem madrugada.
MUCOERE aborrecido, tornado aborrecido, feito aborrecido. V. *Coere* e comp.
MUCOĨN feito latejar. V. *Coĩn* e comp.
MUCOPIRI feito juntar, feito amontoar. V. *Copiri* e comp.
MUCOTUCA feito espicaçar. V. *Cotuca* e comp.
MUCU tavão.
MUCUAO declarado, feito saber. V. *Cuao* e comp.
MUCUARA esburacado, feito buraco.
MUCUARAPAUA esburacamento.
MUCUARAPORA esburacado, cheio de buracos.
MUCUARASARA esburacador.
MUCUARAUERA esburacável.
MUCUARAYMA não esburacado.
MUCUATUCA feito guardar segredo. V. *Cuatuca* e comp.
MUCUCUAO feito reconhecer. V. *Cucuao* e comp.
MUCUIÁ mucujá, casta de palmeira, *Acrocomia mucojá*.
MUCUĨ moído, feito farinha.
MUCUĨ-SARA moedor.

MUCUĨ-SAUA moagem.
MUCUĨ-TAUA moenda.
MUCUĨ-UÁ o moído, a farinha.
MUCUĨ-UARA moente.
MUCUĨ-UERA moível.
MUCUĨN pequeno inseto, um tavão quase microscópico, que vive no capim e produz na pele uma irritação muito incomodativa, ficando como que preso e agarrado nela e se tornando vermelho, quando cheio de sangue.
MUCUIUARA encoivarado, feito coivara.
MUCUNÃ-MOCUNÃN engolido.
MUCUNA casta de Urticácea, *Mucuna urens*, a qual fornece uma fibra têxtil bastante resistente.
MUCUNANGARA engolidor.
MUCUNANGAUA engolição, ato ou efeito de engolir.
MUCUNU careta.
MUCURU enrugado, encarquilhado.
MUCURUPAUA enrugamento, encarquilhamento.
MUCURUPORA enrugante, encarquilhante.
MUCURUSARA enrugador, encarquilhador.
MUCURUĨ delido, feito pó, feito migalhas.
MUCURY prometido, para fazer logo.
MUCURYPAUA promessa.
MUCURYPORA prometente.
MUCURYSARA prometedor.
MUCURYUERA prometível.
MUCYUA casta de lagarta, uma larva que parece ser de um grande coleóptero, mas que não pude individualizar; dá nas pupunheiras em colônias numerosas, e os índios a comem.
MUEATIRE feito elevar, feito subir. V. *Eatire* e comp.
MUEAUY feito errar, trazido em erro. V. *Eauy* e comp.
MUEAUYCA feito inclinar, submetido, dominado. V. *Eauyca* e comp.
MUECYCA, MUICYCA grudado a breu ou de outra qualquer forma.
MUECYCANTÁ grudado forte.
MUECYCASARA grudador.
MUECYCASAUA grudação.
MUECYCAUA grude. *Papera muecycaua*: grude para papel, obreia.
MUECYMA, MUICYMA alisado, polido. V. *Muicyma* e comp.

MUEICÉ feito limpo, desembaraçado, desobstruído. *V. Eicé* e comp.
MUEIKI feito entrar, introduzido. *V. Eiki* e comp.
MUEIKIÉ feito encher. *V. Eikié* e comp.
MUEITÁ feito nadar. *V. Uitá* e comp.
MUEIUCA feito tirar, feito sair, diminuído. *V. Iuca* e comp.
MUEMBAÚ dado de comer. *V. Embaú* e comp.
MUEMBEÚ feito prevenir, advertido. *V. Mbeú* e comp.
MUEMBOI feito disforme, deformado. *V. Mboi* e comp.
MUEMBUCA feito rachar. *V. Mbuca* e comp.
MUEMBUÉ feito aprender. *V. Mbué* e comp.
MUEMBURE jogado fora, expelido. *V. Mbure* e comp.
MUENGUEPOPE encarregado.
MUENGUEPÓPESÁRA quem encarrega.
MUENGUEPÓPESÁUA o que é encarregado.
MUENGUEPÓPEUÁRA encarregante.
MUENGUEPÓPEÝMA não encarregado.
MUERÉ concordado, aplaudido.
MUERÉPÁUA concordância.
MUERÉPÓRA concordante.
MUERÉSÁRA concordador.
MUERETÉ afirmado.
MUERÉUÉRA afirmável.
MUERÉÝMA não concordado.
MUERURE feito levar, feito conduzir, feito trazer. *V. Rure* e comp.
MUEÚ apagado soprando.
MUEÚ-ANA apagado.
MUEÚ-PYTERA dividido, separado; *lit.*: apagado no meio.
MUEÚ-PYTÉRASÁRA divisor, partidor.
MUEÚ-PYTÉRASÁUA divisão.
MUEÚ-PYTÉRAÚARA dividente.
MUEÚ-PYTÉRAUÉRA divisível, partível.
MUEÚ-PYTÉRAÝMA não dividido, não partido.
MUEÚ-PYTÉRAPÁUA divisão, partição.
MUEÚ-PYTÉRAPÓRA dividente.
MUEÚ-SARA apagador.
MUEÚ-SAUA apagamento.
MUEÚ-TEUA apagadiço.
MUEÚ-TYUA apagadouro.
MUEÚ-UARA apagante.
MUEÚ-UERA apagável.
MUEUAKI feito conformar, acomodado. *V. Euaki* e comp.

MUEUOCA feito desencovar, feito sair. *V. Euoca* e comp.
MUĨ, PUĨ fino, delgado, pequeno.
MUIACU feito desconfiado, esperto, ladino.
MUIACÚSÁRA quem faz desconfiar, espertar.
MUIACÚUÁRA quem é feito desconfiar, que é espertado.
MUIACÚ-YMA tornado desprevenido.
MUIAKYRA enverdecido, feito verde.
MUIAKYRARE feito abortar. *V. Iakyrare* e comp.
MUIAKYRAPAUA enverdecimento, rejuvenescimento.
MUIAKYRAPORA reverdecente.
MUIAKYRASARA reverdecedor.
MUIAKYRATAUA reverdecedouro.
MUIAKYRAUERA reverdecível.
MUIAKYRA-YMA não reverdecido.
MUIAN empastado.
MUIANGARA empastador.
MUIANGAUA empasto.
MUIAN-UÉ, MUIANGUÉ o empastado; mujanguê, farinha seca de mandioca misturada com ovos crus de tartaruga, e comida sem ir ao fogo.
MUIAN-YMA não empastado.
MUIAOCA apartado. *V. Muiauoca* e comp.
MUIAPIRE feito subir, aumentado.
MUIAPIRESARA aumentador.
MUIAPIRESAUA aumento.
MUIAPIREUARA aumentante.
MUIAPIREUERA aumentável.
MUIAPIRE-YMA não aumentado.
MUIAPIXAIN fazer encrespar, enrugar.
MUIPIXAINGARA quem faz encrespar, enrugar.
MUIPIXAINGAUA encrespamento, enrugamento.
MUIAPOÃ, MUIAPOÃN arredondado. *V. Iapoãn* e comp.
MUIARE, MUIÁRI fazer encostar, fazer unir, juntar. *V. Iári* e comp.
MUIASAĨ feito estender. *V. Sain* e comp.
MUIASAEN feito espalhar. *V. Saen* e comp.
MUIASASAU fazer atravessar. *V. Sasau* e comp.
MUIATICU feito pendurar, pendurado. *V. Iaticu* e comp.
MUIATIMU embalançado, feito embalançar a rede de dormir. *V. Iatimu* e comp.
MUIATUCA encurtado, feito curto.

MUIATUCÁ feito lançar fora, repelido. *V. Iatycá* e comp.
MUIATÚCASÁRA encurtador.
MUIATÚCASÁUA encurtamento.
MUIATUCATYUA encurtadouro.
MUIATUCAUA encurtado.
MUIATUCAUARA encurtante.
MUIATUCAUERA encurtável.
MUIATUCA-YMA não encurtado.
MUIATYCÁ feito jogar, feito lançar. *V. Iatycá* e comp.
MUIAUAU afugentado, feito fugir. *V. Iauau* e comp.
MUIAUÉ feito assim, concordado, imitado, confirmado.
MUIAUÉSÁRA imitador, confirmador.
MUIAUÉSÁUA imitação, confirmação, concordância.
MUIAUÉUÁRA concordante, imitante, confirmante.
MUIAUÉUÉRA confirmável, imitável, concordável.
MUIAUÉYMA não confirmado, não imitado, não concordado.
MUIAUÍ feito quebrar. *V. Iauí* e eomp.
MUIAUKI feito brigar, excitado. *V. Iauki* e comp.
MUIAUOCA apartado, separado, tirado para pôr em lugar diverso.
MUIAUÓCASÁRA apartador, separador.
MUIAUÓCASÁUA apartamento, separação.
MUIAUÓCATÝUA lugar de separação.
MUIAUÓCAUÁRA apartante, separante.
MUIAUÓCAUÉRA apartável, separável.
MUIAUOCA-YMA não separado, não apartado.
MUIAUY feito errar, enganado, transviado. *V. Iauy* e comp.
MUIAUYCA virado, emborcado. *V. Iauyca* e comp.
MUIAXIÚ feito chorar.
MUÍCA espedaçado, esfarelado.
MUÍCAPÁUA espedaçamento, esfarelamento.
MUÍCAPORA esfarelante.
MUÍCASÁRA espedaçador, esfarelador.
MUÍCAUÁRA espedaçante, esfarelante.
MUÍCAUÉRA espedaçável, esfarelável.
MUICAYMA não esfarelado, não espedaçado.
MUICYCA calafetado, preparado o breu.
MUICYCAPAUA calafeto.

MUICYCASARA calafate.
MUICYCASAUA preparação do breu.
MUICYCATAUA lugar onde se dá o breu.
MUICYCAUARA breante, calafetante.
MUICYCAUERA breável, calafetável.
MUIEAPIRE feito subir. *V. Iapire* e comp.
MUIECIARE, MUIEXARE acamado, disposto em camadas. *V. Xare* e comp.
MUIECYRON enfileirado.
MUIECYRONGARA enfileirador.
MUIECYRONGAUA enfileiramento.
MUIEMOIRŌN feito amuar. *V. Moirōn* e comp.
MUIEMBUCA feito enforcar. *V. Iembuca* e comp.
MUIEMBEÚ, MUIEUMBEÚ feito-se contar, confessado.
MUIEMBEÚSÁRA confessor.
MUIEMBEÚSÁUA confissão.
MUIEMBEÚTÁUA confessionário.
MUIEMBEÚUÁ confessado.
MUIEMBEÚUÁRA confessante.
MUIEMBEÚUÉRA confessável.
MUIEMBEÚ-YMA não confessado.
MUIEMUNHĀ formado, gerado, criado.
MUIEMUNHANGARA formador, gerador, criador.
MUIEMUNHANGAUA formação, geração, criação.
MUIEMUNHANTAUA lugar de formação, geração, criação.
MUIEMUNHĀ-YMA não formado, não criado, não gerado.
MUIENÔ feito deitar. *V. Ienô* e comp.
MUIEPÉ unido, unificado, feito um.
MUIEPÉSÁRA unificador.
MUIEPÉSÁUA unificação, união.
MUIEPÉ RUPI unidamente.
MUIEPÉ-TAUA lugar de união.
MUIEPÉUÁ unificado, único.
MUIEPÉUÁRA unificante.
MUIEPÉUÉRA unificável.
MUIEPÉ-YMA desunido, não unificado.
MUIEPUCUAO amansado, acostumado, feito amarrar-se. *V. Pucuao* e comp.
MUIERÉU disfarçado, feito virar, feito mudar. *V. Ieréu* e comp.
MUIEUARU feito asco, feito nojo. *V. Ieuaru* e comp.
MUIIUÍ andorinha, *Progne purpurea*.
MUIKÉ feito entrar, acolhido. *V. Iké* e comp.

muiki encolhido.
muin recolhido.
muingara recolhedor.
muingaua recolhimento.
muinharu embravecido, feito embravecer. V. *Inharu* e comp.
muíre quanto. *Muíre pire*: quanto mais. *Muíre turusu?*: quanto grande? *Muíre recuiara?*: que preço? *Muíre pire catu pire*: quanto mais melhor.
muirumuara acompanhado, feito companheiro.
muirumuara-sara acompanhador.
muirumuara-saua acompanhamento.
muirumuara-yma sem acompanhamento.
muiruru feito molhado, deitado de molho.
muiruruana já molhado.
muirurupaua molhadura.
muirurupora molhante.
muirurusara molhador.
muiruruuera molhável.
muiruruyma não molhado.
muirusanga umedecido, refrescado. V. *Murusanga* e comp.
muīsara diminuidor.
muīsaua diminuição.
muitapoan feito ponta de ferro, feito prego.
muitapoangara ferreiro, fazedor de pregos.
mutapoangaua ferraria, fabricação de pregos.
muitapoantaua ferraria, fábrica de pregos.
muiuantī, muiuaentī feito se encontrar, ido ao encontro: V. *Iuantī* e comp.
muīuara diminuinte.
muiuaté dificultado, feito, tornado difícil.
muiucuau feito se conhecer, declarado, mostrado. V. *Cuao* e comp.
muiuci alimpado, feito limpo. V. *Iuci* e comp.
muiucuca agasalhado, hospitalizado, acolhido em casa.
muiucucasara agasalhador.
muiucucasaua agasalho.
muiucucataua agasalhadouro.
muiucucauá o agasalhado.
muiucucauara agasalhante.
muiucucauera agasalhável.
muiucucayma não agasalhado, desagasalhado.
muīuera diminuível.

muiuiuantī, muiuiuaentī feito se reciprocamente encontrados. V. *Iuantī* e comp.
muiuiumana abraçado-se reciprocamente.
muiuiupeteca batido-se reciprocamente. V. *Peteca* e comp.
muiuiupetere beijado-se reciprocamente. V. *Petere* e comp.
muiuíre feito voltar, retrocedido. V. *Iuíre* e comp.
muiumana feito abraçar. V. *Iumana* e comp.
muiumúni feito arrepiar. V. *Iumúni* e comp.
muiupire engrandecido-se. V. *Mupire* e comp.
muiupiru feito começar, dado princípio. V. *Iupiru* e comp.
muiupitasoca afirmado-se, estabelecido-se. V. *Pitasoca* e comp.
muiupucuau feito se amarrar, enleado-se. V. *Pucuau* e comp.
muiuru clamor.
muiuru-iuru rugido.
muiusana enleado, laçado. V. *Iusana* e comp.
muiusoca arrimado-se, encostado-se. V. *Iusoca* e comp.
muiutima feito plantar, posto na terra. V. *Iutima* e comp.
mukeca, pupeca envolvido, coberto; qualquer embrulho para carregar ou guardar objetos miúdos e especialmente aquele embrulho feito de folhas verdes para embrulhar peixinhos destinados a ser moqueados. *Auaty mukeca*: massa de farinha de milho embrulhada em folhas de arumã para ser cozida e servir para o caxiri de milho.
mukiá sujo, nublado, toldado. *Ara mukiá*: sujo de dia, nuvem. *Ara omukiá*: o dia faz sujo, tolda-se.
mukiásara sujador, nublador, toldador.
mukiásaua sujeira, nuvem, toldamento.
mukiatyua sujadouro, toldadouro, monturo.
mukiáuára sujante, toldante.
mukiáuéra sujável, toldável.
mukiayma não sujo, não toldado, não nublado.
mukirã, mukirān cevado, feito engordar.
mukirana gordo, cevado.
mukirangara engordante, cevador.
mukirangaua engorda, ceva.
mukiran tendaua cevadouro.

MUKIRAN-YMA não cevado, magro.
MUKIRICA feitas cócegas.
MUKIRICAPAUA cocegamento.
MUKIRICAPORA coceguento.
MUKIRICASARA cocegador.
MUKIRE feito dormir, adormecido. *V. Kyre* e comp.
MUMARACAIMBARA feito veneno.
MUMARANDYUA notificado, publicado. *V. Marandyiua* e comp.
MUMAUN acabado.
MUMAUNGARA acabador.
MUMAUNGAUA acabamento.
MUMBACA casta de palmeira.
MUMBAIA desfiado; casta de palmeira anã, da terra firme. *Caá-mumbaia:* samambaia, folha desfiada.
MUMBEÚ avisado, prevenido, feito contar. *V. Mbeú* e comp.
MUMBEÚ CATU bendito. *Imumbeú catu cunhã opanhe piterpe, Imumbeú catu iesu ne marica membyra auá:* bendita entre todas as mulheres, bendito Jesus, filho do teu ventre.
MUMBURE, MUEMBURE feito, mandado lançar. *V. Mbure* e comp.
MUMEMBECA amolecido.
MUMEMBÉCASÁRA amolecedor.
MUMBÉCASÁUA amolecimento.
MUMEMBÉCATÁUA amolecedouro.
MUMEMBÉCAUÁRA amolecente.
MUMBÉCAUÉRA amolecível.
MUMEMBÉCAÝMA não amolecido.
MUMENARE, MUMENDARE feito casar. *V. Menare* e comp.
MUMENDOARE feito lembrar, recordado. *V. Mendoare* e comp.
MUMÍMI desaparecido, ocultado, homiziado. *V. Iumími* e comp.
MUMIMOĨN feito ferver, cozido. *V. Mimoĩn* e comp.
MUMITERA, MUPITERA partido, dividido, feito a meio.
MUMITERASARA divisor.
MUMITERASAUA divisão.
MUMITERATAUA divisório.
MUMITERAUARA dividinte.
MUMITERAUERA divisível.
MUMITERAYMA indiviso, não dividido.
MUMOIRŌN feito zangar. *V. Moirōn* e comp.
MUMORY alegrado, satisfeito, tornado alegre.

MUMOXY, MUPUXY injuriado, enxovalhado, descomposto, afeado. *V. Mupuxy* e comp.
MUMUCA, MUPUCA feito abrir, forçado, deflorado. *V. Puca* e comp.
MUMUCAYMA fechado, virgem. *Cunhã mumucayma,* mulher virgem.
MUMUÍCA costurado.
MUMUÍCASÁRA costureira.
MUMUÍCASÁUA costura.
MUMUÍCA TENDAUA sala, casa de costura.
MUMUÍCAUÁRA costurante.
MUMUÍCAUÉRA costurável.
MUMUICAYMA não costurado, descosturado.
MUMURANGA saudado.
MUMURANGASARA saudante, quem saúda.
MUMURANGASAUA saudação.
MUMURIÁ empobrecido.
MUMURIÁPÁUA empobrecimento.
MUMURIÁPÓRA pobre.
MUMURUTINGA feito branco, caiado.
MUMURUTINGASARA branqueador, caiador.
MUMURUTINGASAUA branqueamento, caiação.
MUMURUTINGATAUA branqueadouro, caiadouro.
MUMURUTINGAUARA branqueante, caiante.
MUMURUTINGAUERA branqueável, caiável.
MUMURUTINGAYMA não branqueado, não caiado.
MUMUSACA feito tirado, separado. *V. Musaca* e comp.
MUMUSACA Vasilha que serve para jogar fora a água das canoas, geralmente uma cuia *pixé* e mesmo um pedaço de cuia.
MUMUXI *V. Mumoxy.*
MUNÁNI misturado.
MUNÁNIPÁUA misturada.
MUNÁNISÁRA misturador.
MUNÁNISÁUA mistura.
MUNÁNITÁUA misturadouro.
MUNÁNIUÁRA, MUNÁNIPÓRA misturante.
MUNÁNIUÉRA misturável.
MUNÁNIÝMA não misturado.
MUNAXY irmãos gêmeos.
MUNDÁ, MUNÁ furtado, escondido, negado.
MUNDAI desconfiado, suspeitado.
MUNDAÍSÁRA desconfiador, suspeitador.
MUNDAÍSÁUA suspeita, desconfiança.
MUNDÁIUÁRA suspeitante, desconfiante.
MUMIDÁIUÉRA suspeitável, desconfiável.

MUNDÁIÝMA não suspeitado, não desconfiado.
MUNDÁPÁUA ladroeira.
MUNDÁPÓRA ladrão.
MUNDARA falso, mentiroso.
MUNDÁRI ter ciúme.
MUNDARISARA quem tem ciúme.
MUNDARISAUA ciúme, o ato de ter ciúme.
MUNDARIUERA ciumento à toa, sem razão.
MUNDÁSARA negador.
MUNDÁSÁUA negação, o objeto furtado.
MUNDAÚ ciúme.
MUNDÁUA furto.
MUNDAUARA furtante.
MUNDAUERA furtável.
MUNDAÚPORA ciumento.
MUNDAUYMA não furtado.
MUNDÉ metido, recolhido, suspeitado; ratoeira.
MUNDÉ-MUNDÉ intrometido.
MUNDÉ-MUNDÉU manhoso, metido em disfarce.
MUNDÉ-PORA que é preso na ratoeira.
MUNDÉSÁRA recolhedor, suspeitador.
MUNDÉSÁUA recolhimento, suspeita.
MUNDÉU vestido, ornado, enfiado, disfarçado.
MUNDÉUSÁRA disfarçador, vestidor, enfiador.
MUNDÉUSÁUA disfarce, veste, ornamentação.
MUNDÉUTÝUA lugar do disfarce.
MUNDÉUUÁRA disfarçante, ornante.
MUNDÉUUÉRA disfarçável, vestível, ornável.
MUNDICA aceso.
MUNDICASARA acendedor.
MUNDICASAUA acendimento.
MUNDICATAUA acendedouro.
MUNDICAUARA acendente.
MUNDICAUERA acendível.
MUNDICAYMA não aceso, apagado.
MUNDU mandado, ordenado, remetido.
MUNDUCÁRI comandado, dado ordem com autoridade, determinado.
MUNDUCARISARA comandante, quem dá ordem com autoridade para dá-la.
MUNDUCARISAUA comando, ordem.
MUNDUCARIUARA, MUNDUCARIPORA comandado, quem recebe a ordem.
MUNDUI, MUNDUBY amendoim, casta de *Arachis*, oleosa, de que se extrai um azeite que pode servir para a cozinha. Não sei se se trata de uma planta aclimada, ou de planta indígena, sendo que no primeiro caso é muito bem aclimada e já apresenta variedades.
MUNDURAUA casta de gafanhoto que ataca especialmente as plantações de tabaco (Tefé).
MUNDURU casta de grande nassa usada no Pará para pegar peixe.
MUNDURUCU uma variedade escura de quati, *Nasua*; nome de uma nação tupi estabelecida entre o Madeira e o Tapajós, inimiga dos Muras, dos Parintintins e dos Apiacás, muito numerosa e belicosa, ainda hoje existente, embora muito reduzida e em grande parte já civilizada; casta de Cactus (?).
MUNDUSARA mandador, ordenador, remetedor.
MUNDUSAUA mandado, ordem, remessa.
MUNDUUARA mandante, ordenante, remetente.
MUNDUUERA mandável, ordenável, remissível.
MUNDUYMA não mandado, não ordenado, não remetido.
MUNGÁ, PUNGÁ nascida, tumor, tumefação.
MUNGATURU acabado, completado, ajustado.
MUNGATURUPAUA, MUNGATURUSAUA acabamento, remate, complemento.
MUNGATURUSARA acabador, completador, rematador.
MUNGATURUTAUA, MUNGATURU TENDAUA lugar de acabamento, remate, complemento.
MUNGATURUUARA acabante, rematante.
MUNGATURUUERA acabável, rematável, completável.
MUNGATURUYMA não acabado, não rematado, não completado.
MUNGUETÁ apalavrado, aconselhado.
MUNGUETÁ CATU aconselhado bem.
MUNGUETÁ PUXI aconselhado mal.
MUNGUETÁ SUAXARA responder.
MUNGUETÁSARA apalavrador, conselheiro.
MUNGUETÁSÁUA apalavramento, conselho.
MUNGUETÁTÝUA lugar de conselho.
MUNGUETÁUÁRA apalavrante, aconselhante.
MUNGUETÁUÉRA apalavrável, aconselhável.
MUNGUETÁYMA não apalavrado, não aconselhado.

MUNGUI resguardado, protegido.
MUNGUIPAUA resguardo, proteção.
MUNGUIPORA resguardante, protegente.
MUNGUISARA resguardador, protetor.
MUNGUITÁ combinado, seduzido, conchavado.
MUNGUITÁPÁUA sedução, conchavo, combinação.
MUNGUITÁPÓRA seduzinte, conchavante.
MUNGUITÁSÁRA sedutor, conchavador, combinador.
MUNGUITÁTENDÁUA lugar do conchavo, da sedução, da combinação.
MUNGUITAUÁ o seduzido, o conchavado.
MUNGUITÁUÉRA seduzível, conchavável.
MUNGUITYUA lugar de proteção, onde se resguarda ou se recolhe.
MUNGUIUERA resguardável, protegível.
MUNGUIYMA desprotegido.
MUNHÃ, MUNHÃN feito, obrado, criado.
MUNHÃ CEPI feito o preço.
MUNHÃ CUIUARA encoivarar, amontoar as árvores cortadas para fazer o roçado de modo a poderem ser queimadas facilmente. De um bom encoivaramento depende muito o sucesso; a roça somente queima bem, quando bem encoivarada.
MUNHANA feito correr, enxotado. V. *Nhana* e comp.
MUNHANGARA fazedor, obrador, criador.
MUNHANGAUA feitura, obra, criação.
MUNHAN-MUNHÃ caçoado.
MUNHAN-MUNHANGARA caçoador.
MUNHAN-MUNHANGAUA caçoada.
MUNHÃN POEN alisado, arredondado.
MUNHÃN PURUA emprenhada.
MUNHAN SACISAUA RUPI obrar com dor, violentar, deflorar.
MUNHARU, MUINHARU irritado. V. *Inharu* e comp.
MUNHASUCA, MUIASUCA lavado. V. *Miasuca* e comp.
MUNINA cariciado, acariciado.
MUNINAPAUA acariciamento.
MUNINAPORA cheio de carícias, tanto quem as faz como quem as recebe.
MUNINASARA acariciador.
MUNINASAUA carícia.
MUNU, MUNDU mandado. V. *Mundu* e comp.
MUNUCA cortado.
MUNUCANA o que está cortado.
MUNUCAPAUA retalhamento.
MUNUCAPORA retalhado.
MUNUCASARA cortador.
MUNUCASAUA corte.
MUNUCA-SOCA despedaçado, decepado.
MUNUCA-SOCASARA despedaçador, decepador.
MUNUCA-SOCATYUA despedaçadouro.
MUNUCA-SOCAUARA despedaçante.
MUNUCA-SOCAUERA despedaçável.
MUNUCA-SOCAYMA não despedaçado, não decepado.
MUNUCATAUA cortadouro.
MUNUCAUÁ o cortado.
MUNUCAUARA cortante.
MUNUCAUERA cortável.
MUNUCAYMA não cortado.
MUNUMUNUCA esquartejado, retalhado. V. *Munuca* e comp.
MUNUNGARA o filho do padrinho, para o afilhado.
MUNYMÁ acariciado.
MUNYMÁSÁRA acariciador.
MUNYMÁSÁUA acariciamento.
MUNYMÁUÁRA acariciante.
MUNYMÁUÉRA acariciável.
MUOĪ, MUOIN cozido. V. *Oin* e comp.
MUOPAU, MUMPAU feito acabar, finalizado. V. *Mpau* e comp.
MUOYCA feito afogar, afogado. V. *Oyca* e comp.
MUPACA feito acordar, acordado. V. *Paca* e comp.
MUPANEMA feito infeliz na pesca, na caça ou nos negócios.
MUPANEMASARA quem torna infeliz na pesca, na caça ou nos negócios alguém; *jettatore*, diria um napolitano.
MUPANEMASAUA jetatura, mau-olhado.
MUPATUCA feito atrapalhar, vedado, confundido. V. *Patuca* e comp.
MUPAU, MUOPAU feito acabar. V. *Mpau* e comp.
MUPAU CATU finalizado, dada a última demão.
MUPÉ, MURAPI feito caminho, aberto caminho.
MUPECU, MPECU feito buraco, esburacado. V. *Pecu* e comp.
MUPEMA feito liso, aplainado. V. *Pema* e comp.
MUPEMASARA aplainador, plaina.

MUPEMBURE remexido, revolvido, esbatido. *Remupembure sapucaia supiá*: esbate ovo de galinha. V. *Embure* e comp.
MUPENA feito dobrar, dobrado, quebrado. V. *Pena* e comp.
MUPERÉUA ferido, chagado.
MUPERÉUAPÓRA chaguento, cheio de feridas.
MUPERÉUASÁRA feridor, chagador.
MUPERÉUASÁUA chaga, ferida.
MUPERÉUAUÉRA chagável, ferível.
MUPÉSÁRA abridor de caminho.
MUPÉSÁUA abrimento de caminho.
MUPETECA feito bater, feito chocar, entrechocado. V. *Peteca* e comp.
MUPÉTYUA lugar onde se abre o caminho.
MUPÉUA feito chato, achatado, cepilhado.
MUPEUAPORA achatante.
MUPÉUÁRA que abre o caminho.
MUPÉUASÁRA achatador, cepilho.
MUPÉUASÁUA achatamento, cepilhamento.
MUPÉUAUÉRA achatável, cepilhável.
MUPÉUÉRA caminho abrível.
MUPÉYMA sem caminho.
MUPIÁ confiado, feito ânimo.
MUPIÁ-AYUA feito mau coração, feito zangar, feito irritar.
MUPIÁ-AÝUAPÁUA zanga, irritação, má vontade.
MUPIÁ-AÝUAPÓRA zangado, irritado, de má vontade.
MUPIÁ-AÝUASÁRA zangador, irritador.
MUPIÁ-AÝUAUÉRA zangadiço, irritável.
MUPIÁ-AÝUAÝMA não feito irritar, zangar.
MUPIÁ-CATU consolado, feito de bom ânimo.
MUPIÁ CATU MANHA consolador, mãe da consolação.
MUPIÁ-CATUPAUA consolação.
MUPIÁ-CATUPORA consolante.
MUPIÁ-CATUSARA consolador.
MUPIÁ-CATUUERA consolável.
MUPIÁ CATUYMA inconsolável.
MUPIAMIRĨ amofinado, feito coração pequeno.
MUPIÁSÁRA confiador.
MUPIÁSÁUA confiança.
MUPIASU tornado afoito, valente, corajoso.
MUPIÁUÁRA confiante.
MUPIÁUÉRA confiável.
MUPICA dirigido.
MUPICASARA diretor.
MUPICASAUA direção.
MUPICAUARA dirigente.
MUPICAUERA dirigível.
MUPICAYMA não dirigido.
MUPICUERA casta de seringueira da região do Madeira (Amaro da Silva).
MUPINA feito tosquiar. V. *Iupina* e comp.
MUPINIMA feito pintar. V. *Pinima* e comp.
MUPINU feito podar. V. *Pinu* e comp.
MUPINXI pedaço de charuto, de tabaco em corda ou em molho, usado para limpar os dentes.
MUPIRANGA feito vermelho, tingido de vermelho.
MUPIRANGAPAUA avermelhado.
MUPIRANGAPORA avermelhador.
MUPIRANTÃ, MUPIRANTAN aguentado, esforçado, resistido, feito corrente.
MUPIRANTANGARA aguentador, resistente.
MUPIRANTANGAUA esforço, resistência.
MUPIRE aumentado, acrescido, feito mais.
MUPIREPAUA aumento.
MUPIREPORA aumentante.
MUPIRESARA aumentador.
MUPIRETYUA aumentadouro.
MUPIREUERA aumentável.
MUPIREYMA não aumentado.
MUPIRIRICA feito engelhar. V. *Piririca* e comp.
MUPIROCA tornado nu, depenado, despido. V. *Piroca* e comp.
MUPIRU feito pisar, atropelado. V. *Piru* e comp.
MUPISASU, MUPESASU feito novo, renovado.
MUPISASUSARA renovador.
MUPISASUSAUA renovamento.
MUPISASUTAUA renovadouro.
MUPISASUUARA renovante.
MUPISASUUERA renovável.
MUPISASUYMA não renovado.
MUPITUA acovardado, feito covarde. V. *Pitua* e comp.
MUPITUNA feito noite, anoitecido.
MUPITUNASARA anoitecedor.
MUPITUNASAUA anoitecimento.
MUPITUNAUARA anoitecente.
MUPIXAEN feito encrespar. V. *Pixaen* e comp.
MUPOKIRICA feito cócegas com a mão. V. *Pokirica* e comp.
MUPOIRE desviado, desapegado.
MUPOIRESARA desviador, desapegador.
MUPOIRESAUA desvio, desapego.
MUPOIRETAUA desviadouro, desapegadouro.

MUPOIREUARA desviante, desapegante.
MUPOIREUERA desviável, desapegável.
MUPOIREYMA não desviado, não desapegado.
MUPOPECICA, MUPOPICICA feito pegar com a mão. *V. Picica* e comp.
MUPORARÁ feito padecer, atormentado. *V. Porara* e comp.
MUPOROROCA feito espocar, feito arrebentar. *V. Pororoca* e comp. *Typyaca oporoca iapuna kiti*: a tapioca espoca no forno.
MUPU, MUMPU feito enxotar, expulso, degredado, dobrado (dos sinos). *Tuixaua omupuana mira puxi i taua suí*: o tuxaua expulsou a gente ruim da sua terra. *Mituú ramé itamaracá omupu ocenoicári mira arama*: quando é domingo, o sino dobra para chamar gente. *V. Mpu* e comp.
MUPUAMA feito levantar. *V. Puama* e comp.
MUPUASU feito grosso, engrossado.
MUPUASUPAUA engrossamento.
MUPUASUPORA engrossante.
MUPUASUSARA engrossador.
MUPUASUTYUA engrossadouro.
MUPUASUUERA engrossável.
MUPUASUYMA não engrossado.
MUPUCÁ feito rir, ridicularizado. *V. Pucá* e comp.
MUPUCA feito quebrar, despedaçado. *V. Puca* e comp.
MUPUCU alongado, feito longo.
MUPUCUARE feito amarrar. *V. Pucuare* e comp.
MUPUCUETÉ espichado.
MUPUCUETÉSÁRA espichador.
MUPUCUETÉSÁUA espichamento.
MUPUCUETÉTÁUA espichadouro.
MUPUCUETÉUÁRA espichante.
MUPUCUETÉUÉRA espichável.
MUPUCUETÉYMA não espichado, frouxo.
MUPUE, MUPÚI frequentemente, repetidamente. *Mupue pire*: com mais frequência. *Mupue pire reiuíre cuao ce oca kiti*: com mais frequência deves voltar à minha casa.
MUPUĨ feito fino, afinado, adelgaçado.
MUPUIPICA, MUPIPICA aspergido, salpicado.
MUPUIPICASARA aspersor, salpicador.
MUPUIPICASAUA aspersão, salpicamento.
MUPUIPICATAUA lugar de aspersão, de salpico.
MUPUIPICATYUA aspersório, salpicadouro.
MUPUĨSARA adelgaçador.

MUPUĨSAUA adelgaçamento.
MUPUĨTYUA adelgaçadouro.
MUPUĨUA adelgaçado.
MUPUĨUARA adelgaçante.
MUPUĨUERA adelgaçável.
MUPUĨYMA não adelgaçado.
MUPUMANA feito torcer. *V. Pumana* e comp.
MUPUMI requebrado.
MUPUMISARA requebrador.
MUPUMISAUA requebramento.
MUPUMIUERA requebrável.
MUPUMIYMA não requebrado.
MUPUN batido.
MUPUNGA, MUPONGA batimento; casta de pescaria, na qual por meio de barulho feito com varas apropriadas, e mesmo com os remos, se obriga o peixe a tomar uma determinada direção, de modo a ir aglomerar-se num lugar, onde possa ser facilmente flechado ou arpoado pelos pescadores, em pé, à espreita na proa da canoa. É pescaria em que se reúnem dezenas e dezenas de canoas e muito usada no baixo Amazonas e Pará. No Solimões, onde também é comum, especialmente para pescar tartarugas, é chamam *Paranã petecasaua*, e *Ceripaua* no rio Negro.
MUPUNGASARA quem toma parte no batimento.
MUPUNGATYUA lugar de batimento.
MUPURANGA embelezado.
MUPURANGASARA embelezador.
MUPURANGASAUA embelezamento.
MUPURANGATAUA embelezadouro.
MUPURANGAUÁ o embelezado.
MUPURANGAUARA embelezante.
MUPURANGAUERA embelezável.
MUPURANGAYMA não embelezado.
MUPURE feito pular, jogado. *V. Pure* e comp.
MUPURUÃ feita prenhe, embaraçada, pejada.
MUPURUANGARA emprenhador.
MUPURUANGAUA emprenhamento (com referência ao homem, ou ao macho).
MUPURUCA feito descarregar. *V. Puruca* e comp.
MUPUSANGA fazer remédios, preparar remédios.
MUPUSANGASARA farmacêutico.
MUPUSANGATAUA farmácia.
MUPUTAUA satisfeito, atendido, presenteado.

MUPUTÁUASÁRA presenteador.
MUPUTÁUASÁUA presente.
MUPUTÁUAUÉRA presenteável.
MUPUTÁUAÝMA contrariado, não satisfeito, não presenteado.
MUPUTAUAÝMASÁRA contrariador.
MUPUTAUAÝMASÁUA contrariedade.
MUPUTAUAÝMAUÁRA contrariante.
MUPUTAUAÝMAUÉRA contrariável.
MUPUUSU feito respeitado, feito honrado. V. *Puusu* e comp.
MUPUXI afeado, feito feio.
MUPUXISARA afeador.
MUPUXISAUA afeamento.
MUPUXITYUA afeadouro.
MUPUXIUARA afeante.
MUPUXIUERA afeável.
MUPUXIYMA não afeado.
MUPYCA porfia, desafio, páreo.
MUPYPYCA alagado, afundado, metido no fundo d'água. V. *Pypyca* e comp.
MUPYPYCASARA alagador.
MUPYTERA partido, dividido ao meio.
MUPYTERASARA partidor, divisor.
MUPYTERASAUA divisão, partição.
MUPYTERATYUA lugar da divisão, da partição.
MUPYTERAUARA dividente.
MUPYTERAUERA partível, divisível.
MUPYTERAYMA não partido, indiviso.
MUPYTUU estacado, parado, obrigado a parar. *Pusanungara omupytuu tui*: o médico estanca o sangue. V. *Pytuu* e comp.
MURAKI, PURAKI trabalhado. V. *Puraki* e comp.
MURAKI IEPÉ, MURAKIPY segunda feira, primeiro dia de trabalho.
MURAKI MUCOIN terça feira, segundo dia…
MURAKI MUSAPIRE quarta-feira, terceiro dia…
MURAKIPY segunda feira, começo do trabalho.
MURAKI-RENDAUA feitoria, lugar de trabalho.
MURAKI-ROCA oficina, casa de trabalho.
MURAKI-UASU trabalho grande, tráfego.
MURANGAUA delineado, figurado, traçado.
MURANGAUASARA desenhador, figurador, traçador.
MURANGAUASAUA desenho, traçado, figuração.
MURANGAUATYUA lugar de desenho, figuração, traçado.

MURANGAUAUARA desenhante, figurante, traçante.
MURANGAUAUERA desenhável, figurável, traçável.
MURANGAUAYMA não desenhado, não traçado, não figurado.
MURÁTU mulato.
MURÁTU-YUA pau-mulato.
MUREASU sujeito, escravizado, empobrecido.
MUREASUA sujeição, pobreza.
MUREASUSARA escravizador, empobrecedor.
MURECÔ feito ter, feito haver. V. *Recô* e comp.
MUREPI salário, paga.
MUREPISARA pagador.
MURERU, MURIRU casta de planta aquática que cresce estendendo-se sobre a superfície das águas paradas, e que, quando começa a vazante, se aglomera na boca dos lagos em grande quantidade, obstruindo a passagem e dificultando a navegação, até de pequenas canoas.
MURERUĪ casta de mureru, mureru pequeno.
MURĪ casta de cana de açúcar.
MURIRY feito tremer, abalado. V. *Riry* e comp.
MURIXY árvore muito comum nas campinas e terras areentas, *Byrsonima*.
MUROIN feito esfriar. V. *Roin* e comp.
MUROIRÕN feito, tornado aborrecido. V. *Roirõn* e comp.
MURORY, MUSORY alegrado, tornado alegre.
MURU[1] mando, poder.
MURU[2] casta de palmeira.
MURU-, TURU- em composição, geralmente como prefixo: grande, grosso, poderoso, contração de *turusu*. *Murutuixaua* e *Muruxaua*: grande chefe. *Turuna*: preto poderoso, graúdo.
MURUÁRI pequeno avental que as mulheres usam para cobrir as partes pudendas, de mais ou menos um palmo de largo e meio de alto, feito das coisas mais heterogêneas, usado apenas como ornamento. Nas urnas funerárias de Marajó se encontraram *muruári* feitos de barro, alguns elegantemente ornados de desenhos vermelhos, outros com ornamentos em baixo-relevo. Hoje, as indígenas que com eles costumam adornar-se, quando podem, as usam de miçangas; na falta, porém, continuam a servir-se, como originariamente, de pequenas frutas de

caroços duros, como as da caranha, de algumas espécies de palmeira ou de murta, e que se prestam a ser facilmente polidos. Em qualquer caso é admirável a arte, como são tecidos e os desenhos, geralmente elegantíssimas gregas, que os adornam.

MURUCU longa haste ornamentada de plumas e de desenhos em alto-relevo e munida de uma ponta de lança móvel, e alguma rara vez de um ferrão de arraia, num dos lados, e no outro de um maracá, aberto na própria madeira em que é feito o *murucu*, acabando em ponta e endurecido ao fogo. É a insígnia dos chefes de muitas tribos do Uaupés e Japurá, e dela se servem hoje para puxar as danças, como já se serviram para guiar os próprios guerreiros na peleja. O *murucu* é geralmente usado pelas tribos que usam o *torocana*, parecendo por isso mesmo arma tupi-guarani.

MURUCUTU árvore que cresce nas catingas e capoeiras. Fornece uma madeira branca que toma facilmente polimento, mas muito leve e pouco usada.

MURUCUTUTU pequena coruja, casta de pequena *Strix*, que deve o seu nome ao grito que repetidamente faz ouvir quando durante a noite vaga em procura de presa. Parece ser considerada como a mãe do sono. Nas cantigas das amas indígenas o murucututu é invocado para dar o seu sono às crianças que custam a dormir.

MURUMURU casta de palmeira, *Astrocaryum murumuru*.

MURUNGU, MURUNU, MOLONGÓ árvore que cresce nos igapós. Dá uma madeira branca muito resistente e muito leve, boa para boias e para tamancos. A cocção da flor é usada como sudorífico.

MURUPÁ marupá.

MURUPI casta de pimenta.

MURURÉ árvore da terra firme, que dá uma resina usada como bom antissifilítico; casta de *Utricularia*, muito comum em todos os lagos e lagoas do vale do Amazonas, de largas folhas lanceoladas e o lindo pendão de flores roxas, manchadas de amarelo.

MURURU, MUIRURU molhado, banhado.

MURURUSARA molhador.

MURURUSAUA molhadura.

MURURUTYUA molhadouro.

MURURUUARA molhante.

MURURUUERA molhável.

MURURUYMA não molhado, enxuto.

MURUSANGA, MUIRUSANGA umedecido, refrescado.

MURUSANGASARA refrescador, umedecedor.

MURUSANGASAUA umedecimento, refrescamento.

MURUSANGATYUA umedecedouro, refrescadouro.

MURUSANGAUARA umedecente, refrescante.

MURUSANGAUERA umedecível, refrescável.

MURUSANGAYMA não umedecido, não refrescado.

MURUTUIXAUA, MURUXAUA o chefe que manda.

MURUXAUASU grande chefe, general.

MURUXI árvore da margem do rio, nos lugares de areia, que dá uma pequena drupa adocicada de cor roxo-escura, comestível.

MURUXI PINIMA casta de muruxi, de cuja casca pisada se extrai uma tinta muito usada para tingir as velas e a roupa de trabalho, com o fim de preservá-las do caruncho.

MURUXI PITINGA casta de muruxi, de cuja casca não se extrai tinta, e cuja fruta, uma drupa de cor roxo-escura, é maior e mais apreciada do que a das outras qualidades.

MURUXI UASU muruxi grande. A casca pisada dá tinta como a qualidade *pinima*.

MURY, SORY agradado. V. *Sory* e comp.

MURY casta de capim da margem do Amazonas.

MURYXY casta de capim da margem do Amazonas.

MUSÁ estendido, estirado.

MUSAÃ feito provar, feito experimentar. V. *Saã* e comp.

MUSACA feito fora, afastado. V. *Saca* e comp.

MUSACAPIRA apontado, feito ponta.

MUSACAPIRASARA apontador, quem faz a ponta.

MUSACAPIRASAUA apontamento, ponta.

MUSACAPIRATYUA apontadouro, onde se faz ponta.

MUSACAPIRAUARA apontante, que é da ponta.

MUSACAPIRAUERA apontável, que pode ser da ponta.

MUSACAPIRAYMA de que não é feito ponta.

MUSACEMA feito gritar, publicado, apregoado.
MUSACEMASARA pregoeiro.
MUSACEMASAUA pregão.
MUSACEMA TENDAUA lugar do pregão.
MUSACU esquentado, feito esquentar.
MUSACUSARA esquentador.
MUSACUSAUA esquentamento.
MUSACUTYUA esquentadouro.
MUSACUUA esquentado.
MUSACUUARA esquentante.
MUSACUUERA esquentável.
MUSACUYMA não esquentado.
MUSACI feito mal, magoado. *V. Saci* e comp.
MUSAẼN feito espalhar, gastado, semeado. *V. Saẽn* e comp.
MUSAIMBÉ, MUSAIMÉ feito afiado. *V. Saimbé* e comp.
MUSAKENA feito cheiroso, perfumado. *V. Sakena* e comp.
MUSANGA riscado, dividido, figurado. *Oicó omusanga yuy*: está riscando a terra.
MUSANGAUA risco, divisão, desenho.
MUSANGARA riscador, divisor, figurador.
MUSANTÁ endurecido, feito duro. *V. Santá* e comp.
MUSANTI feita a ponta, apontado. *V. Santi* e comp.
MUSAPIRE três.
MUSAPIRESARA que é terceiro.
MUSAPIRESAUA condição de ser terceiro.
MUSAPIRE TENDAUA terceiro lugar.
MUSAPIREUARA terceiro.
MUSAPIREUERA que pode ser terceiro.
MUSAPU feito raiz, arraigado.
MUSAPUPORA enraizante, que é enraizado.
MUSAPUSARA enraizador, que faz enraizar.
MUSAPUSAUA enraizamento.
MUSAPUUERA enraizável.
MUSAPUTYUA enraizadouro.
MUSAPUYMA não enraizado.
MUSARAIN, MUSARAĪ feito esquecido. *V. Sarain* e comp.
MUSARU feito esperar, prometido. *V. Saru* e comp.
MUSASAU feito passar, transferido. *V. Sasau* e comp.
MUSATAMBYCA endireitado, alinhado, feito direito.
MUSATAMBYCASARA endireitador, alinhador.

MUSATAMBYCASAUA endireitamento, alinhamento.
MUSAY azedado, feito azedo. *V. Say* e comp.
MUSOROCA feito fiapos, rasgado, roto. *V. Soroca* e comp.
MUSORORÓ tisana, chá, qualquer casta de infusão feita a quente.
MUSOSOCA feito pular, vascolejado. *V. Sosoca* e comp.
MUSU peixe roliço e comprido, casta da lampreia, *Myxinoideae*.
MUSUÃ cabeçudo; casta de tartaruga fluviátil.
MUSUPYTERA, MUSUMYTERA envigorar-se; das plantas, fortalecer-se.
MUTÁ jirau; estrado feito a certa altura de terra e dissimulado com folhagem, onde o caçador se posta à espera da caça que deve vir beber água nalguma fonte ou poça próxima, comer as frutas caídas ou lamber a terra, nos lugares onde há afloramento de sais.
MUTÁ-MYTÁ escada, ponte, lugar de descanso; o estrado inclinado que, em forma de escada, serve para cortar as seringueiras à altura onde um homem não pode chegar. *V. Mytá* e comp.
MUTACA batido, sacudido.
MUTACACÁ tornado pegajoso. *V. Tacacá* e comp.
MUTACANA que foi sacudido.
MUTACASARA sacudidor.
MUTACASAUA sacudimento.
MUTACATAUA sacudidouro.
MUTACAUÁ sacudido.
MUTACAUARA sacudinte.
MUTACAUERA sacudível.
MUTACAYMA não sacudido.
MUTAMBA folhas da *Guazuma ulmifolia*; feita secar, é usada como substitutivo ao tabaco, ou fumada misturada com este, para obter efeitos estupefacientes. E também usada para fumigações feitas à boca da noite para afugentar os entes malfazejos, que costumam vagar depois do pôr do sol.
MUTARA vontade, determinação, desejo.
MUTARE, PUTARE *V. Putare* e comp.
MUTARA-AYUA ódio, má vontade.
MUTARAYMA sem desejo, sem determinação, desprezo.
MUTARAYMA-SARA desprezador.
MUTARARAYMA-UERA desprezível.

mutarica esperança (= pequena vontade).
mutatatinga feito fumaça, enfumaçado. *V. Tatatinga* e comp.
mutaua, putaua isca, o que desperta desejo, a comida especial do animal.
mutauá feito amarelo. *V. Tauá* e comp.
muteapu feito barulho, estrondado, rumorejado. *V. Teapu* e comp.
mutecô, mutecu feito lei, legislada.
mutecosara legislador.
mutecosaua legislação.
mutecouara legislante.
mutecouera legislável.
mutecoyma não legislado.
muteité, mutaité tornado infeliz, amofinado, desgraçado.
mutemiú jantado.
mutemiuasu banqueteado.
mutera, mytera, pytera meio. *V. Pytera*.
muteté feito lastimoso. *V. Teité*.
muterecemo feito cheio, abarrotado. *V. Cemo* e comp.
mutianha escorado, fisgado, laçado.
mutianhasara escorador, fisgador, laçador.
mutianhasaua escoramento.
mutianhatyua escoradouro.
mutianhauara escorante.
mutianhauera escorável.
mutianhayma não escorado.
muticanga feito secar, secado.
muticangapaua secura.
muticangapora secante.
muticangasara secador.
muticangatyua secadouro.
muticaugauera secável.
muticangayma não seco.
muticangayua a causa, a origem da secura.
muticu suspendido, pendurado.
muticusara suspensor, pendurador.
muticusaua suspensão, peuduramento.
muticutyua lugar de suspensão, do penduramento.
muticu-tianha o laço que serve para suspender.
muticuuá o que é suspenso, pendurado.
muticuuara suspendente, pendurante.
muticuuera suspensível, pendurável.
muticu-xama a corda que serve para amarrar e que se suspende.
muticuyma não suspenso, não pendurado.

muticuyua a haste, o galho, o prego ou outro qualquer adminículo que serve para pendurar o objeto.
mutimbure defumado, incensado. *V. Mbure* e comp.
mutimbure iara o dono da defumação, do incensamento, o honrado.
mutimburetaua lugar da defumação, defumadouro.
mutimbureyua o boião que serve para defumar, incensário.
mutimoca abalado.
mutimocana o que foi abalado.
mutimocasara abalador.
mutimocasaua abalo.
mutimocatyua lugar onde se abala.
mutimocauara abalante.
mutimocauera abalável.
mutimocayma inabalado.
mutimu sacudido.
mutimusara sacudidor.
mutimusaua sacudimento.
mutimutaua sacudidouro.
mutimuuara sacudinte.
mutimuuera sacudível.
mutimuyma não sacudido.
mutĩ, mutĩn feito envergonhar, envergonhado.
mutinga embranquecido, feito branco, tinto de branco.
mutingara quem faz envergonhar ou se envergonha.
mutingasara embranquecedor.
mutingasaua embranquecimento.
mutingataua embranquecedouro.
mutingaua envergonhamento.
mutingauá embranquecido.
mutingauara embranquecente.
mutingauera embranquecível.
mutinga-xinga clareado, um tanto embranquecido.
mutingayma não embranquecido.
mutinĩn feito torrado. *V. Tinĩn* e comp.
mutininga feito ressecado. *V. Tininga* e comp.
mutirica feito retirar, apartado. *V. Tirica* e comp.
mutitica feito palpitar. *V. Titica* e comp.
mutocaia feita espera. *V. Tocaia* e comp.
mutoirũ feito ciúme, enciumado. *V. Toirũ* e comp.

MUTOOMÁ feito atolar. V. *Tooma* e comp.
MUTORAMA feito revolver, rolado, V. *Torama* e comp.
MUTUCA mutuca, casta de tavão muito incomodativo.
MUTUCÁ feito bater. V. *Tucá* e comp.
MUTUCUNA mutuca-preta, casta de tavão.
MUTUÍ tingir de roxo.
MUTUÍSÁRA tintor de roxo.
MUTUÍSÁUA tintura em roxo.
MUTUÍUA tinto de roxo.
MUTUÍUÁRA que tinge de roxo.
MUTUIUÉ feito velho, envelhecido, do homem.
MUTUÍUÉRA tingível de roxo.
MUTUIUÉSÁRA envelhecedor.
MUTUIUÉSÁUA envelhecimento.
MUTUIUÉUÁRA envelhecente.
MUTUIUÉUÉRA envelhecível.
MUTUIUÉYMA não envelhecido.
MUTUMU, PUTUMU sustentado, aguentado. V. *Putumu* e comp.
MUTUMUNA, MUTUMUNE cuspido, escarrado. V. *Tumuna* e comp.
MUTUMUIÚ, PUTUMUJU casta de cedro.
MUTUMUNU assobio [instrumento].
MUTUPANA abençoado.
MUTUPANAPORA abençoado.
MUTUPANASARA abençoador.
MUTUPANASAUA bênção.
MUTURIÉ variado, mudado.
MUTURIÉPÁUA variação.
MUTURIEPORA variante.
MUTURIÉUÁRA variador, que faz variar.
MUTURIÉUÉRA variável.
MUTURIÉYMA não variado, imutado.
MUTURUSU aumentado, engrandecido, engrossado.
MUTURUSUPAUA aumento, engrandecimento, engrossamento.
MUTURUSUPORA engrossante, engrandecente, aumentante.
MUTURUSUSARA engrossador, aumentador, engrandecedor.
MUTURUSUUERA engrossável, engrandecível, aumentável.
MUTURUSU-XINGA alguma coisa engrossada, aumentada, engrandecida.
MUTURUSUYMA não engrandecido, não aumentado, não engrossado.
MUTURY facheado [com tochas].

MUTURUYSARA facheador.
MUTURYSAUA facheamento (?), [facheada]. Fisgar à noite o peixe que dorme nos baixios, à luz de tochas, feitas de lascas do turi. É a pesca que também chamam *paié ityca*, isto é, pesca do pajé. É pescaria muito usada em tempo de vazante. O peixe que ficou a dormir nos lugares pouco fundos, tornado visível e atarantado com a luz dos archotes, é facilmente fisgado com a *iatycá*, de que é armado o pescador.
MUTURYTYUA lugar onde se facheia.
MUTURYUARA facheante.
MUTURYUERA facheável.
MUTURYYMA não facheado.
MUTUTI boia que sustenta à superfície a corda do espinel (Pará).
MUTYCU liquefeito.
MUTYCÚSÁRA liquefeitor.
MUTYCÚSÁUA liquefação.
MUTYCÚTÝUA lugar de liquefação.
MUTYCÚUÁRA liquefaciente.
MUTYCÚUÉRA liquidificável.
MUTYCUYMA não liquidificado.
MUTYKY feito apurado, feito a lágrimas. V. *Tyky* e comp.
MUTYKYRE destilado. V. *Tykyre* e comp.
MUTYKYREPAUA alambique. No rio Uaupés já encontrei, e trouxe, um alambique feito com materiais muito primitivos, barro e madeira. A panela, que podia conter uns cem litros de líquido, era de barro, sustentada sobre três sólidas *itacurua*, também de barro cozido, muito bojudas e acabando numa boca relativamente estreita, sobre a qual se adaptava uma tampa de pau, com orifício ao lado, da grossura conveniente para receber uma taboca, várias vezes emendada, por onde saía a cachaça, condensada naturalmente pelo esfriamento que vinha a sofrer desde a sua entrada na taboca. A falta de outro adminículo para obter o resfriamento do produto da destilação me tem feito pensar, mais de uma vez, que se trata de uma invenção indígena e não de uma imitação. O que é certo é que este alambique é muito comum e usado para destilação do caxiri de mandioca, e que onde ele se encontra não se cultiva a cana-de-açúcar, em muitos lugares ainda completamente desconhecida; o que não seria natural, se

fosse uma imitação especial, dada a fácil aclimação e cultivação da cana. Seja como for, quando a panela é cheia de líquido em quantidade suficiente, é tampada com a tampa de madeira, mantida no lugar com atilhos de cipó, sendo a fuga de vapores tolhida tanto na tampa como ao longo do encanamento por meio de calafeto feito com argila, a mesma de que se servem para fazer a sua louça. A destilada obtida nestes aparelhos, dizem os apreciadores, tem um gosto todo especial que inutilmente se procura na melhor cachaça.

MUTYPAU, MUTIPÁ feito secar, escoado. V. *Typau* e comp.

MUTYPY feito fundo, aprofundado. V. *Typy* e comp.

MUTYPYPYCA feito afundar, submergida, posta no funda. V. *Pyca* e comp.

MUTYUN embaciado.

MUTYUNGARA embaciador.

MUTYUNGAUA embaciamento.

MUUACA feito rachar, fendido. V. *Uaca* e comp.

MUUAIMY feita velha, envelhecida da mulher e das fêmeas em geral.

MUUAIMYPORA envelhecente.

MUUAIMYSARA envelhecedor.

MUUAIMYSAUA envelhecimento.

MUUAIMYTYUA lugar onde se envelhece.

MUUAIMYUERA envelhecível.

MUUAIMYYMA não envelhecida.

MUUÍRI feita ficar à tona d'água. V. *Uíri* e comp.

MUUIUÁKI afrontado. V. *Uiuáki* e camp.

MUUOAU peneirado.

MUUOCA feito fender. V. *Uoca* e comp.

MUUOCAUOCA moído, da cana de açúcar que passa na engenhoca. V. *Uoca* e comp.

MUUPIRÁ casta de peixe.

MUXAMA encordado, postas as cordas na maqueira, feito corda.

MUXICA o recolher ligeiro da linha a que é seguro o anzol, que o pescador faz, logo que abocou o peixe. V. *Xica* e comp.; fazer chegar.

MUXINGA chicote de uma tira de couro do peixe-boi.

MUXIRICA feita encrespar. V. *Xirica* e comp.

MUXURĪ, MUXURY casta de árvore.

MUXY larva vermiforme, gusano, especialmente o que se encontra nas frutas carnosas.

MUXYÚ grossa larva de um coleóptero, que vive no tronco das palmeiras, especialmente das pupunheiras, e que os índios comem.

MUXYÚA as larvas que se encontram em grande quantidade sobre os cadáveres.

MUXYUÁ comida de tartaruga feita em panela de barro e que se guarda de um dia para outro e por muitos dias, aquentando-se de novo cada vez que serve. É um guisado temperado com tucupi, alho, cebola, pimenta e frutas de abiurana, quando há.

MUXYUA é o nome com que se designa no rio Negro a comida com que Cucui engordava as moças destinadas a ser comidas.

MUXUXU, MBUXUXU, BUXUXU Casta de murta da margem do rio, que dá uma pequena drupa comestível.

MUYASUCA feito imergir, banhar. V. *Yasuca* e comp.

MUYÍCA mujica, peixe ou carnes esmiuçadas e fervidas n'água engrossada com tapioca ou farinha d'água; caldo engrossado com uma fécula qualquer; papas de milho.

MUYPYPE metido no fundo, metido de molho.

MUYPYPESARA quem mete no fundo, afundador, quem põe de molho.

MUYPYPESAUA afundamento.

MUYPYPETYUA afundadouro.

MUYPYPEUARA afundante.

MUYPYPEUERA afundável

MUYPYPEYMA não afundado.

MUYRÁ, MYRÁ madeira. V. *Myrá* e comp.

MUYUA, MUUYUA muuba, árvore de alto porte, que cresce nas baixadas.

MUYUA TINGA muuba-branca, árvore de alto porte, variedade da anterior, que cresce nas vargens altas e terras firmes, embora nunca muito longe do lugar onde chegam anualmente as águas da enchente. A madeira leve e resistente é usada para casco e falcas de canoas, que, se não são de grande duração, em compensação são fáceis de trabalhar. A casca, além de dar um leite usado na farmacologia indígena para sarar feridas de mau caráter, é usada como estopa para calafeto das canoas.

MYCURA mucura, nome comum aos marsupiais, embora com ele se designe, aqui no Amazonas, a espécie mais comum, isto é, a *Didelphis cancrivora*.

mycura caá erva-de-mucura, planta herbácea, de largas folhas opostas, levemente velutadas, lanceoladas e levemente dentadas, que se torna facilmente conhecida pelo cheiro ativo que recende, quando tocada ou movida, ainda que levemente, pelo vento. Pertence à família das Solanáceas, e o sumo das folhas pisadas é aconselhado em dose de uma colher das de chá pela manhã em jejum, seguido de um purgativo algum tempo depois, para expelir os vermes e a própria solitária.

mycura rapiá testículos-de-mucura, nome de uma árvore da terra firme e de um cipó.

mycura xixica mucura ganideira, pequeno *Didelpho* de pelo longo, macio, fulvo claro, e as partes nuas das mãos, dos pés e da parte preensil da cauda, róseo cor de carne. É animal essencialmente arbóreo e noturno. De dia dorme enrolado, e o tenho encontrado muitas vezes feito uma bola, enroscado sobre os galhos baixos das árvores que dão sobre o rio. O nome provavelmente lhe vem da gritaria que costuma fazer quando se vê preso.

myrá, muyrá, mbyrá árvore, pau, madeira; a parte dura e resistente das hastes das plantas.

myrá-cambó forquilha.

myrá-ceẽn pau-doce, casta de árvore que cresce nas catingas.

myrá-coatiara madeira pintada, pau-pintado, casta de Leguminosa da terra firme, abundante nos afluentes da margem esquerda do Amazonas e Solimões. A madeira, de manchas irregulares pretas, ou vermelha-escuras sobre fundo mais claro, presta-se para obras de marcenaria.

myrá-corera graveto.

myrá-cy tronco de árvore; *lit.* mãe da madeira, mãe do pau.

myrá-cycuera tora, pedaço de pau cortado, ainda em bruto.

myrá-iaué parecido com madeira.

myrá-icica pau que dá a resina, várias espécies de plantas resinosas.

myrá ira mel de pau, o mel dos cortiços feitos nos ocos dos paus.

myra-itá pau-ferro, madeira dura como ferro.

myrá-iupanasára carpinteiro, marceneiro, quem lavra madeira.

myrá-kinha pau-cravo; *lit.* pau-pimenta; casta de Laurínea, *Dicypellium caryophyllatum.*

myrakitan, myrakitanga nó da madeira.

myrá-kityca casta de cipó, que cortado dá uma água que, segunda se afirma, acalma as palpitações do coração.

myrakytan artefato de jade que se tem encontrado no baixo Amazonas, especialmente nos arredores de Óbidos e nas praias, entre as fozes dos rios Nhamundá e Tapajós, a que se atribuem qualidades de amuleto. Segundo uma tradição ainda viva o *myrakytan* teria sido o presente que as Amazonas davam aos homens em lembrança da sua visita anual. Conta-se que, para isso, nas noites de lua cheia, elas extraíam as pedras ainda moles do fundo do lago, em cuja margem viviam, dando-lhes a forma que entendiam, antes de ficarem duras com a exposição ao ar. Barbosa Rodrigues via nelas a prova evidente de antigas migrações asiáticas. O certo é que, até hoje, tanto no Amazonas, como no resto do continente americano, não se tem encontrado jazidas de jade ou mesmo jade que não tenha sido trabalhado, e que os artefatos encontrados, tanto na América do Sul como na América do Norte, parecem pertencer todas a uma mesma indústria e civilização.

myrá-para, myrá-apara pau torto, arco.

myrá-parayua pau-d'arco, madeira forte e resistente fornecida por algumas variedades de Leguminosas ou de Bignoniácea. Na margem do Solimões, o pau-d'arco é dado por uma Leguminosa de flor amarelo-vivo. No alto rio Negro, por uma Bignoniácea de flores roxo-pálidas.

myrá-payua mirapaúba, casta de mirapinima.

myrá-pema tábua, falca para canoa, pau chato.

myrá-péua tábua alisada, tábua lavrada, pau liso.

myrá-pinima, myrá-pinima-yua árvore que cresce nas terras elevadas e pedregosas. Deu o nome a um povoado do baixo rio Negro.

myrá-pinima o cerne da árvore do mesmo nome, muito duro e manchado de preto sobre fundo vermelho mais ou menos escuro, utilizado para bengalas.

MYRÁ-PIRANGA pau-vermelho, linda madeira de fibras muito compactas e resistentes, pesada e dura como o ébano, proveniente de uma variedade de *Cesalpinia*. Pela sua durabilidade e resistência, tanto enterrada como no ar, é a madeira preferida em todo o Uaupés para esteios de maloca.

MYRÁ-PIRERA pele de pau, casca; nome que é dado a certas ligeiras embarcações feitas com a casca de envira preta da terra firme.

MYRÁ-PIRIRICA pau que se esfarela, em que dá a polilha.

MYRÁ-PIROCA pau descascado, pau-mulato, grande árvore que cresce nas margens dos rios, facilmente reconhecível pela casca que se fende e acartucha, renovando-se superficialmente. É a pau preferido para fazer a lenha destinada aos piroscafos [barco a vapor, gaiola] que sulcam o Amazonas e seus afluentes. Além de lascar facilmente, é madeira que queima bem e deixa pouca cinza.

MYRÁ-PUAMA pau-levanta, arbusto que cresce nas terras firmes. A infusão das raízes, assim como a raspagem da madeira, tem virtudes afrodisíacas e é utilizada externamente para cura de reumatismo e de paralisia, em fricções e banhos.

MYRÁ PUCU pau-comprido; a estica da vela das canoas.

MYRÁ-RACANGA pau-de-caroço, pau-rainha, madeira muito comum no rio Branco. Cresce nas proximidades dos campos e é usada para a construção de currais, e mesmo de casas. Dizem que tem boa duração e resistência.

MYRÁ-RECOARA, MYRÁ-RECOUÁRA Meirinho.

MYRÁ-RECÔ ter a vara, mandado.

MYRÁ-RECOUARA-ASU ouvidor, juiz.

MYRÁ-RYLU musgo, o que cresce sobre as cascas dos paus.

MYRÁ-SANGA cacete.

MYRÁ-SANTÁ pau-forte, nome que em algum lugar dão ao *myrá-puama*.

MYRÁ-TAIA pau que queima, tem o gosto de queimado, casta de *Laurinea*.

MYRÁ-TAUÁ pau-amarelo, árvore da terra firme, da margem direita do rio Negro e seus afluentes da mesma margem, e margem esquerda do Japurá e seus afluentes da mesma margem, onde se afirma ser localizada a sua área de crescimento. Fornece uma madeira muito apreciada para a construção de canoas e que, tendo a duração e resistência da itaúba-preta, tem a vantagem de ser muito mais leve, pelo que as embarcações feitas com pau-amarelo não vão ao fundo, embora se alaguem e emborquem.

MYRÁ-TINGA pau-branco, casta de *Aspidosperma*, que cresce na terra firme, e que dá uma madeira leve e clara, usada para o interior das habitações e obras não expostas ao tempo. Da casca se extrai, por incisão, um leite, usado para emplastrar as ataduras na ruptura ou luxação de algum membro.

MYRÁ-TYCUERA árvore venenosa (Martius), pau morto, que teve sumo.

MYRÁ-TYUA roça aberta na mata virgem; terra de paus.

MYRÁ-UACA cerne de árvore, cerne do pau; galho que se abre e distende alargando a copa, pernada.

MYRÁ-UNA, MOYRÁ-UNA braúna, casta de madeira preta, e a árvore que a fornece.

MYRÁ-UOUOCA, MYRÁ-UOCA roda de pau; a roda da fiadeira e, em geral, a roda que serve para transmitir o movimento nas engenhocas e outros maquinismos, qualquer que seja a matéria de que são feitas.

MYRÁ-YARA pau-canoa, pau que serve para fazer canoas.

MYRAYUA casta de pau-brasil, que cresce nas terras firmes da margem esquerda do rio Negro. Do cerne extraem, por infusão, uma tinta roxa muito duradoura.

MYRITY miriti, buriti, *Maximiliana regia* e afins. Casta de palmeira que só por si é uma providência. Dela nada se perde. As folhas, que a coroam em largos leques, dão excelente cobertura de casa e uma cordoalha que se presta até para fazer redes, sendo muito duradouras e muito frescas. Do espique, aberto e batido, se fazem soalhos e paredes de barracas. Das folhas se fazem esteiras e tupés. Do miolo do tronco, formado por uma massa leve e esponjosa, se faz o arrocho (?) para recolher o leite da seringueira e se fazem ainda hoje esteiras para fechar portas e janelas, e rolhas.

MYRITI SARECUA cacho de miriti; nome de um ponto de bordado.

MYTÁ, MUTÁ estrado, degrau. *V. Mutá.*

MYTÁ descansado, repousado, parado.

MYTÁ-MYTÁ escada, subida por degraus.

MYTÁSÁRA descansador, parador.

MYTÁSÁUA descanso, repouso, parada, *mytasaua*; o lugar na margem do rio ou da mata adentro, onde quem por eles transita costuma fazer alto para descansar ou refocilar-se. São geralmente lugares de todos conhecidos, e os que se encontram ao longo dos rios, por onde ainda a navegação é feita a remos, prestam realmente grande serviço, especialmente em tempo de enchente, poupando o trabalho, muitas vezes inútil, de procurar um lugar onde poder descansar e passar a noite. É por via disso que é sempre conveniente atender o piloto que vos diz: *Caryua, iapitá iké catu, amu mytasaua apecatu reté*: branco, ficamos bem cá, a outra mitasaba é muito longe.

MYTÁUÁRA descansante.

MYTÁUÉRA descansável.

MYTERA meio. *V. Pytera* e camp.

MYTŨ, MYTŨM mutum, ave do tamanho de um peru, todo preto, o ventre branco e o bico vermelho alaranjado, *Crax rubrirostris*.

MYTŨASU ave maior do que a anterior, com que aliás muito se parece, com a diferença de ter o ventre lionato [leonado] (?) e a ponta da cauda branca; mutum-grande, mutum-cavalo, *Crax globulosa*.

MYTŨ-PINIMA mutum-pintado, ave que tem o porte geral das antecedentes, mas se distingue pelo bico, que é amarelo e menor, *Crax discors*.

MYTŨ-PURANGA mutum-bonito, ave do porte das antecedentes, negro-azul-ferrete com o abdome, o uropígio e as extremidades das retrizes brancas, *Crax alector*.

MYTŨ-RUAIA cauda-de-mutum, abrigo provisório, feito de folhas de palmeira enfincadas no chão e apoiadas contra uma vara, mantida à altura conveniente por duas forquilhas, de modo a dar guarida a pessoas de cócoras. O nome, conforme me foi explicado, lhe vem do costume que tem o mutum de recolher debaixo da cauda aberta e elevada os filhos e assim ampará-los da chuva.

MYTUU, PYTUU descansado. *V. Pituu* e comp.

MYTUU domingo.

MYUÁ nome que em alguns lugares dão ao *aninga*, ou *carará*. *V. Aninga*.

N letra com que muitas vezes somente se representa a nasalização da vogal a que é posposta, indicando sempre esta nasalização quando no fim da palavra.

NAIÁ casta de palmeira. *V. Inaiá*.

NAMBÉ casta de pássaro. *V. Anambé*.

NAMI, NAMBI orelha, asa. *Camuti nambi*: asa do pote. *Mira nambi*: orelha de gente.

NAMI-CUARA buraco das orelhas, furo para levar os ornamentos que lhes são próprios, e que em certas tribos chegam a deformá-las.

NAMIPORA arrecadas, brinco, o que enche, orna as orelhas. Muitas das tribos indígenas trazem os lóbulos das orelhas furadas para neles introduzir em dias de festa os ornamentos tradicionais, tufos de penas de tucano, penas de arara, conchas etc. Não comum, para que o buraco não se restrinja ou feche, trazem nele enfiado ou um pedaço de tacana para flecha, ou outro qualquer pedaço de madeira leve.

NAMIPUÍRA contas das orelhas; arrecadas feitas de fios de contas. É ornamento preferido das mulheres, que via de regra estão menos adstritas do que os homens aos ornamentos tradicionais. Os homens, quando usam de contas, as usam como acessórios, mas nunca substituem com elas os ornamentos de costume.

NAMI-SOROCA orelha-rasgada, casta de veado.

NAMI UASU orelhudo, orelha grande.

NAMUÍ óleo que queima como o melhor querosene e se extrai do nhambuizeiro.

NAMUÍ-YUA nhambuizeiro, casta de *Laurinea* que cresce nos igapós e se encontra com abundância nas ilhas alagadiças da baía de Boiossú, no baixo rio Negro. O óleo se extrai por incisão da casca. A árvore dá uma madeira, que, embora de pouca duração, é usada para falcas de canoas.

NANÁ ananás, a fruta de uma bromeliácea.

NANÁ-ARAPECUMA ponta do ananás.

NANÁ-ARARA ananás-arara; grande vermelho.

NANÁ IACUNDÁ ananás-jacundá.

NANÁ IAUARETÉ-ACANGA ananás-cabeça-de-onça.

NANÁ IAURU ananás-jaburu.

NANÁ-TUÍRA ananás-cinzento.

NANÁ-TYMBIRA ananás que produz uma quantidade de gomos para ser replantado. Ananás de filhos?

NANÁ-TYUA ananatuba, terra de ananás.

NÁRI-NÁRI, NDÁRI-NDÁRI cigarra, daridári.

NASU-YUA a planta que dá a *nasu*.

439

NDÁRI-NDÁRI daridári, cigarra. É palavra baré, de uso corrente no rio Negro, onde esta tribo ainda hoje predomina com os seus descendentes.

NDAUARU dabaru. Palavra baré ou baniva. É o nome de um velho instrumento de suplicio indígena, formado por dois fortes esteios fincados no chão, unidos por uma forte travessa à altura de quatro a cinco metros. À travessa estava suspenso por uma corda um grosso bloco de pedra, pronto a despencar sobre o paciente logo que fosse cortada a corda. A morte era produzida pelo esmagamento, e a pessoa que, por um acidente qualquer, escapava da prova tremenda, era considerada como protegida por Tupana, e dali em diante venerada e obedecida como sagrada. O dabaru era o instrumento de que se serviria Cucuí para matar as moças que, segundo a lenda, lhe serviam de comida.

NDAUÉ, INDAUÉ o mesmo a ti, o mesmo para ti, resposta a uma saudação.

NDUIAMENE, DUIAMENE palavra que não é da língua geral. Parece baré ou baniva. É a vala com que algumas tribos do rio Negro costumavam circundar a caiçara com que defendiam o acesso à maloca. Era um largo fosso a pique da altura de mais de um homem, munido pelo lado interno de uma cerca de grossas estacas – a caiçara – fincadas no fundo da vala e solidamente presas entre si por grossas travessas, atrás das quais combatiam os moradores do lugar. O fundo da vala era guarnecido de espeques, não raramente ocultos sob alguns palmos d'água. No alto Uaupés me fizeram ver restos desta espécie de fortificação.

NDY, NGY machado. Os machados indígenas são de pedra, e ainda hoje o machado de ferro não os substituiu em toda a parte. Há poucos anos ainda recebi, do alto Juruá, um machado de pedra encabado, e que mostrava sinais evidentes de que ainda estava em serviço. Machados de diversos feitios, e encontrados um pouco por toda a parte neste imenso vale do Amazonas, tenho eu uma boa dúzia, além dos que já dei e distribuí. O machado é encabado, prendendo-o do lado onde se acha um entalhe mais ou menos profundo em forma de dente, e alguma vez de sulco, entre as extremidades de um pau duro e resistente, rachado pelo meio e mantido firme com um forte atilho de cipó, que ao mesmo tempo impede o cabo de abrir mais. O cabo, para que se adapte ao machado e fique firme, é posto a quente, e o cipó que o prende e segura é tornado mais coeso por uma forte camada de breu, que por sua vez é tornado menos quebradiço por uma gordura qualquer. O machado de pedra, apesar de bem afiado, nunca pode trabalhar como um machado de ferro, isto é, cortar a madeira. Isso posto, mais de uma vez me perguntaram como era que, com um instrumento tão imperfeito, os indígenas conseguiam derrubar a floresta para plantar a roça, cortar os esteios para construir suas barracas e as árvores para escavar suas canoas. A resposta à pergunta a tive no alto Uaupés. Já tinha observado mais de uma vez que as canoas eram abertas utilizando o fogo, isto é, queimando os lugares a escavar e desbastando com o *pururé* a parte carbonizada até obter a espessura desejada; nunca, porém, tinha visto como se abate a floresta. Nada mais simples: é a aplicação do mesmo processo. O machado serve para fazer um primeiro entalhe todo em redor da árvore, machucando antes de que cortando a casca. Feito isso e passados alguns dias para o lugar machucado serrar ou ao menos murchar, aglomeram em torno da árvore uma porção de mato seco e depois lhe dão fogo. A parte machucada, por isso mesmo que, se não teve tempo de serrar, pelo menos murchou, naturalmente pega fogo de preferência ao resto. Apagado o fogo, com o machado fazem saltar a camada de carvão que ficou desta primeira operação, e põem a madeira a nu, logo em seguida ateando novo fogo e fazendo, apagado este, saltar a nova camada de carvão, continuando assim até conseguir a queda da árvore. O mesmo processo é usado para torá-la.

NE, INDÉ tu. *Ne iara:* tu o dono.

NE Te, ti, teu, tua. *Xasó cury ne kiti:* irei a ti. *Ne oca kiti:* em tua casa. *Misucui ne paia?:* onde está teu pai?

NÊ, NEMBÁ, NEMBAE nada, não.

NEIUÉ outra vez.

NEMBÁ, NEMBAE, NE não, negativa usada de preferência no rio Negro.

NEMBÁ NUNGARA nada, coisa que não é, inutilidade.

NGARA sufixo que corresponde a *sara* e *uara* e que assumem as palavras acabadas por nasal, *ãn, ẽn, ĩn, õn, ũn,* com o duplo significado de aqueles. *Munhãngara:* fazedor. *Nheẽngara:* dizedor. *Putyrõngara:* ajudador, ajudante.

NGAUA sufixo que equivale a *saua* e *taua* ou *tyua,* que assumem, com o duplo significado destes, as palavras terminadas por nasais *ãn, ẽn, ĩn, õn, ũn. Munhãngaua:* feitura, e lugar onde se faz, feitoria. *Nheẽngaua:* falação e falatório, lugar onde se fala. *Putyrõngaua:* adjutório, e lugar onde o adjutório é dado ou pode ser dado.

NHA ele, a, aquele, a. *Nha mira:* aquela gente. *Nhaitá opao:* todos eles.

NHÁ casta de castanha. *V. Torocary.*

NHAÁ aquele lá.

NHAÃ, NHAAN corrido.

NHAANPUCU transcorrido, corrido longe.

NHAANPUCUSARA transcorredor.

NHAANPUCUSAUA transcorrimento.

NHAEMBÉ vasilha de beiços, alguidar.

NHAẼN panela de barro; a panela de ferro: *Itanhaẽn.*

NHAẼN PUPURE vasilha que vai ao fogo.

NHAIAUÉTÉ assim mesmo.

NHAMBI *Otonia Warakabacoura.*

NHAMBU várias espécies de plantas.

NHAMBU-ASU figueira-do-diabo, figueira-do-inferno.

NHANASARA corredor.

NHANASAUA corrida.

NHANATAUA lugar de corrida.

NHANAUARA corredor.

NHANAUERA corrível.

NHANAYMA não corrido.

NHANDI, IANDI azeite, óleo vegetal.

NHANDIPAUA, IENIPAUA jenipapo. *V. Ienipaua.*

NHANDIRAUA andiroba, azeite amargo. *V. Iandiraua.*

NHANDU[1] casta de *Mygale.*

NHANDU[2] casta de jacaré, que se afirma atingir a grandes proporções, e que talvez não seja senão algum velho exemplar do jacaré comum.

NHANDU[3] ema, casta de *Estruthionida.*

NHANDU-ASU aranha caranguejeira, grossa *Mygale* capaz de atacar pequenos pássaros.

NHANDUĨ aranha pequena.

NHANDU-PUÃ nome que no Solimões dão ao jaburu. *V. Iaburu.*

NHAPÉUA nanica, galinha anã.

NHA-PUCUSAUA enquanto, em seguida.

NHA-RECÉ daí, por consequência.

NHARU não maduro, zangado, irritado. *V. Inharu* e comp.

NHA SUÍ daquilo, por causa daquilo.

NHAUN, NHAUMA a argila utilizada e própria para fazer panelas.

NHEẼ, NHEẼN falado, dito. *Mira inheẽn:* a gente fala. *Mata renheẽn putare?:* o que queres dizer?

NHEẼN-AYUA falado mal, deblaterado.

NHEẼN-CATU falado bem, explicado, explanado.

NHEẼNGA o falado, língua, linguagem.

NHEẼNGA-AYUA falado feio, fala do inimigo.

NHEẼNGA-AYUA-ETÉ praga, fala mesmo feia.

NHEẼNGA CATU, NHEẼNGATUU boa língua, boa fala.

NHEẼNGA-IARA dono da língua, intérprete.

NHEẼNGA-MEẼN apalavrado.

NHEẼNGA-MEẼN-CATU prometido.

NHEẼNGA-PAUA verbosidade, palavreado.

NHEẼNGA-PORA orador, verboso, de muitas palavras.

NHEẼNGARA cantiga, canto.

NHEẼNGÁRI cantado.

NHEẼNGÁRI-CEPI apregoado, cantado o preço.

NHEẼNGARISARA cantor.

NHEẼNGA-RUPI por palavra. *Nheẽnga rupi nhunto:* só de palavra.

NHEẼNGASARA falador, quem faz falar.

NHEẼNGASAUA fala, discurso, falação.

NHEẼNGA-SUAIXARA replicado, respondido.

NHEẼNGA-SUAIXARASAUA réplica, resposta.

NHEẼNGA-SUAIXARAUARA respondente, replicante.

NHEẼNGA-SUPI palavra verdadeira, palavra cumprida.

NHEẼNGA-SUPISARA cumpridor de palavra.

NHEẼNGAUARA falante.

NHEẼNGAUERA falável, quem fala à toa.

NHEẼNGA-YMA sem palavra, mudo.

NHEẼNGA-YMASARA quem faz emudecer.

nheẽnga-ymasaua emudecimento.
nheẽnga-ymauara emudecente.
nheẽnga-ymauera emudecível.
nheẽn-nheẽn discutido.
nheẽn-nheẽngara discutidor.
nheẽn-nheẽngaua discussão, bate-boca.
nheẽn-pytá-pytá, nheẽn-mytá-mytá gaguejado, falado para-parando. V. *Mytá* e comp.
nhemota guloso.
nhemotaua gulodice.
nheẽnréu pesquisado, indagado.
nheẽnreusara pesquisador, indagador.
nheẽnreusaua pesquisa, indagação.
nheẽnreutyua lugar de pesquisa, de indagação.
nheẽnréua o indagado, o pesquisado.
nheẽnreuara indagante.
nheẽnreuera indagável, pesquisável.
nheẽnreuyma não indagado, não pesquisado.
nheron irado, enfurecido.
nherongara enfurecedor.
nherongaua ferocidade, furor.
nhĩn ruga.
nhinhe a cada passo, frequentemente.
nhĩnhĩn enrugado.
nhĩnhĩngara enrugador.
nhĩnhĩngaua enrugamento.
nhoiron perdoado.
nhoirongara perdoador.
nhoirongaua perdão.
nhotẽn tão só, somente.
nhu campo, descampado, campina (pouco usado).
nhu-antã campo sólido, de terra firme.
nhu-asu campo grande.
nhu-catu campo bom.
nhu-eaué campo semeado.
nhun só. *Iepé nhun:* um só.
nhun-ira sozinho.
nhunto Somente.
nhun-uera solitário.
nhu-paua campo aberto, todo campo.
nhu-péua campo raso, plano.
nhu-puranga campo belo.
nhu-putyra flor de campo.
nhu-tinga campo branco; descampado coberto de mato rasteiro, sem préstimo.
nongatu guardado, conservado.
nongatusara conservador.
nongatusaua conservação.
nongatutaua conservatório.
nongatuuara conservante.
nongatuuera conservável.
nongatuyma não conservado.
nungara semelhante, igual, parecido. *Amu nungara:* de outro modo. *Iepé-nungara:* uma vez. *Maá nungara:* alguma coisa. *Nembá nungara:* nenhuma coisa, nada.
nungare, nungári semelhado, igualado, parecido.
nungaresara quem faz igualar, semelhar, parecer.
nungaresaua parecença, semelhança.
nuagareuara semelhante, igualmente, parecente.
nupá batido, golpeado.
nupane vergastado, açoitado, zurzido.
nupánupáne vergastado, açoitado, zurzido de novo, repetidamente.
nupá-racanga chicote de galho de pau.
nupá-yua chicote de pau.
nupá-xama chicote de corda.
nupásara batedor.
nupásáua batimento.
nupátáua batedouro.
nupáuára batente [que bate].
nupáuéra batível.
nupáyma bão batido.
nupáyua vergasta.
nypiá joelho.

O

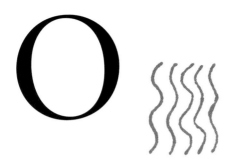

o prefixo pronominal da terceira pessoa do singular e plural dos verbos. *O-recô*: tem *e* têm. *O-só*: vai *e* vão. Em alguns lugares dizem: *u*.

oãn, oã vaga-lume.

oatucupá, uatucupá pescada, *Sciaena squamosissima*, casta de peixe muito apreciada pelos gastrônomos, especialmente se pescado de fresco.

oca, roca, soca, toca casa, lugar onde alguém mora, cova.

oca-acãn *V. Oca-acãnga*.

oca-acãnga o esteio mestre da casa, no Rio Negro. No Solimões se diz *oca-acãn*.

oca auíca as argolas para redes.

oca-cuara interior da casa.

oca-iara dono da casa.

oca-yua travo, figa.

oca-munhangara construtor de casas.

oca-munhangaua construção da casa.

oca-pitasoca o esteio ou esteios que sustentam a cumeeira das casas de taipa.

ocapora quem mora na casa, morador. *V. Ocauara*.

ocapy repartimento interno da casa, sala, quarto; *lit.*: pé da casa.

oca-pype que está dentro do quarto.

ocara terreiro, fora da casa, rua. *Ocara sui*: do terreiro, da rua. *Ocara kiti*: no terreiro, na rua. *Ocara rupi*: pelo terreiro, pela rua.

oca-rocara pátio.

ocarupé, ocarpe ao pé da casa, perto da casa.

ocaryuauara cumeeira.

oca-sumitera o interior da casa.

ocauara que é da casa. A diferença que há entre *ocauara* e *ocapora* é que o primeiro é da *casa,* embora possa achar-se fora, e que o segundo está *na casa,* embora possa ser a ela estranho.

ocayma sem casa, sem abrigo.

ocayua o esteio principal da casa.

oconory casta de Euforbiácea que cresce nos igapós, cobrindo o solo de raízes superficiais cheias de nós e asperezas, que tornam o andar um martírio a quem não é acostumado e não é bem calçado. Dá uma fruta comestível.

oconorytyua oconorizal, lugar de *oconory*.

ocopé, ocupé em casa, na casa.

ocucau desmantelado.

ocucausara desmantelador.

ocucausaua desmantelamento.

ocucautyua lugar do desmantelo.

ocucauyma não desmantelado.

oé cozinhado.

OEANA cozido, cozinhado.
OESARA cozinheiro.
OESAUA cozinhamento.
OETAUA cozinha.
OETEPÉ cambada, enfiada. *Pirá oetepé*: cambada de peixe.
OEUARA cozinhante.
OEUERA cozinhável.
OEYMA não cozinhado.
OEXINGA mal cozinhado, mal passado.
OIAPISÁ *Callithrix discolor,* macaco não muito grande, mas que parece maior do que é, graças ao pêlo longo com estrias branco-sujas e bruno-escuras. De cauda, que não é apreensora, mas que é muito bem fornecida, se fazem espanadores. O nome parece ter-lhe vindo das orelhas, que são grandes e parecem ainda maiores por causa dos longos pêlos. Muita manso, é facilmente domesticável; todavia, não dura muito tempo em domesticidade e, de um gênio pouco brincalhão, passa o dia triste e retraído.
OIÃN soltado, rasgado.
OIANGARA soltador, rasgador.
OIANGAUA soltura, rasgamento.
OIAUÍ espantado.
OIAUÍPÁUA espanto.
OIAUÍPÓRA espantalho.
OIAUÍSÁRA espantador.
OIAUÍTÁUA lugar do espanto.
OIAUIUA espantoso.
OIAUIUARA espantante.
OIAUÍUÉRA espantável.
OIAUIYMA não espantado.
OICÓ sido, estado, residido. V. *Icó* e comp.
OIEPÉ um, único.
OIEY baixado, descido.
OIEYPAUA, OIEYSAUA descida, baixada.
OIEYSARA descedor, baixador.
OIEYTYUA baixadouro, lugar de descida.
OIEYUA baixo.
OIEYUARA baixante, descente.
OIEYUERA baixável, descível.
OIEYYMA não baixado, não descido.
OII casta de preguiça, a mais pequena de todas.
OITI oiti, árvore da mata, de várias espécies.
OITICICA casta de oiti resinoso, a árvore dos sertões, *Pleragina umbrosissima*.
OITI-COROIA *Pleragina rufa,* casta de oiti.

OITI-MIRĨ oiti pequeno, *Pleragina odorata*.
OITIXI casta de Mirtácea.
OIY hoje.
OIY ETÉ hoje mesmo.
OKENA porta.
OKENA CEKINDAUA fechadura, fechadura da porta.
OKENA PIASAUA a corda, geralmente de piaçaba, que tem aberta a porta da maloca e em geral da casa indígena. A porta nelas é, geralmente, uma grade mais ou menos solidamente tecida, e embutida de palha de palmeira ou casca de árvore, presa por meio de uns fortes atilhos à travessa, que descansa sobre os umbrais. Uma corda presa à cumeeira a conserva aberta – é a *okena piasaua* – mantendo-a suspensa a modo de alçapão.
OKENA PENASAUA juntura da porta, os atilhos que prendem a porta à travessa que descansa sobre os umbrais; por extensão, dobradiça.
OKENA PIRUSAUA batente da porta, lugar onde se pisa.
OKENA PITASOCA retranca que sustenta a porta pela parte de dentro, impedindo que se possa suspender e entrar.
OKENAĨ pequena porta, janela. A porta do fundo da maloca e casas indígenas, que em geral são desprovidas de janelas e têm apenas duas portas, uma grande na frente, por onde é a entrada comum, e outra nos fundos, muito mais pequena, que geralmente comunica com o galpão onde se faz a cozinha e só destinada para o serviço interno.
OKITÁ esteio.
OKITÁ-UASU o esteio principal, o que sustenta a cumeeira.
OMUÉSÁRA historiador.
OMUÉSÁUA história.
OMUNÁNI misturado, confundido. V. *Munáni* e comp.
OPAĨN, OPANHE tudo, todo.
OPAĨN ARA CATU exatamente todos os dias.
OPAĨN ARA RAMÉ por todos os dias, em todo o tempo, sempre.
OPAĨN PÓ todas as mãos, dez.
OPAĨN UASU todos juntos. *Kyrimbau, peiapucui opaĩn uasu*: força, remeis todos juntos.
OPANHE todos. *Opanhe mira ocauara*: toda a gente da casa. *Opanhe suí*: entre todos.

OPANHESAUA totalidade. *Mira opanhesaua suí inti ouacemo iepé apyaua osó putare uá ae irumo*: entre a totalidade da gente não se achou um homem que quisesse ir com ele.
OPAUA fim, final.
OPAUSAPE o que é do fim, acabamento.
OPE pequena espécie de tartaruga fluvial.
OPÉ em, dentro, no, na. *Oca opé*: dentro de casa.
OPENASAUA canto, ângulo. *Oca openasaua*: canto da casa.
ORUCURIÁ grande coruja, toda branca, casta de *Strix*.
OSÁ caranguejo.
OSAMO Espirrado. *V. Samo* e comp.
OSU grande, forma eufônica de *uasu*, sufixo, devido geralmente à contração da letra final do prefixo com o *u* do sufixo. *Tucanosu*: tucano grande, de *tucano* e *uasu*.
OUÃ vestiário, veste.
OUAĨ casta de palmeira, variedade de *Geonoma*. Cresce em toiças nas vargens altas.
OURY casta de barro vermelho, que ao fogo não desbota, usado para pintar em vermelho a louça.
OYCA afogado.
OYCAMBYRA morto afogado.
OYCASARA quem faz morrer afogado.
OYCASAUA morte por afogamento, afogamento.
OYCATYUA lugar de afogamento.
OYCAUARA afogante.
OYCAUERA afogável.
OYCAYMA não afogado.

P

p letra do alfabeto que, especialmente no início da palavra, se permuta por *m*, sem levar alteração ao significado da palavra. *Mutare, Putare*: querido. *Mytá, Pytá*: pouso.

paá dizem, contam. Forma irregular, indeclinável, mais ou menos dubitativa. Quem relata o fato, não o afirma, mas o põe à conta dos que o contaram antes dele. *Cociyma, paé, inti rain mira ramé*: antigamente, contam, quando ainda não havia gente.

paca acordado, despertado.

pacamũ casta de pirarara-preta.

pacará paneiro feito de folhas de palmeira, ou, melhor, dois paneiros cabendo um perfeitamente dentro do outro, formando, quando fechado, como uma espécie de baú. É usado no rio Uaupés para nele guardarem os ornamentos de pena.

pacasara acordador, despertador.

pacasaua acordamento, despertamento.

pacatyua Lugar onde se acorda, desperta.

pakatya lugar de pacas, pacatuba.

pacauára despertante, acordante.

pacauéra despertável, acordável.

pacayma que não desperta, não acorda.

pacicá quitute preparado com os miúdos da tartaruga, temperados e cozinhados no próprio casco, servindo este de panela.

pacicá uuara comedor de *pacicá*.

pacoára rolo, peça. *Porta pacoara:* peça de pano. *Xama pacoara*: rolo de corda.

pacoua pacova, *Musa paradisiaca;* nome genérico dado às várias espécies de bananas, que chamam "da terra".

pacoua ayua pacova-brava.

pacoua catinga casta de *Urania*, que não dá fruta comestível.

pacouaĩ pacova pequena, *Musa paradisiaca*.

pacoua sororoca banana rota, retalhada; casta de *Urania* que cresce na mata.

pacoua inaiá banana-ouro.

pacouasu pacovão, casta de *Musa paradisiaca*. A espécie maior de banana-da-terra, especialmente usada em mingau.

pacoua miranha casta de banana.

pacoua murutĩ banana branca.

pacoua tauá banana amarela.

pacu várias espécies de peixe do Amazonas e afluentes do gênero *Prochilodus* e afins.

pacuã, pacuan casta de erva.

pacu asu pacu grande.

pacu mirĩ pacu pequeno.

pacu aru pacu-sapo, especial do alto rio Negro, *Pterophyllum scalare*. V. Aru.

pacu puma pacu-chato.

pacu péua pacu-liso.

PACU PINIMA pacu-pintado.
PACU PIRANGA pacu-vermelho.
PACU PIXUNA pacu-preto.
PACU TINGA pacu-branco.
PAI padre, sacerdote, missionário.
PAI-TUCURA franciscano, frade capucho; *lit.*: padre gafanhoto, da semelhança, que parece ter impressionado o indígena, entre a cabeça do gafanhoto e o capucho do frade.
PAIA pai, progenitor. Tem toda a feição de ser corrupção da palavra portuguesa "pai" e assim parece, apesar de Martius, que ortografa *paya*, não lhe fazer observação nenhuma. Seja ou não nheengatu, é esta hoje a única forma usada em todo o Amazonas de par com *maia* ou *manha*. Nas gramáticas e dicionários antigos da língua se encontra *rub, tub, rubá, tubá,* com a significação de *pai*, mas em toda a parte onde tenho ouvido falar a língua geral não estudada nos livros, mas aprendida pela transmissão oral, nunca ouvi senão *paia*; e não só, mas encontrei sempre desconhecidos *rub* ou *rubá*, vozes que também não vêm em Martius. Um velho Padre Nosso em língua, e que há uns quarenta anos me lembro ter visto escrito em Fonte-boa, em mão do conde Alexandre Sabatani, o primeiro que me iniciou nos mistérios do nheengatu, lembro-me bem, traduzia *pai* por *rubá*. E então o conde me explicava que não era palavra corrente, mas reservada a traduzir "pai" naquele caso especial, sem outro uso. O bispo D. Lourenço da Costa Aguiar, que dá uma tradução do Padre Nosso, recolhida ou feita no Solimões – em S. Felipe, se não me engano – já não traz *rubá* e sim *paia*. São de Martius os seguintes exemplos. *Iané paia ipy, paia Adam*: a raiz de nossos pais, o pai Adão. *Ioné paia ipy rendaua cuera*: lugar que foi da raiz dos nossos pais; paraíso terreal.
PAIACARU árvore de terra firme.
PAIAMARIAUA, PAIAMARIOUA pajamarioba, *Cassia occidentalis;* pequeno arbusto, cujo fruto, umas favas numa síliqua, em muitos lugares é usado pela pobreza como sucedâneo do café. As raízes, muito amargas, são utilizadas internamente, em decocção, para atalhar a diarreia e também como febrífugo.
PAIA-MUNHANGARA padrasto, quem faz de pai.
PAIANGAUA padrinho, imagem de pai.
PAIARU casta de cipó medicinal, da terra firme.
PAIAÚ lasca e, por extensão, lâmina, folha de punhal; e punhal, pajeú.
PAIAURU bebida fermentada feita de beiju queimado.
PAIAUYUA cabo de punhal, punhal muito grande, de cabo fixo; pajeúba.
PAÍCA paizinho, diminutivo de *paia*.
PAIÉ pajé. Gonçalves Dias escreve piaga e não sabemos onde o teve. O pajé é o médico, o conselheiro da tribo, o padre, o feiticeiro, o depositário autorizado da ciência tradicional. Pajé não é qualquer. Só os fortes de coração, os que sabem superar as provas da iniciação, [é] que têm o fôlego necessário para aspirar a ser pajé. Com menos de cinco fôlegos, não há pajé que possa afrontar impunemente as cobras venenosas; é preciso ter mais de cinco fôlegos para poder curar as doenças com a simples imposição das mãos e, com o cuspo, as mordidelas das cobras venenosas. Os pajés que têm de sete fôlegos para cima leem claro no futuro, curam à distância, podem mudar-se à vontade no animal que lhes convém, tornar-se invisíveis e se transportar de um lugar para outro com o simples esforço do próprio querer. "Hoje não há mais paié", me dizia o velho Taracuá, "somos todos curandeiros". E eram queixas de colega a colega, porque eu passei sempre por muito bom pajé, graças à fotografia, ao microscópio, e às coleções de plantas, espécie de *Caladiums*, que fazia durante o tempo que passei no meio dos indígenas no rio Uaupés.
PAJÉ ITYCA pesca do pajé, a pesca que é feita à noite, à luz de fachos, surpreendendo o peixe a dormir no baixio e fisgando-o com a flecha a isso apropriada. V. *Pirakyra* e *Tata-ityca*.
PAIURÁ casta de árvore, pajurá.
PAKA mamífero da ordem dos Roedores, *Coelogenys paca*. Do tamanho de um leitão de três a quatro meses, vive perto d'água, onde se refugia sempre que é seguido pelos caçadores, como bom nadador e hábil mergulhador que é. A sua carne muito estimada o torna muito perseguido.

PAKA-RATEPU casta de capim das margens do baixo Amazonas e Pará.

PAMONHA quitute feito de massa de milho pilado, embrulhado em folhas de bananeira e cozido n'água, dando uma *polenta* grosseira, que me tem muito vezes servido de pão. Da pamonha, porém, em geral se servem para fazer o caxiri de milho. Depois de cozidas as desmancham n'água pura, e simplesmente deixando fermentar o tempo necessário a mistura assim obtida. Em muitos lugares, todavia, para facilitarem a fermentação, antes de desmanchá-las n'água, costumam mascar uma parte das pamonhas: operação em que se empregam todos os presentes. O caxiri de milho, isto é, a *caysuma*, fica pronta no terceiro dia, e então é servido, depois de cuidadosamente escumado do bagaço que sobrenada.

PANA pano, tela, tecido. V. *Pánu* e comp.

PANACU grande paneiro, muitas vezes elegantemente tecido, com tampa ou sem ela, que serve para guardar e carregar objetos de uso.

PANAMÁ borboleta diurna.

PANAMBI pequena borboleta.

PANAMÃ erva-santa, *Chenopodium ambrosioides*.

PANĀPANĀ borboleta; nome genérico.

PANĀPANĀ-MUCU casta de borboleta noturna.

PANĀPANĀ-UASU borboleta grande; os grandes *Morphos*, diurnos e vespertinos.

PANCUĀN erva forragínea das baixas da ilha do Marajó.

PANEMA infeliz na caça ou na pesca, mofino, imprestável, sem expediente.

PANEMO debalde, inutilmente.

PANICARICA toldo fixo da canoa; cobertura, em geral, da parte posterior da canoa, para debaixo dela agasalhar-se ou agasalhar alguma carga, feita de folhas de palmeira – *ubim* ou *obussu* – presa entre uma armação de varas e um estreito pari de paquiúba, mais ou menos resistente e forte, conforme o porte da embarcação, e que fica do lado externo.

PÁNU pano, tela, tecido. É o nome genérico que é dado a toda e qualquer espécie de tecido que se encontra nas lojas e é trazido pelos civilizados. Os tecidos indígenas não têm, pelo geral, nome genérico.

PÁNU AMANIÚ SECUIARA pano de algodão.

PÁNU MUNHANGARA fabricante de panos.

PÁNU MUNHANGAAUA fábrica de panos.

PÁNU PACOARA peça, rolo de pano.

PÁNU PETECA bater pano, bater roupa.

PÁNU PETECASARA lavadeira.

PÁNU PETECATYUA lavanderia.

PÁNU PISAUERA retalho de pano.

PÁNU PUĪ pano fino, morim.

PÁNU RANGARA medidor de pano, vara, metro.

PÁNU RANGAUA medição de pano.

PÁNU SUAIAUARA pano de além, pano de linho.

PÁNU UASU pano grosso.

PÁNU YUA rodilha de pano, usada para carregar objetos pesados na testa.

PAPARE, PAPÁRI contado, somado.

PAPARESARA contador.

PAPARESAUA contagem.

PAPARETAUA lugar onde se conta, contadoria.

PAPAREUÁ conta.

PAPAREUARA contante.

PAPAREUERA contável.

PAPAREYMA não contado.

PAPASÁUA conta.

PAPASAUA MYTERA meia conta.

PAPERA papel.

PAPERA COATIARE escrito no papel, escrito.

PAPERA COATIARESARA escritor em papel, escrivão.

PAPERA COATIARESAUA escritura em papel, escritura.

PAPERA COATIARETAUA lugar de escrever em papel, escritório, cartório.

PAPIÁ fígado.

PAPIARA fel.

PAPIRĪ, TAPIRĪ abrigo provisório, feito de uma ligeira cobertura de folhas de palmeira, armada sobre esteios que servem de armaduras para as maqueiras, debaixo do qual podem agasalhar-se, ao reparo da chuva, um número determinado de pessoas. *Papirī* é como dizem no rio Negro e no baixo Amazonas; *tapirī*, no Solimões, onde se ouve também *taperī*. O *papirī*, embora o seu caráter essencialmente provisório, pode servir de agasalho por dias, semanas e meses, e por esta mata afora há indígenas, que a mor parte do ano só vivem em *papirĩ*, levantado à pressa no lugar onde amadurece a fruta ou se encontra a caça de que gostam, sendo que muitas vezes se utilizam por anos sucessivos da mesma armação, só com o trabalho de cobri-la de novo.

PARÁ[1] casta de árvore da capoeira.

PARÁ[2], MARÁ vara, árvore, que se encontra como parte integrante do nome de muitas madeiras.

PARÁ[3] manchado, mosqueado.

PARÃ mar, e, mais raramente, com a significação de rio, que no Amazonas chamam de preferência Paranã.

PARACARÁ casta de árvore das terras altas.

PARACARAYUA árvore de *paracará*.

PARACARI árvore da terra firme. Da raiz pisada se fazem emplastros preconizados como curativos das mordeduras de cobra.

PARACAUXI casta de árvore Leguminosa da margem do rio.

PARACAYUA, PRACAHIBA, PARACAÚBA árvore da terra firme, casta de *Tecoma*, que fornece uma das madeiras mais rijas e flexíveis do país, muito apreciada ainda hoje para se fazerem arcos e hastes de arpões e *jaticás*.

PARACUÃ casta de *Penelope*, que vive em pequenos bandos na mata, preferindo as clareiras e a margem dos campos.

PARACUTACA arbusto que cresce nos igapós e margens do rio, cuja folha é comida de tartaruga.

PARACUYUA, PARACUUBA casta de Leguminosa, cuja madeira rija e flexível serve para arcos e hastes de arpões.

PARAĨ mar pequeno, enseada.

PARAĨ TĨ, PARAINTIN nariz de mar pequeno, promontório.

PARÃ-IYUA, PARAHIBA braço de mar.

PARANÃ rio.

PARANÃ ASU rio grande, mar.

PARANÃ AYUA rio mau, rio ruim, ou porque encachoeirado e de trânsito difícil, ou porque doentio.

PARANÃ CARICA vazar do rio como efeito da maré vazante.

PARANÃ EIKÉ enchente; encher do rio, encher da maré.

PARANÃ KYRIMBAUA rio forte, correntoso.

PARANÃ KYRIMBASAUA força, corrente do rio.

PARANÃ IAUÁETÉ rio bravo, perigoso.

PARANÃ IAUAETÉSÁUA cachoeira, corredeira, bravura do rio.

PARANÃ ICAUA rio que estreita improvisamente, sendo tanto a montante como a jusante de largura normal; *lit.*: rio *caba*, pela semelhança que há entre o estreitar-se do rio e o estreitamento que se observa no inseto, na junção do corsalete ao abdome.

PARANÃ INHARU rio embravecido, que se torna perigoso, sendo indiferente que isto se produza por dificuldades do leito, como por efeito do mau tempo, embora talvez seja usado de preferência nesta última hipótese.

PARANÃ ITAPAUA, PARANÃ ITAPAU rio todo pedra, rio pedregoso.

PARANÃ ITÁ-PANEMA laje, baixio de pedra que se não vê, mas que incomoda a navegação e pode ser perigoso para quem não o conheça.

PARANÃ ITÁ-PEMA laje do rio.

PARANÃ ITÁ-PÉUA laje do rio.

PARANÃ IUÍRE rio revirado, remanso.

PARANÃ IUÍIUÍRE rio revirado, caldeirão.

PARANÃ IYUA braço do rio.

PARANÃMBOIA cobra-d'água, paranaboia.

PARANÃ MANHA o veio principal, a mãe do rio.

PARANÃ MANHA CUARA nascente, buraco da mãe do rio.

PARANÃ MIRĨ canal, braço do rio; a parte menos volumosa do rio que se divide, sendo a mãe do rio; qualquer braço ou canal, que o rio deita para unir-se a outro rio ou para deitar-se no mar.

PARANAME dentro do rio, no rio.

PARANAPE, PARANÁ OPÉ no rio.

PARANÃ PANEMA rio tolo, de pouca correnteza e que não opõe dificuldade a quem o sobe.

PARANÃ PENASAUA dobra, curva do rio.

PARANÃ PEPENA, PARANÃ PEPENASAUA rio torto, tortura do rio.

PARANÃ-PIACAUÁ o rio, o mar visto; vista do rio ou do mar; Paranã-piacaba.

paranã pirantá rio correntoso.
paranã pirantásáua correnteza do rio.
paranã pirantá-yma rio que não corre; rio parado.
paranã pirare rio que abre, que fica desobstruído.
paranã pitinga rio entupido, de má navegação.
paranã-pora que é do rio, marítimo, marinheiro.
paranã-pucá enseada.
paranã pure rio pulado, que pula, cachoeira, queda, salto do rio.
paranã púrisára rio encachoeirado, rio pulador.
paranã púrisáua salto do rio, cachoeira, queda.
paranã pyterupe, paraná pyterpe pego, meio do rio.
paranã racanga afluente, rio ou igarapé que deságua no rio principal; conforme o conceito indígena, são tantos tentáculos com que a água se insinua terra a dentro.
paranã rupi pelo rio.
paranã sacapire rio acima, a montante.
paranã sasauá vau, rio passado; o lugar onde se passa de uma margem à outra sem necessidade de nadar.
paranã tembyua, paranã cembyua margem do rio.
paranã ticanga rio seco, vazante.
paranã tinga rio branco.
paranãtin nariz do rio; braço, enseada.
paranã tomasaua foz do rio, a jusante.
paranã typaua rio seco.
paranã tĩ-pucuu estirão; nariz comprido do rio.
paranã typyy rio fundo.
paranã typyyca rio franco.
paranã typyyma rio raso, de pouca profundidade.
paranã-uara que é do rio, pertence ao rio, fluvial.
paranã ueueca onda do rio, fluxo e refluxo; a marca que fica nas praias depois da trovoada, e que indica o limite aonde chegaram as águas açoitadas pelo vento.
paranã uure rio que faz ou forma sorvedouro.
paranã uuresaua sorvedouro, caldeirão.

paranã ypaua lago do rio, baía.
paranã ypy poço; o lugar em que, em tempo de vazante, o rio, que se torna inavegável até para as pequenas canoas, forma poços relativamente fundos onde o peixe se refugia.
paranã-yua veio, mãe do rio.
paranã yuymicuĩ praia do rio.
paraoá parauá nome comum aos papagaios do gênero *Androlossa* e afins; papagaio.
paraoaĩ periquito; nome comum a várias espécies de *Pionia* e afins, que se distinguem pela cauda formada por penas igualmente longas.
paraoá-ira casta de abelha.
paraoámbóia cobra-papagaio. Não a conheço, e sobre ela tenho tido as informações mais desencontradas, sendo que alguns a dizem venenosa e outros não, não concordando nem na cor, Verde para uns e verde e amarelo para outros.
paraoasu moleiro, *Androglossa farinosa*. O maior representante desta espécie de papagaios, muito comum em todo o vale do Amazonas. Verde-cinza claro, espelho alaranjado, invisível a asas fechadas, com um circulo nu ao redor dos olhos; atinge, entre a ponta do bico e a extremidade da cauda, cinquenta centímetros de comprimento. Muito resistente, encontra-se domesticado e muito apreciado como bom falador.
para-pará casta de árvore que cresce de preferência nas capoeiras e orla da floresta nas caatingas e descampados; madeira branca de fibras suficientemente compactas; é, como o marupá, usada para fazer caixas e baús.
paracayua paracaúba, grande árvore que cresce nas matas da terra firme. Fornece uma madeira muito estimada não só para móveis e tabuado, como também para esteios, afirmando-se que, também na terra, dura muito tempo.
pararĩ pequeno arbusto da capoeira, de cujas folhas se extrai uma matéria tintória que serve para tingir de preto a roupa. Com o sumo das folhas, bem machucadas, diluído n'água, molha-se a roupa, que depois é posta e deixada por um dia ou dois numa

poltilha (?) de terra preta, rica de detritos vegetais, que se acumula nas baixadas e serve, parece, para fixar a cor.

PARA TININGA mar esbranquiçado.

PARÁTU prato; corrupção da palavra portuguesa.

PARATUCU casta de jasmim cultivado no Pará.

PARAUÁ manchado de diversas cores, variegado, veiado de cores diversas, mosqueado.

PARAUACA penteado.

PARAUACASARA penteador.

PARAUACASAUA penteadura.

PARAUACATYUA penteadouro, lugar de pentear.

PARAUACAUARA ́penteante.

PARAUACAUÉRA penteável.

PARAUACAYMA não penteado.

PARAUACAXY casta de Mimosa de alto porte, que à noite fecha as folhas, *Mimosa parauacacifolia.*

PARAUACU paravacu, *Pithecia hirsuta;* casta de macaco de pêlo muito comprido e híspido, que na cabeça e parte do dorso aparece como dividido a pente. Muito comum, especialmente nos pequenos afluentes do Solimões, mas espalhado em todo o vale.

PARAUARA manchante.

PARÁ-UARA paraense, do Pará.

PARAUARI casta de árvore de alto porte, que cresce indiferentemente nas terras firmes como na vargem e dá madeira usada em marcenaria e para obras do interior, sendo a da terra firme mais estimada pela maior duração.

PARAUASU paraguaçu; mar largo, mar grande.

PARAYUA paraíba; nascente do mar, origem do mar; e braço de mar, se se deve considerar como contração de *Pará-iuya.* Como, porém, é palavra que é ao mesmo tempo tupi, pode também querer dizer mar ruim, M] mar mau, sendo então contração de *pará--ayua*, contração que em nheengatu muito raramente se verifica, para não dizer nunca, porque o *a* de *ayua* é raiz característica que não se elide, e, no caso, o *a* final de *pará* é acentuado, razão por que persiste.

PARICÁ a fruta do paricazeiro e o pó extraído da mesma fruta, torrada e socada para ser aspirada pelas narinas por meio de um instrumento especial, feito de ossos de pernas de ave, geralmente maguati, soldados com cerol, feitos forquilha, ou para ser insuflado reciprocamente, quando tomado cerimonialmente em suas festas, pelos Muras. Para estes parece suprir o *caápi,* que não conhecem ou não usam, atribuindo-lhe os mesmos efeitos estupefacientes e inebriantes. Na farmacopeia indígena o *paricá* é aconselhado como reconstituinte e como remédio contra a diabete.

PARICARANA falso *paricá;* mimosa que dá uma madeira usada em obras de marcenaria.

PARICAYUA paricazeiro, árvore do *paricá, Mimosa acacioides.* É árvore de alto porte, que cresce nas terras firmes e vargens altas. Dá boa madeira para obras internas e de marcenaria.

PARICATYUA paricatuba, terra de paricá.

PARINÁRI árvore da floresta paraense, que dá uma madeira utilizada especialmente para obras do interior.

PARIPARIN coxeado.

PARIPARINGARA coxeador.

PARIPARINGAUA coxeamento.

PARIPARIN-YMA não coxeado.

PARIRI enfiada de folhas de palmeira (geralmente ubim), limpas, abertas, escolhidas e amarradas em fasquias de paxiúba ou de outra qualquer casca, pronta para ser utilizada em cobertura da casa ou para fazer as paredes das casas de palha, ou outro serviço análogo, como cobrir as toldas das canoas, forrar os paiois para guardar o pirarucu seco ao sol etc.

PARY gradeado feito de fasquias de madeira, de preferência de espiques de palmeira paxiúba, amarradas com cipó, com que barram a boca dos lagos ou dos igarapés para impedir a saída do peixe, ou com que constroem os currais e cacuris.

PARYTYCA, PARY ITYCA tapagem; pescaria feita com o pari.

PARYTYCASARA pescador de pari, quem pesca por meio de tapagem.

PARY MEMBECA pari mole; a grade de fasquias de espique de palmeira, que serve para tapagem da boca dos lagos ou igarapés e disposta de modo a permitir que o peixe entre, mas não possa sair; dão também este nome a uma fila de talas fincadas no leito do rio, nos lugares onde o pescador se põe à espera do peixe-boi ou do pirarucu, para indicar-lhe a presença deste e permitir-lhe fisgá-lo.

PASAUERA meia porta.

PASOCA comida feita de uma mistura de farinha, de preferência seca, e carne moqueada, bem torrada, a ponto de tornar-se quebradiça, e pisada, apimentada com malagueta em pó ou *jukitaia*. É comida de viagem. No Solimões chamam *pasoca* também a uma mistura de farinha e castanha – o fruto da *Bertholetia excelsa* – pisada juntamente.

PATACUERA prostituta.

PATACUERA MANHA dona do lupanar.

PATACUERA-OCA lupanar, casa de prostituta.

PATAKERA casta de erva forragínea das baixas da ilha de Marajó.

PATAUÁ casta de palmeira de terra firme e vargens altas. Da fruta se faz uma bebida muito gostosa, conhecida sob o nome de "vinho de patauá". Dos espinhos, que crescem em tufos ao pé das folhas, se fazem as melhores flechas para zarabatana.

PATAUATYUA patauatuba, patauazal, lugar de *patauá*. O *patauá* cobre largas extensões na vargem alta e na terra firme, em que não permite que outra árvore vegete; as terras em que ele domina passam por ser de primeira qualidade. Em tempo em que suas frutas são maduras é muito frequentado pela caça do mato, que apesar de tudo se encontra em relativa segurança, devida aos espinhos de que é rico.

PATAUAYUA patauazeiro, casta de palmeira, *Oenocarpus bataua. V. Patauá*.

PATUÁ caixa com tampa, baú.

PATUCA atropelado, atrapalhado.

PATUCA-MANHA atrapalhão.

PATUCAPAUA, PATUCASAUA atrapalhação.

PATUCASARA atrapalhador.

PATUCAUARA atrapalhante.

PATUCAUERA atrapalhável.

PATUCA YMA não atrapalhado.

PATUPATUCA atrapalhadíssimo.

PATURI casta de marrequinha.

PAU, MPAU acabado. *V. Mpau* e comp.

PAUA tudo, por completo, o que completa, todo.

-PAUA, -SAUA sufixo que, aditado ao tema, o torna nome com a acepção de ato, fato, efeito relativo à ideia por ele expressa. Assim, de *patuca*, atrapalhado, se faz *patucapaua*: atrapalhação. Em geral usa-se -*paua* e -*saua*, indiferentemente, embora esta última forma seja a mais corrente, e algumas raras vezes seja impossível usar indiferentemente de uma e de outra sem alterar o sentido, o que somente se aprende com a prática, sendo impossível dar uma regra certa.

PAUÉ junto, com, assim; pouco usado.

PAUE complemento, remate.

PAUOCA saído do porto.

PAUOCASARA quem faz sair do porto.

PAUOCASAUA saída do porto.

PAUOCAYMA não saído do porto.

PAUSAPE no fim, onde acaba, orla. *Caá pausape*: na orla do mato.

PAUSAPEUARA quem está no fim, na orla.

PAUSAUA ultimação, fim, acabamento.

PAUXI mutum da vargem, *Crax tuberosa*, casta de mutum. *V. Mytu*. Nome dado a uma nação indígena que habitou às margens do Amazonas, nas proximidades de Óbidos.

PAXICÁ guisado de fígado e carnes gordurosas do peito da tartaruga, preparado no próprio casco.

PAXIYUA, PASIUBA *Iriartea exorrhiza* e espécies afins, casta de palmeira muito comum em todo o vale do Amazonas e que cresce tanto na terra firme como nos igapós. O espique de todas elas, quando cortado em tempo conveniente, tem muita duração e resistência e é usado para cercas e, em muitos lugares, para assoalho, e mesmo para parede de barracas de seringueiro e barracões.

PAY padre. *V. Paia*.

PAY UASU bispo.

PE prefixo pessoal da segunda pessoa plural do verbo. *Só, Pesó*: andais. *Recô-perecô*: tendes.

PE posposição com o significado de *em, no(a)*. *Ypype*: no fundo. *Pausape*: no fim.

PÉ, RAPÉ, SAPÉ caminho.

PÊ haste, espique. *Putyra pê*: haste da flor.

PECANGA pelos do corpo. *Cesá pecanga*: sobrancelhas.

PECASU casta de pomba rola, *Columba plumbea*.

PE-COAMEẼN guiado, mostrado o caminho. V. *Coameẽn* e comp.

PECOARE, PUCUARE amarrado. V. *Pucuare* e comp.

PECOIN casta de cipó.

PECOĨN escavado.

PECOĨN-COĨN esgaravatado. V. *Pecoĩn* e eomp.

PECOĨNGARA escavador.

PECOĨN-YMA não escavado.

PECONHA atadura; laço de que se utilizam para subir os paus lisos ou por demais grossos, e que não podem ser comodamente abraçados com as pernas. Há de duas espécies: uma prende os pés para permitir fazer-se fincapé nela; outra, e é a que se usa para os paus muito grossos, consta de laços de nó corrediço, que permite deslocá-los de conformidade com as necessidades da subida e da descida.

PECU esburacado, furado, forçado.

PECU, PECÔ língua, saliência, ponta.

PECU, IPECU pica-pau.

PECUÍ uma casta de rola pequenina. V. *Picui*.

PECUÍ REMIÚ casta d'erva, comida de pomba.

PECUMA ponta, elevação, saliência. *Ara pecuma*: ponta de terra, promontório.

PECUSARA furador, esburacador.

PECUSAUA esburacamento.

PECUTAUA furo, buraco.

PECUUARA furante.

PECUUERA furável.

PECUYMA não furado.

PECUYUA o instrumento com que se esburaca, se fura.

PEKĨ casta de marrequinha, *Anas dominica*.

PE IARA prático, dono do caminho, guia.

PEIECEMO equilibrado, carregado por igual; diz-se da carga nas canoas, distribuindo-a de forma que fique bem equilibrada. V. *Cemo* e comp.

PEIÚ soprado.

PEIUPAUA, PEIUSAUA sopramento.

PEIUSARA soprador.

PEIUTYUA sopradouro.

PEIUUÁ sopro. O sopro entra em todas as cerimônias e atos do pajé. É soprando sobre a parte doente, acompanhando-se ou não com o maracá e com massagens mais ou menos prolongadas, que curam muitas moléstias, fazendo sair do corpo do doente as coisas mais disparatadas, que pretendem ter sido aí introduzidas por pajés inimigos. É soprando sobre a mão fechada numa certa e determinada direção, e abrindo-a lentamente sem desviá-la que mandam aos ausentes, por um simples ato do seu querer, a infelicidade, a doença, a morte. É soprando sobre a mão fechada e abrindo lentamente em um gesto largo os cinco dedos enquanto sopram, que espalham o mau tempo e desfazem as trovoadas. É soprando sobre a mão aberta e recolhendo lentamente os dedos que atiram a felicidade e chamam a chuva, quando precisa. O sopro, acompanhado das invocações e passes rituais, que são transmitidos de *paié* a *paié* depois de longas provas e severa iniciação, é a arma mais temida pelas turbas supersticiosas que neles acreditam. Pura charlatanaria, não há dúvida, embora, quando se trate de verdadeiras e próprias doenças, não hesitam em aplicar os remédios que largamente lhes oferece a flora das suas matas, mas que na mor parte das vezes age eficazmente, graças à sugestão que naturalmente produz a fé na sua eficácia, nunca abalada pelos insucessos, desde que, na ingenuidade do meio, é sempre fácil achar uma razão plausível para explicá-los.

PEIUUARA soprante.

PEIUUERA soprável.

PEIUYMA não soprado.

PEIUYUA a força do sopro, a origem do sopro.

PEMA chato, achatado, liso.

PEMASARA achatador.

PEMASAUA achatamento.

PEMATAUA achatadouro.

PEMAUARA achatante.

PEMAUERA achatável.

PEMAYMA não achatado.

PENA obrado, articulado, juntado.

PENASARA dobrador, articulador, juntador.

PENASAUA junta, articulação, dobra.

PENATAUA lugar de junção, de articulação, de dobramento.

PENAUARA dobrante, articulante, juntante.

PENAUERA dobrável, articulável, juntável.

PENAYMA não dobrado, não juntado, não articulado.

PENGA sobrinho (a), da mulher.

penhé vós, vosso(a). *Penhé mira*: vossa gente. *Penhé arama*: para vós. *Penhé kiti*: perto de vós. *Penhé sacakire*: atrás de vós. *Penhé suaixara*: perante vós.

penhemo, penhé opé a vós.

pepena dobrado, quebrado; o assinalar que se faz, quebrando aqui e ali uma rama, quando alguém se interna na floresta, fora do caminho batido. V. *Pena* e comp.

pepéua, mboia-pepéua cobra-chata.

pepu asa.

pepuī asa pequena, raquítico, mirrado, nanico. *Sapucaia pepuī*: nanica, galinha nanica, ou simplesmente *pepuī* (Solimões).

pepu saua pena da asa.

pepuuara alado.

pepuyma sem asa.

pera vasilha, sacola trançada de folhas de palmeira, destinada ao transporte de frutas colhidas no mato.

peré, meré baço.

perereca¹ pequena rã arbórea.

perereca² arrepio.

perereca³, pererica frito, engelhado, ressequido.

perericasara frigidor.

perericasaua frigimento, frigideira.

perericataua frigidouro.

perericauara frigideira.

perericauera frigível.

perericayma não frito.

peréu ferido.

peréua ferida, chaga. *Pereua ayua*: má ferida.

pereuana chaguento.

pereuasara feridor, chagador.

pereuasaua ferimento, chagamento.

pereuauara chagante.

pereuauera chagável.

pereuara que é do baço.

peri erva, campo, descampado, onde crescem ervas.

periãnta erva-dura, casta de *Gynerium* dos campos. Em alguns lugares do Amazonas é o nome com que se conhece a *canarana*, especialmente quando desce em toiças, tornando-se um estorvo para a navegação do rio.

peri-ceẽn erva doce, cana-de-açúcar.

periiurá, pereiorá casca-preciosa, *Nespilodaphne pretiosa*. Árvore de alto porte, que cresce de preferência na terra firme ou vargens altas, muito comum no rio Negro e no Uaupés. Servem-se da casca para tempero em lugar de canela, e das folhas fazem chá. Da tintura da entrecasca fazem uma espécie de *biter*.

peri membeca erva-mole, casta de erva da margem do Amazonas.

peririsara tigela.

periuaca casta de erva venenosa dos campos.

perutá o pedaço de cuia ou o que a substitui, com que as oleiras indígenas desbastam e alisam interna e externamente a louça, que acabam dando-lhe a última demão com os dedos molhados.

pesasu, pysasu novo.

pesauera, pysauera pedaço, migalha, amostra. *Pysauera pupé*: em pedaços.

petendaua rastro de gente, pisada, lugar do pé.

peté sorvido, degustado, delibado, beijado.

peteca batido, batido para lavar, lavado.

petecasara batedor.

petecasaua batedura.

petecatyua batedouro.

petecaua batido.

petecauara batente.

petecauera batível.

petecayma não batido.

peté-petere beijocado.

petera beijo.

petere beijado, delibado.

peterepaua, peteresaua beijamento.

peterepora muito beijado.

peteresara beijador.

petereuara beijante.

petereuera beijável.

petereyma não beijada.

petiuã saco.

petuma, petoma miolo.

petupau indignado.

petupaua indignação.

petupauera indignável.

petupauyma não indignado.

peú tocado (diz-se dos instrumentos de sopro). *O peú memby*: toca flauta.

péua chato.

peuana inteiramente chato.

peúsára tocador.

peúsáua toque.
peútáua lugar de toque, orquestra.
peúuá tocata, sonata.
peúuára tocante.
peúuéra tocável.
peúyma não tocado.
piá coração, fígado, intenção, âmago, cerne. *Ce piá irumo*: com o meu coração, de boa vontade. *Mira piá*: coração de gente. *Myrá piá*: coração de pau, âmago, cerne.
piá ayua coração mau, coração irritado; mau fígado.
piá ayua rupi odiosamente, apaixonadamente, com raiva.
piá-ayuasaua paixão, ódio, raiva.
piaca casta de árvore da família das Leguminosas.
piá catu bom coração, bem intencionado.
piá catu rupi singelamente, afavelmente, bondosamente.
piá catusaua bondade do coração, singeleza, afabilidade.
piá iuiuíre arrependido. V. *Iuíre* e comp.
piamo apanhado, recolhido, tomado.
piamopaua apanhamento.
piamosara apanhador.
piamotyua apanhadouro.
piamouara apanhante.
piamouera apanhável.
piamoyma não apanhado.
piá munguetá meditado, considerado. V. *Munguetá* e comp.
piá membeca coração tenro.
piá membeca rupi molemente, enternecidamente.
piá membecasaua enternecimento.
piá membecasara enternecedor.
piá mumui bofe.
piapeara fel.
piapeara ireru bexiga do fel.
piapora desejado, projetado, determinado.
piaporasaua desejo, projeto, determinação.
piaporasara determinador, projetador.
piapu, piumpu estalado, espocado. V. *Mpu* e comp.
piapuranga bom coração, bondoso, benévolo.
piapuranga rupi bondosamente, benevolamente.
piá purangasaua benevolência, bondade.

piá puxi mau coração, coração maldoso.
piá puxi rupi malevolamente, maldosamente.
piá puxisaua maldade, malevolência.
piá saí azedo de coração, azia.
piá santá coração firme, constante.
piá santá rupi firmemente, constantemente.
piá santasaua firmeza, constância.
piasaua cabelo do coração, cabelo do âmago. Os filamentos flexíveis de uma palmeira muito conhecida e muito comum em certas localidades do rio Negro, que servem para tecer cordas, cabos, esteiras, preparar vassouras, escovas e mais artefatos do mesmo gênero, especialmente usados a bordo dos navios.
piasáuatyua Piaçabal, lugar de piaçaba.
piasáuayua Piaçabeira, a palmeira que dá a piaçaba, aqui nos Estados do Norte. *Leopoldinia piasaba*.
piáu, piáua Piaba. Casta de peixe pequeno.
piáuára Que está no coração, na intenção.
piauasú Coração grande, generoso, valente.
piauasú rupí Generosamente, valentemente.
piauasúsáua Generosidade, valentia.
piauî, piauí Piaba pequena. Casta de pequeno peixe. Nome de um Estado.
piauí-uára Piauiense.
piasoca, iasaná, uapé Parra iasana. V. *Iasana*.
picica pegado, apanhado, tomado.
picicasara pegador, apanhador, tomador.
picicasaua pegamento, apanhamento, tomada.
picicataua pegadouro, apanhadouro, tomadouro.
picicauara tomante, apanhante, pegante.
picicauera tomável, apanhável, pegável.
picicayma não pega, não toma, não apanha.
piciyma casta de fruta do mato, comestível.
picuēn, picuīn escavado.
picuengara escavador.
picuengaua escavamento.
picuentaua escavadouro.
picuen-yma não escavado.
picuí pomba-rola, *Columba* e afins.
picuí cauoca pomba-cabocla, *Columba calva*.

PICUÍ PEMA pomba-lisa, *Columba cinerea.*
PICUÍ PINIMA pomba-pintada. *Columba squamosa.*
PICUÍ XIRICA pomba-chorona, pomba gemente, *Columba strepitans.*
PICUÍ UASU, PECASU pomba-grande. *Columba plumbea.*
PICUMÃ fuligem, a que se forma toda por igual sem saliências e cobre os objetos de um estrado negro e lúcido.
PIICAN casta de fruta do mato.
PIIRI varrido.
PIIRISARA varredor.
PIIRISAUA varrição.
PIIRITAUA varredouro.
PIIRIUÁ varredura, o que é varrido.
PIIRIUARA varrente.
PIIRIUERA varrível.
PIIRI-YMA não varrido.
PIIRI-YUA vassoura.
PIKIÁ piquiá, casta de fruta comestível
PIKIÁ-YUA piquiazeiro, *Caryocar,* árvore frutífera das vargens e igapós.
PIN a ferroada dos insetos chupadores.
PINDÁ, PINÁ anzol.
PINDÁ CIRYRYCA o anzol a cujo estorvo (?) foram amarradas umas penas encarnadas de tucano, de modo a ocultá-lo e simular um pássaro ou um inseto, e que – preso com poucos palmos de cordel a uma vara longa e flexível – a pindaíba, é destinado a ser feito passar rapidamente, mal frisando a superfície das águas, para que o peixe, enganado pelo vistoso da cor, arremeta contra o anzol e fique fisgado. É o anzol que serve de preferência para a pesca de tucunaré nas cachoeiras e nos poços dos rios secundários em tempo de seca, quando são ainda demasiado fundos para emprego do *xapu.*
PINDAMUNHANGARA fabricador de anzóis.
PINDAMUNHANGAUA pindamonhangaba, fábrica de anzóis.
PINDÁ-PUTAUA isca do anzol.
PINDAUA pindoba, qualquer folha de palmeira depois de cortada; folha de palmeira destacada da árvore.
PINDAUÚ anzol comido, o abocar do peixe no anzol.
PINDAUUSARA engolidor de anzol.
PINDAXAMA linha do anzol, linha de pescar.

PINDAXAMASU linha grossa para anzol.
PINDAXAPUĪ, PINDAXA-PUÍRA linha fina para anzol.
PINDAYUA pindaíba, a vara a cuja extremidade se amarra a linha que segura o anzol e que serve para pescar. Quando o peixe carrega com o anzol e o pescador fica com a vara, fica desarmado, de onde a frase corrente: *ficar na pindaíba,* para indicar que alguém ficou na miséria, sem recursos.
PINAITYCA pescar de anzol. V. *Ityca* e comp.
PINAUACA dois e mesmo três anzóis amarrados, de modo a formar uma espécie de gato, ornado de plumas anais de tucano e preso a uma longa corda, que se deixa sair da popa da canoa, para que, quando esta, impelida pelos remos, adquira suficiente velocidade, venha resvalando aos pulos sobre a superfície das águas. O peixe, especialmente o tucunaré, acode na esteira das embarcações e, atraído pelas plumas, arremete e fica fisgado.
PINIMA pintado, colorido.
PINIMASARA pintor.
PINIMASAUA pintura.
PINIMATAUA lugar de pintar.
PINIMAUARA pintante.
PINIMAUERA pintável.
PINIMA-YMA não pintado.
PINIMAYUA pincel.
PINHOÃ, PINHOAN bouba.
PINHOÃ PUXI peste bubônica.
PINHOÃ UASU bubão.
PINU depilado; pelado (o que sai sem pelo).
PINUE pelado.
PINUESARA pelador.
PINUESAUA pelamento.
PINU-PINU casta de urtiga muito comum em todo o vale de Amazonas. No Uaupés se servem das folhas de *pinu-pinu* para acalmar as dores reumáticas, açoitando com elas a parte doente, até ficar numa só bolha. Naturalmente não é para curar; mas tenho visto mais de uma vez quem dela usava e se encontrava imobilizado num fundo de rede, levantar-se e poder atender às próprias ocupações, como pessoa em perfeita saúde.
PINUSARA depilador.
PINUSAUA depilação.
PINUTYUA depilatório, lugar de depilação.

PINUUARA depilante.
PINUUERA depilagem.
PINUYMA não depilado.
PIPIRA nome comum a vários pássaros da família dos Tanagridas e Tanagroides.
PIPÓCA espocado, o milho que se abre exposto ao calor do fogo.
PIPOCAPAUA espocamento.
PIPOCASARA espocador.
PIPOCAYMA não espocado.
PIRA corpo.
PIRÁ peixe.
PIRACA pescado.
PIRÁ CARÁ peixe-cará, *Monocurrus polyacanthus*.
PIRACASARA pescador.
PIRACASAUA pescaria.
PIRÁ CATINGA feixe-fedorento, *Pimolodus pati*.
PIRÁ CATU peixe bom.
PIRACATYUA lugar de pescaria.
PIRACAUARA pescante.
PIRACAUERA pescável.
PIRA CÃ-UÉRA arestas de peixe.
PIRACEMA cardume de peixes que, em certas épocas do ano, sobem ou descem os rios à procura de novos pastos ou mais comumente para a desova e de volta dela.
PIRÁ CESÁ olhos-de-peixe, casta de pimenta.
PIRÁ-CURUCA peixe-lixa, casta de peixe de pele áspera.
PIRA-CURUCA doenças da pele, em que esta fica coberta de pequenas verrugas dolorosas e muito incomodativas.
PIRÁ CURURUCA peixe-roncador, peixe do mato; casta de peixes que, com as enxurradas, passam de um lago ou de um igarapé para outro, e que muitas vezes se encontram encharcados no mato, onde ficaram surpreendidos pela baixa rápida das águas.
PIRÁ CURURUCASAUA guelras.
PIRÁ-CUY farinha de peixe. O peixe, depois de moqueado, bem seco, de modo a tornar-se quebradiço, é socado no pilão, reduzido a pó, peneirado, para ser posto em paneiros forrados de folhas de arumã e ser guardado no fumeiro. Preparado desta forma, o peixe se conserva por muito tempo, e serve especialmente nas viagens escoteiras por terra, em que não há tempo a perder. As qualidades de peixe que melhor se prestam para fazer o *piracuy* são os peixes de escama e, entre eles, os de médio tamanho, pouco importando as espinhas, mas devendo-se escolher de preferência o que não for muito gordo. As espinhas que não ficam pulverizadas no pilão ficam na peneira. A gordura torna rapidamente rançosa a farinha.
PIRAẼN peixe salgado e seco ao sol, e, por extensão, qualquer carne salgada seca ao sol, embora então se lhe adicione sempre o nome do animal de que provém. *Tapiyra piraẽn, taiasu piraẽn*: carne salgada de vaca, carne salgada de porco. Dizendo *piraẽn* se entende sempre o pirarucu salgado.
PIRAKERA casta de lamparina feita de latão e que, no Solimões, serve para fachear, substituindo o turi.
PIRÁ KIROA espinha de peixe.
PIRÁ KIROUARA peixe espinhento.
PIRAKYRA pesca feita à noite, surpreendendo o peixe a dormir nos baixios e ao longo das praias. Duas ou mais canoas, munidas de fachos ou de outra qualquer luz dentro da canoa, remam a pequena distância uma da outra, de conserva, a toda a força. O peixe acordado e surpreendido, atordoado pela barulho e pela luz, pula atropeladamente, caindo em grande quantidade dentro das canoas, onde fica preso sem maior trabalho ou esforço. É pesca particularmente proveitosa no tempo das piracemas de jaraquis, aracus, pacus e outros peixes com os mesmos hábitos, que com qualquer pequena luz pulam atarantados dentro da canoa. No Pará, conforme escreve José Veríssimo, se dá o nome de *pirakyra*, e com muita propriedade, à pesca com fachos, a que no rio Negro se chama *tataityca*: pesca a fogo; ou *paié ityca*: pesca do pajé, embora esta última seja antes a pescaria em que o peixe surpreendido a dormir nos baixios é fisgado com a flecha ou o *xapu*. V. *Paié ityca*.
PIRÁ-IAUARA boto, peixe-cachorro, *Delphinus amazonicus*. O boto vermelho, de que se contam tantas histórias de namoros e seduções de moças, e que, apesar do respeito que lhe têm como feiticeiro (que à vontade se muda de boto em gente e de gente em boto), todavia o matam para tirar-lhe os

olhos, os dentes e o vergalho, coisas todas a que atribuem virtudes extraordinárias, razão pela qual das três espécies é a mais perseguida. Note-se, pois, que se o nome de peixe-cachorro é a tradução literal de *pirá-iauara,* todavia, com o nome de peixe-cachorro se costuma designar o *pirandira (lit.:* peixe-morcego).

PIRÁ-IEPEÁ peixe-lenha, *Platystoma planiceps,* peixe de pele, de carnes fiapentas, amareladas, muito pouco estimadas.

PIRÁ IANDU peixe-aranha.

PIRÁ ICICA grude de peixe.

PIRÁ-IUKYRA-PORA peixe de salmoura.

PIRÁ-IYUÁ braço do peixe, barbatana.

PIRÁ MAIA mãe-do-peixe, casta de *Murena.*

PIRÁ MBEIÚ peixe-beiju.

PIRÁ MENA peixe-marido, esturjão.

PIRÁ METARA casta de salmão.

PIRÁ MIUNA dourado, um grosso peixe fluvial, pouco apreciado.

PIRÁ MUTÁ *Pirá bouton* (?) [Piramutá, *Brachyplatystoma vaillanti*].

PIRÁ MUTAUA pequena casta de peixe; isca para peixe, piramutaba.

PIRÁ NAMBU peixe-inambu, casta de peixe de pele.

PIRANDIRÁ peixe-cachorro (*lit:.* peixe-morcego), casta de sardinha que deve o nome a duas fortíssimas presas, que sobressaem na mandíbula inferior.

PIRANGA vermelho.

PIRANGA IERANE ruivo.

PIRANHA tesoura. O nome lhe foi dado evidentemente porque o indígena, que não possuía tesoura, se servia, para cortar, da dentuça da piranha, como ainda hoje em muitos casos se serve; peixe-dente, *Serrasalmo.*

PIRANHA CAIÚ piranha-caju, piranha-vermelha.

PIRANHA MYCURA piranha-mucura.

PIRANHA PINIMA piranha-pintada.

PIRANHA PIXUNA piranha-preta. Todas variedades de *Serrasalmo,* e são indubitavelmente os mais ferozes dos peixes amazônicos, munidos todos de uma dentuça forte e afiada que lhes permite atacar as peles mais duras. Felizmente, raramente atacam os animais que caem no rio, mas acodem ao sangue, e, desgraçado o homem ou o animal ferido que cair perto de um lugar frequentado por piranhas; em poucos momentos pode ser reduzido a esqueleto. É às piranhas que se deve se muitos dos cadáveres de afogados não boiam, embora se ouçam acusar as piraíbas.

PIRANHA UIRÁ ave-tesoura. Nome dado certamente por europeus, falando língua geral, a um dos mais lindos gaviões e a um voador de primeira ordem, favorecido nisso, como nota Goeldi, pela forma e proporção das asas com a cauda hirundiforme. *Nauclerus furcatus.* No Solimões o chamam *tapera uirá-uasu:* gavião das taperas. É um gavião exatamente; pela forma da cauda não pode ser confundido com nenhum outro quando voa, e que visto de perto, apesar da forma do bico, mais que com um gavião, se parece com uma andorinha, da qual, aliás, tem os costumes, vivendo como esta de insetos que apanha no voo.

PIRANHAYUA piranhaúba, árvore dos igapós e margem do rio, que, caindo n'água, como que endurece, ficando no âmago, e dura indefinidamente, tornando-se um perigo para a navegação do Amazonas e seus afluentes.

PIRANTÃ correntoso, rápido, veloz, alentado.

PIRANTAIN correntoso.

PIRANTÃSAUA correnteza.

PIRANTÃUARA corrente.

PIRÁ-OITYPY, PIRÁ-OETEPÉ cardume, abundância de peixes no mesmo lugar, sem a ideia da emigração que traz consigo a *piracema.*

PIRAPARÁ casta de peixe fluvial.

PIRÁ-PEPU barbatana (lit.: asa do peixe).

PIRÁ PÉUA peixe chato, peba; casta de peixe de pele.

PIRÁ PITINGA pirapitinga, tambaqui branco, casta de peixe. Mais fino e delicado do que o próprio tambaqui, do qual tem a forma, mas geralmente menos apreciado, porque se afirma que sua carne é pouco saudável.

PIRÁ PIXAMA, PIRÁ PITAMA cambada de peixes, isto é, uns tantos peixes enfiados em um atilho, geralmente de cipó.

PIRÁ-PORA piscoso, cheio de peixes.

PIRÁ PUCU peixe-comprido, casta de enguia.

PIRARARA pirarara, peixe-arara, *Phractocephalus.* Bonito peixe de escama, pouco apreciado como comida, porque se lhe atribui a propriedade de trazer muitas das moléstias de pele a que são sujeitos os indígenas. Não sei o que haja de exato nestas acusações, mas o que é certo é que a gordura da pirarara, assim como a sua carne moqueada é dada a comer aos papagaios, aos diversos *Androglossa*, para que mudem o verde em amarelo, e já vi algum exemplar completamente amarelo e outros muitos em via de se tornarem amarelos e manchados, da forma mais caprichosa.

PIRÁ-RAUARI sardinha, *Chaleeus nematurus* (?).

PIRARE, PIRÁRI aberto, franqueado, patenteado.

PIRARESARA abridor.

PIRARESAUA abertura.

PIRARE TENDAUA lugar aberto.

PIRAREUARA abrinte.

PIRAREUERA abrível.

PIRAREYMA não aberto.

PIRARUCU peixe-urucu, peixe-vermelho, *Sudis gigas*. Um dos gigantes das águas amazônicas, a que se dá uma ativíssima caça para salgá-lo. A salga do pirarucu alimenta uma das melhores indústrias, tanto no Amazonas como no Solimões e em todos os lagos e canais que lhes acompanham o curso. Ainda há pouco tempo o produto do fabrico, na sua quase totalidade, era consumido entre o Pará e o Amazonas. Hoje, embora em pequena escala, já começou a sua exportação para o Sul do país. Quando bem preparado, o pirarucu salgado, e antes de adquirir o ranço que lhe dá facilmente a elevação da temperatura, especialmente se muito gordo, pode, ao dizer de todos, estar ao par do melhor bacalhau e fazer-lhe concorrência.

PIRARUCU-CAÁ erva-de-pirarucu, casta de Malvácea empregada na farmacopeia indígena, em emplastro, apenas pisada ou cozida, como emoliente nas nascidas e inchaços.

PIRARUCU CESÁ olhos-de-pirarucu, casta de pimenta, uma espécie de murupi.

PIRÁ SANTÁ peixe-pau, peixe-duro, casta de peixe de pele, *Callichtys*.

PIRÁ SUPIÁ ova de peixe.

PIRÁ SUPIÁ IRIRU o ovário dos peixes.

PIRÁ TYPYACA peixe-tapioca, casta de peixe de carne branca e saborosa, muito abundante no alto rio Negro e no Uaupés.

PIRATYUA piratuba, pesqueiro, lugar de peixe. Nos tempos coloniais eram lugares reservados para pescar para mantimento das localidades e com especialidade dos estabelecimentos reais.

PIRÁ-UACU casta de peixe largo e achatado.

PIRÁ UAUÁ peixe-cão, da casta, que não se deve confundir com o *piraiauara*, como poderia fazê-lo crer o nome, porque este é um *Delphinus*, no entanto que o *pirauauá* é uma *Carcharias*.

PIRÁ UEUÉ peixe-voador, do gênero *Trigla*, também da costa atlântica.

PIRAUÍ, PIRÁ AUÍ peixe-agulha.

PIRAYUA piraíba, *Bagrus reticulatus*. Peixe de pele que atinge grande desenvolvimento, um dos maiores, senão o maior dos habitantes do rio-mar e seus afluentes, que sobe até grande distância da foz. Extremamente voraz, é acusado, quando lhe vem a jeito, de engolir crianças e até homens, se lhe atribuindo a causa de não boiarem muitos dos cadáveres de afogados, o que, a meu ver, deve ser posto a cargo das piranhas e candirus. Dessa acusação, e do fato de serem suas carnes pouco estimadas, como carnes de peixe de pele, se dá a etimologia do nome como proveniente de *pirá* e *ayua*, isto é, peixe ruim. Não é esta a etimologia que me deu como verdadeira um velho morador do rio Negro, que explicando-me que a piraíba é a mãe de todos os peixes, lhe fazia vir o nome de *pirá* e *yua*: isto é, o tronco, a origem dos peixes. Seja como for, se a carne das grandes piraíbas é geralmente pouco apreciada, aos *filhotes* não acontece outro tanto; especialmente no Pará, uma posta de piraíba nova é considerada um manjar delicado.

PIRE mais (termo comparativo). *Puranga pire indé suí*: mais bonito do que tu. *Xarecô maaitá ceiía ne suí pire*: tenho mais riquezas do que tu.

PIRE, PÍRI a, ao pé, perto de, para, verso. *Xasô ne píri*: vou para ti, ao pé de ti. *Ouacemo cunhãmucu i soca píri*: achou a moça perto da casa dela. *Repitá ce píri*: fica ao pé de mim.

PIREPANA adquirido, comprado.
PIREPANASARA comprador.
PIREPANASAUA compra, ato de comprar.
PIREPANATYUA lugar de compra.
PIREPANAUÁ compra, o objeto comprado.
PIREPANAUARA comprante.
PIREPANAUERA comprável, que compra facilmente e sem necessidade.
PIREPANAYMA não comprado.
PIRERA pele, casca; qualquer coisa que, natural ou artificialmente, serve para cobrir ou envolver; couro.
PIRERAÍ pele, casca, couro fino, pouco espesso. *Sutiro pireraí*: pano fino, não encorpado.
PIRERAPORA que é da pele, que está na pele.
PIRERAUARA que é da pele, pertence à pele.
PIRETÉ muito mais. *Resaru, xamunhã cury pireté*: espera, farei logo muito mais.
PIRE XINGA pouco mais. *Rexiare mira ocica ne ruake pire xinga*: deixa que a gente chegue um pouco mais perto de ti.
PIRI casta de junco, que cresce nos campos e lugares úmidos.
PIRIKITA, PERIKITA periquito, nome genérico de *Psitaculas*, os pequenos papagaios de cauda truncada. Martius a dá como voz Manaus ou Baré, e pergunta se não será Tupi. Se não for tupi-nheengatu deve ser tupi-caraíba, e dela veio o *perochetto* italiano e o *perroquet* francês. No rio Negro, me parece poder asseverar que *perikita* é palavra corrente entre os que falam língua geral. Isso, todavia, nada esclarece, porque, como é sabido, além de ter sido o rio Negro o foco das tribos Barés, Manaus, Banivas e afins, o baré é ainda hoje falado em muitos lugares. No Solimões, tenho perguntado mais de uma vez como se diz em língua geral periquito, e tenho ouvido responder: Asi mesmo. Se insisto para que me repitam a palavra, repetem não periquito, mas sim pirikita. A diferença que há entre *perikita* e *paracaí* é que este nome é reservado às espécies maiores e aquele às menores.
PIRĨN, PIRING arrepiado, engelhado.
PIRINGA arrepio.
PIRINGARA arrepiador.
PIRINGAUA arrepiamento.
PIRIPI casta de junco da terra firme, *Cyperus piperioca*.
PIRIPIRI casta de pequena formiga, que costuma fazer sua casa nas raízes do *piripi*.
PIRIPIRI-OCA casa de *piripiri*, a raiz do *piripi*, de um cheiro ativo muito característico, usado de preferência a outro qualquer pelas mulatas e caboclas do Pará e Amazonas, a que se atribuem propriedades afrodisíacas.
PIRIRI[1] batido, espécie de ovos ou de outra coisa qualquer que se queira desmanchar ou levantar em espuma. *Repiriri ce supé cuá sapucaia supiá*: bate para mim este ovo de galinha.
PIRIRI[2] Casta de seringueira.
PIRIRICA esmiuçado. V. *Pererica* e comp.
PIRIRIPAUA batimento para desmanchar ou levantar espuma.
PIRIRIPORA batente [que bate].
PIRIRISARA batedor.
PIRIRIYUA o que serve para bater.
PIROCA pelado, depenado, descascado.
PIROCAPAUA, PIROCASAUA depenamento, descascamento, pelamento.
PIROCASARA pelador, depenador, descascador.
PIROCAUARA pelante, descascante, depenante.
PIROCAUERA pelável, depenável, descascável.
PIROCAYMA não descascado, rude, não polido.
PIRON papas mais ou menos espessas de farinha de mandioca, preparadas para serem comidas com cozido ou guisado de peixe ou carne, e mais raramente com assado.
PIROPIROCA esfolado, masturbado. V. *Piroca* e comp.
PIROPAUA, PIRUSAUA pisadura.
PIRU pisado, calcado.
PIRUPÉ ao corpo, no corpo (contração de *pira*: corpo e *opé*: em).
PIRUPORA repisado, cheio de pisaduras.
PIRUSARA pisador.
PIRUTYUA pisadouro, onde se pisa.
PIRUUÁ piso.
PIRUUARA pisante.
PIRUUERA pisável.
PIRUYMA não pisado.
PISÁ dividido, repartido, distribuído.
PISAIÉ meia-noite. *Pisaié catu*: meia-noite em ponto.

PISAIÉUA da meia-noite em diante, depois da meia-noite.
PISAIN encrespado, enrugado. *V. Apixain* e comp.
PISASARA divisor, quem divide.
PISASAUA divisão.
PISATYUA divisório, lugar da divisão.
PISAUÁ divisória, o que divide.
PISAUARA dividente, que pertence à divisão.
PISAUERA divisível; pedaço, quinhão.
PISAYMA indiviso.
PITÁ ficado.
PITAIA queimoso, gosto queimoso.
PITANGA casta de fruta do mato.
PITASARA ficador.
PITASAUA ficada.
PITASOCA sustentado, aguentado, mantido. *V. Soca* e comp.
PITAUÁ o que fica.
PITAUA casta de bem-te-vi, *Lanius sulfuratus*.
PITAUARA ficante.
PITAUERA ficável.
PITAYMA não ficado.
PITERA chupado.
PITERAPAUA chupada. É uma das formas com que os pajés curam em certos casos os doentes; chupando, lhes extraem do corpo as coisas mais heterogêneas, literalmente, cobras e lagartos, além de sapos, espinhos, arestas de peixe, pedaços de madeira, pedras e quantas coisas há e que, segundo afirmam, foram introduzidas no corpo dos doentes pela arte dos pajés inimigos. A cura é certa, se o pajé que chupa tem mais fôlego do que aquele que causou a doença. Se este tem mais fôlego, a cura é impossível. O pajé que tem menos fôlego não pode opor-se de modo nenhum ao querer do que tem mais. Só pode haver luta, e esta é toda em dano do doente, entre dois pajés de fôlegos iguais.
PITERASARA chupador.
PITERA TENDAUA lugar onde se chupa.
PITERAUARA chupante.
PITERAUERA chupável.
PITERAYMA não chupado.
PITINGA[1] grosseiro, rude, tosco (rio Negro).
PITINGA[2] doença da pele, em que esta se cobre de manchas esbranquiçadas.
PITIÚ casta de pequena tartaruga fluvial, pouco apreciada pelo cheiro especial que tresanda, de onde o nome que lhe dão no rio Negro. *V. Cambéua;* o cheiro especial que tresandam os corpos e especialmente os peixes. O indígena afirma que o branco *opitiú:* cheira a peixe; o preto *ocatinga:* fede, e o tapuio *osakena catu:* cheira bem.
PITIUYMA que não tem cheiro.
PITOMA, PITOMBA casta de fruta do mato, que dá em cachos; uma drupa de forma arredondada.
PITUA mofino, covarde, fraco.
PITUAPAUA covardia, fraqueza.
PITUAPORA amofinante, acovardante, enfraquecente.
PITUAUERA amofinável, acovardável, enfraquecível.
PITUAYMA não mofino, não covarde.
PITUMA cambada.
PITUNA noite, e mais propriamente o tempo que corre entre o escurecer e a meia-noite.
PITUNA IAUÉ como se fora noite, como noite.
PITUNA IERAME quase noite.
PITUNAPAUA anoitecimento, trevas.
PITUNA-PORA que enchem a noite, noturnos.
PITUNA PUCU noite comprida, noite longa; as horas que transcorrem entre a meia-noite e os primeiros sinais do dia.
PITUNA RAMÉ quando noite, à noite.
PITUNA RUPI durante a noite.
PITUNASARA escurecedor, quem faz noite.
PITUNAUARA escurecente.
PITUNA UASU alta noite, noite escura. *Pituna uasu rupi:* pela alta noite, pela noite adentro.
PITUNAYMA sem noite.
PIŪN casta de pequeno moscardo que chupa, e, onde chupa, deixa uma manchazinha de sangue coalhado. É uma das pragas menos suportáveis e que torna um suplício a estadia em certos lugares do Amazonas. Felizmente, além de ser limitada a área onde se encontra e não existir senão em certas determinadas épocas do ano, variáveis de localidade a localidade, vai diminuindo, até desaparecer perante o povoamento e concomitante saneamento das zonas que vão sendo ocupadas.
PIUÍ casta de mutum que tem o ventre leonado claro, tanto no macho como na fêmea, sendo esta apenas um pouco maior do que aquele, *Mitua mitu*.

PIURI casta de fruta do mato que amadurece entre abril e maio, consistente numa drupa alongada, contendo sementes envolvidas numa polpa comestível de sabor adocicado.
PIURU arrebatado.
PIURUPAUA arrebatamento.
PIURUPORA arrebatante.
PIURUSARA arrebatador.
PIURUUERA arrebatável.
PIURUYMA não arrebatado.
PIXÁ unhado, enfiado.
PIXAMA beliscão.
PIXAME beliscado.
PIXAMESARA beliscador.
PIXAMESAUA beliscamento.
PIXAMETAUA beliscadouro, lugar do beliscão.
PIXAMEUARA beliscante.
PIXAMEUERA beliscável.
PIXAMEYMA não beliscável.
PIXANA, UAPIXANA gato; o que unhou, ou unha.
PIXAĪ encrespado. V. *Apixaī* e comp.
PIXANDU, PISANDU, PISANDUBA casta de palmeira.
PIXASARA Unhador.
PIXASAUA unhada.
PIXAUARA unhante.
PIXAUERA unhável.
PIXAYMA não unhado.
PIXÉ mau cheiro, ou mesmo cheiro especial das carnes que começam a passar. Os trens de cozinha que não estão bem enxaguados são *pixé*.
PIXEPORA mal cheirante.
PIXERICA casta de planta.
PIXIMA casta de árvore, de cuja fruta se extrai uma cor usada para tingir a roupa. Segundo a qualidade, há para tingir em preto, vermelho e arroxeado.
PIXUA casta de planta usada como purgativa.
PIXUNA preto, negro, especialmente da cor.
PIXUNA IERAME amulatado, bruno.
PIXUNAPAUA negridão, negrume.
PIXUNAPORA enegrecente.
PIXUNAYMA não preto.
PIYN furado.
PIYNGARA furador.
PIYNGAUA furadela.
PÔ mão; cinco, isto é, a conta dos cinco dedos.

POAIA nome dado a várias espécies de ervas de propriedades eméticas e purgativas, e especialmente à *Cephaelis ipecacuanha*.
POAMPÉ unha da mão.
POAMPÉ PUNGÁ unheiro da mão.
POAPARA mão esquerda, mão torta.
POAPARA-UARA quem tem a mão torta, quem é esquerdo, faz com a esquerda o que costumeiramente se faz com a direita.
POASU respeitado, obedecido, atendido; mão grande.
POASUANA o atendido, obedecido, respeitado.
POASUPAUA, POASUSAUA respeito, obediência, atenção.
POASUPORA respeitante, obedecente, atendente.
POASUUERA respeitável, atendível.
POASUYMA não respeitado, sem mão forte.
POAYMA vazio, desprezado.
POAYMAPAUA desprezo.
POAYMAPORA desprezante.
POAYMAUERA desprezível.
POCA aberto, roto, quebrado, arrebentado. V. *Mpuca* e comp.
POCÁ riso. V. *Pucá* e comp.
POCATU mão boa, mão direita.
POCATUPORA que está à direita, na mão direita.
POCATUSAUA qualidade de estar à direita.
POCATUUARA que é da mão direita.
POCEMA bater palmas.
POCICAUA o bastão, o cabo ou asa de qualquer coisa.
POCOSÓ colhido com a mão, alcançado. V. *Só* e comp.
POCY-CY mãe do sono, sonho.
POCYPAUA sonolência.
POCYPORA dorminhoco, sonolento.
POCYRŌN libertado, salvado.
POCYRONGARA salvador.
POCYRONGÁUA salvação.
POCYSARA adormecedor.
POCYTÁUA dormitório.
POCYUARA dormente.
POCYYMA não sonolento.
POĒN, POĪN palpado, apalpado.
POĒNGARA apalpador.
POĒNGAUA apalpamento.
POETICA acenado.

poeticasara acenador.
poeticasaua aceno.
poeticasara acenante.
poké embrulhado, abafado, coberto.
pokeca, mukeca embrulho.
pokecasara embrulhador.
pokirica cócegas feitas à mão. *V. Kirica* e comp.
pokityca coçado com a mão. *V. Kityca* e comp.
poiãn sustentado, manutenido, conservado.
poiangara sustentador, mantenedor, conservador.
poiangaua sustentação, manutenção, conservação.
poiara aparado, recebido na mão.
poiauau fugido da mão. *V. Iauau* e comp.
poiauyca submetido. *V. Iauyca* e comp.
po-iepé seis, os cinco dedos da mão mais um.
po-iepeuara sexto.
po-irundi nove, os cinco dedos da mão mais quatro.
po-irundiuara nono.
poitá, poita a pedra que serve de ancorote à embarcação.
poité mentira, inverdade, falsidade.
poité manha mentiroso.
poité-munha mentido.
poité-munhangara mentidor.
poité-munhangaua mentira, o ato de mentir.
poité pora mentiroso, por hábito.
poiucá matar com a mão. *V. Iucá* e comp.
poiuuca tirar com a mão. *V. Iuuca* e comp.
pomana, pomane fiado.
pomanasara fiador.
pomanasaua fiação.
pomanataua fiadouro.
pomanauara fiante.
pomanauera fiável.
pomanayma não fiado.
pombica torcido.
pombicana já torcido.
pombicasara torcedor.
pombicasaua torcedura.
pombicataua torcedouro.
pombicauara torcente.
pombicauera torcível.
pombicayma não torcido.

po-mocoĩn sete, os cinco dedos da mão mais dois.
po-mocoĩn-uara sétimo.
pomunhã feito a mão, manufaturado. *V. Munhãn* e comp.
pomunhana manufaturado.
pó-musapire oito, os cinco dedos da mão mais três.
po-musapire-uara oitavo.
pongá, pungá inchaço, nascida.
pooca colhido.
poocasara colhedor.
poocasaua colhimento.
poocauara colhente.
poocauera colhível.
poocayma não colhido.
popeteca batido com a mão, dado palmadas. *V. Peteca* e comp.
popicica pegado com a mão. *V. Picica* e comp.
popoca acariciado, apalpado.
popocasara acariciador.
popocasaua caricia.
popocauara acariciante.
popocauera acariciável.
popocayma não acariciado.
popooca recolhido *V. Pooca* e comp.
popupeca mão fechada.
po pupesaua luva; cobertura da mão.
popyca subjugado. *V. Pyca* e comp.
po-pytera palma da mão, meio da mão.
pora cheio. Quando serve de sufixo, conserva nas suas diversas acepções a ideia geral, isto é, indicando morador, habitante, enchente, enchido. *Ocapora:* morador da casa. *Caapora:* habitante do mato. *Pirá-pora:* cheio de peixes, piscoso. *Mira-pora:* cheio de gente. *Po pora:* mão cheia.
po-racanga dedo da mão.
po-racangasu dedo grande da mão.
po-racanga-mirĩ dedo mínimo da mão.
porandu perguntado.
porandua pergunta.
poranduara perguntante.
poranduera perguntável.
porandu-pora perguntador.
porandu-randu inquirido. *V. Porandu* e comp.
porandu-yma não perguntado.
porará suportado, padecido, sofrido.

pororacári martirizado, feito sofrer.
porarapaua padecimento.
porarapora padecente.
porarasara quem faz padecer.
porarauera padecível.
poraracarisara martirizado.
poraracarisaua martírio.
porarayma não padecido.
porarayua raiz de sofrimento.
porayma vazio.
pore bêbedo.
poreceme a mão cheia.
porepi ganhado, pagado, recompensado.
porepisara ganhador.
porepisaua pagamento, recompensa.
porepiuá ganho, lucro.
porepiuara ganhante, lucrante.
porepiuera pagável, recompensável.
porepi-yma não pagado, não ganho.
poreputare todo querido.
poreputaresara prepotente.
poreputaresaua prepotência.
poriasua pobre-diabo, miserável.
poro enchido, observado, guardado.
poroca desabrochado, aberto.
porocasara desabrochador.
porocasaua desabrochamento.
porocatyua desabrochadouro.
porocaua abertura.
porocauara desabrochante.
porocauera desabrochável.
porocayma não aberto.
pororoca arrebentado. V. *Poroca* e comp.; o fenômeno que, em certas épocas do ano, de acordo com as marés, apresentam alguns dos nossos grandes rios da costa atlântica, especialmente o Amazonas, e que consiste no rápido levantar-se de uma a três ondas, que entram rio adentro com extrema violência, atroando e alagando com fúria irresistível as margens baixas, tudo levando adiante de si. A fúria da onda, que procede com uma extraordinária rapidez, dizem que chega a sentir-se até Óbidos. O fenômeno, ao que parece, é devido à forma com que os rios se lançam neste por uma espécie de degrau, a terra acabando *ex abrupto*, cortada a dique. É o que acontece com o nosso Amazonas, que, apesar dos milhões e milhões de metros cúbicos de matérias fluviais que anualmente carrega e vão, parece, aterrar o golfo do México, se lança no mar por um enorme degrau, conservado limpo pelas correntes que laboram o fundo do mar, sobre as quais ele passa para lançar-se na corrente do golfo.
poruá umbigo.
poruã, poruãn emprenhado, enchido.
porua cheia, prenhe.
poruangara emprenhador.
poruangaua emprenhamento.
poruca deslocado, desconjuntado.
porucasara deslocador.
porucasaua deslocamento.
porucauara deslocante.
porucauera deslocável.
porucayma não deslocado.
porumã fruta comestível da *cucura*.
porumãyua V. *Cucura*.
porunguetá conversado, tratado, discutido.
porunguetasara conversador.
porunguetatyua conversadouro.
porunguetaua conversa.
porunguetauara conversante.
porunguetauera conversável.
porunguetayma não conversado.
posaca tirada a pulso, sacado a mão. V. *Saca* e comp.
posoca quitute feito de farinha-seca empastada com castanha, o fruto da *Bertholetia excelsa*, ligeiramente socada. Em alguns lugares a chamam *pasoca*, mas é engano. V. *Pasoca*; empastado.
posocapaua, posocasaua empastamento.
posocasara empastador.
posocatyua empastadouro.
posocauara empastante.
posocayma não empastado.
potepi marrequinha, *Anas brasiliensis*, muito comum em todo o Amazonas. Nos rios do interior, e especialmente nos lagos pouco habitados, chegam em bandos, anunciando a vazante, para retirar-se com a enchente, aumentados pelas novas crias.
poti, poty camarão, *Palaemon* e afins.
potikisé camarão-faca.
poti-pema camarão-chato.
potitinga camarão-branco.
potiuara, potiguara comedor de camarões.

POTI-UASU camarão grande.
POTIÁ, PUTIÁ peito, estômago.
POTIAUARA que é do peito, que é do estômago.
POTIRĪ marrequinha, *Nomonix dominicus*. Não muito comum no interior do Amazonas, onde aparece esporadicamente em pequenos bandos é, pelo contrário, muito comum em muitos lugares do baixo Amazonas e no Pará, especialmente na ilha de Marajó, onde se vê de envolta com bandos de *Potepī*.
POTÓ casta de *Forficula*, que emite uma secreção, a qual, sem ferroada, ao contato da pele, produz uma irritação dolorosa e bastante incômoda, como de queimadura que não produz ampola, mas que dura algumas horas.
POTOCA coisa contada menos verdadeira, mentira, embora geralmente sem mau fim, ou mesmo sem grande fim, só para conversa.
POTUPAU agastado, enfadado.
POTUPAUA agastamento, enfado.
POTUPAUARA agastante, enfadante.
POTUPAUERA agastável, enfadável.
POTUPAUSARA agastador.
POTUPAUTYUA agastadouro.
POTUPAUYMA não agastado, não enfadado.
POTY[1] camarão.
POTY[2] o nó que se dá para armar a rede, e que é dado de modo a desatá-lo por um simples puxão, o que é de grande utilidade, especialmente quando se dorme ao relento.
POTYRÕN, POTYRŪN ajudado.
POTYRONGARA ajudador.
POTYRONGAUA ajudamento.
POTY-UUARA, POTIGUARA comedor de camarões.
POÚ colhido.
POUASU mão esquerda.
POUASUUARA o esquerdo, que está à esquerda.
PÔ-UIRUPE, PÔ-UIRPE a mão, o pulso. *Po uirupe renu ne suainhana-etá*: sujeitas a pulso teus inimigos.
POUSARA colhedor.
POUSAUA colhimento.
POUTYUA colhedouro.
POUUÁ colheita.
POUUERA colhível.

POUYMA não colhido.
PU prefixo (equivalente a *mu*) que torna transitivo o verbo, usado por eufonia, nas formas que começam em *mu* ou *mbu*. *Mbure*: jogar fora. *Pumbure*: feito jogar fora, expulsado. V. *Mu*.
PUAMO levantado, erguido, elevado, suspendido.
PUAMOSARA levantador.
PUAMOSAUA levantamento.
PUAMOTYUA levantadouro.
PUAMOUARA levantante.
PUAMOUERA levantável.
PUAMOYMA não levantado.
PUASAPE no fim.
PUASAPEPAUA extremidade.
PUASAPEPORA útimo, o do fim.
PUASAPEUARA ultimante, que faz o fim.
PUCÁ rido, alegrado, jubilado.
PUCA aberto. V. *Mpuca* e comp.
PUCÁPÁUA riso, alegria, júbilo.
PUCÁPÓRA ridente, alegrante, jubilante.
PUCÁSÁRA quem faz rir, alegrar, jubilar.
PUCÁ-TENDAUA lugar de riso, de alegria.
PUCÁUÉRA que pode rir, alegrar-se, jubilar.
PUCAYMA não risonho, que não ri, jubila, se alegra.
PUCÉ pesado.
PUCÉPÓRA pesante.
PUCÉSÁUA pesanteza.
PUCEUÁ peso.
PUCÉUÉRA pesável.
PUCÉYMA não pesado, leve.
PUCU comprido, lento, vagaroso.
PUCUARE, PUCUÁRI amarrado, atado, ligado.
PUCUARESARA amarrador.
PUCUARESAUA amarração.
PUCUARE TENDAUA amarradouro.
PUCUAREUARA amarrante.
PUCUAREUERA amarrável.
PUCUARE YMA não amarrado, solto.
PUCUSARA quem torna comprido, lento, vagaroso.
PUCUSAUA comprimento, lentidão.
PUCUTÁ, BUCUTÁ casta de árvore, *Aspidosperma excelsum*.
PUCUYMA não comprido, não lento.
PUÉ misturado, mesclado.
PUÉ-MUÉ remexido, remesclado.
PUÉ-MUÉ-MUECA retorcido.

pué-puéuéra a pessoa que tem o vício de ter as mãos perto das partes pudendas, que parece queira remexê-las continuamente.
pué-puíri misturado agitando. V. *Puíri* e comp.
puepora a mistura, o que é misturado.
puera, puíra o que é pequeno, delgado; as contas de vidro que vieram substituir os caroços das frutas, os ossos e outras bugigangas com que os indígenas faziam seus colares, tangas e mais enfeites.
puésára misturador.
puésáua misturamento.
puétáua misturadouro.
puéuára misturante.
puéuéra misturável.
puéyma não misturado.
puĩ fino, delgado.
puĩana o que é fino.
puĩeté finíssimo.
puinha fragmento, resto.
puĩ-pire mais fino.
puĩ-puĩ adelgaçado.
puíri agitado, sacudido, dos líquidos em vasilha
puirisara agitador.
puirisaua agitação.
puirityua agitadouro.
puiriyma não agitado.
puĩsara adelgaçador.
puĩsaua adelgaçamento.
puĩ tendaua adelgaçadouro.
puĩuara adelgaçante.
puĩuera adelgaçável.
puĩyma não fino, não delgado.
puĩxinga finozinho, adelgaçadozinho.
pumbure expulsado. *Opumbure remiricó i suí*: expulsa a mulher de si, divorcia. V. *Mbure* e comp.
pumi requebro, denguice.
pumipora requebrado, dengoso.
punã casta de árvore só utilizada como lenha para fogo.
pungã nascida.
pungasaua inchaço.
pupé envolvido, vestido.
pupeca fechado, tapado, encerrado.
pupecasara cobertor.
pupecasaua fechamento.
pupecauara fechante.
pupecayma não fechado.
pupésára envolvedor.
pupésáua envolvimento.
pupétýua lugar de envolvimento.
pupéua envoltório.
pupéuára envolvente.
pupéuéra envolvível.
pupéyma não envolvido.
pupunha fruta de uma palmeira largamente cultivada, muito oleosa e nutriente, que se come cozida. No Uaupés, onde se encontra em grande quantidade, fazem dela também uma bebida fermentada.
pupunha caisuma vinho de pupunha. Bebida fermentada feita com a fruta da pupunheira.
pupunha yua pupunheira, casta de palmeira muito cultivada, *Guilielma speciosa* e afins.
pupure fervido. No sentido próprio, é da água no fogo, mas o dizem também da água das cachoeiras que espuma, ricocheteada entre as pedras e os cachopos do leito.
pupurepaua fervura.
pupurepora fervente.
pupuretaua fervedouro.
pupureuera fervível.
pupureyma não fervido.
puracare carregado, arrumado, portado.
puracaresara portador, arrumador.
puracaresaua carregamento, arrumação.
puracare tendaua carregadouro, arrumadouro.
puracareuara carregante, arrumante.
puracareuera carregável, arrumável.
puracareyma não carregado, não arrumado.
puracy dança. As danças indígenas são cerimônias religiosas com que festejam as estações e as épocas que trazem a abundância, assim como os mais importantes acontecimentos da vida humana: imposição do nome, chegada à puberdade, casamento, comemoração dos mortos. O indígena, bom observador do costume dos antigos, de conformidade com a lei de Jurupari, deve celebrar a volta de cada lua cheia, fazendo com ela coincidir as festas comemorativas e propiciatórias. Nos afluentes do alto rio Negro, assim como nos do médio Orenoco

e nos do Japurá, os indígenas guardam ainda severamente a lei, como aliás tenho podido verificar eu mesmo. Onde o contato com a civilização já tolheu o cunho de obrigatoriedade aos antigos costumes, como em muitas partes do rio Negro, do Solimões e baixo Amazonas e do próprio Pará, as velhas danças cerimoniais se encontram inconscientemente substituídas pelas ladainhas, seguidas de danças.

PURACY dançado.

PURACY IARA diretor da dança, diretor de sala, dono da festa. Nas danças indígenas o diretor da festa, que dirige as danças e vigia para que tudo proceda de conformidade com os velhos costumes tradicionais é, quando há, o filho mais velho do tuxaua ou do dono da maloca, onde a festa é dada; e, na falta, é pessoa designada por este e geralmente escolhida entre os parentes mais próximos. Ele se distingue dentre todos, não só por levar uns enfeites mais simples e especiais, mas porque empunha o murucu e embraça o escudo elegantemente trançado de cipó, o *vaapi irerú pupeca,* tampa do vaso do *capi,* de que se utilizará quando servir o *capi.* Como diretor da sala, dá o sinal do inicio e fim das danças, marca o momento em que as mulheres podem vir tomar parte nelas ou devem delas sair, dirige a distribuição das bebidas, determinando os moços que devem distribuir o caxiri, e serve ele mesmo o *capi,* que somente pode ser bebido pelos iniciados, com exclusão dos moços e das mulheres.

PURACY-OCA casa da dança, sala da dança.

PURACY-SARA quem faz dançar, quem dá a festa.

PURACY-PORA dançarino.

PURACY-TYUA lugar da dança.

PURACY-UÁRA festejante, dançante.

PURACY-YMA não dançado.

PURACY-YUA o festejado, aquele a quem é dedicada a festa.

PURAĨN necessitado, carecido, precisado.

PURAĨNGARA carecedor, quem necessita, precisa.

PURAĨNGAUA necessidade, precisão.

PURAKÉ poraquê, tremelga, *Gymnotus eletricus.* Peixe-elétrico, do feitio de uma enguia, que quando é tocado dá uma descarga elétrica capaz de aturdir e até derribar um homem, embora a sua força dependa, está claro, do tamanho do animal, e precise, para produzir todo o efeito de que é capaz, que este seja excitado quando perfeitamente descansado, porque a sua energia elétrica se esgota com as sucessivas descargas, e o animal não readquire todo o seu vigor senão depois de muito descanso. O poraquê se encontra em quase todos os rios e lagos do vale do Amazonas, embora pareça preferir as águas correntes e profundas, os canais pedregosos e o remanso das cachoeiras. O choque é voluntário; não é suficiente o simples contato. O animal bem nutrido e descansado pode ser tocado impunemente, sem se receber choque; se já acostumado, não se move. Para receber a descarga precisa que o animal se mova, parecendo que é com o movimento que esta se produz. A carne do poraquê não é muito estimada como comida, e é cheia de espinhas longas e flexíveis, muito características.

PURAKÉ CUARA buraco dos poraquês.

PURAKÉ-TYUA terra dos poraquês.

PURAKÉ-YUA poraqueíba, *Puraqueiba guayanensis,* árvore que cresce de preferência nos lugares rochosos, à margem do rio, e dá uma excelente madeira para construções civis.

PURAKY trabalhado, lidado, trabalho.

PURAKYSARA trabalhador.

PURAKYSAUA trabalho, lida.

PURAKY TENDAUA lugar de trabalho.

PURAKYUARA trabalhante.

PURAKYUERA trabalhável.

PURAKYYMA não trabalhado.

PURAKY-YMASAUA vadiagem.

PURANGA bonito, belo.

PURANGA-ETÉ muito belo, bonítissimo.

PURANGA-PIRE mais bonito, mais belo.

PURANGA-PORA bonitão, cheio de boniteza.

PURANGASARA quem faz, torna bonito.

PURANGASAUA boniteza, beleza.

PURANGATYUA lugar de boniteza, de beleza.

PURANGAUA o belo, o bonito, purangaba.

PURANGAYMA não belo, sem boniteza.

PURARE suportado, aguentado, sofrido.

PURAREPORA suportante, aguentante, sofrente.

puraresara suportador, aguentador, sofredor.
puraresaua sofrimento, aguentação.
poraretyua lugar onde se sofre, suporta, aguenta.
porareuara sofrente, suportante, aguentante.
porareuera sofrível, suportável, aguentável.
purareyma não sofrido, não suportado.
purauaca escolhido, preferido.
purauacasara escolhedor.
purauacasaua escolhimento.
purauacataua escolhedouro.
purauacauara escolhente.
purauacauera escolhível.
purauacayma não escolhido.
purauki trabalhado (usado em alguns lugares em vez de *Puraki*). V. *Puraky* e comp.
pure pulado, saltado.
purepora pulante.
puresara pulador.
puresaua pulação.
puretyua lugar do salto.
pureuá pulo.
pureuara pulável.
pureyma não pulado.
puriasu pobre, desgraçado, desditoso.
puriasuera muito pobre, muito desgraçado, muito desditoso.
puriasusaua desgraça, desdita.
puru emprestado, ornado, enfeitado.
puruã embaraçada, prenhe. V. *Poruã* e comp.
puruara morador do Purus.
puruca descarregado, tirado do lugar.
purucasara descarregador.
purucasaua descarregamento.
purucauara descarregante.
purucauera descarregável.
purucayma não descarregado.
puru-puru doença da pele, foveiro. É doença muito comum entre os indígenas. A pele se mancha ora em branco ora em preto, e muitas vezes os lugares assim manchados se tornam escamosos e até chaguentos. Parece ser degenerescência do pigmento subcutâneo, devida ao abuso das comidas de peixe, especialmente dos peixes de pele. É doença contagiosa e que se transmite facilmente por contato. Dizem que se transmite também por meio da comida ou da bebida, misturando a qualquer destas um pouco de raspagem da pele atacada pela doença, devendo notar-se que, para algumas tribos, o ser foveiro é sinal de distinção, e as manchas são consideradas como as imagens das estrelas, com que são assinalados os escolhidos pelo Sol.
pururé enxó, ferro para cavar canoas. O *pururé*, que por estes rios afora tenho ainda encontrado em uso, é um pequeno machado de pedra, montado em cabo feito de um galho de pau, naturalmente curvo em ângulo mais ou menos reto, para assim dar melhor jeito para escavar o fundo da canoa. O trabalho do *pururé*, como o do machado de pedra, é auxiliar o trabalho do fogo, desbastando a camada de madeira carbonizada, para aplicar outra vez o fogo e obter outra camada para desbastar, repetindo a operação quantas vezes for necessário, até obter a espessura conveniente. A habilidade de quem se serve do pururé está, pois, antes em guiar e regular o fogo do que no manejo do instrumento, e é admirável como isso se faz rápida e regularmente, tanto que, muitas vezes, mesmo depois de obtida uma enxó de ferro, continuam a servir-se do fogo.
purusara emprestador, ornamentador.
purusaua empréstimo, ornamentação.
purutī andorinhão.
purutyua lugar de empréstimo, de ornamentação.
puruuara emprestante, ornante.
puruuera ornável.
puruyma não ornado, não emprestado.
pusá rede para pescar. A rede que tenho encontrado usada no alto Uaupés, além de ser diferente pelo fio empregado, difere pela malha. Nas pequenas redes, de que se servem para pescar nos poços em tempo de seca, a malha é solta e formada pela simples torção do fio, torção que apresenta suficiente resistência para impedir a saída do peixe. Nas maiores, as malhas são feitas por meio de nós, mas estes são simples. O fio, pelo contrário, em todas elas é muito pouco torcido, e frouxo, e isto, dizem, para impe-

dir que as malhas sejam facilmente cortadas pelos dentes das piranhas.
pusaityca pescado de rede, lançado a rede. *V. Ityca* e comp.
pusaitycasara pescador de rede.
pusanga remédio, medicina, feitiço que serve para livrar do efeito de outro feitiço. A doença para o indígena não é um fato natural, é sempre o produto de uma vontade contrária e maléfica, e, se algumas vezes é produzida pelas mães das coisas más, na mor parte das vezes é o produto do querer de algum pajé inimigo, que enfeitiçou o doente, e a *pusanga* então é para desfazer o efeito deste. Para as doenças produzidas pelas mães das coisas más, por via de regra, não há *pusanga*.
pusanguara, pusanguera médico.
pusanũ curado, cura.
pusanungara curandeiro, médico.
pusanungaua medicação.
putare querido, desejado, pretendido, amado. *Ixé xasó putare né irumo*: eu quero ir contigo. *Xaputare maá catu iepé cunhã nhun, catu arama xaputare aé*: desejaria somente uma mulher para melhor querê-la. *Ma reputare pire?*: que queres mais?
putaresara quem quer, quem deseja, quem pretende.
putaresaua vontade, desejo, pretensão.
putareuara pretendente, querente, desejante.
putareuera desejável, pretendível.
putareyma não querido, não desejado.
putareyua força da vontade, firme querer.
putumuiú potumuju, um dos gigantes da floresta, casta de *Lecythidea*.
putiá peito; com especialidade, o do homem. O da mulher é chamado de preferência *camby*: mamas. *Putiá puíra*: colares que ornam o peito do homem, contas do peito.
puty sujado.
putyana sujo.
putyra flor.
putyra caá folhas da flor.
putyra ierisaua haste da flor.
putyra ipora miritá pistilos e estames; as coisas pequenas que enchem a flor.
putyra kindaua mirĩ botão.
putyra ompuca abrir da flor, a flor abre.

putyra raua pétalas.
putyra rendaua mirĩ botão.
putyra sakena flor cheirosa, cheiro da flor.
putyra tyua, putyra tendaua jardim.
putyrũ, potyru auxílio, ajuda, concurso dos vizinhos para ajudar o vizinho em algum trabalho, especialmente com referência à roça. É como no Solimões e Pará chamam o que no rio Negro chamam *Aiury*.
putypaua sujamento.
putysara sujador.
putytyua monturo, lugar de sujo.
putyuera sujante, sujável.
putyyma não sujo.
puú colhido. *V. Poú* e comp.
puuasu espesso, grosso (dos líquidos).
puusu honrado, engrandecido, respeitado.
puusupaua honraria, respeito.
puusupora cheio de honrarias, muito respeitado.
puusurana falsa honraria.
puususara respeitador, honrador, engrandecedor.
puusuua honra, respeito.
puusuuara respeitante, honrante.
puusuuera respeitável, honrável.
puusuyma não honrado, não respeitado.
puxi feio, mau, ruim. *Mira puxi*: gente má, gente feia.
puxiana feio mesmo, ruim mesmo, mau mesmo.
puxieté feíssimo, muito mau, muito ruim.
puxirana falso feio, falso mau.
puxisaua fealdade, maldade, ruindade.
puxiuera o que é feio, ruim, mau.
puxiyma não feio, não ruim, não mau.
puxixinga um pouco feio, um pouco mau.
puxyri, poxuri puxiri, *Fava tonca*. Fruto de uma *Nectandra*, de perfume muito delicado e qualidades sedativas, assim como o chá das folhas.
puxyriyua puxurizeiro, *Nectandra puchury*.
py pé, haste, suporte.
py apara pé torto, pé esquerdo.
pyayru defendido.
pyayrusara defensor.
pyayrusaua defensa.
pyca pisado, calcado, premido.
pycasara pisador, calcador, premedor.
pycasaua pisamento, calcamento, pressão.

PY CATU pé direito.
PYCATYUA pisadouro, calcadouro.
PYCAUARA pisante, calcante, premente.
PYCAUERA pisável, calcável, premível.
PYCAYMA não pisado, não calcado, não premido.
PYCERUN defendido.
PYCERUNGARA defensor.
PYCERUNGAUA defesa.
PYCUÁ pequeno paneiro, em que o pescador ou o caçador leva os petrechos de uso. No Pará dizem *Picuá* os trens de casa, e é corrente ouvir-se dizer: Mudou-se com todos os seus picuás; mas, como muito bem nota José Veríssimo, na *Revista Amazônica*, já com sentido mudado.
PY-CUPÉ espinhaço do pé, peito do pé.
PY-ICIEI pé dormente.
PY-ITYCA jogado com o pé, lançado com o pé. *V. Ityca* e comp.
PYNOÁ, PYNHOÁ artelho.
PYPETECA batido com o pé, dado pontapé.
PYPETECASAUA pontapé.
PYPARA rastro, pegada, cheio de pé. *Xasó ne paia pypora rupi*: vou no rastro de teu pai.
PY-PUPECA calçado.
PY-PUPECASARA sapateiro.
PY-PUPECASARA OCA sapataria.
PYPYCA calçado aos pés. *V. Pyca* e comp.
PYPYTERA planta do pé, meio do pé.
PYRA sarna, doença da pele.
PY RACANGA dedo do pé.
PY RACANGA MIRĪ dedo pequeno do pé.
PY RACANGASU dedo grande do pé.
PY-RANGAUA pegada, sinal dos pés. *Sumé pyrangauaetá opitá Itapoãn itá opé*: as pegadas de Sumé ficaram nas pedras de Itapoã.
PYRASU mendigado, mendigo.
PYRASUA mendicidade.
PYRASU-PORA mendicante.
PYRASUERA desgraçado, tinhoso.
PYRASUĪ pobrezinho.
PYRA-UASU sarna grande, fogo-selvagem.
PYRA-UERA sarnento.
PY-RENDAUA degrau, lugar do pé.
PYRIKITĪN rim.
PYRUPITÁ calcanhar.
PYRUPITAUARA que é ou pertence ao calcanhar.
PYSÁ postejado.

PYSASU novo.
PYSASUA o novo.
PYSASUARA renovante, inovante.
PYSASUPORA renovado, feito novo.
PYSACA aceito, recebido, retrocedido. *V. Saca* e comp.
PYSASUSARA renovador.
PYSASUSAUA novidade, renovação.
PYSASUYMA não novo.
PYSAUERA posta.
PYTERA, MYTERA meio, centro.
PYTERA-PORA que está no meio, do meio.
PYTERA-TYUA lugar do centro, do meio.
PYTERA-UARA central, do meio.
PYTERA-YMA sem centro, sem meio.
PYTERUPÉ pelo meio, no meio.
PITĪ, PYTIN degustado, saboreado, lambido.
PYTINGA saboroso, esquisito de gosto, delicado como comida.
PYTINGARA degustador, saboreador.
PYTINGAUA degustação, lambedouro, saboreamento.
PYTUCEMO respiração, bafo, sopro.
PYTUCEMOUARA respirante, bafejante, soprante.
PYTUCEMOYMA sem respiro, sem sopro, sem bafo.
PYTUMUN auxiliado, ajudado.
PYTUMUNGARA auxiliador, ajudador.
PYTUMUNGAUA auxílio, ajuda.
PYTUU descansado.
PYTUUSARA descansador.
PYTUUSAUA descanso.
PYTYMA fumo, tabaco.
PYTYMACUĪ rapé, pó de tabaco.
PYTYMACUĪ IRERU caixa de rapé.
PYTYMANTÃ molho de tabaco.
PYTYMA OCA tabacaria.
PYTYMATYUA tabacal.
PYTYMAÚ fumado.
PYTYMAUÓ boquilha, cachimbo.
PYTYMAUSARA fumador.
PYTYMAUSAUA fumada, cachimbada.
PYXĪ untado.
PYXĪPORA untante, untado.
PYXĪSARA untador.
PYXĪSAUA ato de untar.
PYXĪUA unto.
PYXĪUERA untável.
PYXĪYMA não untado.

R prefixo pronominal da segunda pessoa, substitui *s*, *c* e *t*, precedendo a vogal, com a qual começam as palavras que o admitem. É prefixo da segunda e terceira pessoa nos nomes de coisas inanimadas e que não admitem *t*.

RACA, SACA, ACA ponta, corno; afinado, adelgaçado, extremo, saído, tirado.

RACANGA, SACANGA saído, ramo (de árvore), braço, afluente (de rio). *Mirá racanga*: galho de pau. *Paranã racanga*: braço do rio, afluente.

RACAPIRA, SACAPIRA ponta, fim, extremidade. *Paranã sacapira*: cabeceira do rio.

RACUÁ, TACUÁ, TACUÁ pentelho, os pelos que crescem em volta das partes genitais, e com especialidade da mulher e das fêmeas em geral.

RACUENA vagem, síliqua.

RACUNHA, SACUNHA, TACUNHA partes genitais do macho; o membro.

RAÍCA, SAÍCA nervo, o que é flexível ao mesmo tempo que é resistente, sajica.

RAĨN, RAẼN ainda. *Inti raĩn*: não ainda. *Xamaa putare raĩn má catu pire*: quero ainda ver o que é melhor.

RAINHA, SAINHA, TAINHA criança, caroço.

RAIERA, TAIERA filha, do homem e com referência ao pai (Rio Negro).

RAISU, RAIXU sogra, com referência ao genro.

RAMÉ quando, ao tempo em que. Aditado ao indicativo presente, lhe dá uma significação muito próxima à do nosso imperfeito, sendo em muitos casos empregado em lugar de *iepé*. Aditado aos outros tempos, é em muitos lugares usado de preferência a *ipu* para formar o condicional.

RAMÉÁRA dia marcado.

RAMÉÝMA sem dia, sem tempo fixo.

RAMUNHA, TAMUNHA, SAMUNHA avô.

RAMUNHATYUA terra dos avós.

RAMUNHAYMA sem avós; sem passado.

RAMUNHAYUA a origem dos avós.

RANA sufixo com a significação de espúrio, adulterado, falso, não verdadeiro, imitado. *Timborana*: falso timbó. *Canarana*: falsa cana.

RANGAUA, SANGAUA figura, tempo, hora, medida. *Mira rangaua*: figura de gente, retrato. *Ara rangaua*: figura do dia, relógio. *Pana rangaua*: medida do pano. *Embaú rangaua*: hora de comer.

RANHA, SANHA, TANHA dente. *Sanha pusanūn era*: dentista. *Ranha saci*: dor de dente.

RANHASU dente grande.

RANHAYMA sem dentes.

RANHAYUA raiz do dente.

RANHEN, RANHẼ todavia, ainda.
RAPAÁ, PAÁ dizem, parece, contam.
RAPÉ, SAPÉ caminho, estrada, rua, via, vereda. *Cuatá uatá ara pucu ramé mairi rapé rupi*: andava o dia inteiro pelas ruas da cidade.
RAPÉ-IARA dono do caminho, guia.
RAPÉ-PORA que é do caminho, que enche o caminho.
RAPÉ-UARA que está no caminho, que vai nele.
RAPÉ-YMA sem caminho.
RAPIÁ, SAPIÁ, TAPIÁ escrotos, testículos.
RAPISARA, RAPIXARA próximo, homônimo.
RAPIXAUA homonímia.
RAPU, SAPU raiz.
RAPUPEMA, SAPUPEMA raiz chata; as raízes de certas árvores, como as samaumeiras, que se formam em volta do tronco em forma de tábuas, que se enterram.
RAPUPORA que está, que é da raiz, que é bem enraizado, que tem muitas raízes.
RAPUUARA que tem ou mete raízes.
RAPUYMA sem raiz.
RASÓ transportado, carregado, conduzido.
RASOPAUA transporte, carregamento.
RASOPORA o que é transportado.
RASOSARA transportador.
RASOTAUA lugar do transporte, que serve para a condução.
RASOUERA conduzível, transportável.
RASOYMA não transportado, não conduzido.
RATEPU, SATEPU face, maçã do rosto.
RATIPI, SATIPI bochecha.
RATYUA, SATYUA sogro.
RAUA, SAUA, TAUA pelo, cabelo, pena.
RAYRA filho, filha com referência ao pai.
RAYRANUNGARA como filho, enteado (do homem).
RAYRARANGAUA em figura de filho, afilhado (do homem).
RAYRA REMERICÓ mulher do filho, nora, com referência ao sogro.
RE Prefixo pronominal da segunda pessoa do singular dos verbos. *Re-putáre*: Queres. *Recicáre*: Procuras. *Rerasó*: Carregas.
REAUERA Cadáver.
RECÉ para, por, a. *Xapuraki ne recé*: trabalho para ti. *Cunhã oiumbeú i recé*: a mulher se dirige a ele.
RECEUARA fronteiro.

RECÔ tido, havido, possuído.
RECÔ AYUA oprimido.
RECÔ-AYUA-PAUA opressão.
RECÔ-AYUA-PORA opressor.
RECOĨN vá embora.
RECOSARA possuidor.
RECOSAUA possessão, posse, o que há, o que se tem. *Ixé xamunhã co recosaua rupi*: eu faço conforme minhas posses.
RECOTAUA lugar onde se tem.
RECOUARA tenente, quem tem.
RECOUERA que pode ser tido.
RECOYMA que não tem.
RECUÉ vivido, vivo.
RECUIARA troca, escambo, o que é dado em troca, que é dado em pagamento. *Munhã recuiara*: dar em troca, fazer pagamento.
RECUIARASARA trocador.
RECUIARAUARA trocante.
RECUIARAUERA trocável.
RECUIARAYMA sem troca, sem preço.
REÍA, CEÍA muito, quantidade. *Mira ceía*: gente muita. *Ara ceía rupi*: por muitos dias.
REMBAU, CE-REMBAU xerimbabo; o que é criado em domesticidade, a cria da casa.
REMBERAUA, CEMBESAUA, TEMBESAUA bigode.
REMBYUA, CEMBYUA, TEMBYUA margem, orla, lado, beira.
REMIARERU, CEMIARERU, TEMIARERU neto, tanto com referência à avó como ao avô.
REMIRERA, CEMIRERA resto, resíduo, sobejo, apara.
REMIRICÔ, CEMIRICÔ mulher casada.
REMIRICÔ-ARAMA prometida.
REMIRICÔ-CUERA que foi casada, viúva.
REMIRICÔ PUTAUA rapaz casadouro; comida de mulher.
REMICORANA caseira.
REMIRICOYMA sem mulher, solteiro.
REMITEMA hortaliça.
REMITEMA-SARA hortelão.
RCMITEMA-SAUA cultivação de horta.
REMITEMA-TYUA horta.
REMITIÁ, CEMITIÁ joelho.
REMUTARA, CEMUTARA ordem, vontade manifestada. *Inti xamunhã cuao me remutara*: não posso fazer a tua vontade.
RENDAUA, TENDAUA, CENDAUA lugar, sítio, posição. Serve de sufixo de lugar com *taua*

e *tyua*. O emprego de qualquer deles é uma questão de uso ou hábito local, não há regra.
RENDAUA-UARA quem é do lugar.
RENDYRA, TENDYRA, CENDYRA irmã.
RENONDÉ, CENONDÉ, TENONDÉ ante, adiante, em frente. *Ce cenondé*: adiante de mim.
RENONDESAUA dianteira.
RENONDEUARA que está adiante, está na frente.
REPOCY, CEPOCY, TEPOCY sono. *V. Pocy*.
REPUTY, CEPUTY, TEPUTY esterco, bosta, dejeções animais.
REPUTY-TURAMA vira-bosta, casta de escaravelho.
RERA, CERA nome.
RERAYMA sem nome.
RERI ostra.
RERI-ETÉ ostra verdadeira, que se pode comer, *Ostrea edulis*.
RERI PISAIÉ ostra do fundo.
RERI-UASU ostra grande.
RERU, RIRU, IRERU vasilha. É nome genérico e serve para indicar qualquer gênero de recipiente, contanto que sirva para transportar certo e determinado objeto. *Uy reru*: vasilha para farinha, paneiro de farinha. *Caapi ireru*: vasilha de capi, vaso do capi.
RESÁ, CESÁ vista, olhos. *V. Cesá* e comp.
RESAUÉ na vista, na presença.
RESAUESARA quem está na vista, se apresenta.
RESAUEUERA que está em vista e se apresenta com insistência incômoda.
RESOĨN vá, vá embora! *Resoĩn nhunto*: vá embora descansado (Rio Negro).
RETÉ, CETÉ muito.
RETÉ, CETA corpo.
RETAMA, CETAMA, TETAMA pátria, terra do nascimento. *V. Tetama* e comp.
RETEANA demais, já muito.
RETIMÃ, CETIMÃ perna.
RETIMÃRUÁ barrigadaperna.*Lit.*:facedaperna.
RETIMÃ PENASAUA juntura da perna.
RETIMÃ ACANGA fêmur.
REUÍRA casta de pássaro.
RIAY suor, transpiração.
RIAYCÔ transpirado, suado.
RIAYCOSARA suadouro, que faz transpirar.
RIAYCOUARA suante, transpirante.
RIRÉ, ARIRÉ depois. *Ne riré*: depois de ti. *Iauty ocica opanhe riré*: o jabuti chega depois de todos.

RIRÉ ETÉ muito depois.
RIRÉ RAMÉ ao depois.
RIRESAUA retardamento.
RIREUARA retardatário.
RIRÉ XINGA pouco depois.
RIREYMA sem depois.
RIRI tremido, tiritado.
RIRIPAUA tremor.
RIRIPORA tiritante.
RIRISARA quem faz tremer, quem faz tiritar.
RIRI TUÍ SUÍ tremente desde o sangue.
RIRIUARA tremente.
RIRIYMA sem tremer.
ROĨ frio.
ROINGARA friorento.
ROINGAUA friagem.
ROIRŌN aborrecido; rejeitado, repudiado.
ROIRONGARA aborrecedor.
ROIRONGAUA aborrecimento.
ROIRON-YMA não aborrecido.
RORI, SORI satisfeito, alegre.
RORIPORA satisfazente, alegrante.
RORISAUA satisfação, alegria.
RORIYMA não satisfeito, não alegre.
RUÁ, SUÁ cara, rosto, parte externa das coisas. *V. Suá* e comp.
RUAIARA cunhado. É o tratamento que, independente de qualquer parentesco, os homens de uma mesma localidade usam entre si, em sinal de boa camaradagem e poder-se-ia traduzir também por "camarada".
RUAINHANA, SUAINHANA inimigo, de além.
RUAKE, SUAKE perto, próximo.
RUAKESAUA vizinhança, proximidade.
RUAKEUARA que está próximo, vizinho.
RUAN, SUAN grelo, grelado.
RUANGA grelo.
RUANGARA grelador.
RUANGAUA grelação.
RUANGA-YMA não grelado, que não grela.
RUÁRI, RUIÁRI embarcado.
RUBÁ, TUBÁ pau. É a forma antiga que vem em Anchieta e Figueira e também em Couto de Magalhães; não vem em Martius.
RUIARE, RUIÁRI embarcado.
RUIARESARA embarcador.
RUIARESAUA embarque.
RUIARETYUA embarcadouro.
RUIAREUARA embarcante.

RUIAREUERA embarcadiço.
RUIAREYMA não embarcado.
RUIEUÍRE desatado, desandado, revirado.
RUIUEUIRESARA desandador.
RUIUEUIRESAUA desandamento.
RUIUEUIRETYUA desandadouro.
RUIUEUIREUARA desandante.
RUIUEUIREUERA desandável.
RUIUEUIREYMA não desandado.
RUMUARA, IRUMUARA companheiro, amigo, parcial. *Maiaué inde reicoana iké, iandé rumuara cuíre indé*: como tu estas cá, tu ficas nosso parcial. *Né paia cé paia irumuara cuéra*: teu pai foi companheiro de meu pai.
RUPI pelo, por, com. Indica o meio com que a coisa é feita, o caminho para chegar a um fim determinado, a duração e continuação da ação, e torna adverbial a palavra a que é posposto. *Sacu rupi*: com calor, calidamente. *Mira osoana pé rupi*: a gente foi pelo caminho. *Ara pucu rupi*: por muito tempo.
RUPIARA, RUPIUARA causante, produtor.
RUPISAUA modo, forma, maneira, causa.
RUPITÁ origem, bloco, tronco, parede.
RUPITARA que é do tronco, do bloco, da origem.
RUPITAUA originário.
RURE trazido, de um lugar qualquer ao lugar em que alguém se ache. *Mata rurereĩ*: o que trazes. *Xarure maitá ceía no supé*: trago muitas coisas para ti.
RURESARA portador, trazedor.
RURESAUA trazida, portada, presente. *Aicué ce ruresaua*: eis a minha trazida, o meu presente.
RUREUARA trazente, portante.
RUREUERA trazível, portável.
RUREYMA não trazido, não portado.
RUUIARE crido, julgado, pensado. *Xasaruana indé, xaruuiare indé reiuíre curuteuara*: te esperava, pensava que tu voltavas logo.
RUUIARE CATU persuadido.
RUUIARE ETÉ convencido.
RUUIARESARA quem faz crer, julgar, pensar.
RUUIARESAUA crença, pensamento. *Ruuiaresaua catu*: persuasão. *Ruuiaresaua eté*: convicção.
RUUIAREUARA crente, pensante.
RUUIAREUERA crível, pensável.
RUUIAREYMA não crido, não pensado.
RUSAPUCAI apregoado, publicado. *V. Sapucai* e comp.

S

s prefixo pronominal que indica a relação da palavra que o recebe com a pessoa que fala e, em alguns casos, da pessoa de quem se fala, equivalente a *c* perante *e* e *i*. *Cé sanha*: meu dente. *I sanha*: o seu dente.

saãn provado, gustado, percebido, adivinhado.

saãngara provador, gustador, percebedor, adivinhador, pensador.

saãngaua prova, percepção, adivinhação, balança.

saca tirado, saído, sacado.

sacaca adivinho (Solimões), que tira de sua imaginação, porque é por meio dela que os pajés leem o futuro. Frequentativo de *saca*.

sacacanga transparente, visível à imaginação.

sacakire, casakire após, atrás. *V. Casakire* e comp.

sacay ramo seco, morto.

sacay-mboia cobra-sacaí, casta de pequeno *Constritor* de cores e desenho muito variável, imitando os galhos secos, entre os quais se posta esperando a presa.

sacambi virilha, forquilha. *Myrá sacambi*: forquilha de pau. *Sacambi opena*: quebrar a virilha. *Sacambi openasaua*: quebradura da virilha.

sacami, sacambi enseada (Solimões).

sacãn, sacanga, racanga galho, ramo, ramalho.

sacana, tacana frecheira, cana de frecha, *Gynerium sagittarum* e afins. Cresce nas margens baixas e ilhas arenosas, coroando o alto das praias com seus penachos brunos.

saca, raca, aca ponta, corno.

sacapema ventrecha. *Pirarucu sacapema*: ventrecha de pirarucu.

sacapira, racapira ponta, extremidade, nascente.

sacapire santī ponta aguda.

sacapireuara o que está na ponta, o que está no começo.

sacapire-yma sem ponta, sem começo, sem cabeceira.

sacaté largo, generoso, liberal.

sacatesaua liberalidade, generosidade, largueza.

sacateyma escasso, avaro.

sacateymasaua escassez, avareza.

sacemo gritado, clamado, latido.

sacemopora ladrante.

sacemosara gritador, clamador.

sacemosaua grito, clamor, ladro.

sacemotyua lugar onde se grita, clama, ladra.

sacemouara gritante, clamante.

SACEMOYMA não gritado, não clamado, não ladrado.
SACI dolorido, dor. *Saci rupi*: dolorosamente, asperamente, com dor.
SACIARA triste. *Xaicô saciara*: estou triste. *Opitá saciara*: ficou triste.
SACIARA-PAUA tristeza.
SACIARA-PORA contristador, contristante.
SACIARA-YMA Nnão triste.
SACIPORA cheio de dor.
SACISARA atormentador.
SACISAUA dor, tormento, paixão, sofrimento.
SACISAUA-RUPI-MUNHÃ violentado.
SACISAUA-RUPI-MUNHANGARA violentador.
SACISAUA-RUPI-MUNHANGAUA violência.
SACITYUA lugar de dor, lugar de sofrimento.
SACIUARA tormentante, sofrente.
SACIUARA tormentável.
SACIYMA não doído, não dolorido.
SACIYUA raiz da dor, causa do sofrimento, veneno.
SACOCA, TACOCA caruncho.
SACOCA sangrado.
SACOCAPORA caruncoso.
SACOCASARA sangrador.
SACOCASAUA sangria.
SACOCATAUA sangradouro.
SACOCAUARA sangrante.
SACOCAUERA sangrável.
SACOCAYMA não sangrado, sem caruncho.
SACU quente.
SACUA febre.
SACUÃ pentelho.
SACUARA coceira.
SACUENA cheiroso, que tem bom cheiro, boa fama. V. *Sakena* e comp.
SACUNHA as partes pudendas do homem.
SACUPAUA quentura.
SACUPIRE mais quente.
SACUPORA esquentado.
SACURÁ casta de caracol.
SACUSANGA ralo.
SACUSARA esquentador.
SACUSAUA calor.
SACUTYUA esquentadouro.
SACUUARA esquentante.
SACUUERA esquentável.
SACUYMA não quente.
SACY casta de pequena coruja, que deve o nome ao grito que faz ouvir repetidamente durante a noite. É pássaro agoirante. Contam que é a alma de um pajé, que, não satisfeito de fazer mal quando deste mundo, mudado em coruja, vai à noite agoirando aos que lhe caem em desagrado, e que anuncia desgraças a quantos o ouvem. O nome de saci é espalhado do Amazonas ao Rio Grande do Sul. O mito, porém, já não é o mesmo. No Rio Grande, é um menino de uma perna só, que se diverte em atormentar à noite os viajantes, procurando fazer-lhes perder o caminho. Em S. Paulo, é um negrinho que traz um boné vermelho na cabeça e frequenta os brejos, divertindo-se em fazer aos cavaleiros que por aí andam toda a sorte de diabruras, até que, reconhecendo-o o cavaleiro, não o enxota, chamando-o pelo nome, porque então foge dando uma grande gargalhada.
SAĒ espalhado.
SAENGA semente.
SAENGARA espalhador, semeador.
SAENGAUA semeação, espalhamento.
SAENTI encontrado.
SAENTISARA encontrador.
SAENTISAUA encontro.
SAENTITAUA lugar do encontro.
SAENTIUARA encontrante.
SAENTIUERA encontrável.
SAENTIYMA não encontrado.
SAKENA, SACUENA ser cheirosa, ter bom cheiro.
SAKENA, RAKENA uma casta de baunilha.
SAKENAPORA cheirante, cheio de cheiro.
SAKENASARA quem espalha bom cheiro.
SAKENASAUA espalhamento de bom cheiro.
SAKENATAUA lugar onde se espalha bom cheiro.
SAKENAUARA que espalha bom cheiro.
SAKENAYMA que não espalha cheiro bom.
SAKI tostado, torrado, abrasado.
SAKISARA tostador, abrasador.
SAKISAUA tostamento, abrasamento.
SAKITYUA tostadouro, abrasadouro.
SAKIUA torrada, tosta.
SAKIUARA torrante, abrasante.
SAKIUERA tostável, abrasável.
SAKIYMA não torrado, não tostado.
SAĪ saí, lindo passarinho, cujo tipo é a *Coerena cerulea*, cuja cor dominante é o azul-

-celeste, e azul-cinéreo claro no peito, com algumas listras brancas e outras azuis nas asas.

SAĪ-ASU sanhaço, casta de *Coerena*, alguma coisa maior do que a espécie anterior, verde-cinzento mais claro no peito, onde tende ao amarelado, com umas listras mais escuras, quase pretas, nas asas.

SAÍCA veia.

SAIÉ riscado, gizado.

SAIEPORA riscadíssimo.

SAIESARA riscador.

SAIESAUA riscamento.

SAIETAUA riscadouro.

SAIEUARA riscante, giz.

SAIEUERA riscável.

SAIEYMA não riscado.

SAIMBÉ, CAAIMBÉ casta de planta que cresce caracteristicamente contorcida nos capões e caatingas, e cujas folhas largas, ásperas e resistentes, especialmente quando secadas na sombra, servem de lixa.

SAIMBÉ alisado, afiado.

SAIMBESARA afiador, alisador.

SAIMBESAUA afiamento, alisamento.

SAIMBETAUA afiadouro, alisadouro.

SAIMBÉUÁRA afiante, alisante.

SAIMBÉUÉRA afiável, alisável.

SAIMBÉYMA rombo, grosseiro, não afiado, não alisado.

SAIMBÓ agourado.

SAIMBÓSÁRA agourador.

SAIMBÓSAUA agouro.

SAIMBÓUÁRA agourento.

SAIMBÓYMA não agourado.

SAIN derramado.

SAINGARA derramante, derramador.

SAINGAUA derramamento.

SAINGAYMA não derramado.

SAÍNHA, RAÍNHA caroço. *Taĩnha*: menino, fruto da mulher.

SAIRÉ sairé, semicírculo de cipó, formado de três arcos concêntricos, que descansam sobre o diâmetro, divididos em quatro repartimentos por três raios, que partindo do centro reúnem os arcos. Os raios, maiores do que o semidiâmetro, acabam em três cruzes. O arcabouço de cipó é todo revestido de fio de algodão e ornado de borlas e plumas de cores vivas e espelhozinhos, postos em grupos de três nos pontos de intersecção, e de fitas de várias cores, que pendem soltas, cujo numero é variável, visto como cada dona do lugar ou devota tem o direito de pôr-lhe a sua. O sairé, como geralmente se assevera, representa o mistério da SS. Trindade e seria uma piedosa invenção dos Jesuítas, para atrair os nossos silvícolas ao culto cristão. Sem garantir o fato, o uso do sairé em certas e determinadas solenidades, uns quarenta anos passados, era corrente em todo o Amazonas, e lembro-me de tê-lo visto levar para a casa da festa nos próprios arredores de Manaus. Hoje só se usa o sairé no interior, onde é ainda levado processionalmente da casa da festa para a capela, se há, e desta para a casa da festa, por três velhas, uma das quais deve ser coxa, ou fazer de coxa. O sairé vai na frente, levado pela coxa, que o empunha como um estandarte; duas outras velhas vão ao lado destas, segurando cada uma a fita que parte do pé da cruz que está do seu lado. Depois vêm as mulheres, segurando cada uma uma fita, das inúmeras que podem ser amarradas nos pontos de intersecção. Atrás vem a mó do povo. Velhas, mulheres e povo procedem cantando e saracoteando, o que dá ao sairé um movimento de nau em tempestade, que somente acaba quando começam as danças; e o sairé, como um verdadeiro estandarte, é posto no altar caseiro, acabadas as rezas e as ladainhas. O sairé tem cantos e rezas especiais em língua geral, mas, dos que tenho tido a ocasião de ver, me parece poder afirmar que são de origem e procedência diversa, e que o que se canta no rio Negro é diverso do que se canta no Solimões, no baixo Amazonas, e no Pará. Se não afirmo terminantemente, é porque o canto do sairé é muito comprido ou parece ser tal, e, pode muito bem ser, ter-se dado o fato de me terem vindo às mãos e ter ouvido pedaços diversos do mesmo canto.

SAMAMBAIA samambaia, pequenos Fetos da terra firme.

SAMATIÁ, TAMATIÁ as partes genitais das fêmeas; as partes genitais da mulher.

SAMAUMA a paina que envolve a somente de uma das mais gigantescas árvores das florestas amazônicas. É finíssima, sedosa e lúcida, mas até agora não parece que, em mão dos civilizados. tenha servido a outra coisa senão encher almofadas, fazendo nisso concorrência à paina de monguba. Os indígenas servem-se da paina da sumaúma, mesmo de preferência à paina de monguba, para fazer a bolinha obturadora nas flechas da zarabatana. No Purus, porém, os Ipurinas me fizeram ver, e já tive em meu poder, uns enfeites tecidos, que pretendiam ser de sumaúma fiada.

SAMAUMAYUA samaumeira, a árvore que dá a samaúma, *Chorisia*.

SANACURY vomitório (no rio Negro, segundo Martius)

SANGAUA, RANGAUA, ANGAUA figura, parecença, imagem.

SANGAUASARA figurador.

SANGAUASAUA figuração.

SANGAUAUARA figurante.

SANGAUAYMA sem figura, sem forma, sem sinal.

SANHA, RANHA, TANHA dente.

SANHA COCOI dente caído.

SANHA MPUCA dente saído.

SANHA MPUCASAUA dentição.

SANHA MPUSANUNGARA dentista.

SANHANA colecionado, coligido, reunido, recolhido. Dr. *Couto de Magalhães osanhana cuaá ombecusaua-etá*: o Dr. Couto de Magalhães colecionou estas lendas.

SANHANASARA colecionador.

SANHANASAUA coleção. *Nheengatu nheenga sanhanasaua:* coleção de palavras nheengatu, dicionário de língua geral.

SANHANATAUA lugar onde se reúne, colige, recolhe.

SANHANAUARA recolhente.

SANHANA-YMA não colecionado, reunido, recolhido.

SANHA-YUÍRA, SAUÍRA gengiva.

SANHẼN apressado, com pressa.

SANHENGARA apressador, quem está com pressa.

SANHẼNGAUA pressa.

SANHẼN-YMA sem pressa.

SANTÁ duro, sólido, resistente, coalhado.

SANTÁCUÉRA que foi duro.

SANTÁKÝRA a parte dura das raízes cozidas comestíveis, a parte ainda não madura das frutas.

SANTÁRÁNA falso duro, que parece mas não é duro, que apresenta pouca resistência.

SANTÁSÁRA endurecedor.

SANTÁSÁUA endurecimento.

SANTÁTÁUA lugar onde se endurece ou é endurecido.

SANTÁUÁRA endurecente.

SANTÁ-YMA não endurecido, frouxo.

SANTĨN, SANTĨ agudo, ponta, a proa da canoa.

SANTINGARA, SANTĨN-UARA proeiro.

SAÓ, SAÚ casta de macaco, *Callithrix* sp.

SAÓ-MIRĨ saú pequeno, *Callithrix nigrifrons*.

SAÓ-TINGA saú branco, cinzento, *Callithrix cinerescens*.

SAPÉ, RAPÉ caminho. V. *Rapé* e comp.

SAPECA chamuscado, sapecado.

SAPECASARA chamuscador.

SAPECASAUA chamuscamento.

SAPECATAUA chamuscadouro.

SAPECAUA chamusco.

SAPECAUARA chamuscante.

SAPECAUERA chamuscável.

SAPECA-YMA não chamuscado.

SAPECUMA, RAPECUMA ponta, saliência.

SAPECUMAPORA que está, mora na ponta.

SAPECUMAUARA que é da ponta.

SAPI queimado, escaldado, seco pelo efeito do sol. *Coaracy ara ramé pori osapi pau*: no verão o campo seca todo.

SAPIÁ, RAPIÁ, TAPIÁ testículo. V. *Rapiá*.

SAPIAPORA que está nos testículos.

SAPICA casta de caranguejo.

SAPIETÉ, SAPIRETÉ abrasado.

SAPIETESARA abrasador.

SAPIETESAUA abrasamento.

SAPI-SAPI afogueado.

SAPISARA queimador.

SAPISAUA queimação.

SAPI-TATÁ incendiado; *lit.*: escaldado a fogo.

SAPITYUA queimadouro.

SAPIUÁ queimada.

SAPIUARA queimante.

SAPIUERA queimável.

SAPIXARA homônimo. V. *Rapixara* e comp.

SAPIYMA não queimado.

SAPOMI, SAPUMI cochilado.

SAPOMIPORA cochilante.

SAPOMISARA cochilador.

SAPOMISAUA cochilamento.

SAPOMITYUA cochiladouro.
SAPOMIUA cochilo.
SAPOSAPÚMI piscado. *V. Sapumi* e comp.
SAPOTA casta de fruta muito estimada.
SAPOTĪ uma qualidade menor de sapota, também muito apreciada.
SAPOTAYUA, SAPOTIYUA sapotizeiro.
SAPU, RAPU raiz das plantas.
SAPUÁ expedito, apressado, ativo.
SAPUÁ-ETÉ ativíssimo, muito expedito.
SAPUÁSÁRA apressador, ativador.
SAPUÁSÁUA atividade.
SAPUÁYMA sem expediente, sem atividade.
SAPUCAI gritado.
SAPUCAIA[1] fruta comestível, com uma espécie de amêndoa, castanha, que se encontra numa cápsula arredondada e lenhosa, que, ao momento da maturidade, se abre rumorosamente (de onde o nome) expelindo as sementes.
SAPUCAIA[2] galo, galinha, sendo pois necessária a indicação do sexo, *sapucaia cunhã*: galinha, *sapucaia apygaua*: galo, todas as vezes que precise evitar confusão.
SAPUCAIA CIYÉ tripa-de-galinha, casta de pequeno feijão, *Phaseolus caracalla*.
SAPUCAIA IRERU capoeira.
SAPUCAIA PIRÁ casta de peixe.
SAPUCAIA PIROCA pinto, galinha sem penas.
SAPUCAIA PUNGÁ crista.
SAPUCAIA PY pé-de-galinha, casta de erva muito comum.
SAPUCAIA ROCA galinheiro.
SAPUCAIA SAPIÁ grão-de-galo.
SAPUCAIA SUPIÁ ovo; ovo-de-galo, casta de Acácia.
SAPUCAIA SUPIASAUA postura.
SAPUCAIA SUPIAUARA galinha poedeira. *Sapucaia supiauara puranga*: galinha boa poedeira.
SAPUCAIA-YUA sapucaizeira, castanheira-do-pará, que não deve confundir-se com a tocari, que é uma *Bertholetia*, no entanto que a sapucaia é uma *Lecythis*. Embora sejam ambas gigantes das florestas amazonenses, têm áreas de habitação diversa. Além de não se encontrarem juntas na mesma mata, a tocari que abunda nas matas do Solimões e do baixo Amazonas é rara no Pará, onde abunda a sapucaia.

SAPUCAISARA gritador.
SAPUCAISAUA gritaria.
SAPUCAITYUA gritatório.
SAPUCAIUA grito.
SAPUCAIUARA gritante.
SAPUCAIYMA não gritado.
SAPUMI *V. Sapomi* e comp.
SAPUPEMA raiz chata, a raiz que sobe do solo, formando saliência em forma de escora achatada em roda do tronco, fazendo-lhe de contraforte e dividindo-o em compartimentos, muitas vezes suficientemente espaçosos para servir de abrigo momentâneo, depois de ter uma ligeira cobertura de folhas de palmeira, ou uma simples *mytu-ruaia*, a sete ou oito pessoas, permitindo fazer fogo e preparar a comida.
SAPUPIRA árvore da terra firme, que fornece excelente madeira para obras de marcenaria.
SARA sufixo adjetivante, equivalente na mor parte dos casos às terminações em *or*; indica o agente. *Uatasara*: andador e ao mesmo tempo quem faz andar. *Usara*: comedor, quem come. Distingue-se de *uara*, porque este forma, como veremos a seu tempo, verdadeiros particípios presentes.
SARÁ enrolado.
SARACOMO casta de caba.
SARACURA três-potes, *Gallinula gigas*, lindo *Rallida*, comum em todo o Amazonas.
SARAẼN, SARAĨN esquecido.
SARAENGARA esquecedor.
SARAENGAUA esquecimento.
SARAPÔ casta de peixe em forma de enguia.
SARAPOPÉUA casta de lagarta que já ouvi dizer ser venenosa.
SARARÁ[1] crespo, encaracolado; o cabelo do mulato, de onde, pois, chamarem-se em alguns lugares também sarará aos ruivos de cabelo encaracolado; bem enrolado.
SARARÁ[2] casta de *Hyalea*, o nome de um pequeno caranguejo que se costuma encontrar nos igapós e igarapés.
SARARACA flecha especial para tartaruga. Tem a ponta de ferro, de forma quadrangular, emechada num espigão de *paracuuba* e presa à haste por uma linha comprida, fina e forte, que nela fica solidamente enrolada. O pescador não flecha diretamente a tarta-

ruga, a flecha resvalaria sobre o casco; flecha em parábola, isto é, calculando a olho, com a exatidão que lhe dá a prática, a distância em que se acha o alvo, solta a flecha de modo que, vinda do alto, caia perpendicularmente sobre o animal e se afinque solidamente no casco. Nisso os nossos indígenas são habilíssimos e muito raramente erram o alvo. A tartaruga, ao sentir-se flechada, mergulha, a haste da flecha saca e fica de bubuia, desenrolando-se a linha que a prende ao bico, rapidamente. O pescador, então, apanha a haste e, devagarzinho, sem puxões, recolhe a linha. A tartaruga obedece facilmente e vem até o pé da canoa, seguindo a pressão da linha, feita com jeito e vagar, e aí, para os que têm a prática necessária, não custa embarcá-la.

SARASARA enrolador.
SARASAUA enrolamento.
SARATAUA enroladouro.
SARAUÁ rolo.
SARAUARA enrolante.
SARAUATANA zarabatana. V. *Carauatana*.
SARAUERA enrolável.
SARAUIANA, **SARABIANA** casta de peixe, *Cichla temensis*.
SARAYMA não enrolado.
SARECUA, **SARCUA** cacho.
SARIUÁ, **SARIUÉ** sariga [sarigüê], casta de pequena mucura do gênero *Didelphys*.
SARU, **SARUN** esperado.
SARUÁ o mal que alguém pode produzir, mesmo de longe, e que é esperado como consequência natural e necessária de um ato qualquer, voluntário ou não, em dano das pessoas da própria família ou alheias, mas às quais é ligado de algum modo, ou sobre as quais pode ter uma influência qualquer, por possuir alguma coisa que lhes pertenceu. É a influência que pode exercer o pai sobre os próprios filhos logo depois de concebidos e durante toda a meninice, comendo, bebendo ou fazendo alguma coisa que, por isso mesmo, lhe é defendida. Daí vem o resguardo do marido pelo parto da mulher, ficando ele em descanso, com se fora a parturiente, o cuidado de não comer certas caças ou certos peixes, especialmente de pele, durante a gravidez da mulher e a meninice dos filhos. É a influência que afirmam exercer a mulher grávida sobre as coisas que a cercam, tornando-se capaz de tudo estragar com o simples olhar, podendo muitas até afrontar impunemente as cobras mais perigosas, que, pelo contrário, podem morrer, se olhadas ou tocadas por ela. É o que faz que, se na maloca onde ela se acha deve ser moqueada alguma caça ou pesca, ou a mulher sai ou o moquém se arma fora, longe da vista dela. Mas não é só a mulher grávida que é *saruá*, *saruá* são todas as fêmeas grávidas, pelo que é obrigação estrita do caçador que as encontrar deixá-las ir em paz, sob pena de se tornar panema e nunca mais voltar a ser caçador afortunado. Os estranhos também podem fazer saruá, e é um dos poderes do pajé, embora haja pessoas que o podem fazer sem sê-lo. Em qualquer caso, porém, precisam de ter em seu poder alguma coisa que pertença ou tenha pertencido à pessoa contra quem se quer dirigir o *saruá*; e é suficiente um cabelo, um pedaço de unha, um pouco de raspagem da pele, qualquer "sujo" que venha do sujeito: sem tê-lo, nada podem fazer. Isto posto, o saruá, se tem alguma coisa do quebranto, e da jetatura e de outras superstições europeias, tem caracteres próprios que o tornam original.

SARUARA esperante.
SARUERA esperável.
SARUNGARA esperador, quem espera.
SARUNGAUA esperança.
SARUYMA não esperado.
SARUYUA fé, fundamento da esperança.
SARYUA pinha, cacho.
SASASASAU passado e repassado. V. *Sasau* e comp.
SASAU passado, atravessado.
SASAUA passe.
SASAUARA passante, transitante.
SASAUERA passável, transitável.
SASAUPORA cheio de passes. *Yarapé sasaupora*: igarapé cheio de passagens, que se passa em qualquer lugar.
SASAU-PURE excedido, passado por cima. V. *Pure* e comp.
SASAUSARA atravessador.
SASAUSAUA passagem, travessia.

SASAUTAUA, SASAU-TENDAUA atravessadouro.
SASAUYMA não atravessado.
SASOCA gusano da madeira, gorgulho.
SASOPORA, RASOPORA tráfego.
SASUCANGA mal tapado, ralo.
SATAMBYCA direito, rijo.
SATAMBYCASARA endireitador, enrijador.
SATAMBYCASAUA direitura, enrijamento.
SATAMBYCAUARA endireitante, enrijante.
SATAMBYCAYMA não direito, torto, ambíguo.
SATEPU, RATEPU face, maçã do rosto.
SATIPI, RATIPI bochecha.
SATYUA, RATYUA sogro.
SAÚ casta de macaco do gênero *Callithrix*.
SAUA, RAUA, AUA pelo, cabelo. V. *Aua* e comp.
SAUA, PAUA sufixo que, aditado a uma palavra, a torna nome com a acepção de ato, fato ou efeito da ação indicada por ela [e] substantiva a ideia nela contida. *Suake*: perto; *suakesaua*: vizinhança. *Puxi*: feio; *puxisaua*: fealdade. *Suaenti*: encontrado; *suaentisaua*: encontro. Em alguns lugares, tenho ouvido confundir-se *saua* com *taua*, mas é engano; e, se na mor parte dos casos o contexto vindo a esclarecer a ideia torna o erro de nenhuma consequência, nem por isso é menos certo que os dois sufixos não se confundem, e isso embora se dê exatamente o contrário com *ngaua*, em que se transformam os dois sufixos aditados a palavras terminadas em nasal.
SAUAAN, SAUAANA enseada.
SAUACA desfolhado, depilado, depenado.
SAUACASARA desfolhador.
SAUACASAUA desfolhamento.
SAUACATYUA desfolhadouro.
SAUACAUA desfolha.
SAUACAUARA desfolhante.
SAUACAUERA desfolhável.
SAUACAYMA não desfolhado.
SAUACU, SABACU casta de pássaro que vive nos alagadiços, pequeno *Rallida*.
SAUACURI planta usada como vomitório; o vomitório da planta.
SAUAPORA cabeludo.
SAUAYMA sem cabelos.
SAUÉ manchado, bolorento.
SAUECA cavado.

SAUECASARA cavador.
SAUECASAUA cavação.
SAUECATYUA lugar de cavar ou cavado.
SAUECAUA furo, buraco.
SAUECAUARA cavante.
SAUECAUERA cavável.
SAUECAYMA não cavado.
SAUECAYUA o ferro, o pau, aquilo com que se cava.
SAUEPAUA podridão.
SAUEPORA apodrecente, cheio de bolor.
SAUESARA apodrecedor, que faz apodrecer.
SAUETAUA apodrecedouro.
SAUEUÁ podre, mancha.
SAUEUERA apodrecível.
SAUEYMA não podre, não manchado.
SAUĨ saguim, nome genérico dos pequenos macacos, talvez devido aos pequenos e agudos guinchos que todos eles costumam emitir, seja brincando, seja irritados, seja espantados.
SAUIÁ sabiá, o representante próximo do tordo; nome comum a vários pássaros de gênero *Mimus*, que conta os melhores cantores.
SAUIÁ MPUCÁ sabiá que escarnece, que ri.
SAUIÁ PIRANGA sabiá-vermelho.
SAUIÁ UNA sabiá-preto.
SAUIÁ YUA sabiá amarelado.
SAUÍRA gengiva.
SAUIRAPORA que está na gengiva.
SAUIÚ costura enviesada, que saiu torta.
SAY azedo, ácido, azedado.
SAYICA sajica, forte, rijo ao mesmo tempo que flexível e elástico; nervo.
SAYICAPAUA resistência, rijeza.
SAYICAUERA resistente, cheio de nervo.
SAYICAYMA sem nervo.
SAYSARA azedador, quem torna azedo.
SAYSAUA azedume, acidez.
SAYUA[1] queixo (contração de *sanha yua* = origem, raiz dos dentes).
SAYUA[2] saúva, formiga do gênero *Ata*; nome genérico dado às operárias da mais daninha das formigas, e que se distinguem exatamente pela robustez e tamanho do queixo com que cortam e danificam as plantações.
SAYUARA azedante
SAYYMA não azedo.
SERÁ? partícula expletiva interrogativa sem significação especial. *Mira será indé?*: tu és

gente? *Omundu ocenoicári será ixé?* mandou-me chamar? *Resó putári será cuá rupi?*: queres ir por cá?
sô ido, andado.
soaiti atalhado.
soaitisara atalhador.
soaitisaua atalhação.
soaiti tendaua lugar de atalho.
soaitiuá atalho.
soaitiuara atalhante.
soaitiuera atalhável.
soaitiyma não atalhado.
soantĩ, soaentĩ encontrado, ido ao encontro. É ato voluntário, se encontra porque se procura; no entanto, *iuantĩ* e *iuaentĩ* indicam antes um encontro fortuito. De *só* e *antĩ*, ir na ponta. V. *Iuaentĩ* e comp.
soati ninho.
soca, roca, oca casa. V. *Oca* e comp.
soca arrimado, apoiado.
socanga suportado.
socangara suportador.
socangaua suportação.
socangayma não suportado, insofrido.
socasara apoiador, arrimador.
socasaua arrimo, apoio.
socatyua lugar de arrimo, de apoio.
socauara arrimante, apoiante.
socauera arrimável, apoiável.
socayma sem arrimo, sem apoio, sem casa.
socó nome genérico de uma casta de Pernaltas, de pescoço muito comprido e desproporcionado com o corpo, e bico forte e acerado, aves que estão entre as cegonhas e as árdeas.
socoĩ socozinho.
soco!, toco! exclamação admirativa dubitativa, que se poderia traduzir: Possível! Ora, ora!
socó-mboia casta de cobra que vive na proximidade d'água, pequena *Constritor*.
socoró fruta que cresce no igapó.
soecé acometido, arremetido.
soecésára acometedor.
soecésáua acometimento.
soecétýua acometedouro.
soecéua acometida.
soecéuára acometente.
soecéuera acometível.
soecéyma não acometido.

sóó animal, melhor talvez quadrúpede, compreendidos neste nome os quadrúmanos. Na realidade *sóó* não compreende nem *uirá* nem *pirá*, e se *sóó-mirità* – bichinhos – abrange todos os que se movem sobre a terra, ainda assim exclui os peixes e as aves.
só-ocara-kiti saído para fora, viajado.
so-ocara-kitisaua viagem, ida para fora.
so-ocara-kiti-uara viajante.
sóócuéra carne, a carne de qualquer animal depois de morto, e, com especialidade, a que é recortada e destinada a ser comida.
sóókíra carne gorda, gordura.
soomirĩ baixinho, inseto, tudo que não tem nome especial.
sóópapáu, sópapáu quinta feira, contração de *Sóó opapau*: a carne acabou.
sopare envolvido, empaneirado.
soparesara empaneirador, envolvedor.
soparesaua empaneiramento, envolvimento.
soparetyua empaneiradouro, envolvedouro.
sopareuara empaneirante, envolvente.
sopareuera empaneirável, envolvível.
sopareyma não empaneirado, não envolvido.
sopareyua paneiro, invólucro.
sopirera, sóópiréra couro.
soroca rasgado, roto.
sorocapaua rasgamento, rompimento.
sorocapora rasgante, rompente.
sorocasara rasgador, rompedor.
sorocatyua rasgadouro, rompedouro.
sorocauá o rasgado, o roto.
sorocauera rasgável, rompível.
sorocayma não rasgado, não roto.
sororoca retalhado, recortado, esfiapado. V. *Soroca* e comp.
sory alegre, satisfeito. *Xaicô sory*: estou satisfeito. *Tupana oxaisu mira sory*: Deus gosta da gente alegre.
soryara alegrante.
sorysara alegrador.
sory-yma não alegre, insatisfeito.
sory-yua alegria, satisfação.
sosara andador.
sosaua andada.
sotyua lugar de ida, andadouro.
souaia, suaia terra de além. V. *Suaia*.

souaiapora que está além.
souaiauara que é de além.
souara andante.
souera andável.
soyma não ido, não andado.
su ido, andado. *V. Só* e comp.
suá, ruá cara, rosto, figura, aspeto.
suaci, sua-saci tristonho, carrancudo.
suai lado, parte, banda.
suaia, ruaia cauda, rabo, pendão, terra de além. *Suaia*: nesta última acepção, indica a terra de onde vieram os antepassados, cujo nome é conhecido, quando ainda o é, pelos iniciados nos segredos do passado, os velhos do conselho, mas é proibido tornar conhecido de povo. O lugar que os antepassados abandonaram, fugindo perante o inimigo, e de onde o inimigo ainda pode vir. Se esta é acepção indígena, para assim dizer originária, hoje, para os civilizados que falam língua geral, *suaia* corresponde à Europa ou terras de além-mar.
suaiana, suainhana inimigo, estrangeiro, de além-mar, europeu.
suaiara, ruaiara cunhado. *V. Ruaiara*.
suaiapora cheio de caudas, rabudo.
suaiauara caudado.
suaĩn suado.
suaindape daquele lado. *Amu suaindape suí*: daquele outro lado.
suaingara suador, suante.
suaingaua suor, suada.
suainti encontrado, recebido (rio Negro). *V. Soaenti* e comp.
suaiuara de além, europeu.
suake, ruake perto, próximo, vizinho. *V. Ruake* e comp.
suake catu bem perto.
suake eté pertíssimo.
suake rupi pelo curto. *Suake eté rupi*: pelo mais curto.
suá-kytan, suá-kytanga sinal, verruga do rosto.
suãn, suãna grelo, rebento, gema. *Pupunha suãn*: rebento de pupunha, palmito de pupunha.
suá-pecanga maçã do rosto.
suá-peteca esbofeteado, bofete.
suá-petecasara esbofeteador.
suá-petecasaua esbofeteamento.

suá-piranga cara vermelha.
suá-poké disfarçado.
suá-pokesara disfarçador.
suá-pokesaua disfarce.
suá-pupeca dissimulado, fingido.
suá-pupecasara dissimulador, fingidor.
suá-pupecasaua fingimento.
suá-rangaua figura de cara, máscara.
suasu veado. É o nome genérico do veado americano e compreende o galheiro, o capoeiro, o catingueiro e as mais espécies que vivem no Amazonas, que, por via de regra, não se encontrando promiscuamente na mesma região, não carecem ser distinguidas com diferentes nomes.
suasuaca galho de veado; veado-galheiro.
suasu anhanga veado duende, das lendas de Marajó e baixo Amazonas.
suasu apara veado curvo, de galhos tortos, veado-campeiro, *Cervus campestris*.
suasu cariasu casta de veado. Alex. R. Femeira, em Gonçalves Dias (*Dicionário Tupi*), citado por Martius, decompõe esta palavra da seguinte maneira: *caá*, folha; *ri*, muita; *açu*, que se divulga. Com todo o respeito devido a tamanhos nomes, me é impossível concordar. *Cariasu* (em Martius se lê *Cariacu*, mas é erro tipográfico) poderia vir de *cari* e *uasu* e significar muito poderoso e indicar uma casta de veado de galhos muito desenvolvidos, por isso mesmo imponente.
suasu-eté veado verdadeiro; o dos campos.
suasumé cabra.
suasu-rana falso veado, *Felix puma, Felix concolor*, lindo felino que, pelo tamanho e pela cor, especialmente no mato, pode facilmente ser confundido com um veado, de onde o nome.
suá-tauá cara amarela, pequeno periquito.
suati, suaiti ninho. A primeira forma é mais usada no rio Negro, a segunda no Solimões; *soati* no baixo Amazonas.
suá-uasu cama grande, cheia. *Yacy suá-uasu*: lua cheia.
suaxara[1] lado, parte, lugar. *Cuá suaxara*: deste lado. *Amu suaxara*: outra parte, a parte que ainda falta de uma mistura.
suaxara[2] respondido. *Tuixaua osuaxara aé supé*: o tuxaua respondeu para ele.

SUAXARA-NHEẼN replicado.
SUAXARA-NHEẼNGA réplica.
SUAXARA NHEẼNGARA replicador, replicante
SUAXARASARA respondedor.
SUAXARASAUA resposta.
SUAXACATYUA lugar da resposta.
SUAXARAUARA respondente.
SUAXARAUERA respondível.
SUAXARAYMA sem outro lado, não respondido.
SUAYA coca boliviana (Japurá).
SUAYU pálido, descorado.
SUAYUSAUA palidez.
SUCUACU sexta-feira, dia de jejum; jejuado.
SUCUACUSARA jejuador.
SUCUACUSAUA jejum.
SUCUACU TENDAUA lugar de jejum.
SUCUACUARA jejuante.
SUCUACUERA jejuável.
SUCUACUYMA não jejuado.
SUCUI eis. *Misucui*: eis aqui.
SUCUPYRA casta de Leguminosa, que cresce nas termas firmes e fornece boa madeira para marcenaria.
SUCURUIÚ, SUCURYIÚ, SUCURIJÚ *Boa scintalis*, grande *Constritor*, que atinge enormes dimensões e vive de preferência nos lugares banhados e mesmo nos rios e lagos. Embora em nenhuma parte comum, se encontra em todo o Amazonas e afluentes, e ataca indiferentemente a presa tanto dentro como fora d'água.
SUCUYUA, SUCUUBA casta de árvore da tribo das *Plumerineas*, que cresce nas campinas e dá uma paina somente utilizada para encher almofadas. Da casca, por meio de incisão, extraem um leite que serve para emplastros.
SUÍ de, do, da. Indica o lugar de onde se sai ou se vem, ou de onde a ação parte ou se inicia. *Mira ciupiru ocemo cé oca suí*: a gente começa a sair de minha casa. Indica também a matéria de que uma coisa é feita: *Kicé itá eté suí*: faca de aço. *Soca yuy suí*: casa de terra. Do meio de: *Repuruaca iepé apyaua iané suí*: escolhe um homem dentre nós.
SUINDÁ aquele lado.
SUINDÁ KITI para aquele lado.
SUINDAPE naquele lado.
SUINDÁ SUÍ de aquele lado.

SUÍUÁRA que é de, vem de, é feito de. *Itaiuuá suíuára*: feito de ouro. *Iané suíuára*: dentre nós.
SUIRÕN, SUIRUN ciumado, implicado.
SUIRUNGARA implicante, ciumento.
SUIRUNGAUA implicância, ciúme.
SUIRUN-UERA ciumento.
SUIRUN-YMA não ciumado, não implicado.
SUKI azul. *Pana amaniú suki suaiauara*: pano de algodão azul da outra banda.
SUKIRA azul-celeste.
SUKIRA CERANE azulado.
SUKIRA-ETÉ muito azul.
SUKIRANA bem azul.
SUMARÉ casta de Orquidácea.
SUMBOI-PÉUA sanguessuga.
SUMBY bunda, nádegas.
SUMBYCA, SUMYCA inchado, arredondado.
SUMBYCASARA inchador.
SUMBYCASAUA inchaço.
SUMBYCA TENDAUA lugar do inchaço.
SUMBYCAUARA inchante.
SUMBYCAUERA inchável.
SUMBYCA-YMA não inchado.
SUMBYPORA nadegudo.
SUMBY UASU bunda grande.
SUMICA roxo-violeta-claro.
SUMUARA, IRUMUARA companheiro.
SUMYTERA cerne, parte dura e central das plantas.
SUMYTERAPARA cheia de cerne.
SUMYTERAUARA que é de cerne.
SUMYTERAYMA sem cerne.
SUNDARI bolo de mandioca com ovos (rio Solimões).
SUPÉ a, para. *Remeẽn i supé*: dá a ele. *Rerure ce supé*: traz para mim. *Osuaxara aé supé*: respondeu a ele ou para ele.
SUPEPE ao próprio, para o próprio, para o mesmo. *Xameẽn í supepe*: dou ao próprio.
SUPEUARA aquele para quem. *Ma supeuara cuaá maá-etá*: para quem estas coisas?
SUPI deveras, na verdade.
SUPIÁ ovo.
SUPIÁ AYUA ovo estragado, choco.
SUPIÁ CATU ovo fresco, novo.
SUPIÁ PIRERA casca de ovo.
SUPIÁ-PORA ovada, cheia de ovos.
SUPIARA envenenado; a quem se administra veneno.

SUPIARASAUA envenenamento.
SUPIARAYUA veneno.
SUPIARERU, SUPIÁ IRERU ovário.
SUPIÁ TACACÁ branco do ovo, clara.
SUPIÁ TAUÁ amarelo do ovo, gema.
SUPIÁ UAPICASARA chocadeira.
SUPIÁ UAPICASAUA chocamento.
SUPIÁ-UARA poedeira.
SUPIÁ USARA comedor de ovos.
SUPIÁ-YMA sem ovos, estéril.
SUPI CATU bem deveras.
SUPI-ETÉ realmente. *Supi eté será? Supí eté:* é realmente? Realmente.
SUPI IAUÉ como é de fato.
SUPI RUPI verdadeiramente, pela verdade.
SUPIRE levantado, elevado, suspendido, carregado.
SUPIRESARA levantador, carregador.
SUPIRESÁUA elevação, suspensão.
SUPIRETYUA lugar de elevar, carregar, suspender.
SUPIREUARA carregante, levantante, suspendente.
SUPIREUERA carregável, suspensível, levantável.
SUPIREYMA não carregado, não levantado.
SUPISARA verdadeiro.
SUPISAUA verdade.
SUPI-TEẼN, SUPI-TENHẼ com certeza.
SUPIYMA não verdadeiro.
SURA galinha sem cauda, por um defeito do uropígio, que se transmite por hereditariedade.
SURAIÚ escorpião, lacrau.
SURARA soldado (corrupção do português).
SURUCUÃN, SURUCOÏN nome genérico e comum a vários pássaros compreendidos na família dos Trogonidas e tamatiás, de D'Orbigny. Como plumagem, são pássaros dos mais favorecidos, mas têm cabeça enorme sobre um corpo desajeitado, quase sem pernas, umas asas curtas e redondas, desproporcionadas com a cauda e as longas plumas dorsais, que os tornam maus voadores. Pouco ativos, passam horas e horas sentados num galho de pau à espera de que passe um inseto, e então se lhe precipitam em cima com um rápido mergulho, escancarando o enorme bico, o que fez dar a uma variedade o nome de *tamatiá uirá*; mas são mais as vezes que voltam sem ter apanhado nada, do que aquelas em que são felizes; passariam muitas vezes em jejum, se, além de insetos, não comessem também toda a sorte de bagos, de que a mata abunda.
SURUCUCU uma das cobras mais venenosas das florestas amazônicas, *Lachesis*. A carne moqueada é usada na Farmacopeia indígena para cura do reumatismo. Na falta são administrados os ossos pulverizados em infusão de cachaça ou simplesmente misturados com o café. Como contraveneno, se me tem afirmado ser eficaz, quando usada logo, a lavagem do lugar ferido, com água que tenha servido para lavar as pudendas de indivíduo do sexo contrário ao que foi mordido, secundando o efeito com beber também uma cuia da mesma água. As pudendas não devem ser de indivíduo muito moço nem de criança; quanto mais velho o sujeito, melhor, afirmam todos, pelo que parece que a parte ativa seja o amoníaco. Eu nunca tive ocasião de experimentar a verdade da asserção. Noto todavia que, na Lenda do Jurupari, é este o remédio empregado pelo pajé, para curar-se, e aos seus, dos efeitos das mordidelas dos bichos – cobras, aranhas, lagartos, cabas e formigas – que nasceram das cinzas de Ualri.
SURUCUCU-RANA falsa surucucu, cobra, segundo alguns, venenosa quanto a surucucu, segundo outros inócua. Não a conheço.
SURUCUYÁ, SURUCUJÁ casta de maracujá comestível, de flor vermelha, *Passiflora*.
SURUÍ casta de farinha de mandioca, feita com a raiz não ainda puba e conservada muito fina.
SURUMBI, SURUMI surubim, *Platystoma suruby* e afins, porque debaixo do mesmo nome se designam diversas espécies. Casta de peixe de pele, que, apesar da prevenção que há contra os peixes sem escamas, considerados como pouco saudáveis e causadores de doenças de pele, é bastante apreciado e procurado. É o triunfo de todo o pescador novato. Onde estiver surubim, não fica a isca muito tempo sem ser engolida, e, salvo no caso de ser a linha demasiado fina para o tamanho do peixe, desde que a engoliu é preso.
SURURINA casta de inambu, *Crypturus variegatus*.

sururu[1] mexilhão, casta de Molusco.
sururu[2] babado, molhado.
sururuá baba.
sururupora baboso, babante.
sururusara babador, molhador.
sururusaua babamento, molhamento.
sururuyma sem mexilhões, não babado.
sutinga vela, tela branca.
sutiro tecido, chita, tela.
sutiro munhangara tecelão.
sutiro munhangaua tecimento.
sutiro munhangatyua fábrica de tecidos.
sutiro peteca tela batida ao tear.
sutiro petecasara a régua com que se bate o urdume para que assente na trama.
sutiro-pora depósito de tecidos, loja de tecidos.
sutirotyua tear, lugar em que se tece.
sutiroyua a trama.
suu dilaniado, mordido.
suumba, suuma a parte da *sararaca* em que se adapta a ponta de ferro, consistente num espigão de pau duríssimo, geralmente *paracuuba* endurecida ao fogo, introduzido na *sacana* e nela seguro com breu e um atilho breado de *curauá*, mais raramente de tucum. É na *suumba* que se enrola a linha, que segura a ponta de ferro à *sacapira-itá*.
suusara mordedor.
suusaua mordedura, ato de morder.
suusuu mordiscado, roído.
suusuusara roedor.
suutaua mordedura, lugar mordido.
suuuara mordente.

T prefixo pronominal da terceira pessoa. Indica a relação que a palavra que o assume tem com a pessoa ou cousa de que se fala. *Xaiuíre i tetama suí*: volto da sua terra. *I tendyra osaru aé pituna pucu ramé*: sua irmã o esperou toda a longa noite.

TA partícula dubitativa. *Ta ocuao*: quem sabe. Ou negativa: *Tacuáu, tauco*: não sei.

TAÁ partícula interrogativa sem significado próprio. *Auá taá?*: quem? *Ixé taá?*: eu?

TACACÁ papas, não muito espessas, de tapioca em caldo de peixe ou de carnes, assazonadas com pimenta-malagueta.

TACACA soado, vibrado, ecoado.

TACACÁ PORA cheio de tacacá.

TACACASARA vibrador.

TACACASAUA vibração.

TACANA freixeira. V. *Sacana*.

TACANA-RAPU casta de peixe.

TACANÕ Bubão venéreo, inchaço em supuração.

TACAPE clava, maça, cacete quadrangular com os cantos mais ou menos vivos, de um metro e pouco de comprimento, com empunhadura, e alguma vez caprichosamente ornamentado e esculpido, feito de madeira rija, mirapiranga ou pau-d'arco.

TACARÉ casta de mandioca.

TACOCA, SACOCA caruncho, gorgulho.

TACIRA ferro para cavar canoa.

TACIRA YUY RUPIARA ferro de cova.

TACUA febre, sezões.

TACUA AYUA febre de mau caráter.

TACUA ETÉ febre forte, febre verdadeira.

TACUA PORARÁ padecente de febre, sofrer febre.

TACUARA[1] casta de *Bambusea* espinhosa, que cresce nas terras firmes, e cujo caule duríssimo e endurecido ao fogo é utilizado para ponta de flecha. A flecha que traz a ponta de *tacuara* endurecida ao fogo é diversamente talhada e retalhada, conforme se destinada para caça, para pesca ou para guerra.

TACUARA[2] casta de inambu.

TACUA RANA falsa febre, efêmera.

TACUARA PURACYSAUA caniço, taquara da festa.

TACUARI, TAQUARY pequena taquara, casta de *Bambusea* mais ou menos espinhosa, que cresce nas baixadas, onde forma matagais impenetráveis, sem no entretanto engrossar muito, sendo utilizada por isso mesmo para cânula de cachimbo.

TACUARI taquari, a cânula do cachimbo; indústria indígena, embora em geral não seja hoje feita da *Bambusea*, que tem este nome.

TACUA RIRI tremente de febre.
TACUNHA, SACUNHA, RACUNHA membro, partes genitais do macho.
TACUNHA CAUA casta de caba.
TACUNHA-YUA o pedaço de pano, casca ou qualquer outro adminículo que serve para cobrir as partes pudendas do homem. *V. Coeiú.*
TAÍ queimoso, picante.
TAIA ardente, o efeito da pimenta sobre a mucosa da boca.
TAIÁ tajá, nome comum a muitas plantas que se distinguem pelas largas folhas, formando toiça, muitas vezes elegante e caprichosamente manchadas; do gênero *Calladium* e afins.
TAIACICA casta de peixe.
TAIA-EMBÁ casta de *Aroidea* que toma o aspecto de tajá sem sê-lo; como, aliás, diz o nome: não tajá.
TAIÁ-PÉUA, TAJAMBEBUA, TAJAPEBA tajá de raiz chata.
TAIÁ-PINIMA tajá-pintado.
TAIÁ-PIRANGA tajá-vermelho, tajá pintado de vermelho. É entre estes que, parece, estão as espécies mais venenosas. É um tajá de largas manchas vermelhas cor de sangue, de cujas raízes os indígenas do Uaupés extraem o veneno que propinam às mulheres condenadas à morte por terem surpreendido alguns dos segredos do Jurupari. *V. Iurupary.*
TAIÁ-PURUU tajapuru, tajá a cuja raiz se atribui a propriedade de trazer a felicidade nos amores e de tornar marupiara quem a traz consigo, pelo que se encontra muito cultivado, especialmente no baixo Amazonas.
TAIARA queimante.
TAIASU, TANHASU queixada, porco-do-mato, dente-grande, *Dicotyles labiatus*. Nome que hoje em dia é dado geralmente também ao porco doméstico.
TAIASUAIA porco de casa (contração de *taiaçu*, porco, e *suaia*, de além).
TAIASU UIRÁ ave-porca, *Nictirax*. Ave ribeirinha, cujo nome é devido ao barulho que faz com o bico forte e volumoso, batendo entre si os queixos, e que faz lembrar o barulho que faz ouvir o queixada, *taiaçu*, [que] quando andando bate os dentes; *takiri* (Solimões).

TAIÁ-UASU tajá grande, várias espécies de tajá de folhas grandes, e entre elas a *Colocasia esculenta*, ou tajá-couve, e uma espécie de *Aroidea* de folha gigantesca.
TAIÁ-UNA tajá-preto, várias espécies de *Calladiuns* com as folhas manchadas de preto, e uma variedade de raiz esculenta, mas que precisa saber distinguir das outras, que são geralmente venenosas.
TAIÁ-YUA tajaba, tajaoba, nome que em alguns lugares dão à *Colocasia esculenta*.
TAICY casta de formiga-de-fogo; mãe queimosa, mãe do ardor.
TAÍNA criança, nome que serve para os dois sexos durante os primeiros anos de vida, até que comecem a andar e a falar, quando já tenham recebido um nome, e já comecem a especializar-se nos respectivos serviços, porque então passa o menino a ser *curumĩ* e a menina, *cunhantaĩ*.
TAINAPURACASARA, TAINAPURASARA ama-seca, carregadora de criança.
TAINHA, RAINHA, SAINHA caroço. *V. Rainha.*
TAINHA casta de peixe de escama.
TAIOCA, TACA casta de formiga.
TAIPA ripado, o atravessar horizontalmente a ripa, segurando-a nos esteios e mais madeiras de enchimento das casas de taipa, para poder levantar a parede de barro e rebocá-la.
TAIPAPORA enchimento.
TAIPARA ripa, a fasquia de madeira, a vergôntea, a taquara ou qualquer outra coisa análoga que serve para ripar.
TAIPASARA ripador.
TAIPAUA ripagem, ripamento.
TAIPA-YMA não ripado.
TAISU, RAISU sogra.
TAITATĨ, RAITATĨ nora.
TAITÉ coitado, infeliz, desgraçado, pobre; forma comiserativa. *Taité ixé*: pobre de mim, ai de mim. *Taité indé*: pobre de ti. *Ma osaru cuá mira taité?*: que espera esta pobre gente?
TAITEÍRA pobrezinho.
TAITÉYUA infelicidade, desgraça.
TAITÉUÁRA infelicitante.
TAITITU, CAITITU taititu, casta de porco-do-mato, menor do que o queixada, embora com os mesmos hábitos, *Dicotyles torquatus*.

TAITUĨ nora.

TAIUIÁ tajujá, casta de *Cucurbitacea* comestível.

TAIURÁ tinhorão, casta de *Aroidea* gigantesca.

TAIUMENA genro, com referência à mãe da mulher.

TAKIRA caixinha para carregar o *ipadu*, japurá.

TAKIRI casta de pássaro, *Nictorax*. V. *Taiasu uirá*.

TAMA sufixo, contração de *tetama*, com a significação de pátria, terra, lugar de onde. *Araratama*: terra das araras. *Uruutama*: pátria dos urubus.

TAMACOARÉ[1] casta de pequeno lagarto, muito conhecido e comum em todos os rios e lagos do Amazonas, onde vive nas árvores da margem, ficando horas e horas imóvel sobre um galho de pau, com que aliás quase que se confunde, por causa da cor e do desenho geral da pele, à espera da presa, qualquer inseto que lhe passe ao alcance, e que pega com um movimento rapidíssimo, que raro ou nunca falha. Espantado ou acossado, se deixa cair como corpo morto n'água, onde mergulha e se refugia, parecendo assim ser anfíbio. A incansável paciência da espera, a sagacidade da defesa, a ligeireza dos movimentos lhe granjearam a admiração incondicionada do indígena, que lhe atribui a virtude de comunicar estas mesmas qualidades a quem o possuir e dele trouxer sobre si alguma coisa, depois de seco e convenientemente preparado. O tamaquaré, nesta condição, é um dos mais preciosos talismãs, ou *pusangas*, para falar como ele, que o tapuio possa possuir. Além de lhe dar a constância e sagacidade necessária para bem dirigir-se na vida e conseguir tudo quanto depender de tempo e paciência, é suficiente um pouco do raspagem da sua pele dada a beber a quem nos quer deixar, para impedi-lo de o fazer; basta uma perna, um dedo amarrado numa das pontas da corda do arco, para que a flecha não erre o alvo; mas pode-se passar em resenha toda a crendice indígena, sem chegar-se a dizer para que serve o tamaquaré, desde que um tamaquaré, se preparado por pajé que tenha os fôlegos necessários – de cinco para cima – serve para tudo, e o seu dono tudo pode esperar dele, até que, por sua culpa, por alguma infração à lei, não lhe tenha neutralizado a virtude, ou a ação de algum pajé, mais forte do que a do pajé que o preparou, não o tenha tornado sem préstimo. São estas eventualidades que conservam a fé.

TAMACOARÉ[2] uma das constelações que encontrei conhecida pelos indígenas do Uaupé – Tarianas e Tucanas – e que corresponde mais ou menos a Cassiopeia, a cadeira, como é conhecida geralmente pelo povo. O tamaquaré ficou no céu desde a festa que Tupana deu a todos os bichos. Quando a gente de Tupana pôs fora os convidados, muitos deles teriam preferido ficar, porque se davam muito bem onde estavam; o tamaquaré ficou, porque estava tão imóvel e quieto no seu lugar, que ninguém o viu; depois, visto que já estava e que não incomodava, ficou. O seu hieróglifo ocorre frequentemente nas inscrições das pedras e consiste, na sua forma mais simples, em um longo traço, levemente engrossado do lado da cabeça, cortado por duas linhas transversais; a anterior, próxima a este lado, curva para cima; a inferior, pouco mais ou menos a um terço de todo o comprimento do traço, curva para baixo. Daí variando, conforme a habilidade do artista, que em muitos casos o completa com umas tantas estrelas agrupadas do lado da cabeça. O mesmo hieróglifo se encontra desenhado também na proa das canoas, e me foi explicado que aí é posto para a canoa não ficar no fundo, fazer como o tamaquaré, mergulhar se for necessário, mas voltar à tona d'água.

TAMACOARÉ[3] óleo detergente e antisséptico, muito empregado para cura de chagas e feridas, que é recolhido por meio de incisões feitas na casca de uma espécie de caraipa, que cresce nas terras altas. Para obter o óleo, aplicam ao lugar da incisão uns chumaços de algodão que, depois de embebidos, são cuidadosamente espremidos, recolhendo o óleo, quando não há vidros, em cabaças geralmente feitas com fruta de coloquíntide. O óleo de tamaquaré não é sempre de virtudes iguais, e me foi mais de uma vez afirmado pelos colegas pajés que o óleo extraído quando a planta mete novos brotos, em lugar de curar, envenena as chagas. É o que talvez explique a variabilidade dos efeitos que este produz, embora esta possa também ter por causa o vir o verdadeiro óleo de tamaquaré misturado com outros óleos, tirados por ignorância ou mesmo por pouco escrúpulo, de plantas diversas, embora parecidas.

TAMACOARÉ-YUA tamaquareúba, tamaquarezeiro, casta de caraipa que cresce nas terras firmes, e dá um óleo usado para cura de chagas e feridas. V. *Tamacoaré*[3].

TAMANDOÁ, TAMANOÁ tamanduá-bandeira, *Myrmecophaga jubata*, casta de grande Desdentado, facilmente reconhecível pelo focinho fino e comprido, a língua vermiforme e visguenta, e sobretudo pela bela e rica cauda, que, andando de um lugar para outro à cata de formigueiros, levanta em arco como uma bandeira, de onde a adição feita pelos Portugueses ao nome indígena. O tamanduá, apesar de não ter dentes, é um animal muito respeitável e pode tornar-se perigoso, se chega a abraçar-se com o adversário, e consegue cravar-lhe no corpo as fortes e afiadas unhas, de que é fornecido. Me têm contado que até a onça o respeita e guarda-se bem de atacá-lo de frente. O povo chama tamanduás todos os negócios duvidosos e que, apesar das aparências ou do que se apregoa, têm atrás de si rabos que se não acabam.

TAMANDOAÍ tamanduazinho, tamanduá pequeno, *Myrmecophaga didatyla*. Lindo mamífero, pouco maior do que um grosso rato, sem dentes, de focinho alongado e língua vermiforme e viscosa, o pelo macio como seda, comprido, fulvo-leonado-claro, as mãos e os pés armados de fortes unhas, que não largam facilmente a presa e se fazem respeitar. As unhas, assopradas e preparadas com *carjuru* da lua por pajé são consideradas potentíssimos amuletos, e é uma unha de *tamandoaí* que Jurupari dá a Cárida quando partem em perseguição dos velhos traidores do segredo; e é pondo-a no nariz que ele é transportado aonde quer e se transforma no que mais lhe convém. Ainda hoje, tanto no Pará como no Amazonas, a unha da mão esquerda do *tamandoaí*, seca e preparada, vale muito bom dinheiro, e é procurada pelos jogadores como capaz de lhes trazer a sorte.

TAMARACÁ instrumento feito de um tronco de pau oco, a que foi posta uma tampa de pele qualquer, usado nas festas e em alguns lugares em lugar do *torocano*; por extensão, tambor.

TAMARACÁ, ITAMARACÁ sino. V. *Itamaracá*.

TAMARANA clava de pau duro e pesado, achatada de um lado, e suficientemente larga para poder servir tanto de arma de guerra como de remo, e, do outro lado, com uma cômoda e boa empunhadura, permitindo manejá-la com duas mãos.

TAMARU casta de crustáceo da costa.

TAMATÁ, TAMOATÁ casta de peixe, que, pela disposição especial das guelras, pode suportar, sem morrer, o ficar algum tempo fora d'água, o que lhe permite fazer pequenas travessias por terra, não sendo raro encontrá-lo no mato passando de um rio, lago ou igarapé para outro, de onde o nome que em muitos lugares lhe dão de peixe-do-mato, *Cataphractus callichthys* e afins.

TAMATIÁ, SAMATIÁ, RAMATIÁ as partes pudendas da mulher e das fêmeas em geral.

TAMATIÁ CAUA casta de caba que faz o ninho de barro com uma única abertura para entrada, e esta apresenta a forma de uma fenda de rebordos salientes, que lembra as partes pudendas das fêmeas.

TAMATIÁ UIRÁ é o nome de duas espécies de pássaros: um *acuraua*, casta de *caprimulgo*, e um *sorocoĩn,* de peito cor-de-rosa, casta de capito, o *tamatiá* de Orbigny.

TAMBA bebida fermentada de beijuaçu cozido e diluído n'água; casta de caxiri.

TAMBAKI tambaqui, peixe de escama, muito apreciado e suficientemente comum em todo o Amazonas, parente próximo dos *Caracini*, dos quais tem o aspecto geral e o porte, embora chegue a tamanhos muito maiores do que aqueles. O tambaqui, muito apreciado durante todo o ano, se torna intragável e quase repugnante no começo das enchentes, quando come a fruta do louro.

TAMBÁ-TAIÁ casta de *Calladium*, de cujas folhas se fazem emplastros para cura de inchações.

TAMBATUIÁ casta de pássaro formigueiro.
TAMBÉYUA, TAMÚYUA punilha das árvores.
TAMBUERA contorto, raquítico, mal crescido, com referência às árvores e arbustos.
TAMBURÁ, SAMBURÁ casta de cofo com tampa.
TAMBURÁ CAUA casta de caba, cujo ninho lembra a forma do samburá.
TAMBURÁ YUA árvore do samburá, samburazeiro; não o conheço.
TAMBURI-PARÁ, TAMURI-PARÁ pássaro do tamanho de um sabiá, todo negro, com o bico longo, afiado e vermelho cor de coral, que lhe dá um sainete todo especial. O seu assobio, quando se repete amiudadamente rompendo o silencio da floresta, é considerado prenúncio de trovoada próxima. É o único pássaro, conforme afirmação do indígena, de que o japim não imita o canto. Um dia em que o avô do japim imitou o canto do tamburipará, este deixou o que estava fazendo, para acudir ao chamado, mas, chegando e encontrando-se ludibriado, investiu contra o japim e o matou. Desde então todos os tamburiparás nascem com o bico vermelho, e os japins, que imitam o canto de todos os outros pássaros, não voltaram a imitar o canto do tamburipará.
TAMEARANA casta de urtiga.
TAMINOÁ, TAMINUÁ casta de escarabeu.
TAMINOAĨ taminoá pequeno, casta de pequeno escarabeu.
TAMIUÁ casta de pequena lagarta.
TAMOATÁ casta de peixe. *V. Tamatá.*
TAMUÁ a fruta de um pequeno araçá da margem, insignificante e não comestível.
TAMUATÁ *V. Tamatá.*
TAMUATÁ-PIRERA ponto de renda; *lit.*: pele de tamuatá.
TAMUIA, RAMUIA, SAMUIA avô, é o nome da tribo tupi – Tamoio – que ao tempo da descoberta foi encontrada habitando a baía de Guanabara.
TAMURA corrupção de tambor. *V. Tamaracá.*
TANANÁ casta de grande *Locustida*, que vive de preferência nas roças, danificando a mandioca, de que come as folhas. O seu nome é onomatopeia do rumor que produz friccionando os élitros contra umas asperezas das pernas traseiras.

TANAIURA tanajura, *Atta*, a fêmea de uma casta de saúva, que, quando ovada e na proximidade da postura, sai do ninho à procura de lugar onde pôr. Na ocasião, as tanajuras são objeto de uma perseguição encarniçada de todos os pássaros insetívoros da localidade e do próprio homem, que secunda o trabalho dos pássaros, não tanto para impedir a criação de novos formigueiros, como porque, para muitos, são um petisco muito apreciado; especialmente quando moqueadas, são servidas com molho de tucupi bem apimentado. As tanajuras parece que sabem desta perseguição, e é por isso, afirmava-me uma das minhas mestras de língua geral, que elas não saem senão à tardinha e muitas vezes até depois do sol posto. A parte comestível é o abdome ovado; o gosto é de uma bolinha de sebo, que com o molho e bom apetite se torna perfeitamente comível.
TANARÁ árvore que cresce nos igapós.
TANIMBUCA cinza. *Ara tanimbuca*: cinza do dia, névoa. *Tanimbuca ara*: dia de cinza, nevoento.
TANIMBUCA-PORA cheio de cinza, todo cinza.
TANIMBUCATYUA cinzeiro.
TANIMBUCAUARA cinzento.
TANIMBUCAYMA sem cinza.
TANIMBUCAYUA tanimbuqueira, várias espécies de árvores, tanto do igapó como da terra firme, que fornecem boa cinza.
TANI envolvido em fasquias de cipó ou outro material idôneo, para conservação e facilitar o transporte do gênero sem deteriorá-lo.
TANISA fasquias de cipó ou de outro material análogo, cuidadosamente limpas e alisadas, para entaniçar molhos de tabaco, pacotes de salsa etc. A qualidade da taniça, determinada geralmente da que é mais fácil de obter-se na localidade, faz conhecer facilmente aos práticos a proveniência do gênero, e não raro serve para falsificar, ou melhor, esconder esta.
TANISARA entaniçador.
TANISAUA entaniçamento.
TANITYUA entaniçadouro.
TANIYMA não entaniçado.
TAOCA correição, casta de formiga, cujo nome parece soar – não tem casa –, que de

tempo em tempo costuma aparecer sem saber-se de onde sai, e desaparece sem se saber aonde se some, depois de breve prazo, em que passa em colunas cerradas, como uma verdadeira invasão, sem que possa ser detida por obstáculo nenhum. É formiga essencialmente carnívora e, por onde passa, não fica inseto ou bicho nenhum. O que não foge é morto e devorado. Quando uma casa está sobre o seu caminho e é invadida pelas taocas, a limpam, lhe passam uma verdadeira correição, nela não fica nem rato nem barata; os próprios moradores muitas vezes são obrigados a retirar-se e esperar que passem para voltarem.

TAPACURA liga, atadura, que os indígenas do rio Uaupé, especialmente as mulheres, usam trazer estritamente amarrada abaixo do joelho e que pretendem os preserve das câimbras e lhes dá resistência para as longas caminhadas. A tapacura, geralmente de curauá, tingida em amarelo e mais raramente em vermelho, é tecida a bilros, em pontos de renda mais unidos e formando um tecido compacto, de desenhos elegantíssimos, em que predomina a grega, em relevo. No dizer das pessoas entendidas em trabalhos de rendas, as tapacuras são verdadeiras obras-primas, tanto na elegância do desenho como na execução do trabalho, e as tenho visto sempre chamar a atenção e despertar a admiração das senhoras, especialmente europeias, a quem as tenho mostrado.

TAPAIÚNA negro, preto (diz-se do homem; contração de *tapyia*, tapuio, e *una*, preto).

TAPAIÚNA CERAMÉ mulato, negro desbotado.

TAPAIÚNA-RANA mulato, falso negro.

TAPARI casta de peixe de pele, de manchas irregulares mais escuras sobre um fundo cinzento claro, que se torna branco no ventre.

TAPAUÁ casta de palmeira que cresce nas vargens e igapós.

TAPE no lugar, ao lugar (contração de *taua*, lugar, + *opé*: a, in.

TAPECU abanado.

TAPECASARA abanador.

TAPECUSAUA abanamento.

TAPECUUA, TAPECUA abano.

TAPECUUARA abanante.

TAPECUUERA abanável.

TAPECUYMA não abanado.

TAPENA casta de gavião. V. *Piranha uirá*.

TAPÉ-IARA useiro e vezeiro.

TAPERA lugar que foi abandonado, ruína.

TAPERA UIRÁ variedade de andorinha, que escava o buraco onde faz o ninho, de preferência na areia dos lugares que foram habitados.

TAPERA-UIRÁ-UASU gavião das taperas. V. *Piranha uirá*.

TAPEREYUÁ taperibá, fruta comestível, uma drupa amarelo-clara, da forma de ameixa muito desenvolvida, envolvendo um único caroço com polpa, de gosto doce acidulado, muito perfumado e característico.

TAPEREYUÁ-YUA taperibazeiro, cajá, *Spondias*. É árvore que adquire formas colossais, cresce rapidamente e pega de galho, pelo que, quando um taperibazeiro cai derribado pela tempestade, se não cai no rio e não é carregado por este, rebenta logo por todos os lados, deitando raízes e brotando em todos os pontos em que fica em contato com o solo. Por essa causa, conta a lenda, quando o jabuti fica preso debaixo de outra qualquer espécie de árvore, porque é dotado de vida dura e que pode aguentar longos jejuns, fica resignado e diz em tom de mofa: Tu não és de pedra, hás de apodrecer e eu sairei. Se, porém, fica debaixo de um taperibazeiro, perde logo toda e qualquer esperança, porque sabe que não apodrece, e metendo novas raízes e criando novos galhos o enterra para todo o sempre.

TAPERI, TAPIRI abrigo provisório V. *Papiri*.

TAPETI lebre, um intermédio entre a lebre e o coelho, que vive nas regiões dos campos, *Lepus brasiliensis*.

TAPÉUA uma casta de fruta parecida com a ata.

TAPEUÁ sebo.

TAPIÁ, SAPIÁ, RAPIÁ testículo.

TAPIÁ casta de planta das Urticáceas.

TAPIÁ CAUA casta de caba.

TAPIÁ-IUUCA tirados os testículos, capado.

TAPIÁ-IUUCASARA capador.

TAPIÁ IUUCASAUA capação.

TAPIÁ-YMA sem testículos, tanto naturalmente como em seguida à capação.

TAPICUĨ casta de capim.
TAPIIRI, TAPIRI varrido.
TAPIIRISARA varredor.
TAPIIRISAUA ato de varrer.
TAPIIRITYUA varredouro.
TAPIIRIUÁ varredura, o que é varrido.
TAPIIRIUARA varrente.
TAPIIRIUERA varrível.
TAPIIRIYMA não varrido.
TAPIRI, TAPERI abrigo provisório. *V. Papiri.*
TAPIRI *V. Tapiiri.*
TAPIÚ casta de pequena formiga arbórea.
TAPIÚ-CAUA casta de caba que faz o ninho muito parecido com o da formiga do mesmo nome. Se a formiga se faz respeitada pela comichão que produz ao contato com a pele, a caba se faz respeitar pelas valentes ferroadas, que distribui quando perturbada.
TAPIXAUA vassoura.
TAPOCA, TAUOCA *V. Tauoca* e comp.
TAPU, RAPU, SAPU raiz, a parte das plantas que fica debaixo da terra.
TAPURU lagarta, verme, gusano, larva. *Tapuru pana mboisara*: traça, lagarta roedora de pano. *Tapuru-reía*: praga de lagartas muitas.
TAPYIA tapuia, tapuio, isto é, indígena. É esta se me afigura a sua significação etimológica, se, como creio, *tapyia* é a contração de *taua*, taba, + *epy*, origem, princípio, + *ia*: fruta; e, por via disso mesmo, tem o sentido de fruto da origem da taba. O desaparecimento de sílabas não acentuadas na formação das palavras indígenas não tem nada de extraordinário, é até corrente; v. *Tape*. Acresce que é esta a significação corrente. Quem diz tapuio, entende dizer indígena, sem distinção de tribo e nem sempre subentendendo a restrição de indígena ainda não civilizado. Não obsta o fato dos Tupis da costa darem, como parece, o nome de Tapuias a todas as tribos indígenas que não eram Tupi-guarani, pelo que [se] encontra traduzido por "inimigos". A tradução, está claro, foi feita, antes atendendo ao estado de fato do que à etimologia da palavra. Esta é, pelo contrário, confirmada pela circunstância da generalização do nome a todas as tribos que tinham sido obrigadas a retirar-se para o sertão perante a invasão e que eram realmente fruto de origem das tabas.

TAPYIA TETAMA terra dos tapuios, pátria tapuia, pátria dos tapuios.
TAPYIAUARA que é dos tapuios, pertence aos tapuios.
TAPYIAYUA indigenato, qualidade de indígena.
TAPYIRA anta, tapir, *Tapirus americanus*. O maior dos mamíferos do vale do Amazonas. Pertence à ordem dos *Pachydermos* ungulados, parente próximo do porco. Hoje em dia, todavia, o nome é dado muito mais facilmente ao boi doméstico do que à anta, de modo que, nos lugares onde se cria gado, para evitar dúvidas em indicar a anta, se costuma dizer *Tapyira caapora*, anta do mato. Disso, os que não conhecem a anta não devem inferir que entre esta e o boi haja alguma semelhança. Nada disso, até na presença dos dois animais se fica perguntando como foi possível a aplicação do nome da anta ao boi. Basta dizer que, ao passo que este tem chifres e os lábios carnudos e salientes, aquela não tem chifres e acaba o focinho numa espécie de probóscide, muito característica, pelo que só pode ter havido uma única razão, o tamanho.
TAPYIRA CAAPORA anta do mato, que mora no mato. Usado quando há necessidade de distingui-la do boi.
TAPYIRA CAUA caba-de-anta, casta de caba.
TAPYIRA COANA casta de pássaro.
TAPYIRA COINANA casta de leguminosa e casta de pássaro.
TAPYIRA CUNHÃ anta fêmea, vaca.
TAPYIRA ETÉ anta verdadeira, para distingui-la do boi, quando necessário.
TAPYIRA-IAUARA anta-cachorro, anta-onça, que aparece aos caçadores que violam as leis da caça matando as fêmeas quando grávidas. Contam que é uma onça com cabeça de anta, que, quando o caçador, confiante porque a vê descuidada deixá-lo aproximar, pensa podê-la flechar a salvo, se levanta e mostra o que é, investindo, mal lhe dando tempo, na mor parte dos casos, a fugir sem olhar para atrás.
TAPYIRA PECÔ língua-de-vaca, casta de erva.
TAPYIRA SUAIANA anta-de-além, o boi. Usado no caso de ser necessário especificar e distingui-lo da anta.

TARA ornamento, enfeite. *Acanga-tara*: ornamento da cabeça, coroa de plumas.

TARÁ casta de íbis, *Geronticus oxycercus*, que se encontra de preferência no baixo Amazonas e no Pará. No Solimões e no rio Negro quase não aparece, e ainda menos aparece nos seus afluentes. Aparece esporadicamente no rio Branco.

TARACAIÁ tracajá, a fêmea da *Emys tracaxa*. O macho chama-se *anauiry, anory*. Menor de que a jurará ou tartaruga, se encontra em todo o Amazonas e seus afluentes. Desova, no começo das vazantes, no alto das praias, ao longo das margens dos rios, preferindo os lugares em que a terra se torna friável por estar misturada com areia. Os pequenos saem depois de uma incubação de uns vinte dias, geralmente à boca da noite e correm logo para a água sem nenhuma hesitação. A carne da tracajá para muitos é preferida à da tartaruga.

TARACUÁ taracuá, casta de formiga que, irritada, exsuda uma substância que empesta com o seu mau cheiro tudo que toca e por onde passa. Faz o seu ninho em forma de negras estalactites aplicadas à face inferior dos troncos das árvores em que mora. Carnívora, onde se aninha não consente que suba outra qualquer espécie de formiga, nem deixa vingar qualquer larva de inseto, constituindo por via disso mesmo uma esplêndida defesa, até contra as próprias saúbas, embora muito mais fortes e maiores do que ela. Para fazer passar e instalar a taracuá na árvore que se deseja, é suficiente meter um cipó que una as duas árvores, isto é, a árvore em que se acha instalada e aquela em que se deseja que se instale. Quando na localidade não há taracuás, é preciso trazê-las. Para isso é suficiente trazer bem fechado dentro de um saco um pedaço de ninho com suas habitadoras e depositá-lo no chão, deixando que elas próprias escolham a árvore e se instalem nela. Instaladas, é fácil fazê-las passar onde se deseja. Querer que se instalem aplicando o pedaço de ninho na árvore é tempo perdido. Quantas vezes o tenho tentado, tantas o tenho feito inutilmente. Não só abandonam indefectivelmente a árvore em que as quisermos instalar, mas parece que a reconhecem e ficam prevenidas contra ela, porque, mesmo estabelecidas na proximidade, custa fazê-las passar para ela.

TARACUÁ CIPÓ casta de cipó que fede a taracuá.

TARAÍ-MBOIA casta de cobra-d'água, de cor amarelada.

TARAÍRA traíra, trarira, casta de peixe de escama, *Erithrynus* e afins, que, pela potência da dentadura, vem logo depois da piranha, pelo que alguns indígenas se servem também desta para serra e até a preferem. Embora muito espinhenta, a sua carne é muito apreciada e, seja na subida, quando vão desovar nas cabeceiras, seja quando descem prenunciando a vazante, as piracemas de taraíras são objeto de ativa perseguição.

TARAÍRAMBOIA casta de enguia, traíra-cobra.

TARAÍRA MYRÁ, TARAÍRA CIPÓ cipó-de-traíra, casta de timbó, *Cocculus*.

TARAPE, TARAPEMA, TARAPÉUA grossa formiga de cabeça chata. Os pescadores, especialmente os do Solimões, enfiam na ponta da flecha a cabeça dela, afirmando que deste modo a pontaria é certeira e a flecha não se desvia.

TARAPU lagarto, *Lacerta*.

TARAPU-PÉUA osga, nome genérico dado a várias espécies de *Ascalabotae*. Lit.: lagarto achatado.

TARAPU PINIMA lagarto-pintado, casta de *Lacerta*.

TARAPU PITINGA lagarto esbranquiçado, casta de *Lacerta*.

TARAUACA escolhido. V. *Purauaca* e comp.

TAREREKI mata-pasto, *Cassia sericea*.

TARI casta d'erva.

TARICA casta de pequena formiga avermelhada.

TARICEMA formiga dos mangais, que, ao dizer de Martius, vive dos brotos da planta e de animálculos marinhos.

TARI-PUCU tari-comprido, casta de erva.

TARIRI casta de cipó, cujas folhas são utilizadas para tingir de preto a roupa.

TARUMÃ casta de árvore de alto porte.

TARUPÁ[1] tarubá, beiju expressamente preparado para fazer o caxiri, de onde se extrai a tiquira ou cachaça de mandioca.

TARUPÁ² tarubá, a pá que serve para remexer a massa de mandioca ralada, enquanto seca no forno, e impedir que se agrume, feita geralmente em forma de um pequeno remo de mão oblongo.

TATÁ fogo.

TATACA casta de rã arbórea.

TATÁ-IRA mel que arde, mel de fogo.

TATÁ-IRA-MANHA casta de abelha que produz mel que arde; mãe do mel de fogo.

TATÁ ITÁ pedra de fogo, que dá fogo, sílex.

TATÁ-ITYCA pescar com fogo, fachear. V. *Ityca* e comp.

TATAIUUA tatajuba, casta de *Maclura*.

TATÁ MANHA mãe do fogo, isca.

TATÁ MANHA IRERU isqueiro, traz a mãe do fogo.

TATÁ PERIRICA faísca.

TATÁ-PIRIRICA casta de árvore, *Terebinthacea*, que dá uma pequena drupa comestível e uma madeira de pouco préstimo, mas que queima deitando muitas fagulhas, de onde o nome.

TATÁ PUÍNA, TATÁ PUINHA brasa, carvão, resto do fogo.

TATÁ PUINHA IRERU fogareiro.

TATÁ PUTAUA isca para fogo e, com especialidade, a que é tirada da casa de uma formiga arbórea

TATÁ PUTAUA IRERU isqueiro.

TATÁ PUTAUA MANHA casta de formiga arbórea, que faz seus ninhos de uma matéria que serve de isca para fogo.

TATÁ RENDI fogo aceso, luminária.

TATÁ TENDAUA lugar do fogo, lareira.

TATATICUMA, TATATICUNA fuligem.

TATATICUERA tição.

TATATINGA fumaça.

TATATINGA-RANA névoa, falsa fumaça.

TATÁ UASU fogueira, fogo grande.

TATÁ-UERÉUA chama.

TATÁ UIRÁ casta de pássaro, cotinga vermelha.

TATÁ-YUA o fogo que fica na lareira como que guardado debaixo da cinza; o cepo que o conserva.

TATAYUA casta de árvore, moreira.

TATERA casta de pequeno pica-pau.

TATÉU *Vanellus cayenensis,* casta de ave ribeirinha, muito parecida com o *Vanello* europeu, e muito comum em todo o Amazonas, com especialidade nos campos do rio Branco e nos da ilha de Marajó.

TATÉUA, TATYUA o sogro do marido.

TATICUMÃ fuligem, especialmente a que fica pegada nos esteios e nas palhas do telhado, formando como festões.

TATU casta de mamífero, mais ou menos inteiramente defendido por uma espécie de couraça e que, apesar de ter uma esplêndida dentadura rica de molares, embora privada de incisivos e caninos, é considerado um desdentado e como tal classificado. *Dasypus* e suas variedades. Os indígenas têm pelas carnes de tatu uma concepção muito original, afirmando que elas reúnem em si as virtudes de todas as outras carnes, e que, por via disso mesmo, podem ser comidas sempre e impunemente, sem perigo de infringir qualquer proibição de comer certa e determinada qualidade de carne e sem perigo de fazer *saruá*.

TATU APARA tatu-bola, *Dasypus tricinctus*.

TATU ASU tatu-grande, toró, *Dasypus gigas*.

TATU CAUA casta de caba cujo ninho se parece com um tatu-bola, quando enrolado sobre si mesmo.

TATÚ ETÉ tatu verdadeiro, *Dasypus longicaudis*.

TATUÍ tatuzinho, pequeno crustáceo do gênero *Hippa*.

TATUĨ paquinha, *Grylotalpa*. Inseto que vive de preferência nas praias e lugares arentos, onde escava longas galerias em procura de comida.

TATUIRANA larva de inseto, em geral de borboleta, mais ou menos felpuda, que, em contato com a pele, produz uma sensação de ardência incômoda e persistente. É nome genérico.

TATU MUNDÉU tatu manhoso, casta de *Dasypus*.

TATU PACA casta de *Dasypus*.

TAU casta de pássaro ribeirinho.

TAUA taba, areal, povoado, terra, lugar.

TAUA, TENDAUA, TYUA sufixo; tem a mesma significação de terra, lugar, povoado, e nunca tenho encontrado uma regra para saber quando deve usar-se um sufixo em lugar do outro, tendo-me sempre parecido que a escolha depende antes de tudo de predileção pessoal, embora algumas raras vezes possa ser determinada pela eufonia. *Teaputaua, teaputendaua, teaputyua*, querem todos dizer lugar de barulho. *Taua*, o que não acontece com os outros, algumas raras vezes se ouve e se encontra usado em lugar de *saua*, mas é uma substituição que nada autoriza e me tem parecido sempre ou vício de pronúncia ou erro.

tauá amarelo, cor de barro, cor de terra, barro.

taua-cuera ruína do lugar povoado, terra, lugar que foi.

tauá-eté tabaté; muito amarelo, muito barro.

taua-iara senhor da terra, senhor do lugar; tabajara, nome de uma tribo tupi.

taua-pesasu, tauapisasu terra nova, taba nova, povoado fundado de fresco.

tauá-piranga terra vermelha.

tauapora morador do lugar, morador da taba, da povoação.

tauari tavari, a entrecasca de uma espécie de *Curataria* que serve para mortalha para cigarro, muito usada em todo o interior do Amazonas. Se extrai cortando a casca do tavarizeiro da largura desejada, batendo-a depois com um macete ou coisa que o valha, até separar a parte externa do líber, e continuando para depois separar as diversas folhas do líber entre si.

tauariyua tavarizeiro, *Curataria tavary*, árvore da terra firme e vargens altas, que fornece o tavari para mortalha de cigarro, cuja finura e qualidade depende sobretudo da idade do tronco, de onde a casca foi tirada.

tauatinga tabatinga; barro branco, terra branca.

tauató casta de gavião do tamanho de um galo carioca, listrado de branco e cinzento ardósia escuro, tarsos amarelos, o bico forte e dentado, e a cauda larga e truncada, que parece ser um *Harpagus*. Embora em parte alguma se possa dizer comum, se encontra em todo o Amazonas e é atrevidíssimo, perseguindo, se preciso for, a presa sob a mata, a correr; já o tenho visto chegar em casa perseguindo galinhas.

tauauara que pertence ou é da taba, do lugar.

tauoca taboca, casta de *Bambusia* não espinhenta, o que a distingue da taquara, embora alguns as confundam.

tauoca ceẽn taboca doce, cana-de-açúcar.

tauocaĩ taboquinha.

tauocosu taboca grande, tabocão.

tauucury, taua-oú-cury dabucuri, banquete, festa de convite, dada de tribo a tribo em sinal de amizade e boa vizinhança. A tribo que resolveu obsequiar a outra previne-a da qualidade do dabucuri. A obsequiada prepara as bebidas, que variam conforme as comidas, que podem consistir em frutas, produtos da roça, carás, inhames, ou em caça ou peixe. Qualquer seja o dabucuri, é geralmente constituído de uma única espécie de comida, que é trazida com as solenidades da pragmática. No dia aprazado a tribo que dá o dabucuri chega à tardinha trazendo a comida, geralmente já pronta e preparada para ser logo comida. No porto, se vêm por água, ou a uma certa distância da casa, se vêm por terra, se organiza o cortejo. Os tocadores na frente, puxando o préstito, em seguida os que trazem o dabucuri, e atrás destes o resto do povo se dirigem para a casa onde deve haver a festa. Quando cala a música, rompe o canto em que se ouve sempre, como estribilho, voltar o nome da fruta, caça ou peixe de que consta o dabucuri. Quando o préstito chega à porta da casa, para, não entra em mó, mas um a um, o tuxaua em frente, depois os tocadores e o resto do povo, últimos os que trazem o dabucuri; as mulheres dão a volta e vão à cozinha, onde estão as mulheres da casa. Dentro da maloca, todos os homens estão em pé estendidos em linha que vai da porta até o fundo, à esquerda de quem entra. O tuxaua, o primeiro a entrar, para na frente do primeiro homem e troca com ele os cumprimentos de estilo, e passa adiante trocando seus cumprimentos com o segundo homem, enquanto o segundo que entrou troca os cumprimentos com o primeiro, e assim sucessivamente até que todos sejam entrados e todos tenham trocado os cumprimentos do estilo. Os recém-chegados, quando têm acabado de cumprimentar todos os homens, que se acham estendidos em linha, vêm um a um a alinhar-se à direita de quem entra de forma que, quando é acabada a cerimônia do cumprimento, se encontram em duas linhas, uma em frente da outra, e os que trazem o dabucuri vão deixá-lo no chão sobre umas esteiras, ou simplesmente folhas de bananeira, aí dispostas para este fim. Então vêm as mulheres da casa trazendo as bebidas e, trocando com os recém-chegados também os cumprimentos de costume, logo começa o banquete. Este dura, interpolado de danças, enquanto há que comer e beber. A duração de um bom dabucuri é de três dias. Acabada a festa, os que receberam o dabucuri acompanham processionalmente os que vieram dá-lo até o porto, ou a uma certa distância, se a viagem é por terra, e aí feitas as despedidas, cada um volta à sua casa. É o que tenho visto e observado mais de uma vez nas minhas viagens ao Uaupés, tendo assistido e tomado parte em dabucuri de todas as espécies e até em dabucuri dado em nossa honra, isto é, do meu companheiro de jornada no Uaupés, Max J. Roberto, e minha.

TAXI cavado, esburacado; casta de formiga que cava a madeira das árvores, e cuja dentada é muito dolorosa.

TAXIÔ sogra.

TAXIPORA casta de formiga (não a conheço).

TAXIRA ferro de cova, cavadeira.

TAXISARA cavador, esburacador.

TAXISAUA cavação, esburacamento.

TAXIUA casta de formiga. *Lit.*: má língua, pessoa que diz mal do próximo.

TAXIUARA cavante.

TAXIUERA cavável.

TAXIYUA taxizeiro, árvore da taxi, onde mora a taxi; nome dado a muitas plantas de espécies diversas, que, apesar de cavadas mais ou menos profundamente pela taxi, contudo não parecem sofrer, continuam a vegetar, florescer e dar fruto, como dantes, sendo que para algumas o serem furadas é condição de vida.

TAYRA, RAYRA filho com referência ao pai.

TAYRERA rebento abortado, gema morta.

TEAẼN suado.

TEAENGARA suador.

TEAENGAUA suada, suor.

TEANCUERA, TEAN-UERA cadáver de gente.

TEAPIRA zunido, espécie de abelhas e mais insetos análogos.

TEAPU, TIAPU rumor, ruído, estrépito, estrondo, barulho. *Teapu-ira:* mel de barulho.

TEAPUPAUA rumorejamento.

TEAPUPORA rumorejador.

TEAPUUARA rumorejante.

TEAPUYMA sem rumor, sem barulho.

TEARÕN amadurecido (das frutas principalmente).

TEARÕNGARA amadurecedor.

TEARÕNGAUA amadurecimento.

TECÔ, RECÔ, SECÔ costume, hábito, uso, lei.

TECÔ ANGAIPAUA mesquinhez de costume, pecado.

TECÔ ANGAIPAUA ASU grande mesquinhez de costume, pecado mortal.

TECÔ ANGAIPAUA ASU ETÉ verdadeiramente grande mesquinhez de costume, sacrilégio.

TECÔ-AYUA crime, mau hábito, vício.

TECÔ-AYUA-PORA criminoso, condenado.

TECÔ-AYUA-UARA culpado, vicioso.

TECÔ-CUAO lei conhecida.

TECÔ-CUAOSAUA conhecimento da lei.

TECÔ-CUAOUARA conhecedor da lei.

TECÔ-IAUÍ costume quebrado.

TECÔ-IAUISARA quebrador de costume.

TECÔ-IAUISAUA quebramento de costume.

TECÔ-MUNHÃ feito costume.

TECÔ-MUNHANGARA implantador de costume, legislador.

TECÔ-MUNHANGAUA implantação de costume, legislação; lei, mandamento.

TECÔ-PURANGA bom costume.

TECÔ-PUXI mau costume.

TECÔ-RANA falso costume.

TECOSARA costumeiro.

TECOSAUA costumança.

TECÔ-TEMBÉ ansiado.

TECÔ-TEMBÉUA ansiedade.

TECÔ-TENHẼ hábito próprio, individual.

TECOUÉ vida.

TECOUASAUA vitalidade.

TECOYMA sem lei, sem uso, sem costume.

TEẼN debalde.

TEẼN-ETÉ, TEẼNTE inutilmente.

TEẼN-NHUNTO, TEẼNHUNTO a capricho, sem outra razão, só por isso.

TEICUARA ilhós.

TEIÉ espumado.

TEIESARA espumador, quem faz espumar.

TEIETYUA espumadouro, remanso que se forma ao pé das cachoeiras, onde se reúne a espuma.
TEIEUARA espumante.
TEIEYMA não espuma.
TEIEYUA espuma.
TEIPAU inteiro.
TEIPAUSAPE inteiramente, por inteiro.
TEIPÓ afinal.
TEIÚ teju, casta de lagarto do gênero *Podinema* e afins, que costuma habitar nas margens dos rios e igarapés, de preferência nos lugares encachoeirados.
TEIUASU teju grande, *Teiu monitor*. V. *Teiu*.
TEIÚ CAÁ erva de teju, casta de Euforbiácea.
TEIÚ CATACA teju escamoso.
TEIÚ CYYMA teju liso.
TEIÚ PURU teju enfeitado, casta de camaleão.
TEM, TEĒN o mesmo, idêntico, próprio.
TEMBÉ, CEMBÉ, REMBÉ lábios.
TEIUYUA árvore de teju, arbusto, *Adenoropium opipherum*.
TEMBESAUA, CEMBESAUA, REMBESAUA bigode, barba, pelos dos lábios.
TEMBESAUA-PORA que tem grande bigode.
TEMBESAUARA bigodudo, barbado.
TEMBESAUA-YMA sem barba.
TEMBETÁ, TEMBÉ-ITÁ pedra dos lábios, ornamento labial, consistindo numa pedra embutida no lábio inferior.
TEMBETARA ornamento dos lábios.
TEMBETARA-YUA, TEMBETÁ-YUA árvore de tembetá, o que fornece a madeira para fazerem-se tembetás, *Xanthoxylon Langsdorffii*. Martius explica "lignum pro perfurandis labiis et auriculis", mas deve ser engano. O indígena, para isso, como tenho tido ocasião de observar, usa de preferência de ossos polidos e preparados para o uso.
TEMBIÚ, TEMIÚ comida.
TEMBYUA, CEMBYUA, REMBYUA margem, lado, orla.
TEMIANINÔ, CEMIANINÔ, REMIANINÔ neto, neta (em relação ao homem).
TEMIARERU, REMIARERU, CEMIARERU neto, neta (em relação à mulher).
TEMIMI flauta, assobio de osso.
TEMIÚ CURERA resto de comida, migalha.
TEMIÚ IRERU prato, vasilha para trazer a comida, balaio.

TEMIÚ MUCEĒN comida temperada, salgada, saborosa. *Lit.*: feita doce.
TEMIÚ MUCEĒNGARA cozinheiro(a); temperador da comida.
TEMIÚ MUCEĒNGAUA tempero.
TEMIÚ-MUNHANGARA cozinheiro.
TENDI, TENI pulga.
TENĒ! até que enfim.
TENHĒ, TEĒN o mesmo, a mesma coisa.
TENHUNTO à-toa, tão somente, sem outra razão.
TENĪ, TENIN seco.
TENIN CERANE murcho.
TENONDÉ, CENONDÉ, RENONDÉ adiante, em frente.
TENONDÉ AMBYRA pré-morto.
TENONDÉ CICA adiantado, chegado adiante.
TENONDE CICASARA adiantador, quem chega antes.
TENONDÉ CICASAUA adiantamento, chegada antes.
TENONDÉ ENU anteposto. *Xaenu tenondé*: anteponho.
TENONDÉ MBEÚ prognosticado, dito antes.
TENONDESARA adiantador.
TENONDESAUA adiantamento.
TENONDEUARA adiantante.
TENTEN rouxinol do rio Negro, *Pandulinus chrysocephalus*. Lindo ictérida, todo preto, com a cabeça e os encontros amarelos. É um excelente cantor. Criado desde novo, torna-se muito manso. As indígenas do Uaupés o criam com o leite do próprio seio.
TENUPÁ! deixa! espera!
TERAÍRA pequeno lagarto, *Lacerta parvula*.
TERECEMO extracheio, cheiíssimo.
TERICA removido, retirado, mudado.
TERICASARA removedor, mudador.
TERICASAUA remoção, mudança.
TERICATYUA removedouro, lugar para onde se remove.
TETAMA, CETAMA, RETAMA pátria, lugar do nascimento.
TETAMAUARA da terra, do lugar. *Ce tetamauara*: da minha terra, meu patrício.
TETÉ, CETÉ corpo.
TETECAYUA feitiço.
TÉU casta de cipó.
TÉUA casta de abelha muito pequena, sem aguilhão.

TÉUA sufixo frequentativo para indicar o hábito, o costume, o uso bom ou mau de fazer alguma coisa. *Cunhamucu ocanhemotéua oca suí*: moça que costuma fugir de casa, moça fujona. Na pronúncia, muitas vezes *téua* confunde-se com *tyua*, mas os dois sufixos têm sentido inteiramente distinto.

TEUTÉU casta de pássaro ribeirinho, *Vanellus*.

TI não, abreviação de *inti*. *Ticuao*: não sei. *Tirecó*: não tenho, equivalentes a *inti xacuao* e a *inti xarecô*.

TĨ, TIN nariz, focinho, vergonha. *Inti perecó será tin, pomunha ramé cuá puxisaua?*: não tendes vergonha quando estais fazendo esta feiúra? *Cunhã oicô tin pucu*: a mulher tem o nariz comprido.

TIANA, INTIANA não, nunca.

TIANHA forquilha, tesoura, esteio que sustenta o telhado.

TIANHA UIRÁ casta de *Tyrannus*, de cauda bífida formada por penas preto-ardósia desiguais, atingindo as duas externas quase o duplo do comprimento do corpo do passarinho, pouco maior do que uma andorinha. No vale do Amazonas parece pássaro de passagem. Se encontra em bandos, nos meses de setembro e outubro e nos meses de abril e maio; nos outros meses raramente se vê um ou outro exemplar sentado na ponta de um galho seco a esperar a presa e precipitar-se abrindo a longa cauda em forma de tesoura.

TIARA guloso, glutão.

TIARASAUA glutonice, inveja.

TIARAUARA invejoso.

TIASU não grande, vão difícil.

TIAUERA inexistente, não existente, impossível.

TICĀN secado.

TICANGA seco.

TICANGARA secador.

TICANGAUA secamento.

TICARUCA esquentamento.

TICATU não bom, ruim.

TICIKIÉ destemido.

TICUARA, RICUARA, CICUARA ânus.

TICUARANA casta de pássaro.

TICUAU não sei. *Ticuau catu*: não sei bem. *Ticuau-cuau*: não posso saber.

TICUÉ vivido. V. *Cicué* e comp.

TĨCUNA, TINCUNA nariz preto, nome de uma nação de indígenas que se estendia entre o Javari e o Jutaí, que, conforme relata Amazonas de Sá, criam na metempsicose e circuncidavam os filhos.

TIẼ, TIẼN cantado, gorjeado (diz-se das aves).

TIENGARA cantor.

TIENGAUA canto.

TIENTÉ, TIẼTÉ casta de pássaro cantor, canta muito.

TIMAÃ, TIMAÃN, INTIMAAN não, nada. *Timaã puranga*: não é bonito, não está bem.

TIMAAN-MAÃN absolutamente não.

TIMARÃMUNHANGARA não guerreiro, não belicoso.

TIMBIARE pesca de timbó.

TIMBIARESARA pescador de timbó.

TIMBÓ nome dado ao sumo de diversas plantas – *Paulinias*, *Cocculus* e afins – que têm a propriedade de atordoar e matar os peixes que o ingerem, embora em pequena quantidade, sem contudo ser nocivo a quem os come. A planta ou a parte dela utilizada, o que varia conforme a qualidade, é pisada e misturada com tijuco. A mistura assim obtida é jogada n'água no lugar escolhido. O peixe, quando o timbó é de boa qualidade e bem preparado, não demora muito a vir à tona, onde é apanhado sem dificuldade. Nos lugares de correnteza, porém, para não perder muito peixe inutilmente, precisa-se barrar o rio ou igarapé a jusante, o que fazem geralmente com tapagem de pari, e, somente quando se trata de igarapés muito estreitos e pouco correntosos, se contentam com atravessar as canoas e esperar o peixe na passagem. Em geral, todavia, os lugares preferidos são os de pouca ou nenhuma correnteza, que só precisam do trabalho de jogar o timbó e recolher o peixe. O timbó é misturado com tijuco para que assente e mais facilmente se misture com a água. A pesca com timbó, que parece usada pelos indígenas desde tempos imemoriais, ao mesmo tempo que, quando o lugar é bem escolhido, por conhecedores dos hábitos dos peixes, é sempre muito proveitosa, tem o defeito de estragar muito peixe, especialmente miúdo. Na realidade, se o peixe graúdo, segundo se afirma, fica apenas atordoado e volta facilmente a si logo que se encontra em águas limpas, outro tanto não acontece ao peixe miúdo; este morre em grandes quantidades, especialmente se não se trata de tamanho, mas de peixe novo.

TIMBÓ CIPÓ cipó de timbó, *Paulinia pinnata*.

TIMBOITYCA tinguijado, pescado de timbó. V. *Ityca* e comp.

TIMBÓ-PÉUA timbó-chato, casta de *Cocculus*, que dá o timbó.

TIMBORANA falso timbó, planta que se parece com as que dão o timbó, sem fornecê-lo.

TIMBÓ SACACA timbó feitiço, casta de timbó.

TIMBÓ TITICA cipó cujo sumo serve para calmar as palpitações do coração.

TIMBÓ-YUA, TIMBÓ a planta de onde se extrai o timbó, nome genérico aplicado às que têm a mesma propriedade, independentemente de outra preocupação, e que, por via disso mesmo, designa plantas muitas vezes diversas.

TIMEUN não há, não tenho (Manaus).

TIMOAUA barba, pelos do queixo.

TIMUAPU vedado, proibido.

TIMUAPUNGARA vedador, proibidor.

TIMUAPUNGAUA proibição, vedação.

TINCUĀN casta de *Cuculus*, ou, como é conhecido vulgarmente, casta de *uirá-paié*, mais pequeno do que este, e cinzento-claro.

TINGA branco (usado geralmente como sufixo). *Tauatinga*: terra branca. *Sutinga*: tela branca, a vela, contração de *sutiro* e *tinga*.

TINHARŪ maduro.

TINHARUNGA amadurecido.

TINHARUNGARA amadurecedor.

TINHARUNGAUA amadurecimento.

TINGUÉ tinguijado, pescado de timbó.

TINGUÉSÁRA tinguijador.

TINGUÉSÁUA tinguijada.

TINGUÉTÝUA tinguijadouro.

TINGUÉUÁRA tinguijante.

TININ secado.

TININGA seco.

TININGARA secador.

TIPOI tira de tavari ou de envira, que serve para fazer o amarrilho do paveiro que se leva às costas, preso à frente; o atilho que serve à mulher indígena para carregar o filho a tiracolo, ficando com as mãos livres para trabalhar.

TIPOIA (é nheengatu?) rede para dormir, muito ordinária (Solimões); camisa de dormir.

TIPUTI, REPUTI, CEPUTI esterco.

TIPUTI RUARA ânus, buraco das fezes.

TIPUTI IRERU tripas, intestino.

TIPUTI TORAMA escarabeu.

TIPUTI IUUCA destripado.

TIPUTI IUUCASARA destripador.

TIPUTI IUUCASAUA destripamento.

TIRI luzido.

TIRICA afastado, retirado. V. *Terica* e comp.

TIRIRICA (frequentativo de *tirica*), afasta-afasta, nome de uma casta de trepadeira de folhas e caule finamente cortantes, que forma toiças e torna a mata quase impenetrável, parecendo mandar retirar a gente que encontra. No baixo Amazonas defendem o gado dos vampiros, circundando os currais em que à noite o recolhem com caules de tiririca, renovados de tempo em tempo. Os morcegos que lhes batem de encontro caem com as asas recortadas e, nos primeiros dias em que é posta a tiririca, muitas são as vítimas que amanhecem no chão, indo rareando com o tempo até abandonarem o lugar.

TIRIUÁ casta de periquito de cauda comprida e graduada.

TITICA latejado, pulsado, palpitado.

TITICAPORA latejante.

TITICASARA latejador, quem faz latejar.

TITICASAUA latejamento.

TITICAYMA não latejado.

TITINGA manchas esbranquiçadas que aparecem na pele do indígena, o que para algumas tribos é uma beleza muito estimada.

TITINGA CATACA doença da pele em que esta se torna branco-amarelada e se destaca em escamas até formar chagas.

TITINUCA esfregado, friccionado. V. *Kitinuca* e comp.

TITIPURANGA casta de pipira.

TITIPURUÍ casta de pequeno pássaro.

TIXIRICA piado, dos pintos e outros pássaros.

TIXIRICASARA piador.

TIXIRICAUA pio, piada.

TIXIRICAUERA choramingão.

TIUIXĨN casta de pequeno teiú.

TOCA, SOCA, ROCA, OCA casa, habitação, moradia, cova, toca. A voz, todavia, não é usada quando se trata de habitação humana, porque, todas as vezes que não caiba *soca* ou *roca*, se usa *oca*.

TOCAIA a espera da caça perto da toca ou no lugar que se sabe por ela frequentado; tocaia.

TOCAIA TENDAUA o lugar onde se espera a passagem da caça.

TOCAIAUARA o caçador que fica de tocaia.

TOCANA, TOCANO, TUCANO tucano, nome genérico dado a várias espécies de *Ramphastidas*. As várias espécies de tucanos, embora um ou outro apareça todo o ano no vale do Amazonas, ou, melhor, ao longo do seu curso principal, são verdadeiras aves de arribação, que aparecem em bandos mais ou menos numerosos de julho a agosto e de janeiro a fevereiro.

TOCANAMBOIA cobra-tucano, a que atribuem o poder de imitar a voz do tucano e de atrair, por meio de fascinação, no buraco da árvore onde mora, os pássaros e pequenos animais de que se nutre. Não a conheço.

TOCANDYRA, TOCANYRA tocandira, *Cryptocerus atratus*. Grossa e comprida formiga preta, armada de um esporão, como o das vespas, cuja ferroada, muito dolorosa, chega a produzir febre. Bicho nascido das cinzas de Ualri, conforme conta a lenda do Jurupari, se torna inócua para as mulheres grávidas, e os índios sustentam, e com eles muitos civilizados, que a ferroada da tocandira deixa de doer quando lavada com a urina de um indivíduo do sexo diferente, e, na falta, com a água da lavagem das suas partes sexuais, e que a cópula produz o mesmo efeito. Sobre este fato, os Mundurucus estabeleceram uma das provas impostas aos moços que, saindo da puberdade, passam a ser guerreiros. Os obrigam a meter a mão direita num tecido de fasquias de jacitara, uma espécie de luva, guarnecida, pelo lado de dentro, de tocandiras com o ferrão. Ninguém lha pode tirar senão a moça que vai casar com ele; o moço guerreiro não pode continuar solteiro, efetuando-se o casamento logo em seguida na casa grande da festa.

TOCARI castanha-do-pará ou castanha-do-maranhão, uma espécie de amêndoa, muito oleosa e muito apreciada como sobremesa, quando fresca, que se encontra fechada numa cápsula esférica, lenhosa, muito dura e que precisa quebrar a machado. As castanhas, que são elas também por sua vez fechadas numa cápsula lenhosa em forma de gomos, se acham reunidas na cápsula que as contêm em número variável. É fruta de plantas que crescem naturalmente na terra firme; desde muito tempo, é objeto de exportação, e a sua colheita é uma das indústrias vivas no vale do Amazonas, sendo que, nestes últimos tempos, o preço da castanha, muito elevado, a tem tornado superior à indústria da pescaria do pirarucu e mesmo da extração da goma elástica.

TOCARI-TYUA castanhal, lugar onde cresce a tocari.

TOCARI-YUA castanheira, tocarizeiro, castanha-tocari, *Bertholetia excelsa*. Árvore de alto porte, uma das maiores das florestas da terra firme, que dá uma espécie de amêndoa, conhecida vulgarmente por castanha, ou castanha-do-pará, que amadurece com a enchente e é recolhida, ao longo do Solimões e do Amazonas, entre fevereiro e maio. V. *Tocari*.

TOCO não sei. Forma irregular, contração de *inti-xacuao*, muito usada no rio Negro.

TOIRON, TOIRUN ciumado.

TOIRONGARA enciumador.

TOIRONGAUA ciúme.

TOMASAUA foz, barra do rio, lago ou igarapé. *Tomasaua suí*: da foz. *Caiary tomasaua*: foz do Caiary. *Ocica paranã tomasaua kiti*: chega na foz do rio.

TOMASAUA-PORA que mora na foz do rio, lago ou igarapé.

TOMASAUAUARA que é, está ou pertence à foz do rio, que está a jusante. *Opitá tomasauaua-uara*: fica a jusante.

TOMBYRA, TOMYRA bicho-do-pé, *Pulex penetrans*. Incômodo inseto que abunda no pó das malocas e das casas mal varridas, independentemente da existência, no local, de cachorros. Quando entra na pele, onde se agasalha para criar os próprios ovos, é um inseto quase que microscópico.

Logo, porém, cresce, produzindo tumores sempre incômodos e algumas vezes fatais. Para impedir a entrada de tão incômodo hóspede, é suficiente lavar as extremidades inferiores com uma infusão de tabaco, cujo cheiro afugenta a tombira. Para que tudo se limite ao incômodo de uma comichão impertinente, é necessário extrair a tombira inteira, sem que quedem ovos ou parte do ovário, e sem que se rasgue a pele e haja sangue: operação em que excelem as indígenas do Uaupés e as do rio Negro; então, todo e qualquer perigo de tétano fica afastado.

TOMUNHEẼN assobiado.
TOMUNHEẼNGA assobio, o ato de assobiar.
TOMUNHEẼNGARA assobiador.
TOMONHEẼNGAUA assobio, o fato de assobiar.
TOOMÃN, TUUMÃN atolado.
TOOMÃNGARA atolador.
TOOMÃNGÁUA atolamento.
TOOMÃYMA não atolado.
TORAMA, TURAMA revolvido. V. *Turama*.
TORÉ[1] buzina. O toré é feito de casca de pau, de pele de jacaré, utilizando-se para isso a pele da cauda extraída inteiriça, mais raramente de pau, e tem a forma de um porta-voz com boca de sino. Os Macus têm *toré* feito de barro.
TORÉ[2] casta de inambu, *Crypturus serratus*.
TORI, SORI alegre, satisfeito.
TORICA as regras da mulher.
TORINA calças.
TOÚMA ramela.
TOUMAUERA ramelento.
TORÓ larva do inseto que roi a madeira.
TOROCANA trocano, instrumento com que os indígenas comunicam, de maloca em maloca, e serve para chamar a gente e dar sinais. É um toro de madeira, inteiriço, escavado a fogo, de uns dois a três metros de comprimento e, geralmente, mais de metro e meio de diâmetro (os tamanhos variam muito), de madeira leve e sonora, com três buracos de uns dez centímetros de diâmetro, reunidos por uma estreita fenda, que ficam voltados para cima, quando está, como costuma, suspenso entre quatro paus, num buraco feito para este fim no chão, pouco mais largo do que o instrumento, porém mais profundo do que um homem. O trocano é suspenso nos paus por tipoias de envira, que podem ser encurtadas ou alongadas à vontade, fazendo-o subir ou descer no buraco, conforme for conveniente. Quando se trata de reunir a gente da maloca e, por isso mesmo, não é necessário que seja ouvido muito longe, as enviras são encurtadas e o trocano fica mais ou menos fora do chão; quando o aviso deve ser ouvido ao longe, as tipoias são alentadas e o trocano descido. Os sinais são dados batendo no trocano com um macete de cabeça de goma elástica, ou envolvido em tiras de couro de anta, entre os dois buracos extremos, obtendo-se, segundo o lugar em que se bate, sons diferentes, que, conjuntamente com o número de golpes e seu espaçamento, permitem a transmissão de notícias por meio de pequenas frases, combinadas num código de sinais muito primitivo, mas suficiente para as necessidades locais. O que é certo é que, nos distritos suficientemente povoados, onde as malocas não são excessivamente afastadas uma da outra, qualquer notícia se propaga com muita celeridade e segurança. O som, nas melhores condições, isto é, de manhã e de noite, não creio que se ouça a mais de dez ou doze quilômetros de distância; a uma distância de seis a sete quilômetros o tenho ouvido eu, e ainda bastante distinto para admitir que se ouça mais longe. Nestas condições, nenhuma dúvida há que o que se ouve muitas vezes afirmar com certa ênfase, que o trocano é o telégrafo dos índios, tem seu viso de verdade, embora, tudo somado, o seu ofício não passe do que tiveram os sinos desde tempos imemoriais, e ainda hoje têm em muitos casos.

TOROCARI, TOCARI a estopa extraída da castanheira, *Bertholetia excelsa*, que serve para calafetar canoas e outros misteres análogos.
TUACA casta de pássaro, que não conheço.
TUAIARA cunhado.
TUAKE, SUAKE, RUAKE perto, próximo, vizinho.
TUCÁ tecido, ao tear, batido, especialmente no trocano, *torocana*, com o pau apropriado.
TUCAIA galinheiro (Solimões).

TUCASARA tecelão, tecedor, batedor.
TUCASAUA tecedura, batedura.
TUCÁ-TUCÁ espicaçado, socado. V. *Tucá* e comp.
TUCATYUA lugar onde se tece.
TUCAUÁ tecido.
TUCAUARA tocante, batente.
TUCAUERA tecível, batível.
TUCAYUA o pau, forrado de tiras de borracha ou de couro de anta, que serve para bater no *torocana*; a régua de pau que serve para o tecelão sentar a trama.
TUCŪ, TUCUM tucum, casta de palmeira do gênero *Bactris* e afins; a fibra extraída das folhas da palmeira do mesmo nome e que serve para tecer maqueiras, redes para pescar, tarrafas etc. etc. A mais clara e fina é a extraída das folhas novas; a que é extraída das folhas velhas, embora mais resistente e duradoura, não é utilizada para maqueira, porque fica sempre escura, não embranquece nem com uma prolongada exposição ao sol.
TUCUIÁ tucujá, pequena árvore comum nos lugares arenosos e secos.
TUCUMÃ, TUCUMÃN tucumã, fruta comestível de uma palmeira. Um coquinho extremamente duro, coberto de uma massa oleosa, adocicada, mais ou menos perfumada, segundo as qualidades. A massa oleosa dá um excelente azeite, e no rio Negro, ao tempo da antiga capitania, a extração de azeite de tucumã foi uma indústria florescente; a quantidade era tal, que servia até para a iluminação pública e particular.
TUCUMÃĪ pequena variedade de tucumã.
TUCUMÃYUA tucumazeiro, casta de palmeira, *Astrocaryum tucumã* e afins.
TUCUNARÉ um dos melhores peixes dos nossos rios, comum em todo o vale, de carnes rijas e saborosas e limpas de espinhas, que se distingue por um olho de pavão na cauda e manchas transversais de cores alternadas, variáveis de espécie a espécie, mas muito regulares e decrescentes, da cabeça à cauda; várias espécies de *Erythrini*, a que parece pertencem as espécies maiores, e de *Cichlas* a que parecem pertencer as menores. O tucunaré é a vítima da *pinauaca* com que o pescador utiliza o instinto que tem de apanhar insetos e até pequenos pássaros, que passam rente à superfície da água, num certeiro e rápido pulo.

TUCUPÁ balde (rio Negro).
TUCUPI V. *Tycupi*.
TUCURA locusta.
TUCURYUÁ, UIXIRANA falso uichi, árvore da vargem alta e terras firmes, *Couepia paraensis*.
TUCUXI boto-cinzento, *Steno tucuxi*. Muito comum, como os seus congêneres, e especialmente no Solimões, comuníssimo de preferência a qualquer outro; não parece que se interne muito. Eu nunca o tenho encontrado acima das cachoeiras.
TUÉ, TUÍ cinzento.
TUEÍ arrepio de febre.
TUÍ cinzento; sangue.
TUĪ casta de pequeno papagaio do gênero *Pionia*, roxo-cinzento, muito comum.
TUÍ CARUCA esquentamento, mijo de sangue.
TUÍ PUXI câmaras de sangue.
TUÍRA roxo.
TUÍRA CERANE arroxeado.
TUÍ-RAPÉ veia.
TUÍ-RAYICA artéria.
TUÍ-UARA sanguinoso.
TUÍ-URRA sanguinolento.
TUÍ-UASU regras da mulher, mas já excessivas.
TUIUÉ velho, antigo.
TUIUÉSÁRA envelhecedor.
TUIUÉSÁUA velhice.
TUIUÉUÁRA envelhecente.
TUIUÉYMA não velho.
TUIUIU jaburu-moleque, *Mycteria americana*, o maior dos Pernaltas do vale do Amazonas, dito também, em alguns lugares, jaburu-soldado. O tenho sempre encontrado nos rios e lagos do interior isolado, ou aos casais, passeando sisudos e graves à cata de comida ao longo das margens e nas poças e baixios. Muito ariscos, nunca me deixavam aproximar. Subindo o rio Branco, encontrei um casal construindo o ninho numa alta samaumeira da margem. No ponto em que o tronco esgalhava, tinham, com uns galhos secos, construído uma espécie de estrado, muito parecido com o que costumam fa-

zer em idênticas circunstâncias os maiores rapineiros.

TUIXAUA, TUISAUA chefe, maioral, tuxaua. O *tuixaua* que parece soar, quem tem o sangue, e do sangue – de *tuí*: sangue, e *saua*, sufixo, que substantiva a ideia contida no prefixo – se não é forçosamente o filho do próprio chefe, que por qualquer razão não lhe pôde suceder, todavia é sempre alguém da família deste. Só na falta será um estranho. Pela lei e costume, salvo caso de indignidade, ou impossibilidade material, os filhos sucedem aos pais e isso naturalmente, como aqueles que já tinham autoridade e já mandavam como lugares-tenentes dos próprios pais, tanto nas danças e festas cerimoniais, como no mando da tribo. A autoridade do tuxaua, todavia, não é lá grande coisa, salvo talvez em tempo de guerras, hoje cada dia mais raras e difíceis entre os indígenas; só obtém ser obedecido, dentro do costume, pela persuasão e pelo ascendente próprio, individual, que possa adquirir, mas por via de regra lhe seria impossível exercer qualquer coação. A sua autoridade, pelo contrário, é grande como chefe do conselho da tribo e executor das suas sentenças. Esta condição de ser chefe do conselho exclui de sucederem ao pai os filhos que ainda não tenham a idade ou a sisudez suficiente para dele fazerem parte. A condição de serem dignos importa na exclusão de todos aqueles que, de algum modo, infringirem os costumes herdados dos avós, e os que, demonstrando não saber obedecer e ser submissos a seus legítimos superiores, mostraram que são inaptos e indignos para mandar gente. De conformidade, no Uaupés já assisti à exclusão de um moço, por outro qualquer motivo digno de ser tuxaua, somente porque tinha desrespeitado e desobedecido ao próprio pai. O tuxaua, para garantir à tribo a própria sucessão, não somente em muitas tribos é obrigado a casar moço, mas nas que seguem a lei do Jurupari, deve divorciar-se da mulher estéril e casar tantas vezes quantas sejam necessárias até ter filho varão. Em qualquer caso, é o conselho da tribo que declara o filho sucessível ao pai, e que, na falta ou incompatibilidade deste, escolhe o novo tuxaua, de preferência na própria família deste e, só na falta, o estranho a esta que julgar mais digno.

TUMUME escarro, cuspo.
TUMUMUN escarrado, cuspido.
TUMUMUNGARA escarrador, cuspidor.
TUMUMUNGAUA escarramento, cuspidela.
TUMUNHEĒN assobiado. V. *Tumunheēn*.
TUMUTUMUN conspurcado. V. *Tumumun* e comp.
TUPÁ, TUBÁ, RUPÁ, RUBÁ pai, chefe (desusado).
TUPÃ trovão.
TUPANA Deus. Que ideia o indígena faz de Deus? Não saberia dizê-lo com certeza. Pela tradição da lenda do Jurupari – a que me referi no artigo relativo, e que parece comum a todas as tribos tupi-guaranis e se acha propagada e aceita pela mor parte das tribos que lhes têm estado em contato – embora nunca se fale em *Tupana,* sente-se que ele está acima das mães das coisas todas, como um ser vagamente suspeitado, mas necessário, como a mãe das mães das coisas, e se vem na convicção de que a palavra Tupana é uma adaptação, talvez, posterior. Todavia, nenhuma dúvida há que a primeira e mais sensível manifestação de alguma coisa acima e fora do comum de todos os dias, de alguma coisa de incompreensível e superior está no trovão acompanhado de relâmpago, e que Tupana indica exatamente algum ser, o qual tem o poder de trovejar e repetir a ação. O sufixo *ana*, com efeito, tanto indica que a ação expressa no prefixo já teve lugar como que continua e persiste. Tupana, pois, é o ente desconhecido que troveja e mostra a sua temibilidade pelo raio, que abate, como se fossem palha, os colossos da floresta e tira a vida aos seres, deixando uns restos carbonizados. Do pouco que conheço das crenças e tradições indígenas, me parece poder afirmar que a ideia de um ser criador de todas as coisas, dono e regedor deste universo, não a têm nem, em geral, a compreendem. *Tupana* não passa da mãe do trovão, tida na mesma consideração de todas as outras mães, mas porque mãe de coisas de que o indígena não precisa, que dispensa, é uma mãe que não se hon-

ra nem se festeja. Na realidade, quando todas as outras mães têm danças e festas que lhes são dedicadas, nunca ouvi que houvesse festa dedicada a *Tupana*. O *Tupana*, que vai figurar nas frases que se seguem, é o Deus cristão, e a adaptação é dos antigos missionários, que, ao mesmo tempo que traduziam por diabo Jurupari, traduziram Tupana por Deus, e a que, como é sabido, já se atribuiu a invenção da nossa boa língua.

TUPANA EMBEÚSARA louvador de Deus.
TUPANA EMBEÚSAUA louvor de Deus.
TUPANA EMBUESARA rezador, quem pede a Deus.
TUPANA EMBUESAUA reza, oração.
TUPANA MOETÉSÁRA temedor de Deus.
TUPANA MOETÉSÁUA temor de Deus.
TUPANA NHEẼNGA palavra de Deus, Evangelho.
TUPANA NHEẼNGA COATIARASARA evangelista, escritor da palavra de Deus.
TUPANA NHEẼNGA MBUESARA pregador.
TUPANA NHEẼNGA MBUESAUA prédica, pregação.
TUPANA PUTAUA dízimo, esmola.
TUPANA PUTAUA MEẼNGARA dador de dízimo, esmoler.
TUPANA PUTAUA MEẼNGAUA pagamento do dízimo, esmola.
TUPANA PUTAUA IURUREUARA quem pede esmola, esmolante.
TUPANA PUAMO hóstia.
TUPANA PUAMOSAUA elevação.
TUPANA RAYRA cristão, filho de Deus.
TUPANA RAYRANGAUA o crucifixo, imagem do filho de Deus.
TUPANA RECÉ por Deus.
TUPANA RECOSARA bem-aventurado, quem tem Deus.
TUPANA RECOSAUA bem-aventurança.
TUPANA RERA CENOISARA chamador do nome de Deus, jurador.
TUPANA RERA CENOISAUA chamada do nome de Deus, juramento.
TUPANA ROCA, TUPAOCA, TUPACA casa de Deus, igreja.
TUPANARE comungado.
TUPANARESARA comungador, quem dá a comunhão.
TUPANARESAUA comunhão, ato de comungar.
TUPANAREUARA comungante.
TUPANAREUERA comungável.
TUPANA SUAINHANA inimigo de Deus, herege, infiel.
TUPANA TAYRA filho de Deus, Cristo.
TUPANA TATÁ, TUPANA TATÁ CATU fogo de Deus, bom fogo de Deus, purgatório.
TUPANA TATÁ PUXI mau fogo de Deus, inferno.
TUPANA TECÔ lei de Deus, religião.
TUPANA TECÔ IAUISARA irreverente, quem não observa a lei de Deus, pecador.
TUPANA TECÔ IAUISAUA irreverência, quebra de preceito de Deus, pecado.
TUPANA TECÔ MBEÚSÁRA quem ensina a lei de Deus.
TUPANA TECÔ MBEÚSÁUA ensinamento da lei de Deus, doutrina.
TUPANA TECÔ MUNHANGARA observador da lei de Deus.
TUPANA TECÔ MUNHANGAUA observância da lei de Deus.
TUPANA TECÔ POROSARA virtuoso, preenchedor da lei de Deus, cheio da lei de Deus.
TUPANA TECÔ POROSAUA virtude.
TUPANA TECÔ ROIRONGARA repudiador da lei de Deus, renegado.
TUPANA TECÔ ROIRONGAUA renegamento, repúdio da lei de Deus.
TUPANA UASUSAUA grandeza de Deus, divindade.
TUPANA UATASAUA procissão, passeio de Deus.
TUPANA Y água de Deus, água benta.
TUPANA Y IRERU caldeirinha da água benta.
TUPANA Y MUPYPYCASARA aspersor, quem asperge com água benta.
TUPANA Y MUPYPYCASAUA aspergimento de água benta.
TUPANA Y MUPYPYCAYUA aspersório.
TUPÃOCA casa de Deus, igreja (contração de *Tupana*: Deus, e *oca*: casa.
TUPÃOCA OCARA adro da igreja.
TUPÃOCA OCAPĨ sacristia.
TUPÃOCA UARAMAPARA almofada da igreja, genuflexório.
TUPÃ-UERAUA relampagueado, trovejado.
TUPÃ-UERAUERAUA o espacejar dos relâmpagos com trovões.
TUPAXAMA corda, arpoeira, linha grossa. *Yara tupaxama*: corda da canoa, espia.

tupé tecido, trançado; esteira de fasquias, geralmente de arumã ou outro material análogo. Serve para, forrando o chão, fazer de tapete ou toalha, Há tupés que são verdadeiras obras de arte, trançados sobre desenhos elegantíssimos e algumas vezes relevado a cores.

tupepora que está no tupé.

tupesara trançador.

tupesaua trançamento.

tupé tendaua lugar do tupé.

tupé tupesara tecedor de tupé.

tupetyua lugar onde se tece, trança.

tupeuara tecente, trançante.

tupeyma sem tupé, não trançado, não tecido.

tupi tupi, nome da nação e talvez, em origem, o nome de uma das tribos da mesma nacionalidade, que viviam ao tempo da descoberta ao longo da costa atlântica; o nome da língua usada geralmente pelos Portugueses para entrarem em contato com as tribos da costa atlântica, e que não é senão um dialeto do grupo tupi-guarani, que era falado do Amazonas ao Prata.

turama revolvido.

turamasara revolvedor.

turamasaua revolvimento.

turamauara revolvente.

turamayma não revolvido.

turi, tury facho, tocha, lasca de madeira resinosa que traz o mesmo nome, que queima chamejando e serve aos indígenas para fachear e iluminar suas malocas nos dias de festa.

turi, turiyua turizeiro, árvore que se encontra em toda a parte, embora pareça preferir as vargens altas. Da madeira um tanto resinosa, clara, leve e que lasca facilmente no sentido da fibra muito comprida, os indígenas fazem seus fachos e tochas, e os civilizados, ripas, que, pela resina que contêm, ficam indenes dos cupins.

turimã árvore do igapó.

turuna[1] negro de importância, preto graúdo, valentão (de *turusu*: grosso, e *una*: preto).

turuna[2] árvore do igapó.

tururi a entrecasca de algumas espécies de árvores, que, pelo entrançado das fibras, têm alguma parecença com um tecido, e que por via disso mesmo é utilizada pelos indígenas para fazer aventais, sacos, camisas etc. A entrecasca é tirada em panos ou inteiriça, conforme convém. No primeiro caso, incidem pura e simplesmente a casca, do tamanho desejado, e a destacam batendo e machucando-a com um soquete. No segundo, precisa que abatam a árvore e recortem convenientemente o galho. Separada do tronco, é fácil separar a casca da entrecasca e tirar, por meio de lavagens abundantes, a resina de que é impregnada.

tururi, tururiyua tururizeiro, várias espécies de *Manicariao*, que crescem de preferência nas terras firmes, e de que os indígenas extraem o líber ou entrecasca, para, convenientemente preparada, fazer aventais, sacos, camisas etc.

turusu grosso, grande em largura e comprimento, graúdo.

turusu-eté grossíssimo.

turusupire maior, mais grosso.

turusupora parte maior.

turususara engrossador, que torna grosso.

turususaua grossura.

turusuxinga grossozinho.

turusuyma não grosso.

tury voluptuoso.

turyua voluptuosidade

tutira tio.

tutira rayra filho do tio, primo.

tutuca abatido, com vara ou outro instrumento análogo, especialmente frutas. V. *Cotuca* e comp.

tuuma polpa, miolo, carne de fruta madura, gosma; gosmado, lambuzado.

tuuma-pora cheio de polpa, de miolo, de carne madura.

tuumasara lambuzador, gosmador.

tuumasaua lambuzada, gosmada.

tuumauara lambuzante, gosmante.

ty sumo, licor, molho.

tyaī suado. V. *Teaēn* e comp.

tyaia suor.

tyaiyua suador.

tyapira favo de mel.

tyara guloso.

tyarasu comilão, alarve.

tyarayua gulodice.

TYCU líquido, diluído, dissolvido.
TYCUARA bebida feita com farinha de mandioca e água, em que foi dissolvido mel ou rapadura.
TYCUARE-YUA farinha que se emprega na tiquara.
TYCUERA restos da mandioca puba, que ficam na peneira depois de peneirada para ir para o forno.
TYCUPI, TUCUPY sumo da mandioca ralada logo colhida, sem ter sido deixada de molho para se tornar puba, e que, pela ebulição, deixou de ser venenosa. É um dos molhos tapuios, e excelente, para se temperar com ele peixe ou caça.
TYCUPIPORA o que é guardado ou conservado no tucupi, conserva de tucupi.
TYCUPI PIXUNA tucupi preto. É o sumo da mandioca fresca apurado ao fogo, até tomar a consistência e a cor do mel de cana. Para meu gosto, é o rei dos molhos, tanto para as caças, como para o peixe, devendo-se acrescentar que é aconselhado para cura do beribéri, na dose de um cálice depois de cada refeição, e que se lhe atribuem curas extraordinárias.
TYIUCA tijuco, lama, lodo, água podre.
TYIUCAPAU lamaçal, lamarão; lama que se forma ao longo dos rios e lagos, nas margens de fraco declive e privadas de areia, pela vazante, logo em seguida ao retirar-se das águas; a lama que se forma casualmente pela chuva, consequência de enxurrada.
TYIUCAPAUA atoleiro.
TYIUCAPORA que é, está no tijuco.
TYIUCATYUA tijucal.
TYIUCAYMA sem tijuco.
TYIUPÁ tijupá, barraca, rancho; a barraca de pau-a-pique, com o telhado de palha, mas aberta ou apenas fechada por um dos lados, com parede de palha e mesmo de terra; abrigo provisório, mas em qualquer hipótese sempre destinado, desde a origem, a servir de abrigo pelo menos toda uma estação.
TYIUPA-PORA morador do tijupá.
TYIUPAUA caseiro, da casa, do tijupá.
TYIUPAYUA esteio principal que suporta toda a armação do tijupá.
TYKY pingo, lágrima, gota.

TYKYPITIN sorver, degustar. V. Pitin e comp.
TYKYRA destilada, a que é havida a pingos, a cachaça obtida com o beiju de mandioca fermentado.
TYKYRA-PORA bêbedo, cheio de tiquira.
TYKYRE destilado, pingado.
TYKYRESARA destilador, pingador.
TYKYRESAUA destilação, pingamento.
TYKYRE-TENDAUA destiladouro.
TYKYREUARA destilante.
TYKYREYMA não destilado.
TYKYREYUA alambique, o instrumento com que se destila.
TYKYTYKYRE gotejado. V. Tykyre e comp.
TYKYTYITYCA borrifado.
TYKYTYITYCA-TYUA respingadouro, lugar onde, nas cachoeiras, o respingo do salto molha.
TYPACUENA sangradouro, correnteza que se forma na boca dos lagos no forte da vazante, e os esgota.
TYPAU vazado, secado.
TYPAUA vazante, secura.
TYPAUARA que vaza, vazante.
TYPAUAYUA quem seca e faz secar, secador.
TIPAUERA que vazou ou vaza habitualmente.
TYPAUYMA que não vaza.
TYPII apertado, espremido.
TYPIISARA apertador, espremedor.
TYPIISAUA apertadela, pressão.
TYPIITY prensa em que se espreme a mandioca depois de ralada e antes de se peneirar para secar ao forno. É um longo canudo, de dois metros mais ou menos de comprimento, de fasquias de jacitara ou outra planta sarmentosa, que permita tirar tiras suficientemente compridas, tecido de forma que pode, à vontade, ser dilatado e apertado, acabando em ambas as extremidades por casa ou asa formada pelas próprias fasquias solidamente amarradas nas pontas. Eis agora como funciona. As duas extremidades do aparelho são aproximadas, obtendo-se, graças à elasticidade do tecido, um alargamento do canudo, correspondente ao seu encurtamento. Então a mandioca ralada é introduzida no tipiti até enchê-lo. Cheio, é suspenso a um pau qualquer, contanto que seja suficientemente alto e sólido, por uma das asas; na outra, é passado outro

pau, preso no esteio, árvore ou coisa que os valha, a que está apenso o tipiti e amarrado de modo que faça leve e permita esticar este. Então, a força e pressão necessária para espremer a massa, nele contida, a forneira a obtém apoiando-se e, se for necessário, sentando-se sobre este segundo pau.

TYPIITYTYUA lugar do tipiti, o pau em que se suspende por uma das casas o tipiti.

TYPIIUCA, TYPII-IUUCA tirar espremendo. V. *Iuuca* e comp.

TYPUCA último leite que se tira da vaca prestes a parir ou que, por qualquer outra causa, deixa de dar leite.

TYPY fundo, profundo.

TYPYACA tapioca, a fécula que fica depositada no fundo do vaso em que é recolhido o sumo que sai da mandioca ralada sob a pressão do tipiti.

TYPYETÉ muito fundo, fundíssimo.

TYPYPIRE mais fundo.

TYPYPIRESAUA maior fundura, fundo, poço que se forma em tempo de vazante nos altos rios e ao pé das cabeceiras, isto é, lugar fundo em que a água fica como empoçada, seguido e precedido de baixios.

TYPYPORA que mora no fundo.

TYPYPYCA largo e fundo, rio ou lugar de navegação franca.

TYPYPYIA enterrado, que está no fundo, defunto.

TYPYPYIA ARA dia dos defuntos.

TYPYSARA quem faz fundo.

TYPYSAUA fundura.

TYPYTINGA fundo branco, fundo esbranquiçado.

TYPYUARA que pertence ao fundo.

TYPYXINGA alguma coisa funda, fundozinho.

TYPYYMA sem fundo, raso.

TYPYYUA abismo, o máximo da profundidade.

TYRA conduto feito de tabocas emendadas com estopa e cerol, que dá saída à tiquira no alambique indígena.

TYRYTYRY terremoto.

TYRYTYRY MANHA mãe do terremoto; o jacaré, o qual, segundo a crença das tribos nheengatu, sustenta o mundo e que o faz tremer todas as vezes que se move para mudar de posição.

TYUA sufixo com a significação de lugar, sítio, terra, de onde provém, abunda e [é] frequente alguma coisa. É este *tyua* que, aportuguesado, deu *tiba* e *tuba* conforme a localidade e de acordo talvez com a pronúncia local indígena do *y*, isto é, a pronúncia do *i* tapuio. *Caiutyua*: lugar de cajus, deu cajutiba e cajutuba. *Itatyua*: terra de pedras, deu Itatuba e Itatiba. Alguma vez se encontra e se ouve confundir-se *tyua* com *téua*, mas é erro e pouca atenção. *Téua* exprime sempre uma ideia frequentativa, e muitas vezes pejorativa, que *tyua* não tem.

TYUA sólido, firme, que não muda, é de costume. *Xamaan indé iuíre rembaú tembiú, xambaú tyua uá*: vejo que tu também comes a comida que costumo comer. *Inti oiauau, opitá tyua*: não foge, fica firme.

TYUASARA quem está firme no lugar, no hábito, no costume.

TYUASAUA firmeza.

TYUY pé, poeira.

TYUYPORA que está, que mora na poeira.

TYUYRA poeirento.

TYUYRUCA espanejado, limpado.

TYUYRUCAPAUA espanejamento.

TYUYRUCASARA espanejador, quem espaneja.

TYUYRUCAUARA espanejante.

TYUYURUCAUERA espanejável.

TYUYRUCAYMA não espanejado.

TYUYRUCAYUA espanador, aquilo com que se espaneja.

TYYĪ pequenas bolhas, que sobem à flor d'água, indicando o lugar onde sentou a tartaruga.

TYYITYUA lugar onde aparecem as bolhas que indicam ao pescador onde deve jogar o arpão para fisgar a tartaruga, que sentou no fundo do lago ou em outro lugar de águas mortas.

U

U letra muitas vezes trocada por *o*, especialmente na preposição verbal da terceira pessoa singular. Assim, em lugar de dizerem, e escrever, *o-sé, o-recé*, dizem *u-sé, u-recé*.

U equivalente a *i*, prefixo em função de artigo determinativo.

U bebido, ingerido e, em muitos lugares, especialmente no baixo Amazonas e Solimões, comido. No Rio Negro dizem de preferência *embaú*.

UA, UAA que, aquele que, cujo. Adjetivo conjuntivo, que se pospõe sempre ao verbo da oração, que rege. *Omunhã putare cury onheẽn ceẽn uá?*: quererá fazer o que prometeu? *Cé páia mira, oputare uá ixé i auaca arama*: a gente de meu pai, que me quer por amásia dele.

UÁ, AUÁ sufixo. *V. Auá.*
UACA rachado.
UACAETÉ rachadíssimo.
UACAPORA cheio de rachas.
UACARICUARA casta de árvore. *V. Acaricuara.*
UACASARA rachador.
UACASAUA rachamento.
UACATÉUA rachadiço.
UACATYUA lugar rachado.
UACAUA racha.
UACAUARA rachante.
UACAUERA rachável.
UACAYMA não rachado.
UACÁCU bacaco, *Xipholena pompadura,* lindo pássaro do tamanho dum grosso bem-te-vi, azul-celeste, finamente manchado de preto, com o colo, o peito e o ventre de um esplendido roxo-pompadour.
UACARÁ *V. Acará.*
UACARI *V. Acari.*
UACEMO achado.
UACEMOSARA achador.
UACEMOSAUA achamento.
UACEMOTÉUA achadiço.
UACEMOTYUA lugar do achado.
UACEMOUARA achante.
UACEMOUERA achável.
UACEMOYMA não achado.
UACEMOYUA o que faz achar.
UACU fruta que, para ser comestível, precisa de ser assada.
UACURAUA bacurau, nome genérico comum a várias espécies de *Caprimulgus* de hábitos crepusculares e noturnos.
UACURAUA TIPUTI casta de erva miúda que cresce nas abertas arenosas da floresta; uma planta parasita que dá uma espécie de visgo.
UACURI bacuri, fruta comestível, drupa que contém umas sementes envolvidas numa

polpa esbranquiçada, levemente acidulada e açucarada, com perfume especialíssimo.

UACURIPARI bacuripari, fruta comestível, drupa mais pequena e mais ácida do que a do bacuri, com a qual aliás se parece.

UACURIPARIYUA bacuriparizeiro, árvore de pequena elevação, que cresce no igapó.

UACURIYUA bacurizeiro, *Platonia insignis*, árvore que cresce nas vargens altas.

UACUTUPÁ pescada.

UACUYUA uacuzeiro, *Monopterix uaucu*, árvore de alto porte, que cresce nas vargens altas e terras firmes.

UAIARÁ casta de abiu.

UAĪMY velha.

UAINAMBI beija-flor (rio Negro).

UAINUMÃ beija-flor (Solimões).

UAIRÁ casta de inseto que não conheço.

UAIRI casta de tambaqui, alguma coisa mais esbranquiçado e pequeno do que o tambaqui comum.

UAMBÉ áspero; casta de cipó, cheio de rugosidades e nós, espécie de *Philodendrum*, de muita duração e resistência, por isso mesmo preferido para todos os misteres que devem suportar as intempéries e durar algum tempo. Uma cerca amarrada com *uambé* maduro pode durar mais de três anos e uma decorrera (?) [tolda, 'de correr'] trançada de *uambé*, renovando-se as palhas, pode servir por uns cinco a seis anos, e mais, se não for de uso diário.

UANA, ANA já. *V. Ana*.

UANAMÃ, ANAMÃ casta de marreca.

UANAMBÉ, ANAMBÉ *V. Anambé*.

UANANA marrecão, *Chenalopex jubatus*. Muito comum em todo o Amazonas, embora se vá refugiando cada dia mais no interior, fugindo dos lugares habitados.

UANANAĪ marrequinha. *Orismatura dominica*(?). Também muito comum em todo o Amazonas. Chegam pelo começo da vazante e se estabelecem nas praias pouco frequentadas, tratando logo da reprodução. Com a enchente, desaparecem levando a nova geração. Mas creio que tanto estas como os outros pássaros ribeirinhos não deixam o nosso vale para emigrar em países longínquos, mas apenas se mudam dos rios e lagos sujeitos à enchente para os rios e lagos que, mais ou menos na mesma época, são sujeitos à vazante, porém isto é somente dos afluentes da margem direita para os da esquerda ou vice-versa.

UANTĪ bico, ponta, extremidade.

UANTĪPORA que está na ponta, na extremidade.

UANTĪUARA que é da ponta, da extremidade.

UAPÃ casta de marreca.

UAPAĪ guapaí, casta de marrequinha, *Querquedula brasiliensis*.

UAPÉ uapé. *V. Piasoca*.

UAPÉ IAPUNA forno de uapé; vitória-régia. A maior flor até hoje conhecida, que se abre à flor d'água como um largo prato, lembrando, por via disso mesmo, o forno indígena para fabricar a farinha de mandioca, de onde o nome de uapé, porque onde ela floresce abunda este lindo *Rallida*, que a esquadrinha e percorre em todos os sentidos à cata de insetos. A vitória-régia durante o dia põe uma mancha róseo-esbranquiçada no verde de suas largas folhas e no das *Nympheas* e *Utricularias* que crescem, cobrindo à porfia a tranquila superfície dos lagos, e à noite se fecha, ficando toda fora d'água. Esta sua propriedade é utilizada por uma quantidade de insetos, que, conforme afirmam os indígenas, a ela se acolhem para passar abrigados a noite.

UAPICA sentado.

UAPICASARA sentador, quem assenta, faz sentar.

UAPICASAUA sentada, assento, banco.

UAPICATYUA banco, lugar de assento.

UAPICAUÁ o assentado, que está assentado.

UAPICAUARA sentante.

UAPICAUERA sentável.

UAPICAYMA não sentado.

UAPIRE subido. *V. Yapire* e comp.

UAPIXÃ sedoso, macio, frouxo.

UAPIXANA gato.

UAPONGA gaponga, adminículo para pescar o tambaqui, especialmente no baixo Amazonas e no Pará. Consiste numa vara e caniço flexível, em cuja extremidade está uma bola de pau que, caindo n'água, imita o rumor de uma fruta que cai, atraindo o peixe que a engole sofregamente e fica preso. Como a gaponga não leva anzol e o peixe não fica fisgado, mas apenas preso porque engole a isca, o pescador que não quer perder a presa deve ter paciência e não puxar pela linha senão depois de ter dado tempo ao peixe para engolir a bola.

uanani casta de resina muito difícil e resistente, quando convenientemente preparada com a quantidade de gordura necessária para modificar a sua tendência a se tornar quebradiça e dura. Serve especialmente para brear as canoas; tornada da consistência do cerol, é utilizada para brear o fio da sararaca e os diversos atilhos que seguram as pontas e as guias das flechas e em outros misteres análogos.

uananu, oananu árvore da mata do Pará, *Moronobea coccinea*.

uapuī, gapuy V. *Apuī*.

uapy espécie de tambor fabricado com um pedaço de tronco de embaúba e coberto, só de um lado, com pele de cutia ou outro couro análogo.

uara que come (contração de u-*uara*, usado especialmente como sufixo). *Capīuara*: comedora de capim.

uara sufixo que dá à raiz a acepção de um particípio presente em *ante, ente, inte*, e uma significação de proveniência, pertinência e localização. *Cikié-uara*: temente. *Iké-uára*: de cá. *Oca-uara*: que é da casa.

uará guará, *Ibis rubra*. Linda ave que, antes de revestir a linda plumagem vermelha, à qual deve a sua designação científica, passa pelo branco e pelo bruno, não adquirindo sua cor senão com a muda do segundo ano. É pássaro litorâneo, muito comum em Marajó e nas ilhas da foz do grande rio, mas pouco se afasta da costa. Eu nunca o tenho encontrado, nem me consta tenha sido encontrado, no estado do Amazonas.

uaracapá rodela da canoa; ponto da cumeeira, onde o madeiramento da telhada, formando ângulo, descansa sobre o esteio.

uarana casta de impigem.

uaraná guaraná, fruto de uma *Sapindacea* sarmentosa, cultivada especialmente no distrito de Maués, e que consta de uma pequena amêndoa, contida numa cápsula alaranjado-vivo, disposta em cachos muito serrados. O preparado é obtido da fruta, torrando as amêndoas, moendo-as e amassando-as convenientemente e, seco e sob forma de toletes ou de figuras de bichos ou objetos diversos, é posto em comércio. Ao guaraná se atribuem qualidades refrescantes, adstringentes e excitantes análogas àquelas do café; é preconizado na arteriosclerose em doses de uma colher de sopa de manhã e de tarde e como calmante, adstringente e subtônico nas febres e disenterias mesentéricas, em doses de 7 a 14 gramas diários.

uaranayua guaranazeiro, *Paulinia sorbilis*. *Sapindacea* sarmentosa que fornece o guaraná. É cipó de terra firme, cultivado pelos Maués. V. *Uaraná*.

uaranapara almofada.

uaraperi casta de pequena tartaruga, que se encontra no alto rio Negro e seus afluentes.

uaraperu instrumento de sopro. Um pedaço de taboca do comprimento de um palmo, com uma abertura retangular no meio, por onde o tocador sopra, abrindo ou fechando com os dedos as duas extremidades abertas, conforme precisa. O som do *araperu* serve ao pescador para chamar os peixes e tem o dom de acordar e atrair as moças que dormem no fundo do rio.

uaraúna agoiro, agoirado. V. *Maraúna* e comp.

uari caído. V. *Ari* e comp.

uarici brincado, gracejado, jogado.

uaricipora gracejante, brincante.

uaricisara gracejador, brincador, jogador.

uaricisaua gracejamento, brincadouro.

uariciteua gracejador habitual, brincalhão.

uariciuá brinquedo, jogo.

uariciyma não brincado, não gracejado.

uariny guerreado, batalhado.

uarinysara guerreiro, guerreador.

uarinysaua guerra, batalha, assalto.

uarinytyua lugar de guerra, de assalto.

uarinyua o chefe, o comandante da guerra.

uarinyuara guerreante, batalhante.

uariraua guariroba, casta de *Palmacea*.

uariri ouriço-caxeiro, *Cercolabes villosus*.

uariuua, uariyua guariuba, casta de Leguminosa, de madeira amarelo-clara, que serve para construir embarcações.

uarixy[1] estúpido, tolo.

uarixy[2] casta de pequena mucura arbórea, que se deixa pegar facilmente quando dorme enrolada na ponta dos galhos.
uarixyuera toleirão.
uarixyua toleima, estupidez.
uarumã V. *Arumã*.
uaryua guariba, *Mycetes*. macaco muito comum nas matas do Amazonas, mas que pouco aparece em cativeiro, porque desgracioso, e porque morre muito facilmente de disenteria. Há várias espécies, mas o mais espalhado é o *Mycetes ursinus*.
uaryua-mboia casta de cobra, cobra-guariba.
uaryua-ruaia cauda-de-guariba, arbusto de inflorescência em penachos com flores de cor castanha.
uaryua-yua guariúba, árvore de guariba, casta de Leguminosa da terra firme, que cresce muito alta, sobressaindo na floresta circunstante e, por via disso mesmo, é escolhida pelas guaribas para dormida.
uasá concubina. V. *Auasá*.
uasacu açacu. V. *Asacú*.
uasaí açaí. V. *Asaí* e comp.
uasu grande, alto, elevado. Nos compostos e como sufixo, *asu, osu, usu*, de conformidade com a eufonia local.
uasueté grandíssimo, altíssimo, elevadíssimo.
uasupire maior, mais alto, mais elevado.
uasupora engrandecente, enaltecedor.
uasusaua engrandecimento, tamanho, grandeza.
uasuxinga grandezinho, altozinho.
uasuxinga-pire um pouco maior, um pouco mais alto.
uasu-yma não grande, não alto, não elevado.
uatá andado, passeado, viajado.
uatapora andarilho.
uatasara andador, viajor, passeador.
uatasaua andada, viagem, passeio.
uatatyua lugar de passeio, da andada, da viagem.
uataua o andado, o percorrido.
uatauara viajante, andante, passeante.
uatauera andadeiro, passeadeiro.
uatayma não andado.
uatá uatá ir apressado. *Xautá-uatá xacica tenondé arama*: vou apressado para chegar antes.
uatá uatá nhunto ir sem destino, só para andar. *Makiti recé putare? Timaã xauatá uatá nhunto*: onde queres ir? Em parte alguma, vou só para andar.
uatapi búzio; a buzina feita do búzio.
uatapu colares de conchas ou de pedaços de conchas, usados pelos indígenas como ornamentos em suas danças. É ornamento muito apreciado e exclusivo dos homens. No rio Tikié, em Pari-cachoeira, na maloca dos Barrigudo-tapuias-aimoré, me fizeram ver um saco de tururi, cheio de colares de conchas que pareciam de origem marinha e dos quais não me foi possível obter nenhum, embora oferecesse até uma espingarda de dois canos com pólvora e chumbo.
uatare faltado.
uatarepora pecador, cheio de faltas.
uataresara faltador.
uataresaua falta.
uatareuara faltante.
uatareyma que não falta.
uatinuma guatinhuma, casta de pequeno pássaro.
uatiputá batiputá, casta de planta, de fruta oleaginosa comestível.
uatucupá pescada.
uaturá casta de paneiro mais alto que largo, feito de cipó uambé fortemente entrançado, destinado ao transporte e para os misteres da roça, com três aselhas ou casas, uma no fundo e duas no alto, por onde passa a tipoia que permite carregá-lo suspenso às costas, seja preso à testa como costumam as mulheres, seja preso ao alto do peito, como é costume dos homens.
uaturá caua caba de uaturá, casta de caba, que constroi o ninho em forma de uaturá.
uauá casta de sapo.
uauaca redemoinhado.
uauacapora cheio de redemoinhos (dos rios).
uauacasara redemoinhador.
uauacasaua redemoinho.
uauacatyua lugar de redemoinho.
uauacauara redemoinhante.
uauacayma não redemoinhado.
uauasu babaçu, nome dado a várias espécies de palmeiras de folhas largas e resistentes.

Várias espécies de *Ataleas* e de *Orbignias*. Uma *Attalea* dá o melhor defumante para a seringa, no caroço oleoso da fruta; outra, que creio ser uma *Orbignia*, dá uma espécie de marfim vegetal, já utilizado para botões, que é objeto de exportação peruana desde muito tempo, e que nestes últimos anos, devido à baixa da seringa, começa a ser objeto de comércio e exportação também entre nós.

UAUIRAUA¹ guabiraba, casta de grosso rato.

UAUIRAUA² casta de fruta amargosa de uma espécie de goiaba silvestre.

UAUIRU guabiru, nome comum a algumas espécies de ratos arbóreos dos gêneros *Loucheros* (?) e *Echinomys*.

UAURAUA manchas da pele amareladas.

UAURUÁ espelho.

UAURUAUERA espelhadeira; de quem se olha muito no espelho.

UAUOCA rodada.

UAUOCASARA rodador.

UAUOCASAUA ato de rodar.

UAUOCATYUA rodadouro, moenda.

UAUOCAUÁ, UAUACAUARA roda.

UAUOCA-YUA eixo da roda, pau da roda.

UAUUARA guabuara, casta de sapo.

UAXIMA, UAXIME malva.

UAXINĨ fuaxinim, *Procyon cancrivorus*, pequeno ursino, de pelo cinzento-amarelado e uma larga mancha negra em roda dos olhos. Habita a beira-mar e as ilhas da costa.

UCACIUA enfiada.

UCI, UCII chispado.

UCIPAUA chispamento.

UCIPORA chispante.

UCIUÁ chispe.

UCU fruta da ucuuba. Cápsula contendo numerosas amêndoas, que fornecem um óleo facilmente inflamável, e na farmacopeia indígena é empregado em fricções para cura do reumatismo e dores reumáticas.

UCUKI ucuqui, fruta de uma árvore de alto porte, do tamanho de um abacate, comestível depois de assada ou cozida. Crua é usada contra as lombrigas.

UCUKIYUA ucuquizeiro.

UCUYUA ucuuba, *Myristica surinamensis* e afins, árvore da vargem, muito comum em todo o Pará e Amazonas.

UCY chupado.

UCYSARA chupador.

UCYSAUA chupamento.

UCYUA chupeta.

UÉ¹ casta de papagaio, *Amazona festiva*. Todo verde com uma pequena listra vermelho-vinosa; a base do bico e o espelho das asas e da cauda da mesma cor. É muito comum e facilmente domesticável e, como as suas congêneres, aprende muito facilmente a pronunciar algumas curtas frases.

UÉ² ainda, vez.

UEECA casta de cipó. A raspagem da raiz é usada como vomitivo.

UEENA vomitado, rejeitado.

UEENAMBYRA vômito.

UEENAPORA cheio de vômito, sujo de vômito.

UEENASARA vomitador.

UEENASAUA ato de vomitar.

UEENATYUA vomitório, lugar onde se vomita, onde os tocadores de *passiúbas* vão vomitar, purificar-se, para podê-las tocar sem perigo na dança de Jurupari, e que é geralmente ao pé de alguma cachoeira e sempre à margem do rio ou de um igarapé, que permita banhar-se depois da vomição.

UEENAUERA vomitante, vomitável.

UEENAYMA não vomitado.

UEENAYUA vomitivo, que faz vomitar.

UEKI uequi, fruta comestível do uequizeiro.

UEKIYUA uequizeiro.

UERA sufixo que modifica a ideia contida na raiz, dando-lhe a significação equivalente à dos nossos adjetivos em *val, vel*, ou lhe dando significado frequentativo e, algumas vezes, frequentativo pejorativo, confundindo-se então com *teua*, e, nos casos em que a raiz já indica uma ação como que frequentativa, ou pejorativa substituindo o sufixo *uara*, em cujo lugar é usado. *Xaisu*: amado; *xaisuera*: amável. *Moeté*: adorado; *Moeteuera*: adorável. *Uatá*: passeado; *uatauera*: passeador, que passeia mais do que o conveniente; *Ueena*: vomitado; *Ueenauera*: vomitante e vomitável.

UERARÉ casta de rã arbórea.

UERAU vibrado, raiado, luzido.

UERAUA luz, raio.

UERAUARA luzente, raiante, vibrante.

UERAUERAU relampeado. *V. Uerau* e comp.
UERAUERAUA relâmpago.
UERAUPORA raiador, vibrador, cheio de luz.
UERAUSAUA luzimento, vibração.
UERERÉ sarapatel feito com os interiores do pirarucu.
UERÉU alumiado.
UERÉUA lume.
UEREUARA alumiante.
UEREUEREU realmente. *V. Uereu* e comp.
UEREUESARA alumiador.
UEREUESAUA alumiamento.
UETEPÉ muitas vezes.
UETIPI bastante.
UEÚ apagado.
UEUÁ escama.
UEUÁPÓRA escamoso.
UEUÁYMA liso, sem escamas. *Pirá ueuayma*: peixe sem escamas, liso.
UÉUÉ voado. *Pirá ueué*: peixe que voa.
UEUECA onda, maresia, o movimento compassado das águas nos lugares de remanso, especialmente a jusante das cachoeiras.
UEUECAPORA undoso, remansoso.
UEUECATYUA remanso, lugar beijado pelas ondas; a marca que, ao longo das praias, deixa o manso deslizar das águas.
UEUECAYMA sem ondas, sem maresia.
UÉUÉSÁRA voador.
UÉUÉSÁUA voo, ato de voar.
UEUEUÃ voo, efeito de voar.
UEUEUARA voante.
UEÚSÁRA apagador.
UEÚSÁUA apagamento.
UEÚÚARA apagante.
UEÚYMA não apagado.
UEYUA, UYUA flecha, a que se usa com o arco; é nome genérico.
UEYUA-ACY flecha ervada, com especialidade a da zarabatana.
UEYUA-CONIÁ flecha que acaba numa bola, e especialmente para apanhar pássaros vivos.
UEYUACU flecha com a ponta de ferro ou de pau endurecido ao fogo, mais ou menos farpada, especial para flechar peixe.
UEYUANTĪ ponta, bico da flecha.
UEYUA-PEPENA flecha quebrada, que quebra, a flecha ervada, de atirar-se com o arco, e cuja ponta é preparada com incisões apropriadas, de modo a quebrar dentro da ferida e tornar assim seguro o efeito do veneno.
UEYUA PUCU flecha comprida e que costuma ser lançada com a palheta.
UEYUA RERU porta-flechas, carcaz, fáretra.
UEYUASU a flecha grande que serve para o pescador flechar; e, se for necessário, utiliza como xapu para fisgar o peixe, que fica empoçado nos meses de vazante.
UEYUA-YUA freicheira. *V. Sacana*.
UĪ farinha-d'água, farinha de mandioca puba. *Lit.*: soa comer fino, comer miúdo, pelo que o escrevo com *i* diminutivo em lugar do *i* tapuio, como aliás o tenho visto escrito muitas vezes.
UĪ ANTĀ farinha velha.
UICOPUCU faz muito, está longe.
UICU uicu, fruta oleosa do uicuzeiro.
UICUYUA uicuzeiro, árvore que cresce na terra firme.
UIÉ, OIEY descido, baixado.
UIEI hoje.
UIESARA descedor, baixador.
UIESAUA baixamento, descimento.
UIETYUA descida, baixa, lugar de descida.
UIEUARA descente, baixante.
UIKÉ[1] enchido. *V. Eikié* e comp.
UIKÉ[2] uiqué, fruta do uiquezeiro.
UIKECÉ cópula.
UIKEYUA uiquezeiro, árvore que cresce na terra firme.
UIKI entrado, penetrado. *V. Eiki* e comp.
UĪKICÉ ralo para farinha, faca para farinha. O ralo indígena, ainda hoje usado para ralar a mandioca em todo o interior do Pará e Amazonas pelos nossos Tapuios, é uma tábua oblonga, levemente côncava, de madeira leve e compacta, uma espécie de marupá, em que são engastados uns dentes feitos de pontas de sílex lascado, mantidos no lugar por uma camada de breu de *uanani*, especialmente temperado para isso. Os dentes, mais ou menos espaçados, são geralmente engastados, realizando elegantíssimos desenhos, variações gregas, que variam de fabricante a fabricante. A dificuldade de obter o sílex, que raro se encontra neste imenso vale de lama, e o segredo do preparo do breu fizeram com que, entre os indígenas, a fabricação dos ralos fosse uma indústria peculiar

das tribos que tinham a dita de possuir, no distrito por elas ocupado, alguma jazida de sílex. O ralo, por via disso mesmo, em muitos lugares deste interior, é uma riqueza que se transmite de dona em dona de casa, como uma verdadeira preciosidade que é. O ralo de cobre trazido pelos cearenses é pouco apreciado, e somente usado na última extremidade. A mulher indígena rala sentada no chão e tendo o ralo entre as pernas com a cabeça deste encostada ao ventre.

UIKIÊ fornicado.

UIKIEPORA fornicador.

UIRÁ MEUOAN mergulhão, *Podoa surinamensis*.

UIRÁ ave, pássaro. Nome genérico.

UIRÁ-ANGA alma de pássaro.

UIRÁ-IAKIRA pássaro novo.

UIRÁ-MEMBECA pássaro-mole, nome que em alguns lugares dão ao pavãozinho. V. *Iukiri*.

UIRÁ-MEMBI, UIRÁ-MEMI o flautista, pássaro-flauta, lindo pássaro azul-escuro de larga poupa em forma de chapéu-de-sol e um apêndice carnoso, também coberto de plumas, que lhe desce do pescoço em forma de badalo, e que lhe serve para tornar mais sonora a nota aflautada que costuma emitir, *Cefalopterus ornatus*.

UÎ-PU Farinha fresca.

UIRÁ-MIRÍ Passarinho, pássaro pequeno.

UIRANDÉ, UIRANÉ Amanhã.

UIRANDEUÁRA O que há de vir, o que virá amanhã.

UIRANDÉYMA Sem amanhã, sem futuro.

UIRÁ-PAIÉ alma-de-gato, uirá pajé, *Piaya macrura*. Ave do tamanho de uma pomba-rola, mas que parece muito maior por causa da cauda comprida e degradante do centro para os lados, orlada de branco, com a cabeça e o dorso bruno-escuro e o peito acinzentado, que se encontra sempre no mais espesso da floresta, revistando as moitas mais intricadas à cata de insetos, aparecendo e desaparecendo entre o verde da folhagem. É pássaro considerado agourento.

UIRÁ-PANEMA pássaro-molangueirão, casta de gavião de corpo avantajado de um grosso galo, de cor fulvo-leonado-escura, mais claro no peito e no ventre, muito comum, e que se encontra sentado nalgum galho seco à margem de todos os lagos e lagoas do interior. Parece que seu principal alimento são rãs, sapos, peixes que são rejeitados à margem, lagartos, pequenos mamíferos e quanto lhe vem a passar ao alcance das garras, sendo bastante destro, apesar do voo – que é mais o de uma coruja do que o de um gavião – em se precipitar sobre a presa descuidada.

UIRÁ PIROCA pássaro despido, sem penas, pinto.

UIRÁ-PITI andorinha.

UIRAPONGA arapona, ave de crista, *Chasmorynchus*.

UIRÁ-PURU irapuru, pássaro ornado, pássaro emprestado. O uirapuru é a maravilha da mata. Quando aparece e faz ouvir o seu canto, dizem que todos os pássaros da vizinhança acodem para ouvi-lo. O canto, eu nunca o ouvi. Na mata tenho encontrado mais de uma vez reuniões de pássaros das mais diferentes espécies, em ajuntamentos muito parecidos com os que na Europa os passarinhos fazem em roda da coruja, mas nunca pude ver o pássaro que servia de chamariz. O passarinho que me tem sido mostrado como tal, é um *Tyrannus*, de cor acinzentada e preta, pouco vistosa, com uma mancha branca nas costas, em forma de estrela, que somente aparece quando abre as asas, ficando coberta por elas quando em descanso. Mais de uma vez o tenho tido, e uma vez já o matei em plena floresta, mas era isolado e sem acompanhamento, o que já me fez desconfiar da informação, embora obtida de diversas pessoas e em lugares diversos. Seja como for, Goeldi dá com o nome de uirapuru duas *Pipras* e uma *Chiroxiphia*, que vem nas estampas coloridas, sem que a eles se refira no texto, pelo que não sei onde ouviu estes nomes. Os quatro ou cinco uirapurus preparados para amuleto que tenho tido ocasião de ver, somente tinham de comum o tamanho, e embora dois fossem indubitavelmente *Tyrannus*, vinham tão deformados e sujos de carajuru com resina de cunuaru, que era impossível saber de que cor tinha sido, e individualizá-los. Ao uirapuru preparado convenientemente por mão de pajé se atribui a virtude de tornar feliz e trazer a fortuna a quem o possuir. A crença não se encontra tão somente espalhada entre os indígenas, mas também entre o povo civilizado, e não há tendeiro aqui no Norte do país, e especialmente no Pará e Amazonas, que, embora nascido em terras de além, não tenha pago, bem pago, um uirapuru ou não esteja pronto a pagá-lo (e se houver raridade) para tê-lo na gaveta ou na burra, ou enterrá-lo na soleira da porta, com a firme convicção de que é o meio mais seguro de atrair a freguesia e a fortuna. Disso, pois, naturalmente, o multiplicar-se dos uirapurus e as falsificações, tornadas fáceis pelo modo como são preparados os verdadeiros, e de aí a razão, diria o meu amigo pajé, de muitas vezes nenhum efeito produzirem.

UIRÁ RAUA pena, pelo de pássaro.

UIRÃ-RUAIA cauda, rabo de pássaro.

UIRÁ-UNA graúna, pássaro-preto, nome dado a diferentes espécies de pássaros pretos.

UIRARI, UIRARY o veneno com que os indígenas ervam suas flechas. É extraído por meio de decocção da planta toda, uma casta de *Strychnos* sarmentoso, previamente pisada. Apurada ao fogo, a decocção, depois de passada à peneira até a consistência de um mel muito espesso, está pronta para o uso. Para envenenar a flecha é então suficiente molhar a ponta na decocção e deixá-la secar. O uirari do comércio é geralmente apurado até tornar-se sólido e, então, para servir-se dele, precisa umedecê-lo com água morna e, se for muito velho, acordá-lo (é como dizem) com pimenta-malagueta. O contraveneno do *uirary* é o sal, usado interna e externamente, como já tive ocasião de observar mais de uma vez com barrigudos flechados por zarabatana pelos meus índios, em minhas viagens ao Uaupés. Na falta do nosso sal de cozinha, que é o contraveneno mais ativo, usam também do sal extraído do *cariru* das cachoeiras, mas, se serve ministrado imediatamente, já não serve quando começou o coma. Do uirari se fazem muitas falsificações, especialmente entre os meios civilizados, aditando-lhe o sumo de outras plantas e até tocandiras pisadas, pretendendo assim torná-lo mais forte e ativo. Disso, pois, resulta que, se em geral, o uirari do comércio é sempre eficaz para matar, nem sempre obedece ao contraveneno.

UIRARI-CIPÓ cipó do uirari; várias espécies de *Strychnos* que servem para a fabricação do uirari, que variam de região, o que também pode explicar o comportar-se diversamente dos diversos uiraris perante o sal de cozinha usado como contraveneno.

UIRÁ-RIRU gaiola.

UIRÁ-TIPUTI erva-de-passarinho, visgo ou outra pequena parasita análoga, que cresce nos galhos das árvores, *Loranthaceas* e afins.

UIRÁ-UASU nome genérico dado aos gaviões e alguma rara vez usado para designar a harpia, *Spizaëtus tyrannus*.

UIRI bagre, *Bagrus reticulatus*, casta de peixe de pele, próximo da piraíba; guiri.

UIRI-TINGA guiri branco, casta de peixe de pele.

UIRIUÁ[1] biribá, fruta em forma de pinha, cheia de pevides envolvidas em uma polpa branca e açucarada, geralmente apreciada.

UIRIUÁ[2] pequeno pote de terra cozida, destinado a servir de cofre e guardar os pertences das costureiras.

UIRIYUA guiriúba, casta de peixe de pele.

UIRUPE, UÍRPE embaixo.

UIRUPESARA, UIRPESARA quem está embaixo.

UIRUPEUARA, UIRPEUARA Que está embaixo.

UITÁ nadado. V. *Eitá* e comp.

UITAUA natação.

UĨ TIPIRITI farinha de rodas de mandioca seca ao sol.

UIUÁ o homem que costuma acompanhar o tuxaua, o homem de confiança, o homem de escolta; por extensão (Solimões), sujeito, fâmulo, criado.

UIUAKY reptado.

UIUAKYSARA reptador.

UIUAKYSAUA repto.

UIUAKYUARA reptante.

UIUÁRI vaga-lume.

UIXI uixi, fruta comestível do uixizeiro.

UIXIYUA uixizeiro, *Myristica platysperma*, árvore de alto porte, que cresce nas terras firmes e vargens altas.

UIYI descido.
UKIÉ cunhado da mulher.
UKII cunhada da cunhada.
UMARI fruta comestível, com caroço do tamanho de um ovo de galinha, envolvido numa polpa amarelada, oleosa, perfumada e levemente adocicada.
UMARIYUA umarizeiro, *Geoffroya spinosa*, casta de árvore frutífera da vargem.
UMBEÚSÁRA historiador.
UMBEÚSÁUA história, lenda, conto.
UMBU umbu, fruta comestível do umbuzeiro.
UMBUYUA umbuzeiro, *Spondias tuberosa* e afins.
UMĪ umbi, ubim, ubi, palmeira, casta de *Geonoma*, cujas folhas se utilizam para cobertura de casas, e mais especialmente para encher os japás, cobrir as toldas das canoas, e forrar os paióis, onde se guarda o pirarucu.
UMĪ MEMBECA ubi-mole, casta de *Geonoma*, cujas folhas quebram e se estragam facilmente.
UMĪ MIRĪ ubizinho, ubi-mirim, *Geonoma acaulis,* pequena casta de palmeira que cresce em toiças na terra firme e serve para os mesmos usos do ubi, sendo mesmo preferida para encher japás e cobrir as toldas das canoas.
UMIRĪ umiri, fruta comestível, uma pequena baga bruno-azulada, coberta de um pó esbranquiçado de perfume e gosto muito especial e agradável.
UMIRITYUA umirizal.
UMIRIYUA umirizeiro, *Umirium* e suas variedades. Cresce nos terrenos arenosos ao longo da margem do rio, acima do nível das enchentes, e exsuda uma resina branca de perfume delicadíssimo. A variedade *Umirium balsamifera* fornece um óleo muito perfumado e incolor, que se recolhe incidindo a casca no tempo da seiva, quando a planta acena a florescer, e aplicando algodão que, embebido, se espreme, recolhendo o líquido numa vasilha própria. O óleo, entre outros usos, serve como detergente e cicatrizante das chagas rebeldes.
UMĪ-USU, **UMUSU** obuçu, buçu, ubi grande, de folha grande, *Manicaria saccifera*. Casta de palmeira de largas folhas, de muita resistência, e que servem para cobertura de casas. A sua duração, que é grande, especialmente nos lugares em que a fumaça a defende dos insetos que a atacam, a faz preferir a qualquer outro gênero de palmeira.
UMPAU acabado. V. *Mpau* e comp.
UMPAUANA fim, remate.
UMPUSANŪ curado, medicado. V. *Pusanū* e comp.
UMPUSANŪ-UERA curandeiro.
UMUNHOCA repartido.
UMUNHOCASARA repartidor.
UMUNHOCASAUA divisão.
UMUNHOCATYUA divisório.
UMUNHOCAUARA dividente.
UMUNHOCAYMA indiviso.
UNA besouro.
UNA sufixo com a significação de preto, negro. *Uiraúna*: graúna, pássaro preto. *Tapaiúna*: negro, tapuio preto.
UNHANA corrido. V. *Nhana* e comp.
UNHANAPAUA correnteza.
UNHANAPARA correntoso.
UOCA esvaziado, tirado. *Itauoca*, pedra vazia, furada.
UPOIARE apontado com o dedo.
UPORUCA deslocado. V. *Poruca*.
UPORUCAPORA desconjuntado.
UPYTYMA fumado.
UPYTYMASARA fumador.
UPYTYMASAUA fumada.
UPYTYMATAUA fumadouro.
UPYTYMATÉUA fumador viciado.
UPYTYMAUARA fumante.
UPYTYMAUERA fumável.
UPYTYMAYMA não fumado.
UPYTYMAYUA boquilha, cachimbo, mortalha; aquilo que serve para fumar.
URA[1] ura, *Ura brasiliensis*, casta de grande sapo que, atacado, se defende emitindo uma exsudação viscosa que, ao contato da pele, produz irritação dolorosa e ampolas.
URA[2] casta de planta *Urticacea*, que produz ampolas que muito se parecem com as produzidas pelo sapo de mesmo nome.
URA[3] a larva de um estro, que deposita seus ovos na carne viva dos animais.
URA-PONGÃ tumor produzido pela larva de um estro, a ura, que deposita seus ovos na pele dos animais e de próprio homem.
URASUCANGA paneiro solidamente tecido de cipó, geralmente de uambé, achatado de

um lado, e que deve apoiar-se sobre as costas; é munido de uma tipoia de envira que o abrange desde o fundo, passando por uma asa aí praticada e por duas outras asas praticadas no alto, de modo a permitir carregá-lo, passando a tipoia sobre a testa ou no peito. O *urasucanga* tanto pode ser fechado como aberto, o que é mais comum, do lado contrário àquele que apoia sobre as costas, e serve especialmente para o indígena carregar a rede de dormir e os poucos trens de uso diário, sendo que, quando é aberto, é munido de um cipó suplementar, que serve para fechá-lo depois de cheio. Tradicionalmente quem carrega o *urasucanga* é a mulher; este uso é ainda hoje vivo entre os silvícolas e veio da necessidade de estarem os homens sempre prontos e desembaraçados de qualquer empecilho para acudir à defesa, contra qualquer ataque.

URPE embaixo. Forma incorreta, contração de *uirupé*, que se encontra usada pelos civilizados que falam a nossa boa língua, e vem ao par dos *b*, dos *d* e dos *g*, que em geral são usados profusamente pelos mesmos.

URU[1] pequeno cofo de forma arredondada, com tampa, e um pouco mais estreito na boca, em que o pescador traz guardados os apetrechos miúdos necessários para o que der e vier durante a pescaria; chamado também *urutu*.

URU[2] nome comum a duas ou três variedades de *Odontophorus*, que vivem de preferência nos lugares de serras e colinas e muito raramente se encontram nas matas do vale. No porte, se destacam dos inambus e se aproximam da codorniz europeia, embora muito menores.

URUÁ[1] caramujo que abunda nos lagos.

URUÁ[2] fruta do uruazeiro.

URUAĨ caracol.

URUATÁ carregado no uru, removido no uru.

URUAYUA uruazeiro.

URUCANGA costela, ilharga, lado.

URUCARI mosquiteiro.

URUCATU lírio vermelho.

URUCAUÍ casta de resina que algumas tribos usam para pintar o corpo com carajuru.

URUCU a fruta do urucuzeiro, que consta de uma cápsula oblonga e coberta de espinhos moles, a modo de ouriço, cheia de pevides envolvidas numa polpa corante, de sabor levemente acídulo, que fornece uma cor avermelhada do mesmo nome da fruta. O urucu é usado na cozinha para dar cor às comidas, e algumas tribos indígenas com ele se pintam.

URUCURI fruta do urucurizeiro, espécie de pequeno coco, de que em muitos lugares se servem para defumar a seringa, afirmando-se que a que for defumada com ela adquire maior elasticidade, o que é muito possível que se verifique pela adição de partículas oleosas comunicadas à seringa pela fumaça do urucuri.

URUCURIÁ casta de *Strix*, do tamanho do *Strix flammea* europeu, mas muito mais claro, quase branco, que vive na espessura da mata e passa o dia, conforme os indígenas afirmam, no oco dos paus. No Uapés, matei a fêmea de um casal encontrado em pleno dia empoleirado na semissombra dos ramos baixos de uma árvore copada, à margem do rio.

URUCURIYUA urucurizeiro, *Attalea excelsa*, casta de palmeira que vive nas vargens e igapós.

URUCUYUA urucuzeiro, *Bixa orellana*, arbusto, geralmente cultivado, que fornece o urucu.

URUMÁ casta de pato selvagem.

URUMBU, URUMU urubu, *Cathartes fetens*, casta de *Vulturida* muito comum em toda a América intertropical e que se encontra numeroso em todos os lugares onde há habitações. Vive das dejeções, cadáveres em putrefação e detritos de todo o gênero, sendo em muitos lugares o único encarregado da limpeza pública.

URUMU ACANGA cabeça-de-urubu, casta de cacau silvestre.

URUMU ACANGA PIRANGA urubu-de-cabeça-vermelha, *Cathartes aurea*. Não muito comum, no Amazonas é ave silvestre que não se mistura com o urubu-comum.

URUMÚ-CAÁ erva-de-urubu, uma trepadeira.

URUMU MOCAẼN moquém de urubu; os ovos da tartaruga secos ao sol. É conserva que, quando seca a ponto, dura muito tempo sem gastar-se.

urumu ieréua urubu-jereba, urubu novo, filhote. *Lit.*: Urubu que revira, nome devido aos trejeitos que faz em volta dos velhos para deles obter a comida, perseguindo-os, revirando-se, abrindo as asas e o bico, até que um dos dois o satisfaça. É espetáculo altamente cômico.
urumu-retama, urmutama uruburetama, terra de urubu, pátria de urubu.
urumu taua aldeia de urubu.
urumu-tinga urubu-branco, urubu-rei, *Sarcoramphus papa*. Esplêndido *Vulturida*, parente próximo do condor; habita a mata e o tenho visto sempre isolado, raramente em casais. É raro, todavia, que não apareça onde há alguma carniça a apodrecer na mata. Desde o momento em que aparece, os urubus se retiram, com medo do bico possante do seu rei, que não tolera compartilhar com a turba, e somente voltam quando, satisfeito, se retira. Não é isso, talvez, porém, que lhe fez dar o apelido de rei; este lhe vem da espécie de coroa amarela e vermelha que lhe fazem na cabeça umas carúnculas carnosas, que se destacam sobre a cor branca, isabela e negra do resto do corpo.
urumu-tyua urubutuba, lugar de urubus.
urumytu urumutum, mutum pintado como uru, *Crax urumutum*. Grande ave do tamanho de um peru. De costumes crepusculares, passa o dia empoleirado na copa das árvores mais altas da floresta. Vive de frutas, sem desprezar os insetos e qualquer outro animálculo que lhe passe ao alcance. Pouco se vê em domesticidade.
urupé gurupé, cogumelo orelha-de-pau; nome comum a várias espécies de *Licania*.
urupema uru-chato, peneira de malhas não muito largas, especialmente destinada para passar a massa de mandioca antes de ir para o forno.
urupéua casta de cogumelo achatado que cresce nos paus.
ururema casta de árvore, angelim-de-socó.
urusu casta de abelha amarelada.
urutau pássaro noturno, casta de *Strix*.
urutauí casta de *acuraua, Nycticibus*. É crença espalhada no Pará que o urutauí preserva as donzelas das seduções e, por via disso, hoje, conforme conta José Veríssimo, em muitos lugares do interior, varrem com as penas da cauda de urutauí sob a rede de dormir da noiva o chão, que deve levar o tupé, como meio seguro de garantir a honestidade da futura esposa.
urutu cofo para pescaria. *V. Uru*.
usá, osá caranguejo, câncer uçá, casta de caranguejo de água doce.
usara bebedor, comedor, engolidor. *Mira usara*: comedor de gente, antropófago.
usaúna caranguejo-preto.
utī-sara, utinsara tímido, vergonhoso.
utī-saua, utinsaua timidez, vergonha (rio Negro).
uuá bago.
uure regirado, girado em funil.
uurepaua regiramento.
uurepora regirante.
uuresara regirador.
uuretyua, uuretaua regiradouro.
uureyma não regirado.
uurupã paricá (Solimões).
uxi uxi, fruta consistente numa drupa indeiscente revestida de um pericárpio comestível, de sabor adocicado e de um aroma especial. A semente é administrada em pó como hemostático.
uxiyua uxizeiro, *Uxi umbrosissima*, árvore que adquire grande desenvolvimento e abre a copa espessa acima da mata circunstante.
u-y bebido. Nos casos em que é necessário distinguir entre *beber* e *comer*, embora, quando não se trate de água, o segundo membro possa naturalmente sempre ser o nome da bebida que a substituiu.
uyca afogado. *V. Oyca* e comp.
uyri guri, casta de peixe.
uyry revolvido.
uyrypaua revolvimento.
uyrypora revolvente.
uyrysara revolvedor.
uyryyma não revolvido.
uytá nadado.
uytására nadador.
uytásáua natação.
uytátýua Lugar de natação, fundo onde se nada.
uytáuá natação.
uytauara nadante.

UYTAYMA não nadado, que não nada.
UYUA flecha. *V. Ueyua* e comp.
UYUY sobrenadado, flutuado, bubuiado.
UYUYCA bubuiador, flutuador.
UYUYRA bubuiante, flutuante.
UYUYUA bubuia, flutuação.

UYYI descido.
UYYICA feito descer, descendente.
UYYICASARA descendedor, que faz descer.
UYYISAUA descendência.
UYYITAUA descida.
UYYIUARA descendente.

X

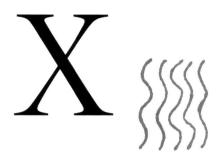

X pronuncia-se sempre doce, como em xarope, choldra, xeque.
XÁ prefixo pronominal da primeira pessoa singular dos verbos. *Recô* faz *xarecô*: tenho. *Uatá, Xauatá*: vou. Em alguns lugares hoje em dia já se começa a pronunciar o prefixo sem o *x*, mas é, creio, pronúncia errada e que, quando comecei a aprender a língua, uns quarenta anos atrás, me foi sempre apontada como pronúncia viciada.
XAISU amado, gostado, querido.
XAISUPIRE preferido.
XAISUPIRE-SARA preferidor.
XAISUPIRE-SAUA preferência.
XAISUPIRE-UÁ o preferido, o distinguido.
XAISUPIRE-UARA preferente.
XAISUPORA Amante, amador.
XAISUSAUA amor.
XAISUUARA amante.
XAISUUERA amável.
XAISUYMA não amado, não gostado, não querido.
XAMA corda, fibra destinada a servir de amarrilho.
XAPU pequena haste, armada de ponta de flecha farpada, que serve para fisgar o peixe em rio baixo, especialmente o que fica empoçado pela vazante.

XAPU-ITYCA pescado de *xapu*. V. *Ityca* e comp.
XAPU-ITYCASARA pescador de *xapu*.
XARE abandonado, deixado.
XARESARA deixador, abandonador.
XARESAUA abandono, deixamento.
XAREUÁ o deixado, o abandonado.
XAREUARA deixante, abandonante.
XAREUERA deixável, abandonável.
XAREYMA não deixado, não abandonado.
XAUÍ, XAUIUA chave (corrupção do português).
XEXÉU japim (Pará). V. *Iapī*.
XERURA calças (rio Negro).
XERURA-UÍRA ceroulas (rio Negro).
XERURAYMA sem calças.
XIARE, XIÁRI deixado.
XIARESARA deixador.
XIARESAUA deixamento.
XIAREUÁ deixa.
XIAREUARA deixante.
XICA secado.
XICAPAUA secura.
XICAPORA secante.
XICUARA, RICUARA, TICUARA ânus.
XICUARA PUNGÁ tumor do ânus; hemorroides.
XICUARA UASU, XICUAROSU doença do ânus,

relaxamento do esfíncter e consequente perda purulenta de fezes.
xii, suí de, da (Pará). *Xacica á xii:* chego de lá. *Itá xiiuara:* de ferro. V. *Suí* e comp.
xiki arrastado.
xikisara arrastador.
xikisaua arrastamento.
xikitaua, xikityua arrastadouro.
xikiuá arrasto, o que é arrastado.
xikiuara arrastante.
xikiuasu arrastão.
xikiuera arrastadiço.
xikiyma não arrastado.
ximbayua casta de Acacioide.
ximu minhoca, larva vermiforme.
ximuĩ, ximbuĩ minhoquinha, verme.
ximuĩ-maia mãe-de-minhoca, nome comum a várias Bromélias parasitas, e que lhes é dado pelo fato de acoutarem entre suas folhas numerosas minhocas, e de servir aos pescadores para conservar as minhocas vivas para oportunamente iscar com elas seus anzois.
ximuĩ-péua sanguessuga, verme chato.
ximuĩ-yua árvore de vermes, *Plumeria phagedaenica*.
xinga pouco. Diminutivo correspondente a *inho, inha, zinho, zinha, ucho, ucha,* quando aditado a um adjetivo. *Xameẽn cury xinga:* darei daqui a pouco. *Resaru xinga:* espera um pouco. *Uasu xinga:* granducho.
xipe casta de resina. V. *Caranha*.
xipiá enxergado, percebido, visto.
xipiaca observado.
xipiacasara observador.
xipiacasaua observação.
xipiacatyua, xipiaca tendaua observatório.
xipiacauara observante.
xipiapaua visão.
xipiasara enxergador.
xipiasaua percepção.
xipiauara percebente.
xipiayma não percebe, não vê.
xirĩca secado, engelhado.
xirĩcapaua secura, engelhamento.
xirĩcapora engelhante, contraído.
xirĩcasara ensecador.
xirĩcataua ensecadouro, ensecadeiro.

xirĩcauara ensecante.
xirĩcauera ensecável, e mal ensecado.
xirĩcayma cão seco.
xiringa borracha. Corrupção de seringa, nome que foi dado à goma elástica, vulgo borracha, porque se tornou conhecida e começou a ser objeto da comércio sob forma de bomba elástica para seringa.
xiringatyua seringal.
xiringayua seringueira, *Hevea brasiliensis*, e variedades afins, que produzem a goma elástica.
xiriri exsudado, o sair de caldo do casco da tartaruga, e de outras carnes, quando cozidas inteiras.
xiririca assado exposto ao fogo vivo, sem ser em vasilha nem em cima de *mocaẽn*, o que chiou cozinhando.
xiriyua cipó-chumbo. Cresce nos campos do rio Branco, onde é empregado como remédio contra a mordedura de cobras.
xiry pequeno caranguejo do salgado; as partes pudendas da mulher (Pará).
xirynamby concha de siri, sernambi.
xirynamby-tyua lugar de conchas de siri, sernambizal.
xiryyua siriúba, árvore de siri, casta de *Avicennia* que cresce nos lugares onde chega a maré; mangue.
xiryyua piranga mangue vermelho.
xixé casta de vermífugo da farmacopeia indígena, que tem o aspecto e a consistência de um verniz.
xixeyua a planta donde é tirado o *xixé*.
xixyca Ganido, grito, gemido, especialmente dos animais quando ficam presos. *Mycura xixyca:* mucura que gane.
xixyca-pora ganidor.
xixycauara gemente, gritante, ganente.
xiú chorado.
xiupaua choradeira.
xiupora chorão.
xiusara chorador.
xiusau choro.
xiutyua lugar de choro.
xiuuara chorante.
xiuyma não chorado.
xué ridículo, desprezível.
xuiriri casta de passarinho.
xundarauá casta de sapo.

XUNDARAUA mãe de peixe-boi. O pescador que tem a felicidade de possuí-lo é certo de não voltar da pescaria sem ter morto um; é-lhe proibido, todavia, matar mais de um, assim como matar o primeiro que se lhe apresente.

XUXU casta de jerimum.

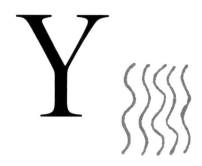

Y é o *i* tapuio, que, além de ser pronunciado guturalmente, fazendo-se em muitos casos ouvir um som como de *ig*, é, segundo as localidades, substituído por *e* ou por *u*, embora nestas pronúncias o som gutural fique muito atenuado e quase desapareça.

Y água. Pronunciado sempre muito gutural, razão pela qual nas palavras que passaram para o português passou como *i* seguido de *g*. Igara, igaçaba etc., que são *yara, yarasaba* etc.

YÁ fruta. Contração de *yuá*, usada especialmente nos compostos.

YACARUÁ nascente, olho d'água.

YACY lua, mãe da fruta. A Lua completa a obra do Sol. Este fecunda as plantas e lhes faz produzir as frutas, a Lua as amadurece.

YACY ICAUA lua cheia, gorda.

YACY IERASUCA lua minguante, que mingua.

YACY IUMUNHÃ lua crescente, lua que se vai fazendo (rio Negro).

YACY MUTURUSU lua crescente, lua feita grande, engrossada.

YACY PITUNÁ noite de lua, noite de luar.

YACY PYSASU lua nova.

YACY RANDI luar. *Lit.*: azeite da lua.

YACY SUÁ UASU lua cheia, lua de cara grande.

YACY TAIÁ casta de *Caladium*, cuja raiz é venenosa.

YACY TATÁ estrela, fogo da lua.

YACY TATÁ UASU a estrela-d'alva ou a estrela Vésper, Vênus.

YACYTARA jacitara, *Desmoncus*, adorno da Lua. Casta de Palmeira, de caule sarmentoso que se emaranha e trepa nas árvores circunstantes em largas volutas e passa de uma a outra, recortando o azul do céu com as folhas elegantemente recortadas, e que, se por qualquer circunstância se desenham no céu enquadrando a Lua, nos diz logo quanto é poética e exata a sua nomenclatura indígena.

YACYYUA jaci, casta de palmeira, *Latania rubra* e afins.

YANAMÃ, ANAMÃ espesso, denso, grosso (dos líquidos).

YAPENU onda, maresia.

YAPEPU falca, as tábuas que se sobrepõem ao casco para formar o *tatu pirera* e, em geral e por extensão, qualquer gênero de falca. *Lit.*: asas da água.

YAPINU onda.

YAPINU-ASU maresia, onda grande.

YAPIRE subido, remontado (dos cursos d'água andando contra a correnteza (*gapire*).

YAPIRESARA remontador, subidor.

YAPIRESAUA subida.

YAPITINGA a parte carnosa das frutas, polpa e o que se torna comestível amadurecendo.

YAPÓ igapó, mãe da água; lugares baixos ao longo dos rios e no interior das terras à margem dos lagos e igarapés, que em tempo de enchente costumam ir ao fundo; floresta inundada ou sujeita a ser inundada periodicamente.

YAPÓ-AYUA igapó ruim.

YAPO-IKIÁ igapó sujo, que entra na mata e não dá bom caminho para as canoas.

YAPÓ-IUCA pojuca, pântano podre, estagnado.

YAPUMI mergulhado.

YAPUMISARA mergulhador.

YAPUMISAUA mergulhamento.

YAPUMITYUA mergulhadouro.

YAPUMIUÁ mergulho.

YAPUMIUARA mergulhante.

YAPY orvalho.

YAPYPORA orvalhado.

YAPYUARA orvalhante.

YÁRA igara, canoa, montaria. Contração de *Y*: água, e *iara*: dona, dona da água.

YARA ARUCANGA costela da canoa, caverna.

YARAPAPE, IGARAPAPE porto, onde está a canoa.

YARAPAUA, YARATAUA porto, lugar da canoa.

YARAPÉ, IGARAPÉ caminho de canoa; riacho navegável por pequenas embarcações todo o ano ou quase; mas, como tudo é relativo, na terra onde existe o maior rio do mundo há cursos d'água com o nome de igarapés, que desafiam muitos cursos d'água pomposamente batizados rios noutros países.

YARAPÉ IATIMÃ-TIMÃ voltas do igarapé.

YARAPEMA fundo da canoa, o casco sobre o qual são armadas as cavernas, *arucanga*, destinadas a receber as falcas.

YARAPÉ-MIRĪ igarapezinho, regato, geralmente não navegável senão na enchente e por pequenas embarcações.

YARAPÉ-PORA morador, que habita o igarapé.

YARAPÉ RACANGA afluente, braço do igarapé.

YARAPÉ REMBYUA margem do igarapé.

YARAPÉ TOMASAUA foz do igarapé. *Yarapé tomasaua kiti*: a jusante do igarapé.

YARA-PÉUA falca, a tábua que é pregada lateralmente sobre as cavernas para aumentar a capacidade do casco, ou a isso destinada.

YARA-PORA que enche, que está dentro da canoa.

YARA RAINHA o casco que forma o fundo da canoa, e sobre que são pregadas as cavernas que devem receber as falcas. *Lit.*: o caroço da canoa.

YARA RUPITÁ popa da canoa.

YARA-TAUA, YARA-PAUA porto, lugar da canoa.

YARAUARA pertencente à canoa.

YARETÉ, IGARITÉ verdadeira dona das águas. Contração de *y*: água, *iara*: dona, *eté*: verdadeira. Embarcação muito maior do que a igara, com proporções de receber duas toldas e de exigir vela e remos de voga.

YAROSU canoa grande. Contração de *y*: água, *iara*: dona, *uasu*: grande: grande dona das águas. Embarcação maior do que a igara e menor do que a *igarité*.

YASAUA, YATAUA igaçaba, grande vaso para água, geralmente em forma de ânfora e algumas vezes ornado de desenhos elegantíssimos. Se têm encontrado em toda a parte, tanto no Pará como no Amazonas, vasos em forma de igaçabas com restos de ossos humanos, a que também, por não se lhes saber o nome verdadeiro, se dá o nome de *ygasabas*. Estes, todavia, não devem nem podem ser confundidos com aqueles, porque a sua ornamentação, que na mor parte dos casos indica também o sexo do defunto, mostra que se trata de uma fabricação especial e não de utilização de vasos destinados para outro fim.

YATY sumo da fruta.

YAUARUÁ nascente, espelho d'água, do fato de a nascente, antes de tomar seu rumo e formar o igarapé ou o rio, fazer poço.

YCA lascado, aberto a força.

Y-CEEMBYCA água salgada. *Lit.*: água adocicada, saborosa.

Y-IARA, EIARA, OIARA mãe d'água, que vive no fundo do rio. A mãe d'água atrai os moços, aparecendo a estes sob o aspecto de uma moça bonita, e às moças aparecendo-lhes sob o aspecto de um moço, e os fascina com cantos, promessas e seduções de todo o gênero, convidando-os a se lhe entregarem e irem gozar com ela uma eterna bem-aventurança no fundo das águas, on-

YIARA, OIARA

de ela tem seu palácio e a vida é um folguedo sem termo. Quem a viu uma vez nunca mais pode esquecê-la. Pode não se lhe entregar logo, mas fatalmente, mais cedo ou mais tarde, acaba por se atirar ao rio e nele afogar-se, levado pelo ardente desejo de se lhe unir. É crença ainda viva tanto no Pará como no Amazonas, e é como se ouve explicar, ainda hoje pelos nossos tapuios, a morte de uns tantos bons nadadores, que apesar disso morrem afogados. A cobra grande.

YIARA, OIARA o boto vermelho, a que se atribui a facilidade de virar-se em homem para seduzir as moças novas, que gosta de cachaça e de bailes como qualquer Tapuio e neles aparece para levantar desordens. Embora o nome e certa semelhança, não se trata da mãe d'água, porque esta é a cobra grande, e o boto vermelho, apesar de tudo, se emprenha as moças que se lhes entregam, não as leva a afogar-se, nem ao menos, pelo comum, carrega com elas. O boto vermelho, o oiara, dos três delfins amazônicos, é aquele que remonta mais longe por estes rios adentro, e o tenho encontrado no alto Uaupés acima de Ipanoré.

Y IAUÉ aquoso, como água.
Y IAUESAUA aquosidade.
Y IUCY sedento, sequioso. *V. Iucy e comp.*
Y IUIUÍRA cachão d'água.
Y MANHA nascente; casta de junco que nasce nos lugares alagados.
YMA não. Sufixo negativo que serve para negar a ideia, contida na raiz. *Kyrimbá*: valente, *Kyrimbá-yma*: fraco, não valente. *Santá*: duro; *Santá-yma*: fraco, mole, não duro.
Y MBOIA jiboia, casta de *Constrictor*, que se domestica facilmente, e não é raro vê-lo nas lojas do Pará e Amazonas, onde preenche as funções de gato, perseguindo os ratos com a vantagem de chegar onde aquele não chega.
YNHÃN, YNHÃNA enxurrada, águas da chuva que correm impetuosas, mas não têm duração.
YPANEMA água morta, água imprestável.
YPAU, YPAUA lago, aguada; lugar de certa extensão, onde a água persiste todo o ano.
YPAUA-PY lago fundo, poço.
YPIÁ voragem, funil. *Lit.*: coração da água.

YPIRANTÃ água corrente, água forte.
YPOIÚCA água estagnada, podre. *Lit.*: mãe podre d'água.
YPOPOCA água que estronda, que arrebenta com estrondo.
YPORA aquático, que está e mora n'água.
YPOROROCA água que cresce estrondando e fazendo estrago. *V. Pororoca.*
Y PURACYSAUA remanso, dança d'água.
Y PURACYSAUA PUXI redemoinho.
YPU, Y MPU água saída, esguichada, olho d'água.
YPUASU olho d'água grande.
YPUCA água arrebentada.
YPUCAPAUA arrebentação.
YPUCAUARA arrebentante.
YPUCAUERA olho d'água que foi, olho seco.
YPUÍPE na fonte, no olho d'água.
YPUIPEUARA, YPUIPEIARA o que mora ou é o dono da fonte. No Sul assim se chamava uma espécie de mãe-d'água, que habitava as fontes e que estragava por um tempo mais ou menos longo as pessoas a quem aparecia, especialmente às lavadeiras. Aqui no Norte não me parece que tenha igual significação.
YPUPUĨ, YPUPUÍRA olho d'água escasso, fio d'água.
YPUSARA o que faz esguichar a água.
YPUSAUA a nascente, olho d'água.
YPUTYUA lugar de nascentes.
YPUYMA sem olhos d'água.
YPUYUA o que dá, a origem de olho d'água, da nascente.
YPY fundo, pé da água. *Ypipe*: No fundo da água.
YPYPIPEPAUA revolvimento do fundo d'água.
Y RAPÉ fibras da madeira; caminho da água.
YRURU molhado.
YRURUPAUA molhação.
YRURUPORA molhador.
YRURUTYUA molhadouro.
YRURUUARA molhante.
YRUSÃ umedecido, refrescado.
YRUSANGA sombra, fresco, úmido.
YRUSANGARA refrescante, umedecedor, umbroso.
YRUSANGÁUA frescura, umidade, sombra.
YRYPIPE revolvido o fundo d'água.
YRYPIPEPORA revolvedor do fundo d'água.
YRYRĨ ostra. *V. Reri.*

YRYRY riçado; a superfície das águas pelo sopro de vento.
YRYRYPAUA riçamento.
YRYRYPORA riçante.
YRYRYYMA não riçado.
YTAN ostra, concha, nome genérico dado a várias espécies de bivalves fluviais.
YTANGA a concha do mMolusco.
Y TINGA água clara, transparente.
YTU, Y-TU água quebrada e por extensão, salto, queda d' água, cachoeira. Pouco usado no Amazonas, onde se usa correntemente de *caxiuera* mesmo por aqueles que falam língua geral; é contudo palavra *nheengatu* como prova a existência de nome Ytuci no Purus, pelo que noto também os seus compostos e derivados.
YTUÃETÉ Queda alta, elevada, cachoeira alta.
YTUASÚ queda grande, cachoeira grande.
YTUĪ salto pequeno, cachoeirinha.
YTUIAUETÉ salto bravo, cachoeira perigosa.
YTUCY mãe da queda, nome de um afluente do Purus, que se encontra mais comumente escrito incorretamente Ituxy.
YTU-PANEMA queda insignificante, à-toa.
YTUPAUA encachoeiramento.
YTUPÉUA corredeira, cachoeira chata, salto liso.
YTUPORA cheio de saltos, de queda d' água; que mora, que é da queda.
YTUPORANGA queda bonita, boa de passar.
YTUPUĪ queda delgada, chorro.
YTUPUÍRA queda miúda, desfeita.
YTUPUXI queda feia, que não se passa.
Y TYUYRA gota de água.
YUÁ, YÁ fruta, nome genérico de todas as espécies de frutificações.
YUA planta, tronco, haste, origem, estirpe, causa. *Mira yua*: origem da gente. *Xiringa-yua*: seringueira, árvore da seringa. *Puracy-yua*: causa de baile, aquele a quem é oferecido, em cuja honra se deu o baile.
YUÁ, UBÁ embarcação feita toda de um pedaço, escavada num tronco de pau, sem emendas nem falcas. A ubá não é o casco, embora este seja geralmente uma ubá, que se abriu e à qual se tirou o feitio, para se lhe poder pôr as cavernas e aditar as falcas. Ubá, que é como se ouve geralmente pronunciar, é pronúncia portuguesa de *yuá*, o que já foi revelado vezes infinitas nas terminações de árvores e lugares; e a ubá é, num certo sentido, também a fruta da árvore em que foi escavada.
YUACAUA bacaba, fruta gordurenta. Da fruta da bacaba se extrai uma bebida, pisando-a, depois de amolecida em água quente; alguma coisa parecida com o açaí e que é geralmente chamada: vinho de bacaba, tomando-se ela também com farinha e açúcar, ou somente com uma destas cousas.
YUACAUA-YUA bacabeira, casta de palmeira, *Oenocarpus bacaba* e afins, que dá uma fruta comestível, de que se faz o vinho de bacaba; fornece um azeite quase tão fino como o de açaí, inodoro e, por via disso mesmo, utilizável em perfumaria, com a vantagem de ser muito mais abundante do que este.
YUA CEĒN cana-de-açúcar; salsaparrilha.
YUACAPI os paus, de três a quatro, que, fincados no chão, sustentam a altura conveniente do fogo, o gradeamento sobre que é posta a caça ou o peixe destinado a ser moqueado.
YUACEMA alho.
YUACEMASU cebola.
YUAPÉUA fruta lisa.
YUAPUCA juapoca, casta de *camapu, Physalis*. O sumo da planta pisada, introduzido aos pingos no canal auditivo, é remédio para as dores de ouvido. O cozimento em banhos é aconselhado como calmante nas dores reumáticas.
YUAPUY, GAPUY, APUY V. *Apuí*.
YUÁ RAINHA, YÁ RAINHA caroço da fruta.
YUASU, Y UASU água grande, maré viva.
Y UAUAIA rebojo.
YUÁ-UASU coco.
YUÁ-UASU-YUA coqueiro.
YUÁ-YUA fruteira, planta de fruta cultivada.
Y UAYUA água má; mortandade de peixes que, em certas circunstâncias, especialmente em tempo de friagem, se verifica nos lagos e igarapés e, embora muito mais raramente, mesmo nos rios, especialmente nos lugares baixos e pouco correntosos. No Pará hoje se ouve dizer e escrever *uayua*, e com esta forma passou a português brasileiro.
YUECERA Quilha.
YUKICÉ caldo, sumo, líquido, que entra ou sai de alguma coisa. *Uasaí yukicé*: caldo de

açaí. *Yara yukicé*: caldo da canoa. No primeiro caso, o vinho que se extrai de açaí; no segundo, a água que entra na canoa.
YUKICEĨ caldo fino, lágrima.
Y UMPUCA água arrebentada, revolta.
Y UMPUCAPAUA arrebentação.
Y UMPUCAPORA arrebentante, arrebentadora da água.
YUY terra, mundo, universo. *Yuy iupirungaua*: no começo do mundo.
YUY-Ã terra alta.
YUY ÃETÉ terra altíssima.
YUY-APARA desmoronamento, terra torta, que está para desmoronar.
YUY-APAUA ribanceira.
YUYAPINA ibiapina, terra pelada, tosquiada.
YUY-CUÁ enseada, baía, cintura de terra.
YUY-CUARA gruta, sepultura, buraco da terra.
YUY-CUCUI desmoronamento, terra caída.
YUYCUI-YUA ubucuuba, planta.
YUY-CUY areia.
YUYMICUĨ-UARA praieiro, que frequenta as praias.
YUY-PEMA terra chata, lisa, planície.
YUY-PÉUA terra lisa, planície.
YUY SOROCA terra rasgada, terra fendida.
YUY-IÁRI encostado à terra, aportado. V. *Iari* e comp.
YUYMICUĨ coroa de areia, praia.
YUYMICUĨ-PORA cheio de praias, morador da praia. *Paranã yuymicuĩ-pora*: rio cheio de coroas de areias. *Tatuí yuymicuĩ-pora*: paquinha moradora da praia.
YUYPE no chão, em terra.
YUYPORA morador da terra, terrestre.
YUYPUĨ poeira, pó, terra fina.
YUYPUĨ-UARA poeirento.
YUY-PYTERA centro da terra. *Yuy-pyterupe*: no centro da terra.
YUYRA areia, pó.
YUYRA-PAUA, YUYRA-TAUA areal.
YUYRA-PORA morador da areia.
YUYRETÉ terra firme, terra verdadeira.
YUYRETÉ UASU terra geral, terra firme, grande, não recortada por cursos d'água.
YUY-RIRI tremido da terra. V. *Riri* e comp.
YUY-RIRISAUA tremor de terra.
YUY-RUPIUARA peão, que vai por terra.
YUY-SANTÁ terra dura, torrão; a terra que fica obstruindo o leito do rio entre um poço e outro em tempo de vazante, sem contudo formar ilha, mas apenas bacia.
YUYTERA Terra alta, serra.
YUYTERA-ACANGA, YUYTERA-ACAN, YUYTERA-ACAIN cume da serra, cabeça da serra.
YUYTERA-AETÉ serra altíssima.
YUYTERA CEMBYUA encosta da serra; vereda da serra, margem da serra.
YUYTERA-CIRYCA serra nua, escorregadia.
YUYTERA-CUÁ serrania, cintura de serras.
YUYTERA-CUPÉ espinhaço, alto da serra.
YUITERA-IURU bocaina, boca da serra.
YUYTERA-IAUAETÉ serra brava, serra pavorosa.
YUYTERA-MIRĨ serra pequena.
YUYTERA-PÉ-MIRĨ vereda, pequeno caminho da serra.
YUYTERAPOCA vulcão, serra que se fende.
YUYTERA-PUCU serrania, serra comprida.
YUYTERA-PY pé da serra.
YUYTERA-PORA Cheia de serras, morador da serra. *Yuyreté yuytera-pora*: Terra firme, cheia de serras. *Mira yuytera-pora*: Gente moradora da serra, serrano.
YUYTERASU serra grande.
YUYTERATĨ pico da serra, o ponto culminante da serra.
YUYTERA-TOMASAUA baixo da serra.
YUYTERA-YMA sem serras, despida de serra, como é o baixo vale amazônico. *Ara yuytera-yma*: terra sem serras.
YUYTIMA enterrado, plantado.
YUYTIMASARA enterrador, plantador.
YUYTIMASAUA plantação, enterramento.
YUYTIMATAUA lugar de plantação, de enterramento.
YUYTIMAUA o enterrado, planta.
YUYTIMAUARA plantante, enterrante.
YUIYTIMAUERA plantável, enterrável.
YUYTYCA jogado, lançado na terra. V. *Ityca* e comp.
YUYTYUA esplanada, lugar de terra.
YUYTYUAIA vale.
YUYTYUAIA-PORA cheio de vales, morador do vale.
YUYTYUAIA-UARA que é do vale, pertence ao vale.
YUY-UARA que pertence à terra, é da terra, terrestre.
YUY-UÁRUPE sobre a terra.

YUY-UÁRUPE-UARA que está sobre a terra.
YVUY-UIRUPÉ embaixo da terra.
YUY-UIRUPE-UARA que está embaixo da terra, subterrâneo.
YUY-UUARA comedor de terra.
YUY-UUARAMBOIA cobra-come-terra.
YUY-YMA sem terra. *Paranã oiké ramé iapitana yuy-yma*: quando o rio enche ficamos sem terra.
Y-YCA fibra da madeira; por onde arrebenta a água.
YYUA flecha. V. *Uéyua* e comp.

Título	Vocabulário Português-Nheengatu, Nheengatu-Português
Autor	E. Stradelli
Editor	Plinio Martins Filho
Produção editorial	Aline Sato
Revisão	Geraldo Gerson de Souza
Revisão de provas	Cristina Marques
Editoração eletrônica	Tomás Martins
	Mariana Real
Capa	Fabiana Soares Vieira
Formato	16 x 23 cm
Tipologia	Minion Pro
Papel	Chambril Avena 80 g/m² (miolo)
	Cartão Supremo 250 g/m² (capa)
Número de Páginas	536
Impressão e Acabamento	Cromosete